पर्यावरण एवं पारिस्थितिकी

जैवविविधता, जलवायु परिवर्तन एवं आपदा प्रबंधन

सिविल सेवा परीक्षाओं हेतु

छठवां संस्करण

माजिद हुसैन
पूर्व विभागाध्यक्ष, भूगोल विभाग,
जामिया मिलिया इस्लामिया, नई दिल्ली

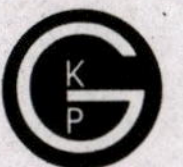
G. K. PUBLICATIONS (P) LTD.

Title : Environment & Ecology for Civil Services Examination (6ed)

Language : Hindi

Author's Name : Majid Husain

Typeset & Published by :

Career Launcher Infrastructure (P) Ltd.

A-45, Mohan Cooperative Industrial Area, Near Mohan Estate Metro Station, New Delhi - 110044

Marketed by :

G.K. Publications (P) Ltd.

Plot No. 9A, Sector-27A, Mathura Road, Faridabad, Haryana-121003

ISBN : **978-93-91061-92-0**

Printer's Details : Printed in India, New Delhi.

छठवें संस्करण की भूमिका

प्रिय पाठकों,

पर्यावरण एवं पारिस्थितिकी का छठवां संशोधित एवं अद्यतित संस्करण अब आपके हाथों में है। ये पुस्तक पर्यावरण एवं पारिस्थितिकी क्षेत्र के नवीन विकास कार्यों को समाहित करते हुए पूर्णतया अद्यतित रूप में उपलब्ध है।

हर गुजरते दिन के साथ वैश्विक जलवायु परिवर्तन, कार्बन उत्सर्जन, वनोन्मूलन, आर्कटिक एवं अंटार्कटिक विगलन, तापीय लहर, अनियमित मानसून इत्यादि के कारण पर्यावरण एवं पारिस्थितिकी का विषय महत्वपूर्ण बनता जा रहा है। इसलिए ये अनिवार्य है कि यूपीएससी एवं राज्य सेवा परीक्षाओं के अभ्यर्थियों को संबंधित मुद्दों की एक समग्र समझ हो। साथ ही, पारंपरिक भूगोल के प्रसंग जैसे- भूकंप, ज्वालामुखी, प्राकृतिक संसाधन, खनन, ऊर्जा चक्र भी वर्तमान पर्यावरण, पारिस्थितिकी एवं जैवविविधता के मुद्दों से स्पष्ट तौर पर जुड़े हुए हैं और इसलिए अवधारणात्मक समझ की मांग रखते हैं।

इस संस्करण की कुछ प्रमुख विशेषताएं इस प्रकार हैं-

- उत्कृष्ट अध्ययन एवं दृश्याकंन के लिए एक वृहद समुन्नत द्विरंगीय प्रस्तुतीकरण
- आवश्यक अद्यतित मानचित्र, आंकड़े एवं तालिकाएं
- पर्यावरण एवं पारिस्थितिकी से संबंधित अद्यतित कानून, संधियां, सम्मेलन एवं घोषणा पत्र
- वन्य जीव अभ्यारण्यों एवं जैव आरक्षित क्षेत्रों की अद्यतित सूची
- भारत के विश्व विरासत स्थलों की अद्यतित सूची
- विश्व ऊर्जा परिदृश्य (WEO) : 2025
- नवीनतम पर्यावरण प्रदर्शन सूचकांक (EPI)
- क्लाइमेट चेंज परफार्मेंस इंडेक्स की स्थिति
- भारत के 75 रामसर स्थलों की सूची
- अंतर्राष्ट्रीय सौर गठबंधन (ISA) पर अद्यतित जानकारी
- एक सूर्य, एक विश्व, एक ग्रिड (OSOWOG)
- आईपीसीसी की नवीनतम छठवीं आकलन रिपोर्ट (AR6)
- राष्ट्रीय बाघ संरक्षण प्राधीकरण (NTCA)
- वैश्विक जैव विविधता फ्रेमवर्क (Global Biodiversity Framework)
- जल पक्षी स्थिति सर्वेक्षण 2022: मुख्य तथ्य
- विश्व आर्द्रभूमि दिवस, 2022
- 20वीं पशुधन गणना
- जलवायु परिवर्तन के लिए राष्ट्रीय अनुकूलन कोष (NAFCC)
- ग्रीन हाइड्रोजन-ग्रीन अमोनिया नीति
- प्रोजेक्ट चीता
- देविका परियोजना

- नमामि गंगे परियोजना: मुख्य तथ्य
- महासागर सूचना केंद्र का तटीय भेद्यता सूचकांक (CVI)
- वानिकी के माध्यम से 13 प्रमुख नदियों का कायाकल्प
- प्लास्टिक पैकेजिंग पर विस्तारित उत्पादक उत्तरदायित्व
- जीवित जड़ सेतु (Living Root Bridge)
- केरल का वैज्ञानिक पक्षी एटलस
- मरुस्थलीकरण पर संयुक्त राष्ट्र सम्मेलन (UNCCD)
- विश्व का सबसे बड़ा सफारी पार्क
- तमिलनाडु का पहला जैव विविधता विरासत स्थल
- भारत का अंटार्कटिका विधेयक, 2022
- भारत वन स्थिति एवं सर्वेक्षण रिपोर्ट (ISFR 2021)

इस संशोधित एवं परिवर्धित छठवें संस्करण से विभिन्न प्रतियोगी परीक्षाओं की तैयारी करने वाले अभ्यर्थियों के लिए एक पूर्ण संदर्भ स्त्रोत उपलब्ध होने की आशा की जाती है। यूपीएससी ने प्रारंभिक परीक्षा में इस विषय को उच्च वरीयता दी हुई है। प्रारंभिक परीक्षा (प्रश्नपत्र I) में करीब 30 प्रतिशत प्रश्न इस विषय से पूछे जाते हैं। मुख्य परीक्षा के सामान्य अध्ययन प्रश्न पत्र III में इस विषय का वृहद महत्व रहा है।

इसलिए हम ये विश्वास के साथ कह सकते हैं कि ये अद्यतित पुस्तक अभ्यर्थियों की आवश्यकताओं की पूर्ति के लिए महत्वपूर्ण रूप से मददगार सिद्ध होगी।

हम सभी अभ्यर्थियों एवं अनुरागी पाठकों के सर्वश्रेष्ठ प्रयासों की कामना करते हैं।

संपादक मंडल

विषय सूची

अध्याय

1

पर्यावरण एवं पारिस्थितिकी: एक विषय के रूप में (Environment and Ecology: As a Subject)

पर्यावरण: परिभाषा एवं प्रकार (Environment: Definition and Types)

आस-पास का परिवेश, जो हमें चारों ओर से घेरे हुए हैं उसको पर्यावरण (Environment) कहते हैं। वह सभी तत्व तथा परिस्थितियाँ जो हमें चारों ओर से घेरे हुए हैं पर्यावरण कहलाती हैं। प्रत्येक जीव एक विशेष पर्यावरण में पनपता है। पर्यावरण को विभिन्न विषयों में प्राकृतिक वास (Habitat), जनसंख्या पारिस्थतिकी (Population Ecology), पौष्टिक चक्र (Nutrient Cycle) जीवमंडल (Geosphere) एवं पर्यावरण मंडल (Ecosphere), जैसी शब्दावली से भी जाना जाता है। पर्यावरण वास्तव में मौलिक एवं जैविक तत्वों के पारस्परिक कार्यवाही संबंध को कहते हैं। पर्यावरण के मौलिक तत्वों में स्थान, भूआकृतियों, जलाशयों (Water-bodies), जलवायु, जलअपवाह (Drainage), शैल (Rocks), मृदा (Soils), खनिज संपत्ति (Mineral wealth) इत्यादि सम्मिलित हैं, जबकि जैविक तत्व में मानव, पशु, पक्षी एवं वनस्पति सम्मिलित हैं। पर्यावरण का निम्न प्रकार से वर्गीकरण किया जा सकता है–

1. **भौतिक पर्यावरण (Physical Environment):** भौतिक पर्यावरण में अजैविक तत्व सम्मलित हैं; जैसे–भूआकृतियाँ (Landforms), जलवायु (Climate), जलाशय (Waterbodies), तापमान तथा आर्द्रता (Humidity) इत्यादि सम्मिलित हैं।
2. **सांस्कृतिक पर्यावरण (Cultural Environment):** पृथ्वी पर मानव द्वारा निर्मित पर्यावरण को सांस्कृतिक पर्यावरण कहते हैं। इस प्रकार के पर्यावरण में नृजात, भाषा, धर्म, रीति-रिवाज एवं जीवन-शैली मुख्य तत्व होते हैं।
3. **जैविक पर्यावरण (Biological Environment):** जैविक पर्यावरण में मानव, पशु, पक्षी तथा वनस्पति सम्मिलित किए जाते हैं।
4. **संज्ञात पर्यावरण (Cognitive Environment):** अपने संसाधनों का उपयोग करने में जो प्रतिमा (Image) मानव के मन में आती है उसको संज्ञात पर्यावरण कहते हैं।

पर्यावरण की मुख्य विशेषताएँ (Salient Features of Environment)

पर्यावरण की प्रमुख विशेषताएँ निम्न प्रकार हैं–

(*i*) किसी समय पर जैविक एवं अजैविक तत्वों के योग को पर्यावरण कहते हैं।

(*ii*) जैविक-विविधता, प्राकृतिक-वास (Habitat) तथा ऊर्जा (Energy), किसी पर्यावरण के मुख्य तत्व होते हैं।

(*iii*) पर्यावरण में समय तथा स्थान के साथ परिवर्तन होता रहता है।

(*iv*) पर्यावरण जैविक एवं अजैविक पदार्थों के व्यावहारिक (Functional) संबंध पर अधारित होता है।

(*v*) पर्यावरण अपने जैविक पदार्थों (Organic matter) का उत्पादन करता है जो विभिन्न जलवायु एवं विभिन्न स्थानों पर भिन्न-भिन्न होता है।

(*vi*) पर्यावरण की कार्यवाही (Functioning) ऊर्जा संचार पर निर्भर करती है।

(*vii*) पर्यावरण सामान्यत: पारिस्थितिकी संतुलन स्थापित करने की ओर अग्रसर रहता है।

पर्यावरण अधययन का महत्व

एक विषय के रूप में पर्यावरण अधययन का दायरा व्यापक है। इसमें विविध क्षेत्रों एवं पहलुओं को वृहद् स्तर पर सम्मिलित किया गया है, जिसे निम्नानुसार संक्षेपित किया जा सकता है:

1. प्राकृतिक संसाधन-उनका संरक्षण एवं प्रबंधन
2. पारिस्थितिकी एवं जैव विविधता
3. पर्यावरण प्रदूषण एवं नियंत्रण
4. विकास और पर्यावरण से संबंधित सामाजिक मुद्दे
5. मानव जनसंख्या और पर्यावरण

ये पर्यावरण अध्ययन के बुनियादी पहलू हैं जिनका समाज के हर वर्ग से सीधा संबंध है। पर्यावरण अध्ययन, पर्यावरण इंजीनियरिंग एवं पर्यावरण प्रबंधन जैसे अधिक तकनीकी पहलुओं से जुड़ा हुआ भी हो सकता है। विगत कुछ वर्षों में, पर्यावरण अध्ययन का विस्तार तीव्रता से पूरे विश्व में हुआ है।

पारिस्थितिकी की व्यापकता

पारिस्थितिकी की बुनियादी अवधारणाएं इस प्रकार हैं:

1. पारिस्थितिकी तंत्र, पारिस्थितिक अध्ययन की मौलिक इकाई के रूप में है।
2. सभी जीवित प्राणी एवं भौतिक वातावरण परस्पर प्रतिक्रियाशील हैं अर्थात वे एक दूसरे के प्रति प्रतिक्रियाशील होते हैं।
3. ऊर्जा का एकतरफा परिसंचरण होता है, जबकि पदार्थ चक्रीय रूप से संचरित होते हैं। जैव-भू-रासायनिक चक्र इस प्रकार है कि कुल द्रव्यमान स्थिर रहता है।
4. समस्थैतिक तंत्र या स्व-नियामक तंत्र प्राकृतिक पारिस्थितिकी को स्थिर रखने में एक महत्वपूर्ण भूमिका निभाता है।

मानव तथा पर्यावरण (Man and Environment)

भूगोल में प्राय: मानव तथा पर्यावरण के पारस्परिक संबंध का अध्ययन किया जाता है। अमेरिका की प्रसिद्ध भूगोलवेत्ता मिस सेम्पल के अनुसार 'मानव अपने पर्यावरण की उत्पत्ति उल्लेख ('Man is the product of Earth or Environment')। सन् 1859 में प्रसिद्ध वैज्ञानिक चार्ल्स डार्विन के अनुसार मानव अपने पर्यावरण में संघर्ष करके वर्तमान स्वरूप में पहुँचा है। भूगोल में डार्विन के संघर्ष सिद्धान्त का उल्लेख सबसे पहले एफ. रेटजेल ने अपनी प्रसिद्ध पुस्तक 'एंथ्रोपोज्योग्रॉफी' में किया था। रेटजेल महोदय ने मानव एवं पर्यावरण के संबंध में निश्चयवाद विचारधारा को जन्म दिया। निश्चयवाद विचारधारा के अनुसार

मानव एवं पारस्परिक संबंध में पर्यावरण एवं प्रकृति सक्रिय है और मानव निष्क्रिय अर्थात् मानव की उन्नति, अवनति एवं विकास की दर पर्यावरण पर निर्भर रहती है। दूसरे शब्दों में, मानव के भाग्य का निर्धारण प्रकृति एवं पर्यावरण करता है।

निश्चयवाद विचारधारा की मुख्यत: दो कारणों से आलोचना हुई। रेटजेल महोदय के अनुसार यदि दो देशों की अवस्थिति समान हो तो उन लोगों की जीवन-शैली, इतिहास तथा संस्कृति भी समान होगी। वास्तव में ऐसा नहीं है, क्योंकि जीवन-शैली पर संस्कृति एवं सभ्यता का भी भारी प्रभाव पड़ता है। दूसरे, मानव निष्क्रिय नहीं वह अपने कर्म से अपने भाग्य का निर्माण करता है। मानव जीवन को पर्यावरण प्रभावित करता है और, मानव भी पर्यावरण को प्रभावित करता है। इन्हीं आलोचनाओं के कारण निश्चयवाद विचारधारा का खंडन किया गया।

निश्चयवाद की आलोचना विशेष रूप से फ्रांस के भूगोलवेत्ताओं ने की। निश्चयवाद के आलोचक विडाल डीला लाब्लाश (Vidal de Lablache) ने एक नई विचारधारा को जन्म दिया जिसको संभववाद (Possibilism) के नाम से संबोधित किया जाता है। संभववाद विचारधारा के अनुसार मानव अपने संसाधनों का उपयोग करने में स्वतंत्र है। मानव अपने व्यवहार में स्वतंत्र है। पर्यावरण, संसाधनों के उपयोग की बहुत-सी संभावनाएँ प्रस्तुत करता है और मानव अपनी संस्कृति एवं रीति-रिवाज के अनुसार अपने संसाधनों (पर्यावरण) के बारे में निर्णय लेता है। मानव सक्रिय है जो अपने भाग्य का स्वयं निर्धारण करता है।

विडाल डीला लाब्लाश महोदय संभववाद के प्रमुख प्रचारक थे। उन्होंने जीवन-शैली (Genres de vie) शब्दावली का उपयोग किया। उनके अनुसार आचार-व्यवहार, धर्म-विश्वास, आदत, मूल्य – इत्यादि का मानव के व्यवहार एवं संसाधनों के उपयोग पर भारी प्रभाव पड़ता है। यही अवधारणा, संभववाद की आधारशिला है।

यद्यपि संभववाद फ्रांस में काफी लोकप्रिय विचारधारा रही, परंतु इस विचारधारा की भारी आलोचना भी हुई। संभववाद के आलोचकों के अनुसार मानव कभी भी अपने भौतिक पर्यावरण से पूर्णरूप से मुक्ति नहीं पा सकता। मानव प्रकृति के विरुद्ध अपने संसाधनों का उपयोग नहीं कर सकता और यदि मानव ऐसा करता है तो उसको भारी आर्थिक मूल्य चुकाना पड़ेगा। इसके अतिरिक्त जहाँ तक संभावनाओं का प्रश्न है वह विश्व के कुछ प्रदेशों तक संभावित है। आलोचकों के अनुसार विषुवतरेखीय प्रदेशों, टुंड्रा, मरुस्थलों तथा ऊँचे पर्वतीय प्रदेशों में पर्यावरण की कठोरता के कारण संभावनाएँ बहुत सीमित हैं। वास्तव में मानव भौतिक पर्यावरण के विरुद्ध कुछ भी करने में असमर्थ है।

निश्चयवाद (Determinism) तथा संभववाद (Possibilism) के अतिरिक्त, मानव एवं पारस्परिक संबंध की विवेचना के लिए एक तीसरी विचारधारा सांस्कृतिक निश्चयवाद (Cultural Determinism) के रूप में प्रचलित हुई। सांस्कृतिक निश्चयवाद में मानव की सक्रियता पर बल दिया गया है। उनके अनुसार ''मानव स्वयं अपना इतिहास रचता है। हमारी संस्कृति हमारी वर्तमान परिस्थितियों व आर्थिक उन्नति को निर्धारित करती है।'' इस विचारधारा को संयुक्त राज्य अमेरिका में विशेष रूप से लोकप्रियता प्राप्त हुई। सांस्कृतिक निश्चयवाद के जनक प्रो. कार्ल ओ. सावर थे। प्रो. सावर ने संस्कृति के आधार पर विश्व का सांस्कृतिक प्रादेशीकरण किया। मानव अपनी आवश्यकताओं के अनुसार अपनी टेक्नोलॉजी का विकास करता तथा अपने संसाधनों का उपयोग करता है। जैसे-जैसे समय गुजरता है, टेक्नोलॉजी में सुधार होता जाता है और मानव अपना आर्थिक एवं सांस्कृतिक व सामाजिक विकास करता है।

उपरोक्त विचारधाराएँ भूगोल में रूढ़िवादी विचारधाराएँ मानी जाती हैं, परंतु निश्चयवाद, संभववाद तथा सांस्कृतिक निश्चयवाद पूर्ण रूप से और शुद्धता के साथ मानव तथा पर्यावरण की पारस्परिक संबंध की व्याख्या नहीं करतीं। दूसरे महायुद्ध के पश्चात भूगोल में संख्यात्मक क्रांति (Humanism) जैसी विचारधाराएँ प्रचलित हुई।

पर्यावरण का मानव पर प्रभाव (Influence of Environment on Man)

विश्व की पूर्ण ग्रामीण तथा नगरीय जनसंख्या, प्रत्यक्ष एवं अप्रत्यक्ष रूप से भौतिक पर्यावरण से प्रभावित होती है। पर्यावरण के भौतिक तत्व में सबसे अधिक प्रभाव जलवायु का मानव समाज और उनकी जीवन-शैली पर पड़ता है। जलवायु का प्रभाव प्रत्यक्ष रूप से प्रजातियों के रंगरूप, आँख, नाक, शरीर की बनावट, बाल, ठोढ़ी, कपाल तथा चेहरे की आकृति पर पड़ता है। अरस्तू महोदय के अनुसार ठंडे प्रदेशों के लोग बुद्धिमान परंतु आलसी होते हैं। प्रसिद्ध अरब इतिहासकार इबने-खल्दून, के अनुसार ठंडी जलवायु के लोगों में सजीवता का अभाव है, जबकि उष्णकटिबंध के लोग सजीव तथा हँस-मुख तथा मिलनसार होते हैं।

जलवायु का मानव समाज पर प्रभाव का अध्ययन उचित ढंग से अमेरिका के हंटिंगटन महोदय ने किया। हंटिंगटन महोदय के अनुसार, शीतोष्ण जलवायु प्रदेशों में जहाँ चक्रवाती मौसम रहता है, तापमान 20°C के आस-पास और सापेक्षिक आर्द्रता (Relative Humidity) 60 प्रतिशत से अधिक रहती है, वहाँ के लोगों की कार्यक्षमता बढ़ी रहती है और अधिक एकाग्रता (concentration) के साथ कार्य करते हैं। यही कारण है कि शीतोष्ण जलवायु के लोगों का उत्पादन अधिक एवं उच्च कोटि का होता है। मानव भूगोल के विशेषज्ञों के अनुसार मौसम तथा अपराधों में भी एक घनिष्ठ संबंध है। उदाहरण के लिए आत्महत्या, कत्ल जैसे अपराध एक विशेष समय तथा मौसम में होते हैं। कत्ल जैसे अपराध प्राय: गर्मी के मौसम में अधिक होते हैं जबकि बलात्कार की घटनाएं शीतऋतु में संध्या के समय अधिक होती हैं। बहुत-से भूगोलवेत्ताओं ने मानव के सुखद एवं दुःखद जीवन का भी जलवायु के परिप्रेक्ष्य में अध्ययन करने का प्रयास किया है।

मानव अपने प्रयास तथा टेक्नोलॉजी की सहायता से मौसम व जलवायु के प्रभाव को परिवर्तित कर सकता है, परंतु फिर भी मानव अपने भोजन, कपड़े तथा मकान जैसी आवश्यक आवश्यकताओं की आपूर्ति अपनी जलवायु तथा संसाधनों के अनुसार करता है। वास्तव में विश्व की लगभग 50 प्रतिशत जनसंख्या गाँव में रहती है और उनमें से अधिकतर प्रत्यक्ष एवं अप्रत्यक्ष रूप से कृषि इत्यादि (Primary activities) पर निर्भर करती हैं। कृषि और कृषि संबंधित कारोबार पर मौसम एवं जलवायु का भारी प्रभाव पड़ता है। संक्षिप्त में कहा जा सकता है कि मानव की आवश्यक और आरामदेह जरूरतों पर टेक्नोलॉजी तथा आर्थिक उन्नति, सामाजिक प्रगति पर जलवायु का गहरा प्रभाव पड़ता है।

मानव का पर्यावरण पर प्रभाव (Man's Impact on Environment)

पर्यावरण में निरंतर परिवर्तन होता रहता है अर्थात् पर्यावरण सदैव गतिशील है। लगभग 4.6 बिलियन वर्ष पूर्व जब पृथ्वी की उत्पत्ति हुई तब ही से पृथ्वी के धरातल एवं पर्यावरण में परिवर्तन होता है। पृथ्वी के अधिकतर इतिहास में पृथ्वी के अंतर्जात तथा बर्हिजात बलों के कारण तब्दीली होती रही है, परंतु वर्तमान में पृथ्वी और पर्यावरण में भारी परिवर्तन मानव के द्वारा हो रहा है। वास्तव में वर्तमान समय में मानव पर्यावरण का सबसे प्रमुख कारक है।

मानव अब अपने पर्यावरण की उत्पत्ति नहीं, वरन् वह पर्यावरण का एक ऐसा महत्त्वपूर्ण अंग है जो तीव्र गति से इसमें परिवर्तन कर रहा है। यूँ तो मानव आदि काल से पर्यावरण को तब्दील करता रहा है, फिर भी आज के युग में परिवर्तन की गति में भारी तीव्रता देखी जा सकती है। विज्ञान एवं प्रौद्योगिकी (Technology) की सहायता से मानव अपने पर्यावरण में तीव्रता से परिवर्तन करने में सक्षम हो गया है। महानगरों एवं सन्न नगरों में मानव द्वारा लाई गई तब्दीली विशेष रूप से देखी जा सकती है। महानगरों ने प्राकृतिक पर्यावरण को पूर्ण रूप से परिवर्तन कर दिया है।

मानव भूगोल के विशेषज्ञ, वास्तविक (objectivs) पर्यावरण तथा ज्ञानात्मक (cognitive) पर्यावरण में अंतर करते हैं। उनके अनुसार मानव अपने संसाधनों का उपयोग अपने ज्ञानात्मक पर्यावरण के आधार पर करता है। उदाहरण के लिये एक खेत (संसाधन) को विभिन्न प्रकार से उपयोग में लाया जा सकता है। उस खेत में कोई सब्जी बोना चाहता है तो कोई उसमें गेहूँ, चावल अथवा गन्ने की खेती करना चाहता है और कोई ऐसे खेत में पशु-पालन करना चाहता है अर्थात् वास्तविक पर्यावरण एक है, परंतु उसका उपयोग करने वाले उसका उपयोग अपने-अपने ज्ञानात्मक पर्यावरण के आधार पर करता है।

वर्तमान समय में भूगोलवेत्ता, पर्यावरण के संबंध में निम्न विषयों का विशेष रूप से अध्ययन कर रहे हैं–

(*i*) मानव द्वारा पर्यावरण में तापमान वृद्धि।

(*ii*) वायुमंडल में तापमान वृद्धि तथा जलवायु परिवर्तन।

(*iii*) ओजोन परत (Ozone Layer) का ह्रास।

(*iv*) महानगरों तथा अन्य स्थानों पर वायु प्रदूषण।

(*v*) प्राकृतिक आपदाओं का अध्ययन, विशेष रूप से भूकंप, सुनामी (Tsunami), ज्वालामुखी, ऊष्णकटिबंधीय चक्रवात, हरिकेन (Hurricanes), टाइफून (Typhoons), सागरीय लहरों का थल में चढ़ना (Sea Surge), भू-स्खलन (Land-slide), सूखा (Drought), बाढ़ (Floods) इत्यादि।

(*vi*) मानव द्वारा जंगलों का विनाश।

(*vii*) जैविक-विविधता का ह्रास।

(*viii*) नाभिकीय ऊर्जा (Nuclear Energy) उत्पादन केंद्रों में होने वाली दुर्घटनाएँ, जैसे–1986 में चर्नोबिल (Chornobyl) दुर्घटना तथा 11 मार्च, 2011 में जापान की भूकंप-सुनामी दुर्घटना जिसमें फुकुशिया-डायशी (Fukushima-Daiichi) न्यूक्लियर प्लांट नष्ट हो गए थे।

(*ix*) जैविक-विविधता (Biodiversity) का विनाश तथा उसका संरक्षण (Conservation)।

(*x*) संसाधनों का सदुपयोग तथा उनका संरक्षण।

(*xi*) प्राकृतिक संसाधनों का लेखा-जोखा तैयार करना।

(*xii*) जैविक-विविधता का लाभ समाज के सभी वर्गों तक पहुँचाना।

वायुमंडल (Atmosphere)

वायुमंडल, पृथ्वी को घेरे हुए, गंधहीन, स्वादहीन, रंगहीन गैसों, धूल और वाष्प की एक पतली परत है जो पृथ्वी को चारों ओर से घेरे हुए है। वायुमंडल की ऊँचाई सागर स्तर से 480 किलोमीटर ऊँचाई तक मानी जाती है। वायुमंडल गुरुत्व द्वारा पृथ्वी के चारों ओर रुका हुआ है। वायुमंडल मुख्य रूप से गैसों का मिश्रण है।

गैसों के आधार पर वायुमंडल को दो भागों में विभाजित किया जा सकता है–

(*i*) विषममंडल (Heterosphere) तथा (*ii*) सममंडल (Homosphere)।

(*i*) विषममंडल (Heterosphere): विषममंडल में गैसों का मिश्रण समान नहीं है। विषममंडल लगभग 80 किलोमीटर की ऊँचाई से 480 कि॰मी॰ तक पाया जाता है।

(*ii*) सममंडल (Homosphere): सममंडल सागर स्तर से 80 कि॰मी॰ की ऊँचाई तक पाया जाता है। सममंडल में गैसों का मिश्रण लगभग एकसमान रहता है।

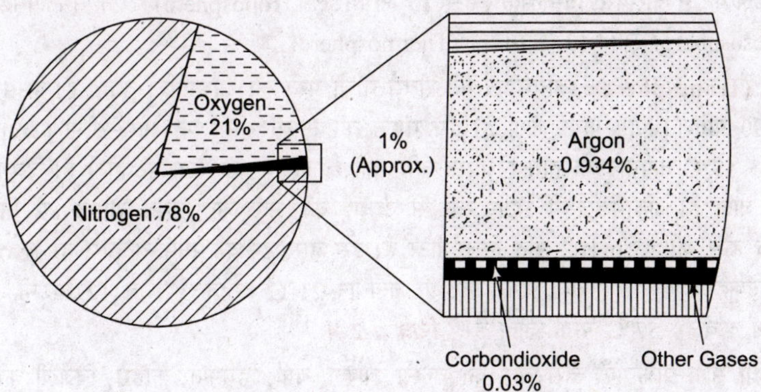

चित्र 1.1 निचले वायुमंडल के अवयव

वायुमंडल की प्रमुख गैस निम्न प्रकार हैं *(चित्र 1.1):*

नाइट्रोजन (Nitrogen): वायुमंडल में नाइट्रोजन की मात्रा 78.084 प्रतिशत है। नाइट्रोजन अन्य पदार्थों के साथ सुगमता से मिल नहीं पाती *(तालिका 1.1)*।

आक्सीजन (Oxygen): वायुमंडल में ऑक्सीजन की मात्रा 20.947 प्रतिशत है। यह नाइट्रोजन की तुलना में अधिक सक्रिय रहती है। जीवित ऊतकों (Living Tissues) को भोजन की ऊर्जा में बदलने के लिए ऑक्सीजन की आवश्यकता होती है।

तालिका 1.1 वायुमंडल की गैसीय रचना

गैस	आयतन द्वार
नाइट्रोजन (N_2)	78.084
ऑक्सीजन (O_2)	20.947
ऑर्गन (Ar)	00.934
कार्बन डाइऑक्साइड (CO_2)	00.031
निओन (Ne)	00.0018
हीलियम (He)	00.0005
मेथेन (CH_4)	00.0002
क्रिप्टॉन (Kr)	00.00011
हाइड्रोजन (H_2)	00.00005
जीनोन (Xe)	00.0000087

वायुमंडल में कार्बन-डाइ-ऑक्साइड की मात्रा 00.031 प्रतिशत है। इनके अतिरिक्त निओन, हीलियम, मेथेन, क्रिप्टॉन, हाइड्रोजन तथा जीनोन इत्यादि गैस पाई जाती हैं।

वायुमंडल की संरचना (Structure of Atmosphere)

एक सुव्यवस्थिति अध्ययन के लिए वायुमंडल को तापमान के आधार पर चार परतों में विभाजित किया जा सकता है *(चित्र 1.2)*। वायुमंडल की ये चार परतें निम्न प्रकार हैं–(1) क्षोभमंडल (Troposphere), (2) समतापमंडल (Stratosphere), (3) मध्यमंडल (Mesosphere) एवं (4) तापमंडल (Thermosphere)

1. **क्षोभमंडल (Troposphere):** वायुमंडल की सबसे नीची परत को क्षोभमंडल कहते हैं। इसमें वायुमंडल की कुल राशि का 90 प्रतिशत भाग पाया जाता है। इस मंडल की ऊपरी सीमा को क्षोम-सीमा (Tropopause) कहते हैं। क्षोभ सीमा- 57°C तापमान के द्वारा निर्धारित की जाती है जो विषुवत रेखा पर होती है। जैवमंडल इसी क्षोभमंडल तक पाया जाता है। क्षोभमंडल में सागर स्तर से ऊँचाई की ओर जाते समय तापमान में निरंतर कमी आती है। तापमान के ह्रास की दर 6.4°C प्रति किलोमीटर है। इस ह्रास दर को सामान्य ह्रास दर (Normal Lapse Rate) कहते हैं। उदाहरण के लिए जब सागर स्तर पर तापमान 21°C रहता है, तब 12 कि.मी. की ऊँचाई पर वायु का तापमान केवल -57°C पाया जाता है। *(चित्र 1.2)*।

   मौसम संबंधी सभी प्रक्रियाएँ; जैसे-वायु का चलना, बादल, वर्षा, हिमपात, कोहरा, बिजली की चमक तथा बादलों की कड़क इत्यादि इसी मंडल तक सीमित रहती हैं। जैवमंडल (मानव, पशु-पक्षी तथा वनस्पति) के लिए क्षोभमंडल की महत्ता बहुत अधिक है।

2. **समतापमंडल (Stratosphere):** स्ट्रेटोसफियर, वायुमंडल में क्षोभमंडल के ऊपर पाया जाता है। इसकी ऊँचाई विषुवत् रेखा पर 18 कि.मी. से लेकर 50 कि॰मी॰ तक पाई जाती है। इस मंडल में ओजोन (Ozone) परत पाई जाती है इसलिए इसको ओजोनमंडल (Ozonosphere) भी कहा जाता है। ओजोन गैस की बहुतायत के कारण इस मंडल में ऊपर की ओर जाते हुए तापमान में वृद्धि होती जाती है। इसकी ऊपरी सीमा शून्य डिग्री (0°c) से की जाती है। इस सीमा को स्ट्रेट्रोपाज (Stratopause) कहते हैं। वाष्प एवं आर्द्रता के अभाव में इस मंडल में बादल आदि नहीं पाए जाते। ओजोन परत में CFC गैसों के कारण तीव्रता से ह्रास हो रहा है जिसका मानव एवं पशु-पक्षियों तथा वनस्पति पर खराब प्रभाव पड़ रहा है।

3. **मध्यमंडल (Mesosphere):** समताप मंडल की ऊपरी सीमा 50 कि॰ मी॰ से 80 कि॰ मी॰ के बीच स्थित है। मध्य मंडल में ऊँचाई के साथ तापमान में ह्रास होता जाता है। इसकी ऊपरी सीमा-90°C द्वारा निंधारित होती है जिसको मेसोपाज (Mesopause) कहते हैं।

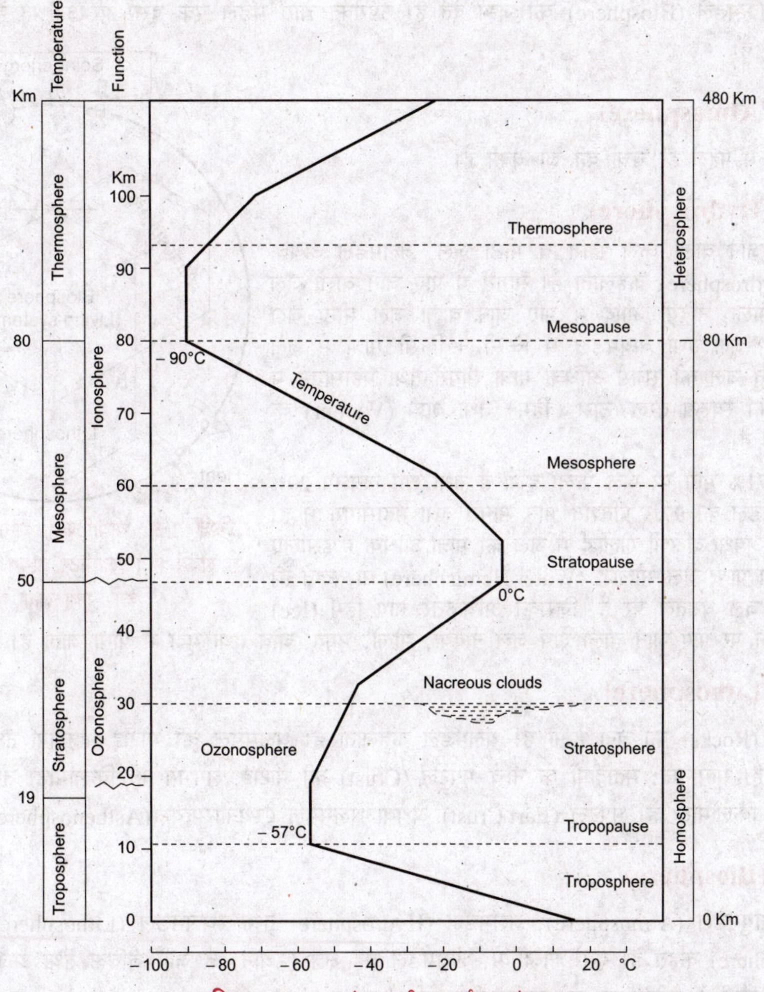

चित्र 1.2 वायुमंडल की ऊर्ध्वाधर संरचना

4. **बाह्यमंडल (Thermosphere):** वायुमंडल की यह परत सागर स्तर से लगभग 80 कि॰ मी॰ ऊपर वायुमंडल में स्थित है। बहुत-से वैज्ञानिक तापमंडल की निचली परत को आयन (Ion) मंडल कहते हैं। आयनमंडल (Ionosphere) में इलेक्ट्रॉन/ विद्युतणु (Electrons) का घनत्व अत्यधिक होता है। बाह्यमंडल में गैस का घनत्व बहुत कम रहता है।

चूँकि अधिक ऊँचाई पर वायु विरल (Thiner) होती है, जिसके कारण विकास अधिक तीव्र होता है। इस परत में कार्बनडाइऑक्साइड और वाष्प (Water vapour) नहीं होता इसलिए इसमें ग्रीन हाउस गैस (Green House Gas) प्रभाव भी नहीं होता।

पृथ्वी के चार मंडल (Earth's Four Spheres)

पृथ्वी के धरातल पर चार मंडल (थलमंडल, वायुमंडल, जलमंडल तथा जीवमंडल) पाये जाते हैं। यह चारों मंडल एक-दूसरे के संपर्क में आते हैं *(चित्र 1.3)*। *चित्र 1.3* में देखा जा सकता है कि तीनों अजैविक (Non-living) मंडल एक-दूसरे के संपर्क से जैविकमंडल (Biosphere) को जन्म देते हैं। उपरोक्त चारों मंडल एक-दूसरे पर आश्रित हैं तथा एक-दूसरे को प्रभावित करते हैं।

1. वायुमंडल (Atmosphere)

वायुमंडल के बारे में पहले ही चर्चा की जा चुकी है।

2. जलमंडल (Hydrosphere)

धरातल पर पाये जाने वाला कुल खारा व मीठा जल, जलमंडल अथवा हाइड्रोस्फियर (Hydrosphere) कहलाता है। सागरों में पाए जाने वाला जल खारा जल एवं झीलों, नदियों आदि में पाए जाने वाला जल मीठा जल कहलाता है। थल, जल तथा वायुमंडल में किसी-न-किसी मात्रा में जल पाया जाता है, परंतु जल की सबसे अधिक मात्रा सागरों तथा महासागरों में पाई जाती। जल का स्वरूप तरल, ठोस (हिम) तथा वाष्प (Vapour) के रूप में पाया जाता है।

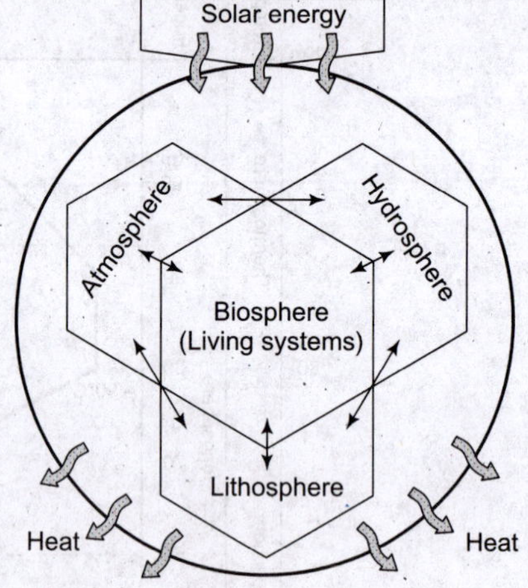

चित्र 1.3 बायोस्फियर सागर की तलहटी से लेकर 8 किलोमीटर वायुमंडल की ऊँचाई तक पाया जाता है।

भूमंडल के 71% भाग पर जल फैला हुआ है तथा शेष लगभग 29% पर थल है। जलमंडल का 97.3 प्रतिशत भाग सागरों तथा महासागरों में है। उत्तरी गोलार्द्ध की अपेक्षा दक्षिणी गोलार्द्ध में जल की मात्रा अधिक हैं इसलिए दक्षिणी गोलार्द्ध को प्राय: जल-गोलार्द्ध (Water Hemisphere) भी कहते हैं। शेष 2.7 प्रतिशत जल धरातल पर है, जिसका अधिकतर भाग हिम (Ice) के रूप में है। थल पर पाए जाने वाला शेष जल नदियों, झीलों, भूगृत, जीव तथा मृदा में पाया जाता है।

3. थलमंडल (Lithosphere)

भूपटल जो शैल्य (Rocks) का बना हुआ है। थलमंडल कहलाता है। थलमंडल की मोटाई महाद्वीपों तथा महासागरों के नीचे भिन्न-भिन्न है। सामान्यत: महाद्वीपों के नीचे भूपटल (Crust) की मोटाई, लगभग 35 किलोमीटर तथा महासागरों के नीचे लगभग पाँच किलोमीटर है। भूपटल (Eart Crust) अथवा थलमंडल ऐस्थेनोस्फियर (Asthenosphere) पर तैर रहा है।

4. जीवमंडल (Biosphere)

जिस स्थान पर वायुमंडल (Atmosphere), जलमंडल (Hydrosphere) तथा स्थलमंडल (Lithosphere) मिलते हैं उसे जीवमंडल (Biosphere) कहते हैं। दूसरे शब्दों में, जीवमंडल वह क्षेत्र (स्थान) है जहाँ जैविक तथा अजैविक मंडलों की पारस्परिक प्रक्रिया होती है। जीवमंडल को पर्यावरणीय मंडल (Ecosphere) भी कहते हैं।

पारिस्थितिकी (Ecology)

पारिस्थितिकी विज्ञान में जैविक तथा अजैविक पदार्थों के पारस्परिक संबंधों का अध्ययन किया जाता है। पारिस्थितिकी शब्दावली का प्रयोग सबसे पहले 1869 में ई. हेकल (Ernst Haeckel) ने किया था। इसकी बहुत-सी शब्दावली का विकास पिछले कुछ दशकों में हुआ है। उदाहरण के लिए पारिस्थितिकी तंत्र (Ecosystem) शब्दावली को सबसे पहले आर्थर टांस्ले (Arthur Tanslay) ने 1935 में किया था। इसी प्रकार जनसंख्या पारिस्थितिकी (Population Ecology) की शब्दावली का विकास वर्तमान दशकों में हुआ है। इसीलिए इकोलोजी को नए साइंस की संज्ञा भी दी जाती है।

पारिस्थितिकी तंत्र (Ecosystem)

जैविक जगत् (Living World) जैसे पेड़-पौधे, जीव-जंतुओं तथा सूक्ष्म जीव (Micro-organism) तथा अजैविक जगत (Non-living World) अर्थात भौतिक तथा रासायनिक पर्यावरण के स्वत: नियामिक संबंध को पारिस्थितिकी तंत्र कहते हैं। पारिस्थितिकी तंत्र शब्दावली जैसाकि ऊपर दिया गया है, सबसे पहले उपयोग 1935 में टाँस्ले महोदय ने किया था। ओडम महोदय (Odum) ने पारिस्थितिकी (Ecology) को प्रकृति (Nature) की संरचना तथा प्रकार्य (Function) का विज्ञान माना है।

पारिस्थितिकी की सामाजिक प्रासंगिकता (Social Relevance of Ecosystem)

पारिस्थितिकी की सामाजिक रूप से महत्वपूर्ण उपयोगिता है। पारिस्थितिकी द्वारा पुनर्निर्माण की विशेषताएँ मानव तथा पारिस्थितिकी व पर्यावरण की निरंतरता हेतु अति आवश्यक हैं। पारिस्थितिकी से समाज को प्राप्त होने वाले प्रत्यक्ष व अप्रत्यक्ष लाभों का विवरण निम्नानुसार है-

1. पारिस्थितिकी तंत्र से खाद्यान्न, चारा, ड्राइ-फ्रूट, शहद, फाइबर, ईंधन लकड़ी, कागज की लुगदी (pulp), इमारती लकड़ी (Timber) तथा खाद प्राप्त होती है।
2. पारिस्थितिकी तंत्र कृषि आधारित (agro-based) एंव जंगल आधारित (forest–based) उद्योगों को कच्चा माल प्रदान करता है।
3. चिकित्सकीय जड़ी-बूटियां प्रदान करता है।
4. बाढ़ों को नियंत्रित करने में सहायता प्रदान करता है।
5. तापमान की तीव्रता व सूखे को कम करता है।
6. मृदा अपरदन को रोकता है।
7. मृदा में ह्यूमस को मिलाता है तथा उसकी उर्वरता को बढ़ाता है।
8. स्वस्थ पारिस्थितिकी तंत्र जल, मृदा एवं हवा को शुद्ध करता है।
9. पारिस्थितिकी तंत्र कीड़े-मकोडों (pests) तथा रोगों को नियंत्रित करता है।
10. पारिस्थितिकी तंत्र पारिस्थितिकी की पुनर्निर्माण (resilience) विशेषता को बनाए रखता है।
11. वे अनुवांशिकी स्रोतों को बनाए रखने में सहायता प्रदान करते हैं।
12. वे मनोरंजन संबंधी क्रियाकलापों तथा पारिस्थितिकी-पर्यटन को बढावा देते हैं।
13. जंगलों की शैक्षणिक व अनुसंधान संबंधी महत्ता भी है।
14. जंगलों की सांस्कृतिक व धार्मिक महत्ता भी है।
15. यह प्राकृतिक सुंदरता, सांस्कृतिक विविधता तथा सौन्दर्यात्मकता (aesthetic) को संरक्षित करता है।

आधारभूत पारिस्थितिकी संबंधी शब्दावली (Basic Ecological Terms)

प्राकृतिक वास (Habitat): किसी जीव के भौतिक वास को है बिटेट (Habitat) कहते हैं। कोई भी जीव अपने विशेष भौतिक पर्यावरण में पनपता तथा वास करता है।

पारिस्थितिक परिवर्तन (Ecological Transition): पारिस्थितिक परिवर्तन की संकल्पना 1976 में बेनेट महोदय (Bennett) ने प्रस्तुत की थी। इस संकल्पना के अंतर्गत किसानों को केवल कृषि भूमि पर आधारित नहीं रहना है वरन् उनको नकदी अर्थव्यवस्था (Cash economy) की ओर अग्रसर करना है। नगरीकरण तथा औद्योगिक कारण से कृषिकों को उन्नति के अनेक नये अवसर प्राप्त होते हैं, जिससे सामाजिक एवं आर्थिक परिवर्तन होता है, परंतु यदि औद्योगिककरण और नगरीकरण के कारण सघन कृषि की जाये तो उससे उपजाऊ भूमि का ह्रास हो सकता है जिससे टिकाऊ कृषि संभव नहीं हो सकती। ऐसी परिस्थिति में पारिस्थितिकी की विविधता नष्ट हो सकती है।

पारिस्थितिक-विस्फोटन (Ecological Explosion): पारिस्थितिक घटना से किसी जीव की जनसंख्या में भारी वृद्धि हो सकती है। पारिस्थितिक विस्फोटन शब्दावली का उपयोग सबसे पहले एल्टन (Elton) महोदय ने 1958 में किया था। पारिस्थितिक विस्फोटन का सर्वोत्तम उदाहरण महामारी के वाइरस (Viruses) तथा जीवाणु (Bacteria) हैं। इनकी जनसंख्या विस्फोटन से प्लेग (Plague) तथा इनफ्लुएंजा (Influenza) जैसी महामारियाँ फैल सकती हैं।

बहुत-से जीवाणु एवं वाइरस (Virus) तथा जीव-जन्तु किसानों की फसलों को नष्ट कर देते हैं। टिड्डी दल (Locusts) इसी प्रकार के जैविकों का एक उदाहरण है। बहुत-से पारिस्थितिक विस्फोटन का मुख्य कारण मौसम, आर्द्रता, तापमान तथा खराब जलवायु होते हैं। इसके विपरीत बहुत-से पारिस्थितिक विस्फोटन के सही कारण का पता ही नहीं चल पाता।

निच (Niche): फ्रेंच भाषा के निचर से निच शब्द उद्यृत है। निच किसी समुदाय विशेष के अंर्तगत किसी जीव के प्रकार्य, व्यवसाय तथा जीवन के रूप को निर्दिष्ट करता है। यह एक प्रक्रिया है जिसमें कोई जीव अपने जीवित रहने के लिए आवश्यक भौतिक, रासायनिक तथा जैविक कारकों को निरंतर कायम रखता है। इनमें से कुछ निच हैं आवासीय निच (habitat niche), खाद्य संबंधी निच (trophic food Niche) तथा पुनरुत्पादन निच (reproductive niche)। उदाहरणत: गौरैया पक्षी चारागाह मैदानों में अवस्थित आवासों में पायी जाती है। उनका खाद्य निच (trophic niche) जंगली बीज (weed seeds) व वर्ष भर फसलित बीज फसलें हैं तथा जो नेस्टिंग सीजन (nesting season) उनके भोजन में कीड़े-मकोड़ों को जोड़ता है। कुछ प्रजातियों का प्रतीकात्मक संबध है, यह वह व्यवस्था है जिससे प्रत्येक जीव परस्पर तथा निरंतर लाभ उठाते हैं।

उदाहरणत: काई (lichen) (लाइकन की तरह उच्चरित) शैवाल तथा फफूंदी से बना होता है जो एक साथ रहते हैं। शैवाल उत्पादक है तथा खाद्य का स्रोत है तथा फफूंदी संरचना व भौतिक सहारा प्रदान करती है। दोनों के परस्पर लाभदायक संबंध से एक निच (niche) बनता है जिसमें वे अकेले जीवित नहीं रह सकते। एक पारिस्थितिकी निच (ecological niche) में निम्नलिखित शामिल होते हैं:

(i) वास स्थान (Habitat)-जहाँ प्रजातियाँ रहती हैं।

(ii) खाद्य निच (Food niche)- एक प्रजाति जो खाती है तथा इसे अपक्षयित करती है तथा किस प्रजातियों से यह प्रतिपर्स्धा करती है।

(iii) पुनरुत्पादन निच (Reproductive niche)-कब और क्या यह पुनरुत्पादित करता है।

(iv) भौतिक व रासायनिक निच (Physical and chemical niche)-तापमान, नमी तथा भूआकृति।

(v) भू-पारिस्थितिकीय निच (Geo-ecological niche)-भू-आकार क्षेत्र, ढाल तथा मृदा आदि।

इकोटोन (Ecotone): दो पारिस्थितिकी तंत्रों के बीच की सीमा को इकोटोन कहते हैं। वास्तव में इकोटोन एक सीमांत (Frontier) को कहते हैं, जिसकी चौड़ाई तथा विस्तार भिन्न-भिन्न होता है। इकोटोन में विभिन्न पशु-पक्षियों तथा पेड़-पौधों के बीच तनाव (Tension) की परिस्थिति बनी रहती है। वे वनस्पति व जीव जो इकोटोन में पाए जाते हैं, उन्हें लुप्तप्राय या धार प्रजातियाँ (edge species) कहा जाता है। स्थलीय पारिस्थितिकी तंत्र में एज प्रभाव (edge effect) पक्षियों में महत्वपूर्ण होता है। उदाहरण के लिए वन व मरुस्थल के बीच इकोटोन के मिश्रित वास (mixed habitat) में पक्षियों का घनत्व अधिक होता है।

इकोटोप (Ecotope): किसी जैविक समुदाय के भौतिक पर्यावरण को इकोटोप कहते हैं। इकोटोप को बायोकोयनेसिस (Biocoenosis) भी कहते हैं। इसमें जैविक तथा अजैविक सभी तत्व सम्मलित होते हैं जो एक-दूसरे को प्रभावित करते हैं।

जीवजगत (Biota): किसी क्षेत्र अथवा प्रदेश में पाये जाने वाले कुल पशु-पक्षी पेड़-पौधे तथा जीवाणुओं के कुल योग को जीवजगत (Biota) कहते हैं।

बायोटोप (Biotope): किसी समुदाय के प्राकृतिक वास को बायोटोप कहते हैं। वास्तव में यह इकोटोप ही का दूसरा नाम है।

समुदाय (Community): किसी पारिस्थितिकी तंत्र (Ecosystem) में पाये जाने वाले पशु-पक्षियों तथा पेड़-पौधों की उपजातियों को समुदाय अथवा जैविक समाज कहते हैं। एक समुदाय की उत्पत्ति पेड़-पौधों तथा जीव-जंतुओं की पारस्परिक प्रक्रिया से होती है। उदाहरणार्थ वन-पारिस्थितिकी तंत्र में एक समुदाय वन के निचले भाग में तथा दूसरा समुदाय वृक्षों के ऊपरी भाग में स्थान ग्रहण कर सकता है।

पारिस्थितिकीय सिद्धांत (Ecological Principles)

पारिस्थितिकीय विज्ञान (Ecology) में पारिस्थितिक संसाधनों के सदुपयोग तथा उनको स्वस्थ एवं टिकाऊ अवस्था में बनाये रखने का अध्ययन किया जाता है। पशु-पक्षियों एवं पेड़-पौधों के विकास (Evolution), वितरण, वृद्धि, विलोपन तथा विनाश (Extinction) किन्हीं सिद्धांतों के अंतर्गत होता है। पारिस्थितिक के प्रमुख सिद्धांतों का संक्षिप्त वर्णन निम्नलिखित है–

1. पारिस्थितिकी विज्ञान की मूलभूत इकाई पारिस्थितिक तंत्र है।
2. भौतिक तथा जैविक प्रक्रियाओं में एकरूपतावाद का सिद्धांत लागू होता है। भूआकृति विज्ञान की भाँति पारिस्थितिकी विज्ञान की प्रक्रियाओं में एकरूपतावाद के सिद्धांत जो भूतकाल में लागू थे वही वर्तमान में लागू होते हैं।
3. सभी भौतिक तथा जैविक तत्वों में पारस्परिक प्रतिक्रियाशीलता पाई जाती है।
4. पारिस्थितिक तंत्र सूर्य से प्राप्त होने वाली ऊर्जा पर निर्भर करता है। सूर्य से प्राप्त होने वाली ऊर्जा को पेड़-पौधे ग्रहण करते हैं, इसीलिए पेड़-पौधों को प्राइमरी उत्पादक कहते हैं। पारिस्थितिक तंत्र में ऊर्जा-संचार के निम्न सिद्धांत हैं-
   - *(i)* **प्रथम सिद्धांत (Law I):** किसी भी तंत्र की राशि में ऊर्जा न तो उत्पन्न की जा सकती है और न ही उसका विनाश होता है। दूसरे शब्दों में, ऊर्जा अंतर्वाह (Inflow) तथा बर्हिवाह (Outflow) में संतुलन पाया जाता है।
   - *(ii)* **दूसरा सिद्धांत (Law II):** किसी प्रक्रिया में जो ऊर्जा बिखरती (Dissipate) है वास्तव में किसी कार्य को करने में ऊर्जा का एक स्वरूप दूसरे स्वरूप में परिवर्तित हो जाता है।
5. जैवमंडल में ऊर्जा संचार एकदिशीय होता है।
6. जैवमंडल में भौतिक तत्व का संचार एक चक्र-पथ के रूप में संपादित होता है।

7. पारिस्थितिक-तंत्र की उत्पादकता का तात्पर्य प्रति इकाई जैव-पदार्थ से है। यह उत्पादकता प्राइमरी उत्पादकों (वनस्पति) के द्वारा होता है।
8. पारिस्थितिक तंत्र (Ecosystem) में स्वत: नियामक यंत्र-रचना (Self-regulatory Mechanism) पायी जाती है। यदि पारिस्थितिक तंत्र में कोई परिवर्तन होता है तो धीरे-धीरे उसमें स्वत: प्राकृतिक रूप से संतुलन स्थापित हो जाता है।
9. यदि पारिस्थितिक तंत्र पर बाह्य बलों का प्रभाव अत्यधिक बढ़ जाए तो पारिस्थितिक तंत्र संतुलित नहीं रह पाता।
10. वनस्पति समुदाय (Plant community) का आनुक्रमिक विकास (Successional development) होता है।
11. सांक्रांतिक अवस्थाओं (Transitional stages) में वनस्पति के एक समुदाय (community) के दूसरी समुदाय में परिवर्तित होने को सेरी (Sere) कहते हैं। आनुक्रमिक विकास (Successional development) के अंत में विकसित होने वाली कम्युनिटी (community) को क्लाइमेक्स (climax) कहते हैं।
12. मानव पर्यावरण का एक सक्रिय घटक है जो पर्यावरण में निरंतर परिवर्तन करता रहता है।
13. आहार-विविधता (Food-diversity) से पारिस्थितिक तंत्र में संतुलन एवं स्थिरता बढ़ती है।
14. पारिस्थितिकी (Ecology) अध्ययन का उद्देश्य प्राकृतिक संसाधनों को टिकाऊ बनाना तथा जैविक विविधता में स्थिरता उत्पन्न करना है।
15. संसाधनों का सदुपयोग करके ही जैविक-विविधता (Biodiversity) संभव है।

प्रकाश-संश्लेषण (Photosynthesis)

सूर्य-प्रकाश के प्रभाव के कारण पेड़-पौधों में कार्बन-डाइ-ऑक्साइड (Carbon-di-oxide) तथा ऑक्सीजन (oxygen) के संयोजन से ऊर्जा-युक्त जैविक पदार्थ शुगर तथा स्टार्च (Sugar and starch) का उत्पादन होता है। इस प्रक्रिया को प्रकाश-संश्लेषण (Photosynthesis) कहते हैं।

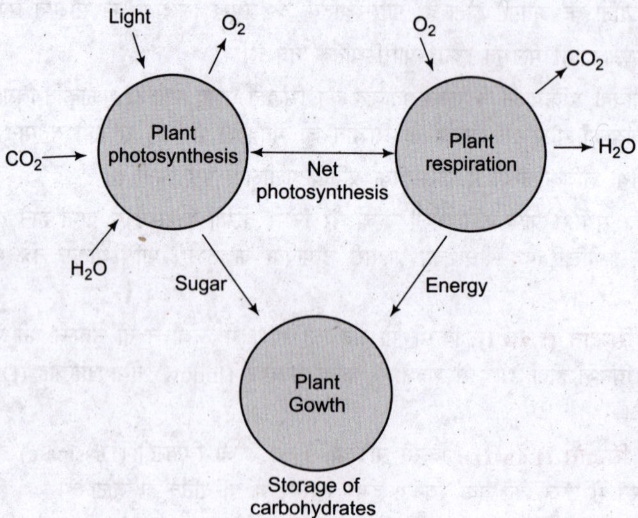

चित्र 1.4 प्रकाश संश्लेषण व श्वसन के बीच संतुलन वनस्पतियों के विकास का निर्धारण करता है
(आर.डब्ल्यू. क्रिस्टोफर्सन, P.486)

जल तथा थल, पेड़-पौधों, जीव-जंतुओं तथा सूक्ष्म जीवों को मिलने वाली ऊर्जा का एकमात्र स्रोत प्रत्यक्ष एवं अप्रत्यक्ष रूप से सूर्य है। सूर्य भारी मात्रा में प्रकाश के रूप में ऊर्जा उत्पन्न करता है, जिसका एक सूक्ष्म भाग ही पृथ्वी तक पहुँचता है। पृथ्वी की धरातल पर पहुँचने वाली ऊर्जा की 2000 इकाइयों में से एक इकाई जैविक जगत के लिये पर्याप्त होती है। सूर्य से आने वाली ऊर्जा को पेड़-पौधे, शैवाल, काई (Algae) इत्यादि क्लोरोफिल (Chlorophyll) अथवा रासायनिक ऊर्जा में बदल देते हैं। इस रासायनिक ऊर्जा से सामान्य कार्बोहाइड्रेट (Carbohydrates) तथा अन्य जैविक-सूक्ष्म आहार (organic molecular-food) उत्पन्न होते हैं, जिनका उपयोग पेड़-पौधे तथा जीव-जंतु करते हैं। इन पेड़-पौधों को पशु-पक्षी खाते हैं, जिनको उपभोक्ता (consumers) कहते हैं। पेड़-पौधे तथा जीव-जन्तु अंततः नष्ट हो जाते हैं और इस प्रकार उत्पन्न होने वाली ऊर्जा अंतरिक्ष में प्रवाहित हो जाती है। *(चित्र 1.4)*

फोटो-अवधि (Photo period)

सूर्य प्रदर्शन को फोटो अवधि कहते हैं।

केमोसिंथेसिस (Chemosynthesis)

जैविक मिश्रण का ऐसा संश्लेषण जो अजैविक सल्फर, अमोनिया तथा हाइड्रोजन इत्यादि की ऊर्जा के कारण उत्पन्न होता है, कीमोसिंथेसिस (Chemosynthesis) कहलाता है।

पारिस्थितिकी तंत्र के संघटक (Components of an Ecosystem)

कोई भी पारिस्थितिकी तंत्र (Ecosystem) जैविक तथा अजैविक (Nonliving) घटकों एवं तत्वों पर आधारित होता है। *(चित्र 1.5)*

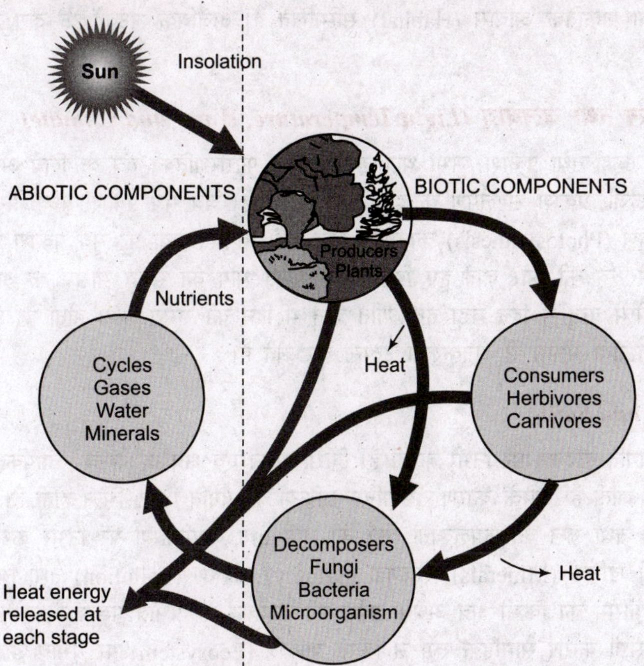

चित्र 1.5 पारिस्थितिकी तंत्र के जैविक एवं अजैविक घटक

जैविक घटक (Biotic Component)

जैविक घटकों में पेड़-पौधे, जीव-जंतु, पशु-पक्षी तथा सूक्ष्म जीव सम्मिलित हैं। जैविक घटकों को निम्न वर्गों में विभाजित किया जा सकता है–

(a) उत्पादक अथवा आटोट्राफ (Producers or Autotrophs)

सामान्यत: पेड़-पौधे जो प्रकाश संश्लेषण (Photosynthesis) द्वारा भोजन तैयार करते हैं, उत्पादक अथवा आटोट्राफ (Producers or Autotrophs) कहलाते हैं। उत्पादकों में सूक्ष्म जीव (Micro-organisms) भी सम्मिलित हैं। सागर की तली में पाए जाने वाले सूक्ष्म-प्राणी भी इसी वर्ग में सम्मिलित हैं।

(b) उपभोक्ता अथवा सर्वाहारी (Consumers or Heterotrophs)

इस वर्ग में शाकाहारी, मांसाहारी तथा सर्वाहारी जीव (पशु-पक्षी तथा मानव) सम्मिलित हैं।

(c) अपघटक तथा ह्रासकारी (Decomposers and Detritus)

कीड़े-मकोड़े, फफूँदी तथा ह्रासकारी जीवाणुओं (Bacteria) को अपघटक कहते हैं। ये जैविक पदार्थों का ह्रास करके पर्यावरण में मिश्रित कर देते हैं।

2. अजैविक घटक (Abiotic Component)

अजैविक घटकों में जलवायु, तापमान, वर्षण, आर्द्रता, गैसें (Gases), जल, सागरीय लहरें, मिट्टी, लवणता, पी. एच. (P.H.), खनिज, टोपोग्राफी अथवा प्राकृतिक आवास (Habitat) सम्मिलित हैं। अजैविक घटकों के द्वारा ही ऊर्जा संचार का मंच तैयार होता है।

प्रकाश, तापमान, जल तथा जलवायु (Light, Temperature, Water and Climate)

सूर्य से प्राप्त होने वाली ऊर्जा तथा प्रकाश, सभी थल एवं जल के पारिस्थितिकी तंत्र के लिये अनिवार्य हैं। किसी पारितंत्र (Ecosystem) में सूर्य-ऊर्जा, प्रकाश-संश्लेषण के द्वारा प्रवेश करती है। जब सूर्य प्रकाश पृथ्वी पर पड़ता है, उस प्रकाशित समय को प्रकाश-संश्लेषण (Photosynthesis) का समय कहते हैं। विषुवत रेखा पर सूर्य प्रकाश लगभग 12 घंटे का होता है, परंतु विषुवत रेखा से ध्रुव की ओर जाते हुए दिन के प्रकाशित भाग का समय मौसम के अनुसार घटता-बढ़ता रहता है। उदाहरण के लिये ग्रीष्म ऋतु में दिन बड़ा तथा शीत ऋतु में दिन का समय छोटा होता है। इस प्रकार पेड़-पौधे तथा पशु-पक्षी अपने पर्यावरण तथा मौसम से अनुकूलता उत्पन्न कर लेते हैं।

वायु तथा मृदा (Air and Soil)

रासायनिक प्रक्रिया की प्रगति तापमान पर निर्भर करती है। किसी स्थान एवं क्षेत्र के दैनिक, वार्षिक, अधिकतम तथा न्यूनतम तापमान में विविधता पाई जाती है जिसके कारण रासायनिक प्रक्रिया की प्रगति भिन्न-भिन्न होती है। किसी प्रदेश के जलचक्र (Hydrological Cycle) तथा जल की उपलब्धता वहाँ की वर्षा तथा वाष्पीकरण पर निर्भर करती है। जल की गुणवत्ता पर उसमें पाये जाने वाले खनिजों (Minerals), लवणता (Salinity), प्रदूषण (Pollution) तथा विषाक्तता (Toxicity) का प्रभाव पड़ता है। दैनिक मौसम का किसी क्षेत्र अथवा प्रदेश की जलवायु पर प्रभाव पड़ता है, जो वनस्पति के प्रतिरूपों को प्रभावित करती है। यह सभी कारण सामूहिक रूप से किसी पारितंत्र (Ecosystem) पर प्रभाव डालते हैं।

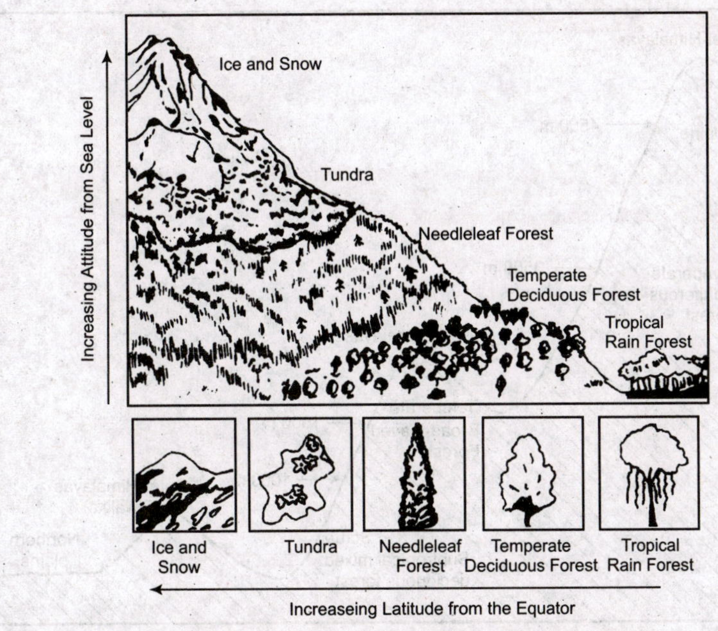

चित्र 1.6 बढ़ती ऊँचाई एवं अक्षांश के साथ जीवन क्षेत्र

एक महान भूगोलवेत्ता अन्वेषक तथा वैज्ञानिक एलेक्जेंडर वान हम्बोल्ट (Alexander von Humboldt) 1769-1859, के अनुसार किसी क्षेत्र तथा प्रदेश के पेड़-पौधों तथा पक्षियों एवं जंतुओं में समान परिस्थितियों में समानता पाई जाती है। एण्डीज पर्वत (Andes Mountains) में वर्षों के भ्रमण तथा भौगोलिक अध्ययन के पश्चात हम्बोल्ट इस निष्कर्ष पर पहुँचे कि पर्वत की ऊँचाई पर जाते हुए, प्राकृतिक वनस्पति के प्रकार एवं प्रतिरूपों में परिवर्तन होता जाता है। एण्डीज पर्वत के इक्वाडोर (Ecuador) तथा पेरू (Peru) देशों में शोध कार्य करते समय हम्बोल्ट ने वनस्पति के ऊँचाई के कटिबंध (Altitudinal Zonation) की संकल्पना प्रस्तुत की। उनके अनुसार, जैसे विषुवत रेखा से ध्रुव की ओर जाते हुए प्राकृतिक वनस्पति में परिवर्तन होता है, ठीक उसी प्रकार पर्वत की ऊँचाई पर जाते हुए वनस्पति के प्रकार एवं प्रतिरूपों में परिवर्तन पाया जाता है। *(चित्र 1.6 तथा 1.7)*

सभी पर्वतों की प्राकृतिक वनस्पति में ऊँचाई कटिबंध (Altitudinal Zonation) देखे जा सकते हैं। प्रत्येक प्राकृतिक वनस्पति कटिबंध में सूर्यताप (Insolation) तथा वर्षण (Precipitation) में पारिस्परिक संबंध पाया जाता है, इस कारण पर्वत की विभिन्न ऊँचाइयों पर वनस्पति के प्रकार एवं प्रतिरूपों में भी परिवर्तन पाया जाता है।

इन सामान्य परिस्थितियों के अतिरिक्त प्रत्येक पारिस्थितिकी तंत्र में उत्पादक स्थानीय जलवायु को जन्म देते हैं। उदाहरण के लिये, वनों के धरातलीय भाग में सूर्य का प्रकाश कम पहुँचता है। चीड़ के जंगलों में धरातल पर पहुँचने वाले सूर्य प्रकाश की मात्रा में लगभग 20% की कमी आती है, जबकि बर्च-बीच (Birch-Beech) के जंगलों में सूर्य-प्रकाश में 50-75 प्रतिशत की कमी आती है। चटियल एवं बंजर क्षेत्रों की तुलना में जंगलों में आर्द्रता (Humidity) की मात्रा 5% रहती है। जिन क्षेत्रों में जंगल होते हैं, वहाँ का सर्दी के मौसम में तापमान तुलनात्मक रूप से अधिक रहता है और गर्मी के मौसम में तापमान अपेक्षाकृत कम रहता है। सूक्ष्म स्तर पर इस प्रकार की जलवायु-विविधता पवर्तीय ढलानों तथा घाटियों (Valleys) में देखी जा सकती है।

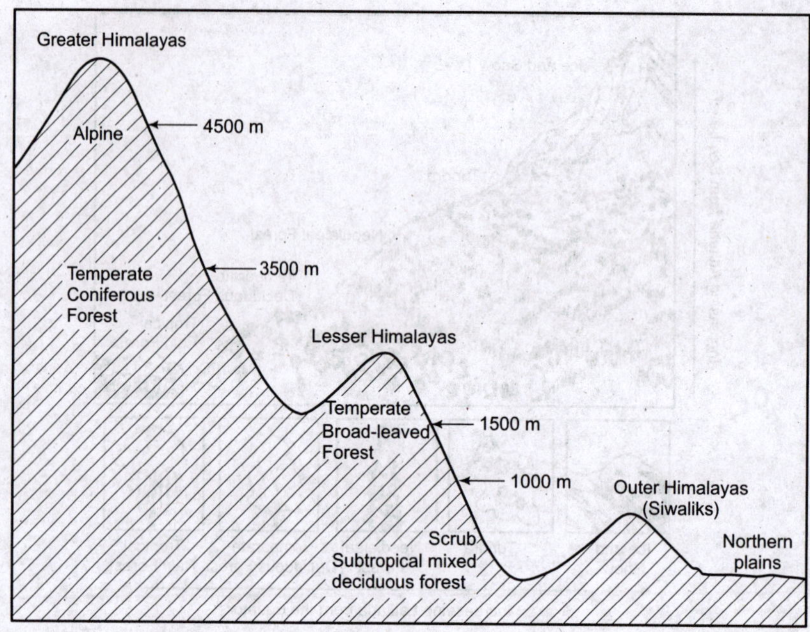

चित्र 1.7 हिमालय में उष्णकटिबंधीय वनों का उर्ध्वगामी विभाजन

संक्षेप में यह कहा जा सकता है कि पर्वतों की ऊँचाई कटिबंधों की पेड़-पौधों एवं जीव-जंतुओं में विभिन्नता एवं विविधता पाई जाती है। प्रत्येक कटिबंध के तापमान, सूर्यातप (Insolation) आर्द्रता, वर्षा तथा वषर्ण में भी अंतर पाया जाता है।

पारिस्थितिकी तंत्र एवं चक्र पारिस्थितिकी तंत्र घटकों का एक जटिल समूह होता है। यह सभी घटक (Variables) स्वाधीन तथा एक-दूसरे पर निर्भर होकर कार्य करते हैं। जैसा कि ऊपर वर्णन किया जा चुका है, पारितंत्र (Ecosystem) में जैविक तथा अजैविक घटक होते हैं और सभी सूर्य से प्राप्त होने वाली ऊर्जा पर आश्रित होते हैं। केवल अथाह सागर की तली एवं गुफाओं (Cave) के अंधेरे में पाये जाने वाले सूक्ष्म जीव ही केमोसिंथेसिस पर निर्भर रहते हैं।

किसी भी पारिस्थितिकी तंत्र (Ecosystem) को दो उपवर्गों में विभाजित किया जा सकता है, जिसका एक घटक जैविक (Biotic) होता है, जिसमें उत्पादक (Producers), उपभोक्ता (Consumers) तथा गलाने-सड़ाने वाले उपघटक (Decomposers) सम्मिलित हैं। दूसरा घटक अजैविक घटक (Abiotic) है, जिनमें गैस, शैल (चट्टानें), हवा, जल, आर्द्रता इत्यादि सम्मिलित हैं। कुछ महत्त्वपूर्ण अजैविक चक्रों (Abiotic cycles) का संक्षिप्त वर्णन निम्न दिया गया है।

गैसीय तथा अवसादी चक्र (Gaseous and Sedimentary Cycle)

हाइड्रोजन, ऑक्सीजन तथा कार्बन प्रकृति की जैव-विविधता के मूल तत्व हैं। ये तीनों तत्व यौगिक रूप से पृथ्वी के कुल जैविक पदार्थ का 99 प्रतिशत भाग हैं। वास्तव में सभी जैविक मौलिक्यूलस (Organic Molecules) में हाइड्रोजन (H) तथा कार्बन (C) पाए जाते हैं। इनके अतिरिक्त, नाइट्रोजन (Nitrogen), मैगनिशियम (Magnesium), कैल्शियम (Calcium), पोटैशियम (Potassium), सल्फर (Sulphere) तथा फॉस्फेट (Phosphate) जैसे महत्त्वपूर्ण पोषक (Nutrients) भी जैविक विकास के लिये अनिवार्य हैं।

प्रकृति में कई रासायनिक चक्र (Chemical Cycle) प्रकार्य करते रहते हैं। ऑक्सीजन, कार्बन तथा नाइट्रोजन सभी गैसों के चक्र वायुमंडल में उपस्थित हैं। अन्य तत्व में अवसादी चक्र मौजूद हैं। जो खनिजों पर आधारित हैं। अवसाद में विशेष रूप से फॉस्फोरस (Phosphorous), केल्शियम (Calcium) तथा सल्फर (Sulphur) सम्मिलित रहते हैं। ये तत्व जैविक एवं अजैविक दोनों ही घटकों में सम्मिलित रहते हैं। ये पुनचक्र (Recycle) प्रक्रिया बायोकेमिकल साइकिल (Biochemical cycle) कहलाती है, जिसमें जैविक तथा अजैविक दोनों सम्मिलित रहते हैं।

कार्बन एवं ऑक्सीजन चक्र (Carbon and Oxygen Cycles)

कार्बन तथा ऑक्सीजन दोनों पर एक साथ विचार किया जाएगा, क्योंकि इन दोनों चक्रों में भारी घनिष्ठता पाई जाती है। *(चित्र 1.8)*

वायुमंडल ऑक्सीजन का भंडार है। ऑक्सीजन, भूपटल (Earth's Crust), में भी पाई जाती है, परंतु वह रासायनिक रूप से अन्य तत्वों में मिश्रित होने के कारण उपलब्ध नहीं हैं।

कार्बन गैस का सबसे बड़ा भंडार सागर तथा महासागरों में है। पृथ्वी के कुल कार्बन का 93 प्रतिशत महासागरों में पाया जाता है। जिसकी मात्रा 39,000 बिलियन टन है; परंतु रासायनिक प्रक्रिया के द्वारा कार्बन-डाइ-ऑक्साइड (Carbon dioxide) में मिश्रित है। सागरों में कार्बन डाइ ऑक्साइड गैस प्रकाश-संश्लेषण (Phptosynthesis) के द्वारा उत्पन्न होती है, जिसमें सूक्ष्म-जैविक फाइटोप्लेंकटन (Photoplankton) सहायक होते हैं। कार्बन का संचय कुछ कार्बोनेट-खनिजों (Carbonate Mineral) में हो जाता है। चूना-पत्थर (Limestone) कार्बन एकत्रित करने वाला इसी प्रकार का एक उदाहरण है। वायुमंडल में लगभग 700 बिलियन टन कार्बन पाया जाता है। कोयला तथा तेल के भंडारों की तुलना में यह बहुत कम है। कोयले तथा पेट्रोलियम के रूप में लगभग 1200 बिलियन टन हाइड्रोकार्बन पाया जाता है। वायुमंडल में पाई जाने वाली कार्बन-डाइ-ऑक्साइड के मुख्य स्रोतों ज्वालामुखी, जैविक श्वसन (Respiration) तथा उद्योगों एवं परिवहन में जलाई जाने वाली लकड़ी, कोयला, पेट्रोलियम तथा प्राकृतिक गैस इत्यादि हैं।

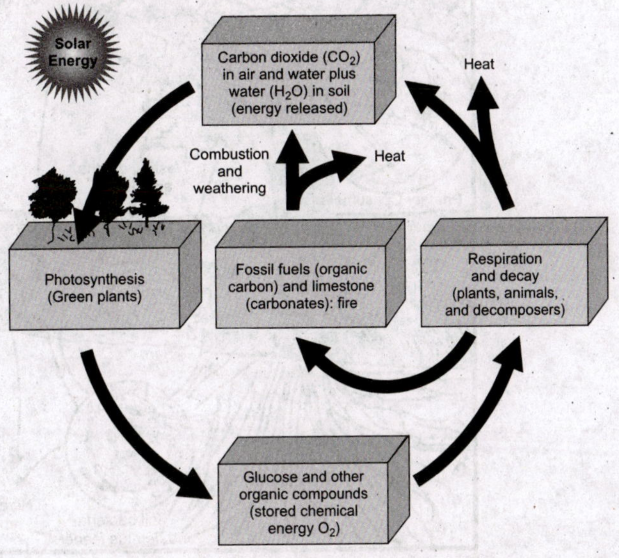

चित्र 1.8 साधारणीकृत कार्बन एवं ऑक्सीजन चक्र

नाइट्रोजन चक्र (Nitrogen Cycle)

वायुमंडल की गैसों में सबसे अधिक नाइट्रोजन गैस पाई जाती है। वायुमंडल में नाइट्रोजन की मात्रा 78.084 प्रतिशत है। जैविक अणु (Organic Molecule) की उत्पत्ति में नाइट्रोजन की बड़ी भूमिका होती है। जीवन के लिए अनिवार्य प्रोटीन (Protein) का उत्पादन नाइट्रोजन गैस ही से होता है। नाइट्रोजन गैस का एक सामान्य माडल (Simplified Model) *चित्र 1.9* में दिखाया गया है। भारी मात्रा के बावजूद नाइट्रोजन जैविक घटकों (Living Organic) को सीधे रूप से प्राप्त नहीं होती। नाइट्रोजन की प्राप्ति उन बैक्टीरियाओं (Bacteria) के द्वारा होती है जो नाइट्रोजन का उत्पाद करते हैं। ये बैक्टीरिया (Bacteria) पेड़-पौधों और दलहनों (Pulses) की जड़ों में पाये जाते हैं। उदाहरण के लिए दलहनों (Legumes) जैसे-मटर, उड़द, अरहर, मूँग, मसूर, सोयाबीन, लोबिया, गुआर, मूँगफली तथा हरी खाद की फसलें (सनी, पटसन, ढैंचा), बरहीम आदि

की जड़ों में नाइट्रोजन उत्पन्न होती है। दलहन की जड़ों में नाइट्रोजन की गाँठ (Nitrogen Nodules) रासायनिक प्रक्रिया के द्वारा नाइट्रेट (NO_3) तथा अमोनिया (NH_3) पैदा करती हैं। इस नाइट्रोजन का पेड़-पौधे उपयोग करते हैं। अंततः पेड़-पौधे तथा जीव-जंतु गलने-सड़ने पर बैक्टीरियाओं के द्वारा वायुमंडल में विलय हो जाते हैं। *(चित्र 1.9)*

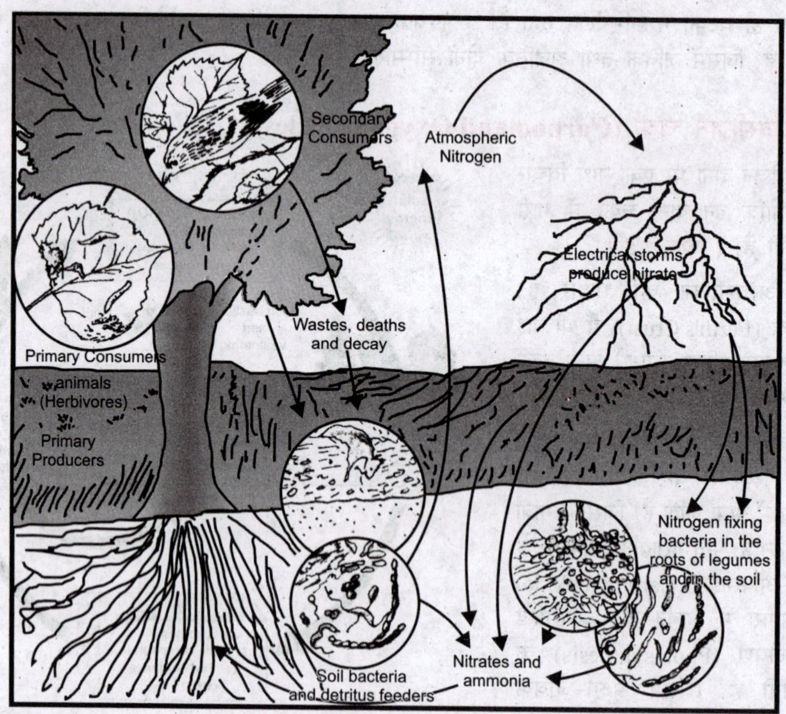

चित्र 1.9 नाइट्रोजन चक्र

पृथ्वी का जलतंत्र (Hydrological System of the Earth)

पृथ्वी का जल विभिन्न तंत्रों में विभाजित है, अर्थात जल पृथ्वी के धरातल, महासागरों, सागरों, मृदा भूगृत, वायुमंडल में ठोस, तरल तथा गैस (वाष्प) के रूप में पाया जाता है। भूमंडल के 71 प्रतिशत भाग पर जल फैला हुआ है भू-धरातल पर विभिन्न अवस्थाओं में पाया जाता है, जैसाकि **आरेख 1.10** में दिखाया गया है। *(चित्र 1.10)*

चित्र 1.10 से विदित है कि अधिकतर जल (99.5%) महासागरों में पाया जाता है जबकि शेष एक प्रतिशत से भी कम जल नदियों, झीलों,

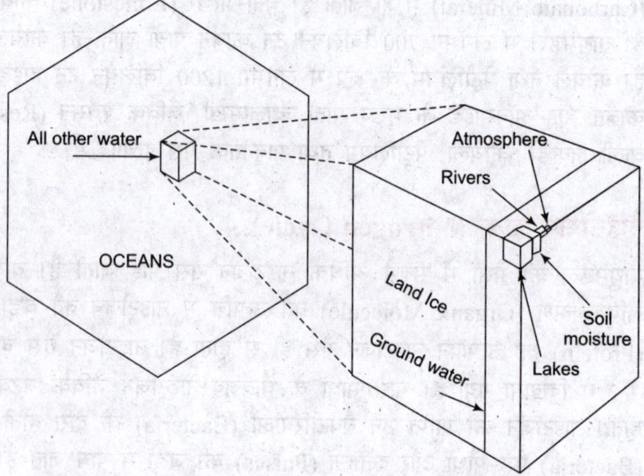

चित्र 1.10 जलतंत्र के प्रत्येक प्रमुख भागों में अपेक्षित जल की मात्रा

मृदा तथा वायुमंडल में पाया जाता है। जल चक्र के द्वारा जल का स्थान एवं स्वरूप बदलता रहता है। जल-अपवाह से मृदा (Soils) में नमी बनी रहती है जो पेड़-पौधों के लिए अनिवार्य है। जल-अपवाह के द्वारा ही पौष्टिक रासायनिक तत्वों का संचार होता है। वायुमंडल में पाए जाने वाले जल का मौसम तथा जलवायु पर गहरा प्रभाव पड़ता है। विभिन्न परिस्थिति तथा अवस्थाओं में जल के रहने का समय तालिका 1.2 में दिया गया है।

तालिका 1.2 जलचक्र में जल–वास का समय

अवस्थापन (Location)	निवास (Residence)
वायुमंडल	9 दिन
नदियाँ(यदि जल अपवाह की गति एक मीटर प्रति सेकेंड हो)	7 दिन
मृदा में पाई जाने वाली नमी (आर्द्रता)	15 दिन से लेकर एक वर्ष तक
बड़ी झीलें	10 वर्ष
छिछला भूगृत जल	10 वर्ष से लेकर 100 वर्ष
सागर की ऊपरी परत (150 मीटर की गहराई तक)	120 वर्ष
महासागर	3000 वर्ष
अधिक गहरा भूगृत जल तथा हिम-चादर	10,000 वर्ष तक
अंटार्कटिक आइस केप (Ice cap)	10,000 वर्ष

Source: Ecoscience, Paul, R. Ehrlich, et. al. p. 30.

महासागर (The Oceans)

विश्व के कुल जल का 97.5 प्रतिशत जल (तरल, हिम एवं वाष्प के रूप में) महासागरों में पाया जाता है। सागर में जल-निवास का समय लगभग तीन हजार वर्ष माना जाता है। यद्यपि सागर की ऊपरी परत का जल बहुत कम समय में वाष्प का रूप धारण कर लेता है। इसके विरीत गहरे सागरों की तलहटियों में पाए जाने वाले जल को वाष्प में बदलने के लिये हजारों वर्ष लग जाते हैं।

हिम (Ice)

जो पानी सागरों में नहीं उसका लगभग 80 प्रतिशत भाग हिम के रूप में पाया जाता है। विश्व का अधिकतर हिम अंटार्कटिका (Antarctica) तथा ग्रीनलैंड (Greenland) में पाया जाता है। हिम के पिघलने की प्रक्रिया के आधार पर हिम के जल को वाष्प में बदलने में लगभग दस हजार वर्ष लगते हैं। यदि आज के सभी ग्लेशियर (Galaciers) पिघल जाएं तो सागर के जल में 2 प्रतिशत की वृद्धि होगी तथा सागर का स्तर लगभग 100 मीटर ऊँचा हो जाएगा।

भूगृत जल (Groundwater)

मृदा (मिट्टी) के छिद्रों तथा धरातल के नीचे पाए जाने वाले जल को भूगृत जल कहते हैं। विश्व का जो जल सागरों में नहीं उसका 20 प्रतिशत जल भूगृत जल है।

मिट्टी के छिद्रों में विश्व का केवल 0.005 प्रतिशत जल पाया जाता है। इस सूक्ष्म मात्रा के बावजूद नदियों के संपूर्ण जल की तुलना में मृदा में अधिक जल पाया जाता है। भूगृत जल को दो भागों में विभाजित किया जा सकता है: (i) मृदा के छिद्रों में पाया जाने वाला जल तथा (ii) धरातल की परतों के नीचे पाया जाने वाला जल। मृदा के छिद्रों में

पाये जाने वाले जल को वाष्प बनने में 15 दिन से लेकर एक वर्ष तक लग सकता है। मृदा में पाया जाने वाला जल केवल इसलिये महत्त्वपूर्ण नहीं है कि वह बह कर नदियों में जाता है, बल्कि इसलिए भी महत्ता रखता है क्योंकि वनस्पति तथा जीव-जंतुओं का आधार इसी पर है।

झीलें (Lakes)

पृथ्वी के कुल जल का केवल 0.017 प्रतिशत भाग ही झीलों में पाया जाता है। इस जल का लगभग आधे से कुछ अधिक भाग मीठे पानी की झीलों में तथा शेष खारे-पानी (Saline- water) की झीलों में पाया जाता है। मीठे पानी का लगभग 75 प्रतिशत जल उत्तरी अमेरिका की ग्रेट लेक्स (Great Lakes), रूस की बेकाल तथा पूर्वी अफ्रीका की झीलों में पाया जाता है। बड़ी झीलों में जल-वास का समय दस वर्ष माना जाता है, जबकि केस्पियन सागर (झील) का निवास-समय (Residence time) लगभग 200 वर्ष है।

वायुमंडल (Atmosphere)

वायुमंडल में पृथ्वी के कुल जल का एक सूक्ष्म भाग ही वायुमंडल में पाया जाता है, जिसकी मात्रा केवल 0.0001 प्रतिशत है फिर भी वायुमंडल में पाये जाने वाला जल पृथ्वी की नदियों के कुल जल से अधिक है। प्रति दिन पृथ्वी से लगभग 2.5mm जल वाष्प बनकर वायुमंडल में प्रवेश करता है और 2.5mm वर्षण के रूप में वायुमंडल में धरती (पृथ्वी) पर गिरता है। वायुमंडल जल के आवास का समय लगभग नौ दिन माना जाता है।

नदियाँ (Rivers)

विश्व के कुल जल का केवल 0.0001 प्रतिशत भाग ही नदियों में पाया जाता है। नदियों का जल अपने अपवाह के दौरान मिट्टी एवं चट्टानों का अपर्दन करके अवसादों (Sediments) को अपने साथ बहा कर ले जाता है। वास्तव में पृथ्वी धरातल पर पाई जाने वाली भू-आकृतियों में सबसे अधिक परिवर्तन बहता हुआ जल (नदियाँ) ही करती हैं।

जीव (Living Organism)

जीवों में पाई ज़ाने वाली कुल जल की मात्रा बहुत कम है फिर भी किसी भी समय वनस्पति से वायुमंडल में इतना जल भी जा सकता है जितना विश्व की नदियों में जल अपवाह होता है। वनस्पति में जल का आवास बहुत कम समय के लिये होता है जिसके वनस्पति में पाये जाने वाले जल की महत्ता और भी बढ़ जाती है। इस प्रकार पेड़-पौधे तथा पशु-पक्षियों की जल चक्र में विशेष महत्ता है।

जलचक्र (Hydrological Cycle)

जलवाष्प का ऊर्जा के कारण बदलते स्वरूप एवं स्थान को जलचक्र कहते हैं। जलचक्र में जल निरंतर जलवाष्प, जल तथा हिम में बदलता है। जलचक्र में वाष्पीकरण (Evaporation) संघनन (Condensation), हिमत्व (Freezing), हिम पिघलना तथा उदात्तीकरण (Sublimation) इत्यादि प्रक्रियाएँ सम्मिलित हैं। *(चित्र 1.11)*

जलचक्र में वाष्पीकरण, प्रस्वेदन (transpiration), वायु राशियों का परिवहन, वर्षण, जल-अपवाह, रिसन (percolation) तथा भूगृतीकरण (Ground water movement) जैसी प्रक्रियाएँ सम्मिलित हैं। पृथ्वी पर गिरने वाली अधिकतर वर्षणी सागर से उठने वाले वाष्पीकरण का परिणाम होता है। वर्षण का कुछ जल बहकर पुनः सागरों में चला जाता है, परंतु बहुत-सा जल मिट्टी तथा वनस्पति ग्रहण कर लेती है। *(चित्र 1.11)*

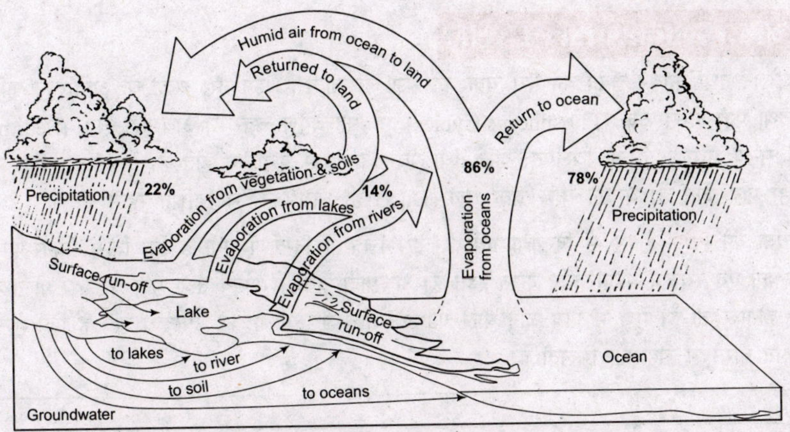

चित्र 1.11 जल चक्र (स्ट्रालर, 1997, P.362)

चित्र 1.11 एवं 1.12 में जल अपवाह बेसिन (Drainage Basin) में जल की प्रक्रिया को दर्शाया गया है। किसी जल-अपवाह बेसिन में जल मिट्टी तथा चट्टानों के छिद्रों के रास्ते भूगृत जल का रूप धारण करता है तथा वाष्पीकरण के द्वारा वापस वायुमंडल में प्रवेश करता है। भूगृत जल जितनी अधिक गहराई में होता है उसको वायुमंडल में प्रवेश करने में उतना ही अधिक समय लगता है।

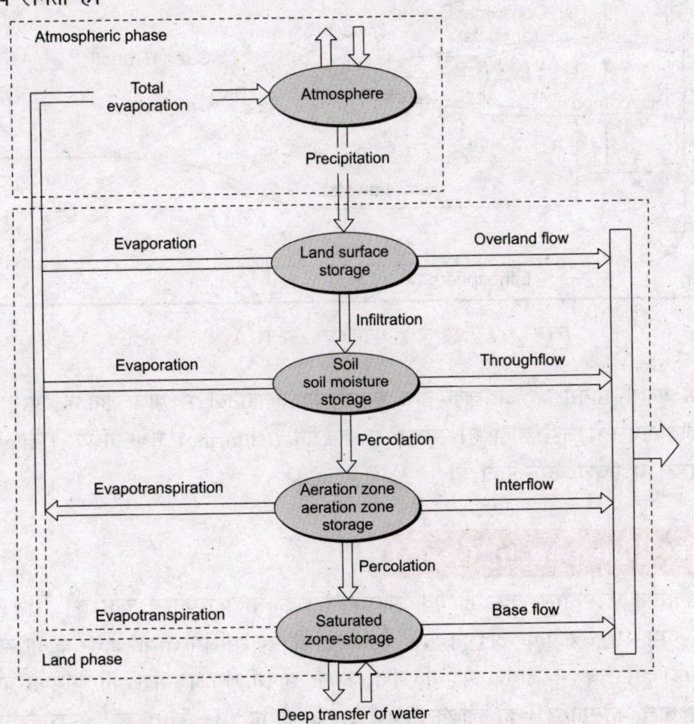

चित्र 1.12 जल चक्र अपवाह बेसिन (Hydrological Cycle-Drainage Basin)

अवसादी चक्र (Sedimentary Cycle)

ऑक्सीजन, नाइट्रोजन तथा कार्बन चक्रों को गैस चक्र की संज्ञा दी जाती है। इन गैस चक्रों के अतिरिक्त पारिस्थितिकी तंत्र में अवसादी चक्र तथा फॉस्फोरस चक्र (Phosphorus Cycles) भी महत्त्वपूर्ण चक्र है। अवसादी चक्र (Sedimentary Cycles) में अवसादों की मुख्य भूमिका है जो विशेषत: जल तथा पवन आदि से प्रभावित होते हैं। अवसादी चक्र के अधिकतर तत्व थल तथा जल में पाये जाते हैं। केवल कुछ चक्र धूल (Dust) ही वायुमंडल में मिश्रित रहती है।

अवसादी चक्र को *चित्र 1.13* में दिखाया गया है। इस चित्र में दिखाया गया है कि किस प्रकार प्रमुख पौष्टिक तत्व अवसादी चक्र स्थान एवं स्वरूप में परिवर्तन करते रहते हैं। अवसादी चक्र में शैल्य तथा मृदा के स्वरूपों तथा स्थानों में किस प्रकार परिवर्तन होता रहता है। मृदा में पाये जाने वाले पौष्टिक तत्व पेड़-पौधों को उपलब्ध होते हैं जिससे पारिस्थितिकी-तंत्र में संतुलन स्थापित करने में सहायता मिलती है।

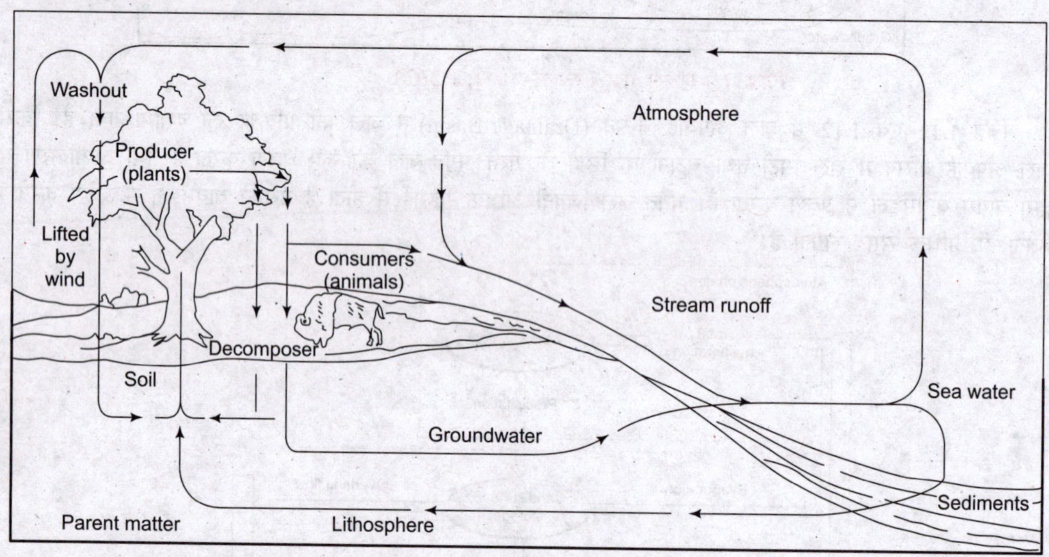

चित्र 1.13 अवसादी चक्र (ए. स्ट्रालर, 1997, P. 536)

बहुत-से पौष्टिक पदार्थ सागरों के अवसादों तथा सागरों की तलहटियों में पाये जातें हैं, परंतु इनका अधिकतर भाग जैविक पदार्थों के लिये उपलब्ध नहीं होता है। सागरों से क्लोरीन (Chlorine) तथा गंधक (Sulphur) इत्यादि सागर से वायुमंडल तथा थलमंडल में प्रवेश करते रहते हैं।

फॉस्फोरस चक्र (Phosphorus Cycle)

उपरोक्त चक्रों के अतिरिक्त फॉस्फोरस चक्र भी एक महत्त्वपूर्ण चक्र है। फॉस्फोरस चक्र को *चित्र 1.14* में दिखाया गया है। यद्यपि प्रकृति में फॉस्फोरस चक्र एक अदभुत चक्र है, फिर भी पशु-पक्षियों तथा जीव-जंतुओं के जीवन एवं वृद्धि के लिये बहुत महत्त्वपूर्ण है। इस चक्र में जैविक पदार्थों, मृदा, उथले सागरों के अवसादों की भूमिका बहुत महत्त्वपूर्ण है। मृदा (Soils) में पाये जाने वाले फॉस्फोरस को जैविक पदार्थ अपनी प्रोटीन (Protein) की आवश्यकता की आपूर्ति के लिये उपयोग करते हैं और इस प्रकार वह आहार शृंखला (Food-Chain) में प्रवेश कर जाते हैं। जब पेड़-पौधे, जीव-जंतु तथा

उनका मलमूत्र इत्यादि (Excretory Products) गल-सड़ (Decompose) जाती है, तो उनसे उनका फॉस्फोरस उत्पन्न होता है जो मिट्टी में मिल जाता है। यह उत्पन्न फॉस्फोरस फिर से पेड़-पौधों में उपयोग हो जाता है अथवा वर्षा के जल के साथ बह जाता है और नदियों के द्वारा सागरों के जल में मिलकर सागरी अवसाद का रूप धारण कर लेता है। सागर के जिन भागों में जल नीचे से ऊपर की ओर उबलता है उन क्षेत्रों में फॉस्फोरस नीचे से ऊपर की ओर आकर आहार-शृंखला का भाग बन जाता है। दक्षिणी अमेरिका के पेरू के तटों पर भारी मात्रा में गुआनो (Guano) नाम की चिड़िया पाई जाती है। इन चिड़ियों की बीट (Droppings) में भारी मात्रा में फॉस्फोरस पाया जाता है जिसका उपयोग कृषि भूमि को उपजाऊ बनाने के लिए उपयोग में लाया जाता है।

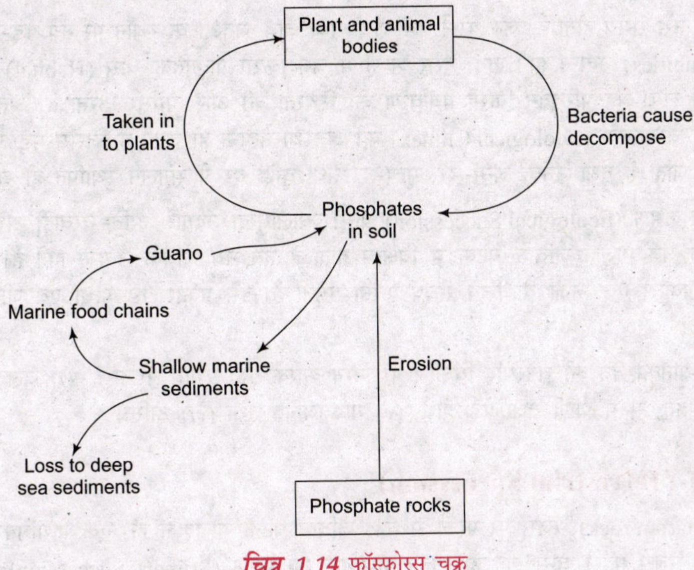

चित्र 1.14 फॉस्फोरस चक्र

वर्तमान समय में फॉस्फोरस चक्र (Phosphorus Cycle) में रासायनिक फॉस्फेट की सहायता विघटित हो सकती है। फॉस्फेट शैल्य से फॉस्फेट रासायनिक खाद का उत्पादन किया जाता है। संक्षिप्त में फॉस्फोरस चक्र कृषि उत्पादन के लिये विशेष रूप से उपयोगी माना जाता है।

ऊर्जा चक्र (Energy Cycle)

ऊर्जा चक्र पारिस्थितिकी तंत्र (Ecosystem) में ऊर्जा संचार पर निर्भर करता है। सूर्य से प्राप्त होने वाली ऊर्जा को पेड़-पौधे अपनी पत्तियों के द्वारा आहार में तब्दील कर देते हैं, जिससे पेड़-पौधों की संख्या उनकी शाखाओं, जड़ों, फूलों, फल, बीच इत्यादि की वृद्धि होती है। सूर्य से प्राप्त होने वाली ऊर्जा को पेड़-पौधे, सीधे रूप से ऊतक (Tissuses) में परिवर्तित कर देते हैं, इसीलिये वनस्पति को उत्पादक (Producers) कहते हैं। पेड़-पौधों तथा विभिन्न प्रकार की वनस्पति पशु-पक्षियों का आहार बनते हैं इसलिये पशु-पक्षियों को उपभोक्ता (Consumers) कहते हैं। वनस्पति से प्राप्त होने वाली ऊर्जा का एक भाग पशु-पक्षियों को उपापचयी (Metabolic) प्रक्रिया जैसे श्वसन (Breathing), पाचन क्रिया (Digestion), रुधिर संचार (Blood- Circulation), ऊतक (Tissues) निर्माण तथा जीवों के शरीर का तापमान बनाये रखने में नष्ट हो जाता है। पशु-पक्षी तथा मानव के द्वारा किये गये प्रयासों में भी ऊर्जा का एक भाग नष्ट हो जाता है। वास्तव में सभी प्राणियों को भोजन की तलाश, घर बनाने (Finding Shelter), जनने (Breeding) तथा अपने बच्चों (Young ones) की देख भाल में

नष्ट हो जाती है। जैसा कि ऊपर लिखा जा चुका है, पशु-पक्षी एवं मानव वनस्पति पर निर्भर करते हैं। इस प्रकार उत्पादक एवं उपभोक्ता एक आहार-शृंखला (Food- chain) से जुड़े हुए हैं। चूंकि प्रत्येक पेड़-पौधे एवं जीव-जंतु एक-दूसरे से जुड़े हुए हैं, इसलिये आहार-शृंखला (Food- chain) काफी जटिल हाती है।

अनुक्रमण (Succession)

पारिस्थितिकी अनुक्रमण (Ecological Succession)

पारिस्थितिकी वंशक्रम उस समय होता है, जब पुराने पेड़-पौधों तथा जीव-जंतुओं के स्थान पर नये पेड़-पौधे तथा जीव-जंतुओं के समुदाय (Communities) उत्पन्न होने लगें। दूसरे शब्दों में जब किसी प्राकृतिक-वास (Habitat) में नये पेड़-पौधे तथा जीव-जंतु उत्पन्न होने लगें। यह परिवर्तन किसी पर्यावरण को स्थिरता की ओर अग्रसर करता है। अंततः किसी क्षेत्र अथवा प्रदेश में पारिस्थितिकी चरमोत्कर्ष (Ecological Climax) की अवस्था उत्पन्न हो जाती है जिससे पेड़-पौधों तथा जीव-जंतुओं में संतुलन उत्पन्न हो जाता है तथा उनके जन्म-दर, मृत्यु-दर तथा वृद्धि दर में संतुलन स्थापित हो जाता है।

पारिस्थितिकी अनुक्रमण (Ecological Succession) प्रायः ज्वालामुखी उदगार, अति-चरवाही अथवा तूफान इत्यादि के कारण संभव होता है। जब मौजूदा जैविक-घटक में विक्षोभ होता है तब नये जैविक उत्पन्न होते हैं। इन नए समुदाय तथा जैविक समुदायों को प्रकाश एवं ऊर्जा के लिये संघर्ष करना पड़ता है। इस प्रकार पेड़-पौधों एवं जीव-जंतुओं की स्थिरता एक नाजुक प्रक्रिया है।

किसी भी पारिस्थितिकी तंत्र की वनस्पति विकास पर निम्न कारकों का प्रभाव पड़ता है—(*i*) जलवायु, (*ii*) भूआकृतियाँ, (*iii*) मृदा (*iv*) जीव-जंतु, सूक्ष्म प्राणी तथा पेड़-पौधे, (*v*) मानवजनित तथा (*vi*) अग्नि।

स्थलीय अनुक्रमण (Terrestrial Succession)

एक चटयल चट्टान (Barren rock), जिस पर पहले से कोई जैविक घटक मौजूद न हो, एक प्राथमिक अनुक्रमण उत्पन्न हो सकता है। जो जैविक सबसे पहले जन्म लेते हैं उनको प्राथमिक अनुक्रमण (Primary Succession) कहते हैं। यह अग्रणी जैविक भूस्खलन से उत्पन्न नए ढलानों, हिमनद (Glaciers) लुप्त होने के स्थानों तथा ज्वालामुखी से निकलने वाले लावे के ठंडे होने के स्थान पर उत्पन्न हो सकते हैं।

अधिकतर वंशक्रम (Succession) प्रायः उन्हीं स्थानों पर उत्पन्न होते हैं जहाँ पहले से कोई जैविक समुदाय अनुक्रमण मौजूद रहा है और किसी कारणवश यह जैविक समुदाय नष्ट अथवा उसमें कोई विशेष उथल-पुथल हो गई है। *(चित्र 1.15)*

जलीय वंशक्रम (Aquatic Succession)

जैसा कि उपरोक्त में विवेचना की जा चुकी है कि जलीय पारिस्थितिकी तंत्रों (Aquatic Ecosystems) में भारी विविधता पाई जाती है, जलीय पारिस्थितिकी तंत्र का तापमान, लवणता तथा गहराई में भी विभिन्नता देखी जाती है। इसी कारण महासागरों तथा पोखरों के जलीय वंशक्रम (Aquatic Succession) में अंतर पाया जाता है। जब कोई झील पोषकों (Nutrients) की बहुलता के कारण सूख जाती है तो उसमें वंशक्रम (Succession) आरंभ हो जाता है। आरंभ में जलीय पेड़-पौधे उगने लगते हैं, जिनको शैवालीकरण (Eutrophication) कहते हैं। आर्द्र जलवायु की झीलों में वनस्पति के मैट (Mat) तैरने लगते हैं और झील के किनारों पर दल-दल में उगने वाले पेड़-पौधे उगने लगते हैं। ऐसी पारिस्थितिकी में वनस्पति के सड़े-गले भाग झील की सतह पर एकत्रित होते जाते हैं। इस प्रकार धीरे-धीरे घास-फूस का स्थान बड़े पेड़-पौधे ले लेते हैं। अंततः यह झील एक जंगल का रूप धारण कर लेती है, जिससे पूर्ण रूप से जलीय वंशक्रम पूरा हो जाता है।

पारिस्थितिकी तंत्र की स्थिरता तथा विविधता (Ecosystem Stability and Diversity)

कोई भी पारिस्थितिकी तंत्र (Ecosystem) अधिकतम बायोमास (Biomass) की ओर अग्रसर रहता है। विषुवत-रेखीय सदाबहार वन, कैलीफोर्निया के रेड-वुड (Redwood) तथा चीड़ के जंगलों में पारिस्थितिकी स्थिरता पाई जाती है।

पारिस्थितिकी-तंत्र की दूसरी प्रमुख विशेषता उसकी विविधता होती है। किसी पारितंत्र में जितनी जैविक-विविधता होती है, वह तंत्र उतना ही स्थिर माना जाता है। वास्तव में जैविक-विविधता के कारण जोखिम (Risk) पूरे समुदाय में विभाजित रहता है। दूसरे शब्दों में, किसी पारिस्थितिकी तंत्र (Ecosystem) में भारी विविधता उसकी स्थिरता की गारंटी होती है। मानव द्वारा उत्पादित कृत्रिम जैविक समुदाय (Organic Community) एक स्थिर समुदाय नहीं होता। उदाहरण के लिये, चावल तथा गेहूँ असुरक्षित (Vulnerable) जैविक समुदाय हैं। कृषि में उगाई जाने वाली फसलें जैविक-विविधता की कमी के कारण अधिक सुरक्षित नहीं हैं। ऐसी फसलें प्राय: कीटाणुओं तथा बीमारियों के कारण नष्ट हो जाती हैं।

मानव के द्वारा उगाई गई फसलों आदि में जैविक-विविधता का अभाव होता है, इसी कारण ऐसे पारिस्थितिकी तंत्र (Ecosystem) अधिक स्थिर नहीं होते। जिन क्षेत्रों में फसलों को मिश्रित रूप (Mixed Cropping) में उपजाया जाता है। वहाँ का पारिस्थितिकी तंत्र अधिक स्थिर होता है।

पारिस्थितिकी तंत्र (Ecological System)

जलीय पारिस्थितिकी तंत्र (Aquatic Ecosystem)

जलीय पारिस्थितिकी तंत्र, थलीय-पारिस्थितिकी तंत्र से भिन्न होता है। प्रकाश, तापमान, लवणता, अक्षांश, जल-घनत्व एवं सागर की गहराई के आधार पर सागरीय- पारिस्थितिकी तंत्र निम्न वर्गों में विभाजित किया जा सकता है-

(*i*) फोटिक अथवा प्रकाशीय मंडल (Photic Zone), (*ii*) अप्रकाशीय मंडल (Euphotic Zone)। सागर की ऊपरी परत को प्रकाशीय मंडल कहते हैं जिसमें सूर्य का प्रकाश पहुँचता है इस परत की गहराई ऊष्णकटिबंध में लगभग 200 मीटर तथा मध्य अक्षांशों में इसकी गहराई लगभग 100 मीटर होती है। फोटिक मंडल के ऊपरी भाग को जैविक मंडल भी कहते हैं। प्रकाशीय मंडल के नीचे अप्रकाशित मंडल (Euphotic Zone) पाया जाता है इसको अंधकार मंडल भी कहते हैं, जो प्रकाशमंडल की निचली परत (Bottom) तक पाया जाता है।

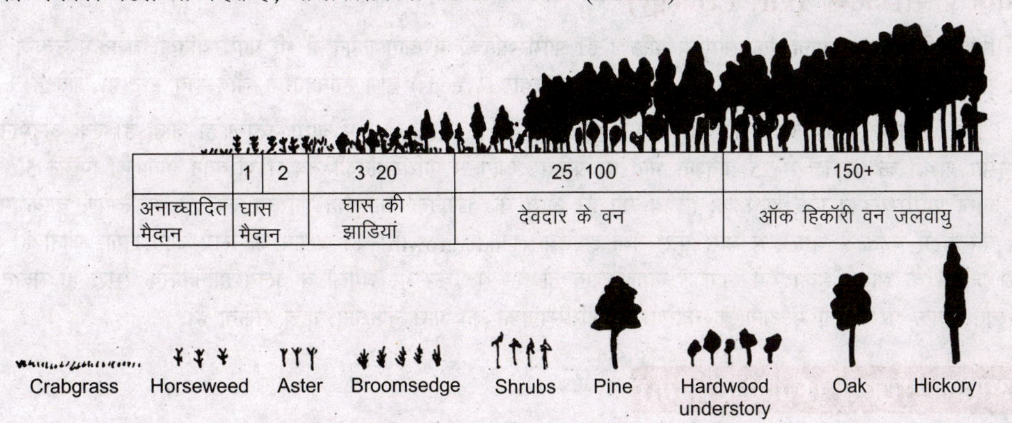

चित्र 1.15 स्थलीय अनुक्रमण (Terrestrial Succession)

झील, पोखर तथा तालाबों के पारिस्थितिकी तंत्र (Lakes and Ponds Ecosystem): झीलों तथा पोखरों का जल स्थिर रहता है अर्थात प्रवाहित नहीं होता। झील तथा तालाब सभी बायोम (Biomes) में पाये जाते हैं। इनका आकार भिन्न-भिन्न

होता है, जो क्षेत्रफल में एक हेक्टयर से लेकर हजारों हेक्टेयर तक हो सकता है। उदाहरण के लिये केस्पियन सागर (Caspian Sea), सुपीरियर, विकटोरिया 'अफ्रीका' बेकाल तथा बाल्कश (मध्य एशिया), कश्मीर की डल (Dal) तथा वूलर (Wular), झीलें मीठे जल पारिस्थितिकी तंत्र की उदाहरण हैं। उल्लेखनीय है कि मीठे पानी में लवण की मात्रा अपेक्षाकृत कम होती है।

कम गहराई वाली झीलों में प्राय: भारी मात्रा में जैविक पदार्थ पाया जाता है जिससे ऐसी झीलों में फॉस्फेट की मात्रा बढ़ जाती है। फॉस्फेट चूँकि उर्वरक का काम करते हैं इसलिये ऐसी झीलों तथा जलाशयों में जैविक पदार्थों की मात्रा में भारी वृद्धि हो जाती है। इसके विपरीत, ऊँचे तथा खड़े ढ़लानों के निकट स्थित झीलों में फॉस्फेट की मात्रा एवं संचार तुलनात्मक रूप से कम होता है। ऐसी झीलों को ओलिगोट्रोफिक (Ologotrophic) झीलें कहते हैं।

सरिताएँ एवं नदियाँ (Streams and Rivers): सरिताओं एवं नदियों में जल का अपवाह निरंतर बना रहता है। वर्षा के मौसम में वर्षा की मात्रा के कारण जल-अपवाह में परिवर्तन भी होता रहता है। नदियों के अपवाह में जल की मात्रा के साथ-साथ, जल-बहाव की गति, तापमान, भौतिक तथा रासायनिक तत्वों में भी परिवर्तन होता रहता है। विश्व की बड़ी नदियों (नील, अमेजन, यांगटिसी कियांग, मिसी-सीपी, मिसूरी, गंगा, ब्रह्मपुत्र, सिंधु इत्यादि) प्राय: हिमनदों (Glaciers) से निकलती हैं। इन नदियों का जल तीव्र गति से बहता है तथा इनके बहते पानी में बहुत-से जैविक (Planktons) पाये जाते हैं जो पानी में तैरते रहते हैं। नदियों के जल के निचले भाग में जहाँ मंद ढलान के कारण नदियों का जल प्राय: तुलनात्मक रूप से अधिक गंदला होता है, वहाँ भारी मात्रा में जैविक एवं सूक्ष्म जैविक अथवा प्लैकंटन (Planktons) तथा जूप्लैंक्टन (Zooplanktons) उत्पन्न हो जाते हैं।

मानव द्वारा निर्मित पारिस्थितिकी तंत्र (Man Made Ecosystem)

मानव द्वारा निर्मित पारिस्थितिकी तंत्र में ग्राम, कस्बे, नगर, सामाजिक वृक्षारोपण, उद्यान, बाग-बगीचे, मछली घर, क्रीडास्थल तथा कृषि क्षेत्र सम्मिलित हैं। ये पारितंत्र अत्यधिक उत्पादक होते हैं, परंतु इनमें जैव-विविधता कम होती है। वास्तव में मानव द्वारा निर्मित पारितंत्र बाढ़, बीमारियों, कीटाणुओं तथा कीड़े-मकोड़ों एवं टिड्डी दलों से प्राय: बहुत प्रभावित होते हैं।

अग्नि पारिस्थितिकी (Fire Ecology)

पारिस्थितिकी में आग लगना एक सामान्य प्रक्रिया है। पारिस्थितिकी में आग लगने से भी पारिस्थितिकी वंशक्रम उत्पन्न होता है। सीमित रूप से जंगल इत्यादि में आग लगने से खरपतवार (Weeds) तथा हानिकारक जीव-जंतु नष्ट हो जाते हैं।

प्राय: आग के कारण पारिस्थितिकी वंशक्रम (Ecological Succession) में बाधा उत्पन्न हो जाती है। एक अनुमान के अनुसार, पृथ्वी के धरातल में 25 प्रतिशत भाग पर प्रतिवर्ष आग से पारिस्थितिकी-तंत्र में परिवर्तन होता है। पिछले 50 वर्षों से अग्नि पारिस्थितिकी एक शोध का विषय रहा है। आज के वैज्ञानिक आग को पारितंत्र का एक महत्त्वपूर्ण घटक मानते हैं। वास्तव में बहुत-से जंगलों में घास-फूस तथा झाड़ियों (Undergrowth) को जलाने के लिये आग लगाई जाती है। यदि ऐसे जंगलों के झाड़- झंकाड़ में आग न लगाई जाय तो वह बढ़ कर पूरे जंगलों के लिये हानिकारक सिद्ध हो सकते हैं। विस्तृत मापक पर जंगलों में आग के कारण भी पारिस्थितिकी को भारी नुकसान पहुँच सकता है।

आहार श्रृंखला (Food-Chain)

आहार के जटिल जाल (Network) को आहार श्रृंखला के द्वारा ही कोई जैविक आवश्यकताओं की आपूर्ति करता है। मूलत: सभी प्राणी पेड़-पौधों, कंद-मूल तथा फल-फूल पर निर्भर रहते हैं। उदाहरण के लिये लोमड़ी खरगोश को खाती है, परंतु खरगोश घास खाता है। इसी प्रकार एक बाज छिपकली को खाता है और छिपकली टिड्डा (Grasshopper) को खाती है, जबकि टिड्डा घास खाता है। इस प्रकार सभी जीव घास, पेड़-पौधों पर निर्भर रहते हैं। इस क्रमबद्ध आहार संबंध

को आहार शृंखला कहते हैं। एक आहार शृंखला का उदाहरण निम्न प्रकार से भी दिया जा सकता है। एक सुंडी/ इल्ली (Caterpillar) पेड़ की पत्ती खाती है, नीली-टिट (Blue-Tit) चिड़िया सुंडी को खाती है और नीली टिट चिड़िया को केस्ट्रल (kestrel) इस प्रकार का छोटा बाज पक्षी खा जाता है। *(चित्र 1.16)* आहार शृंखला को लवण कच्छ (Salt-Marsh) पारितंत्र (Ecosystem) के उदाहरण से भी समझाया जा सकता है। लवण कच्छ (Salt-March) पारिस्थितिकी तंत्र (Ecosystem) में विभिन्न प्रकार की फफूँदी, अलगी (Algae), शैवाल (Water-plants), बैक्टीरिया, कीड़े-मकौड़े तथा लघु-मछलियाँ पाई जाती हैं। इनके अतिरिक्त ऐसे दलदल में बड़ी मछलियाँ, चिड़ियाँ, चूहे तथा छछूँदर इत्यादि भी पाये जा सकते हैं। ऐसे स्थान पर अजैविक घटक, जल, मृदा, तथा वायु इत्यादि भी विद्यमान होते हैं। ऐसे दलदल वाले क्षेत्रों में निरंतर ऊर्जा एवं प्रकाश का संचार निरंतर होता रहता हैं। दलदलीय पारिस्थितिकी तंत्र (Ecosystem) में घास-फूस तथा पेड़-पौधे प्राथमिक उत्पादक (Primary Producers) हैं। यह घास तथा पौधे, सूर्य प्रकाश का कार्बन-डाइ-ऑक्साइड में बदलते हैं, जिससे कार्बोहाइड्रेट उत्पन्न होते हैं तथा अंततः बायोकेमिकल (Biochemical) मालिक्यूल (Molecule) में परिवर्तित हो जाते हैं, जिन पर जैविक घटक निर्भर करते हैं। इस प्रक्रिया को प्रकाश-संश्लेषण (Photosynthesis) कहते हैं। पेड़-पौधे, जो सूर्य प्रकाश-संश्लेषण की प्रक्रिया द्वारा अलग भोजन उत्पन्न करते हैं, आहार-शृंखला का आधार कहलाते हैं।

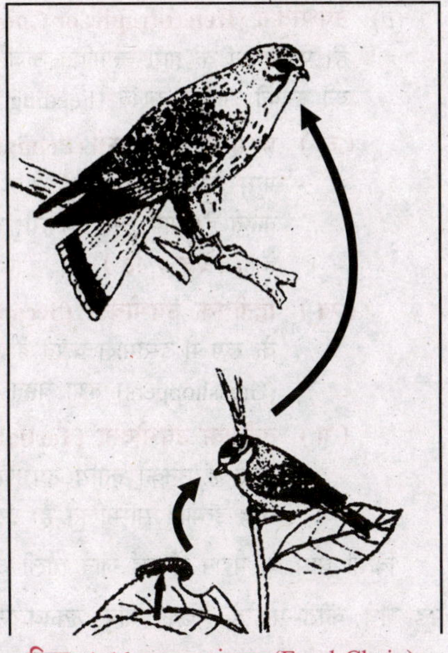

चित्र 1.16 आहार शृंखला (Food-Chain) एक इल्ली (caterpillar) पत्ती खाती है नीली टिट (Blue tit) इल्ली को खाती है परंतु नीली टिट को केस्ट्रल खाती है।

प्राथमिक उत्पादक (Primary Producers) पर प्राथमिक उपभोक्ता निर्भर करते हैं। ये उपभोक्ता शाकाहारी होते हैं। प्राथमिक उपभोक्ताओं को अन्य पशु खाते हैं, जिनको द्वितीयक उपभोक्ता (Secondary Consumers) कहते हैं। द्वितीयक उपभोक्ताओं उल्लू, बाज इत्यादि इस वर्ग में सम्मिलित हैं। इनके मरणोपरांत कीड़े-मकोड़े तथा सूक्ष्म जीव (Bacteria) खाकर इनको वायुमंडल में विलीन कर देते हैं। दूसरे शब्दों में, फफूँदी (Algae) बैक्टीरिया तथा कीड़े-मकोड़े (Insects) आहार-शृंखला की अंतिम कड़ी कहलाते हैं। यहाँ शृंखला आहार चक्र को पूरा करती है।

आहार-शृंखला वास्तव में एक प्रकार से ऊर्जा संचार है, जिसके द्वारा, सूर्य से प्राप्त होने वाला प्रकाश एवं पारिस्थितिकी तंत्र (Ecosystem) में प्रवाहित होता हैं। सूर्य की ऊर्जा को प्राथमिक उत्पादक सोखते हैं जिससे रासायनिक प्रक्रिया द्वारा प्रकाश-संश्लेषण उत्पन्न होता हैं। इन तत्वों को प्राथमिक उपभोक्ता इस्तेमाल करते हैं, जो मांसाहारी (द्वितीयक उपभोक्ताओं) को भोजन प्रदान करते हैं।

उत्पादक व उपभोक्ता (Producers and Consumers)

आहार-शृंखला को संक्षिप्त में निम्न प्रकार से प्रस्तुत किया जा सकता है। आहार-शृंखला के जैविकों को निम्न वर्गों में विभाजित किया जा सकता है–

(*i*) **उत्पादक (Producers/Autotrophs):** उत्पादकों में हरे पत्तों वाले पेड़-पौधे, फफूँदी (Algaes) तथा सूक्ष्म जैविक सम्मिलित हैं जो सूर्य से प्राप्त होने वाली ऊर्जा को रासायनिक ऊर्जा में बदलने की क्षमता रखते हैं और उस ऊर्जा को संचित करने की क्षमता रखते हैं।

(*ii*) **उपभोक्ता (Heterotrophs or Consumers):** उत्पादकों को छोड़कर अन्य सभी उपभोक्ता इस वर्ग में सम्मिलित हैं। पेड़-पौधों के द्वारा उत्पादित ऊर्जा को उपभोक्ता इस्तेमाल करते हैं तथा उसका विघटन करने हैं। उपभोक्ताओं को उनकी आहारी आदत (Feeding Habits) के आधार पर निम्न वर्गों में विभाजित किया जा सकता है–

(क) **प्राथमिक उपभोक्ता (Primary Consumers):** जो पशु तथा जैविक हरे पत्ते वाले पेड़-पौधों तथा घास फूस का सेवन करते हैं वे प्राथमिक उपभोक्ता कहलाते हैं। इस प्रकार के उपभोक्ताओं को शाकाहारी भी कहते हैं। गाय, भेंस, बकरी, घोड़े, खरगोश, टिड्डे (Grasshoppers) इत्यादि प्राथमिक उपभोक्ता कहलाते हैं। *(चित्र 1.16)*

(ख) **द्वितीयक उपभोक्ता (Secondary Consumers):** जो उपभोक्ता प्राथमिक उपभोक्ता को अपने आहार के रूप में इस्तेमाल करते हैं, द्वितीयक उपभोक्ता कहलाते हैं। मेंढक, छिपकली, द्विमीयक आदि जो टिड्डे (Grasshoppers) तथा बहुत-से कीड़े-मकोडे इस वर्ग में सम्मिलित हैं। *(चित्र 1.16)*

(ग) **तृतीयक उपभोक्ता (Tertiary Consumers):** जो जैव (Organisms) द्वितीयक उपभोक्ताओं का सेवन करते हैं उनको तृतीय उपभोक्ता कहते हैं इस वर्ग में चीता (Tiger), शेर (Lion), तेंदुआ (Leopard), गिद्ध इत्यादि सम्मिलित हैं। इस वर्ग में बहुत-से कीड़े-मकोड़े भी सम्मिलित हैं। *(चित्र 1.16)*

किसी घास के मैदान में पाई जाने वाली आहार-श्रृंखला को निम्न प्रकार से दर्शाया जा सकता है–

पेड़-पौधे, कीड़े-मकोड़े, मेंढक, साँप, उकाब/गरुड़

उत्पादक (Autotroph-Herbivors) प्राथमिक, द्वितीयक तथा मांसाहारी (Carnivores) उत्पादक (Producers) पेड़-पौधे उपभोक्ता (Consumers)।

अपघटक/मृतभक्षी (Decomposers or Saprophytes)

उत्पादकों तथा उपभोक्ताओं के मृत-शरीर को मृतभक्षी अपने आहार के रूप में सेवन करते हैं। मृत शरीर को सूक्ष्म जीव, बैक्टीरिया इत्यादि विघटन करते हैं। इनको अपघटक अथवा मृत भक्षी कहते हैं। मृत भक्षी आहार-श्रृंखला की एक महत्त्वपूर्ण कड़ी है, जो मृत जैविकों (Dead- bodies) से ऊर्जा को आहार-श्रृंखला (Food- Chain) में सम्मिलित करते हैं। वास्तव में फॉस्फेट (Phosphates), कार्बन डाइ ऑक्साइड, जल, नाइट्रोजन, सल्फेट तथा बहुत-से जैविक तत्व मृत भक्षियों की ही देन हैं।

प्राकृतिक पारिस्थितिकी तंत्र (Ecosystem of nature) में ऊर्जा का संचार एक जैविक से दूसरे जैविक में निरंतर होता रहता है। उदाहरण के लिये एक लवण-कच्छ (Salt-marsh) में नाना प्रकार के जीव (Organisms) पाये जाते हैं, जैसे शैवाल, काई (Algae) तथा जलीय पौधे, कीड़े-मकोड़े, घोंघे, केकड़े (Snails), छोटी बड़ी मछलियाँ, चिड़ियाँ, चूहे, छछूंदर इत्यादि। लवण-कच्छ में अजैविक घटकों में वायु, जल तथा मृदा प्रमुख हैं। इस प्रकार के पारिस्थितिकी का संचार जैविक से अजैविक में होता रहता है और एक संतुलन होने की प्रकृति पाई जाती है।

संक्षिप्त में किसी पारिस्थितिकी तंत्र की आहार-श्रृंखला में काई (Algae) प्राथमिक उत्पादक होती है। यह काई (Algae) सूर्य से प्राप्त ऊर्जा तथा प्रकाश की सहायता से कार्बन डाइ ऑक्साइड तथा जल को कार्बोहाइड्रेट (Corbohydrates) तथा अन्य जीव-रसायन (Bio-Chemical) ऐसे तत्व में तब्दील कर देती है जो जीवन का आधार होते हैं। किसी भी पारिस्थितिकी तंत्र में ऊर्जा संचार एक क्रमबद्ध ढंग से होता है, जिसको आहार-श्रृंखला अथवा फूड-चेन (Food-Chain) कहते हैं।

सभी आहार-श्रृंखलाओं में ऊर्जा संचार के समय कुछ ऊर्जा नष्ट हो जाती है। वास्तव में पेड़-पौधे ऊर्जा का संचय ही नहीं करते, वे ऊर्जा का किसी मात्रा में उपयोग भी करते हैं। साँस लेने (Respiration) की प्रक्रिया में कुछ ऊर्जा का ह्रास होता है।

पारिस्थितिकी संबंध अथवा पारिस्थितिकी पिरामिड (Ecological Relationship/Ecological Pyramid)

आहार-शृंखला के अध्ययन से पता चलता है कि कौन क्या खाता है तथा कहाँ से खाता है। *(चित्र 1.17)*

आहार-शृंखला तथा पारिस्थितिकी पिरामिड (Pyramid) का *चित्र 1.17* में दिखाया गया है। पारिस्थितिकी पिरामिड का उदाहरण दो विभिन्न पारिस्थितिकी तंत्र (Ecosystem) के द्वारा समझा जा सकता है। यह उदाहरण निम्न दो विभिन्न बायोमास (Biomas) का प्रतिनिधित्व करते हैं–

(*i*) शीतोष्ण कटिबंध घास के मैदान (Temperate Grasslands) तथा

(*ii*) शीतोष्ण कटिबंध बायोमास (Temperate Forest Biomas) *(चित्र 1.17)*

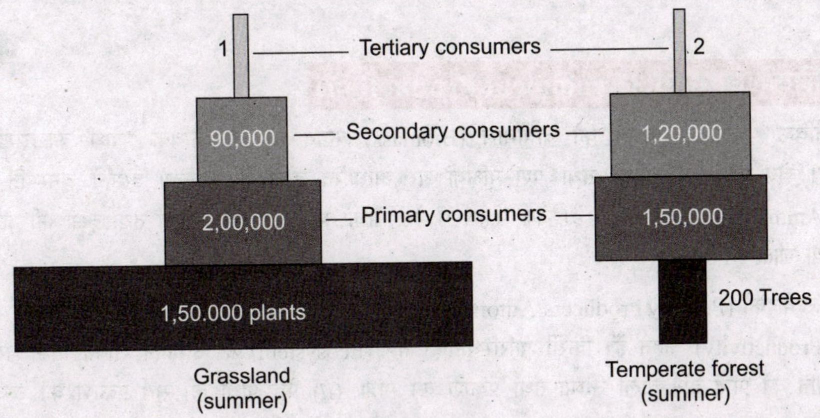

चित्र 1.17 ग्रीष्मकाल में 0.1 हेक्टेयर (0.25 एकड़) घासभूमि हेतु पारिस्थितिकी पिरामिड उपभोक्ताओं की संख्या प्रदर्शित की गयी है।

चित्र 1.17 के अध्ययन से विदित है कि आहार-शृंखला के प्रत्येक अनुक्रमिक (Succession) स्तर पर जैविकों (Organism) की संख्या में कमी होती जाती है। शीतोष्ण कटिबंधीय वनों की पारिस्थितिकी पिरामिड (Ecological Pyramid) का आधार संकीर्ण (Narrow) है, क्योंकि इन वनों में अधिकतर उत्पादक (Producers) बड़े ऊँचे वृक्ष तथा झाड़ियाँ हैं। दूसरे शब्दों में, उत्पादकों की तुलना में उपभोक्ताओं की संख्या कम है। इसके विपरीत शीतोष्ण कटिबंधीय घास के मैदानों में पारिस्थितिकी पिरामिड का आधार चौड़ा है जो ऊपर के स्तरों पर जाते हुए अनुक्रमिक रूप में संकीर्ण होता जाता है। *(चित्र 1.17)*

आहार-शृंखला (Food-Chain) तथा ऊर्जा संचार के प्रतिरूपों का *चित्र 1.18* में दिखाया गया है। इस चित्र से विदित है कि सूर्य से प्राप्त होने वाली ऊर्जा को पेड़-पौधे प्रकाश को प्रकाश-संश्लेषण (Photosynthesis) के द्वारा रासायनिक ऊर्जा में तब्दील कर देती है। घास-फूस, पेड़-पौधों को उपभोक्ता उपयोग करते हैं, कुछ ऊर्जा साँस प्रक्रिया में समाप्त हो जाती है तथा कुछ गल-सड़कर मृत भक्षियों का आहार बन जाता है। उपभोक्ता स्वयं मांसाहारी प्राणियों का भोजन बनते हैं इस प्रक्रिया में भी कुछ ऊर्जा का ह्रास होता है। अंततः मांसाहारी उपभोक्ता को सर्वभक्षी अथवा बड़े मांसाहारी खा जाते हैं। यह आहार-शृंखला एवं ऊर्जा संचार सभी प्राकृतिक पारिस्थितिकी तंत्रों में देखा जा सकता है।

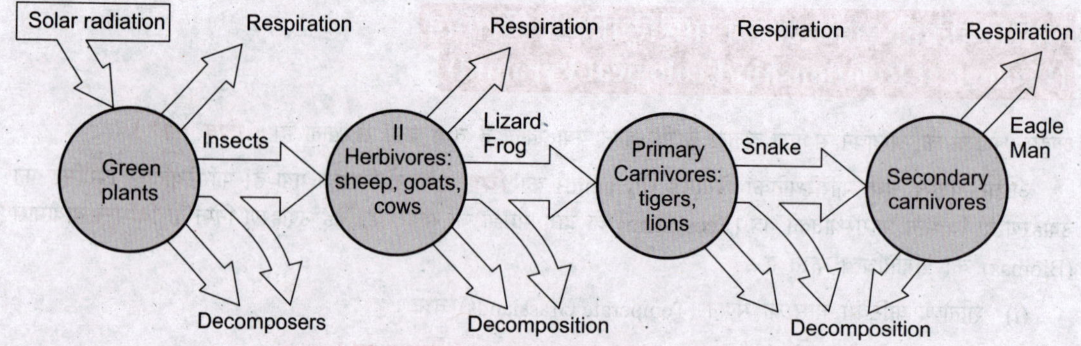

चित्र 1.18 एक साधारण रेखीय आहार श्रृंखला एवं ऊर्जा प्रवाह

पारिस्थितिकी उत्पादन (Ecological Production)

प्रति इकाई जैविक पदार्थों के वजन को बायोमास (Biomass) कहते हैं। इस जैविक पदार्थ को सूखी अवस्था में मापा जाता है। जैव-पदार्थ पेड़-पौधों तथा पशु-पक्षियों पर आधारित होता है इसलिये इसको वनस्पति-पदार्थ अथवा प्राणी-पदार्थ (Animal-Biomass) कहते हैं। जैव-पदार्थ में पेड़-पौधों, फसलों, प्राणी-पदार्थ तथा वृक्षों की जड़ों इत्यादि को सम्मिलित किया जाता है।

प्राथमिक उत्पादकों (Primary Producers/Autotrophs) का किसी समय प्रति इकाई उत्पादन को पारिस्थितिकी उत्पादन (Ecological Productivity) कहते हैं। किसी पारिस्थितिकी तंत्र (Ecosystem) की उत्पादन शक्ति निम्न पर निर्भर करती है– (*i*) वनस्पति को प्राप्त होने वाली ऊष्मा तथा प्रकाश की मात्रा, (*ii*) पेड़-पौधों की सूर्य प्रकाश को ऊर्जा में परिवर्तन करने की क्षमता अथवा प्रकाश ऊर्जा (Light Energy) को रासायनिक ऊर्जा (Chemical Energy) में परिवर्तन करने की क्षमता। रासायनिक ऊर्जा से ही जैविक-पदार्थों के ऊतक (Tissues) उत्पन्न होते हैं।

प्राथमिक उत्पादन (Primary Production) को निम्न दो विधियों से मापा (Measured) जा सकता है–
(*i*) कुल प्राथमिक उत्पादकता (Gross Primary Production- GPP) तथा (*ii*) असली प्राथमिक उत्पादन (Net Primary Production - NPP)। पेड-पौधों के द्वारा उत्पादित कुल ऊर्जा को कुल प्राथमिक उत्पादकता (Gross Primary Productivity) कहते हैं, जबकि असली प्राथमिक उत्पादकता (Net Primary Productivity) उस ऊर्जा को कहते हैं जो पेड़-पौधे आहार-श्रृंखला को उपलब्ध कराते हैं। इस प्रकार असली प्राथमिक उत्पादकता में वह ऊर्जा सम्मिलित नहीं होती जो पेड़-पौधे अपनी वृद्धि करने के लिये साँस (Respiration) के रूप में खर्च कर लेते हैं।

तालिका 1.3 प्रमुख बायोम (Biomes) की अनुमानित प्राथमिक उत्पादकता (Net Primary Productivity)

क्र.सं.	वनस्पति इकाई	औसत उत्पादकता (g/m²/year)	प्राथमिक असली उत्पादकता (10^9 tonnes/year)
1.	वन (Forests)	1290	64.5
2.	खुला महासागर (Open ocean)	125	41.5
3.	सवाना घास के मैदान (Savanna)	600	15.0
4.	महाद्वीपीय शेल्फ (Continental shelf)	350	9.3
5.	कृषि (Cultivated land)	650	9.1
6.	फ्रेश जल (Fresh Water)	1250	5.0
7.	जंगल (Woodlands)	600	4.2
8.	रीफ तथा एस्चुरी (Reefs and Estuaries)	2000	4.0
9.	टुंड्रा (Tundra)	140	1.1
10.	ऊर्ध्वगामी सागरी जल (Upwelling Zone)	500	0.2
11.	मरुस्थल (Desert)	003	–
12.	मरुस्थलीय झाड़ियाँ (Desert Scrubs)	70	1.3
13.	महाद्वीपों का योग (Total Continental)	669	100.00
14.	महासागरों का योग (Total Oceanic)	155	55
15.	विश्व योग (World Total)	303	155.2

Source: *Simmons, I. G. 1974, Ecology and Natural Resources, London, Edward, Arnold.*

पारिस्थितिकी तंत्र की उत्पादकता को ग्राम/ मी.^{2}/ प्रतिदिन अथवा प्रतिवर्ष में मापा जाता है। विश्व के मुख्य बायोम की प्राथमिक उत्पादकता तथा असली प्राथमिक उत्पादकता को *तालिका 1.3* में दिया गया है।

अध्याय

2

वनस्पति एवं पशु जगत
(Plant and Animal Kingdoms)

जीवजातियों का क्रमिक विकास (Evolution of Species)

जीवजातियों के यौगिक विकास को क्रमविकास कहते हैं। क्लासिक दृष्टि से क्रमिक विकास पर्यावरण में जीवजातियों के रंगरूप एवं आकृति (समय बीतने) पर प्रगतिशील विकास को कहते हैं। वास्तव में क्रमिक विकास से जीवजातियों में प्रगतिशील विकास की व्याख्या होती है। अपने क्रमिक विकास में जीवजातियों के विकास एवं लुप्त होने के कारणों का भी पता चलता है। चार्ल्स डार्विन के अनुसार अभिसारी विकास में दो अलग-अलग जीवजातियाँ जो एक ही पारिस्थितिकी तंत्र में पाई जाती हैं उनके शारीरिक बनावट एवं शरीर के अंगों में परिवर्तन उत्पन्न होता है। इस प्रकार के परिवर्तन एवं विकास का उदाहरण टुंड्रा एवं अंटाकर्टिका ह्वेल तथा पेंगुइन की मांसपेशियों में गतिशील परिवर्तन का पाया जाना है। कुछ पशु-पक्षियों एवं पेड़-पौधे में कुंडलीकरण भांति से क्रमविकास होता है।

चार्ल्स डार्विन का योगदान (The Contribution of Charles Darwin)

चार्ल्स डार्विन जिनको विकासवादी सिद्धांत (Evolutionary Theory) का जनक माना जाता है, उन्होंने 1859 में अपना प्रसिद्ध ग्रंथ ओरिजिन आफ स्पेसीज प्रकाशित किया। इस ग्रंथ को लिखने से पहले डार्विन महोदय ने ब्रिटेन के बीगल (Beagle) खोजक जलपोत में 1831 से 1836 तक प्रशांत महासागर के बहुत-से द्वीपों पर पशु-पक्षियों तथा पेड़-पौधों का अध्ययन किया। इसके अतिरिक्त डार्विन महोदय ने इक्वेडोर के गालापेगोस द्वीप समूह में सर्वेक्षण किया। उन्हें गालापेगोस द्वीप समूह के पशु-पक्षियों तथा पेड़-पौधों के अध्ययन से अपने सिद्धांत के प्रमाण जुटाने में विशेष सहायता मिली। अपने अध्ययन के दौरान डार्विन ने देखा कि एक ही पारिस्थितिकी तंत्र में पाई जाने वाली जीवजातियों में भी विविधता पाई जाती है। इस अध्ययन के आधार पर डार्विन महोदय इस निष्कर्ष पर पहुँचे कि एक ही वंशक्रम के जीव-जंतु की विभिन्न पीढ़ियों (Generations) की आकृतियों, शारीरिक बनावट तथा रंग-रूप में अंतर पाया जाता है।

चार्ल्स डार्विन के समकालीन ब्रिटेन के प्राणी-विज्ञान (Zoologist) विशेषज्ञ एल्फ्रेड वालेस (Alfred Wallace) ने स्वतंत्र रूप से प्राकृतिक चयन का सिद्धांत प्रस्तुत किया। प्राणी-विज्ञान के इन दोनों ही प्रसिद्ध वैज्ञानिकों के अनुसार मानव की उत्पत्ति वानर (Apes) अथवा बंदर से हुई है। इस सिद्धांत का प्रभाव भौतिक, राजनैतिक तथा मानवीय भूगोल पर भी पड़ा।

डार्विन महोदय के अनुसार प्राकृतिक-वास का जनसंख्या पर नैसर्गिक वर्णनात्मक प्रभाव (Selective Pressure) पड़ता है। प्राकृतिक वास के कारण जीवजातियों को अपने पर्यावरण में अनुकूलता उत्पन्न करने में सुविधा होती है। किसी भी जीवजाति (Species) के जननिक अथवा आनुवंशिक (Genetic) गुण उसकी संतान में पाये जाते हैं। इस प्रक्रिया में जो जीव अपने प्राकृतिक-आवास से अनुकूलता उत्पन्न नहीं कर पाते वह नष्ट हो जाते हैं और जो सबल हैं वह जीवित रह पाते हैं। इसके अतिरिक्त आनुवंशिक विशेषतायें भी प्रत्येक जीवजाति की प्रगतिशील होती हैं जिनमें निरंतर परिवर्तन होता रहता है। इसी कारण नई-नई जीवजातियाँ उत्पन्न होती रहती हैं।

किसी जनसंख्या के कुल आनुवंशिक सामग्री एवं तत्वों को जीन-पूल (Gene-pool) कहते हैं। प्रत्येक जीवजाति की जनसंख्या की प्रत्येक विशेषता में भी निरंतर परिवर्तन होता रहता है। उदाहरण के लिये उनकी ऊँचाई/कद (Height) पेड़ों की पत्तियों के आकार (Size) में एक प्रकार का प्रतिरूप पाया जाता है।

प्राकृतिक चयन (Natural Selection)

प्राकृतिक चयन (Natural Selection) का प्रभाव जीवजातियों की उन विशेषताओं पर भी पड़ता है जो तुलनात्मक रूप से अधिक स्थिर होती हैं। उदाहरण के लिये एक ही जीवजाति (Species) की जनसंख्या के रंग में विविधता पाई जाती है अर्थात उसके प्राकृतिक चयन (Natural Selection) की यंत्रावली (Mechanism) को संक्षिप्त में निम्न में दिया गया है–

1. **किसी समुदाय (Community) में लघुजनों की जनसंख्या अधिक होती है:** अधिकतर जीवजातियों में जितने बच्चे (Young) उत्पन्न होते हैं उनमें से अधिकतर नष्ट हो जाते हैं तथा कुछ ही पुनरुत्पादक आयु तक पहुँच पाते हैं।
2. **जीवों में विविधता पाई जाती है (Organisms Vary):** किसी भी जीवजाति की जनसंख्या के सदस्यों के रंग-रूप, कद (Height) तथा रचना में विविधता पाई जाती है। विविधता का कारण एक हद तक आनुवंशिक (Gentic) होता है तथा प्राकृतिक पर्यावरण (Habitat) के कारणों का भी प्रभाव पड़ता है।
3. **उत्तरजीविता के लिये संघर्ष (Struggle for Survival):** जीवजातियों के प्रत्येक सदस्यों को जीवित रहने के लिये पर्यावरण में संघर्ष करना पड़ता है। इस संघर्ष में सबल जीवित रहता है तथा दुर्बल नष्ट हो जाता है।
4. **अनुकूलन (Adaptation):** किसी भी प्राकृतिक पर्यावरण में किसी जीवजाति के वही सदस्य पुनरुत्पादकता करते हैं जो संघर्ष करके जीवित रह पाते हैं। इस प्रकार अनुकूलन (Adaptation) एक दीर्घकालीन प्रक्रिया है।

चार्ल्स डार्विन के सिद्धांत को आरंभ में स्वीकृति बहुत मंद गति से मिली। धार्मिक लोगों ने इसकी भारी आलोचना की, क्योंकि 19वीं शताब्दी के मध्य तक वैज्ञानिक माहौल बहुत अनुकूल नहीं था तथा वंशागत के बारे में लोगों में अधिक जानकारी भी नहीं थी। इन्हीं कारणों से डार्विन तथा वालेस के सिद्धांत चर्चा का मुख्य विषय नहीं बन सके। कुछ विद्वानों के अनुसार जीव-जगत के जीवाश्म रिकार्ड से पता चलता है कि पशु-पक्षियों तथा पेड़-पौधों की शारीरिक रचना में अनुक्रमिक विकास नहीं हुआ, बल्कि भूधरातल पर अकस्मात् परिवर्तन होते हैं जो विध्वंस का परिणाम होते हैं। अमेरिका के प्रसिद्ध जीवविज्ञानी स्टेफोन जे गोल्ड तथा नील्स ऐल्डरेज के अनुसार जीवजातियों का विकास क्रमिक न होकर विध्वंस के फलस्वरूप है।

प्रवसन/स्थानान्तरण एवं अनुकूलन (Migration and Adaptation)

जीवजातियों के स्थानांतरण तथा नये स्थानों एवं क्षेत्रों में फैलने एवं विकसित होने को प्रवसन कहते हैं। पेड़-पौधे तथा जीव-जंतु सभी दूर-दूर तक प्रवसन कर सकते हैं, फिर भी बहुत- से पशु-पक्षी प्रजनन (Breeding) के लिये अस्थायी रूप से (Temporarily) पलायन करते हैं। स्थाई अथवा अस्थाई रूप से स्थानांतरण करने से जीवजातियों को अनुकूलन करने में भारी सहायता मिलती है। स्थानांतरण किसी जीवजाति के क्षेत्र में वृद्धि होता है जिसके फलस्वरूप उनकी संख्या के भार में कमी आ जाती है जिससे भोजन की मात्रा की उपलब्धि पर भी अनुकूल प्रभाव पड़ता है।

स्थानांतरण में बाधाएँ (Barries to Migration)

यद्यपि पेड़-पौधों तथा जीव-जंतुओं में प्रवसन (Migration) की प्रवृत्ति पाई जाती है, फिर भी कभी-कभी उनके स्थानांतरण में बाधाएँ आती हैं। प्रवसन करने वाली जीवजातियों को स्थानीय जीवजातियों के साथ संघर्ष करना पड़ता तथा आहार के लिये प्रतिस्पर्द्धा बढ़ जाती है। ऐसी स्थिति में पलायन करने वाली जीवजातियों की सहनशीलता एवं सामर्थ्य पर बहुत कुछ निर्भर करता है।

प्रवसन पर जलवायु का भी बहुत प्रभाव पड़ता है। यदि जलवायु अत्यधिक कठोर है तो ऐसी परिस्थिति में प्रवसन में रुकावट आती है। कोई भी जीवजाति जलवायु सहनशीलता की सीमा तक ही अपना प्रवसन कर सकती है। जलवायु (तापमान एवं वर्षा) से अनुकूलन न होने पर किसी पशु जाति के प्रवसन में रुकावट आती है। इनके अतिरिक्त बहुत-से भौतिक अवरोधक भी जीवजातियों के स्थानांतरण में रुकावट उत्पन्न करते हैं। उदाहरण के लिये महासागर, सागर, झील इत्यादि।

उपरोक्त बाधाओं के अतिरिक्त स्थानांतरण (Migration) पर समय (Time) का भी प्रभाव पड़ता है। जो जीवजातियाँ धीरे-धीरे लंबे समय में स्थानान्तरण करती हैं उनमें अनुकूलन (Adaptation) की क्षमता अधिक पाई जाती है। इसके विपरीत जो जीवजातियाँ कम समय में दूर तक स्थानांतरण करती हैं वे नये स्थानों की जलवायु आदि में अनुकूलन नहीं कर पातीं।

क्रमविकास प्रक्रिया (Process of Evolution)

पेड़-पौधों के क्रमिक विकास (Evolution) का अर्थ उनकी जीवजातियों (Origin) तथा विकास (Development) से है। किसी भी वनस्पति समुदाय में पेड़-पौधों की ऊँचाई, आकार, पत्तियों का आकार रंग, संरचना (Structure) तथा फूलों में भिन्न-भिन्न क्षेत्रों एवं प्रदेशों में विविधता पाई जाती है। एक ही वनस्पति-परिवार तथा जनक (Parents) की संतान (Offsprings) में भी विविधता पाई जाती है। प्रत्येक पेड़-पौधों में अपने जनक (Parents) के गुण पाये जाते हैं। विरासत (Inheritance) में मिली जनकीय विशेषताओं का पेड़-पौधों के विकास पर भारी प्रभाव पड़ता है। विरासत में मिली विशेषतायें बहुत हद तक पर्यावरण के अनुसार परिवर्तित होती रहती हैं, जिससे पेड़-पौधों के विकास एवं स्थानांतरण में सहायता मिलती है।

जीव-विज्ञान के विशेषज्ञों के अनुसार जीवजातियों के क्रमविकास की दो मुख्य प्रक्रियाएं (Process) हैं- (i) प्राकृतिक चयन प्रक्रिया (Process of Natural Selection) तथा (ii) अलगाव की प्रक्रिया (Process of Isolation)

(i) **प्राकृतिक चयन (Natural Selection):** चार्ल्स डार्विन महोदय ने 1859 में जीवजातियों की उत्पत्ति एवं विकास के बारे में प्राकृतिक चयन (Natural Selection) का सिद्धांत अपने ग्रंथ ओरिजिन आफ स्पीशीज (Origin of Species) में प्रस्तुत किया था।

सरल भाषा में प्राकृतिक चयन (Natural Selection) के सिद्धांत का अर्थ है कि प्रत्येक जीवजाति के सदस्य अपने जनक की लाभकारी विशेषताओं को वंशागत (Hereditary) प्राप्त करता। यह आनुवंशिक (Genetic) विशेषताएँ उसको पर्यावरण में अनुकूलन (Adaptation) में सहायक होते हैं। जीवजातियों के जिन सदस्यों में वंशागत विशेषताएँ कमजोर होती हैं वे नष्ट हो जाते हैं, इसलिये जीवन के संघर्ष में केवल बलवान एवं समर्थ ही जीवित रह पाते हैं। इसके विपरीत जिन प्राणियों में वंशागत विशेषताएँ कमजोर होती हैं वह नष्ट अथवा लुप्त हो जाते हैं।

(ii) **कृत्रिम चयन (Artificial Selection):** कृत्रिम चयन मानव द्वारा संभव होता है। उदाहरण के लिए मानव बहुत-से पेड़-पौधों के नये बीज उत्पन्न करके फसलें उगाता है, ताकि फसलों का उत्पादन बढ़ाया जा सके। नये बीजों का उत्पादन करने में वह संकरण (Hybridization) तथा दोगले परागण (Cross-pollination) का सहारा लेता है। कृत्रिम चयन विधि, वर्तमान समय में मानव की खाद्य समस्या के समाधान में सहायक हो सकती है, परंतु दीर्घकाल में यह पारिस्थितिकी के लिये अनर्थकारी (Disastrous) सिद्ध हो सकता है।

(iii) **अलगाव अथवा पार्थक्य (Isolation):** विभिन्न जीवजातियों (Species) की उत्पत्ति एवं विकास में अलगाव (Isolation) का भी भारी प्रभाव पड़ता है। यहाँ अलगाव का तात्पर्य जननी अथवा प्रजनक अलगाव (Reproductive Isolation) से है। प्रजनक अलगाव की दशा में जीन (Gene) के आदान-प्रदान में रुकावट उत्पन्न हो जाती है।

प्रजनक अलगाव निम्न कारणों से हो सकता है- (i) बाह्य रुकावटें (External- Barriers), आंतरिक रुकावटें (Internal Barriers)। बाह्य रुकावटों में बड़े ऊँचे पर्वत, सागर, महासागर तथा मरुस्थल, परिस्थितिकीय, मौसमी तथा मेकेनिकल (Mechanical) रुकावटें सम्मलित हैं। इसके विपरीत आंतरिक रुकावटों में जीव की कमजोरी, असमर्थता, बेबसी, नपुंसकता, बीमारी इत्यादि सम्मिलित हैं। आंतरिक रुकावटों के कारण अंत: प्रजनन (Inbreeding) नहीं हो पाता।

पेड़-पौधों का प्रकीर्णन अथवा परिक्षेपण (Dispersal of Plants)

किसी जीव-जाति के सदस्यों के स्थानांतरण को पेड़-पौधों का प्रकीर्णन एवं स्थानांतरण कहते हैं। प्रकीणन केवल पुनरुत्पादक अवस्था (Reproductive Stages) में ही संभव होता है, क्योंकि बड़े पेड़ों और पौधों (Seedlings) में अंतर होता है। पेड़ों की तुलना में पौद/पौध को सरलता के साथ एक स्थान से दूसरे स्थान पर स्थानांतरित करना सरल होता है। इन्हीं कारण ों से पेड़-पौधों के स्थानांतरण पर जलवायु (तापमान एवं वर्षण) का भारी प्रभाव पड़ता है। वास्तव में पेड़-पौधों का प्रकीर्णन (Dispersal) मुख्य रूप से बीजों तथा पौदे-पौध के द्वारा ही होता है। बीजों के द्वारा वनस्पति का प्रसारण सरल तथा अपेक्षाकृत तीव्र होता है। वनस्पति का परिक्षेपण पर बीजों की निम्न विशेषताओं पर निर्भर करता है–

(*i*) बीजों की विशेषता (Properties of Seeds)

(*ii*) बीजों का प्रसारण/स्थानांतरण करने वाले कारक (Agent) जल, पवन, पशु, मानव आदि

(*iii*) स्थानांतरण की गति तथा दूरी (Speed and Distance)

(*iv*) भौगोलिक बाधाएँ (Geographical Barries)

(*v*) सहनशीलता विस्थापन (Tolerance)

(*vi*) महाद्वीपीय विस्थापन (Continental Drift)

(*vii*) मानवीय कारक (Anthropogenic Factors)

बहुत-से ऐसे भी पेड़-पौधे हैं जो अलिंगी (Asexual) होते हैं, जिनकी उत्पत्ति बल्ब (Bulbs), कोर्म (Corm), राइजोम (Rhizome) इत्यादि प्रकीर्णता (Dispersal) बहुत सीमित होता है। इसके विपरीत जो पेड़-पौधे बीजों तथा बीजाणु (Spores) का उत्पादन करते हैं उनका प्रसारण तथा प्रकीर्णन (Dispersal) सरलतापूर्वक दूर-दूर तक संभव होता है।

जिन पेड़-पौधों का उत्पादन प्रसारण बीजों तथा बीजाणुओं (Spores) के द्वारा होता है, वे अपने मूल स्थान क्षेत्र से दूर-दूर तक के स्थानों एवं प्रदेशों में अनुकूलन की क्षमता रखते हैं। बीज वाले वृक्षों का स्थानांतरण मुख्यतः बाह्य कारकों (External Agents) के द्वारा होता है। कुछ पौधों के बीज बहुत हल्के (Light) होते हैं जिनको एक स्थान से दूसरे स्थान पर उठाकर ले जाते हैं। आर्किड (Orchid) जैसे पौधों का प्रसारण वायु (Wind) के द्वारा ही होता है। इसके विपरीत बहुत से पेड़-पौधों का प्रकीर्णन बहते जल (नदियों इत्यादि) के द्वारा होता है। कुछ बीजों के शरीर पर रोयाँ, बाल आदि होते हैं जो पशुओं के शरीर पर लिपट जाते हैं और पशुओं के द्वारा एक स्थान से दूसरे स्थान पर प्रसारण होता रहता है। कुछ बीजों को पक्षी खा लेते हैं और उनकी बीट के द्वारा एक स्थान से दूसरे स्थान पर गिराकर उनका प्रसारण करते हैं।

उपरोक्त कारकों के अतिरिक्त मानव, पेड़-पौधों के प्रसारण एवं स्थानांतरण का सबसे प्रमुख कारक है। फसलों के बहुत से कीटाणुओं के द्वारा भी पौधों का प्रकीर्णन (Dispersal) होता है।

संक्षिप्त रूप में कहा जा सकता है कि पेड़-पौधों का प्रसारण, पवन, बहते जल, (नदियों), जलधाराओं (Ocean Currents), पशु-पक्षियों, कीटाणुओं तथा मानव के द्वारा होता है।

उपरोक्त कारकों में पवन (हवा), जल तथा मानव, पेड़-पौधों के प्रसारण एवं स्थानांतरण के प्रमुख कारक हैं। यद्यपि हल्के वजन के बीजों को हवा उड़ाकर एक स्थान से दूसरे स्थान पर ले जाती है, परंतु इस प्रक्रिया में बहुत-से बीज नष्ट भी हो जाते हैं। पक्षी एवं चिड़ियाँ बीजों का प्रसारण दूर-दूर के प्रदेशों में करती हैं। सागर की लहरों, ज्वार-भाटा, सुनामी (Tsunami), नदियाँ तथा जलधारा के द्वारा बहुत-से बीजों का प्रसारण होता है। वर्तमान युग में उपलब्ध यातायात के साधनों के कारण तीव्र गति से पेड़-पौधों के बीजों को एक स्थान से दूसरे स्थान पर स्थानांतरण करते हैं। अंतर्राष्ट्रीय व्यापार से भी पेड़-पौधों तथा उनके प्रकीर्णन (Dispersal) में भारी सहायता मिली है।

बीजों के प्रकीर्णन में बाधाएं (Constraints in seed dispersal)

पेड़-पौधों के प्रकीर्णन (Dispersal) में निम्न रुकावटों के कारण बाधाएँ उत्पन्न होती हैं–

(*i*) छोटे तथा हल्के बीज वायु के द्वारा दूर-दूर तक फैलाये जा सकते हैं, परंतु ऐसे बीजों में नष्ट होने वाले बीजों की संख्या अधिक होती है।

(*ii*) बड़े आकार के बीजों का प्रसारण मंद गति से होता है, परंतु उनमें से नष्ट होने वाले बीजों की संख्या भी अपेक्षाकृत कम होती है।

(*iii*) विभिन्न प्रकार के पेड़-पौधों बीजों के आकार तथा मात्रा का भी बीजों के प्रकीर्णन (Dispersal) पर प्रभाव पड़ता है। उदाहरण के लिये जो पेड़ वार्षिक तौर पर बीजों का उत्पादन करते हैं, वे अधिक मात्रा में बीज उत्पन्न करते हैं, ऐसे बीजों को दूर-दराज तक ले जाए जा सकते हैं और उनका प्रसारण तीव्र गति से संभव हो पाता है। इसके विपरीत बहुवर्षी पेड़-पौधों (Perennial Plants) के बीजों का आकार बड़ा तथा कम होता है। ऐसे बीजों का प्रसारण मंद गति तथा सीमित दूरी तक हो पाता है।

(iv) सागर तथा महासागर पेड़-पौधों के बीजों के प्रसारण में भारी रुकावट प्रस्तुत करते हैं। महासागर पेड़-पौधों तथा उनके बीजों के स्थानांतरण में भारी रुकावट के बावजूद, जल धाराओं (Ocean Currents) के द्वारा बीज दूरदराज (Long-distances) के क्षेत्रों में स्थानांतरित होते रहते हैं। ऊँची पर्वतमालाएँ तथा बड़े मरुस्थल भी पेड़-पौधों के बीजों के फैलाओं में भारी रुकावट उत्पन्न करते हैं।

वनस्पति जगत (Plant kingdom)

जीव-विज्ञान के विशेषज्ञ, परंपरागत तौर पर जीव (Organisms) को पेड़-पौधों तथा जीव-जंतुओं में विभाजित करते आये हैं। वनस्पति-जगत (Plant Kingdom) के अंतर्गत, पेड़-पौधों की उत्पत्ति, विकास, पुष्प-विषयक विशेषताओं (Floral

Characterstics), प्रकीर्णन/फैलाव, (Dispersal), वितरण, वृक्ष-संयोजन (Plants Association), मैक्सीमा/उच्चिष्ठ (Maxima), बीमारियों, स्थिरता (Sustainability), भेद्यता (Vulnerability), का क्रमबद्ध अध्ययन किया जाता है।

विश्व में पेड़-पौधों के वितरण पर स्थलाकृति (Topography), टेरेन (Terrain), जलवायु, मृदा, जैविक-विविधता (Biodiversity), विवर्तनिक प्रक्रिया (Tectonicactivity) तथा मानव द्वारा भूमि उपयोग का भारी प्रभाव पड़ता है। सामान्यत: वनस्पति-प्रकार में विषुवत रेखा से ध्रुवों की ओर तथा सागर-स्तर (Sea- Level) से ऊँचे पर्वतों की ओर परिवर्तन पाया जाता है।

पुष्प विशेषताओं के आधार पर विश्व के वनस्पति जगत को निम्न छः वर्गों मे विभाजित किया जा सकता है: (*i*) आस्ट्रेलियन पुष्प जगत, (*ii*) द. अफ्रीका का केप पुष्प जगत (Cape Kingdom), (*iii*) अंटार्कटिक पुष्प जगत, (*iv*) पेलियो-ट्रोपिकल किंगडम (Palaeo-Tropical Kingdom), (v) नियो-ट्रोपिकल किंगडम (Neo-Tropical Kingdom) तथा (vi) बोरियल किंगडम (Boreal Kingdom)। वनस्पति-जगत की उपरोक्त प्रकारों को ***मानचित्र 2.1*** में दर्शाया गया है।

आस्ट्रेलियन किंगडम (Australian Kingdom)

इस वनस्पति जगत का विस्तार ऑस्ट्रेलिया तथा उसके आस-पास के द्वीपों तथा सागरों में पाया जाता है। आस्ट्रेलियन वनस्पति जगत में प्रमुख पेड़-पौधे युकलिप्टस (Eucalyptus) हैं। एक अध्ययन के अनुसार युकलिप्टस की 600 जीवजातियाँ (Species) हैं जिनमें से 75 प्रतिशत आस्ट्रेलियन किंगडम में पाई जाती हैं। विभिन्न प्रदेशों में युकलिप्टस की ऊँचाई तथा अन्य विशेषताओं में विभिन्नता पाई जाती है। युकलिप्टस की बहुत-सी किस्मों को यूरोपवासियों ने दक्षिणी अमेरिका से लाकर आस्ट्रेलिया महाद्वीप में उगाना आरंभ किया था। ***(चित्र 2.1)***

केप किंगडम (Cape Kingdom)

दक्षिणी अफ्रीका के दक्षिणी प्रांत में फैला हुआ केप किंगडम अपनी विशेष प्रकार की प्राकृतिक वनस्पति के लिये जाना जाता है। इस किंगडम की वनस्पति का प्रसारण बल्ब (Bulbs) तथा कलियों (Buds) के द्वारा होता है। इस प्रकार की प्राकृतिक वनस्पति में केंद्र (Tuber) इत्यादि सम्मिलित हैं। ***(चित्र 2.1)***

अंटार्कटिक किंगडम (Antarctic Kingdom)

दक्षिणी गोलार्द्ध के ऊँचे अक्षांशों में अंटार्कटिक किंगडम पाया जाता है। वनस्पति जगत के इस प्रदेश में पेटेगोनिया मरुस्थल, चिली देश का दक्षिणी भाग, न्यूजीलैंड तथा निकटवर्ती द्वीप सम्मिलित हैं। दक्षिणी गोलार्द्ध बीच (Beech) जिसको नोथोफगस (Nothofagus) कहते हैं इस प्रदेश की मुख्य प्राकृतिक वनस्पति है। ***(चित्र 2.1)***

पेलियोट्रोपिकल किंगडम (Palaeotropical Kingdom)

वनस्पति जगत का यह प्रदेश अफ्रीका, द. पश्चिमी एशिया (S.W. Asia), दक्षिणी-पूर्वी एशिया दक्षिणी-पूर्वी चीन तथा निकटवर्ती द्वीपों पर फैला हुआ है। इसमें नाना प्रकार की वनस्पति पाई जाती है, जिनमें सदाबहार जंगलों से लेकर, पतझड़ एवं कांटेदार झाड़ियाँ सम्मिलित हैं। ***(चित्र 2.1)***

न्योट्रोपिकल किंगडम (Neotropical Kingdom)

दक्षिणी के पेटेगोनिया के मरुस्थल को छोड़कर लगभग पूरे महाद्वीप पर तथा मध्य अमेरिका के मैक्सिको से लेकर पनामा देश तक इस वनस्पति जगत का विस्तार है। ***(चित्र 2.1)***

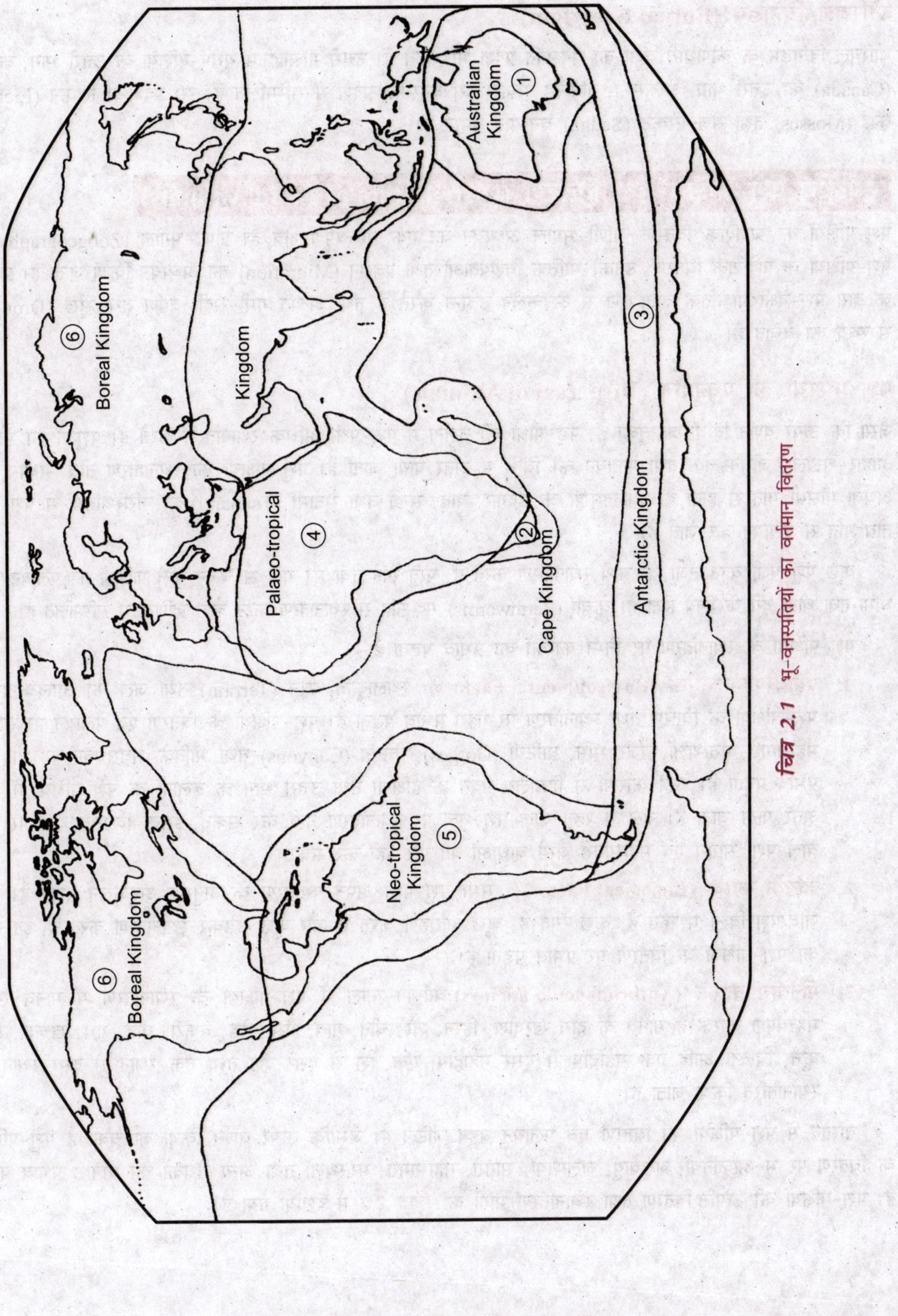

① Australian Kingdom
② Cape Kingdom
③ Antarctic Kingdom
④ Palaeo-tropical Kingdom
⑤ Neo-tropical Kingdom
⑥ Boreal Kingdom
⑥ Boreal Kingdom

चित्र 2.1 भू-वनस्पतियों का वर्तमान वितरण

बोरियल किंगडम (Boreal Kingdom)

बोरियल किंगडम के कोणधारों वृक्षों को वनस्पति प्रदेश भी कहते हैं। उत्तरी गोलार्द्ध में यूरोप-एशिया के उत्तरी भाग, कनाडा (Canada) का उत्तरी भाग, अलास्का, ग्रीनलैंड इत्यादि इस वनस्पति प्रदेश में सम्मिलित हैं। इस प्रदेश में लिकन (Lichen) काई (Mosses) तथा सेज-नरकट (Sedge) वनस्पति प्रमुख हैं।

स्थलीय पशु-पक्षियों का वितरण (Distribution of Land Animals)

पशु-पक्षियों का प्रादेशिक वितरण, प्राणी-भूगोल अध्ययन का एक महत्त्वपूर्ण क्षेत्र है। प्राणी-भूगोल (Zoogeography) में पशु-पक्षियों के प्रादेशिक वितरण, उनकी भौतिक विशेषताओं तथा प्रवसन (Migration) का अध्ययन किया जाता है। प्रवसन के द्वारा पशु-पक्षी प्राकृतिक वातावरण से अनुकूलन उत्पन्न करते हैं तथा अत्यंत गमी-सर्दी, वर्षण तथा सूखे (Drought) से स्वयं को बचाते हैं।

पशु-पक्षियों का प्रकीर्णन (Dispersal of Animals)

जैसा कि ऊपर वर्णन किया जा चुका है, पेड़-पौधों की तुलना में पशु-पक्षी अधिक स्थानांतरण करते हैं। पशुओं का भोजन, आहार-शृंखला, जीवन-चक्र तथा पलायन की विधि में अंतर पाया जाता है। पशु-पक्षियों का स्थानांतरण तीव्र, मध्यम, मंद अथवा मौसमी गति से होता है। ज्वालामुखी के उदगार, बाढ़, सूखा तथा सुनामी (Tsunami) की परिस्थितियों में पशु-पक्षी तीव्र गति से पलायन कर जाते हैं।

कुछ पशु-पक्षी बहुत तेजी के साथ स्थानांतरण करते हैं, परंतु रेंगने तथा मंद गति से चलने वाले प्राणियों का पलायन बहुत धीमा तथा थोड़ी दूरी के लिये होता है। केंचुएं (Earthworms) मंद गति से स्थानांतरण करने वाले प्राणियों में सम्मिलित हैं।

पशु-पक्षियों के स्थानांतरण पर निम्न कारकों का प्रभाव पड़ता है–

1. **पर्यावरणीय कारक (Environmental Factors):** स्थलाकृति, टेरेन (Terrain) तथा जल की उपलब्धता का पशु-पक्षियों के वितरण तथा स्थानांतरण पर गहरा प्रभाव पड़ता है। पशु-पक्षियों के वितरण एवं पलायन पर सागरों, महासागरों, मरुस्थलों, बंजर भूमि, घाटियों (Gorges), केन्यन (Canyons) तथा भौतिक अवरोधकों का भी भारी प्रभाव पड़ता है। इन्हीं कारणों से हिमालय पर्वत के दक्षिणी तथा उत्तरी भाग के ढलानों के पशु-पक्षियों में भारी अंतर पाया जाता है। जल में रहने वाले पशु थल पर स्थानांतरण नहीं कर सकते, इसके विपरीत थल पर रहने वाले पशु, सागरों एवं महासागरों जैसी बाधाओं को पार नहीं कर सकते।
2. **जैविक कारक (Biological Factors):** सभी पशु-पक्षी अपने पर्यावरण के अनुसार अनुकूलन करते हैं। कुछ जीव/पशु बिलों में रहते हैं, कुछ रेंगते हैं, कुछ आरोहण करते हैं और कुछ उड़कर स्थानांतरण करते हैं, इन सभी का पशु-पक्षियों के वितरण पर प्रभाव पड़ता है।
3. **मानवीय कारक (Anthropogenic Factors):**वर्तमान काल में पशु-पक्षियों के स्थानांतरण में मानव सबसे महत्त्वपूर्ण कारक है मानव के द्वारा खरगोश, हिरन, शेर, चीते, गाय, भैंस, भेड़, बकरी, घोड़े, गधे, खच्चर, ऊँट, कुत्ते, बिल्ली आदि एक महाद्वीप से दूसरे महाद्वीप, एक देश से दूसरे देश तथा एक स्थान से दूसरे स्थान पर स्थानांतरित किया जाता है।

वास्तव में पशु-पक्षियों का वितरण एवं पलायन बहुत जटिल है। जैसाकि ऊपर वर्णन किया जा चुका है पशु-पक्षियों के वितरण पर भू-आकृतियों, जलवायु, जलाशयों, सागरों, महासागरों, मरुस्थलों तथा अन्य रोधकों का घनिष्ठ प्रभाव पड़ता है। पशु-पक्षियों की उत्पत्ति,वितरण तथा स्थानांतरण मार्गों को *चित्र 2.2* में दर्शाया गया है।

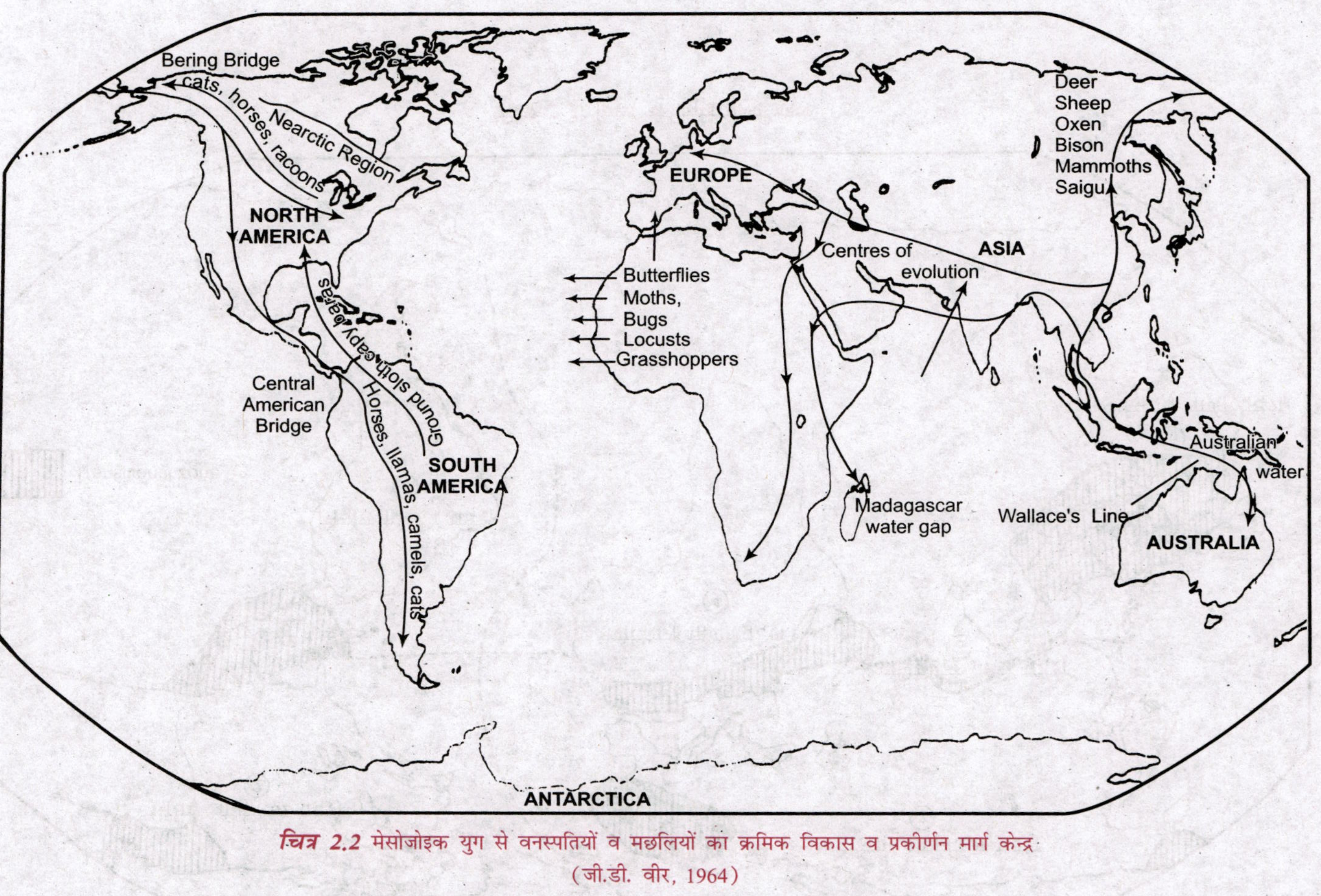

चित्र 2.2 मेसोजोइक युग से वनस्पतियों व मछलियों का क्रमिक विकास व प्रकीर्णन मार्ग केन्द्र
(जी.डी. वीर, 1964)

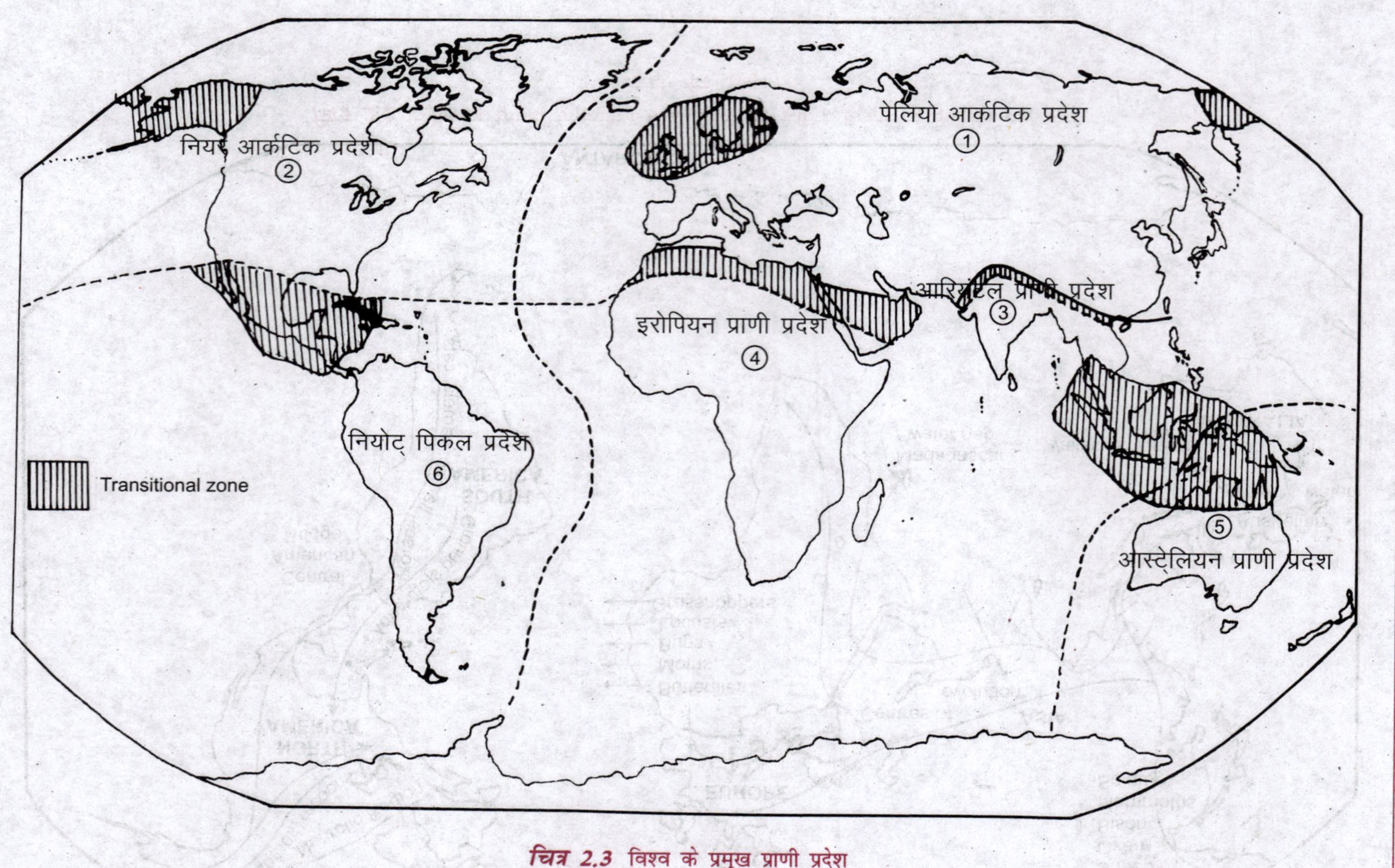

चित्र 2.3 विश्व के प्रमुख प्राणी प्रदेश

विश्व के प्राणी प्रदेश (Faunal Regions of the World)

जीव-विज्ञान के प्रसिद्ध विशेषज्ञ ए. आर. वेलेस (A.R.Wallace) ने 1876 में विश्व के जीव-जंतुओं तथा पशु-पक्षियों का पहला प्रादेशीकरण किया था। उसके पश्चात बहुत-से वैज्ञानिकों ने पशु-पक्षियों का प्रादेशीकरण किया। जीव-विज्ञान के वैज्ञानिक पशु-पक्षियों को निम्न प्रदेशों में विभाजित करते हैं *(चित्र 2.3)*–

पेलियो-आर्कटिक प्रदेश (Palaearctic Region)

हिमालय पर्वत के उत्तर में यह विस्तृत प्राणी प्रदेश यूरोप तथा एशिया में फैला हुआ है। इस प्रदेश में 136 रीढ़ीदार फैमिली, 100 स्तनधारी पशु तथा 174 प्रकार के पक्षियों की प्रजातियाँ पायी जाती हैं।

इस प्राणी-प्रदेश के मुख्य पशु-पक्षियों में आर्कटिक लोमड़ी (Arctic Fox), आर्कटिक खरगोश (Arctic Hare), करिबु (Caribou), ध्रुवीय भालू (Polar Bear), भूमध्यसागरीय छछूंदर (Mediterranean Moles), चूहे, सेगा तथा चीरू (Chiru), कस्तूरी हिरन, जंगली-गधा, घोड़ा, ऊँट, लाल रंग के गीदड़, लोमड़ी, सूअर, जेबरा, काला भालू इत्यादि हैं। *(चित्र 2.3)*

नियर आर्कटिक प्राणी प्रदेश (Neararctic Region)

यह जीव-प्रदेश, उत्तरी अमेरिका, केनेडा द्वीप समूह तथा ग्रीनलैंड पर फैला हुआ है। इस प्रदेश के मुख्य पशुओं में हिरन, लिंक्स (Lynx), मूस (Moose), भेड़िया, खच्चर (Mule), जंगली भैंस (Bison), जेक-खरगोश (Jack-Rabbit), परेरी-कुत्ता (Prairie- dog), लोमड़ी, छिपकली, जेबरा, कंगारू, जंगली-सूअर इत्यादि सम्मिलित हैं।

ओरियंटल प्राणी प्रदेश (Oriental Region)

यह प्रदेश दक्षिणी तथा दक्षिणी-पूवी एशिया में फैला हुआ है *(चित्र 2.3)* इस प्रदेश में विशेषत: उष्णकटिबंधीय जलवायु पाई जाती है। इस प्रदेश में रीढ़दार पशुओं की 164 प्रजातियाँ, 118 प्रकार के स्तनधारी पशु तथा 340 प्रकार के पक्षी पाए जाते हैं। भारतीय-हाथी, राइनो, नाना प्रकार के हिरन, चीता, गिबोन), बंदर, भालू, छछूंदर, साँप इत्यादि इस प्रदेश के प्रमुख प्राणी हैं।

इथोपियन प्राणी प्रदेश (Ethiopian Region)

यह प्राणी प्रदेश, भूमध्य सागरीय प्रदेश में 174 रीढ़दार (Vertebrate) पशु, 140 स्तनधारी तथा 294 प्रकार के पक्षी पाए जाते हैं। मुख्य पशुओं में जेबरा, जरबोआ (Jerboa), जिराफ (Giraffe), हाथी, शतुरमुर्ग (Ostrich), शेर, चीता, गोरिल्ला (Gorilla), चिंपाजी (Chimpanzee), बंदर, लंगूर इत्यादि मुख्य पशु हैं।

ऑस्ट्रेलियन प्राणी प्रदेश (Australian Region)

ऑस्ट्रेलियन प्राणी प्रदेश इस महाद्वीप पर तथा आस-पास के द्वीपों पर फैला हुआ है। इस प्राणी-प्रदेश में न्यूगिनी तथा न्यूजीलैंड के कुछ द्वीप भाग भी सम्मिलित हैं। इसमें 141 रीढ़दार, 72 स्तनधारी तथा 298 प्रकार के पक्षी सम्मिलित हैं। इसके अतिरिक्त मार्स्युपिअल, जैसे कंगारू, छछूंदर, जरबोआ, पराकीट, छिपकली, बेंडीकूट, बोम्बाट, कोकाटू, तोता, कोआला, ओपोसम (Opossum) इत्यादि मुख्य पशु हैं।

नियोट्रोपिकल प्राणी प्रदेश (Neotropical Region)

यह पशु प्रदेश दक्षिणी अमेरिका के अधिकतर भाग पर फैला हुआ है। इस प्रदेश में मार्स्युपिअल (Marsupials), की 32 किस्में ऐसी हैं जो आस्ट्रेलिया के मार्स्युपिअल से भिन्न हैं। इनके अतिरिक्त 168 रीढ़दार, 130 स्तनधारी तथा 683 प्रकार के पक्षी पाए जाते हैं। इस प्रदेश के मुख्य पशुओं में गुआनाको (Guanaco), रही (Rhea), कवि (Cavy), लोमड़ी, शन्ट, गिद्ध (Vultures), बंदर, चींटी भक्षक (Ant-eater), सलोथ (Sloth), पेड़ों पर चढ़ने वाले साँप, तोते तथा मर्मर-पक्षी (Humming Birds) सम्मिलित हैं। *(चित्र 2.3)*

यद्यपि विश्व के पारिस्थितिकी तंत्र तथा पर्यावरण में भारी विविधता पाई जाती है जिसका प्रभाव जैविक-विविधता पर पड़ता है फिर भी पशु-पक्षियों के वितरण को संक्षिप्त में *तालिका 2.1* में दिखाया गया है–

तालिका 2.1 विश्व पशु–पक्षियों का प्रादेशिक वितरण

	प्रदेश	जंगली पश-पक्षी (Wildlife)
1.	ऊष्णकटिबंधीय वर्षा वन (धरातल का 6%) (Tropical Rain forest)	वानर (Apes), काकातुआ (Cockatoo), गोरिल्ला, तेंदुआ, बंदर, पराकीट, तोते, मोर, उल्लू, चीता तथा लाखों कीड़े-मकोड़े
2.	ऊष्णकटिबंधीय घास के मैदान (Tropical Grasslands)	अफ्रीकन हाथी, हिरन, अफ्रीकी-चिड़िया, जंगली भैंस (Bison), चीता, गजाले, जिराफ, नू(Gnu), कंगारू, जेगुआर, गेंडा, जेबरा, विश्व की सबसे अधिक जंगली पशु-पक्षी विविधता इसी प्रदेश में पाया जाता है।
3.	मरुस्थलीय प्रदेश (Arid Lands)	ऊँट, लोमड़ी, गीदड़, छिपकली, लिंक्स (Lynx), शेर, जंगली-बिल्ली, बिच्छु, वारथोग (Warthog), जंगली कुत्ते, भेड़िया तथा नाना प्रकार के पक्षी।
4.	शीतोष्ण कटिबंधीय घास के मैदान (Temperate Grasslands and Forests)	बेडगर (Badger), गरुड़ (Eagle), हूपो (Hoopoe), कोला (Koala), रेकून (Racon), लाल हिरन, लाल रंग की लोमड़ी, तिलचट्टा, कठफोड़वा (Wood-packer) तथा नाना प्रकार के पक्षी
5.	बोरियल वन (Boreal Forest)	बीवर (Beaver), काला-गूज (Black-gouse), केनेडियन उल्लू, केनेडियन लिंक्स (Canadian-Lynx), चूहे, ध्रुवीय, बिल्ली, म्यूल हिरन (Mule-deer), लाल गिलहरी, भेड़िया इत्यादि।
6.	ध्रुवीय प्रदेश (Polar-Regions)	आर्कटिक लोमड़ी, नीली ह्वेल (Blue- Whale), गरुड़, हथ-सील (Elephant-Seals), किलर ह्वेल (Killer-Whale), किरिल (Krill), कस्तूरी-मृग, ध्रुवीय भालू (Polar-Bear), पेंगुइन (Penguines), कबूतर, सील, बर्फीली चिड़िया, चित्तीदार-सील, वालरस (Walrus), धरती पर सबसे भारी मांसाहारी पशु (World's heaviest terrestrial carnivores)।
7.	वलनदार ऊँचे पर्वत Folded Mountains)	एंडीज पर्वत के केंडर (Candor) (विश्व की सबसे बड़े चिड़िया जि. सकी लंबाई 3.7 मीटर है) एंडीज गीज (Andean-Geese), डल-भेड़ (Dall-Sheep),सुनहर गरुड़ (Golden- eagle), गिद्ध, पर्वतीय बकरी, पर्व. तीय-गोरिल्ला, पर्वतीय-शेर, पंडा (Pandas), बर्फीला-तेंदुआ, याक इत्यादि।

8.	द्वीप समूह (Islands)	डोडो-पक्षी (मारीशस), थलीय-इगुआना (Ground-Iguana), शाही-पेंगुइन (King-Penguins), कमोडो-ड्रेगन (Komodo-Dragon), लेमर (Lemurs), जलीय-इगुआना (Marine-Iguana) मोआ-पक्षी (Moa-Bird) (न्यूजीलैंड), सागरीय शेर, मेंढक, कछुए, तुआतारा-छिपकली (Tuatara-Lizard)।
9.	सागर एवं महासागर (Oceans)	एंगलर (angler), डॉल्फिन, मछलियाँ, ह्वेल (Killer-Whale), मोलस्क (Mollusks), सरीसर्प (Reptile), सागरीय-शेर (Sea-lion), चित्तीदार ईल (Spotted- Eal), ह्वेल (Whale), नाना प्रकार के कीड़े-मकोड़े (Insects)।
10.	ताजा पानी के जलाशय (Freshwater)	जलस्थलचर (Amphibians), पक्षी, ऊकाब (गरुड़), जलचिड़िया, फ्लेमिंगो, हिप्पोपोटेमस (Hippopotamus), जकाना (Jacana), पेलिकन (Pelican), किंग-फिशर (King-Fisher), प्लेन्कटन (Planktons), पिरनहास (Piranhas), स्तनधारी, उड़न-साँप, सुवान (Swan), पानी में रहने वाली भैंस।
11.	भारतीय जंगली पशु (Wildlife in India)	हिरन (Antelopes), काला हिरन, काला-बक (Black-Buck) बस्टर्ड (Bustard), कोबरा (Cobra), हाथी, हिरन, गजाले, साँप, चीता, गिद्ध, भेड़िये, गीदड़, लोमड़ी, जंगली-बिल्ली, चूहे, रेंगने वाले जानवर, नाना प्रकार के पक्षी कीड़े-मकोड़े, मछलियाँ इत्यादि।

अध्याय

3

प्रमुख बायोम
(Major Biomes)

बायोम की परिभाषा (Definition of Biomes)

एक विस्तृत स्थलीय अथवा जलीय पारिस्थितिकी तंत्र (Ecosystem), जिसमें विशेष प्रकार के पेड़-पौधे तथा जीव-जंतु पाये जाते हों बायोम (Biome) कहलाता है। किसी बायोम की प्रमुख वनस्पति के आधार पर उसका नाम दिया जाता है। हिमचादरों (Ice-sheets) तथा अत्यंत बंजर (Barren) मरुस्थलों को छोड़कर विश्व के सभी भाग किसी-न-किसी प्रकार के बायोम से ढके हुये हैं। कोई दो बायोम एक जैसे नहीं होते हैं। सामान्यतः भू-पारिस्थितिकी व जलवायु बायोम की सीमाओं का निर्धारण करते हैं। मानव समाज, अपने भोजन, वस्त्र, आवास, ईंधन, औषधियों, पर्यटन, मनोरंजन, संसाधनों तथा सौंदर्यपरक (Aesthetic) गतिविधियों के लिए अपने बायोम पर निर्भर करता है, इसलिए उसके लिए बायोम की भारी महत्ता है।

एक बायोम में एक या एक से अधिक पारिस्थितिकी तंत्र (Ecosystem) पाये जाते हैं जो विस्तृत क्षेत्र पर फैला हुआ होता है। किसी भी बायोम के घटकों में जैविक तथा अजैविक तत्त्व सम्मिलित होते हैं। विश्व के प्रमुख बायोम को निम्न वर्गों में विभाजित किया जाता है: *(i)* स्थलीय बायोम (Terrestrial Biome)— वन, घास भूमि तथा मरुस्थल (Forests, grasslands and deserts) तथा *(ii)* जलीय बायोम (Aquatic Biome)— ताजा जल, लवणीय जल तथा समुद्री जल (Fresh waters, Saline waters and marine waters)। प्रमुख बायोमों की मुख्य विशेषताओं का संक्षिप्त वर्णन निम्न में दिया गया है–

स्थलीय बायोम (Terrestrial Biomes)

पारिस्थितिकी विज्ञान के विशेषज्ञों के अनुसार भू-धरातल पर प्रमुख बायोम निम्न प्रकार हैं ***(चित्र 3.1)***–

1. ऊष्णकटिबंधीय सदाबहार वर्षा वन बायोम (Tropical Evergreen, Rain Forest Biome)
2. मानसूनी पतझड़ वन बायोम (Monsoonic Deciduous Forest Biome)
3. उष्णकटिबंधीय सवाना घास के मैदान (Tropical Savanna Biome)
4. सबट्रोपिकल पतझड़ बायोम (Subtropical Deciduous Biome)
5. शीतोष्ण कटिबंध वर्षा बायोम (Temperate Rainforest Biome)
6. भूमध्य सागरीय बायोम (Mediterranean Biome)

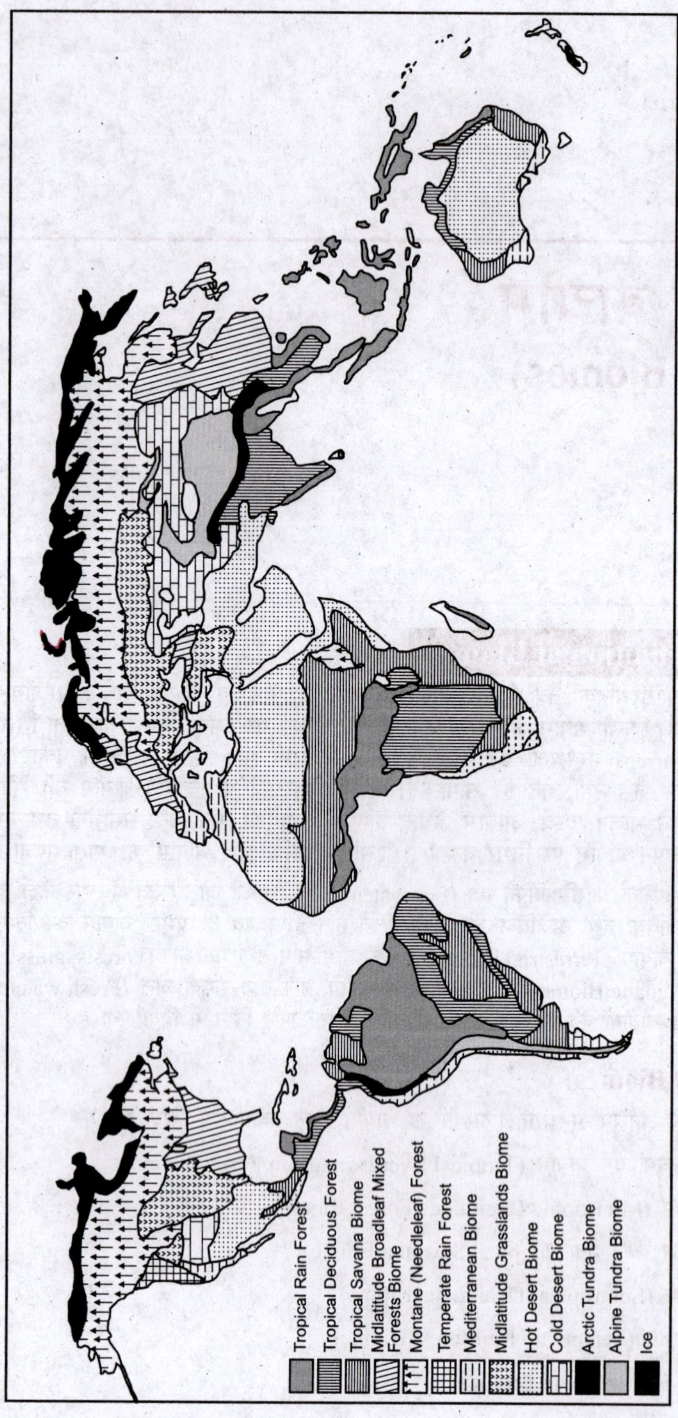

चित्र 3.1 विश्व के प्रमुख स्थलीय बायोम

7. शीतोष्ण कटिबंधीय घास के मैदान बायोम (Temperate Grassland Biome)
8. टैगा अथवा बोरियल बायोम (Taiga or Boreal Biome)
9. मरुस्थलीय बायोम (Desert Biome)
10. टुंड्रा तथा अल्पाइन टुंड्रा बायोम (Tundra and Alpine Tundra Biome)
11. अल्पाइन टुंड्रा बायोम (Alpine Tundra Biome)

1. ऊष्णकटिबंधीय सदाबहार वर्षा वन बायोम (Tropical Evergreen Rainforest Biome)

विषुवत रेखा के दोनों ओर 10° उत्तर से 10° दक्षिण में सदाबहार जंगल बायोम फैला हुआ है जिसमें अमेजन बेसिन, कांगो बेसिन तथा द. पूर्वी एशिया के द्वीप समूह पर फैला हुआ है। विश्व के इस प्रदेश में साल-भर ऊँचा तापमान रहता है तथा साल भर वर्षा के कारण आर्द्रता रहती है। अधिक तापमान, सूर्य प्रकाश तथा वर्षा के कारण विषुवतरेखीय प्रदेश सदाबहार जंगलों के लिये अनुकूल हैं।

ऊष्णकटिबंधीय सदाबहार बायोम में चौड़ी पत्ती वाले ऊँचे वृक्ष पाये जाते हैं। इनके घनी छतरी वाले वृक्षों में नीचे से ऊपर की ओर जाते हुये तीन मंजिलें पाई जाती हैं। विषुवतरेखीय प्रदेशों में ऊँचे तापमान तथा अधिक वर्षा के कारण वृक्षों की लकड़ी कठोर तथा दृढ़ होती है। इस बायोम के प्रदेशों में लगभग बारह घंटे का दिन तथा बारह घंटे की रात होती है। औसत वार्षिक तापमान 25°C के आस-पास तथा औसत वार्षिक वर्षा 200 से. मी. से अधिक होती है। ऐसी भौगोलिक परिस्थितियों के कारण इस बायोम में भारी जैविक-विविधता (Biodiversity) पाई जाती है *(चित्र 3.2)*।

जैसा कि उपरोक्त में लिखा गया है, विषुवतरेखीय सदाबहार जंगलों में नीचे से ऊपर की ओर जाते हुये तीन मंजिलें पाई जाती हैं। इस बायोम के वृक्षों पर बेलें (Lianas) लिपटी रहती हैं। कुछ लताओं (Vines) की मोटाई 20 सेंटीमीटर तक होती है। इनके अतिरिक्त वृक्षों पर अधिपादप (Epiphytes) भी लिपटे रहते हैं जो एक वृक्ष से दूसरे वृक्ष पर फैली रहती हैं। विषुवत रेखीय जंगलों के निचले भाग में वृक्षों की सघनता के कारण पवन-संचार नहीं के बराबर होता है और इसी कारण परागण (Pollination) आमतौर पर कीड़ों-मकोड़ों अथवा स्वत: परागण (Self-Pollination) के द्वारा होता है। इन वनों के ऊपरी भाग में कुछ ऊँचे वृक्ष बिखरे हुये देखे जा सकते हैं, जबकि मध्य भाग के वृक्षों में निरंतरता (Continuity) पाई जाती है। वनों के निचले भाग बाँस, फर्न (Fern) तथा वृक्षों की पौध (Seedlings) आदि से ढके रहते हैं।

विषुवतरेखीय बायोम के वृक्षों के चिकने तनों पर पतली छाल तथा पेड़ों की दाढ़ी (Buttres) पाई जाती है, जो वृक्षों की लम्बी-लम्बी शाखाओं को सहारा देती है। प्राय: वृक्षों के निचले एक-तिहाई भाग में शाखायें नहीं होती *(चित्र 3.3)*।

विषुवत-रेखीय प्रदेश में ऊँचे तापमान तथा अधिक वर्षा के कारण वृक्षों की लकड़ी कठोर होती है। कठोर लकड़ी के वृक्षों में आबनूस (Ebony), महोगनी (Mahogany), आयरन-वुड (Iron-wood), रोजवुड (Rosewood), रबर (Rubber), सिंकोना (Cinchona) इत्यादि सम्मिलित हैं।

विषुवतरेखीय सदाबहार जंगलों में नाना प्रकार के पशु-पक्षी तथा जीव-जंतु पाये जाते हैं। वृक्षों पर आवास करने वाले लंगूर, बंदर, भालू, रीछ (Sloth), कुबंग (Lemur), सुंदर-पक्षी, तोते, चिड़िया, मेंढक, छिपकलियाँ, साँप, बिच्छू, चमगादड़ तथा कीड़े-मकोड़े पाये जाते हैं।

विषुवतरेखीय वन प्रदेशों का लगभग 50 प्रतिशत क्षेत्रफल विकास के नाम पर साफ कर दिए गए हैं। इस बायोम के वृक्षों को परिपक्वता (Maturity) प्राप्त करने में लगभग 100 से लेकर 250 वर्ष लगते हैं।

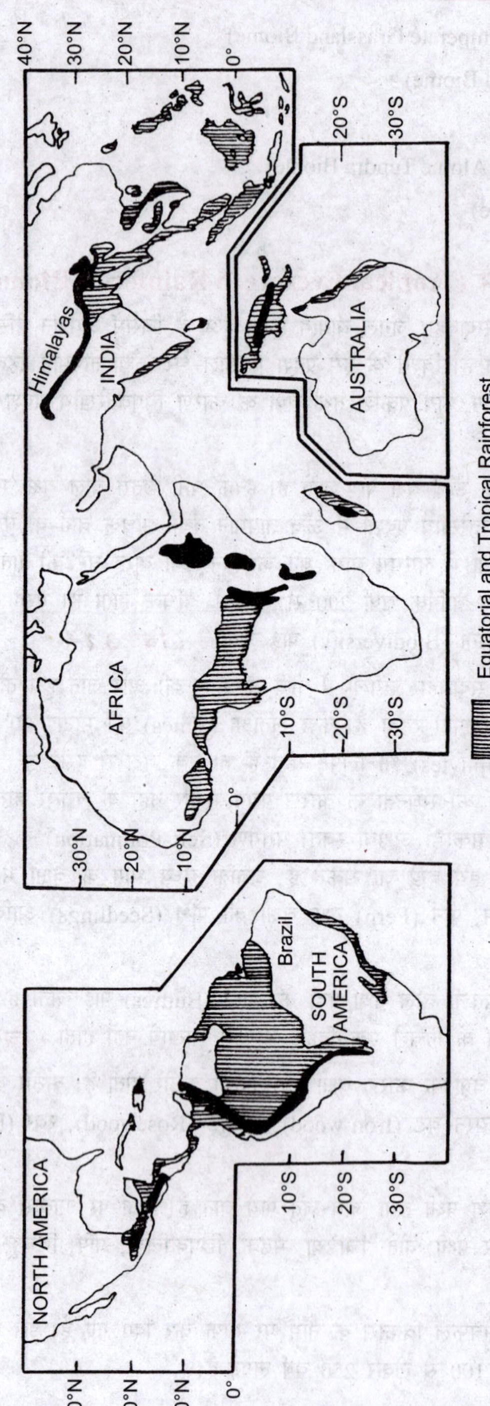

चित्र 3.2 उष्णाकटिबंधीय सदाबहार वर्षा वन बायोम

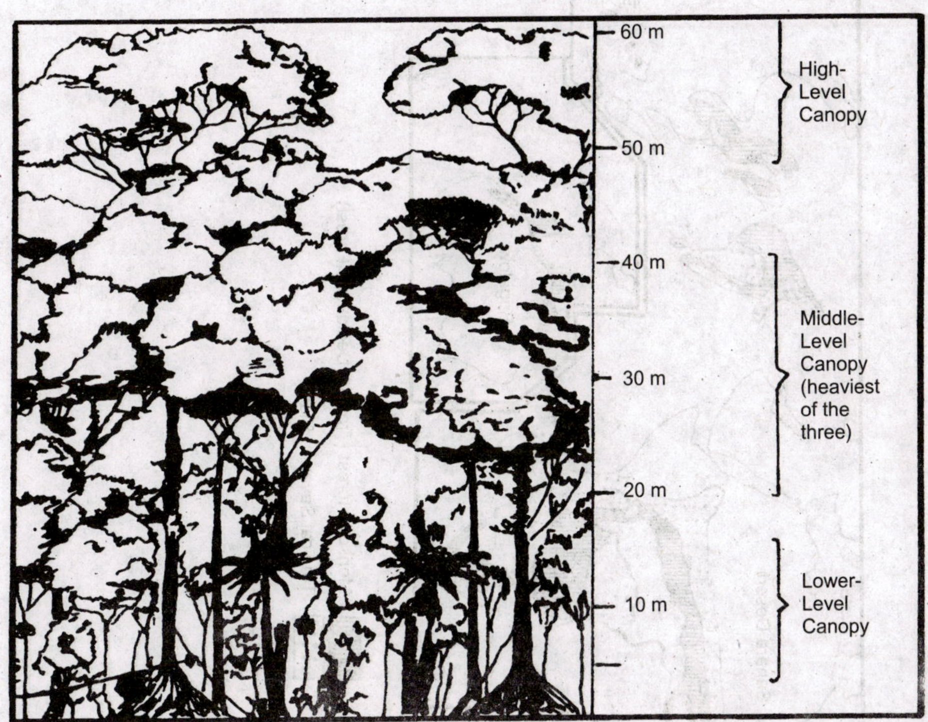

चित्र 3.3 उष्णकटिबंधीय सदाबहार वर्षा वन तथा उसकी तीन कैनोपी
(बोफगेंग कोहलर इन एलीमेंटल जियोसिस्टम द्वारा पृ. 510)

विषुवत-रेखीय वनों का सबसे बड़ा भाग अमेजन बेसिन में पाया जाता है जिनको सेल्वाज (Selvas) कहते हैं। विषुवतरेखीय घने-सदाबहार जंगल कांगो नदी के बेसिन, मेडागास्कर, इंडोनेशिया, मलेशिया,न्यूगिनि, अंडमान-निकोबार इत्यादि में पाये जाते हैं।

2. मानसूनी पतझड़ वन बायोम (Monsoonic Deciduous Forest Biome)

ऊष्ण कटिबंधीय मानसूनी बायोम के वृक्ष गर्मी का मौसम आरंभ होने से पहले अपने पत्ते गिरा देते हैं इन वनों का क्षेत्रफल, विषुवतरेखीय सदाबहार वनों की सीमाओं पर फैला हुआ है। इसके प्रमुख क्षेत्रों में म्यांमार, थाइलैंड, मलेशिया, इंडोनेशिया, वियतनाम, लाओस, कंबोडिया, फिलीपींस, अंगोला, जांबिया, जिम्बाब्वे, तंजानिया, मध्य अमेरिका, ब्राजील, गुयाना तथा वेनेजुएला आदि देशों में फैले हुये हैं। ***(चित्र 3.4)***

मानसूनी जलवायु प्रदेशों में औसत वार्षिक वर्षा 100 से 200 से. मी. तक होती है। वर्षा अधिकतर वर्षा ऋतु में होती है। वृक्षों की औसत ऊँचाई लगभग 15 मीटर होती है। मानसूनी जंगलों को अलग-अलग देशों में अलग अलग नामों से पुकारा जाता है। उदाहरण के लिये इनको ब्राजील के बहाई प्रदेश में काटिंगा (Caatinga), पराग्वे तथा अर्जेंटीना में चाको (Chaco), आस्ट्रेलिया में ब्रिगालो (Brigalow) तथा द. अफ्रीका में डाऊन-वेल्ड (Down- Veld) के नाम से जाना जाता है। ***(चित्र 3.4)***

मानसूनी पतझड़ बायोम के मुख्य वृक्षों में साल, सागौन, सरई, शीशम, महुआ, सेंथल, खैर, पीपल, बरगद, इत्यादि सम्मिलित हैं। शुष्क ग्रीष्म ऋतु से अनुकूलता उत्पन्न करने के लिये कुछ वृक्षों के तनों से गोंद इत्यादि उत्पन्न होता है।

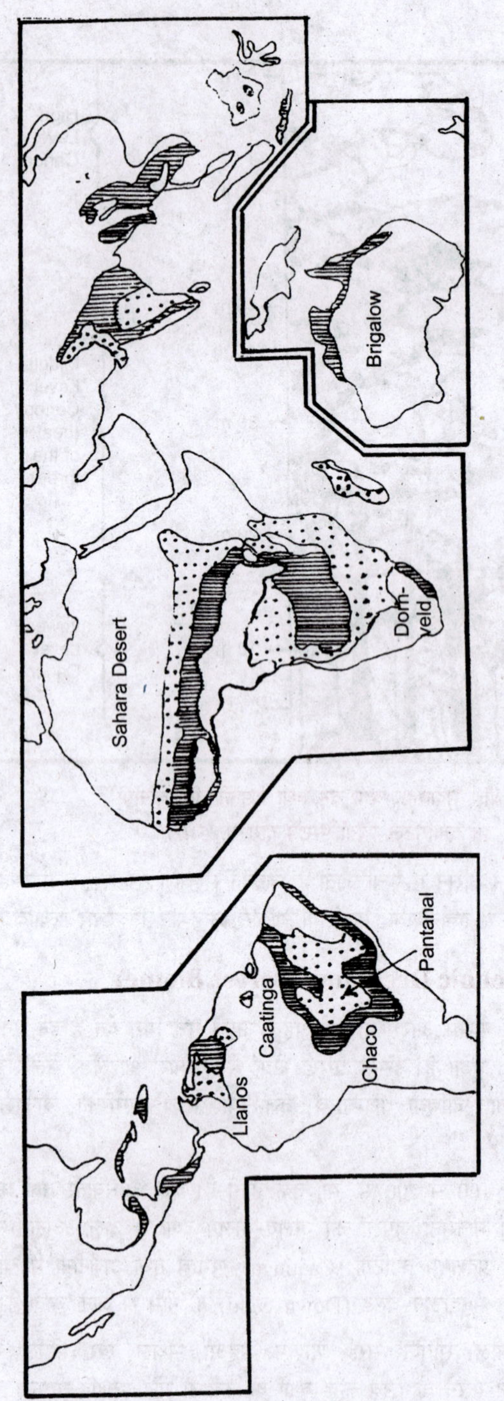

चित्र 3.4 मानसून पतझड़ वन एवं सवाना बायोम

3. ऊष्ण कटिबंधीय सवाना घास के मैदान (Tropical Savanna Grassland)

ऊष्णकटिबंधीय सवाना घास के मैदान वास्तव में ऐसे विस्तृत घास के मैदान हैं जो विषुवतरेखीय आर्द्र जलवायु तथा ऊष्ण गर्म मरुस्थलों में मध्य के प्रदेशों में पाये जाते हैं। इन घास के मैदानों में वृक्षों का अभाव है तथा यदा-कदा बबूल के वृक्ष पाये जाते हैं। इस बायोम की छतरी ऊपर से चपटी होती है *(चित्र 3.4)*।

मानव द्वारा आग का उपयोग किये जाने से पहले पृथ्वी के धरातल का लगभग 40 प्रतिशत भाग सवाना घास के मैदानों के अंतर्गत था। आज भी सवाना घास के मैदानों में प्राय: आग लगने के कारण बहुत-सी घास नष्ट हो जाती है। इस बायोम की हाथी घास (Elephant grass) की ऊँचाई कहीं-कहीं पाँच मीटर तक हो जाती है। सवाना घास के मैदानों में मृदा में ह्यूमस (Humus) की मात्रा अधिक होती है।

अफ्रीका में सूडान, सोमालिया, इथोपिया, कीनिया आदि इस बायोम में विस्तृत क्षेत्र हैं। कीनिया का सिरंगाती (Serengeti-Plain) मैदान इसी बायोम में स्थित है। सवाना घास के मैदानों को बेनेजुएला में कैंपोसेरांडो (Campo-cerado) द. ब्राजील में पेंटानल (Pantanal) के नाम से जाना जाता है।

सवाना घास के मैदानों में विभिन्न प्रकार के पशु-पक्षी तथा जीव-जंतु पाये जाते हैं। जंगली पशुओं में मुख्यत: विभिन्न प्रकार के पशु-पक्षी तथा जीव-जंतु पाये जाते हैं। जंगली पशुओं में चीता, कुरंग, हिरन, जेबरा, जंगली-भैंसा, गैंडा (Rhinoceros) हाथी, शेर उल्लेखनीय हैं। इन बहुमूल्य जंगली पशुओं की सुरक्षा एवं संरक्षण के लिये सवाना घास के मैदानों के विस्तृत क्षेत्र अनिवार्य हैं।

सवाना बायोम के मुख्य वृक्षों में सूडान के बाओबाब (Baobab), आस्ट्रेलिया के युकलिप्टस (Euclyptus), केलोफ़िला (Calophylla) तथा ताड़ प्रमुख हैं। घास से ढके हुये सवाना मैदान गर्मी के मौसम में सूखी घास का दृश्य दिखाते हैं जो वर्षा ऋतु में वर्षा होते ही हरे-भरे नजर आने लगते हैं। ज्वार, बाजरा, मक्का, दलहन, तिलहन, मूँगफली आदि की कृषि के लिये कृषि भूमि का उपयोग किया जाता है। इस बायोम के वृक्षों में सूखा सहन करने की शक्ति प्राप्त होती है।

4. उपोष्णकटिबंधीय (Sub-Tropical Deciduous Biome)

यह बायोम उत्तरी अमेरिका की ग्रेट लेक्स (Great Lakes), चीन के उत्तरी पूर्वी भाग, उत्तरी तथा दक्षिणी कोरिया तथा जापान के दक्षिणी द्वीपों पर फैला हुआ है। इसमें सदाबहार तथा पतझड़ वाले वृक्षों का मिश्रण है। पर्वतों की ऊँचाई की ओर जाते हुये कोणधारी वृक्षों का मिश्रण भी पाया जाता है। रेड-पाइन, सदाबहार हेल्मक (Hemlock), तथा ओक (Oak), बीच (Beech), हिकोरी (Hickory), चिनार (Maple), एल्म तथा चेस्टनट (Chestnut) मुख्य वृक्ष हैं।

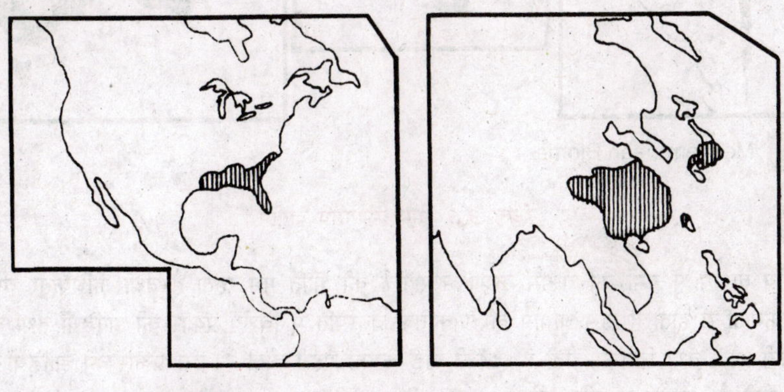

Subtropical Evergreen Forests (Northern Hemisphere)

चित्र 3.5 उपोष्ण कटिबंधीय बायोम का उत्तर गोलार्धीय मानचित्र

5. शीतोष्ण कटिबंधीय वर्षा बायोम (Temperate Rainforest Biome)

इसको अति हरा-भरा बायोम भी कहते हैं। उत्तरी अमेरिका के प्रशांत महासागरीय तंट पर यह बायोम पाया जाता है। विश्व के सबसे ऊँचे वृक्षों में रेड-वुड (Red- wood) उल्लेखनीय हैं। सबसे ऊँचे तथा सबसे पुराने वृक्षों में डग्लस-फर (Douglas-Fir), स्प्रूस (Spruce), देवदार (Cedar) तथा हेम्लोक प्रमुख हैं। संयुक्त राज्य अमेरिका के ओरिगोन तथा वाशिंगटन में यह वनस्पति पर्याप्त मात्रा में पाई जाती है।

6. भूमध्य सागरीय बायोम (Mediterranean Biome)

भूमध्य सागरीय बायोम विशेष रूप से भूमध्य सागर के निकटवर्ती भागों में फैला हुआ है। इनके अतिरिक्त इस प्रकार का बायोम कैलिफोर्निया, मध्य चिली (Central- Chile), दक्षिणी अफ्रीका, आस्ट्रेलिया के दक्षिणी-पूर्वी भाग तथा तस्मानिया (Tasmania) में पाया जाता है। *(चित्र 3.6)*।

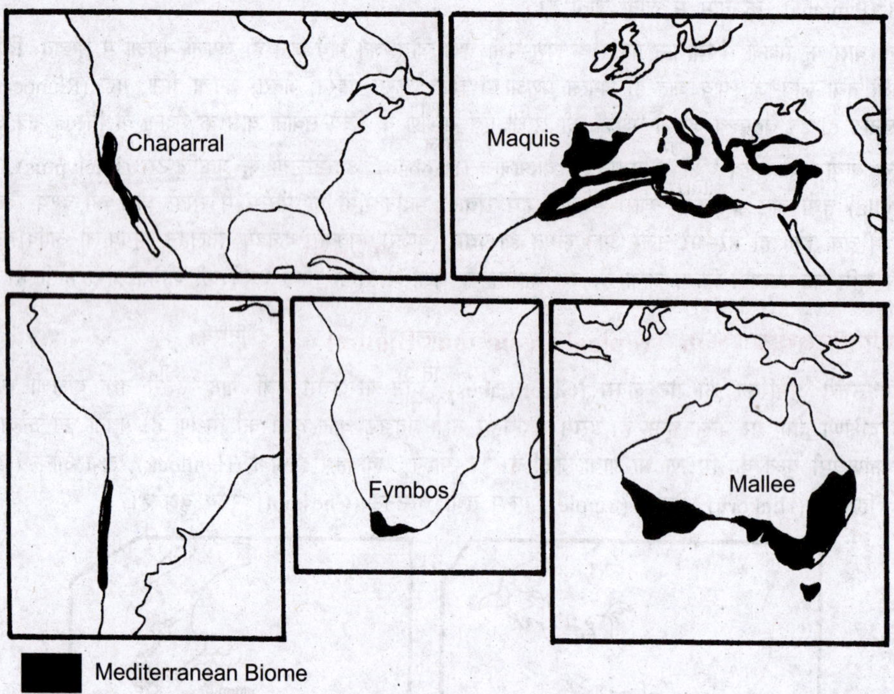

चित्र 3.6 भूमध्यसागरीय बायोम

भूमध्य सागरीय बायोम में गर्मी का मौसम ऊष्ण मरुस्थलों की भाँति गर्म रहता है तथा अधिकतर वर्षा शीत काल में शीतकटिबंध में चक्रवातों से होती है। इस बायोम की प्राकृतिक वनस्पति में विशेष प्रकार की झाड़ियाँ तथा वृक्ष पाये जाते हैं, जिनकी पत्तियाँ छोटी-मोटी तथा चिकनी होती हैं। इनकी जड़ें काफी गहरी होती हैं। इस प्रकार की झाड़ियों की ऊँचाई प्रायः दो से तीन मीटर होती है। भूमध्य सागरीय प्रदेशों में व्यापारिक खेती (Commercial Farming) की जाती है। यह बायोम खट्टे फलों, अंगूर, सेब, संतरे, नींबू तथा विविध प्रकार की सब्जियों के लिये प्रसिद्ध है।

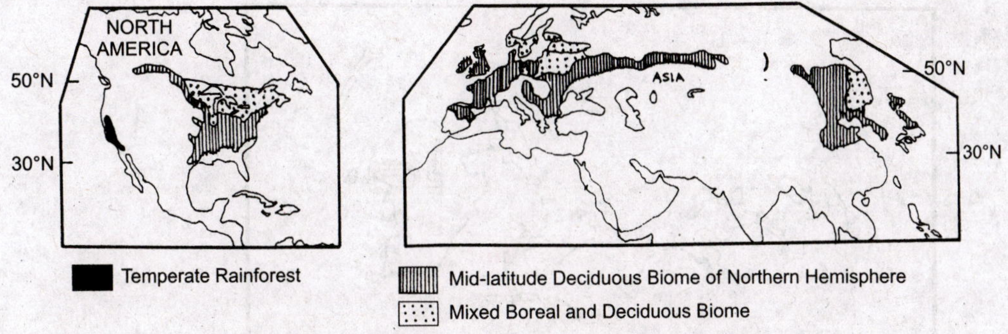

चित्र 3.7 शीतोष्ण पतझड़ एवं मिश्रित बोरियल बायोम

7. शीतोष्ण कटिबंधीय घास के मैदान बायोम (Temperate Grassland Biome)

शीताष्ण कटिबंधीय/मध्य अक्षांशीय घास के मैदान यूरोप, एशिया, उत्तरी तथा दक्षिणी अमेरिका, द. अफ्रीका तथा दक्षिणी आस्ट्रेलिया में पाये जाते हैं। इन घास के मैदानों को उत्तरी अमेरिका में प्रेयरीज (Prairis), यूरेशिया में स्टेपी (Steppe), द. अमेरिका के अर्जेंटीना तथा उरूग्वे (Uruguay) में पंपाज, द. अफ्रीका में वेल्ड (Veld) तथा आस्ट्रेलिया में डाऊन (Down) के नाम से जाना जाता है। *(चित्र 3.8)*

8. टैगा अथवा बोरियल बायोम (Taiga or Boreal Biome)

टैगा बायोम को कोणधारी वनों का बायोम अथवा बोरियल बायोम कहते हैं। इस बायोम का विस्तार उत्तरी अमेरिका में अलास्का से लेकर कनाडा (Canada), के पूर्वी भाग तक फैला हुआ है। इनके अतिरिक्त हिमालय, एंडीज, राकी, आल्पस इत्यादि पर्वतों के ऊँचे ढलानों पर भी कोणधारी वृक्ष पाये जाते हैं। इस बायोम के मुख्य वृक्षों में स्प्रूस (Spruce) तथा फर (Fir) सम्मिलित हैं। कोणधारी वन मुलायम लकड़ी के लिये प्रसिद्ध हैं। इनका उपयोग प्रायः फर्नीचर, कागज तथा लुगदी (Pulp) बनाने के काम में होता है। *(चित्र 3.9)*

9. मरुस्थलीय बायोम (Desert Biome)

विश्व के लगभग एक-तिहाई थल पर मरुस्थल फैले हुये हैं। मरुस्थलीय वनस्पति शुष्कता एवं वर्षा को अभाव के लंबे समय तक सहन कर सकती है। इसी कारण इस वनस्पति को मरुद्भिदी (Xerophytic) वनस्पति कहा जाता है। कुछ पेड़-पौधों के बीच वर्षों तक रेत-मिट्टी में मिले रहते हैं, और हल्की-सी वर्षा होने पर भी उन बीजों में अंकुर निकल आते हैं और दो-चार दिन के लिये हरियाली-सी छा जाती है। ऊँचे तापमान एवं तीव्र वाष्पीकरण के कारण ये कोमल-सुंदर पौधे मुरझा कर सूख जाते हैं इन पौधों का जीवन-चक्र दो-चार दिन का होता है। इसी समय में इस वनस्पति में फूल-फल और बीज आ जाते हैं। शुष्क एवं ऊष्ण तापमान के कारण ये बीज फिर से मिट्टी में मिल जाते हैं और वर्षों तक फिर रेत में पड़े वर्षा का इंतजार करते रहते हैं। वर्षा होने पर इनका जीवन-चक्र फिर से आरंभ हो जाता है।

मरुस्थलीय बायोम की स्थिर स्थायी (Perennial) वनस्पति में नागफनी तथा बबूल इत्यादि सम्मिलित हैं। नागफनी की काँटेदार पत्तियाँ मोटी तथा उनकी प्रक्रिया कम होती है; कुछ वृक्षों तथा नागफनी पर लंबे-रेशेदार धागे (Tissues) होते हैं, जिनसे बदबू निकलती है, जिसके कारण पशु उनकी पत्तियों को हानि नहीं पहुँचा पाते।

विश्व के मरुस्थलों को दो वर्गों में विभाजित किया जा सकता है–

(i) ऊष्ण मरुस्थल तथा *(ii)* ठंडे मरुस्थल (Cold Deserts)

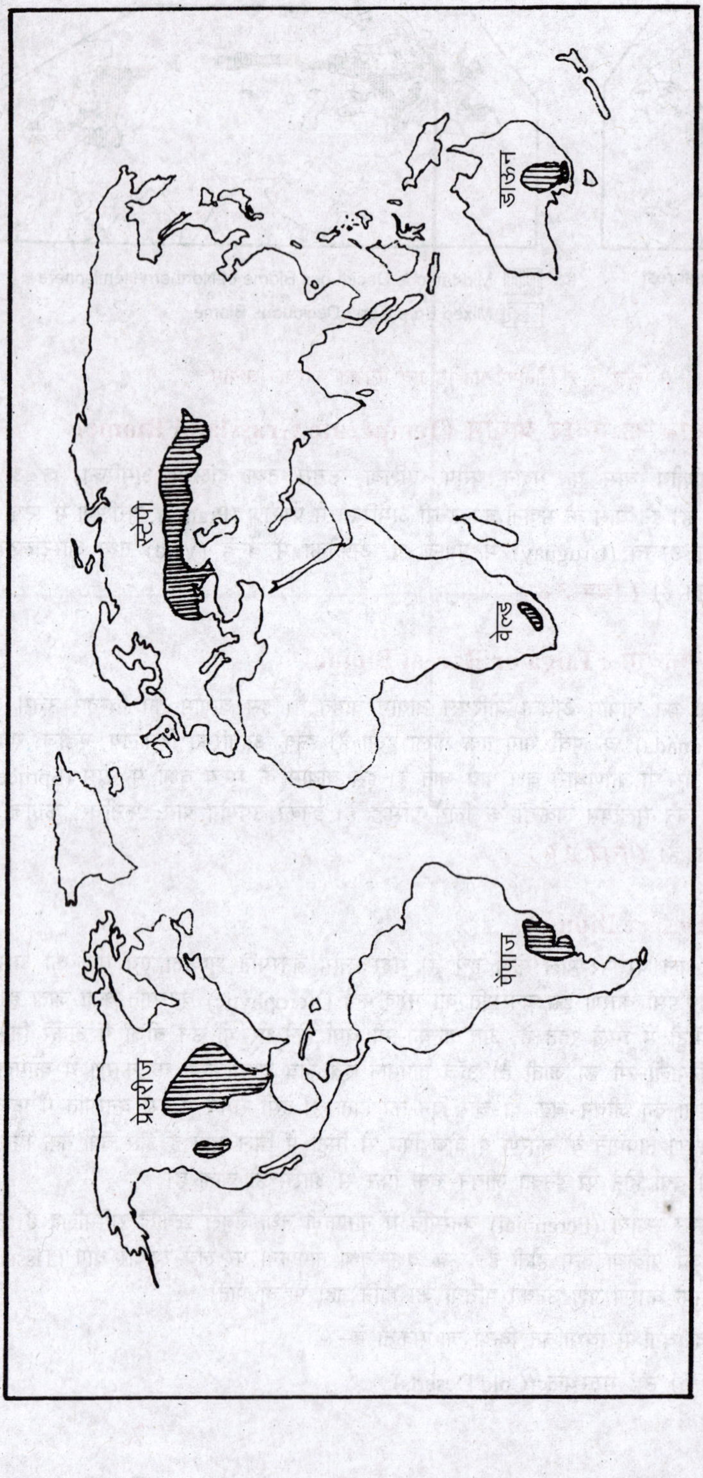

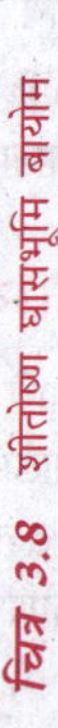

चित्र 3.8 शीतोष्ण घासभूमि बायोम

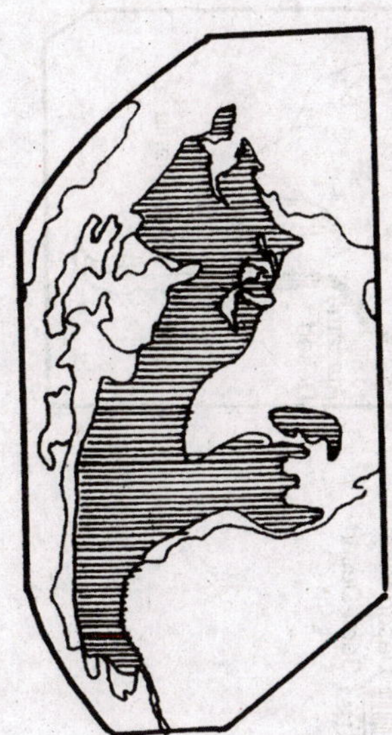

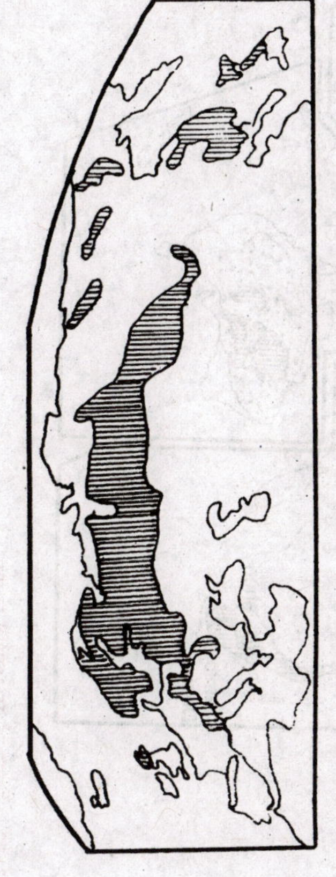

चित्र 3.9 टैगा अथवा बोरियल बायोम

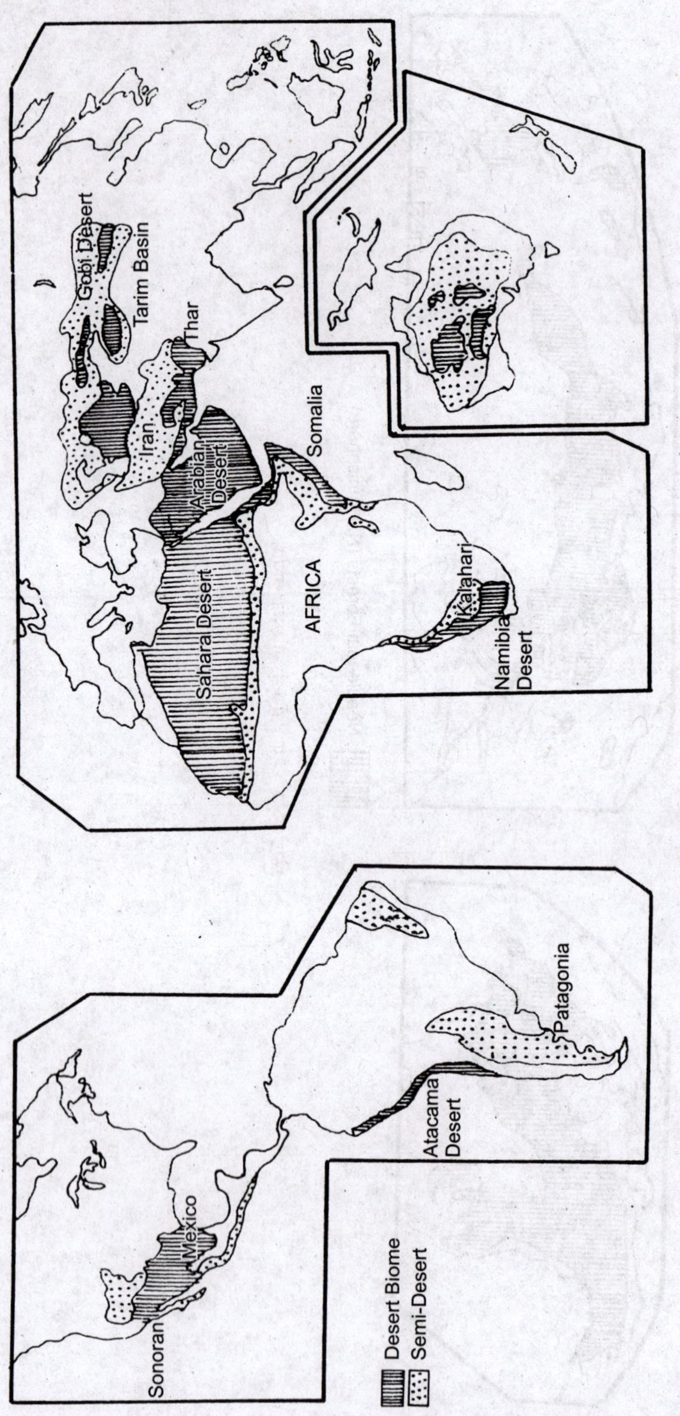

चित्र 3.10 विश्व के मरुस्थलीय बायोम

ऊष्ण मरुस्थल (Hot Deserts)

ऊष्ण मरुस्थल प्राय: प्रत्येक महाद्वीप के ऊष्ण कटिबंध के पश्चिमी भागों में पाये जाते हैं। सभी ऊष्ण मरुस्थल अधिक वायु भार की पेटियों (High Pressure Belts) में स्थित हैं। इन पेटियों में वायु ऊपर से नीचे की ओर उतरती है, जिससे वायु भार में वृद्धि होती रहती है। सभी ऊष्ण कटिबंधीय मरुस्थलों में ये वर्षा के अभाव के कारण बहुत शुष्क होते हैं। इन मरुस्थलों में वर्षण की अपेक्षा वाष्पीकरण अधिक होता है। वर्षा प्राय: 20 से. मी. से कम होती है। विश्व का सबसे शुष्क मरुस्थल आटाकामा, चिली (द. अमेरिका) में स्थित है। आटाकामा मरुस्थल में औसत वार्षिक वर्षा 0.05 से. मी. से भी कम होती है। बहुत-से ऊष्ण-मरुस्थलों के पश्चिम की ओर स्थित महासागरों में ठंडे पानी की जलधाराएँ पाई जाती हैं। पानी की इन ठंडी धाराओं का भी ऊष्ण मरुस्थलों की उत्पत्ति में विशेष भूमिका है। ऐसे मरुस्थलों में सहारा, अरिजोना (संयुक्त राज्य अमेरिका), आटाकामा, नामीबिया (अफ्रीका) तथा ग्रेट-विकटोरिया मरुस्थल (आस्ट्रेलिया) प्रमुख हैं। इन मरुस्थलों में ग्रीष्म कोहरा तथा धुंध होता है जिसकी वनस्पति व जन्तुओं को आवश्यकता होती है। स्थायी वनस्पति प्रजातियां जैसे कैक्ट्स, क्रिओसोट-झाड़ी (creosote-bush), फेट्रोकैक्ट्स (fetrocactus) तथा बबूल (Acacia) मरुस्थलीय बायोम में विस्तृत रूप से पाए जाते हैं। लवण निक्षेप वाले क्षेत्र सीपवुड (Seepwood), गीजवुड (geesewood), सर्कोबटूस (sarcobatus) तथा लवण घासों का पाया जाना सामान्य है। वास्तव में मरुस्थलीय क्षेत्रों में वही वनस्पति व जीव रह सकते हैं जो विशेष रूप से स्वयं को अनुकूलित करने में सक्षम होते हैं। *(चित्र 3.10-3.11)*

ठंडे मरुस्थल (Cold Deserts)

ठंडे मरुस्थल प्राय: शीताष्ण कटिबंध एवं ऊँचे पठारों पर पाये जाते हैं। मंगोलिया का गोबी मरुस्थल, तुर्कमेनिस्तान एवं कजाखस्तान के कजलकुम व कराकुम मरुस्थल, चीन का टकला-मकान एवं जुंगारियन मरुस्थल, लद्दाख (भारत) इत्यादि ठंडे मरुस्थलों के उदाहरण है। इंडीज पर्वत के पूर्व में पेटागोनिया का मरुस्थल (Patagonia Desert) भी ऐसे ही ठंडे मरुस्थल का उदाहरण हैं। ठंडे मरुस्थल में शीतकाल में हिमपात होता है परंतु यह हल्का होता है। ग्रीष्म ऋतु गर्म होती है तथा औसत अधिक तापमान 30° सेल्सियस से 40° सेल्सियस होता है। रात के समय यह निम्न हो जाता है तथा यहां तक कि ग्रीष्म ऋतु में यह दिन के उच्च तापमान से 10° से 15° सेल्सियस तक कम हो सकता है। शुष्कता, साफ आकाश, यत्र-तत्र बिखरी वनस्पतियों से उच्च विकरण वाली ऊष्मा का ह्रास होता है जिससे शामें ठंडी व रातें सुहावनी होती हैं।

भारत में ठंडे मरुस्थल लद्दाख, लाहोल स्पीति (हिमाचल प्रदेश), उत्तरकाशी (उत्तराखंड) तथा लद्दाख व सिक्किम में हिमालय के अनुवात दिशा (leeward side) में पाए जाते हैं। वृहत हिमालयों की अनुवात दिशा पर होने के कारण भारत के ठंडे मरुस्थलों में जलवायु कठोर (exterme) है। इन निर्जन रेगिस्तानों में विचित्र वनस्पतियाँ व जीव जंतु पाए जाते हैं। निर्जन, बिखरे हुए तथा अत्यधिक चराई वाली घासें पाई जाती हैं। चराई अवधि 3-4 महीने से कम होती है। मुख्य वृक्षों में ओक, चीड़, भोज (birch) बुरांस (rhododendron) तथा झाड़ियां (bushes) शामिल हैं। प्रमुख जानवरों में याक, भेड़ें, मृग तथा लघुकाय गाएं शामिल हैं।

10. टुंड्रा तथा अल्पाइन टुंड्रा बायोम (Tundra and Alpine Tundra Biome)

टुंड्रा बायोम उत्तरी गोलार्द्ध में अमेरिका के अलास्का, कनाडा, ग्रीनलैंड, आर्कटिक द्वीप समूह प्रदेशों में फैला हुआ है। इस बायोम में तापमान बहुत नीचे रहता है। कठोर सर्दी पड़ती है, तनेदार वृक्ष नहीं उगते। ग्रीष्म काल में केवल लिकान (Lichen), सेज (Sedge) तथा काई (Mosses) ही उगती है। कहीं-कहीं छोटी घास भी उग जाती है।

टुंड्रा प्रदेश केवल साठ दिन ही वनस्पति उगने के अनुकूल होते हैं। प्राकृतिक वनस्पति के अभाव में टुंड्रा बायोम की प्राइमरी उत्पादकता (Primary Productivity) अन्य सभी बायोम से कम है।

टुंड्रा बायोम की अत्यधिक ठंडी एवं कठोर जलवायु के कारण यहाँ प्राकृतिक वनस्पति का अभाव है। यहाँ पशु-पक्षी आहार की तलाश में स्थानांतरण करते रहते हैं। मुख्य पशुओं में रेंडियर (Reindeer), करीबू (Caribou), सफेद भालू,

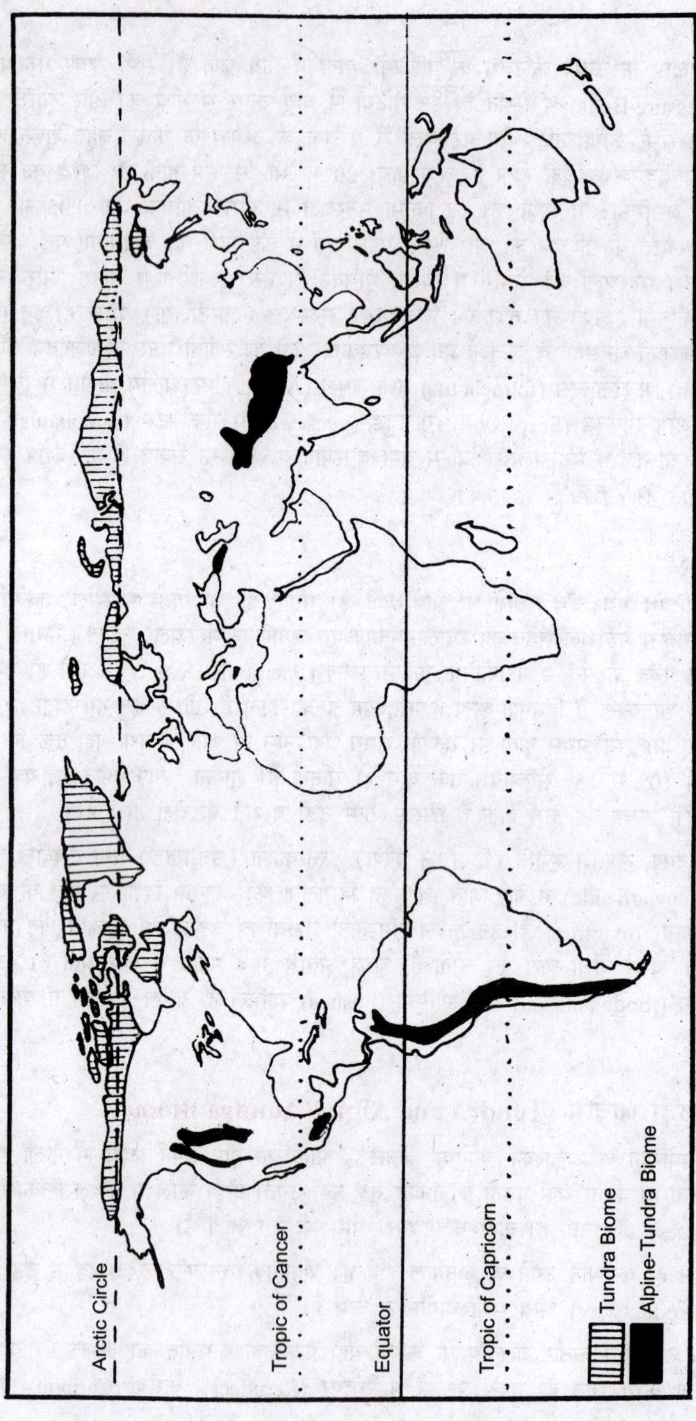

चित्र 3.11 टुंड्रा अल्पाइन बायोम

सफेद लोमड़ी, सफेद भेड़िये, छछूंदर (Shrew) इत्यादि सम्मिलित हैं। टुंड्रा बायोम के अधिकतर पशुओं पर बालों का फर (Fur) पाया जाता है जिससे कठोर सर्दी सहन करने में सहायता मिलती है। टुंड्रा बायोम में धुव्रीय भालू जल निरोधक कोट व झिल्लीदार पैरों से तैरने की प्रक्रिया में स्वयं को ढाल लेते हैं। पक्षियों में बतख, जलमुर्गी, हंस इत्यादि उल्लेखनीय हैं। टुंड्रा के पक्षी मौसम के अनुसार पलायन करते रहते हैं।

11. अल्पाइन टुंड्रा बायोम (Alpine Tundra Biome)

अल्पाइन टुंड्रा बायोम ऐसी पर्वत शिखरों पर पाया जाता है जो साल भर बर्फ से ढके रहते हैं। अल्पाइन बायोम वृक्ष रेखा से ऊपर अधिक ऊँचाइयों पर हैं। इस बायोम को विशेष रूप से हिमालय, राकी, एंडीज, अल्पस आदि ऊँची चोटियों पर देखा जा सकता है। ग्रीष्म काल में इस बायोम में अल्पाइन घास के मैदान (Alpine Pastures) देखे जा सकते हैं। *(चित्र 3.11)*

विभिन्न वृक्षों की ऊँचाई, छतरी (Canopy), तने तथा शाखाओं के आकार को *चित्र 3.12* में दिखाया गया है।

चित्र 3.12 से विदित है कि विश्व के सबसे ऊँचे वृक्ष डगलस-फर (Douglas-Fir) हैं जो कैलिफोर्निया (संयुक्त राज्य अमेरिका) में पाये जाते हैं। इन वृक्षों को रेड-वुड (Red-wood) के नाम से भी जाना जाता है। डगलस-फर की ऊँचाई 90 से 10 मीटर तक हो जाती है। इनकी आयु 1500 वर्ष तक हो जाती है। दूसरे सबसे ऊँचे वृक्षों में ब्राजील-नट (Brazil- Nut) का नाम आता है जिनकी ऊँचाई लगभग 60 मीटर तक पाई गई है। एल्म (Elm) तथा पोपलर (Poplar) की ऊँचाई तीसरे तथा चौथे स्थान पर है, जबकि विलो (Willow) तथा स्प्रूस (Spruce) का ऊँचाई में पाँचवाँ तथा छोटा स्थान है। अन्य वृक्षों तथा घास इत्यादि की ऊँचाई *चित्र 3.12* में दी गई है।

तालिका 3.1 विश्व के प्रमुख बायोम की मुख्य विशेषताएँ

क्र.सं.	बायोम	वनस्पति की विशेषताएँ	वार्षिक वर्षण	तापमान प्रतिरूप	जल संतुलन
1.	उष्णकटि. बंधीय सदा बहार वर्षा वन बायोम	बड़े पत्तों की घनी छतरी 1 लियाना/लताएँ तथा अधिपादप (Epiphytes), भारी लकड़ी के वृक्ष। विश्व के लगभग 40 प्रतिशत वनस्पति व जीव पाए जाते हैं।	180-400 से.मी. प्रत्येक महीने में 6 से.मी. से अधिक वर्षा	21°C-30°C तापमान, औसत तापमान 25°C जल का अभाव नहीं।	पूरे वर्ष/साल भर
2.	पतझड़ वाले मानसूनी जंगल बायोम	विषुवत रेखीय सदाबहार जंगल तथा सवाना घास के मैदानों के मध्य स्थित पेड़ ग्रीष्म ऋतु आरंभ होने से पहले पत्ती गिराते हैं। साल, सागौन, शीशम आदि	वर्षण 130-200 से.मी.(अधिकतर वर्षा, वर्षा ऋतु में)	तापांतर ऊँचे	मौसम के अनुसार जल संतुलन
3.	सवाना बायोम	मानसूनी पतझड़ जंगलों तथा अर्द्ध ऊष्ण मरुस्थलों के मध्य स्थित घास खाने वाले जानवरों, मृगों, भैंसों, जेब्रा, हाथियों, गैंडों, शेरों, चीतों, लकड़बग्घों, नेवलों तथा चूहा, गिलहरी जैसे कतरने वाले जानवरों की व्यापक विविधता।	90-150 से.मी.	शीत ऋतु नहीं	गर्मी के मौसम में जल का अभाव
4.	सबट्रोपिकल सदाबहार पतझड़ वृक्ष वाला बायोम	पतझड़ तथा बारीक पत्ती (Needle Leaf) सदाबहार वृक्ष (चीड़ के वृक्ष)	75-150 से.मी.	शीतोष्ण जलवायु शीत ऋतु के साथ	मौसम के अनुसार जल संतुलन

5.	शीतोष्ण सदा. बहार जंगल बायोम	रेड-वुड (Red-wood) डगलस फर आदि विश्व के सबसे ऊँचे वृक्ष	150-500 से. मी.	हल्की सर्दी	पूरे साल प्राप्त जल
6.	भूमध्य साग. रीय बायोम	छोटी तथा मोटी पत्ती वाली वनस्पति जैसे चपारल (Chaparal) तथा मार्क्यूस (Marquis) आदि	25-65 से.मी.	ऊष्ण ग्रीष्म ऋतु, हल्की सर्दी ऋतु	ग्रीष्म ऋतु में जल अभाव
7.	मध्य अक्ष. ांशीय पतझड़ वृक्ष वाले बायोम	चौड़ी पत्ती के वृक्ष जो शीतकाल से पहले अपने पत्ते गिराते हैं; जैसे बीच (beach) ओक, शहतूत, धुनकी (willow) तथा चेरी (cherry) के वृक्ष। अधिकांश जानवर कशेरुकी (vertebrates) व अकशेरुकी (Invertebrates) हैं।	75-150 से.मी.	शीत ऋतु में अधिक वर्षा	पूरे वर्ष प्राप्त जल संतुलन
8.	शीतोष्ण कटि. बंधीय घास के मैदान	अधिकतर भाग कृषि के अंतर्गत, बड़े तथा व्यापारिक पैमाने पर पशुपालन। गवल (bison), मृग (antelope), कतरने वाले जीव (rodents) कुता, भेड़िया तथा भूमि पर घोंसला बनाने वाले पक्षी (ground nesting birds)	25-75 से.मी.	शीतोष्ण महाद्वीपीय जलवायु	ग्रीष्मकाल में जल का अभाव
9.	टैगा बायोम	कोणधारी सूई की पत्ती जैसे वृक्ष। स्प्रूश (spruce), देवदार (fir) तथा चीड़ के वृक्ष मुख्य हैं। बीज खाने वाले छोटे पक्षी, बाज (hawks) फर वाले मांसाहारी (fur bearing carnivores) छोटा उदबिलाव, एल्क (elks) पुमा (puma), साइबेरियन बाघ, लोमड़ी तथा भेड़िए मुख्य जंगली पशु हैं।	25-60 से.मी.	सबसे अधिक वार्षिक तापांतर	पूरे वर्ष प्राप्त जल
10.A	ऊष्ण तथा अर्द्ध ऊष्ण मरुस्थल	सूखा सहन करने वाली वनस्पति, नागफनी एवं बबूल आदि सरीसृप, स्तनपायी तथा पक्षी।	<20 से.मी.	औसत वार्षिक तापमान 18°C	असुंतलन पूरे साल
10.B		छोटी तथा काँटेदार झाड़ियाँ। सफेद उल्लू (Snowy owl), लेमिंग (lemming) आर्कटिक खरगोश (arctic hare), सफेद लोमड़ी, सफेद भालू, सरीसृप व उभयचर (amphibians) प्राय: नहीं पाए जाते।	10-20 से.मी.	औसत वार्षिक तापमान 18°C से कम	साल भर जल का अभाव
11.	आर्कटिक तथा अल्पाइन टुंड्रा बायोम	वृक्ष रहित बायोम वनस्पति लिकिन (Lichen) तथा काई (Mosses) के रूप में ग्रीष्म ऋतु में छोटी झाड़ियाँ	25 से.मी.	सबसे अधिक ग्रीष्म तापमान 10°C से कम	जल संतुलन पूरे वर्ष

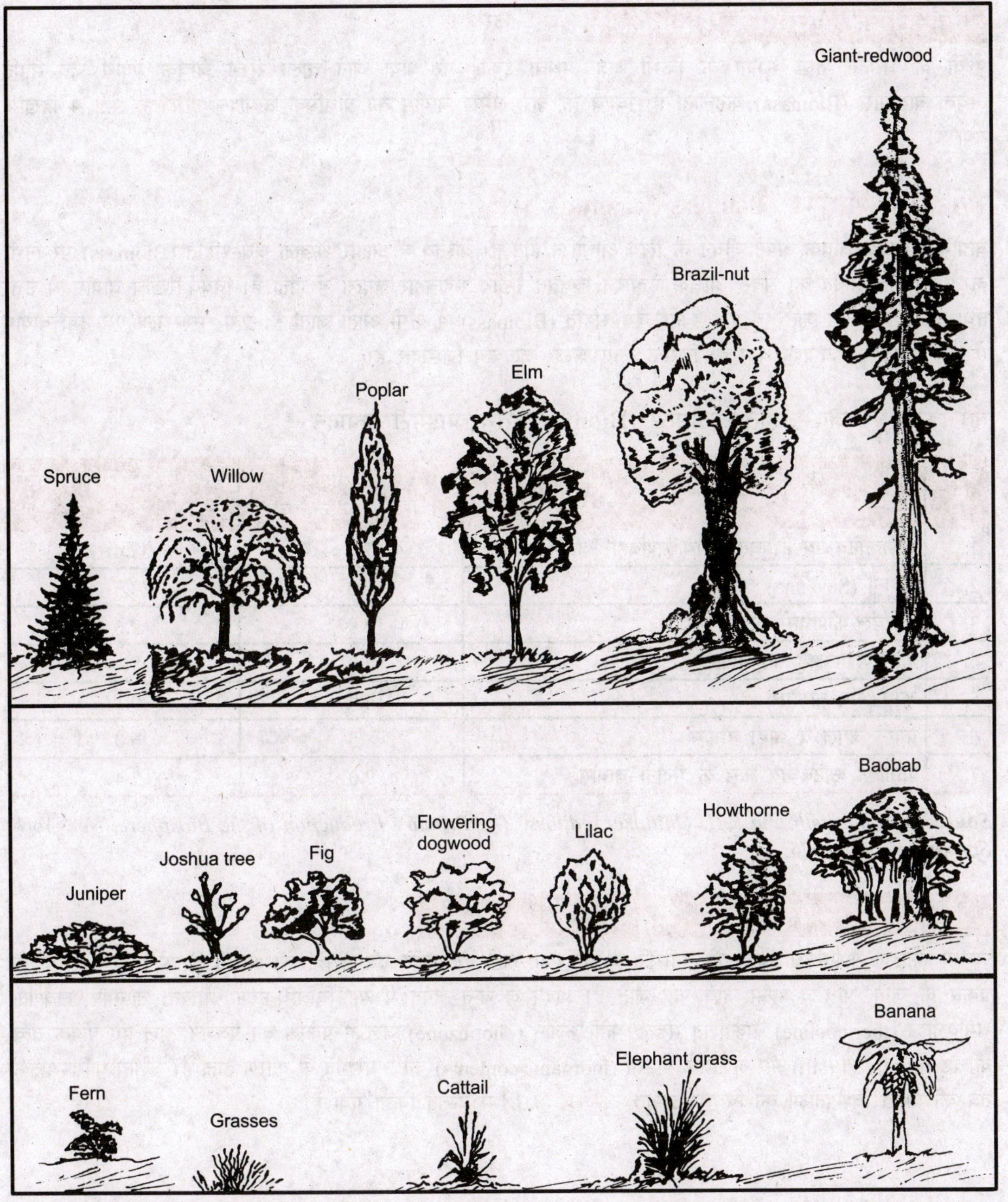

चित्र 3.12 वनस्पतियों के रूप (डब्ल्यू. एम. मार्श. जे. डोजियर *Landscape: An introduction of Physical Geography, 1981*, पृ. 273)

जैव-संहति/बायोमास (Biomass)

पृथ्वी के धरातल तथा भूभाग के किसी क्षेत्र अथवा इकाई पर पाया जाने वाला सूखा जैविक पदार्थ जैव-संहति अथवा बायोमास (Biomass) कहलाता है। विश्व के कुछ प्रमुख बायोम का प्राथमिक उत्पादन *तालिका 3.2* में दिखाया गया है।

जैव-संहति पिरामिड (Biomass Pyramid)

बायोमास पर ही जैविक अपने जीवन के लिये आधारित होते हैं। वास्तव में आहार शृंखला जैव-संहति (Biomass) पर निर्भर करती है। जैव-संहति का सबसे अधिक उत्पादन विषुवत रेखीय सदाबहार जंगलों में होता है। विषुवतरेखीय बायोम से उत्तर तथा दक्षिण की ओर जाते हुये प्रति इकाई जैव-संहति (Biomass) में कमी आती जाती है। प्रायः मरुस्थलों एवं टुंड्रा बायोम में जैव-संहति का उत्पादन कम है; जिसके लिए कठोर जलवायु जिम्मेदार है।

तालिका 3.2 **जैव-संहति/बायोमास** (Biomass) **तथा प्राइमरी उत्पादन**

क्र.स.	बायोम/इकोसिस्टम	क्षेत्रफल (100 वर्ग किलोमीटर)	विश्व का प्राइमरी उत्पादन
1.	उष्णकटिबंधीय विषुवत रेखीय सदाबहार जंगल बायोम	17.0	37.4
2.	सवाना (Savanna) बायोम	15.0	13.5
3.	बोरियल/कोणधारी वन बायोम	12.0	9.6
4.	शीतोष्ण पतझड़ वन बायोम	7.0	8.4
5.	कृषि भूमि बायोम	14.0	9.1
6.	काष्ठ जंगल व झाड़ी बायोम	8.5	6.0
7.	शीतोष्ण कटिबंधीय घास के मैदानी-बायोम	9.0	5.4

Source: *Helmut lieth and R.H. Qhittaker, editors. The Primary Production of the Biosphere, New York: Springex Verlag, 1975.*

जलीय पारिस्थितिकी तंत्र (Aquatic Ecosystems)

जलीय इकाइयों में विविध प्रकार की वनस्पति व जन्तु पाए जाते हैं। जलीय तंत्र में विशिष्ट क्षेत्र हैं जिनमें विविध व विशिष्ट प्रकार के जन्तु, पौधे व सूक्ष्म जीव पाए जाते हैं। पादप व जन्तु जगत में यह विविधिकरण प्रमुखतः तापमान, लवणता, थर्मोक्लाइन (thermocline), प्रकाशित मंडल, फोटिकजोन (photiczone) जल में प्रकाश का प्रवेशन, घुले हुए पोषक तत्व, कीचड़ (mud), रेत (silt) और अजैविक पदार्थों (inorganic contents) की उपस्थिति के कारण होता है। जलीय पारिस्थितिकी तंत्र की प्रमुख विशेषताओं का विवरण प्रस्तुत *तालिका* ***3.3A*** में प्रस्तुत किया गया है।

तालिका 3.3 जलीय पारिस्थितिकी तंत्र

जलीय पारिस्थितिकी तंत्र	प्रमुख विशेषताएं
1. स्वच्छ जलीय पारिस्थितिकी तंत्र (Fresh water Ecosystem)	स्वच्छ जल से अभिप्राय: बहता पानी (lotic) या स्थिर पानी (lentic)। बहता (lotic) पानी में स्वच्छ जलधाराएं, झरने, जल प्रपात, नदियाँ, छोटे नाले, बड़े जल प्रपात आदि शामिल हैं। स्थिर जल (lentic water) इकाई के अन्तर्गत तालाब, दलदल व झीलें शामिल हैं। इसकी भौतिक, रासायनिक तथा जैववैज्ञानिक विशेषताओं में अत्यंत विभिन्नताएं द्रष्टव्य होती हैं।
2. समुद्री जल पारिस्थितिकी तंत्र (Marine Ecosystem)	पृथ्वी की सतह के लगभग 71 प्रतिशत भाग पर जल है तथा औसत गहराई 3750 मीटर है, तथा औसत लवणता 35 प्रति हजार है।
3. एस्चूएरी (Estuaries)	समुद्री खाड़ियाँ, नदी मुख, डेल्टा, ज्वारीय कच्छ एस्चूएरी में नदियों से स्वच्छ जल समुद्री जल में मिलता है तथा दोनों का मिश्रण ज्वारीय क्रिया से होता है। एस्चूएरी समीपस्थ नदी, समुद्र या महासागर की अपेक्षा उच्च रूप से उत्पादक है।

पोखर अथवा तालाब इकोसिस्टम (Pond Ecosystem)

पोखर, भारत के लगभग सभी गाँव में पाये जाते हैं। ये पोखर छोटे-बड़े आकार के हैं जिनमें जल की मात्रा भिन्न-भिन्न रहती हैं। कुछ ऐसे पोखर हैं जिनमें जल ग्रीष्म काल में समाप्त हो जाता है। जल की उपलब्धि एवं मात्रा के अनुसार उनके जैविक पदार्थ में भी परिवर्तन होता रहता है।

पोखर इत्यादि के स्थिर जल में खरपतवार (Weeds) पानी पर तैरती रहते हैं, जिनकी जड़ें दलदल में होती हैं। प्रमुख प्राणियों में मछली, मेंढक, कौडिल्ला (Kingfisher) तथा जलमुर्गियाँ हैं। बहुत-से कीड़े-मकोड़े, घोंघे, केकड़े भी तालाबों में पाये जाते हैं। इनमें से बहुत-से जीव मृत जैविक पदार्थ पर आधारित रहते हैं। यदि कोई पोखर सूख जाये तो उसके मेंढक, घोंघे (Snails) तथा कीड़े (Worms) कीच के नीचे छुप जाते हैं जो वर्षा होने पर जल में तैरने लगते हैं।

झील-इकोसिस्टम (Lake Ecosystem)

झील एक विस्तृत जलाशय है जो चारों ओर से घिरी होती है। झील इकोसिस्टम प्रक्रिया भी एक पोखर के समान होती है। झीलें सामान्यत: गहराई में तीन मीटर से अधिक होती हैं। इसके अधिकतर पौधे, अलगी (Algae) के रूप में होते हैं। जो सूर्य से प्रकाश तथा ऊर्जा प्राप्त करके उसको रासायनिक ऊर्जा में तब्दील कर देते हैं। झीलों के जल में बहुत-से शाकाहारी तथा मछलियाँ पाई जाती हैं। मछलियाँ केटफिश (Catfish) मल-मूत्र तथा मरे हुये प्राणियों (Detritus) पर आधारित रहती हैं, जिनको 'बोटम-फीडर' (Bottom Feeders) भी कहते हैं।

झीलों की आहार श्रृंखला तथा ऊर्जा श्रृंखला सूर्य प्रकाश पर आधारित होती है। पेड़-पौधों के द्वारा उत्पन्न की गई ऊर्जा को शाकाहारी उपभोग में लाते हैं। शाकाहारियों को मांसाहारी इस्तेमाल करते हैं पशुओं का मल-मूत्र (Excrete) को सूक्ष्म प्राणी जो झील के कीचड़ में रहते हैं खाकर आहार श्रृंखला को पूरा करते हैं। इस प्रक्रिया में पौधे जल से कार्बन का प्रयोग करते हैं, जो ऑक्सीजन उत्पन्न करते हैं। इस प्रकार उपलब्ध ऑक्सीजन का उपयोग जल में रहने वाले पशु-पक्षी भी करते हैं।

भारत में अधिकांश झीलें हिमालय व सतुलज-गंगा-ब्रह्मपुत्र के मैदानों में हैं। भारत में कई कृत्रिम व मानवनिर्मित झीलें हैं। इनमें से गिरनार की सुदर्शन झील जो 300 ईसा पूर्व बनायी गयी थी शायद भारत की सर्वाधिक प्राचीन कृत्रिम झील है।

झीलें

(i) स्वच्छ जल वाली (डल, वूलर आदि) और *(ii)* ब्रैकिस अथवा लवणीय झील (चिल्का, अष्ठमुदी, बेम्बानद आदि) हैं। पोषक तत्वों के आधार पर झीलों को *(i)* ओलिगोट्राफिक (Oligotrophic) अर्थात् अत्यंत निम्न पोषक तत्व युक्त, *(ii)* यूट्रोफिक (Eutrophic) (उच्च पोषक तत्व युक्त, जैसे डल झील में विभाजित किया जा सकता है अधिकांश भारतीय झीलें यूट्रोफिक (Eutrophic) हैं।

यूट्रोफिक झील *(Eutrophic Lake)*

इस प्रकार की झीलें प्राय: तीन मीटर से अधिक गहरी होती हैं। झीलों का पारिस्थितिकी तंत्र नदियों, एस्चूएरी, आर्द्र भूमि, सागरों व महासागरों से भिन्न होता है। प्राय: झीलें जल अपने सतह से प्राप्त करती हैं। झीलें अंतत: अपनी व्यापक पोषक तत्वों की आपूर्ति समीपस्थ क्षेत्रों तथा मानव गतिविधियों से करती हैं। ये पोषक तत्व शैवाल, समुद्री पादपों तथा विभिन्न जीवों के विकास में महत्वपूर्ण भूमिका निभाते हैं। इस प्रकार जलीय इकाइयों में खरपतवारों (weeds) व पादपों की विकास प्रक्रिया यूट्रोफिकेशन कहलाती है। यूट्रोफिकेशन एक प्राकृतिक प्रक्रिया है जिसमें झीलें अपना पोषण व अवसाद (sediments) प्राप्त करती हैं तथा पुष्ट होती हैं अर्थात यह वह प्रक्रिया है जब झीलें शनै: शनै: जल से भर जाती हैं। यह एक प्राकृतिक प्रक्रिया है जिससे झील की प्राथमिक उत्पादकता में विकासात्मक वृद्धि होती है क्योंकि झीलें जमा हुए पोषक तत्वों को हटाने में अप्रभावी होती हैं। यूट्रोफिकेशन को झील का वृद्ध होना (aging of lake) भी कहा जाता है। जैसा कि ऊपर यूट्रोफिकेशन में बताया गया है, पोषक तत्वों के एकत्रीकरण से पौधे की वृद्धि बढ़ती है जिससे झील में भारी संख्या में मृत जीवों की आपूर्ति होती है। सूक्ष्म जीव-जन्तु इस आर्गनिक पदार्थ को तोड़ देते हैं परंतु इस प्रक्रिया में उन्हें ऑक्सीजन की आवश्यकता होती है, जबकि ऑक्सीजन जल में अंशत: घुल जाती है तथा यह निम्न संकेन्द्रण में विद्यमान रहती है। अपघटकों द्वारा ऑक्सीजन का प्रयोग करने में इसका स्तर उस बिन्दु तक गिर जाता है। अन्य जीव जैसे कई प्रकार की मछलियाँ इसमें जिंदा नहीं रह पाती हैं। कुछ वर्षों तक लगातार पोषकों के प्रदूषण से झील एक छिछली (shallow) झील/तालाब में परिवर्तित हो जाती है जिससे झील धीरे-धीरे हजारों वर्षों में प्राकृतिक वृद्धावस्था की प्रक्रिया से गुजरते हुए अवसादी (sediments) व जैविक (organic) पदार्थों से भर जाती है।

यूट्रोफिकेशन के परिणाम (Consequences of Eutrophication)

यूट्रोफिकेशन के प्रमुख परिणाम इस प्रकार हैं *(i)* पारिस्थितिकी तंत्र में परिवर्तन, *(ii)* जैवविविधिता में कमी *(iii)* नई प्रजातियों का हस्तक्षेप *(iv)* शैवाल संबंधी वृद्धि *(v)* घुली ऑक्सीजन के स्तर में कमी, *(vi)* प्रवाल भित्तियों (coral reafs) की हानि *(vii)* हानिकारक गंध (obnoxious smell), *(ix)* मनोरंजन गतिविधियों में कमी *(x)* सौन्दर्यात्मक मूल्य में कमी।

लाल ज्वार (Red Tide)

यह ऐसी परिघटना हेतु एक साधारण नाम है जहाँ कुछ फाइटोप्लैंक्टोन (phytoplankton) प्रजातियों में पिगमेन्ट्स होती हैं जिसे मानव आंखों से देख सकता है। यह ब्लूम (Bloom) हरा, भूरा अथवा लाल संतरी रंग का भी हो सकता है तथा जो जीव के प्रकार, जल के प्रकार तथा जीव के सांद्रण पर निर्भर करता है। ब्लूम उच्च पोषकों व गरम जल से हो सकता है। इस प्रकार शब्द 'लाल ज्वार' वास्तव में भ्रामक है क्योंकि ब्लूम सदैव लाल नहीं होते, वे ज्वार से संबद्ध नहीं होते हैं तथा वे सामान्यत: हानिकारक नहीं होते हैं। हालांकि कुछ प्रजातियाँ निम्न कोशिका संकेद्रण में हानिकारक व खतरनाक हो सकती हैं जो जल का रंग नहीं बदलते।

आर्द्रभूमि पारिस्थितिकी तंत्र (Wetland Ecosystem)

आर्द्रभूमि की परिभाषा (Definition of Wetlands)

दलदल व कछारीयुक्त भूमि की वह सतह जहाँ जल निकास की अल्पतम व्यवस्था होती है को आर्द्रभूमि (Wetlands) कहा जाता है। आर्द्र भूमि को समीपस्थ गहरे जलावास से समय-समय पर जल की प्राप्ति होती है। इसलिए यह इस प्रकार के जल भराव में पनपने वाले पौधों व जीवों को सहारा प्रदान करती है तथा उनकी वृद्धि में भूमिका निभाती है आर्द्रभूमि वे छिछली झीलें हैं जो सामान्यत: गहराई में तीन मीटर से कम होती हैं।

आर्द्रभूमि में तटीय क्षेत्र (झील के उच्चतम व निम्नतम जल स्तर के बीच का सीमांत क्षेत्र), दलदली भूमि, कछारी क्षेत्र तथा नमी क्षेत्र शामिल होता है।

आर्द्रभूमि का वर्गीकरण (Classification of Wetlands)

आर्द्रभूमि को *(i)* आंतरिक आर्द्रभूमि *(ii)* समुद्रतटीय आर्द्रभूमि में वर्गीकृत किया जा सकता है। यह आंतरिक आर्द्रभूमि प्राकृतिक व मानवनिर्मित हो सकती है। प्राकृतिक आंतरिक आर्द्रभूमि में झीलें, तालाब, दलदली भूमियाँ एवं कछारी क्षेत्र आते हैं जबकि मानव निर्मित आर्द्रभूमि में टैंक, जलभराव क्षेत्र तथा जलाशय शामिल होते हैं।

समुद्र तटीय आर्द्रभूमि में खाड़ियाँ, पृष्ठजल क्षेत्र (backwaters) क्रीक, एस्चूएरी, लैगून, लवणीय दलदली क्षेत्र , ज्वारीय फ्लैट (tidal flats) शामिल हैं। समुद्र तट के पास साल्ट पेन्स (salt pans) व एक्वाकल्चर ट्रैक्ट (aquaculture tracts) आदि मानव निर्मित आर्द्र भूमियाँ हैं।

आर्द्र भूमि की सामाजिक सार्थकता (Social Relevance of wetlands)

आर्द्र भूमि का मानव व पर्यावरण हेतु अत्यंत महत्व है। आर्द्र भूमि के कुछ महत्वपूर्ण लाभ इस प्रकार हैं। *(i)* ये जलीय पौधों, जन्तुओं, पक्षियों तथा भ्रमणकारी प्रजातियों के वास हैं। *(ii)* ये वे क्षेत्र हैं जहाँ अवसाद (Sediments) व पोषक तत्व सतही जल से छनते (filter) हैं। *(iii)* ये जल के शुद्धीकरण में सहायक होते हैं। *(iv)* ये बाढ़ों के आगमन को कम करते हैं *(v)* भूजल के पुनर्निर्माण में सहायक होते हैं *(vi)* पेय जल, मछलियाँ, चारा तथा ईंधन उपलब्ध कराते हैं *(vii)* जैवविविधता को बनाए रखनें में सहायक होते हैं *(viii)* पर्यटन व पारिस्थितिकी पर्यटन (Eco tourism) को प्रोत्साहित करते हैं।

वास्तव में आर्द्र भूमियाँ तीव्र गति से कम हो रही हैं। आर्द्र भूमियों के समाप्त होने के प्रमुख कारण निम्नलिखित हैं: *(i)* जनसंख्या में तीव्र वृद्धि *(ii)* आर्द्र भूमियों पर कृषि कर्म हेतु अतिक्रमण *(iii)* अधिक चारागाह के रूप में प्रयोग *(iv)* एक्वाकल्चर (aquaculture) *(v)* भूमि सुधार (Reclamation) *(vi)* जल-प्रदूषण *(vii)* औद्योगिक व घरेलू अपशिष्टों की निपटान भूमि के रूप में प्रयोग।

एस्चूएरी पारिस्थितिकी तंत्र (Estuary Ecosystem)

एस्चूएरी वह बिन्दु है जहाँ नदी का मुख समुद्र में प्रवेश करता है तथा शुद्ध जल व समुद्री जल आपस में मिल जाते हैं। इसके अलावा यह वह स्थान है जहाँ सागरीय उतार-चढ़ाव आते रहते हैं अन्य शब्दों में यह नदी की खाड़ी है जो नदी के मुख से शुद्ध जल व समुद्र/महासागर से लवणीय जल प्राप्त करता है।

एस्चूएरी विश्व में सर्वाधिक उत्पादक जलीय इकाइयाँ हैं। इन्हें रोज समुद्री जल द्वारा एक या दो बार साफ किया जाता है।

एस्चूएरी पारिस्थितिकी तंत्र की प्रमुख विशेषताएं (Salient Features of Estuary System)

एस्चूएरी पारिस्थितिकी तंत्र की प्रमुख विशेषताएं निम्नलिखित हैं: *(i)* समुद्री व नदी जल का मुक्त मिश्रण होता है। *(ii)* यह समुद्री तरंगों से अपेक्षातया शांत होता है तथा अनेकों पादपों व जंतुओं को आश्रय प्रदान करता है। *(iii)* यह सर्वाधिक उत्पादक क्षेत्र है जो स्वच्छ व समुद्री जल से उच्च मात्रा में पोषक तत्व प्राप्त करता है *(iv)* एस्चूएरी विश्व के सर्वाधिक जनघनत्व वाले क्षेत्र हैं *(v)* एस्चूएरी नदी के जल में घुले हुए घटकों/अवययों के लिए छलनी का काम करते हैं *(vi)* इनका निर्माण वहाँ होता है जहाँ नदी का जल समुद्री जल से मिलता है। *(vii)* यह प्रदूषकों का जहर कम करता है तथा एक छलनी का काम करता है। *(viii)* एस्चूएरी विभिन्न प्रकार के वासों को सहारा प्रदान करता है। इनमें मैंग्रोव, लवणीय दलदल (Salt-marsh), समुद्री खरपतवार (Sea-weeds), समुद्री घास (Sea-grasses), सूक्ष्म जीव (Micro-organisms) तथा मडफ्लैट (Mudflats) हैं। वे पृथ्वी के सभी प्रकार के पादप व जीव जगत जैसे समुद्री कछुआ (Turtle), कैटफिस (Catfish), समुद्री शेर (Sea-lion), ईलग्रास (Eelgrass), समुद्री घास, बुलरस (Bulrush) तथा सेज (Sedge) के वास हैं *(ix)* उनकी मनोरंजक स्थल व सौन्दर्यात्मक स्थल के रूप में अत्यंत महत्ता है। *(x)* वे शिक्षण व अनुसंधान हेतु उत्तम आधार प्रदान करते है। *(xi)* वे मृदा अपरदन को संरक्षित करते हैं, तथा *(xii)* जमा हुआ कीचड़ तथा रेत नदी के मुँह पर एकत्रित हो जाता है जिससे डेल्टा का निर्माण होता है।

नदियों तथा बहते जल के पारिस्थितिकी तंत्र (Streams and Rivers Ecosystem)

नदी का बहता जल एक संकीर्ण सरिता होती है जो ढलान के अनुसार बहती है। नदी/दरिया किसी सरिता (Stream) का विस्तृत रूप होता है। कुछ पौधे तथा प्राणी बहते जल को सहन करके जीवित रह पाते हैं, जबकि कुछ प्राणी जैसे तिलचट्टा (Beetle) बहते जल में जीवित नहीं रह पाते हैं। कुछ जलीय प्राणी केवल स्वच्छ जल में ही प्रजनन (Breeding) करते हैं। महसीर (Mahsear) जैसी मछली प्रजनन के लिये नदियों के ऊपरी पवर्तीय भागों में पलायन करती है। महसीर मछली मोती जैसे स्वच्छ जल में ही प्रजनन करती है। गंदले पानी तथा सख्त चट्टानों पर बहने वाली नदियों में कुछ विशेष प्रकार की मछलियाँ ही पनपती हैं।

सागरीय पारिस्थितिकी तंत्र (Marine Ecosystem)

स्थल तथा सागर पारिस्थितिकी तंत्र की प्रक्रिया लगभग समान होती है। विश्व के 70.78 प्रतिशत भाग पर सागरीय जल फैला हुआ है। विश्व के महासागरों में स्थल की अपेक्षा दस गुणा बायोमास (Biomass) पाया जाता है। थल की अपेक्षा महासागरों का वातावरण जैविक पदार्थों के लिये अधिक अनुकूल होता है। वास्तव में जीवन के दो प्रमुख तत्व (ऑक्सीजन तथा कार्बन डाइ ऑक्साइड) पर्याप्त मात्रा में पाये जाते हैं। इनके थल से आये हुये बहुत-से अजैविक पदार्थ भी सागर के जल में घुले रहते हैं।

महासागरीय इकोसिस्टम विस्तृत क्षेत्र पर फैला हुआ है। जिसमें बहुत-सी जटिल रासायनिक प्रक्रियाएँ निरंतर होती रहती हैं। सागरीय पारिस्थितिकी तंत्र पर तापमान, सूर्य प्रकाश तथा लवणता का भारी प्रभाव पड़ता है। इनके प्रभाव को संक्षिप्त में निम्न में प्रस्तुत किया गया है–

(i) **तापमान (Temperature)**– थल की अपेक्षा महासागरों में जल में तापमान कम पाया जाता है। विश्व के लाल सागर (Red sea) में सागर की ऊपरी सतह का तापमान लगभग 32°C रहता है, जबकि सबसे ठंडे आर्किट महासागर का तापमान –2°C रहता है। इस प्रकार सबसे अधिक गर्म तथा सबसे ठंडे सागर का वार्षिक तापांतर महाद्वीपों के थल की तुलना में बहुत कम रहता है।

(ii) **लवणता (Salinity)**- महासागरों के जल में लवणता पाई जाती है। महासागरों की औसत लवणता 35 ग्राम प्रति किलोग्राम अथवा 35% है, परंतु महासागरों की लवणता में विभिन्न अक्षांशों में भारी विभिन्नता (Variation) पाई जाती है। उदाहरण के लिये लाल सागर (Red sea) की औसत लवणता 40% है, जबकि बाल्टिक सागर की औसत लवणता 31% है। बल्कि सागर की ऊँचे अक्षांशों में अवस्थिति तथा नदियों एवं हिमनदों (Glaciers) से स्वच्छ जल मिलने के कारण लवणता कम पाई जाती है। महासागरों के खुले भागों में लवणता का अंतर तुलनात्मक रूप से कम पाया जाता है। उदाहरण के लिये अटलांटिक महासागर के 20°C पर लवणता 37% है, जबकि ध्रुवी क्षेत्रों में लवणता की मात्रा 33% पाई जाती है। बहुत-से जीवों (Organisms) की लवणता सहनशीलता बहुत कम होती है, इसलिये ऐसे जीव महासागरों के कुछ विशेष कम लवणता वाले भागों में ही भारी मात्रा में पाये जाते हैं। इस प्रकार सागरीय लवणता का जीवों के क्षैतिज (Horizontal) तथा लंबवत (Vertical) वितरण पर भारी प्रभाव पड़ता है।

(iii) **प्रकाश (Light)**- सूर्य प्रकाश की उपलब्धता का प्रकाश-संश्लेषण (Photosynthesis) प्रक्रिया पर प्रभाव पड़ता है। सूर्य-प्रकाश की मात्रा विभिन्न अक्षांशों में भिन्न-भिन्न होती है तथा प्रकाश की मात्रा मौसम के अनुसार तथा दिन की लंबाई (प्रकाशित घंटों) के अनुसार भी बदलती रहती है। सागरों की ऊपरी परत की दस मीटर की गहराई तक प्रकाश अधिक रहता है, इसलिये इस भाग में जैविकों (Organisms) की संख्या भी अधिक पाई जाती है। सागर तथा महासागरों की गहराई के साथ प्रकाश की मात्रा में भी कमी होती जाती है, जिसका सीधा प्रभाव प्रकाश-संश्लेषण (Photosynthesis) पर पड़ता है, जिससे जैविकों की संख्या निर्धारित होती है। सूर्य प्रकाश सामान्यत: महाद्वीपीय-शेल्फ (Continental Shelf) तक पाया जाता है जिसको फोटिक क्षेत्र (Euphotic Zone) कहते हैं। फोटिक जोन (Euphotic Zone) के नीचे के क्षेत्र को अप्रकाशित क्षेत्र (Disphotic Zone) कहते हैं।

वनस्पति जगत (Plant Life) प्राइमरी उत्पादक (Primary Producer)

जैसाकि ऊपर वर्णन किया जा चुका है, सागरीय वनस्पति (Marine-Plants) केवल प्रकाशित भाग (Euphotic Zone) तक ही सीमित है। सागरों की वनस्पति में थल की वनस्पति की अपेक्षा कम विविधता पाई जाती है। महासागरों की प्रमुख वनस्पति सागरीय शैवाल (Seaweeds) के रूप में पाई जाती है। महासागरों की वनस्पति फाइटोप्लैन्क्टन (Phytoplankton) की बहुतायत होती है जो कुल वनस्पति का 99 प्रतिशत हैं। अधिकतर फाइटोप्लैन्क्टन (Phytoplankton) महासागरों के उन भागों में पाये जाते हैं जहाँ नीचे का ठंडा एवं स्वच्छ जल ऊपर की ओर उबल रहा हो (Upwelling of water) या जिन भागों में गर्म तथा ठंडे पानी की धाराओं का मिश्रण हो रहा हो जैसे न्यूफाउंडलैंड (New Foundland) के तटीय भागों में नदियों के द्वारा भी बहुत-से पौष्टिक (Nutrients) तत्व लाकर जमा किये जाते हैं, जिससे जैविकों की संख्या में वृद्धि होती है। ***(चित्र 3.13)***

महासागरों के पारिस्थितिकी तंत्रों (Ecosystems) में उपरोक्त कारणों से भारी विविधता पाई जाती है। सूर्य प्रकाश के सागरों में प्रकाश गहराई, लवणता, पौष्टिकता के आधार पर महासागरों के पारिस्थितिकी तंत्रों को निम्न वर्गों में विभाजित किया जा सकता है–

(i) **वेलापवर्ती अथवा पेलैजिक (Pelagic) बायोम**- सागरों के महाद्वीपीय-शेल्फ अर्थात तटीय क्षेत्रों में विभिन्न प्रकार की भूआकृतियाँ, अवसाद, तापमान तथा लवणता की मात्रा पाई जाती है। सागरों के तटीय भाग की 200 मीटर की गहराई तक पेलैजिक बायोम पाया जाता है। पेलैजिक बायोम में विशेषत: फाइटोप्लैन्क्टन तथा जूप्लैन्क्टन (Phytoplankton and Zooplankton) पाये जाते हैं। इनके अतिरिक्त बहुत-से तैरने वाले शैवाल (Nekton) भी पाये जाते हैं। नेक्टन वर्ग के अधिकतर जैविक रीढ़ की हड्डी वाले (Vertebrate) मछली आदि पाये जाते हैं। पानी की सतह पर बहुत-सी चिड़िया तथा जलमुर्गी भी तैरती हैं।

पेलैजिक बायोम के विविध जैविक प्रकाशित क्षेत्र (Photic Zone) तक सीमित हैं। सागर के इस भाग में विशेषत: फाइटोप्लेन्कट तथा डाइटम (Diatoms) पाये जाते हैं। इनके अतिरिक्त नाना प्रकार के बैक्टीरिया भी पाये जाते हैं।

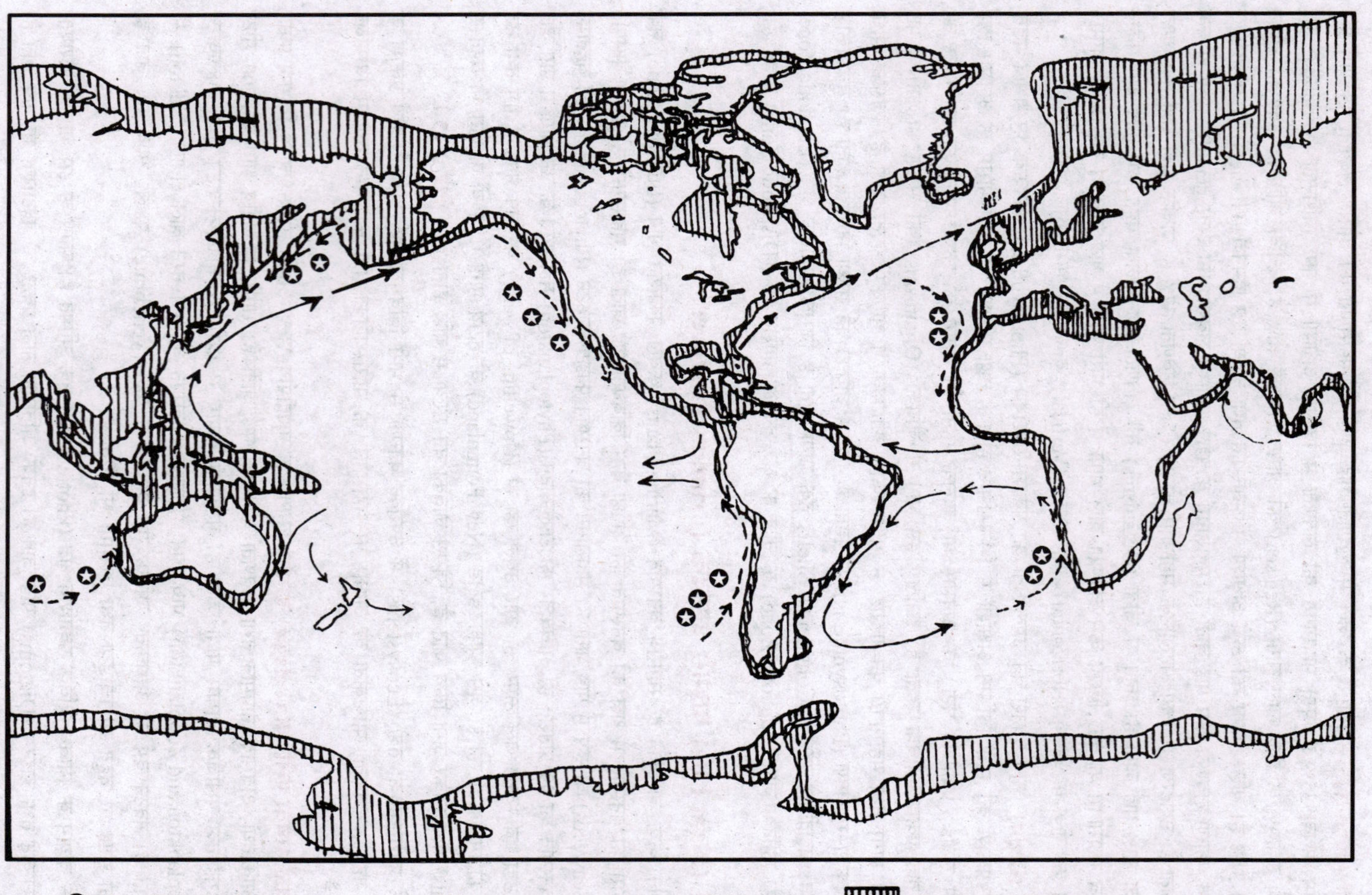

चित्र 3.13 महासागरीय परिसंचरण

(ii) **बेंथिक बायोम (Benthic Biome)**- सागर की निचली तली पर अर्थात सागर की तलहटी के बायोम को बेंथिक बायोम (Benthic Biome) कहते हैं। इस बारे में सागरी-शैवाल, ईल-घास (Eel-grass) तथा कछुआ-घास (Turtle-grass) उगती है, जबकि पशु वर्ग में मुलस्का, घोंघे, सीपी, कीड़े, जेली-फिश (Jelly-Fish) झींगा (prawn), स्टार-फिश (Star-fish), सागरीय मकड़ी (Sea-Spider) तथा बहुत-से सूक्ष्म प्राणी सम्मिलित हैं।

विभिन्न सागरीय पारिस्थितिकी तंत्र (Ecosystem) का औसत सूखा उत्पादन लगभग 350 ग्राम प्रति वर्ग मीटर प्रति वर्ष माना जाता है, परंतु सागर की गहराई की ओर जाते हुये औसत उत्पादकता में क्रमशः ह्रास होता जाता है।

भारतीय प्रायद्वीप हिंद महासागर के अरब सागर तथा बंगाल की खाड़ी से घिरा हुआ है। भारतीय महाद्वीपीय-शेल्फ (Continental Shelf) पर जैविक उत्पादकता अधिक है, जबकि गहरे सागरों की जैविक उत्पादकता में क्रमशः कमी होती जाती है।

लक्षद्वीप समूह, मन्नार की खाड़ी, पाक जल संयोजक (Palk- Strait) तथा कच्छ की खाड़ी में बहुत-से मूँगे के द्वीप (Coral Formations) हैं। इन सागरों में बहुत-से मूँगे-पोलिप (Coral-Polyp) पाये जाते हैं।

सागरीय तटों के उथले तथा छिछले भागों में मैंग्रोव कच्छ (Mangrove) वनस्पति की बहुतायत पाई जाती है। ऐसे पारिस्थितिकी तंत्रों का प्रयोग विशेषकर सागरी तटों पर रहने वाले मछुआरे (Fisherman) करते हैं। बढ़ती जनसंख्या के कारण तटीय इकोसिस्टम का विघटन हो रहा है।

पशु-जगत उपभोक्ता (Animal Life or Consumers)

सागरों में नाना प्रकार के जीव-जंतु पाये जाते हैं उनमें से बहुत-से सूक्ष्म प्राणी (Phytoplanktons) सूक्ष्म वनस्पति तथा शैवाल पर आधारित होते हैं। ऐसे प्राथमिक उपभोक्ताओं को शाकाहारी (Herbivores) कहते हैं। सूक्ष्म प्राणी जो घास-शैवाल पर आधारित होते हैं, वह बड़े मांसाहारियों का आहार बनते हैं। स्थलीय इकोसिस्टम की तुलना में सागरीय इकोसिस्टम में अपरद/डिट्राइटस (Detritus) का अभाव पाया जाता है।

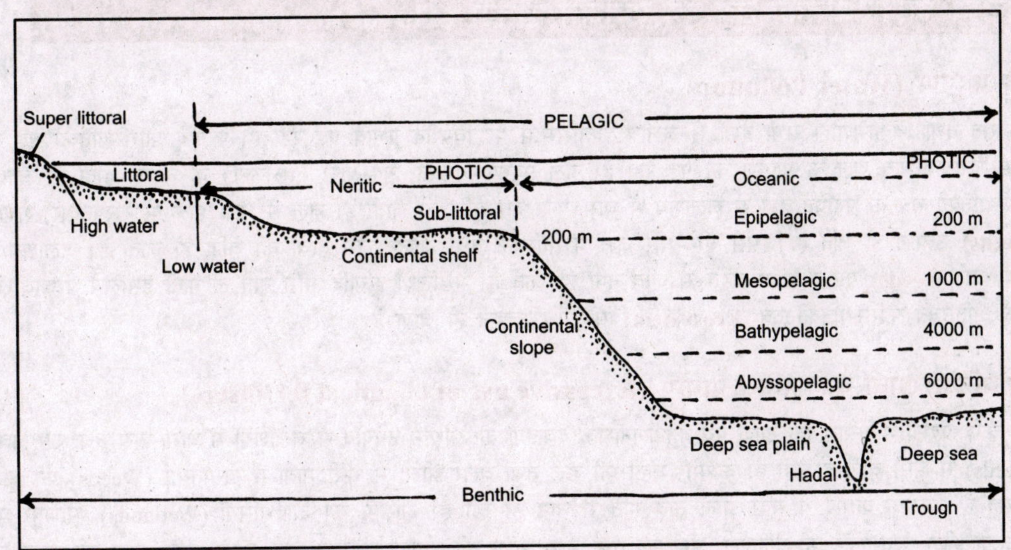

चित्र 3.14 समुद्री बायोम क्षेत्र का वर्गीकरण

(Source: P. Furley and W. Nesey, 1984. The Geography of the Biosphere, London, Butterworth; Fig. 13.1)

सागरों के जीव-जंतु तथा पशु-पक्षियों का आकार तुलनात्मक रूप से बड़ा होता है। यद्यपि जूप्लेंक्टन (Zooplanktons) की सघनता तथा वितरण पर फाइटोप्लैन्क्टन-वनस्पति के वितरण पर सीधा प्रभाव पड़ता है। अथाह सागरों की गहराई में पाये जाने वाले प्राणियों पर भी प्राइमरी उत्पादकों का प्रत्यक्ष अथवा अप्रत्यक्ष रूप से प्रभाव पड़ता है।

सूक्ष्म प्राणी (Zooplanktons), मछलियों-जैसे मेकरल (Maclerel), सार्डीन (Sardine) तथा हेरिंग (Herring) को ठंडे पानी में रहने वाली मछलियों का भोजन माना जाता है। सूक्ष्म प्राणी बहुत-से अकशेरूकी (Invertebrate) का भी भोजन बनते हैं। बेरीढ़ हड्डी वाले प्राणियों में मोलूसियस (Molluseus), कीड़ा (Worms) तथा झींगा (Prawn) प्रमुख हैं। जिनको कॉड (Cod) तथा हैडोक (Haddock) जैसी मछलियाँ खा जाती हैं। इन मछलियों को जल में रहने वाले पक्षी तथा जल मुर्गी आदि खा जाते हैं।

सागरीय पारिस्थितिकी तंत्र की आहार शृंखलाएँ (Food Chains in Marine Biomes)

सागरों की आहार शृंखलाएँ, स्थलीय आहार शृंखलाओं की तुलना में बहुत जटिल होती हैं। इन आहार शृंखलाओं की जटिलता का मुख्य कारण सागरों तथा महासागरों का विस्तृत आकार है। महासागर में थल की भाँति कोई रोधक भी नहीं होता।

महासागरों में फाईटोप्लैंकटन (Phytoplanktons) के द्वारा सूर्य प्रकाश से भोजन तैयार होता है, जिनको जूप्लेंक्टन (Zooplankton) खाते हैं। फाइट्रोप्लैन्क्टन दिन के समय भोजन तैयार करते हैं जिनको सूक्ष्म प्राणी (Zooplanktons) रात के समय नीचे से ऊपर की सतह पर आकर खा जाते हैं। सूक्ष्म प्राणियों को छोटी मछली आदि आहार बनाकर खा जाती हैं।

सागरीय आहार शृंखला पर मानव का भी प्रभाव पड़ता है। मानव सागर में मछलियाँ पकड़ता है, विशेषकर बड़ी मछलियाँ, जिससे आहार शृंखला किसी हद तक प्रभावित होती है। मानव के द्वारा सागरीय प्रदूषण से भी सागरीय पारिस्थितिकीय तंत्र प्रभावित होते हैं, जिसका आहार शृंखला पर प्रतिकूल प्रभाव पड़ता है।

जलीय पारिस्थितिकी तंत्र को संतर्जन/खतरा (Threat to Aquatic Ecosystem)

जल प्रदूषण (Water Pollution)

विकसित तथा विकासशील सभी देशों में जलीय इकोसिस्टम पर विपरीत प्रभाव पड़ रहा है। जलीय पारिस्थितिकी तंत्र पर सबसे खराब प्रभाव जल के प्रदूषण का पड़ रहा है। जल प्रदूषण मुख्यत: गंदे-पानी (मलजल) के कारण होता है। जलीय पारिस्थितिकी तंत्र के प्रदूषित होने से जलाशय में घास-फूस की वृद्धि हो जाती है। जल में भारी मात्रा में खरपतवार, शैवाल **(Weeds)** उत्पन्न हो जाते हैं जिससे धीरे-धीरे जल में फॉस्फेट तथा नाइट्रेट जैसे तत्वों की वृद्धि हो जाती है। जलाशय में खरपतवार **(Weeds)** की वृद्धि से बहुत-से जीव नष्ट हो जाते हैं। मछलियाँ इत्यादि साँस नहीं ले पातीं इसलिये परजीवी हैं। इनके अतिरिक्त पारिस्थितिकी तंत्र **(Ecosystem)** में दुर्गंध उत्पन्न हो जाती है।

रासायनिक खादों का अधिक प्रयोग (Excessive use of chemical fertilisers)

आर्द्र कृषि प्रदेशों में रासायनिक खादों एवं कीटाणुनाशक दवाइयों के अधिक उपयोग से जलाशयों में घास-फूस तथा खरपतवार (Weeds) में भारी वृद्धि हो रही है। कश्मीर घाटी की डल तथा वुलर झीलों में भारी मात्रा में खरपतवार (Weeds) की वृद्धि हो रही है, जिसके कारण ये सुंदर झीलें तीव्र गति से नष्ट हो रहीं है। आसाम की आर्द्रभूमियाँ (Wetlands), मणिपुर की लाकटक झील, उत्तराखंड की नैनीताल, भीमताल तथा मध्य प्रदेश की भोपाल के पास भोज-झील आदि भारत की अत्यधिक प्रदूषित झीलों में है।

जलीय पारिस्थितिकी तंत्र का संरक्षण (Conservation of Aquatic Ecosystem)

जलीय पारिस्थितिकी तंत्र के अधिक उपयोग एवं दुरूपयोग से उसकी लचीली (Resilience) शक्ति पर खराब प्रभाव पड़ता है। उदाहरण के लिये, जब किसी नदी पर बाँध बनाया जाता है तो नदी के प्राकृतिक बहाव में कमी आती है और नदी के निचले अथवा मैदानी भाग में जल का अभाव हो जाता है। इसी प्रकार जब किसी आर्द्रक्षेत्र (Wetland) के जल का निकास किया जाता है तो आस-पास के क्षेत्रों में बाढ़ आ जाती है। जैसा कि ऊपर लिखा जा चुका है, बहुत-से जलीय-पारिस्थितिकी तंत्रों में गंदे पानी एवं मल जल के कारण खरपतवार (Weeds) की मात्रा में भारी वृद्धि हो जाती है। इसलिये किसी जलीय पारिस्थितिकी को स्वस्थ अवस्था में रखने के लिये सबसे पहले उसमें मल जल अथवा प्रदूषित जल को गिरने से रोकना चाहिए। आर्द्रक्षेत्र (Wetland) एवं राष्ट्रीय उद्यानों (National Parks) इत्यादि को टिकाऊ बनाने के लिये उनके जलीय पारिस्थितिकी तंत्र को प्रदूषण एवं मल-जल (Sewage) से बचाना अनिवार्य है।

तालिका 3.4 विश्व के प्रमुख बायोम में वन्य-प्राणी (Wildlife)

क्र.स.	बायोम (Biome)	वन्य-प्राणी (Wildlife)
1.	उष्णकटिबंधीय सदाबहार जंगल बायोम	मानवाकार (Anthrope) वानर (Ape), गोरिल्ला (Gorilla), तितलियाँ, तेंदुआ, माका (Macaw), बंदर, पाराकीत (Parakeet), मोर, सूर्य-पक्षी (Sunbird), कोकातुआ (Cockatoo)। मरुस्थल तथा आर्द्रमरुस्थल बायोम। ऊँट, लोमड़ी, भारतीय-शेर, गीदड, लिंक्स (Lynx), जंगली-बिल्ली, बिच्छू, स्प्रिंगबोक (Springbok) तथा जंगली सूअर (Warthog)।
3.	शीतोष्ण कटिबंधीय जंगल बायोम	गरुड़ (Eagle), कोआला (Coala), लाल हिरन, लाल लोमड़ी, कठफोड़वा (Woodpacker), बारहसिंगा (Stagpecker)।
4.	घास के मैदान बायोम	हिरन, भैंस, चीता, हाथी, गजालेहिरन, नू (Gnu), तेंदुआ, कंगारू, शेर, जेबरा।
5.	बोरियल बायोम	काली बकरियां (Black-Goats), केनेडियन लिंक्स एवं उल्लू (Candian Lynx and owl),म्यूल-हिरन (Mule-dear),चूहे, ध्रुवीय बिल्ली, नट-तोड़ (Nut-cracker), लाल-गिलहरी, भेड़िया इत्यादि।
6.	ध्रुवीय बायोम (Polar Biome)	आर्किट खरगोश, गरुड़ (Eagle), नीली ह्वेल (Blue-whale), कस्तूरी हिरन, पेगुंइन (Penguins), सफेद भालू, क्रिल (Krill), बर्फीली बतख, बर्फीली उल्लू, बर्फीला कबूतर, वेडल-सील (Weddle- Seal), वालरस (Walrus)।
7.	पर्वतीय बायोम	एंडियन केंडर (Andean-Candor) विश्व का सबसे बड़ा पक्षी जिसके पंखों की लंबाई 10.6 फिट तक पाई गई है। एंडियन बतख, विभिन्न प्रकार के गिद्ध, पर्वतीय-बकरी, पर्वतीय शेर, पर्वतीय गोरिल्ला, पान्डा (Panda), सफेद तेंदुआ तथा याका (Yak)।
8.	द्वीपीय बायोम	डोडो पक्षी (मारीशस), फ्रीगेट चिड़िया (Frigate-Bird), इगुआना (Iguana), किंग-पेंगुइन (King-Penguin), कोमोडो ड्रेगन (Komodo-Dragon), कुबंग
9.	स्वच्छ जल बायोम	भूरा भालू, ओरमोरान्ट पक्षी, जल उल्लू, हिप्पोपोटेमस
10.	महासागर	एंग्लर (Angler), डॉलफिन (Dolphin), भक्षी ह्वेल (Killer-Whale), (कै. लिफोर्निया), रेंगने वाले जानवर (Reptiles), कछुये (Turtles), सील मछली (Seals) सागरीय-शेर (Sea-lions)।

अध्याय

4

जैव–विविधता (Biodiversity)

परिचय (Introduction)

जैव-विविधता (Biodiversity) शब्दावली का उपयोग सबसे पहले 1968 में आर.एफ. डेस्मेन (R.F.Dasman) महोदय ने किया था। जैव-विविधता का अर्थ है– पारिस्थितिकी तंत्र (Ecosystem) के जैविक घटकों में विविधता एवं उनका पारस्परिक संबंध, जो किसी पारितंत्र में पाया जाता है। जैविक-विविधता से जीव-प्रजातियों (Species), आनुवंशिक (Gentic) तथा पारितंत्र की विशेषताओं का पता चलता है। मानव समाज के लिये पारितंत्र (Ecosystem) से बहुत-से प्रत्यक्ष एवं अप्रत्यक्ष लाभ हैं। जीव-जगत एवं वनस्पति जगत के टिकाऊ बने रहने के लिये भी पारिस्थितिकी तंत्र की बड़ी महत्ता है। मानव समाज को भोजन, उद्योगों के लिये कच्चा माल तथा औषधियाँ पारितंत्र से प्राप्त होती हैं। पारिस्थितिकी तंत्र महत्त्वपूर्ण सौंदर्यपरक (Aesthetic) संसाधन भी है। जैविक-विविधता से पर्यावरण में संतुलन स्थापित होता है तथा यह विकासवादी (Evolutionary) प्रक्रिया में सहायक होता है। अप्रत्यक्ष रूप से जैविक-विविधता प्रकाश-संश्लेषण (Photosynthesis), परागण (Pollination), प्रस्वेदन (Transpiration), रासायनिक चक्र (Chemical Cycling), पोषक-चक्र (Nutrient Cycling), मृदा संरक्षण (Soil Conservation), जलवायु-नियम (Climate Regulation) वायु, जल तंत्र (Wind, Water system)] के प्रबंधन, जल-शोधन (Water-Treatment) तथा कीटाणु नियंत्रण में भी सहायता मिलती है। पारितंत्र तथा जैविक-विविधता ह्रास का विश्व जलवायु परिवर्तन पर भी प्रभाव पड़ता है। जैविक- विविधता ह्रास का वायुमंडल पर भी प्रभाव पड़ता है, तापमान तथा वर्षण की मात्रा में परिवर्तन होता है, फलस्वरूप बाढ़ तथा सूखे की परिस्थिति उत्पन्न हो जाती है, जिसका प्राणी जगत एवं मानव समाज पर खराब असर पड़ता है।

पारिस्थितिकी विज्ञान के विशेषज्ञों के एक अनुमान के अनुसार विश्व में जीव-जातियों (Species) की संख्या एक करोड़ से दस करोड़ तक हो सकती है। भारत, विश्व के उन बारह देशों में से एक है जहाँ भारी जैविक-विविधता पाई जाती है। जैव-विविधता के उद्देश्य से भारत के 70 प्रतिशत क्षेत्रफल का सर्वेक्षण किया जा चुका है। सर्वेक्षण किये गये क्षेत्रफल में 45,600 प्रकार के पेड़-पौधे तथा 91,000 प्रकार के पशु-पक्षी तथा जीव-जंतुओं की सूची तैयार की जा चुकी है। मई 1994 में भारत अंतर्राष्ट्रीय जैव-विविधता संगोष्ठी (International Convention of Biological Diversity) का सदस्य बन चुका है।

जैव-विविधता संगोष्ठी (Convention) के मुख्य उद्देश्य निम्न प्रकार हैं–

1. जैव-विविधता का संरक्षण (Conservation of Biological Diversity)
2. जैविक-विविधता का उपयुक्त एवं टिकाऊ उपयोग करना।
3. जैविक-विविधता से होने वाले लाभ, पूरे समाज को मिलना।
4. आर्थिक एवं मानव विकास इस प्रकार करना, जिससे पारिस्थितिकी को कम-से-कम हानि पहुँचे।
5. जैविक-विविधता का उपयोग शिक्षा, शोधकार्य तथा ज्ञापन के लिये किया जाना।
6. जैविक तथा सांस्कृतिक विविधता को संरक्षण प्रदान करना।

विश्व के जैव-विविधता हॉट-स्पॉट्स (Global Biodiversity Hot spots)

जैविक-विविधता हॉट-स्पॉट (Hot-Spot) संकल्पना को ब्रिटेन के जीव-विज्ञानी नारमैन मेयरस (Norman Mayers)ने 1988 में प्रस्तुत किया था। नारमैन मेयरस के हॉट-स्पॉट के सीमांकन का आधार निम्नलिखित है–

1. किसी प्रदेश में 1500 स्थानीय प्रजातियाँ पाई जाती हैं जो विश्व की 300,000 जीव-जातियों का 0.5 प्रतिशत है।
2. किसी प्रदेश में 70 अथवा 70 प्रतिशत से अधिक मूल जैव-जातियाँ नष्ट हो चुकी हैं।
3. सागरीय हॉट-स्पॉट के संबंध में मूँगे की चट्टानों (Coral Reefs), मछलियों, घोंघे (Snail) आदि को भी सम्मिलित किया गया है।

विश्व के अधिकतर हॉट-स्पॉट ऊष्ण कटिबंध अथवा अर्ध-ऊष्ण कटिबंध में पाये जाते हैं। नारमैन मेयरस के अनुसार विश्व में 34 हॉट-स्पॉट (Hor-Spot) हैं जो विश्व के विभिन्न महाद्वीपों में स्थिति हैं। इन सभी हॉट-स्पॉट पर मानव कार्य-क्रियाओं का प्रतिकूल प्रभाव पड़ा है। विश्व के हॉट-स्पॉट की जैविक-विविधता का संक्षिप्त वर्णन निम्न में प्रस्तुत किया गया है–

उत्तरी तथा मध्य अमेरिका के हॉट-स्पॉट (Hot Spots of North and Central America)

1. **कैलिफोर्निया फ्लोरिस्टिक प्रदेश (California Floristic Province):** संयुक्त राज्य अमेरिका तथा उसके निकटवर्ती प्रदेशों में स्थित यह हॉट-स्पॉट फैला हुआ है। इस हॉट-स्पॉट में भूमध्य सागरीय प्रकार की वनस्पति पाई जाती है जिसके पेड़ों की पत्तियाँ छोटी, मोटी तथा चिकनी होती हैं तथा वृक्षों की जड़ें काफी गहरी होती हैं। जैतून, अंजीर तथा खट्टे फलों के वृक्ष इनके उदाहरण हैं।
2. **कैरेबियन द्वीप समूह हॉट-स्पॉट (Caribbean Island Hot-Spot):** कैरेबियन सागर के द्वीप समूह में नाना प्रकार के पारिस्थितिकी तंत्र पाये जाते हैं। यहाँ सागर पर पर्वतीय वनों से लेकर नागफनी एवं काँटेदार झाड़ियाँ मौजूद हैं। इस हॉट-स्पॉट में जंगलों को भारी मात्रा में काटने से पारिस्थितिकी का ह्रास हुआ है। *(चित्र 4.1)*
3. **मैडरियन-पाइन-ओकवन (Madrean Pin-Oak woodland):** यह हॉट-स्पॉट मैक्सिको के बाजा प्रायद्वीप तथा संयुक्त राज्य अमेरिका के निकटवर्ती प्रदेशों में फैला हुआ है। इस हॉट-स्पॉट की भूमि ऊबड़-खाबड़ तथा कटी-फटी है। *(चित्र 4.1)*
4. **मध्य अमेरिका हॉट-स्पॉट (Meso-America HotSopt):** मध्य अमेरिका के मैक्सिको, ग्वाटेमाल, हाण्डरास, से चाड, निकारगुआ, पनामा आदि देशों पर फैला हुआ, यह विश्व का तीसरा सबसे बड़ा हॉट-स्पॉट है। इस प्रदेश में 17,000 प्रकार के पेड़-पौधों के अतिरिक्त नाना प्रकार के पशु-पक्षी एवं जीव-जंतु पाये जाते हैं।

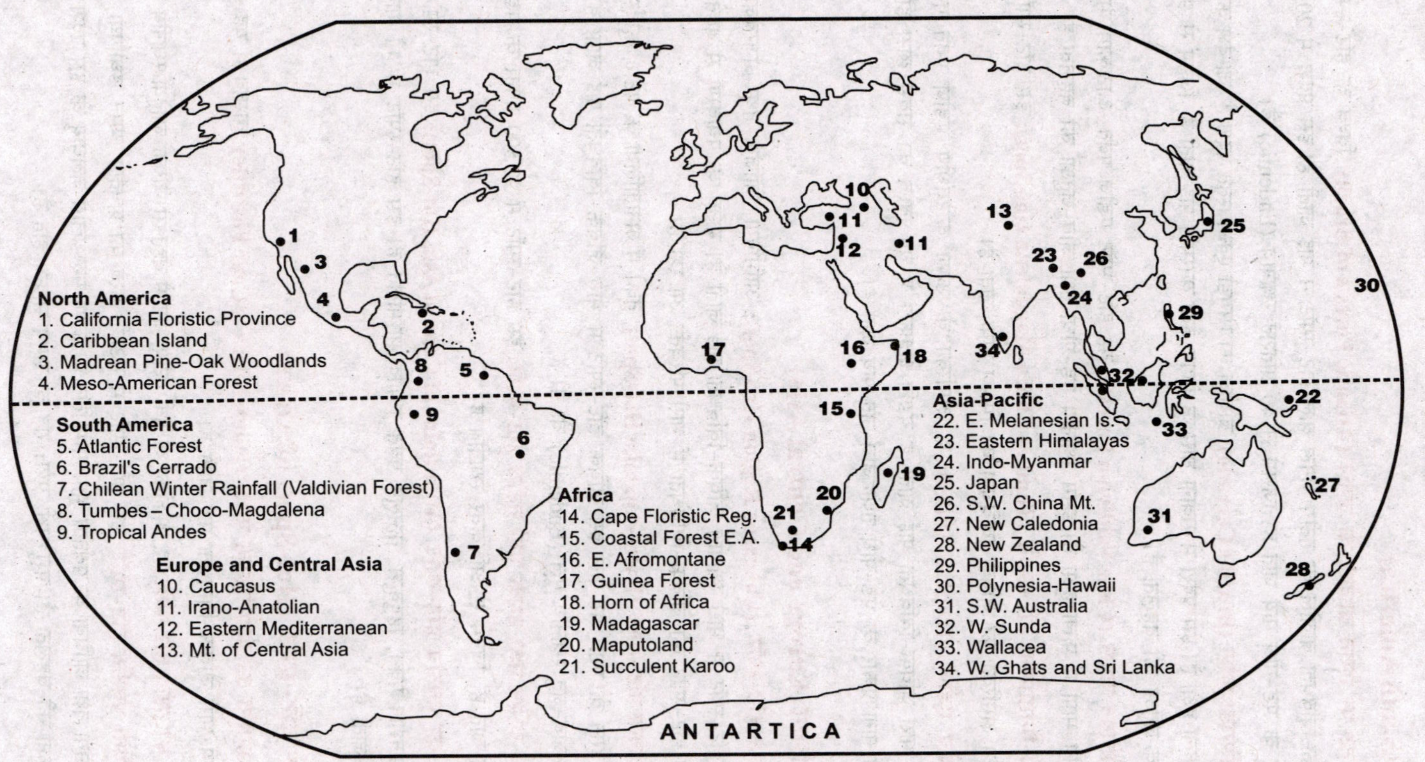

चित्र 4.1 विश्व के हॉट स्पॉट

दक्षिणी अमेरिका (South America)

5. **अटलांटिक तट पर स्थित ब्राजील के जंगल (Atlantic Forests of Brazil):** विश्व के हॉट-स्पॉट में सबसे अधिक जैविक-विविधता ब्राजील के तटीय जंगल वाले हॉट-स्पॉट में पाई जाती है। इस प्रदेश में 20,000 से भी अधिक प्रकार के पेड़-पौधे पाये जाते हैं, जिसमें से 40 प्रतिशत स्थानीय (Endemic) हैं।

6. **ब्राजील का सिराडो प्रदेश (Brazil's Cerrado):** ब्राजील का सिराडो एक विस्तृत प्रदेश है, जो देश के 21 प्रतिशत क्षेत्रफल पर फैला हुआ है। इस प्रदेश में सवाना घास के मैदान जैसी वनस्पति पाई जाती है, जिनमें से स्थानीय पेड़-पौधों एवं जीव-जंतुओं की बहुलता है।

7. **चिली वाल्डीवियन जंगल (Chile Valdivian Forest):** यह हॉट-स्पॉट एंडीज पर्वत, आटाकामा मरुस्थल तथा चिली के तटीय भागों में फैला हुआ है। इसमें स्थानीय पेड़-पौधों तथा जीव-जंतुओं की बहुलता है।

8. **टुम्बेस-चोको-मैगडालिना हॉट-स्पॉट (Tumbes Choco Magdalena Hot-Spot):** इस हॉट-स्पॉट में एंडीज पर्वत तथा मध्य अमेरिका की जैविक-विविधता का मिश्रण पाया जाता है।

9. **ऊष्णकटिबंधीय एंडीज (Tropical Andes):** द. अमेरिका के ऊष्ण कटिबंधीय एंडीज पर्वत पर फैले इस हॉट-स्पॉट में भारी जैविक-विविधता पाई जाती है यद्यपि क्षेत्रफल में यह विश्व का सबसे छोटा हॉट-स्पॉट है, फिर भी इसमें नाना प्रकार के पेड़-पौधे तथा जीव-जंतु पाये जाते हैं।

यूरोप तथा मध्य एशिया (Europe and Central Asia)

10. **काकेशस पर्वत हॉट-स्पॉट (Caucasus Region Hot-Spot):** आर्मिनिया, जॉर्जिया तथा अजरबेजान के क्षेत्रों पर फैले इस हॉट-स्पॉट में भारी स्थानीय जैविक-विविधता पाई जाती है। मानव के पर्यावरण से बढ़ते हुये प्रभाव के कारण इस हॉट-स्पॉट की जैविक-विविधता में भारी परिवर्तन आ रहा है।

11. **ईरान-अनातोलिया हॉट-स्पॉट (Irano-Anatalia Hot-Spot):** तुर्की में अनातोलिया के पठार, कुर्दिस्तान (उत्तरी इराक), तथा ईरान के पठार पर फैले इस जैविक हॉट-स्पॉट में भारी जैविक-विविधता पाई जाती है। अधिकतर पेड़-पौधे एवं जीव-जंतु स्थानीय मूल (Endemic) के हैं।

12. **भूमध्यसागरीय बेसिन तथा उसके पूर्वी तटीय हॉट-स्पॉट:** इस हॉट-स्पॉट में 22,500 प्रकार के पेड़-पौधे तथा जीव-जंतु पाये जाते हैं, जिनमें से अधिकतर स्थानीय हैं।

13. **मध्य एशिया का पर्वतीय हॉट-स्पॉट (Mountains of Central Asia Hot-Spot):** इस हॉट-स्पॉट में पामीर का पठार, तयानशान पर्वत, हिंदुकुश, कुनलुन पर्वत इत्यादि सम्मिलित हैं। इस हॉट-स्पॉट में भी भारी जैविक-विविधता पाई जाती है।

अफ्रीकी महाद्वीप के हॉट-स्पॉट (Hot-Spots of Africa)

14. **द. अफ्रीका अंतरीप का फ्लोरिस्टिक प्रदेश (South Africa 's Cape Floristic):** वास्तव में यह झाड़ियों का प्रदेश है, जिसमें भारी जैविक-विविधता पाई जाती है।

15. **पूर्वी अफ्रीका का तटीय हॉट-स्पॉट:** द. अफ्रीका के पूर्वी तटीय भाग में बहुत-से जैविक जातियाँ स्थानीय मूल की हैं।

16. **अफ्रीका के पूर्वी पवर्तीय हॉट-स्पॉट:** इस हॉट-स्पॉट में सऊदी-अरब का प्रायद्वीप, यमन, इथोपिया, सोमालिया, कीनिया, तंजानिया तथा जांबिया के पर्वतीय भाग सम्मिलित हैं। ऊष्ण मरुस्थलीय जलवायु के इस प्रदेश में काँटेदार झाड़ियों, नागफनी की बहुलता है। पशु-पक्षी प्रायः रात के समय सक्रिय होते हैं।

17. **प. अफ्रीका का गिनी हॉट-स्पॉट (West African Guinea Hot-spot):** गिनी तट के निचले भागों में विषुवत रेखी सदाबहार जंगल पाये जाते हैं जिनमें भारी जैविक-विविधता है। अफ्रीका महाद्वीप के 25 प्रतिशत स्तनधारी (Mammals) तथा 20 प्रतिशत प्रायमेट्स (Primates) इस हॉट-स्पॉट में पाये जाते हैं।

18. **अफ्रीकी श्रंग (Horn of Africa Hot-spot):** सोमालिया के उत्तरी पूर्वी भाग को अफ्रीका श्रंग कहते हैं। इस प्रदेश पर मानव जनसंख्या वृद्धि का जैविक-विविधता पर खराब प्रभाव पड़ा है।

19. **मेडागास्कर हॉट-स्पॉट (Madagascan Hot-spot):** इस हॉट-स्पॉट में मेडागास्कर के अतिरिक्त हिंद महासागर के बहुत-से द्वीप सम्मिलित हैं। इसकी जैविक-विविधता विश्व प्रसिद्ध है।

20. **मपूतोलैंड-पोडोलैंड हॉट-स्पॉट (Maputoland-Podoland Hot-Spot):** स्वाजीलैंड के उत्तर तथा मोजांबिक के दक्षिणी भाग में स्थिति हॉट-स्पॉट में भारी जैविक-विविधता पाई जाती है।

21. **स्कूलैंट-कारू हॉट-स्पॉट (Succuland-Karoo Hot-Spot):** द. अफ्रीका के कारू तथा नामीबिया मरुस्थल में फैले हुये हॉट-स्पॉट में कांटेदार झाड़ियाँ तथा नागफनी वनस्पति तथा जीव-जंतुओं में भारी विविधता पाई जाती है।

एशिया प्रशांत महासागर हॉट-स्पॉट (Asia Pacific Hot-Spot)

22. **पूर्वी मेलानेशिया हॉट-स्पॉट (East Melanesia Hot-Spot):** न्यूगिनी के उत्तर में स्थिति इस हॉट-स्पॉट में 16,000 से अधिक प्रकार के पेड़-पौधे तथा जीव-जंतु पाये जाते हैं।

23. **हिमालयन हॉट-स्पॉट (Himalayan Hot-Spot):** हिमालियन हॉट-स्पॉट को पहले पूर्वी हिमालय हॉट-स्पॉट के नाम से जाना जाता था। हिमालयन हॉट-स्पॉट में भूटान, नेपाल, भारत तथा पाकिस्तान के हिमालय पर्वतीय भाग सम्मिलित हैं। विश्व की सबसे ऊँची पर्वतीय शिखरें इसी हॉट-स्पॉट में सम्मिलित हैं। बढ़ती जनसंख्या के कारण हिमालय पर्वत श्रेणी में भारी जैविक ह्रास हुआ है।

24. **इंडो-म्यांमार (बर्मा) हॉट-स्पॉट (Indo Myanmar Hot-Spot):** भारत-म्यांमार तथा बांग्लादेश के चटगाँव पर्वतीय भाग पर फैले हुये इस हॉट-स्पॉट में भारी जैविक-विविधता पाई जाती है। लगभग 2,373,000 वर्ग किमी. पर यह हॉट-स्पॉट फैला हुआ है। पूर्वी हिमालय के पक्षियों को मानचित्र पर दर्शाने से पता चला है कि पूर्वी हिमालय हॉट-स्पॉट में 350 प्रकार के गाने वाले पक्षी (Songbirds) पाए जाते हैं जो विश्व की अन्य गाने वाले पक्षियों से बिल्कुल भिन्न हैं (Times of India 30th May, 2014, p. 23) इनके अतिरिक्त 163 जीव-जातियाँ असुरक्षित घोषित की गई हैं।

25. **जापान हॉट-स्पॉट (Japan Hot-Spot):** होंशू, क्यूशिव एवं शिकोकू द्वीप समूह पर फैले हॉट-स्पॉट में पतझड़ तथा कोणधारी वनों का मिश्रण पाया जाता है। औद्योगिकीकरण तथा नगरीकरण के कारण इसकी जैविक-विविधता में भारी कमी आई है।

26. **द. पश्चिमी चीन का पवर्तीय हॉट-स्पॉट (Mountains of S.W. China Hot-spot):** चीन के यन्नान प्रांत के पर्वतीय भाग में ऊँचाई की ओर जाते हुये जैव-विविधता में भारी रंगा-रंगी देखी जा सकती है।

27. **न्यू-कैलिडोनिया हॉट-स्पॉट (New Caledonia Hot-Spot):** अपनी जैविक-विविधता के लिए प्रसिद्ध यह हॉट-स्पॉट प्रशांत महासागर के द. भाग में स्थित है।

28. **न्यूजीलैंड हॉट-स्पॉट (Newzealand Hot-Spot):** भारी जैविक-विविधता वाले इस हॉट-स्पॉट में भारी संतुलन पाया जाता है।

29. **फिलिपाइन हॉट-स्पॉट (Philipines Hot-Spot):** यह हॉट-स्पॉट फिलिपाइन के 7000 द्वीपों पर फैला हुआ है।
30. **पोलिनेशिया तथा माइक्रोनेशिया हॉट-स्पॉट (Polynesia and Micronesia Hot-Spot):** जैविक-विविधता का यह हॉट-स्पॉट 4500 द्वीपों पर फैला हुआ है।
31. **द.प. आस्ट्रेलिया हॉट-स्पॉट (S.W. Australian Hot-Spot)**
32. **इंडोनेशिया-मलेशिया हॉट-स्पॉट (Indonesia Malaysia Hot-Spot)**
33. **वैलेसिया अथवा पूर्वी इंडोनेशिया हॉट-स्पॉट (Wallace or East Indonesia Hot-Spot)**
34. **भारत की पश्चिमी घाट एवं श्रीलंका हॉट-स्पॉट (Western Ghat and Sri-Lanks Hot-Spot):** इस हॉट-स्पॉट को UNESCO की सूची में जुलाई 1912 को सेंट पीटरसबर्ग की कांफ्रेंस में सम्मिलित किया गया। ताप्ती नदी से लेकर श्रीलंका तक फैले इस हॉट-स्पॉट की टोपोग्राफी (Topography) जलवायु, जल-प्रवाह, प्राकृतिक वनस्पति तथा जीव जंतुओं में भारी विविधता पाई जाती है। इस प्रदेश में 15,000 प्रकार के फूल वाले पौधे पाये जाते हैं। नाना प्रकार के रेंगने वाले जीव-जंतु तथा जल-स्थलचर (Amphibians) यहाँ पाये जाते हैं। तीव्र औद्योगिकरण एवं नगरीकरण के कारण इन प्रदेशों में जैविक-विविधता प्रभावित हो रही है।

वन्य-प्राणियों का विलोपन (Extinction of Wildlife)

चार्ल्स डार्विन के जैविक विकास के सिद्धांत के अनुसार केवल नई जीव जातियाँ ही लुप्त नहीं होती बल्कि कुछ पुरानी जीव जातियाँ भी लुप्त होती रहती हैं। विलोपन (Extinction) से तात्पर्य किसी जीव जाति का पृथ्वी से पूर्ण विनाश होता है अर्थात उस जीव जाति का कोई भी प्राणी पृथ्वी पर जीवित नहीं है। वर्तमान समय में मानव सबसे अधिक सबल प्राणी है।

विलोपन के प्रकार

वन्य प्राणियों के विलोपन के मुख्य निम्न तीन कारण हैं–

(*i*) प्राकृतिक विलोपन (Natural Extinction), इसमें हिमाच्छादन (glaciation), जलवायु परिवर्तन, ज्वालामुखी उद्‌भेदन, रोग, महामारी, प्रतिस्पद्धियों की संख्या में वृद्धि, प्राकृतिक शत्रु, खाद्य भोजन की कमी तथा प्रजातियों द्वारा आक्रमण शामिल है।

(*ii*) सामूहिक विनाश (Mass Extinction) जो लाखों-करोड़ों वर्षों में होता है।

(*iii*) मानवीय विलोपन (Anthropogenic Extinction) जो शिकार करने, पकड़ने तथा मानव की असीमित माँगों की आपूर्ति करने के कारण होता।

जो वन्य-प्राणी विलोपन के लिये अतिसंवदनशील होती हैं, उनकी निम्न विशेषताएँ पाई जाती हैं–

(*i*) वन्य-प्राणी के शरीर का आकार बहुत बड़ा हो जैसे भारतीय हाथी तथा बंगाल का टाइगर।

(*ii*) वन्य-प्राणी की छोटी जनसंख्या तथा पुनरुत्पादकता में कमी होना; जैसे- नीली ह्वेल (Blue-Whale) तथा विशाल काया वाला पांडा (Giant Panda)

(*iii*) आहार-श्रृंखला के ऊँचे स्तर पर निर्भर करने वाले प्राणी, जैसे-बंगाली बाघ, सफेद पेट वाली बड़ी ईगल (White Bellies Eagle)

(*iv*) निर्धारित मार्ग पर पलायन करने वाले वाले वन्य प्राणी तथा-पक्षी।

(*v*) सीमित क्षेत्र में पाये जाने वाले जीव-जंतु, उदाहरण के लिये टैगा एवं टुंड्रा के करेबु (Caribou) तथा द्वीपों पर रहने वाले पशु-पक्षी।

आश्चर्य की बात नहीं, मानव स्वयं ही बहुत-से जीव-जंतुओं तथा पशु-पक्षियों के विनाश एवं विलोपन का कारण बना हुआ है। मानव के द्वारा किया गया पर्यावरण ह्रास जैविक विलोपन मुख्य कारण है। एक अनुमान के अनुसार 1900 ई० से प्रतिदिन औसतन एक जीव जाति पृथ्वी से लुप्त हो जाती है।

प्राणियों में विलोपन के बहुत-से कारण हैं, जिनमें से निम्न प्रमुख हैं–

(*i*) प्राकृतिक आवास (Habitat) का नष्ट होना,

(*ii*) भोजन के लिये जंगली जानवरों का शिकार करना,

(*iii*) जंगलों में आग लगना,

(*iv*) विदेशी जीव-जातियों का प्रसारण करना,

(*v*) शिक्षा का अभाव,

(*vi*) कानून को सख्ती से लागू न करना।

जनसंख्या में तीव्र गति से वृद्धि, औद्योगीकरण, नगरीकरण, ऊँचा जीवन स्तर, उपभोक्तावाद तथा आधुनिकता का पशु-पक्षियों के प्राकृतिक आवास (Habitat) पर प्रतिकूल प्रभाव पड़ा है, पशुओं के बहुत-से प्राकृतिक आवास नष्ट हो गये हैं। उदाहरण के लिये कृषि भूमि, घास के मैदानों, उद्योगों तथा यातायात के लिये सड़कों तथा रेलों के विकास के लिये जंगल काटे जाते हैं। जंगलों के काटने से पशु-पक्षियों के प्राकृतिक निवास-स्थानों का विनाश होता है। बहुत-से उपयोगी तथा सफाई करने वाले पशु-पक्षी जैसे गिद्ध (Vultures), कौआ (Crow) तथा चील भी लुप्त होते जा रहे हैं।

पुराने पाषाण युग में (Paleolithic Period) मानव अपने भोजन की तलाश में पशु-पक्षियों का आखेट करता था, फिर भी उससे पर्यावरण में अधिक परिवर्तन नहीं होता था और आज के समय में मानव के पास घातक हथियार हैं जिनसे भारी संख्या में पशु-पक्षियों का आखेट कर सकता है। मानव पशुओं को मांस, खाल, हाथी दाँत (Ivory), फर (Fur), पंख, सींग इत्यादि के लिये शिकार करता है, परिणामस्वरूप बहुत-से पशु-पक्षी लुप्त हो रहे हैं। जंगलों में अकस्मात् आग के लगने अथवा जंगल जलाकर भूमि को कृषि के लिये विकसित करने से भी बहुत-सी जीव-जातियों का विलोपन हो जाता है।

तालिका 4.1 विश्व की कुछ प्रमुख संकटापन्न (Endangered) जीव–जातियाँ

महाद्वीप/महासागर (Continents/Oceans)		संकटापन्न जीव-जातियाँ (Endangered Species)
1.	अफ्रीका	अफ्रीकी हाथी आये-आये (Aye-Aye), मेडागास्कर, काला गैंडा, लीमर (Lemur), शुतुरमुर्ग (Ostrich)
2.	एशिया	अरबी हिरन, एशियाई हाथी, भीम-काय पांडा, बर्फीला-तेंदुआ,
3.	आस्ट्रेलिया	कंगारू-भूरे रंग का, बोम्बेट (Wombat), Nail- tailed Wallaby
4.	यूरोप	इम्पीरियल गरुड़ (Imperial Eagle), स्पेन का लिंक्स (Spanish Lynx)
5.	उत्तरी अमेरिका	काले पैर वाला फैरट (Black footed Ferret), केलिफोर्निया केंडर (California Candor), फ्लोरिडा-पेंथर (Florida Panther), ग्रिजली भालू (Grizzly-Bear), चितला उल्लू (Spotted owl)
6.	द. अमेरिका	काला शेर (Black lion), चिनचिल्ला (Chinchilla), टमरिन (Tamarin)
7.	अटलांटिक महासागर	ब्ल्यू ह्वेल (Blue-whale), कोहान वाली काली ह्वेल (Humpblack whale), रिडले-टरटिल (Ridley-Turtle)
8.	प्रशांत महासागर	ब्ल्यू व्हेल (Blue-whale), गालापेगोस-कछुआ, मोंक-सील (Monk- seal)

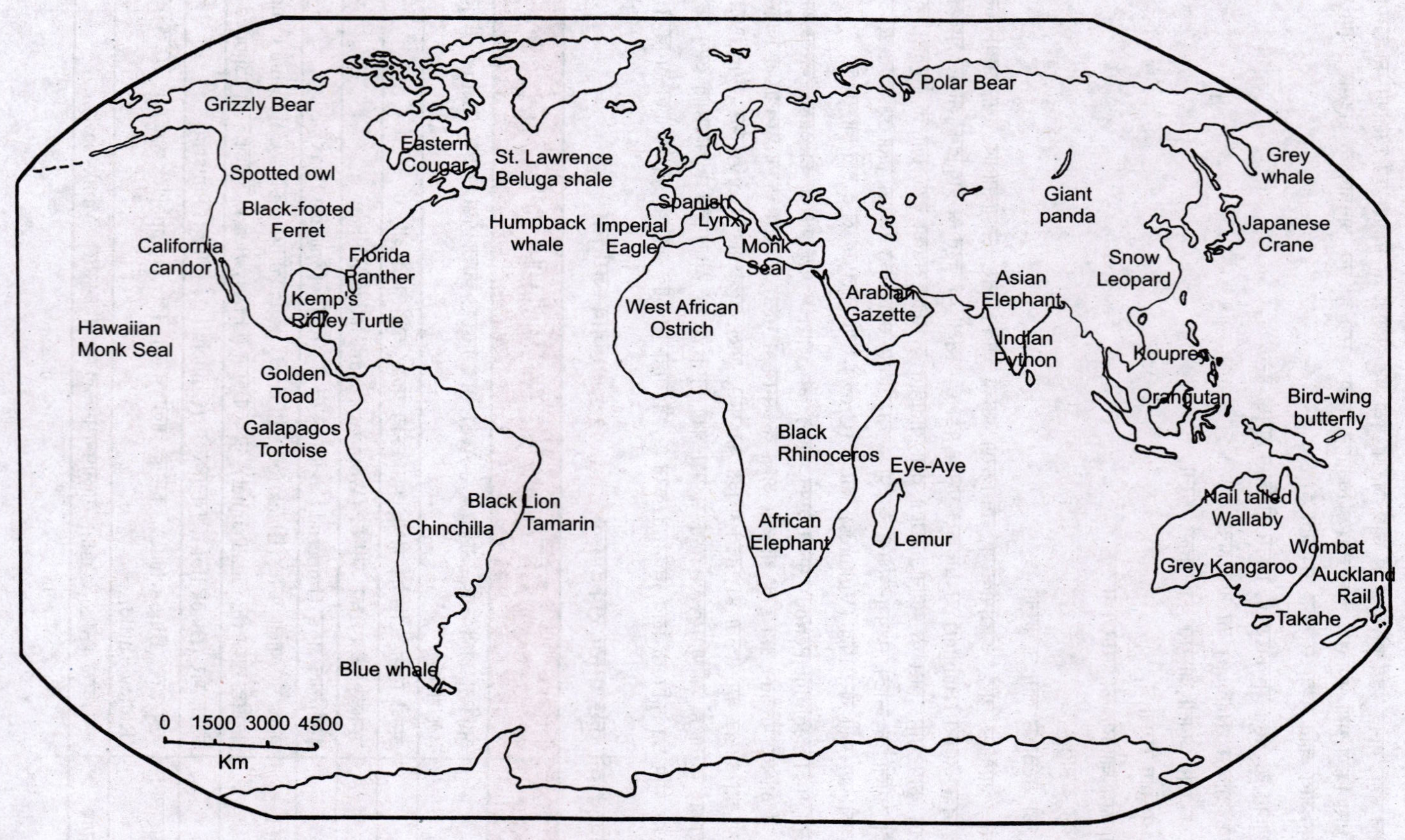

चित्र 4.2 विश्व की संकटापन्न प्रजातियाँ

भारत की कुछ प्रमुख असुरक्षित जीव-जातियों को मानचित्र 4.3 में दिखाया गया है तथा उनके नाम तालिका 4.2 तथा 4.3 में दिए गए हैं।

लाल किताब (Red Data Book)

लाल किताब में संकटापन्न प्रजातियों की सूची है। वास्तव में इसमें कई प्रकार की प्रजातियों की सूचना एकत्रित है। यह निरंतर रूप से अंतर्राष्ट्रीय प्राकृतिक संरक्षण संघ (International Union for Conservation of Nature) द्वारा जारी व अद्यतन (updated) की जाती है। यह संस्था स्विटरजरलैंड के जिनेवा के दक्षिण-पश्चिमी भाग के मार्जस (Morges) में स्थित है। सर्वप्रथम यह लाल किताब 1966 में प्रकाशित की गयी थी। इस पुस्तक में संकटापन्न स्तनपायी जन्तुओं तथा पक्षियों के बारे में अन्य पशु व पक्षी समूहों की अपेक्षा अधिक विस्तार से विवरण दिया गया है। वस्तुतः इसमें कम महत्त्व के संकटापन्न जीवों के बारें में भी जानकारी प्रदान की गयी है।

इस पुस्तक में गुलाबी पृष्ठों में अत्यंत संकटापन्न प्रजातियों के बारे में सूचनाएं दी गई हैं। जैसे ही संकटापन्न प्रजातियों की प्रस्थिति में परिवर्तन आता है तो इसके ग्राहकों (Subscribers) को नए पृष्ठ भेज दिए जाते हैं। समय के साथ-साथ गुलाबी पृष्ठों की संख्या बढ़ती जाती है। हरे पृष्ठ उन प्रजातियों का विवरण प्रदान करते हैं जिन्हें औपचारिक रूप से संकटापन्न घोषित किया गया था परंतु अब वे उस स्तर पर आ गए हैं कि अब वे असुरक्षित प्रजाति नहीं हैं।

लाल किताब के अनुसार विश्व भर में लगभग 20,000 प्रजातियाँ असुरक्षित व संकटापन्न हैं। लगभग 11050 जीवों व पादपों की प्रजातियाँ लुप्तप्राय होने के कगार पर हैं तथा 80,000 से 25000 प्रजातियाँ संकटापन्न व असुरक्षित हैं। भारत में पादपों की लगभग 195 प्रजातियाँ लुप्तता के उच्च खतरे का सामना कर रही हैं।

प्रजातियों का वर्गीकरण (Categorisation of Species)

अंतर्राष्ट्रीय प्राकृतिक संरक्षण संघ- (UCN), जो लाल पुस्तक को प्रकाशित करता है के अनुसार प्रजातियों को निम्नानुसार वर्गीकृत किया जा सकता है ***(i)*** लुप्त प्रजातियाँ (Extinct Species) ***(ii)*** सामान्य प्रजातियाँ (Normal Species) ***(iii)*** दुर्लभ प्रजातियाँ (Rare Species) ***(iv)*** अत्यंत संकटापन्न प्रजातियाँ (Critically Endangered Species) ***(v)*** संकटापन्न प्रजातियाँ (Endangered Species) ***(vi)*** असुरक्षित प्रजातियाँ (Vulnerable Species) ***(vii)*** संकटापन्न के समीप (Near threatened) ***(viii)*** अपर्याप्त आंकड़े (Data Deficient) ***(ix)*** अमूल्यांकित (Not evaluated)। विभिन्न वर्गों के प्रजातियों का विवरण निम्नानुसार है–

जीवजातियों का विलोपन (Extinction of Species)

चार्ल्स डार्विन के अनुसार जीवजातियों का उत्पन्न होना तथा लुप्त होना एक प्राकृतिक प्रक्रिया है। जीवजातियों के विलोपन के लिये बहुत-से कारक जिम्मेदार हैं। उदाहरण के लिये *(i)* जलवायु परिवर्तन *(ii)* महामारी का फैलना *(iii)* अत्यधिक आखेट करना अथवा पशुओं को मारना एवं जंगलों को काटना या जलाना।

(i) लुप्त प्रजाति (Extinct Species)

ये वे प्रजातियाँ हैं जो व्यापक सर्वेक्षण के पश्चात उन क्षेत्रों में नही पाई गई हैं जहाँ पर उनका अस्तित्व था। प्रजाति किसी स्थानीय क्षेत्र, देश, महाद्वीप अथवा संपूर्ण विश्व से लुप्त हो सकती है। अन्य शब्दों में किसी प्रजाति को तब लुप्त मान लिया जाता है जब व्यापक सर्वेक्षण के पश्चात उसकी प्रजाति का एक भी जीव प्राप्त नहीं होता है। इस प्रकार की प्रजातियों के उदाहरण एशियाई चीता (Asian Cheetal), गुलाबी मस्तक वाला हिरन (Pink headed Duck), मैमथ तथा डायनासौर हैं।

(ii) सामान्य प्रजातियाँ (Normal Species)

इन प्रजातियों की जनसंख्या का स्तर उनके जिंदा रहने के लिए सामान्य समझा जाता है। इनमें शामिल हैं–मवेशी, बकरियाँ, भेड़ें, कुतरा जाने वाला नीम (rodent Neem), आम, बबूल (Acacia) पीपल, बरगद, टीक, चीड़ (Pine) आदि।

(iii) दुर्लभ प्रजातियाँ (Rare Species)

दुर्लभ प्रजातियाँ वे हैं जिनकी जनसंख्या कम है तथा सीमित क्षेत्रों में पाए जाते हैं। दुर्लभ प्रजातियाँ समय के साथ असुरक्षित बन सकती हैं तथा अंततः संकटापन्न बन सकती हैं। इन प्रजातियों को संरक्षण कार्यक्रम के दौरान विशेष सुरक्षा व देखभाल की आवश्यकता होती है।

(iv) अत्यंत संकटापन्न (Critically Endangered Species)

अत्यंत संकटापन्न प्रजातियों का विवरण *तालिका 4.1* और *4.2* में दिया गया है। किसी प्रजाति को अति संकटापन्न का दर्जा तब दिया जाता है जब उपलब्ध उत्तम प्रमाण निम्नलिखित के अनुसार हो।

(i) जनसंख्या में कमी (विगत 10 वर्षों में 90 प्रतिशत से अधिक)

(ii) जनसंख्या का आकर (50 से कम प्रौढ़ संख्या)

(iii) विगत 10 वर्षों में लुप्त होने की प्राथिकता 50 प्रतिशत को दर्शाता संख्यात्मक विश्लेषण

(v) संकटापन्न (Endangered Species)

एक प्रजाति को असुरक्षित माना जाता है जब उपलब्ध उत्तम प्रमाण किसी एक मापदंड को दर्शाते हैं:

मापदंड (criteria)

(i) जनसंख्या के आकार में कमी (पिछले 120 वर्षों में 70% की कमी)।

(ii) जनसंख्या का अनुमानित आकार 250 से कम प्रौढ़ों का होना।

(iii) विगत 20 वर्षों में जंगल में लुप्त होने की संभावना 20 प्रतिशत होने को प्रदर्शित करता संख्यात्मक विश्लेषण।

(vi) असुरक्षित (Vulnerable Species)

किसी प्रजाति को असुरक्षित माना जाता है जब यह असुरक्षित (vulnerable) होने के किसी एक मापदंड को निर्दिष्ट करता है:

(i) जनसंख्या में कमी (पिछले 10 वर्षों में 50 प्रतिशत से अधिक)

(ii) प्रौढ़ों की अनुमानित जनसंख्या 10,000 से कम होना

(iii) विगत 100 वर्षों में जंगल में लुप्त होने की संभावना कम-से-कम 10 प्रतिशत होना

(vii) संकटमय (Near Threatened)

एक प्रजाति संकटापन्न के समीप है जब इसे मापदंड के लिए मूल्यांकित किया गया हो परंतु अब तक अत्यंत संकटापन्न (critically endangered) या असुरक्षित (vulnerable) के लिए अर्ह न हो परंतु भविष्य में संकटापन्न श्रेणी हेतु अर्हता प्राप्त कर ली हो

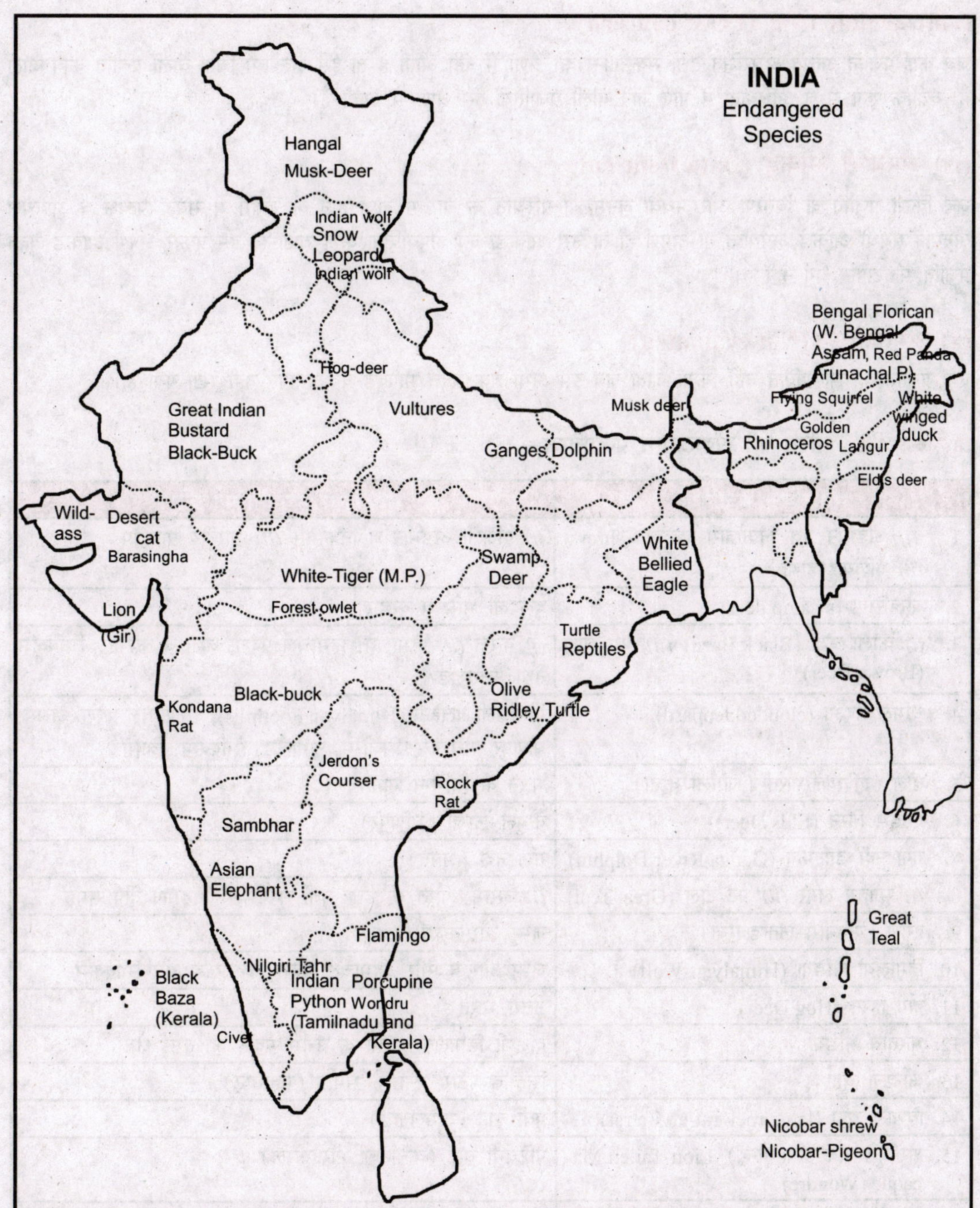

चित्र 4.3 भारत की प्रमुख संकटापन्न प्रजातियाँ

(viii) अल्पतम चिंता (Least concern)

जब कोई प्रजाति अत्यंत असुरक्षित तथा संकटापन्न की श्रेणी में नहीं आती है तो इसे अल्पतम चिंता वाली प्रजाति कहा जाता है। व्यापक रूप से व अधिकता में पाए जाने वाली प्रजातियाँ इस श्रेणी में आती हैं।

(ix) अपर्याप्त आंकड़े (Data Deficient)

जब किसी प्रजाति के वितरण और/अथवा जनसंख्या प्रस्थिति के बारे में लुप्त होने के खतरों से संबंद्ध प्रत्यक्ष व अप्रत्यक्ष अनुमान संबंधी आंकड़े अपर्याप्त या अपूर्ण हों तो उसे आंकड़ों की अपर्याप्तता कहा जाता है। इस प्रकार अपूर्ण आंकड़े युक्त प्रजाति संकटापन्न वर्ग नहीं है।

(x) अमूल्यांकित (Not evaluated)

एक प्रजाति को मूल्यांकित नहीं किया जाता जब इसे अभी तक प्रदत्त मापदंड के अन्तर्गत नहीं रखा गया हो।

तालिका 4.2 भारत की संकटापन्न प्रजातियाँ

संकटापन्न प्रजातियाँ	क्षेत्र/राज्य/संघ शासित प्रदेश
1. *(i)* अंडमान एवं निकोबारी छछूंदर (shrew) *(ii)* एशियाई हाथी	*(i)* दक्षिणी अंडमान व निकोबार *(ii)* भारतीय प्रायद्वीप
2. बारहसिंगा (swamp deer)	दलदली भूमि व कछार
3. *(i)* काला बजा (Black Baza) *(ii)* भूरा भालू (Brown Beer)	*(i)* केरल *(ii)* हिमालय: हिमाचल प्रदेश, जम्मू व कश्मीर, सिक्किम तथा उत्तराखंड
4. धूमिल तेंदुआ (clouded leopard)	हिमाचली तलहटी (Himalyan Foothills), अरुणाचल प्रदेश, असम, मणिपुर, मेघालय, मिजोरम, नागालैंड, सिक्किम, त्रिपुरा
5. ढोल (एशियाई/भारतीय जंगली कुत्ता)	भारत के विभिन्न भाग
6. एल्ड्स हिरन (Elds Deer)	केबुल-लम्जो (मणिपुर)
7. गंगा नदी डाल्फिन (Ganga River Dolphin)	गंगा नदी (भारत)
8. *(i)* सुनहरा लंगूर *(ii)* ग्रेट टील (Great Teal)	*(i)* असम, भारत के उत्तर पूर्वी राज्य *(ii)* अंडमान द्वीप समूह
9. हंगल (कश्मीरी-लकड़बग्घा)	जम्मू और कश्मीर
10. हिमालयी भेड़िया (Himalyan-Wolf)	जम्मू और कश्मीर, हिमाचल प्रदेश, उत्तराखंड और सिक्किम
11. होग हिरन (Hog Deer)	उत्तरी भारत
12. भारतीय भेड़िया	दक्षिणी हिमालय, भारत के उत्तरी मैदान का तराई क्षेत्र
13. कोन्डना चूहा	सिंहगढ़ पठार, पूना के समीप (महाराष्ट्र)
14. विशाल चूहा (large rock rat-elvira rat)	पूर्वी घाट (तमिलनाडु)
15. शेर-पूँछ मकाऊ (वोन्ड्र) Lion-Tailed Macaque (Wondre)	पश्चिमी घाट (कर्नाटक और केरल)
16. मालाबार सिवट	केरल
17. रेखांकित बिल्ली	उत्तरी भारत

18. *(i)* मारखोर (Markhor) *(ii)* दलदली नेवला (Marsh Mongoose)	*(i)* जम्मू और कश्मीर *(ii)* प्रायद्वीप भारत, कच्छ का रन (Ran of Kachchh)
19. नमधापा उड़ने वाली गिलहरी	अरुणाचल प्रदेश
20. नीलगिरि लंगूर	केरल व कर्नाटक
21. नीलगिरि मार्टिन	पश्चिमी घाट (कर्नाटक व केरल)
22. ओरियन्टल छोटे पंजों वाला उदबिलाव (Oriental Small Clawed Otter)	कर्नाटक, केरल, तमिलनाडु
23. पिग्मी हाग (Pygmy Hog)	तराई क्षेत्र
24. लाल पांडा (Red Panda)	सिक्किम, दार्जिलिंग, पूर्वी हिमालय
25. गैंडा (Rhinoceros)	असम
26. स्वाम्प हिरन (Swamp Deer)	कच्छ का रन (गुजरात), सुन्दरबन (पश्चिम बंगाल)
27. जंगली गधा (खुर), (Wild Ass)	कच्छ का रन (गुजरात)
28. जंगली भैंसा (Wild Buffalo)	असम
29. सफेद पेट वाला कस्तूरी मृग (White bellied musk-Deer)	जम्मू एंव कश्मीर, हिमाचल प्रदेश, उत्तराखंड, सिक्किम
संकटापन्न पक्षी (Endangered Birds)	
30. बंगाल फ्लोरिकन (Bengal Florican)	पश्चिम बंगाल
31. जंगली उल्लू (forest owlet)	दक्षिणी मध्य प्रदेश एवं महाराष्ट्र
32. हिमालयी क्विल (Himalyan Quil)	जम्मू और कश्मीर, हिमाचल प्रदेश और उत्तराखंड
33. जेर्डन्स कर्सर (Jerdons Courser)	आन्ध्र प्रदेश का उत्तरी भाग
34. गुलाबी सिर वाला बतख	उत्तर पूर्वी भारत के राज्य
35. साइबेरियन क्रेन (भारत में शीत प्रवासी)	केवलादेव (भरतपुर-राजस्थान)
36. सोशिएबल लेपविंग (भारत में शीत प्रवासी)	उत्तर-पश्चिमी भारत
37. बाघ	प्रायद्वीपीय भारत व भारत के विस्तृत मैदान
अत्यंत संकटापन्न सरीसृप (Critically Endangered Reptiles)	
38. (i) सफेद पेट वाला बगुला (ii) जंगली भैंसा	(i) असम, आंध्र प्रदेश, पश्चिम बंगाल (ii) असम
39. चार खुरों वाला नदी का कछुआ (Four toed River Terrapin turtle)	ताजे जल की नदियाँ व झीलें
40. घड़ियाल	रेतीली किनारे वाली स्वच्छ नदियाँ
41. हाकबिल-कछुआ	अंडमान व निकोबार द्वीप समूह, ओडिशा तथा तमिलनाडु
42. लाल शीर्ष वाला कछुआ या बंगाल कछुआ	गंगा नदी बेसिन
43. शीशपारा डे गिको	पश्चिमी घाट, नीलगिरी व कावली शीशपारा, कोचीन
44. गंगा का शार्क	गंगा नदी

अत्यंत संकटापन्न मछलियां (Critically Endangered Fish)	
45. चाकू-दाँत वाली मछली	समुद्रतटीय महासागर
46. बड़े दाँत वाली मछली	अरब सागर का पश्चिमी भाग
47. बड़े-लंबे दाँत वाली मछली	भारतीय प्रशांत महासागर

तालिका 4.2A भारत की असुरक्षित प्रजातियाँ

	प्रजातियाँ	क्षेत्र/राज्य/केन्द्र प्रशासित प्रदेश
1.	एशियाई काला भालू (Asian Black Bear) अथवा सफेद छाती वाला भालू	हिमालय
2.	बारहसिंघा (Swamp Deer)	उत्तरी व मध्य भारत
3.	काला हिरन (Black Buck)	थार रेगिस्तान
4.	धूमिल चीता (Clouded leopard)	हिमालय की तलहटी
5.	चिरू (तिब्बती हिरण) (Tibetan Antelope)	ठंडा रेगिस्तान (हिमाचल प्रदेश व लद्दाख)
6.	चार सींग वाला हिरण (चौसिंघा)	दलदली क्षेत्र
7.	गौर/मिथुन (भारतीय जंगली सांड)Gaur/ Mithun (Indian Bison)	असम, उत्तरी पूर्वी भारत के राज्य
8.	हिमालयी तहर (Himalyan Tahr)	हिमालय
9.	भारतीय भेड़िया (Indian Wolf)	हिमालय की तलहटी-हिमालय के दक्षिण तक विस्तृत
10.	चितकबरी बिल्ली (Marbled Cat)	उत्तरी भारत तथा उत्तर पूर्व भारत
11.	नीलगिरी मार्टिन (Nilgiri Marten)	पश्चिमी घाट (केरल व कर्नाटक)
12.	लाल पान्डा (Red Panda)	हिमालय के शीतोष्ण जंगल
समुद्री स्तनपायी (Marine Mammals)		
13.	डुगांग (समुद्री गाय)	हिन्द महासागर
14.	ताजा जलीय डाल्फिन (डाल्फिन नदी)	गंगा व इसकी सहायक नदियाँ
15.	गंगा नदी का डाल्फिन	गंगा व ब्रह्मपुत्र
	मार्सूपियल्स की सूची(ऑस्ट्रेलिया के स्तनपायी)	बन्डिट कूट (Bandit coot), डस्यूरी (Dasyure), कंगारू (Kangaroo), कोला (Kola), मार्सूपियल मोल (Marsupial mole), ओपोसम (Opossum), फलांजर (Phialangers), तस्मानियाई डेविल्स (Tasmanian Devils) तस्मानयाई भेड़ (Tasmanian Wolf), वालाबी (Wallaby), गर्भ चमगादड़ (Wombats)
	लुप्त मार्सूपियल्स (आस्ट्रेलिया)	मार्सूपियल्स भेड़िया तथा क्वेगा

तालिका 4.2B वनीय प्रजातियों के प्रमुख रोग

रोग	प्रभावित जीव
1. एंथ्रेक्स (प्लेग)	भौंकने वाला हिरन (Barking Deer), चीतल, गौर, जंगली सुअर
2. पैर व मुख रोग	चीतल, गौर, नील गाय, मिथुन, सांबर, तिब्बती सांड (Yak)
3. रेबीज	भालू, शेर, मंगूस (Mongoose) मंगूस, गिलहरी, बाघ
4. रेंडीयर-पेस्ट (Reindeer-pest)	हिरन, जंगली भैंस, जंगली सुअर
5. टेक्सोप्लाज्मोसिस (Taxoplase mosis)	सिवेट बिल्ली (Civet Cat), मकाक (Macaque), रीसस (Rhesus)
6. ट्राइपानोसोमिया (Trypanosmia)	हाथी, मकाक, सांबर तथा बाघ
7. टयूबरक्लोसिस (Tuberculosis)	बिल्ली, हिरन, हाथी तथा प्राइमेट्स

पक्षी प्रवास (Bird Migration)

सम्पूर्ण विश्व में पक्षी प्रवास वर्ष भर चलता रहता है। प्रवास से अभिप्राय पक्षियों द्वारा एक स्थान से दूसरे स्थान पर निरंतर, कभी-कभी या चक्रीय मौसमीय स्थानांतरण। प्रवासन की दूरी छोटी दूरियों से लेकर हजारों किलोमीटर तक हो सकती है। परंतु अंततः एक अवधि के उपरांत ये पक्षी अपने मूल स्थान को वापस लौट आते हैं।

पक्षी प्रवासन के कारण एवं वर्गीकरण (Causes and Classification of Migration)

प्रवासन के प्रमुख कारण हैं *(i)* जलवायु की अतिशयता से बचना *(ii)* जल व भोजन की खोज *(iii)* अच्छी प्रजनन स्थितियाँ *(iv)* भोजन हेतु प्रतिस्पर्द्धा से बचना तथा सुरक्षित स्थान पाना।

भारत के प्रवासी पक्षियों को निम्नलिखित दो वर्गों में विभाजित किया जा सकता है:

शीतकालीन पक्षी (Winter Birds): काली पूँछ वाला गॉडविट (Black-Tailed Godwit), नीलकंड (Blue Throat), कामन टील (Common Teal), विशाल यूरेशियाई कबूतर (Greater Eurosian Pigeon), फ्लेमिंगो (Flamingo), लांग बिल्ड पिपिट (Long Billed pipit), नार्दन शॉवेलर (Northern Shoveler), गुलाबी पिलिकन (Rosy Pelican), साइबेरियाई क्रेन (Siberian Crane) स्पाटिड रेड शैंक (Spotted Red Shank), स्टर्लिंग (Starling), वुड सेन्डपाइपर (Wood Sandpiper), पीला वैगटैल (Yellow Wagtail)।

ग्रीष्मकालीन पक्षी (Summer Birds): एशियाई कोयल (Asian Koel), काला मस्तक वाला नाइट हीरोन (Black-crowned Night Heron), ब्लू चीक्ड बी-इटर (Blue cheeked Bee Eater), काम्ब डक (Comb Duck), कुक्कूज (Cuckoos), यूरेशियाई सुनहरी ओरिओले (Euransian Golden Oriole)

मानव व वनीय जंतुओं की परस्पर क्रिया (Man and Animal Interaction)

मानव जनसंख्या की तीव्र वृद्धि, औद्योगिकीकरण तथा शहरीकरण ने वनीय जंतुओं के आवास पर भारी दबाव डाला है। वास्तव में वनीय जीवों के आवास में तीव्र गति से कमी हो रही है। पर्यटन, ईको-पर्यटन तथा जंगल की आग ने वनीय जीवों के आवास में कमी कर दी है। भूमि के उपयोगों में यह परिवर्तन जीवों के जीवन को नुकसान पहुँचाते हैं तथा वनसम्पदा को हानि पहुँचाते हैं। ये जीव जंतुओं की मृत्यु हेतु जिम्मेदार होते हैं तथा लोगों को घायल करते हैं। इन समस्याओं के समाधान हेतु निम्नलिखित कदम उठाए जाने चाहिए: *(i)* कृत्रिम अवरोधों का सृजन (भौतिक व जैववैज्ञानिक), *(ii)* रक्षण (Guarding) *(iii)* मानव बस्तियों को पुनः बसाना *(iv)* कूड़ा प्रबंधन तंत्र (Waste Management System), जिसके अंतर्गत वनीय जंतुओं को कूड़ा करने से रोका जाएगा।

तालिका 4.3 भारत के प्रमुख राष्ट्रीय उद्यान तथा उनकी असुरक्षित जीव–जातियाँ

नेशनल पार्क	राज्य/प्रांत	असुरक्षित जीव-जाति
अन्नामलाई	तमिलनाडु	शाही मछली (Porcupine)
बांधवगढ़	मध्य प्रदेश	सफेद बाघ (White Tiger)
बांदीपुर	कर्नाटक	एशियन हाथी (Asian Elephant)
भितरकनिका	ओडिशा	हरा कछुआ (Olive Ridley Turtle)
केलिमर	तमिलनाडु	अंसावर (Flamingo)
डाचीगाम	जम्मू एवं कश्मीर	हेंगुल (Hangul)
मरुस्थल	राजस्थान	काला हिरन (Black-Buck)
दुधवा	उत्तर प्रदेश	बाघ (Tiger)
हेमिस	जम्मू एवं कश्मीर	बर्फीला तेंदुआ (Snow Leopard)
काजीरंगा	असम	एक सींग वाला गैंडा (One Horn Rhino)
केबुल लाम्जो	मणिपुर	भूरा हिरन (Brown Dear)
केवलादेव-घाना	राजस्थान	साईबेरियन क्रेन (Siberian Crane)
नामदफा	अरुणाचल प्रदेश	बावली तेंदुआ (Clouded Leopard)
नीला पट्टा	आंध्र प्रदेश	जलहंस (Pelican)
नय्यर	केरल	मगरमच्छ (Crocodile)
राजमाला	केरल	नीलगिरी तहर (Nilgiri Tahr)
रन आफ कच्छ	गुजरात	जंगली गधा (Wild-Ass)
साईलेंट वैली	केरल	छोटी पूँछ का वानर (Lion Tailed Macaque)
व्यानाड	केरल	भारती मुंटजेक (Indian Muntjac)

भारत की कुछ महत्त्वपूर्ण असुरक्षित जीव-जातियों में इंडियन-बस्टर्ड (Indian Bustard) राजस्थान, भारतीय शेर (Indian Lion), कस्तूरी मृग (कमंत) जम्मू एण्ड कश्मीर, बर्फीला तेंदुआ (उत्तराखंड), मरुस्थली-बिल्ली (राजस्थान), एशियन हाथी (द. भारत), दलदली हिरन (मध्य प्रदेश), ब्लेक बाजा (केरल), भारतीय अजगर (तमिलनाडु), गंगा-डॉलफिन (बिहार-उत्तर प्रदेश), सफेद पेट वाली ईगल (प. बंगाल) अंडमान तील इत्यादि है।

प्राकृतिक वनस्पति व वन (Natural Vegetation and Forests)

प्राकृतिक वनस्पति (Natural Vegetation)

प्राकृतिक वनस्पति से अभिप्राय उस वनस्पति से है जो मानव व उसकी गतिविधियों से अप्रभावित रहती है। यह भारत के बृहत्त मैदानों तथा पश्चिमी यूरोप जैसे क्षेत्रों में जलवायुविक व मृदा संबंधी दशाओं में पूरी तरह अपना संतुलन बनाये रखती है, जिन पर मानव का वास हजारों वर्ष से है। प्राकृतिक वनस्पति का उत्तम उदाहरण वास्तव में सवाना (Savannah) है।

वनों की सामाजिक सार्थकता (Social Relevance of Forest)

प्राकृतिक वनस्पति मानवता को अनेकों प्रकार के प्रत्यक्ष व अप्रत्यक्ष लाभ प्रदान करते हैं। वनों से मानव को होने वाले विभिन्न लाभ निम्नलिखित हैं:

(i) वन हमें इमारती लकड़ी (Timber), बाँस (Bamboo), डंडे (Canes), पत्ते, घास, तेल, रेसिन, गोंद (Gum), सब्जियाँ, शैल्क (Shellac), कत्था, चमड़े का सामान, रंग, शहद, मधुमक्खी का शहद (Bee-wax), हाथी दाँत, खालें, सींग, फर (fur), फल, नट्स (nuts), जड़ें (roots) तथा टयूबर (Tuber) प्रदान करते हैं।

(ii) वन घरेलू/पालतू जानवरों तथा पादपों, जीवों व सूक्ष्म जीवों की अनेकों प्रजातियों को वास प्रदान करते हैं।

(iii) वन पर आधारित उद्योगों को कच्चा माल उपलब्ध कराते हैं।

(iv) वन औषधि निर्माण हेतु जड़ी-बूटियाँ प्रदान करते हैं।

(v) वन प्रत्यक्षत: और अप्रत्यक्षत: जलवायु तापमान, नमी, भूजल तालिकाओं, सूक्ष्म जलवायु को प्रभावित करते हैं। यह कहा जाता है जितना अधिक क्षेत्र जंगल के अन्तर्गत होगा उतनी ही अधिक मात्रा में नमी होगी। जितना ही नमी वाला क्षेत्र होगा उतना ही अधिक क्षेत्र जंगल से युक्त होगा।

(vi) वन बाढ़ों को व मृदा अपरदन को रोकते हैं।

(vii) वन आवरण बायोटा (Biota), मृदा अपरदन (Soil erosion), भूमि का ह्रास (land degradation), वायु की गुणवत्ता व प्रदूषण तथा जल को प्रभावित करता है।

(viii) वन वायु व जल को शुद्ध करने में सहायक होते हैं तथा मृदा प्रदूषण को कम करते हैं।

(ix) वन प्राकृतिक संतुलन बनाए रखने में सहायक होते हैं।

(x) वन पारिस्थितिकी की लोचशीलता (resilience) को बनाए रखते हैं तथा पर्यावरण व पारिस्थितिकी सततता को परिरक्षित करते हैं।

खाद्य व कृषि संगठन (FAO 2019) के अनुसार भारत वन क्षेत्र के संदर्भ में शीर्ष दस राष्ट्रों की श्रेणी में आता है। भारत के अंतर्गत विश्व का 1.6 प्रतिशत वन क्षेत्र आवरित है तथा प्रति व्यक्ति 0.06 हैक्टेयर वन भूमि है।

तालिका 4.4 भारत का जीव–जगत में विश्व में स्थान

	जीव-जाति	जैविक जातियों की संख्या	विश्व में स्थान
1.	जलथलीय	182	15
2.	आवृत्तबीजी (Angiosperms)	14,500	15–20
3.	पक्षी	1200	8
4.	स्तनधारी	350	8
5.	रेंगने वाले (Reptiles)	453	5

तालिका 4.5 भारत के प्राणी–भौगोलिक (Biogeographic Zones) प्रदेश

क्र.सं.	प्राणी-भौगोलिक प्रदेश	प्रदेशों की संख्या (No. of Biotic Zones)	भारत के क्षेत्रफल का प्रतिशत
1.	भारतीय प्रायद्वीप (Peninsular India)	5	42
2.	अर्द्धमरुस्थल (Semi-arid)	2	16.6

3.	गंगा का मैदान (Gangetic Plain)	2	10.8
4.	थार-मरुस्थल (Thar-Desert)	2	6.6
5.	हिमालय (Himalaya)	4	6.4
6.	हिमालय-पार (Trans-Himalaya)	2	5.6
7.	उत्तरी-पूर्वी भारत (N.E. India)	2	5.2
8.	तटीय मैदान (Coastal Plains)	2	2.5
9.	द्वीप समूह (Islands)	2	3.0
10.	सागरीय तट (Coasts)	2	2.5

तालिका 4.5A भारतीय वनों के प्रकार

वनों के प्रकार	राज्य/संघशासित प्रदेश	वनस्पतियों की प्रजातियाँ
1. उष्ण कटिबंधीय आर्द्र सदाबहार वन (Tropical Wet-evergreen Forests)	अंडमान व निकोबार द्वीप समूह व पश्चिमी घाट	सुपारी, पान, फर्न, हिलोक, जैक फ्रूट, रबड़ कुनैन, रोज वुड, आयरन वुड, आर्किड
2. उष्ण कटिबंधीय अर्द्ध सदाबहार वन (Tropical Semi-evergreen Forests)	अंडमान व निकोबार, पूर्वी हिमालय तथा पश्चिमी घाट	आर्द्र व शुष्क सदाबहार, वृक्षों का मिश्रण
3. उष्णकटिबंधीय आर्द्र पर्णपाती वन (Tropical Moist Deciduous Forests)	पश्चिमी घाट, पूर्वी घाट, भारत के उत्तर-पूर्वी पहाड़	लंबे वृक्ष, मोटे तने, मोटी खाल, लंबे कुंडे वाली शाखाएं, टीक, साल, शीशम, बाँस आदि वृक्ष अपने पत्ते शुष्क मौसम में गिराते हैं।
4. उष्ण शुष्क पर्णपाती वन (Tropical Dry Deciduous Forest)	आन्ध्र प्रदेश, छत्तीसगढ़, गुजरात, झारखंड, कर्नाटक, मध्य प्रदेश, उत्तर-पूर्वी पर्वतीय राज्य	बबूल, बाँस, महुआ, साल, टीक आदि
5. उष्ण कटिबंधीय कांटेदार वन (Tropical Thorn Forest)	काला पृथ्वी क्षेत्र (Black-Earth region), उत्तर पश्चिमी व प्रायद्वीपीय भारत	केपर (caper), केक्टस, स्पर्ज, स्टन्टिट फ्लैट टाप्ड वृक्ष (Stunted flat topped trees) (दस मीटर से कम ऊँचे)
6. उष्ण शुष्क सदाबहार वन (Tropical Dry Decidnous Forest)	कर्नाटक, सीमान्त, तमिलनाडु तेलंगाना	सुगन्धित पुष्प युक्त कठार पत्तों वाले सदाबहार वृक्ष जिसमें कुछ पर्णपाती वृक्ष हैं
7. उपउष्ण चौड़े पत्तों वाले वन (Subtropical Broad-leaved Forest)	पूर्वी हिमालय, पश्चिमी घाट (western ghats) मूक घाटी (silent valley)	दारचीनी, सुगंधित घासें पूनस्पर बुरांस। पूर्वी हिमालय की प्रमुख प्रजातियाँ हैं–आल्डर, बाँस, अखरोट, बर्च, चैरी, ओक तथा विभिन्न प्रकार के रंग बिरंगे पुष्प।

8. उपउष्ण पाइन वन (Sub-tropical pine Forest)	शिवालिक, पश्चिमी हिमालय, गारो, खासी, जैंतिया (मेघालय) मिजोरम, नागालैंड, त्रिपुरा	आमला, चीड़, लैबरनम, ओक, पाइन, बुरांस, साल
9. उपउष्ण शुष्क सदाबहार वन (Sub-tropical Dry Evergreem Forests)	शिवालिक तथा हिमालय की तलहटी, ये वन 1000 मीटर की ऊँचाई तक पाए जाते हैं।	चमकते पत्तों वाले सदाबहार वन
10. मान्टेन आर्द्र समशीतोष्ण वन (Montane wet Temperate Forests)	अरुणाचल प्रदेश तथा हिमालय 200 से.मी. से अधिक वर्षा, नीलगिरि पर्वत तथा पश्चिमी घाट के उच्च क्षेत्र	चम्पा, ओक (oak), बुरांस (rhododendron), कई प्रकार के पादप व औषधियाँ
11. हिमालयी नम पतक्षण वन (Himalayan Moist Deciduous Forests)	शिवालिक तथा अल्प हिमालयी	चौडे पत्तों वाले ओक (oak) वृक्ष, भूरा ओक (Brown oak), बाँस (Bamboo), शंक्वाकार (Coniferous) वृक्ष, फर्न ओक, बुरांस, वालनट (walnut)
12. हिमालयी शुष्क समशीतोष्ण वन (Himalayan Dry Temperate Forests)	लाहोल-स्पीति, किन्नौर, (हिमाचल प्रदेश), सिक्किम आदि	प्रमुख शंकुधारी वृक्ष (coniferous trees), चौड़े पत्ते वाले वृक्ष, मैपल (Maple) चिनार, ओक। ऊँचाइयों पर चिलगोजा, देवदार, फर तथा जूनिपर (Juniper)
13. उप अलपाइन वन	अरुणाचल प्रदेश तथा जम्मू व कश्मीर राज्य	बर्च (Birch), काला जूनीपर (Black Juniper), लाल फर (Red fir), लार्च (larch), बुरांस की कई प्रजातियाँ
14. नम अल्पाइन झाड़ीयुक्त वन	हिमालय व पूर्वोत्तर के उच्चे पर्वत	बर्च (Birch), झाड़ियाँ (Scrub), घने सदाबहार वन (dense evergreen forest), बुरांस, काई एवं फर्न (Fern)
15. शुष्क अल्पाइन झाड़ीयुक्त वन (Dry Alpine Scrub)	3000 से 4000 मीटर के बीच हिमालय	क्षूद्र पौधे (dwarf plants) काला जुनीपर (Black Juniper), ड्रापिंग जूनीपर (dropping Juniper), तिनपत्तियाँ (honey suckle) तथा विलो (willow)
16. तटीय व दलदली वन (Littoral and Swamps)	अंडमान व निकोबार द्वीपसमूह, ब्रह्मपुत्र घाटी, सुन्दरबन डेल्टा	मैंग्रोव, मुलायम उत्तकों वाली जड़ ताकि पौधे पानी में साँस ले सकें।

भारतः एक वृहद् जैवविविधता राष्ट्र (India: A Mega- Biodiversity Nation)

विविधता भारत में भारी भौगोलिक एवं जलवायु में पाई जाती है। भौगोलिक विविधता के कारण भारत के जीव-जंतुओं, पशु-पक्षियों तथा पेड़-पौधों में विविधता पाई जाती है। भारत में एशिया, यूरोप तथा अफ्रीका, तीनों ही प्रकार की जीव-जातियाँ पाई जाती हैं। जैविक-विविधता में भारत का विश्व में बारहवाँ स्थान है।

भारत एक उपमहाद्वीप (Subcontinent) है, भारत में पुरानी दुनिया के लिये अफ्रीका के लकड़बग्घा (Hyena), चिंकारा (Gazelle), यूरापी भेड़िये, जंगली बकरी तथा कश्मीरी स्टेग (Stag), द. पूर्वी एशिया के हाथी, गिबोन (Gibbon) आदि पाये जाते हैं। भारत के जैविक-विविधता में काले रंग के भालू, गैंड़ा एक सींग वाला हिरन तथा नाना प्रकार के साँप सम्मिलित हैं। मुख्य चिड़ियों में मोर तथा सारस सम्मिलित हैं। विश्व वनस्पति जगत के 2,50,000 जीव-जातियों में से 15,000 प्रकार

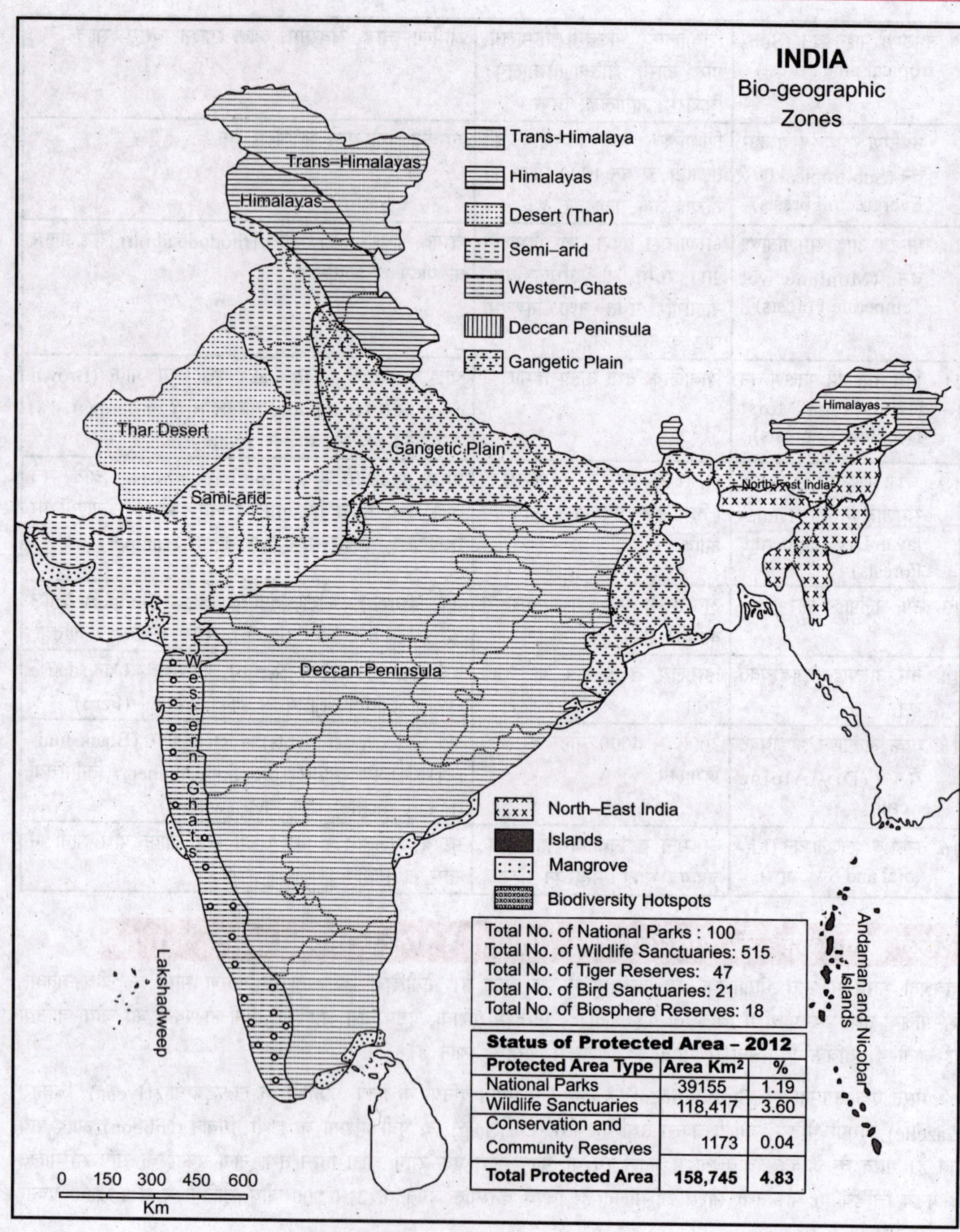

Status of Protected Area – 2012

Protected Area Type	Area Km²	%
National Parks	39155	1.19
Wildlife Sanctuaries	118,417	3.60
Conservation and Community Reserves	1173	0.04
Total Protected Area	**158,745**	**4.83**

चित्र 4.4 भारत के प्राणी भौगोलिक प्रदेश

के पेड़-पौधे भारत में पाये जाते हैं और पशु-पक्षियों की 15 लाख जीव-जातियों में से 75,000 जीव-जातियाँ भारत में पाई जाती हैं। यद्यपि भारत विश्व के कुल क्षेत्रफल का केवल 2.4 प्रतिशत पर फैला हुआ है, फिर भी विश्व के 5.7 प्रतिशत जीव-जंतु (Fauna) तथा ग्यारह प्रतिशत पेड़-पौधे भारत में पाये जाते हैं। भारत में 350 प्रकार के स्तनधारी, 1200 प्रकार के पक्षी, 453 रेंगने वाली जीव-जातियाँ पाई जाती हैं। इनके अतिरिक्त 50,000 प्रकार के कीड़े-मकोड़े, 13,000 प्रकार की तितलियाँ तथा पंतगें (Moth) पाए जाते हैं।

एक अनुमान के अनुसार भारत की कुल वनस्पति के 18 प्रतिशत वृक्ष जातियाँ देशज मूल (Endemic) हैं। फूल वाले पौधों में अधिकतर देशज (Endemic) हैं। बहुत-से जलथलीय (Amphibians) देशज मूल के हैं। भारत में 153 प्रकार की छिपकलियाँ (Lizards) पाई जाती हैं जिनमें से 50 प्रतिशत देशज मूल (Endemic) की हैं। बहुत जलप्राणी भी देशज मूल के हैं।

प्राकृतिक वनस्पति तथा जंगली जानवरों के अतिरिक्त, भारत की कृषि में नाना प्रकार की फसलें उगाई जाती हैं। भारत में 30,000 से लेकर 50,000 प्रकार की अनाज की फसलें, घास, फूल, सब्जियाँ तथा मेवे (Nuts) उगाई जाती हैं। भारत के प्राणी जगत एवं वनस्पति में सबसे अधिक विविधता उत्तर पूर्व के राज्यों में पाई जाती है।

भारत में गाय की 27 नस्लें भारतीय मूल की हैं। 40 नस्लें (breed) भेड़ें, 22 प्रकार की बकरियाँ तथा आठ प्रकार की भैंसों की नस्लें पाई जाती हैं इनमें से बहुत-सी गाय की नस्लें समाप्त हो रही हैं, जिसका मुख्य कारण भारत में विदेशी मूल की गाय पालने पर बल देना है। बहुत-से क्षेत्रों में विशेषकर पर्वतीय ठंडे भागों में जर्सी (Jersey) तथा होल्स्टीन (Holstein) नस्ल की यूरोपीय गायों को पालने पर प्राथमिकता दी जा रही है।

वृक्षारोपण में विदेशी मूल के युकेलिप्टस, (Eucalyptus) तथा पोपलर (Poplar) वृक्षों को अधिक अपनाया जा रहा है। धीरे-धीरे, देशी मूल के पेड़-पौधों का ह्रास हो रहा है। भारत में पक्षियों तथा हवा में उड़ने वाले जीवों की भी बहुतायत है। केवल द. अमेरिका में ही भारत से अधिक प्रकार के परिंदे तथा पतंगे पाये जाते हैं।

भारत के प्राणी भौगोलिक प्रदेश (Biogeographic Zones of India)

जैसाकि ऊपर वर्णन किया जा चुका है कि भारतीय उपमहाद्वीप में भारी धरातलीय एवं जलवायु विविधता पाई जाती है। इस भौगोलिक विविधता का भारत के पशु-पक्षियों तथा पेड़-पौधों के वितरण पर गहरा प्रभाव पड़ा है। पारिस्थितिकी विज्ञान के विशेषज्ञों ने भारत को दस प्रदेशों में विभाजित किया है। इन प्राणी-भौगोलिक प्रदेशों को *चित्र 4.4 (तालिका 4.5)* में दिखाया गया है तथा उनका संक्षिप्त वर्णन निम्न में दिया गया है–

1. **भारतीय प्रायद्वीप (Peninsular India):** यह प्रदेश भारतीय प्रायद्वीप के अधिकतर भाग पर फैला हुआ है। अर्कियन युग (Archaen Period) के बने भारतीय प्रायद्वीप पर लाल, काले तथा भूरे रंग की मृदा पाई जाती है। इस प्रदेश की प्रमुख वनस्पति में सागौन (Teak), तेंदु (Tendu), साल (Sal), महुआ, शीशम, कटहल, सुपारी, हालक (hollock), अर्किड (orchids) तथा फर्न (Fern) जैसे पतझड़ वाले वृक्ष सम्मिलित हैं। भारत के सबसे अधिक क्षतिग्रस्त वन (Degraded Forest) इसी प्रदेश में पाये जाते हैं। वनों को काट कर बहुत-से वन-क्षेत्र को कृषि के अंतर्गत लाया गया है।
2. **अर्द्ध मरुस्थलीय वनस्पति प्रदेश (The Semi- arid Floral Region):** पंजाब, हरियाणा, राजस्थान तथा गुजरात प्रांत अर्ध मरुस्थलीय प्रदेश हैं। इस वनस्पति प्रदेश में बबूल, नीम, खेजरी, कन्जू के वृक्ष, काँटेदार झाड़ियाँ तथा नागफनी के पेड़-पौधे पाये जाते हैं। इस प्रदेश के अधिकतर जंगलों को साफ करके कृषि के अंतर्गत ले लिया गया है *(चित्र 4.4)*।

3. **गंगा का मैदान (The Ganga Plain):** लगभग पाँच हजार वर्ष पूर्व गंगा के मैदान में बहुत-सी देशज वृक्ष जातियाँ (Endemic Species) पाई जाती थीं। बढ़ती जनसंख्या की आवश्यकताओं की आपूर्त्ति के लिये गंगा के मैदान से प्राकृतिक वनस्पति को लगभग साफ कर दिया गया है और भूमि को कृषि उपयोग में ले लिया गया है। गंगा के मैदान में प्रमुख रूप से अर्जुन, शीशम, बरगद, पीपल, महुआ, नीम, जामुन तथा नाना प्रकार की घास पाई जाती हैं।
4. **थार मरुस्थल वनस्पति प्रदेश (The Desert Floral Region):** अरावली के पश्चिम भाग में फैले हुये थार के मरुस्थल में वर्षण की अपेक्षा वाष्पीकरण अधिक होता है। इसकी वनस्पति में बबूल (Acacia), नागफ़नी तथा विभिन्न प्रकार की घास प्रमुख हैं।
5. **हिमालयी वनस्पति प्रदेश (The Himalayan Floristic Region):** हिमालय को वनस्पति के आधार पर दो भागों में विभाजित किया जा सकता है। (*i*) पश्चिम हिमालय तथा (*ii*) पूर्वी हिमालय। प. हिमालय जम्मू-कश्मीर, हिमाचल-प्रदेश तथा उत्तराखंड में फैला हुआ है प्रमुख वनस्पति में चीड़, सागौन, रोडोडेन्ड्रान (rhododendron), अमलतास (laburnum), आर्किड (orchids), बांस तथा चम्पा है। देवदार, बर्च, लार्च, शहबलूत, स्प्रूस (Spruce), जुनिपर (Juniper) के वृक्ष सम्मिलित हैं। अधिक ऊँचाइयों पर घास के हरे-भरे चरागाह पाये जाते हैं जिनको कश्मीर में मर्ग (Merg) अथवा अल्पाइन घास के मैदान कहते हैं। हिमालय के पूर्वी वनस्पति प्रदेश में जलवायु तुलनात्मक रूप से अधिक आर्द्र है। इस प्रदेश में पतझड़ एवं कोणधारी वनों का मिश्रण पाया जाता है। प्रमुख वृक्षों में साल, सागौन, शीशम, बाँस, चीड़, देवदार, स्प्रूस (Spruce) तथा फर सम्मिलित हैं।
6. **हिमालय-पार वनस्पति प्रदेश (The Trans- Himalayan Floristic Region):** हिमालय पार लद्दाख में ठंडे मरुस्थल जैसी परिस्थिति पाई जाती है। औसत वार्षिक वर्षा 20 सी. सी. से कम है तथा शीत ऋतु में कठोर सर्दी पड़ती है। नदियों के किनारे जहाँ जल उपलब्ध है चीड़ और कोणधारी वृक्ष पाये जाते हैं। विस्तृत भाग में प्राकृतिक वनस्पति का अभाव है। कहीं-कहीं कांटेदार झाड़ियाँ एवं नागफनी भी देखी जा सकती है।

तालिका 4.6 भारत के वन समुदाय (Forest Communities of India)

	वनस्पति प्रकार	पेड़-पौधे	सामान्य वन पशु	दुर्लभ पशु
1.	विषुवत रेखीय सदाबहार जंगल	जामुन, फिकस (Ficus), रबर, रोजवुड (Rosewood)		बौना सूअर, राहिनो (Rhino), छोटी पूँछ वाला वानर (Macaque)
2.	आर्द्र पतझड़ वाले वन	साल, तुण, हल्टु	काला भालू, लकड़बग्घा, ला. मड़ी, गीदड़, शेर, बाघ आदि	शेर
3.	शुष्क पतझड़ वाले वन	सागौन, ऐन, टर्मीनालिया (Terminalia)	बाघ,चीतल, भौंकने वाला हिरन, हार्न बिल	–
4.	चौड़ी पत्ती वाले हिमालयी वन	चिनार, देवदार, ओक (Oak)	–	–
5.	हिमालय के कोणधारी वन	चीड़, देवदार	जंगली बकरी, जंगली भेड़, काला भालू	बर्फीला तेंदुआ, हेंगल (Hangul), कस्तूरी मृग
6.	काँटेदार झाड़ियों वाले वन	मरूदभिद (Xerophyte), बबूल, नीम, नागफनी	काला हिरन, छिंकारा, चौ. सिंगा हिरन, तीतर, छिपकली	सोहन चिड़िया (Bustard), फ्लोरि. कन (Florican)
7.	मेनग्रो (Man-grove)	सुंदरी, अविसीनीया (Avi-cenia)	मगरमच्छ, छोटी चिड़िया, घोंघे, मछली इत्यादि	जल-छिपकली

7. **उत्तर पूर्वी वनस्पति प्रदेश (N. E. Indian Floristic Region):** यह वनस्पति प्रदेश भारत के उत्तरी पूर्वी राज्यों में फैला हुआ है। इस वनस्पति प्रदेश में बाँस, चीड़, साल, सागौन, मगनोलिया, देवदार, फर तथा सख्त लकड़ी के वृक्ष पाये जाते हैं। पर्वत की ऊँचाइयों पर पौष्टिक घास के चारागाह हैं।

8. **पश्चिम तटीय मैदान (Western Coastal Plain):** पश्चिमी तटीय मैदान का विस्तार गुजरात, महाराष्ट्र, गोआ, कर्नाटक तथा केरल में है। इस प्रदेश में मुख्यत: ऊष्णकटिबंधीय वनस्पति पाई जाती है जिसमें मानसूनी पतझड़ वृक्ष तथा नाना प्रकार की घास और फूलों वाले पौधे सम्मिलित हैं।

9. **भारतीय द्वीप समूह प्राकृतिक वनस्पति (Indian Islands Floristic Region):** भारतीय द्वीपों में प्राकृतिक वनस्पति की दृष्टि से अंडमान-निकोबार द्वीप समूह बहुत महत्त्वपूर्ण हैं। इन द्वीपों में भारी लकड़ी वाले विषुवत रेखीय वृक्ष पाये जाते हैं। इन वृक्षों पर पत्तों की घनी छतरी पाई जाती है। पेड़ों पर बहुत-सी बेलें लिपटी रहती हैं।

10. **तटीय कच्छ (Mangrove) वनस्पति प्रदेश (Coastal Mangrove):** मेनग्रोव बड़े आकार की झाड़ियाँ तथा वृक्ष होती हैं जो सागर के लवणीय जल में उगते हैं। भारत पूर्वी तटों (बंगाल की खाड़ी) में मेनग्रोव व प्राकृतिक वनस्पति अधिक है जिसमें सुंद्री वनस्पति महत्त्वपूर्ण है। सुंद्री के फूल रंग-बिरंगे तथा सुंदर होते हैं। जिनसे कपड़ों की रंगाई का काम लिया जाता है। इन वृक्षों तथा झाड़ियों की लकड़ी मजबूत होती है।

तालिक 4.6A भारत के पादप व जन्तु

क्षेत्र	भौगोलिक विस्तार	पादप	जन्तु
1. हिमालय की तलहटी (Himalayan Foot hills)	जम्मू व कश्मीर, हिमाचल प्रदेश एवं उत्तराखंड	छोटा पर्वतीय बांस, बर्च (birch), विशाल बांस (giant bamboo), रोडोडेन्डोरन्स (rhododendrons), साल (Sal), लंबी घास के मैदान (tall grassy meadows), रेशम व कपास का वृक्ष (Silk Cotton tree)	भौंकने वाला हिरन (barking deer), काला भालू (black bear), चीतल (cheetal), हाथी, गंगा का घड़ियाल (Gangetic gharial), सुनहरी लंगूर (golden langur), भारतीय एक सींग वाला गैंडा (great one horned rhinocerous), पाढ़ा (hog deer), लकड़बग्घा (hyena), साही (porcupine), हिरण, सांबर (sambar), स्लॉथ भालू (sloth bear), दलदली हिरन (swamp deer), बाघ, जंगली सुअर, जंगली भैंस, जंगली कुत्ते (wilddogs)
2. पश्चिमी हिमालय उच्च क्षेत्र (Western Himalayan High Altitude Region)	जम्मू एवं कश्मीर, हिमाचल प्रदेश तथा उत्तराखंड	अल्पलाइन चारागाह, बर्च (birch), लघु पर्वतीय बांस (dwarf hill bamhbo), रोडोडेन्डान्स (Rhododendrons)	हिरन (Antelope) चिरु तथा तिब्बती मृग (Chiru and Tibetan-gazelle), हिरन, भूरा भालू (हंगुल या कश्मीरी बारहसिंगा (Stag), कस्तूरी मृग (musk deer), सुनहरा गिद्ध (golden eagle), गिलहरी सदृश जंतु (marmots), पिकास (pikas) या चूहा, खरगोश, जंगली गधा (wild ass), जंगली बकरी (ibex, markhor, tahr), जंगली भेड़ (भराल, नीली भेड़, मार्कोपोलो भेड़ नयान भेड़), बर्फीली बिल्ली (snow cocks), बर्फीली लोमड़ी (snow fox), बर्फ़ीला तीतर (snow-partridges), बर्फीला चीता (snow- leopard), भेड़ (पक्षी चौफ–chougha) ग्रिफिन गिद्ध (griffon-vulturen), हिमालयी मोनाल (Himalayan monal), तीतर (pheasant), कोकल्स (koklas), लैमर्जायर्स (lammergiers), काला कौआ (raven)

3. पूर्वी हिमालय (Eastern Himalyas)	अरुणाचल प्रदेश, सिक्किम	भुर्ज (birch), लघु बॉस फर्न (dwarf bamboo fern) अधिपादन (epiphytes), जूनीपर (Juniper), जयवृक्षा (laurels), काई, शैवाल (lichon), मंगोलिया (mangolia) ओक (oak), आर्किड (orchid), चीड; (pine), एक सदाबहार वृक्ष (yew)	सुअर (hog-badgers), कलगीरहित साही (crestless procupines),बकरी, हिरन (goral, scrow, takins), लाल पांडा (red panda)
4. प्रायद्वीपीय भारत (Peninsular India)	प्रायद्वीपीय भारत जिसमें पूर्वी व पश्चिमी घाट शामिल नहीं हैं तथा समुद्रतटीय मैदान (कोरोमंडल-तट, कोंकण, मालाबार)	बबूल (Acacia), साल (sal) सागौन (Teak), कांटेदार झाडियाँ (scrubs), सवाना घासें (savannah grasses)	हिरन (Antelope), काला हिरन, चिंकारा, चार सींगों वाला हिरन, मृग, नीलगाय, हिरण चीतल व एक्सिस हिरण (axis deer),गौर (gaur), गीदड़ (Jakal) चीता (leopard), शेर, बंदर, धारीदार लकड़बग्घा (stripped hyena) दलदली-हिरन (swamp deer) या बारहसिंघा, जंगली सुअर (wild boar), जंगली (wild dog)
5. भारतीय रेगिस्तान (Indian Desert)	थार मरुस्थल	बबूल (acacia), कम पत्तों वाले काँटेदार पत्ते कई प्रकार की घासें	काला हिरन (Black buck), कराकाल (caracal), रेगिस्तानी बिल्ली, रेगिस्तानी छिपकली (Desert lizard) (geckos), भारतीय विशाल तिलोर (great Indian bustard), लेसर टाइड्स लाल लोमड़ी (lacer-tides red-fox), सरीसृप (reptiles),छिपकलियाँ, साँप तथा कछुए आदि, कतरने वाली जीव तथा जंगली गधा (wild ass)
6. उष्ण कटिबंधीय वर्षा वन (Tropical Rain Forests)	अन्नामलाई पर्वत, नीलगिरि पश्चिमी घाट के दक्षिणी भाग	अबनूस (Ebony), अधि पादप (epiphytes), फर्न (Fern), जड़ी बूटियाँ (herbs), बेल (lianas), काई (mosses), आर्किड (orchid), चन्दन वन, झाड़ियाँ (Shrubs) अंगूर की बेल (vines)	असम मैकाक (Asam macaque), टोपीयुक्त लंगूर (Capped langur) या बंदर (leaf monkey), चमगादड़, गंध बिलाउ (civets) हाथी, उड़ने वाली गिलहरियाँ (flying squirrels), गौर (gaur), शेर जैसी सींग वाला मैकाक (lion-tailed macaque), नीलगिरी लंगूर (Nilgiri-langur), नीलगिरी नेवला (Nilgiri-Mongoose), सुअर की पूँछ वाला मकाउक (pig tailed macaque), सुनहरा लंगूर (golden langur), हुलुक बन्दर (hoolock- gibbon), कंटीला चूहा, गिलहरी

7. अंडमान व निकोबार द्वीप (Andman & Nicobar Islands)	अंडमान व निकोबार द्वीप समूह	विशाल डिप्टेरोकार्पस (grant- dipterocas pur), लेजर स्टोमियाँ मैंग्रोव (Mangroves) टर्मिनलिया (terminalia)	चमगादड़, केंकड़ा खाने वाला मैकाक (crab eating macaque), कोकोनट केकड़ा (coconut-crab), डाल्फिन डूगोंग, हिरन, मेगापोड (megapode), फाल्स किलर ह्वेल (false killer whale), छिपकलियाँ (lizards), निकोबारी कबूतर (Nicobar-pigeon), पाम शिवेट (palm civet), चूहे, सुअर, लवणीय जल का मगरमच्छ (Salt water crocodile), अजगर (python), समुद्री बाज (Sea-eagle), समुद्री सांप (Sea snake), सफेद पेट वाला गिरगिट (white breasted swiftlet viper)
8. मैंग्रोव दलदल (Mangrove Swamps)	सुन्दरबन और समुद्र तटीय क्षेत्र (Sundarban and coastal Areas)	अविसिनया (Avicennia), ब्रुगारिया (bruguiria), एक्सकेरिया (axcaecaria) नीपा पाम (neepa-palm)	डोरिपी (dorippe), मछली (fish), मॉनीटर छिपकली (monitor lizard), बन्दर (monkey), रायल बंगाल बाघ (Royal Bengal Tiger), छोटे केकड़े (Small crabs), सुअर, चितकबरा, हिरन (Spotted deer), बुनकर चींटी (Weaver ants)

जैविक-विविधता संरक्षण (Conservation of Biodiversity)

समाज तथा पर्यावरण के लिये जैविक-विविधता की बड़ी महत्ता है। निम्न कारणों से जैविक-विविधता का सरंक्षण करना अनिवार्य है–

1. **पारिस्थितिकी आवश्यकता (Ecological Necessity):** जैविक-विज्ञान (Bio-Science) के अनुसार, सभी जैविक पदार्थों की आहार-शृंखला (Food-Chain) में महत्त्वपूर्ण भूमिका होती है। यदि आहार-शृंखला के एक घटक का ह्रास हो जाये तो पूरी आहार-शृंखला प्रभावित होती है जिससे पारिस्थितिक संतुलन बिगड़ सकता है। उदाहरणार्थ यदि अधिकतर साँपों को मार दिया जाये तो चूहों की जनसंख्या में भारी वृद्धि हो सकती है जिसका आहार-शृंखला पर खराब प्रभाव पड़ता है। इसीलिये पारिस्थितिकी संतुलन स्थापित रखने के लिये जैविक-विविधता का संरक्षण अनिवार्य है।
2. **जैविक आवश्यकता (Biological Necessity):** बढ़ती हुई जनसंख्या की भोजन की आवश्यकताओं की आपूर्ति के लिये हमें फसलों तथा पशुओं पर आधारित रहना पड़ता है। फसलों तथा पशुओं से प्राप्त होने उत्पादन को बढ़ाने के लिये उनके बीजों तथा पशुओं की नस्लों में निरंतर सुधार करना होता है। ऐसा करने के लिये आनुवंशिक (Genetic) संशोधन अनिवार्य है। आनुवंशिक सुधार के लिये देशज जीव-जातियों (Endemic Species) की आवश्यकता पड़ती है, इसलिये पारिस्थितिकी संरक्षण एक जैविक आवश्यकता है।
3. **आर्थिक आवश्यकता (Economic Necessity):** वन, पशु, पालतू जानवर, पशु-पक्षी तथा पेड़-पौधे मानव समाज के लिये उपयोगी हैं। पेड़ों से ईंधन, टिंबर, लुगदी, कागज, रबर, औषधियाँ, गोंद, लकड़ी का कोयला, लाख (Resins) प्राप्त होता है। पशुओं से पौष्टिक आहार, फर (Fur) ऊन, चमड़ा, मधु, सिरका (Vinegar), मिथेन, एन्टीबायटिक (Antibiotic), विटामिन इत्यादि प्राप्त होते हैं। इन सभी पदार्थों की भारी आर्थिक महत्ता है। वन-पशुओं के लुप्त होने से आहार-शृंखला में बहुत-से संकट उत्पन्न हो सकते हैं। इसलिये इनका संरक्षण अनिवार्य है।
4. **वैज्ञानिक आवश्यकता (Scientific Necessity):** शिक्षा एवं शोधकार्य के लिये भी जैविक-विविधता का संरक्षण करना अनिवार्य है। उदाहरणत: गिनी-पिग (Guinea Pig), खरगोश, बंदर, कुत्ते, मेंढक, मछली पर बहुत-से परीक्षण (Experiments) किये जाते हैं। इस प्रकार शिक्षा एवं शोध कार्यों के लिये जैविक-विविधता को संरक्षण देना अनिवार्य है।

5. **सांस्कृतिक आवश्यकता (Cultural Necessity):** किसी संस्कृति के विकास में पश-पक्षियों तथा प्राकृतिक वनस्पति की विशेष महत्ता होती है। किसी भी समाज के साहित्य एवं धर्म में जैविक-विविधता की बड़ी महत्ता होती है। बहुत-से पशुओं तथा पेड़-पौधों को विभिन्न धर्मों में पवित्र एवं इस्लाम धर्म में सूअर को हराम माना जाता है। उपरोक्त उदाहरणों से पशु-पक्षियों एवं पेड़-पौधों की सांस्कृतिक तथा धार्मिक महत्ता का ज्ञान होता है। इन सांस्कृतिक आवश्यकताओं की आपूर्ति के लिये जैविक-विविधता का संरक्षण अनिवार्य हो जाता है।
6. **नैतिक आवश्यकता (Ethical Necessity):** जैविक-विविधता का नैतिक दृष्टि से भी संरक्षण करना अनिवार्य है। धरती पर जैविक-विविधता करोड़ों वर्षों की उत्पत्ति का परिणाम है। यदि जीव-जातियाँ लुप्त हो जाती हैं तो यह बहुत बड़ा नैतिक प्रश्न खड़ा करती है।
7. **विविध आवश्यकता (Miscellaneous):** भविष्य की पीढ़ियों को वर्तमान की जैविक-विविधता की जानकारी देने के लिये इनका संरक्षण अनिवार्य है।

प्राकृतिक आवास का निम्नीकरण (Degradation of Habitat)

कोई जीव यदि किसी स्थान पर सरलता एवं सुगमतापूर्वक जीवित रहता एवं विकास करता है तो ऐसे स्थान को प्राकृतिक आवास (Habitat) कहते हैं। सभी पशु-पक्षी एवं पेड़-पौधे अपने विशेष प्रकार के प्राकृतिक वातावरण में रहते हैं। दुखद बात यह है कि वर्तमान में तीव्र जनसंख्या वृद्धि एवं उपभोक्तावाद के कारण सभी जैविकों के प्राकृतिक आवासों का तीव्र गति से ह्रास हो रहा है। पर्यावरण में परिवर्तन के कारण बहुत-सी जीव-जातियाँ असुरक्षित (Endangerad) होती जा रही हैं।

पारिस्थितिकी विज्ञान के वैज्ञानिकों के अनुसार विश्व के जीवित 620 प्राइमेट (Primate) में से 120 जीव-जातियाँ असुरक्षित (Endangered) वर्ग में सम्मिलित की जा चुकी हैं। इन प्राइमेट जीव-जातियों में वानर (Apes) बंदर, कुबंग (Lemur) सम्मिलित हैं। यदि पर्यावरण का ह्रास इसी प्रकार से होता रहा तो आने वाले बीस वर्षों में इनमें से बहुत-से प्राइमेट सदैव के लिये पृथ्वी से लुप्त हो जाएँगे। हाथी, शेर, चीता, गोरिल्ला, पांडा, चितले उल्लू जैसे बड़े आकार के पशु-पक्षी प्राय: असुरक्षित जीव-जातियों में सम्मिलित हैं जिसका मुख्य कारण उनके प्राकृतिक आवास में परिवर्तन है। वास्तव में बड़े आकार के पशु-पक्षियों को जीवित रहने के लिये बहुत बड़े क्षेत्रफल वाले प्राकृतिक आवास की आवश्यकता होती है।

ICUN के सन 2000 के अनुमान के अनुसार असुरक्षित पक्षियों का 89 प्रतिशत प्राकृतिक आवास के नष्ट होने के कारण प्रभावित हुये हैं। असुरक्षित पेड़-पौधों का 91 प्रतिशत प्राकृतिक आवास (Habitat) के नष्ट होने के कारण हुआ है। प्राकृतिक निवास के नष्ट होने के मुख्य कारण बाढ़, सूखा, महामारी, आग, सुनामी, ज्वालामुखी उदगार, झूमिंग (Shifting Cultivation), जल प्रदूषण, खनन तथा बाँध (Dams) इत्यादि है।

जैवविविधता हानि के कारण (Causes of Biodiversity loss)

जब किसी विशेष प्रजाति का आवास नष्ट हो जाता है तो इसे जैवविविधता की हानि होती है। आवास का नाश या वो प्राकृतिक अथवा मानवीय कारकों से हो सकता है।

1. **प्राकृतिक कारण:** *(i)* ज्वालामुखी स्फोटन (Volcanic eruptions) *(ii)* भूकंप (earthquakes) *(iii)* भू-स्खलन (landslides) *(iv)* बाढ़ एवं सूखा (Floods and droughts) *(v)* सुनामी (Tsunami) *(vi)* परागण का अभाव (lack of pollination) *(vii)* पौधों व जन्तुओं में महामारी (epidemics in plants and animals)।
2. **मानवीय कारक (Anthropogenic causes):** *(i)* विकासात्मक गतिविधियों के कारण आवास का नाश, *(ii)* अनियंत्रित व्यावसायिक दोहन, *(iii)* शिकार करना व अवैध रूप से जानवरों की हत्या करना, *(iv)* कृषि व चारा भूमि का विस्तार, *(v)* शहरीकरण तथा अनिश्चित शहरी विस्तार, *(vi)* भूमि, मृदा तथा जल प्रदूषण, *(vii)* आर्द्रभूमि का सुधार, *(viii)* समुद्रतटीय क्षेत्रों का ह्रास व नाश।

जैव-विविधता सरंक्षण की योजनाएँ (Strategies for Conservation of Biodiversity)

जैविक-विविधता संरक्षण से तात्पर्य प्राकृतिक संसाधनों के सदुपयोग से है। जैसाकि ऊपर वर्णन किया जा चुका है जैविक-विविधता संरक्षण पारिस्थितिकी, आर्थिक, बायोलोजिकल, वैज्ञानिक, सांस्कृतिक तथा नैतिक आवश्यकताओं की आपूर्ति के लिये अनिवार्य है। संक्षिप्त में जैविक-विविधता संरक्षण मानव के जीवित रहने एवं उत्तरजीवन के लिये अनिवार्य है।

प्रमुख उपाय (Major Measures)

पारिस्थितिकी विज्ञान के विशेषज्ञों ने जैविक-विविधता के संरक्षण के लिये निम्न उपाय सुझाएँ हैं-

(i) जंगली जानवरों के प्राकृतिक आवास (Habitat) को नष्ट न किया जाए और न ही उनमें कोई विशेष परिवर्तन किया जाए।

(ii) मृदा, जल, हवा तथा ऊर्जा जैसे जीवन के मूलभूत आधारों को संरक्षण प्रदान किया जाये। जहाँ तक संभव हो सके पशु-पक्षियों तथा पेड़-पौधों को उनके प्राकृतिक वातावरण में सुरक्षित किया जाये और यदि यह संभव न हो तो मानव द्वारा उनके अनुकूल कृत्रिम-आवास जैसे चिड़िया घर, जंतुशाला (Zoological Park) में संरक्षण दिया जाये।

(iii) यूँ तो सभी पशु-पक्षियों एवं पेड़-पौधों का संरक्षण आवश्यक है, फिर भी असुरक्षित प्रजातियों (Endangered Species) के संरक्षण पर विशेष बल दिया जाये।

(iv) पशु-पक्षियों तथा पेड़-पौधों के लिये संरक्षित क्षेत्रों जैसे जीवमंडल संरक्षण (Biosphere Reserve), नेशनल पार्क इत्यादि का सीमांकन किया जाये।

(v) प्राकृतिक आवास (Habitat) में पशुओं के आराम करने के स्थान, आहार स्थान (Feeding areas) तथा प्रजनन (Reproduction) के संरक्षण पर विशेष ध्यान दिया जाये।

(vi) विभिन्न पारिस्थितिकी तंत्रों (Ecosystems) का एक सीमा से अधिक उपयोग न किया जाये।

(vii) असुरक्षित जीव-जातियों (Endangered Species) के अंतर्राष्ट्रीय व्यापार पर प्रतिबंध लगाया जाये।

(viii) किसी विशेष जीव-जाति को नहीं बल्कि पूरे पारिस्थितिकी तंत्र को संरक्षण प्रदान किया जाये।

(ix) असुरक्षित जीव-जातियों के अंतर्राष्ट्रीय व्यापार के संबंध में समझौते किये जायें। पलायन करने वाले पशु-पक्षियों के बारे में देशों के बीच नयाचारों (Protocal) पर हस्ताक्षर किये जायें तथा प्रदूषण को कम किया जाये।

(x) विश्व के सभी देशों में जीवमंडल संरक्षण क्षेत्र (Biosphere Reserves), नेशनल पार्क, शरण-स्थान (Sanctuaries), चिड़ियाघर आदि बनाये जायें।

(xi) असुरक्षित पशु-पक्षियों के शिकार पर प्रतिबंध लगाया जायें।

(xii) राष्ट्रीय, प्रादेशिक एवं स्थानीय स्तर पर पर्यावरण तथा पारिस्थितिकी तंत्र संबंधी जानकारी एवं जागरूकता फैलाई जाए।

उपरोक्त उपाय जितने जल्दी किये जायें, पर्यावरण के लिये उतना ही उपयोगी होगा।

स्वस्थाने (In-Situ) एवं अस्थानिये (Ex-situ) संरक्षण

पारिस्थितिकी विज्ञान के विशेषज्ञों के अनुसार जैविक-विविधता को स्वस्थाने (In-Situ) अथवा अस्थानीय (Ex-Situ) संरक्षण दिया जा सकता है।

स्वस्थाने संरक्षण (In-situ) संरक्षण: स्वस्थाने संरक्षण में विभिन्न जीव-जातियों को उनके प्राकृतिक आवास (Habitat) में संरक्षण प्रदान किया जाता है। इस प्रकार के संरक्षण में केवल असुरक्षित एवं दुर्लभ जीव-जातियों को संरक्षण प्रदान नहीं किया जाता बल्कि सामान्य जीव-जातियों पर भी ध्यान दिया जाता है। संरक्षण का यह सस्ता तथा सरल उपाय है। इस प्रकार के संरक्षण में पशु-पक्षी तथा पेड़-पौधे भीषण गर्मी, कठोर सर्दी, वर्षण, हिमपात, आंधी, तूफान, बाढ़ तथा सूखे इत्यादि का सामना करते हैं जिससे उनकी सहनशीलता बढ़ जाती है। इसी कारण वन्य प्राणी अधिक बलवान तथा हृष्ट-पुष्ट होते हैं।

स्वस्थाने संरक्षण चूँकि बड़े क्षेत्रफल पर फैला हुआ होता है, इसलिये सीमांकित क्षेत्र मे मानव का हस्तक्षेप कम होता है। इस समय विश्व में 7000 से अधिक जीवमंडल क्षेत्र (Biosphere Reserves), नेशनल पार्क तथा भ्रमण स्थान हैं जहाँ पशु-पक्षियों तथा पेड़-पौधों को स्वस्थाने संरक्षण प्रदान है। समय के साथ स्वस्थाने संरक्षण स्थानों में निरंतर वृद्धि हो रही है।

अस्थानीय (Ex-situ) संरक्षण: यदि प्राकृतिक आवास (Habitat) में भारी विनाश हो चुका हो तो जीव-जंतुओं तथा पेड़ पौधों को अस्थानीय अथवा बाह्य स्थान (Ex-situ) संरक्षण प्रदान किया जाता है। इस प्रकार के संरक्षण के लिये चिड़िया घर (Zoological Parks) तथा वानस्पतिक उद्यान बनाये जाते हैं। 2212 हेक्टेयर में फैला तिरुपति में श्री वैंकटेश्वर देश का सबसे बड़ा वनस्पतिक उद्यान (Zoological Park) है। इन स्थानों पर असुरक्षित तथा दुर्लभ पशु-पक्षियों एवं पेड़-पौधों को संरक्षण प्रदान किया जाता है। अस्थानीय संरक्षण के लिये भारत (Action Plan) 1983 में पारित किया था। ऐसे पुनर्वास सेंटरों (Rehabilitation Centers) के मुख्य उद्देश्य निम्न प्रकार हैं–

(i) संरक्षण दी जाने वाली जीव-जातियों की पहचान करना। उन जीव-जातियों को संरक्षण प्राथमिकता के आधार पर देना जो लुप्त होने की कगार पर हैं।

(ii) कुछ अधिक असुरक्षित जीव-जातियों को उनके प्राकृतिक आवास से लाकर चिड़िया घरों में सुरक्षित करना।

(iii) चिड़िया घरों इत्यादि में सुरक्षित की गई जीव-जातियों के आहार, आराम तथा प्रजनन प्रक्रियाओं तथा बीमारियों का अध्ययन करना।

(iv) चिड़िया घरों में संरक्षण दिये गये पशु-पक्षियों एवं पेड़-पौधों की संख्या वृद्धि पर बल देना।

(v) सुरक्षित जीव-जातियों के बच्चों तथा उपज (Offsprings) को उनके प्राकृतिक आवास में छोड़ना।

(vi) कृत्रिम बीजारोपण (Insemination) का प्रबंध करना।

(vii) चिड़ियाघरों, बोटेनिकल गार्डन, बीज-बैंक (Seed-Bank) तथा श्रणलियों का निर्माण करना।

भारत में जैविक-विविधता संरक्षण (Biodiversity Conservation in India)

भारत सरकार ने जीव-जातियों के स्वस्थाने एवं अस्थानीय (Ex-situ) संरक्षण के लिये बहुत-से कानून बनाये हैं जिनकी सहायता से असुरक्षित एवं दुर्लभ जीव-जातियों के संरक्षण किया गया है। इन कानूनों के अंतर्गत जीव-मंडल संरक्षण क्षेत्र (Biosphere Reserves) नेशनल पार्क, श्रण स्थान, विश्व धरोहर स्थान (World Heritage Site), चिड़ियाघर इत्यादि बनाये गये हैं। इस दिशा में भारत द्वारा उठाये गए कदमों का संक्षिप्त वर्णन निम्न में प्रस्तुत किया गया है–

जीवमंडल संरक्षण क्षेत्र (Biosphere Reserves)

जीवमंडल संरक्षण क्षेत्र (Biosphere Reserves) शब्द यूनेस्को द्वारा 1971 में प्रयुक्त किया गया था। इसे 1974 में यूनेस्को के कार्य दल 'मानव व जीवमंडल (MAB)' द्वारा पुनर्संशोधित किया गया तथा कार्यक्रम औपचारिक रूप से 1976 में प्रारंभ किया गया था। जीवमंडल में जैविक व सांस्कृतिक विविधताएं देखी जाती हैं तथा ये विलक्षण भौतिक व सांस्कृतिक विशेषताओंयुक्त होते हैं।

'जीवमंडल आरक्षण' यूनेस्को द्वारा प्रदत्त एक अन्तर्राष्ट्रीय पदनाम है जो प्राकृतिक व सांस्कृतिक परिदृश्य को व्यक्त करता है तथा व्यापक क्षेत्र तक पृथ्वी या समुद्रतटीय पारिस्थितिकी या दोनों का समन्वय होता है।

जीवमंडल संरक्षण क्षेत्र के प्रमुख उद्देश्य निम्नानुसार हैं:

1. पारिस्थितिकी के अन्तर्गत पौधों व जन्तुओं की विविधता व अखंडता को संरक्षित करना तथा सांस्कृतिक विविधता को अक्षुण्ण रखना।
2. पारिस्थितिकी संरक्षण तथा अन्य पर्यावरणीय पहलुओं पर अनुसंधान को प्रोत्साहित करना।
3. जैवविविधता व पर्यावरण के संदर्भ में शिक्षा, प्रशिक्षण तथा जनचेतना निर्माण हेतु सुविधाएं उपलब्ध कराना।
4. समाज, विविधता तथा पारिस्थितिकी के बीच एक सहजीवी संबंध (Symbiotic relationship) विकसित करना।
5. उपयुक्त प्रौद्योगिकी द्वारा प्राकृतिक स्रोतों का सतत प्रयोग सुनिश्चित करना।
6. पारिस्थितिकी तंत्र में जैविक, सामाजिक तथा सांस्कृतिक आयामों को समाहित करना।

जीवमंडल क्षेत्र के चयन का मापदंड (Criteria for the Selection of Biosphere Reserve)

1. विशिष्ठ वनस्पतियों व जन्तुओंयुक्त, प्रमुख क्षेत्र जो अल्पतम अशांत हो तथा अतिरिक्त भूमि व जल।
2. वे क्षेत्र जो दुर्लभ व संकटापन्न प्रजातियों से युक्त हों।
3. विशिष्ठ भूतात्विक तथा भू-पारिस्थितिकीयुक्त क्षेत्र।
4. वे क्षेत्र जहाँ विशिष्ठ वनस्पतियाँ व जीव-जन्तु पाये जाते हों।
5. वे क्षेत्र जहाँ जनजातीय, सांस्कृतिक व परम्पराएं विद्यमान हों।

केन्द्र सरकार द्वारा स्थापित इंडियन मैन एंड बायोस्फियर कमिटी (Indian National Man and Biosphere Committee) जीवमंडल क्षेत्र के नवीन स्थलों की पहचान करती है। यह नीति-निर्माण, कार्यक्रमों, पर सलाह प्रदान करती है तथा जीवमंडल संघों को मूल्यांकित व पुनरालोकित करती है।

जीवमंडल संघों का प्रबंधन संबद्ध राज्य/संघ शासित क्षेत्रों का दायित्व है तथा इस हेतु वित्तीय सहायता व तकनीकी दक्षता केन्द्र सरकार द्वारा प्रदान की जाती है।

जीवमंडल संघों को MAB की अन्तर्राष्ट्रीय समन्वय परिषद (International Coordinating Council), ICC द्वारा एक निर्धारित प्रक्रिया द्वारा नामित किया जाता है।

जीवमंडल संघों व संरक्षित क्षेत्रों (राष्ट्रीय पार्क, अभ्यारण्यों तथा बाघ संरक्षण क्षेत्र) के बीच अन्तर *तालिका 4.6A* में किया गया है।

तालिका 4.6A जीवमंडल संरक्षण क्षेत्र व संरक्षित क्षेत्रों में अन्तर

जीवमंडल संरक्षण क्षेत्र (Biosphere Reserve)	संरक्षित क्षेत्र (राष्ट्रीय उद्यान आरक्षण तथा बाघ संरक्षण) Protected Areas (National Parks, Sanctuaries and Tiger Reserves)
1. जीवमंडल संरक्षण क्षेत्र यूनेस्को (UNESCO) द्वारा स्थापित किए जाते हैं।	1. इन्डियन नेशनल मैन एंड बायोस्फियर कमिटी (Indian National Man and Biosphere committee) के नियमों के अनुसार संरक्षित क्षेत्र प्रमुखत: राज्य सरकारों या केन्द्र सरकार द्वारा स्थापित किए जाते हैं।

2. यह समस्त प्रकार की वनस्पति व जीव-जंतुओं तथा भूमि को संरक्षित करता है।	2. पारिस्थितिकी के वनस्पति व जीव जंतुओं को अंशत: परिवर्तित किया जा सकता है।
3. जीवमंडल संरक्षण क्षेत्र प्राकृतिक व सांस्कृतिक विविधता का संरक्षण करता है।	3. संरक्षित क्षेत्र (राष्ट्रीय उद्यान, अभ्यारण्य तथा बाघ संरक्षण क्षेत्र) जीवमंडल संरक्षण क्षेत्र का भाग बन जाते हैं।
4. इसमें अनुसंधान व प्रशिक्षण सुविधाएं उपलब्ध करायीं जाती हैं।	4. इसमें अनुसंधान, शिक्षण व प्रशिक्षण सुविधाएं उपलब्ध नहीं करायी जाती हैं।
5. जीवमंडल संरक्षण क्षेत्र अंतर्राष्ट्रीय स्तर पर स्वीकृत होते हैं।	5. संरक्षित क्षेत्रों को वन्य जीव संरक्षण अधिनियम 1972 के अनुसार पहचाना व सीमांकित किया जाता है।
6. इन क्षेत्रों में मानव गतिविधियाँ पूर्णत: निषेधित हैं।	6. सक्षम प्राधिकरण द्वारा अभ्यारण्यों में घास चराने व सीमित शिकार करने की सीमित अनुमति प्रदान की जा सकती है।

तालिका 4.6B राष्ट्रीय उद्यानों व अभयराण्यों में अन्तर

राष्ट्रीय उद्यान (National Park)	अभ्यारण्यों (Sancturies)
1. राष्ट्रीय उद्यानों को अभयारण्यों की अपेक्षा अधिक संरक्षण प्राप्त होता है	1. अभ्यारण्यों में कुछ सीमा तक मानव गतिविधियों की अनुमति होती है।
2. राष्ट्रीय उद्यानों के एक से अधिक पारिस्थितकी तंत्र होते हैं।	2. अभ्यारण्यों का सामान्यत: एक पारिस्थितिकी तंत्र होता है।
3. मवेशियों को चराना वर्जित होता है।	3. सक्षम अधिकारी द्वारा अनुमति प्रदान किए जाने के पश्चात मवेशियों को चराने की सीमित अनुमति दी जा सकती है।
4. राष्ट्रीय उद्यान किसी विशेष प्रजाति पर केन्द्रित नहीं होते।	4. वन्य जीव अभ्यारण्यों की स्थापना किसी प्रजाति विशेष के संरक्षण हेतु की जा सकती है; जैसे भीतरकनिका, ओडिशा स्थित समुद्री कछुओं का अभ्यारण्य
5. राष्ट्रीय उद्यान राज्य सरकार द्वारा स्थापित किए जाते हैं तथा कुछ दशाओं में यह केंद्र सरकार द्वारा स्थापित किए जाते हैं।	5. वन्य जीव अभ्यारण्यों राज्य सरकारों द्वारा स्थापित किए जाते हैं।

संरक्षण आरक्षित क्षेत्र (Conservation Reserves)

वन्य जीव संरक्षण अधिनियम (The wildlife protection Act 1972) 2003 में संशोधित किया गया था। इस संशोधन के परिणामस्वरूप संरक्षण क्षेत्र एवं सामुदायिक आरक्षित क्षेत्र सृजित किए जाते हैं।

संरक्षण आरक्षित क्षेत्र (Conservation Reserve) वह क्षेत्र हैं जो राज्य सरकार के स्वामित्व में होते हैं तथा भूदृश्यों समुद्री दृश्यों तथा वनस्पति व जीव जंतुओं के वास को संरक्षित करने के लिए राष्ट्रीय उद्यानों और अभ्यारण्यों के समीप होते हैं।

सामुदायिक आरक्षित क्षेत्र (Community Reserve)

वन्य जीवों को संरक्षित करने के समुदाय के प्रयासों को यह एक वैधानिक समर्थन व पहचान प्रदान करता है। इसके अतिरिक्त यह एक लोचदार प्रक्रिया के तहत समुदाय के हितों को परिपालित करते हुए वन्य जीव संरक्षण के लक्ष्यों को प्राप्त करने की व्यवस्था करता है।

समुद्री संरक्षित क्षेत्र (Marine Protected Areas)

समुद्री संरक्षण क्षेत्र (MPA) अंत:ज्वारीय या उपज्वारीय वह क्षेत्र है जिसमें जल तथा संबद्ध वनस्पति तथा जीव जन्तु, ऐतिहासिक व सांस्कृतिक विशेषताएं होती हैं। इसे अंशत: या पूर्णत: पर्यावरण का संरक्षण करने के लिए विधि द्वारा अथवा अन्य प्रभावी साधनों द्वारा आरक्षित किया जाता है।

समुद्री संरक्षण क्षेत्र मछलियों के सतत् उत्पादन को सुनिश्चित करता है तथा प्रवाल भित्ति (Coral reefs), लैगून (lagoons), एस्चुएरी, वनस्पति, जीव जगत तथा समुद्र तट को संरक्षित क्षेत्र (Marina Protected Areas) के अंतर्गत भारत में 33 राष्ट्रीय उद्यान तथा वन्य जीव अभ्यारण्य हैं। समुद्री राष्ट्रीय उद्यान व समुद्री अभ्यारण्यों में कच्छ की खाड़ी (Gulf of Kachch), भीतरकनिका राष्ट्रीय उद्यान तथा भीतरकनिका अभ्यारण्य शामिल हैं। देश के संरक्षित क्षेत्र का लगभग 4 प्रतिशत क्षेत्र समुद्री संरक्षित क्षेत्र है।

भारत के पवित्र उपवन (Sacred Groves of India)

पवित्र उपवनों में भूभाग तथा भूपट्टियाँ शामिल हैं जिनमें कुछ वृक्ष अथवा छोटे वन या कई एकड़ तक वन विस्तृत होते हैं तथा जो स्थानीय देवी-देवताओं को समर्पित होते हैं। ये वन स्थानीय समुदायों द्वारा संरक्षित होते हैं क्योंकि इनके साथ धार्मिक विश्वास तथा पारंपरिक धार्मिक अनुष्ठान वाले कृत्य संबद्ध होते हैं। लोगों का विश्वास होता है इनके साथ किसी भी प्रकार की छेड़छाड (disturbance) स्थानीय देवता को रुष्ट (offend) कर सकता है जिससे रोग, प्राकृतिक आपदाएं, फसल बरबाद होना जिससे गरीबी व बेरोजगारी बढ़ सकती है जैसी घटनाएं घट सकती हैं। भारत के पवित्र उपवनों का विवरण *तालिका 4.6C* में दिया गया है।

तालिका 4.6C भारत–पवित्र उपवनों की सूची

राज्य/संघ शासित प्रदेश	पवित्र उपवनों हेतु स्थानीय शब्दावली	पवित्र उपवनों की संख्या
1. आन्ध्र प्रदेश	पवित्रवन (Pavithravana)	580
2. अरुणाचल प्रदेश	गुंपा वन (Gumpa forest)	101
3. गोवा	देवोराय और पन (Deorai and Pann)	55
4. झारखंड	सरना	29
5. कर्नाटक	देवरा कडडू	1531
6. केरल	कवु, सर्प कवु	2000
7. महाराष्ट्र	देवराय (Devrai), देवरहती (Devrahati) तथा देवगुडी	2820
8. मणिपुर	गैमखाप, मौहक (पवित्र बाँस आरक्षण)	166
9. मेघालय	की लॉ लिंगदोह, की लॉ क्यान्टेंग तथा की लॉ नियाम	101
10. ओडिशा	जहेरा, ठाकुरम्मा	169
11. पुडुचेरी	कोविल-कडू	108
12. राजस्थान	जोगमाया औरान, केंकरी, वानी शामलात देह, देववानी	560
13. तमिलनाडु	कोयलकडू तथा स्वामी-शोल	752
14. उत्तराखंड	देव-भूमि, बुग्याल (पवित्र अल्पाइन मैदान)	22
15. पश्चिम बंगाल	गरमथान, हरिथान, झेरा, सबित्रिथन तथा सांतलबुरीथन (Sabitrithan and Santalburithan)	39
16. छत्तीसढ़	सरना, देवलास, मंदार, बूढ़ादेव	600

निम्नलिखित मदें पवित्र उपवनों में वर्जित हैं तथा इनका पवित्र वनों से निर्यात नहीं किया जा सकता

(i) समस्त जंगली जन्तु

(ii) गाय, बैल या बछड़े का मांस

(iii) भैंस का मांस

(iv) मोर की पूँछ व पंख तथा इससे बनी हस्तशिल्प की वस्तुएं

(v) समुद्री शंख (Sea Shell)

(vi) लकड़ी व लकड़ी के उत्पाद

(vii) ईंधन की लकड़ी

(viii) किसी भी रूप में चन्दन की लकड़ी

(ix) यांत्रिक (Mechanical), रासायनिक (Chemical) व अर्द्ध-रासायनिक (Semi-chemical) लकड़ी की लुगदी

जीवमंडल संरक्षण क्षेत्र का अनुक्षेत्र वर्गीकरण (Zoning of Biosphere Reserves)

मैन एंड बायोस्फियर रिजर्व (Man and Biosphere Reserves) के 1976 के सिद्धांतों में किसी बायोस्फियर को अनुक्षेत्र वर्गीकरण में विभाजित करने पर विशेष बल दिया था। *(चित्र 4.5-A)*

1. **केंद्रीय क्षेत्र (Core Zone):** पूर्णरूप से सुरक्षित इस क्षेत्र में मानव द्वारा किसी भी प्रकार का हस्तक्षेप नहीं किया जा सकता। किसी भी पारिस्थितिकी तंत्र (Ecosystem) का यह सबसे सुरक्षित भाग होता है। कम जनसंख्या वाले प्रदेश में स्थित बायोस्फियर रिजर्व में कोर क्षेत्र (Core area) का आकार बड़ा होता है, परंतु यदि किसी क्षेत्र में जनसंख्या का घनत्व अधिक है तो कोर-क्षेत्र (Core area) का आकार छोटा होता है *(चित्र 4.5-A)*। इस भाग में मानव अधिवास नहीं होता तथा यह बफर जोन (Buffer Zone) से घिरा हुआ होता है। केन्द्रीय क्षेत्र को समस्त मानवीय दबावों से मुक्त होना चाहिए, जो पारिस्थितिकी तंत्र हेतु बाहरी होते हैं।

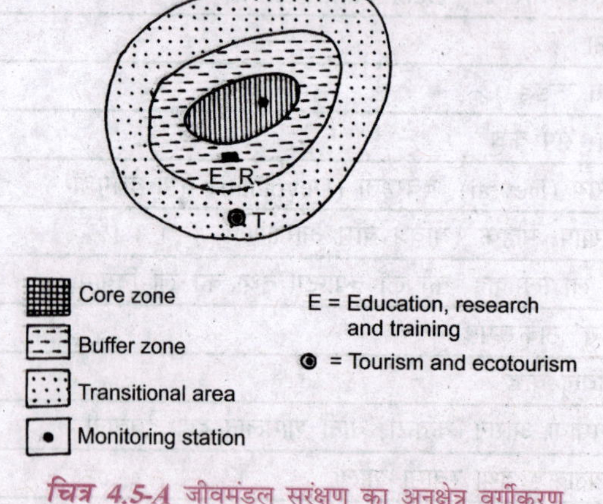

चित्र 4.5-A जीवमंडल संरक्षण का अनुक्षेत्र वर्गीकरण

2. **प्रतिरोधक अथवा बफर जोन (Buffer Zone):** केंद्रीय क्षेत्र (Core Zone) को चारों ओर से घेरने वाली पेटी को बफर जोन कहते हैं। इस भाग में पारिस्थितिकी संबंधित शिक्षा, शोधकार्य तथा ट्रेनिंग, मत्स्य पालन, चराई (Grazing) इत्यादि का प्रबंध होता है। भविष्य में उपरोक्त सुविधाओं का विस्तार इसी भाग में किया जाता है।

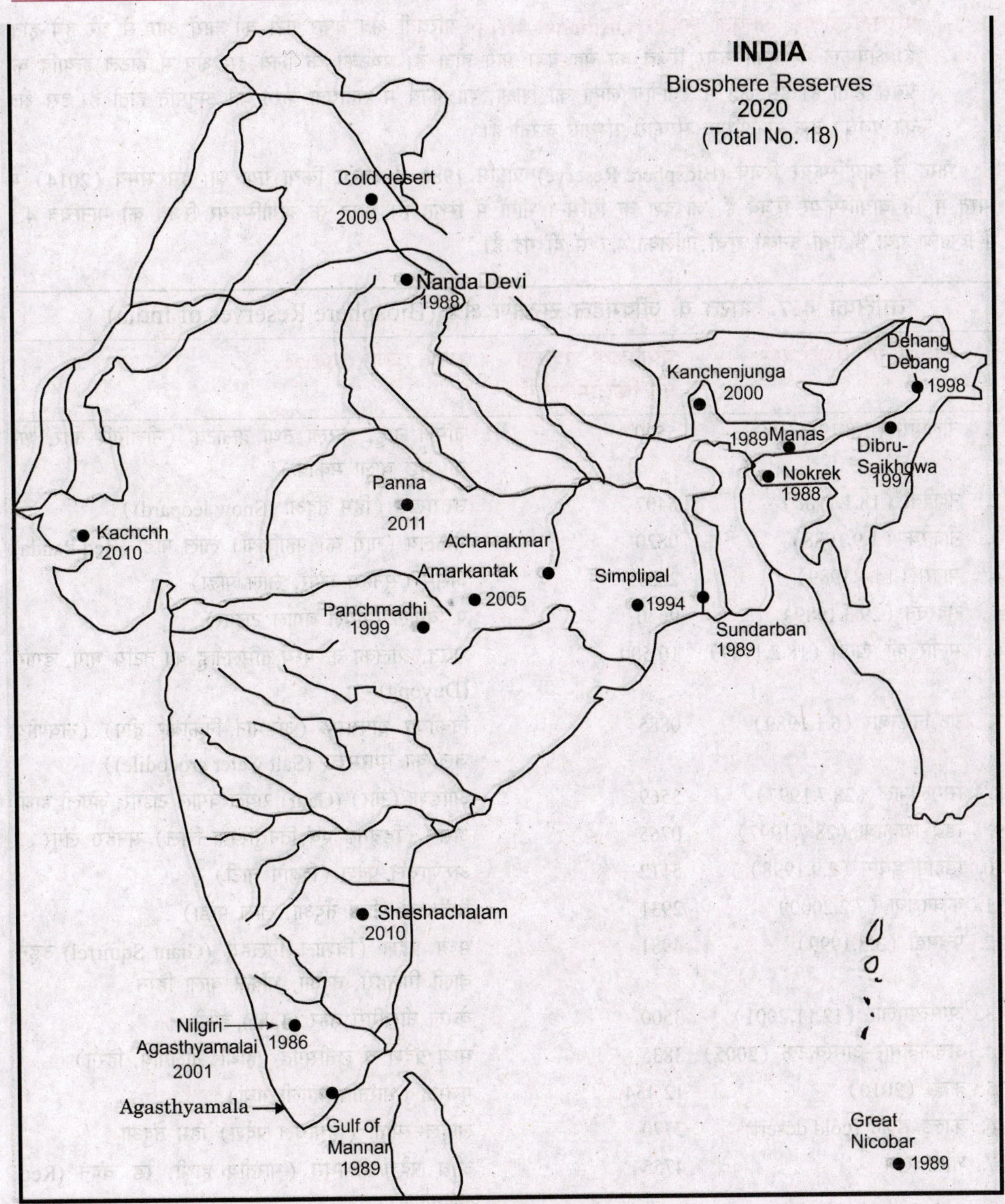

चित्र 4.5 भारत: जीवमंडल सरंक्षण क्षेत्र

3. **परिवर्ती अथवा अतवर्ती क्षेत्र (Transitional Area):** परिवर्ती क्षेत्र बफर पेटी को चारों ओर से घेरे हुये होता है। क्षेत्रफल में बायोस्फियर रिजर्व का यह बड़ा भाग होता है। पर्यटकों के लिये इस क्षेत्र में होटल इत्यादि का प्रबंध होता है। इस क्षेत्र में स्थानीय लोगों को शिक्षा, शोधकार्य में सहायता करने की अनुमति होती है। इस क्षेत्र का प्रबंधन एक से अधिक सरकारी संस्थाएँ करती हैं।

भारत में बायोस्फियर रिजर्व (Biosphere Reserve) प्रोग्राम 1986 में आरंभ किया गया था। इस समय (2014) में भारत में 18 बायोस्फियर रिजर्व हैं, जो देश के विभिन्न भागों में स्थित हैं। भारत के बायोस्फियर रिजर्व को मानचित्र 4.5 में दिखाया गया है तथा उनकी सूची तालिका 4.7 में दी गई है।

तालिका 4.7 भारत के जीवमंडल सरंक्षण क्षेत्र (Biosphere Reserves of India)

बायोस्फियर रिजर्व/वर्ष	भौगोलिक क्षेत्रफल वर्ग किलोमीटर में	राज्य/राज्यों (Species)
1. नीलगिरी (1.8.1986)	5520	तमिल नाडु, केरला तथा कर्नाटक (नीलगिरि-तहर, शेर की पूंछ वाला मकाक)
2. नंदादेवी (18.1.1988)	6407	उत्तराखंड (हिम तेंदुआ (Snow leopard))
3. नोकरेक (1.9.1988)	0820	मेघालय (गारो की पहाड़ियाँ) लाल पांडा (Red Panda)
4. मानस (14.3.1989)	2837	असम (सुनहरा लंगूर, लाल पांडा)
5. सुंदरबन (29.3.1989)	9630	प. बंगाल (रायल बंगाल टाइगर)
6. मन्नार की खाड़ी (18.2.1989)	10,500	भारत, श्रीलंका के मध्य तमिलनाडु का तटीय भाग, डुगांग (Duyong)
7. ग्रेट निकोबार (6.1.1989)	0885	निकोबार द्वीपसमूह (अंडमान निकोबार द्वीप) (लवणीय जल का मगरमच्छ (Salt water crocodile))
8. सिमलीपाल (28.7.1997)	5569	ओडिशा (गौर) (Gaur), रायल बंगाल टाइगर, जंगली हाथी
9. डिब्रू-शिकोबा (28.7.1997)	0765	असम (डिब्रूगढ़ एवं तिनसुखिया जिले) सुनहरा लंगूर
10. डिहांग-डबांग (2.9.1998)	5112	अरुणाचल प्रदेश (दिबांग घाटी)
11. कंचनजंघा (7.2.2000)	2931	सिक्किम (हिम तेंदुआ, लाल पांडा)
12. पंचमढ़ी (3.3.1999)	4981	मध्य प्रदेश (विशाल गिलहरी (Giant Squirrel) उड़ने वाली गिलहरी, तेदुंआ, भोंकने वाला हिरन
13. अगस्त्यमलाई (12.11.2001)	3500	केरल नीलगिरी तहर (Tahr), हाथी
14. अचानकमार-अमरकंटक (2005)	3835	मध्य प्रदेश व छत्तीसगढ़ (हाथी, नीलगाय, हिरन)
15. कच्छ (2010)	12,454	गुजरात (भारतीय जंगली गधा)
16. कोल्ड डेजर्ट (cold desert)	7770	लाहुल-स्पीती (हिमाचल प्रदेश) हिम तेंदुआ
17. शीशाचलम	4755	आंध्र प्रदेश/सीमांधरा (भारतीय हाथी, रेड चंदन (Red chandan))
18. पन्ना (2011)	2999	मध्य प्रदेश (बाघ, चीतल, सांभर व स्लोथ भालू (Sloth bear))

विश्व के 122 देशों के 686 बायोस्फियर रिजर्वों और देश के 18 बायोस्फियर रिजर्वों में से केवल 11 को ही विश्व नेटवर्क बायोस्फियर रिजर्वो (World Network of Biosphere Reserves) की सूची में सम्मिलित किया गया है। (तालिका 4.8)

तालिका 4.8 भारत के जीवमंडल सरंक्षण क्षेत्र जो विश्व के जीवमंडल सरंक्षण क्षेत्र के नेटवर्क में सम्मिलित हैं

	बायोस्फियर रिजर्व	वर्ष	राज्य/राज्यों
1.	नीलगिरी	1986	तमिल नाडु, केरल, कर्नाटक
2.	मन्नार की खाड़ी	1989	तमिल नाडु
3.	सुंदरबन	1989	प. बंगाल
4.	नंदादेवी	1988	उत्तराखंड
5.	नोकरेक	1988	मेघालय
6.	पचमढ़ी	1999	मध्य प्रदेश
7.	सिमलीपाल	1994	ओडिशा
8.	ग्रेट निकोबार	1989	अंडमान व निकोबार द्वीप समूह
9.	अचानकमार-अमर कंटक	2005	छत्तीसगढ़
10.	अगस्त्यमलाई	2001	केरल, तमिलनाडु
11.	कंचनजंघा	2018	सिक्किम

भारत के विश्व धरोहर स्थल (India: World Heritage Sites)

वर्ल्ड हेरिटेज साइट की स्थापना UNESCO की जनरल कांफ्रेंस में 1972 में हुई थी। इस संस्था का मुख्य उद्देश्य विश्व की कुछ प्रमुख जैविक-विविधता स्थलों को सुरक्षा प्रदान करना है। भारत की विश्व धरोहर स्थलों को तालिका 4.9 में दिया गया है।

तालिका 4.9 भारत की विश्व धरोहर स्थल (India World Heritage Sites)

	स्थल का नाम	राज्य
1.	काजीरंगा नेशनल पार्क	असम
2.	मानस अभयारण्य	असम
3.	केवलादेव नेशनल पार्क	राजस्थान
4.	सुंदरबन नेशनल पार्क	प. बंगाल
5.	नंदादेवी नेशनल पार्क	उत्तराखंड
6.	पश्चिमी घाट	महाराष्ट्र, गोआ, कर्नाटक, केरल तथा तमिलनाडु

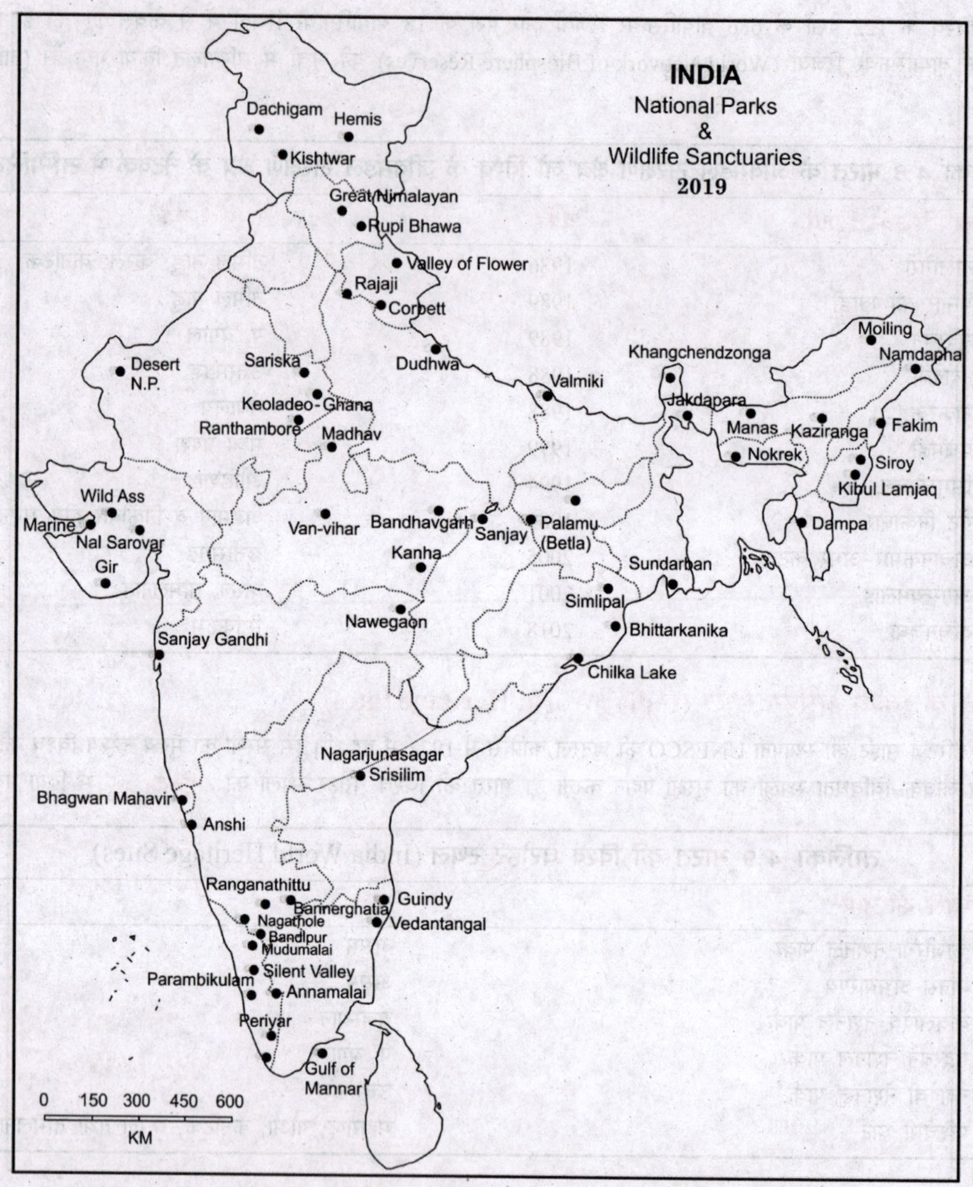

Fig. 4.6 भारत: राष्ट्रीय उद्यान एवं वन्य जीव अभयारण्य

राष्ट्रीय उद्यान (National Parks)

राष्ट्रीय उद्यान वन्य जीव सरंक्षण अधिनियम, 1972 के प्रावधानों के तहत राज्य सरकारों द्वारा स्थापित किए जाते हैं। राष्ट्रीय उद्यान उन क्षेत्रों में घोषित किए जाते हैं जो पर्याप्त रूप से पारिस्थितिकी, भूआकृतिक, सांस्कृतिक तथा राष्ट्रीय महत्ता वाले होते हैं। राष्ट्रीय उद्यान एक विस्तृत क्षेत्रफल पर फैला हुआ होता है, जिसमें कई पारिस्थितिकी तंत्र (Ecosystems) पाये जाते

हैं। राष्ट्रीय उद्यानों का मुख्य लक्ष्य जीव-जातियों, पशु-पक्षियों, भूआकृतियों को शिक्षा तथा शोध कार्य के लिये संरक्षण किया जाता है। राष्ट्रीय उद्यानों के पारितंत्र पर मानव हस्तक्षेप एवं प्रभाव कम होता है।

भारत में वाइल्ड लाइफ प्रोटेक्शन एक्ट 1972 में पारित किया गया था। नेशनल पार्कों का सीमांकन पशु-पक्षियों तथा पेड़-पौधों के संरक्षण के लिये किया जाता है। इनमें लकड़ी काटने, पशु चराने तथा कृषि करने पर प्रतिबंध होता है। नेशनल पार्कों या निम्न कार्यों पर प्रतिबंध होता है–

(*i*) वन्य प्राणियों को मारना, आखेट करना या पकड़ने पर प्रतिबंध।

(*ii*) जंगली जानवरों के प्राकृतिक निवास को नष्ट करने पर प्रतिबंध।

(*iii*) पेड़-पौधों को नष्ट करने अथवा एकत्रित करने पर प्रतिबंध।

(*iv*) हथियारों के इस्तेमाल पर प्रतिबंध।

(*v*) नेशनल पार्कों की सीमाओं, को परिवर्तन करने पर प्रतिबंध।

सन 2018 के आँकड़ों के अनुसार, भारत में 104 नेशनल पार्क और 544 वन्यजीव अभ्यारण्य हैं। कुछ प्रमुख नेशनल पार्कों को **मानचित्र** 4.6 में दर्शाया गया है तथा उनकी मुख्य विशेषताएँ **तालिका** 4.10 में दिया गया है–

भारत के राष्ट्रीय उद्यान एवं बाघ अभ्यारण्य

(1) अंशी राष्ट्रीय उद्यान (1987)–अंशी राष्ट्रीय उद्यान भारत में कर्नाटक के उत्तर कन्नड़ जिले में गोवा राज्य की सीमा पर स्थित है । अन्य विशिष्ट पशुवर्ग के अलावा यह पार्क बंगाल बाघ काले तेंदुए और भारतीय हाथियों का निवास स्थान है । यह उल्लेखनीय है कि अंशी राष्ट्रीय उद्यान और डांडेली वन्यजीव अभयारण्य को साथ में प्रोजेक्ट टाइगर के अंतर्गत टाइगर रिजर्व का दर्जा प्रदान किया गया और 814.884 वर्ग किलोमीटर वाले इस इलाके को सन 2008 में डांडेली–अंशी टाइगर रिजर्व के रूप में घोषित किया गया 340 वर्ग कि.मी. (130 वर्ग मील) वाला अंशी राष्ट्रीय उद्यान डांडेली वन्यजीव अभयारण्य के साथ लगा हुआ है और गोवा और महाराष्ट्र राज्यों में छः संलग्न संरक्षित क्षेत्रों के साथ, यह लगभग 2200 से अधिक वर्ग किमी. (850 वर्गमील) का एक निर्बाध संरक्षित वन क्षेत्र है।

(2) बलफकरम राष्ट्रीय उद्यान (1988)–बलफखरम का अर्थ होता है लगातार चलती हवाओं का घर। बलफखरम राष्ट्रीय उद्यान समुद्र स्तर से लगभग 3000 मीटर ऊपर भारत के मेघालय राज्य में गारो हिल्स में स्थित एक राष्ट्रीय उद्यान है। इसका क्षेत्रफल 220 वर्ग किमी. का है। यह पार्क तूरा से 167 किमी. दक्षिण में स्थित है। इस पार्क के विषय में अनेक प्रकार की रहस्यमय कहानियाँ प्रचलित है। गारो लोगों की आस्था इस स्थल से जुड़ी हुई है।

खूबसूरत वादियों के बीच घरे हरे वृक्षों के बीच फैला यह पार्क पर्यटकों को अनायास अपनी ओर बुलाता सा प्रतीत होता है । इस पार्क में हाथी, बाघ, चीते और भैंसे के अलावा रेड पांडा, बार्किंग डियर, गोल्डेन कैट, बाबून और हूलोक गिबन भी हैं । यह राष्ट्रीय उद्यान काकड़ और जंगली बिल्ली का घर है । मध्य अप्रैल और मध्य जून में इस पार्क का भ्रमण करना सुविधाजनक होता है । इस उद्यान में पर्णपाती और सदाबहार, दोनों प्रकार के वृक्ष पाए जाते हैं । इस उद्यान में फूलदार और फलदार पेड़ों की भरमार है ।

(3) बांधवगढ़ राष्ट्रीय उद्यान (1968)–बांधवगढ़ राष्ट्रीय उद्यान मध्यप्रदेश के उमरिया जिले में स्थित है। यह वर्ष 1968 में राष्ट्रीय उद्यान बनाया गया था। इसका क्षेत्रफल 437 वर्ग किमी है। यहां शेर आसानी से देखा जा सकता है। यह मध्य प्रदेश का एक ऐसा राष्ट्रीय उद्यान है जो 32 पहाड़ियों से घिरा है।

यह भारत का एक प्रमुख राष्ट्रीय उद्यान है। बाघों का गढ़ (बांधवगढ़) 448 वर्ग किलोमीटर के क्षेत्र में फैला है। इस उद्यान में एक मुख्य पहाड़ है जो बांधवगढ़ कहलाता है। 811 बांधवगढ़ मीटर ऊँचे इस पहाड़ के पास छोटी–छोटी पहाड़ियाँ हैं। पार्क में साल और बंबू के वृक्ष प्राकृतिक सुंदरता को बढ़ाते हैं। बाँधवग़ से सबसे नजदीक विमानतल जबलपुर है जो 164 किलोमीटर की दूरी पर है। रेल मार्ग से बांधवगढ़ जबलपुर, कटनी और सतना से जुड़ा है। खजुराहो से बाँधवगढ़ के बीच 237 किलोमीटर की दूरी है। दोनों स्थानों के बीच केन नदी के कुछ हिस्सों को क्रोकोडाइल रिजर्व घोषित किया गया है। बाँधवगढ़ का वन क्षेत्र विभिन्न प्रकार के वनस्पतियों और जन्तुओं से भरा हुआ है । जंगल में नीलगाय और चिंकारा सहित हर तरह के वन्यप्राणी और पेड़ हैं । इस राष्ट्रीय उद्यान में पशुओं की 22 और पक्षियों की 250 प्रजातियाँ पाई जाती है । हाथी पर सवार होकर या फिर वाहन में बैठकर इन वन्यप्राणियों को देखा जा सकता हैं।

(4) बांदीपुर राष्ट्रीय उद्यान (1974)–बांदीपुर राष्ट्रीय उद्यान दक्षिण भारत के कर्नाटक राज्य में स्थित है । यह प्रोजेक्ट टाइगर के तहत सन् 1974 में एक टाइगर रिजर्व के रूप में स्थापित किया गया था । एक समय यह मैसूर राज्य के महाराजा की निजी आरक्षित शिकारगाह थी । बांदीपुर अपने वन्य जीवन के लिए प्रसिद्ध है और यहाँ कई प्रकार के बायोम हैं, लेकिन इनमें शुष्क पर्णपाती वन प्रमुख है।

उद्यान 874 वर्ग किलोमीटर (337 वर्गमील) के क्षेत्र में फैला हुआ है और भारत के लुप्तप्राय वन्य जीवन की कई प्रजातियों का संरक्षण स्थल है । आसपास के नागरहोल राष्ट्रीय उद्यान (643 वर्ग किलोमीटर 248 वर्गमील), मुदुमलाई राष्ट्रीय उद्यान (320 वर्ग किलोमीटर, 120 वर्ग मील) और वायनाड वन्यजीव अभयारण्य (334 वर्गकिलोमीटर, 133 वर्गमील) के साथ कुल मिलाकर 2183 वर्ग किलोमीटर (843 वर्ग मील) का यह नीलगिरी बायोस्फीयर रिजर्व का हिस्सा है जिससे यह दक्षिण भारत का सबसे बड़ा संरक्षित क्षेत्र बन जाता है ।

बांदीपुर चामराजनगर जिले के गुण्दलुपेट तालुके में स्थित है । यह मैसूर शहर से 80 किलोमीटर (50 मील) की दूरी पर एक प्रमुख पर्यटन स्थल ऊटी जाने के मार्ग पर स्थित है । इसकी वजह से बहुत से पर्यटन यातायात बांदीपुर से होकर गुजरते हैं और हर वर्ष इन वाहनों से हुई टक्कर के कारण कई वन्य प्राणियों की मृत्यु हो जाती है । इन हादसों को करने की दृष्टि से सरकार ने गोधुलि वेला से भोर तक बांदीपुर से गुजरने वाले यातायात पर प्रतिबन्ध लगा दिया है ।

(5) बानेरघाट राष्ट्रीय उद्यान (1974)–बंगलुरू स्थित बानेरघाट राष्ट्रीय उद्यान जंगली बिल्लियों भारतीय तेंदुओं, बाध, चीतों और हाथियों को नैसर्गिक रूप से साक्षात देखने के लिए बेंगलोर से 20 किलो मीटर दक्षिण में बानेरघाट राष्ट्रीय उद्यान बहुत सुन्दर स्थल है । जू सफारी में ड्राइव करते हुए पिंजरों में बंद जानवरों को देखा जा सकता है । इस पार्क में एक सॉप और मगरमच्छों का फार्म भी है ।

बानेरघट बायोलॉजिकल पार्क 2002 में बानेरघट नेशनल पार्क के एक हिस्से से बनाया गया था । यह 22 किमी. दक्षिण बंगलौर, कर्नाटक भारत में स्थित है । बंगलौर से पार्क करने के लिए यात्रा के बारे में एक और एक आधे घंटे लगते हैं । यह जगह सबसे अमीर प्राकृतिक प्राणि भंडार में से एक घर है । 25,000 एकड़ (104.27 वर्ग किमी) प्राणी उद्यान इस बंगलौर में एक प्रमुख पर्यटक आकर्षण बना देता है । प्राणी रिजर्व बानेरघाट राष्ट्रीय उद्यान में वन्य जीवों और तेजी से बढ़ते शहर बैंगलोर की शहरी आबादी के लिए मनोरंजन की सुविधाएं बनाने के लिए विशेष गहनता के साथ वन्य जीवन पर्यटन को बढ़ावा देने के संरक्षण के लिए अगस्त 1971 में कल्पना की थी और शुरू किया गया था ।

(6) बेतला राष्ट्रीय उद्यान (1989)– बेतला राष्ट्रीय उद्यान झारखंड प्रान्त के लातेहार और पलामू जिला के जंगलों में विस्तृत है । पलामू व्याघ्र आरक्षित वन झारखंड के छोटा नागपुर पठार के लातेहार जिले में स्थित

है। यह 1974 में बाघ परियोजना के अंतर्गत गठित प्रथम 9 बाघ आरक्षों में से एक है । पलामू व्याघ्र आरक्ष 1026 वर्ग किलोमीटर क्षेत्र में फैला हुआ है, जिसमें पलामू वन्यजीव अभयारण्य को क्षेत्रफल 980 वर्ग किलोम. ीअर है । अभयारण्य के कोर क्षेत्र 226 वर्ग किलोमीटर को बेतला राष्ट्रीय उद्यान के रूप में अधिसूचित किया गया है । पलामू आरक्ष के मुख्य आकर्षणों में शामिल हैं बाघ, हाथी, तेंदुआ, गोर, सांभर और चीतल ।

मानसून के दौरान यहां आमतौर पर हाथियों के झुंड देखने को मिलते हैं । कई जानवरों जैसे पैंथर, सांभर, नील, काकर, माउस, डीयर, स्लाथ बियर, वाइल्ड बियर आदि यहां पाए जाते हैं । यहां मोर को भी देखा जा सकता है । यहां दो नदियो कोयल और बुरहा भी बहती है जो इस घने जंगल के इलाकों से कलकल करती बहती है । 16 वीं सदी में यहां बेलटा किला और अन्य ऐतिहासिक स्मारक भी बनवाएं गए थे, जो पार्क के भीतरी हिससे में स्थित है । यहां साल भर कई पर्यटक सैर के लिए आते हैं । फोटोग्राफी के शौकीन लोगों के लिए यह जगह सबसे अच्छी है जहां प्रकृति के हर रंग को कैमरे में समेटा जा सकता है । इस अभयारण्य के अंदरूनी भाग में सफारी और जीप भी यात्रा के लिए उपलब्ध है । यहॉ कई पर्यटक बंगले और होटल स्थित है।

(7) भद्र बाघ अभयारण्य (1974)– भद्रा एक ऐसा क्षेत्र है जो मुख्य रूप से भद्रा वन्यजीव अभयारण्य के लिए प्रसिद्ध है, और यह कर्नाटक के चिकमंगलूर जिले में स्थित है। पश्चिमी घाटों में स्थित, यह वन्यजीव अभयारण्य हाल ही में बाघ परियोजना का हिस्सा बना और आज एक बाघ संरक्षित क्षेत्र बन गया है। इस अभयारण्य को अपना नाम इस क्षेत्र में बहने वाली भद्रा नदी से प्राप्त होता है। 490 वर्ग किलोमीटर के विशाल क्षेत्र में फैला, यह अभयारण्य पश्चिमी घाटों के सूखे और नम पर्णपाती जंगलों के बीच स्थित है। 1951 में इस क्षेत्र को प्राकृतिक रिजर्व के रूप में घोषित किया गया था साथ ही इसे जगारा घाटी खेल रिजर्व के रूप में भी मान्यता प्राप्त है। इसे अपना वर्तमान नाम 1974 में मिला और बाद में 1998 में 25वां बाघ परियोजना के रूप में घोषित किया गया। इस अभयारण्य में तेंदुआ, हाथी, गौर, सांभर, बाघ, हिरण, काकड़, ओर ाही जैसे जानवरों की विभिन्न प्रजातियां पाई जाती है। यहां कर्नाटक दक्षिण हरा कबूतर, पन्ना कबूतर, मालाबार तोता, पहाड़ी मैना और काला कठफोड़वा जैसे पक्षियों की कई प्रजातियों को भी देख सकते हैं। किंग कोबरा और भारतीय रॉक अजगर जैसे सरीसृपों के साथ आप यहां बैंबू ट्री ब्राउन, ग्रेट नारंगी टिप, टेल्ड जय और ब्लू पन्सी जैसी विभिन्न प्रकार के रंगों वाली तितलियों को देख पायेंगे। वन्यजीवों के साथ–साथ इस अभयारण्य में पौधों की 120 प्रजातियां भी हैं जिसमें कोंबटेशा और इंड़िगोबेरी (रेडिया डुमेटोर्म) शामिल हैं जो कि इस अभयारण्य के विशाल क्षेत्र में फैला है। इसके अलावा, इस अभयारण्य में सागौन, महासर्ज, किंडल, सिडिया, केल्स्निा, इंड़िगो, ताड़, ऐक्सलवूड़, जलारी, जंबा पेड़ और स्लो मैच पेड़ हैं।

(8) भगवान महावीर वन्यजीव अभयारण्य एवं मोल्लेम राष्ट्रीय उद्यान (1978)–मोल्लेम राष्ट्रीय उद्यान कर्नाटक के साथ पूर्वी सीमा पर संगेम तालुक, गोवा में दक्षिण भारत के पश्चिमी घाट में स्थित 107 वर्ग किलोमीटर का एक राष्ट्रीय उद्यान है । यह क्षेत्र मोलेम शहर के पास स्थित है और गोवा राज्य की राजधानी पणजी के पूर्व 57 किलोमीटर की दूरी पर स्थित है । भगवान महावीर अभयारण्य के साथ मिलकर इसका क्षेत्रफल 240 वर्ग किलोमीटर वन जाता है ।

(9) भितरकनिका राष्ट्रीय उद्यान (1975)–भितरकनिका वन्यजीव अभयारण्य भारत में उड़ीसा के केंद्रपाड़ा जिले में स्थित एक राष्ट्रीय उद्यान है । इस उद्यान में भितरकनिका सदाबहार का 672 वर्ग किमी का क्षेत्र शामिल है। यह एक सदाबहार दलदल है जो कि ब्राह्मणी, बैतरनी ओर धामरा नदियों के मुहाने पर स्थित है । यह राष्ट्रीय पार्क भितरकनिका वन्यजीव अभयारण्य से घिरा हुआ है । इसके पूर्व में गाहिरमथा बीच स्थित है और बंगाल की खाड़ी की वनस्पतियों को अलग करती है । पार्क में खारे पानी के मगरमच्छों (क्रोकोडिलस

पोरोसस) सफेद मगरमच्छ भारतीय अजगर एक प्रकार के कालेपक्षी और बानकरों की अधिकता है । गहिरमथा और पास के अन्य समुद्र तटों के घोंसलों पर ओलिव रिडले समुद्री कछुए (लेपिडोचेलिस ओलिवासिया) हैं । राष्ट्रीय उद्यान को सितम्बर 1998 में भितरकनिका वन्यजीव अभयारण्य के कोर क्षेत्र से बनाया गया, जिसका निर्माण 1975 में किया गया था ।

(10) बोरी वन्यजीव अभयारण्य (1977)–बोरी वन्यजीव अभ्यारण्य भारत के प्राचीन अभ्यारण्यों में से एक है । यह अभ्यारण्य मध्य प्रदेश के होशंगाबाद जिले के सतपुड़ा क्षेत्र में फैला हुआ है । इसे 1865 में वन्यजीव अभयारण्य का दर्जा दिया गया । यह 518 स्क्वायर किमी में फैला हुआ है । यह उत्तर और पूर्व में दिलचस्प सतपुड़ा राष्ट्रीय पार्क के प्राकृतिक वातावरण में फैला हुआ है, इसके पश्चिम में तवा नदी बहती है । बोरी वन्यजीव अभयारण्य में समृद्ध वनस्पति और जीव बहुतायत में है । यह अभयारण्य शुष्क पर्णपाती वृक्षों और बांस के जंगलों से घिरा हुआ है । अभयारण्य बाघ, तेंदुआ, चीतल, जंगली भैंस, सांभर, चिंकारा, भौंकने वाले हिरण, विशाल गिलहरी, धारीदार लकड़बग्घा, सियार, नीलगाय, चार सींग वाले हिरण और अन्य प्रजातियों के जानवरों का घर है । बाघ यहाँ का मुख्य आकर्षण है । इस कारण यहाँ अनेक सफारियां की जाती हैं । यहाँ पर्यटकों के आवास के लिए वन्य विभाग का बंगला और गेस्ट हाउस है ।

(11) बुक्सा टाइगर रिजर्व बी.टी.आर.(1983)–बुक्सा टाइगर रिजर्व (बी.टी.आर.) पश्चिम बंगाल के जलपाईगुड़ी जिले के अलीपुरद्वार उप डिवीजन में स्थित है । इसमें बुक्सा वन प्रभाग (702.44 वर्ग किमी) का पूरा और कूच बिहार वन विभाग (58.43 वर्गकिमी) का कुछ हिस्सा आता है । बुक्सा टाइगर रिजर्व 1983 में भारत के 15वें टाइगर रिजर्व के तौर पर बनाया गया था । वर्ष 1992 में पश्चिम बंगाल ने 117.10 वर्गकिमी से अधिक इलाके में बुक्सा वन्यजीव अभयारण्य नाम से राष्ट्रीय उद्यान बनाने की अपनी मंशा घोषित की थी ।

पौधों की विविधता के साथ बुक्सा टाइगर रिजर्व में पशुओं की भी कई प्रजातियां पाई जाती है । यहां स्तनधारियों की 68 प्रजातियां सरीसृपों की 41 प्रजातियां और पक्षियों की 246 प्रजातियों से अधिक, मछलियों की 73 प्रजातियों समेत उभयचर प्राणियों की 4 प्रजातियां पाई जाती है । बुक्सा टाइगर रिजर्व के मुख्य मांसाहारी पशुओं में भारतीय बाघ (पैंथेरा टाइग्रिस), तेंदुआ (पैंथेरा पारडस), धूमिल तेंदुआ (नीयोफेलिस नीबुलोसा), हॉग, बैडगर (एक्रिटोनिक्स कोलारिस), जंगली बिल्ली (फेलिस चौस), तेंदुआ बिल्ली (पेरीयोनेल्युरस बेंगालेनसिस), स्लाथ बियर (मेलुरसुस अनसिनुस), फिशिंग कैट (परीयोनेल्युरस वीवेरीना), सीवेट कैट (वीवेरिंकुला इंडिका), हायना (हायना हायना), सियार (कैनिस ऑरियस), नेवला (हरपेसटेस एडवार्डिस), फॉक्स (वलपेस बेंगालेनसिस), जंगली कुत्ता (क्योन एलपिनस) आदि। मार्बल्ड कैट (पारडोफेलिस मरमोराटा) और सुनहरी बिल्ली (काटोपुमा टेम्मिनिकी) के बारे में पहले रिपोर्ट किया गया था लेकिन हाल के वर्षों में ये देखी गई है।

(12) चांदोली अभ्यारण्य (2004)–चांदोली अभयारण्य के सांगली जिले में अवस्थित है । यह अभयारण्य शुष्क पर्णपाती वृक्षों और बांस के जंगलों से घिरा हुआ है । अभयारण्य बाघ, तेंदुआ, चीतल, जंगली भैंस, सांभर, चिंकारा, भौंकने वाले हिरण, विशाल गिलहरी, धारीदार लकड़बग्घा, सियार, नीलगाय, चार सींग वाले हिरण और अन्य प्रजातियों के जानवरों का घर है । बाघ यहाँ का मुख्य आकर्षण है।

(13) दाचीगाम राष्ट्रीय उद्यान (1981)–दाचीगाम जम्मू और कश्मीर में श्रीनगर से 22 किमी दूर स्थित है । इस नाम का अर्थ है दस गांव । दाचीगाम उद्यान की स्थापना 1981 में हुई थी । समुद्र तल से उद्यान की औसत ऊँचाई 2990 मीटर है । उद्यान उच्च ऊँचाई वाले शीतोष्ण क्षेत्र में स्थित है । यह 141 किमी में फैला है । इस उद्यान में सबसे करीबी शहर श्रीनगर है । उद्यान में पाए जाने वाले मुख्य पेड़ हैं । हिमालयी नम शीतोष्ण सदाबहार, नम पर्णपाती और झाड़ियां, देवदार, चीड़ एवं शाहबलूत (ओक) आरंभ में दाचीगाम की स्थापना श्रीनगर शहर को स्वच्छ पेयजल की आपूर्ति सुनिश्चित करने के लिए की गई थी । यह उद्यान हंगुल या

कश्मीरी हिरण के घर के तौर पर जाना जाता है । बसंत और शरद ऋतु में निचले इलाकों में हिमालयी काला भालू दिखाई देता है । सर्दी के मौसम में यह सो जाता है । लंबी पूछ वाले मार्मोट गर्मी के मौसम में उपरी इलाकों में बहुत देखे जा सकते हैं जबकि चूहे के जैसे खरहे (Mouse Hare) पूरे वर्ष सक्रिय रहते हैं । यह राष्ट्रीय उद्यान प्रसिद्ध डलझील के जलग्रहण क्षेत्र का लगभग आधे क्षेत्र पर अपना अधिकार रखता है और आज भी श्रीनगर के निवासियों को स्वच्छ पेयजल की आपूर्ति में महत्वपूर्ण भूमिका निभाता है। इस उद्यान के महत्वपूर्ण वन्यजीव प्रजातियां हैं – तेंदुआ, हिम तेंदुआ, काला भालू, भूरा भालू, जंगली बिल्ली, हिमालयी मार्मोट, कस्तूरी मृग सीरो ओर लाल लोमड़ी (red fox) पक्षियों में तीतर के कोकलास और मोनल, बुलबुल, मिनिवेट, बार्ड वल्चर, सुनहरे चील आम हैं । इस उद्यान में घूमने का सबसे अच्छा मौसम मार्च से जून के बीच होता है । पर्यटकों के लिए इस उद्यान में लॉज और रेस्ट हाउस हैं । दाचीगाम दो हिस्सों में है । लोअर दाचीगाम में पर्यटक आसानी से जा सकते हैं जबकि अपर दाचीगाम घूमने के लिए पूरे दिन का समय चाहिए और यह यात्रा थोड़ी कठिन भी है।

(14) डम्पा टाइगर रिजर्व (1985)–डम्पा टाइगर रिजर्व मिजोरम राज्य की राजधानी आईजोल के पास स्थित यहां का सबसे बड़ा वन्य जीवन अभयारण्य हैं जिसे 1985 में अधिसूचित किया गया और 1944 में इसे टाइगर रिजर्व घोषित किया गया। डम्पा टाइगर रिजर्व बंगलादेश से लगभग सटी हुई अंतरराष्ट्रीय सीमा के पास एजवाल से 127 किमी की दूरी पर मिजोरम के दक्षिणी भाग में है । डम्पा टाइगर रिजर्व लगभग 550 वर्ग किमी के क्षेत्र में फैला हुआ है डम्पा टाइगर रिजर्व का उष्णकटिबंधी वन पेड़ पौधों और वनस्पति से भरपूर है । डम्पा टाइगर रिजर्व में संरक्षित वन्य जीवन के कुछ उदाहरण रिसस बंदर, लीफ, मंकी, पिगटेलमेकाक, स्टम्प तेलमेकाक, बाघ, चीते, भारतीय हाथी, गौर, सीरो, बार्किंग बीयर, जंगली सुअर, साही, स्लॉथ बीयर, हिमालय का काला भालू ग्रेट इंडियन हॉर्न बिल, मालपार पाइड हॉर्नबिल, पीकॉक फीसेंअ, लालजंगली फाउल, एमरेल्ड डव, हिल माइना, पाइथन, किंग हैं। कोबरा, मॉनीटर लिजार्ड और पहाड़ी कछुआ।

(15) मरूभूमि राष्ट्रीय उद्यान (Desert National Park) (1992)–मरूभूमि राष्ट्रीय उद्यान (Desert National Park) राजस्थान के थार मरूस्थल में अवस्थित है । यह जैसलमेर जिले से 40 किलोमीटर दूर है । यह उद्यान न केवल राज्य का सबसे बड़ा उद्यान है बल्कि पूरे भारत में इसके बराबर का कोई राष्ट्रीय उद्यान नहीं है । उद्यान का कुल क्षेत्र 3162 वर्ग किलोमीटर है । उद्यान का काफी बड़ा भाग लुप्त हो चुकी नमक की झीलों की तलहटी और कंटीली झाड़ियों से परिपूर्ण है । इसके साथ ही रेत के टीलों की भी बहुतायत है । उद्यान का 20 प्रतिशत भाग रेत के टीलों से सजा हुआ है । उद्यान का प्रमुख क्षेत्र खड़ी चट्टानों नमक की छोटी छोटी झीलों की तलहटियों, पक्के रेतीले टीलों ओर बंजर भूमि से अटा पड़ा है ।

एक नाजुक पारिस्थितिकी तंत्र के बावजूद यहाँ पक्षी जीवन की बहुतायत है । यह क्षेत्र रेगिस्तान के प्रवासी और निवासी पक्षियों के लिए स्वर्ग है । कई किस्म के बाज और गिद्ध इन सबके बीच आम हैं । रेत का मुर्ग छोटे तालाबों या झीलों के पास देखा जाता है । लुप्तप्राय ग्रेट इंडियन बस्टर्ड (सोन चिरैया) जो कि एक शानदार पक्षी है, यहाँ अपेक्षाकृत अच्छी संख्या में पाया है । यह विभिन्न मौसमों में स्थानीय रूप से प्रवास करता है । नवंबर और जनवरी के बीच का समय यहाँ आने के लिए सबसे उपयुक्त समय है । यह उद्यान 18 करोड़ वर्ष पुराने जानवरों और पौधों के जीवाश्म का एक संग्रह है । इस क्षेत्र में डायनोसोर के कुछ जीवाश्म तो ऐसे पाये गये हैं जो 60 लाख साल पुराने हैं ।

थार की भंगुर पर्यावरणीय प्रणाली में अनेक प्रकार की अनूठी वनस्पतियों और पशुओं की प्रजातियों के साथ-साथ वन्यजीवों को पनाह मिली हुई है । मरूस्थलीय पर्यावरण प्रणाली का यह सर्वथा उपयुक्त उदाहरण है । इन कठिन परिस्थितियों में अनेक प्रकार के जीवों को फलते फूलते देखना अपने आप में एक सुखद आश्चर्य है ।

उद्यान की अद्भुत वनस्पतियों और पशुओं को देखने का सबसे उत्तम स्थान सुदाश्री वन चौकी है । भरतपुर पक्षी अभयारण्य के निकट स्थित होने के कारण यहां भी अनेक प्रकार के प्रवासी पक्षी आते रहते हैं । उद्यान में तीन प्रमुख झीलें हैं–राजबाग झील, मलिक तलाव झील और पदम तलाव झील ये तीनों झीलें इस राष्ट्रीय उद्यान के निवासियों के प्रमुख जल स्रोत है । कृष्णमृग इस क्षेत्र में एक आम मृग है । राष्ट्रीय उद्यान के अन्य उल्लेखनीय निवासियों रेगिस्तानी लोमड़ी, भेड़िया और रेगिस्तान लोमड़ी, भेड़िया और रेगिस्तानी बिल्ली है। इस रेतीले आवास में पक्षी जीवन ज्वलंत और शानदार है ।

भंगुर पर्यावरणीय प्रणाली के बावजूद यहां अनेक प्रकार के पक्षी पाये जाते हैं । लुप्तप्राय ग्रेट इंडियन बस्टर्ड (सोन चिरैया) इस उद्यान में अच्छी खासी संख्या में मौजूद हैं । यह क्षेत्र मरूस्थल के प्रवासी एवं स्थानीय पक्षियों का सुरक्षित आश्रयस्थल बना हुआ है । यहां उकाब, बाज, चील, लंबे पांव और चोंच वाले अनेक प्रकार के शिकारी पक्षियों के अलावा गिद्धों का दीदार आसानी से हो जाता है । विविध रंगरूप, पंखों और पंजों की बनावट वाले चील, उकाब, बाज ओर गिद्ध यहां पर्याप्त मात्रा में पाए जाते हैं । शाही मरू तीतर छोटे–छोटे तालाबों और झीलों के आसपास देखे जा सकते हैं । बटेर, मधुमक्खी, भक्षी लवा (भरत पक्षी) और इस तरह की अनेक प्रजातियां यहां सर्वत्र देखी जा सकती है । जबकि लंबी गर्दन वाले सारस और बगुले जाड़ों में ही दिखाई देते हैं । नीली द्रुम वाले और हरे मधुभक्षी पक्षियों के अलावा अनेक प्रकार के सामान्य और दुर्लभ तीतर बटेर पक्षीप्रेमियों के आकर्षण का केन्द्र बने हुए हैं । इस उद्यान में शीतकाल में अनेक प्रवासी पक्षी भी अपना बसेरा बनाते नजर आते हैं ।

(16) दुधवा राष्ट्रीय उद्यान (1977)–उत्तर प्रदेश के खीरी जनपद में स्थित यह संरक्षित क्षेत्र भारत और नेपाल की सीमाओं से लगे विशाल वन क्षेत्र में फैला है । यह उत्तर प्रदेश का सबसे बड़ा एवं समृद्ध जैव विविधता वाला क्षेत्र है। यह राष्ट्रीय उद्यान बाधों एवं बारहसिंगा के लिए विश्व प्रसिद्ध हैं । 1 फरवरी सन 1977 ईस्वी को दुधवा के जंगलों को राष्ट्रीय उद्यान बनाया गया । सन 1987–88 ईस्वी में किशनपुर वन्य जीव विहार को दुधवा राष्ट्रीय उद्यान में शामिल कर लिया गया तथा इसे बाघ संरक्षित क्षेत्र घोषित कर दिया गया । बाद में 66 वर्ग किमी. का बफर जोन सन 1997 ईस्वी में सम्मिलित कर लिया गया, अब इस संरक्षित क्षेत्र का क्षेत्रफल 884 वर्ग किमी. हो गया है । इस वन और इसकी वन्य संपदा के संरक्षण की शुरूआत सन 1860 ईस्वी में सर डी.वी. ब्रैन्डिस के आगमन से हुई और सन 1861 ई. में इस जंगल का 303 वर्ग किमी. का हिस्सा ब्रिटिश इंडिया सरकार के अन्तग्रत संरक्षित कर दिया गया, बाद में कई खैरीगढ़ स्टेट के जंगलों को भी मिलाकर इस वन को विस्तारित किया गया । सन 1958 ई. में 15.9 वर्ग किमी. के क्षेत्र को सोनारीपुर सैन्क्चुरी घोषित किया गया, जिसे बाद में सन 1968 ई. में 212 वर्ग कि.मी. का विस्तार देकर दुधवा सेन्क्चुरी का दर्जा मिला । यह मुख्यता बारासिंहा प्रजाति के संरक्षण को ध्यान में रखकर बनायी गयी थी । तब इस जंगली इलाके को नार्थ वेस्ट फारेस्ट ऑफ खीरी डिस्ट्रिक्ट के नाम से जाना जाता था किन्तु सन 1937 में बाकायदा इसे नार्थ खीरी फारेस्ट डिवीजन का खिताब हासिल हुआ । दुधवा राष्ट्रीय उद्यान की स्थापना के समय यहॉ बाघ, तेंदुए, गैण्डा, हाथी, बारहसिंगा, चीतल, पाढ़ा, कांकड़, कृष्ण मृग, चौसिंगा, सांभर, नीलकाय, वाइल्ड डॉग, भेड़िया, लकड़बग्घा, सियार, लोमड़ी, हिस्पिट हेयर रैटेल, ब्लैक नेक्ड स्टार्क, वूली नेक्ड स्टार्क, ओपेन बिल्ड स्टार्क, पैन्टेड स्टार्क, बेन्गाल फ्लोरिकन, पार्क्यूपाइन फ्लाइंग स्कैरल के अतिरिक्त पक्षियों, सरीसृपों, उभयचर, मछलियां व अर्थोपोडस की लाखों प्रजातियॉ निवास करती थी । कभी जंगली भैसें भी यहॉ रहते थे जो कि मानव आबादी के दखल से धीरे धीरे विलुप्त हो गये । इन भैसों की कभी मौजूदगी थी इसका प्रमाण वन क्षेत्र में रहने वाले ग्रामीणों पालतू मवेशियों के सींघ व माथा देखकर कर लगा सकते हैं कि इनमें अपने पूर्वजों का डी.एन.ए. वहीं लक्षण प्रदर्शित कर रहा है । मगरमच्छ व घड़ियाल भी आप को सुहेली जो जीवन रेखा है इस वन की व शारदा और घाघरा जैसी विशाल नदियों

में दिखाई दे जायेंगे । मैन्गोटिक डाल्फिन भी अपना जीवन चक्र इन्हीं जंगलों से गुजरने वाली जलधाराओं में पूरा करती है । इनकी मौजूदगी और ऑक्सीजन के लिए उछल कर जल से ऊपर आने का मंजर रोमांचित कर देता है ।

दुधवा उद्यान जैव विविधता के मामले में काफी समृद्ध माना जाता है। पर्यावरणीय दृष्टि से इस जैव विविधता को भारतीय संपदा और अमूल्य पारिस्थतिकी धरोहर के तोर पर माना जाता है । इसके जंगलों में मुख्यतः साल और शाखू के वृक्ष बहुतायत से मिलते हैं । हिरनों की पॉच प्रजातियॉ –चीतल, सांभर, काकड़, पाढ़ा और बारहसिंगा, बाघ, तेन्दुआ, भालू, सेही,उड़न गिलहरी, हिस्पिड हेयर, बंगाल फ्लोरिकन, हाथी सूँस (गैंजैटिक डाल्फिन) मगरमच्छ लगभग 400 पक्षी प्रजातियां एवं सरीसृप, उभयचर, तितिलियों के अतिरिक्त दुधवा के जंगल तमाम अज्ञात व अनदेखी प्रजातियों का घर है । साल, असना, बहेड़ा, जामुन, खैर के अतिरिक्त कई प्रकार के वृक्ष इस वन में मौजूद हैं । विभिन्न प्रकार की झाड़ियॉ, घासें, लतिकायें, औषधीय वनस्पतियां व सुन्दर पुष्पों वाली वनस्पतियां बहुतायत में पाई जाती है ।

(17) जीवाश्म राष्ट्रीय उद्यान–जीवाश्म राष्ट्रीय उद्यान भारत के मध्य प्रदेश राज्य में मंडला जिले में स्थित एक पौध ों के जीवाश्म का राष्ट्रीय उद्यान है जो मंडला जिले के सात गांवों में फैला हुआ है । इस उद्यान में पादपों तथा जन्तुओं के जीवाश्म पाए जाते हैं । यह पौधों के जीवाश्म का राष्ट्रीय उद्यान है, जो कान्हा राष्ट्रीय उद्यान और बांधवगढ़ राष्ट्रीय उद्यान के बीच फैला हुआ है। यह स्थान जीवाश्मों से समृद्ध हैं । यहॉ के जीवाश्म तकरीबन साठ लाख साल पुराने होने का अनुमान है । इन जीवाश्मों ने वनस्पति और जानवरों के जगत की विकास प्रक्रिया के रहस्यों को प्रकट करने में काफी मदद की है । इस जीवाश्म उद्यान का प्रमुख स्थान घुघ ्वा है जो 6.84 एकड़ जमीन पर फैला हुआ है तथा तीन अन्य जुड़े स्थलों में उमरिया सिल्थेर (23.02 एकड़) देवरी खुर्द (16.53 एकड़) और बरबसपुर (21.35 एकड़) शामिल है ।

यह स्थान बहुत बड़े जीवाश्म धड़, जीवाश्म फल और कार्टज पत्थर की कई किस्मों से समृद्ध हैं । घुग्वा में देखे गये हायफेनेड जीवाश्म जो अभी भी अफ्रीका महाद्वीप में रहते हैं, बताते हैं कि किसी समय भारत भी अफ्रीका महाद्वीप का एक हिस्सा था । घुघवा से चार कि.मी. दूर उमरिया गॉव के निकट, उमरिया सिल्थेर में अच्छी संख्या में जीवाश्म पाए जाते हैं । देवरी, खुर्दा जो कि शाहपुरा से 9 किमी. दूर है, ओर बरबसपुर जो मानिकपुर से 2 किमी. है, में जीवाश्मीकृत धड़ खड़ी स्थिति में देखे जा सकते हैं । मंडला जिले में कई स्थानों पर जीवाश्म पाए गये हैं और इनमें डेक्कन अंतर चट्टान की बनावट की श्रृंखला में वनस्पति शास्त्र से संबंधित प्राचीन अवशेष पाए गये हैं । इन जीवाश्मों ने हमेशा से हमारी पुरानी सभ्यता की वैज्ञानिक समझ बनाने में मदद की है ।

(18) गिर वन्यजीव अभयारण्य (1965)–गिर वन्यजीव अभयारण्य भारत के गुजरात राज्य में लगभग 1424 वर्ग किलोमीटर में फैला हुआ है । यह जंगल शेरों के लिए मसहूर हैं इसके अतिरिक्त इस वन्य अभयारण्य में अधिसंख्य मात्रा में पुष्प और जीव जन्तुओं की प्रजातियां मिलती है । यहॉ स्तनधारियों की 30 प्रजातियां, सरीसृप वर्ग की 20 प्रजातियां और कीड़ो मकोड़ों तथा पक्षियों की भी बहुत सी प्रजातियां पाई जाती है । दक्षिणी अफ्रीका के अलावा विश्व का यही ऐसा एकलौता स्थान है जहां शेरों को अपने प्राकृतिक आवास मेंरहते हुए देखा जा सकता है जंगल के शेर के लिए अंतिम आश्रय के रूप में गिर का जंगल भारत के महत्वपूर्ण वनरू अभयारण्यों में से एक है । गिर के जंगल को सन 1969 में वन्य जीव अभयारण्य बनाया गया और 6 वर्षों बाद इसका 140.4 वर्ग किलोमीटर में विस्तार करके इसे राष्ट्रीय उद्यान के रूप में स्थापित कर दिया गया । यह अभयारण्य अब लगभग 258.71 वर्ग किलोमीटर तक विस्तृत हो चुका है । वन्य जीवों को संरक्षण प्रदान करने के प्रयास से अब शेरों की संख्या बढ़कर 312 हो गई है ।

सूखे पत्ते वाले वृक्षों, कांटेदार झाड़ियों के अलावा हरे भरे पेड़ों से समृद्ध गिर का जंगल नदी के किनारे बसा हुआ है । यहां के मुख्य वृक्षों में सागौन, शीशम, बबूल, बेर, जामुन बील आदि है ।

भारत के सबसे बड़े कद का हिरण, सांभर, चीतल, नीलगाय, चिंकारा और बारहसिंगा भी यहां देखा जा सकता है साथ ही यहां भालू और बड़ी पूंछ वाले लंगूर भी भारी मात्रा में पाए जाते हैं । कुछ ही लोग जानते होंगे कि गिर भारत का एक अच्छा पक्षी अभयारण्य भी है । यहां फलगी वाला बाज, कठफोड़वा एरीओल, जंगली मैना ओर पैराडाइज फलाईकेचर भी देखा जा सकता है । साथ ही यह अधोलिया, वालडेरा, रतनघुना और पीपलिया आदि पक्षियों को भी देखने के लिए उपयुक्त स्थान है । इस जंगल में मगरमच्छों के लिए फॉर्म का विकास किया जा रहा है जो यहां के आकर्षण को औंर भी बढ़ा देगा ।

दर्शकों के लिए गिर वन्य अभयारण्य मध्य अक्टूवर महीने से लेकर मध्य जून तक खोला जाता है लेकिन मानसून के मौसम में इसे बन्द कर दिया जाता है ।

(19) गुइंडी राष्ट्रीय उद्यान–गुइंडी राष्ट्रीय उद्यान भारत के तमिलनाडू राज्य की राजधानी चेन्नै में स्थित एक राष्ट्रीय उद्यान है जिसका क्षेत्रफल 2.82 वर्ग कि.मी. है।

(20) हेमिस राष्ट्रीय उद्यान (1981)–हेमिस राष्ट्रीय उद्यान या (हेमिस हाई आल्टीटयूड राष्ट्रीय उद्यान) भारत के जम्मू और कश्मीर राज्य में पूर्वी लददाख क्षेत्र में काफी ऊंचाई में स्थित एक राष्ट्रीय उद्यान है । यह भारत में हिमालय के उत्तर में एक मात्र राष्ट्रीय उद्यान है, भारत में सबसे बड़ा अधिसूचित संरक्षित क्षेत्र (और इस प्रकार भारत का सबसे बड़ा राष्ट्रीय उद्यान) और नंदा देवी बायोस्फिरयर रिजर्व और आसपास के संरक्षित क्षेत्रों के बाद दूसरा सबसे बड़ा सन्निहित संरक्षित क्षेत्र है । पार्क कई लुप्तप्राय स्तनधारियों की प्रजातियों सहित हिम तेंदुए का भी निवास स्थान है । उद्यान के उत्तर में सिंधु नदी बहती है और दक्षिण में जांस्कर श्रृंखला है और इसके अंतर्गत मरखा, सुमदाह और रूम्बक के जलग्रह आते हैं ।

सन 1981 में उद्यान की स्थापना हुई और उस समय इसमें केवल मरखा और रूम्बक के जलग्रह सम्मिलित किये गये थे और इसका क्षेत्रफल मात्र 600 वर्ग किमी. था । सन 1988 में कुछ सन्निहित इलाके जोड़ दिये गये और इसका क्षेत्रफल 3350 वर्ग किमी. तक बढ़ गया । फिर सन 1990 में इसका क्षेत्रफल बढ़ाकर 4400 वर्ग कि.मी. कर दिया गया और अब यह दक्षिण एशिया में सबसे बड़ा राष्ट्रीय उद्यान है ।

(21) घुड़खर अभयारण्य (1972)–घुड़खर अभयारण्य (Indian Wild Ass Sanctuary) गुजरात के लघु कच्छ रण में स्थित है । यह 4954 वर्ग किमी. क्षेत्र में फैला हुआ है और भारत का सबसे बड़ा अभयारण्य हैं। यह खर, गधेरा या घुड़खर (जंगली गधा) के लिये प्रसिद्ध है।

(22) इंदिरा गांधी वन्य जीवन अभयारण्य और राष्ट्रीय उद्यान (1974)–इंदिरा गांधी वन्य जीवन अभयारण्य और राष्ट्रीय उद्यान (आईजीडब्लयूएलएस और एनपी) एक संरक्षित क्षेत्र है, यह दक्षिण भारत के तमिलनाडू राज्य के कोयंबटूर जिले में पोलाची, वेलपराई ओर उदुमलपेट तालुकों की अनाईमलाई पहाड़ियों में स्थित है। इसे अक्सर टॉपस्लिप कहा जाता है जो पार्क के पूर्वोत्तर कोने में स्थित एक गांव है और आगंतुकों का मुख्य केंद्र है । यह नाम 19वीं सदी की एक स्थानीय प्रथा से उत्पन्न हुआ है जिसमें सागोन की लकड़ी के लट्ठो को पहाड़ियों से नीचे सरकाया जाता था । यह दक्षिण भारत के तमिलनाडू राज्य कोयंबटूर जिले में पोलाची, वेलपराई और उदुमलपेट तालुकों की अनाईमलाई पहाड़ियों में स्थित है । 108 वर्ग किमी में फैला यह राष्ट्रीय उद्यान 958 वर्ग किमी के इंदिरा गांधी वन्यजीव अभयारण्य का महत्वपूर्ण क्षेत्र है जिसे पहले अनाईमलाई वन्यजीव अभयारण्य कहा जाता था । इसे 1974 में एक अभयारण्य के रूप में अधिसूचित किया गया था और 108 किमी क्षेत्र में तीन स्थानों करियन शोला, ग्रास पहाड़ी और मंजमपट्टी में स्थित इसके विशिष्ट

प्राकृतिक आवासों को 1989 में राष्ट्रीय उद्यान के रूप में अधिसूचित किया गया था । पार्क और अभयारण्य पश्चिमी घाट विश्व विरासत स्थल के एक हिस्से के रूप में यूनेस्को द्वारा विचाराधीन है । अनाईमलाई संरक्षण क्षेत्र डिंडीगुल जिले में अभयारण्य और पालनी पहाड़ी से मिलकर बना है । अभयारण्य के छह प्रशासनिक रेंज हैं

(23) इंद्रावती राष्ट्रीय उद्यान (1982)–इंद्रावती राष्ट्रीय उद्यान छत्तीसगढ़ का सबसे अधिक परिष्कृत और सबसे अधिक प्रसिद्ध वन्य जीवन उद्यान है । यह राष्ट्रीय उद्यान छत्तीसगढ़ राज्य का एक मात्र टाइगर रिजर्व है । उद्यान दंतेवाड़ा जिले में स्थित है । इंद्रावती नदी के नाम पर यह बनाया गया है, जो पूर्व से पश्चिम की ओर बहती है तथा महाराष्ट्र राज्य के साथ इस संरक्षित वन की उत्तरी सीमा बनाती है । इंद्रावती राष्ट्रीय उद्यान लगभग 2799.08 वर्ग किलोमीटर के क्षेत्रफल में विस्तारित है । इंद्रावती को 1981 में राष्ट्रीय उद्यान का दर्जा दिया गया और इसे 1983 के दौरान भारत के सर्वाधिक प्रसिद्ध टाइगर रिजर्व बनाने के लिए भारत की प्रसिद्ध प्रोजेक्ट टाइगर नामक योजना के तहत टाइगर रिजर्व घोषित किया गया ।

इस राष्ट्रीय उद्यान की वनस्पति में मुख्यतः उष्णकटिबंधीय नम और सूखे पतझड़ी प्रकार के साल, टीक और बांस के पेड़ है । इंद्रावती राष्ट्रीय उद्यान में उत्कृष्ट प्रकार के घास के मैदान हैं, जो जंगली भैंसों, चीतल, बार्किंग डीयर, नील गाय गोर तथा अन्य शाकाहारी जीवों को अपेक्षित मात्रा में चारा प्रदान करते हैं । उद्यान में विभिन्न प्रकार के पेड़ पाये जाते हैं टीक, लेंदिया, सलाई, महुआ, तेंदु, सेमल, हालदु, बेर और जामुन आदि। इंद्रावती राष्ट्रीय उद्यान के प्रमुख वन्य जीवन में दुर्लभ प्रकार के जंगली भैंसे, बारहसिंगा, बाघ, चीते, गैरनील गाय, सांभर, चार सींग वाला एंटीलॉप, स्लॉथ बीयर, जंगली कुत्ते, पट्टीदार हाइना, मुंटजेक, जंगली सुअर, उड़ने वाली गिलहरियॉ, साही, पेंगोलिन, बंदर और लंगूर के अलावा अन्य अनेक पाए जाते हैं । इस उद्यान में आमतौर पर पाए जाने वाले सरीसृप हैं मीठे पानी का घड़ियाल, मॉनीटर छिपकली, भारतीय गिरगिट, सामान्य क्रेट भारतीय पत्थरीला अजगर, कोबरा और रसेल वाइपर । विभिन्न प्रकार की चिड़ियां प्रजातियों का आवास भी इंद्रावती राष्ट्रीय उद्यान में हैं, जिसमें से पहाड़ी मैना सबसे अधिक महत्वपूर्ण प्रजाति है।

(24) कालाक्कड़ मुन्दंठुरै टाइगर रिजर्व (1988)–यह दक्षिण भारत के तमिलनाडू राज्य के कन्याकुमारी एवं तिरूनेल. वेली जिले में स्थित है । इसे 1988 में टाइगर रिजर्व घोषित किया गया ।

(25) कांगेर घाटी राष्ट्रीय उद्यान (1982)–कांगेरघाटी नेशनल पार्क छत्तीसगढ़ कांगेर घाटी की 34 किलोमीटर लंबी तराई में स्थित है । यह एक बायोस्फीयर रिजर्व है । कांगेर घाटी नेशनल पार्क भारत के सर्वाधिक सुंदर और मनोहारी नेशनल पार्कों में से एक है । यह अपनी प्राकृतिक सुंदरता और अनोखी समृद्ध जैव विविधता के कारण प्रसिद्ध है । कांगेर घाटी को 1982 में नेशनल पार्क का दर्जा दिया गया । वन्य जीवन और पेड़ पौधों के अलावा पार्क के अंदर पर्यटकों के लिए अनेक आकर्षण हैं । जैसे कुटुमसार की गुफाएं, कैलाश गुफाएं, डंडक की गुफाएं और तीर्थगढ़ जलप्रपात । कांगेर धारा और भीमसा धारा, दो सुंदर और अद्भुत पिकनिक रिजार्ट है ।

इस पार्क में बड़ी संख्या में जनजातीय आबादी भी रहती है और प्रकृति प्रेमियों, अनुसंधानकर्ताओं, वैज्ञानिकों के अलावा छत्तीसगढ़ के सर्वोत्तम वन्य जीवन का दर्शन करने का इच्छुक लोगों के लिए यह एक आदर्श पर्यटन स्थल है, जहॉ क्षेत्र की अनोखी जनजातियों को भी देखा जा सकता है । पार्क की वनस्पतियों में मिश्रित नम पतझड़ी प्रकार के वन हैं, जिसमें मुख्यतः साल, टीक और बांस के पेड़ हैं । वास्तव में कांगेर घाटी भारतीय उपमहाद्वीप में एकमात्र ऐसा स्थान हैं जहॉ अब तक इन अछूते और पहुँच से दूर वनों का एक हिस्सा बचा हुआ है । कांगेर घाटी नेशनल पार्क में पाए जाने वाले प्रमुख जीव जंतु हैं–बाघ, चीते, माउस डीयर, जंगली बिल्ली, चीतल, सांभर, बार्किंग डीयर, भेड़िए, लंगूर रिस्सा मेकाका, स्लॉथ बीयर, उड़ने वाली

गिलहरी, जंगली सुअर, पट्टीदार हाइना, खरगोश, अजगर, कोबरा, घड़ियाल, मॉनिटर छिपकली तथा सांप । कांगेर घाटी नेशनल पार्क में मुख्य रूप से पहाड़ी मैना, चित्तीदार, उल्लू, लाल जंगली बाज, रैकिट टेल्ड ड्रोंगो, मोर, तोते, स्टैपी ईगल,लाल फर वाला फाल, फटकार, भूरा तीतर, ट्री पाई और हेरॉन पक्षी पाए जाते हैं।

(26) कान्हा राष्ट्रीय उद्यान (1955)–यह भारत का एक प्रमुख राष्ट्रीय उद्यान है । मध्य प्रदेश अपने राष्ट्रीय पार्कों और जंगलों के लिए प्रसिद्ध हैं । यहां की प्राकृतिक सुन्दरता और वास्तुकला के लिए विख्यात कान्हा पर्यटकों के बीच हमेशा ही आकर्षण का केन्द्र रहा है । कान्हा शब्द नकहार से बना है जिसका स्थानीय भाषा में अर्थ चिकनी मिट्टी है । यहां पाई जाने वाली मिट्टी के नाम से ही इस स्थान का नाम कान्हा पड़ा । इसके अलावा एक स्थानीय मान्यता यह रही है कि इस जंगल के समीप गांव में एक सिद्ध पुरूष रहते थे जिनका नाम कान्वा था । कहा जाता है कि उन्हीं के नाम पर कान्हा नाम पड़ा ।

कान्हा जीव जंतुओं के संरक्षण के लिए विख्यात है । यह अलग–अलग प्रजातियों के पशुओं का घर है । जीव जन्तुओं का यह पार्क 940 वर्ग किमी. के क्षेत्र में फैला हुआ है। रूडयार्ड किपलिंग की प्रसिद्ध किताब और धारावाहिक जंगल बुक की भी प्रेरणा इसी स्थान से ली गई थी । पुस्तक में वर्णित यह स्थान मोगली, बगीरा, शेरखान आदि पात्रों का निवास स्थान है । सन 1973 में प्रोजेक्ट टाइगर के तहत इस उद्यान का 917.4 वर्ग किमी. का क्षेत्र कान्हा व्याघ्र संरक्षित क्षेत्र घोषित कर दिया गया ।

यह राष्ट्रीय पार्क 1945 वर्ग किलोमीटर में फैला हुआ है। यह क्षेत्र घोड़े के पैरों के आकार का है और यह हरित क्षेत्र सतपुड़ा की पहाड़ियों से घिरा हुआ है । इन पहाड़ियों की ऊँचाई 450 से 900 मीटर तक है । इसके अन्तर्गत बंजर और हेलन की घाटियॉ आती हैं जिन्हें पहले मध्य भारत का प्रिन्सेस क्षेत्र कहा जाता था। 1879–1910 ईसवी तक यह क्षेत्र अंग्रेजों के शिकार का स्थल था । कान्हा को 1933 में अभयारण्य के तौर पर स्थापित कर दिया गया और इसे 1955 में राष्ट्रीय पार्क घोषित किर दिया गया यहॉं अनेक पशु पक्षियों को संरक्षित किया गया है । लगभग विलुप्त हो चुकी बारहसिंहा की प्रजातियां यहां के वातावरण में देखने को मिल जाती है । कान्हा एशिया के सबसे सुरम्य और खूबसूरत वन्यजीव रिजर्वों में एक है । टाइगरों का यह दो परभक्षी और शिकार दोनों के लिए आदर्श जगह है । यहां की सबसे बड़ी विशेषता खुले घास का मैदान हैं जहां काला हिरन, बारहसिंहा, सांभर और चीतल को एक साथ देखा जा सकता है । बांस और टीक के वृक्ष इसकी सुन्दरता को और बढ़ा देते हैं ।

(27) कासु ब्रह्मानन्द रेड्डी राष्ट्रीय उद्यान (1988)–कासु ब्रह्मानन्द रेडडी राष्ट्रीय उद्यान भारत के आंध्र प्रदेश राज्य की राजधानी हैदराबाद के जुबली हिल्स इलाके में स्थित एक राष्ट्रीय उद्यान हैं जिसका क्षेत्रफल मात्र 1.42 वर्ग किमी. है । इसको सन 1998 में स्थापित किया गया था।

(28) काजीरंगा राष्ट्रीय उद्यान (1905)– काजीरंगा राष्ट्रीय उद्यान मध्य असम में 430 वर्ग किलोमीटर के क्षेत्रफल में फैला है । इस उद्यान में भारतीय एक सींग वाले गैंडे (राइनोसेरोस, यूनीकोर्निस) का निवास है । काजीरंगा को वर्ष 1905 में राष्ट्रीय उद्यान घोषित किया गया था । सर्दियों में यहॉ साइबेरिया से कई मेहमान पक्षी भी आते हैं, हालांकि इस दलदली भूमि का धीरे–धीरे खत्म होते जाना एक गंभीर समस्या है । काजीरंगा में विभिन्न प्रजातियों के बाज, विभिन्न प्रजातियों के चीलें और तोते आदि भी पाये जाते हैं ।

इस राष्ट्रीय उद्यान का प्राकृतिक परिवेश वनों से युक्त है, जहॉ बड़ी एलिफेंट ग्रास, मोटे वृक्ष दलदली स्थान और उथले तालाब है। एक सींगा वाला गैंडा, हाथी, भारतीय भैंसा, हिरण, सांभर, भालू, बाघ, चीते, सुअर, बिल्ली, जंगली बिल्ली, हॉग बैजर, लंगूर, हुलॉक गिब्बन भेड़िया साही, अजगर और अनेक प्रकार की चिड़ियॉ

जैसे पेलीकन, बत्तख, कलहंस, हॉर्नबिल, आइबिस जलकाक, अगरेट, बगुला काली गर्दन वाले स्टॉर्क, लेसर एडजुलेंट, रिंगटेल फिशिंग ईगल आदि बड़ी संख्या में पाए जाते हैं।

काजीरंगा राष्ट्रीय उद्यान न केवल भारत में वरन पूरे विश्व में एक सींग वाले गैंडे के लिए प्रसिद्ध है। यह राष्ट्रीय उद्यान असम का एकमात्र राष्ट्रीय उद्यान है । यह केंद्रीय असम में स्थित है । उद्यान उबड़–खाबड़ मैदानों, लम्बी ऊँची घासों, आदिवासियों और भयंकर दलदलों से पूर्ण कुल 430 वर्ग किलोमीटर में फैला हुआ है । यूनेस्को द्वारा घोषित विश्व धरोहरों में एक काजीरंगा राष्ट्रीय उद्यान साल 2005 में 100 वर्ष का हो गया है ।

(29) केयबुल लामजाओ राष्ट्रीय उद्यान (1977)–केयबुल लामजाओ राष्ट्रीय उद्यान भारत में मणिपुर राज्य के विष्णुपुर जिले में स्थित एक राष्ट्रीय उद्यान है । यह पूर्वोत्तर भारत में स्थित 40 वर्ग कि.मी. के क्षेत्रफल वाला विश्व में इकलौता तैरता हुआ राष्ट्रीय उद्यान है और मणिपुर की विश्व प्रसिद्ध लोकतल झील का एक अभिन्न हिस्सा है।

इस झील का सबसे प्रमुख आकर्षण है विलुप्त हो रहे एल्ड हिरण और बारहसिंघा जिसको यहू के स्थानीय लोग संगाई बोलते हैं । यह नाचने वाला हिरण है जो बिष्णुपुर और मणिपुर को प्रसिद्ध बनाता है । केईबुल लम्जाओ को 1977 में राष्ट्रीय उद्यान घोषित किया गया था ताकि संगाई को बचाया जा सके जबकि पहले इसे सैंक्चुअरी घोषित किया गया था । केईबुल लम्जाओ राष्ट्रीय उद्यान अपने अनूठे परितंत्र के कारण तैरता है । इस उद्यान में ज्यादातर वनस्पति तैरते हुए दलदल के रूप में है जिसे फुम्दी भी कहते हैं ।

(30) जिम कार्बेट राष्ट्रीय उद्यान (1936)–जिम कार्बेट राष्ट्रीय उद्यान भारत का सबसे पुराना राष्ट्रीय पार्क है और 1936 में लुप्तप्राय बंगाल बाघ की रक्षा के लिए हैंली नेशनल पार्क के रूप में स्थापित किया गया था। यह उत्तराखण्ड के नैनीताल जिले में स्थित है और इसका नाम जिम कार्बेट के नाम पर रखा गया था जिन्होंने इसकी स्थापना में महत्वपूर्ण भूमिक निभाई थी । बाघ परियोजना पहल के तहत आने वाला यह पहला पार्क था। यह एक गौरवशाली पशु विहार है । यह रामगंगा की पातलीदून घाटी में 1318.54 वर्ग किलोमीटर में बसा हुआ है जिसके अंतर्गत 829.99 वर्ग किलोमीटर का जिम कॉर्बेट व्याघ्र संरक्षित क्षेत्र भी आता है।

पार्क में उप हिमालयन बेल्ट की भौगोलिक और पारिस्थितिक विशेषताएं हैं । यह एक इकोटोरिज्म गंतव्य भी है और यहॉ पौधों की 488 प्रजातियां और जीवों की एक विविधता है । पर्यटन की गतिविधियों में वृद्धि और अन्य समस्याएं पार्क के पारिस्थितिक संतुलन के लिए एक गंभीर चुनौती पेश कर रही हैं ।

कॉर्बेट एक लंबे समय के लिए पर्यटकों और वन्यजीव प्रेमियों के लिए अड्डा रहा है । कॉर्बेट टाइगर रिजर्व के चयनित क्षेत्रों में ही पर्यटन गतिविधि को अनुमति दी जाती है ताकि लोगों को इसके शानदार परिदृश्य और विविध वन्यजीव देखने का मौका मिले । हाल के वर्षों में यहां आने वाले लोगों की संख्या में नाटकीय रूप से वृद्धि हुई है । वर्तमान में हर मौसम में 70000 से अधिक आगंतुक पार्क में आते हैं ।

कॉर्बेट नेशनल पार्क में 520.8 वर्ग किमी (201.1 वर्ग मील) में पहाड़ी, नदी के बेल्ट, दलदलीय गड्डे घास के मैदान और एक बड़ी झील शामिल है । ऊँचाई 1300 से 4000 फीट (400 से 1220 मीटर) तक होती है । यहॉ शीतकालीन रातें ठंडी होती हैं लेकिन दिन धूपदार और गरम होते हैं यहॉ जुलाई से सितंबर तक बारिश होती है। घने नम पर्णपाती वन में मुख्य रूप से साल, हल्दु, पीपल, रोहिनी और आम के पेड़ होते हैं। जंगल पार्क का लगभग 73% हिस्सा घेरते हैं, इस क्षेत्र में 10% घास के मैदान होते हैं। यहॉ 110 पेड़ की प्रजातियॉ, 50 स्तनधारियों की प्रजातियॉ, 580 पक्षी प्रजातियां और 25 सरीसृप प्रजातियां है।

(31) मानस राष्ट्रीय उद्यान (1990)–मानस राष्ट्रीय उद्यान भारत का एक प्रमुख राष्ट्रीय उद्यान है । यह उद्यान असम में स्थित हैं। यह उद्यान एक सींग का गैंडा (भारतीय गेंडा) और बारहसिंघा के लिए विशेष रूप से प्रसिद्ध हैं। यह भूटान की तराई में बोडो क्षेत्रीय परिषद की देखरेख में 950 वर्गकिलोमीटर से भी बड़े इलाके में फैला है। जिसके अंतर्गत 1973 में प्रोजेक्ट टाइगर के तहत स्थापित 840.40 वर्ग किलोमीटर का इलाका मानस व्याघ्र संरक्षित क्षेत्र भी आता है ।

मानस नाम मनसा देवी से लिया गया है । यह स्थान अपने शानदार प्राकृतिक दृश्यों के लिए जाना जाता है, इसमें विभिन्न प्रकार के पर्यावास मौजूद है जिसमें विविध जीव जंतु रहते हैं जिस कारण यह सभी भारतीय वन्यजीव क्षेत्रों में से सबसे अधिक समृद्ध है । यह उद्यान एक विशाल बाघ रिजर्व के उस मुख्य भाग को दर्शाता है जो पश्चिम बंगाल से अरूणाचल प्रदेश और भूटान सीमा तक महत्वपूर्ण प्रवासी वन्यजीव संसाधनों का संरक्षण करता है । इसकी दलदली भूमि का अंतरराष्ट्रीय महत्व है । यह इकलौता सबसे महत्वपूर्ण स्थान है जहां पिग्मी हॉग, हिस्पिड हेयर और गोल्डन लंगूर अब भी जीवित बचे हैं।

यह उद्यान जिसमें मानस रिजर्व वन का भाग और उत्तर कामरूप रिजर्व वन का संपूर्ण भाग शामिल है, कछुगांव, हलतूगांव, पश्चिम असम वन्यजीव और उत्तर कामरूप के वन्य भागों में स्थित मानस टाइगर रिजर्व का मुख्य भाग है।

बाहरी हिमालय की तलहटी में बसा यह क्षेत्र निम्नस्थ और सपाट है । मानस नदी उद्यान के पश्चिमी भाग से होकर बहती है, जहां वह तीन अलग–अलग नदियों में बंट जाती है और 64 किमी. आगे दक्षिण की ओर पहुंच कर ब्रह्मपुत्र नदी से जा मिलती है । यह नदी और टाइगर रिजर्व से बहने वाली अन्य नदियॉ अपने साथ भारी मात्रा में तलहटी से गाद और शैल अवशेष बहा लाती है जिसके कारण भारी वर्षा, शैल की भुरभुरी प्रकृति और जलग्रहों की खड़ी ढलाने हैं । इस कारण से विविध गहराई की रेत और मिट्टी जमी हुई परत के साथ जमी हुई शैलों और मलबे की गहरी परतों से युक्त जलोढ़ मेढ़े, सरकती हुई नदी द्रोणियां और दलदल बन जाते हैं । पश्चिमी उद्यान में बोकि घाटी का क्षेत्र कई बार मानसून के दौरान पानी से भर जाता है । यहां पाई जाने वाली तीन मुख्य प्रकार की वनस्पतियां हैं उद्यान के उत्तरी भाग में उष्णकटिबंधीय अर्द्ध सदाबहार वन, उष्णकटिबंधीय नम और शुष्क पर्णपाती वन (यह सबसे आम प्रकार है), तथा उद्यान के पश्चिमी भाग में वृहत जालेढ़ धासभूमियां।

इसे 1985 में विश्व धरोहर स्थल का दर्जा दिया गया था लेकिन अस्सी के दशक के अंत और नब्बे के दशक के शुरू में बोडो विद्रोही गतिविधियों के कारण इस उद्यान को 1992 में विश्व धरोहर स्थल सूची से हटा लिया गया था । जून 2011 से यह पुनः यूनेस्को की विश्व धरोहर में शामिल कर लिया गया है ।

(32) समुद्री राष्ट्रीय उद्यान (1982)–समुद्री राष्ट्रीय उद्यान, कच्छ की खाड़ी भारत के गुजरात राज्य में स्थित भारत का सर्वप्रथम समुद्री राष्ट्रीय उद्यान है जो 1982 में स्थापित किया गया था ।

(33) मेलघाट राष्ट्रीय उद्यान (1973-75)–यह भारत के महाराष्ट्र राज्य के अमरावती जिले में स्थित है । इसे 1988 में टाइगर रिजर्व घोषित किया गया पर्यावरणीय दृष्टि से इस जैव विविधता को भारतीय संपदा और अमूल्य पारिस्थितिकी धरोहर के तौर पर माना जाता है । इसके जंगलों में मुख्यतः साल और शाखू के वृक्ष बहुतायत से मिलते हैं । हिरनों की पॉच प्रजातियां–

चीतल, सांभर, काकड़, पाढ़ा और बारहसिंगा, बाघ, तेन्दुआ, भालू, सेही, उड़न गिलहरी, हिस्पिड हेयर, बंगाल फ्लोरिकन, हाथी सूँस (गैंजेटिक डाल्फिन) मगरमच्छ, लगभग 400 पक्षी प्रजातियां एवं सरीसृप, उभयचर, तितिलियों के अतिरिक्त दुधवा के जंगल तमाम अज्ञात व अनदेखी प्रजातियों का घर है । साल, असना,

बहेड़ा, जामुन, खैर के अतिरिक्त कई प्रकार के वृक्ष इस वन में मौजूद हैं । विभिन्न प्रकार की झाड़ियां, घासें, लतिकायें, औषधीय वनस्पतियां व सुन्दर पुष्पों वाली वनस्पतियां बहुतायत में पाई जाती हैं।

(34) नागरहोल राष्ट्रीय उद्यान (1999)–कर्नाटक में स्थित नागरहोल अपने वन्य जीव अभयारण्य के लिए विश्व भर में प्रसिद्ध है । यह उन कुछ जगहों में से एक है जहां एशियाई हाथी पाए जाते हैं । हाथियों के बड़े–बड़े झुंड यहां देखे जा सकते हैं । मानसून से पहले की बारिश में यहां बड़ी संख्या में रंग बिरंगे पक्षी दिखाई देते हैं । उस समय पूरा वातावरण उनकी चहचहाट से गूंज उठता है । पशुप्रेमियों के लिए यहां देखने और जानने के लिए बहुत कुछ है।

एक जमाने में यह मैसूर के राजाओं के शिकार का स्थल था । लेकिन बाद में इसे अभयारण्य बना दिया गया । अब यह राजीव गांधी अभयारण्य के नाम से जाना जाता है । यह पार्क दक्कन के पठार का हिस्सा है । जंगल के बीच में नागरहोल नदी बहती है, जो कबीनी नदी में मिल जाती है । कबीनी नदी पर बने बांध के कारण पार्क के दक्षिण में एक झील बन गई है जो इस उद्यान को बांदीपुर टाइगर रिजर्व से अलग करती है । 640 वर्ग किलोमीटर में फैले नागरहोल अभयारण्य में अनेक जानवर पाए जाते हैं । इसलिए जंगल की सफारी से इनको करीब से देखना रामांचक अनुभव होता है । यद्यपि यहां बहुत सारे शेर और चीते हैं, फिर भी इन्हें ढूढ़ और देख पाना इतना आसान नहीं है । शेर और चीतों के अलावा हिरन, चार सींग वाला हिरन, कलगी वाला साही और काली गर्दन वाले खरगोश भी यहां देखे जा सकते हैं । पर्यटक अभयारण्य में केवल 30 वर्ग किलोमीटर के क्षेत्र में ही घूम सकते हैं ।

(35) नागार्जुन सागर राष्ट्रीय उद्यान (1967)–नागार्जुन सागर श्रीशैलम बाघ रिजर्व भारत का एक बहुत बड़ा बाघ आरक्षित क्षेत्र अर्थात रिजर्व हैं जो कि देश के आंधप्रदेश में स्थित है । यह रिजर्व पांच जिलों नालगोंडा, महबूबनगर, कुर्नूल प्रकाशम और गुंटूर के जिलों में फैला हुआ है।

(36) नामदफा राष्ट्रीय उद्यान (1974)–नामदफा राष्ट्रीय उद्यान पूर्वी हिमालय जैव विविधता स्थल का सबसे बड़ा संरक्षित क्षेत्र है और पूर्वोत्तर भारत में अरूणाचल प्रदेश में स्थित है । यह क्षेत्रफल की दृष्टि से भारत का सबसे बड़ा राष्ट्रीय उद्यान है । यह पूर्वी हिमालय उप क्षेत्र में स्थित है और इसे भारत में जैव विविधता में सबसे धनी क्षेत्रों में से एक के रूप में मान्यता प्राप्त है । 27° उ. अक्षांश में स्थित इस उद्यान में दुनिया का सबसे उत्तरी तराई सदाबहारवर्षा वन है । यह क्षेत्र व्यापक डिपटॅरोकार्प जंगलों के लिए भी जाना जाता है ।

यह उद्यान भारत के पूर्वोत्तर राज्य अरूणाचल प्रदेश के चांगलांग जिले में म्यांमार के साथ की सीमा के पास स्थित है । इसका मूल क्षेत्रफल 1808 वर्ग किमी. का है और 177 वर्ग किमी. का मध्यवर्ती क्षेत्रफल है जो पूर्ण रूप से 1985 वर्ग किमी. बनता है । यह उद्यान मिश्मी पहाड़ियों की दफा बुम पर्वतमाला और पटकाई पर्वतमाल के बीच स्थित है और इसकी समुद्री सतह से ऊँचाई 200 से 4571 मीटर तक की है । यह क्षेत्र दोनों पैलिआर्कटिक और इंडो मलायी जैव भौगोलिक क्षेत्रों के अन्तर्गत आता है जिसके परिणामस्वरूप यहाँ विभिन्न प्रजातियों का संयोजन होता है । बढ़ती ऊँचाई के साथ–साथ परिवेश उपोष्णकटिबंधीय चौड़ी पत्तियों वाले जंगलों से उपोष्णकटिबंधीय चीड़ के जंगलों में, फिर समशीतोष्ण चौड़ी पत्तियों वाले जंगलों में और अधिक ऊँचाई पर बारहमासी बर्फ तथा अल्पाइन घास के मैदानों में परिवर्तित होता चलता है । उद्यान में प्राथमिक जंगलों के अलावा व्यापक बांस के और माध्यमिक जंगल हैं ।

(37) नामेरी राष्ट्रीय उद्यान (1978)–नमेरी राष्ट्रीय उद्यान भारत के असम राज्य के शोणितपुर जिले में स्थित एक राष्ट्रीय उद्यान है । यह पूर्वी हिमालय के गिरिपीठ में स्थित हैऔर असम के तेजपुर शहर से 35 किमी. की दूरी पर है ।

(38) न्योरा घाटी राष्ट्रीय उद्यान (1986)–यह भारत का एक प्रमुख राष्ट्रीय उद्यान है, जो पश्चिम बंगाल दार्जिलिंग जिले में स्थित है । अभयारण्य बाघ, तेदुआ, चीतल, जंगली भैंस, सांभर, चिंकारा, भौंकने वाले हिरण, विशाल गिलहरी, धारीदार लकड़बग्धा, सियार, नीलगाय, चार सींग वाले हिरण और अन्य प्रजातियों के जानवरों का घर है । बाघ यहॉ का मुख्य आकर्षण है। इस कारण यहॉ अनेक सफारियां की जाती हैं।

(39) नेय्यार अभयारण्य (1958)–नैय्यार वन्यजीव अभयारण्य लगभग सौ से अधिक जंतुओं का वासस्थान हैं, जिनमें शामिल हैं–हाथी, बाघ, तेंदुआ, स्लेंडर लॉरिस तथा नाग जैसे सरीसृप और त्रावणकोर कुछआ इत्यादि । यहां एक मगरमच्छ प्रजनन केंद्र तथा एक लायन सफारी पार्क भी स्थित है । कुछ दुर्लभ साथ एक झील भी है । इस झील का निर्माण डैम में नैय्यार नदी के पानी के संचय से हुआ है । यहां का गहरा नीला पानी पर्यटकों को बोटिंग के लिए खूब लुभाता है ।

(40) पखुई बाघ अभयारण्य (1966)–पखुई बाघ अभयारण्य अरूणाचल प्रदेश के पूर्वी कामेंग जिले में स्थित एक बाघ अभयारण्य है 842 वर्ग किलोमीटर में फैले पखुई अभयारण्य में अनेक जानवर पाए जाते हैं ।

(41) पलामू बाघ अभ्यारण्य (1974)–पलामू व्याघ्र आरक्षित वन झारखंड के छोटा नागपुर पठार के लातेहर जिले में स्थित है । यह 1974 में बाघ परियोजना के अंतर्गत गठित प्रथम 9 बाघ आरक्षों में से एक है । पलामू व्याघ्र आरक्ष 1026 वर्ग किलोमीटर क्षेत्र में फैला हुआ है, जिसमें पलामू वन्यजीव अभयारण्य का क्षेत्रफल 980 वर्ग किलोमीटर है । अभयारण्य के कोर क्षेत्र 226 वर्ग किलोमीटर को बेतला राष्ट्रीय उद्यान के रूप में अधिसूचित किया गया है । पलामू आरक्ष के मुख्य आकर्षणों में शामिल है बाघ, हाथी, तेंदुआ, गौर सांभर और चीतल ।

पलामू में कई प्रकार के वन पाए जाते हैं, जैसे शुष्क मिश्रित वन, साल के वन और बांस के झुरमुट, जिनमें सैकड़ों वन्य जीव रहते हैं । पलामू के वन तीन नदियों के जलग्रहण क्षेत्र को सुरक्षा प्रदान करते हैं । ये नदियां हैं उत्तर कोयल, औरंगा और बूढ़ा । 200 से अधिक गांव पलामू व्याघ्र आरक्ष पर आर्थिक दृष्टि से निर्भर हैं । इन गांवों की मुख्य आबादी जनजातीय हैं । इन गांवों में लगभग 1 लाख लोग रहते हैं । पलामू के खूबसूरत वन, घाटियां और पहाड़ियां तथा वहां के शानदार जीव जंतु बड़ी संख्या में पर्यटकों को आकर्षित करते हैं ।

(42) पेंच बाघ अभयारण्य (1977)–पेंच बाघ अभयारण्य नागपुर और जबलपुर के बीच राष्ट्रीय राजमार्ग 7 पर खवास शहर से 12 किमी. की दूरी पर है । निकटतम रेल और हवाई अड्डा नागपुर में स्थित है । खवास शहर राष्ट्रीय राजमार्ग 7 पर नागपुर से 80 किमी. और जबलपुर से 203 किमी. दूर है । नागपुर से कान्हा राष्ट्रीय उद्यान के मार्ग पर यह स्थित है ।

पेंच नदी के नाम से बना और 1992 में गठित यह पेंच बाघ अभयारण्य सतपुड़ा पर्वत श्रेणियों के दक्षिणी इलाकों में स्थित है । यह अभयारण्य 1179.362 वर्ग किमी. पर फैला हुआ है, जिसका 411.33 वर्ग किमी. क्षेत्र छिंदवाड़ा और सिवनी इन दो जिलों के बीच विभाजित हो जाता है।

(43) पेपारा वन्यजीव अभ्यारण्य (1983)–पेपारा वन्यजीव अभयारण्य दक्षिणी भारत में तिरूवनंतपुरम के पास वन्यजीव अभयारण्य है । अभयारण्य का नाम पेप्रा बांध के नाम पर रखा गया है, जिसे 1983 में तिरूवनंतपुरम शहर और उपनगरीय क्षेत्रों में पीने के पानी की आपूर्ति में वृद्धि करने के लिए जोड़ा गया था । क्षेत्र के पारिस्थितिक महत्व को ध्यान में रखते हुए, इसे 1983 में एक अभयारण्य घोषित किया गया था ।

(44) पिन घाटी राष्ट्रीय उद्यान (1987)–पिन घाटी राष्ट्रीय उद्यान भारत के हिमाचल प्रदेश के स्पीति क्षेत्र में स्थित एक राष्ट्रीय उद्यान है । यह लाहौल और स्पीति जिले में, स्पीति घाटी के ठंडे रेगिस्तान में स्थित है । यह 1987 में एक उद्यान घोषित किया गया था ।

यह क्षेत्र लाहौल और स्पीति जिले में, स्पीति घाटी की पिन नदी तथा उसकी प्रधान सहायक नदी पराहिओ

के जलग्रहण क्षेत्र में पड़ता है । इस उद्यान की ऊँचाई 3500 मी. से लेकर 600 मी. तक है । निकटतम शहर या कस्बा लाहौल और स्पीति जिले का काजा है ।

पिन घाटी राष्ट्रीय उद्यान अपनी बर्फ से लदी ऊँचाई वाले इलाकों और ढीली ढलानों के कारण हिमालय के कई लुप्तप्राय प्राणियों जैसे हिमालय आइबैक्स हिम तेंदुआ, भरल ऊनी खरहा, तिब्बती भेड़िया ओर हिम मुर्ग सहित कई अन्य जानवरों को प्राकृतिक वास है । यहाँ कई प्रकार की विशिष्ट वनस्पति जैसे रतनजोत, सलमपंजा, सोमलता । जंगली गुलाब भी यहाँ बहुतायत में पाया जाता है ।

(45) रणथम्भौर राष्ट्रीय उद्यान (1980)–रणथंभौर राष्ट्रीय उद्यान राजस्थान के सवाईमाधोपुर जिले में स्थित है। यह उत्तर भारत के बड़े राष्ट्रीय उद्यानों में गिना जाता है । रणथम्भौर राष्ट्रीय अभयारण्य हाड़ौती के पठार के किनारे पर स्थित है । यह चंबल नदी के उत्तर और बनास नदी के दक्षिण में विशाल मैदानी भू भाग पर फैला है । अभयारण्य का क्षेत्रफल 392 वर्ग किमी. है । इस विशाल अभयारण्य में कई झीलें हैं, जो वन्यजीवों के लिए अनुकूल प्राकृतिक वातावरण और जलस्रोत उपलब्ध कराती है। रणथंभौर अभयारण्य का नाम यहाँ के प्रसिद्ध रणथम्भौर दुर्ग पर रखा गया है ।

392 वर्ग किलोमीटर में फैले इस उद्यान में अधिक संख्या में बरगद के पेड़ दिखाई देते हैं । यह उद्यान बाघसंरक्षित क्षेत्र है । यह राष्ट्रीय अभयारण्य अपनी खूबसूरती, विशाल परिक्षेत्र और बाघों की मौजूदगी के कारण विश्व प्रसिद्ध है। अभयारण्य के साथ–साथ यहाँ का ऐतिहासिक दुर्ग भी पर्यटकों को अपनी ओर आकर्षित करता है । लंबे समय से यह राष्ट्रीय उद्यान और इसके नजदीक स्थित रणथंभौर दुर्ग पर्यटकों को विशेष रूप से प्रभावित करता है ।

रणथंभौर उद्यान को भारत सरकार ने 1955 में सवाई माधोपुर खेल अभयारण्य के तौर पर स्थापित किया था । बाद में देशभर में बाघों की घटती संख्या से चिंतित होकर सरकार ने इसे 1973 में प्रोजेक्ट टाइगर अभयारण्य घोषित किया और बाघों के संरक्षण की कवायद शुरू की । इस प्रोजेक्ट से अभयारण्य और राज्य को लाभ मिला और रणथंभौर एक सफारी पर्यटन का प्रमुख केंद्र बन गया । इसके चलते 1984 में रणथंभौर को राष्ट्रीय अभयारण्य घोषित कर दिया गया । 1984 के बाद से लगातार राज्य के अभयारण्यों और वन क्षेत्रों को संरक्षित किया गया । वर्ष 1984 में सवाई मानसिंह अभयारण्य और केवलादेव अभयारण्य की घोषणा भी की गई । बाद में इन दोनों नई सेंचुरी को भी बाघ संरक्षण परियोजना से जोड़ दिया गया । रणथंभौर वन्यजीव अभयारण्य दुनियार भर में बाघों की मौजूदगी के कारण जाना जाता है और भारत में इन जंगल के राजाओं को देखने के लिए यह अभयारण्य सबसे अच्छा स्थल माना जाता है । रणथम्भौर में दिन के समय भी बाघों को आसानी से देखा जा सकता है । रणथम्भौर अभयारण्य की यात्रा करने का सबसे अच्छा समय नवम्बर और मई के महीने हैं । इस शुष्क पतझड़ के मौसम में जंगल में विचरण करते बाघ आसानी से दिखाई देते हैं और उन्हें पानी के स्रोतों के आसपास देखा जा सकता है। रणथम्भौर के जंगल भारत के मध्यक्षेत्रीय शानदार जंगलों का एक हिस्सा थे, लेकिन बेलगाम वन कटाई के चलते भारत में जंगल तेजी से सीमित होते चले गए और यह जंगल मध्य प्रदेश के जंगलों से अलग हो गया ।

रणथम्भौर को बाघ संरक्षण परियोजना के तहत जाना जाता है और यहाँ बाघों की अच्छी खासी संख्या भी है। समय समय पर जब यहाँ बाघिनें शावकों को जन्म देती हैं । तो ऐसे अवसर यहाँ के वन विभाग अधिकारियों और कर्मचारियों के लिए किसी उत्सव से कम नहीं होते । इस अभयारण्य को बाघों को अभ्यारण्य कहा जाता है लेकिन यहाँ बड़ी संख्या में अन्य वन्यजीवों की मौजूदगी भी है । इनमें तेंदुआ, नील गाय, जंगली सूअर, सांभर, हिरण, भालू और चीतल आदि शामिल हैं । यह अभयारण्य विविध प्रकार की वनस्पति, पेड़

पौधों, लताओं, छोटे जीवों और पक्षियों के लिए विविधताओं से भरा घर है । रणथम्भौर में भारत का सबसे बड़ा बरगद भी एक लोकप्रिय स्थल है।

जानवरों के अलावा पक्षियों की लगभग 264 प्रजातियॉ यहॉ देखी जा सकती हैं । सर्दियों में अनेक प्रवासी पक्षी यहॉ आते हैं । पक्षियों में चील, क्रेस्टड सरपेंट ईगल, ग्रेट इंडियन हॉर्न्ड आउल, तीतर, पेंटेड तीतर, कैल, स्परफाइल मोर, ट्री पाई और कई तरह के स्टॉर्क देखे जा सकते हैं। यहॉ राजबाग तालाब, पदम तालाब, मिलक तालाब जैसे सुंदर स्थल अनेक प्रकार के जानवरों को आकर्षित करते हैं और इनका शिकार करने की कोशिश में रहते हैं । मांसाहारी जानवर । इस उद्यान की झीलों में मगरमच्छ भी हैं । यहॉ जीफ सफारी का भी आनंद उठाया जा सकता है।

(46) सरिस्का बाघ अभयारण्य (1978)–सरिस्का बाघ अभयारण्य भारत में सबसे प्रसिद्ध राष्ट्रीय उद्यानों में से एक है । यह राजस्थान के राज्य के अलवर जिले में स्थित है । इस क्षेत्र का शिकार पूर्व अलवर राज्य की शोभा थी और यह 1955 में इसे वन्यजीव आरक्षित भूमि घोषित किया गया था । 1978 में बाघ परियोजना योजना रिवर्ज का दर्जा दिया गया । पार्क वर्तमान क्षेत्र 866 वर्ग किमी. में फैला है । पार्क जयपुर से 107 किमी और दिल्ली से 200 किमी दूरी पर है । सरिस्का बाघ अभयारण्य में बाघ, चित्ता, तेंदुआ, जंगली बिल्ली, कैरकल, धारीदार, बिज्जू, सियार स्वर्ण, चीतल, सांभर, नीलगाय, चिंकारा चार सींग शामिल मृग जंगली सुअर, खरगोश लंगूर और पक्षी प्रजातियों और सरीसृप के बहुत सारे वन्य जीव मिलते हैं । यहां के बाघों की आबादी 2005 में गायब हो गयी थी लेकिन बाघ पुनर्वास कार्यक्रम 2008 में शुरू करने के बाद अब यहॉ पाच बाघ हो गये थे । जुलाई 2014 में बाघों की संख्या 11 हो गयी है जिसमें 9 वयस्क और 2 शावक है ।

बाघों की गिनती उनके ऊपर उपस्थित रेखाओं के आधार पर की जाती है । रेखाओं की बनावट सभी बाघों में अलग अलग होती है, जो इन्हें एक विशेष पहचान देती है । कैमरे से स्नैपशॉट लिए जाते हैं । फिर उनकी गिनती शुरू होती है । शोधकर्ता प्रत्येक स्नैपशॉट मैन्युअल रूप से जॉच करते हैं और फिर बाघों के धारी पैटर्न का विश्लेषण करते हैं, जो फिंगरप्रिट की तरह अद्वितीय होते हैं और अंत में बाघों की संख्या बता दी जाती है ।

(47) सत्कोसिया बाघ अभयारण्य (1976)–सत्कोसिया बाघ अभयारण्य ओडिशा के अंगुल जिले में स्थित एक बाघ आरक्षित है, जो कि 988.30 किमी. के क्षेत्र में फैला है सत्कोसीआ टाइगर रिजर्व में केंद्रीय दो निकटवर्ती अभ्यारण्यों सतकोसिया कवच अभयारण्य और बिसिपल्ली अभयारण्य का समावेश है । यह 31 दिसंबर, 2007 सतकोसीआ टाइगर रिजर्व के रूप में अधिसूचित किया गया था ।

(48) शेंदुर्नी वाइल्डलाइफ सेंक्चुरी (1984)–शेन्डर्नी वन्यजीव अभयारण्य पश्चिमी घाट, में एक संरक्षित क्षेत्र है । यह केरल के कोल्लम जिले में स्थित है और अगस्थ्यामालाई बायोस्फीयर रिजर्व के नियंत्रण में आता है । यह 25 अगस्त 1984 कोस्थापित किया गया था ओर यह 172.403 वर्ग किलोमीटर (66-565 वर्ग मील) में फैला है ।

(49) साइलेंट वैली राष्ट्रीय उद्यान (1980)–साइलैंट वैली राष्ट्रीय उद्यान उत्तरी केरल के पालक्काड जिले के मन्नारकाड से 40 किमी. की दूरी पर स्थित है । 90 वर्ग किमी में फैला यह राष्ट्रीय उद्यान पालक्काड जिले के उत्तरी भाग में अवस्थित है । उत्तर में यह नीलगिरि पठार तक विस्तृत है और दक्षिण में मन्नारकाड के मैदान से ऊँचा है ।

इस वन क्षेत्र को सन 1847 में एक ब्रिटिश वनस्पतिशास्त्री रॉबर्ट वाइट ने खोजा था । स्थानीय लोग इसे सैरन्ध्रीवनम कहते हैं । सैरन्ध्री द्रौपदी का नाम है । कहते हैं कि अज्ञातवास के दौरान पांडव यहॉ आकर भी

रहे । इसे साइलेंट वैली कहने के पीछे सबसे बड़ी वजह यहाँ की अजब प्राकृतिक शांति है । शायद सैरन्ध्री शब्द को बोलने में अंग्रेजों को दिक्कत थी इसलिए उससे मिलता जुलता नाम साइलेंट वैली मिला ।

इस जंगल की विशेषता है कि यहाँ प्रकृति के साथ लगभग न के बराबर छेड़छाड़ की गई है । सन 70 के दशक में यहाँ एक पनबिजली योजना लाने की कोशिश की गई, पर जनता के विरोध के कारण उसे अनुमति नहीं मिली । यह राष्ट्रीय उष्ण कटिबंधीय सदाबहार वर्षा वनों का एक अत्यन्त अनोखा, किंतु नाजुक संतुलन है, जिसके अन्तग्रत अनेक प्रकार के जीव जंतुओं और वनस्पतियों की विविधता से भरी हुई पूर्ण नर्सरी है । इस उद्यान में पाई जाने वाली जीवों की कुछ प्रजातियाँ तो यहाँ के अलावा दुनिया में और कहीं भी देखने को नहीं मिलती है।

नीलगिरि बायोस्फीयर रिजर्व साइलैंट वैली राष्ट्रीय उद्यान की हृदय स्थली है । अपने नाम के विपरीत यह जैव विविधता से भरपूर है । जीव विज्ञान के विद्यार्थियों, वैज्ञानिकों, शोधकर्ताओं और क्षेत्र के जीव विज्ञानियों के लिए यह स्थान एक स्वर्ग के समान है । पश्चिमी घाट की जैव विविधता का ऐसा संग्रह अन्यत्र मिल पाना मुश्किल है।

साइलैंट वैली राष्ट्रीय उद्यान में 1000 से भी अधिक पुष्पी पौधों की प्रजातियाँ जिनमें 110 किस्मों के ऑर्किड 34 से अधिक प्रजातियों के स्तनधारी जीव, लगभग 200 किस्मों की तितलियाँ 400 किस्मों के शलभ 128 किस्मों के भृंग, जिनमें से 10 तो जीव विज्ञान के लिए बिल्कुल नए हैं, और दक्षिण भारत में पाई जाने वाली 16 प्रजातियों के पक्षियों सहित चिड़ियों की 150 प्रजातियाँ पाई जाती हैं।

कुंती नदी नीलगिरि पर्वत की 2000 मीटर की ऊँचाई से उतरती है और घाटी में गुजरती हुई घने जंगलों वाले मैदानों से होकर आगे प्रवाहित होती है। कुंती नदी का रंग कभी भी मटमैला नहीं पड़ता । वर्ष भर बहने वाली इस बनैली नदी का जल हमेशा कॉच के समान स्वच्छ बना रहता है । इन जंगलों से वाष्पीकरण प्रस्वेदन किसी भी अन्य स्थान की तुलना में अधिक होता है । इस कारण यहाँ का वायुमंडल शीतल बना रहता है और जीवाष्प बड़ी आसानी से संघनित होकर मैदानों में ग्रीष्म कालीन वर्षा का कारण बनता है ।

(50) सिमलिपाल राष्ट्रीय उद्यान (1994)–सिमलिपाल राष्ट्रीय उद्यान भारत के ओडीशा राज्य के मयूरगंज अनुसूचित जिला में स्थित एक राष्ट्रीय उद्यान है तथा एक हाथी अभयारण्य है । इस उद्यान का नाम सेमल या लाल कपास के पेड़ों की वजह से पड़ा है जो यहाँ बहुतायत में पाये जाते हैं । यह पार्क 84570 वर्ग किलोमीटर (32653 वर्गमील) के क्षेत्र में फैला हुआ है और इसमें जोरांडा और बरेहीपानी जैसे खूबसूरत झरने हैं । इस उद्यान में बाघ, हाथियों के अलावा गौर तथा चौसिंग भी वास करते हैं । ओडिशा के मयूरभंज जिला में अवस्थित मयूरभंज राज्य के पूववर्ती शासकों का यह शिकार स्थल प्रोजेक्ट टाइगर के अन्तर्गत शामिल किया गया है । 1956 में इसका चयन अधिकारिक रूप से टाइगर रिजर्व के लिए किया गया था। बारीपदा से 60 किलोमीटर दूर स्थित इसको वन्यजीव अभयारण्य घोषित किया गया जो 2277.07 वर्ग किलोमीटर के क्षेत्रफल में फैला हुआ है । घने जंगलों, झरनों और पहाड़ियों से समृद्ध इस पार्क में विविध वन्यजीवों को नजदीक से देखा जा सकता है । बाघ, हिरन, हाथी और अन्य बहुत से जीव इस पार्क में मूलतः पाए जाते हैं।

सिमिलिपाल राष्ट्रीय उद्यान वनस्पतियों और जीवों की प्रचुर विविधता के लिए घर है । सिमिलिपाल राष्ट्रीय उद्यान का मुख्य आकर्षण, यहां बारहमास बहने वाली नदियां हैं जो जंगलों के माध्यम से गुजरती हुई आती है। यहां के राजसी जंगल, साल के पेड़ों से घिरे हुए हैं । यहां पूरे क्षेत्र में घनी हरियाली है जिसे देखकर पर्यटक प्रसन्न हो जाते हैं । सिमिलिपाल राष्ट्रीय उद्यान की सैर का मुख्य कारण सिर्फ वन्यजीवन की सैर

करना ही नहीं बल्कि यहां बहने वाले झरने देखना भी है । यहां बहने वाले झरने, दिल को लुभा लेते हैं जो घने जंगलों से होकर गुजरते हैं । सिमिलिपाल राष्ट्रीय उद्यान में बारीपानी और जोरांदा झरने बहते हैं जो प्राकृतिक दृश्यों से भरपूर है ।

(51) संजय राष्ट्रीय उद्यान (1981)–संजय राष्ट्रीय उद्यान भारत के मध्य प्रदेश राज्य में सीधी जिले में स्थित एक राष्ट्रीय उद्यान है । इस उद्यान का विस्तार 466.57 वर्ग किमी. का है और यह संजय डुबरी टाइगर रिजर्व के अंतर्गत पड़ता है । राष्ट्रीय उद्यान ज्यादातर साल जंगलों से बना है । उद्यान बाघ, तेंदुआ, चीतल, सांबर, जंगली सूअर, नीलगाय, चिंकारा, सिवेट, साही, गोह और पक्षियों के तीन सौ नौ प्रजातियॉ होने का दवा करता है । सबसे आकर्षक पक्षियों में गोल्डन हुडेड ओरियल रैकेट पूंछ ड्रोंगो भारतीय पित्त रूफुस ट्रीपाइ, लेसर एडजुटेंट लाल सिर वाला गिद्ध सॅनरस गिद्ध भारतीय सफेद पूंछ वाला गिद्ध मिस्र का गिद्ध नाईटजार्स और कई अन्य प्रजातियां हैं ।

संजय राष्ट्रीय उद्यान को सन 1981 में मध्य प्रदेश में स्थापित किया गया था । सन 2000 में मध्य प्रदेश के विभाजन के बाद इसका एक बड़ा भाग (1440 वर्ग किमी) छत्तीसगढ़ राज्य के पास चला गया । इस उद्यान में मुख्यतः साल के वन हैं । बाघ, तेंदुआ, चीतल, सांबर, जंगली सुअर, चिंकारा, नीलगाय, सेही, गोह इत्यादि यहॉ के मुख्य आकर्षण हैं । इसके अलावा इस उद्यान में पक्षियों की 309 प्रजातियॉ पाई जाती है ।

(52) सिरोई राष्ट्रीय उद्यान (1982)–सिरोई राष्ट्रीय उद्यान या यैंगैंगपोक्पी लोकचाओ वन्यजीव अभयारण्य भारत के मणिपुर राज्य में स्थित एक राष्ट्रीय उद्यान है जिसे सन 1982 में स्थापित किया गया था और जिसका क्षेत्रफल 184.4 वर्ग किमी. है।

(53) सतपुड़ा राष्ट्रीय उद्यान (1981)–सतपुरा राष्ट्रीय उद्यान भारत के मध्य प्रदेश राज्य के अंतर्गत होशंगाबाद जिले में स्थित है । यह 524 वर्ग किमी. के क्षेत्र में फैला हुआ है अपने आसपास बोरी और Panchmarhi अभयारण्य के साथ यह 1427 वर्ग किमी. का अद्वितीय मध्य भारतीय पार्वत्य देश (Highland) पारिस्थितिकी तंत्र प्रदान करता है । यह 1981 में स्थापित किया गया था । राष्ट्रीय पार्क का इलाका अत्यन्त दुर्गम है और इसके अंतर्गत बलुआ पत्थर चोटियों, संकीर्ण घाटियों, नालों और घने जंगलों के इलाके हैं । इस इलाके की औसतन ऊँचाई 300 से 1352 मीटर है । इस उद्यान में 1350 मीटर ऊँची धूपगढ़ शिखर भी है और सपाट मैदान भी हैं । राष्ट्रीय पार्क से निकटतम शहर पचमढ़ी हैं और निकटतम रेलवे स्टेशन पिपरिया है जो 55 किलोमीटर दूर है । राज्य की राजधानी भोपाल की दूरी 210 किलोमीटर है ।

सतपुरा राष्ट्रीय उद्यान एक अद्वितीय पारिस्थितिकी तंत्र का हिस्सा होने के नाते, जैव विविधता में बहुत समृद्ध है। यहां जानवरों में बाघ, तेंदुआ, सांभर, चीतल, भेड़की, नीलगाय, चौसिंगा, चिंकारा, गौर, जंगली सुअर, जंगली कुत्ता, भालू, काला हिरण, लोमड़ी साही उड़न गिलहरी, मूषक मृग और भारतीय विशाल गिलहरी आदि पाये जाते हैं । यहॉ पक्षियों की भी अनेक प्रजातियॉ पाई जाती है। जिनमें धनेश और मोर प्रमुख हैं । इसे 1999–2000 में प्रोजेक्ट टाइगर में शामिल किया गया है ।

(54) ताडोबा राष्ट्रीय उद्यान (1955)–ताडोबा राष्ट्रीय उद्यान भारत के महाराष्ट्र राज्य के चंद्रपुर जिले में स्थित एक राष्ट्रीय उद्यान है । यह राष्ट्रीय उद्यान चन्द्रपुर से 45 किमी. की दूरी पर हे । टीस और बॉस के पेड़ इस

उद्यान की सुंदरता में वृद्धि करते हैं । कान्हा राष्ट्रीय उद्यान में दक्षिण पश्चिम में स्थित इस राष्ट्रीय उद्यान को बाघ, तेंदुए, सांभर हिरन, वाइल्ड बोर, भेड़िए गोर, चीतल नीलगाय, दलदली मगरमच्छ और अनेक जल पक्षियों का घर माना जाता है ।

(55) वाल्मीकि राष्ट्रीय उद्यान – वाल्मीकि राष्ट्रीय उद्यान भारत का एक राष्ट्रीय उद्यान है । वाल्मीकि नगर, बिहार के पश्चिमी चंपारण जिले के सबसे उत्तरी भाग में नेपाल की सीमा के पास बेतिया से लगभग 100 किलोम. ीटर की दूरी पर स्थित है । यह एक छोटा कस्बा है जहां कम आबादी है और यह अधिकांशतः वन क्षेत्र के अंदर है । पश्चिमी चंपारण जिले का एक रेलवे स्टेशन नरकटिया गंज के रेल हैड के पास स्थित है । यह पार्क उत्तर में नेपाल के रॉयल चितवन नेशनल पार्क और पश्चिम में हिमालय पर्वत की गंडक नदी से घिरा हुआ है ।

यहां पर आप बाघ, स्लॉथ बीयर भेड़िए, हिरण, सीरो, चीते, अजगर, पीफोल, चीतल, सांभर, नील गाय, हाइना, भारतीय सीवेट, जंगली बिल्लियां, हॉग डीयर, जंगली कुत्ते, एक सींग वाले राइनोसिरोस तथा भारतीय भैंसे कभी कभार चितवन से चलकर वाल्मीकि नगर में आ जाते हैं ।

(56) कमलांग वन्यजीव अभयारण्य (2016)–वर्ष 1989 में स्थापित कमलांग वन्यजीव अभयारण्य अरूणाचल प्रदेश के लोहित जिले के दक्षिण पूर्वी भाग में स्थित है । इस अभयारण्य में बाघ, हाथी, तेंदुआ, होलॉक, गिबन, हिरन, हॉर्नबिल तथा उड़न गिलहरी (Flying Squirrels) इत्यादि पशुओं की प्रजातियां पाई जाती हैं ।

6 सितंबर, 2016 को अरूणाचल प्रदेश सरकार ने एक अधिसूचना जारी कर कमलांग वन्यजीव अभयारण्य को बाघ अभयारण्य (Tiger Reserve) का दर्जा प्रदान कर दिया । भारत सरकार की प्रोजेक्ट टाइगर योजना के अंतर्गत कमलांग वन्यजीव अभयारण्य को यह दर्जा प्रदान किया गया है । यह भारत का 50वां बाघ अभयारण्य है । साथ ही यह अरूणाचल प्रदेश में स्थित तीसरा बाघ अभयारण्य है अरूणाचल प्रदेश में स्थित दो अन्य बाघ अभयारण्य हैं (i) नमदाफा बाघ अभयारण्य एवं (ii) पक्के बाघ अभयारण्य उल्लेखनीय है कि इसके पूर्व फरवरी 2016 में ओरंग बाघ अभयारण्य (असम) को देश का 49वां बाघ अभयारण्य घोषित किया गया था । कमलांग वन्यजीव अभयारण्य 783 वर्ग किमी. क्षेत्र में विस्तृत है । इस अभयारण्य के कोर क्षेत्र का क्षेत्रफल 671 वर्ग किमी. जबकि बफर क्षेत्र का क्षेत्रफल 112 वर्ग किमी. है । अभी हाल ही में 22 मई, 2016 को पूरे विश्व में अंतरराष्ट्रीय जैव विविधता दिवस मनाया गया जिसमें पक्के टाइगर रिजर्व को भारत जैव विविधता अवार्ड 2016 का सम्मान प्राप्त हुआ । ध्यातव्य है कि अंतरराष्ट्रीय टाइगर दिवस प्रति वर्ष 29 जुलाई को मनाया जाता है । उल्लेखनीय है कि नेपाल एवं भारत में वन जीवन संरक्षण प्रयासों के रूप में सेव (SAVE) नामक एक नया संगठन (जुलाई 2010 में) प्रारंभ किया गया है । सेव का उद्देश्य टाइगर का संरक्षण करना है ।

ध्यातव्य है कि बाघ भारत का राष्ट्रीय पशु है । वर्ष 1973 में बाघ के संरक्षण हेतु प्रोजेक्ट टाइगर आरंभ किया गया था। प्रोजेक्ट टाइगर पर्यावरण मंत्रालय के अधीन एक केंद्र प्रायोजित स्कीम (परियोजना) है । नेशनल टाइगर कंर्जवेशन अथॉरिटी इस मंत्रालय का वैधानिक निकाय है, जो वाइल्ड लाइफ (प्रोटेक्शन) एक्ट 1972 के प्रावधानों के अनुसार कार्य करती है।

तालिका 4.10 भारत के प्रमुख नेशनल पार्क (National Parks)

राष्ट्रीय उद्यान/अभयारण्य	राज्य	प्रमुख संरक्षित जीव-जातियाँ
1. अन्नमलाई वाईल्ड लाइफ सेंचुरी	केरल	हाथी, चीता, तेंदुआ, चीतल, नीलगाय, हिरन, सांभर, गिलहरी, जंगली कुत्ता तथा थल-जलीय पशु।
2. अंशी नेशनल पार्क	कर्नाटक	हाथी, गौर, चीतल, तेंदुआ, चीता, नीलगाय, हिरन, लकड़बग्घा, भालू तथा नाना प्रकार के पक्षी।
3. बांधवगढ़ नेशनल पार्क	मध्य प्रदेश	चीता, बाघ, गौर, चीतल, सांभर, नीलगाय, चिंकारा, भौंकता हिरन, भालू, जंगली-सूअर तथा नाना प्रकार के पक्षी।
4. बांदीपुर नेशनल पार्क	कर्नाटक	हाथी, चीता, गौर, चीतल, सांभर, लकड़बग्घा, जंगली भालू, बाघ ।
5. बोनरघाट नेशनल पार्क	कर्नाटक	हाथी, चीता, तेंदुआ, हिरन, गौर, चीतल, नीलगाय, सांभर, जंगली सूअर, विभिन्न पक्षी।
6. भगवान महावीर नेशनल पार्क	गोवा	हाथी, बाघ, लकड़बग्घा, गौर, सांभर, हिरन, जंगली सूअर, भालू तथा पक्षी।
7. भितरकनिका (Bhitakarnika) नेशनल पार्क	ओडिशा	मगरमच्छ, अजगर (Python), किंग-कोबरा, ओलिव रिडले टर्टिल (Olive Ridley Turtles), सफेद पेट वाला गरुड़ (शाहीन), डोलफिन, मछली भक्ष बिल्ली, काला हिरन, चीतल तथा पक्षी।
8. चिल्का बर्ड सेंचुरी	ओडिशा	जलमुर्गी, फ्लेमिंगो, गूज (Goose), सेन्ड-पाइपर, गुल, टर्न, सफेद-पेट वाला गरुड़/शाहीन, मछली, भक्ष बिल्ली, चीतल तथा विभिन्न अन्य पक्षी।
9. जिम कार्बेट नेशनल पार्क	उत्तराखण्ड	हाथी, तेंदुआ, चीता, जंगली-सूअर, सांभर, दलदली-हिरन, चीतल, भौंकने वाला हिरन, उल्लू, तीतर इत्यादि।
10. दाचीगाम	श्रीनगर (जम्मू एवं कश्मीर)	कस्तूरी मृग, हेंगल, तेंदुआ, काला हिरन, भूरा-भालू, सेराब।
11. डाम्पा नेशनल पार्क	मिजोरम	हाथी, बाघ, तेंदुआ, हिरन, लकड़बग्घा, जंगली सूअर।
12. मरुस्थल अभयारण्य	जैसलमेर	सोहन चिड़िया (Indian Bustard), काला हिरन, नीलगाय, जंगली सूअर।

13. दुधवा नेशनल पार्क	लखीमपुर-खीरी (उत्तर प्रदेश)	चीता, तेंदुआ, लकड़बग्घा, जंगली-सूअर, सांभर, दलदली-हिरन, चीतल, भौंकने वाला हिरन, नीलगाय, उल्लू, तीतर आदि।
14. फाकिम	नागालैंड	हाथी, हिरन, चीतल, बाघ, चीता, लकड़बग्घा, जंगली सूअर।
15. गिर नेशनल पार्क	गुजरात	एशियाई-शेर, बाघ, पट्टेदार- लकड़बग्घा, सांभर, नीलगाय, चीतल, हिरन, चौसिंघा, चिंकारा, जंगली-सूअर, मगरमच्छ।
16. गुइन्डी नेशनल पार्क	चैन्नई (तमिलनाडु)	हाथी, पेंथर, लकड़बग्घा, हिरन वांडू तथा विभिन्न प्रकार के पक्षी।
17. मन्नार की खाड़ी नेशनल पार्क/बायोस्फियर रिजर्व	तमिलनाडु	डूगोंग (समुद्री गाय) प्रवाल, मछलियाँ, घोंघे, शैवाल, जलीय घास, कीड़े-मकोड़े।
18. हेमिस नेशनल पार्क	लेह/लद्दाख (जम्मू एवं कश्मीर)	कस्तूरी मृग, हेंगल, याक, चौसिंघा, भूरा-भालू, जंगली बिल्ली।
19. नलदापाड़ा नेशनल पार्क	प. बंगाल	एक सींग वाला गेंडा, चीता, बाघ, जंगली-हाथी, दलदली-हिरन, हाग-डियर, जंगली-सूअर, उल्लू तथा नाना प्रकार के पक्षी।
20. कान्हा नेशनल पार्क	मध्य प्रदेश	चीता, पेंथर/बाघ, लकड़बग्घा, हिरन, जंगली-सूअर, नाना प्रकार के पक्षी।
21. कंचनजंगा बायोसफियर रिजर्व	सिक्किम	बर्फीला भालू, सफेद लोमड़ी, पंडा, गीदड़ तथा नाना प्रकार के पक्षी।
22. काजीरंगा नेशनल पार्क	जोरहाट जिला (असम)	एक सींग वाला गैंडा, हाथी, चीता, तेंदुआ, लोमड़ी, गीदड, जंगली भैंस, हिरन तथा नाना प्रकार के पक्षी
23. केबुल-लामजाओ	मनीपुर	हाथी, भूरा हिरन, एल्ड्स हिरन (Elds deer), जंगली सूअर, लोमड़ी, बंदर, गीदड़, जलमुर्गी
24. केवलादेव-घाना नेशनल पार्क	भरतपुर (राजस्थान)	साइबेरियन-क्रेन, सारस, स्पून-बिल (Spoon bill), कूट, हेरन, तील, तर्ण, सांभर, चीतल, काला हिरन, जंगली सूअर, लोमड़ी, गीदड़ इत्यादि।
25. माधव नेशनल पार्क	मध्य प्रदेश	हाथी, बाघ, चीता, गौड, जंगली-भैंस, गैंडा, लकड़बग्घा, हिरन, नीलगाय, सांभर, पक्षियाँ।
26. मानस नेशनल पार्क/ बायोसफियर रिजर्व	बपेटा जनपद (असम)	सुनेहरा लंगूर, लाल पांडा, चीता, हाथी, बाघ, गौड, जंगली-भैंस, गैंडा, जंगली-बिल्ली, दलदली हिरन, सांभर, बौना-सूअर, हार्न-बिल, नाना प्रकार के पक्षी।

27. मैरीन नेशनल पार्क	गुजरात	कछुआ (Turtle) मछलियाँ, घोंघे, शैवाल, जलीय जीव-जंतु तथा पेड़-पौधे (मैनग्रोव)।
28. माओलिंग नेशनल पार्क (Moiling N.P.)	अरुणाचल प्रदेश	सफेद भालू, सफेद तेंदुआ, सफेद लोमड़ी, भूरा भालू, याक, तथा नाना प्रकार के पक्षी।
29. मुदुमुलाय अभयारण्य	नीलगिरी (तमिलनाडु)	हाथी, गौड, चीतल, सांभर, चीता, बाघ, जंगली सूअर, लोमड़ी, गीदड़, हिरन इत्यादि।
30. नागरहोल नेशनल पार्क	कुर्ग, कर्नाटक	हाथी, चीता, बाघ, चीतल, हिरन, लोमड़ी, लकड़बग्घा, उल्लू, तीतर, बटेर इत्यादि।
31. नागार्जुन सागर	आंध्र प्रदेश	चीता, बाघ, हाथी, चीतल, जेर्डन्स कोर्सर (Jerdon's Courser), लंगूर/सांभर, नीलगाय, काला हिरन, लोमड़ी, भेड़िया, लकड़बग्घा, मगरमच्छ।
32. नमदाफा नेशनल पार्क	अरुणाचल प्रदेश	हाथी, बाघ, चीता, तेंदुआ, चट्टान का चूहा (Rock rat), गौड, गोरल, लकड़बग्घा, गिब्बोन, लंगूर, बंदर, कस्तूरी मृग, लाल पांडा, मकाक, हार्नि-बिल, उल्लू तथा नाना प्रकार के पक्षी एवं कीड़े-मकौड़े।
33. नवेगाँव नेशनल पार्क	महाराष्ट्र	हाथी, बाघ, चीता, लकड़बग्घा, हिरन, नीलगाय, जंगली सूअर, लोमड़ी, गीदड़, भेड़िया तथा पक्षी।
34. नोकरेक नेशनल पार्क, बायोस्फियर रिजर्व	मेघालय (गारो-पहाड़ियां)	लाल पांडा, हाथी, बाघ, चीता, तेंदुआ, लकड़बग्घा, जंगली सूअर, हिरन, चीतल, नीलगाय, उल्लू आदि।
35. बेतला-पलामू टाइगर रिजर्व	झारखंड	हाथी, पेंथर, लकड़बग्घा, जंगली सूअर, जंगली-बिल्ली तथा नाना प्रकार के पक्षी।
36. पारम्बीकुलम नेशनल पार्क	केरल	हाथी, कस्तूरी बिलाव (civet), चीता, बाघ, गौड, लकड़बग्घा (Hyena), चीतल, हिरन, जंगली बिल्ली, बंदर, लंगूर आदि।
37. पेरियार नेशनल पार्क	केरल	हाथी, टाइगर, पेंथर, जंगली सूअर, जंगली बिल्ली, नीलगाय, हिरन, भौंकने वाला हिरन।
38. रंगानाथिट्टू नेशनल पार्क	कर्नाटक	हाथी, बाघ, चीता, तेंदुआ, हिरन, नीलगाय, सांभर, भेड़िया, लोमड़ी, गीदड़, जंगली सूअर।
39. राजाजी नेशनल पार्क	हरिद्वार-उत्तराखंड	हाथी, चीता, बाघ, तेंदुआ, हिरन, नीलगाय, सांभर, जंगली सूअर, भालू, बंदर, लंगूर आदि।

40. रणथम्भौर नेशनल पार्क	राजस्थान	हाथी, शेर, चीता, तेंदुआ, लकड़बग्घा, हिरन, नीलगाय, सांभर, भेड़िया, लोमड़ी, गीदड़, जंगली सूअर आदि।
41. रूपी भावा वाइल्ड लाइफ अभयारण्य	हिमाचल प्रदेश	सफेद-भालू, सफेद लोमड़ी, सफेद-गीदड़, पांडा, भूरा भालू इत्यादि।
42. सरिस्का नेशनल पार्क एण्ड टाइगर रिजर्व	अलवर, राजस्थान	बाघ, तेंदुआ, लकड़बग्घा, जंगली-बिल्ली, सांभर, नीलगाय, हिरन, चौसिंघा, बंदर, लंगूर, भेड़िया, लोमड़ी, हरियल तोता, तीतर, बटेर इत्यादि।
43. संजय नेशनल पार्क	छत्तीसगढ़	हाथी, तेंदुआ, लकड़बग्घा, चीतल, लोमड़ी, गीदड़, हिरन, नीलगाय, भेड़िया आदि।
44. संजय गाँधी नेशनल पार्क	मध्यप्रदेश	हाथी, तेंदुआ, लकड़बग्घा, चीतल, हिरन, कोंडेन चूहा (Kondane rat), नीलगाय, सरीसृप इत्यादि।
45. साइलेंट वैली नेशनल पार्क	केरल	हाथी, तेंदुआ, लकड़बग्घा, चीतल, मृग, जंगली-सूअर तथा सरीसृप।
46. सिमलीपाल बायोस्फियर रिजर्व	मयूरभंज, ओडिशा	रायल बंगाल चीता, जंगली हाथी, तेंदुआ, गौड, चीतल, लकड़बग्घा, सांभर, नीलगाय, चौसिंघा, छिंकारा, मगरमच्छ, जंगली सूअर।
47. सिरोही नेशनल पार्क	मणिपुर	हाथी, तेंदुआ, लकड़बग्घा, लोमड़ी, गीदड़, हिरन, चीतल, जंगली सूअर, जंगली बिल्ली तथा नानार प्रकार के पक्षी।
48. सुंदरबन बायोस्फियर रिजर्व	प. बंगाल	रायल बंगाल चीता, तेंदुआ, लकड़बग्घा, हाथी, लोमड़ी, गैंडा, हिरन, मगरमच्छ तथा नाना प्रकार के सृप एवं पक्षी।
49. वैली आफ फ्लावर्स नेशनल पार्क	उत्तराखंड	चीता, तेंदुआ, लकड़बग्घा, पांडा, सफेद भालू, याक सफेद लोमड़ी तथा नाना प्रकार के फूलों वाले पौधे।
50. वदान्थान्गल पक्षी श्रणय (अभयारण्य) (Vendanthangal water birds sanctuary)	तमिलनाडु	जलमुर्गी, बतख तथा नाना प्रकार के जल में रहने वाले पक्षी।
51. वाइल्ड एस अभयारण्य (Wild Ass Sancuary)	कच्छ का रण, गुजरात	जंगली गधे, नीलगाय, लोमड़ी, भेड़िये, गीदड़, छिंकारा, सृप, मगरमच्छ तथा नाना प्रकार के पक्षी।

तालिका 4.11 भारत के प्रमुख अभ्यारण्य /सेंक्चूरी (Major Sanctuaries of India)

क्र.सं.	राज्य	श्रणय (Sanctuary)
1.	आंध्र प्रदेश	नागार्जुन सागर अभयारण्य
2.	हरियाणा	सुल्तानपुर पक्षी अभयारण्य
3.	हिमाचल प्रदेश	शिकारी देवी अभयारण्य
4.	जम्मू-कश्मीर	डाचीगाम अभयारण्य
5.	केरल	पेरियार अभयारण्य
6.	पंजाब	हरिके, मोती गढ़ बर्ड अभयारण्य
7.	ओडिशा	चिल्का पक्षी अभयारण्य
8.	राजस्थान	केवलादेवी घाना बर्ड अभयारण्य

तालिका 4.11-A राष्ट्रीय उद्यान, अभयारण्य तथा जीवमंडल संरक्षण क्षेत्र में अंतर

	राष्ट्रीय उद्यान (National Park)	अभयारण्य (Sanctuary)	जीवमंडल संरक्षण क्षेत्र (Biosphere Reserve)
1.	किसी पारितंत्र (Ecosystem) के विशेष पशु-पक्षियों तथा पेड़-पौधों को संरक्षण देने के लिये सीमांकित किये जाते हैं।	किसी विशेष पशु-पक्षी को संरक्षण देने के लिये सीमांकित किये जाते हैं, जैसे: चीता, गैंडा, मगरमच्छ अथवा जलमुर्गी।	अंतरराष्ट्रीय नियमों के आधार पर सीमांकन किया जाता है। UNESCO की Man and Biosphere Programme (MAB) यह सिद्धांत दिये गये हैं।
2.	सीमाओं का निर्धारण विधायिका के द्वारा होता है।	सीमाओं में संशोधन अथवा परिवर्तन नहीं किया जा सकता। सीमा को परमपावन माना जाता है।	सीमाओं का निर्धारण विधि प्रक्रिया द्वारा होता है
3.	बफर जोन (Buffer Zone) में ही मानव हस्तक्षेप कर सकता है।	अनुमति के साथ मानव सीमित रूप में हस्तक्षेप कर सकता है और लकड़ी इत्यादि काट सकता तथा मछलियों और चिड़ियों का लाइसेंस लेकर शिकार कर सकता है।	इसमें एक से अधिक परितंत्र (Ecosystem) होते हैं।

4. पर्यटन की अनुमति होती है।	शोध कार्य की सुविधा उपलब्ध नहीं होती	इसमें जैविक, सांस्कृतिक एवं प्राकृतिक स्थल आकृतियों को संरक्षण दिया जाता है।
5. शोधकार्य की सुविधाएँ उपलब्ध नहीं होती।	वैज्ञानिक प्रबंधन का अभाव	जीवमंडल संरक्षण क्षेत्र कई वर्गों में विभाजित होता है जैसे (i) Core, (ii) Buffer Zone and (iii)Transitional Zone
6. क्षेत्रफल में विविधता पाई जाती है। उदाहरण के लिये भारत में नेशनल पार्क का क्षेत्रफल 0.5 वर्ग किलोमीटर से लेकर 1000 वर्ग किलोमीटर से भी अधिक है।	पारिस्थितिकी संबंधी, शिक्षा, शोध कार्य एवं जागरूकता इनके प्रमुख उद्देश्यों में से एक है।	
7. आखेट की अनुमति नहीं होती है।	सीमित पर्यटन की अनुमति होती है।	इनका औसत आकार प्राय: पाँच हजार वर्ग किलोमीटर से अधिक होता है।

पशु संरक्षण परियोजनाएं

बाघ परियोजना (पैंथरा टिग्रिस)

भारत सरकार ने प्रधानमंत्री इंदिरागांधी के समय, 1973 में बाघ संरक्षण योजना (Tiger Project) आरंभ की थी। इसका मुख्य उद्देश्य बाघ को संरक्षण देना तथा इस जीव-जाति की जनसंख्या वृद्धि करना है।

सन 2014 में भारत वर्ष में 45 टाइगर रिजर्व थे। इनमें से, मानस टाइगर रिजर्व को UNESCO की World Heritage Site में सम्मिलित किया जा चुका है। एक अनुमान के अनुसार वर्ष 1900 में बाघों की संख्या 40,000 थी जो 2011 में घटकर 1700 रह गई तथा 2014 में यह संख्या 2226 हो गई। प्रोजेक्ट टाइगर के प्रमुख उद्देश्य अग्रलिखित है:

(*i*) बाघों की विद्यमान संख्या के परिरक्षण को वैज्ञानिक, आर्थिक, सांस्कृतिक तथा सौन्दर्यात्मक मूल्य हेतु सुनिश्चित करना।

(*ii*) लोगों के मनोरंजन व शिक्षा हेतु सदैव ऐसे जैविक महत्व के राष्ट्रीय विरासत क्षेत्रों को संरक्षित करना।

(*iii*) असुरक्षित प्रजातियों का सरंक्षण।

(*iv*) बाघ रिजर्व के आसपास अनुसूचित जनजातियों तथा स्थानीय लोगों के अधिकारों को सरंक्षित करना।

भारत के टाइगर रिजर्व को **मानचित्र** 4.7 में दिखाया गया है तथा उनकी सूची **तालिका** 4.12 में दर्ज है।

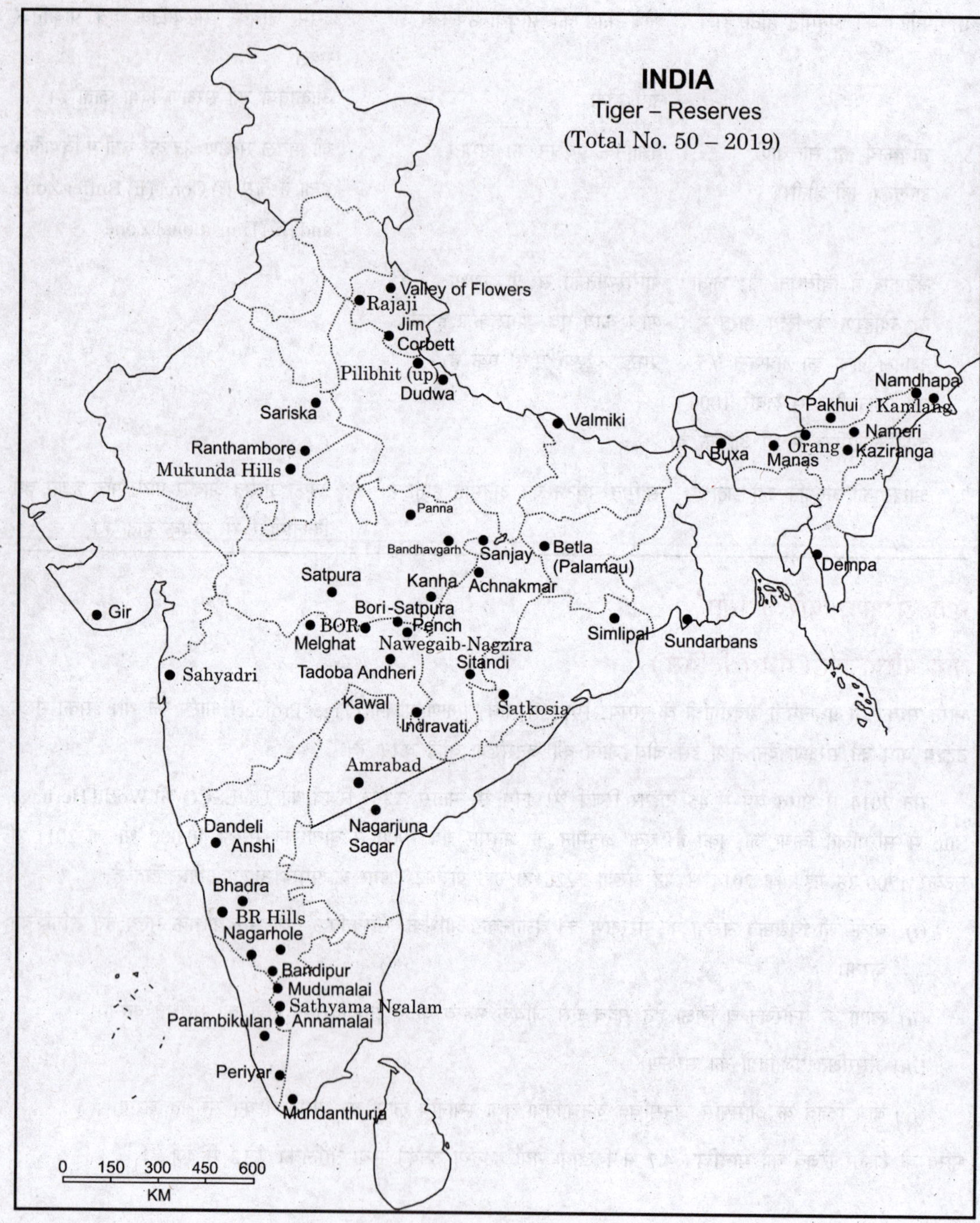

Fig. 4.7 भारतीय बाघ संरक्षण क्षेत्र

तालिका 4.12 भारत के बाघ सरंक्षित क्षेत्र (Tiger Reserves of India)

टाइगर रिजर्व	वर्ष	क्षेत्रफल
1. अचानकमार (Achnakmar) (छत्तीसगढ़)	2009	557.55
2. अन्नामलाई (तमिलनाडु)	2008-09	958.0
3. बाँधवगढ़ (मध्य प्रदेश)	1993-94	717.0
4. बांदीपुर (कर्नाटक)	1973-74	872.24
5. भद्रा (कर्नाटक)	1998-99	257.26
6. बी.आर.हिल्स (कर्नाटक)	1999-2000	185.00
7. बुक्सा, (पश्चिम बंगाल)	1982-83	390.58
8. कार्बेट जे. (उत्तराखंड)	1973-74	821.99
9. डम्पा (मिजोरम)	1994-95	492.46
10. डन्डेली-अंसी (कर्नाटक)	2007-08	340.0
11. दुधवा (उत्तरप्रदेश)	1987-88	1093.79
12. इन्द्रावती (छत्तीसगढ़)	1982-83	1258.37
13. कलाकद-मुन्दानथरई (तमिलनाडु)	1988-89	895.0
14. कान्हा (मध्य प्रदेश)	1973-74	917.43
15. कावल (आन्ध्र प्रदेश)	1989-90	351.00
16. काजीरंगा (असम)	2008-09	625.58
17. मानस (असम)	1973-74	840.04
18. मेलघाट (मध्य प्रदेश)	1973-74	1500.0
19. मुन्दामलाई (तमिलनाडु)	2008-09	321.0
20. मुकन्द पर्वत (राजस्थान)	2004-05	625.0
21. नामदफा (अरुणाचल प्रदेश)	1982-83	1807.82
22. नागरहोल (कर्नाटक)	2008-09	643.35
23. नागार्जुन सागर (तेलंगाना)	1982-83	2527.0
24. नमेरी (तेजपुर-असम)	1985	200.0
25. पखुई (Pakhui), पकी (Pakke) (अरुणाचल प्रदेश)	1999-2000	683.45
26. पलामू/बेढला (झारखंड)	1973-74	414.08
27. पन्ना (मध्य प्रदेश)	1994-95	576.14
28. परांबिकुलम (केरल)	2008-09	390.89
29. पेंच (महाराष्ट्र)	1992-93	411.33

30. पेंच (महाराष्ट्र)	1992-93	257.26
31. पेरियार (केरल)	1978-79	881.0
32. रणथम्भौर (राजस्थान)	1973-74	1113.36
33. संजय दुबरी (मध्य प्रदेश)	2008-09	831.25
34. सरिस्का (अलवर-राजस्थान)	1978-79	681.11
35. सतकोसिया (अंगुल-ओडिशा)	2008-09	523.61
36. सिमलीपल (ओडिसा)	1973-74	1194.74
37. सथ्यामंगलम (तमिलनाडु)	2008-09	1411.6
38. सतपुड़ा-बोरी (मध्य प्रदेश)	1999-2000	1339.26
39. सहयाद्रि/चन्दोली (महाराष्ट्र)	2007	317.67
40. सिमलीपल (ओडिशा)	1973-74	1194.74
41. सुन्दरबन (पश्चिम बंगाल)	1973-74	1699.62
42. तदोबा-अंधराई (महाराष्ट्र)	1993-94	625.82
43. उदान्ति-सीमान्दि (छत्तीसगढ़)	1994-95	437.0
44. वाल्मीकि (बिहार)	1989-90	840.0

हाथी प्रोजेक्ट (Project Elephant)

भारत सरकार ने हाथियों के संरक्षण के लिये हाथी प्रोजेक्ट फरवरी 1992 में आरंभ किया था। प्रोजेक्ट का प्रमुख उद्देश्य है–

(*i*) हाथियों की विद्यमान संख्या को सरंक्षित करने के लिए राज्यों को सहायता प्रदान करना तथा प्राकृतिक आवासों में हाथियों की चिन्हित संख्या की दीर्घकालीन उत्तरजीवितता को सुनिश्चित करना।

(*ii*) उनके आवासों व गलियारों (corridors) को सरंक्षण प्रदान करना।

(*iii*) मानव व हाथी के द्वंद्व के मुद्दे को हल करना, तथा

(*iv*) पालतू बनाए गए हाथियों व उनके पालन पर ध्यान देना

(*v*) हाथियों को वध से सरंक्षण प्रदान करना।

इस परियोजना को 17 राज्यों में लागू किया गया जिनके नाम निम्न प्रकार हैं– (*i*) आंध्र प्रदेश , (*ii*) अरुणाचल प्रदेश, (*iii*) असम, (*iv*) छत्तीसगढ़, (*v*) झारखंड, (*vi*) कर्नाटक, (*vii*) केरल, (*viii*) मणिपुर, (*ix*) महाराष्ट्र, (*x*) मेघालय, (*xi*) नागालैंड, (*xii*) ओडिशा, (*xiii*) तमिलनाडु, (*xiv*) त्रिपुरा, (*xv*) उत्तराखंड, (*xvi*) उत्तर प्रदेश, (*xvii*) प. बंगाल

इस प्रोजेक्ट के मुख्य उद्देश्य निम्न प्रकार हैं–

(क) हाथियों तथा उनके प्राकृतिक निवास (Habitat) तथा गलियारों (Corridor) का संरक्षण करना।

(ख) मानव एवं जंगली पशु संघर्ष पर ध्यान देना।

(ग) पालतू हाथियों की देख-भाल एवं संरक्षण पर ध्यान देना।

इस समय भारत वर्ष में 26 हाथी रिजर्व हैं जो लगभग 60,000 वर्ग किलोमीटर पर फैले हुये हैं। प्रत्येक पाँच वर्ष के पश्चात हाथियों की गणना की जाती है। यह बड़े संतोष की बात है कि इस परियोजना के पश्चात हाथियों के संख्या में

निरंतर वृद्धि हो रही है। सन 2002 की तुलना में हाथियों की संख्या में 2014 तक दो हजार से अधिक की वृद्धि हुई है। भारत सरकार हाथियों के अनधिकृत मारने पर विशेष ध्यान रखती है।

गैंडा प्रोजेक्ट (Rhinoceros Project)

भारतीय गैंडा एक सींग वाला गैंडा है। भारत के अधिकतर गैंडे असम में पाये जाते हैं। बीसवीं शताब्दी के आरंभ में गैंडा प्रजाति एक संकटापन्न (Endangered) वर्ग में मानी जाती थी। भारत सरकार ने संरक्षण के लिये विशेष योजनाएँ तैयार की, जिसके फलस्वरूप 1800 से अधिक गैंडे केवल असम राज्य में हैं असम राज्य में अधिकतर गैंडे काजीरंगा नेशनल पार्क तथा मानस टाइगर रिजर्व में पाये जाते हैं। इनके अतिरिक्त कुछ गैंडें प. बंगाल के सुंदरवन जीवनमंडल संरक्षण (Biosphere Reserves) में भी पाये जाते हैं।

भारत-राइनो विजन 2020

भारत राइनो विजन, पर्यावरण व वन मंत्रालय, असम द्वारा बोडो स्वायत परिषद् (Bodo Autonomous Council) के साथ कार्यान्वित किया गया। यह कार्यक्रम डब्ल्यू डब्ल्यू एफ-WWF एशिया राइनो तथा एलिफेंट एक्शन स्ट्रेटजी इंडिया तथा इन्टरनेशनल राइनो फांउडेशन द्वारा वित्तपोषित किया जाता है।

विजन 2020 का प्रमुख उद्देश्य गैंड़ों (rhinoes) की संख्या को 2020 तक 2000 से 3000 करना है। इसका एक अन्य प्रमुख उद्देश्य गैंड़ों को सात संरक्षित क्षेत्रों में वितरित करना है। जिन सात संरक्षित क्षेत्रों में गैंड़ों को वितरित किया गया। वे इस प्रकार हैं : (*i*) डिब्रु शेखोवा वन्य जीव अभयारण्य (*ii*) काजीरंगा राष्ट्रीय उद्यान (*iii*) लाओखोवा-बुरा चपोरी वन्य जीव अभयारण्य (Lakohowa-Bura Chapori Wild Life Sanctuary) (*iv*) मानस जीवमंडल रिजर्व (*v*) प्रोबिट्रिया वन्य जीव अभयारण्य (Probitira wild life Sanctuary) (*vi*) सोनाई रूपाई (Sonai Rupai) तथा (*vii*) सुन्दरवन जीवमंडल रिजर्व (Sundarban Biosphere Reserve)

मानस राष्ट्रीय उद्यान/जीवमंडल रिजर्व गैंडे के स्थानांतरण के लिए प्रथम स्थल के रूप में चयनित किया गया है। गैंड़ों के स्थानांतरण से इस असुरक्षित प्रजाति को बचाने में सहायता प्राप्त होगी।

घड़ियाल प्रोजेक्ट (Gharial Project)

लंबी सूँड़ वाले मगरमच्छ को घड़ियाल कहते हैं। इसकी खाल से बहुत-सी वस्तुएँ तैयार की जाती हैं। इस प्रोजेक्ट के प्रमुख उद्देश्य निम्नलिखित है-

(*i*) घड़ियालों की जनसंख्या को संरक्षित करना।

(*ii*) घड़ियालों की संख्या में वृद्धि करना।

(*iii*) बंदी प्रजनन (captive breeding) को सरंक्षण प्रदान करना।

(*iv*) घड़ियालों के प्रबंधन के अनुसंधान को प्रोत्साहित करना।

(*v*) स्टाफ को घड़ियालों के प्रजनन व प्रबंधन संबंधी प्रशिक्षण देना।

1970 के दशक में घड़ियाल लुप्त होने की कगार पर थे, इसलिये भारत सरकार ने घड़ियाल के लिये विशेष योजना आरंभ की थी। सन् 1981 से लेकर घड़ियालों की संख्या में तीन हजार से अधिक की वृद्धि हो चुकी है।

गिद्ध परियोजना (Project Vultures)

गिद्ध को सफाई पक्षी माना जाता है। यह मरे हुये पक्षियों को खाता है, जिनसे नाना प्रकार की बीमारियों के फैलने का डर रहता है। भारत में गिद्धों की नौ प्रजातियाँ (Species) हैं, जिनका विवरण निम्नानुसार है- (*i*) ओरियंटल, सफेद कमर वाले

गिद्ध, (*ii*) पतली चोंच वाला गिद्ध, (*iii*) लम्बी चोंच वाला गिद्ध, (*iv*) भारतीय ग्रिफन गिद्ध, (*v*) मिस्र का गिद्ध (egyptian vuturer), (*vi*) लाल हाथ वाला गिद्ध, (*vii*) हिमालय ग्रिफन गिद्ध, (*viii*) दाढ़ी वाला गिद्ध (Bearded Vulture), (*ix*) खाकी गिद्ध (cinereous vulture) ।

इनमें से सफेद कमर वाले गिद्ध (White Backed Valtures) और लंबी चोंच वाले गिद्धों की संख्या तीव्र गति से कम हो रही है। भारत की गिद्धों की उपरोक्त जातियाँ संकटमय श्रेणी (Endangered Species) में सम्मिलित हैं। गिद्धों की संख्या में कमी का प्रमुख कारण डिक्लोफेन्क सोडियम (Diclofenac Sodium) है जो किडनी को प्रभावित करता है। इन संकटमय परिस्थितियों को देखकर 2004 में भारत सरकार ने गिद्धों के संरक्षण की विशेष योजना तैयार की थी।

ग्रेट इंडियन बस्टर्ड/सोन चिरैया

सोन चिरैया अथवा ग्रेट इंडियन बस्टर्ड राजस्थान मरुस्थल के घास के मैदानों में पाई जाती है। इस पक्षी की संख्या निरंतर घट रही है। इसी कारण सोन चिरैया को आई.यू.सी.एन. (IUCN) की लाल सूची में सम्मिलित किया गया है। विश्व में इसकी संख्या तीव्रता से घट रही है। हाल ही में पश्चिमी भारत में विकास कर्यों में बेतहाशा वृद्धि हुई जिससे इस दुर्लभ चिड़िया का प्रस्थान पाकिस्तान की ओर होने लगा है।

बर्फ में रहने वाला तेंदुआ (Snow Leapard)

बर्फ में रहने वाले तेंदुए का आवास उच्च हिमालय, वृक्ष रेखा (Tree line) (3000 मी.) से ऊपर होता है। वे जम्मू व कश्मीर, हिमाचल प्रदेश, उत्तराखण्ड, सिक्किम तथा अरुणाचल प्रदेश राज्यों में पाए जाते हैं। बर्फ में रहने वाले तेंदुओं व उनके आवास के सरंक्षण के उद्देश्य से प्राजेक्ट स्नो लिपर्ड (Project Snow Leopard) वर्ष 2009 में प्रारंभ किया गया था। इसका अन्य उद्देश्य स्थानीय समुदायों में स्नो लिपर्ड की महत्ता के प्रति जागरूकता को प्रोत्साहित करना भी था।

गंगा डाल्फिन (Ganga Dolphin)

वन व पर्यावरण मंत्रालय ने गंगा नदी डाल्फिन को राष्ट्रीय जलीय जीवन के रूप में नामांकित किया है। डाल्फिन गंगा व ब्रह्मपुत्र नदियों में पायी जाती है। गंगा की डाल्फिन (Ganges Dolphin) विश्व की स्वच्छ जल में पायी जाने वाली चार लाचार (obligate) डाल्फिन में से एक है। अन्य तीन ताजा जल की डाल्फिन हैं। (*i*) बैजी (Baiji) (Yangtze Kiang) (*ii*) इन्डस (पाकिस्तान) की भूलान तथा अमेजन नदी का बोटो (Boto)। ये चार प्रजातियाँ या तो नदी में अथवा झीलों में रहती हैं।

गंगा नदी डाल्फिन (Ganges Dolphin) को जल प्रदूषण, मछली के जाल में फँसन तथा तेल के लिए मार दिए जाने से खतरा है। इसके अतिरिक्त बाँधों व बैराजों (Barrages) का निर्माण डाल्फिन की जनसंख्या में कमी हेतु उत्तरदायी है। भारत सरकार ने डाल्फिन के सरंक्षण हेतु उत्तर प्रदेश में एक कार्यक्रम संचालित किया है।

हेंगुल प्रोजेक्ट (कश्मीरी बारहसिंगा)

हेंगुल एक विशेष प्रकार का हिरन है जो कश्मीर में पाया जाता है। हेंगुल एक संकटापन्न (Endangered) प्राणी है। अधिकतर हेंगुल श्रीनगर के निकट स्थिति डाचीगाम नेशनल पार्क में संरक्षित है।

लाल पांडा प्रोजेक्ट (Project Red Panda)

भारत में लाल-पांडा, अरुणाचल प्रदेश, सिक्किम तथा दार्जिलिंग के आस-पास पाया जाता है। यह 1500 फिट से लेकर 4000 फिट की ऊँचाई तक पाया जाता है। इसके संरक्षण के लिये भारत सरकार ने 1966 में पदमजा नायडू हिमालय पार्क की स्थापना की थी।

मणिपुर थामिन प्रोजेक्ट (Project Manipur Thamin)

थामिन एक विशेष प्रकार का हिरन है जो मणिपुर के जंगलों में पाया जाता है। इसकी गणना दुर्लभ प्राणियों की सूची में की जाती है। इसके संरक्षण तथा संख्या वृद्धि के लिये विशेष योजना 1977 में आरंभ की गई थी।

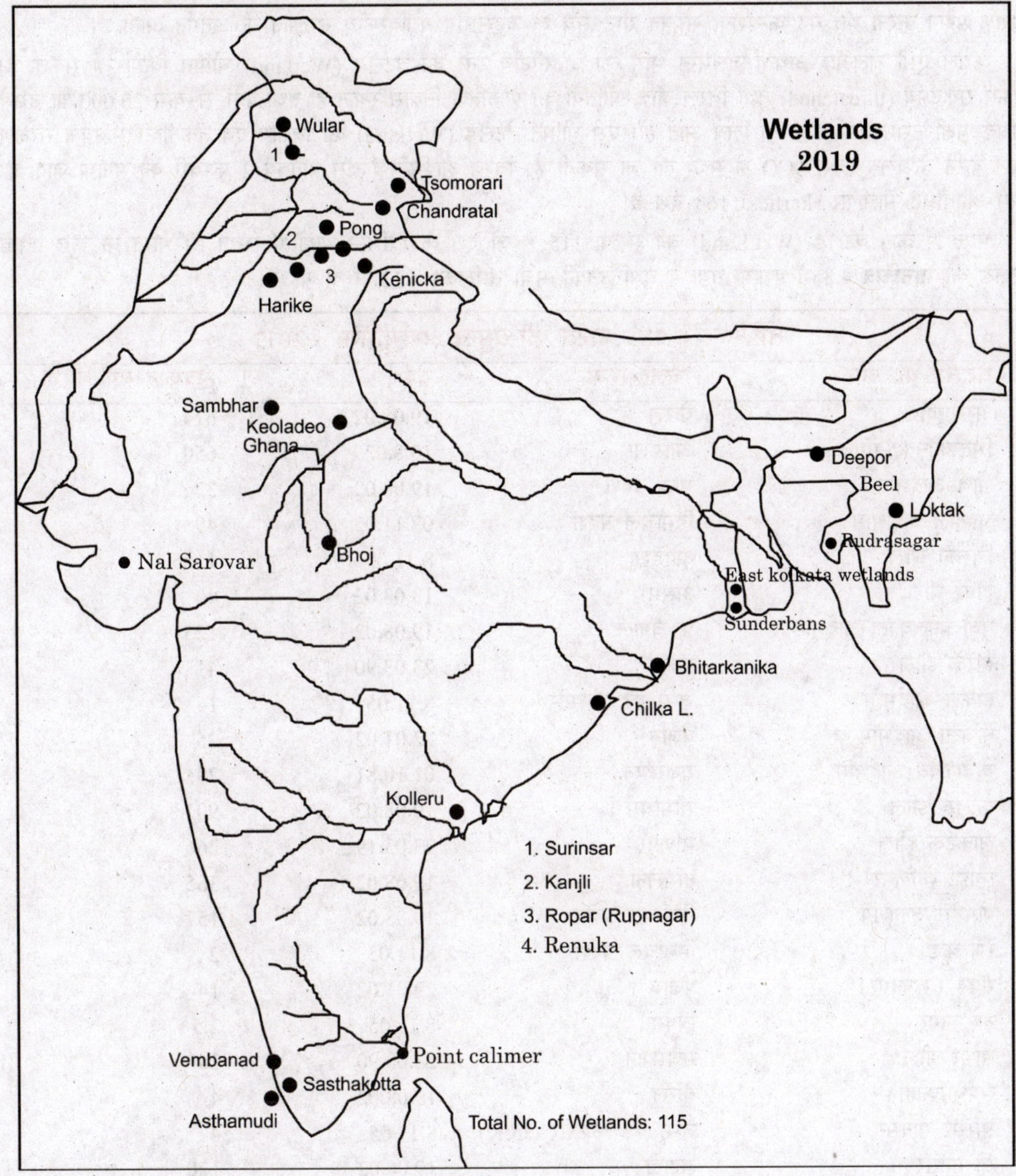

Fig. 4.8 भारत की प्रमुख आर्द्रभूमियाँ

रामसर कन्वेंशन (The Ramsar Convention)

कैस्पियन सागर के तट पर स्थिति रामसर नगर में 1971 में एक सम्मेलन वेटलैंड (Wetland) के संबंध में आयोजित किया गया था। इस कन्वेंशन में अंतर्राष्ट्रीय स्तर पर एक संधि की गई जिसका मुख्य उद्देश्य वेटलैंड (Wetland) के पारितंत्रों को संरक्षण प्रदान करना था। यह कन्वेंशन, संयुक्त राष्ट्र संघ के बहुस्तरीय पर्यावरणीय समझौते के अंतर्गत आती है।

केवल ऐसी जलआद्र अथवा जलमग्न भूमि को अंतर्राष्ट्रीय स्तर का वेटलैंड (Wetland) घोषित किया जा सकता है। जिसमें संकटमय (threatened) तथा विरल जीव-जातियों का प्राकृतिक निवास स्थान हो तथा कम-से-कम 20,000 या उससे अधिक पक्षी उसमें वास करने के लिये आते हों। ऐसे घोषित वेटलैंड (Wetland) को वित्तीय एवं तकनीकी सहायता संरक्षण प्रदान करने के लिये UNESCO से मदद ली जा सकती है। विश्व आर्द्रभूमि दिवस प्रतिवर्ष 2 फरवरी को मनाया जाता है। इसमें अनुबंधित साझीदार (Parties) 163 देश है।

भारत में कुल वेटलैंड (Wet Land) की संख्या 115 है जो देश के विभिन्न भागों में स्थित हैं। भारत के कुछ प्रमुख वेटलैंड को **मानचित्र** 4.8 में दर्शाया गया है तथा उनकी सूची **तालिका** 4.13 में दी गई है।

तालिका 4.13 भारत की प्रमुख आर्द्रभूमियां –2019

	वेटलैंड का नाम	जिला/राज्य	वर्ष	क्षेत्रफल वर्ग कि.मी.
1.	अस्थमुदी	केरल	19.08.02	614
2.	भितरकनिका-मैंग्रोव	ओडिशा	19.8.02	650
3.	भोज-आर्द्रभूमि	मध्य प्रदेश	19.08.02	32
4.	चंद्रताल-आर्द्रभूमि	हिमाचल प्रदेश	08.11.05	49
5.	चिल्का झील	ओडिशा	8.11.05	1165
6.	दीपर-बील	असम	19.08.02	40
7.	पूर्वी कोलकाता आर्द्रभूमि	प. बंगाल	19.08.02	125
8.	हरिके झील	पंजाब	23.03.90	41
9.	होकेरा-आर्द्रभूमि	जम्मू एंड कश्मीर	8.11.05	14
10.	कंजली आर्द्रभूमि	पंजाब	22.01.02	25
11.	केवलादेव आर्द्रभूमि	राजस्थान	01.10.81	29
12.	कोलरू झील	सीमांधरा	19.08.02	901
13.	लोकटक झील	मणिपुर	23.03.19	266
14.	प्वाइंट केलिमर	तमिलनाडु	19.08.02	385
15.	पोंगडेम जलाशय	हिमाचल प्रदेश	19.08.02	157
16.	रेणू कुंड	हिमाचल प्रदेश	8.11.05	2
17.	रोपड़ (रूपनगर)	पंजाब	22.01.02	14
18.	रुद्र सागर	त्रिपुरा	8.11.05	2.5
19.	सांभर झील	राजस्थान	23.03.90	240
20.	समथमकोहा	केरल	19.08.02	4
21.	सुरिंसर मानसर	जम्मू एंड कश्मीर (J&K)	8.11.05	4
22.	सो मोरिरि	लद्दाख	19.08.02	120
23.	गंगा का ऊपरी घाट (ब्रिजघाट से नरोरा तक)	उत्तर प्रदेश	8.11.05	266

24. बेम्बनाद	केरल	19.8.02	1512
25. वूलर झील	जम्मू और कश्मीर	23.3.90	189
26. सुंदरवन आर्द्रभूमि	पं. बंगाल	01.02.19	4230
27. जलसरोवर वर्ड सैंक्चुअरी	गुजरात	24.10.12	123

वेटलैंड का कुल क्षेत्रफल- 677,131 हेक्टर

वेटलैंड का भारत के विभिन्न राज्यों में वितरण तालिका 4.13 में दिया गया है।

तालिका 4.13 विभिन्न राज्यों में भारत के आर्द्रभूमि

राज्य	आर्द्रभूमि (Wet Land)
1. आंध्रप्रदेश	कोलेरू
2. असम	दीपोर
3. जम्मू-कश्मीर	सुरिन्सार, वुलर, तसोमोरारी
4. केरल	अस्थामुदी, ससहाकोट्टा, बेम्बनाद
5. मध्य प्रदेश	भोज
6. पंजाब	हरिके, कंजली, रोपड़ (रूपनगर)
7. ओडिशा	भीतर कनिका, चिल्का झील
8. राजस्थान	केवलादेवी, घाना, सांभर
9. प. बंगाल	सुंदरवन आर्द्रभूमि

आर्द्रभूमि (Wet Land)

आर्द्रभूमि क्षेत्रों का जलवायु परिवर्तन पर प्रभाव

आर्द्रभूमियाँ जटिल पारिस्थितिकी प्रणालियां हैं, जिनमें अंतर्देशीय, तटीय और समुद्रीय प्राकृतिकवास की व्यापक श्रृंखला शामिल हैं। इनमें नम और शुष्क दोनों वातावरण की विशेषताएं पाई जाती है और ये अपनी व्यापक श्रृंखला शामिल है। इनमें बाढ़ वाले मैदान, दलदल, मछली के तालाब, ज्वार की दलदल और मानव निर्मित आर्द्रभूमि शामिल हैं। सर्वाधिक उत्पादक जीवन सहायता में आर्द्रभूमि का मानवता के लिए सामाजिक आर्थिक एवं पारिस्थितिकी महत्व है। ये प्राकृतिक जैव विविधता के अस्तित्व के लिए महत्वपूर्ण है। ये पक्षियों और जानवरों की विलुप्तप्राय और दुर्लभ प्रजातियों, देशज पौधों और कीड़ों को उपयुक्त आवास उपलब्ध कराती है।

भारत विभिन्न भौगोलिक क्षेत्रों में मौजूद वेटलैंडस पारिस्थितिकी सम्पदा वाला देश है। भारत के अधिकांश वेटलैंड्स गंगा, कावेरी, कृष्णा, गोदावरी और ताप्ती जैसी प्रमुख नदी प्रणालियों से प्रत्यक्ष या अप्रत्यक्ष रूप से जुड़े हुए हैं। एशियन वेटलैंड्स कोष (1989) के अनुसार वेटलैंड्स का देश के क्षेत्रफल (नदियों को छोड़कर) में 18.4 प्रतिशत हिस्सा है, जिसके 70 प्रतिशत भाग में धान की खेती होती है। भारत में वेटलैंड्स का अनुमानित क्षेत्रफल 4.1 मिलियन हैक्टेयर (सिंचित कृषि भूमि, नदियों और धाराओं को छोड़कर) हैं, जिसमें से 1.5 मिलियन हैक्टेयर प्राकृतिक और 2.6 मिलियन हेक्टेयर मानव निर्मित है। तटीय वेटलैंड्स का अनुमानित क्षेत्रफल 6570 वर्ग किलोमीटर है और इनमें मुख्यतः मैंग्रोव वनस्पति की बहुतायत है। बाढ़ नियंत्रण में भी इनकी भूमिका महत्वपूर्ण होती है। आर्द्रभूमि तलछट का काम करती है जिससे बाढ़ जैसी विपदा में कमी आती है। आर्दभूमि पानी को सहेजे रखती है, बाढ़ के दौरान आर्द्रभूमियॉ

पानी का स्तर कम बनाए रखने में सहायक होती है। इसके अलावा आर्द्रभूमि पानी में मौजूदतलछट और पोषक तत्वों को अपने में समा लेती है और सीधे नदी में जाने से रोकती है।

इस प्रकार झील, तालाब या नदी के पानी की गुणवत्ता बनी रहती है। समुद्री तटरेखा को स्थिर बनाए रखने में भी आर्द्रभूमियॉ का महत्वपूर्ण योगदान होता है। ये समुद्र द्वारा होने वाले कटाव से तटबन्ध की रक्षा करती हैं। आर्द्रभूमियॉ समुद्री तूफान और आंधी के प्रभाव को सहन करने की क्षमता रखती हैं। आर्द्रभूमियॉ पानी के संरक्षण का एक प्रमुख स्रोत है।

वेटलैंड ग्राउंट वाटर रिचार्ज, पक्षियों के रहने के लिए, अत्यंत दुर्लभ जीव जन्तु एवं पेड़ पौधों के रहने के लिए एक बेहद महत्वपूर्ण संसाधन है। वर्तमान में भारत की बहुत सी आर्द्रभूमियों पर संकट के बादल मॅडरा रहे हैं। आर्द्रभूमियॉ प्रदूषण के कारण संकट में हैं। तेजी से बढ़ते कंक्रीट के जंगल, उद्योग शहरीकरण के लिये जलग्रहण क्षेत्र से छेड़खानी हजारों टन रेत का जमाव और कृषि रसायनों के जहरीले पानी का आ मिलना आर्द्रभूमियों की बर्बादी का कारण है ।

भारत में ऐसे कई उदाहरण मौजूद हैं जहॉ आर्द्रभूमियों की बर्बादी के साथ ही जंगली जानवरों या पौधों पर संकट मॅडरा रहा है । उत्तर प्रदेश, पश्चिम बंगाल के दलदली क्षेत्र में दलदली हिरण पाया जाता है । यह हिरण भी कम हो रहा है।

इस प्रजाति के हिरणों की संख्या लगभग एक हजार बची है । इसी प्रकार तराई वाले क्षेत्रों में पाई जाने वाली फिशिंग कैट यानी मच्छीमार बिल्ली पर भी बुरा असर पड़ रहा है । इसके साथ ही गुजरात के कच्छ क्षेत्र में जंगली गधा भी खतरे में है ।

असम के काजीरंगा और मानव दलदलीय क्षेत्रों से जुड़ा एक सींग वाला भारतीय गैंड़ा भी प्रायः विलुप्त प्राणियों की श्रेणी में शामिल है । इसी प्रकार ओटर, गैंजेटिक डाल्फिन डूरोंग, एशियाई जलीय भैंस जैसे आर्द्रभूमियों से जुड़े अनेक जीव खतरे में हैं ।

रेंगने वाले जीव जैसे समुद्री कछुआ, घड़ियाल, मगरमच्छ, जैतूनी रिडली और जलीय मॉनीटर पर भी आर्द्रभूमियों के प्रदूषित होने के कारण संकट मॅडरा रहा है । जीवों के अतिरिक्त कुछ वनस्पतियॉ भी आर्द्रभूमि के संकट से प्रभावित हो रही है ।

जलवायु परिवर्तन के कारण आर्द्रभूमियॉ पर पड़ने वाले प्रभावों से निपटने के लिए भारत की अनुक्रिया जलवायु परिवर्तन के कारण आर्द्रभूमियॉ पर पड़ने वाले प्रभावों से निपटने लिए भारत की अनुक्रिया इसकी राष्ट्रीय योजनाओं, कार्यक्रमों और प्राथमिकताओं द्वारा निर्देशित होनी चाहिए न कि अंतर्राष्ट्रीय बातचीत की खींचतान द्वारा । इसे विस्तृत अंगीकरण उपाय सम्मिलित करने चाहिए और शमन करने वाले ऐसे उपाय भी जो कि इसकी विकास अनिवार्यताओं से समझौता किए बिना जीएचजी उत्सर्जन को रोक सके ।

(क) शमन–शमन प्रयासों को सघन किया जाना चाहिए क्योंकि वे शीघ्र लाभ दे सकते हैं । जीएचजी उत्सर्जन तथा जलवायु परिवर्तन की मात्रा को उल्लेखनीय रूप से कम करने के लिए कई तरीके हैं जिसमें पारंपरिक जीवाश्म ईंधन (तेल, कोयला एवं प्राकृतिक गैस) के स्थान पर कम या नवीकरणीय कार्बन ऊर्जा स्रोत यथा पवन, सौर, समुद्री, भूतापीय, पनबिजली तथा परमाणु उर्जा का उपयोग, उर्जा संरक्षण तथा अधिक उर्जा कुशल उपयोग (यथा अधिक ईंधन कुशल वाहन मैट्रो जन परिवहन का प्रसार तथा कम उर्जा खपत वाले एलईडी बल्बों तथा घरेलू उपकरणों का उपयोग), ऊज्रा की बर्बादी को कम करना तथा अधिक प्रभावी शहरी नियोजन (वाहनों का कम उपयोग तथा उज्सर्जन) तथा बेहतर भवन डिजाइन शामिल हैं । चूँकि वन अवशोषक के तौर पर कार्य करते हैं इसलिए वन क्षेत्र को बढ़ाकर व इस प्रकार उनकी कार्बन अवशोषण क्षमता को बढ़ाकर भी शमन अर्जित किया जा सकता है ।

(ख) अनुकूलन : भारत को जलवायु परिवर्तन के कुछ जोखिमों से निबटने के लिए अनुकूलन करना होगा। अनुकूलन से कई तत्काल तथा भावी लाभ प्राप्त होते हैं परंतु इसकी सीमाएँ हैं । भारत में पारिस्थितिकी प्रतिराध क्षमता में सुधार करना तथा स्थानीय समुदायों को सहायता करना सफलतापूर्वक अनुकूलन का कम खेदपूर्ण मार्ग है। उदाहरण के तौर पर ऐसे कम खेदपूर्ण अनुकूलन उपायों के कार्यान्वयन के अवसर निम्नलिखित द्वारा उभरते हैं ।

- ड्रिप सिंचाई तथा पुनर्चक्रण के माध्यम से पानी के उपयोग को कम करना ।
- जल संचयन तथा जल भंडारण को बढ़ाना ।
- फसल की सूखा रोधी किस्मों को लगाना ।
- बार–बार प्रचंड मौसम का सामना करने के लिए शहरों को सक्षम बनाना ।
- तटवर्ती शहरों के समुद्री स्तर बढ़ने से संरक्षण के लिए अवसंरचना तैयार करना ।
- शहरों में बर्म/फुटपाथों के लिए अधिक छिद्रित सामग्री का उपयोग करना । भूमि संचालन में सुधार तथा भूमि पट्टे की सुरक्षा सुनिश्चित करना ।
- कायम रहने वाले पर्यावासों का विकास करना कायम रहने वाली जलवायु प्रतिरोध क्षमता पूर्ण कृषि उत्पादन प्रणाली तैयार करना ।
- असुरक्षित, प्रजातियों, वन निर्भर समुदायों तथा पारिस्थितिकी प्रणाली के लिए अनुकूलन उपायों का कार्यान्वयन।
- हिमालयी हिमनदों तथा पर्वत पारिस्थितिकी प्रणाली के सुरक्षोपाय करना ।
- आपदा राहत तैंयारी को बढ़ाना सामाजिक संरक्षण प्रणालियॉ और संरक्षा नेट बनाना ।
- फसल बीमा दावों के सत्यापन के लिए उपग्रह द्वारा भेजे गए चित्रों का उपयोग करना, नई प्रौद्योगिकीकरण को बेहतर रूप से समझने के लिए कौशल स्तर ऊपर उठाना तथा
- योजना प्रक्रियाओं के प्रारंभ से ही सभी हितधारकों को शामिल करना ।

भारत की प्रमुख आर्द्रभूमि क्षेत्रें का विवरण निम्नलिखित है-

(1) अस्थमुदी झील–अष्टमुडी झील भारत के केरल राज्य के केरल अनुपझील क्षेत्र की एक अनूप झील है। इसका आकार आठ भुजाओं वाला है, जिस से इसका नाम पड़ा है। यह पर्यटकों में लोकप्रिय है और केरल अनूझीलों में भ्रमण करने वालों के लिये एक आरम्भिक बिन्दु है। झील का पारिस्थितिक तंत्र अनूठा है और यह भारत के महत्वपूर्ण आर्द्रभूमि क्षेत्रों में से एक है और रामसर सम्मेलन की सूची में शामिल है।

(2) भितरकनिका आर्द्रभूमि तथा मैंग्रोव भितरकनिका राष्ट्रीय उद्यान–भारत में उड़ीसा के केंद्रपाड़ा जिले में स्थित एक राष्ट्रीय उद्यान है। इस उद्यान में भितरकनिका सदाबहार का 672 वर्ग किमी का क्षेत्र शामिल है, यह एक सदाबहार दलदल है जो कि ब्राह्मणी, बैतरनी और घमरा नदियों के मुहाने पर स्थित है। यह राष्ट्रीय पार्क, भितरकनिका वन्यजीव अभयारण्य से घिरा हुआ है। इसके पूर्व में गहिरमथा बीच स्थित है और बंगाल की खाड़ी से वनस्पतियों को अलग करती है। पार्क में खारे पानी के मगरमच्छ (लेपिडोचेलिस ओलिवासिया) हैं। राष्ट्रीय उद्यान को सितम्बर 1998 में भितरकनिका वन्यजीव अभयारण्य के कोर क्षेत्र से बनाया गया, जिसका निर्माण 1975 में किया गया था।

(3) भोजताल–भोजताल जिसको बड़े तालाब के नाम से भी जाना जाता है एक बड़ा तालाब है । जो भोपाल मध्य प्रदेश के पश्चिमी तरफ मौजूद है । भोपाल वासियों के लिए यह एकमात्र पीने के पानी का स्रोत है । लगभग 40 प्रतिशत आबादी रोजाना 30 मिलियन गैलन पानी इस्तेमाल करती है । बड़ा तालाब छोटा तालाब मिलकर भोज वेटलैंड बनाते हैं । जिसको आजकल रामसर साइट के नाम से जाना जाता है ।

2002 में मध्य प्रदेश की राज्य सरकार ने करीब 300 करोड़ रूपए खर्च कर भोपाल स्थित बड़े और छोटे तालाब को जोड़कर इसे भोज वेटलैंड के रूप में इसके समूचे संग्रहण क्षेत्र को संरक्षित किया था । बताया जाता है कि भोपाल की बड़ी झील का संग्रहण क्षेत्र पहले करीब 31 वर्ग किमी तक फैला हुआ था लेकिन समय के साथ अब यह सिकुड़ कर करीब आधा ही रह गया है । इसे अन्तरराष्ट्रीय रामसर सम्मेलन की सूची में भी शामिल किया जा चुका है ।

(4) दीपोर बिल झील–दीपोर बिल झील असम के कामरूप जिले में गुवाहाटी शहर के दक्षिण पश्चिम में स्थित है। यह ब्रह्मपुत्र नदी के पूर्व चैनल में तथा मुख्य नदी के दक्षिण में एक स्थायी ताजे पानी की झील है । इसे रामसर कन्वेंशन के तहत एक भूमिगत भूमि भी कहा जाता है तथा जिसे नवंबर 2002 में अपनी जैविक और पर्यावरणीय महत्व के आधार पर संरक्षण उपायों के लिए रामसर साइट के रूप में सूचीबद्ध किया गया था । इसे लोअर असम में ब्रह्मपुत्र घाटी में सबसे बड़ा बील्स में से एक माना जाता है, तथा वर्मा मानसून वन जीवविज्ञान क्षेत्र के अंतर्गत आर्द्रभूमि प्रकार के प्रतिनिधि के रूप में वर्गीकृत किया गया है।

बील के जलप्रपातिक वनस्पति को निम्नलिखित रूप में वर्गीकृत किया गया है –

- विशाल पानी की तरह जलीय वनस्पतियां, जल जलकुभी, जलीय घास, पानी के लिली और अन्य जलमग्न, आकस्तिक ओर अस्थायी वनस्पति गर्मियों के मौसम में पाए जाते हैं ।
- शुष्क क्षेत्रों में, सर्दियों के दौरान, जलीय और अर्ध जलीय वनस्पतियां पायी जाती है ।
- गहरे खुले पानी के क्षेत्र में दलदली, भूमि, कीचड़ की सपाट, आकस्मिक वनस्पति, जल जलकुंभी पैच, शुद्ध घास की भूमि के पैच पाए जाते हैं ।
- प्रवासी जल पक्षी, आवासीय जल पक्षी और स्थलीय एफाउना धान क्षेत्र के क्षेत्रों, शुष्क चरागाह क्षेत्रों और फैले हुए वन क्षेत्रों में पाए जाते हैं।
- बीयल पारिस्थितिकी तंत्र के मुख्य क्षेत्र से कुल 18 प्रजातियां पायी जाती हैं जिनमें से ओस्सिलेटेरिया और माइक्रोसिस की प्रजातियां प्रमुख हैं । बील में पहचानी गई जलीय पौधों की सूची ये है–इचिहोनी क्रैसीपस, विस्टिया स्ट्रेटियोट्स, ओट्टेलिया एलिस्मोइड्स, लेम्ना, नाबालिग, पोटॅमोगेटन क्रिस्पस, वालिसनरिया, सर्पिलिस, हाइड्राला वर्टिचलाटा, इपोमोआ रीप्टांस, अजोला, पिठिनता स्पिरोडाला पॉलिरिजा एलिओचैरिस प्लैटागिनिया एनम्फैया अल्बा, ईरियलफेरोक्स, एन म्फैया रूद्रा और सैगिटारिया सैग्टीफोलिया ।

(5) हरिके वेटलैंड–हरिके वेटलैंड फिरोजपुर, अमृतसर बॉर्डर पर लगभग 86 किमी के क्षेत्रफल में बसा हुआ है। सतलज और ब्यास नदियों के संगम के निकट बैराज के निर्माण के बाद 1.952 में हरिकेक वाटरलैंड अस्तित्व में आया । हरिक पारिस्थितिकी तंत्र 285 वर्गों में फैला हुआ है, जो पौधों और जीवों की असंख्य प्रजातियों के लिए महत्वपूर्ण एडोब है । इससे भारत में न केवल भारत में, बल्कि वैश्विक स्तर पर इस जैव विविधता को संरक्षित करने के लिए महत्वपूर्ण है । इसकी अंतरराष्ट्रीय अपील के कारण, इस आर्द्रभूमि को एक वन्यजीव अभयारण्य घोषित कर दिया गया । इस जमीन को भी यूएनडीपी के तहत 1990 में इंटरनेशनल बॉडी ऑफ वेटलैंड द्वारा एक रामसागर का दर्जा दिया गया ।

इस वेटलैंड में कई पक्षी और चिड़ियां रहती है । यहॉ कई प्रवासी पक्षी भी आते हैं, साइबेरिया और आर्कटिक से भी काफी पक्षी यहां आते हैं । विगेन शोवलर, कॉमन टील, पिनटेल और ब्राहिमेन डक को भी यहां देखा जा सकता है । यहॉ स्थित झील, क्रेसड पोचार्ड, कॉमन पोचार्ड और टफ्ड डक के लिए काफी प्रसिद्ध है । पर्यटक यहां आकर 7 प्रकार के कछुए और 26 प्रकार की मछलियां देख सकते हैं । स्तनधारी जीव जैसे भारतीय ऊद, भारतीय जंगली सुअर, जंगली बिल्ली, सियार और नेवला आदि भी यहां आसानी से देखे जा सकते हैं ।

(6) कांजली वेटलैंड कपूरथला–कपूरथला से 5 किमी दूर स्थित कांजली वेटलैंड काली बेन नदी पर बना एक लोकप्रिय पिकनिक स्थल है । अपनी समृद्ध वनस्पति और जीव के लिए जानी जाने वाली यह जगह 40–50 किस्म के प्रवासी पक्षियों को आश्रय प्रदान करता है । वन्यजीव फोटोग्राफर और संरक्षणवादियों का यह स्वर्ग नौकायन और मछली पकड़ने के लिए एक लोकप्रिय स्थान है । 2002 में रामसर कन्वेंशन द्वारा अंतरराष्ट्रीय महत्व के झीलों की सूची में कंजली झील को नामित किया गया ।

(7) लोकटक झील–लोकटक झील भारत के पूर्वोत्तर भाग में स्थित मणिपुर राज्य की एक झील है । यह अपनी सतह पर तैरते हुए वनस्पति और मिट्टी से बने द्वीपों के लिए प्रसिद्ध हैं, जिन्हें कुंदी कहा जाता है । झील का कुल क्षेत्रफल लगभग 280 वर्ग किमी है झील पर सबसे बड़ा तैरता द्वीप केयबुल लामजाओ कहलाता है और इसका क्षेत्रफल 40 वर्ग किमी. है । यह संगई हिरण का अंतिम घर है जो एक विलुप्तप्राय क्षेत्र घोषित कर दिया है और यह विश्व का एकमात्र तैरता हुआ राष्ट्रीय उद्यान है । लोकताल झील मणिपुर के लिये बहुत आर्थिक व सांस्कृतिक महत्व रखती है । इसका जल विद्युत उत्पादन, पीने और सिंचाई के लिये प्रयोग होता है । इसमें मछलियॉ भी पकड़ी जाती है।

(8) रेणुका झील–रेणुका झील, हिमाचल प्रदेश के सिरमौर जिले में नाहन से 40 किमी की दूरी पर स्थित है । यह हिमाचल प्रदेश के सबसे लोकप्रिय पर्यटन स्थलों में से एक है । समुद्र तल से 672 मीटर की ऊँचाई पर स्थित 3214 मीटर की परिधि के साथ रेणुका झील हिमाचल प्रदेश की सबसे बड़ी झील के रूप में जानी जाती है । झील का नाम देवी रेणुका के नाम पर रखा गया था । यह अच्छी तरह से सड़क मार्ग से जुड़ी हुई है । झील पर नौका विहार उपलब्ध है एक शेर सफारी और एक चिड़ियाघर रेणुका के पास है यह नवंबर में आयोजित वार्षिक मेले की साइट है।

(9) रोपड़ (रूपनगर) वेटलैंड–रोपर झील एक मानव निर्मित ताजे पानी की झील है । यह महत्वपूर्ण पारिस्थितिक क्षेत्र लोअर हिमालय के शिवालक तलहटी में स्थित है और 1952 में पंजाब राज्य में सतलज नदी पर बनाई गई थी । आर्द्रभूमि के विविध और समृद्ध जैव विविधता को ध्यान में रखते हुए रामसर कन्वेंशन में भारत की सूचीबद्ध 26 साइटों में रोपार वेटलैंड (रोपर झील के रूप में सूचीबद्ध) शामिल है । इस क्षेत्र में कम से कम 9 स्तनपायी, 154 पक्षी (प्रवासी और स्थानीय) 35 मछली, 9 आर्थोपॉड, 11 रोटिफर, 9 क्रस्टासेन और 10 प्रोटोजोअन प्रजातियां पाई जाती हैं, जो इसे जैविक रूप से विविधतापूर्ण बनाती हैं ।

(10) रूद्रसागर झील–रूद्रसागर झील को रूदीजाला के नाम से भी जानते हैं । इस झील में तीन तरफ से आने वाली तीन नदियों, नोआ, चेरा, दुर्लभनारायण चेरा और केमतअली चेरा का संगम होता है । जून से सितम्बर के बीच इसमें जल की मात्रा बढ़ जाती है ।

इस झील के परिवेश से आकर्षित होकर हर साल जाड़े के मौसम में बार पोचंड और फेरेजिनस डक सहित अनेक प्रकार के लुप्तप्राय प्रवासी पक्षी यहॉ आकर अपना बसेरा बनाते हैं। नवम्बर से जनवरी के बीच यहॉ भारी संख्या में पर्यटकों का आगमन होता है। हर साल जुलाई अगस्त के महीने में यह झील नौका विहार और नौका

दौड़ की रौनक से सराबोर हो उठता है। इस मौसम में आने वाले पर्यटक भी यहाँ से आनंद की अविस्मरणीय यादें लेकर लौटते हैं।

इस झील में तीन तरफ से आने वाली तीन नदियों, नोआ, चेरा, दुर्लभनारायण चेरा और केमतअली चेरा का संगम होता है । जून से सित्म्बर के बीच इसमें जल की मात्रा बढ़ जाती है । को रूदीजाला के नाम से भी जानते हैं। इस झील के परिवेश से आकर्षित होकर हर साल जाड़े के मौसम में बार पोचंड और फेरेजिनस डक सहित अनेक प्रकार के लुप्तप्राय प्रवासी पक्षी यहाँ आकर अपना बसेरा बनाते हैं । नवम्बर से जनवरी के बीच यहाँ भारी संख्या में पर्यटकों का आगमन होता है।

2002 में रामसर कन्वेंशन द्वारा अंतरराष्ट्रीय महत्व के झीलों की सूची में रूद्रसागर झील को नामित किया गया।

(11) सांभर झील–भारत के राजस्थान राज्य में जयपुर नगर के समीप स्थित यह लवण जल (खारे पानी) की झील है । यह झील समुद्र तल से 1200 फुट की ऊँचाई पर स्थित है । जब यह भरी रहती है तब इसका क्षेत्रफल 90 वर्ग मील रहता है । इसमें तीन नदियाँ आकर गिरती है । इस झील से बड़े पैमाने पर नमक का उत्पादन किया जाता है । अनुमान है कि अरावली के शिष्ट और नाइस के गर्तों में भरा हुआ गाद (Silt) ही नमक का स्रोत है । गाद में स्थित विलयशील सोडियम यौगिक वर्षा के जल में घुसकर नदियों द्वारा झील में पहुँचाता है और जल के वाष्पन के पश्चात झील में नमक के रूप में रह जाता है । सांभर झील पूरे भारत भर में एक प्रसिद्ध स्थान है इस झील की खास बात ये है कि यहाँ पर नमक उत्पादन होता है यहाँ पर मीठा पानी नहीं है इस झील की लम्बाई 11 मीटर स्क्वायर में है ।

सांभर झील भारत की सबसे बड़ी खारा झील है और इसे रामसर स्थल और अंतरराष्ट्रीय महत्व का आर्द्रभूमि माना जाता है । झील राजस्थान के साल्ट लेक के रूप में भी प्रसिद्ध है और भारत में फ्लेमिगों को स्थान देने के लिए सबसे अच्छी जगह है ।

(12) सो मोरिरी संरक्षित आर्द्रभूमि–सो मोरिरी अथवा मोरिरी झील, भारत के जम्मू कश्मीर राज्य में लद्दाख क्षेत्र में चांगथांग पठारपर स्थित एक प्राकृतिक झील है । यह झील 4522 मी. (14840 फुट) की ऊंचाई पर स्थित है।

यह भारत की अत्यधिक ऊँचाई पर स्थित झीलों में सबसे बड़ी है ओर अपनी जैव भूगोलिक विशेषताओं के कारण वर्तमान में रामसर स्थल के रूप में संरक्षित क्षेत्र है । झील से पानी का निकास न होने के कारण यह एक खारे पानी की झील है और इसके जलागम का मुख्य स्रोत पहाड़ों पर कि पिघलने वाली बर्फ है । कुछ लोग इसे अवशिष्ट झील (remnant lake) भी मानते हैं और इसके खारे जल को पुरा कालीन टीथीज सागर का अवशेष बतलाते हैं।

राष्ट्रीय वेटलैंड नीति–राष्ट्रीय वेटलैंड नीति में संरक्षण और सहयोग प्रबंधन, हानि रोकना, बहाली को प्रोत्साहन देना, टिकाऊ प्रबंधन शामिल है। भारत में मौजूद वेटलैंड्स में से केवल 68 संरक्षित हैं, लेकिन ऐसे हजारों वेटलैंड्स हैं, जो जैविक और आर्थिक रूप से महत्वपूर्ण है, लेकिन उनकी कोई कानूनी स्थिति नहीं है। वेटलैंड्स योजना प्रबंध और निगरानी संरक्षित क्षेत्र नेटवर्क के अंतर्गत आती है। अनेक कानून वेटलैंड को संरक्षित करते हैं, लेकिन इनकी पारिस्थितिकी के लिए विशेष रूप से कोई कानून नहीं है। इनके लिए समन्वित पहुंच आवश्यक है, क्योंकि ये बहु उद्देश्य उपयोगिता की आम संपत्ति हैं और इनका संरक्षण और प्रबंधन करना आम जिम्मेदारी है। वेटलैंड मामलों को सुलझाने के लिए उचित फोरम की स्थापना की जानी है। इसके लिए संबंधित मंत्रालयों को पर्याप्त निधि का आवंटन

करने की आवश्यकता है। वैज्ञानिक जानकारी योजनाकारों को आर्थिक महत्व और लाभ समझाने में मदद करेगी। जागरूकता पैदा करने की भी आवश्यकता है। आम जनता शैक्षिक और नैगमिक संस्थानों में इन वेटलैंड्स के संरक्षण में सतत सफलता प्राप्त करने के लिए जागरूकता जरूरी है।

राष्ट्रीय वेटलैंड संरक्षण कार्यक्रम

सरकार ने वर्ष 1986 के दौरान संबंधित राज्य सरकारों के साथ सहयोग से राष्ट्रीय वेटलैंड संरक्षण कार्यक्रम शुरू किया था। इस कार्यक्रम के अन्तर्गत अभी तक पर्यावरण एवं वन मंत्रालय ने 115 वेटलैंड्स की पहचान की गई है, जहां संरक्षण और प्रबंधन पहल की जरूरत है। इस योजना का उद्देश्य देश में वेटलैंड्स के संरक्षण और उनका बुद्धिमतापूर्ण उपयोग करना है, ताकि उनमें और गिरावट आने से रोका जा सके।

कानून–भारत में वेटलैंड्स संरक्षण के लिए अप्रत्यक्ष रूप से नीति और कानूनी उपायों से प्रभावित है। कुछ मुख्य कानून हैं–भारतीय मत्स्य अधिनियम 1857, भारतीय वन अधिनियम 1927, वन्य जीवन सरंक्षण अधिनियम 1972, जल (संरक्षण एवं प्रदूषण नियंत्रण) अधिनियम 1974, समुद्रीय क्षेत्र अधिनियम 1976, जल (संरक्षण एवं प्रदूषण नियंत्रण) अधिनियम 1977, वन्य (संरक्षण) अधिनियम 1980 पर्यावरण संरक्षण अधिनियम 1986 तटीय क्षेत्र विनियमन अधिसूचना 1991, वन्य जीवन संरक्षण संशोधन अधिनियम 1991, जैविक विविधता अधिनियम 2002 का निर्माण, वातावरण एवं विकास 1992 पर राष्ट्रीय संरक्षण नीति और नीति वक्तव्य पर किया गया था । जैव विविधता पर 1999 में राष्ट्रीय नीति और वृहद स्तर कार्यवाही नीति का गठन किया गया था ।

वेटलैंड प्रबंधन एवं सतत विकास

वेटलैंड्स किसी विशिष्ट प्रशासनिक अधिकार क्षेत्र के तहत अंकित नहीं है । इन पारिस्थितिकी तंत्र के प्रबंधन की प्राथमिक जिम्मेदारी पर्यावरण एवं वन मंत्रालय के हाथ में है। यद्यपि कुछ वेटलैंड्स वन्य जीवन संरक्षण अधिनियम के गठन के बाद संरक्षित है । लेकिन इनके संरक्षण के लिए ऊर्जा, उद्योग मत्स्य, पालन, राजस्व, कृषि, परिवहन और जल संसाधन मंत्रालयों में प्रभावी समन्वय आवश्यक है । सतत् उपयोग के लिए पर्यावरण प्रबंधन समय की विशेष आवश्यकता है । देश में विभिन्न कारणों से ऑटोमोबाइल, रसायनों, उर्वरकों, कीटनाशकों के औद्योगिक विकास को पर्यावरण हानि के लिए अक्सर जिम्मेदार ठहराया जाता है । पर्यावरण शिक्षित समाज की कमी, अपर्याप्त प्रबंधन, कानून लागू करने में कमजोरी और कम निवेश करके अधिक लाभ अर्जित करने का कॉर्पोरेट जगत का लोभ रासायनिक दुर्घटनाओं को बढ़ावा देकर सतत विकास में असंतुलन पैदा कर सकता है।

जलवायु परिवर्तन एवं मैंग्रोव वन

जलवायु परिवर्तन के कारण पूरी धरती से मैंग्रोव वनक्षेत्र प्रति वर्ष औसतन तीन-चार फीसद की दर से घटता जर रहा है। यह ब्राजील में भी घटा है और इंडोनेशिया में भी। ब्राजील में करीब 25000 और इंडोनेशिया में 21000 वर्ग किलोमीटर में ही मैंग्रोव वन बचे हैं जबकि 1950 के आसपास इन दोनों देशों को मिलाकर एक लाख वर्ग किलोमीटर के क्षेत्रफल में मैंग्रोव जंगल फैला था। भारत और दक्षिण एशियाई देशों की बात करें तो पिछले पचास सालों में यहां मैंग्रोव वनों का अस्सी फीसद हिस्सा मिट चुका है। अपने देश में भी मैंग्रोव पजातियों पर कई स्तरों पर संकट समुद्र किनारे होता तीव्र शहरी विकास, समुद्री जलस्तर में बढ़ोतरी, तटीय आबादी की जलीय खेती पर बढ़ती निर्भरता और वनों की अंधाधुंध कटाई इसमें सबसे अहम है। हाल में सुंदरी प्रजाति की मैंग्रोव वनस्पति एक दूसरे कारण से भी तबाह हुई है। इस प्रजाति में 'टाप डाइंग' नाम की बीमारी लग गई, जिसने खासतौर से सुंदरवन को काफी

नुकसान पहुंचाया। ज्ञात हो कि सुंदरवन का नामकरण इसी सुंदरी प्रजाति की वनस्पति के कारण हुआ है जो वहां बहुतायत में पाई जाती है। सुंदरवन के निचले इलाके में सत्तर फीसद पेड़ इसी प्रजाति के हैं। 'टाप डाइंग' का कारण अज्ञात है लेकिनक विशेषज्ञ अभी तक जिस नतीजे पर पहुंचे हैं उसका निहितार्थ यही है कि जलवायु परिवर्तन इसके लिए जिम्मेदार है। इस बिंदु पर जल्द ही गंभीरता से ध्यान देना होगा कि क्योंकि सुंदरवन की सघनता खत्म होने का अर्थ तमाम दुष्प्रभावों के साथ-साथ बाघों के प्रकृतिक आवास छिन जाने से भी है। बाघों का आवास काफी हद तक छिना भी है। जहां इन वनों की सघनता घटी है, वहां बाघ डेल्टा के उत्तरी हिस्से में चले गए हैं जहां मानव आवादी काफी सघन है। बाघों के इस प्रवास का प्रतिफल ही है कि मानव के साथ उनका संघर्ष बढ़ा है।

मैंग्रोव वनस्पति सिर्फ सुंदरवन में प्रभावित हुई हो ऐसा नहीं है। खासतौर से समुद्र तटीय शहरी विकास का प्रभाव तो मैंग्रोव से जुड़े हर क्षेत्र में हैं बल्कि पश्चिमी किनारे इस कारण अधिक प्रभावित हैं। पश्चिमी किनारे में शहरी विकास के चलते चालीस फीसद मैंग्रोव वन खत्म हो चुके हैं। मुंबई की स्थिति और भी विकट है। यहां दो तिहाई से अधिक मैंग्रोव वन खत्म हो गए हैं। इधर के कुछ वर्षों में वहां जल जमाव की जो स्थिति पैदा हुई है, इसके पीछे भी वैज्ञानिक मैंग्रोव का खात्मा मानते हैं। इसी तरह गुजरात के तटीय इलाके भी तेजी से उद्योगीकृत हो रहे हैं। वहां सीमेंट और तेलशोधक कारखाने, पुराने जहाजों को तोड़ने की इकाइयां, नमक बनाने की इकाइयां काफी विकसित हुई हैं। इन कारणों से समुद्री किनारों पर बस्तियों का भी जमाव हो रहा है और वन तेजी से काटे जा रहे हैं। हमें यह भी समझना होगा कि झींगापालन जैसे व्यवसाय ने भी मैंग्रोव वनों का काफी नुकसान किया है। इसने आर्थिक सुरक्षा तो दी है लेकिन मैंग्रोव पर इससे पड़ने वाले दुष्प्रभाव ने पर्यावरणीय असुरक्षा से भी दिय है। दरअसल जलीय खेती के दौरान प्रदूषक पदार्थ काफी मात्र में निकलते हैं जिनसे मैंग्रोव वनों को नुकसान होता है। ग्लोबल वार्मिंग के कारण यह तथ्य भी सामने आया है कि एक सदी के भीतर सागर तल में 10-15 सेंटीमीटर तक उछाल आया है और इसका सीधा प्रभाव मैंग्रोव वनों के वानस्पतिक चरित्र में बदलाव के तौर पर दिख रहा है।

जरूरत इस बात की है कि हम इन वनों की भूमिका को गहराई से महसूस करें। मैंग्रोव के जंगल कार्बन डाइऑक्साइड जैसी गैस को गढ़ने से ही नहीं रोकते बल्कि सुनामी जैसी आपदा रोकने में सहायक होते हैं। घने मैंग्रोव वन चक्रवाती तूफान की गति कम कर तटीय इलाकों में होने वाली तबाही पर अंकुश लगाते हैं। मैंग्रोव वनों का इतना महत्व होते हुए और सुनामी के अनुभव के बाद भी हम इसके संरक्षण की दिशा में विशेष प्रयास नहीं कर रहे। न तो संसद में इसके लिए चिंता दिखती है और न सड़कों पर। इन अमूल्य वनों को विनाश से बचाना हमारी प्राथमिकता होनी चाहिए क्योंकि उनके अनेक पारिस्थितिक उपयोग हैं और आर्थिक मूल्य भी कुछ कम नहीं।

मैंग्रोव क्षेत्रों की सुरक्षा तथा उनका संरक्षण

जलवायु परिवर्तन के घातक प्रभाव के कारण मैंग्रोव वनों का महत्व एक बार फिर सामने आया है। हालांकि मैंग्रोव क्षेत्रों की भूमि को अन्य कार्यों के लिए उपयोग करने पर कानूनी प्रतिबन्ध लगाये गये हैं, परन्तु मैंग्रोव वन अभी तक सुरक्षित नहीं है। भावी पीढ़ियों के लिए मैंग्रोव क्षेत्रों को सुरक्षित रखने के लिए कुछ तात्कालिक कदम उठाये जाने की आवश्यकता है।

मैंग्रोव क्षेत्रों की सुरक्षा हेतु पारिस्थितिकीय सिद्धान्तों पर आधारित प्रबन्धन योजनाओं का क्रियान्वयन किया जाना चाहिये। मैंग्रोव वनों से सटे क्षेत्रों में पर्यावरण-विकास के लिये व्यवहारिक योजनाएं बनानी होंगी। मैंग्रोव संरक्षण हेतु लीक से हटकर कुछ प्रयास किये जाने चाहिए।

मैंग्रोव पुनरुद्धार के मुख्य उद्देश्य निम्नांकित हैं :

(i) समृद्ध जैव विविधता का संरक्षण।

(ii) मत्स्य तथा वन संसाधनों का उपयोग आदि।

(iii) ज्वारीय तरंगों तथा चक्रवातों के विनाशकारी परिणामों से तटीय क्षेत्रों की रक्षा।

मैंग्रोव क्षेत्रों का पुनरुज्जीवन दो प्रकार से सम्भव है, पहला प्राकृतिक पुनरुज्जीवन तथा दूसरा कृत्रिम पुनरुज्जीवन।

प्राकृतिक पुनरुज्जीवन

इस प्रक्रिया में मैंग्रोव पौधों के 'बीज' प्राकृतिक रूप से स्थापित होकर नये पौधों को जन्म देते हैं। इस प्रक्रिया का यह लाभ है कि इससे पैदा होने वाले मैंग्रोव क्षेत्र मूल वन क्षेत्र के समान होते हैं। यह तरीका सस्ता और प्राकृतिक आवास के लिए कम विनाशकारी है। यह तरीका उन स्थानों पर सफल नहीं है, जहां खरपतवार या कूड़ा-करकट अधिक है या जहां पर मिट्टी उपजाऊ नहीं है।

कृत्रिम पुनरुज्जीवन

इस प्रक्रिया में बीजों या पौधों का रोपण किया जाता है। पौधशालना में बीजों को अंकुरित कर बनाये गये छोटे पौधों को नये पौधों को नये क्षेत्रों में लगाया जा सकता है। इसमें बहुत श्रम की आवश्यकता होती है। क्षेत्र में वनस्पतिक प्रवर्धन को भी पुन:स्थापित किया जा सकता है। यह एक महंगी और जटिल प्रक्रिया है। लेकिन इसके अपने लाभ भी है। इस प्रकार पुनरुज्जीवित किये जाने वाले मैंग्रोव क्षेत्रों में पौधों की प्रजातियों के प्रकार तथा उनके वितरण तथा उनके घनत्व को सीधे नियंत्रित किया जा सकता है। आनुवांशिक रूप से उन्नत पौधे भी विकसित किये जा सकते हैं। उजड़े हुए मैंग्रोव क्षेत्रों का पुनरुद्धार किया जा सकता है और संरक्षण तथा टिकाऊ पैदावार जैसे उद्देश्यों की पूर्ति मानव के लाभ के लिए की जा सकती है।

पुनरुद्धार के मापक

मैंग्रोव क्षेत्र के लिए पौधों की प्रजातियों का चयन, स्थान का चयन, पौधारोपण तथा निगरानी महत्वपूर्ण है।

प्रजातियों का चयन

जैव विविधता के संरक्षण के लिए मूल प्रजातियों की सुरक्षा तथा नयी प्रजातियों का समागम आवश्यक है। नयी प्रजातियां, मूल प्रजातियों के अनुकूल अनुकूल होनी चाहिए। जिससे वन पारिस्थितिकी तंत्र की उत्पादकता में वृद्धि हो। अधिकतर मैंग्रोव प्रजातियों का चयन, उस क्षेत्र में पायी जाने वाली मूल प्रजातियों से किया जाता है। चयन की प्रक्रिया कभी-कभी रोपित की जाने वाली सामग्री (ऊतक-संवर्धन) की उपलब्धता तथा परिपक्वता पर भी निर्भर करती है। प्रजातियों का चयन अक्सर पौधारोपण की लगात की ध्यान में रख कर किया जाता है। पौधों या बीजों को एकत्र कर सीधे रोपित कर देने से भंडारण की आवश्यकता नहीं रहती, परन्तु जब रोपित की जाने वाली सामग्री को दूर से मंगाना हो तो पौधों की जीवन क्षमता को बनाये रखने के लिए उचित भंडारण जरुरी हैं। कुछ प्रजातियों जैसे-एविसेनिया, जाइलो कॉर्पस तथा सोनेरेटिया के पौधे, पौधशाला में तैयार किये जाते हैं तथा बाद में नयी जगह रोपित किये जाते हैं। इससे पौधारोपण की लागत बढ़ जाती है। उभ्दिद्-बीज-धारी (विविपैरस) पौधे सीधे रोपित किये जा सकते हैं, इससे पौधारोपण की लागत कम हो जाती है। सामान्यत: छोटे पौधे छाया में लगाये जाते हैं। जबकि बड़े वृक्ष सूर्य के प्रकाश में अच्छी वृद्धि करते हैं।

मैंग्रोव प्रजातियों की अनुक्षेत्र अभिरुचि

ज्वारीय क्षेत्र	वरीय प्रजातियां
उच्च और मध्य स्तरीय जल	एविसेनिया मेरीना, ब्रूगेरिया ब्रू॰ पेरविफ्लोरा, ब्रू. सेक्सेंगुला, सेरिओपा डिसेंड्रा, से डगल, सायलिंड्रिका, ब्रूजिम्रोरहिजा, एक्सेरिया, ऐजेलोका, सिफिफोरा जाइलोकार्पस ग्रांट्स एवं जा. मेकोंगिंसिसि
मध्य और निम्न स्तरीय जल	राइजोफोरा प्रजाति, सोनोरेशिया एल्बा और ऐजिसिरस नाइपा, उच्च स्तरीय जल फ्रुटसियन एवं ल्यूमिनिटेजरा

विभिन्न स्थानों पर मैंग्रोव प्रजातियों की अनुकूलता

मैंग्रोव प्रजातियां	अनुकूलता या वरीयता स्थान
एविसेनिया मारीना	अपेक्षाकृत शुष्क ज्वारीय भूमि नदी मुहाने या उच्च लवणीय समतल, बंजर क्षेत्र।

ब्रूगेरिया जिम्नोरहिजा	मीठे जल की वृहद आपूर्ति में।
सेरिओरस टगल	उच्च लवणीय क्षेत्र में।
नाइपा फ्रुटसियन	इनका क्षेत्र निम्न स्तरीय ज्वारी वाली घासों से ढका रहता है, निम्न लवणता युक्त रहता है।
राइजोफारा ओपिक्यूलेटा	कीचड़ युक्त क्षेत्र नदीमुख एवं कीचड़ समतल वाला।
राइजोफारा मुक्रोनेटा	कीचड़ युक्त क्षेत्र नदीमुख एवं कीचड़ समतल वाला।
राइजोफारा स्टयलोसा	सागर के समीप, यह निम्न ज्वारीय आयाम में उगता है।
सोनेरेशिया एल्बा	सागर के समीप, उच्च लवणीय क्षेत्र।
जाइलोकार्पस ग्रांटूम	निम्न ज्वारीय क्षेत्र।

स्थान का चयन

चयनित स्थान ही निर्धारित करता है कि कौन-सी प्रजाति वहां पनपेगी। सभी प्रजातियों के शारीरिक अनुकूलन समान नहीं होते हैं। उदाहरणत: हर प्रजाति की ऑक्सीजन की कमी के दबाव को झेलने की क्षमता भिन्न-भिन्न हैं।

वृक्षारोपण के उद्देश्य से प्रजातियों का चुनाव

वृक्षारोपण का उद्देश्य	प्रत्याशी प्रजातियां
प्राकृतिक पुनरुज्जीवन	ऐविसिनिया मेरिना, ऐ. ओफिशिंलिस, ऐजिसिरसर कोर्निक्यूलेटम, एक्सोरिया एगलोसा, एकेन्थस इलसिकोलिस
ज्वारीय जल, क्षरण एवं चक्रवातों से तटीय सुरक्षा	राइजोफोरा एपिक्यूलेटा, रा.मुक्रोनेटा, सोनेरेशिय एल्बा, ऐविसिनिया मेरीना, ऐ. ऑफिसिनेलिस, हेरिटियेरा, फॉमस्, कैन्डेलिया केंडेल चक्रवातों से तटीय सुरक्षा के लिए
मुहानों एवं नदीमुखों की सुरक्षा के लिए	ऐविसिनिया मेरिना, ऐ. एल्बा, ऐत्र ऑफिसिनेलिस, ब्रूगेरिया सिलिंड्रका, राइजोफोरा ऐपिक्यूलेटा, रामुक्रोनेटा, रा. स्ट्रइलोसा, सोनेरिशया, कैसेओलारिस, से एल्बा. कैन्डेलिया केंडेल, एकेन्कथ लिसिफोलियस
सागर एवं जलकृषि क्षेत्रों के लिए	ऐविसिनिया मेरिना ऐ. एल्बा, टगल, राइजोफोरा ऐपिक्यूलेटा, रा. स्ट्रइलोबा, सोनेरिशया,
बांध की सुरक्षा के लिए	ऐ. ऑफिसिनेलिस, सेरिओरस कैसेओलारिस, ब्रुगेरिया जिम्रोरिजा, एक्सोकेरिया एगेलोचा
बंजर तटों पर हरियाली के लिए	ऐविसिनिया ऑफिसिनेल, के लिए सेरिओप्स टगल खनन क्षेत्रों के राइजोफोरा एसपीपी पुनरुज्जीवन के लिए
नवीन कीचड़ समतल के लिए	राइजोफोरा मुक्रोनेटा, रा. प्रवेश एपिक्यूलेटा, ऐविसिनिया मेरीना, ऐ. ऑफिसिनेलिस, ऐजिसिरस कोर्नक्यूलेटम
इमारती लकड़ी काठ कोयला और जलावन लकड़ी आदि	सोनेरिशया एल्बा से. एप्टेला, ऐविसेनिया मेरीना, ऐ. ऑफिसिनेल, राइजोफोरा एपिक्यूलेटा, रा. मुक्रोनेटा, केरिओप्स टगल, ब्रूगेरिया जिम्रोरिजा, कैन्डेलिय कैंडेल, हेररियेटा फॉर्मस,
वन उत्पादों के लिए	जाइलोकार्पस गांट्रम
मत्स्य संसाधनों के लिए	ऐविसिनिया प्रजाति, वृद्धि ब्रूगेरिया प्रजाति

सामान्यत: ऑक्सीजन की कमी वाली भूमि के लिए ऐविसेनिया प्रजाति राइजोफोरा की अपेक्षा अधिक उपयुक्त है।

मैंग्रोव क्षेत्र के पुनरुज्जीवन के लिए प्रजातियों का अनुक्षेत्र वर्गीकरण महत्वपूर्ण है।

ज्वार के समय, मध्यम जल स्तर से निम्न जल स्तर तक के क्षेत्र में राइजोफोरा प्रजाति के पौधे अच्छे पनपते हैं जबकि ऐविसेनिया प्रजाति के पौधे मध्यम जल स्तर वाले स्थानों पर (निम्न जल स्तर पर नहीं) अच्छे पनपते हैं। मृदा में पोषक तत्वों की मात्रा में ऋतु आदि के अनुसार काफी अधिक बदलाव आता है। ऐविसेनिया प्रजाति के पौधों के वातरंध्र (जड़ों में मौजूद वह छिद्र जिनके द्वारा हवा अंदर आती है) यदि स्वस्थ हैं तो वे एक कार्बनिक पदार्थ वाली मिट्टी में भली-भांति पनपते हैं। जबकि राइजोफोरा प्रजाति के पौध्शे उस गहरी दलदली मिट्टी में ज्यादा अच्छे पनपते हैं जिसमें हाइड्रोजन सल्फाइड गैस की मात्रा अधिक होती है। सामान्यत: मैंग्रोव रेतीली या चूनामय मिट्टी की अपेक्षा मुलायम चिकनी; दलदली भूमि को प्राथमिकता देते हैं।

प्रजातियों की जटिलता

वृक्षारोपण के लिये ऐविसेनिया तथा सोनेरेटिया प्रजातियां अधिक पसन्द की जाती हैं क्योंकि ये तीव्र गति से वृद्धि करते हैं। ऐविसेनिया मेरीना की प्रतिरोधक क्षमता, गर्म तथा शुष्क जलवायु तथा सूर्य की तीव्र किरणों के प्रति अधिक है तथा यह प्रजाति शुष्क क्षसेत्रों के लिए अच्छी है। कुछ प्रजातियां जैसे लुम्रित्जेरा रेसिमोसा, लु. लिट्टोरिया, जाइलोकार्पस गेरनेटम, सिरियोपास टेगल, आदि भी शुष्क जनलवायु में अच्छी पनतपती है।

परन्तू नाइपा फ्रूटिकान्स, हेरिटियेरा फोमिस तथा साइनोमेट्रा इरिपा आदि प्रजातियां गर्म तथा शुष्क क्षेत्रों के लिए अनुकूल नहीं है। ऐकेन्थस इलिसीफोलियस, बफ्रगेरिया जिम्रोराइजा, बु. सिलिन्ड्रिकल तथा सिरियोपस डिकेन्ड्रा आदि प्रजातियां छायादार स्थानों के लिए अनुकूलित हैं। पहले से विद्यमान वृक्षों के बीच में उचित प्रजाति के पौधों के पौधारोपण से कीटों की समस्या पर काबू पाया जा सकता है। भू-आकृतिक परिवर्तनों को रोका जा सकता है तथा प्रजातियों के अनुक्रम को बनाया जा सकता है।

प्रजातियों का चयन करते समय उनके अनुकूलन का भी ध्यान रखना चाहिए। उदाहरणत: ऐविसेनिया तथा ऐजिसेरस प्रजातियां नमक उत्सर्जक प्रजातियां है जबकि जाइलोकार्पस नमक संचायक प्रजाति है।

तटीय सुरक्षा

भारत, चीन, वियतनाम तथा बांग्लादेश में सोनेरेटिया ऐपिटाला, ऐविसेनिया ऑफिनेलिस, तथा राइजोफोरा प्रजातियों के प्रवेश से तटों की सुरक्षा को बहुत लाभ मिला है। यद्यपि बहुत बड़े स्तर पर पुन: पौधारोपण कार्यक्रम के लिए उपयुक्त प्रजाति का चयन करने के संबंध में योजनावृत कार्य अभी नहीं हुआ है। राइजोफोरा प्रजाति के पौधे हवा के तीव्र प्रवाह को झेलने में सक्षम हैं। यह पाया था कि राइजोफोरा मंगल पौधों को एण्ड्रयु नामक चक्रवात से कोई विशेष हानि नहीं हुई थी जबकि लैगनकुलेरिया रेसिमोसा के बड़े वृक्षों को बहुत अधिक क्षति हुई थी।

मैंग्रोव संरक्षण के अतिरिक्त लाभ

मैंग्रोव पारिस्थितिकी में अनौक्सिता (ऐनोक्सिया) कभी-कभी मेथेन गैस के उच्च स्तर से सम्बद्ध होती है। वे प्रजातियां जिनमें वातरंध या श्वसन मूल होते हैं उन प्रजातियों की अपेक्षा अधिक मेथेन गैस का उत्सर्जन करती है जिने श्वसन जुड़ें नहीं होती है। इसलिए वातरंध वाली प्रजातियां अधि मेथेन की मात्रा का मुकाबला करने के लिए अपेक्षाकृत अधिक अनुकूलित होती हैं। राइजोफोरा प्रजाति, वातावरण में अधिक कार्बन डाइऑक्साइड का मुकाबला अच्छी तरह कर सकती है। अत: पर्यावरण के वैश्विक परिवर्तनों को ध्यान में रखते हुए राइजोफोरा के पौधों का रोपण लाभप्रद हो सकता है। कुछ प्रजातियों जैसे राइजोफोरा की धातु-प्रदूषण से मुकाबला करने की क्षमता का अध्ययन किया जा रहा है।

ऐविसेनिया प्रजाति का पौधा कार्बनिक प्रदूषण के प्रति अधिक सहनशील है। इन्डोनेशिया में जलकृषि या मत्स्यपालन (एक्काकल्चर) के लिए उपयोग किए गकए तालाबों में वर्षा ऋतु में खारेपन तथा पीएच को नियंत्रित करने के लिए ऐविसेनिया तथा एकेन्थस इलिसीफोरस पौधों का सफलतापूर्वक प्रयोग किया गया है।

मैंग्रोव पौधशालाओं का प्रबंधन

मैंग्रोव वनरोपणवृहद् स्तर पर मैंग्रोव पौधों के रोपण के लिए पौधशाला का विकास किया जाता है। छोटे पौधों को तैयार करने हेतु पौधशाला ऐसे स्थान पर होनी चाहिए, जहां पर वर्ष भर ताजा पनीर उपलब्ध हो। आवश्यकता होने पर बीजों का पूर्वोपचार किया जाना चाहिए। ऐविसेनिया प्रजाति के फल एक सप्ताह तक प्रतिदिन ज्वारीय पानी के सम्पर्क में आने के बाद ही बुवाई के लिए तैयार होते हैं। जबकि सोनेरेटिया ऐपरटला के फलों को पांच दिनों तक प्रतिदिन 12 घण्टे खारे पानी में भिगोकर 12 घण्टे धूप में सुखाया जाता है। उसके बाद फल को खारे पानी से धोया जाता है और अपघटित हो रहे फल से बीज निकाला जाता है।

प्रारम्भिक दिनों में छोटे पौधे को छाया की आवश्यकता हो सकती है। यद्यपि छोटे पौधे के 'कठोरीकरण' के लिए पौधारोपण से एक माह पूर्व छाया हटा दी जाती है। अन्तर ज्वारीय क्षेत्र में ऊंचाई वाले भाग में स्थित होने के कारण मैंग्रोव पौधशालाओं में सिंचाई की आवश्यकता नहीं होती है। लघु ज्वार क्षेत्र में आने वाले पौधों में दिन में एक बार पानी देने की आवश्यकता होती है। अन्तर ज्वारीय क्षेत्र से दूर स्थित पौधशाला में दिन में दो बार पानी देने की आवश्यकता होती है।

छोटे पौधों तथा पत्तियों का कीटों द्वारा होने वाले नुकसान के लिए निरीक्षण किया जाना चाहिए। केंकड़ों, इल्लियों तथा कीटों से छोटे पौधों की रक्षा की जानी चाहिए।

पौधारोपण का प्रकार

मैंग्रोव वृक्षों का पौधारोपण निम्नांकित दो प्रकार से किया जाता हैं–

(i) बीज अथवा प्रावर्ध्य (मात वृक्ष पर ही बीज से तैयार पौधा) को सीधे ही दलदली क्षेत्रों में रोपित किया जाता है।

(ii) बीजों से पौधशाला में तैयार पौधों को रोपित किया जाता है।

उन क्षेत्रों में जहां कीट-प्रकोप अधिक होता है, पौधशाला में तैयार अपेक्षाकृत बड़े पौधों के रोपण की सलाह दी जाती है। पौधारोपण के समय मैंग्रोव वनस्पति के प्राकृतिक अनुक्षेत्र वर्गीकरण का भी ध्यान रखना चाहिये। उदाहरण: के लिए लम्बे प्रावध्य उच्च ज्वारीय क्षेत्र में स्थापित होते हैं जबकि वे प्रावर्ध्य जिनकी लंबाई अपेक्षाकृत कम होती है, अन्तर ज्वारीय क्षेत्र में भूमि की ओर वाले भाग में स्थापित होते हैं। पौधारोपण का आदर्श समय वह है जब जलस्तर कम हो। अधिक लम्बे प्रावर्ध्य को रोपित करते समय उसकी गहराई बढ़ायी जा सकती है। पौधारोपण के समय प्रावर्ध्य का नुकीला सिरा मिट्टी के अन्दर होना चाहिये। छोटे आकार के बीज मिट्टी में धीरे से रख दिये जाते हैं। पौधों के बीच की दूरी सामान्यत: 1.5 से 2 मीटर के बीच रखी जाती है। पौधों के बीच सही दूरी बनाये रखने के लिए एक लम्बी सीधी रस्सी का प्रयोग किया जाता है।

पौधारोपण का समय या पौधारोपण का मौसम रोपित की जाने वाली प्रजाति, पौधों की उपलब्धता, पानी के खारेपन का अनुकूल स्तर आदि कारकों द्वारा निर्धारित होता है। पानी की लवणीयता अधिक होने पर या तीव्र वायु गति के कारण लहरों का वेग तीव्र होने पर पौधों रोपण की सलाह नहीं दी जाती है। मानसून के बाद का समय जब पानी की लवणीयता मध्यम स्तर पर होती है, पौधारोपण के लिये उपयुक्त रहता है। नवोपित पौधों की उचित देखरेख होनी चाहिये और क्षतिग्रस्त या मृत पौधों को तुरन्त हटा कर उनके स्थान पर नये पौधे लगाने चाहिये। यद्यपि मैंग्रोव क्षेत्रों का पुनरूद्धार एक अच्छा कार्य है परन्तु वर्तमान में विद्यमान मैंग्रोव क्षेत्रों का संरक्षण उनके पुनरुद्धार से कहीं अधिक अच्छा है। मैंग्रोव वनों के संरक्षण के लिये मानव की उन पर निर्भरता को कम करना होगका। स्थानीय लोगों की आवश्यकताओं को ध्यान में रखकर प्रतिरोधक (बफर) क्षेत्र में ईधन की लकड़ी देने वाले पौधों की विकसित प्रजातियों का वृहद स्तर पर रोपण किया जाना चाहिये।

संयुक्त वन प्रबंधन

मैंग्रोव क्षेत्रों के संरक्षण तथा प्रबन्धन के कार्यक्रम में स्थानीय लोगों को सम्मिलित किया जाना आवश्यक है। इसके लिये उन्हीं लोगों को निर्णय की अनुमति देना चाहिये, क्योंकि वे ही इन वनों की वर्तमान दशा तथा इनके भविष्य के लिये जिम्मेदार है। संरक्षण तथा प्रबन्धन में स्थानीय लोगों की भागीदारी को सयुंक्त वन प्रबन्धन या सह-प्रबन्धन कहा जाता है। संक्षेप में, इस प्रकार के प्रबन्धन में

सरकार, वन संसाधनों का उपयोग करने वाले स्थानीय लोगों , बाहरी संस्थानों (गैर सरकारी संगठन या शिक्षण संस्थाएं) तथा अन्य सम्बन्धित व्यक्तियों (मत्स्य व्यापारियों तथा पर्यटन संस्थाओं) को जिम्मेदारी तथा प्राकृतिक संसाधनों के प्रबन्धन के निर्णय लेने में भागीदार बनाया जाता है।

सम्बंधित व्यक्तियों की पहचान

संरक्षण के प्रयास के लिये इन क्षेत्रों से परोक्ष या अपरोक्ष रूप से सम्बन्धित व्यक्तियों की सही ढंग से पहचान किया जाना आवश्यक है। इन वनों से सम्बद्ध लोग निम्नलिखित हो सकते हैं।

(i) स्थानीय उपभोक्ता समुदाय : इस समुदाय के लोग मैंगरोव वन क्षेत्रों में या उनके आसपास रहते हैं तथा मछली, लकड़ी, पत्तियों तथा डालियों जैसे संसाधनानें का सीधे उपयोग करते हैं।

(ii) स्थानीय समुदाय : इस समुदाय के लोग मैंग्रोव वन के संसाधनों का उपयोग नहीं करते, लेकिन चक्रवात आदि से सुरक्षा के लिये वन क्षेत्र में निवास करते हैं।

(iii) दूरस्थ उपभोक्ता समुदाय : इस समुदाय के लोग दरू-दराज क्षेत्रों से आते हैं और मैंग्रोव क्षेत्रों का उपयोग झींगा और मत्स्य उत्पादन के लिये करते हैं।

(iv) सरकारी संस्थाएं : इन पर मैंग्रोव वे क्षेत्रों के संरक्षण तथा प्रबंधन की जिम्मेदारी है।

(v) मैंग्रोव उपभोक्ता समुदाय के पक्षधर : गैर सरकारी संस्थाएं तथा अन्य स्वयंसेवी संस्थायें।

(vi) शोध एवं शिक्षण संस्थां : ये मैंग्रोव क्षेत्रों की दशा का आकलन करते है।

वास्तविक भागीदारी में, प्रबन्धन तथा संरक्षण सम्बन्धी निर्णय लेने में सभी सम्बद्ध व्यक्तियों की सक्रिय भूमिका होती है। वे मैंग्रोव संसाधनों के प्रबन्धन की योजनाएं बनाने, उनके क्रियान्वयन तथा निरीक्षण से सीधे जुड़े होते हैं। स्थानीय लोगों को मैंग्रोव वनों के आर्थिक तथा पर्यावरण सम्बन्धी महत्व के बारे में शिक्षित करना उनके (वनों के) संरक्षण की दिशा में एक सार्थक कदम हो सकता है। संसाधनों के बेहतर प्रबन्धन से स्थानीय लोग अपने घरेलू उपयोग के लिये ईधन की लकड़ी इस प्रकार प्राप्त कर सकते हैं जिससे वनों को कोई हानि न हो।

वैश्विक (अंतर्राष्ट्रीय) संस्थाओं की भूमिका

अनेक संस्थाएं जैसे संयुक्त राष्ट्र शैक्षिक, वैज्ञानिक तथा सांस्कृतिक संगठन (यूनेस्को), मैंग्रोव पारिस्थितिकी के लिये अंतर्राष्ट्रीय समिति (आई.एसत्र.एम.ई.) अंतर्राष्ट्रीय उष्णकटिबन्धीय इमारती लकड़ी संगठन (आई.टी.टी.ओ.) ए.डी.बी., सी. आई.डी.ए., डी. ए.एन.सी.ई.डी., ई. यू,. एफ.ए. ओ., आई.यू.सी.एन., आई.यू.एफ. आर.ओ., जे.आईसी.ए., रामसर कन्वेंशन, यू.एन.डी.पी., यू.एन.ई.पी., यू.एस.ए.आई.डी. तथा वेटलैण्ड इन्टरनेशनल आदि ने मैंग्रोव क्षेत्रों के संरक्षण तथा प्रबन्धन के कार्यक्रमों को प्रमाणित किया है।

इन कार्यक्रमों के कार्यक्षेत्र में निम्नलिखित बिन्दु आते हैं।

प्रशिक्षण तथा सार्मथ्य बढ़ाना

सर्वेक्षण तथा सूचीबद्ध करना

डाटाबेस विकसित करना

पर्यावरण तथा पर्यटन की वस्तुस्थिति अध्ययन (केस स्टडी)

मैंग्रोव क्षेत्रों में पौधशाला निर्माण तथा वृक्षारोपण

मैंग्रोव भ्रमण मार्गों का निर्माण

सुरक्षित क्षेत्रों की स्थापना

रेलमार्गों तथा बंदरगाहों की पुर्नसंरचना

मैंग्रोव वनों में मधुमक्खी पालन

मैंग्रोव पर पुस्तिका तथा वैश्विक मानचित्रावली का प्रकाशन

रामसर सम्मेलन

इस अंतर्राष्ट्रीय सम्मेलन का आरम्भ सन् 1971 में रामसर (ईरान) में अंतर्राष्ट्रीय महत्व की नमभूमि (वेटलैण्ड) की सुरक्षा के लिये किया गया था। इस सम्मेलन के हस्ताक्षर कर्ता देशों ने लगभग 830 रामसर स्थलों का निर्धारण किया है। इनमें से एक तिहाई स्थान मैंग्रोव वन क्षेत्र हैं। इस सभा के सदस्य देशों ने 150 लाख हेक्टेयर से अधिक मैंग्रोव नमभूमि के संरक्षण तथा उनके विवेकपूर्ण उपयोग पर सहमति व्यक्त की है। इन स्थानों में बांग्लादेश में सुन्दरवन (जो विश्व के सबसे बड़े मैंग्रोव क्षेत्रों में एक है) में 35,042 हेक्टेयर तथा सुरीनाम में 12,000 हेक्टेयर क्षेत्र मुख्य हैं।

मैंग्रोव पारिस्थितिकी तंत्र के लिये अंतर्राष्ट्रीय समिति (आई.एस.एम.ई.)

यह सन् **1990** में ओकीनावा (जापान) में प्रारम्भ हुई एक गैर सरकारी संस्था है। इसके उद्देश्य निम्नांकित हैं–

(i) मैंग्रोव पारिस्थितिकी तंत्र के संरक्षण तथा पुनरुद्धार के लिये किये जाने वाले कार्यों को सहायता देना तथा प्रोत्साहित करना।

(ii) वैश्विक मैंग्रोव डाटाबेस तथा सूचना तंत्र (जी.एल.ओ.एम.आई.एस.) द्वारा आवश्यक सूचनाएं उपलब्ध कराना।

(iii) मैंग्रोव सम्बन्धित क्रियाकलापों के लिए धन एकत्र करना।

सन् 1991 में आई.एस.एम.ई. ने एक "मैंग्रोव पर एक घोषणापत्र" को अपनाया। इस संस्था के 70 देशों में 700 सदस्य हैं। यह संस्था जैव विविधता कार्यक्रम में स्वयं सेवकों का योगदान, मैंग्रोव वृक्षारोपण कार्यक्रमों का निरीक्षण तथा मूल्यांकन, तट रोध (रक्षक) के रूप में मैंग्रोव का मूल्यांकन तथा मैंग्रोव एवं अंतर्राष्ट्रीय सहयोग के लिये निपुण प्रबन्धकों का स्थानान्तरण आदि कार्यक्रमों में सम्मिलित है। इस संस्था की जी.एल.ओ.एम.आई.एस. परियोजना के चार क्षेत्रीय केन्द्र ब्राजील, घाना, फिजी तथा भारत में स्थित हैं। इस सामंजस्य तथा सूचना के आदान-प्रदान पर विशेष बल दिया गया है।

वेटलैण्ड इन्टरनेशनल

इस संस्था की स्थापना 1995 में हुई तथा वर्तमान में 47 देश इसके सदस्य हैं। इसका मुख्य उद्देश्य मैंग्रोव वनों से सम्बद्ध जलकुक्कुट या मुर्गाबी का संरक्षण करना है।

मैंग्रोव एक्शन प्लान

इस संस्था की स्थापना संयुक्त राष्ट्र अमेरिका ने सन् 1992 में 50 देशों के 300 गैर सरकारी संगठनों 200 वैज्ञानिकों तथा शिक्षावेत्ताओं को जोड़ कर की गयी थी।

मैंग्रोव एक्शन प्लान के अंतर्गत भारतीय मैंग्रोव

क्रमांक	संरक्षण प्राप्त मैंग्रोव क्षेत्र	राज्य
1.	सुंदरवन	पश्चिम बंगाल
2.	भितरकनिका	उड़ीसा
3.	महानदी	उड़ीसा
4.	सुवर्णरेखा	उड़ीसा
5.	देवी	उड़ीसा
6.	धामरा	उड़ीसा
7.	कालीभंजा डीए द्वीपसमूह	उड़ीसा
8.	कोरिन्गा	आंध्रप्रदेश
9.	पूर्व गोदावरी	आंध्रप्रदेश
10.	कृष्णा	आंध्रप्रदेश
11.	पिचवरम	तमिलनाडु
12.	केजुहुवेली	तमिलनाडु
13.	मुथुपेट	तमिलनाडु
14.	रामानाड	तमिलनाडु
15.	अचरा-रत्नगिरी	महाराष्ट्र
16.	देवगढ़	महाराष्ट्र
17.	विजयदुर्ग	महाराष्ट्र
18.	मुम्ब्रा-दीवा	महाराष्ट्र
19.	वितीरलर नदी	महाराष्ट्र
20.	कुण्डलिका-रवदाना	महाराष्ट्र
21.	वसासी-मनोरी	महाराष्ट्र
22.	श्रीवर्धन-वेरल-टुरुमबादी और कालसुरी	महाराष्ट्र
23.	चारो	गोवा
24.	उत्तरी अंडमान	अंडमान और निकोबार द्वीपसमूह
25.	दक्षिणी अंडमान	अंडमान और निकोबार द्वीपसमूह
26.	खम्भात की खाड़ी	गुजरात
27.	कच्छ की खाड़ी	गुजरात
28.	कून्डापुर	कर्नाटक
29.	होनावर क्षेत्र	कर्नाटक

इस संस्था का उद्देश्य विश्व भर में मैंग्रोव पारिस्थितिकी को हुए नुकसान को प्रतिवर्तित करना तथा स्थानीय उपभोक्ताओं द्वारा संसाधनों के विवेकपूर्ण उपयोग को प्रोत्साहित करना है।

कैरेबियन मैंग्रोव नेटवर्क

इस संस्था की स्थापना सन् 1996 में मैंग्रोव वनों के 25 विशेषज्ञों के साथ हुई तथा इसका उद्देश्य संस्थाओं तथा साधन सम्पन्न व्यक्तियों को जोड़कर तथा योग्य व्यक्तियों को जमा कैरेबियाई क्षेत्र में मैंग्रोव वनों का संरक्षण तथा टिकाऊ धारणीय प्रबन्धन करना है। यह संस्था शोध परिणामों एवं अच्छी प्रबन्धन योजनाओं के प्रचार तथा उपलबध सूचनाओं के आदान-प्रदान के लिये एक मंत्र का संचालन भी करती है।

भारतीय प्रयास-भारतीय मैंग्रोव समिति (मैंग्रोव सोसाइटी ऑफ इण्डिया)

इसका मुख्यालय राष्ट्रीय समुद्र विज्ञान संस्थान, गोवा में है। इसका उद्देश्य मैंग्रोव वनों की सुरक्षा के लिये समाज के विभिन्न स्तरों पर जागृति पैदा करना है। इस संस्था द्वारा 'मैंग्रोव-वन' के नाम से एक सूचना पत्र भी प्रकाशित किया जाता है।

एम.एस.स्वामीनाथन शोध संस्थान, चेन्नै

इस संस्थान ने राज्य सरकार के वन विभाग के सहयोग से तमिलनाडु, आन्ध्र प्रदेश तथा उड़ीसा में स्थानीय समुदाय की भागीदार से मैंग्रोव वनों के प्रबन्धन में सफलता प्राप्त की है। इस संस्थान में सर्वप्रथम यह सिद्धान्त प्रतिपादित किया था कि मैंग्रोव पौधों के जीन तथा रिकॉम्बिनेन्ट डीएनए तकनीक का प्रयोग कर पौधों की ऐसी प्रजातियां विकसित की जा सकती हैं जो खारे पानी के लिये अनुकूल हों।

मैंग्रोव क्षेत्रों के संरक्षण में इस संस्थान का योगदान सूचना, प्रसार तथा शोध से निम्नांकित प्रकार से संबंधित रहा है।

(i) एक मैंग्रोव पारिस्थितिकी सूचना सेवा का आरम्भ।

(ii) राज्य सरकारों तथा मैंग्रोव आश्रित समुदायों के सक्रिय योगदान से मैंग्रोव के पुनरुद्धार की सफल तकनीक देना।

(iii) मैंग्रोव के जैव प्रौद्योगिकीय पक्षों-जैसे जीन का नक्शा और उसमें परिवर्तन एवं जैव जांच तथा सूक्ष्मसंचरण का अध्ययन करना।

मंत्रालय द्वारा चिन्हित मैंग्रोव क्षेत्रों की प्रदेशवार सूची

प्रदेश/केन्द्र शासित प्रदेश	मैंग्रोव क्षेत्र
पश्चिम बंगाल	
सुंदरवन	
उड़ीसा	
भितरकनिका	
महानदी	
सुवर्णरेखा	
देवी	
धामरा	
एम.आर.जी.सी.	
चिलका	

मैंग्रोव क्षेत्र
कर्नाटक
दक्षिण कन्नड़/होनवार,
मैंगलोर वन क्षेत्र करवार,
गोवा
गोवा

आंध्र प्रदेश
कोरिन्गा
पूर्व गोदावरी
कृष्णा
पुलीकट
काजुवेली

महाराष्ट्र
अचरा-रत्नागिरी
देवगढ़-विजय दुर
वेलदुर
कुण्डलिका-रवदाना
मुम्ब्रा-दीवा
विकरोली
श्रीवर्धन
वैतरन
वसासी-मनोरी
मालवन

अंडमान और निकोबार
उत्तरी अंडमान
निकोबार

गुजरात
कच्छ की खाड़ी
खम्बात की खाड़ी
डुमास-उबरत

केरल
वेम्बानाद कन्नूर

कर्नाटक
कून्डापुर

तमिलनाडु
पिचवरम मुथुपेट

गोदरेज औद्योगिक समूह की मैंग्रोव परियोजना

यह एशिया का प्रथम नमभूमि (वेट लैण्ड) कार्यक्रम है जो व्यक्तिगत रूप से चलाया जा रहा है। यह सम्भवत: अपनी तरह का पहला कार्यक्रम है जिसे आई.एस.ओ. 14001 प्रमाण पत्र प्राप्त है। विश्व बैंक के सहयोग से 100 एकड़ भूमि पर मैंग्रोव वृक्ष लगाये गये हैं तथा 500 से अधिक वन्य जीवों का पुनर्वास किया गया है। मैंग्रोव के बारे में शिक्षा तथा प्रसार के उद्देश्य से थाणे में खाड़ी के साथ-साथ एक प्रदर्शन स्थल का निर्माण कियागया है।

सरकार की सहभागिता

सरकार द्वारा पर्यावरणविदों, शोधकर्ताओं तथा विशेषज्ञों को, इस बहुमूल्य संसाधन के परिस्थितिकी प्रबन्धन के विभिन्न पदों पर कार्य करने के लिए प्रोत्साहित किया जाना चाहिए। उजाड़ हो चुके क्षेत्रों में पुन: वन रोपण का कार्य प्राथमिकता के आधार पर किया जाना चाहिए। कुछ मैंग्रोव क्षेत्रों को संरक्षित क्षेत्र घोषित किया जाना चाहिए। केवल तभी हम आश्वस्त हो सकते हैं कि ये अद्भुत पौधे जीवित रहें और वैश्विक चक्र में अपना महत्वपूर्ण योगदान देते रहें।

मैंग्रोव वनों के संरक्षण के प्रयास सर्वप्रथम स्वतंत्रता से पूर्व वर्ष 1892 में किये गये थे। तब सुन्दरवन मैंग्रोव क्षेत्र के लिए प्रबन्धन योजना तैयार की गयी थी।

प्रसन्नता की बात यह है कि भारत सरकार ने इस दिशा में कुछ सकारात्मक पहल की है। सन् 1979 में पर्यावरण तथा वन मंत्रालय ने तटीय पर्यावरण पर शोध तथा उसके विकास और प्रबगन्धन के लिए एक राष्ट्रीय समिति का गठन किया। इस समिति को यह जिम्मेदारी भी सौंपी गयी कि वह सरकार को मैंग्रोव क्षेत्रों के संरक्षण के लिए कार्ययोजना बनाने, नीति निर्धारण करने, मैंग्रोव पर शोध तथा प्रशिक्षण करने तथा संरक्षण के लिए स्थानों का चयन करने के बारे में सलाह दे। साथ ही वित्तीय सहायता देने वाली अंतर्राष्ट्रीय संस्थाओं तथा अन्तर्राज्जीय निकायों के सहयोग से मैंग्रोव क्षेत्रों का संरक्षण करने में सरकार की मदद करें।

इसी समिति की तरह राज्य स्तर पर संचालन समितियों का गठन 1986 में किया गया। प्रबन्धन कार्ययोजना में वनरोपण, उजड़े हुए मैंग्रोव का पुनरुद्धार, सुरक्षात्मक उपाय, पर्यावरण विकास तथा मैंग्रोव के संरक्षण से संबंधित शिक्षा तथा प्रसार कार्यों को सम्मलित किया जाता है ताकि इन क्षेत्रों पर मानवीय दबाव को कम किया जा सके।

मैंग्रोव के संरक्षण तथा प्रबन्धन में सामुदायिक सहभागिता को भारत सरकार द्वारा सर्वोच्च प्राथमिकता दी जा रही है। भारत सरकार द्वारा उड़ीसा में भितरकनिका मैंग्रोव वन में राष्ट्रीय मैंग्रोव आनुवांशिक संसाधन केन्द्र की स्थापना की गयी है। कई सरकारी विभाग मैंग्रोव वन में राष्ट्रीय मैंग्रोव आनुवांशिक संसाधन केन्द्र की स्थापना की गयी है। कई सरकारी विभाग मैंग्रोव पर शोध के लिए धन उपलब्ध कराते है।

उदाहरणत: विज्ञान तथा प्रौद्योगिकी विभाग, भू-विज्ञान विभाग, तथा जैव प्रौद्योगिकी विभाग, विश्वविद्यालय अनुदान आयोग, राज्य सरकारों के वन विभाग, सामाजिक संगठन, वन्यजीवन सलाहकार मण्डल, मेरीन पार्क अधिकरण तथा विश्व वन्य जीवन निधि (WWF) आदि सभी संस्थाओं ने इस क्षेत्र में अनेक कार्यक्रम चलाये हैं।

जैव मण्डल संरक्षित क्षेत्र

यूनेस्को के ''मैन एण्ड बायोस्फेयर प्रोग्राम'' (MAB) में मैदानी तथा तटीय क्षेत्रों में जैव मण्डल संरक्षित क्षेत्रों (बायोस्फेयर रिजर्व) की अंतर्राष्ट्रीय स्तर पर पहचान की गयी है। ये क्षेत्र सांस्कृतिक तथा जैव विविधता की प्राचीन धरोहर को अपने में संजोए हैं। इस कार्यक्रम का उद्देश्य इन संरक्षित क्षेत्रों की सांस्कृतिक विरासत तथा जैविक विविधता को कायम रखते हुए इन क्षेत्रों का सांस्कृतिक तथा पर्यावरण की दृष्टि से स्थायी आर्थिक तथा मानवीय विकास करना तथा शोध, निरीक्षण, शिक्षा तथा सूचनाओं के आदान-प्रदान के लिये सहायता उपलब्ध कराना है।

पर्यावरण तथा वन मंत्रालय द्वारा इन क्षेत्रों के विकास के लिये राज्य सरकारों को धन उपलब्ध कराया गया है। ऐसा ही एक जैवमण्डल संरक्षित क्षेत्र (बायोस्फेयर रिजर्व) पश्चिम बंगाल में सुन्दरवन है। भारत सरकार के पर्यावरण तथा वन मंत्रालय ने 1987 में एक मैंग्रोव संरक्षण कार्यक्रम प्रारम्भ किया था। मंत्रालय द्वारा अब तक 38 मैंग्रोव क्षेत्रों की पहचान संरक्षण तथा प्रबन्धन के लिये की जा चुकी है। इन क्षेत्रों का चयन मैंग्रोव तथा मूंगे की चट्टानों हेतु गठित राष्ट्रीय समिति की अनुशंसा पर किया गयाहै। मैंग्रोव क्षेत्रों में प्रबन्ध कार्य योजना (मैनेजमेन्ट एक्शन प्लान) के अन्तर्गत मैंग्रेव पौधों के रोपण, संरक्षण, तलछट नियंत्रण, प्रदूषण नियंत्रण, जैव विविधता संरक्षण, दीर्घ अवधि संसाधन प्रबन्धन, सर्वे, क्षेत्रों के चिन्हीकरण, शिक्षा तथा प्रसार आदि के लिये केन्द्र सरकार द्वारा शत प्रतिशत सहायता उपलब्ध करायी जाती है तथा कार्य योजना के सफल क्रियान्वयन के लिये शोध तथा विकास हेतु सहायता दी जाती है।

भारत में कुछ संरक्षित क्षेत्रों को समुद्री सुरक्षित क्षेत्र (मेरीन प्रोटेक्टेड एरियाज) के अन्तर्गत पूर्ण सुरक्षा प्राप्त है। भारत में कुल 26 ऐसे सुरक्षित क्षेत्र है। जिनमें 17 अभयारण्य तथा राष्ट्रीय उद्यान है। इन सुरक्षित क्षेत्रों के अन्तर्गत आने वाले मैंग्रोव क्षेत्र काफी हद तक सुरक्षित हैं। सुन्दरवन अब प्राकृतिक विश्व धरोहर स्थल के अन्तर्गत आता है और इस श्रेणी में आने वाला यह विश्व का पहला मैंग्रोव क्षेत्र है।

भारत में लगभग एक दर्जन मुख्य संस्थानों में मैंग्रोव वनों पर शोध कार्य किया जा रहा है। इनमें से अधिकतर परियोजनाओं में प्रबन्धन संबंधी समस्याओं पर कार्य किया जा रहा है। इन परियोजनाओं में जिन विषयों पर कार्य हो रहा है। उनमें मुख्यत: सर्वेक्षण तथा वितरण, दूर-संवेदन, पर्यावरण-जीवन विज्ञान, मत्स्य, जल-कृषि, शरीर क्रिया विज्ञान, मृदा विज्ञान, प्रदूषण, उत्पादकता, वनरोपण

प्रबन्धन तथा वन्य जीवन आदि विषय सम्मिलित हैं। सन् 1992 से मैंग्रोव परिस्थितिकी पर वैज्ञानिक साहित्य को एकत्र कर पर्यावरण सूचना तंत्र (ENVIS) द्वारा प्रसारित करने का काकर्य अन्नामलायी विश्वविद्यालय में किकया जा रहा है। पर्यावरण तथा वन मंत्रालय द्वारा इसके लिए आर्थिक सहायता उपलब्ध कराई जा रही है। राष्ट्रीय समुद्र विज्ञान संस्थान द्वारा मैंग्रोव पर एक वेबसाइट चलायी जा रही है।

जलवायु परिवर्तन के कारण जैव विविधता का प्रभाव

जलवायु परिवर्तन के कारण जैव विविधता को बनाये रखना हमारे लिए एक चुनौती है। जैव विविधता का संबंध मुख्य रूप से अलग-अलग तरह के पेड़ पौधों और पशु पक्षियों का धरती पर एक साथ अपने अस्तित्व को बनाये रखने से है। यह बहुत जरूरी है कि उच्च स्तार की जैव विविधता को बनाये रखपने के लिए हम अपने प्राकृतिक परिवेश को समुचित और अच्छे ढंग से बनाकर रखें तभी धरती पर मानव जीवन सुरक्षित हो सकेगा।

भारत में सरकार का केवल 2.4 प्रतिशत भू-भाग है जिसके 7 से 8 प्रतिशत भू-भाग पर भिन्न प्रजातियां पाई जाती हैं। प्रजा. तियों की संवृधि के मामले में भारत स्तनधारियों में 7वें पक्षियों में 9वें और सरीसृप में 5वें स्थान पर है। विश्व के 11 प्रतिशत के मुकाबले भारत में 44 प्रतिशत भू-भाग पर फसलें बोई जाती हैं। भारत के 23.39 प्रतिशत भू-भात पर पेड़ और जंगल फैले हुए है। दुनियाभर की 34 चिन्हित जगहों में से भारत में जैवविविधता के तीन हॉटस्पॉट हैं-हिमालयीन भारत, श्रीलंका और पश्चिमी घाट। यह वनस्पति और जीव जंतुओं के मामले में बहुत समृद्ध है और जैव विविधता के संरक्षण का कार्य करते है। पर्यावरण के अहम मुद्दों में से आज जैव विविधता का संरक्षण एक अहम मुद्दा है। राष्ट्रों, सरकारी एजेंसियों और संगठनों तथा व्यक्तिगत स्तर पर जैविक विविधता के संवर्धन और उसके संरक्षण की बड़ी चुनौती है साथ-साथ प्राकृतिक संसाधनों से लोगों की जरूरतों को भी पूरा करना होता है। चंहु ओर जैव विविधता को बचाने का अभियान चलाया गया है।

22 मई को दुनियाभर में अंतर्राष्ट्रीय जैव विविधता दिवस के रूप में मनाया जाता है। जैव विविधता सभी जीवों एवं पारिस्थितिकी तंत्रों की विभिन्नता एवं असमानता को कहा जाता है। हमारा जीवन प्रकृति की अनुपम देन है।

हरे-पेड़ पौधे, विभिन्न प्रकार के जीव-जंतु, मिट्‌टी, हवा, पानी, पहाड़, नदियां, महासागर आदि सब प्रकृति की देन है, जो हमारे अस्तित्व एवं विकास के लिये आवश्यक है। मरुस्थलों से लेकर महासागरों की गहराई तक विविभिन्न आकार, प्रकार, रंग और रूपों में मानव विद्यमान है, जिनमें का काफी विविधता है जो विकास के करोड़ों, अरबों वर्षों के परिणाम के रूप में, विभिन्न प्राकृतिक प्रक्रियाओं और मानवीय प्रभावों के फलस्वरूप ही प्राप्त हुई है।

जैव विविधता ध्यान में काफी महत्व है। ऐसा पर्यावरण जो जैव विविधता में समृद्ध है, टिकाऊ आर्थिक गतिविधियों के लिए, विकल्पों के सबसे वृहद् अवसर प्रदान करती है। जैव विविधता के ह्रास से प्रायः परितंत्र की उत्पादकता कम हो जाती है, जिसके कारण विभिन्न वस्तुओं और सेवाओं को प्रदान करने संबंधी उनकी क्षमता भी कम हो जाती है। जिनका हम लगातार उपभोग करते हैं। इससे परितंत्र में अस्थिरता आती है और प्राकृतिक आपदाओं जैसे बाढ़, सूखा और तूफान एवं मानव जनित दबावों जैसे प्रदूषण और जलवायु परिवर्तन से लड़ने की क्षमता भी कम हो जाती है। जलवायु परिवर्तन के कारण बहुत से पेड़-पौधे और पशु-पक्षी विलुप्त हो चुके हैं जिससे जैव विविधता को बनाये रखने के स्तर में भी काफी गिरावट आई है। इसलिए यह जरूरी हो जाता है कि मानव के अस्तित्व को बचाये रखने के लिए और अपने वातावरण की शुद्धता के लिए इन नकारात्मक बदलावों को काबू किया जाये।

जैव विविधता वनस्पति, जन्तुओं और अन्य जीवों का पारिस्थितिक तंत्र में सही संतुलन है ये सभी वातावरण की शुद्धता को बनाने में महत्वपूर्ण योगदान देते हैं। पशुओं और पौधों का प्रकृति ने असामान्य तरीके से बंटवारा किया है। कहीं ज्यादा तो कहीं कम। प्रकृति द्वारा किये इस असामान्य वितरण के पीछे मूल कारण है हमारे ग्रह की जलवायु का अनियमित होना। धरती के अलग अलग भागों का मौसम एक दूसरे से बिलकुल भिन्न है और इसी वजह से हर जगह का जीवन एक दूसरे से विविध है। वातावरण में भीषण बदलाव हुए जिसके कारण जैव विविधता को बनाये रखने में गिरावट आयी है। यह बिगड़ते हालात हमारे मनुष्य जीवन के लिए किसी

भयंकर खतरे से कम नहीं है। भौगोलिक परिस्थितियों पर ध्यान देना जरूरी है ताकि जैव विविधता के लिए कोई संकट उत्पन्न न हो और जीव-जन्तुओं, पेड़-पौधों के जीवन पर भी किसी तरह का कोई खतरा नहीं आये।

जलवायु परिवर्तन का हिमालय की जैव विविधता पर प्रभाव—जलवायु परिवर्तन का सर्वाधिक दुष्प्रभाव हिमालय पर पड़ रहा है। केन्द्र सरकार द्वारा गठित पेनल की रिपोर्ट के मुताबिक कार्बन उत्सर्जन से गर्म हो रही धरती के पहाड़ों पर सबसे बुरा प्रभाव हिमालय पर पड़ रहा है।

हिमालय क्षेत्र के पारिस्थितिक तंत्र और यहां की वनस्पतियों पर क्या दुष्प्रभाव पड़ रहा है। यह जानने के लिए ब्रिटेन और दूसरे देशों की एजेंसियों ने भारतीय वैज्ञानिकों के साथ अध्ययन शुरू किया है। केन्द्र सरकार के 'इंटर गवर्नमेंटल पैनल ऑनलाइमेट चेंज' की अध्ययन रिपोर्ट में बताया गया है कि जलवायु परिवर्तन से हिमालय क्षेत्र के जंगलों की नमी घट रही है। क्षेत्र के जलस्रोतों में पानी की मात्रा कम हुई है।

भूगर्भ जलस्रोतों में पानी घटने और वातावरण के गर्म होने से हिमालय क्षेत्र के पारिस्थितिक तंत्र पर प्रतिकूल प्रभाव पड़ रहा है। साल के वृक्षों में खराबी आ रही है जबकि चीड़ की संख्या बढ़ रही है। इससे वन्य जीव पुश्तैनी इलाके छोड़ रहे हैं। जलवायु परिवर्तन के गंभीर खतरों को देखते हुए भारत, चीन, अफगानिस्तान, नेपाल, भूटान, म्यांमार के अलावा दूसरे देश भी संयुक्त कार्ययोजना तैयार करने में जुटे है।

ब्रिटेन ने 'क्लाइमेट एंड डेवलपमेंट नॉलेज नेटवर्क, को अध्ययन की जिम्मेदारी सौंपी है। संस्था की टीमों ने हिमालय क्षेत्र का अध्ययन शुरू किया है। हिमालय क्षेत्र में जलवायु परिवर्तन के असर का अध्ययन कर रहीं एजेंसियों को बेशकीमती हिमालय जैव विविधता के नष्ट होने का डर है।

प्रमुख बिन्दु :

अध्ययन में कहा गया है कि निचली ऊंचाई पर ग्लेशियर पिघलने से अगले कुछ दशकों में पानी की उपलब्धता में बदलाव की संभावना कम है।

अन्य कारणों के चलते इस पर काफी प्रभाव पड़ सकता है। इनमें भूजल की कमी और लोगों द्वारा अधिक मात्रा में पानी का उपभोग शामिल है।

ग्लेशियर का पिघलना मौजूदा दर से जारी रहा तो ऊँचाई वाले इलाके में कुछ नदियों के बहाव में बदलाव हो सकता है।

काठमांडू स्थित इंटरनेशनल सेंटर फॉर इंटीग्रेड माउंटेन डेवलपमेंट (ICIMOD) के विशेषज्ञों अंजलि प्रकाश और अरुण बी. श्रेष्ठ ने यह अध्ययन किया है।

हिंदुकुश-हिमालय दुनिया में सबसे गतिशील, विभिन्नता वाला और जटिल पर्वत प्रणाली है। यहां कई नदियों और ग्लेशियरों के कारण इसे धरती का तीसरा ध्रुव कहा जाता है।

इससे पहाड़ी क्षेत्रों में 21 करोड़ और मैदानी इलाकों में 1.3 अरब लोगों को पानी उपलब्ध होता है।

वैज्ञानिक प्रमाण बताते हैं कि हिंदुकुश-हिमालय क्षेत्र के अधिकांश ग्लेशियर पिघल रहे हैं। लेकिन क्षेत्रीय जल प्रणाली खासकर भूजल पर इनके पिघलने के परिणाम के बारे में स्पष्ट नहीं है।

ग्लेशियर का पिघलना बढ़ने से शुरू में नदी जल में वृद्धि हो सकती है जिससे बाढ़े अधिक आ सकती हैं। लेकिन जब ग्लेशियर खत्म हो जाएंगे तब नदियों में पिघले बर्फ की मात्र काफी कम हो जाएगी। इसके परिणामस्वरूप कुछ इलाकों में भूजल रिचार्ज की दर कम हो जाएगी।

जलवायु परिवर्तन का मैंग्रोव पर प्रभाव — मैंग्रोव पर्यावरण गतिशील व सक्रिय है। जलवायु परिवर्तन के कारण इन क्षेत्रों में पौधों की मृत्युदर बढ़ रही है और पुनरूत्पादन क्षमता कम हो रही है। उदाहरणत: मैंग्रोव पौधों की खुली जड़ों के वातरंध्र कच्चे तेल तथा अन्य

प्रदूषक तत्वों से बन्द हो जाते हैं। कृत्रिम नहरों तथा पक्के नदीपथ (काज-वे) के कारण जलस्तर बढ़ जाता है और अधिक समय तक पानी में डूबी रहने पर जड़ें श्वसन नहीं कर पाती हैं।

मैंग्रोव वनों को काफी समय तक अनुपयोगी मानकर कृषि भूमि के लिये, पर्यटन क्षेत्रों के विकास के लिये, झींगा पालन के लिये तथा नमक उत्पादन के लिए इन क्षेत्रों को साफ किया जाता रहा तथा यह दलील दी जाती रही कि ये गतिविधियां आर्थिक रूप से अधिक लाभदायक हैं। इस तथ्य की ओर से आंखें मूंद ली गई कि झींगा उत्पादन के आर्थिक लाभ बहुत थोड़े समय के लिये हैं। जबकि पर्यावरणीय तथा सांस्कृतिक नुकसान बढ़े तथा लम्बे समय तक प्रभाव रखने वाले हैं। पिछले 3 दशकों में 40 प्रतिशत मैंग्रोव क्षेत्रों को कृषि कार्य हेतु साफ किया गया है। इसका परिणाम यह है कि विश्व के 35 प्रतिशत मैंग्रोव क्षेत्र पहले ही समाप्त हो चुके हैं तथा बचे हुए भी उष्णकटिन्धीय वनों से अधिक तेजी से समाप्त हो रहे हैं।

कृषि भूमि की उपलब्धता के लिए व्यापक पैमाने पर मैंग्रोव वनस्पतियों का सफाया किया गया है। बांधों के निर्माण तथा सिंचाई के लिये पानी के उपयोग के कारण नदियों द्वारा मैंग्रोव वनों में पहुंचनें वाला पानी कम हुआ है जिससे वन क्षेत्रों में खारापन बढ़ा है जिससे समस्या और अधिक जटिल हो गयी है। ताजे पानी की कमी के कारण मैंग्रोव वन सूख सकते हैं। मैदानी इलाकों में वनों की कटाई के कारण भूक्षरण बढ़ा है जिससे नदियों में बह कर आने वाली तलछट समुद्र तटों पर जमा हो रही है। इसका सीधा असर ज्वार के समय पानी के स्तर पर पड़ता है।

समुद्र में क्षमता से अधिक मछलियों के शिकार के कारण तटों के पास के समुद्री पारिस्थितिकी तंत्र में बदलाव आ रहा हैं जो मैंग्रोव क्षेत्राों में मछलियों की संख्या को प्रभावित कर रहा हैं।

मैंग्रोव की लकड़ियों का जलावन के लिए उपयोग किया जाता है। मूंगे की चट्टानें समुद्री धाराओं तथा तीव्र लहरों के सामने प्रथम अवरोधक की तरह कार्य करती हैं। इन चट्टानों के न रहने पर तीव्र धाराएं या लहरें अधिक वेग से तटों तक आती हैं और उस मिट्टी का कटाव करती हैं जिसमें मैंग्रोव उगते हैं। फलस्वरूप पोषक तत्व लहरों के साथ बह जाते हैं और छोटे पौधे जड़ नहीं जमा पाते हैं। नदियों में बह कर आने वाले रासायनिक उर्वरक, कीटनाशक तथा दूसरे मानव निर्मित विषैले मैंग्रोव वनों में रहने वाले जीवों के लिये खतरा हैं। फसलों में डाले जाने वाले खरपतवार नाशक रासायनिक पदार्थ भी मैंग्रोव वनों के लिये खतरा है।

कृत्रिम झींगा पालन क्षेत्रों के हजारों हेक्टेयर मैंग्रोव वनों को काटा जा चुका है। मैंग्रोव वनों को मानव द्वारा पहुंचायी जाने वाली हानि मुख्यत: कृषि तथा झींगा उत्पादन हेतु भूमि, ईधन तथा इमारती लकड़ी के लिये पेड़ों के कटाव के रूप में होती है। समुद्र में मछलियों के अधाधुध शिकार तथा अन्य आर्थिक कारणों से समुद्री संसाधनों के दोहन के कारण मैंग्रोव क्षेत्रों की जैव विविधता में कमी आई है।

मैंग्रोव पौधों से पशुओं के लिये उत्तम चारा प्राप्त होता है। भैंसों, गायों तथा बकरियों को गर्मियों में चरने के लिये इन वनों में छोड़ दिया जाता है। ये पशु घास तथा ऐविनेनियो प्रजाति के पत्ते खाते हैं। स्थानीय लोगों द्वारा बड़ी मात्रा में ये पत्तियां एकत्र कर पशुओं को खिलायी जाती हैं। यह माना जाता है कि ऐविसेनिया जाति के पौधों की पत्तियां खिलाने पर भैंस अधिक दूध देती है।

मैंग्रोव वृक्षों की लकड़ी को जलाने के लिये बहुत अधिक उपयोग किया जाता है। मैंग्रोव वृक्ष की 1 टन लकड़ी 2-5 टन कोयले की बराबर ऊर्जा उत्पन्न करती है और जलने पर धुंआ नहीं होता। इन क्षेत्रों में बहुत से गांव वाले जंगल से लकड़ी काट कर ही जीविकोपार्जन करते हैं। इन क्षेत्राों को एक बड़ा खतरा काजू तथा अन्य आर्थिक रूप से लाभप्रद फसलों तथा नमक उत्पादन के लिये वनों की कटाई से है। उष्णकटिबन्धीय क्षेत्रों में उगने वाले मैंग्रेव वन आज विश्व के सर्वाधिक संकटग्रस्त क्षेत्रों में शामिल हैं।

जलवायु परिवर्तन का कृषि पर प्रभाव—जलवायु परिवर्तन का सर्वाधिक प्रभाव कृषि पर पड़ रहा है। इसके परिणामस्वरूप एक ओर खाद्यान्नों के लागत व बिक्री मूल्य में उछाल आया है तो दूसरी ओर उत्पादन भी प्रभावित हो रहा है। आवश्यकता रुककर और समझकर कृषि नाति व आद्योगिकीरकरण पर पुनर्विचार की है।

सम्भावित प्रभाव

1. सन् 2100 तक फसलों की उत्पादकता में 10-14 प्रतिशत की कमी आएगी।
2. रबी की फसलों को ज्यादा नुकसान होगा। प्रत्येक 1 से.ग्रे. तापमान बढ़ने पर 4-5 करोड़ टन अनाज उत्पादन में कमी आएगी।
3. पाले के कारण होने वाले नुकसान में कमी आएगी जिससे आलू मटर और सरसों का कम नुकसान होगा।
4. सूखा और बाढ़ में बढोत्तरी होने की वजह से फसलों के उत्पादन में अनिश्चितता की स्थिति होगी।
5. फसलों के बोये जाने का क्षेत्र भी बदलेगा, कुछ नये स्थानों पर उत्पादन किया जाएगा।
6. खाद्य व्यापार में पूरे विश्व में असन्तुलन बना रहेगा।
7. पशुओं के लिए पानी, पशुशाला और ऊर्जा सम्बन्धी जरूरतें बढ़ेंगी विशेषकर दुग्ध उत्पादन हेतु।
8. समुद्रों व नदियों के पानी का तापमान बढ़ने के कारण मछलियों व जलीय जन्तुओं की प्रजनन क्षमता व उपलब्धता में कमी आएगी।
9. सूक्ष्म जीवाणुओं और कीटों पर प्रभाव पड़ेगा। कीटों की संख्या में वृद्धि होगी तो सूक्ष्म जीवाणु नष्ट होंगे।
10. वर्षा आधारित क्षेत्रों की फसलों को अधिक नुकसान होगा क्योंकि सिंचाई हेतु पानी की उपलब्धता भी कम होती जाएगी।

जल संसाधनों पर जलवायु परिवर्तन का प्रभाव

जलवायु परिवर्तन का सबसे ज्यादा प्रभाव जल संसाधनों पर पड़ेगा। जल आपूर्ति की भयंकर समस्या उत्पन्न होगी तथा सूखे व बाढ़ की बारम्बारता में इजाफा होगा। अर्द्धशुष्क क्षेत्रों में शुष्क मौसम अधिक लम्बा होगा जिससे फसलों की उत्पादकता पर प्रतिकूल प्रभाव पड़ेगा। वर्षाकी अनिश्चितता भी फसलों के उत्पादन को प्रभावित करेगी तथा जल स्रोतों के अधिक दोहन से जल स्रोतों पर संकट के बादल मंडराने लगेंगे। अधिक तापमान व वर्षा की कमी से सिंचाई हेतु भू-जल संसाधनों का अधिक दोहन किया जाएगा। जिससे धीरे-धीरे भू-जल इतना ज्यादा नीचे चला जाएगा कि उसका दोहन करना आर्थिक दृष्टि से अलाभकारी सिद्ध होगा जैसा पंजाब, हरियाणा व पं. उत्तरप्रदेश के बहुत से विकास खण्डों में हो रहा है। भारतीय कृषि पर पड़ने वाले जलवायु परिवर्तन के प्रभावों से अपनी कृषि को बचा सकते हैं।

जलवायु परिवर्तन का हिमनदों (Glaciers) पर प्रभाव–जलवायु परिवर्तन का प्रभाव हिमनदों (Glaciers) पर भी पड़ेगा। उष्णता के कारण हिमनद पिघल कर खत्म हो जाएंगे। एक शोध के अनुसार भारत के हिमालय क्षेत्र में वर्ष 1962 से 2000 के बीच हिमनद 16 प्रतिशत तक घटे हैं। पश्चिमी हिमालय में हिमनदों के पिघलने की प्रक्रिया में तेजी आई है। बहुत-से छोटे हिमनद पहले ही विलुप्त हो चुके हैं। कश्मीर में कोल्हाई हिमनद 20 मीटर तक पिघल चुका है। गंगोत्री हिमनद 23 मीटर प्रतिवर्ष की दर से पिघल रहा है। अगर पिघलने की वर्तमान दर कायम रही तो शीघ्र ही हिमालय से सभी हिमनद समाप्त हो जाएंगे जिससे गंगा, यमुना, ब्रह्मपुत्र, सतलज, रावी, झेलम, चिनाब, व्यास आदि नदियों का अस्तित्व समाप्त हो जाएगा। इन नदियों पर स्थित जलविद्युत ऊर्जा इकाइयां बंद हो जाएंगी परिणामस्वरूप विद्युत उत्पादन पर विपरीत प्रभाव पड़ेगा। इसके अतिरिक्त सिंचाई हेतु जल की कमी के कारण कृषि उत्पादकता पर भी प्रभाव पड़ेगा। उपर्युक्त नदियों का अस्तित्व समाप्त हो जाने से भारत के पड़ोसी देश पाकिस्तान, अफगानिस्तान तथा बांग्लादेश भी प्रभावित होंगे।

अन्य प्रभाव

जलवायु परिवर्तन का सर्वाधिक दुष्प्रभाव सामाजिक तथा आर्थिक क्षेत्रों पर पड़ेगा। आर्थिक क्षेत्र का भौतिक मूल ढांचा जलवायु परिवर्तन द्वारा सर्वाधिक प्रभावित होगा। बाढ़, सूखा, भूस्खलन तथा समुद्री जलस्तर में वृद्धि के परिणामस्वरूप बड़े पैमाने पर मानव प्रव्रजन होगा जिससे सुरक्षित स्थानों पर भीड़भाड़ की स्थिति पैदा होगी। उष्णता से प्रभावित क्षेत्रों में प्रशीतन हेतु ज्यादा ऊर्जा की आवश्यकता होगी।

जलवायु परिवर्तन का प्रभाव वनस्पतियों तथा जंतुओं पर भी पड़ेगा। स्थानीय महासागर उष्णता 3 डिग्री सेल्सियस बढ़ने के कारण प्रशांत महासागर में साल्मन (Salmon) मछली की जनसंख्या में अभूतपूर्व गिरावट दर्ज की गई है। बढ़ती उष्णता के कारण वसंत ऋतु में जल्दी बर्फ पिघलने के कारण हडसन की खाड़ी में ध्रुवीय भालुओं की जनसंख्या में गिरावट आई है।

वैश्विक जलवायु परिवर्तन का प्रभाव मानव स्वास्थ्य पर पड़ेगा। विश्व स्वास्थ्य संगठन की रिपोर्ट के अनुसार जलवायु में तपन के कारण श्वास एवं हृदय संबंधी बीमारियों में वृद्धि होगी। दुनिया के विकासशील देशों में दस्त, पेचिश, हैजा, क्षयरोग, पीत ज्वर तथा मियादी बुखार जैसी संक्रामक बीमारियों की बारंबारता में वृद्धि होगी। चूँकि बीमारी फैलाने वाले रोगवाहकों के गुणन एवं विस्तार में तापमान एवं वर्षा की महत्वपूर्ण भूमिका होती है। अत: दक्षिण अमरीका, अफ्रीका तथा दक्षिण-पूर्व एशिया में मच्छरों से फैलने वाली बीमारियों जैसे-मलेरिया, डेंगू, पीला बुखार तथा जापानी बुखार के प्रकोप में बढ़ोतरी के कारण इन बीमारियों से होने वाली मृत्युदर में इजाफा होगा। इसके अतिरिक्त फीलपांव तथा चिकनगुनिया का भी प्रकोप बढ़ेगा। मच्छरजनित बीमारियों का विस्तार उत्तरी अमरीका त था यूरोप के ठंडे देशों में भी होगा। मानव स्वास्थ्य पर जलवायु परिवर्तन के प्रभाव के चलते एक बड़ी आबादी विस्थापित होगी जो 'पर्यावरणीय शरणार्थी' (Environmental refugees) कहलाएगी।

जलवायु परिवर्तन के फलस्वरूप रोगाणुओं में बढ़ोतरी के साथ-साथ इनकी नयी प्रजातियां विकसित होगी जिसके परिणामस्वरूप फसलों की उत्पादकता पर विपरीत प्रभाव पड़ेगा। फसलों की नाशिजीवों (Pests) तथा रोगाणुओं (Pathogens) से सुरक्षा हेतु नाशीजीवनाशकों (Pesticides) के उपयोग की दर में बढ़ोतरी होगी जिससे वातावरण प्रदूषित होगा साथ ही मानव स्वास्थ्य पर भी विपरीत प्रभाव पड़ेगा।

वैश्विक जलवायु परिवर्तन के परिणामस्वरूप दुनिया के मानसूनी क्षेत्रों में वर्षा में वृद्धि होगी जिससे बाढ़, भूस्खलन तथा भूमि अपरदन जैसी समस्याएं पैदा होंगी। जल की गुणवत्ता में गिरावट आएगी।

वैश्विक जलवायु परिवर्तन जल स्रोतों के वितरण को भी प्रभावित करेगा। उच्च अक्षांश वाले देशों तथा दक्षिण-पूर्ण एशिया के जल स्रोतों में जल की अधिकता होगी जबकि मध्य एशिया में जल की कमी होगी। निम्न अक्षांश वाले देशों में जल की कमी होगी।

जलवायु परिवर्तन के फलस्वरूप ध्रुवीय बर्फ के पिघलने के कारण विश्व का औसत समुद्री जलस्तर इक्कीसवीं शताब्दी के अंत तक 9 से 88 सेमी तक बढ़ने की संभावना है जिससे दुनिया की आधी से अधिक आबादी, जो समुद्र से 60 किमी की दूरी तक रहती है, पर विपरीत प्रभाव पड़ेगा। बांग्लादेश का गंगा-ब्रह्मपुत्र डेल्टा, मिस्र का नील डेल्टा तथा मार्शल द्वीप और मालदीव सहित अनेक छोटे द्वीपों का अस्तित्व वर्ष 2100 तक समाप्त हो जाएगा।

वातावरण में ज्यादा ऊर्जा के जुड़ाव से वैश्विक वायु पद्धति (Global wind pattern) में भी परिवर्तन होगा। वायु पद्धति में परिवर्तन के परिणामस्वरूप वर्षा का वितरण असमान होगा। भविष्य में मरुस्थलों में ज्यादा वर्षा होगी जबकि इसके विपरीत पारंपरिक कृषि वाले क्षेत्रों में कम वर्षा होगी। इस तरह के परिवर्तनों से वृहद पैमाने पर मानव प्रव्रजन को बढ़ावा मिलेगा जो कि मानव समाज के सामाजिक, आर्थिक तथा राजनीतिक ताने-बाने को प्रभावित करेगा।

वैश्विक जलवायु परिवर्तन के फलस्वरूप बाढ़ सूखा तथा आंधी तूफान जैसी प्राकृतिक आपदाओं की बारंबारता में वृद्धि के कारण अन्न उत्पादन में गिरावट आयेगी। स्थानीय खाद्यान्न उत्पादन में कमी, भूखमरी और कुपोषण का कारण बनेगी जिससे स्वास्थ्य पर दीर्घकालिका प्रभाव पड़ेंगे। खाद्यान्न और जल की कमी से प्रभावित क्षेत्रों में टकराव पैदा होंगे।

जलवायु में तपन के कारण उष्णकटिबंधीय वनों में आग लगने की घटनाओं में वृद्धि होगी परिणामस्वरूप वनों का विनाश होगा जिससे कारण जैव-विविधता का ह्रास होगा।

नाशिजीवों तथा रोगाणुओं की जनसंख्या में वृद्धि तथा इनकी नयी प्रजातियों की उत्पत्ति का प्रभाव दुधारू पशुओं पर भी पड़ेगा जिससे दुग्ध उत्पादन पर विपरीत प्रभाव पड़ेगा।

तापमान में वृद्धि के कारण वाष्पीकरण तथा वाष्पोत्सर्जन (Transpiration) की दर में अभूतपूर्व वृद्धि होगी परिणामस्वरूप मृदा जल के साथ ही जलाशयों में जल की कमी होगी जिससे फसलों को पर्याप्त जल उपलब्ध न होने के कारण उनकी पैदावार प्रभावित होगी।

जलवायु परिवर्तन का प्रभाव जलीय जंतुओं पर भी पड़ेगा। मीठे जल की मछलियों का प्रव्रजन ध्रुवीय क्षेत्रों की ओर होगा जबकि शीतल जलज मछलियों के आवास नष्ट हो जाएंगे परिणामस्वरूप बहुत-सी मछलियों की प्रजातियां विलुप्त हो जायेंगी।

वैश्विक जलवायु परिवर्तन के कारण समुद्री तूफानों की बारंबारता में वृद्धि होगी जिसके परिणामस्वरूप तटीय क्षेत्रों में जान-माल की क्षति होगी। इसके अतिरिक्त अल नीनों की बारंबारता में भी बढ़ोत्तरी होगी जिससे एशिया, अफ्रीका तथा आस्ट्रेलिया महाद्वीपों में सूखे की स्थिति उत्पन्न होगी जबकि वहीं दूसरी ओर उत्तरी अमरीका में बाढ़ जैसी आपदा का प्रकोप होगा। दोनों ही स्थितियों में कृषि उत्पादकता पर विपरीत प्रभाव पड़ेगा।

वैश्विक जलवायु तपन के कारण जीवांश पदार्थ तेजी से विघटित होंगे परिणामस्वरूप पोषक चक्र की दर में बढ़ोतरी होगी जिसके कारण मृदा की उपजाऊ क्षमता अव्यवस्थित हो जाएगी जो कृषि पैदावार को प्रभावित करेगी।

वातावरण में कार्बन डाईऑक्साइड की वृद्धि के कारण पौधों में कार्बन स्थिरीकरण में बढ़ोतरी होगी परिणामस्वरूप मृदा से पोषक तत्वों के अवशोषण की दर कई गुना बढ़ जाएगी जिसके कारण मृदा उर्वरा शक्ति को बनाए रखने के लिए रासायनिक उर्वरकों के उपयोगी की दर में वृद्धि होगी।

जलवायु परिवर्तन का प्रभाव वनस्पतियों तथा जंतुओं पर भी पड़ेगा। स्थानीय महासागर उष्णता 3 डिग्री सेल्सियस बढ़ने के कारण प्रशांत महासागर में साल्मन (Salmon) मछली की जनसंख्या में अभूतपूर्व गिरावट दर्ज की गई है। बढ़ती उष्णता के कारण वसंत ऋतु में जल्दी बर्फ पिघलने के कारण ह डसन की खाड़ी में ध्रुवीय भालुओं (Polar bears) की जनसंख्या में गिरावट आई है।

वायुशिक वन (Mangrove Forest)

ऊष्ण कटिबंधीय जलवायु के तटीय दलदली क्षेत्रों में उगने वाले वन को वायुशिक वन कहते हैं। रंग-बिरंगे फूलों वाले छोटे-बड़े मैंग्रोव वृक्षों की जड़ें पानी में रहती हैं। ज्वार भाटा (Tides) के समय इन वृक्षों के तने भी पानी में डूब जाते हैं। मैंग्रोव वनस्पति पर तापमान, वर्षा अवसाद (Sediments), लवणता तथा जलधाराओं का भारी प्रभाव पड़ता है। मैंग्रोव का विश्व वितरण **मानचित्र** 4.9 में दिखाया गया है।

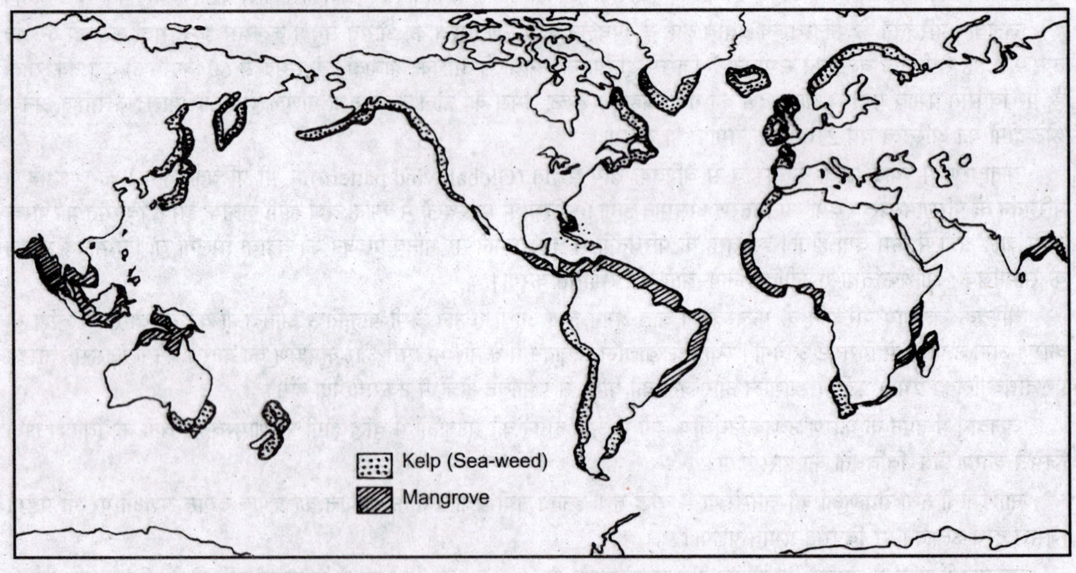

Fig. 4.9 केल्प बेड व मैंग्रोव का वितरण

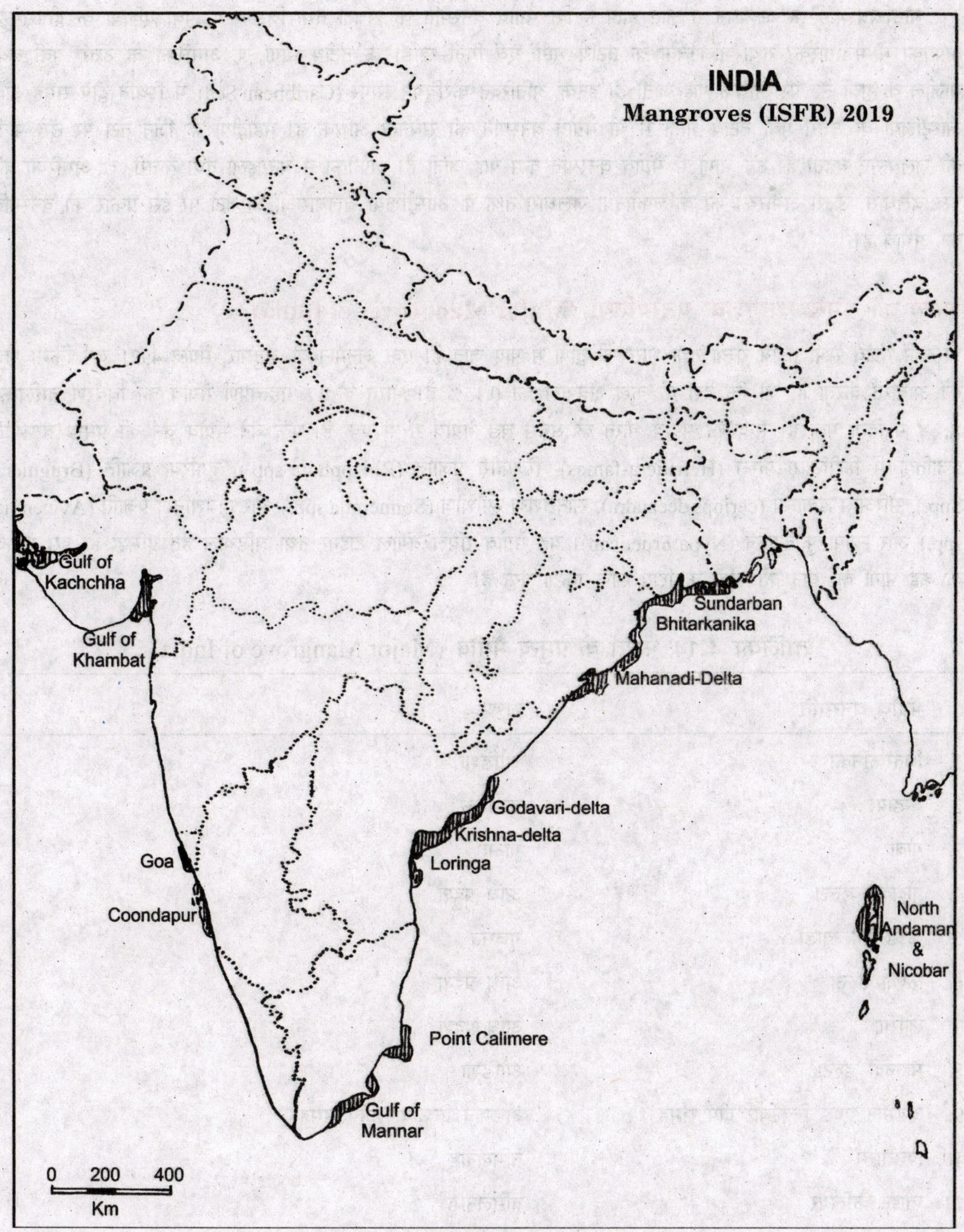

Fig. 4.10 भारत के प्रमुख मैंग्रोव

मानचित्र 4.9 के अध्ययन से ज्ञात होता है कि मैंग्रोव वनस्पति के संघता तथा विस्तार द. पूर्वी एशिया के द्वीपसमूह, अफ्रीका में मेडागास्कर तथा मोंजाबिक के तटीय भागों एवं गिनी-खाड़ी के तटीय भागों, द. अमेरिका के उत्तरी पूर्वी तथा ब्राजील के पूर्वी तट पर अधिक पाई जाती है। इनके अतिरिक्त कैरेबियन सागर (Caribbean Sea) में स्थिति द्वीप समूह और आस्ट्रेलिया के उत्तरी-पूर्वी तटीय भागों में भी मैंग्रोव वनस्पति की सघनता अधिक है। महाद्वीपों के जिन तटों पर ठंडे पानी की जलधाराएँ बहती हैं। उन भागों में मैंग्रोव वनस्पति कम पाई जाती है। अफ्रीका में बेनग्रइला तथा केनरी, द. अमेरिका की पेरू जलधारा, उत्तरी अमेरिका की केलिफोर्निया जलधारा तथा प. आस्ट्रेलिया जलधाराओं के तटों पर इस प्रकार की वनस्पति का अभाव है।

भारत की प्रमुख वायुशिक वनस्पतियाँ (Major Mangroves of India)

भारत में मैंग्रोव सभी तटीय राज्यों तथा भारत के द्वीपों में पाए जाते हैं। एक अनुमान के अनुसार, मैंग्रोव 4921 वर्ग किमी क्षेत्र को आवरित करता है, जो कि देश के कुल क्षेत्रफल का 0.15% है। भारत के 12 महत्वपूर्ण मैंग्रोव का विवरण **तालिका ४.१४** में दिया गया है। सुन्दरबन मैंग्रोव भारत के सबसे बड़े मैंग्रोव में से एक है। एक घने मैंग्रोव वन की प्रमुख वनस्पति प्रजातियों में हिरीटियरा-फेम्स (Herritiera-fames), रिजफोरा प्रजाति (Rhizophora spp.), ब्रुगेरिया प्रजाति (Bruguiera Spp.), सेरिओस डेकान्डा (ceriops decandra), सोनरेशिया स्पीशीज (Sonneratia spp.) और एविशैनिया प्रजाति (Avicennia spp.) और न्यापा फुक्टिकन (Nypa Fructican)। यह मैंग्रोव रॉयल बंगाल टाइगर तथा घड़ियाल हेतु प्रसिद्ध है। इस मैंग्रोव के कई भागों को धान की खेती के लिए साफ किया गया है।

तालिका 4.14 भारत के प्रमुख मैंग्रोव (Major Mangrove of India)

मैंग्रोव वनस्पति	राज्य
1. भितरकनिका	ओडिशा
2. कुंडापुर	कर्नाटक
3. गोवा	गोआ
4. गोदावरी डेल्टा	आंध्र प्रदेश
5. कच्छ की खाड़ी	गुजरात
6. कृष्णा डेल्टा	आंध्र प्रदेश
7. लोरिंगा	आंध्र प्रदेश
8. महानदी डेल्टा	ओडिशा
9. अंडमान एण्ड निकोबार द्वीप समूह	अंडमान निकोबार द्वीप समूह
10. पिछवारम	तमिलनाडु
11. प्वाइंट कैलियर	तमिलनाडु
12. सुंदरबन डेल्टा	प. बंगाल

राज्यवार मैंग्रोव वन क्षेत्रफल (1987 से)

राज्य/केन्द्रशासित प्रदेश	राज्य वन स्थिति रिपोर्ट														
	1987	**1989**	**1991**	**1993**	**1995**	**1997**	**1999**	**2001**	**2003**	**2005**	**2009**	**2011**	**2013**	**2015**	**2017**
आंध्र प्रदेश	495	405	399	378	383	383	397	333	329	354	353	352	352	367	404
गोवा	0	3	3	3	3	5	5	5	16	16	17	22	22	26	26
गुजरात	427	412	397	419	689	901	1,031	911	916	991	1,046	1,058	1,103	1,107	1,140
कर्नाटक	0	0	0	0	2	3	3	2	3	3	3	3	3	3	10
केरल	0	0	0	0	0	0	0	0	0	5	5	6	6	9	9
महाराष्ट्र	140	114	113	155	155	124	108	118	158	186	186	186	186	222	304
ओडिशा	199	192	195	195	195	211	215	219	203	217	221	222	213	231	243
तमिलनाडु	23	47	47	21	21	21	21	23	35	36	39	39	39	47	49
पं. बंगाल	2,076	2,109	2,119	2,119	2,119	2,123	2,125	2,018	2,120	2,136	2,152	2,155	2,097	2,106	2,114
अंडमान एवं निकोबार	686	973	971	966	966	966	966	789	658	635	615	617	604	617	617
दमन एवं दीव	0	0	0	0	0	0	0	0	1	1	1	2	163	3	3
पुदुचेरी	0	0	0	0	0	0	0	1	1	1	1	1	1	2	2
कुल	4,046	4,255	4,244	4,256	4,533	4,737	4,871	4,482	4,448	4,581	4,639	4,663	4,628	4,740	4,921

स्रोत राज्य वन स्थिति रिपोर्ट **(2017)**

उड़ीसा तट के पास भितरकनिका (Bhitarkanika) भारत का दूसरा सबसे बड़ा मैंग्रोव है जिसके बाद गोदावरी–कृष्णा मैंग्रोव हैं। भारत के अन्य महत्वपूर्ण मैंग्रोव हैं– कुंडापुर (कर्नाटक), प्वाइंट कैलिमर पिचवरम (तमिलनाडु) एवं लारिंगा (आन्ध्र प्रदेश।

मैंग्रोव की सामाजिक व पारिस्थितिकीय महत्ता (Social and Ecological Significance of Mangroves) : मैंग्रोवों की महत्वपूर्ण सामाजिक व पारिस्थितिकीय महत्ता है। मैंग्रोवों के उल्लेखनीय लाभ निम्नलिखित हैं–

1. वे बाढ़ो, चक्रवातों, सागरीय लहरों तथा सुनामी के खतरों को कम करते हैं।
2. वे तटीय व मृदा अपरदन को रोकते हैं।
3. वे पोषक तत्वों के पुनर्चक्रण को कम करते हैं।
4. मैंग्रोव अनेकों वनस्पतियों व जीवों को सहारा प्रदान करते हैं।
5. वे खाद्य पदार्थ, चारा, ईंधन लकड़ी (fuel wood) तथा औषधीय जड़ी-बूटियाँ उपलब्ध कराते हैं।
6. स्थानीय लोगों को रोजगार के अवसर प्रदान करते हैं।
7. मैंग्रोव का मनोरंजन संबंधी, ईको-पर्यावरण तथा सौन्दर्यात्मक मूल्य उल्लेखनीय है।

मैंग्रोव आवरण में वृद्धि के कारण

आंध्र प्रदेश: आंध्र प्रदेश में 37 वर्ग किलोमीटर क्षेत्र में सकारात्मक मैंग्रोव वृद्धि वृक्षारोपण एवं पुर्नजनन की वजह से है।

गुजरात: मैंग्रोव के 33 वर्ग किलोमीटर क्षेत्र में वृद्धि वृक्षारोपण एवं पुर्नजनन जैसे संरक्षणकारी प्रयासों से है विशेष रूप से भावनगर, जामनगर, जूनागढ़ एवं कच्छ में।

महाराष्ट्र: महाराष्ट्र में 82 किलोमीटर वर्ग क्षेत्रफल में मैंग्रोव की सकारात्मक्र वृद्धि मैंग्रोव के पुर्नजनन एवं वृक्षारोपण की वजह से संभव हुई है।

ओडिशा: बालासोर, भद्रक एवं केंद्रपाड़ा जिलों के 12 वर्ग किलोमीटर मैंग्रोव क्षेत्र में सकारात्मक बदलाव परिलक्षित हुआ। ये बदलाव मुख्यतया मैंग्रोव वृक्षारोपण, प्राकृतिक पुर्नजनन और कुछ नए द्वीपों में मैंग्रोव में बढ़ोत्तरी की वजह से हुआ है।

पश्चिम बंगाल: पुर्वा मेदिनीपुर एवं दक्षिण 24 परगना जिलों के 8 वर्ग किलोमीटर मैंग्रोव क्षेत्र में सकारात्मक परिवर्तन देखने को मिले हैं। ये परिवर्तन नदी की खाड़ियों से संलग्न कुछ द्वीपों में मैंग्रोव वृक्षारोपण से संभव हो पाया।

तालिका 4.14A भारत के औषधीय पौधे (Medicinal Plants of India)

	औषधीय पौधे	क्षेत्र/राज्य/संघशासित क्षेत्र	प्रयोग
1.	बेडडामस (Beddomes) स्या. कॅड (cycad) पेरिटा (Perita) तथा कोन्डैथ	हिमाचल प्रदेश व उत्तराखंड	गठिया रोग व संधि रोग तथा माँसपेशियों के दर्द का उपचार
2.	ब्लू–वेन्डा (Blue-venda)	अरुणाचल प्रदेश, असम, मणिपुर, मेघालय, नागालैंड, त्रिपुरा, पश्चिम बंगाल आदि	इसके नीले फूल औषधियों हेतु प्रयुक्त किए जाते है।
3.	साइकाड्स (Cycads) (इसे जीवित अवशेष के नाम से जाना जाता है।)	पश्चिमी घाट, पूर्वी घाट, अंडमान व निकोबार द्वीप समूह	स्टार्च का स्रोत, न्यूरोलॉजिकल रोग (Neuro-logical diseases) तथा पार्किन्सन
4.	कुठ/कुष्ठ (kuth/kustha)	जम्मू व कश्मीर, हिमाचल प्रदेश तथा उत्तर प्रदेश	प्रदाहनाशी औषधि (anti-inflamatory drugs) इसकी जड़े तेल व परफ्यूम बनाने के लिये प्रयुक्त होती हैं। कीटनाशकों हेतु प्रयोग।
5.	लेडीज स्लीपर ऑर्किड (La-dies Slipper orchids)	उत्तराखंड एवं हिमाचल प्रदेश	चिंता अथवा व्यग्रता/अनिद्रा (insomonis) हेतु प्रयुक्त मांसपेशियों में दर्द होने पर प्लास्टर के रूप में प्रयोग
6.	रेड वेन्डा (Red-venda)	अरुणाचल प्रदेश, आंध्र प्रदेश, असम, मणिपुर, मेघालय, मिजोरम, नागालैंड आदि	आर्किड फैन्सियर (Orchid fancier) हेतु प्रयुक्त
7.	सर्पगंधा (Sarpgandha)	उपहिमालय क्षेत्र (Sub-Himalayan tract) सिक्किम, भारत के उत्तर पूर्वी राज्य	केंद्रीय स्नायु तंत्र के विकार, शांति प्रदाता (Sedation) औषधि, हाइपरटेंशन (Hyper-tention), माओ. सिस (Myosis), टोसिस (ptosis), व कंपकंपी (tremors) आदि के उपचार में प्रयुक्त आदि।
8.	वृक्ष फर्न (Tree Fern)	तराई क्षेत्र व हिमालय का निम्न उत्थापन (Lower elevation)	

वनोन्मूलन

काटकर या जलाकर वनों का अंशतः या पूर्णतः उन्मूलन करना वनोन्मूलन कहलाता है। वनों का उन्मूलन होने का प्रमुख कारण जनसंख्या का बढ़ता दबाव, औद्योगिकरण, शहरीकरण, खनन तथा आधारभूत संरचना (intrastructure) का विकास है। भारत में वनोन्मूलन हेतु प्रमुख उत्तरदायी कारक निम्नानुसार हैं– (*i*) स्थानांतरित कृषि (Shifting Cultivation) (*ii*) ईंधन लकड़ी व चारे का संग्रहण (*iii*) वनाधारित उद्योगों हेतु कच्चा माल प्राप्त करना (*iv*) बाँधों व बहुउद्देशीय परियोजनाओं का विकास (*v*) सड़कों, रेलवे, विमानपत्तनों (airports) तथा समुद्र पत्तनों (Sea-ports) का निर्माण (*vi*) खनन, अधिक चारागाह के रूप में प्रयोग कृषि हेतु भूमि का अधिक्रमण (encroachment), अग्नि, विनाशकारी कीट, बीमारियाँ तथा रक्षा (defence) संबंधी गतिविधियाँ भी वनोन्मूलन हेतु उत्तरदायी हैं।

प्रवाल भित्तियाँ

प्रवाल भित्तियों की उत्पत्ति प्रवालों के द्वारा होती है। प्रवाल अपने कैल्शियम कार्बोनेट (Calcium Carbonate) का निर्माण करते हैं जो कठोर होकर प्रवाल भित्ती का रूप धारण कर लेते हैं। प्रवाल भित्तियां तटीय अपरदन व समुद्री तूफान (seasurge) की दशा में प्राकृतिक सरंक्षकात्मक अवरोधक हैं। ये विविध प्रकार के जीव जन्तु व वनस्पतियां प्रदान करते हैं। इसके अतिरिक्त वे जैवजनित कैल्सियम कार्बोनेट का निर्माण हैं। भारत में प्रवाल भित्तियों के चार प्रमुख समूह (लगभग 1900 वर्ग किमी) हैं– (*i*) मन्नार की खाड़ी की प्रवाल भित्तियाँ, (*ii*) कच्छ की खाड़ी की प्रवाल भित्तियाँ, (*iii*) अंडमान तथा निकोबार द्वीप समूह की प्रवाल भित्तियाँ तथा (*iv*) लक्षद्वीप समूह की प्रवाल भित्तियाँ। भारत का नेशनल कोरल रीफ रिसर्च इंस्टीटयूट (National Coral Reef Research Centre) पोर्ट ब्लेयर (Port Blair) में स्थित है।

प्रवाल विरंजन

प्रवाल भित्तियों में पाई जाने वाली महामारी को प्रवाल विरंजन कहते हैं। इस बीमारी का सबसे पहले पता 1983 में प्रशांत महासागर तथा कैरेबियन सागर के द्वीपों में चला था। तत्पश्चात इसका पता फारस की खाड़ी तथा हिंद महासागर की प्रवाल भित्तियों में चला। इस बीमारी से प्रभावित प्रवाल अपने मुख से कैल्शियम कार्बोनेट निकालना बंद कर देते हैं और उनका रंग पीला पड़ जाता है। प्रवाल विरंजन से प्रभावित प्रवाल भित्तियों में अपरदन की प्रक्रिया सबल हो जाती है।

अभी तक इस बीमारी के मुख्य कारणों का पता नहीं चल पाया है, परंतु विशेषज्ञों के अनुसार, सागरों में बढ़ता हुआ प्रदूषण तथा सागरों के जल में तापमान वृद्धि इसका मुख्य कारण माने जाते हैं।

यद्यपि प्रभावित प्रवाल इस बीमारी से जल्दी छुटकारा लेते हैं, परंतु 1990 से इस बीमारी पर नियंत्रण पाने के लिये गंभीरता से शोध कार्य किया जा सकता है।

जैसा कि ऊपर कहा गया है, यह रोग सर्वप्रथम 1983 में प्रशांत महासागर में देखा गया। 1987 में इसे कैरीबियाई सागर तथा मैक्सिकों की खाड़ी में पहचाना गया। वर्तमान में उष्णकटिबंधीय सागरों का प्रवाल निर्माण इस रोग से प्रभावित है।

प्रवाल विरंजन का कारण ज्ञात नहीं है। वैश्विक तापन एवं समुद्रीय प्रदूषण को इसका प्रमुख कारण माना जाता था प्रवाल विरंजन के प्रमुख कारण निम्नानुसार हैं–

1. **वैश्विक तापन (Global Warming) :** प्रवाल भितियाँ 18°c से 30°c के तापमान में पनपती हैं। विरंजन (bleaching) अधिकांशतः उच्च (elevated) समुद्री जल में होता है जहाँ पर तापमान अपेक्षातया अधिक होता है। (कैरीबियाई सागर, फारस की खाड़ी, जावा सागर, कोरल सागर तथा सोलोमन द्वीप)।
2. **समुद्री प्रदूषण (Marine Pollution) :** मानव द्वारा समुद्र में विभिन्न पदार्थों के फेंके जाने से भी समुद्री जल की गुणवत्ता में परिवर्तन आता है अथवा यह जल के भौतिक व जैविक पर्यावरण को प्रभावित करता है। इसे भी प्रवाल विरंजन (coral bleaching) का एक कारण माना जाता है।
3. **सूर्य का प्रत्यक्ष प्रभाव (Exposure to Sun):** सूर्य से सीधे संपर्क में आने से उथले जल (Shallow water) में कई जुक्जैनाथिलाई (zooxeantellae) रोग से ग्रस्त हो जाते हैं।
4. **अवसादन (Sedimentation):** कुछ दशाओं में प्रवाल निर्माण के समीप यदि अवसादन हो तो यह प्रवाल विरंजन का प्रमुख कारण बन जाता है।
5. **अजैविक पोषक तत्व (Inorganic nutrients):** जब जल में अमोनिया व नाइट्रेट की मात्रा बढ़ जाती है तो इससे यूट्रोफिकेशन (eutrophication) की प्रक्रिया में वृद्धि हो जाती है। यूट्रोफिकेशन की अधिकता से प्रवालों व उनके निर्माण को हानि होती है।

विश्व धरोहर स्थल (World Heritage Sites)

विश्व विरासत स्थल से अभिप्राय उन विभिन्न स्थलों से है जो संयुक्त राष्ट्र शैक्षिक वैज्ञानिक एवं सांस्कृतिक संगठन द्वारा सूचीबद्ध है। विरासत स्थलों को विश्व सांस्कृतिक व प्राकृतिक विरासत के सरंक्षण संबंधी संधि 1972 (1975 से लागू) के तहत उल्लेखनीय सार्वभौमिक महत्व होने के कारण नामित किया जाता है।

सांस्कृतिक विरासत स्थलों हेतु मानदंड

(*i*) मानव की रचनात्मक प्रतिभा की अभिव्यक्ति करना, उदाहरणस्वरूप ताजमहल।

(*ii*) वास्तुकला, स्मारकीय कला, शहर की योजना या परिदृश्य डिजायन (landscape design) में मानवीय मूल्यों का महत्वपूर्ण आदान-प्रदान करना।

(*iii*) सांस्कृतिक परम्परा का उत्तम उदाहरण होना।

(*iv*) इमारत या भू-परिदृश्य, जो मानव इतिहास की महत्वपूर्ण अवस्था या समय का उत्कृष्ट नमूना हो।

(*v*) पारंपरिक मानव बस्ती, भूमि प्रयोग या समुद्र प्रयोग का उत्कृष्ट उदाहरण जो संस्कृति का प्रतिनिधित्व करे।

(*vi*) अत्यधिक प्राकृतिक सुंदरता या सौन्दर्यात्मक महत्ता वाले क्षेत्र।

(*vii*) मानव इतिहास की प्रमुख अवस्थाओं का प्रतिनिधित्व करने वाला उत्कृष्ट उदाहरण।

(*viii*) जैव विविधता वाला उत्कृष्ट क्षेत्र।

अंतर्राष्ट्रीय जैव विविधता वर्ष

संयुक्त राष्ट्र संघ ने वर्ष 2010 को अंतर्राष्ट्रीय जैव विविधता वर्ष घोषित किया था।

पश्चिमी घाट: विश्व धरोहर स्थल के रूप में

पश्चिमी घाट (Western Ghats) को 1 जुलाई, 2012 को यूनेस्को (UNESCO) की विश्व धरोहर सूची (World Heritage Sites) में सम्मिलित कर लिया गया था। यूनेस्को का यह सम्मेलन रूस के सेंट पीटर्सबर्ग (St. Petersburg) में हुआ था।

पश्चिमी घाट की पारिस्थितिकी में विशेष एवं विचित्र प्रकार के पारितंत्र (Ecosystems), जैविक एवं भौगोलिक प्रक्रियाएँ पाई जाती हैं। भारत के इस पर्वतीय प्रदेश में बहुत-से स्थानीय (Endemic) पेड़-पौधे, पशु-पक्षी तथा जीव-जंतु पाये जाते हैं। विश्व विरासत (World Heritage) के अतिरिक्त पश्चिमी घाट पारिस्थितिकी हॉट-स्पॉट (Hot-Spot) भी है, जिसमें भारी जैविक-विविधता पाई जाती है।

भारतीय प्रायद्वीप के पश्चिमी छोर पर अरब सागर के पूर्व में प.घाट एक पर्वत श्रेणी हैं। यह पर्वतमाला, प. तटीय मैदान को भारतीय प्रायद्वीप से अलग करती है। पश्चिमी घाट तापी नदी के दक्षिणी किनारे से आरंभ होकर कन्याकुमारी तक फैला हुआ है। इसका विस्तार गुजरात, महाराष्ट्र, गोवा, कर्नाटक, केरल तथा तमिलनाडु राज्यों में है। **(चित्र. 4.11)**

पश्चिमी घाट की प्रमुख चोटियों (Peaks) में अनाईमुदी (2695 मी॰), डोडोबेटा (2636 मी॰), मुकर्ती (2554 मी॰), कोडायकोनाल (2133 मी॰), बाबाबुद्दनगिरी (1895 मी॰) तथा सल्हरे (1567 मी॰) हैं। इनके अतिरिक्त ऊटी (Ooty) तथा कोडाइकनाल (Kedaikanal), जैसे प्रसिद्ध पर्वतीय-स्टेशन एवं पर्यटक केंद्र भी प.घाट में स्थित हैं **(चित्र. 4.11)**।

एक अध्ययन के अनुसार पश्चिमी घाट में 500 प्रकार के फूल-पौधे हैं। 39 प्रकार के स्तनधारी (Mammals), 508 प्रकार के पक्षी तथा 179 प्रकार के उभयचर (Amphibians) पाये जाते हैं।

पश्चिमी घाट ऊष्णकटिबंध तथा उपोष्णकटिबंध (Subtropical) की प्राकृतिक वनस्पति से ढके हुये हैं। यह श्रेणी पारिस्थितिकी दृष्टि से कार्य संवेदनशील है। भारत सरकार ने इस पर्वतमाला में दो जीवमंडल संरक्षित क्षेत्र (Biosphere Reserves), 13 नेशनल पार्क तथा बहुत-सी वन्यजीव विहार (Wildlife Sanctuaries) स्थापित किए हैं। नीलगिरि बायोस्फियर रिजर्व (Nilgiri Biosphere Reserve) लगभग 5500 वर्ग किलोमीटर पर फैला हुआ है, जिसमें बांदीपुर, नगरहोले, नेशनल पार्क स्थिति हैं। इन राष्ट्रीय उद्यानों में पतझड़ एवं सदाबहार वाले वृक्षों की बहुत-से प्रकार पाये जाते हैं। इनके अतिरिक्त मुदुमलाये (Mudumalai National Park) एवं मुकर्ती नेशनल पार्क भी पश्चिमी घाट में स्थिति हैं। इसके पारिस्थितिकी तंत्रों (Ecosystem) के सदुपयोग से इसको हरा-भरा तथा टिकाऊ बनाया जा सकता है।

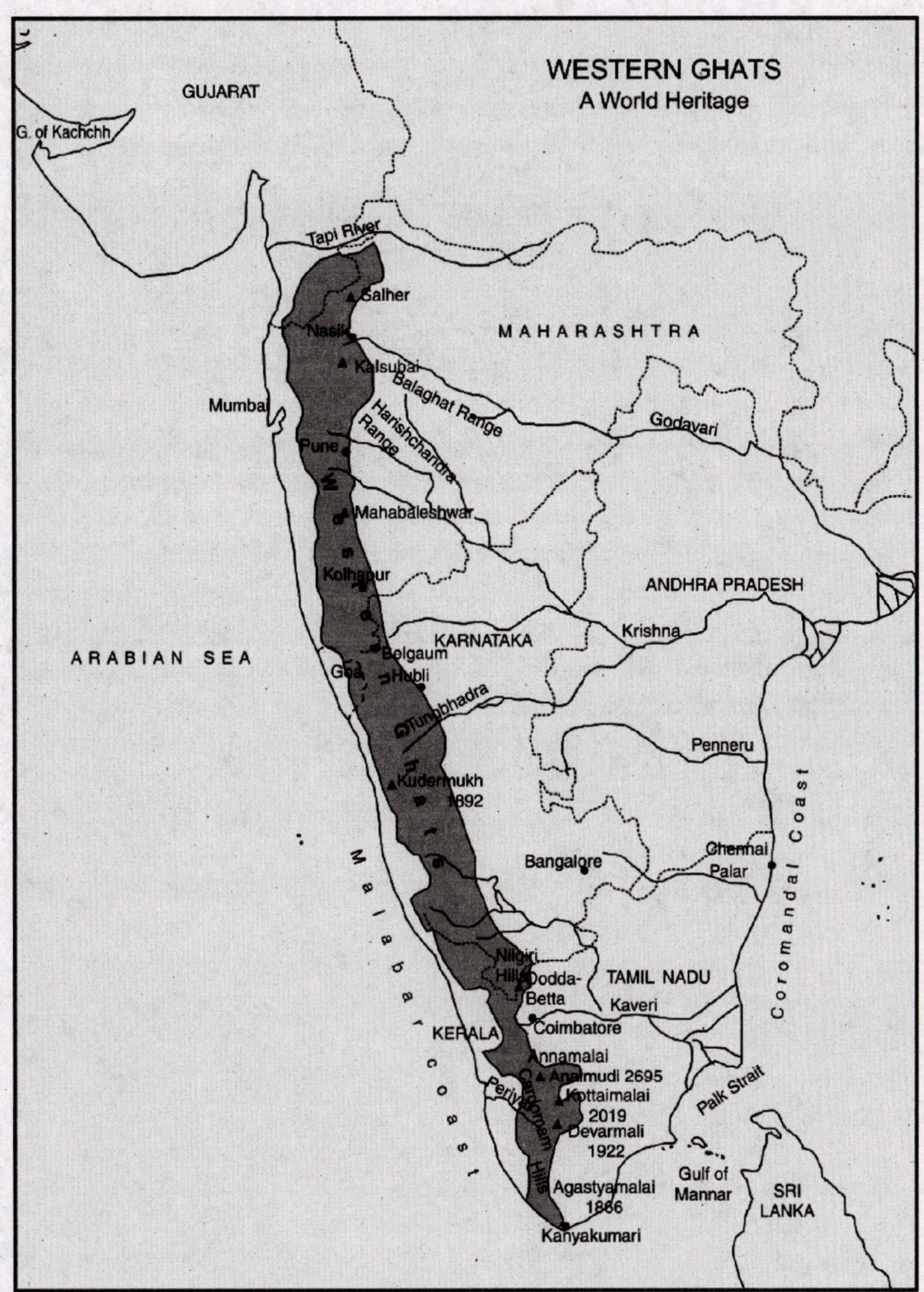

Fig. 4.11 पश्चिमी घाट: विश्व धरोहर स्थल

अध्याय

5

जैव विविधता एवं विधि–निर्माण
(Biodiversity and Legislation)

परिचय (Introduction)

जैव विविधता एवं विधि-निर्माण

स्वच्छ एवं उत्पादक (Productive) पर्यावरण में रहना मानव का जन्मसिद्ध अधिकार है। उपरोक्त लक्ष्यों को प्राप्त करने के लिये पर्यावरण एवं पारिस्थितिकी का स्वस्थ एवं स्वच्छ होना आवश्यक है। पारिस्थितिकी तंत्रों (ecosytems) को टिकाऊ अवस्था में बनाये रखने के लिये अंतर्राष्ट्रीय स्तर पर बहुत-से सराहनीय प्रयास किये गये, जिनमें निरंतर प्रगति हो रही है। पारिस्थितिकी को उपजाऊ तथा टिकाऊ बनाने के बारे में निम्न दो प्रयास बहुत महत्त्वपूर्ण हैं *(i)* स्टाकहोम कांफ्रेस 1972 तथा *(ii)* रियो-डि-जेनेरियो (Rio-de-Janeiro) में 1992 में आयोजित की जाने वाली 'पृथ्वी शिखर सम्मेलन' (Earth Summit) इन दो में से 1992 की 'पृथ्वी शिखर सम्मेलन' (Earth Summit) को भारी सफलता मिली थी। इस 'पृथ्वी शिखर सम्मेलन'(Earth Summit) में सभी भाग लेने वाले देशों ने गंभीरता के साथ पारिस्थितिकी को स्वस्थ बनाने के लिये सहयोग देने का आश्वासन दिया। निम्नलिखित में पारिस्थितिकी एवं पर्यावरण संबंधित कुछ प्रमुख विधानों (legislations) का संक्षिप्त में वर्णन किया गया है–

पृथ्वी शिखर सम्मेलन (Earth Summit)

संयुक्त राष्ट्र संघ (UNO) के समर्थन से 1992 में रियो-डि-जेनेरियो (Rio-de-Janeiro) में पृथ्वी शिखर सम्मेलन (Earth Summit) आयोजित की गई थी। इस शिखर सम्मेलन में 150 देशों के 1,400 से अधिक एनजीओ और 8,000 से अधिक पत्रकारों ने हिस्सा लिया था। इस कांफ्रेंस का मुख्य मुद्दा एजेंडा 21 (Agenda-21) था। एजेंडा 21 के अंतर्गत पारिस्थितिकी एवं पर्यावरण की उत्पादकता तथा टिकाऊ बनाने के लिये गम्भीरता से विचार किया गया था। UNCED के जनरल सेक्रेट्री, मौरिस एफ. स्ट्रोंग (Maurice F- Strong) जो कनाडा के नागरिक थे, उन्होंने एजेंडा 21 के बारे में कहा: 'हमारी पृथ्वी के सभी लोग, विशेषकर युवा पीढ़ी तथा उनके उत्तराधिकारी हमको जिम्मेदार ठहरायेंगे, यदि हम इस सम्मेलन के उद्देश्यों को प्राप्त न कर पाये। पृथ्वी ही हमारा एकमात्र रहने का स्थान है, इसका भविष्य हमारे हाथों में है। सबसे महत्त्वपूर्ण बात यह है कि हम समझें कि हम इस पृथ्वी पर सब साथ-साथ हैं।'

पृथ्वी शिखर सम्मेलन की पाँच संधियाँ (The Five Earth Summit Agreements)

पृथ्वी शिखर सम्मेलन (Earth Summit) के फलस्वरूप निम्न पाँच बड़े समझौतों पर हस्ताक्षर किये गये–

1. **जलवायु परिवर्तन फ्रेमवर्क :** यह एक कानूनी संधि है, जिसका उद्देश्य पृथ्वी के बढ़ते हुये तापमान का विश्व-स्तर पर मूल्यांकन करना था। अगस्त 1992 में इस संधि पर 154 राष्ट्रों ने हस्ताक्षर किये थे।

   आरंभिक रूप से ऐसा टाइम टेबिल (Time Table) तैयार करना है, ताकि ग्रीन हाउस गैसों के उत्सर्जन को नियंत्रित किया जा सके। पृथ्वी सम्मेलन की इन संधियों पर संयुक्त राज्य अमेरिका (U.S.A) ने हालांकि हस्ताक्षर नहीं किये थे। यूरोपीय समुदाय (European Community), कनाडा, जापान तथा अधिकतर सदस्य देश ग्रीन हाउस गैस उत्सर्जन के नियंत्रण से सहमत थे।

2. **जैविक-विविधता संधि :** अंतर्राष्ट्रीय स्तर पर यह एक कानूनी (Legal) संधि है, जिसके अंतर्गत पृथ्वी पर जैविक-विविधता को संरक्षण प्रदान करना है। इस संधि से सभी राष्ट्रों में जैव-प्रौद्योगिकी (Biotechnology) एवं आनुवंशिक संपत्ति (Genetic wealth) को संरक्षण प्रदान करना था, विशेष रूप से ऊष्णकटिबंधीय पारिस्थितिकी तंत्र (tropical Ecosystem) को टिकाऊ बनाने के लिये इस संधि पर 161 राष्ट्रों ने हस्ताक्षर किये थे, परंतु संयुक्त राज्य अमेरिका, वियतनाम, सिंगापुर तथा किरिबाती (Kribati)(प्रशांत महासागर का एक द्वीप राष्ट्र) ने इस संधि पर हस्ताक्षर नहीं किये थे। संयुक्त राज्य अमेरिका का यह व्यवहार समझ में न आने वाला था। संयुक्त राज्य अमेरिका के इस संधि से सहमत न होने के कारण जैव-विविधता का मुद्दा उत्तरी तथा दक्षिणी देशों में अर्थात् विकसित एवं विकासशील देशों में विभाजित हो गया। विकसित देशों ने उन दवाइयों के उत्पादन की क्षति पूर्ति की माँग की, जिनका कच्चा माल ऊष्णकटिबंधीय देशों के पेड़-पौधों से आता है। इसके विपरीत विकासशील देशों ने अपने उस कच्चे माल (पेड़-पौधों, जड़ी-बूटियों) की क्षतिपूर्ति की मांग का हरजाना तलब किया, जिनका उपयोग अंग्रेजी दवाइयों के बनाने में उपयोग होता है। हालांकि 1993 में संयुक्त राज्य अमेरिका ने भी इस संधि पर हस्ताक्षर कर दिये थे।

3. **सभी प्रकार के वनों का प्रबंधन, संरक्षण एवं टिकाऊ विकास की संधि :** यह अबाध्यकारी/ऐच्छिक (Non-binding) समझौता विश्व के वनों का संरक्षण एवं उनकी धारणीय वृद्धि (Sustainable Growth) के लिये किया गया था।

   वनों की विविधता के बारे में भी विकसित एवं विकासशील देशों के बीच भारी मतभेद रहा। विकसित देशों ने निरंतर अपने जंगलों को काटकर भूमि-उपयोग में परिवर्तन किया है, वहीं ब्राजील व अन्य विकासशील देशों को अपने जंगलों को न काटने की सलाह दी गई, ताकि विश्व की पारिस्थितिकी पर खराब प्रभाव न पड़े। यह कैसे संभव हो सकता है कि विकसित देश तो कार्बन-डाइ-ऑक्साइड (CO_2) का अत्यधिक उर्त्सजन करते रहें और विकासशील देशों को वन संरक्षण का पाठ पढ़ाते रहें! विकसित तथा औद्योगिक देशों को अपने वन-संसाधनों के पुर्नचक्रण (Recycle) करने पर बल देने की आवश्यकता है। वास्तव में वन-पुर्नचक्रण (Recycling of Forest) एक विवाद का विषय है।

4. **घोषणा पत्र :** यह एक ऐच्छिक समझौता है, जिसमें पर्यावरण से संबंधित 27 नियमों का विवरण प्रस्तुत किया गया है। पर्यावरण संबंधित ये 27 सिद्धांत मानव तथा पृथ्वी के पारस्परिक संबंध को स्थाई एवं टिकाऊ बनाने में सहायक होते हैं। पर्यावरण की प्रदूषण को सहन करने की एक सीमा है। संसाधनों के दुरुपयोग का पर्यावरण पर खराब प्रभाव पड़ता है, जिससे वायु, जल, मृदा तथा पारिस्थितिकी तंत्र (Ecosytem) बुरी तरह प्रभावित हो सकता है। वास्तव में वायु, जल, लकड़ी, मछली, पेट्रोलियम तथा खनिज इत्यादि सदैव के लिये नहीं बल्कि सीमित एवं समाप्त होने वाले हैं।

5. **एजेंडा 21-टिकाऊ विकास :** यह एक ऐच्छिक समझौता (Non-Binding) है, जिसे एजेंडा 21 के नाम से संबोधित किया जाता है। इस कार्य सूची के अंतर्गत टिकाऊ विकास पर बल दिया गया है।

एजेंडा-21 के मुख्य बिंदु निम्न प्रकार हैं: (*i*) ऊर्जा संरक्षण तथा ऊर्जा का सदुपयोग करके प्रदूषण की वृद्धि में कमी करना, (*ii*) जलवायु परिवर्तन, (*iii*) समतापमंडल की ओजोन परत का संरक्षण करना (*iv*) अंतर्राष्ट्रीय स्तर पर प्रदूषण नियंत्रण, (*v*) स्थलीय तथा सागरीय जल संसाधनों का संरक्षण, (*vi*) मृदा अपरदन तथा बढ़ते हुये मरुस्थलीकरण को रोकना, (*vii*) वन ह्रास को रोकना, (*viii*) रेडियोधर्मी अपशिष्ट का उचित प्रबंध करना, (*ix*) खतरनाक रासायनिक पदार्थों का सुरक्षित ढंग से आयात-निर्यात करना, तथा (*x*) संपति एवं वन के असमान वितरण को कम करना।

एजेंडा 21 का विशेष बल सतत तथा टिकाऊ विकास पर है। विकासशील देश, विकसित देशों से माँग कर रहे हैं कि औद्योगिक रूप से विकसित देश अपने बजट का 0.7 प्रतिशत भाग पर्यावरण के संरक्षण पर खर्च करें।

सतत भविष्य की ओर

पृथ्वी शिखर सम्मेलन (Earth Summit) के फलस्वरूप संयुक्त राष्ट्र संघ ने स्थिर विकास आयोग (U.N. Commission on Sustainable Development) संगठित किया ताकि पर्यावरण एवं संसाधनों को टिकाऊ बनाया जा सके। इस सम्मेलन में सम्मिलित होने वाले देशों ने इस बात पर सहमति प्रकट की कि पर्यावरण संबंधी आँकड़े एकत्रित किये जायें। इस बात पर भी परामर्श हुआ कि लंबे समय तक पुराने ढंग से संसाधनों का उपयोग करके हम पृथ्वी को टिकाऊ नहीं बना सकते।

मांट्रियल प्रोटोकोल (The Montreal Protocol)

मांट्रियल प्रोटोकोल का आयोजन ओजोन परत का ह्रास (Ozone layer depletion) करने वाले तत्त्वों एवं पदार्थों के संबंध में किया गया था। वास्तव में यह एक अंतर्राष्ट्रीय संधि है, जिनका उद्देश्य उन तत्वों एवं गैसों के उत्सर्जन के उत्पादन पर क्रमबद्ध ढंग से रोक लगाना है जिनसे वायुमंडल की ओजोन (Ozone) परत का ह्रास होता है। इस संधि पर 16 सितंबर, 1987 के हस्ताक्षर करने आरंभ हुए और 1 जनवरी, 1989 से यह संधि लागू की गई। इसकी पहली बैठक मई 1989 को फिनलैंड की राजधानी हेलसिंकी (Helsinki) में हुई। उसके पश्चात इस संधि में सात बार संशोधन किया जा चुका है। संशोधन की बैठक 1990 में लंदन, 1991 में नैरोबी, 1992 में कोपेनहेगन, 1993 में बैंकाक, 1995 में वियना, 1997 में मांट्रियल तथा 1999 में बीजिंग में की गई थी। आशा की जाती है कि अन्य बातें समान रहने पर वर्ष 2050 तक ओजोन परत (Ozone layer) अपनी सामान्य अवस्था/स्थिति में आ जायेगी। इस संधि पर 196 राष्ट्रों ने हस्ताक्षर किये थे। आरंभ में वर्ष 1998 तक क्लोरोफ्लोरोकार्बन (CFCs) के उत्सर्जन पर 50 प्रतिशत की कमी करना था। इस पर पुन: विचार किया गया ताकि हानिकारक गैसों के उत्सर्जन पर तीव्र गति से रोक लगाई जा सके।

जलवायु परिवर्तन संबंधी क्योटो प्रोटोकोल (Kyoto Protocol on Climate Change)

संयुक्त राष्ट्र संघ (UNO) के 1992 के सम्मेलन के अनुसार, जलवायु परिवर्तन के संबंध में 1997 में जापान के क्योटो नगर में संधि की गई थी।

क्योटो प्रोटोकोल एक स्वैच्छिक संधि (Voluntary Treaty) है, जिस पर 141 राष्ट्रों ने हस्ताक्षर किये थे। हस्ताक्षर करने वाले देशों में यूरोपीय संघ (European Union) जापान, कनाडा तथा अन्य प्रमुख औद्योगिक राष्ट्रों ने भी इस संधि पर हस्ताक्षर किये थे। इन देशों ने इस बात पर सहमति प्रकट की कि वर्ष 2012 तथा हानिकारक गैसों के उत्सर्जन पर

1990 के स्तर से 5.2 प्रतिशत कमी की जाये। जलवायु परिवर्तन पर अंतर-सरकारी पैनल (The Intergovernmental Panel on Climate Change– IPCC) की भविष्यवाणी के अनुसार, वर्ष 1990 से वर्ष 2000 के अंत तक पृथ्वी के तापमान में 1.4°C से लेकर 5.8°C तक वृद्धि हो सकती है। यदि क्योटो प्रोटोकोल को सफलतापूर्वक लागू किया गया तो वर्ष 2050 तक तापमान वृद्धि में 0.02°C से लेकर 0.28°C तक कमी हो सकती है।

क्योटो प्रोटोकोल में दो मुख्य कमियाँ हैं–

(*i*) संयुक्त राज्य अमेरिका ने, जो विश्व के सीएफसी (क्लोरोफ्लोरोकार्बन) उत्सर्जन का एक-तिहाई (33%) उत्सर्जन करता है। इस सम्मेलन का बहिष्कार किया।

(*ii*) उभरती हुई आर्थिक शक्तियों (Economic Powers), भारत तथा चीन ने यद्यपि क्योटो प्रोटोकोल पर हस्ताक्षर किये, परंतु 2012 तक उनके ग्रीन हाउस गैसों के उत्सर्जन पर कोई रोक नहीं लगाई गई। इस छूट के कारण भारत तथा चीन का देरी से औद्योगीकरण करना है। भारत तथा चीन विश्व की ग्रीन हाउस गैसों के उत्सर्जन का 14 प्रतिशत उत्सर्जन करते हैं। रूस इन गैसों का 17 प्रतिशत उत्सर्जन करता है, परंतु उसने इस संधि पर हस्ताक्षर किये। इस प्रकार रूस का इस प्रोटोकोल पर हस्ताक्षर करना एक महत्त्वपूर्ण उपलब्धि माना जाता है।

मांट्रियल कार्य योजना (Montreal Action Plan)

मांट्रियल प्रोटोकोल की ग्यारहवीं बैठक 28 नवंबर से 9 दिसंबर, 2005 में कनाडा के मांट्रियल में हुई। यह कार्य योजना सम्मेलन जलवायु परिवर्तन का सबसे बड़ा अंतर्राष्ट्रीय सम्मेलन था। वास्तव में मांट्रियल कार्य योजना क्योटो प्रोटोकोल की ही संपूरक है। इस सम्मेलन में भी ग्रीन हाउस गैस के उत्सर्जन पर कटौती लगाने पर परिचर्चा की गई।

बाली शिखर सम्मेलन (Bali Summit)

बाली शिखर सम्मेलन दिसंबर 2007 में नूसा-दुआ नगर में आयोजित किया गया था। बाली शिखर सम्मेलन का मुख्य उद्देश्य इस तथ्य पर विचार करना था कि, 2012 की सीमा के पश्चात ग्रीन हाउस गैसों के उत्सर्जन पर किस प्रकार नियंत्रण लगाया जायेगा। हानिकारक गैसों के उत्सर्जन को 2012 के पश्चात एक क्रमबद्ध ढंग से कम करने की योजना तैयार की गई थी।

पोजनान शिखर सम्मेलन (Poznan Summit)

पोलैंड के पोजनान नगर के दिसंबर 2008 में आयोजित इस सम्मेलन में सदस्यों में सैद्धांतिक रूप से सहमति थी कि धनी देश, गरीब देशों की सहायता करें ताकि वह अपनी वन संपदा को सुरक्षित कर सकें तथा इससे प्रत्यक्ष अथवा अप्रत्यक्ष रूप से हानिकारक गैसों के उत्सर्जन पर नियंत्रण पाया जा सकता है। धनी देशों के इस कदम से जलवायु परिवर्तन को रोकने में काफी सहायता मिल सकती है।

कोपेनहेगन शिखर सम्मेलन (Copenhagen Summit)

कोपेनहेगन के बेला सेंटर में दिसंबर 2009 में जलवायु परिवर्तन पर आयोजित इस सम्मेलन में 192 देशों के 150 प्रमुख नेताओं, मंत्रियों तथा अधिकारियों ने परिचर्चा की थी। इस सम्मेलन का मुख्य उद्देश्य विश्व स्तर पर जलवायु परिवर्तन के संबंध में एक बड़ी योजना तैयार करना था, ताकि 2012 के पश्चात प्रभावी ढंग से ग्रीन हाउस गैसों के उत्सर्जन पर रोक लगाई जा सके।

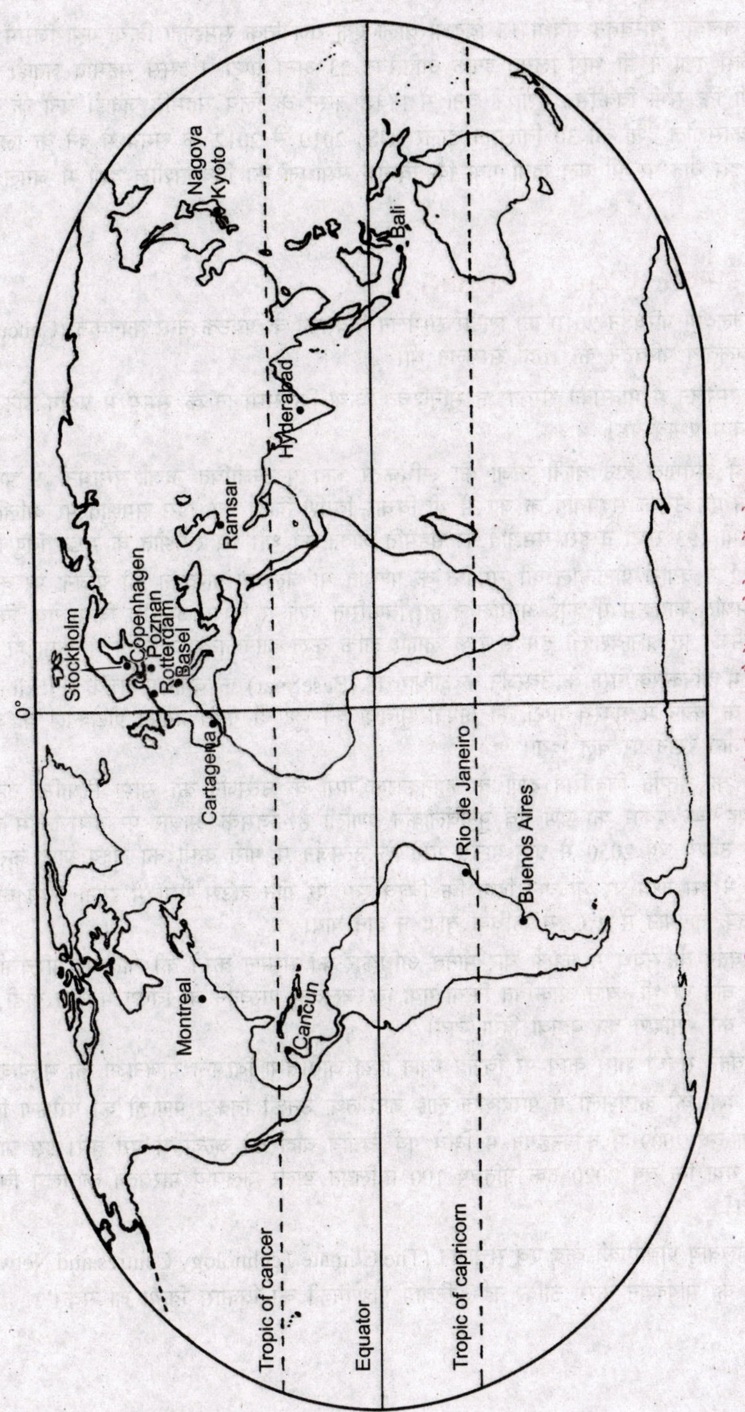

चित्र 5.1 स्थान-अन्तर्राष्ट्रीय समझौतों व प्रोटोकालों के शहर

इस सम्मेलन मे जलवायु परिवर्तन संबंधी 13 बिंदुओं वाला एक राजनैतिक समझौता किया गया जिसमें पर संयुक्त राज्य अमेरिका तथा चीन जैसे देशों ने भी भाग लिया। इनके अतिरिक्त 23 अन्य राष्ट्रों ने इससे सहमति जताई। इस समझौते की मुख्य विशेषता यह थी कि सभी विकसित देशों ने वनों में निवेश करने के लिये सहमति जताई। वनों के संरक्षण के लिये विकसित देशों ने, विकासशील देशों को 30 बिलियन डालर (US) 2010 से 2012 के समय में देने के लिये सहमति प्रदान की। इस सम्मेलन में इस बात पर भी बल दिया गया कि वित्तीय संसाधनों का विकासशील देशों में जंगल लगाने के काम में खर्च किया जाये।

कानकुन शिखर सम्मेलन (Cancun Summit)

संयुक्त राष्ट्र संघ का जलवायु परिवर्तन 2010 का शिखर सम्मेलन मैक्सिको के पर्यटक नगर कानकुन (Cancun) में आयोजित किया गया था। यह जलवायु परिवर्तन का 16वाँ सम्मेलन था।

कानकुन शिखर सम्मेलन में मैक्सिको सरकार ने सुनिश्चित किया कि सम्मेलन के समय में प्रयोग होने वाली ऊर्जा का जलवायु पर कम-से-कम प्रभाव पड़े।

शिखर सम्मेलन में इस्तेमाल होने वाली ऊर्जा का अधिकतर भाग पुनरुज्जीवित ऊर्जा संसाधनों से प्राप्त किया जायें। कूड़ा-कचरा के प्रबंधन एवं उसके सदुपयोग के बारे में भी विचार-विमर्श किया गया। इस समझौते पर बोलिविया ने हस्ताक्षर नहीं किये थे, अन्य सभी 193 राष्ट्रों ने इस समझौते पर सहमति व्यक्त की थी। इस समझौते के मुख्य बिंदु निम्न प्रकार हैं–

1. दिसंबर 2012 मे क्योटो प्रोटोकोल की समाप्ति के पश्चात भी जलवायु परिवर्तन की योजना पर कार्य निरंतर जारी रखा जाये अर्थात कार्यक्रम में कोई अंतराल न हो। विकसित देशों से विशेष अनुरोध किया गया कि वे ग्रीन हाउस गैसों के उत्सर्जन पर प्रभावशाली ढंग से रोक लगाएं ताकि कुल हानिकारक उत्सर्जन में कमी हो सके।
2. इस समझौते में हानिकारक गैसों के उत्सर्जन के आधार वर्ष (Base year) के चयन में लचक (Flexibility) रखी गयी। आधार वर्ष के चयन में सदस्य राष्ट्रों को अपनी सुविधा की छूट दी गयी। क्योटो प्रोटोकोल के अनुसार उत्सर्जन व्यापार को जारी रखने पर बल दिया।
3. इस समझौते के अंतर्गत विकसित देशों के हानिकारक गैसों के उत्सर्जन की सीमा निर्धारित नहीं की गई थी। वास्तव में यह एक प्रकार का प्रण एवं पुनर्विलोकन प्रणाली है, जिसके आधार पर उत्सर्जन में कमी की जाये। इसका मुख्य उद्देश्य वर्ष 2050 में ग्रीन हाउस गैसों के उत्सर्जन में भारी कमी का लक्ष्य प्राप्त करना था।
4. इस समझौते ने इस तथ्य पर भी बल दिया कि विश्व स्तर पर ग्रीन हाउस गैसों में इतनी कमी की जाये, जिससे वर्ष 2100 तक तापमान में 2°C से अधिक वृद्धि न होने पाये।
5. जलवायु परिवर्तन के संबंध में पहली बार मानव-अधिकार का सम्मान करने की बात पर परिचर्चा की गई। साथ ही साथ इस बात पर भी ध्यान आकर्षित किया गया कि जलवायु परिवर्तन के विषय में युवा पीढ़ी, महिलाओं एवं आदिवासियों की भागेदारी को बढ़ावा दिया जाये।
6. जलवायु परिवर्तन संबंधी शोध कार्य पर विशेष ध्यान दिया जाये तथा विभिन्न योजनाओं का मूल्यांकन किया जाये।
7. विकासशील देशों की कार्यशैली में पारदर्शिता लाई जाये तथा उनकी विक्रय प्रणाली का परीक्षण किया जाये।
8. विकसित देश वर्ष 2009 में कोपेनहेगन में किये गये वित्तीय वादों को जल्दी से पूरा करें। इस प्रतिज्ञा एवं वचन को दोहराया गया कि वर्ष 2020 तक प्रतिवर्ष 100 बिलियन डालर जलवायु परिवर्तन के लिये विकासशील देशों को देते रहेंगे।

इसके अतिरिक्त जलवायु प्रौद्योगिकी केंद्र एवं संचालन (The Climate Technology Centres and Network) प्रादेशिक जलवायु परिवर्तन केंद्रों का मार्गदर्शन करेंगे ताकि नई अनिवार्य प्रौद्योगिकी का विकास किया जा सके।

जैविक–विविधता सम्मेलन, नगोया 2010 (Biodiversity Convention, Nagoya 2010)

जैविक-विविधता पर विभिन्न राष्ट्रों ने रियो दी जेनेरियो के पृथ्वी सम्मेलन के पश्चात 29 दिसंबर, 1993 को अंतर्राष्ट्रीय जैव-विविधता वर्ष (International year of Biodiversity) घोषित किया। जैविक-विविधता सम्मेलन दिसंबर 2010 में जापान के नगोया (Nagoya) नगर में आयोजित किया गया था।

नगोया जैव-विविधता सम्मेलन के मुख्य उद्देश्य निम्न प्रकार हैं: *(i)* जैविक-विविधता का संरक्षण *(ii)* जैव-विविधता के विभिन्न साधनों का टिकाऊ उपयोग करना, तथा *(iii)* जैव-विविधता तथा उसके संसाधनों का लाभ समाज के सभी वर्गों तक पहुँचे।

इस सम्मेलन में सभी प्रकार के पारिस्थितिकी तंत्रों (Ecosystems), जैव-जातियों एवं आनुवंशिक के संसाधनों पर विचार-विमर्श किया गया। इस सम्मेलन में परंपरागत संरक्षण पद्धति पर भी विशेष बल दिया गया। इस सम्मेलन में 193 देशों ने सहमति जताई, परंतु संयुक्त राष्ट्र अमेरिका तथा अंडोरा (Andora) इस सहमति में सम्मिलित नहीं थे। यद्यपि संयुक्त राज्य अमेरिका ने इस पर हस्ताक्षर किये थे, परंतु इसने इस संधि का अनुसमर्थन (Ratification) नहीं किया।

कार्टाजेना प्रोटोकोल (Cartegena Protocol)

कार्टाजेना एक अंतर्राष्ट्रीय संधि है जो जीवित रूपांतरित जीव (Living Modified Organism) से संबंधित है। इस प्रोटोकाल को 29 जनवरी, 2000 को स्वीकार किया गया था तथा 11 सितंबर को लागू किया गया। यह प्रोटोकोल भी जैविक-विविधता के आधीन है। भारत ने 17 जनवरी, 2003 को कार्टाजेना प्रोटोकोल को अपनाया। इस प्रोटोकोल में 157 राष्ट्र शामिल हैं।

कार्टाजेना प्रोटोकोल का मुख्य उद्देश्य जीवित रूपान्तरित जीवों का सुरक्षित उत्पादन, व्यापार, स्थान परिवर्तन करना है, ताकि मानव जीव पर इनका विपरीत प्रभाव न पड़े। इस प्रोटोकोल ने स्पष्ट कर दिया कि जीवित रूपांतरित जीवों (Living Modified Organism) का विकासशील देशों, समाज तथा जनसंख्या पर खराब प्रभाव न पड़े।

कार्टाजेना प्रोटोकोल के अंतर्गत ऐसे कानून नियम तथा कार्यविधियाँ तैयार की गई हैं, जिससे जीवित रूपांतरित जीवों को एक स्थान से दूसरे स्थान पर ले जाने, उपयोग तथा उत्पादन करना समाज के लिये सुरक्षित है। ऐसे पदार्थों के एक देश से दूसरे देश में ले जाने, अंतर्राष्ट्रीय व्यापार करने, डिब्बों में बंद करने में जैविक सुरक्षा (Biosafety) को पूर्ण रूप से सुरक्षित बनाया जाये। यह नियम निर्यात तथा आयात करने वाले देशों के लिये समान रूप से लागू होते हैं।

नगोया प्रोटोकोल (Nagoya Protocol)

जैविक-विविधता (Biological Diversity) के दसवें सम्मेलन का आयोजन 10 सितंबर, 1998 को जापान के नगोया नगर में किया गया था। इस सम्मेलन में 100 से अधिक देशों के प्रतिनिधियों ने हिस्सा लिया था। यह सम्मेलन आनुवंशिक (Gentic) संसाधनों की सब देशों को उपलब्धता तथा उनसे समान रूप से लाभ उठाने के संबंध में थी।

रॉटरडम सम्मेलन (Rotterdam Convention)

रॉटरडम कनवेंशन का आयोजन 10 सितंबर, 1998 को आयोजित किया गया था। यह एक खतरनाक कीटाणुनाशक, रासायनिक पदार्थ के संबंध में बहुपक्षीय संधि है। इस कनवेंशन में कीटाणुनाशक रासायनिक पदार्थों के संबंध में जानकारी का आदान-प्रदान, उनको डिब्बों में बंद करने, लेबिल लगाने तथा आयात-निर्यात इत्यादि तथा उन पर प्रतिबंधों की जानकारी प्राप्त होती है। इस संधि पर 73 देशों ने हस्ताक्षर किये हैं।

स्टाकहोम कनवेंशन (Stockholm Convention)

स्टाकहोम कनवेंशन का आयोजन जैविक प्रदूषण (Organic Pollutants) के बारे में था। इस संधि पर 23 मई, 2001 को हस्ताक्षर किये गये थे। जनवरी 2011 को 172 देशों ने इस संधि पर हस्ताक्षर किये थे। इस संधि के अंतर्गत विषैले पदार्थों (Toxic Substances) की मात्रा तथा उनके आयात-निर्यात की कार्यकारिणी एवं पद्धति की रूपरेखा तैयार की गई।

आरंभ में केवल बारह विषैले पदार्थों की सूची तैयार की गई थी, परंतु बाद में डी.डी.टी. (D.D.T.) तथा मलेरिया पर नियंत्रण करने वाले डायोक्सिन (Dioxins), फुरांस-एल्ड्रिन (Furans-Aldrin), क्लोरडेन, डिलड्रिंग (Dieldring), हेप्टाक्लोर (Heptachlor), हेक्साक्लोरा बेंजैन (Hexachlora Bezane), मिरेक्स (Mirex) आदि को भी इस सूची में सम्मिलित कर लिया गया।

बेसल कनवेंशन (Basal Convention)

एक देश से दूसरे देश में अथवा सीमा पार खतरनाक अवशेष (Hazardous Waste) को ले जाने के बारे में बेसल कनवेंशन आयोजित किया गया था। सामान्यत: हानिकारक अवशेष विकसित देशों से विकासशील देशों की ओर भेजा जाता है। इस कनवेंशन पर 22 मार्च, 1989 के हस्ताक्षर करने आरंभ किये गये थे तथा 175 देशों ने इस पर सहमति जताई। केवल अफगानिस्तान, हैती (Hatti) तथा संयुक्त राज्य अमेरिका ने इस हस्ताक्षर पर नहीं किये थे।

खाद्य तथा कृषि पौधों से संबंधित संधि, 2004 (International Treaty on Plant Genetic Resources for food and Agriculture 2004)

यह संधि खाद्य पदार्थों तथा कृषि से संबंधित नये बीजों के बारे में है, जिनका विकास आनुवंशिक प्रौद्योगिकी (Gentic Tehnology) के द्वारा किया जाता है। वर्ष 2004 की इस संधि के अंतर्गत विशेष रूप से 64 फसलों की सूची है। इस संधि का मुख्य उद्देश्य नये बीजों का सुरक्षित एवं टिकाऊ इस्तेमाल तथा उनसे पूरे विश्व समाज को लाभ पहुँचाना है। साथ-ही-साथ जैविक-विविधता का भी ध्यान रखते हुए उसको सुरक्षित रखना है।

अंटार्कटिक संधि तंत्र (Antarctic Treaty System)

अंटार्कटिक संधि तथा उससे संबंधित समझौतों को अंटार्कटिक संधि तंत्र (Antarctic Treaty System) कहते है। ये संधि एवं समझौते अंटार्कटिक महाद्वीप के बारे में अंतर्राष्ट्रीय संबंधों को नियंत्रित करते हैं। अंटार्कटिका एक ऐसा महाद्वीप है, जिसकी अपनी देशज (Native) जंनसख्या नहीं है। इस संधि तंत्र के अंतर्गत 60^0 दक्षिण में सभी जल (Oceans) तथा थल को अंटार्कटिक की परिभाषा में सम्मिलित किया गया है। यह संधि 1961 में लागू की गई थी, जिस पर 45 देशों ने हस्ताक्षर किये थे। इस संधि के अंतर्गत अंटार्कटिका को वैज्ञानिक सुरक्षित क्षेत्र (Scientific Preserve) का स्थान दिया गया था, जिसमें शोध कार्य करने की सबको अनुमति है, परंतु वहाँ पर कोई सैनिक गतिविधि (Military Activity) नहीं की जा सकती। अंटार्कटिक संधि का मुख्यालय (Headquarters) अर्जेंटीना के ब्यूनस आयर्स (Buenos Aires) नगर में स्थित है।

हैदराबाद में आयोजित जैव-विविधता कन्वेंशन (Hyderabad Convention of Biodiversity)

संयुक्त राष्ट्र संघ के जैविक विविधता कनवेंशन (Convention on Biological Diversily) के ग्यारहवें का आयोजन 16 अक्टूम्बर, 2012 से हैदराबाद नगर में किया गया था। इस सम्मेलन का उद्घाटन भारत के प्रधान मंत्री डॉ॰ मनमोहन सिंह ने किया था। इस सम्मेलन में सहमति हुई कि विकसित देश जैविक-विविधता संरक्षण (Biodiversily Conservation) के लिए अपनी रकम दुगनी करें। इस बढ़ाई गई धन राशि का इस्तेमाल सरगासो सागर (Sargasso sea) तथा ब्राजील के तट पर पाये जाने वाले प्रवाल-भित्तियों तथा टोंगा द्वीप समूह की प्रवाल भित्तियों के संरक्षण के लिये किया जाये। भारत के

प्रधानमंत्री ने इस कोष के लिये पचास लाख डालर धनराशि देने की घोषणा की। इस कनवेंशन के मुख्य उद्देश्यों में सागरीय तटों पर पाये जाने वाले मैंग्रोव (Mangrove) को संरक्षण प्रदान करना था। जैविक-विविधता की अगली कांफ्रेंस 2014 में दक्षिण कोरिया में आयोजित करने का निर्णय लिया गया।

तालिका 5.1 भारत द्वारा अभिपुष्टि प्रमुख बहुपक्षी पर्यावरण समझौते

	बहुपक्षीय पर्यावरण समझौते (MEAs)	वर्ष	क्रियाशील	अभिपुष्टि तिथि	समाहित मुद्दे
1.	रामसर कनवेंशन आर्द्र/ जलमग्न भूमि के बारे में	1971	21.12.1975	11.02.1982	आर्द्र भूमि (wetlands) के संरक्षण तथा उनका सदुपयोग, विभिन्न प्रकार के पक्षियों के आश्रय के रूप में संरक्षण।
2.	जैव-विविधता संरक्षण (Biodiversity Conservation)	1972	17.12.1995	4.11.1977	प्राकृतिक, जैविक एवं सांस्कृतिक विविधता का संरक्षण।
3.	वन्य पशुओं के अन्तर्राष्ट्रीय व्यापार सम्बंधित सम्मेलन (Convention on International Trade of wild-animals)	1973	1.7.1975	20.7.1976	असुरक्षित जगली जानवरों एवं राष्ट्रीय व्यापार कनवेंशन पौधों के व्यापार पर रोक लगाना।
4.	बोन कनवेंशन पलायन करने वाले पशु पक्षियों से संबंधित कनवेंशन	1979	1.11.1983	1.11.1983	प्रवासी-पशु-पक्षियों के प्रबंधन एवं संरक्षण संबंधित मुद्दे तथा उनके प्राकृ. तिक निवास का संरक्षण
5.	वियना सम्मेलन ओजोन परत हेतु	1985	22.9.1988	18.03.1991	वायुमंडल की ओजोन का संरक्षण
8.	जलवायु परिवर्तन के संबंध में संयुक्त राष्ट्र संघ कनवेंशन (UNO, Frame-work Conversation on Climate Change (UNFCCC)	1992	21.03.94	1.11.1993	मानव हस्तक्षेप के कारण जलवायु पर प्रभाव तथा जलवायु परिवर्तन
9.	संयुक्त राष्ट्र संघ का क्योटो प्रोटोकोल	1997	16.2.2005	26.8.2002	हानिकारक गैसों के उत्सर्जन की मात्रा का निर्धारण करना।
10.	जैविक-विविधता कनवेंशन (Con-vention on Biological Diversity)	1992	29.12.1993	18.2.1994	जैविक-विविधता एवं जैव-संसाधन संरक्षण (Biological Diversity and Biological Resource)
11.	कार्टाजेना प्रोटोकोल (Cartegena Protocol)	2000	11.9.2003	11.9.2003	जीवित रूपांतरित जीव (Living Modified Organism) के सीमापार व्यापार से संबंधित नियम व कानून
12.	मरुस्थल अपसरण पर नियंत्रण के संबंध में संयुक्त राष्ट्र सम्मेलन (U.N.O convention to combat desertification)	1994	26.12.96	17.12.1996	सूखे के प्रभाव को कम करने तथा मरुस्थलों के अपसरण की रोकथाम, विशेषकर अफ्रीका में (Combating Desertification and to mitigate the effects of droughts particularly in Africa)

13.	रॉटरडम कनवेंशन (Rotterdam Convention)	1998	24.02.04	24.5.05	खतरनाक रसायनिक पदार्थों एवं कीटाण ुनाशक दवाइयों से संबंधित आयात-. निर्यात के नियम निर्धारित करना।
14.	स्टाकहोम कनवेंशन (Stokholm Convention)	2001	17.5.04	13.1.06	जैविक प्रदूषण से मानव स्वास्थ्य को सुरक्षा प्रदान करना।
15.	जैविक-विविधता संबंधित हैदराबाद (भारत) सम्मेलन	2012	16.10.12	20.10.12	सागरीय तटों के परिस्थितिकी तंत्रों तथा मैंग्रोव संरक्षण, विशेष रूप से सगीसो सागर एवं ब्राजील के तट के मैंग्रोव।

भारत के पर्यावरण संबंधी कानून (Environmental Laws in India)

भारत के संविधान में लगभग 200 कानून पर्यावरण की सुरक्षा से संबंधित बनाये जा चुके हैं। भारत के प्रमुख कानून निम्न प्रकार हैं–

1. वन्य प्राणी (Protection) अधिनियम, 1972
2. जल प्रदूषण संबंधित अधिनियम 1974 (Water Prevention and Control Pollution Act, 1974)
3. वन (संरक्षण) अधिनियम, 1980
4. वायु संरक्षण अधिनियम, 1986
5. पर्यावरण (संरक्षण) अधिनियम, 1986
6. नेशनल पर्यावरण ट्रिब्युनल अधिनियम, 1995

वन्य जीवन अधिनियम, 1972 (Wild life Act 1972)

वन्य प्राणी अधिनियम 1972 की मुख्य धाराएं निम्न प्रकार हैं–

1. विशेष पेड़-पौधे को संरक्षण प्रदान करना।
2. जंगली पशु-पक्षियों के शिकार करने पर प्रतिबंध लगाना।
3. नेशनल पार्क, सेंक्चुरी (Sanctuaries) तथा जैव-संरक्षण के लिये विशेष क्षेत्रों को घोषित करना।
4. नेशनल पार्क, सेंक्चुरी इत्यादि का प्रबंधन करना।
5. केंद्रीय चिड़ियाघर कमेटी का गठन करना।
6. शिक्षा एवं शोध कार्य के लिये वन-पशु पक्षियों के शिकार के लिये लाइसेंस जारी करना।
7. शिक्षा एवं शोध कार्य के लिये किसी विशेष वृक्ष, पौधे को उखाड़ने अथवा तोड़ने के लिये लाइसेंस जारी करना।
8. वन्य पशु-पक्षियों तथा उनके उत्पाद के व्यापार के लिये लाइसेंस जारी करना।
9. उन पेड़-पौधों को उगाने का लाइसेंस देना, जिन पर प्रतिबंध है।
10. अनुसूचित जनजातियों के अधिकारों का संरक्षण करना।
11. जो अधिनियम के कानूनों को तोड़े उनको दंडित करना।

वन्य जीव अधिनियम की विभिन्न धाराओं का उल्लंघन करने के लिये विभिन्न प्रकार के दंड देने का प्रावधान रखा गया है। उदाहरणत: यदि कोई व्यक्ति लाइसेंस की किसी शर्त का उल्लंघन करे तो उसको निम्न प्रकार से दंडित किया जा सकता है:

(*i*) तीन महीने की सजा एवं/अथवा 25,000 रुपये का जुर्माना, (*ii*) लाइसेंस को रद्द (Cancel) करना। (*iii*) उसके अग्नि शस्त्र का लाइसेंस रद्द करना। कुछ धाराओं का उल्लंघन करने पर छः महीने की सजा तथा नकद दस हजार रुपये का जुर्माना लगाना।

तालिका 5.1A अनुसूची प्रजातियाँः संरक्षण का स्तर तथा दण्ड

I	काला हिरन (Black-Buck), भारतीय तिलोर (Great Indian Bustard), शेर–पूँछ मकाक (lion-tailed macaque), नॉर्कोन्डम (Norcondam), हार्नबिल (Hornbill), निकोबार मेगापोड राइनोसोर (Nicobar Megapode Rhinocesor) आदि	शिकार करना, तस्करी करना व अवैध व्यापार निषेध अधिकतम दण्ड
II	बंगाल साही (Bengal procupine), ढोल (Dhole), उड़न गिलहरी (Flying Squirrel), भूरा हिमालयी भालू (Himalayan Brown Bear), किंग कोबरा (King Cobra), रीसस (Rhesus), मैकाक (Macaque)	शिकार करना, तस्करी करना व अवैध व्यापार निषेध अधिकतम दण्ड
III	भौंकने वाला हिरन (Barking Deer), गोरल (Goral), हायना (Hyaana), हागडीर (Hogdeer), नीलगाय (Nilgari), स्पौंज (Spenges) आदि	संरक्षित अपेक्षातया कम दण्ड का प्रावधान
IV	नेवला (Mangoose), गिद्ध (valture) आदि	संरक्षित पर अपेक्षातया कम दण्ड
V	उदाहरण के लिए साधारण गाय, उड़ने वाली लोमड़ी (flying fox) व चूहे।	इन प्रजातियों को नाशक जीव (vermin) कहा जाता है जिनका शिकार किया जा सकता है।
VI	बेडोम साइकेड (Beddomes Cycad), ब्लू वेंडा (Blue Venda), कुठ (Kuth), लैडीज स्लीपर पिचर प्लान्ट (ladies slipper pitcher Plants) रेड वेंडा (Red Venda) आदि	पौधों व उनके संजातियों की खेती, एकत्रण, निष्कर्षण, व्यापार आदि का निषेध।

जल संरक्षण एवं प्रदूषण संबंधित अधिनियम, 1974 (Water Prevention and Control of Pollution) Act of 1974

इस ऐक्ट का मुख्य उद्देश्य जल का सदुपयोग करने तथा उसको प्रदूषण से बचाना है। यह कानून केंद्रीय सरकार को केंद्रीय जल प्रदूषण नियंत्रण बोर्ड बनाने (Centeral Water Pollution Control Board) का अधिकार भी देता है। इसके अनुसार राज्य सरकार भी अपने, राज्य जल प्रदूषण नियंत्रण बोर्ड की रचना कर सकते हैं। जल प्रदूषण नियंत्रण बोर्ड के निम्न कार्य हैं–

1. कुओं तथा नदियों को स्वच्छ रखने का प्रयास करना।
2. केंद्रीय राज्य सरकारों को जल प्रदूषण संबंधित सुझाव देना।
3. जल प्रदूषण नियंत्रण करने के लिये शोध कार्य करना।
4. जल अपवादों के जल नमूने (Sample) एकत्रित करना।
5. जल प्रदूषण के बारे में लोगों को ट्रेनिंग देना।
6. जल प्रदूषण के बारे में विशेष क्षेत्रों का सर्वेक्षण करना।
7. किसी मोहल्ले के मकानों में जल संबंधी रजिस्टर इत्यादि की जाँच के लिये सर्वेक्षण करना।
8. कुओं तथा नदियों में कूड़ा इत्यादि गिराने पर रोक लगाना।

9. प्रदूषित जल के अपवाह के लिये नई नालियाँ बनाना।
10. जल प्रदूषण करने वालों को दंडित करना।
11. अकस्मात् जल प्रदूषण पर नियंत्रण पाने के लिये उपयुक्त उपाय करना।
12. कुओं का पानी प्रदूषित करने वालों के विरुद्ध कचहरी में मुकदमा दायर करना।
13. प्रदूषण फैलाने वाले कारखानों को बंद करना, ऐसे कारखानों में बिजली की सप्लाई पर रोकथाम लगाना।

उपरोक्त धाराओं का उल्लंघन करने वाले को छः वर्ष की सजा हो सकती है।

वन संरक्षण अधिनियम, 1980 (Forest Conservation Act, 1980)

वन संरक्षण अधिनियम 1980 में बनाया गया था। इसके प्रावधान के अनुसार *(i)* किसी आरक्षित जंगल को अनारक्षित जंगल घोषित किया जा सकता है तथा *(ii)* किसी वन को किसी अन्य भूमि उपयोग में बदला जा सकता है।

वन संरक्षण अधिनियम का उल्लंघन करने वाले को 15 दिन की सजा हो सकती है।

वायु (संरक्षण एवं प्रदूषण नियंत्रण) अधिनियम 1981 (Air Prevention and Control of Pollution Act, 1981)

वायु संरक्षण एवं प्रदूषण अधिनियम 29 मार्च, 1981 को पारित किया गया था। इस कानून के अंतर्गत वायु प्रदूषण नियंत्रण बोर्ड (Air Pollution Control Board) की स्थापना की गई। इस बोर्ड के मुख्य कर्त्तव्य निम्न प्रकार हैं–

(i) किसी भी क्षेत्र को वायु प्रदूषित क्षेत्र घोषित करना।
(ii) वाहनों के द्वारा प्रदूषण उत्सर्जन की सीमा निर्धारित करना।
(iii) प्रदूषण की दृष्टि से उद्योगों की स्थापना करना।
(iv) वायु प्रदूषण फैलाने वालों के विरुद्ध कोर्ट में मुकदमा दायर करना।
(v) प्रदूषण चेक करने के लिये किसी भी कारखाने का निरीक्षण करना।
(vi) प्रदूषण से संबंधित कारखानों से कोई भी जानकारी प्राप्त करना।
(vii) किसी भी कारखाने से प्रदूषण के नमूने एकत्रित करना।

इस कानून का उल्लंघन करने वालों को दंडित करना। कानून तोड़ने वालों को तीन महीने की सजा तथा दस हजार रुपये तक का जुर्माना किया जा सकता है। इसी प्रकार इस कानून की धारा 21 का उल्लंघन करने वाले को डेढ़ वर्ष से छः वर्ष तक की सजा हो सकती है। न्यायपालिका के निर्णय का पालन न करने पर पाँच हजार रुपये का अतिरिक्त दंड देना पड़ सकता है। वायु प्रदूषण के लिये मैनेजिंग डायरेक्टर उत्तरदायी होता है।

पर्यावरण संरक्षण अधिनियम, 1982 (Environmental Protection Act, 1982)

पर्यावरण संरक्षण अधिनियम 1982 का मुख्य उद्देश्य पर्यावरण को संरक्षण प्रदान करना तथा उसको बेहतर बनाना है। यह कानून केंद्रीय सरकार को ऐसे उपाय करने का अधिकार देता है जो पर्यावरण को शुद्ध एवं स्वच्छ रखने में सहायता करे। इस अधिनियम के मुख्य बिंदु निम्न प्रकार हैं–

(i) पर्यावरण प्रदूषण की रोकथाम के लिये राष्ट्रीय स्तर पर योजनाएँ तैयार करना और उनको लागू करना।
(ii) प्रदूषण के विभिन्न मापदंड तैयार करना।
(iii) हानिकारक गैस उत्सर्जन तथा उद्योगों से निकाले जाने वाले जल इत्यादि के नियम तथा कानून तैयार करना।
(iv) औद्योगिक क्षेत्रों (Industrial Areas) की सीमा निर्धारित करना।

(*v*) दुर्घटनाओं की रोक-थाम के लिये कार्य प्रणाली तैयार करना।

(*vi*) खतरनाक अवशेषों को लाने-ले जाने की कार्यप्रणाली तैयार करना।

(*vii*) उन सभी संसाधनों, कच्चे माल तथा औद्योगिक प्रक्रियाओं का निरीक्षण एवं परीक्षण करना जिनसे प्रदूषण बढ़ने की संभावना हो।

(*viii*) पर्यावरण प्रदूषण संबंधी शोध कार्य करना।

(*ix*) किसी भी औद्योगिक इकाई में जाकर उसकी मशीनों इत्यादि का निरीक्षण करना।

(*x*) पर्यावरण प्रदूषण की रोक-थाम के लिये आचरण-संहिता (Code of Conduct) तैयार करना।

इनके अतिरिक्त यह अधिनियम केंद्रीय सरकार को निम्न अधिकार भी प्रदान करता है-

(क) विभिन्न कार्यों के लिये अधिकारियों की नियुक्ति करना, (ख) यदि आवश्यक हो तो कारखाने को बंद करने के आदेश देना, (ग) निर्धारित सीमा से अधिक हानिकारक गैसों के उत्सर्जन पर रोक लगाना, (घ) हानिकारक सामग्री (Hazardous Material) को लाने व ले जाने की नियमित कार्य प्रणाली को सुनिश्चित करना, (ङ) दूषित पदार्थों (Pollutants) के नमूने (Samples) एकत्रित करना और उनकी प्रयोगशालाओं में जाँच करना तथा (च) पर्यावरण प्रदूषण संबंधी कानून तथा नियम तैयार करना।

विकिरण अथवा प्रसारण कानून (Radiation Laws)

प्रदूषण के विकिरण तथा प्रसारण सम्बंधी निम्न कानून हैं-

(*i*) परमाणु ऊर्जा एक्ट, 1962 (The Atomic Energy Act, 1962)

(*ii*) विकिरण संरक्षण नियम, 1971 (Radiation Protection Rule, 1971)

(*iii*) पर्यावरण संरक्षण एक्ट, 1972 (The Environmental Protection Act, 1982)

(*iv*) पर्यावरण प्रभाव आकलन अधिसूचना (The Environment Impact Assessment Notification, 1994, as further amended in 1994).

पर्यावरण संरक्षण ऐक्ट 1982 की धाराओं का उल्लंघन करने वालों के लिये कठोर दंड का प्रावधान है, जिसके अंतर्गत पाँच साल की सजा अथवा एक लाख रुपये तक का जुर्माना हो सकता है।

राष्ट्रीय पर्यावरण/अदालत अधिनियम, 1995 (The National Environment Tribunal Act, 1995)

संयुक्त राष्ट्र संघ का पृथ्वी शिखर सम्मेलन (Earth Summit), जिसका आयोजन 1992 में रियो डी जनेरो (ब्राजील) में हुआ था, उसके निर्णयों एवं पारित प्रस्ताव का पालन करते हुये, भारत सरकार ने 1995 में एक अदालत (Tribunal) स्थापित की। पर्यावरण प्रदूषण से होने वाले समाज पर तथा व्यक्तियों के स्वास्थ्य पर पड़ने वाले खराब प्रभाव की सुनवाई इस अदालत में की जाती है। इस कानून के अंतर्गत प्रभावित व्यक्ति/समाज निम्न प्रकार की हानियों के लिये हरजानों (Damages) की माँग कर सकता है–

(*i*) मृत्यु,

(*ii*) स्थाई या अस्थाई तौर पर शरीर पर कोई अंग प्रभावित होने, चोट लगने अथवा बीमार होने पर हरजाना तलब किया जा सकता है।

(*iii*) शारीरिक असमर्थता होने पर वेतन/मजदूरी का प्रबंधन करना।

(*iv*) प्रभावित व्यक्ति के इलाज पर खर्च होने वाले धन की आपूर्ति की जाना।

(*v*) संपत्ति अथवा जायदाद को होने वाली हानि की आपूर्ति।

(*vi*) सरकार के द्वारा पुनर्वास (Rehabilitation) इलाज, राहत के लिये दिये जाने वाले धन की आपूर्ति।

(*vii*) मुकदमा लड़े जाने की दशा में सरकार के द्वारा किया जाने वाले धन को हरजाने के तौर पर माँग करना।

(*viii*) सरकार को होने वाली हानि की आपूर्ति।

(*ix*) पशु-पक्षियों, पेड़-पौधों तथा दूध देने वाले पशुओं को होने वाली हानि की आपूर्ति कराना।

(*x*) वनस्पति एवं जलीय पारिस्थितिकी तंत्र को होने वाले नुकसान की भरपाई कराना।

(*xi*) मिट्टी, वायु, जल तथा पारितंत्र को होने वाले नुकसान की भरपाई कराना।

(*xii*) सरकारी संपत्ति को होने वाले नुकसान की भरपाई कराना।

(*xiii*) वाणिज्य तथा बेरोजगारी की भरपाई कराना।

(*xiv*) हानिकारक अवशेषों (Hazardous Waste) के एक-स्थान से दूसरे स्थान पर लाने-ले जाने होने वाले नुकसान की भरपाई।

जैव विविधता अधिनियम, 2002 (Biodiversity Act, 2002)

भारत में जैव-विविधता अधिनियम 2002 में पारित किया गया। इस अधिनियम के द्वारा राष्ट्रीय जैवविविधता प्राधिकरण (National Biodiversity Authority- NBA), राज्य जैवविविधता बोर्ड तथा जैव-विविधता प्रबंधन समिति (Biodiversity Management Committes (BMCS) गठित करने का प्रावधान है। इस ऐक्ट के अंतर्गत राष्ट्रीय जैवविविधता प्राधिकरण का गठन 2003 में किया गया था।

इस एक्ट के अनुसार, सभी विदेशी संगठनों को जैव-विविधता के संसाधनों को प्राप्त करने अथवा उनका उपयोग करने के लिये राष्ट्रीय जैव-विविधता प्राधिकरण (NBA) की अनुमति लेना अनिवार्य है। भारतीय मूल के व्यक्तियों को किसी जैव-विविधता संबंधित शोध कार्य की जानकारी किसी विदेशी नागरिक अथवा संगठन को देने से पहले एन॰ बी॰ ए॰ (NBA) की अनुमति लेना अनिवार्य है।

भारतीय औद्योगिक जगत को किसी भी जैव-विविधता संसाधन को उपयोग में इस्तेमाल करने से पहले स्टेट बायोडावर्सिटी बोर्ड (S.B.B.) को सूचित करना अनिवार्य है। यदि राज्य जैवनिविधता बोर्ड की राय में इस प्रकार के संसाधनों के उपयोग से अधिनियम का उल्लंघन हो रहा है और जैविक-विविधता संरक्षण में बाधा आ रही है तो उस पर रोक लगाई जा सकती है।

इन रुकावटों एवं प्रतिबंधों के बावजूद भारतीय मूल के हकीम तथा वैद्य जैव-संसाधनों का उपयोग कर सकते हैं।

इस प्रकार के शोधकारियों से अर्जित धन को राष्ट्रीय जैवविविधता प्राधिकरण कोष में जमा कराना होगा। ऐसे धन को जैव-विविधता संरक्षण पर खर्च किया जाए।

अध्याय

6

पर्यावरण ह्रास एवं प्रबंधन
(Environment Degradation and Management)

परिचय (Introduction)

पर्यावरण परिवर्तन एक निरंतर प्रक्रिया है जो पृथ्वी की उत्पत्ति से लेकर आज तक जारी है। हमारी पृथ्वी की उत्पत्ति लगभग 4.6 बिलियन वर्ष पूर्व हुई थी, तब से आज तक इसकी भू आकृतियों तथा जैव-विविधता में भारी परिवर्तन देखा गया है। पृथ्वी के इतिहास के लंबे समय तक पृथ्वी के धरातल पर परिवर्तन भौतिक शक्तियों (Physical Forces) के द्वारा होता रहा, जिसमें ज्वालामुखियों, भूकंपों, तूफान, चक्रवात, सागरीय बाढ़, सुनामी (Tsunami), सूखा (Drought) तथा महामारियों (Epidemics) की भूमिका विशेष मानी जाती है, परंतु वर्तमान युग में पृथ्वी के धरातल तथा वायुमंडल एवं सागरों के पर्यावरण में सबसे अधिक परिवर्तन मानव के द्वारा हो रहा है।

आज के समय में धरती पर मानव का आधिपत्य है। मानव जनसंख्या तीव्र गति से बढ़कर सात अरब (Seven Billion) के आँकड़े को पार कर चुकी है। मानव ने जल अपवाह की दिशा में परिवर्तन किया, नदियों के रास्तों में परिवर्तन किया, सागरीय जल को प्रदूषित किया, वायुमंडल में हानिकारक गैसों का उत्सर्जन किया, मृदा के रासायनिक तत्त्वों (Soil Chemistry) में परिवर्तन किया, जिनके कारण पारिस्थितिकी-तंत्रों (Ecosystems) में भारी परिवर्तन तेजी से हो रहा है। वास्तव में मानव हस्तक्षेप और संसाधनों के अधिक उपयोग एवं दुरुपयोग के कारण, विश्व-तापमान में वृद्धि हो रही है। तेजाबी वर्षा (Acidic Rainfall) हो रही है, वायुमंडल की ओजोन परत (Ozone Layer) का ह्रास हो रहा है, मरुस्थलों का क्षेत्रफल बढ़ रहा है। मृदा-अपरदन (Soil-erosion) की गंभीर समस्या उत्पन्न हो रही है, जैव-विविधता का ह्रास हो रहा है, पारिस्थितिकी तंत्रों में असंतुलन उत्पन्न हो रहा है। मानव द्वारा पर्यावरण में होने वाले परिवर्तन के परिणामों का संक्षिप्त विवरण निम्नानुसार प्रस्तुत किया गया है-

भूमंडलीय तापन एवं ग्रीन हाउस प्रभाव

मानव के द्वारा बहुत-सी हानिकारक ग्रीन हाऊस गैसों (Green house Gasses) का उत्सर्जन किया जा रहा है। ग्रीन हाउस गैसें सूर्य से आने वाली ऊष्मा को धरती पर तो आने देती हैं, परंतु ऊष्मा को वापस वायुमंडल में भेजने में बाधक होती हैं अर्थात् विकिरण (Radiation) की प्रक्रिया में रुकावट आती है, जिसके कारण भूमंडल के तापमान में निरंतर वृद्धि हो रही है। इस प्रकार पृथ्वी पर ग्रीन हाउस प्रभाव प्रत्यक्ष एवं अप्रत्यक्ष रूप से विदित हो रहा है।

जल-वाष्प (Water Vapour) एवं कार्बन-डाइ-ऑक्साइड सबसे अधिक महत्त्वपूर्ण ग्रीन हाउस गैसे हैं। वायुमंडल में इन्हीं गैसों के कारण पृथ्वी का औसत तापमान 15 ^{0}C के आस पास रहता है। इन गैसों को बिना पृथ्वी का तापमान लगभग 19 ^{0}C रहता। इतने कम तापमान पर पृथ्वी पर जीवन असंभव हो जाता। इसलिये कहा जा सकता है कि पृथ्वी पर जैविक पदार्थ इन्हीं गैसों के कारण जीवित हैं। 1789 की औद्योगिक क्रांति के पश्चात् वायुमंडल में कार्बन-डाइ-ऑक्साइड की मात्रा में निरंतर वृद्धि हो रही है, जो वैज्ञानिकों के लिये एक चिंता का विषय है।

ग्रीन हाउस गैसें भविष्य में पृथ्वी पर क्या प्रभाव डालेंगी, कहना मुश्किल है, परंतु वर्तमान के अध्ययन से पता चलता है कि (CO_2) के कारण पृथ्वी के तापमान में निरंतर वृद्धि हो रही है। इस बढ़ते हुये तापमान का जैव-मंडल (Biosphere) पर प्रतिकूल प्रभाव पड़ रहा है। इस संबंध में किये गये अध्ययन से पता चलता है कि 1960 से तापमान में वृद्धि हुई है जिसके कारण शीतोष्ण कटिबंध में बसंत ऋतु जल्द आरंभ होने लगी है और सर्दी का मौसम देर से आरंभ होता है। बढ़ती हुई कार्बन-डाइ-ऑक्साइड (CO_2) के कारण पेड-पौधों की उत्पत्ति में वृद्धि हुई है। संयुक्त राज्य अमेरिका (अलास्का), कनाडा, नार्वे, स्वीडन, फिनलैंड, साइबेरिया, उत्तरी-चीन तथा मंगोलिया के उत्तरी भागों में वनस्पति की मात्रा में वृद्धि हो रही है।

विशेषज्ञों के अनुसार, ध्रुवी क्षेत्रों में लगभग 10 प्रतिशत हिम की मात्रा में कमी आई है, परंतु वायुमंडल में कार्बन-डाइ-ऑक्साइड की वृद्धि से प्रकाश संश्लेषण (Photosynthesis) प्रक्रिया में वृद्धि हो रही है। यदि तापमान में वृद्धि होती रही तथा वर्षा की मात्रा में कमी हो गई तो इसका जैव-मंडल पर दूरगामी प्रतिकूल प्रभाव पड़ सकता है। ऐसी परिस्थिति में वनस्पति वृद्धि में कमी आ सकती है।

पारिस्थितिकी विज्ञान के विशेषज्ञों के अनुसार, पृथ्वी के तापमान में वृद्धि होने से बहुत-से जीव-जंतु तथा पशु-पक्षी उत्तर की ओर पलायन कर सकते हैं।

अम्लीकरण (Acidification)

जैव-विविधता के ह्रास होने के कारण अम्लीकरण (Acidification) की प्रक्रिया सबल हो जाती है। यदि वर्षण में pH की मात्रा 5.65 से कम हो तो उसको अम्ली-वर्षण कहते हैं।

अम्लीय वर्षण (Acidic Precipitation) शब्दावली का प्रयोग सबसे पहले ब्रिटेन के रसायनिक वैज्ञानिक अंगस स्मिथ (Angus Smith) ने 1858 में किया था। इस प्रकार की वर्षा में, जैसा कि ऊपर कहा जा चुका है पी.एच. (pH) 5.6 के आस-पास होती है। वायुमंडल में नाइट्रोजन ऑक्साइड, सल्फर कंपाउंड (Sulpher Compound) अथवा नाइट्रोजन ऑक्साइड (Nitrogen Oxide) मिश्रण के कारण अम्ली वर्षण होती है। ताप-बिजली घरों में कोयले के इस्तेमाल, वाहनों से निकलने वाले धुआँ से वायुमंडल में इन गैसों की वृद्धि होती है। बादलों में इन गैसों का मिश्रण जल-वाष्प से होता है। ऐसे बादलों से होने वाली वर्षा अम्ली वर्षा होती है।

अम्लीय वर्षा का विश्व वितरण (World Distribution of Acid Rain)

अम्लीय वर्षण एक विश्वव्यापी समस्या का रूप धारण कर चुकी है। यूरोप में नार्वे, स्वीडन, डेनमार्क, फिनलैंड, पोलेंड, जर्मनी, ब्रिटेन, बेल्जियम, नीदरलैंड, फ्रांस इत्यादि इस प्रकार की वर्षा से प्रभावित हैं। इस प्रकार की वर्षा के लिये बहुत हद तक ब्रिटेन के भारी औद्योगिकरण को जिम्मेदार ठहराया जाता है। ग्रेट ब्रिटेन ने भी इस बात को स्वीकार किया है कि उसके द्वारा सल्फर डाइ ऑक्साइड का उत्सर्जन अधिक हुआ है *(चित्र 6.1)*।

विश्व के अन्य प्रदेश/क्षेत्र जिन पर अम्लीय वर्षा (Acidic Rain) का विपरीत प्रभाव पड़ा है उनको **मानचित्र 6.2** में दिखाया गया है। इस मानचित्र के अध्ययन से पता चलता है कि चीन का उत्तरी पूर्वी औद्योगिक प्रदेश, दक्षिण पूर्वी एशिया, दक्षिण पूर्व भारत (महाराष्ट्र, गुजरात), हुगली की घाटी, फारस की खाड़ी के देश, नाईजीरिया तथा उत्तरी पूर्वी संयुक्त राज्य अमेरिका के प्रदेशों अम्लीय वर्षण का भारी प्रतिकूल प्रभाव पड़ रहा है। अम्लीय वर्षा का जल जब नदियों में पहुँचता है तो उस जल से पारितंत्र पर खराब प्रभाव पड़ता है। इस प्रकार की वर्षा से भारत का ताजमहल भी प्रभावित हो रहा है।

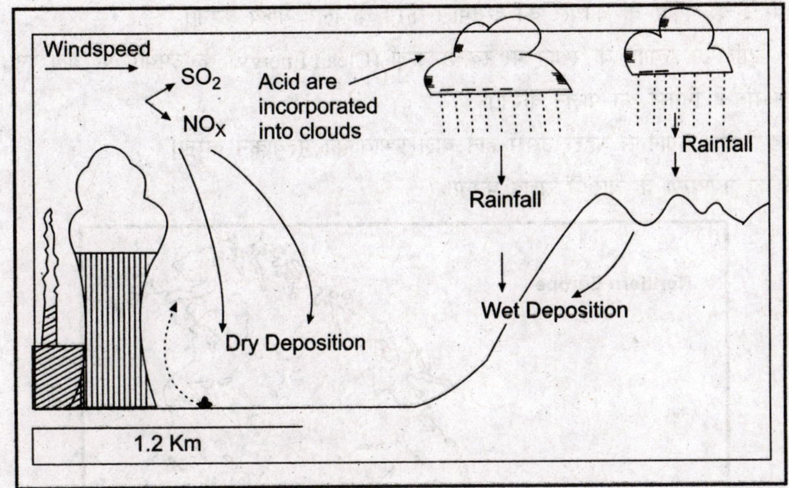

चित्र 6.1 अम्लीकरण

वायुमंडल में पाये जाने वाले धूएं से महानगरों एवं नगरों में स्मॉग (Smog) की परिस्थिति उत्पन्न होती रहती है जिससे बहुत-सी श्वास की बीमारियाँ (Respiratory Problems) उत्पन्न हो जाती हैं।

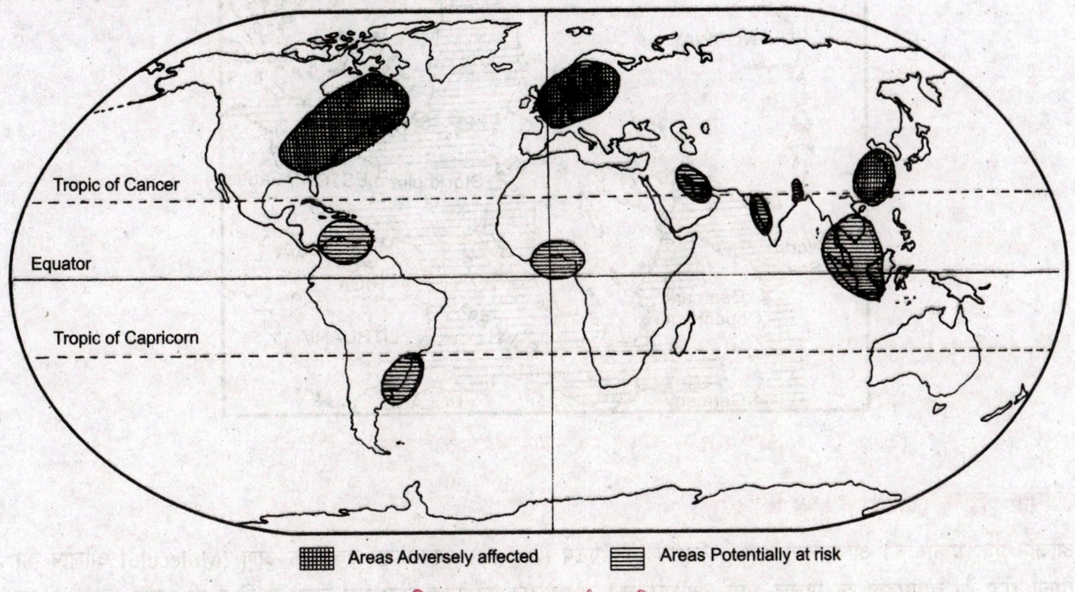

चित्र 6.2 अम्ल वर्षा का वितरण

अम्ली वर्षण पर नियंत्रण पाने के लिये विकासशील एवं विकसित देशों में बहुत-से कदम उठाये गये हैं। उनमें से कुछ अपचारी कदम निम्न प्रकार हैं–

(*i*) हानिकारक गैसों के उत्सर्जन में कटौती करना।

(ii) उद्योगों में अच्छे प्रकार के कोयले का इस्तेमाल करने के लिये बाध्य करना।

(iii) कोयले, पेट्रोलियम इत्यादि के स्थान पर स्वच्छ ऊर्जा (Clean Energy) के उपयोग पर बल देना।

(iv) पर्यावरण संबंधी नियमों का पालन करना।

(v) कोई बड़ा उद्योग लगाने से पहले उससे होने वाले प्रभाव का मूल्यांकन करना।

(vi) पब्लिक को पर्यावरण के बारे में सचेत करना।

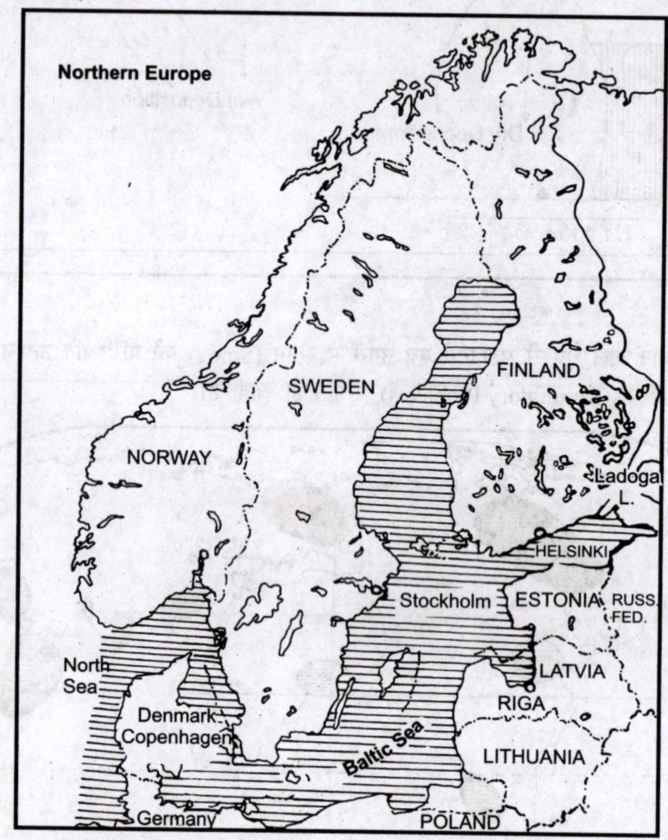

चित्र 6.3 अम्ल वर्षा एवं स्केन्डेनविया की दुष्प्रभावित झीलें

ओजोन ह्रास (Ozone Depletion)

ओजोन एक प्रकार की ऑक्सीजन गैस है जिसमें तीन एटम (Atoms) ऑक्सीजन एवं एक अणु (Molecule) ओजोन का मिला होता है। वायुमंडल के निचले भाग (क्षोभमंडल) में ओजोन की मात्रा कम पाई जाती है फिर भी स्मॉग (Smog) पर सूर्य की किरणें पड़ने से इसकी उत्पत्ति होती रहती है। विशेष बात यह है कि ओजोन वायुमंडल की निचली परत में अधिक समय तक नहीं रहती, क्योंकि यह दूसरी अन्य गैसों से मिलकर अपना स्वरूप बदलती रहती है।

वायुमंडल में ओजोन गैस की मात्रा कम है फिर भी इसकी सघनता (Concentration) बीस किलोमीटर से लेकर पचास किलोमीटर तक की ऊँचाई में अधिक पाई जाती है। जैसा कि ऊपर लिखा जा चुका है, ओजोन की उत्पत्ति होती

रहती है और यह अन्य गैसों से मिश्रित होकर नष्ट भी होती रहती है। ओजोन गैस सूर्य से आने वाली अल्ट्रा वायलट किरणों (Ultra-Violet rays) को सोख लेती है। यदि अल्ट्रावायलट किरणें सीधी धरती पर पहुँचने लगें तो मानव, जीव-जंतुओं में त्वचा कैंसर (Cancer) जैसी बीमारी फैलती हैं। ओजोन परत को *आरेख 6.4* में दिखाया गया है।

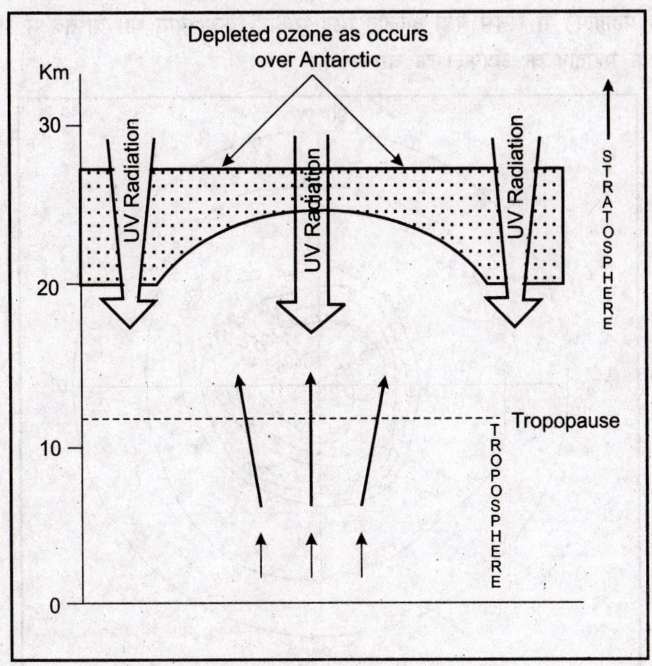

चित्र 6.4 ओजोन परत ह्रास

ओजोन परत ह्रास (Ozone Depletion) का सबसे पहले 1970 में उस समय पता चला था जब सुपरसोनिक वायुयान (Supersonic Aircraft) का आविष्कार किया गया था। सुपरसोनिक हवाई जहाज के फलस्वरूप ओजोन परत का तीव्रगति से ह्रास होता हुआ पाया गया था। वास्तव में ओजोन परत के ह्रास का मुख्य कारण सी॰ एफ॰ सी॰ (C.F.C.) गैस है। सी॰ एफ॰ सी॰ गैस के अणु, ओजोन के अणुओं को नष्ट कर देते हैं। सी॰ एफ॰ सी गैस मुख्यत: फ्रिज और डिटर्जेंट इत्यादि से निकलती है। यह गैस क्षोभमंडल को पार करके स्ट्रेटोस्फियर में प्रवेश कर जाती हैं और ओजोन को नष्ट करती है। *(चित्र 6.4)* इस प्रक्रिया में क्लोरीन का प्रत्येक एटम, ओजोन के दस हजार अणुओं को नष्ट कर देता है।

सीएफसी को इसकी विशेषताओं जैसे अक्षयकारिता (non-corrosiveness), अज्वलनशीलता (non-inflammability), निम्न विषाक्तता (low toxic) तथा रासायनिक स्थिरता के लिए व्यापक रूप से प्रयोग किया जाता है। साधारण शुद्धिकरण प्रक्रियाओं जैसे फोटोडिसोसिएशन (photodissociation), ऑक्सीकरण (oxidation) तथा वर्षा द्वारा इसे समाप्त नहीं किया जा सकता। सीएफसी का वातावरण में रहने का समय 40 से 150 वर्ष के मध्य है। इस दौरान आकस्मिक विसरण द्वारा सीएफसी क्षोभमंडल (troposphere) से समताप मंडल (stratosphere) की तरफ ऊपर की ओर को गति करते हैं।

एक अनुमान के अनुसार यदि सी॰ एफ॰ सी॰ (C.F.C.) गैसों के उत्सर्जन को पूर्ण रूप से रोक दिया जाये तब भी आने वाले सैकड़ों वर्षों तक ओजोन का ह्रास होता रहेगा।

अंटार्कटिक ओजोन ह्रास (Antarctic Ozone Depletion)

ओजोन परत को सबसे अधिक क्षति अंटार्कटिक महाद्वीप के वायुमंडल में देखने को मिल रही है। *(चित्र 6.5)* इस तथ्य की जानकारी वर्ष 1970 के सितंबर-अक्तूबर के महीनों में हुई थी। वर्ष 1996 के अगस्त तथा सितंबर के महीनों में ओजोन का द० ध्रुव (अंटार्कटिक महाद्वीप) से सबसे बड़ा ओजोन छिद्र रिकार्ड किया गया था। वास्तव में 1996 में ओजोन छिद्र का आकार लगभग अंटार्कटिक महाद्वीप के क्षेत्रफल के बराबर था।

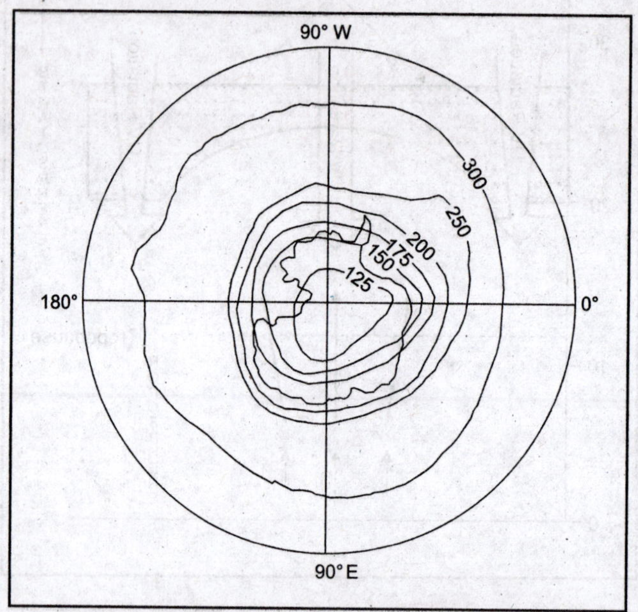

The Antarctic ozone hole over the Southern Hemisphere on September 28 1992 as measured by the total ozone Mapping Spectrum (TOMS) aboard the Nimbus – 7 Source : Hiddore, J.J, *Global Environmental Change,* 1996, Printice Hall (N. J.)

चित्र 6.5 अंटार्कटिक ओजोन छिद्र

शीत ऋतु में अंटार्कटिक महाद्वीप का तापमान शून्य से बहुत नीचे, -84^0C से भी नीचे रिकार्ड किया जाता है। इतना नीचा तापमान होने पर वायुमंडल में पाई जाने आर्द्रता (जल वाष्प) हिम-कण तथा नाइट्रिक एसिड कणों का रूप धारण कर लेती है। अगस्त, सितंबर के महीनों में जब सूर्य की किरणें अंटार्कटिक महाद्वीप पर पड़ती हैं तो हिम और नाइट्रिक एसिड के कण श्वेत रंग के बारीक बादलों का रूप धारण कर लेते हैं। सफेद रंग के यह बारीक बादल स्ट्रेटोस्फियर बादल कहलाते हैं। यह बादल वायुमंडल की ओजोन परत में प्रवेश कर जाते हैं। नाइट्रिक एसिड से विकसित ध्रुवीय स्ट्रेटोस्फियर बादल ओजोन परत का तीव्र गति से ह्रास करते हैं।

ग्रीष्म ऋतु में दक्षिणी ध्रुव पर छः महीने के लिए दिन हो जाता है, तापमान में अपेक्षाकृत वृद्धि हो जाती है, जिससे सामान्य परिस्थिति उत्पन्न हो जाती है। चारों ओर के सागरों से अपेक्षाकृत गर्म हवा अंटार्कटिक महाद्वीप के वायुमंडल में प्रवेश कर जाती है। जिससे ओजोन का स्तर सामान्य हो जाता है। गर्मी के मौसम में धूप होने पर पोलर स्ट्रेटोस्फियर बादल भी लुप्त हो जाते हैं।

ओजोन परत के ह्रास होने के गंभीर परिणाम देखने में आ रहे हैं। कुछ महत्त्वपूर्ण दुष्परिणाम निम्न प्रकार हैं–

1. बहुत-से पशु-पक्षियों में अल्ट्रा-वायलट किरणों (Ultra-violet-rays) को सहन करने की क्षमता बहुत कम होती है। इन किरणों से डी॰ एन॰ ए॰ प्रभावित होता है। सोयाबीन तथा दलहन की फसलों को सबसे अधिक हानि पहुँचती है।
2. मानव तथा पशु-पक्षियों में त्वचा कैंसर (Melanoma) के फैलने की आशंका बढ़ी रहती है।

ओजोन ह्रास के संबंध में कुछ बेसिक तथ्य

- अंटार्कटिक के वैज्ञानिकों ने एक अल्ट्रावायलट लैंप (Ultra-violet Lamp) के नीचे 24 घंटे खड़े होकर प्रयोग किया तो पता चला कि शरीर के जिन भागों की त्वचा लैंप के सामने एक्सपोज थी वह जल्द ही जलने लगी और उस पर सूजन आ गई।
- अंटार्कटिका की बसंत ऋतु अर्थात अगस्त-सितंबर के महीनों में, ओजोन छिद्र का आकार अंटार्कटिक महाद्वीप के आधे क्षेत्रफल के बराबर हो जाता है। ओजोन का अधिकतर प्रभाव द॰ अमेरिका के द॰ भाग, द॰ अफ्रीका, न्यूजीलैंड तथा आस्ट्रेलिया के दक्षिणी भागों पर पड़ता है।
- ओजोन छिद्र (Ozone Hole) का सबसे पहले वैज्ञानिकों ने 1970 में पता लगाया था, जिनके अनुसार सितंबर-अक्तूबर में इसका आकार, ओजोन ह्रास के कारण बड़ा हो जाता है।
- पृथ्वी के उत्तरी ध्रुव पर भी मार्च-अप्रैल (बसंत ऋतु) में इसी प्रकार का ओज़ोन छिद्र देखा जा सकता है। 1989 में अंटार्कटिका महासागर के वायुमंडल के 35 प्रतिशत भाग पर ओज़ोन छिद्र पाया गया था, जिसका आकार बाद के वर्षों में और भी बड़ा देखा गया। वर्ष 1992 से कनाडा-सरकार प्रतिवर्ष अल्ट्रा-वायलेट सूचकांक (Ultra-violet Index) जारी करती है।
- कनैडियन सरकार के आँकड़ों के अनुसार, अंटार्कटिका महासागर पर ओज़ोन ह्रास मार्च 1993 में देखा गया था, जब इसके आकार में सामान्य से 22 प्रतिशत की वृद्धि देखी गई थी।
- वर्ष 1994 में कनाडा-सरकार ने ओज़ोन ह्रास का अध्ययन करने के लिये एल्समियर द्वीप (Ellesmere Island) पर एक प्रयोगशाला स्थापित की थी। यह प्रयोगशाला उत्तरी ध्रुव से लगभग एक हजार किलोमीटर की दूरी पर स्थिति है।
- मध्य अक्षांशों में ओज़ोन का ह्रास लगभग 6 से 8 प्रतिशत रिकॉर्ड किया गया है। उत्तरी अमेरिका में त्वचा कैंसर से प्रतिवर्ष लगभग आठ लाख व्यक्ति पीड़ित होते हैं जिनमें से लगभग दस हजार मौतें हो जाती है।
- त्वचा कैंसर के अतिरिक्त, ओज़ोन के ह्रास से आँखों की बीमारी, असंक्राम्य की कमी (Reduced Immunity), जल प्राणियों में बीमारियाँ तथा फसलों के उत्पादन पर खराब प्रभाव देखा गया है।

लवणीयता (Salinization)

मृदा संस्तर (Soil Horizon) पर लवण एकत्रित होने की प्रक्रिया को लवणीयता (Salinization) कहते है। यूँ तो लवणीय मृदा में बहुत-से पेड़-पौधों का उत्पादन किया जा सकता है, परंतु अधिकतर फसलें नहीं उगाई जा सकती। शुष्क एवं आर्द्र मरुस्थलों में सिंचाई का विकास करने के पश्चात् सफल कृषि की जा सकती है, परंतु ऐसे क्षेत्रों में मृदा में लवणता की मात्रा में वृद्धि होती जाती है। ऐसे क्षेत्रों में किसान फसलों को अधिक मात्रा में सिंचाई करते हैं। शुष्क प्रदेशों में वाष्पीकरण की प्रक्रिया बहुत सबल होती है, जिसके फलस्वरूप बहुत-से लवण मृदा की ऊपरी परत में एकत्रित हो जाते हैं।

थामस महोदय के अनुसार, विश्व के लवण से प्रभावित अधिकतर क्षेत्र, इराक के मेसोपोटामिया, मिस्र (Egypt) में नील नदी के सिंचित प्रदेश, पाकिस्तान में सिंधु नदी के बेसिन, कैलिफोर्निया की सैन जोएक्विन घाटी (San Joaquin Valley) उज़बेकिस्तान में सर तथा आमू नदियों के बेसिन, चीन के हुआंग हो (Huang-Ho), यागटिसिकियांग तथा भारत के पंजाब, हरियाणा, राजस्थान तथा उत्तर प्रदेश में फैले हुये हैं।

इस प्रकार से प्रभावित भूमि को, जिप्सम एवं गोबर का उपयोग करने से कृषि के लिये उपयोगी बनाया जा सकता है। ढैंचा (Dhaincha) तथा अन्य हरी खाद की फसलें उगाने से भी प्रभावित भूमि की लवणता कम की जा सकती है।

मरुस्थलीकरण (Desertification or Desertisation)

मरुस्थलीकरण शब्दावली का सबसे पहले उपयोग फ्रांस के विद्वान अबेविली (Abbeville) ने किया था। मरुस्थलीकरण की यूँ तो बहुत-सी परिभाषाएँ दी जा चुकी हैं, परंतु सबसे मान्य परिभाषा 1994 में थामस एवं मिडिल्टन ने प्रस्तुत की थी। मरुस्थलीकरण के संबंध में, संयुक्त राष्ट्र द्वारा आयोजित 1995 के विश्व सम्मेलन में मरुस्थलीकरण की निम्न परिभाषा पर सहमति हुई थी–

मरुस्थल आर्द्र मरुस्थल तथा अन्य शुष्क प्रदेशों में जो भूमि जलवायु तथा मानवीय कारणों से प्रभावित हुई हो, मरुस्थलीकरण कहलाती है। वास्तव में वर्तमान समय में मरुस्थलीकरण का मुख्य कारण मानव के द्वारा भूमि, मृदा एवं जंगलों का दुरुपयोग माना जाता है।

विश्व के अत्यधिक मरुस्थलीकरण से प्रभावित क्षेत्रों को *मानचित्र 6.6* में दर्शाया गया है। इस मानचित्र को देखने से विदित होता है कि मरुस्थलीकरण के अधिकतर भाग ऊष्ण तथा आर्द्र ऊष्ण कटिबंध में फैले हुये हैं जिनके क्षेत्रफल में वृद्धि हो रही है। संयुक्त राष्ट्र संघ के अनुमान के अनुसार अफ्रीका का 40 प्रतिशत, एशिया का 33 प्रतिशत तथा लैटिन अमेरिका (Latin America) का 20 प्रतिशत भाग मरुस्थलीकरण की लपेट में है। राष्ट्रीय पर्यावरण नीति 2006 के अनुसार भारत का मरुस्थलीय पारिस्थतिकी (शुष्क व अर्द्धशुष्क क्षेत्र) भारत के कुल क्षेत्रफल का लगभग 38.8 प्रतिशत है, जो भारत के 10 राज्यों तक विस्तृत है।

विश्व के जिन देशों में मरुस्थलीकरण की समस्या बहुत गंभीर है, उनमें जार्डन, लेबनान, सोमालिया, इथियोपिया, द० सूडान, चाड, मारिटानिया तथा प० सहारा के नाम उल्लेखनीय हैं। अफ्रीका महाद्वीप के साहेल प्रदेश में प्रायः सूखा पड़ता रहता है। वर्ष 1990 के दशक में अफ्रीका के साहेल क्षेत्र (Sahel Region) में विस्तृत रूप से भारी सूखा पड़ा था जिसमें हजारों लोगों की मौत हो गई थी। कृषि उत्पादन कम होने के कारण बहुत-से लोग कुपोषण का शिकार हो गये थे। एक अनुमान के अनुसार विश्व में माली पहला देश होगा, जिसमें पर्यावरण ह्रास के कारण लगभग पूरी जनसंख्या लुप्त हो जाएगी।

मृदा अपरदन (Soil Erosion)

प्राकृतिक ढंग से मृदा के कटाव को मृदा अपरदन (Soil erosion) कहते हैं। मृदा अपरदन की प्रक्रिया (Process) में मानव की भूमिका भी बड़ी महत्त्वपूर्ण है। सामान्यतः विश्व में मृदा अपरदन उन क्षेत्रों एवं प्रदेशों में अधिक है जहाँ वर्षा की मात्रा अधिक होती है। इस प्रकार मानसूनी जलवायु, भूमध्यसागरीय जलवायु तथा अर्द्ध-मरुस्थलीय में प्रदेशों मृदा अपरदन अधिक होता है।

किसी क्षेत्र के मृदा अपरदन पर निम्न कारकों का प्रभाव पड़ता है–

(*i*) वर्षा की अपरदन क्षमता, (*ii*) जल की मात्रा (Volume of water) (*iii*) वायु शक्ति (Wind strength), (*iv*) वायु का प्रभावित क्षेत्र, (*v*) भू-आकृति (Relief), (*vi*) ढलान (Slope angle) (*vii*) ढलान में चबूतरे (Terraces) तथा (*viii*) वायु से वृक्षों की रक्षा पेटी (Shelter-belts)।

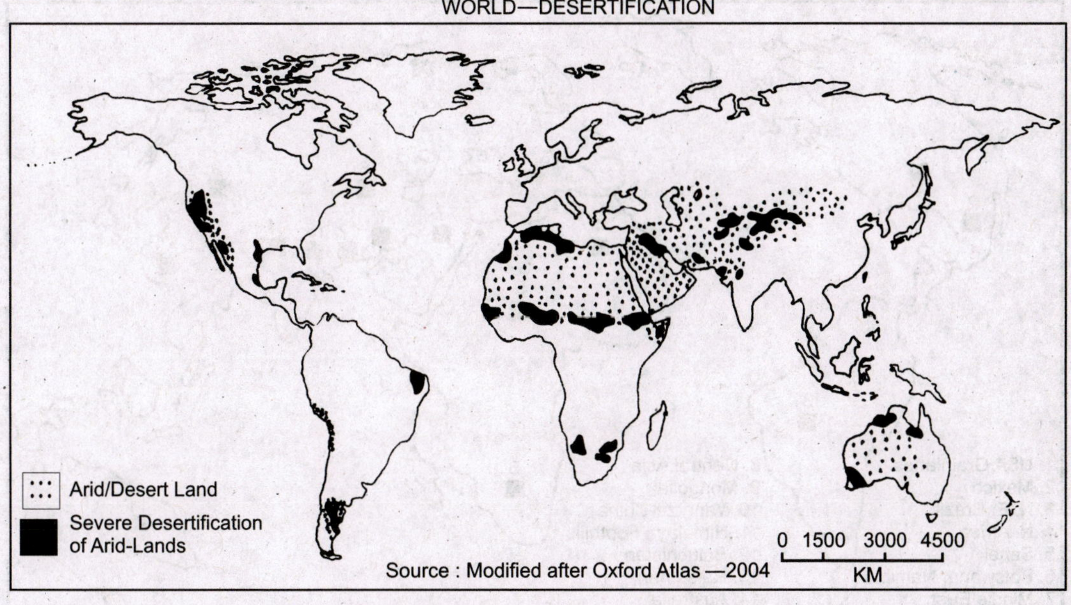

चित्र 6.6 विश्व के अत्यधिक मरुस्थलीय क्षेत्र

इनके अतिरिक्त मृदा अपरदन पर जनसंख्या घनत्व, भूमि उपयोग, कृषि भूमि प्रबंधन, फसलों के प्रतिरूप, फसल-चक्र रासायनिक खादों के उपयोग, अग्नि (Fire) का तथा वर्तमान में मृदा अपरदन पर कृषि की सघनता, नगरीकरण, दरिद्रता, आर्गन खनन, युद्ध तथा पर्यटन का भी विपरीत प्रभाव पड़ रहा है।

विश्व में मृदा अपरदन के सबसे अधिक प्रभावित क्षेत्रों को *मानचित्र 6.7* में दिखाया गया है। इन प्रभावित क्षेत्रों में 1. संयुक्त राज्य अमेरिका के प्रेयरीज घास के मैदान, 2. मध्य मैक्सिको, 3. उत्तरी पूर्वी ब्राजील, 4. उत्तरी अफ्रीका के देश (मिस्र, लीबिया, अल्जीरिया, ट्यूनिशिया तथा मोरक्को), 5. साहेल प्रदेश जो सोमालिया, इथोपिया, द॰ सूडान, चाड, नाइजर, माली, मारिटानिया तथा प॰ सहारा 6. बोत्स्वाना तथा नामीबिया, 7. मध्य पूर्व के देश 8. मध्य एशिया (कजाकिस्तान, तुर्कमेनिस्तान, उजबेकिस्तान इत्यादि), 9. मंगोलिया, 10. चीन के ह्वांग हो तथा यांगटिकियांग बेसिन, 11. हिमालय पर्वत, 12. बलूचिस्तान, 13. भारत में थार का मरुस्थल तथा 14. आस्ट्रेलिया का मरुस्थल तथा आर्द्र मरुस्थलीय भाग सम्मिलित हैं।

मृदा अपरदन के प्रकार (Types of Soil Erosion)

मृदा अपरदन के विशेषज्ञों के अनुसार मृदा अपरदन को निम्न तीन वर्गों में विभाजित किया जा सकता है–

(*i*) परत अपरदन (Sheet-Erosion) (*ii*) नदी का/रिल अपरदन (Rill-erosion) तथा (*iii*) गली अपरदन (Gully-erosion)।

(i) **परत अपरदन (Sheet Erosion)**– जब किसी क्षेत्र की ऊपरी परत पर समान रूप से मृदा अपरदन (Uniform Soil erosion) हो तो उसको शीट या परत अपरदन कहते हैं। धीरे-धीरे शीट अपरदन रिल (Rill) अपरदन का रूप धारण कर लेता है। उत्तरी भारत के मैदान तथा विश्व के सभी वर्षा वाले मैदानों एवं ढलानों पर इस प्रकार का मृदा अपरदन देखा जा सकता है।

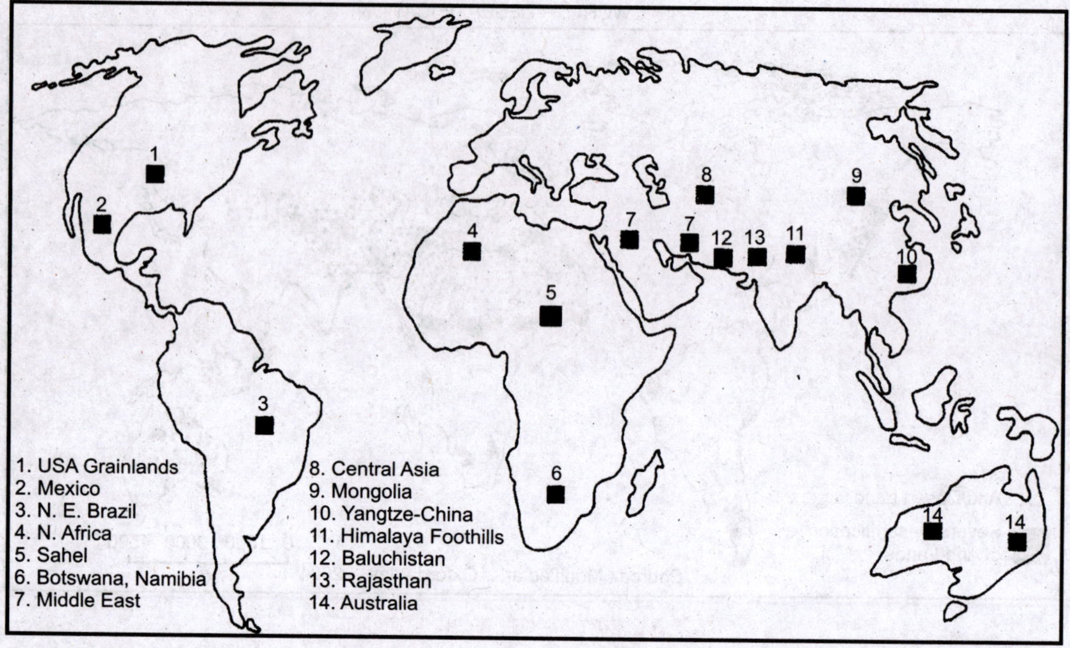

चित्र 6.7 विश्व के प्रमुख मृदा अपरदन क्षेत्र

(ii) **नदी कारिल अपरदन (Rill- Erosion)**- वर्षा जल के द्वारा निर्मित छोटी-छोटी तथा कम गहरी नालियों को रिल (Rill) कहते हैं। सामान्यत: इस प्रकार की नालियाँ ढलान वाली कृषि भूमि पर विकसित होती हैं। शीट अपरदन की तुलना में नालीदार अथवा रिल अपरदन विदित होता है। इस प्रकार के मृदा अपरदन से कृषि भूमि को अधिक हानि होती है। रिल अपरदन अंततः बीहड़ भूमि (Gullies) का रूप धारण कर लेता है।

(iii) **गली/बीहड़ अपरदन (Gully Erosion)**- गली गहरी नालियाँ होती है, जिनकी गहराई कुछ क्षेत्रों में कई मीटर तक पाई गई है। इस प्रकार का अपरदन प्राय: नदियों के बेसिन के ऐसे क्षेत्रों में होता है जहाँ की मृदा की संरचना कमजोर होती है। चंबल नदी का गली (बीहड़ भूमि) विश्व प्रसिद्ध है। संयुक्त राज्य अमेरिका के कोलोरेडो नदी बेसिन में भी गली मृदा अपरदन देखा जा सकता है। इस प्रकार का अपरदन नील नदी, रियो ग्रांडी (Rio- Grande), मीकांग तथा द० अमेरिका की पराना नदियों के बेसिन में देखा जा सकता है।

एक अनुमान के अनुसार, विश्व में प्रतिवर्ष लगभग 75,000 मिलियन टन मृदा अपरदन होता है। भारत वर्ष में प्रति वर्ष लगभग 6,000 मिलियन टन मृदा का अपरदन होता है। भारत तथा चीन की लगभग 60 प्रतिशत कृषि भूमि मृदा अपरदन से प्रभावित है।

मृदा अपरदन से केवल वही क्षेत्र प्रभावित नहीं होते जहाँ से मृदा अपरदन का कटाव हो रहा है, बल्कि इसका प्रभाव उन भागों पर भी पड़ता है जहाँ पर जाकर यह मृदा एकत्रित होती है। बहुत-सी झीलों, पोखर, तालाबों इत्यादि के पारितंत्र (Ecosystems) बुरी तरह से प्रभावित होकर नष्ट हो रहे हैं। मृदा अपरदन चूँकि अनुत्क्रमणीय (Irreverssible) है इसलिये इसकी रोकथाम के लिये उचित कार्य करना अनिवार्य है।

मृदा संरक्षण (Soil Conservation)

प्राकृतिक संसाधनों में मृदा एक अति महत्त्वपूर्ण संसाधन है। विश्व की लगभग 50 प्रतिशत जनसंख्या आज भी कृषि पर आधारित है। मृदा से मानव को केवल भोजन ही प्राप्त नहीं होता, बल्कि उद्योगों के लिये कच्चा माल भी मिलता है। वास्तव में मानव समाज का उत्तर जीवन (Survival) भी मृदा पर ही निर्भर करता है।

मृदा संरक्षण की वैज्ञानिकों ने बहुत-सी परिभाषाएँ दी हैं। साधारण शब्दों में मृदा संरक्षण का अर्थ है कि मृदा संसाधनों का उपयोग वैज्ञानिक (Scientific) ढंग से किया जाये। मृदा संरक्षण का मुख्य उद्देश्य भूमि-संसाधनों को स्वस्थ्य एवं टिकाऊ (Sustainable) बनाये रखा जाये। मृदा संरक्षण के लिये निम्न उपाय किये जा सकते हैं–

फसल चक्र (Rotation of Crops)

वैज्ञानिक फसल चक्र से बहुत हद तक मृदा अपरदन में कमी आ सकती है। वैज्ञानिक फसल चक्र का अर्थ है कि एक मृदा के उपजाऊपन को कम करने वाली फसल के पश्चात् दूसरी फसल मृदा-उपजाऊपन को बढ़ाई जाने वाली उगानी चाहिए। उर्वरकता बढ़ाने वाली फसलों में दलहन तथा हरी खाद की फसलें प्रमुख मानी जाती हैं। यदि निरंतर चावल, गेहूँ अथवा गन्ने की फसल उगाई जाये तो उससे मृदा के विशेष पौष्टिक तत्त्व नष्ट हो जाते हैं तथा अपरदन की मात्रा बढ़ जाती है।

समोच्चरेखीय जुताई (Contour Ploughing)

ढलानदार खेतों में समोच्चरेखाओं के अनुसार खेत की जुताई करने से भी मृदा अपरदन की मात्रा में कमी आती है। इस प्रकार की जुताई करने से वर्षा के जल के बहाव में कमी आती है। *(चित्र 6.8)*

पट्टीदार क्यारियों में खेती करना (Strip Cropping)

ढलानदार कृषि भूमि में छोटी-छोटी पट्टी (क्यारी) बनाकर उनमें फसल उगाने से मृदा के अपरदन में कमी आती है। *(चित्र 6.9)*

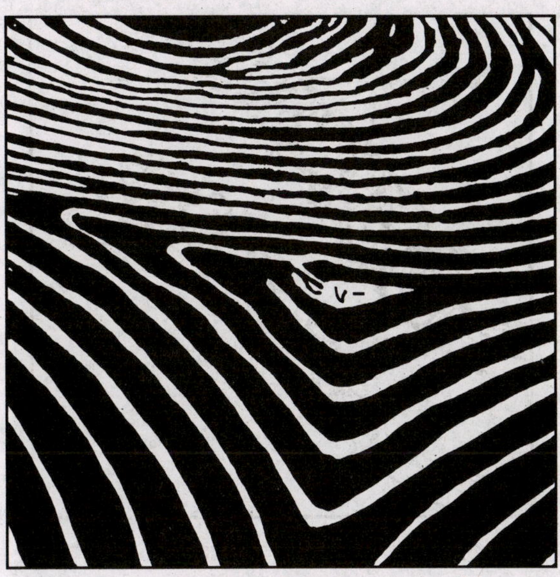

चित्र 6.8 समोच्चरेखीय कृषि

हरी खाद का प्रयोग (Green Manuring)

हरी खाद की फसलें उगाने से मिट्टी में नाइट्रोजन की मात्रा में वृद्धि हो जाती है। हरी खाद की फसलों में सनी, ढैंचा, बरसीम, रिजका इत्यादि सम्मिलित हैं। मृदा का उपजाऊपन बढ़ाने से भी मृदा अपरदन में कमी आ जाती है।

जैविक खाद का उपयोग (Use of Organic Manure)

जैविक खाद का प्रयोग करने से मिट्टी में ह्यूमस (Humus) की मात्रा में वृद्धि हो जाती है। मृदा में ह्यूमस की मात्रा अधिक होने से भी मिट्टी के अपरदन में कमी आ जाती है।

चबूतरेदार कृषि (Terraced Farming)

भूमि ढलान को चबूतरों के रूप में काटकर कृषि करने से भी मृदा अपरदन में कमी आती है। मंद ढलानों को चबूतरों की शक्ल आसानी से दी जा सकती है। नागालैंड की राजधानी कोहिमा के आसपास रहने वाली अंगामी जनजाति के किसानों अपने 30^0 तक के ढलानों को सुंदर चबूतरे दार खेतों का रूप दे दिया है *(चित्र 6.10)*।

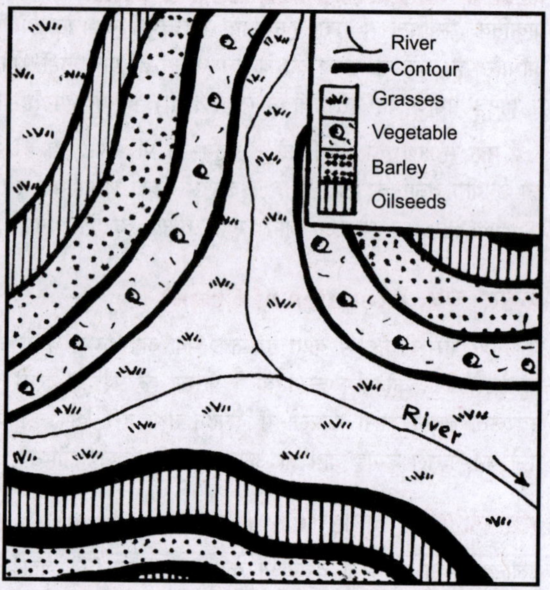

चित्र 6.9 समोच्चरेखीय पद्धति का अनुसरण करती पट्टीदार क्यारियाँ

(Modified after Leong, G. C. and Morgan, G. C., 1985 PP. 139-140)

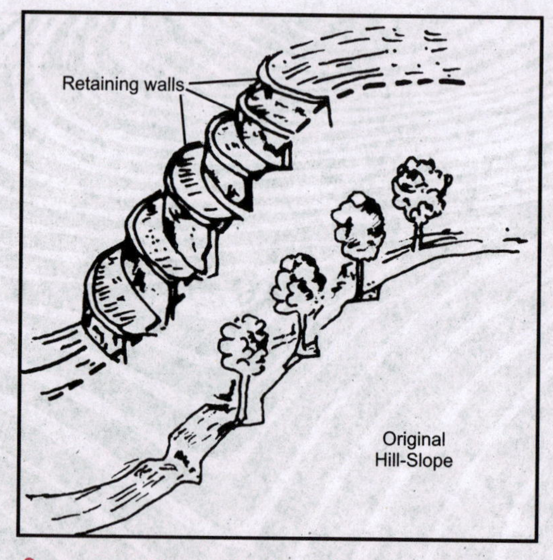

चित्र 6.10 पर्वतीय ढलानों को चबुतरेदार बनाने के दो तरीके

(after Leong, G.C. and Morgan G. C. 1985, p. 140)

मिश्रित कृषि (Mixed Cropping)

मिश्रित कृषि में एक से अधिक फसलों को मिलाकर बोया जाता है। उदाहरण के लिये भारत में ज्वार के साथ उरद, मूँग, गेहूँ के साथ चना, मक्का के साथ मूँग की फसलों को मिलाकर बोया जाता है। दलहन की फसलें मिट्टी की उर्वरकता को बढ़ाते हैं जिससे मृदा अपरदन मात्रा में कमी आती है।

फसलों की विविधता (Diversification of Crops)

यह फसल चक्र ही का एक स्वरूप है। खेत में निरंतर एक ही फसल न उगाकर उसमें फसलों को बदलते रहने से भी मृदा अपरदन में कमी आती है।

मल्च (Mulching) अथवा खाली खेती को घास-फूस में ढकना

फसल काटने के पश्चात् खाली खेत को खरपतवार एवं घास-फूस के ढकने से भी मिट्टी के अपरदन में कमी आती है।

वायुरोधक वृक्ष पेटियाँ लगाना (Development of Wind Breaks)

मरुस्थल एवं आर्द्र मरुस्थलीय क्षेत्रों पंक्तियों में वृक्ष लगाने से भी वायु के वेग में कमी आ जाती है, जिससे मृदा अपरदन की मात्रा में कमी आती है।

झूम खेती पर प्रतिबंध लगाना (Prevention of Shifting Cultivation)

झूम प्रकार की खेती में जंगलों को काटकर और जलाकर सामान्यत: एक वर्ष के लिये खेती की जाती है। दूसरे वर्ष किसी दूसरे जंगल को काटकर जलाया जाता है। जंगल-रहित ढलानों पर मृदा का अपरदन तीव्र गति से होता रहता है। इस हानिकारक कृषि विधि से मिट्टी का भारी अपरदन होता है। चेरापूँजी (मेघालय), नागालैंड इत्यादि में झूम कृषि से पर्यावरण तथा मृदा को भारी हानि हुई है।

यदि उपरोक्त उपायों को साथ-साथ किया जाये तो मृदा अपरदन पर काफी हद तक नियंत्रण पाया जा सकता है।

वन कटाई (Deforestation)

बढ़ती हुई जनसंख्या एवं औद्योगिकरण तथा उपभोक्तावाद के कारण जंगलों को भारी मात्रा में काटा जा रहा है। वनों की कटाई विशेषकर ऊष्ण कटिबंध के जंगलों में की जा रही है। *(चित्र 6.11)*

कृषि भूमि के क्षेत्रफल में वृद्धि, लकड़ी-ईंधन की बढ़ती माँग, टिंबर तथा कृषि आधारित उद्योगों के लिये बढ़ते हुये कच्चे माल तथा मांसाहारी आहार की माँग पर्वतों के कारण जंगलों को तीव्र गति से काटा जा रहा है। जंगलों को काटने से कागज, लुग्दी, फर्नीचर, तथा लकड़ी कोयला (Charcoal) प्राप्त होता है, जिससे राष्ट्र को आय होती है, परंतु वनों के काटने के दूरगामी विपरीत परिणाम भी होते हैं उदाहरण के लिये वनों के काटने से मृदा अपरदन में वृद्धि होती है, बाढ़ एवं सूखे की बारंबारता में वृद्धि होती हैं, नदियों के रास्ते में मिट्टी (Sediments) जमा हो जाती है, जिससे नदियों का रास्ता उथला हो जाता है जिससे बाढ़ की संभावना बढ़ जाती है।

वनोन्मूलन हेतु उत्तरदायी कारक (Factors responsible for deforestation)

वनों के काटने के मुख्य कारण निम्न प्रकार हैं–

(*i*) विकासशील देशों में जनसंख्या में तीव्र गति से वृद्धि।

(*ii*) कृषि भूमि एवं चरागाहों के क्षेत्रफल में विस्तार।

(*iii*) लकड़ी ईंधन, टिंबर, कागज, लुग्दी (Pulp) तथा लकड़ी कोयले (Charcoal) की बढ़ती हुई माँग।

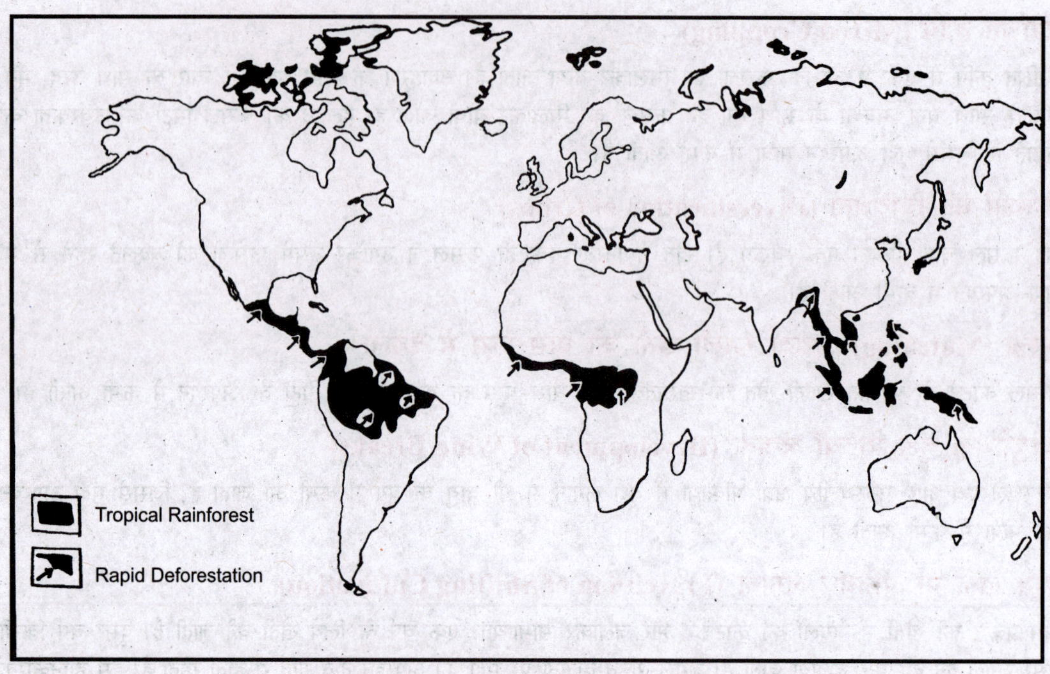

चित्र 6.11 उष्णकटिबंधीय विश्व में वनोन्मूलन

(iv) विकसित एवं विकासशील देशों में बढ़ता हुआ औद्योगिकीकरण, नगरीकरण तथा उपभोक्तावाद।

(v) वन-आधारित एवं कृषि आधारित उद्योगों की बढ़ती हुई कच्चे माल की माँग।

(vi) राष्ट्र मार्ग, सड़कों, रेलों, हवाई अड्डों, नहर बिजली इत्यादि की सुविधाओं के निर्माण के लिये भूमि की आवश्यकता।

(vii) बहुउद्देश्य परियोजनाओं (Multipurpose Projects) के निर्माण के कारण।

(viii) ऊष्ण-आर्द्र प्रदेशों में झूमिंग (Shifting Cultivation) प्रकार की खेती के लिये जंगलों को काटकर तथा जलाकर खेत विकसित करने के कारण।

(ix) मांसाहारी जनसंख्या में वृद्धि के कारण।

(x) विकासशील देशों में दरिद्र रेखा से नीचे बढ़ती जनसंख्या के कारण जो ईंधन के लिये जंगलों से लकड़ी काट कर जंगलों का ह्रास करते है।

(xi) वनों में प्राकृतिक रूप से आग का लगना अथवा मानव द्वारा जंगलों में आग लगाना।

(xii) लवणीय वर्षा (Acid Rain)

(xiii) प्रशासन द्वारा निर्णय लेने में देरी तथा वनों संबंधी कानूनों को सख्ती के साथ लागू न करना।

वनोन्मूलन के बारे में एफ. ए. ओ. का अनुमान

यद्यपि जंगलों के प्रति मानव-समाज में जागरूकता बढ़ रही है, फिर भी संयुक्त राष्ट्र द्वारा प्रकाशित आँकड़ों से पता चलता है कि वनों के क्षेत्रफल में निरंतर कमी हो रही है। एफ. ए. ओ. के प्रकाशित आँकड़ों के अनुसार वर्ष 1980 से 1995 के 15 वर्षों के समय में लगभग 200 मिलियन हेक्टेयर क्षेत्रफल के जंगल काटे जा चुके हैं। सामाजिक वृक्षारोपण के द्वारा इस नुकसान की किसी हद तक भरपाई की जा चुकी है, परंतु पूर्ण रूप से नहीं।

वनों की निरंतर कटाई का पर्यावरण पर विपरीत प्रभाव पड़ रहा है। यह प्रतिकूल प्रभाव स्थानीय, राष्ट्रीय तथा विश्व स्तर पर देखा जा सकता है।

वनोन्मूलन के परिणाम (Consequences of deforestation)

वनों के काटने के प्रतिकूल प्रभाव निम्न प्रकार हैं–

(*i*) मृदा अपरदन

(*ii*) बाढ़ की बारंबारता में वृद्धि

(*iii*) मरुस्थलीकारण

(*iv*) वनों से प्राप्त होने वाले उत्पादकों में कमी; जैसे–फल, फूल, कंदमूल इत्यादि में औषधियों, ईंधन, लकड़ी तथा टिंबर के उत्पादन में कमी।

(*v*) जैविक-विविधता में कमी

(*vi*) पदार्थो के स्रोतों का सूखना

(*vii*) अलबिडो (Albedo) की दर में परिवर्तन

(*viii*) बीमारियों का फैलना

(*ix*) प्राकृतिक सौंदर्य में कमी

(*x*) जलवायु परिवर्तन-तापमान में वृद्धि।

कूड़ा–करकट प्रबंधन (Waste Disposal)

विश्व के सभी देशों में औद्योगिकरण तथा नगरीकरण की प्रक्रिया बढ़ रही है। औद्योगिक समाजों में विभिन्न प्रकार के कूड़ा-करकट की मात्रा में वृद्धि होती जाती है। परंपरागत तौर पर मानव, पानी के द्वारा कूड़े-करकट एवं रासायनिक प्रदूषण को निपटाते रहते थे और गैसों को वायुमंडल में निष्कासित करते रहते थे। अभी तक मानव की पर्यावरण संबंधी जानकारी बहुत सीमित थी और उसको पता नहीं था कि कूड़ा-करकट से विश्व पर्यावरण को भारी हानि पहुँचती है।

वास्तव में पर्यावरण प्रदूषण में कूड़ा-करकट इत्यादि की बड़ी भूमिका है। यदि इसको खोदकर मिट्टी में दबाया जाये तो भूगृत जल प्रदूषित हो जाता है और यदि नदी–नालों अथवा झीलों–तालाबों में डाला जायें तो उनका जल प्रदूषित होता है। पहले तो कूड़ा-करकट को इधर-उधर बिखेर दिया जाता था पर आज यह एक बड़ी समस्या का रूप धारण कर चुका है। ठोस (Solid), तरल (Liquid), गैस (Gaseous) तथा अणुओं (Nuclear Waste) को नष्ट करने और पर्यावरण को प्रदूषण से बचाने के उपायों को संक्षिप्त में निम्न में प्रस्तुत किया गया है–

ठोस अपशिष्ट (Solid Wastes)

ठोस अपशिष्ट का कई प्रकार से प्रबंधन किया जा सकता है। उदाहरण के लिए ठोस अपशिष्ट को गड्ढे खोद कर दबाया जा सकता है, उसको खाद में बदला जा सकता है अथवा सागरों में डंप किया जा सकता है। ठोस अपशिष्ट की उत्पत्ति अधिकतर (*i*) कृषि, (*ii*) उद्योगों, (*iii*) नगरों, (*iv*) घरों से तथा सड़कों एवं गलियों से होती है।

ठोस अपशिष्ट को क्षमता पूर्वक एकत्रित करना तथा उसको उपयुक्त स्थान पर शीघ्र पहुँचाने से कुल कूड़े के 75 प्रतिशत भाग का उचित प्रबंध किया जा सकता है। भारत में हाथ-गाड़ी, बैलगाड़ी, भैंस गाड़ी, ट्रैक्टर तथा आधुनिक स्वचालित गाड़ियों (Autumatic Vehicles) के द्वारा एक स्थान से दूसरे स्थान पर ले जाया जाता है।

ठोस अपशिष्ट का पर्यावरण पर भारी प्रतिकूल प्रभाव पड़ता है। जैसा कि ऊपर विवरण दिया जा चुका है, इस से नदी-नालों, पोखर, तालाबों, झीलों तथा भूगृत जल प्रदूषित हो जाता है।

तरल अपशिष्ट (Liquid Wastes)

अधिकतर प्रदूषित एवं गंदा पानी प्राय: कारखानों एवं घरो से निष्कासित होता है। यह प्रदूषित जल संकटमय होता है। अंतत: यह गंदा पानी नदियों, झीलों, पोखर, तालाबों तथा सागर में प्रवेश कर जाता है। जैसे-जैसे प्रदूषित जल की मात्रा बढ़ती है-वैसे-वैसे पर्यावरण में उसको शोषित करने की क्षमता घटती जाती है।

कारखानों से निकलने वाला गर्म जल पारिस्थितिकी तंत्र के पशु-पक्षियों तथा पेड़-पौधों पर खराब असर डालता है ऐसे प्रदूषण को तापीय प्रदूषण (Thermal Pollution) कहते हैं।

तेल प्रदूषण (Oil Pollution)

सागर, महासागर, खाड़ी इत्यादि में तेल तथा पेट्रोलियम से प्रदूषण की भारी समस्या बनी रहती है। विश्व के सागरों एवं महासागरों के तेल से प्रदूषित भागों को *मानचित्र 6.12* में दिखाया गया है।

वर्तमान काल में तेल से सागरों के प्रदूषण में तीव्र गति से वृद्धि हुई है, जिसका मुख्य कारण जहाजरानी है। इस समय अधिकतर कच्चा तेल (Crude oil), पेट्रोलियम तथा पेट्रोलियम पदार्थों का आयात-निर्यात एवं परिवहन (Transportation) जलमार्गों के द्वारा किया जाता है।

तेल के टैंकरों तथा अन्य तरीकों से सागरीय जल के प्रभाव के बारे में कुछ भी विश्वास के साथ कहना कठिन है, परंतु इसका जलीय पारिस्थितिकी तंत्र एवं जलवायु पर प्रतिकूल प्रभाव पड़ता है।

इस समस्या का सबसे उत्तम समाधान तो यही है कि तेल एवं पेट्रोल का सागरों में रिसाव (Seepage) न होने दिया जाये। तेल ढोने वाले टैंकरों को ऐसा बनाया जाये कि उनमें से तेल का रिसाव न हो। महासागरों को तेल के प्रदूषण से बचाने के लिये अंतर्राष्ट्रीय सहयोग की आवश्यकता है। संयुक्त राष्ट्र संगठन (UNO) को इस दिशा में विशेष प्रयास की आवश्यकता है।

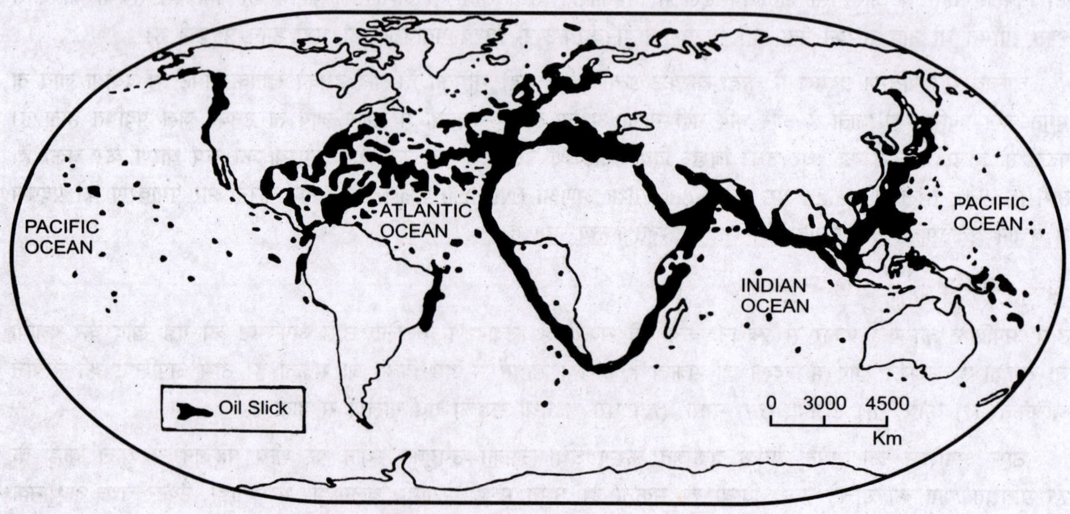

चित्र 6.12 विश्व महासागरों में तेल का प्रत्यक्ष प्रदूषण

(आर. डब्ल्यू. क्रिस्टोफरसन, 1995, पृ. 533)

गैसीय प्रदूषण (Gaseous Wastes)

भारी औद्योगीकरण, नगरीकरण एवं उपभोक्तावाद के कारण हानिकारक गैसों का बड़ी मात्रा में उत्सर्जन हो रहा है।

वायु प्रदूषण का एक भयंकर उदाहरण वर्ष 1971 में खाड़ी के युद्ध में देखने को आया था। इस युद्ध के दौरान 600 तेल कुओं में आग लगा दी गई थी, जिससे वायुमंडल में धुएँ के गहरे काले बादल छा गये थे। कुओं की आग से करोड़ों बैरल तेल जल गया था और प्रति हफ्ता वायुमंडल में लगभग 500,000 टन कणों का उत्सर्जन हुआ था। इस प्रकार के धुएँ से वायु प्रदूषण में भारी वृद्धि हुई थी। जिसका पारितंत्र (Ecosystems) पर प्रतिकूल प्रभाव पड़ा था।

रेडियोधर्मी कचरा (Radioactive Wastes)

यूँ तो सभी उद्योग कूड़ा-करकट की समस्या से अवगत हैं, परंतु सबसे बड़ी समस्या रेडियोऐक्टिव कचरे के प्रबंधन की है। नाभिकीय ऊर्जा (Nuclear Energy) के उत्पादन में नाभिकीय कूड़ा-कचरे का भारी मात्रा में उत्पादन होता है। नाभिकीय कचरा बहुत हानिकारक होता है, इस से हानिकारक ऊष्मा का उत्सर्जन होता है।

नाभिकीय कचरे (Nuclear Waste) को विशेष प्रकार के डिब्बों में नमक भरकर धरती में गाड़ दिया जाता है। इन डिब्बों में भरा गया नमक कचरे से निकलने वाली ऊष्मा (Heat) को सोख लेते हैं। ऐसे डिब्बे 15 से 60 सेंटीमीटर वृत्त के आकार के होते हैं। इन डिब्बों को महाद्वीपों की कठोर चट्टानों वाली परतों में उतार दिया जाता है जिसमें नमक भरा होता है। इस प्रकार के गहरे गड्डों के ऊपर भी नमक भरकर उनको बंद कर दिया जाता है।

पर्यावरणीय निम्नीकरण/डिग्रेडेशन एवं जल का अभाव (Environmental Degradation and Water Scarcity)

जल की आपूर्ति का अभाव, विश्व की 21वीं शताब्दी की सबसे बड़ी चुनौती है। वर्ष 1900 से लेकर 2000 तक विश्व में जल के इस्तेमाल में छः गुनी वृद्धि हो चुकी है। वास्तव में निरंतर बढ़ती हुई जनसंख्या, सिंचाई, उद्योगों तथा घरेलू उपयोग के लिये जल की माँग में तीव्र गति से वृद्धि होती जा रही है।

विश्व स्तर पर जल पर्याप्त मात्रा में उपलब्ध है, परंतु जल का विश्व में वितरण बहुत असमान है। यदि कुछ प्रदेशों में जल की आपूर्ति अत्यधिक है, तो कुछ प्रदेशों में जल की भारी कमी है। संयुक्त राष्ट्र संघ के एक अनुमान (वर्ष 2000 में) के अनुसार विश्व की लगभग एक-तिहाई जनसंख्या हो ऐसे देशों में रहती है। जहाँ पर्याप्त मात्रा में जल उपलब्ध है। आगामी दो दशकों में जल की उपलब्धि और भी बिगड़ जाएगी। बढ़ती जनसंख्या के कारण विकासशील देशों में पीने के पानी की समस्या तेजी से बिगड़ती जा रही है। औद्योगिकीकरण के कारण भी जल की उपलब्धता की समस्या गंभीर होती जा रही है।

खाद्य-पदार्थों की बढ़ती माँग को देखते हुये, सिंचाई जल की भी अधिक आवश्यकता होगी। आज भी लगभग जल का 70 प्रतिशत भाग सिंचाई में इस्तेमाल किया जाता है। कृषि में सिंचाई की मात्रा में संयुक्त राष्ट्र संघ के आँकड़ों के अनुसार, 50 से 100 प्रतिशत की वृद्धि हो सकती है। विकासशील देशों में कृषि सिंचाई के लिये जल की माँग विशेष रूप से बढ़ेगी। जल प्रदूषण के कारण, पानी की समस्या और भी जटिल होती जा रही है। पोखर, तालाब एवं झीलों में खरपतवार (Weed Growth) तेजी से बढ़ रहा है जिससे पानी की उपलब्धि पर प्रतिकूल प्रभाव पड़ रहा है।

जल की कमी को दूर करने के लिए, उपलब्ध जल का सदुपयोग करने की आवश्यकता है। पारितंत्र (Ecosystems) को टिकाऊ बनाने के लिये भी जल का सदुपयोग करना अनिवार्य है। विकासशील देशों में जल का बहुत दुरुपयोग होता है। उदाहरण के लिये विकासशील देशों में सिंचाई के लिये उपयोग होने वाले जल का 60 से 75 प्रतिशत जल का दुरुपयोग हो रहा है अथवा वाष्पीकरण के द्वारा नष्ट हो जाता है। ड्रिप सिंचाई (Drip Irrigation) के उपयोग से भी जल की भारी बचत हो सकती है।

सतत विकास (Sustainable Development)

पर्यावरण के ह्रास को रोकने तथा भूमंडलीय तापन (Global Warming) की समस्या के समाधान के लिये टिकाऊ विकास अनिवार्य है। वर्ष 1992 की पृथ्वी शिखर सम्मेलन (Earth Summit) में सतत विकास और उससे होने वाले सामाजिक एवं आर्थिक लाभों पर लंबी परिचर्चा की गई थी। पृथ्वी शिखर सम्मेलन के कुछ प्रमुख बिंदुओं का संक्षिप्त वर्णन निम्न में किया जाएगा। इसी सम्मेलन में टिकाऊ विकास की परिभाषा भी दी गई है–

सतत विकास की वैज्ञानिकों ने बहुत-सी परिभाषाएँ दी गई हैं। ब्रंटलैंड (Brundtland) महोदय के अनुसार सतत विकास ऐसा विकास है जिसमें वर्तमान की आवश्यकताओं की आपूर्ति हो सके और आने वाली पीढ़ियाँ भी अपनी आवश्यकताओं की आपूर्ति कर सके साथ ही पारितंत्र भी स्वस्थ एवं संतत अवस्था में बना रहे।

टिकाऊ विकास (Sustainable development) की प्रमुख विशेषताएँ निम्न प्रकार हैं–

1. विकास की ऐसी क्षमता जिससे पारितंत्र उत्पादन देता रहे तथा भविष्य के लिये स्वस्थ्य एवं टिकाऊ अवस्था में बना रहे।
2. ऐसा विकास जिससे मानव जीवन सुखी बना रहे।
3. प्राकृतिक संसाधनों का ऐसा सदुपयोग जिससे भविष्य की पीढ़ियों के लिये भी संसाधन उपलब्ध रहें और सबका जीवन सुखी बना रहे।

सतत विकास वर्तमान की परम आवश्यकता है ताकि पारितंत्र (Ecosystems) की उत्पादकता को बनाये रखा जा सके। वास्तविकता यह है कि मानव जीवन का आधार पारितंत्र एवं पर्यावरण ही है। पारितंत्र एवं पर्यावरण को सतत बनाये रखने के लिये विभिन्न देशों में विभिन्न उपाय किये जा सकते हैं, फिर भी भारत जैसे विकासशील देश को विशेष उपायों पर बल देने की आवश्यकता है जिनकी चर्चा आगे की गई है।

सतत विकास-एक ऐतिहासिक परिप्रेक्ष्य (Sustainable Development—A Historical Perspective)

सतत विकास एक काफी पुरानी अवधारणा है; परंतु दूसरे महायुद्ध के पश्चात् इसकी महत्ता पर विशेष बल दिया जा रहा है। सतत विकास के ऐतिहासिक परिप्रेक्ष्य का संक्षिप्त वर्णन निम्न में दिया गया है–

संयुक्त राष्ट्र संघ का मानव विकास संबंधी अंतर्राष्ट्रीय सम्मेलन वर्ष 1972 में स्टॉकहोम (Stockholm) में आयोजित किया गया था। वर्ष 1974 में बेरी महोदय ने प्रसिद्ध पुस्तक "द क्लोजिंग सर्कल" प्रकाशित की थी। इस पुस्तक में निम्न बिंदुओं पर विशेष बल दिया-

(*i*) पृथ्वी पर हर एक वस्तु एक-दूसरे से जुड़ी हुई है (*ii*) पृथ्वी की हर एक वस्तु किसी-न-किसी दिशा में बढ़ रही है। (*iii*) प्रकृति सब कुछ भली-भाँति जानती है और (*iv*) मुफ्त आहार जैसी कोई चीज नहीं है।

तत्पश्चात, संयुक्त राष्ट्र संघ ने वर्ष 1982 की महासभा में "वर्ल्ड चैप्टर फॉर नेचर" का प्रस्ताव पारित किया। इसके पश्चात ब्रंटलैंड महोदय ने अपनी रिपोर्ट "हमारा साझा भविष्य" में सतत विकास की अवधारणा प्रस्तुत की थी। इस रिपोर्ट में निम्न बिंदुओं पर बल दिया गया।

(*i*) इस प्रकार की सरकार जिसमें सभी नागरिकों की निर्णय लेने में भागीदारी हो।

(*ii*) ऐसी आर्थिक संस्था जिसमें अधिक उत्पादन किया जाये तथा टेक्नोलॉजी का विकास किया जाये।

(*iii*) ऐसा सामाजिक तंत्र जो पारिस्थितिकी को ध्यान में रखकर विकास की योजनाओं पर बल देता है।

(*iv*) ऐसा उत्पादक तंत्र जो विकास के साथ-साथ पारिस्थितिकी का संरक्षण करता हो।

(*v*) ऐसा टेक्निकल तंत्र जो निरंतर विकास पर बल देता है।

(*vi*) ऐसा प्रशासनिक तंत्र जिसमें लचक हो और बदलती परिस्थिति के अनुसार निर्णय ले सकें।

(*vii*) अंतर्राष्ट्रीय व्यापार में पर्यावरण के टिकाऊपन का ध्यान रखना।

ब्रंटलैंड (Brundtland) महोदय ने अपनी रिपोर्ट में विकास की योजना बनाते समय निम्न बातों को ध्यान में रखने पर बल दिया–

1. सतत विकास (Sustainable Development)
2. सतत पृथ्वी (Sustainable World)
3. सतत मानव विकास (Sustainable Human Development)
4. सतत शांति एवं विकास (Sustainable Peace and Development)
5. सतत उपभोग (Sustainable Consumption)
6. सतत टेक्नॉलोजी (Sustainable Technology)

वर्ष 1980 से वर्ष 1990 तक बहुत-सी अंतर्राष्ट्रीय कनवेंशन एवं सम्मेलन आयोजित किये गये। इनमें से प्रमुख सम्मेलन निम्न प्रकार हैं–

1. वर्ष 1987 में ओज़ोन ह्रास के संबंध में मांट्रियल प्रोटोकोल।
2. वर्ष 1987 में खतरनाक पदार्थों (Hazardous Sustainable) के बारे में बेसल कनवेंशन।
3. वर्ष 1992 में जलवायु परिवर्तन कनवेंशन।
4. जैविक-विविधता कनवेंशन वर्ष 1992
5. पृथ्वी सम्मेलन 1992
6. वर्ष 2002 का विश्व सम्मेलन, सतत विकास के संबंध में।

पारिस्थितिकी विकास (Eco-Development)

पारिस्थितिकी विकास की अवधारणा का अर्थ ऐसे विकास से है जिसमें विकास के साथ-साथ पारिस्थितिकी संतुलन बनाया रखा जा सके। इस प्रकार के विकास पर सबसे पहले यू॰ एन॰ ई॰ पी॰ (UNEP) ने बल दिया था। इसके प्रमुख उद्देश्यों में प्राकृतिक संसाधनों का विवेकपूर्ण उपयोग करना है।

सतत विकास का मूलभूत स्वरूप (Basic Aspects of Sustainable Development)

विकासशील देशों की तीव्र गति से बढ़ती हुई जनसंख्या तथा विकसित देशों में बढ़ते हुये उपभोक्तावाद (Consumerism) के कारण सतत विकास प्राप्त करना कठिन कार्य हो गया है। सतत विकास प्राप्त करने के लिये निम्न पर ध्यान देना अति आवश्यक है- (*i*) जैव-विविधता (*ii*) ग्रीन हाउस गैसों का उत्सर्जन, (*iii*) खतरनाक कूड़े-करकट का प्रबंधन, (*iv*) उद्योगों से निकलने वाले कूड़े-करकट का प्रबंधन, (*v*) पारिस्थितिकी सुरक्षा (Ecological Security)।

वैज्ञानिकों का विचार है कि विश्व के अधिकतर भागों में विकास करते समय पारिस्थितिकी के सिद्धांतों को ध्यान में नहीं रखा जा रहा है, जिसके कारण प्राकृतिक संसाधनों तथा पर्यावरण का तीव्रता से ह्रास हो रहा है। पर्यावरण ह्रास के मुख्य कारणों पर उपरोक्त में विचार किया जा चुका है।

सतत विकास की पूर्वापेक्षा (Prerequisite of Sustainable Development)

पारिस्थितिकी संतुलन को स्थापित करने के लिये आर्थिक विकास निम्न सिद्धांतों को ध्यान में रखकर करना चाहिए–

(*i*) प्राकृतिक संसाधनों का समुत्थान-शक्ति (Resilience Characteristics) पर प्रतिकूल प्रभाव नहीं पड़ना चाहिए।

(*ii*) टेक्नोलॉजी विकास करते समय नवीकृत संसाधनों (Renewable resources) के संरक्षण का विशेष ध्यान रखा जाए।

(*iii*) नवीकृत संसाधनों (Renewable resources) को उपयोग में लाने के लिये विशेष नीति तैयार की जाये।

धारणीय विकास के सिद्धांत (Principles of Sustainbility)

धारणीय विकास के आधारभूत सिद्धांत निम्न प्रकार हैं–

1. प्राकृतिक संसाधनों का सदुपयोग।
2. जैविक-विविधता का संरक्षण।
3. सांस्कृतिक विविधता का संरक्षण।
4. पर्यावरण एवं संसाधनों से सतत आय।
5. संसाधनों का उपयोग इस प्रकार किया जाये ताकि समाज के सभी वर्गों को लाभ पहुँच सके।
6. संसाधनों का पुनर्उपयोग।
7. मानव का गुणात्मक विकास। मानव विकास के लिये शिक्षा, स्वास्थ्य तथा प्रति व्यक्ति आय पर विशेष ध्यान देना।
8. सतत विकास के लिये विश्व परिप्रेक्ष्य को ध्यान में रखना।
9. समाज के सभी वर्गों के संसाधनों का सदुपयोग करना।
10. मानव समाज अपनी मान्यताओं में परिवर्तन करें और यह समझें कि पृथ्वी पर संसाधन सीमित हैं।
11. विश्व के सभी समुदायों द्वारा आने वाली पीढ़ियों की आवश्यकताओं को ध्यान में रखा जाए।
12. सतत विकास के लिये सभी व्यक्तियों एवं समाजों की सबल भागीदारी।

सततता का मापन (Measurment of Sustainbility)

पर्यावरण तथा प्राकृतिक संसाधनों का सदुपयोग एवं सत्तता उनकी समुत्थान-शक्ति (Resilience Characteristics) के आधार पर किया जाता है। पारिस्थितिकी के सत्तता को आर्थिक, सामाजिक एवं सांस्कृतिक उपयोगिता के आधार पर भी परखा जा सकता है। पारितंत्र के सत्तता को परखने के सूचकांकों का संक्षिप्त वर्णन निम्न में प्रस्तुत किया गया है–

1. **पारिस्थितिकी सूचकांक (Ecological Indicators)**– पारिस्थितिकी तंत्र में भूमि उपयोग, भूमि उपयोग में परिवर्तन, बायोमास की गुणवत्ता एवं मात्रा, मृदा की उत्पादकता, ऊर्जा की उपलब्धि तथा इनका प्रबंधन सम्मिलित हैं।
2. **भूमि उपयोग के प्रतिरूपों में परिवर्तन (Changing Patterns of Land Use)**– भूमि रिकार्ड (Remote Records) तथा रिमोट सेंसिंग (Remote Sensing) की सहायता से भूमि उपयोग के वर्तमान प्रतिरूप का पता लगाया जा सकता है, जिसके आधार पर भूमि उपयोग के लिये भविष्य की योजना तैयार की जा सकती है।
3. **बायोमास की मात्रा एवं गुणवत्ता (Biomass Quantity and Quality)**– धरातलीय एवं जलीय पारितंत्रों से प्राप्त होने वाले उत्पादनों की मात्रा एवं गुणवत्ता भी पारितंत्र के समुत्थान शक्ति के महत्त्वपूर्ण सूचकांक हैं।
4. **जल मात्रा की उपलब्धता एवं गुणवत्ता (Water Quality and Quantity)**– जल के बिना जीवन की कल्पना नहीं की जा सकती। नदियों, झीलों, पोखरों, तालाबों तथा भूमिगत जल की मात्रा एवं गुणवत्ता भी पारितंत्र के समुत्थान का सूचकांक माना जाता है।

5. **मृदा उत्पादकता (Soil Fertility)**- मृदा का सदुपयोग करते हुए वैज्ञानिक फसल चक्र के द्वारा फसलों का उत्पादन करना।
6. **ऊर्जा (Energy)**- ऊर्जा पर्यावरण एवं पारिस्थितिकी का एक महत्त्वपूर्ण तत्त्व है। सभी प्रकार की ऊर्जा अर्थात जीवाश्म ऊर्जा (Fossil Energy), सूर्य ऊर्जा, पवन-ऊर्जा, ज्वार-भाटा ऊर्जा का पारितंत्र एवं पर्यावरण पर गहरा प्रभाव पड़ता है।
7. **आर्थिक सूचकांक (Economic Indicators)**- लागत खर्च तथा उत्पादन के अनुपात का भी पारितंत्र पर गहरा प्रभाव पड़ता है।
8. **सामाजिक सूचकांक (Social Indicaters Quality of Life)**- जीवन की गुणवत्ता एक प्रमुख सामाजिक सूचकांक है। कहा जाता है कि लोगों का जीवन-स्तर जितना ऊँचा होता है वहाँ का पर्यावरण एवं पारितंत्र भी उतना ही टिकाऊ होता है।

संक्षिप्त में सतत विकास के लिये उपरोक्त सभी उपाय करने की आवश्यकता है।

सतत विकास के लिये व्यक्तिगत प्रयास (Role of Individuals in Sustainable Development)

हममें से प्रत्येक व्यक्ति के प्रयास से भी पारितंत्र तथा पारिस्थितिकी की समुत्थान-शक्ति (Resilience Characteristics) को सतत स्थिति में भारी सहायता मिल सकती है। पर्यावरण संरक्षण के लिये प्रत्येक व्यक्ति को निम्न उपाय करने की आवश्यकता है–

A. ऊर्जा (Energy)

(*i*) साइकिल का उपयोग करें, वाहन को आवश्यकता पड़ने पर थोड़ी दूरी तक ही चलाएं। दैनिक जीवन में सरकारी वाहनों का इस्तेमाल करें।

(*ii*) उत्तम प्रकार के बिजली के बल्ब तथा उपकरणों का प्रयोग करें।

(*iii*) घरों की विद्युतरोधी उपकरणों की ठीक देख-रेख की जाए।

(*iv*) ऊर्जा के विकल्प साधनों को खोजा जाए।

(*v*) ऐसी बैटरियों का उपयोग करें जिनको फिर से रिचार्ज (Recharge) किया जा सके।

B. आहार (Food)

(*vii*) भोजन ऐसे प्रदेशों/क्षेत्रों से प्राप्त करने की कोशिश करनी चाहिए जहाँ गोबर तथा कंपोस्ट और हरी खाद का फसलों को उगाने में इस्तेमाल होता हो। रासायनिक खाद से उगाई फसलें, सब्जियाँ तथा फल इत्यादि स्वास्थ्य के लिये हानिकारक होती हैं।

(*viii*) इस बात पर सदैव विचार कीजिये कि आपके भोजन प्राप्ति का पर्यावरण एवं पारिस्थितिकी पर क्या प्रभाव पड़ रहा है।

(*ix*) घर के आँगन में सब्जियाँ उगायें।

(*x*) भोजन की वस्तुओं को ऐसे थैलों में खरीद कर लाइए जिनका दोबारा इस्तेमाल हो सके। पोलीबैग का इस्तेमाल न करें।

C. जल (Water)

(xi) जल को किफायत के साथ इस्तेमाल करें।

(xii) घर के आँगन में लगी घास की सिंचाई बार-बार न करें। लॉन को जब भी पानी दें, उसको खूब तर कर दें। संभव हो तो लॉन में ऐसी घास लगायें जो कम जल मिलने पर भी हरी-भरी रह सके।

(xiii) स्नान करते समय पानी की बचत करें। स्नान थोड़े समय में कर लें।

(xiv) रसोई के बर्तन धोने में भी जल की बचत करें।

D. विषाक्त पदार्थ तथा प्रदूषण तत्व (Toxic Material and Pollutants)

(xv) विषाक्त पदार्थों का उचित ढंग से प्रबंधन कीजिए। जिन डिब्बों में रंग-रोगन (Paints), कीटाणु नाशक दवाई, रासायनिक पदार्थ रखे जायें उनको उपयुक्त स्थान पर जमा करें और उनका इस्तेमाल खाने-पीने की वस्तुओं को रखने के लिये न करें।

(xvi) वस्तु को खरीदने से पहले उस पर लिखे लेबिल को पढ़ें तथा कम विषाक्त पदार्थ वाली वस्तु को खरीदें।

(xvii) ऐसे कपड़े खरीदने चाहिए जिनकी बार-बार धुलाई न करनी पड़े।

E. पुनर्उपयोग एवं कूड़ा-करकट (Recycling and Waste)

(xviii) समाचार-पत्र, अखबार, मैगजीन, केन (Cane), बोतल, ग्लास आदि का पुनर्उपयोग करें।

(xix) ऐसी वस्तुएँ खरीदिए जिनका दोबारा इस्तेमाल किया जा सके।

(xx) अपने निवास स्थान को साफ-सुथरा रखने के लिए समय निकालें।

(xxi) कागज के स्थान पर तौलिये (Towel) का इस्तेमाल करें।

(xxii) सामान खरीदने जाने के लिये अपना कपड़े का बैग (Bag) साथ लेकर जाए।

F. जैव एवं पर्यावरण सरंक्षण (Preservation of Life and Environment)

(xxiii) वृक्षारोपण (Afforestation)

(xxiv) खुली जगहों तथा मैदानों की सुरक्षा कीजिए।

(xxv) सी॰ एफ॰ सी॰ (CFC) गैसों को उत्सर्जन पर रोक लगाएँ।

(xxvi) ध्वनि प्रदूषण करने वाले संगठनों का बहिष्कार कीजिए।

(xxvii) कूड़ा-कचरा इधर-उधर न फेंकिए। कूड़ेदान का इस्तेमाल करें।

G. अन्य बातें (Other Things)

(xxviii) अपने विधायकों को अपने क्षेत्र/मोहल्ले में आमंत्रित कीजिए।

(xxix) चिपको आंदोलन जैसी संस्थाओं से जुड़िये तथा उनको सहयोग दीजिए।

(xxx) अपने मित्रों की पर्यावरण संबंधित जागरूकता बढ़ाएँ।

(xxxi) उत्तम प्रकार की वस्तुएँ खरीदें तथा उनकी उचित ढंग से देख-रेख कीजिए।

(xxxii) किसी उद्यान अथवा सागर के किनारे जाकर शांतिपूर्वक बैठिये तथा पर्यावरण एवं पारिस्थितिकी के बारे में ध्यान लगाएँ।

(xxxiii) पढ़िए तथा सुनिए।

(xxxiv) परिणाम के प्रति आशावादी रहिये तथा उत्साहित रहें।

पर्यावरण प्रदूषण (Environmental Pollution)

परिचय (Introduction)

प्रदूषण की परिभाषा विभिन्न विद्वानों ने भिन्न-भिन्न दी है फिर भी एक प्रदूषण की एक परिभाषा जिस पर अधिकतर वैज्ञानिक सहमत हैं, निम्न प्रकार हैं–

पर्यावरण प्रदूषण एक ऐसी परिस्थिति है जिसमें जैविक पदार्थों एवं मानव का जीवन दुर्लभ हो जाये। पर्यावरण के प्रदूषण के लिये बहुत हद तक मानव स्वयं जिम्मेदार है।

मेलानबी (Mellanby-1972) महोदय के अनुसार, पर्यावरण प्रदूषण भौतिक कारणों से हो सकता है, परंतु 1779 के औद्योगिक क्रांति के पश्चात हानिकारक गैसों का उत्सर्जन मानव के द्वारा होता रहा है। दु:खद बात यह है कि हानिकारक गैसों के उत्सर्जन में निरंतर वृद्धि होती जा रही है।

वर्तमान में पर्यावरण प्रदूषण एक गंभीर समस्या है। वायु, जल तथा मृदा, मानव जीवन तथा अन्य सभी जीवों (Organisms) के लिये अनिवार्य है। यदि प्रदूषण एक सीमा को पार कर जाये तो लोगों की मौत भी हो सकती है। मृदा प्रदूषण से कृषि योग्य भूमि का क्षेत्रफल घट सकता है तथा जल प्रदूषण से महामारी फैल सकती है। इसलिये पर्यावरण प्रदूषण के बारे में लोक जन में जानकारी बढ़ाना अनिवार्य है।

प्रदूषण तत्व (Pollutants)

प्रदूषण बढ़ाने वाले तत्वों को निम्न वर्गों में विभाजित किया जा सकता है–

1. प्रदूषण तत्वों को स्रोत (Source) के आधार पर निम्न दो वर्गों मे विभाजित किया जा सकता है–
   (*i*) प्राकृतिक प्रदूषण तत्व।
   (*ii*) मानव द्वारा उत्पादित प्रदूषण तत्व।
2. अवलोकन (Visibility) के आधार पर–
   (*iii*) नजर आने वाले प्रदूषण तत्व; जैसे-धुआँ, धूल तथा गैस।
   (*iv*) नजर न आने वाले प्रदूषण तत्व; जैसे-सूक्ष्म प्राणी (Bacteria), जहरीले रासायनिक पदार्थ का जल एवं वायु में मिश्रण।
3. प्रदूषण तत्वों को ठोस, तरल एवं गैस के आधार पर भी विभाजित किया जा सकता है।
4. प्रदूषण निम्न प्रकार का भी हो सकता है–
   (*v*) भौतिक (Physical)
   (*vi*) सांस्कृतिक (Cultural) एवं
   (*vii*) जैविक (Biological)

सभी प्रकार के प्रदूषण तत्व जीव-रसायन प्रक्रियाओं (Biochemical Processes) को प्रभावित करती हैं। कुछ प्रदूषण तत्व तो शरीर के अंगों को कमजोर करते हैं जबकि कुछ के कारण तत्काल मृत्यु हो जाती है। उदाहरण के लिये हाइड्रोकार्बन से कुछ जैव जैसे डाइटम (Diatom) की भोजन उत्पादन शक्ति कमजोर हो जाती है, जबकि रासायनिक खाद के उपयोग से यह खाद जलाशयों तथा नदियों में खरपतवार की मात्रा में वृद्धि करता है, जबकि पेट्रोलियम प्रदूषण से जूप्लेंकटन (Zooplanktons) पक्षियों पर प्रतिकूल प्रभाव पड़ता है।

प्रदूषण का प्रभाव तो प्रतिकूल होता ही है, इसके स्थायित्व (Persistence) में भी विविधता पाई जाती है। कुछ प्रदूषण तत्व चंद मिनटों के लिये होता है तो कुछ पर्यावरण में हजारों वर्ष तक रहते हैं। इसलिये इनका जैव तथा पशु-पक्षियों पर भिन्न-भिन्न प्रतिकूल प्रभाव पड़ता है।

वायु प्रदूषण के स्रोत (Sources of Air Pollution)

वायु प्रदूषण के मुख्य कारण निम्न प्रकार हैं-

(*i*) ज्वालामुखी से उत्सर्जित धुआँ एवं हानिकारक गैसें, (*ii*) वाहनों से निकलने वाला धुआँ, (*iii*) पेट्रोलियम शोध कारखानों से निकलने वाला धुआँ, (*iv*) रासायनिक उद्योग, (*v*) वनों में लगने वाली आग अथवा मानव के द्वारा जंगलों को काटकर उनमें आग लगाना।

पर्यावरणीय प्रदूषण के प्रकार (Types of Environmental Pollution)

भूमिगत जल प्रदूषण (Ground water Pollution)

यदि धरातलीय जल प्रदूषित हो जाये तो भूमिगत जल भी प्रदूषित हो जाता है। धरातल पर बहने वाली नदियों का जल तो समय के साथ-साथ स्वच्छ होता रहता है, परंतु भूमिगत जल यदि बार प्रदूषित हो जाये तो उसका स्वच्छ होना कठिन हो जाता है।

भूमिगत जल में प्रदूषण निम्न प्रकार से प्रवेश कर सकता है- (*i*) औद्योगिक कूड़े-करकट को कुओं में डालना, (*ii*) सेपटिक टेंक (Septic Tank) के निकास के द्वारा। (*iii*) जहरीले पदार्थों (Hazardous Waste) एकत्रित करने वाले गड्ढों से रिसाव, (*iv*) औद्योगिक खतरनाक कूड़ा-करकट को एकत्रित करने वाल स्थानों से रिसाव, (*v*) खनन प्रक्रिया, (*vi*) कृषि के विषाक्त पदार्थों (Toxic-Waste) से रिसाव, (*vii*) अति चरवाही (Overgrazing), (*viii*) घरों तथा नगरों से निकलने वाला कूडा़-कचरा, (*ix*) वनों को काटना इत्यादि।

1. मृदा प्रदूषण (Soil Pollution)

मृदा की गुणवत्ता में प्राकृतिक एवं मानवीय कारणों से कमी आने को मृदा प्रदूषण कहा जाता है। मृदा पृथ्वी की ऊपरी सतह पर फैला ऐसा संसाधन है जिसमें जैविक एवं अजैविक पदार्थों का मिश्रण पाया जाता है। मृदा की उर्वरकता के ह्रास के निम्न कारण हैं–

- ***(i)*** **भौतिक प्रक्रिया**- मृदा अपरदन, उसकी उर्वरकता कम होने का एक प्रमुख कारण है मृदा अपरदन की मात्रा एवं विस्तार, बहुत हद तक वर्षा की मात्रा, तापमान, भूमि के ढलान, वायु की गति तथा प्राकृतिक वनस्पति पर निर्भर करता है। जंगलों को काटने से मृदा अपरदन की मात्रा में वृद्धि हो जाती है।
- ***(ii)*** **जैविक प्रक्रिया (Biological Processes)**- सूक्ष्म जैव (Micro-organism) के दो प्रकार के होते हैं- एक तो ऐसे हैं जिनसे उर्वरकता बढ़ती है तथा दूसरे ऐसी प्रकार के होते हैं जिनसे उपजाऊपन में कमी आती है। यदि मृदा में ह्रास करने वाले सूक्ष्म जैविकों की बहुतायात हो जाये तो उससे उपजाऊपन में कमी आ जाती है।
- ***(iii)*** **वायु आधारित स्रोत (Air-Borne Sources)**- धुएँ से वायुमंडल में बहुत-से हानिकारक तत्व प्रवेश कर जाते हैं। वायु से बहुत-से वैषिक पदार्थ खेतों में गिरते हैं जिससे मिट्टी की उर्वरकता कम हो जाती है।
- ***(iv)*** **रासायनिक खाद एवं कीटाणुनाशक दवाइयों का प्रयोग (Chemical Fertilizers and Insecticides)**- कृषि की फसलों में रासायनिक खाद तथा कीटाणुनाशक दवाइयों का इस्तेमाल करने से बहुत-से उपयोगी सूक्ष्म-जैव नष्ट हो जाते हैं, जिससे मृदा के उपजाऊपन का ह्रास हो जाता है।

(*v*) **औद्योगिक एवं नगरीय कूड़ा-करकट (Industrial and Urban Waste)**- औद्योगिक एवं नगरीय कूड़ा-करकट के ठीक तौर पर प्रबंधन करने से भी मृदा प्रदूषण की समस्या उत्पन्न हो जाती है।

मृदा प्रदूषण के परिणाम (Consequences of Soil Pollution)

जैसा कि ऊपर कहा जा चुका है कि मानव जीवन एवं टिकाऊ विकास के लिये मृदा का स्वस्थ अवस्था में रहना अनिवार्य है। यदि मृदा प्रदूषित हो जाए तो उसके बहुत से दूरगामी प्रतिकूल प्रभाव हो सकते हैं। कुछ प्रत्यक्ष एवं अप्रत्यक्ष प्रतिकूल प्रभाव निम्न प्रकार हैं–

(*i*) कृषि क्षेत्रफल में कमी हो जाएगी।

(*ii*) नाइट्रोजन स्थिरीकरण में कमी।

(*iii*) मृदा अपरदन में वृद्धि।

(*iv*) लवणता में वृद्धि।

(*v*) रासायनिक पदार्थ एवं कीटनाशक दवाइयाँ जिनका उपयोग फसलों को उगाने में किया गया है वह आहार शृंखला के द्वारा मानव एवं पशु-पक्षियों के शरीर में प्रवेश कर जाता है जिसके कारण बहुत-सी बीमारियाँ फैलती हैं तथा उनकी मृत्यु हो जाती है। एक अनुमान के अनुसार प्रति वर्ष लगभग सात लाख व्यक्तियों की मौत रासायनिक खाद तथा कीटाणुनाशक दवाइयों के फसलों में इस्तेमाल के कारण हो जाती है।

(v*i*) टंकी, झीलों तथा पोखरों का निक्षेपण।

(vi*i*) प्रदूषित गैसों का उत्सर्जन।

(vii*i*) जैव विविधता में कमी।

(*ix*) नालियों का बंद होना।

(*x*) अप्रिय गंध (obnoxius smell)

मृदा प्रदूषण नियंत्रण (Control of Soil Pollution)

मृदा प्रदूषण को नियंत्रित करने के लिये निम्न उपाय बहुत उपयोगी सिद्ध हो सकते हैं–

(*i*) मृदा अपरदन को नियंत्रित करना ताकि कृषि उत्पादन पर प्रतिकूल प्रभाव न पड़े।

(*ii*) गोबर की खाद तथा हरी खाद (Green Manure) का फसलों में अधिक उपयोग करना।

(*iii*) वैज्ञानिक फसल चक्र से कृषि करना अर्थात् मृदा उत्पादकता कम करने वाली फसलों के पश्चात्, दलहन की फसलें उगाना ताकि मृदा की उर्वरकता बढ़ाई जा सके।

(*iv*) औद्योगिक एवं नगरीय कूड़ा-करकट का उचित प्रबंधन करना।

(*v*) किसानों को उचित भूमि उपयोग के लिये शिक्षित करना।

(v*i*) वृक्षारोपण।

(vi*i*) चराई पर नियंत्रण करना।

(vii*i*) कूड़ा-करकट कम करना।

(*ix*) संसाधनों का पुनर्उपयोग व पुनर्चक्रण।

2. जल प्रदूषण (Water or Aquatic Pollution)

जल के भौतिक एवं रासायनिक स्वरूप में परिवर्तन करना ही जल प्रदूषण कहलाता है। हमारे जीवन का आधार जल है, परंतु विश्व में जल का वितरण बहुत असमान हैं। विश्व के बहुत-से देशों में वर्षा केवल दो-तीन महीनों तक ही सीमित रहती है। उदाहरण के लिये भारत के अधिकतर भाग में 80 प्रतिशत से अधिक वर्षा केवल वर्षा ऋतु के चार महीनों में रिकार्ड की जाती है। ऐसी परिस्थिति में जल संचय के लिये नदियों पर बाँध बनाकर ही साल भर जल की आपूर्ति की जा सकती है।

विश्व के विभिन्न देशों मे जल की गुणवत्ता में भी भारी विविधता पाई जाती है। पानी में बहुत प्रकार के प्रदूषण मिले रहते हैं जो जल की महक और उसके स्वाद को प्रभावित करते हैं। वर्षा के जल को अपेक्षाकृत शुद्ध माना जाता है, परंतु वर्षा का जल जब धरातल पर बहकर नदी-नालों में प्रवेश करता है तो उनमें बहुत-से प्रदूषण करने वाले पदार्थों का मिश्रण हो जाता है। प्रदूषित जल स्वास्थ्य के लिए हानिकारक होता है। निम्न में जल प्रदूषण के मुख्य कारणों पर संक्षिप्त में प्रकाश डाला गया है–

(i) **गंदे पानी एवं कीचड़ का मिश्रण (Sewage and Sludge)**– गंदे पानी तथा कीचड़ इत्यादि जल प्रदूषण का मुख्य कारण है। गंदे पानी में मानव व जानवरों का मलमूत्र, खाद्य, अवशेष, शोधन अभिकर्ता (cleaning agents) तथा अन्य व्यर्थ के पदार्थ होते हैं। ऐसे प्रदूषित जल से बहुत-सी बीमारियाँ फैलती हैं, जिनमें हैजा (Cholera), पेचिस (Dysentery), बुखार, टाइफाइड (Typhoid) इत्यादि मुख्य हैं।

(ii) **अजैविक पदार्थ एवं खनिज (Inorganic Compounds and Minerals)**– जल में बहुत-से अम्ल तथा खनिजों के तत्व भी मिल जाने से जल प्रदूषित हो जाता है। इन पदार्थों का आहार श्रृंखला में प्रवेश करने से नाना प्रकार की बीमारियाँ उत्पन्न हो जाती हैं जिनमें दिमाग (Brain) की बीमारी होने की आशंका बढ़ी रहती है।

(iii) **नाइट्रेट्स (Nitrates)**– जल प्रदूषण में नाइट्रेट भी एक प्रमुख कारण है। किसानों के द्वारा खेती में उपयोग होने वाला रासायनिक नाइट्रेट खाद जब पोखर, तालाब तथा नदियों में दाखिल हो जाता है तो उससे जल प्रदूषण हो जाता है। भारत की अधिकतर झीलें एवं जलाशय इससे प्रभावित हैं। धान के खेतों से बहकर भारी मात्रा में नाइट्रेट खाद का डल और वुलर झील में प्रवेश होता है, जिससे इन दोनों झीलों का जल प्रदूषित हो गया है।

(iv) **सिंथेटिक जैविक कंपाउंड (Synthetic Organic Compound)**– नाना प्रकार के सिंथेटिक जैविक कंपाउंड भी जल प्रदूषण का एक मुख्य कारण है। औद्योगिक एवं कृषि से उत्पन्न होने वाले ऐसे कंपाउंड से जल की गुणवत्ता पर प्रतिकूल प्रभाव पड़ता जा रहा है।

(v) **तेल तथा पेट्रोलियम (Oil and Petrolium)**– तेल और पेट्रोलियम के जल में मिश्रित होने से जल की गुणवत्ता पर भारी प्रभाव पड़ रहा है तथा यह प्रदूषण विशेष रूप से टेंकर तथा तेल के कुओं के द्वारा फैलता हैं जल एवं सागरीय प्रदूषण से पारितंत्र पर प्रतिकूल प्रभाव पड़ता है।

(vi) **रेडियोऐक्टिव कूड़ा-करकट (Radioactive Waste)**– जल प्रदूषण में रेडियोऐक्टिव कूड़ा-करकट की भी प्रमुख भूमिका है। ऐसे हानिकारक कूड़ा-करकट मिलिट्री द्वारा निष्कासित किया जाता है।

(vii) **विविध कारण (Miscellaneous Water Pollution)**– ताप बिजली घरों से निकलने वाले जल से भी जल प्रदूषण होता रहता है। उपरोक्त सभी प्रदूषणों का मानव स्वस्थ्य पर खराब प्रभाव पड़ता है। इसके अतिरिक्त पारितंत्र बुरी तरह प्रभाव पड़ता है।

तालिका 6.1 उद्योगों द्वारा जल प्रदूषण

उद्योग का प्रकार	अजैविक प्रदूषक (nonorganic pollutants)	जैविक प्रदूषक (Organic pollutants)
1. रासायनिक संयंत्र (Chemical Plants)	विभिन्न अम्ल तथा क्षार (alkalies), क्लोराइड्स, सल्फेट, धातु का नाइट्रेट, फास्फोरस, सिलिका व प्रसुप्त अणु/कण (suspended particles)	सुगंधित मिश्रित विलयन (aromatic compounds solvents), जैविक अम्ल वर्ण (organic acids dyes) आदि
2. खाद्य प्रसंस्करण (Food processing)	–	उच्च नाशकारी जैव पदार्थ (Highly putrescible organic matter) तथा पैथोजीन्स (Pathogenis)
3. आयरन व स्टील (Iron and Steel)	प्रसुप्त ठोस (suspended solids), आयरन साइनाइड (Iron cyanide) सलनाइड्स, तांबे का आक्साइडस, क्रोमियम (Chromium), कैडमियम (cadmium) तथा पारा (Mercury)	तेल, फिनायल तथा नेप्था
4. खनन (Minig)	खनिज क्षय (mine wastes) विभिन्न धातुएं, लोह-सल्फेट (ferrous sulphate), सल्फ्यूरिक एसिड (sulphuric acid), हाइड्रोजन सल्फाइड (hydrogen sulphides), सरफेश वाश ऑफ्स (surface wash offs) आदि	–
5. कागज व लुगदी (paper and pulp)	सल्फाइड (sulphide), ब्लीचिंग लिकर (Bleaching liquors)	सेलूलोज फाइबर (cellulose fibers), वृक्ष की खाल (bark), लकड़ी (Woods), चीनी (Sugar), जैविक अम्ल (organic acids)
6. फार्मास्यूटिकल	–	प्रोटीन, कार्बोहाइड्रेट्स, जैविक विलयन उत्पाद (organic solvents products), ड्रग्स तथा एण्टीबायोटिक्स (antibiotics)
7. साबुन तथा डिटर्जेंट	अमोनियम कम्पाउंड क्षार (Amonium compounds alkalies)	फ्लैट्स व फैट्टी एसिड्स (Flats and falty acids), गिलसरोल (glycerol), पोलीफास्फेटस, हाइड्रोकार्बन आदि।

जल प्रदूषण के प्रभाव (Consequences of Water Pollution)

जल प्रदूषण के प्रतिकूल प्रभाव का संक्षिप्त विवरण निम्न में प्रस्तुत किया गया है–

(i) **जल से उत्पन्न होने वाली बीमारियाँ (Waterborne Diseases)**– बहुत-सी बीमारियाँ; जैसे-हैजा, पेचिस, दस्त, पीलिया, तपेदिक, टाइफाइड तथा बुखार इत्यादि प्रदूषित जल के पीने से फैलती हैं।

(ii) **पेट की बीमारियाँ (Stomach Disorder)**– प्रदूषित जल में कुछ ऐसे खनिज मिले होते हैं जिनसे पेट की बीमारियाँ उत्पन्न हो जाती हैं। पेट की बीमारी ही नहीं कैंसर (Cancer) इत्यादि भी प्रदूषित जल के द्वारा हो सकते हैं।

(iii) **फेफड़ों का कैंसर (Lung Cancer)**– ऐस्बेस्टास रेशों (Asbestos-fibers) से प्रदूषित जल का उपयोग यदि मानव इस्तेमाल करे तो उसे फेफड़ों का कैंसर हो सकता है।

(iv) **त्वचा की बीमारियाँ (Skin Diseases)**- जल में जहरीले पदार्थों के द्वारा जल में अधिक प्रदूषण से त्वचा की बहुत-सी बीमारियाँ हो सकती हैं।

(v) **जल-पारितंत्र पर प्रभाव (Damage to Aquatic Ecosystem)**- अम्लीय जल से जलीय पारितंत्र को हानि होती है।

(vi) **जलाशयों में अपतृण (Eutrophication)**- जलाशयों में नाइट्रेट की मात्रा में वृद्धि होने से जल में अपतृण एवं नाना प्रकार के खरपतवार उत्पन्न हो जाते हैं।

(vii) **मृदा प्रदूषण (Damage to Soil)**- जल प्रदूषण से मृदा में क्षारीयता (Alkalinity) की मात्रा बढ़ जाती है जिससे मृदा कृषि के लिये उपयोगी नहीं रह पाती।

(viii) **सागरीय पारितंत्र को हानि (Damage to Marine Ecosystem)**- यदि सागर में तेल और पेट्रोलियम (Petroleum) से जल प्रदूषित हो जाये तो सागरीय पारिस्थितिकी तंत्र पर खराब असर पड़ता है।

जल संरक्षण *(Water Conservation)*

वर्तमान में विश्व के बहुत-से देशों में जल की मात्रा एवं गुणवत्ता में कमी होती जा रही है। जल की उपलब्धि एवं जल की गुणवत्ता को बनाये रखने के निम्न प्रकार के कदम उठाने की आवश्यकता है–

(i) **पर्यावरण शिक्षा (Environmental Education)**– प्रत्येक व्यक्ति एवं समाज को पर्यावरण की महत्ता के बारे में शिक्षित करने की परम आवश्यकता है। विशेषकर लोगों में इस बात की जागरूकता उत्पन्न करनी है कि यदि पर्यावरण का ह्रास होता रहा तो उसका पारिस्थितिकी, अर्थव्यवस्था एवं समाज पर प्रतिकूल प्रभाव पड़ेगा।

(ii) **औद्योगिक इकाइयों को उत्तरदायी बनाना (Accountability of the Industrial Units)**- सभी औद्योगिक इकाइयों को प्रदूषित जल को साफ करके निष्कासित करना चाहिए।

(iii) **वित्तीय सहायता (Financial Support)**- सरकार को सिविक-बाडीस (Civic-Bodies) को पर्याप्त मात्रा में धन उपलब्ध कराना चाहिए ताकि जल प्रदूषण पर नियंत्रण पाया जा सके।

(iv) **वनरोपण (Afforestation)**- वृक्षारोपण से भी जल प्रदूषण पर नियंत्रण पाया जा सकता है।

(v) **मृदा संरक्षण (Soil Conservation)**- मृदा अपरदन से जल में बहुत-से अजैविक पदार्थों का मिश्रण होता रहता है, इस लिये मृदा संरक्षण आवश्यक हो जाता है।

(vi) **कृषि में रासायनिक खादों के उपयोग में कमी करना (Less Use of Chemical Fertilizers)**- रासायनिक खादों के इस्तेमाल करने से जल में नाइट्रेट (Nitret) की मात्रा में वृद्धि होती है जिसके कारण नाना प्रकार के जलीय खरपतवार उत्पन्न हो जाते हैं, इसलिए रासायनिक खाद का उपयोग कृषि में कम करना चाहिए।

(vii) **पर्यावरण के संबंध में कड़े कानून बनाना (Legislatioin of Strict Environment Laws)**- सरकार को पर्यावरण के बारे में सख्त कानून बनाने चाहिए। और उनका उल्लंघन करने वालों को कड़ी सजा देनी चाहिए।

(viii) **विविध अन्य उपाय (Miscellaneous Steps)**- पर्यावरण संबंधी नियमों का उल्लंघनन करने के लिए व्यक्ति, समाज, नौकरशाही तथा उद्योगपतियों को जवाबदेह ठहराना।

3. वायु प्रदूषण (Air Pollution)

वायु प्रदूषण का संक्षिप्त वर्णन उपरोक्त में दिया जा चुका है। यदि वायु में प्रदूषण-कणों की मात्रा अधिक हो जाये तो उसको वायु प्रदूषण कहते हैं। वायु प्रदूषण प्राकृतिक/भौतिक कारणों से तथा मानवीय कारणों से होता है। वायु प्रदूषण मुख्य रूप से कार्बन डाइ ऑक्साइड (Co_2), कार्बन एसिड (H_2So_3), जल (H_2o), नाइट्रिक एसिड (HNO_3), तथा सल्फ्युरिक एसिड (H_2SO_4) इत्यादि के द्वारा होता है।

वायु प्रदूषण के परिणाम (*Consequences of Air Pollution*)

वायु प्रदूषण का स्वास्थ्य पर भारी प्रतिकूल प्रभाव पड़ता है वर्ष 1952 में लंदन वायु प्रदूषण से बहुत-से लोगों की मौत हो गई थी। वायु प्रदूषण का महानगरों की जनसंख्या पर भारी प्रतिकूल प्रभाव पड़ता है। इससे साँस की बीमारियों में भारी वृद्धि हो जाती है। दिल्ली राष्ट्रीय प्रदेश में लगभग छः लाख से अधिक जनसंख्या प्रतिवर्ष दमा रोग (Asthma) से प्रभावित होती है।

तालिका 6.1A वायु प्रदूषण व मानव स्वास्थ्य (Air pollution and Human Health)

प्रदूषक का नाम	स्रोत	स्वास्थ्य पर प्रभाव
1. एसबेस्टॉस-डस्ट (Asbes-tos-dust)	एस्बेस्टॉस खनन एस्बेस्टॉस शीट निर्माण (Asbestos-sheet manutacturing)	तीव्र सांस संबंधी समस्या से कैंसर होने की आशंका होती है।
2. कैडमियम (Cadmium)	उद्योग	हृदय को बुरी तरह प्रभावित करता है।
3. कार्बन डाइआक्साइड (Cor-bon Dioxide)	जीवाश्म ईंधन का जलना (burning of fossil fuels)	साँस लेने में तकलीफ, तेज सिर दर्द, मूर्छा व मृत्यु
4. कार्बन मोनोक्साइड (carbon monoxide)	वाहनों से निकलता धुंआ, जीवाश्म ईंधनों का जलना	साँस लेने में तकलीफ, तेज सिर दर्द, श्लेषमा झिल्ली में दिक्कत (irritation to mucous membrane) मूर्छा व मृत्यु (unconsciousness and death)
5. क्लोरो फ्लूरोकार्बन्स (Chlo-rofluoro carbons)	रेफ्रीजरेटर्स, जेट से उत्सर्जन (emissions from Jets), डिटर्जेन्ट, स्पेज (spays), फोम (foam)	स्ट्रेटॉस्फिेरिक ओजोन लेयर का ह्रास, वैश्विक तापन (global warming)
6. कोयले का चूरा (coal dust) एवं कण	कोयले की खानें (coal mines)	काला कैंसर (Black lung cancer), फेफड़े का तन्तुशोथ (pulmonary fitroeis) जिसमें श्वसन तंत्र कार्य करना बन्द कर देता है।
7. कपास का चूरा (cotton dust)	सूती वस्त्र की फैक्ट्रियाँ	फेफड़ों के ऊतकों का ह्रास, स्थायी व दीर्घ कफ, ब्रानकाइटिस तथा वातस्फीति (emphysema)
8. हाइड्रोकार्बन (hydrocar-bons)	जीवश्मीय ईंधनों का जलना	फेंफड़ों पर कैंसरकारी (carcineogenic) प्रभाव, किडनी ह्रास (Kidney damage), हाइपरटेंशन, श्वसन संबंधी समस्या, (respiratory dis-tress), आँखों, नाक, गले में जलन, अस्थमा, ब्रोनकाइटिस तथा श्वसन तंत्र का ह्रास (damage to respiratory system)
9. सीसा (lead)	सीसायुक्त पेट्रोल उत्सर्जन (leaded petrol emissions)	मस्तिष्क व केन्द्रीय तंत्रिका तंत्र (central ner-vous system), किडनी को हानि तथा क्षीण बुद्धि (impaired intelligence)
10. पारा (Mercury)	उद्योग	तंत्रिका तंत्र का विकार (Nervous disorders), अनिद्रा (insomnia), स्मृति ह्रास, उत्तेजना, चिड़चिड़ापन, कंपकंपी (tremors), जिन्जीविटिस (gingivitis) तथा मिनामाटा (minamata) रोग

11. नाइट्रोजन ऑक्साइड	थर्मल पावर प्लांट (Thermal power plants) उद्योग तथा वाहन	फैफड़ों में जलन, साँस लेने में दिक्कत, (breath lessness), श्वसन तंत्र में एन्जाइमों के कार्यों में विकार जिससे ब्रोन्काइटिस तथा अस्थमा हो सकता है।
12. ओजोन (Ozone)	आटोमोबाइल से निकलता धुँआ आदि (Automobile emission)	साँस लेने में दिक्कत, अस्थमा (breathless-ness), साँस लेने में गले से घरघराहट की आवाज आना (wheezing), छाती में दर्द, वातस्फीति (emphysema) तथा स्थायी ब्रोनकाइटिस
13. रेडियो एक्टिव प्रदूषक (Ra-dio- active pollution)	कास्मिक किरणें, एक्स किरणें, बीटा किरणें, रेडान (radon) तथा रेडियम	जीवित ऊतकों तथा रक्त कोशिकाओं को नष्ट कर देती है। कोशिका झिल्ली व एन्जाइम के प्रकार को प्रभावित करता है। ल्यूकीमिया कर सकता है तथा पूर्ण रूप से आनुवंशिकी परिवर्तन कर सकता है।
14. सिलिका का चूरा (Silica dust)	सिलिकान की खान	सिलिकासिस फेफड़ों को प्रभावित करता है।
15. धुआँ (Smog) (स्मॉग शब्द डा. एच. ए. डेस वोयक्स (H.A.Des Voeux) द्वारा 1905 में सर्वप्रथम प्रयुक्त किया गया)।	उद्योग तथा वाहनों से निकला प्रदूषण	श्वसन संबंधी समस्याएं तथा आँखों में तेज जलन
16. सल्फर ऑक्साइड	थर्मल पावर प्लान्ट तथा उद्योग	आँखों व गले में जलन, बलगम, एलर्जी,श्वसन तंत्र में विकार, फेफड़ों से गैसों के आदान-प्रदान में कमी व समस्या
17. सस्पेन्डेड पार्टिक्यूलेट मैटर (Suspended particulate Matter)	वाहनों से निकला प्रदूषण तथा जीवश्म ईंधन के जलने से निकला प्रदूषण	फेफड़ों में जलन तथा फेफड़ों द्वारा ढंग से कार्य न कर पाना
18. तम्बाकू का धुआँ	सिगरेट, सिगार तथा तम्बाकू उत्पाद	स्थायी ब्रोंकाइटिस, अस्थमा तथा फेफड़ों का कैंसर, आँखों, नाक तथा गले में जलन

वायु प्रदूषण प्रबंधन *(Management of Atmosphere Pollution)*

वायु प्रदूषण सरल कार्य नहीं। इसके प्रबंधन में बहुत-सी समस्याएँ हैं, फिर भी इसके लिये निम्न उपाय करने की आवश्यकता है- (i) वाहनों एवं सड़कों का अनुरक्षण एवं रखरखाव, (ii) सक्षम सरकारी परिवहन तंत्र, (iii) कूड़ा-करकट को जलाने का उचित प्रबंध, (iv) झूम कृषि (Shifting Cultivation) पर प्रतिबंध, (v) सूर्य, ऊर्जा तथा पन बिजली का अधिक उत्पादन, (vi) वृक्षारोपण, (vii) पुराने औद्योगिक एवं ताप बिजलीघरों की मशीनों के स्थान पर नई मशीनें लगाना।

वायु प्रदूषण को नियंत्रित करने में कुछ बाधाएँ अग्रलिखित हैं–

1. वायु प्रदूषण के प्रत्यक्ष एवं अप्रत्यक्ष बहुत-से कारण हैं, जिनमें से बहुत-से प्रदूषण कारणों का पता ही नहीं चलता।
2. विश्व के विभिन्न देशों में विभिन्न प्रकार के प्रदूषण तत्व पाये जाते हैं।

3. वायु प्रदूषण के उपकरण भी सब देशों को उपलब्ध नहीं हैं।
4. वायु प्रदूषण सहन करने की क्षमता भी व्यक्ति एवं समाज की भिन्न-भिन्न होती है।
5. चूँकि एक ही समय में आदमी पर बहुत से प्रदूषण तत्वों का प्रभाव पड़ता है, इसलिये यह कहना कठिन होता है कि मानव की स्वास्थ्य एवं पारितंत्र पर किस प्रकार के प्रदूषण का अधिक प्रभाव है।

वायु प्रदूषण को नियंत्रित करने के लिए विश्व स्तर पर निम्न कदम उठाए गए हैं–

(*i*) अंतर्राष्ट्रीय प्रदूषण को नियंत्रित करने के लिये वर्ष 1970 में विश्व सम्मेलन आयोजित किया गया।

(*ii*) पर्यावरण के अम्लीकरण (Acidification) के बारे में वर्ष 1982 में स्टॉकहोम विश्व सम्मेलन आयोजित किया गया।

(*iii*) वर्ष 1982 में ओटावा 30 प्रतिशत क्लब (30 percent Club) का संगठन किया गया।

(*iv*) वर्ष 1984 में पर्यावरण संबंधी म्यूनिख (Munich) विश्व सम्मेलन आयोजित किया गया।

(*v*) वर्ष 1985 में हेल्सिंकी मीटिंग आयोजित की गई।

(*vi*) वर्ष 1986 में अम्लीकरण के बारे में अंतर्राष्ट्रीय कांफ्रेंस आयोजित की गई।

(*vii*) वर्ष 1988 में सोफिया में पर्यावरण संबंधी मीटिंग आयोजित की गई।

इनके अतिरिक्त प्रत्येक देश में वायु प्रदूषण के बारे में कानून बनाये गये तथा शिक्षा के द्वारा समाज में पर्यावरण के बारे में जागरूकता बढ़ाने के प्रयास किये गये।

4. ध्वनि प्रदूषण (Noise pollution)

यदि ध्वनि के द्वारा शोर-शराबा अत्यधिक हो और उससे बेचैनी उत्पन्न हो या स्वास्थ्य पर खराब प्रभाव पड़े तो उसको ध्वनि प्रदूषण कहते हैं। जैसे-जैसे औद्योगीकरण एवं नगरीकरण बढ़ रहा है, ध्वनि प्रदूषण की समस्या भी बढ़ती जा रही है। भारत में ध्वनि प्रदूषण के मुख्य कारण निम्न प्रकार हैं–

1. **सामाजिक सभाएँ (Social Gatherings)**– भारत जैसे विकासशील देशों में सामाजिक सभाएँ प्रदूषण का मुख्य कारण हैं।
2. **धार्मिक स्थल अथवा उपासना स्थल (Places of Worship)**– धार्मिक एवं उपासना के स्थलों पर लाउड स्पीकर (Loud Speaker) का इस्तेमाल करने से ध्वनि प्रदूषण में वृद्धि होती है।
3. **वाणिज्य प्रक्रियाएँ (Commercial Activities)**– सड़कों पर खड़े होकर माल बेचना, साप्ताहिक बाजार एवं पेंठ बाजार से भी ध्वनि प्रदूषण में वृद्धि होती है।
4. **तीज त्योहार (Festivals)**– विश्व भर में त्योहार बड़ी धूम-धाम से मनाये जाते हैं। भारत में तो त्योहार ढोल-ढमाकों के साथ मनाये जाते हैं जिससे भारी मात्रा में ध्वनि प्रदूषण बढ़ जाता है।
5. **औद्योगिक प्रक्रियाएँ (Industrial Activities)**–कारखानों की मशीनों की गड़गड़ाहट से भी ध्वनि प्रदूषण बढ़ता है।
6. **वाहन तथा परिवहन तंत्र (Automobiles and Transport System)**– वाहनों में यदि उत्तम प्रकार के खशामक/साइलंसर (Silencer) न लगे हो तो उनसे भी भारी मात्रा में ध्वनि प्रदूषण होता है। रेलों तथा हवाई जहाजों से भी वायु प्रदूषण में वृद्धि होती है। निर्माण उपकरण (Construction equipments), तथा विनिर्माण प्रक्रियाएं भी ध्वनि प्रदूषण का स्रोत हैं।

7. **ऊर्जा उत्पादन (Energy Generation)**- ताप बिजली तथा पन बिजली उत्पादन से भी ध्वनि प्रदूषण बढ़ता है।
8. **कृषि यंत्रों के द्वारा (Agricultural Equipments)**- कृषि में काम आने वाली मशीनें; जैस-ट्रैक्टर, हार्वेस्टर (Harvesters) इत्यादि से भी ध्वनि प्रदूषण में वृद्धि होती है।
9. **घरेलू यंत्रों के द्वारा (Household Appliancrs)**- घरेलू बिजली के उपकरण जैसे ग्राइंडर (Grinder) तथा मकानों का निर्माण करने वाली मशीनों से भारी ध्वनि प्रदूषण बढ़ता है।

ध्वनि प्रदूषण का समाज पर प्रभाव (Impact of Noise Pollution on Society)

ध्वनि प्रदूषण का समाज पर प्रत्यक्ष एवं अप्रत्यक्ष रूप से प्रभाव पड़ता है। ध्वनि का समाज पर निम्न प्रकार से प्रभाव पड़ता है-

(i) **सामान्य प्रभाव (General Impact)**- ध्वनि प्रदूषण का मानव स्वास्थ्य पर विपरीत प्रभाव पड़ता है। ध्वनि का सुनने और बोलने पर भी प्रतिकूल प्रभाव पड़ता है। विद्यार्थियों, शिक्षकों और वैज्ञानिकों की सेहत पर भी खराब असर पड़ता है।

(ii) **मनोवैज्ञानिक प्रभाव (Psychological Impact)**- मनोवैज्ञानिकों का कथन है कि ध्वनि प्रदूषण का मानव व्यवहार तथा पशु-पक्षियों के व्यवहार पर भी प्रभाव पड़ता है।

(iii) **शारीरिक प्रभाव (Physiological Effect)**- ध्वनि प्रदूषण से सुनने की शक्ति समाप्त होकर आदमी बहरा हो सकता है, ब्लड प्रेशर (Blood Pressure), पुनरूत्पादक, प्रजनन तथा गर्भपात जैसी बीमारियों की आशंका बढ़ जाती है।

(iv) **तंत्रिका तंत्र (Nervous System)**- इसमें दर्द, कानों में घंटी की ध्वनि तथा थकान होती है जिससे मानव शरीर की कार्य प्रणाली बुरी तरह प्रभावित होती है।

परिवेशी ध्वनि स्तर निगरानी *(Ambient Noise level Monitoring)*: ध्वनि प्रदूषण (नियंत्रण व व्यवस्थापन) नियम 2000 विभिन्न क्षेत्रों हेतु परिवेशी ध्वनि निर्धारण निम्नानुसार करता है-

तालिका 6.2

	क्षेत्र/जोन*	डेसीबल में सीमा (A) LeQ दिन में (6 पूर्वाह्न से 10 अपराह्न तक)	डेसीबल में सीमा (A) LeQ रात्रि में (10 अपराहन तक) से 6 पूर्वाह्न
1.	औद्योगिक क्षेत्र	75	70
2.	वाणिज्यिक क्षेत्र	65	55
3.	आवासीय क्षेत्र	55	45
4.	शांत क्षेत्र	4.50	40

*जोन (zone) अस्पताल, शैक्षिक संस्थान, न्यायालय, धार्मिक स्थल व अन्य क्षेत्र के आसपास का वह क्षेत्र है जिसे सक्षम प्राधिकरण द्वारा ऐसा क्षेत्र घोषित किया गया हो तथा जो इनसे 100 मीटर की दूरी के अन्तर्गत हो।

मार्च 2011 को भारत सरकार ने एक वास्तविक समय परिवेशी ध्वनि निगरानी तंत्र की शुरुआत की। इस तंत्र के अन्तर्गत निम्नलिखित तीन चरण शुरू किए गए:

चरण-I : इस चरण में सात नगरों में विभिन्न ध्वनि क्षेत्रों में पाँच सुदूर ध्वनि मानिटरिंग टर्मिनल्स लगाए गए। ये नगर हैं: *(i)* बंगलुरु *(ii)* चेन्नई *(iii)* दिल्ली *(iv)* हैदराबाद *(v)* कोलकाता *(vi)* लखनऊ *(vii)* मुम्बई।

चरण-II : इस चरण में उपरोक्त सात नगरों में अन्य 35 निगरानी क्षेत्र स्थापित किए गए।

चरण-III : चरण III में अन्य 18 नगरों को शामिल किया गया है जिसमें 90 स्टेशन स्थापित किए जाएंगे। इन 18 नगरों में शामिल हैं-(1) अहमदाबाद (2) अमृतसर (3) भोपाल (4) भुवनेश्वर (5) देहरादून (6) गाँधीनगर (7) गुवाहाटी (8) इन्दौर (9) जयपुर (10) कानपुर (11) लुधियाना (12) नागपुर (13) पटना (14) पुणे (15) रायपुर (16) राँची (17) सूरत (18) तिरुअनंतपुरम

ध्वनि प्रदूषण नियंत्रण (Control of Noise pollution)

विश्व स्वास्थ्य संगठन के अनुसार प्रदूषण की सभी समस्याओं में ध्वनि प्रदूषण को नियंत्रित करना आसान होता है। निम्न उपायों के द्वारा ध्वनि प्रदूषण पर नियंत्रण पाया जा सकता है–

(*i*) ध्वनि प्रदूषण के बारे में जनता में जागरूकता उत्पन्न करना।

(*ii*) ऐसे उपकरणों का आविष्कार करना जिनसे कम शोर उत्पन्न हो।

(*iii*) कानों को ध्वनि प्रदूषण से बचाने के लिये कनटोप का प्रयोग करना।

(*iv*) शिक्षण संस्थानों को अस्पतालों से दूर स्थापित करने का प्रयास करना चाहिए।

(*v*) सड़कों के पास भारी मात्रा में वृक्षारोपण से ध्वनि प्रदूषण का प्रभाव कम हो जाता है।

(*vi*) इमारतों के डिजाइन में सुधार करना और उनको ध्वनि प्रूफ (Sound proof) बनाना।

(***vii***) ध्वनि प्रदूषण पर नियंत्रण पाने के लिये कड़े कानून बनाना।

भारत सरकार ने भारतीय दंड विधान (Indian Penel Code) की धारा 133 के अनुसार, 1986 में लाउड स्पीकर के इस्तेमाल पर पाबन्दी लगाई गई। अस्पतालों, शिक्षा संस्थाओं एवं अदालतों के पास लाउड स्पीकर के इस्तेमाल पर प्रतिबंध लगाया गया।

5. ठोस अपशिष्ट (Solid waste)

ठोस अवशिष्ट वह पदार्थ है जिसकी एक निश्चित आकृति व आयतन होता है तथा कुछ मूल गुण होता है। ये व्यर्थ व परित्यक्त (abandoned) पदार्थ होते हैं। ठोस अपशिष्ट में कूड़ा, कीचड़ तथा अन्य प्रकार के व्यर्थ के पदार्थ होते हैं। ये ठोस, अर्द्धठोस, द्रव्य या गैसयुक्त पदार्थ होते हैं जो औद्योगिक, वाणिज्यिक, खनन संबंधी व कृषि कार्यों को करने के परिणामस्वरूप बनते हैं।

स्रोत: ठोस अपशिष्ट के प्रमुख स्रोत हैं–*(i)* परिवार *(ii)* कृषि क्षेत्र *(iii)* उद्योग व खनिज *(iv)* होटल व कैटरिंग *(v)* सड़कें व रेलवे *(vi)* अस्पताल व शैक्षिक संस्थाएं *(vii)* सांस्कृतिक केन्द्र व मनोरंजक स्थल तथा पर्यटन व इकोटूरिज्म

प्लास्टिक अपशिष्ट (Plastic waste)

(i) प्लास्टिक के थैलों से भरा हुआ भू-क्षेत्र भद्दा, अस्वास्थ्यकारी तथा गंदा प्रतीत होता है। *(ii)* प्लास्टिक के थैले व पदार्थ नालियों को जाम (Choke) कर देते हैं। *(iii)* पारंपरिक प्लास्टिक मानव व जीवों में प्रजननीय समस्याओं से संबद्ध है। *(iv)* प्लास्टिक के थैले खाद्य पदार्थों को दूषित कर देते हैं। *(v)* प्लास्टिक के थैले मृदा की उर्वरता को कम करते हैं। *(vi)* प्लास्टिक अपशिष्ट स्वास्थ्य संबंधी समस्याएं उत्पन्न करते हैं।

ठोस अपशिष्ट को निम्नलिखित तीन श्रेणियों में वर्गीकृत किया जा सकता है।

(a) **नगर-निगम का अपशिष्ट (Municipal wastes):** इस अपशिष्ट में घरों निर्माण सामग्री, तोड़-फोड़ का मलवा, गलियों व कूचों से निकला अपशिष्ट इत्यादि आते हैं।

(b) **अस्पतालों का अपशिष्ट:** अस्पतालों का अपशिष्ट रोग निदान, मानवों व जानवरों का उपचार करने के दौरान सृजित होता है। यह जैविक अनुसंधान या उत्पादन गतिविधियों या मानवों व जानवरों पर औषधियों के परीक्षण इत्यादि करने के दौरान सृजित होता है।

(c) **खतरनाक अपशिष्ट (Hazardous waste):** उद्योगों व अस्पतालों से निकला अपशिष्ट खतरनाक अपशिष्ट कहलाता है क्योंकि इन अपशिष्टों में जहरीले तत्व पाए जाते हैं।

(d) **ठोस अपशिष्ट का प्रबंधन व निपटान (Treatment and Disposal of solid waste):** ठोस अपशिष्ट का निम्नलिखित प्रकार से आसानी से निपटान किया जा सकता है।

(i) खुले गड्ढे *(ii)* अपशिष्ट भराव क्षेत्र *(iii)* सेनिटरी भराव क्षेत्र *(iv)* इनसिनरेशन प्लांट (incineration plants) *(v)* कम्पोस्टिंग *(vi)* कीड़ों की खेती (vermiculture) *(vii)* पर्यावरण के संदूषकों के विष को घटाने हेतु सूक्ष्म जैविकों बैक्टीरिया व फंगस का प्रयोग करना *(viii)* ताप अपघटन (pyrolysis), ऑक्सीजन की अनुपस्थिति में प्रदाह प्रक्रिया

6. नाभिकीय प्रदूषण (Nuclear Pollution Radiation Pollution)

रेडियोऐक्टिव पदार्थों के विकरण से भी जैव जीवन पर प्रतिकूल प्रभाव पड़ता है। रेडियोऐक्टिव पदार्थों में रेडियम (Radium), यूरेनियम (Uranium), प्लूटोनियम (Plutonium), थोरियम (Thorium) इत्यादि सम्मिलित हैं। इन पदार्थों से निकलने वाले विकरण का पशु-पक्षियों एवं मानव समाज पर खराब प्रभाव पड़ता है तथा इस प्रकार के विकिरण के प्रभाव से बचना कठिन कार्य है।

नाभिकीय प्रदूषण का प्रभाव (Effect of Nuclear Pollution)

नाभिकीय प्रदूषण के समाज पर पड़ने वाले प्रभाव को संक्षिप्त में निम्न प्रकार से दिया गया है–

(i) नाभिकीय विकिरण की लपेट में आने वालों की तुरंत मृत्यु हो सकती है। शरीर के बाल झड़ सकते हैं तथा मसूढ़ों से रक्त स्राव हो सकता है।

(ii) नाभिकीय प्रदूषण से शरीर की हड्डियाँ कमजोर पड़ सकती हैं तथा यह बीमारियों को सहन करने की शक्ति को घटा सकता है।

(iii) दिमाग पर प्रतिकूल प्रभाव पड़ता है।

(iv) रक्तस्राव अथवा हेमरेज हो सकता है।

(v) कैंसर हो सकता है तथा वंशागत बीमारी हो सकती है।

(vi) प्राकृतिक वनस्पति एवं फसलों पर खराब प्रभाव पड़ता है।

(vii) धातुओं को पिघला सकता है।

(viii) जैविक विविधता में कमी आती है।

नाभिकीय प्रदूषण पर नियंत्रण (Control of Nuclear Pollution)

नाभिकीय प्रदूषण के प्रभाव को निम्न उपायों से कम किया जा सकता है–

(i) नाभिकीय विकरण की रोकथाम के लिये पूरे प्रयास करने चाहिए।

(ii) नाभिकीय हथियारों के उत्पादन पर प्रतिबंध लगना चाहिए।

(*iii*) न्यूक्लियर परीक्षण (Nuclear Tests) पर प्रतिबंध लगना चाहिए।

(*iv*) न्यूक्लियर ऊर्जा उत्पादन कारखानों पर विकिरण के रोकथाम का पूर्ण प्रबंध होना चाहिए।

(*v*) सागरों में नाभिकीय कूड़ा-करकट डालने पर सख्ती से रोक लगाई जानी चाहिए।

(*vi*) औषधियों एवं इलाज में न्यूक्लियर तत्वों का इस्तेमाल कम किया जाना चाहिए।

(*vii*) न्यूक्लियर वेस्ट (Nuclear Waste) का सुनिश्चित एवं ठीक ढंग से प्रबंधन होना चाहिए।

7. सागरीय प्रदूषण (Marine Pollution)

पृथ्वी के धरातल का लगभग 71 प्रतिशत भाग महासागरों से युक्त है। महासागर, प्राकृतिक व मानव निर्मित प्रदूषकों का अन्तिम स्थान (ultimate sink) हैं। नदियां, अपने प्रदूषण को समुद्र में डालते हैं। समुद्रतटीय नगरों, शहरों व गांवों के गंदे पानी व कूडा-करकट को समुद्र में डाला जाता है।

समुद्री प्रदूषकों में नौसंचलन के निस्सरण से निकला तेल, अपमार्जक (detergents), मलयुक्त जल, कूड़ा-करकट, रेडियोएक्टिव अपशिष्ट (Radioactive wastes), अपतटीय तेल खनन (off shore mining), तेल पलटना (oil spills) तथा ज्वालामुखीय उद्‌भेदन (volcanic eruptions)।

यूँ तो सागरीय प्रदूषण भौतिक एवं मानवीय कारणों से होता है, परंतु वर्तमान समय में प्रदूषण का मुख्य कारण मानवीय है। सागरों में ज्वालामुखियों के उदगार से प्रदूषण होता रहता है। मानव द्वारा सागरों में तेल, पेट्रोलियम, रासायनिक पदार्थ, पोलीबैग, कूड़ा-करकट डालने से जल प्रदूषण की समस्या उत्पन्न होती है।

सागरीय प्रदूषण के मुख्य कारण (Sources of Marine Pollution)

(i) **कच्चा तेल एवं पेट्रोलियम (Crude Oil and Petroleum)**- सागरों में प्राकृतिक ढंग से कच्चे तेल का रिसाव होता रहा है, परंतु जहाजों व टैंकरों से तेल, पेट्रोलियम एवं रासायनिक पदार्थों की ढुलाई से प्रदूषण में वृद्धि होती रहती है।

(ii) **सागरों में जान-बूझकर रासायनिक पदार्थों का निकास (Intentional Release of Petroleum Products)**- कच्चे तेल एवं पेट्रोलियम को जहाजों एवं टैंकरों में भरते समय लापरवाही के कारण जल प्रदूषण होता रहता है।

(iii) **जैविक कूड़ा-करकट सागर में डालने से (Marine Pollution due to Organic Waste)**- सागरों में जैविक कूड़ा-करकट डालने से भी जल प्रदूषित होता है।

(*iv*) **गंदे पानी का सागरों में निकास (Sewage Disposal into Sea and Oceans)-** सागरों में विभिन्न देशों से भारी मात्रा में गंदा पानी आदि निष्कासित किया जाता है, जिससे सागरों के प्रदूषण में वृद्धि होती है।

(*v*) **ज्वालामुखी प्रस्फुटन (Volcanic eruptions):** ज्वालामुखीय प्रस्फुटन महासागरों में विशाल मात्रा में कार्बन डाइआक्साइड, मीथेन, सल्फर के मिश्रण आदि को मिलाता है।

(*vi*) **अंतरिक्षीय कूड़ा (Cosmic Dust):** अंतरिक्ष से उल्का आदि के महासागरों में गिरने को टेक्टाइस (takties) कहा जाता है। यह भी समुद्री प्रदूषण का महत्वपूर्ण स्रोत है।

सागरों में तेल व पेट्रोलियम के द्वारा होने वाले प्रदूषण की प्रतिशत भागेदारी तालिका 6.3 में दी गई है।

तालिका 6.3 प्रदूषण के स्रोत एवं उनकी प्रतिशतता

	तेल एवं पेट्रोलियल द्वारा प्रदूषण	प्रतिशत
1.	तेल का उपयोग	34%
2.	वाहन एवं परिवहन	32%
3.	दुर्घटनाओं द्वारा तेल का बहाव	13%
4.	प्राकृतिक स्रोत	8%
5.	वायुमंडल की ओर से	8%
6.	तटों पर स्थित तेल-शोध कारखाने	5%

Source: Garrison T, 1995, Essentials of Oceanograply, Wadswonth Publishing Company, New York, P. 281.

सागरीय प्रदूषण की अवधि (Duration of Marine Pollution)

सागर में प्रदूषण के आधार पर, प्रदूषण को निम्न वर्गों में विभाजित किया जा सकता है–

(*i*) हजारों वर्ष से अधिक तक सागर में ठहरने वाला प्रदूषण।

(*ii*) सूर्य की किरणें पड़ते ही समाप्त हो जाने वाला प्रदूषण।

(*iii*) वायु द्वारा वाष्प में परिवर्तन होने वाला प्रदूषण।

सागरीय प्रदूषण का सागरीय पारितंत्र पर प्रभाव (Effect of Pollutants on Marine Life)

तेल एवं पेट्रोलियम प्रदूषण का सागरीय जैवों पर क्या प्रभाव पड़ता है, कहना मुश्किल है। यह प्रभाव स्थानिक रूप से भिन्न-भिन्न हो सकता है तथा मौसम के अनुसार बदलता रहता है। विभिन्न जीव-जातियों की तेल को सहन करने की क्षमता भी भिन्न-भिन्न होती है। सामान्यत: प्रदूषित विघटित ऑक्सीजन (Dissolved oxygen) को कम करता है तथा इस प्रकार संवेदनशील प्राणियों जैसे-प्लेंकटोंस (planktons), मोलयूसिस (molluses) तथा मछलियों को खत्म कर देते हैं। लेकिन कुछ सहनशील प्रजातियों जैसे-टयूबीफेक्स (Tubifex) एनिलिड कीट (annelid worm) तथा कुछ कीड़ों का लार्वा उच्च स्तरीय प्रदूषित जल में भी जीवित रह जाते हैं। इन प्रजातियों को प्रदूषित जल हेतु संकेतक प्रजाति (indicator species) कहा जाता है।

सागरीय प्रदूषण नियंत्रण (Marine Pollution Control)

सागरीय प्रदूषण को नियंत्रण करने के लिये निम्न उपाय किये जा सकते हैं–

1. **मलजल अभिक्रिया (Treatment of Sewage)**- मलजल को शोध करने के लिये प्रत्येक नगर में एक अथवा अनेक कारखाने लगाये जाने चाहिए।
2. **कीचड़ प्रक्रम (Sludge Processing)**- कीचड़ में बहुत-से प्रदूषित तत्व मिले होते हैं, उनको साफ-स्वच्छ करने का प्रबंध होना चाहिए।
3. **उत्तम प्रकार के टैंकर (Oil Proof Tankers)**- तेल की ढुलाई के टैंकर इतनी उत्तम प्रकार के बनाए जाने चाहिए, जिनसे तेल रिसाव न हो सके।

4. **तेल शोध कारखाने तटों के निकट स्थापित करना (Off shore Oil Production and Onshore Refineries)**- सागरों से खनन किये गये कच्चे तेल को साफ करने के लिये शोध कारखाना सागरीय तटों पर लगाये जाने चाहिए।
5. **टैंकर दुर्घटनाओं को रोकना (Prevention of Tankers Accident)**- तेल को लाने-ले जाने के लिये सावधानी पूर्ण नवगमन करने की आवश्यकता है।
6. **सागरीय प्रदूषित जल की सफाई का प्रबंध (Cleaning Responsibility)**- यदि टैंकर की दुर्घटना हो जाये तो सागरीय जल को साफ करने की जिम्मेदारी उसी देश की होनी चाहिए जिसके टैंकर की दुर्घटना हुई है।
7. **प्रभावशाली अंतर्राष्ट्रीय कानून (Effective International Law)**- अंतर्राष्ट्रीय स्तर पर सागर प्रदूषण संबंधित कड़े कानून बनाने की आवश्यकता है।

पर्यावरण प्रभाव मूल्यांकन (Environment Impact Assessment)

पर्यावरण प्रभाव मूल्यांकन की अवधारणा संयुक्त राज्य अमेरिका में 1969 में विकसित हुई थी। हम सब जानते हैं कि प्राकृतिक संसाधन (मृदा, भूमि, जल, वन तथा खनिज) सीमित हैं, परंतु उनकी माँग में निरंतर वृद्धि हो रही है। इसलिये प्राकृतिक सीमित संसाधनों का विवेकपूर्ण उपयोग करना अति अनिवार्य है। पर्यावरण प्रभाव मूल्यांकन के मुख्य पहलू निम्न प्रकार हैं-

पर्यावरण प्रभाव मूल्यांकन का उद्देश्य (Objectives of Environmental Impact Assessment)

(*i*) किसी प्रदेश के चौमुखी विकास के लिये योजना तैयार करना।

(*ii*) किसी प्रदेश में की जाने वाली विकास योजनाओं के संचयी प्रभाव (Cumulative Impact) का आकलन करना।

(*iii*) पर्यावरण संरक्षण की प्राथमिकता निर्धारित करना।

(*iv*) विकास नीति निर्धारित करना।

(*v*) आँकड़ों के अभाव की जानकारी प्राप्त करना तथा विकास के बारे में शोध कार्य करना।

(*vi*) पर्यावरण प्रभाव मूल्यांकन के आधार विकल्प योजना तैयार करना।

(*vii*) किसी भी विकास योजना के सकारात्मक (Positive) एवं नकारात्मक (Negative) प्रभाव का आकलन करना।

(*viii*) पर्यावरण का संरक्षण करना।

(*ix*) विकास करने वालों को उत्तरदायी (Accountable) बनाना।

पर्यावरण की दृष्टि से भारत के संवेदनशील स्थल (Environmentally Sensitive places of India)

1. धार्मिक व ऐतिहासिक स्थल
2. पुरातात्विक स्मारक
3. दर्शनीय व सौन्दर्यपूर्ण क्षेत्र
4. पर्वतीय सैरगाह, पहाड़ और पठार
5. समुद्र तट
6. समुद्रतटीय क्षेत्र विशेषतया जहाँ प्रवाल निर्माण होता है।
7. स्वास्थ्य केन्द्र
8. एस्चुएरी व मैंग्रोव

9. खाड़ियाँ, खाइयाँ तथा क्रीक
10. जैवमंडल आरक्षित क्षेत्र
11. राष्ट्रीय उद्यान तथा अभ्यारण्य
12. झीलें, दलदल तथा आर्द्र भूमि
13. वैज्ञानिक व भूगर्भीय रूप से रोचक व महत्वपूर्ण क्षेत्र।
14. अन्तर्राष्ट्रीय सीमाएं व सरहद
15. झीलें, जलाशय तथा बाँध
16. नदियाँ, धाराएं
17. रेलवे
18. सौंदर्य संपन्न क्षेत्र (Area of aesthetic beauty)
19. राष्ट्रीय व राज्य महामार्ग
20. नगरीय संकुलन (urban agglomeration)

भारत में पर्यावरण प्रभाव मूल्यांकन (Environmental Impact Assessment in India)

भारत में पर्यावरण प्रभाव मूल्यांकन (Environmental Impact Assessment in India) 1978 में शुरू किया गया था। भारत में EIA निम्न परियोजनाओं पर लागू होती है–

1. प्रमुख अथवा बड़ी परियोजनाएँ जैसे (i) नदी घाटी तथा बहुउद्देश्य परियोजनाएँ, (Ii) ताप-बिजली घर, (iii) खनन, (iv) उद्योग, (v) रेलवे, राष्ट्रीय-राजमार्ग, सड़कें तथा पुल, (vi) परमाणु ऊर्जा केंद्र, (vii) बंदरगाह, (viii) हवाई अड्डे, (ix) नए स्थापित किए गए नगर तथा (x) संचारण (Communication) परियोजनाएँ।
2. ऐसी परियोजनाएँ जिनके लिये प्लानिंग कमीशन (Planning Commission), पब्लिक इन्वेस्टमेंट बोर्ड (Public Investment Board), तथा सेंट्रल इलेक्ट्रीसिटी अँथारिटी (Central Electricity Authority) की अनुमति लेना अनिवार्य होता है।
3. ऐसी परियोजनाएँ जिनके लिए पर्यावरण मंत्रालय एवं वन विभाग की मंजूरी लेना अनिवार्य हो।
4. ऐसी परियोजनाएँ जिनसे पर्यावरण को खतरा पैदा हो सकता हो।
5. ऐसी परियोजनाएँ जिन पर पचास करोड़ रूपये से अधिक खर्चा होता हो।

भारत सरकार के जनवरी 1994 की अधिसूचना के अनुसार, 29 प्रकार की विकास योजनाओं के लिये करना अनिवार्य है। इन परियोजनाओं में सिंचाई, खनन, उद्योग, ऊर्जा, परिवहन, पयर्टन, तथा संचारण संबंधित परियोजनाएँ सम्मिलित हैं।

परियोजनाओं के आकार को देखते हुए कुछ सुरक्षा-कदम उठाने भी अनिवार्य हैं जिनके लिये पर्यावरण मंत्रालय ने निम्न नगरों में केंद्र स्थापित किये हैं। नगरों के नाम इस प्रकार हैं- *(i)* बंगलुरू, *(ii)* भोपाल, *(iii)* भुवनेश्वर, *(iv)* चंडीगढ़, *(v)* लखनऊ तथा शिलांग (मेघालय)।

पर्यावरण ऐक्शन परियोजना (Environment Action Plan)

भारत सरकार ने जनवरी 1994 को पर्यावरण ऐक्शन परियोजना तैयार की। इस परियोजना का मुख्य उद्देश्य पर्यावरण मूल्यांकन को प्रभावशाली ढंग से लागू करने के लिये यह ऐक्शन परियोजना तैयार की गई थी। इस परियोजना के मुख्य उद्देश्य निम्न प्रकार हैं–

(*i*) जैव-विविधता संरक्षण। इसके अतिरिक्त जंगलों, सागरों एवं पर्वतों के पारितंत्रों को भी संरक्षण प्रदान करना।

(*ii*) मृदा संरक्षण तथा भूमिगत जल को प्रदूषण से सुरक्षित करना।

(*iii*) औद्योगिक कूड़े-करकट का ठीक तरह से प्रबंधन।

(*iv*) स्वच्छ तकनीकी पर बल।

(*v*) नगरीय पर्यावरण के मुद्दों का समाधान करना।

(*vi*) पर्यावरण शिक्षा एवं जानकारी पर बल देना।

(*vii*) ऊर्जा विकल्पों के बारे में शोध कार्य करना।

पर्यावरण लेखा–परीक्षा आडिट (Environmental Audit)

पर्यावरण लेखा-परीक्षा राज्य के द्वारा एक ऐसी सूची तैयार करना है, जिसमें प्रदूषण की मात्रा एवं उसके प्रबंधन का लेखा-जोखा का इंतजाम किया जाता है।

इको-आडिटिंग (Eco-Auditing)

इको-आडिटिंग एक बहुविशेष (Multidisciplinary) विधि है, जिसके द्वारा समय-समय पर पर्यावरण का मूल्यांकन एवं अवलोकन किया जाता है। वर्ष 1980 में संयुक्त राज्य अमेरिका में इसको आरंभ किया गया था। इसका मुख्य उद्देश्य पर्यावरण प्रभाव मूल्यांकन EIA को सुदृढ़ बनाना एवं शक्ति प्रदान करना है। इको-आडिटिंग (Eco-Auditing) के लाभ निम्न प्रकार हैं–

(*i*) पर्यावरण प्रबंधन में निरंतर सुधार करना।

(*ii*) यह पर्यावरण प्रबंधन की एक सरल एवं उत्तम विधि है।

(*iii*) इससे टिकाऊ विकास में सहायता मिलती है।

(*iv*) इससे पर्यावरण प्रबंधन में सहायता मिलती है।

(*v*) इससे नगरीय पर्यावरण प्रबंधन में सहायता मिलती है।

(*vi*) इससे संसाधनों के पुनर्उपयोग में सहायता मिलती है।

(*vii*) इससे बहुमूल्य आँकड़े एकत्रित करने में सहायता मिलती है।

हरित अर्थव्यवस्था (Green Economics)

हरित अर्थव्यवस्था को पारिस्थितिकी अर्थव्यवस्था भी कहते हैं। इसमें सामाजिक, पर्यावरण तथा आध्यात्मिक (Spiritual) पक्षों पर भी ध्यान दिया जाता है। ब्रेन मिलानी (Brain Milani) महोदय के अनुसार, हरित अर्थव्यवस्था का उद्देश्य सबके हितों की रक्षा करना और उनको आर्थिक लाभ पहुँचना है। इस बात पर विशेष चर्चा ब्रेन मिलानी महोदय ने अपनी पुस्तक (Designing the Green Economy) में की है जिसका प्रकाशन वर्ष 2000 में हुआ था।

सरल भाषा में हरित अर्थव्यवस्था का अर्थ ऐसी अर्थव्यवस्था से है जिसमें (*i*) कार्बन का उत्सर्जन कम हो (*ii*) संसाधनों का सदुपयोग हो, (*iii*) समाज के सभी वर्गों को आर्थिक लाभ पहुँचता हो तथा (*iv*) पर्यावरण का कम-से-कम प्रदूषण होता हो। हरित अर्थव्यवस्था ऊर्जा एवं संसाधनों की दक्षता में वृद्धि करती है तथा पारिस्थितिकी को स्वस्थ दशा में बनाए रखती है।

हरित अर्थव्यवस्था का मानना है कि मानव संसाधनों का उपयोग करने के साथ-साथ उनको संजीवित एवं नवीनीकृत भी कर सकता है।

हरित बिजली (Green Electricity)

सूर्य-ऊर्जा, पवन-ऊर्जा, पन-बिजली, सागरीय लहरों तथा ज्वार-भाटे से प्राप्त होने वाली ऊर्जा तथा कूड़े-कचरे से उत्पन्न की जाने वाली ऊर्जा को हरित बिजली कहते हैं। हरित ऊर्जा का संक्षिप्त वर्णन निम्न में प्रस्तुत किया गया है–

सूर्य ऊर्जा अथवा फोटोवाल्टिक ऊर्जा (Solar Energy or Photovoltaic (PV) Energy)

सूर्य ऊर्जा, हरित ऊर्जा का एक महत्त्वपूर्ण स्रोत है। सूर्य ऊर्जा समाप्त न होने वाली ऊर्जा (Non-exhaustible) है। यह विश्वसनीय है तथा इससे प्रदूषण भी नहीं फैलता।

सूर्य-ऊर्जा का उपयोग पानी गर्म करने, वातानुकूलन, घरों-दफ्तरों को गर्म रखने, मछली पालन, प्रशीतन (Refrigeration) इत्यादि में किया जाता है।

सूर्य ऊर्जा का उत्पादन सूर्य प्रकाश एवं ऊष्मा में परिवर्तन करके किया जाता है। सूर्य ऊर्जा का उत्पादन उन क्षेत्रों में सरलतापूर्वक होता है जहाँ आकाश मेघाच्छदित न रहता हो। इसके उत्पादन में सेमी-कंडक्टर का उपयोग होता है।

पृथ्वी के वायुमंडल में सौर ऊर्जा लगभग 1353 प्रति वर्ग मीटर प्राप्त होती है। सूर्य से प्राप्त होने वाली ऊर्जा विश्व की ऊर्जा माँग का 1000 गुणा है। विश्व के बहुत-से देशों में सूर्य ऊर्जा का उत्पादन आरंभ किया जा चुका है। भारत में सूर्य ऊर्जा सागर द्वीप (सुंदरवन) पश्चिम बंगाल, जोधपुर (राजस्थान), कल्याणपुर (अलीगढ़-उत्तर प्रदेश) तथा कोयंबटूर (तमिलनाडु) में उत्पादित की जा रही है।

पन-बिजली (Hydropowar)

पन-बिजली एक नवीकरण ऊर्जा का साधन है। नदियों के जल को यदि पन-बिजली उत्पादन के लिये यदि इस्तेमाल न किया जाये तो यह व्यर्थ सागर में जाकर मिल सकता है। पानी से चलने वाली टर्बाइन (Turbine) का इस्तेमाल पिछले सौ वर्षो से विश्व के विभिन्न देशों में किया जा रहा है। पन-बिजली उत्पादन के लिये नदियों तथा नहरों पर छोटे बड़े बाँध बनाए जाते हैं।

पन-बिजली उत्पादन भारत में 1879 में आरंभ हुआ था और पहला पन-बिजली उत्पादन दार्जिलिंग में शुरू हुआ था। भारत की ऊर्जा माँग का केवल 20 प्रतिशत भाग ही पन-बिजली से पूरा होता है, परंतु अभी तक भारत की नदियों के जल का सीमित उपयोग ही पन-बिजली उत्पादन के लिये हो रहा है। भारत की नदियों पर बाँध बनाकर पन-बिजली उत्पादन करने की अवश्यकता है। इस दिशा में जितना शीघ्र कार्य किया जाये देश के विकास के लिये बेहतर है।

न्यूक्लियर ऊर्जा (Nuclear Energy)

ऊर्जा की बढ़ती हुई माँग को देखते हुए तथा कोयला, पेट्रोलियम और प्राकृतिक गैस के घटते हुए भंडारों के पेशे-नजर, प्रमाणु ऊर्जा उत्पादन की महत्ता बढ़ती जा रही है न्यूक्लियर ऊर्जा उत्पादन के लिए यूरेनियम (Uranium) तथा थोरियम (Thorium) की आवश्यकता पड़ती है। भारत इन खनिजों में आत्म-निर्भर नहीं, इसलिए विदेशी आयात पर निर्भर करना पड़ता है। भारत में 27 परमाणु ऊर्जा कारखाने हैं जो देश की ऊर्जा माँग का केवल चार प्रतिशत आपूर्ति करते हैं।

पवन ऊर्जा (Wind Energy)

पवन ऊर्जा भी स्वच्छ एवं हरित ऊर्जा है। पवन ऊर्जा विशेष रूप से नीदरलैंड, डेनमार्क, फ्रांस, जर्मनी, नार्वे, स्वीडन, फिनलैंड, स्पेन, संयुक्त राज्य अमेरिका तथा चीन में उत्पन्न की जाती है। भारत में पवन ऊर्जा मुख्य रूप से तमिलनाडु, गुजरात के तटीय भागों में उत्पादित की जाती है।

पवन ऊर्जा उत्पन्न करने के लिए पवन की गति पाँच किलोमीटर प्रति घंटे से अधिक होनी चाहिए। भारत के सागर के तटीय भागों में वायु की रफ्तार प्राय: दस किलोमीटर प्रति घंटे से अधिक रिकार्ड की जाती है। पवन ऊर्जा उत्पन्न करने की अंडमान, निकोबार, प॰ बंगाल, ओडिशा, आंध्र प्रदेश, कर्नाटक, केरल, महाराष्ट्र, मध्य प्रदेश एवं जम्मू-कश्मीर में भारी संभावना है।

सागरीय लहरी ऊर्जा (Sea Waves Energy)

विश्व के बहुत-से देशों में सागरीय लहरों से बिजली का उत्पादन किया जा रहा है। इस प्रकार से उत्पादित की गई सागरीय लहरों से भी काफी मात्रा में बिजली पैदा की जा सकती है।

ज्वार-भाटा ऊर्जा (Tidal Energy)

सागरों में अमावस तथा पूर्णिमा के समय ज्वार-भाटा से ऊँची लहरें उठती हैं। इन लहरों के द्वारा भी विद्युत उत्पादन किया जा रहा है। भारत में खंभात की खाड़ी में ज्वार भाटा की लहरों से बिजली पैदा की जाती है।

भूताप ऊर्जा (Geothermal Energy)

पृथ्वी के अंदरूनी भागों में जाते हुए तापमान में वृद्धि होती जाती है। विश्व के बहुत-से स्थानों पर गरम-पानी के चश्में/स्रोत हैं। इस गर्म पानी का उपयोग करके भी बहुत-से स्थानो पर बिजली का उत्पादन किया जा रहा है। इस विधि से आइसलैंड में विश्व में सबसे अधिक भू-ताप ऊर्जा (Geothermal Energy) का उत्पादन किया जाता है। दूसरे स्थान पर न्यूजीलैंड है। भारत में लद्दाख की पुग्गाघाटी (Pugga-Valley) तथा हिमाचल प्रदेश के मानिकरण (Manikaran) स्थानों पर भू-ताप ऊर्जा पैदा की जाती है।

बायोमास ऊर्जा (Biomass Energy)

बायोमास से भी स्वच्छ ऊर्जा का उत्पादन किया जाता है। इस प्रकार से बिजली पैदा करने के लिए, कृषि कूड़ा-करकट (Agricultural Waste) का उपयोग किया जाता है। इस प्रकार से ऊर्जा का एक टिकाऊ स्रोत नहीं माना जाता।

कचरा-भराई से उत्पन्न की जाने वाली ऊर्जा (Landfills)

नगरों एवं उद्योगों से निकलने वाले कचरे को एक स्थान पर एकत्रित किया जाता है जिसको लैंडफिल (Landfills) कहते हैं। इस प्रकार के कूड़े-कचरे से भी विद्युत का उत्पादन किया जा रहा है। एक अनुमान के अनुसार भारत इस विधि से 25,000 मिलियन घन मीटर गैस का उत्पादन कर सकता है तथा अवशेष का खाद के रूप में उपयोग किया जा सकता है।

पारिस्थितिकी ऋण (Ecological Debt)

पारिस्थितिकी ऋण में विकसित देशों के द्वारा विकासशील देशों के संसाधनों के अधिक उपयोग की भरपाई के लिये इस अवधारणा को आरंभ किया गया था।

यद्यपि पारिस्थितिकी ऋण की अवधारणा नई है, परंतु इसकी शुरुआत 17वीं शताब्दी में यूरोप में औद्योगिक क्रांति के समय आरंभ हो चुकी थी। बहुत-से विकसित देशों की उन्नति का आधार गरीब देशों के संसाधनों पर है। इसका एक उदाहरण जलवायु से साफ विदित होता है। जलवायु परिवर्तन के लिये विकसित देश जिम्मेदार हैं जिन्होंने लंबे समय तक हानिकारक गैसों का उत्सर्जन किया, परंतु इसके प्रतिकूल प्रभाव विकासशील देशों को भी भुगतने पड़ रहे हैं। विकासशील देशों के जंगलों को टिंबर तथा अन्य उपयोगों के लिये काटा जा रहा है। विकासशील देशों में मजदूरी के कारण अपने वनों तथा अन्य संसाधनों का निर्यात करना पड़ता है।

पारिस्थितिकी ऋण के चार घटक हैं- *(i)* कार्बन ऋण, *(ii)* बायोपाइरेसी (Biopiracy), *(iii)* पर्यावरण को होने वाली हानि, तथा *(iv)* विकसित देशों द्वारा खतरनाक कूड़ा-करकट का विकासशील देशों में भेजने पर रोक लगाना।

ब्लैक कार्बन (Black Carbon)

विश्व के विभिन्न देशों से विभिन्न मात्रा में ब्लैक कार्बन (Black carbon) का उत्सर्जन हो रहा है। जलवायु परिवर्तन में ब्लैक कार्बन की बड़ी भूमिका है। वास्तव में इसका स्थान CO_2 के पश्चात् दूसरा है। ब्लैक कार्बन के कण सूर्य से प्राप्त होने वाली ऊष्मा को तेजी से सोख लेते हैं। ब्लैक कार्बन का उत्सर्जन प्राकृतिक तथा मानवी दोनों ही कारणों से होता रहता है। यदि मानव लकड़ी तथा अन्य प्रकार से ईंधन को पूर्ण तरह से न जलाए तो उससे ब्लैक कार्बन का उत्सर्जन होता है। ब्लैक कार्बन के प्रमुख स्रोतों में डीजल-इंजन, खाना बनाने का चूल्हा (Cook Stove)। जंगलों में आग का लगना या लगाना एवं घरों में लकड़ी को ईंधन के तौर पर जलाना है। जलवायु परिवर्तन प्रक्रिया को कम करने के लिये ब्लैक कार्बन एवं CO_2 उत्सर्जन का नियंत्रण करना अनिवार्य है। ब्लैक कार्बन के कम करने और उस पर नियंत्रण पाने से मानव स्वास्थ्य पर भी अच्छा प्रभाव पड़ता है।

कार्बन डेट (Carbon Debt)

विश्व के विभिन्न देश भिन्न मात्रा में हानिकारक गैसों का उत्सर्जन करते हैं। उदाहरण के लिये संयुक्त राज्य अमेरिका में प्रति व्यक्ति प्रति वर्ष सात टन कार्बन निष्कासित करता है, जबकि भारत में प्रति व्यक्ति यह मात्रा केवल 0.5 टन है।

विकसित देशों में भारी मात्रा में ऊर्जा का उपभोग होता है जिससे वायुमंडल में प्रदूषण की मात्रा में वृद्धि होती है। इस प्रकार के प्रदूषण के विश्वव्यापी दुप्रभाव होते हैं। जलवायु परिवर्तन के कारण भयंकर बाढ़ तथा सूखे की परिस्थिति उत्पन्न होती रहती है। इन प्राकृतिक आपदाओं का प्रतिकूल प्रभाव विशेष रूप से विकासशील देशों पर पड़ता है।

प्राकृतिक आपदाओं से फसलें तबाह हो जाती हैं, सड़कें, राजमार्ग, रेल की पटरियाँ, घर टूट जाते हैं, जिनकी मरम्मत के लिये विदेशों से ऋण लेना पड़ता है। इसीलिये विकसित देशों को विकासशील देशों का ऋण चुकाने को कहा जाता है।

कार्बन उधार (Carbon Credit)

कार्बन उधार की अवधारणा क्योटो प्रोटोकाल का परिणाम था, जो 169 राष्ट्रों के मध्य हुई अंतर्राष्ट्रीय संविदा (International agreement) है। कार्बन उधार एक व्यापारी प्रमाण पत्र (tradable certificate) या परमिट है जो एक टन कार्बन या कार्बन डाइआक्साइड समकक्ष (tco_2e) उत्सर्जित करने का अधिकार देता है। एक कार्बन उधार एक टन कार्बन डाईआक्साइड के समकक्ष है या कुछ बाजारों में यह कार्बन डाई आक्साइड गैसों के समकक्ष है।

वह संस्था जो कार्बन उत्सर्जन के मानक स्तर से एक टन कम कार्बन या कार्बन डाइआक्साइड समकक्ष का उत्पादंन करती है उसे कार्बन उधार (Carbon credit) प्रदान किया जाता है। वे देश जो क्योटो प्रोटोकॉल के हस्ताक्षरकर्ता (signatories) हैं, उन्होंने 2012 तक गैसों के उत्सर्जन के नियमों के परिपालन की घोषणा की। इन दशाओं में एक कंपनी दो तरीके से उत्सर्जन को कम कर सकती है:

1. नयी तकनीक को अपनाकर या विद्यमान तकनीक को सुधारकर यह ग्रीन हाउस गैसों (GHG) को कम कर सकती है तथा गैसों के उत्सर्जन के नये प्रतिमान बना सकती है।
2. यह विकासशील देशों या उसकी कम्पनियों के साथ मिलकर उन्हें इको-मित्रता (eco-friendly) वाली नयी तकनीक अपनाने में सहायता प्रदान कर सकती है जिससे वे क्रेडिट (credit) प्राप्त कर पाएं। यह क्रेडिट कम्पनी को अपने ही देश में ग्रीन हाउस गैसों के उत्सर्जन का परमिट बन जाता है।

भारत व चीन जैसे विकासशील देशों की सबसे बड़े विक्रेता (sellers) तथा यूरोपीय राष्ट्रों की सबसे बड़े क्रेता (buyers) के रूप में उभरने की संभावना है। वर्तमान में चीन सर्वाधिक उधार (carbon credit) बेचने वाला देश है जो बाजार के लगभग 70 प्रतिशत भाग को नियंत्रित करता है। उल्लेखनीय है कि कार्बन का भी अन्य वस्तुओं की भाँति बहुवस्तु विनियम केन्द्र (Multi-Commodity Exchange) में व्यापार किया जाता है।

कार्बन कर (Carbon Tax)

कार्बन कर प्रोटोकाल द्वारा प्रयुक्त 'कैप एंड ट्रेड' (cap and trade) का संभावित विकल्प है। यह कर ईंधन जैसे कोयला, पेट्रोलियम तथा प्राकृतिक गैस में कार्बन की मात्रा पर आधारित होता है। इस कर का मुख्य उद्देश्य जीवश्मी ईंधन का प्रयोग कम करना है तथा अन्य ऊर्जा स्रोतों के प्रयोग करने को प्रोत्साहित करना है। कार्बन कर के लाभों का विवरण निम्नलिखित है:

पूर्वानुमान (predictability)

यह कर ऊर्जा की कीमत का पूर्वानुमान लगा सकता है जिससे ऊर्जा दक्षता व वैकल्पिक ईंधनों में निवेश में सहायता प्राप्त होती है।

कार्यान्वयन (Implementation)

कार्बन कर को 'कैप ट्रेड' प्रक्रिया की वैधानिक प्रक्रिया की अपेक्षा बहुत आसानी से प्रयुक्त किया जा सकता है।

सरल (Understandable)

कार्बन कर को आसानी से समझा जा सकता है।

हस्तक्षेप रहित (lack of manipulation)

कार्बन कर की सरलता के कारण विशेष हित समूह (special interest groups) इससे छेड़छाड नहीं कर सकते ।

छूट (Rabate)

करों के अन्य मानदण्डों की तरह कार्बन कर आम जनता को छूट भी देता है।

तालिका 6.4 चयनित राष्ट्रों में कार्बन का वर्तमान उत्सर्जन

क्रम सं.	देश	प्रतिवर्ष प्रतिव्यक्ति कार्बन डाइऑक्साइड का उत्सर्जन (मीट्रिक टन में)
1.	चीन	6.59
2.	यूएसए	15.53
3.	भारत	1.58
4.	रूस	10.19
5.	जापान	8.99
6.	जर्मनी	8.93
7.	शेष विश्व	19%

तालिका 6.4 का परीक्षण करने पर ज्ञात होता है कि सर्वाधिक मात्रा में कार्बन डाइऑक्साइड यू.एस.ए. द्वारा उत्सर्जित की जाती है जहाँ यह प्रतिवर्ष प्रतिव्यक्ति 15 मीट्रिक टन है, तदुपरांत रूस (10.19 मीट्रिक टन), जापान 8.99 तथा है। चीन में प्रतिवर्ष प्रतिव्यक्ति उत्सर्जन लगभग 6.59 मीट्रिक टन है जबकि भारत में यह प्रति व्यक्ति 1.58 मीट्रिक टन है।

कार्बन चिह्न/फुट प्रिंट (Carbon Footprint)

मानव अपने दैनिक जीवन मे काफी मात्रा में कार्बन डाइ ऑक्साइड निष्कासित करता रहता है और कार्बन के निशान धरती पर छोड़ता रहता है। दूसरे शब्दों में, यह मानव प्रक्रियाओं के पर्यावरण पर प्रभाव को दर्शाता है। इसका एक विशेष विधि के द्वारा अवलोकन किया जाता है।

कार्बन कुंड (Carbon Sink)

कार्बन सिंक किसी भी ऐसे स्थान अथवा वस्तु को कहते हैं जो कार्बन को सोख लेती है। जंगल/वन, मृदा, सागर, महासागर, जलाशय, वायुमंडल आदि सभी को कार्बन सिंक (कुंड) कहा जा सकता है। इन सभी में कार्बन सोखने की क्षमता होती है। मानव न बहुत-से कृत्रिम कार्बन सिंक (कुंड) भी बनाये हैं। उदाहरण के लिए *(i)* लैंड-फिल (Landfills) तथा *(ii)* कार्बन संचय स्थल।

कार्बन व्यापार (Carbon Trading)

कार्बन व्यापार का विचार 2002 में उत्पन्न हुआ। क्योटो प्रोटोकोल में कार्बन व्यापार पर विशेष विचार के पश्चात कार्बन का व्यापार आरंभ हुआ था। इसका मुख्य उद्देश्य ग्रीन हाउस गैसों पर नियंत्रण करना है। जो देश कम मात्रा में कार्बन का उत्सर्जन करते हैं वे अपना कार्बन का हिस्सा किसी अधिक कार्बन का उत्सर्जन करने वाले देश को बेच सकते है।

वृत्त अध्ययन (Case Study)

आंध्र प्रदेश के आदिलाबाद जिले में स्थित पावरगुड़ा गाँव (Powarguda Village) ने 147 टन कार्बन बेचा था जो वर्ल्ड बैंक (World Bank) ने अमेरिका से 645 डॉलर में खरीदा था। वर्ल्ड बैंक का स्टाफ इस क्षेत्र में 4500 पोन्गामिया वृक्षों (Pongamia Trees) से बायो-डीजल (Biodiesel) का उत्पादन कर रहा है। पेट्रोलियम के स्थान पर बायो-डीजल का इस्तेमाल करने से 147 MT कार्बन का उत्सर्जन कम हुआ जिससे वायु की गुणवत्ता पर अनुकूल प्रभाव पड़ा था। भारत के अन्य बहुत-से गाँवों में भी पावरगुड़ा गाँव की भाँति कार्बन की बिक्री (Sale) की जा रही है।

पर्यावरण शिक्षा, जागरूकता तथा प्रशिक्षण योजना. (Environment, Education, Awareness and Training Scheme) EEAT

भारत की केंद्र सरकार ने अपनी छठी पंचवर्षीय योजना 1983-84 में प्रारंभ की। इस योजना के प्रमुख उद्देश्य निम्नानुसार हैं:

(i) समाज के समस्त वर्गों के बीच पर्यावरणीय जागरूकता को प्रोत्साहित करना।

(ii) अनौपचारिक तरीके से पर्यावरणीय शिक्षा का प्रसार करना।

(iii) औपचारिक शिक्षा क्षेत्र में शैक्षणिक व प्रशिक्षण सामग्री का विकास करना।

(iv) पर्यावरणीय शिक्षा का विद्यमान शैक्षाणिक/वैज्ञानिक संस्थाओं के द्वारा प्रोत्साहित करना।

(v) पर्यावरण शिक्षा, जागरूकता तथा प्रशिक्षण से संबद्ध मानवशक्ति का विकास करना।

(vi) पर्यावरणीय मुद्दों से संबद्ध जागरूकता को बढ़ाने हेतु गैर-सरकारी संगठनों जनसंचार संगठनों तथा अन्य संबंधित संस्थाओं को प्रोत्साहित करना।

(vii) पर्यावरणीय जागरूकता से संबद्ध महत्वपूर्ण संदेश को विभिन्न संचार (आडियों व वीडियों) माध्यमों द्वारा प्रसारित करना।

(viii) संसाधनों व पर्यावरण के परिरक्षण व संरक्षण के लिए लोगों की भागीदारी पर बल देना।

अध्याय

7

जलवायु परिवर्तन (Climate Change)

परिचय (Introduction)

पृथ्वी के धरातल तथा समय में होने वाले तापमान एवं वर्षा की विसामान्यता (Deviation) को जलवायु परिवर्तन कहते हैं। वास्तव में यदि दीर्घकाल में पृथ्वी के तापमान एवं वर्षण के प्रतिरूपों में सार्थक परिवर्तन पाया जाये तो उसको जलवायु परिवर्तन कहते हैं।

वर्तमान समय में जलवायु परिवर्तन एक शोध का विषय बना हुआ है। जलवायु परिवर्तन के संबंध में वैज्ञानिकों ने बहुत-सी अवधारणाएँ प्रस्तुत की हैं, परंतु इनमें से कोई भी अवधारणा जलवायु परिवर्तन के कारणों की पूर्ण व्याख्या नहीं करती। कुछ विद्वानों का विचार है कि पृथ्वी और सूर्य की उपस्थिति और कोण में अंतर आ रहा है, परंतु जलवायु परिवर्तन एक जटिल समस्या है, क्योंकि मानव के द्वारा किया गया प्रदूषण और गर्म हानिकारक गैसों के उत्सर्जन को भी जलवायु परिवर्तन का प्रमुख कारण माना जाता है। मानव भारी मात्रा में ग्रीन हाउस गैसों का उत्सर्जन कर रहा है। नगरों में मानव का जलवायु पर प्रभाव साफ तौर पर देखा जा सकता है।

पृथ्वी पर प्रकाश और ऊष्मा का प्रमुख स्रोत सूर्य है। सूर्य के बाह्य भाग का तापमान लगभग 5438°C है, परंतु इस तापमान में थोड़ा-बहुत परिवर्तन होता रहता है। वैज्ञानिकों के एक अनुमान के अनुसार यदि सूर्य से आने वाली ऊष्मा में दो प्रतिशत की कमी हो जाये और यह कमी पचास वर्ष तक बनी रहे तो पृथ्वी पर हिम युग (Ice-Age) आ सकता है और यदि तापमान में 5 प्रतिशत की कमी हो जाये तो पृथ्वी के बहुत-से भागों पर हिमनद (Glaciers) फैल सकते हैं।

मानव इतिहास में बहुत-से प्रमाण मिलते हैं जिससे जलवायु परिवर्तन का पता चलता है। इन प्रमाणों में ऐतिहासिक रिकार्ड, डायरियाँ, भवन, इमारतें, कपड़े आदि सम्मिलित हैं।

जलवायु परिवर्तन एक निरंतर प्रक्रिया है और जलवायु परिवर्तन पृथ्वी की उत्पत्ति (4.6 बिलियन वर्ष) से लेकर आज तक होता रहा है। जलवायु परिवर्तन एक चक्र में होता है और यह चक्र बार-बार दोहराया जाता है। पृथ्वी के प्राचीन काल में बार-बार हिम युग और गर्म जलवायु युग आते-जाते रहे हैं।

जलवायु परिवर्तन की विभिन्न अवधारणाएं

जलवायु परिवर्तन के संबंध में बहुत-सी अवधारणाएँ प्रस्तुत की जाती रही हैं। इस संबंध में प्रमुख अवधारणाएँ भिन्न प्रकार हैं- (1) सूर्य कलंक का सिद्धांत, (2) वायुमंडल ज्वालामुखी (धूल) धूलीय विविधता का सिद्धांत (3) अभिप्रेरित सिद्धांत (4) महाद्वीपों के विस्थापन का सिद्धांत तथा (5) खगोलीय एवं कक्षीय सिद्धांत

1. सूर्य कलंक का सिद्धांत (Sunspot Theory)

भू-भौतिकी विदों (Geophysists) के अनुसार पृथ्वी पर जलवायु परिवर्तन में सूर्य कलंकों (Sunspots) की बड़ी भूमिका होती है। सूर्य-कलंक, सूर्य की बाह्य परत (Photosphers) पर उत्पन्न होने वाले वृत्ताकार काले क्षेत्रों (कलंकों) के रूप में होते हैं। सूर्य कलंकों के क्षेत्रों में सूर्य का तापमान आस-पास के क्षेत्रों से सूर्य का तापमान लगभग 1400°C कम रिकार्ड किया जाता है।

सूर्य कलंकों के बारे में सबसे पहले एशिया के विद्वानों ने 28 ई०पू० में पता लगाया था, परंतु दूरबीन (टेलिस्कोप) के आविष्कार के पश्चात् 16 वीं सदी से उनका निरंतर अध्ययन किया जा रहा है। सूर्य की बाह्य परत में उत्पन्न होने वाली सूर्य-कंलकों की किसी समय में संख्या पाँच या छः से लेकर सौ तक हो सकते हैं। सूर्य-कलंकों की संख्या में लगभग ग्यारह वर्ष के पश्चात् परिवर्तन देखा जाता है। एक हज़ार वर्षों के पश्चात् इनकी बारंबारता में अधिक परिवर्तन देखा जाता है।

2. वायुमंडल की गैसों के संयोजन में परिवर्तन का सिद्धांत (Theories about the changes in Atmospheric Composition)

वायुमंडल में कार्बन-डाइ-ऑक्साइड (Carbon-dioxide), नाइट्रिक ऑक्साइड (Nitric oxide), मिथेन (Methane), जलवाष्प (Water vapour) आदि की मात्रा में निरंतर परिवर्तन होता रहता है। औद्योगिक क्रांति (Industrial Revolution), के पश्चात, जबसे कोयले का इस्तेमाल बढ़ा है, तबसे वायुमंडल की गैसों की संरचना में तीव्र गति से परिवर्तन हो रहा है। *(चित्र 7.1 एवं 7.2)*

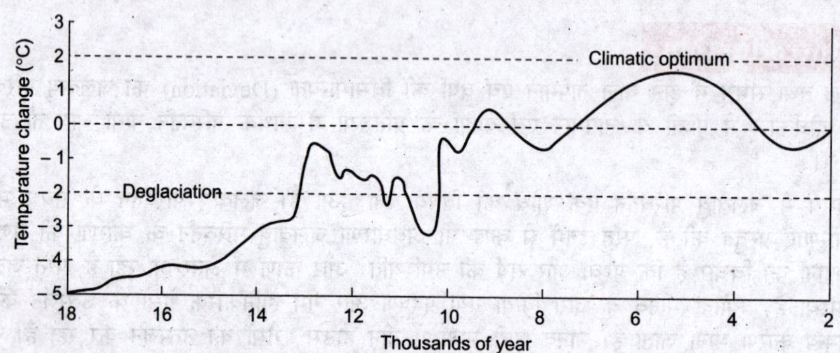

चित्र 7.1 विगत 18000 वर्षों के दौरान सतही तापमान की प्रवृति में परिवर्तन

(after J.E. Olioer and J.J. Hidore, 2003)

जलवायु परिवर्तन के बारे में कार्बन-डाइ-ऑक्साइड सिद्धांत, टी० सी० चैंबरलिन (T.C. Chamberlin) ने प्रस्तुत किया था। इस सिद्धांत के अनुसार, जलवायु परिवर्तन में कार्बन-डाइ-ऑक्साइड गैस की महत्त्वपूर्ण भूमिका है। यह गैस सूर्य-ऊष्मा के लिये पारदर्शी (Transparent) है। इस गैस को पार करके सूर्य से ऊष्मा पृथ्वी तक पहुँचती है, परंतु विकिरण (Radiation) के द्वारा पृथ्वी धरातल से अंतरिक्ष को जाने वाली ऊष्मा को यह गैस रोक लेती है, जिसके कारण तापमान में वृद्धि एवं जलवायु परिवर्तन होता है। वायुमंडल में कार्बन-डाइ-ऑक्साइड की मात्रा इस प्रकार वायुमंडल तथा पृथ्वी के तापमान में वृद्धि करती है और जलवायु परिवर्तन का कारण बनती है।

एक अनुमान के अनुसार वर्तमान समय में वायुमंडल में कार्बन-डाइ-ऑक्साइड की मात्रा 410 ppm (parts per million) है। 21 वीं शताब्दी के अंत तक इस गैस की मात्रा बढ़कर 500 ppm (parts per milion) होने की संभावना है। यदि कार्बन-डाइ-ऑक्साइड की मात्रा इसी प्रकार बढ़ती रही तो वर्ष 2050 में इसकी मात्रा वायुमंडल में दोगुणी हो जायेगी, जिसके फलस्वरूप 2050 में पृथ्वी के तापमान में (1.5°C से 2°C) तक की वृद्धि हो सकती है।

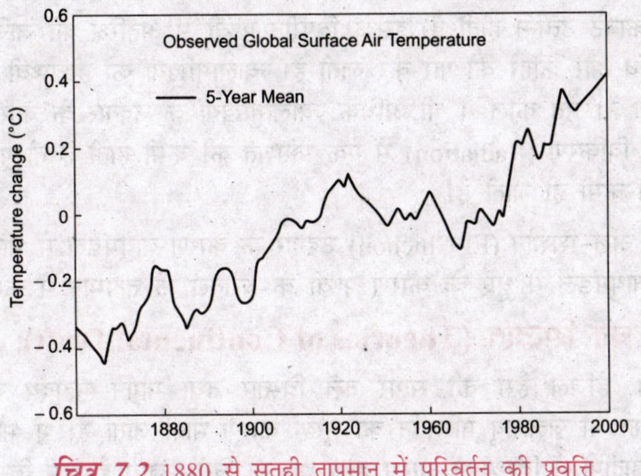

चित्र 7.2 1880 से सतही तापमान में परिवर्तन की प्रवृत्ति

(*Source:* H. Wilson and J. Hansen)

वायुमंडल में CO_2, CH_4 तथा CFC_5 गैसों की मात्रा में निरंतर वृद्धि हो रही है। एक अनुमान के अनुसार वर्ष 1980 से 2001 के बीच महासागरों की ऊपरी परत के तापमान में 0.11°C की वृद्धि हुई है। *(चित्र 7.3)* इस तापमान की वृद्धि का मुख्य कारण सागरीय स्तर में परिवर्तन माना जा रहा है।

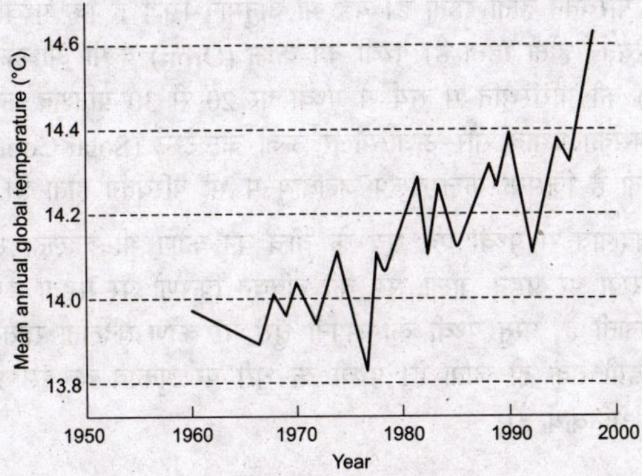

चित्र 7.3 1950-2000 ईस्वी के दौरान सतही तापमान में परिवर्तन की प्रवृति

मिथेन (CH_4) मी ग्रीन हाऊस गैस है। वैज्ञानिकों के अनुसार, वायुमंडल में मिथेन गैस की मात्रा में निरंतर वृद्धि हो रही है। इस गैस की मात्रा में पिछले दशकों में एक प्रतिशत की वृद्धि मापी गई है। हिम की परतों (Ice-Sheets) में 500 से 2700 वर्ष पूर्व मिथेन की मात्रा 0.77 ppm थी, जबकि वर्तमान में यह मात्रा बढ़कर 1.77 ppm हो गई है।

एक अनुमान के अनुसार, वायुमंडल की तापमान वृद्धि में गैसों की भागीदारी लगभग 25 प्रतिशत है। वायुमंडल के निचले भाग में गैसों पर बैंगनी (Infrared) गैसों को सोख लेती है, जिसके कारण वायुमंडल के तापमान में वृद्धि हो जाती है।

3. ज्वालामुखी (धूल) सिद्धांत (Volcanic Dust Theory)

ज्वालामुखी उदगार का एक मुख्य कारण माना जाता है। ज्वालामुखी उदगार से भारी मात्रा में धुआं आदि वायुमंडल में प्रवेश कर जाता है। ज्वालामुखी से उत्सर्जित सल्फर-डाइ-ऑक्साइड गैस (Sulfur-dioxide-gas) जब वाष्प में मिश्रित हो जाती है जिससे एक घनी धुंध अथवा कोहरा उत्पन्न हो जाता है। इस प्रकार के धुंध एवं कोहरे से सूर्य से आने वाली किरण गों तथा ऊष्मा के रास्ते में रुकावट उत्पन्न होती है। इसके विपरीत पृथ्वी से अंतरिक्ष को जाने वाली विकरण (Terrestrial Radiation) की लहरें इस धुंध और कोहरे को पार कर जाती हैं। ज्वालामुखियों को ही पृथ्वी पर लघु हिम युग (Little Ice Age) का आगमन माना जाता है। भूत काल में भी अधिक ज्वालामुखियों के उदगार के कारण लघु हिम युग आते रहे हैं। एक अनुमान के अनुसार यदि विकिरण (Radiation) में एक प्रतिशत की कमी होती है तो पृथ्वी के तापमान में 1.2°C से लेकर 1.5°C तक तापमान में कमी हो जाती है।

मैक्सिको (Mexico) के अल-शिशोन (El-Chichon) उदगार के कारण वायुमंडल में भारी मात्रा में धुँआ इत्यादि प्रवेश कर गया था। भारी मात्रा में वायुमंडल में धुएँ के कारण पृथ्वी के धरातल के तापमान में कमी आ गई थी।

4. महाद्वीपीय विस्थापन का सिद्धांत (Theories of Continental Drift)

वेग्नर का महाद्वीपीय सिद्धांत, हेजिल हैस की सागर तल विस्तार तथा मार्गन महोदय का प्लेट विवर्तनिकी सिद्धांत (Plate Tectonic Theory) को भी जलवायु परिवर्तन का मुख्य कारण माना जाता है। भू-भौतिकी के विद्वानों के अनुसार लगभग 30 करोड़ वर्ष पूर्व महाद्वीपों में विस्थापन आरंभ हुआ था, जो निरंतर जारी है। इस विस्थापन के कारण विषुवत रेखा के स्थान में भी परिवर्तन होता रहता है। महाद्वीपों के विस्थापन के कारण जलवायु में परिवर्तन होता रहता है। इस दिशा में वैज्ञानिकों का शोध कार्य जारी है।

5. खगोलीय एवं कक्षीय सिद्धांत (Astronomical or Orbital Theory)

पृथ्वी पर ऊष्मा एवं प्रकाश का एकमात्र स्रोत सूर्य है। वैज्ञानिकों ने यह सिद्ध कर दिया है कि पृथ्वी की अपनी कक्षा (Orbit) के उत्केंद्रता (Eccentricity) में परिवर्तन होता रहता है। यह भी अनुमान सिद्ध है कि पृथ्वी की कक्षा (Orbit) में 90,000 से 100,000 वर्षों के पश्चात् परिवर्तन होता रहता है। पृथ्वी की कक्षा (Orbit) कभी अधिक दीर्घ वृत्तीय (Elliptical) कक्षा के दौरान उपसौर (Periphelian) की परिस्थिति में सूर्य से पृथ्वी पर 20 से 30 प्रतिशत ऊष्मा अधिक आती है। पृथ्वी की सूर्य से दूरी बदलती रहती है, जिसका प्रभाव सौर-ऊर्जा/सौलर ऊर्जा कानटेस्ट (Solar Contest) पर पड़ता है जिससे पृथ्वी के तापमान में परिवर्तन होता रहता है जिसके फलस्वरूप जलवायु में भी परिवर्तन होता है।

पृथ्वी की सूर्य से दूरी में बदलाव से पृथ्वी एवं सूर्य के बीच का कोण भी बदलता रहता है। इस बदलाव का प्रभाव विषुवत रेखा, कर्क रेखा, मकर रेखा पर पड़ने वाली सूर्य की लंबवत किरणों पर पड़ता है। वर्तमान समय में पृथ्वी अपनी धुरी पर 23.5 डिग्री का कोण बनाती है, परंतु पृथ्वी का अपनी धुरी पर कोण बदलता रहता है, जो कम से कम 22 डिग्री तथा अधिक-से-अधिक 24.5 डिग्री तक हो जाता है। पृथ्वी के धुरी पर झुकाव के इस प्रकार के परिवर्तन से पृथ्वी पर तापमान में वृद्धि एवं कमी होना अनिवार्य है।

6. पृथ्वी के धरातल पर मानव के द्वारा उत्पन्न किये जाने वाले परिवर्तन (Human Induced Changes in Earth's Surface)

पृथ्वी के इतिहास में मानव की उत्पत्ति एक बहुत बाद की घटना मानी जाती है। इस संक्षिप्त इतिहास में मानव ने पृथ्वी के धरातल पर भारी परिवर्तन किये हैं। मानव ने जबसे आग का इस्तेमाल करना शुरू किया है तब से मानव द्वारा पर्यावरण में तीव्रता से परिवर्तन होता आ रहा है। लगभग दस हजार वर्ष पूर्व मानव ने कृषि आरंभ की तथा पशुओं को पालतू बनाना आरंभ किया था। फसलों को उगाने के लिये जंगलों को काटा जाने लगा। कहा जाता है कि ऊष्ण कटिबंध में सवाना घास के मैदानों का मुख्य कारण जंगलों को काटा जाना है और उसमें आग लगाना है।

वास्तव में जंगलों के काटने से ही से फसलों का उगाना संभव हो सका था। तीव्र गति से जनसंख्या में वृद्धि तथा प्रौद्योगिकी में विकास के कारण जंगलों का ह्रास और भी तीव्र होता गया। ब्रिटेन में औद्योगिक क्रांति के पश्चात कच्चे माल (Raw Material) की माँग बढ़ी, जिसकी आपूर्ति के लिये जंगलों को काटकर कृषि के क्षेत्र का विस्तार हुआ, औद्योगिकीकरण, नगरीकरण में तीव्रता आई और पर्यावरण में परिवर्तन होता गया। समय के बीतने पर जीवाश्म-ईंधन (Fossil Fuel) के इस्तेमाल में वृद्धि हुई, जिससे वायुमंडलीय ग्रीन हाउस गैसों से पर्यावरण में तीव्रता आती गई।

7. अन्य सिद्धांत

कुछ खगोलीय विद्वानों के अनुसार, हमारी पृथ्वी समय-समय पर अंतर-तारकीय बादल व धूल (Intersteller-dust) से गुजरती है। इस प्रक्रिया से पृथ्वी के तापमान में वृद्धि होती जाती है। वर्तमान काल में मानव के द्वारा जीवाश्म-ईंधन का बढ़ता हुआ इस्तेमाल जलवायु परिवर्तन का प्रमुख कारण माना जा रहा है। मानव के द्वारा पृथ्वी के तापमान में वृद्धि निम्न प्रकार से हो रही है–

विश्व वायुमंडल तापमान में वृद्धि (Increase in Air Temperature)

इस बारे में सभी वैज्ञानिक सहमत हैं कि पृथ्वी एवं वायुमंडल के तापमान में वृद्धि हो रही है। तापमान में होने वाली वृद्धि को NASA के वैज्ञानिकों ने निम्न प्रकार से वर्णन किया है-

विश्व का तापमान बढ़ रहा है, जलवायु की पेटियों में परिवर्तन हो रहा है, हिमनदियाँ (Glaciers) पिघल रहे हैं, सागरीय-स्तर ऊँचा उठ रहा है और लगता है आने वाले समय में इन प्रक्रियाओं में वृद्धि होगी, क्योंकि कार्बन-डाइ-ऑक्साइड, मीथेन तथा अन्य ग्रीन हाउस गैसों के उत्सर्जन में वृद्धि हो रही है और यह सब मानव द्वारा संसाधनों के दुरुपयोग के कारण हो रहा है।

पिछले 18,000 वर्षों में पृथ्वी के होने वाले तापमान परिवर्तन को *मानचित्र 7.1* में दिखाया गया है। *मानचित्र 7.1* के अध्ययन से पता चलता है कि अब से 18,000 वर्ष पूर्व पृथ्वी का तापमान लगभग-5°C था, लगभग 9000 वर्ष पूर्व 0°C जो इस समय बढ़कर लगभग 15°C हो गया।

तापमान परिवर्तन प्रवृत्ति (Trend) को *मानचित्र 7.2* में दिखाया गया है। इस *आरेख 7.2* के अध्ययन से पता चलता है कि केवल बीसवीं शताब्दी में लगभग 0.5°C की वृद्धि हुई है। चिंता की बात यह है कि समय के साथ-साथ वृद्धि दर बढ़ रही है। उदाहरण के लिए बीसवीं शताब्दी के पहले 50 वर्षों की तुलना में अंत के पचास वर्षों में तापमान में अधिक वृद्धि हुई है। *आरेख 7.3* से यह भी पता चलता है कि 1950 में पृथ्वी का औसत तापमान लगभग 14°C था। वे गैसें जो अवरक्त विकरण को अवशोषित व विकीर्णित करती हैं उन्हें ग्रीनहाउस गैसें कहा जाता है। ये गैसें वातावरण में प्राकृतिक व मानवीय प्रक्रियाओं द्वारा लायी हो सकती हैं।

ग्रीन हाउस गैसें (Greenhouse Gases)

विशेषज्ञों के अनुसार वायुमंडल में मानव द्वारा कार्बन-डाइ-ऑक्साइड, जलवाष्प, मीथेन, क्लोरोफ्लोरोकार्बन (CFC) इत्यादि गैसों का अधिक उत्सर्जन किया जा रहा है जिसके कारण पृथ्वी के तापमान में निरंतर वृद्धि हो रही है। इनमें से प्रमुख गैसों के प्रभाव को संक्षिप्त में प्रस्तुत किया गया है।

कार्बन-डाइ-ऑक्साइड तथा विश्व तापमान वृद्धि (Carbon-Dioxide and Global Warming)

कार्बन-डाइ-ऑक्साइड तथा जलवाष्प वायुमंडल को गर्म करने तथा पृथ्वी के तापमान में वृद्धि करने वाली सबसे प्रमुख ग्रीन हाउस गैसें हैं। यह गैसें सूर्य की ऊष्मा को पृथ्वी पर आने तो देती हैं, परंतु ऊष्मा के विकिरण (Radiation) में रोधक होती हैं। इस प्रकार से पृथ्वी के तापमान में वृद्धि हो जाती है।

जैसाकि ऊपर वर्णन किया जा चुका है, ब्रिटेन में 17वीं शताब्दी के पश्चात कोयले का भारी मात्रा में इस्तेमाल होने लगा था, जिसके कारण कार्बन-डाइ-ऑक्साइड के उत्सर्जन में भारी वृद्धि हुई। साथ-ही-साथ भारी मात्रा में विश्वभर में वनों को काटा गया जिसके परिणामस्वरूप वायुमंडल में लगभग 10 बिलियन मीट्रिक टन कार्बन-डाइ-ऑक्साइड प्रति वर्ष निष्कासित की जा रही है। पृथ्वी के तापमान वृद्धि में 60 प्रतिशत भागीदारी (Co_2) की मानी जाती है। वायुमंडल की निचली परत में कार्बन-डाइ-ऑक्साइड (Co_2) की मात्रा को *तालिका 7.1* में दिखाया गया है।

तालिका 7.1 वायुमंडल की निचली परत में कार्बन डाइ ऑक्साइड की मात्रा

वर्ष	CO_2 की मात्रा (%)	प्रति मिलियन अंश
1800	0.020	200
1950	0.028	280
2000	0.037	370
2050 (अनुमानित)	0.60	600

तालिका 7.1 के अध्ययन से पता चलता है कि वायुमंडल में वर्ष 1800 में (Co_2) की मात्रा 0.02 प्रतिशत थी जो 21वीं सदी में बढ़कर 0.06 प्रतिशत तक हो रही है।

वायुमंडल में कार्बन-डाइ-ऑक्साइड तथा जलवाष्प की मौजूदगी से पृथ्वी के तापमान को 15°C के आस-पास रखने में सहायता मिलती है। यदि यह गैसें वायुमंडल में न होतीं तो पृथ्वी का तापमान घटकर –19°C रह जाता और पृथ्वी पर जीवन (Life) असंभव हो जाती। इसलिये मानव जीवन, वनस्पति तथा पशु-पक्षी एवं जीव-जंतु एक प्रकार से ग्रीन हाउस गैसों के आभारी हैं, परंतु पिछले लगभग 150 वर्षों में जनसंख्या में तीव्र वृद्धि तथा उपभोक्तावाद के कारण वायुमंडल में कार्बन-डाइ-ऑक्साइड गैस की मात्रा में भारी वृद्धि हो रही है।

मीथेन एवं भूमंडल में तापमान वृद्धि (Methane and GlobaL Warming)

कार्बन-डाइ-ऑक्साईड के साथ-साथ वायुमंडल में मीथेन की मात्रा भी बढ़ रही है। परिणामस्वरूप भूमंडल के तापमान वृद्धि में तीव्रता आ गई है। इस तापमान वृद्धि की प्रवृत्ति को *आरेख 7.4* में दिखाया गया है।

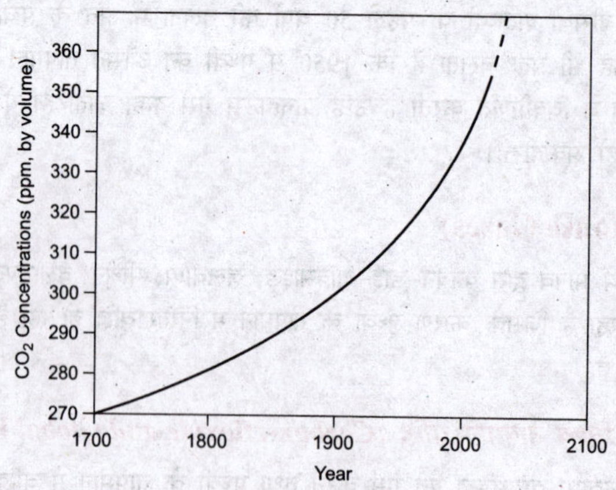

चित्र 7.4 1799 ईसवी से कार्बन डाइ ऑक्साइड की मात्रा में वृद्धि

मीथेन गैस के उत्सर्जन में पिछले कुछ दशकों में 50 प्रतिशत की वृद्धि हुई है। विशेषज्ञों के अनुसार पृथ्वी के तापमान वृद्धि में मीथेन की भागीदारी लगभग 12 प्रतिशत है।

क्लोरोफ्लोरोकार्बन (CFC's) एवं तापमान वृद्धि (Chloroflurocarbon and global Warming)

क्लोरोफ्लोरो कार्बन (CFC's) गैसों का उत्सर्जन मुख्यत: पोलिमर (Polymers), क्लोरीन, फलोरीन तथा कार्बन इत्यादि से होता है। यह गैसें वायुमंडल की दूसरी परत स्ट्रेटोस्फियर (Stratosphere) में प्रवेश कर जाती हैं तथा ओज़ोन परत को हानि पहुँचाती हैं।

हिमकारी प्रक्रिया एवं भूमंडलीय तापन (Cryogenic/Cryergic Process and Global Warming)

मृदा का पाले तथा हिमांक बिंदु से नीचे तापमान को स्थायी तुषार (Permafrost) कहते हैं। विश्व की बर्फ से ढकी चादरों के भूभाग (Ice-sheets) तथा हिमांक बिंदु से नीचे तापमान वाली मृदा को हिममंडल (Cryosphere) कहते हैं। पृथ्वी के लगभग 20 प्रतिशत भाग पर हिम-मंडल फैला हुआ है।

भूमंडल के ताप वृद्धि का एक प्रमुख कारण हिम मंडल (Cryosphere) भी है। विश्व की हिम परत के पिघलने तथा हिमनदी (Glaciers) का क्षेत्रफल कम होने अथवा पिघलने के कारण भी पृथ्वी के तापमान में वृद्धि हो रही है। तापमान वृद्धि से हिमनद (Glaciers) तथा बर्फ-चादरें (Ice-sheets) पिघलती जाती हैं। हिम के पिघलने से चरागाहों एवं कृषि भूमि के क्षेत्रफल में वृद्धि होती हैं। यह प्रभाव साइबेरिया एवं उत्तरी अमेरिका के उत्तरी प्रदेशों में विशेषकर देखा जा सकता है। *(चित्र 7.5 तथा 7.6)*

वर्तमान में अंटार्कटिका महाद्वीप, ग्रीनलैंड आदि से इस बात के प्रमाण मिले हैं कि इन क्षेत्रों में बर्फ तेजी से पिघल रही है और बहुत-से स्थानों पर घास उगने लगती है।

कार्बन-डाइ-ऑक्साइड जब बर्फ के संपर्क में आती है तो इससे बर्फ के तापमान में वृद्धि होती रहती है। बर्फ से जो एल्बिडो (Albedo) होता है उससे वायुमंडल का तापमान बढ़ जाता है जिससे बर्फ और भी अधिक मात्रा में पिघलती है और भूतापन में वृद्धि होती है।

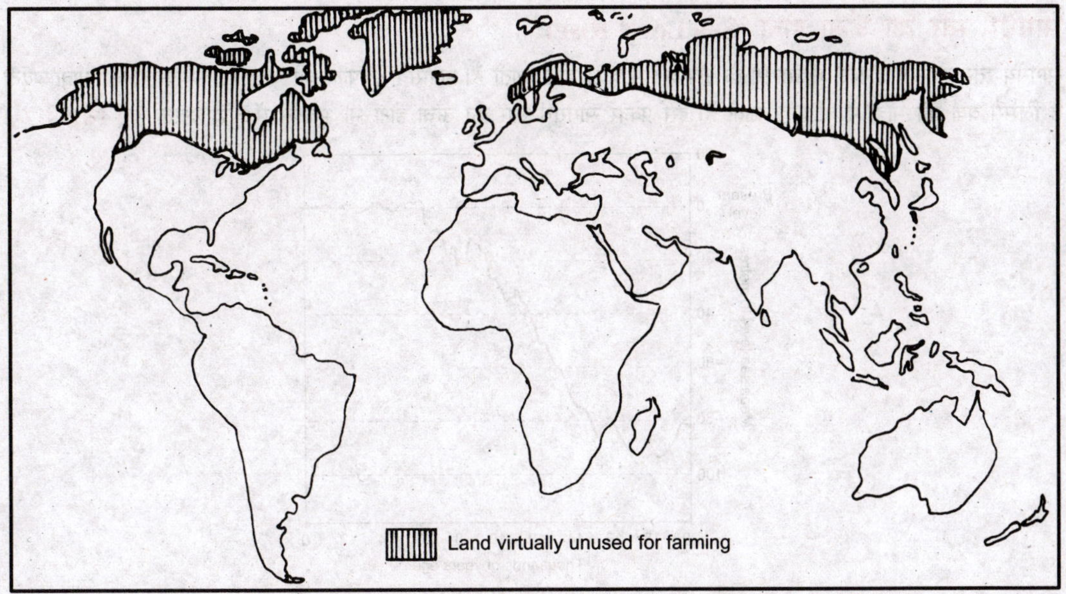

चित्र 7.5 कृषि योग्य भूमि की सीमा - 2019

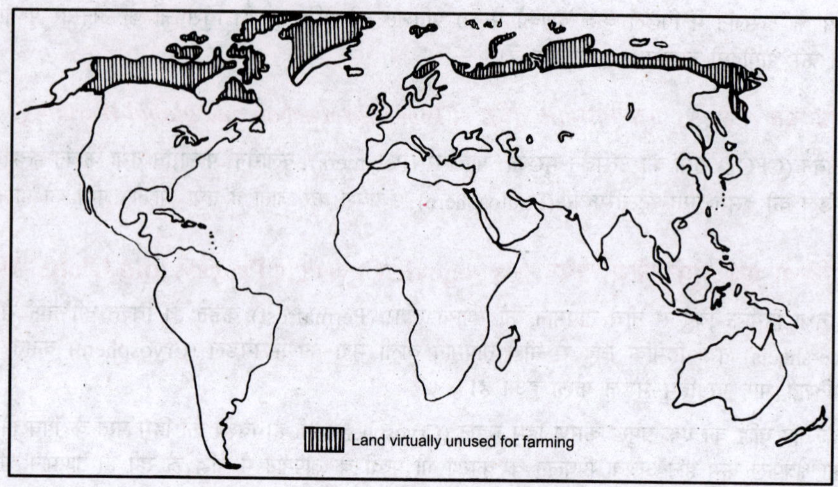

चित्र 7.6 कृषियोग्य भूमि की प्रदर्शित सीमा – 2050

ब्लैक कार्बन एवं जलवायु परिवर्तन (Black Carbon and Climate)

जब वायुमंडल में ब्लैक कार्बन के कणों की मात्रा अधिक होती है तो वे अधिक सूर्य ऊष्मा सोखते हैं जिससे पृथ्वी के तापमान में वृद्धि होती है। जब ब्लेक कार्बन के कण बर्फ की चादर पर जमा होते हैं, उससे बर्फ की ऊपरी परत के तापमान में वृद्धि हो जाती है।

सागरीय स्तर का ऊँचा होना (Sea Level Rise)

सागरीय स्तर के ऊँचे होने से महासागरों के क्षेत्रफल में वृद्धि होती जाती है। सागरीय क्षेत्रफल की वृद्धि से वाष्पकरण की मात्रा बढ़ती है जिससे वर्षा की मात्रा में वृद्धि हो जाती है। इस प्रकार सागरीय स्तर का ऊँचा होना भी भूतापन में वृद्धि करता है *(चित्र 7.7)*।

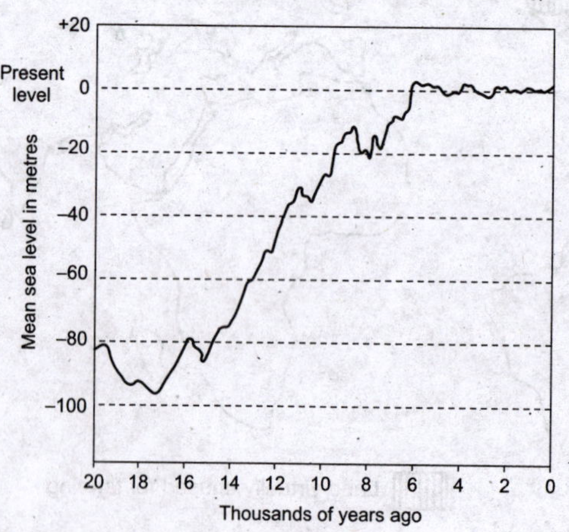

चित्र 7.7 समुद्र के स्तर में उतार चढ़ाव (फेयरब्रिज द्वारा एच. जे. क्रिचफील्ड में, 2002)

पृथ्वी तापन में वृद्धि के प्रमाण (Evidence of Global Warming)

जैसा कि ऊपर लिखा जा चुका है, अधिकतर वैज्ञानिक इस बात पर सहमत हैं कि पृथ्वी के तापमान में निरंतर वृद्धि हो रही है। इस तापमान वृद्धि के बहुत-से प्रमाण उपलब्ध हैं, जिनका संक्षिप्त विवरण नीचे प्रस्तुत किया गया है–

1. अंटार्कटिक महाद्वीप की बर्फ की परतों में दरारें पड़ रही हैं, बर्फ पिघल रही है तथा हिम शैलों (Icebergs) के आकारों एवं संख्या में प्रति वर्ष वृद्धि हो रही है।
2. पर्वतों के शिखर पर एवं ऊँचे पर पाये जाने वाले ग्लेशियर (Glaciers) पिघल रहे हैं।
3. सागरीय स्तर ऊँचा हो रहा है।
4. सागरों के तापमान में वृद्धि हो रही है।
5. उत्तरी गोलार्द्ध हिमांकमितीय (Cryosphere) क्षेत्रों का क्षेत्रफल घट रहा है।
6. आर्कटिक महासागर पर बर्फ की परत पतली होती जा रही है।
7. पर्वतों में वृक्ष रेखा (Treeline) ऊँची होती जा रही है।
8. ऊष्ण कटिबंध की बहुत-सी बीमारियाँ शीतोष्ण कटिबंध के देशों में फैलने लगी हैं।
9. वर्ष 2004 में मानव इतिहास में पहली बार अबुधाबी (Abu-Dhabi) के मरुस्थल में हिमपात रिकार्ड किया गया था, जिस पर वैज्ञानिकों को भारी आश्चर्य हुआ था।
10. अंटार्कटिका के हिममुक्त ढलानों पर प्राकृतिक वनस्पति नजर आने लगी है।
11. अल-नीनो (El-Nino) की बारंबारता में वृद्धि हो रही है।
12. वर्ष 1998 बीसवीं शताब्दी का सबसे गर्म वर्ष था।
13. बीसवीं शताब्दी के 10 में से 7 सबसे गर्म वर्ष 1990 के दशक में रिकार्ड किए गये थे।
14. दशक 1990 बीसवीं शताब्दी का सबसे गर्म दशक था।
15. बीसवीं शताब्दी मानव इतिहास की सबसे गर्म शताब्दी थी।
16. अंटार्कटिक में पेंग्विनों (Penguin) की जनसंख्या में तेजी से कमी आ रही है।
17. प्रवाल भित्तियों (Coral Formations) में बीमारियाँ फैल रही हैं। वैज्ञानिकों के अनुसार सागरों के तापमान में वृद्धि, प्रवाल भित्तियों में बीमारी का मुख्य कारण है।
18. भारत, बांग्लादेश, इंडोनेशिया, मलेशिया, थाइलैंड, फिलीपींस तथा पेरू में अनियमित रूप से वर्षा की तीव्रता में वृद्धि भी जलवायु परिवर्तन का एक मुख्य कारण माना जा रहा है।
19. भारत में पश्चिमी विक्षोभ (Western Disturbances) की बारंबारता में वृद्धि हो रही है।
20. भारत में बे-मौसम का कोहरा पड़ना, उत्तरी भारत के मैदानों में 27 अप्रैल, 2012 को ग्रीष्म ऋतु में कोहरे की घनी चादर छा गई थी। इसको भी जलवायु परिवर्तन के लक्षणों में से एक लक्षण माना जा रहा है।
21. दार्जिलिंग (पश्चिम बंगाल) की पहाड़ियों में अप्रैल 2012 के समय हिमपात का होना जलवायु परिवर्तन के लक्षणों में से एक लक्षण माना जा रहा है।
22. भारत सरकार ने संयुक्त राष्ट्र संघ को सूचित किया है कि भारत के कुछ भागों के तापमान में असाधारण वृद्धि हो रही है। तापमान में असाधारण वृद्धि होने वाले क्षेत्रों में कच्छ (गुजरात) एक है।
23. जनवरी 2013 में यूरोप के देशों में भारी हिमपात जलवायु परिवर्तन के कारण माना जा रहा है।

24. माउंट कीनिया के ग्लेशियर (Glaciers) पिघलकर लगभग समाप्त हो चुके हैं।
25. आल्पस पर्वत के ग्लेशियर लगभग आधे पिघल चुके हैं।
26. उत्तराखंड के 16 जून, 2013 के मेघ विस्फोट (Cloud burst) को भी जलवायु परिवर्तन के कारण माना जा रहा है।
27. कश्मीर, हिमाचल प्रदेश, बद्रीनाथ घाटी (उत्तराखंड) तथा नेपाल में 16 अक्टूबर 2014 को हुआ असामयिक भारी हिमपात।
28. अतिवादी घटनाएं जैसे गर्मी की लहर, शीत लहर, सूखा, टारनेडो तूफान तथा पश्चिमी विक्षोभों की संख्या में निरंतर वृद्धि हो रही हैं।

जलवायु परिवर्तन के परिणाम (Consequences of Climate Change)

जलवायु परिवर्तन के परिणाम जटिल एवं पेचीदा होते हैं। जलवायु परिवर्तन के परिणामों के बारे में भविष्यवाणी करना भी कठिन होता है, क्योंकि इस परिवर्तन में भौतिक, रासायनिक तथा जैविक प्रक्रियाएं सम्मिलित होती हैं। वायु एवं वर्षण के प्रतिरूपों पर तापमान परिवर्तन का प्रभाव वर्षा के वितरण तथा वायु की राशि पर पड़ता है। तापमान की वृद्धि पर सागरों का स्तर ऊँचा हो जाता है। सागरीय स्तर पर (Sea-Beaches) जलमग्न हो जाता है तथा कुछ द्वीपों पर सागर में डूबने का खतरा उत्पन्न हो जाता है। ऐसी परिस्थितियों में अकाल की परिस्थिति उत्पन्न हो जाती है, भूस्खलन (Landslide), हिमस्खलन (Avalanches), हरिकेन (Hurricanes), प्राकृतिक आपदाओं (Natural Hazards) तथा विध्वंस आपात की बारंबारता बढ़ जाती है। विशेषज्ञों के अनुसार जलवायु परिवर्तन का प्रभाव प्रादेशिक जलवायु पर पड़ता है, तापमान एवं वर्षण के प्रतिरूपों में बदलाव आता है, मृदा की नमी प्रभावित होती है और वायु राशियाँ (Air Masses) की भौतिक विशेषताएँ बदल जाती हैं।

यद्यपि अधिकतर वैज्ञानिक इस बात से सहमत हैं कि जलवायु परिवर्तन से तापमान में वृद्धि हो रही है, परंतु इसका वर्षा के प्रतिरूप पर क्या प्रभाव पड़ेगा, इस बारे में विश्वास के साथ नहीं कहा जा सकता। जलवायु परिवर्तन के संभावित परिणामों को संक्षिप्त में नीचे में दिया गया है–

1. सागरीय स्तर में परिवर्तन (Sea Level Changes)

जलवायु परिवर्तन के फलस्वरूप सागरीय स्तर (Sea level) ऊँचा हो सकता है। एक अनुमान के अनुसार 21वीं शताब्दी के अंत तक सागर का स्तर दो से तीन मीटर हो सकता है। सागर स्तर ऊँचा होने से तटीय भाग जलमग्न हो सकते हैं और कुछ द्वीपों के डूबने का खतरा पैदा हो सकता है। एक अनुमान के अनुसार सबसे बड़ा खतरा मालदीव, प्रशांत महासागर, हिंद महासागर अंटार्कटिका महासागर की प्रवाल भित्तियों (Coral-Formation) को है। विश्व की कुल नगरीय जनसंख्या का लगभग 50 प्रतिशत सागरीय तटों पर बसा हुआ है। सागरीय स्तर ऊँचा होने से तटीय नगरीय जनसंख्या बुरी तरह प्रभावित हो सकती है। सागरीय परिस्थितिकी तंत्र (Marine Eco system) में भी भारी परिवर्तन उत्पन्न हो सकता है।

2. वायुमंडलीय पवनों के प्रतिरूपों तथा जलधाराओं की दिशा में परिवर्तन (Atmospherie Circulation and Changes in the Direction of Ocean Currents)

महासागर/जलमंडल तथा वायुमंडल एक-दूसरे के संपूरक (Complimentry) हैं। मानव की प्रक्रियाओं से वायुमंडल में भेजे गये प्रदूषण के विश्वव्यापी (Global) खराब परिणाम हुये हैं। महासागरों के तापमान तथा लवणता में परिवर्तन होने से सागरीय जलधाराओं के प्रतिरूपों, दिशा एवं गति में परिवर्तन हो जाता है।

3. अंतर-ऊष्ण कटिबंधीय अभिसरित क्षेत्र का उत्तर दिशा में खिसकना (Northward Movement of the Inter-Tropical Convergence Zone)

जलवायु परिवर्तन के कारण अंतर-ऊष्ण कटिबंधीय अभिसरित क्षेत्र अथवा उष्ण कटिबंधीय अमिसरित क्षेत्र (Inter-Tropical Convergence Zone ITCZ) उत्तर की ओर खिसक सकता है, जिसके कारण ऊष्ण मरूस्थलों में अधिक वर्षा रिकार्ड की जा सकती है। इसका प्रभाव मानसून की उत्पत्ति, ऊष्ण-कटिबंधीय चक्रवातों (Tropical Cyclone) तथा शीतकटिबंधीय चक्रवातों (Temperate Cyclone) की उत्पत्ति पर भी पड़ सकता है। जलवायु परिवर्तन से उष्ण मरुस्थल उत्तरी गोलार्द्ध में उत्तर की ओर खिसक सकती है और दक्षिणी-पक्षियों, जीव-जंतुओं तथा पेड़-पौधों पर पड़ेगा। फलस्वरूप गर्म मरुस्थलों तथा आर्द्र मरुस्थलों की पारिस्थितिकी (Ecology) तथा पारितंत्र (Ecosystem) में परिवर्तन हो जाएगा।

4. ऊष्ण कटिबंधीय चक्रवातों की संख्या में वृद्धि (Increase in the Number of Tropical Cyclone)

जलवायु परिवर्तन से चूँकि सागरों के तट जलमग्न हो जाएँगे, इसलिये सागरों के क्षेत्रफल में वृद्धि होगी। परिणामस्वरूप सागरों तथा महासागरों से वाष्पीकरण की प्रक्रिया में वृद्धि होगी। अधिकतर मूसलाधार वर्षा होगी। ऐसी मूसलाधार वर्षा से अचानक बाढ़ की संभावना बढ़ जाएगी।

5. वर्षा के प्रतिरूपों में परिवर्तन (Change in the Pattern of Precipitation)

जलवायु परिवर्तन के कारण वर्षा की पेटियाँ उत्तरी गोलार्द्ध में उत्तर की ओर तथा दक्षिणी गोलार्द्ध में दक्षिण की ओर खिसक सकती हैं। यदि मध्य अक्षांशों की वर्षा के प्रतिरूपों की ओर खिसक सकती है। यदि मध्य अक्षाशों की वर्षा के प्रतिरूपों में परिवर्तन होगा तो यह वर्षा के दिनों में वृद्धि के दिनों के रूप में नहीं, बल्कि वर्षा के कम दिनों में अधिक मूसलाधार वर्षा के रूप में होगी। मूसलाधार तीव्र वर्षा से बाढ़, भूस्खलन (Landslides), हिमस्खलन (Avalanches) तथा प्राकृतिक आपदाओं में वृद्धि होगी। मृदा अपरदन (Soil Erosion) की संभावना बढ़ जाएगी।

6. मृदा एवं प्राकृतिक वनस्पति की पेटियों में परिवर्तन (Alternation in vegetation and Soil Belts)

सामान्यत: प्राकृतिक वनस्पति की पेटियाँ तथा मृदा पेटियाँ (Soil Belts) परस्पर व्यापन (Overlapping) होती हैं। यदि जलवायु परिवर्तन से वनस्पति की पेटियों में बदलाव होगा तो उसका प्रभाव मृदा पेटियों पर भी पड़ेगा। शीतोष्ण कटिबंध के कोण धारी वन (Coniferous Forest) उत्तरी गोलार्द्ध में उत्तर की ओर खिसक जाएँगी। एक अनुमान के अनुसार टैगा-वन (Taiga Forest) उत्तरी गोलार्द्ध में उत्तर की ओर 200 किलोमीटर खिसक जाएँगे।

7. हिमाच्छदित क्षेत्रों, कृषि भूमि तथा फसलों के प्रतिरूपों में परिवर्तन (Changes in Crysophere, Arable Land and Cropping Patterns)

सभी फसलों के सफलतापूर्वक उत्पादन के लिये किसी विशेष न्यूनतम तथा अधिकतम तापमान की आवश्यकता होती है। अनुकूल तापमान पर ही फसलें अधिक उत्पादन दे पाती हैं। कार्बन-डाइ-ऑक्साइड (Co_2) की वृद्धि से पेड़-पौधों में प्रकाश-संश्लेषण (Photosynthesis) प्रक्रिया में वृद्धि हो जाती है, जिसका प्रभाव उत्पादन पर पड़ता है, विशेषकर धान तथा दलहन की पैदावार बढ़ जाती है। यह उत्पादन वृद्धि 30 से 100 प्रतिशत तक हो सकती है।

हिमाच्छिदत प्रदेशों (Crysophere) में सूर्य की प्रतिबिंबता (Reflection) अधिक होती है। इस प्रतिबिंबिता को एलबीडो (Albedo) कहते हैं। हिम के क्षेत्रों में एलबीडो की मात्रा 95 प्रतिशत तक होती है। अधिक एलबीडो से वायुमंडल के तापमान

में वृद्धि हो जाती है। परिणामस्वरूप गर्म वायुमंडल के कारण बर्फ तेजी से पिघलने लगती है, जिससे धरातल के कुछ भागों में बर्फ पूर्णरूप से पिघल जाती है। धरातल की चट्टानें सूर्य की गर्मी को अपेक्षाकृत तेजी से सोखती हैं। चट्टानों की गर्मी से बर्फ तेजी से पिघलने लगती है। वायुमंडल में कार्बन-डाइ-ऑक्साइड की मात्रा बढ़ती जाती है और वायुमंडल के तापमान में वृद्धि हो जाती है, जो अंतत: जलवायु परिवर्तन का कारण बनती है।

बर्फ पिघलने से साइबेरिया, रूस, कनाडा (Canada), संयुक्त राज्य अमेरिका के कुछ प्रदेश कृषि एवं चरागाह योग्य बनते जा रहे हैं। दूसरे शब्दों में, उपरोक्त देशों में कृषि का क्षेत्रफल बढ़ रहा है। जलवायु परिवर्तन के कारण कुछ नये कृषि क्षेत्रों में जौ, चुकंदर तथा चारे (Fodder) की फसलें उगाई जाने लगी हैं।

8. मरुस्थलों का विस्तार

पृथ्वी पर तापमान में वृद्धि के कारण, वाष्पीकरण की प्रक्रिया तीव्र हो जाती है। मृदा से अधिक वाष्पीकरण से मरुस्थलीकरण बढ़ता है तथा रेगिस्तानों के क्षेत्रफल में वृद्धि होने की संभावना बढ़ जाती है।

9. खाद्य पूर्ति पर प्रभाव

वर्तमान समय में संयुक्त राज्य अमेरिका तथा कनाडा विश्व में सबसे अधिक अनाज की आपूर्ति करने वाले देश हैं। ये दोनों देश भारी मात्रा में विकासशील तथा विकसित देशों को अनाज का निर्यात करते हैं। यदि साइबेरिया और अलास्का (संयुक्त राज्य अमेरिका) की बर्फ पिघल जाये तो विश्व में अनाज के व्यापार के प्रतिरूपों में परिवर्तन हो सकता है।

10. पीने के पानी की आपूर्ति

जलवायु परिवर्तन का पीने के पानी की आपूर्ति पर भारी प्रभाव पड़ सकता है। विशेषज्ञों के अनुसार जल की मात्रा, गुणवत्ता तथा वितरण जल प्रणाली प्रभावित हो सकती है। अंतर्राष्ट्रीय नदियों के जल के बँटवारे की समस्या भी उत्पन्न हो सकती है।

11. विकासशील देशों की गरीब जनसंख्या में वृद्धि होगी

विश्व की लगभग 17 प्रतिशत जनसंख्या गरीबी रेखा से नीचे है। अधिकतर गरीब जनसंख्या ऊष्ण-कटिबंधीय तथा उपोष्ण कटिबंधीय (Tropical and Subtropical) देशों में रहती है। जलवायु परिवर्तन से इन लोगों के रोजगार एवं कारोबार पर विपरीत प्रभाव पड़ सकता है। गरीबी उन्मूलन में जलवायु परिवर्तन एक मुख्य रुकावट हो सकती है।

12. खाद्य सामग्री आपूर्ति को खतरा

जलवायु परिवर्तन से यदि फसलों का उत्पादन घटता है तो खाद्य पदार्थों का मूल्य ऊँचा हो जाएगा। संयुक्त राष्ट्र संघ के विशेषज्ञों के अनुसार खाने की वस्तुएँ 60 प्रतिशत महँगी हो जाएँगी। वास्तव में विश्व बाजार में खाने-पीने की वस्तुएँ महँगी होती जा रही हैं, जिससे गरीब लोगों के जीवन पर प्रतिकूल प्रभाव पड़ रहा है।

13. मानव स्वास्थ्य पर प्रभाव

अमेरिकन भूगोलवेत्ता हंटिंगटन महोदय के अनुसार जलवायु तथा मानव-स्वास्थ्य में प्रत्यक्ष संबंध है। मानव स्वास्थ्य पर तापमान, वर्षण एवं सापेक्षिक आर्द्रता इत्यादि का भारी प्रभाव पड़ता है। जलवायु परिवर्तन के कारण ऊष्ण कटिबंध (Tropical Zone) तथा शीतोष्ण कटिबंध (Temperate-Zone) में रहने वालों के स्वास्थ्य पर खराब असर पड़ सकता है। नाना प्रकार की नई बीमारियाँ फैल सकती हैं। बीमारी के कारण लोगों की कार्यक्षमता कम होगी, जिससे पूरे समाज पर प्रतिकूल प्रभाव पड़ सकता है।

14. अंतर्राष्ट्रीय व्यापार पर प्रभाव

सामान्यत: किसी वस्तु का अधिक उत्पादन करने वाले देश उन देशों को निर्यात करते हैं जहाँ उस वस्तु का उत्पादन कम तथा माँग अधिक हो। यदि रूस के साइबेरिया में जलवायु परिवर्तन के कारण कृषि का क्षेत्रफल बढ़ जाये तो रूस में अनाज इत्यादि का उत्पादन बढ़ जाएगा। फलस्वरूप, रूस जो अनाज एवं खाद्य पदार्थों का आयात करने वाला देश है, कृषि पदार्थों का निर्यात करने वाला देश बन जाएगा, जिससे अंतर्राष्ट्रीय व्यापार के प्रतिरूप में बदलाव होगा तथा अंतर्राष्ट्रीय व्यापार संगठनों का पुनर्संगठन होगा।

जलवायु परिवर्तन का भारत पर प्रभाव

जलवायु परिवर्तन तथा तापमान वृद्धि का प्रादेशिक एवं क्षेत्रीय स्तर पर प्रतिकूल प्रभाव पड़ता है। भारत के भारतीय मौसम संस्थान (Indian Institute of Tropical Meterology- IITM) के वैज्ञानिकों के अनुसार, 21वीं शताब्दी के अंत तक भारत के कुछ भागों के तापमान में 5°C तक वृद्धि हो सकती है। अधिक प्रभावित क्षेत्र में कच्छ (गुजरात) तथा राजस्थान का थार मरुस्थल सम्मिलित हैं। भीषण मौसम, तूफान, तीव्र वर्षा आदि में 50 प्रतिशत तक की वृद्धि हो सकती है *(मानचित्र 7.8 एंव 7.9)*। जलवायु परिवर्तन के भारत मे निम्न प्रतिकूल प्रभाव पड़ सकते हैं–

1. अप्रत्याशित मौसम (Unpredictable Weather)

जलवायु परिवर्तन से वर्षा की तीव्रता में वृद्धि होगी तथा वर्षा अंतराल में भी वृद्धि होगी। विशेषज्ञों के अनुसार औसत वर्षा में वृद्धि होगी; परंतु वर्षा के दिनों में कमी आयेगी। ऐसे मौसम के कारण बाढ़ तथा सूखे की बारंबारता में वृद्धि होगी। जलवायु परिवर्तन का अर्थव्यवस्था, समाज, पारितंत्र (Ecosystem), पर्यावरण तथा पारिस्थितिकी पर विपरीत प्रभाव पड़ सकता है। बारहवीं पंचवर्षीय योजना में भारत सरकार दो लाख करोड़ रुपये जलवायु परिवर्तन के मुद्दे पर खर्च करने का प्रावधान किया है।

2. हिमनदों का पिघलना तथा लुप्त होना (Melting and Disappearence of Glaciers)

हिमालय तथा कराकोरम पर्वतों के हिमनद (Glaciers) तीव्र गति से पिघल रहे हैं और उनका आकार छोटा हो रहा है। संयुक्त राष्ट्र (UNO) की जलवायु रिपोर्ट के अनुसार तापमान में वृद्धि के कारण हिमालय के कुछ ग्लेशियर पिघलकर वर्ष 2035 तक समाप्त हो जाएँगे। एक अध्ययन के अनुसार गंगा के स्रोत, गंगोत्री पर्वत पर गोमुख ग्लेशियर (Gaumukh Glacier) प्रति वर्ष 100 मीटर पिघल रहा है। ग्लेशियरों के पिघलकर समाप्त होने का भारत की अर्थव्यवस्था एवं समाज पर प्रतिकूल प्रभाव पड़ेगा।

3. बहुउद्देशीय योजनाओं पर प्रभाव (Impact on Multipurpose Projects)

एक अनुमान के अनुसार जलवायु परिवर्तन का बहुउद्देशीय योजनाओं पर भी खराब असर पड़ेगा। उदाहरण के लिए भाखड़ा नांगल बाँध, टिहरी बाँध, सलाल, दूलहस्ती, बगलियार (चिनाब नदी) परियोजनाओं तथा कोसी नदी परियोजना इत्यादि का जल स्तर ऊँचा होकर भारी बाढ़ का रूप धारण कर सकता है। इस प्रकार भारी बाढ़ आने से जान-माल की भारी हानि हो सकती है। उत्तरी भारत की नहरों पर प्रतिकूल प्रभाव पड़ सकता है। वर्ष 2035 के पश्चात उत्तर भारत की नदियों के जल अपवाह में भारी कमी आ सकती है।

4. सूखा एवं बाढ़ की बारंबारता में वृद्धि (Increase in the Frequency of Droughts and Floods)

यदि पृथ्वी के तापमान में निरंतर वृद्धि होती रही तो थोड़े समय में तीव्र मूसलाधार वर्षा होगी जिससे बाढ़ की बारंबारता बढ़

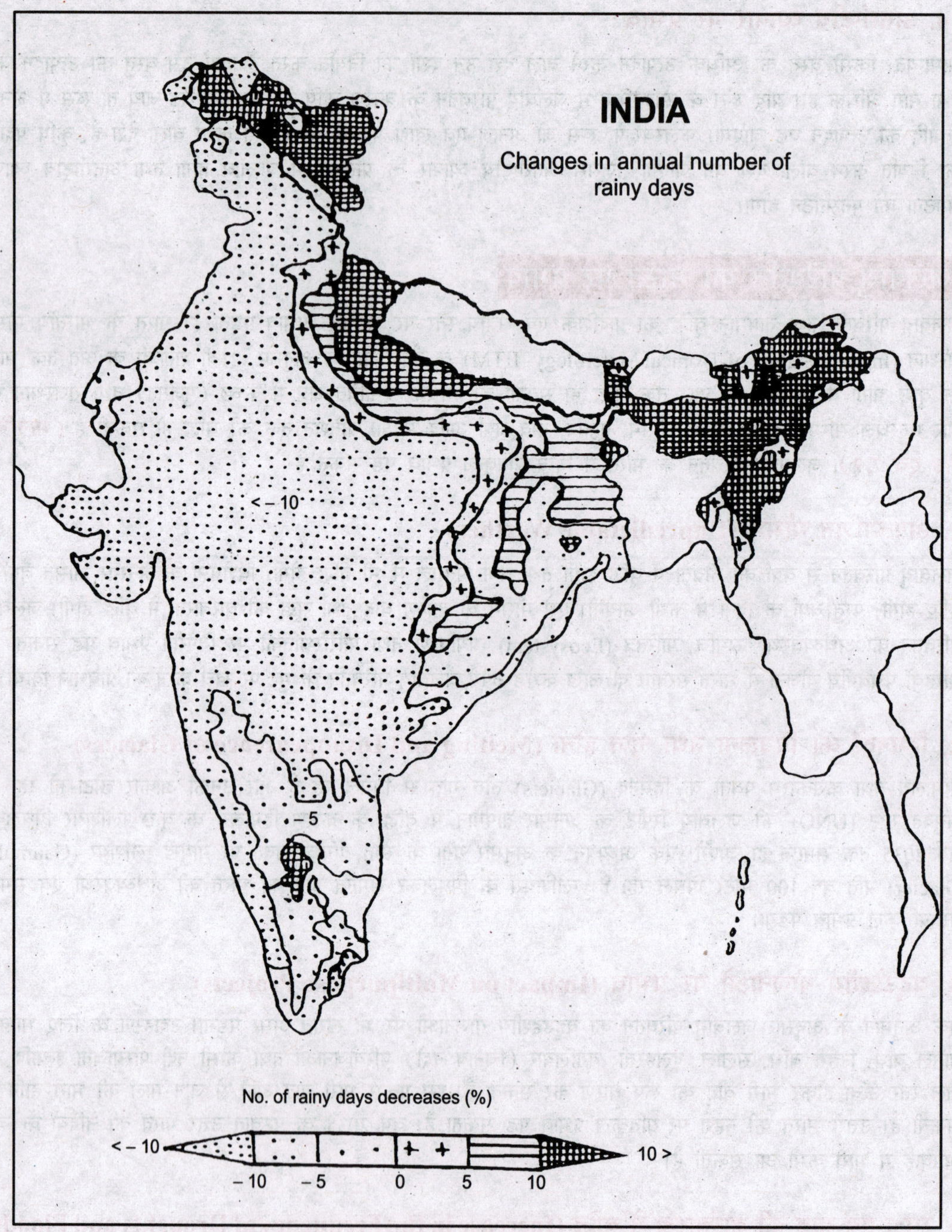

चित्र 7.8 भारत: वर्ष में वर्षा के दिनों की संख्या में परिवर्तन

(Source: Indian Institute of Tropical Meteorology)

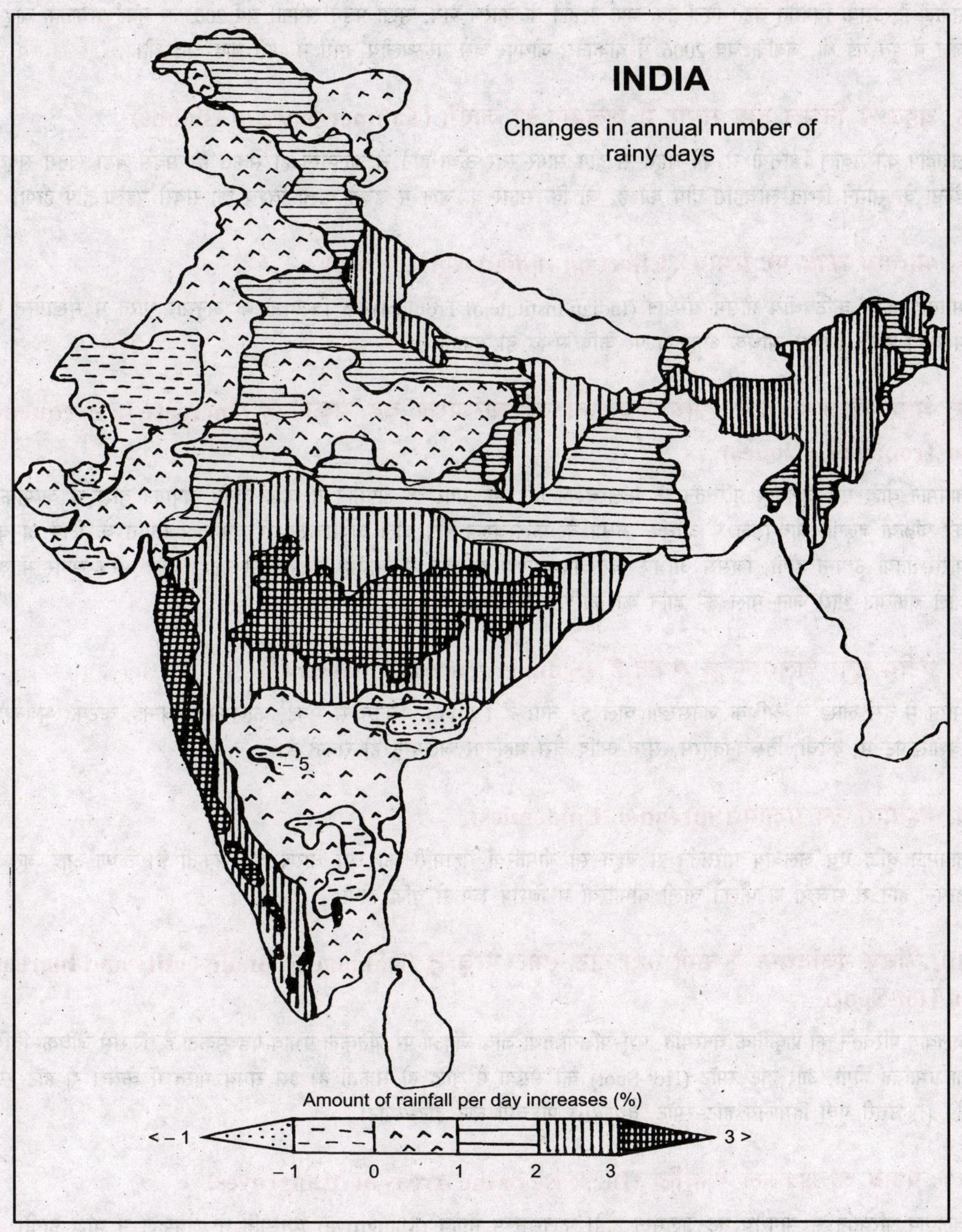

चित्र 7.9 भारत: वर्ष में वर्षा के दिनों की संख्या में परिवर्तन

(Source: Indian Institute of Tropical Meterology)

सकती है, इसके विपरीत बहुत दिनों तक वर्षा न होने के कारण प्रायः सूखा पड़ने लगेगा। वर्ष 2005 में मुंबई अचानक बाढ़ के जल में डूब गई थी, जबकि वर्ष 2006 में बीकानेर, जोधपुर जैसे मरुस्थलीय नगरों में भारी बाढ़ आई थी।

5. बहुत-से निचले द्वीप सागर में जलमग्न हो जाएँगे (Submergence of Islands)

लक्षद्वीप की प्रवाल भित्तियों से बने बहुत-से द्वीप सागर स्तर ऊँचा होने से जलमग्न हो सकते हैं। सबसे बड़ा खतरा सुंदरबन डेल्टा के सामने स्थित लोचहारा द्वीप को है, जो कि सागर के जल में डूबने वाला विश्व का सबसे पहला द्वीप होगा।

6. भारतीय कृषि पर प्रभाव (Effect on Indian Agriculture)

भारतीय ऊष्ण कटिबंधीय मौसम संस्थान (Indian Institute of Tropical) के विशेषज्ञों के अनुसार भारत में सूखाग्रस्त क्षेत्र में कमी होगी, जिससे अधिक क्षेत्रफल पर कृषि संभव हो सकती है।

7. भारत में ऊष्ण कटिबंधीय चक्रवातों की बारंबारता बढ़ सकती है (Increase in Frequency of Tropical Cyclones)

तापमान वृद्धि एवं जलवायु परिवर्तन के फलस्वरूप हिंद महासागर के तापमान में वृद्धि होगी। तापमान वृद्धि से वाष्पीकरण की प्रक्रिया बढ़ेगी। वायुमंडल में अधिक ऊष्मा के फलस्वरूप होने वाले वाष्पीकरण से चक्रवात उत्पत्ति के लिये अनुकूल परिस्थितियाँ उत्पन्न होंगी, जिससे अधिक चक्रवात आपदा के रूप में आएँगे। बंगाल की खाड़ी और अरब सागर में आने वाले चक्रवात भारी जान-माल की हानि का कारण बनते हैं।

8. तटीय नगर जलमग्न हो सकते हैं (Submergence of Coastal Cities)

भारत में दस लाख से अधिक जनसंख्या वाले 53 नगर हैं (2011), जिनमें से मुंबई, कोलकाता, चेन्नई, कटक, भुवनेश्वर, विशाखापट्टनम, कोची, तिरूवनंतपुरम, सूरत आदि जैसे महानगर जलमग्न हो सकते हैं।

9. महामारी का प्रकोप (Spread of Epidemics)

तापमान वृद्धि एवं जलवायु परिवर्तन से बहुत-सी बीमारियाँ महामारी का रूप धारण कर सकती हैं। ऊष्ण-आर्द्र जलवायु उत्पन्न होने से मच्छरों से फैलने वाली बीमारियों में विशेष रूप से वृद्धि होगी।

10. जैविक-विविधता में कमी तथा हॉट-स्पॉट में वृद्धि (Damage to Biodiversity and Increase in Hot-Spot)

जलवायु परिवर्तन का प्राकृतिक वनस्पति, पशु-पक्षियों तथा जीव-जंतुओं पर प्रतिकूल प्रभाव पड़ सकता है, जिससे जैविक-विविधता प्रभावित होगी, और हॉट-स्पॉट (Hot-Spot) की संख्या में वृद्धि हो सकती है। इस समय भारत में केवल दो हॉट-स्पॉट हैं- (i) उत्तरी पूर्वी हिमालय हॉट-स्पॉट, तथा (ii) पश्चिमी घाट हॉट-स्पॉट।

11. मैंग्रोव के क्षेत्रफल में वृद्धि (Increase in the Areas of Mangroves)

जलवायु परिवर्तन से सागरीय तट जलमग्न होंगे। फलस्वरूप मैंग्रोव (Mangrove) वनस्पति के क्षेत्रफल में वृद्धि होगी।

12. फलोद्यान के क्षेत्रफल में कमी (Reduction in Orchards Area and Prodoction)

शीतोष्ण कटिबंध के बगीचों के क्षेत्रफल में तापमान वृद्धि के कारण कमी आएगी अर्थात् सेब, संतरे, अंगूर, बादाम, अखरोट आदि के उत्पादन में कमी होगी।

13. पर्वतों की प्राकृतिक वनस्पति में कमी (Change in Altitudinal Zonation)

जलवायु परिवर्तन में पर्वतीय ढलानों पर प्राकृतिक वनस्पति में परिवर्तन सम्मिलित है। पर्वतों में वृक्ष रेखा (Tree Line) में भी परिवर्तन हो सकता है।

14. आयात तथा निर्यात पर प्रभाव (Impact on Export and Import)

जलवायु परिवर्तन से फसलों के क्षेत्रफल तथा प्रतिरूपों में परिवर्तन संभव है। अनाज के उत्पादन एवं कृषि से कच्चे माल के उत्पादन से व्यापार प्रभावित होगा।

15. गरीबी रेखा से नीचे जनसंख्या में वृद्धि (Increase in the Population Below the Poverty Line)

अमीर तथा गरीब के बीच का अंतराल बढ़ेगा। फलस्वरूप गरीब लोगों की जनसंख्या में वृद्धि होगी।

16. स्वाद में शून्यता (Decrease in taste)

जलवायु परिवर्तन के कारण खाद्य फसलों के स्वाद में कमी आ रही है।

तालिका 7.2 भारतीय कृषि के विभिन्न क्षेत्रों पर जलवायु परिवर्तन का संभावित प्रभाव

कृषि क्षेत्र (Agriculture Sector)	संभावित प्रभाव (Probable Impact)
फसल (crops)	1. परिवेशी कार्बन डाइऑक्साइड (ambient Co_2)की वृद्धि लाभदायक है क्योंकि इससे प्रकाश संश्लेषण में वृद्धि होती है। गेहूँ की पैदावार ग्रेन फिलिंग (grain filing) अवधि में कमी, वर्षा/सिंचाई में कमी के कारण कम होने की संभावना होती है। मौसम की अति जैसे बाढ़ तथा सूखे, चक्रवात, गर्मी की लहर (heat waves), शीत लहर (cold waves) इत्यादि। 2. शीत लहर, कोहरा तथा तुषार सरसों की खेती को तथा सब्जियों को नुकसान पहुँचा सकते हैं। 3. कृषि संबंधी जैव विविधता को बढ़ते तापमान तथा कम वर्षा से भी खतरा होता है।
जल (water)	1. उच्च मात्रा में वाष्पन-उत्सर्जन (evapo-transpiration) तथा बढ़ते तापमान की वजह से सिंचाई की मांग। 2. कुछ स्थानों पर भूमि जल स्तर में कमी। 3. हिमालय में हिमनदों के पिघलने से सिंधु, गंगा, ब्रह्मपुत्र तथा उनकी सहायक नदियों में जल की मात्रा में वृद्धि होती है। 4. भारत के विभिन्न भागों में जल-संतुलन का वितरण होगा। 5. समुद्री जल के अतिक्रमण से तटीय क्षेत्रों के जल की गुणवत्ता अधिक प्रभावित होगी।

मृदाएं (Soils)	1. जैविक पदार्थ निम्नतर हो जाएंगे। 2. मृदा का तापमान बढ़ने से कोशिका (capillary) क्रिया में वृद्धि होगी तथा मृदा की लवणता तथा क्षारीयता बढ़ेगी। 3. वर्षा जल के आयतन, आवृति तथा वायु में परिवर्तन से मृदा अपरदन में वृद्धि होती है।
मवेशी (livestock)	1. जलवायु परिवर्तन मवेशियों के चारे तथा आहार-उत्पादन (feed production) को प्रभावित करता है। 2. जल की अपर्याप्तता से आहार व चारा उत्पादन कम होता है। 3. जलवायु परिवर्तन से डेयरी के जानवरों में तापाघात (heat stress) में वृद्धि होगी जिससे उनकी कार्य निष्पादन क्षमता बुरी तरह प्रभावित होगी।
मत्स्य पालन (Fishery)	1. नदी व समुद्री जल का तापमान बढ़ने से मत्स्य उत्पादन (fish breeding), प्रवसन (migration) तथा उनके पालन पर प्रभाव पड़ता है। 2. तापमान बढ़ने तथा उष्ण कटिबंधीय चक्रवातीय गतिविधि में वृद्धि होने से समुद्री मछली को पकड़ने, उसके उत्पादन तथा विपणन कीमत पर प्रभाव पड़ता है। 3. उच्च समुद्री सतह के उच्च तापमान से प्रवाल ब्लीचिंग में वृद्धि होती है।

स्रोत: ICAR, Handbook of Agriculture.

जलवायु प्रभाव को कम करने के उपाय (Strategy for Mitigation of Climate Change)

जलवायु परिवर्तन के प्रतिकूल प्रभाव को कम करने के लिये निम्नलिखित उपाय उपयोगी सिद्ध हो सकते हैं-

1. वनरोपण (Afforestation)

सरकारी तथा गैर-सरकारी एजेंसियों (NGO's) के द्वारा वृक्षारोपण से पारिस्थितिकी तंत्र को अधिक उपयोगी तथा स्थिर बनाया जा सकता है। वृक्षारोपण से वनों का क्षेत्रफल बढ़ेगा, जिसका जलवायु पर प्रत्यक्ष एवं अप्रत्यक्ष रूप से अनुकूल प्रभाव पड़ता है। इस दिशा में सामाजिक वनरोपण की भूमिका भी महत्त्वपूर्ण है। भारत में बहुत-से क्षेत्र ऐसे हैं, जिनमें वृक्षारोपण किया जा सकता है।

2. ऊर्जा के परंपरागत संसाधनों का विकास (Development of Non-Conventional Sources of Energy)

वायुमंडल में परंपरागत ऊर्जा के साधनों के प्रयोग से बहुत धुआँ अर्थात् कार्बन-डाइ-ऑक्साइड की भारी मात्रा में उत्सर्जन होता है। वायुमंडल में कार्बन-डाइ-ऑक्साइड की कमी करने के लिये वृक्षारोपण की भूमिका बहुत महत्त्वपूर्ण है इसलिये परंपरागत ऊर्जा के विकल्प ढूँढ़ने होंगे। नये ऊर्जा के साधनों में सौर ऊर्जा, पन-ऊर्जा, पवन ऊर्जा, ज्वारीय ऊर्जा तथा भू-तापीय ऊर्जा (Geothermal Energy) सम्मिलित हैं। इनका उत्पादन एवं उपयोग बढ़ाया जाना चाहिए।

3. पर्यावरण के प्रति विश्व स्तर पर जागरूकता उत्पन्न करना (Global Awareness about Environment)

जलवायु परिवर्तन की समस्या के बारे में अंतर्राष्ट्रीय प्रादेशिक एवं स्थानीय स्तर पर जागरूकता फैलाने की आवश्यकता है। इसलिये इस मुद्दे पर बहुस्तरीय योजनाएँ तैयार करने की आवश्यकता है। साथ ही साथ बाढ़, सूखा, प्रदूषण, वनों में लगने वाली आग तथा महामारी का भी समाधान ढूँढ़ना होगा।

4. पर्यावरण शिक्षा (Environmental Education)

पर्यावरण एक अनिवार्य विषय के रूप में सभी कक्षाओं में पढ़ाए जाना चाहिए। पर्यावरण विषय नर्सरी कक्षा से लेकर, स्कूल, कॉलेज तथा विश्वविद्यालय स्तर पर पढ़ाया जाना चाहिए। विद्यार्थियों को पर्यावरण एवं प्रदूषण के संबंध में ट्रेनिंग दी जानी चाहिए। इस बारे में संगोष्ठी, सम्मेलन तथा सेमिनार आदि आयोजित किये जाने चाहिए।

5. हाइड्रोजन ऊर्जा (Hydrogen Energy)

विशेषज्ञों के अनुसार हाइड्रोजन-ईंधन जलवायु परिवर्तन का एकमात्र समाधान हो सकता है क्योंकि हमारे ब्रह्मण्ड (Universe) में इस तत्व की मात्रा सबसे अधिक है। हाइड्रोजन तत्त्वों को ऑक्सीजन के साथ प्रतिक्रिया करके हाइड्रोजन ऊर्जा का उत्पादन किया जा सकता है। उपयोगिता के बावजूद हाइड्रोजन ऊर्जा के उत्पादन में बहुत-सी तकनीकी रुकावटें हैं।

6. जैव-मास ऊर्जा (Biomass Energy)

जैव-मास (वनस्पति-सामग्री) भी ऊर्जा का एक महत्त्वपूर्ण स्रोत है। इससे वाहनों के लिये ऊर्जा उपलब्ध कराई जा सकती है। जैव-मास (Biomass) लकड़ी, कूड़ा-करकट, कचरे तथा जैव-ईंधन (Bio-fuels) से प्राप्त की जाती है। जैव-मास से एल्कोहल (Alcohal) तथा इथेनोल (Ethanol) भी तैयार की जाती है। जैव-मास ऊर्जा का मुख्य लाभ यह है कि इससे ग्रीन हाउस गैसों का उत्सर्जन कम होता है।

7. विकासशील देशों में जनसंख्या वृद्धि पर नियंत्रण (Control on Population Growth in the Developing Countries)

कुछ विशेषज्ञों के अनुसार, विकासशील देशों में तीव्र गति से बढ़ती हुई जनसंख्या प्रत्यक्ष एवं अप्रत्यक्ष रूप से जलवायु परिवर्तन का एक प्रमुख कारण है। अधिक जनसंख्या वृद्धि से विकास की गति मंद हो जाती है तथा विकास कार्यों से समाज को अधिक लाभ नहीं पहुँच पाता। "छोटा परिवार सुखी परिवार" का नारा (Slogan) घर-घर तक पहुँचना चाहिए।

8. विकसित देशों में उपभोक्तावाद पर अंकुश (Reduction of Consumerism in the Developed Countries)

विश्व के अधिकतर संसाधनों का इस्तेमाल विकसित देश करते हैं। संयुक्त राज्य अमेरिका, कनाडा जैसे देशों में उपभोक्तावाद चरम सीमा पर पहुँच चुका है। विकसित देशों के लोगों का जीवन-स्तर बहुत ऊँचा है। उपभोक्तावाद में संसाधनों का दुरूपयोग होता है। इन देशों में लोगों को फजूलखर्ची के प्रति जागरूक करने की आवश्यकता है।

वैश्विक शीतलन का विचार परस्पर विरोधी विचारधारा (Global Cooling-A Contradictory Opinion)

जैसाकि ऊपर विवेचना की जा चुकी है, विश्व के अधिकतर वैज्ञानिक इस बात से सहमत हैं कि पृथ्वी और वायुमंडल के तापमान में वृद्धि हो रही है, इसके कारण जलवायु परिवर्तन की संभावना बढ़ी हुई है। वैश्विक शीतलन (Global Cooling) के सिद्धांत के समर्थकों के विचार में ग्रीन हाउस गैसों के उत्सर्जन (Emission of Greenhouse Gases) से जलवायु परिवर्तन नहीं हो रहा बल्कि विश्व में हिम युग का आगमन हो रहा है।

वैश्विक शीतलन के समर्थकों के विचार में भविष्य की जलवायु के बारे में भविष्यवाणी करना कठिन कार्य है। जलवायु के बारे में जो मॉडल तैयार किये जाते हैं उनमें सूर्यतापन (Insolation), विकिरण (Radiation), बादल वाष्प (Vapours),

ऐरोसोल (Aerosols) तथा महासागरीय जलधारायें (Ocean Currents) शुद्ध एवं विश्वसनीय आँकड़े सम्मिलित नहीं किये जाते। इसलिये पृथ्वी के तापमान में वृद्धि के सिद्धांत को तर्कपूर्ण नहीं माना जा सकता।

वैश्विक शीतलन सिद्धांत के समर्थकों की राय में निकट भविष्य में पृथ्वी के तापमान में कमी के कारण हिम युग (Ice-age) का आगमन संभव है। ग्लोबल शीतलन (Global Cooling) का सिद्धांत ज्वालामुखियों के उदगारों पर आधारित है। उनके विचार में पिछले लगभग चालीस वर्षों में बड़े ज्वालामुखियों के उदगारों में भारी वृद्धि हुई है। इन विशाल ज्वालामुखियों से भारी मात्रा में धुआँ (Co_2), राख (Ash) तथा धूल (Dust) वायुमंडल में प्रवेश करते रहे हैं। उदाहरण के लिये मैक्सिको में 1982 के अल-चिचोन (El - Chichon), ज्वालामुखी से भारी मात्रा में धुआँ, राख तथा धूल वायुमंडल में 25 किलोमीटर की ऊँचाई तक पहुँच गई थी। इस धुएँ (Smoke) की मात्रा अधिक थी। लगभग 21 दिनों तक आकाश में धुएँ के बादल छाये रहे। अधिक धुएँ के कारण एल्बीडो (Albedo) की मात्रा में वृद्धि हुई। परिणामस्वरूप वायुमंडल के तापमान में 1.5°C की कमी आई।

बीसवीं शताब्दी का सबसे बड़ा ज्वालामुखी उदगार 1991 में माउंट पिनाटूबो के स्थान पर हुआ। पिनाटूबो (Pinatube) ज्वालामुखी के कारण विश्व तापमान पर भारी प्रभाव पड़ा है। वर्ष 2010 तथा 2011 में इसी प्रकार की भीषण घटनाएं आइसलैंड (Iceland) में हुईं, जिनका धुआँ एवं धूल यूरोप के देशों तक फैल गए थे। इन धुएँ के बादलों के कारण एल्बीडो (Albedo) की मात्रा बढ़ गई थी और पृथ्वी पर सूर्य की ऊष्मा कम आ सकी है। परिणामस्वरूप पृथ्वी का तापमान लगभग आधे से एक डिग्री सेंटीग्रेड कम हो गया था।

नीदरलैंड के वैज्ञानिक पाल क्रुटजन (Paul Crutzen) तथा जॉन ब्रिक (John Birks) ने एक शोधपत्र वायुमंडल परमाणु युद्ध के पश्चात दोपहर में संध्या" (The Atmosphere after Nuclear War : Twilight at Noon) लिखा। यह शोधपत्र रायल स्वीडिश एकेडमी आफ साइंस सोसाइटी के एंबिक जनरल (The Royal Academy of Science Publication Ambic) में 1982 में छपा था। इस शोध पत्र में परमाणु युद्ध के पश्चात् परमाणु शीत-ऋतु (Nuclear Winters) पर प्रकाश डाला गया है। इन विद्वानों के अनुसार परमाणु युद्ध का संपूर्ण पारिस्थितिकी (Ecology) जैवमंडल तथा जलवायु पर प्रतिकूल प्रभाव पड़ेगा। परमाणु हथियारों के कारण जंगलों, नगरों तथा ग्रामीण बस्तियों में आग लग जाएँगी। अग्नि-तूफान से जैव-मंडल (Biosphere) नष्ट होगा, सर्वत्र धुआँ छा जाएगा, आकाश में धुएँ के घने बादल छा जाएँगे।

जिनके फलस्वरूप एल्बीडो (Albedo) दर में वृद्धि होगी, सूर्य से धरती पर ऊष्मा कम आएगी, जिससे पृथ्वी का तापमान कम होगा और इस प्रकार हिम युग की शुरुआत हो जाएगी। इन परिस्थितियों के कारण पृथ्वी के तापमान में लगभग 25°C की कमी हो जाएगी। आधुनिक युग के इस प्रकार के परमाणु युद्ध के फलस्वरूप पृथ्वी की सभी जीव-प्रजातियाँ (Species) नष्ट हो जाएंगी या उन पर प्रतिकूल प्रभाव पड़ेगा।

अध्याय

8

प्राकृतिक खतरे तथा आपदा प्रबंधन (Natural Hazards and Disaster Management)

आपदाएं एवं प्राकृतिक खतरे (Disasters and Natural Hazards)

भौतिक भूगोल एवं भू-आकृति विज्ञान के विशेषज्ञो के लिए पर्यावरण तथा भौतिक आपदाएँ एक महत्त्वपूर्ण शोध का विषय है। मानव प्राचीन काल से ही प्राकृतिक आपदाओं से प्रभावित होता रहा है। प्राकृतिक आपदाएँ मानव के नियंत्रण से बाहर हैं। पर्यावरण आपदाओं में ज्वालामुखी, भूकंप, बाढ़ सूखा, बर्फीले तूफान (Blizzard), सुनामी, महामारी इत्यादि सम्मिलित हैं। इन प्राकृतिक आपदाओं के अतिरिक्त बहुत-सी आपदाओं के लिये मानव स्वयं जिम्मेदार है।

आपदा (Disaster)

प्राकृतिक आपदाओं तथा महाआपदाएँ से मानव सदैव से पीड़ित रहा है। महाविपदा प्राकृतिक कारणों से आती है, परंतु मानव समाज एवं परिस्थितिकी को भारी जान व माल का नुकसान पहुँचाती है। प्राकृतिक आपदाओं से मानव पीड़ित ही नहीं होता वह इनसे डरता भी है। महाविपदाओं के बारे में प्राय: भविष्यवाणी संभव नहीं होती तथा इनसे भारी तबाही होती है। महाविपदा से निपटने के लिये कुशल प्रबंधन की आवश्यकता होती है।

प्राकृतिक खतरे (Natural Hazards)

मानव के पूरे इतिहास में प्राकृतिक आपदाओं का प्रतिकूल प्रभाव पड़ता रहा है। वास्तव में मानव सभ्यता के आरंभ से प्राकृतिक आपदाओं ने मानव समाज को बार-बार प्रभावित किया है। प्राकृतिक आपदाओं ने प्राय: महाविपदाओं का रूप धारण किया है जिससे भारी तबाही मचती रही है। भूकंप तथा बाढ़ इसी प्रकार की महाआपदाओं में सम्मिलित हैं।

वर्ष 2010 की विश्व महाविपदा रिपोर्ट (World Disaster Report - 2010) के अनुसार वर्ष 2000 से 2009 के दौरान विश्व में 85 प्रतिशत प्राकृतिक महाआपदाओं से एशिया-प्रशांत महासागर में स्थिति देशों की जनसंख्या पर पड़ा है।

संयुक्त राष्ट्र संघ की (International Strategy for Disaster Reduction) 2011 की रिपोर्ट के अनुसार विश्व की बाढ़ से प्रभावित होने वाली जनसंख्या की 90 प्रतिशत जनसंख्या द० एशिया, दक्षिणी पूर्वी एशिया तथा एशिया-प्रशांत महासागर के देशों में रहती है। बाढ़ से प्रभावित होने वाले देशों में भारत, बांग्लादेश, पाकिस्तान सम्मिलित हैं। विश्व रिपोर्ट के अनुसार प्राकृतिक आपदाओं से प्रभावित होने वाले देशों में चीन के पश्चात भारत का दूसरा स्थान है।

आपदाओं के प्रकार (Types of Disasters)

मानव समाज को प्रभावित करने वाली आपदाओं को निम्न वर्गों में विभाजित किया जा सकता है-

1. **भूगर्भीय आपदाएँ (Geological Disasters):** ज्वालामुखी, भूकंप, सुनामी (Tsunami), भूस्खलन (Landslide), हिमस्खलन (Avalanche)।
2. **जलवायुविक आपदाएँ (Climate Disasters):** सागर का थल पर चढ़ना, जलाशयों में खरपतवार (Eutrophication) तूफान के कारण तटीय अपरदन (Storms associated Coastal erosion), बाढ़, सूखा तथा जंगलों में आग लगना।
3. **जैविक आपदाएँ (Biological Disasters):** महामारी तथा जनता की स्वास्थ्य संबंधी संकट (Epidemics and Public health Crisis)।
4. **प्रतिकूल तत्त्व (Hostile/elements):** युद्ध, उग्रवाद, अतिवाद (Extremism), चरमपंथीवाद तथा विद्रोह (Insurgency)
5. **मूलभूत सुविधाओं का विघटन होना (By disaster failure of major infrastructure facilities)**
6. **जनसमूह का नियंत्रण से बाहर होना (By large crowds getting out of control)**

पर्यावरण आपदाओं का एक संक्षिप्त वर्णन निम्न तालिका में दिया गया है। यूँ तो प्राकृतिक आपदाओं में निरंतर वृद्धि हो रही है, फिर भी प्रमुख विपदाओं का ब्यौरा निम्न प्रकार है-

तालिका 8.1 1948 से मुख्य 14 प्राकृतिक आपदाएं

वर्ष	अवस्थिति (Location)	प्रकार (Type)	मृत्यु (Dealth)
1948	सोवियत संघ (रूस)	भूकंप	110,000
1949	चीन	बाढ़	57,000
1954	चीन	बाढ़	30,000
1965	पूर्वी पाकिस्तान (वर्तमान बांग्लादेश)	ऊष्ण कटिबंधीय चक्रवात	36,000
1968	ईरान	भूकंप	30,000
1970	पेरू (Peru)	भूकंप	66,800
1970	पूर्वी पाकिस्तान (बांग्लादेश)	ऊष्ण कटिबंधीय चक्रवात	500,000
1971	भारत	ऊष्ण कटिबंधीय चक्रवात	30,000
1976	चीन	भूकंप	700,000
1990	ईरान	भूकंप	50,000
2001	भारत (भुज-गुजरात)	भूकंप	30,000
2004	सुमात्रा (इंडोनेशिया)	भूकंप	2,50,000
2005	टोहोकू (जापान)	भूकंप	30,000
2013	मंदाकनी (उत्तराखंड)	बादल-विस्फोट	लगभग 10,000

(*Source:* United Nations Environment Programme (UNEP)

ज्वालामुखी (Volcanoes)

भूपटल से निकलने वाले लावे के मुख पर एक भू-आकृति (Landforms) को ज्वालामुखी कहते हैं। मैग्मा जो पृथ्वी के अंदर उत्पन्न होता है उसका उदगार एक ज्वालामुखी का रूप धारण कर लेता है। भू-आकृति विज्ञान के विशेषज्ञ प्रो॰ होम्स महोदय के अनुसार, ज्वालामुखी एक नालिका (Vent) अथवा विदर (Fissure) को कहते हैं जिसके द्वारा पृथ्वी के अंदर से लावा भूपटल पर आता है। सामान्यतः ज्वालामुखी के मुख (Crater) पर एक शंक्वाआकार की भूआकृति बन जाती है, परंतु बहुत से ज्वालामुखियों में लावा पानी की भाँति उबलता रहता है।

ज्वालामुखी से निकलने वाला लावा वास्तव में पिघली हुई चट्टानें होती हैं। किसी ज्वालामुखी से लावा के अतिरिक्त राख, भाप, वाष्प, चट्टानों के टुकड़े (Tephra), स्पंज के टुकड़े (Pumice) तथा धूल इत्यादि बाहर निकलते हैं। वर्तमान समय में लगभग 1300 ज्वालामुखी हैं जिनमें से लगभग 600 ज्वालामुखी सक्रिय हैं।

ज्वालामुखी उदगार के कारण (Causes of Volcanic Eruptions)

ज्वालामुखी उदगार का संबंध प्लेट विवर्तनिकी (Plate Tectonis) एवं प्लेटों के विस्थापन से है। ज्वालामुखी उदगारों के मुख्य कारण निम्न प्रकार हैं–

1. भू-पटल की गहराई में जाते हुए प्रत्येक 32 मीटर के पश्चात तापमान में 1°C की वृद्धि होती रहती है। इस तापमान वृद्धि का प्रमुख कारण विघटनाभिक (Radioactive) का विघटन (Disintegration) होना है। परिणामस्वरूप एक विशेष गहराई पर तापमान में अधिक वृद्धि के कारण पिघलकर मैग्मा (Magma) का रूप धारण कर लेता है।
2. पृथ्वी की गहराई में जाते हुए शैलों का भार बढ़ता जाता है, इसके कारण ग्लांक बिंदु (Melting Point) कम होता जाता है, जिससे चट्टानें मैग्मा में परिवर्तित हो जाती हैं।
3. भू-पटल की परतों से जल रिसाव नीचे की परतों की ओर होता रहता है, गहराई में तापमान अधिक होने के कारण जल वाष्प में बदल जाता है, यह जलवाष्प ज्वालामुखी के साथ बाहर निकलती है।
4. मैग्मा (Magma) अथवा पिघली हुई चट्टानें जब भारी बल के साथ विदर (Vent) के द्वारा ऊपर आती है तो बहुत-से जलवाष्प, धूल, गैस और चट्टानों के टुकड़ों को बाहर फेंक देते है।
5. भू-पटल की बड़ी तथा छोटी प्लेटों का स्थान परिवर्तन करना तथा उनका खिसकना भी मैग्मा उत्पन्न करने में सहायक होता है और मैग्मा उदगार से ज्वालामुखी का निर्माण होता है।

ज्वालामुखी उद्‌गारों के प्रकार (Types of Volcanic Eruptions)

ज्वालामुखियों का वर्गीकरण कई प्रकार से किया जा सकता है, परंतु लैक्रोइक्स महोदय का 1908 का ज्वालामुखी वर्गीकरण अधिक स्वीकार्य है। लैक्रोइक्स महोदय के अनुसार उदगार के आधार पर ज्वालामुखियों को निम्न वर्गों में विभाजित किया जा सकता है–1. हवाईयन टाइप (Hawaiian), 2. स्ट्रांबोलियन (Strambolian) 3. वलकेनियन (Vulcanian) तथा 4. पीलियन (Pelean) *(चित्र 8.1)*

1. **हवाइयन उदगार (Hawaiian Type)**: इस प्रकार के ज्वालामुखी उदगार में लावा पानी की तरह तरल (Fluid) होता है जो उबलकर तीव्रता के साथ चारों ओर फैलता है। इस प्रकार के ज्वालामुखी उदगार में लावे के साथ गैस एवं जलवाष्प भी निकलती है। इसमें कोई विस्फोटक प्रक्रिया नहीं होती।
2. **स्ट्रांबोलियन अथवा शिखर मुख उदगार (Strambolian or Summit Crater Eurption)**: इस प्रकार के ज्वालामुखी का लावा, हवाई तुल्य प्रकार के ज्वालामुखी की तुलना में गाढ़ा होता है। उदगार के समय प्रायः विस्फोट

भी होता है। यह लावे के साथ-साथ चट्टानों के टुकड़े इत्यादि भी बाहर फेंकता है। इस प्रकार के ज्वालामुखी का नामकरण उत्तरी सिसली के निकट स्ट्रंबोली द्वीप पर स्थित ज्वालामुखी के आधार पर रखा गया है।

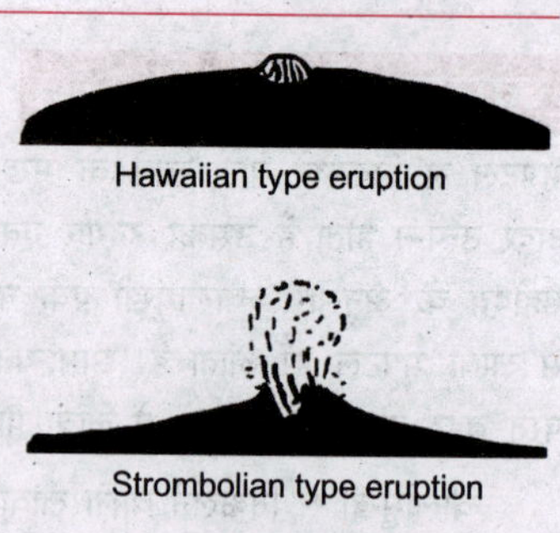

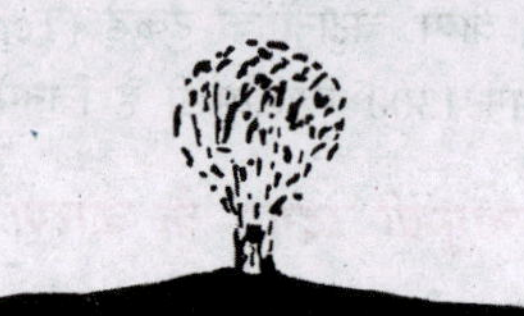

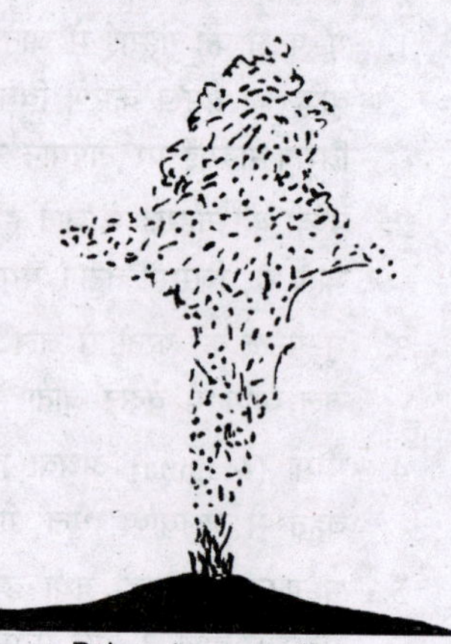

चित्र 8.1 ज्वालामुखी उदगार के प्रकार्य

3. **वलकेनियन उदगार (Vulcanian Eruption)**: इस प्रकार के उदगार का लावा तीव्रता से गाढ़ा एवं ठोस हो जाता है। इसकी लसलसाहट (Viscocity) अधिक होती है। इससे निरंतर विस्फोट होते रहते हैं। लावे के साथ-साथ ठोस पदार्थ, चट्टानों के टुकड़े, राख, जलवाष्प भी बाहर आते हैं। इस किस्म के ज्वालामुखियों की आकृति शंकु आकार की होती है।
4. **पीलियन उदगार (Pelean Eruption)**: पीलियन उदगार में लावा अत्यंत गाढ़ा होता है। इसमें प्रचंड विस्फोट होते हैं। इस प्रकार के उदगार की एक विशेषता नुए-अर्दाते (Nuee Ardentes) की उत्पत्ति एवं रचना होती है। इनमें काले रंग का धुआँ, गाढ़े बादलों का रूप धारण कर लेता है। जिसके निचले भाग अथवा क्रेटर के मुख से आग की लपटें उठती हुई नजर आती हैं। इन आग की लपटों को फ्रांसीसी भाषा में नुए-अर्दाते कहते हैं। यदि ज्वालामुखी के विदर (Vent) में लावा गाढ़ेपन के कारण ठोस हो जाये तो अधिक जोर का धमाका होता है। इस प्रकार के ज्वालामुखी प्रायः शंकु आकार के होते हैं। कभी-कभी ज्वालामुखी के शंकु एक संपूरक ज्वालामुखी को भी जन्म देता है। इस प्रकार के ज्वालामुखी प्रायः क्रबियन सागर के द्वीपों में फटते हैं।

उदगार-अवधि के आधार पर ज्वालामुखियों का वर्गीकरण (Classification of Volcanoes on the basis of peroid of Eruption)

अवधि (Periodicity) के आधार पर ज्वालामुखियों को निम्न तीन वर्गों में विभाजित किया जा सकता है–

(i) **सक्रिय ज्वालामुखी (Active Volcanoes)**: जिन ज्वालामुखियों से लावा, गैस, राख इत्यादि लगातार निकलते रहते हैं उनको सक्रिय ज्वालामुखी कहते हैं। वर्तमान समय में विश्व में छः सौ (600) ज्वालामुखी सक्रिय हैं। विश्व के अधिकतर सक्रिय ज्वालामुखी प्रशांत महासागर के अग्नि वृत (Ring of Fire) में हैं। भारत वर्ष में अंडमान द्वीप समूह में स्थित बैरन द्वीप (Barren Island) एक सक्रिय ज्वालामुखी है। *(तालिका 8.1)*

(ii) **प्रसुप्त/ डार्मेंट ज्वालामुखी (Dormant Volcanoes)**: ऐसा ज्वालामुखी जो लुप्त न हुआ हो, परंतु सोया हुआ हो और उसमें से कभी भी लावा, गैस इत्यादि निकलने शुरू हो जाये प्रसुप्त ज्वालामुखी कहलाता है। इटली का वेसुवियस (Vesuvius) एक प्रसुप्त ज्वालामुखी है। इस ज्वालामुखी में पहला उदगार 79 ए.डी. में हुआ था। यह ज्वालामुखी लगभग 1550 वर्षों तक सुप्त रहा, जिसके बाद 1631 ई० में यह फिर से सक्रिय हो गया, इसमें से लावा, गैस, राख इत्यादि का उदगार होने लगा। उसके पश्चात् यह ज्वालामुखी 1803, 1872, 1906, 1927, 1928, 1929 में सक्रिय हो उठा। अफ्रीका महाद्वीप में तंजानिया (Tanzania) का किलिमंजारो (Kilimanjaro) एक प्रसुप्त ज्वालामुखी है। भारत के अंडमान निकोबार द्वीपसमूह में नारकोंडम ज्वालामुखी भी प्रसुप्त ज्वालामुखी का एक उदाहरण है।

(iii) **विलुप्त अथवा शांत ज्वालामुखी (Extinct Volcanoes)**: ऐसे ज्वालामुखी जो भूगर्भीय इतिहास में सक्रिय रहे हों परंतु मानव इतिहास में सक्रिय न रहे हों उनको लुप्त ज्वालामुखी में सम्मिलित किया जाता है। ऐसे ज्वालामुखियों के मुख/क्रेटर में पानी भर जाता है और वे एक झील का रूप धारण कर लेती हैं। स्काटलैंड की राजधानी, ऐडिनबर्ग की आर्थर सीट (Authur Seat), ऐंडीज पर्वत श्रृंखला के सबसे ऊंचे शिखर एकंकागुआ (Acancagua), तथा इरान का देमावंद (Demavand) तथा कोह-सुलेमान (Koh-Sulaiman) लुप्त ज्वालामुखियों के उदाहरण हैं।

ज्वालामुखियों का विश्व वितरण (Distribution of Volcanoes in the World)

अधिकतर ज्वालामुखियों के उदगार भूकंपीय क्षेत्रों में आते हैं और इनका वितरण विशेष रूप से भूपटल की प्लेटों के छोर (Margine of plates) पर पाया जाता है। विश्व में ज्वालामुखियों के वितरण को मानचित्र 8.2 में दिखाया गया है।

1. **अभिसारी प्लेट सीमाएँ (Convergent Plate Margins)**: अभिसारी प्लेटों की अधिकतर सीमाएँ प्रशांत महासागर में हैं। इन सीमाओं को अग्निवृत (Ring of Fire) के नाम से जाना जाता है। इस अग्निवृत का विस्तार दक्षिणी अमेरिका के ऐंडीज पर्वत से लेकर, मध्य अमेरिका, प॰ संयुक्त राज्य अमेरिका (USA) का पर्वतीय क्षेत्र, एल्यूशियन द्वीप समूह, कमचटका, क्यूराइल, द्वीप समूह, जापान, फिलीपाइन, सेल्वार्सा, यूगिनी, सोलोमन द्वीप समूह, यूकेलिडोनिया तथा न्यूजीलैंड तक है। विश्व के अधिकतर 70% ज्वालामुखियों का उदगार उपरोक्त क्षेत्रों में होता है तथा सबसे अधिक सक्रिय ज्वालामुखी (Active Volcanoes) भी इन्हीं क्षेत्रों में स्थित हैं।
2. **अपसारी प्लेट सीमाएँ (Divergent Plate Boundaries)**: महासागरों मे पाये जाने वाले कटकों (Ridges) को प्लेटों की अपसारी सीमाएँ (Divergent Boundies) कहते हैं। इन अपसारी प्लेटों पर नये लावे का उदगार होता रहता है, इसलिये कटकों पर ज्वालामुखियों की पेटियाँ फैली हुई हैं। आइसलैंड देश एक कटक पर स्थित है, इसलिये इस देश में ज्वालामुखियों की बारंबारता अधिक पाई जाती है। अंडमान द्वीप समूह में स्थिति बैरन-ज्वालामुखी भी एक कटक पर स्थित है। पूर्वी अफ्रीका की रिफ्ट-बैली (Rift Valley) में भी बहुत-से ज्वालामुखी अपसारी प्लेट सीमाओं पर पाये जाते हैं। किलिमंजारों (तंजानिया) ज्वालामुखी भी अपसारी सीमा पर स्थित है।
3. **हॉट-स्पॉट (Hot Spot)**: भू-पटल के अंदरुनी भाग में बहुत-से स्थान गर्म-लावे के केंद्र (Hot Spots) हैं। ज्वालामुखियों के विशेषज्ञों के अनुसार इस समय विश्व में सौ से अधिक हॉट-स्पॉट (Hot Spot) हैं। इन हॉट-स्पॉट पर लावा, ऊष्मा एवं ऊर्जा एकत्रित होती रहती है और लावे की ऊर्जा अत्यधिक हो जाती है तो ज्वालामुखी उदगार हो जाता है *(मानचित्र 8.3)*।

तालिका 8.2 विश्व के प्रमुख सक्रिय ज्वालामुखी

क्र.सं.	ज्वालामुखी	ऊँचाई मीटर में	अवस्थिति	देश	अंतिम उदगार
1.	पोपोकैटेपेटी	5451	मैक्सिको (अल्टीप्लेनो)	मैक्सिको	लगातार
2.	अनाक	155	क्रेकाटोवा	इंडोनेशिया	लगातार
3.	माउंट केमरून	278	मोनार्क	केमरून	1959
4.	गुआल्लातिरी	6060	एंडीज	चिली	1960
5.	फ्यूगो	3836	सियेरा मांद्रे	ग्वाटेमाला	लगातार
6.	सर्टसे	173	द॰ पूर्वी आइसलैंड	आइसलैंड	1963
7.	अगंग	3142	बाली द्वीप	इंडोनेशिया	लगातार
8.	टुपुनगातिति	5640	एंडीज	चिली	1964
9.	लास्कर	5641	एंडीज	चिली	1968
10.	क्लुचियस्की	4850	खेरबेट	सोवियत संघ	लगातार
11.	फ्रेबुस	3795	रॉस द्वीप	अंटार्कटिका	लगातार

12.	सांगय	5230	एंडीज	कोलंबिया	लगातार
13.	सेमरू	3676	जावा	इंडोनेशिया	लगातार
14.	नीरागोंगो	3470	विरुगा	जायरे	1977
15.	पुरासे	4590	एंडीज	कोलंबिया	1977
16.	मौना लोआ	4170	हवाई	यू॰ एस॰ ए॰	1978
17.	माउंट एटना	3308	सिसली	इटली	लगातार
18.	ओजोस डेल सलादो	6885	एंडीज	अर्जेंटीना चिली सीमा	1981
19.	नवाडो डेल रूइज	5400	एंडीज	कोलबिया	1985
20.	माउंट अंजेन	1454	होंशु	जापान	1991
21.	माउंट मेयोन	1120	लूजोन	फिलीपिंस	1991
22.	माउंट मेयोन	1115	लूजोन	फिलीपिंस	1993
23.	माउंट इजाफजोएल	1475	आइसलैंड	आइसलैंड	2010
24.	शिशाल्डिन	2857	अल्युशियन द्वीप	यूएसए	लगातार
25.	करांगिटंग	5896	सियु द्वीप	इंडोनेशिया	लगातार
26.	संगियांग	6273	सुंबा द्वीप	इंडोनेशिया	लगातार
27.	नेवादोस दि चिलियन	10538	एंडियन कार्डिलेरा	चिली	लगातार
28.	सबनजाया	19554	एंडीज	पेरु	लगातार
29.	इबेको	3793	परामुशिर द्वीप	रुस	लगातार

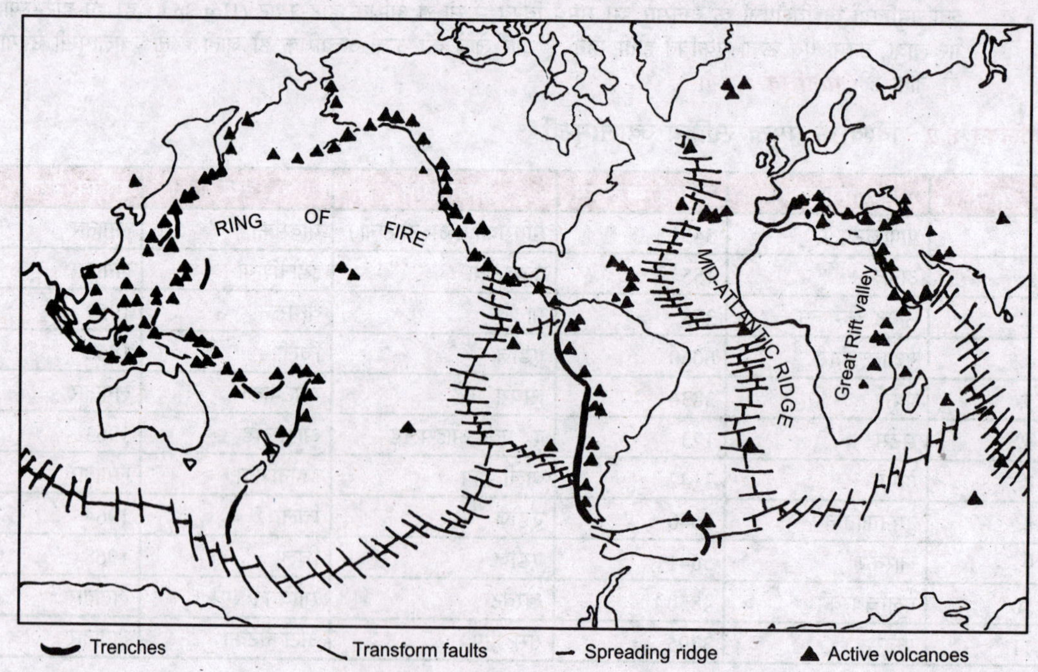

चित्र 8.2 सक्रिय ज्वालामुखियों का वितरण

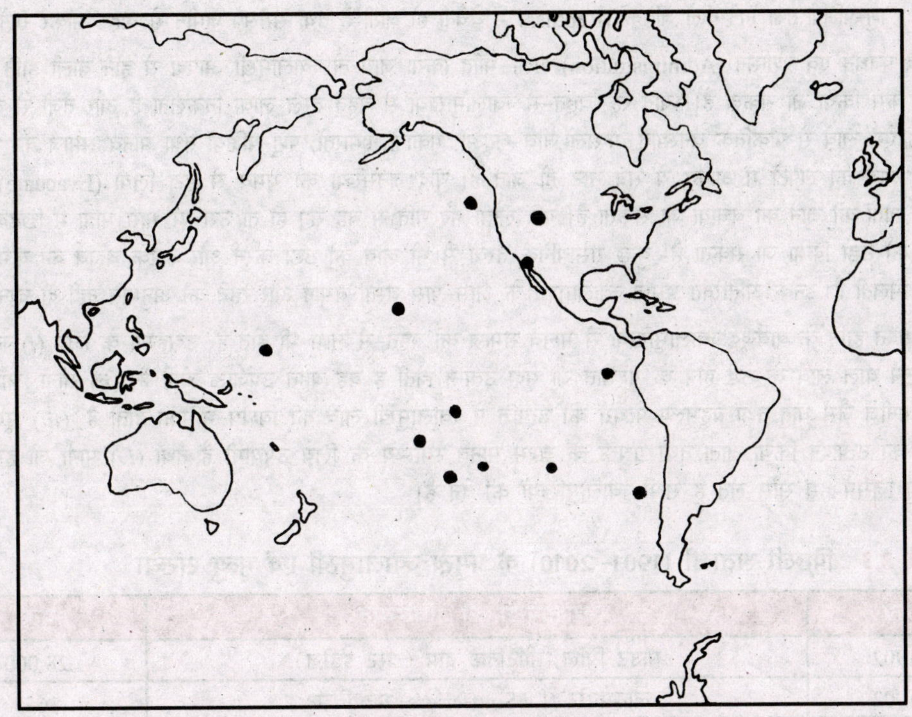

चित्र 8.3 प्रशांत महासागर में हाटस्पॉट (डब्ल्यू. के. हेंबलिन, 1995, p.531)

ज्वालामुखियों का समाज पर प्रभाव (Volcanoes and Society)

ज्वालामुखी उदगार एक चमत्कारी भौगोलिक घटना मानी जाती है। ज्वालामुखियों में निकट रहने वाले लोगों के लिये सैकड़ों वर्षों तक ये प्रकृति का एक रहस्यमय चमत्कार माना जाता रहा है; परंतु ज्वालामुखी उदगार एक रहस्यमय घटना नहीं है, ये क्योंकि पृथ्वी के इतिहास में इसकी बारंबारता बहुत पाई गई है और भविष्य में भी इनका उदगार होता रहेगा।

सामान्यत: ज्वालामुखियों से मानव समाज को जान-माल की भारी हानि होती रही तथा परिस्थितिकी तंत्र पर भी इनका प्रतिकूल प्रभाव पड़ता रहा है। कुछ प्रमुख ज्वालामुखी उदगारों से होने वाली हानि को *तालिका 8.3* में दिया गया है।

ज्वालामुखियों की उत्पत्ति अंतरजात बलों (Endogenetic forces) के कारण होती है। यूँ तो अंतरजात बलों के बारे में भविष्यवाणी करना कठिन कार्य है, फिर ज्वालामुखी उदगारों के बारे में भविष्यवाणी की जा सकती है। वर्तमान समय में प्रस्तुत ज्वालामुखियों (dormant Volcanoes) के बारे में निरंतर जानकारी प्राप्त की जाती है और मोनिटर किया जाता है। वास्तव में ज्वालामुखी उदगार से पहले कुछ लक्षण (Precursor events) नजर आने लगते हैं जिनका विवरण निम्नानुसार है–

(*i*) भूपटल में कंपन्न (Tremors) की बारंबारता बढ़ जाती है।

(*ii*) ज्वालामुखी के मुख क्रेटर (Crater) की आकृति विकृति (Deform) हो जाती है।

(*iii*) क्रेटर झील के पानी के तापमान में वृद्धि हो जाती है।

(*iv*) ज्वालामुखी के क्रेटर से गैस अथवा धुआँ निकलने लगता है।

(*v*) पशु-पक्षियों तथा रेंगने वाले जैविकों (Reptiles) में बेचैनी हो जाती है तथा सरीसृप जमीन से बाहर आकर रेंगने लगते हैं।

यदि प्रबंधन एवं प्रशासन (Administration) भली-भाँति किया जाये तो ज्वालामुखी आपदा से होने वाली हानि को बहुत हद तक कम किया जा सकता है। ध्यान रहे, बहुत-से ज्वालामुखियों से बहुत तरल लावा निकलता है और तेजी से ढलानों पर बहता है। ऐसे लावे से प्राकृतिक वनस्पति, फसलों,जीव-जंतुओं, मकानों, इमारतों, पशु-पक्षियों तथा मानव समाज को भारी हानि होती है। लावे की लपटों में आकर ये सब नष्ट हो जाते हैं। यदि जनसंख्या को समय से हटा लिया (Evacuate) जाये तो बहुत-से लोगों की जान को बचाया जा सकता है। यदि लावा मंद गति से बह रहा हो तो उस पर भारी मात्रा में छिड़काव करने से लावे को ठंडा किया जा सकता है। कुछ रासायनिक तत्त्वों से भी लावे को ठंडा करने और उसके बहाव को कम करने में सहायता मिलती है। इनके अतिरिक्त प्रसुप्त ज्वालामुखी के आस-पास बस्ती बसाने और रहने की अनुमति नहीं दी जानी चाहिए।

उपरोक्त हानि के बावजूद ज्वालामुखियों से मानव समाज को बहुत-से लाभ भी होते हैं, उदाहरण के लिये (*i*) ज्वालामुखी से निकलने वाले लावे के ठंडे होने के पश्चात जो मृदा उत्पन्न होती है वह बहुत उपजाऊ होती है, (*ii*) सोना, चाँदी, ताँबा, लोहा, मैंगनीज जैसे धातु तथा बहुमूल्य पत्थरों की उत्पत्ति में ज्वालामुखी लावे की विशेष भूमिका होती है, (*iii*) भूगर्भ ऊष्मा से ऊर्जा का उत्पादन किया जाता तथा गंधक के चश्में मानव स्वास्थ्य के लिये उपयोगी हैं तथा (*iv*) पानी जो हम पीते हैं तथा वायु जिसमें हम साँस लेते हैं सभी ज्वालामुखियों की देन हैं।

तालिका 8.3 पिछली शताब्दी (1901–2010) के प्रमुख ज्वालामुखी एवं मृत्यु संख्या

वर्ष	ज्वालामुखी की अवस्थिति	मृत्यु
1902	माउंट पिलि, मीटिनिक द्वीप (वेस्ट इंडीज)	28,000
1902	लासूफेरिर (La Soufferiere) सेंट विंसेट	1655
1919	केल्टा (जापान)	5500
1951	माउंट लेमिंग्टन, पापुआ, न्यूगिनी	3000
1963	माउंट अगंग, बाली (इंडोनेशिया)	1500
1980	माउंट सेंट हेलन (वाशिंगटन-संयुक्त राज्य अमेरिका)	500
1985	कोलंबिया (Columbia)	23,000
1991	माउंट, फिलिपाइन	1500
1991	होंशू-जापान	255
2010	माउंट इनाफजोएल (आइसलैंड)	150

भूकंप आपदा (Earthquake Disaster)

भूकंप की अलग-अलग वैज्ञानिकों ने अलग-अलग परिभाषा दी है। सामान्य तौर पर भूपटल की चट्टानों के कंपन्न उत्पन्न होने को भूकंप कहते हैं। 'भूकंप' भूपटल में कंपन्न और थरथराहट को भूकंप की संज्ञा दी जाती है। भूकंप की पृथ्वी के अंदर से जिस बिंदु से उत्पत्ति होती है उसको फोक्स (Focus) कहते हैं और पृथ्वी धरातल पर फोक्स के लंबवत बिंदु को अधिकेंद्र/एपिसेंटर (Epicentre) कहते हैं। भूकंप की तीव्रता को सीसमोग्राफ (Seismograph) पर मापा जाता है *(चित्र 8.4)*।

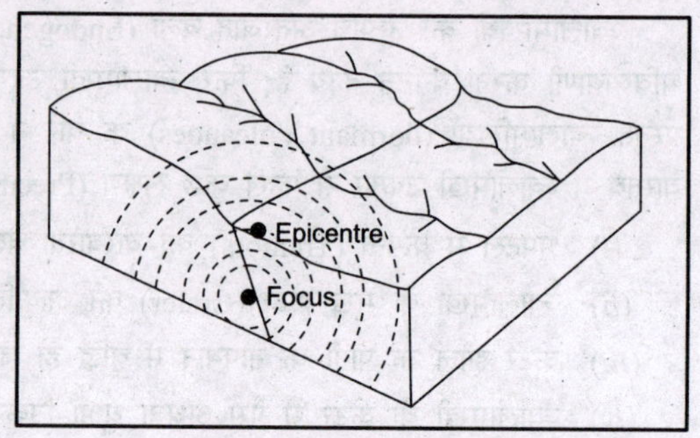

चित्र 8.4 केन्द्र व अधिकेंद्र

भूकंप का परिमाण

भूकंप की तीव्रता को रिक्टर मापक (Richter Scale) पर रिकॉर्ड किया जाता हैं भूकंप मापक का आविष्कार 1935 में चार्ल्स ए. रिक्टर महोदय ने किया था। इस मापक द्वारा अभी तक सबसे भीषण भूकंप 11 मार्च, 2011 में जापान के टोहोकू भूकंप में 9.1 रिकार्ड किया गया था। मानव कम-से-कम 2.0 तीव्रता को ही महसूस कर सकता है।

एक अनुमान के अनुसार भूकंप प्रतिवर्ष 10^{18} से 10^{19} जूल (Joules) ऊर्जा निष्कासित करते हैं। इसमें अधिकतर ऊर्जा चंद बड़े भूकंपों से उत्पन्न होती है। सामान्यत: जिन भूकंपों की तीव्रता रिक्टर मापक पर 7 अंक से अधिक होती है उनसे अधिकतर ऊर्जा उत्पन्न होती है। रिक्टर महोदय के मापक की तीव्रता तालिका 8.4 में दी गई है। प्रतिवर्ष 98 प्रतिशत भूकंपों की साधारण तीव्रता 8 से कम होती है, जबकि केवल एक भूकंप की प्रतिवर्ष 8 अंक तीव्रता से अधिक होती है।

तालिका 8.4 रिक्टर मापक एवं ऊर्जा निर्मुक्त

रिक्टर मापक पर तीव्रता	ऊर्जा निर्मुक्त जूल (Joules)	टिप्पणी
2.0	$6*10^7$	कमजोर प्रकार के भूकंप जिनको आदमी महसूस कर पाता है।
2.5 - 3.0	$108 - 10^9$	निकट के क्षेत्रों में भूकंप को महसूस किया जा सकता है। इस प्रकार के कम गहराई से आने वाले भूकंपों की संख्या लगभग 300,000 है।
4.5	$4*10^{11}$	स्थानीय हानि हो सकती है।
5.7	$2*10^{13}$	हिरोशिमा पर गिराये जाने वाले परमाणु बम से निकलने वाली ऊर्जा के बराबर ऊर्जा निर्मुक्त
6.0	$6*10^{13}$	सीमित क्षेत्र में विनाश। प्रति वर्ष लगभग 800 इस प्रकार के भूकंप आते हैं।
6.7	$7*10^{14}$	वर्ष 1991 में उत्तरकाशी में आने वाले भूकंप के समान।
7.0	$2*10^{15}$	इस प्रकार के भूकंपों की लहरों को विश्व भर में रिकार्ड किया जाता हैं।
7.1	$3*10^{15}$	वर्ष 1885 में सोपुर (कश्मीर घाटी में आने वाले भूकंप के समान)
7.25(7.9)	$4.5*10^{16}$	वर्ष 2001 में आने वाले भुज भूकंप के समान।
8.1	10^7	कांगड़ा भूकंप, 1950 के समान।
8.4-9.2	$4*10^{16}$	असम-अरुणाचल प्रदेश के वर्ष 1950 के भूकंप के समान।
8.3- (9.5)	10^{19}	वर्ष 2004 में सुमात्रा (इंडोनेशिया) के समान।

तालिका 8.5 प्रतिवर्ष के आधार पर भूकंपों की संख्या

रिक्टर मापक पर तीव्रता	प्रतिवर्ष संख्या
1	700,000
2	300,000
3	300,000
4	50,000
5	6,000
6	800
7	120
8	20
8	1

मरसेली महोदय का भूकंप प्रबलता मापक (Earthquake Intensity Scale of Mercalli Scale)

किसी भूकंप से होने वाली हानि, भूकंप की तीव्रता (Magnitude) के अतिरिक्त अन्य बहुत-से कारकों पर भी निर्भर करती है। उदाहरण के लिये अधिकेंद्र (Epicentre) से निकटता, इमारतों का डिजाइन उनमें इस्तेमाल होने वाला सामान तथा प्रभावित क्षेत्र में जनसंख्या घनत्व। इस संबंध में मरसेली महोदय ने भूकंप प्रबलता मापक तैयार किया, जिसका विवरण निम्न प्रकार है-

मरसेली मापक का आविष्कार वर्ष 1902 में किया गया था तथा 1956 में इसमें संशोधन किया गया। इस परिवर्तित मापक के द्वारा भूकंप प्रबलता को बारह वर्गों में विभाजित किया जाता है। इन बारह प्रकारों को रोमन संख्या (Roman Numerals) में दिखाया जाता है। प्रत्येक अंक संख्या मानव द्वारा महसूस किये अनुभव (Experience) को दिखाता है। यह मानव-अनुभव I से XII द्वारा प्रदर्शित किये जाते हैं। *(तालिका 8.4 में)*

तालिका 8.6 मरसेली का परिवर्तित मापक (The Modified Mercalli Scale)

इमारत की चिनाई (Masonry Type)	इमारती सामाग्री, जिनको निम्न अक्षरों के द्वारा दिखाया जाता है।
A. प्रकार की इमारत	अच्छे प्रकार की सामाग्री से बनी इमारत/मकान, जिससे लोहे और सीमेंट का भली-भाँति इस्तेमाल किया गया है और जिसका डिजाइन ठीक से बनाया गया है।
B. प्रकार की इमारत	ऐसी इमारतें तथा मकान जिनमें सामाग्री तो अच्छी प्रकार की इस्तेमाल हुई है, परंतु उसका डिजाइन ठीक न किया गया हो।
C. प्रकार की इमारत अथवा मकान	मामूली सामाग्री से बनाए गए मकान जिनका डिजाइन भूकंपों के अनुसार तैयार न किया गया हो।
D. प्रकार के घर	घर मकान, घटिया सामाग्री से बने हुये।

मरसली मापक के रोमन अंक संख्या तथा प्रबलता निम्न तालिका में दिखायी गई है-

तालिका 8.6A मरसेली का परिवर्तित मापक

भूकंप प्रबलता	हानि का वर्णन
(I)	भूकंप महसूस न हो, भूकंप का मामूली प्रभाव
(II)	आराम करते हुये आदमी (मानव) इस भूकंप को महसूस करते हैं जो मकान की ऊपरी मंजिल में आराम कर रहे या सो रहे हों।
(III)	मकान में बैठे व्यक्ति भूकंप महसूस कर सकते हैं, बिजली के पंखे तथा लटकने वाले झाड़-फानूस हिलने लगते हैं।
(IV)	लटकने वाली वस्तुएँ हिलने लगती हैं। सड़क पर चलने वाले ट्रक के दहलने तथा कंपन जैसा अनुभव होता है। खड़ी कार, दरवाजें खिड़कियाँ हिलने लगती हैं। बर्तन आपस में टकराने, दरवाजे खिड़कियाँ में लगे शीशे चटखने लगते हैं।
(V)	भूकंप मकान के बाहर भी महसूस किया जाता है सोये हुए आदमी जाग जाते हैं। तरल पदार्थों में हलचल हो जाती है। दरवाजों के किवाड़ हिल कर खुलने बंद होने लगते हैं। दीवार पर लगी घड़ी का लटकना हिलना बंद हो जाता है। या उसकी गति में परिवर्तन आ जाता है।
(VI)	इस भूकंप को सभी व्यक्ति महसूस करते हैं। चलते व्यक्तियों का संतुलन बिगड़ने लगता है। बर्तन, प्लेटें, ग्लास इत्यादि टूटने लगते हैं। वृक्षों की शाखायें तेज-तेज हिलती हैं।

(VII)	खड़ा होना एवं संतुलन बनाए रखना कठिन होता है, गाड़ी (कार) चलाने वाले को गाड़ी का संतुलन रखना कठिन होता है। इमारतों में दरारें पड़ने लगती हैं, प्लास्टर गिरने लगता है, तालाबों के जल में लहरें उठने लगती हैं।
(VIII)	कार चलाना कठिन होता है। सभी प्रकार की इमारतों एवं घरों को हानि होती है। पुरानी इमारतें गिरने लगती हैं, धरती (Land) में दरारें पड़ने लगती हैं। आर्द्र भूमि तथा ढलानों में दरारें पड़ जाती हैं।
(IX)	पब्लिक में भय तथा आतंक (Panic) फैल जाता है। सभी प्रकार की इमारतों को हानि पहुँचती है, घटिया सामान से बने घर ढेर हो जाते हैं। जलाशयों (Reservoirs) में दरारें पड़ जाती हैं। बाँधों को भारी नुकसान होता है। बहुत-से उच्च स्थानों पर रेल के क्रेटर (Crater) बन जाते हैं।
(X)	अधिकतर मकान टूटकर ढेर हो जाते हैं। कुछ मजबूत इमारतें एवं पुल आदि भी टूट जाते हैं। बाँध इत्यादि को भारी नुकसान होता है। बड़े पैमाने पर भूस्खलन (Landslides) होते हैं। भूमिगत पाइप फट जाते हैं। रेल की पटरियाँ मुड़ जाती हैं। सागर के तटों (Sea Beaches) का रेत तथा कीचड़ बहने लगता है।
(XI)	रेल की पटरियों में भारी मोड़ पड़ जाते हैं। भूमिगत जल इत्यादि को पाइप बेकार हो जाते हैं।
(XII)	संपूर्ण तबाही (Total Damage)। बड़ी चट्टानें खिसक जाती हैं। बहुत वस्तुएँ वायु में उछल जाती हैं, भारी जान व माल का नुकसान होता है।

भूकंपों की उत्पत्ति के कारण (Causes of Earthquake)

भूकंपों की उत्पत्ति के मुख्य कारण निम्न प्रकार हैं–

1. **ज्वालामुखियों का उदगार (Volcanic Eruption)**: भूकंप उत्पत्ति का एक प्रमुख कारण ज्वालामुखियों का उदगार है। अंतर्जात बल के कारण भूपटल की पर्तें एवं चट्टानें ऊपर की ओर उठती हैं, उनमें वलन एवं भ्रंश पड़ते हैं जो भूकंपों की उत्पत्ति का कारण बनते हैं।
2. **भ्रंश तथा परतों का टूटना (Faulting)**: अंतर्जात बल यदि विपरीत दिशा में तनाव (Tension) पैदा करते हैं तो एक सीमा के पश्चात उनमें भ्रंश (Fault) पड़ जाते हैं, चट्टानें टूट जाती हैं जिसके परिणामस्वरूप भूपटल में कंपन उत्पन्न होता है जो भूकंप का कारण बनते हैं। कैलिफोर्निया का सेन-एण्डरियास भ्रंश (San Andreas Fault) इस प्रकार का एक उत्तम उदाहरण है। भारत के गुजरात राज्य में भुज-भ्रंश जिसको अल्लाह-बंध (Allah-Bandh) कहते हैं, भूकंप ही का परिणाम है।
3. **प्लेट विवर्तनिकी (Plate Tectonic)**: पृथ्वी का भूपटल बहुत-सी बड़ी एवं छोटी प्लेटों का बना हुआ है। यह प्लेटें या तो एक-दूसरे के निकट आती हैं या एक-दूसरे से दूर जाती हैं अर्थात् प्लेटों में विस्थापन होता रहता है। जब भी इन प्लेटों में विस्थापन होता है तो भूकंप आते हैं।
4. **मानवीय कारक (Anthropogenic Factors)**: मानव द्वारा प्रकृति, भू-आकृतियों से अधिक छेड़-छाड़ करने से भी भूकंप उत्पन्न होते हैं। मानव ने बहुत-से स्थानों पर नदियों पर भारी बहुउद्देशीय बाँध बनाए हैं। इन बाँधों के जलाशय (Reservoirs) बहुत बड़े तथा गहरे हैं जिनमें जल की भारी मात्रा का संचय है। भारी मात्रा के जल के भार से भूपटल

के समस्थिति (Isostasy) पर प्रभाव पड़ता है जिसके कारण भूकंप आते हैं। भारत में वर्ष 1967 में कोयना भूकंप तथा 1993 में लातूर (उस्मानाबाद, महाराष्ट्र) के भूकंप मानव द्वारा निर्मित बाँधों का परिणाम माने जाते हैं।

भूकंपों का भौगोलिक वितरण (Geographical Distribution of Earthquakes)

विश्व में भूकंपों का वितरण *मानचित्र 8.5* में दिखाया गया है। इस मानचित्र के अध्ययन से विदित होता है कि अधिकतर ज्वालामुखी प्रशांत महासागर के अग्नि वृत्त (Ring of Fire) में रिकार्ड किये जाते हैं। इस अग्नि-वृत्त में ज्वालामुखियों के उदगार भी अधिक हैं। महासागरों के कटकों (Oceanic Ridge) पर भी भूकंपों की बारंबारता अधिक पाई जाती है। इनके अतिरिक्त विश्व के वलनदार पर्वतों में भी भूकंपों की बारंबारता अधिक है। वलनदार पर्वत एल्पस (Alps), एटलस (Atlas), टारस, काक्शस पर्वत (Caucasus), के वलनदार पर्वतों तथा सेंट्रल एशिया के पर्वतों में फैली हुई है *(मानचित्र 8.5)*।

जापान का टोहोकू-फुकुशिमा भूकंप (The Tohoku Fukushima Earthquake of Japan)

जापान का टोहोकू महाआपदा के रूप में 11 मार्च, 2011 को आया था। रिक्टर मापक पर इस भूकंप की तीव्रता 9 मापी गई थी। इस भूकंप के अधिकेंद्र (Epicentre) तथा प्रभावित क्षेत्र को *मानचित्र 8.6* में दिखाया गया है।

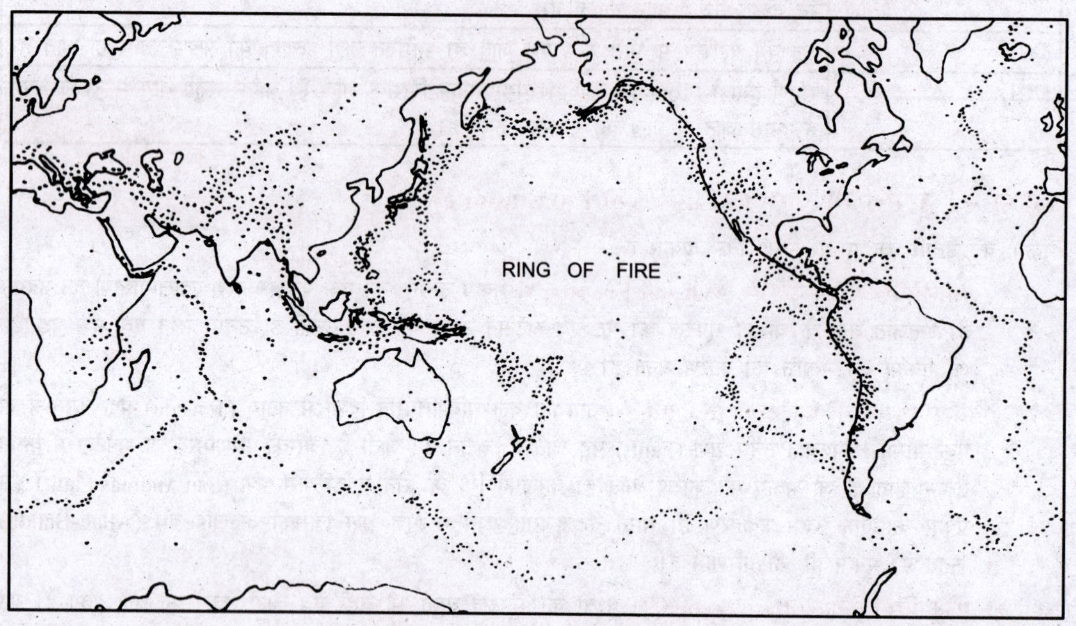

चित्र 8.5 भूकंपों का विश्व वितरण

टोहोकू भूकंप के फलस्वरूप भारी सुनामी (Tsunami) उत्पन्न हुई थी, जिसकी लहरें पाँच मीटर से अधिक ऊँची थी। सरकारी आँकड़ों के अनुसार, 20,000 व्यक्तियों की मृत्यु हुई तथा 320,000 को सुरक्षित स्थानों पर पहुँचाया गया। फुकुशिमा न्यूक्लियर पावर प्लांट (Nuclear Power Plants) को भारी क्षति पहुँची तथा विकिरण (Radiation Exposure)

से बहुत-से बड़े प्रभावित क्षेत्र की जनसंख्या पर प्रतिकूल प्रभाव पड़ा। जापान का यह सबसे बड़ा रिकार्ड भूकंप माना जाता है। सोवियत संघ की चेरनोबिल (Chemical Disaster) दुर्घटना के पश्चात फुकुशिमा विश्व की दूसरी सबसे बड़ी नाभिकीय दुर्घटना मानी जाती है।

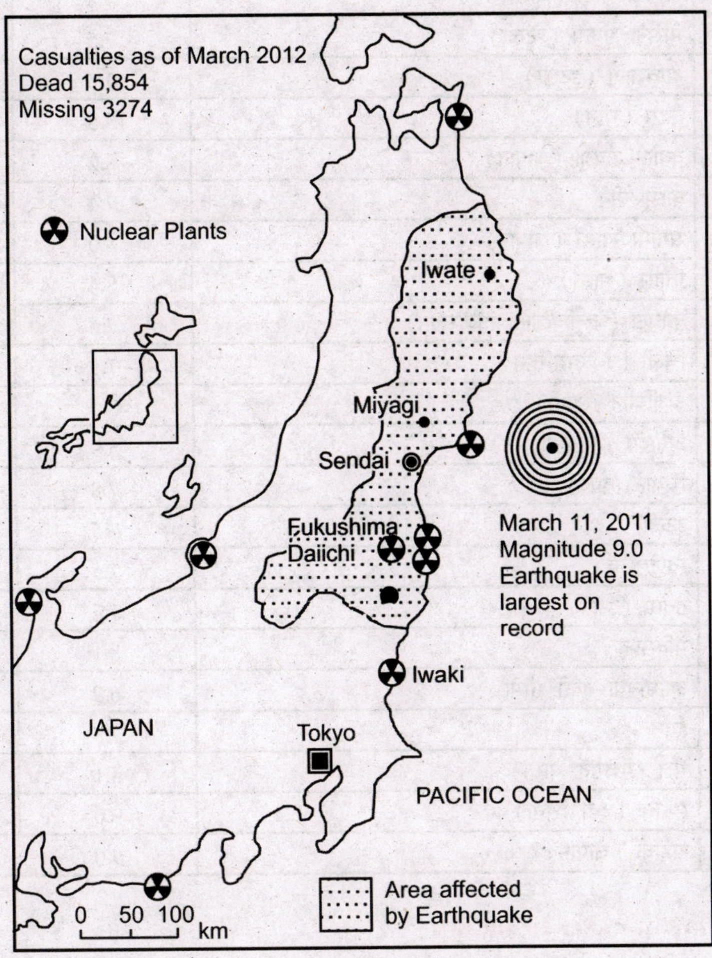

चित्र 8.6 जापान भूकंप, मार्च 11, 2011

पिछली शताब्दी (1901-2010 ई०) के विनाशकारी भूकंपों, उनकी भूकंप मापक पर तीव्रता तथा मरने वालों की संख्या को *तालिका 8.7* में दिखाया गया है।

तालिका 8.7 20वीं तथा 21वीं शताब्दी के प्रमुख भूकंप

वर्ष	भूकंप अवस्थिति	तीव्रता	मृत्यु
1905	कांगड़ा घाटी (भारत)	7.8	020,000
1908	मेसिना भूकंप (इटली)	7.5	160,000
1915	अविजानों (इटली)	7.5	030,000
1920	कांसू (चीन)	8.5	180,000
1923	क्वांटो-टोक्यो (जापान)	8.2	163,000
1932	कांसू-चीन	7.4	070,000
1932	सगामी खाड़ी (जापान)	8.0	250,000
1934	बिहार (भारत)	8.4	010,700
1935	कोयटा (बलूचिस्तान पाकिस्तान)	7.6	060,000
1939	चिली (द० अमेरिका)	7.5	040,000
1956	अर्जीकान (तुर्की)	8.0	040,000
1960	अगादीर (माराको)	5.9	014,000
1970	चिंबोटे (पेरू)	7.8	067,000
1976	इटली	7.5	023,000
1976	ग्वाटेमाला	7.5	023,000
1978	तबास (ईरान)	7.7	025,000
1985	मैक्सिको	8.1	010,000
1988	आर्मीनिया-तुर्की सीमा	6.9	026,000
1990	ईरान	7.5	050,000
2001	भुज (गुजरात-भारत)	8.1	030,000
2004	सुमात्रा (इंडोनेशिया)	9.0	250,000
2011	टोहोकू (जापान)	9.0	030,000

भारत में भूकंप (Earthquakes in India)

भारत में अधिकतर भूकंप हिमालय पर्वत श्रेणी, गुजरात, उत्तरी भारत के मैदान तथा अंडमान एवं निकोबार द्वीप समूह में आते हैं। भारत के उत्तरी भागों में फैले हिमालय पर्वत माला में भारी भूकंपीय हलचल होती रहती है। वर्ष 1819 में सिंध (वर्तमान पाकिस्तान) तथा 1934 के बिहार के भूकंप का केंद्र उत्तरी भारत के मैदान में था।

भारत के प्रायद्वीप के बारे में अवधारणा थी कि इसमें भूकंप नहीं आते अथवा यह भूकंपमुक्त प्रदेश है, परंतु वर्ष 1967 में कोयना भूकंप तथा वर्ष 1993 के लातूर भूकंप ने सिद्ध कर दिया कि भारतीय प्रायद्वीप में कई छोटी प्लेटें हैं और यह प्लेटें जब अपने स्थान से खिसकती हैं तो भूकंप प्रायद्वीप में भी आते हैं।

गुजरात के कच्छ क्षेत्र में 26 जनवरी, 2001 को भारी तीव्रता का भूकंप आया था जिसका अधिकेंद्र भुज के पास था। इस भूकंप की तीव्रता रिक्टर मापक पर 8.1 थी *(मानचित्र 8.7)*। इस भूकंप के कारण तीस हजार लोगों की जान गई थी और 20 लाख जनसंख्या प्रभावित हुई थी।

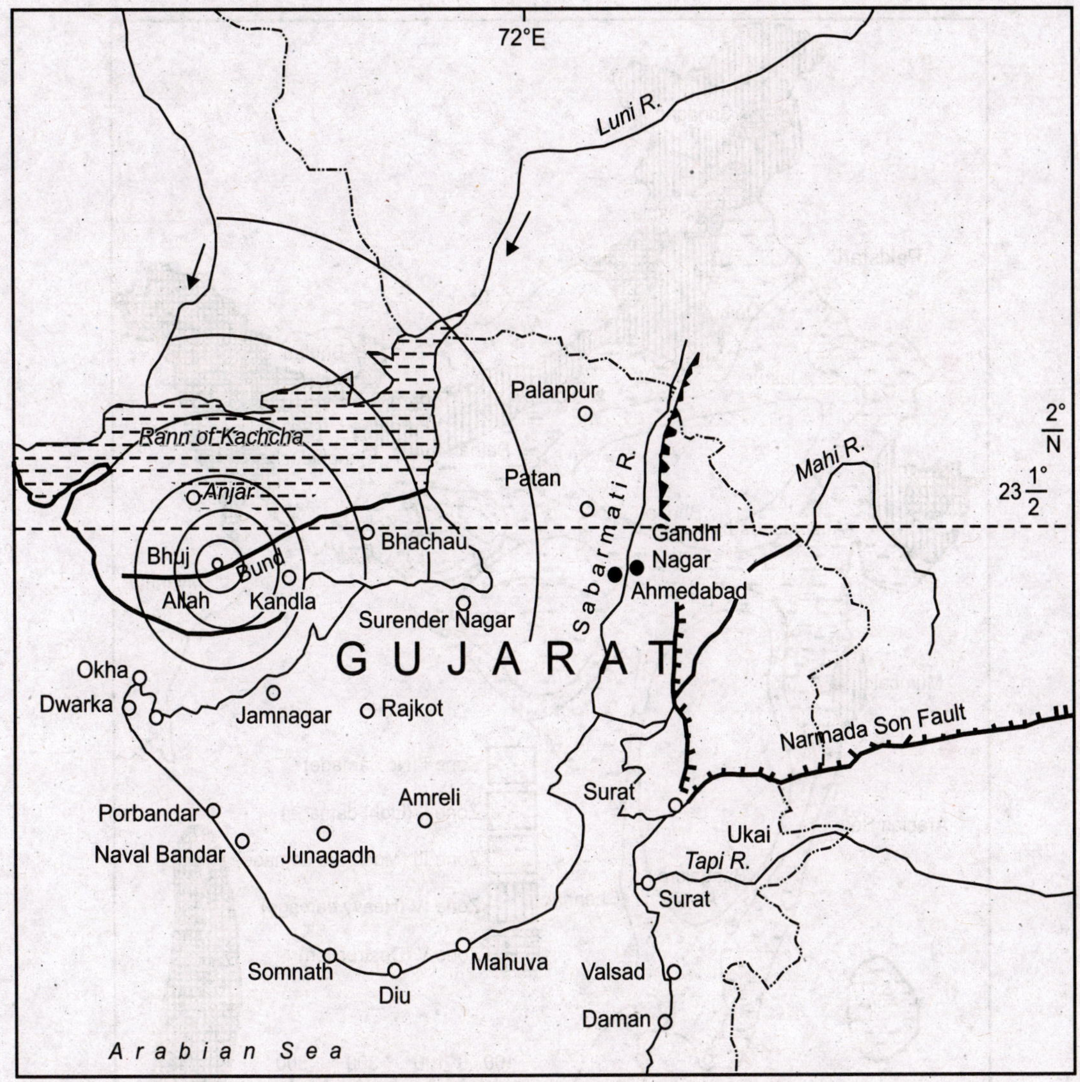

चित्र 8.7 अल्लाह बंध एवं भुज भूकंप-जनवरी 26, 2001

भूकंप विशेषज्ञों के अनुसार 2001 का भूकंप 1819 के भूकंप के अनुकेंद्र पर आया था जो अल्लाह-बंध भ्रंश (Allah Bunt Fault) के खिसकने के कारण उत्पन्न हुआ था। अल्लाह बंध भ्रंश की उत्पत्ति 1819 के भूकंप के कारण हुई थी। भारतीय प्रायद्वीप लगभग 5 से॰ मी॰ प्रति वर्ष के दर से हिमालय की ओर खिसक रहा है।

भारत के भूकंपीय प्रदेश (Seismic Zones of India)

सामान्यतः भारत का अधिकतर क्षेत्र भूकंप प्रभावित क्षेत्र में आता है। भूकंप तीव्रता के आधार पर भारत को निम्न भूकंपीय प्रदेशों में विभाजित किया जा सकता है *(मानचित्र 8.8)*:

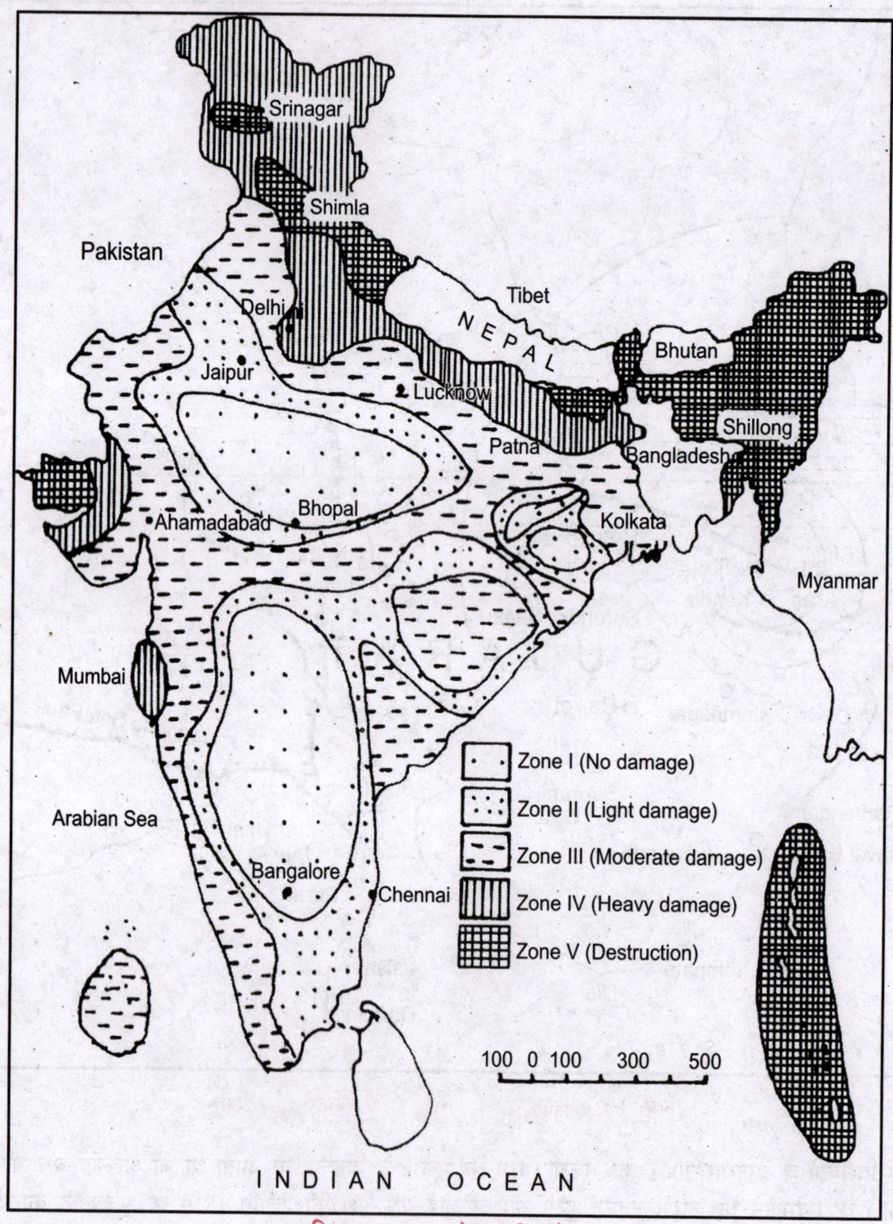

चित्र 8.8 भारत के भूकंपीय क्षेत्र

1. **जोन I, कम हानि होने वाला प्रदेश (Least or No Damage Zone):** भारत में तमिलनाडु, कर्नाटक, आंध्र प्रदेश, प० मध्य प्रदेश तथा अरावली क्षेत्र में भूकंप या तो आते नहीं या उनकी तीव्रता बहुत कम होती है, जिससे जान-माल की हानि होती है।
2. **जोन II, कम अथवा मामूली हानि के प्रदेश (Low or Light Damage Zone):** इस क्षेत्र में छोटा नागपुर का पठार, पूर्वी मध्य प्रदेश, पूर्वी आंध्र प्रदेश, द० पश्चिमी राजस्थान तथा दक्कन लावा पठार सम्मिलित हैं। उपरोक्त प्रदेशों में कमजोर तीव्रता के भूकंप आते हैं।
3. **जोन III, औसत तीव्रता कम हानि वाले भूकंपीय प्रदेश (Moderate Damage Zone):** भूकंपों से औसत दर्जे की हानि वाले प्रदेशों में भारतीय प्रायद्वीप के प्रदेश सम्मिलित हैं। महाराष्ट्र का कोयना (1967), लातूर (1993) तथा जबलपुर (1997) के भूकंप इसी जोन में आये थे।
4. **जोन IV, भारी हानि के प्रदेश (Heavy Damage Zone):** हिमालय पर्वत श्रेणी के दक्षिण में स्थित भारी नुकसान वाली भूकंपीय पेटी फैली हुई है। इस अधिक सघन जनसंख्या वाले प्रदेश में भूकंप आने पर जान-माल की भारी हानि होती है।
5. **जोन V, बरबादी का प्रदेश (Destruction Zone):** अत्यधिक बरबादी वाले प्रदेश हिमालय पर्वतों में स्थित जम्मू-कश्मीर, हिमाचल प्रदेश, उत्तराखंड, उत्तरी पूर्वी राज्य (अरुणाचल प्रदेश, असम, मेघालय, मणिपुर, मिजोरम, नागालैंड, त्रिपुरा, सिक्किम तथा प० बंगाल का उत्तरी भाग एवं उत्तरी पूर्वी बिहार) सम्मिलित हैं। गुजरात में रन-कच्छ तथा अंडमान-निकोबार द्वीप समूह इसी वर्ग में सम्मिलित हैं। वास्तव में जब भारतीय प्लेट उत्तर की ओर खिसकती है तो इस पेटी में भारी तीव्रता के भूकंप आते हैं।

तालिका 8.8 भूकंपीय प्रदेश तथा उनका प्रतिशत क्षेत्रफल

जोन	भारत के कुल क्षेत्रफल का प्रतिशत
जोन III, IV एवं V	59%
सूखे से प्रभावित	68%
बाढ़ से प्रभावित क्षेत्र	12%
चक्रवात प्रभावित क्षेत्र	भारत के 71% तटीय प्रदेश चक्रवातों से प्रभावित होते हैं।

तालिका 8.9 भारत और समीपवर्ती क्षेत्रों के भयंकर भूकंप और मृत्यु

वर्ष	भूकंप का अधिकेंद्र	तीव्रता	मृत्यु संख्या
4 अप्रैल, 1905	कांगड़ा (हिमाचल प्रदेश)	8.6	20,000
5 जनवरी, 1934	बिहार-नेपाल सीमा	8.4	10,700
11 दिसंबर, 1967	कोयना (महाराष्ट्र)	6.5	1000
30 सितंबर, 1993	लातूर (महाराष्ट्र)	6.3	11000
26 जनवरी, 2001	भुज (गुजरात)	8.1	30,000 से अधिक
26 दिसंबर, 2004	सुमात्रा (इंडोनेशिया)	9.0	250,000 से अधिक
8 अक्टूबर, 2005	मुजफ्फराबाद (POK)	6.5	50,000 से अधिक
18 सितंबर, 2011	मानगन (सिक्किम)	6.8	100 से अधिक, एक लाख से अधिक घर तबाह

21वीं शताब्दी के पहले दशक में ही भारत में बहुत-से भयानक भूकंप तथा प्राकृतिक आपदाएँ रिकार्ड की गयी हैं। भुज का भूकंप 2001, हिंद-महासागर की सुनामी 2004, कश्मीर का भूकंप 2005, कोसी नदी की बाढ़ 2008, आंध्र प्रदेश की बाढ़ 2009, लेह-लद्दाख का मेघ विस्फोट (Cloud Burst) 2010 तथा सिक्किम भूकंप 2011 बड़ी आपदाओं के प्रमाण हैं। इन महाआपदाओं से लगभग 80,000 करोड़ की हानि हुई।

नेपाल में भूकंप-25 अप्रैल, 2015

दिनांक 25 अप्रैल, 2015, 11.41 पूर्वाह्न (आईएसटी)

रिक्टर पैमाने पर तीव्रता: 7.9

भूकंप का अधिकेंद्र: बारपक ग्राम, लामजंग के समीप (गोरखा जिला)

मृतकों की संख्या: 15,000 से अधिक

घायल: 50,000 से अधिक

प्रभावित लोग: 80 लाख से अधिक

पश्चवर्ती आघात (Aftershock)

12, मई 12.37 अपराह्न

तीव्रता: 7.3, गहराई 15 किमी.

भूकंप का अधिकेन्द्र: दोलखा जिले का कोहाटी ग्राम, काठमांडू से 80 किमी. पूर्व तथा एवरेस्ट पर्वत से 50 किमी. दक्षिण पश्चिम में। जब चट्टानें अपनी नम्य सीमा (elastic limit) से अधिक दबाव सहन नहीं कर पाती हैं तो वे टूटकर अचानक हिलन-डुलने लगती हैं, जिससे पृथ्वी पर कंपन होता है। अधिकतर भूकंप जैसाकि ऊपर वर्णित किया जा चुका है, प्लेट के किनारों के आसपास आते हैं। जैसे महासागरीय रिज (भिन्न प्लेट सीमाएं) महासागरीय खाइयाँ (अभिसारी प्लेट के किनारे) और महासागरीय रिज पर रूपांतरण भ्रंश।

अभिसरण प्लेट सीमाएं व नेपाल भूकंप (Convergent Plate Boundaries and Nepal Earthquake)

पृथ्वी पर सर्वाधिक व्यापक और प्रचंड भूकंप अधीनीकरण क्षेत्र (Subduction zone) के साथ भूकंप प्लेट के किनारों पर आते हैं। जिस क्षेत्र में प्लेटें टकराती हैं, वे जटिल भूगर्भिक प्रक्रियाओं के क्षेत्र हैं जहाँ आग्नेय गतिविधि, परतीय विकृति (crustal deformation) तथा पर्वत निर्माण जैसी गतिविधियाँ घटित होती रहती हैं। कब कौन-सी विशेष प्रक्रिया अभिसरण प्लेट सीमा के साथ सक्रिय है यह अभिसरण प्लेटों की सीमाओं की टकराहट की प्रक्रिया में शामिल भूपर्पटी के प्रकार पर निर्भर है। यदि दोनों अभिसरण प्लेटों में महाद्वीपीय भूपर्पटी (भारतीय व यूरेशियाई प्लेटें) होती हैं तो दोनों में से कोई भी मेंटल क्षेत्र में नहीं समा सकता, यद्यपि एक कुछ समय हेतु दूसरे कर लेती हैं।

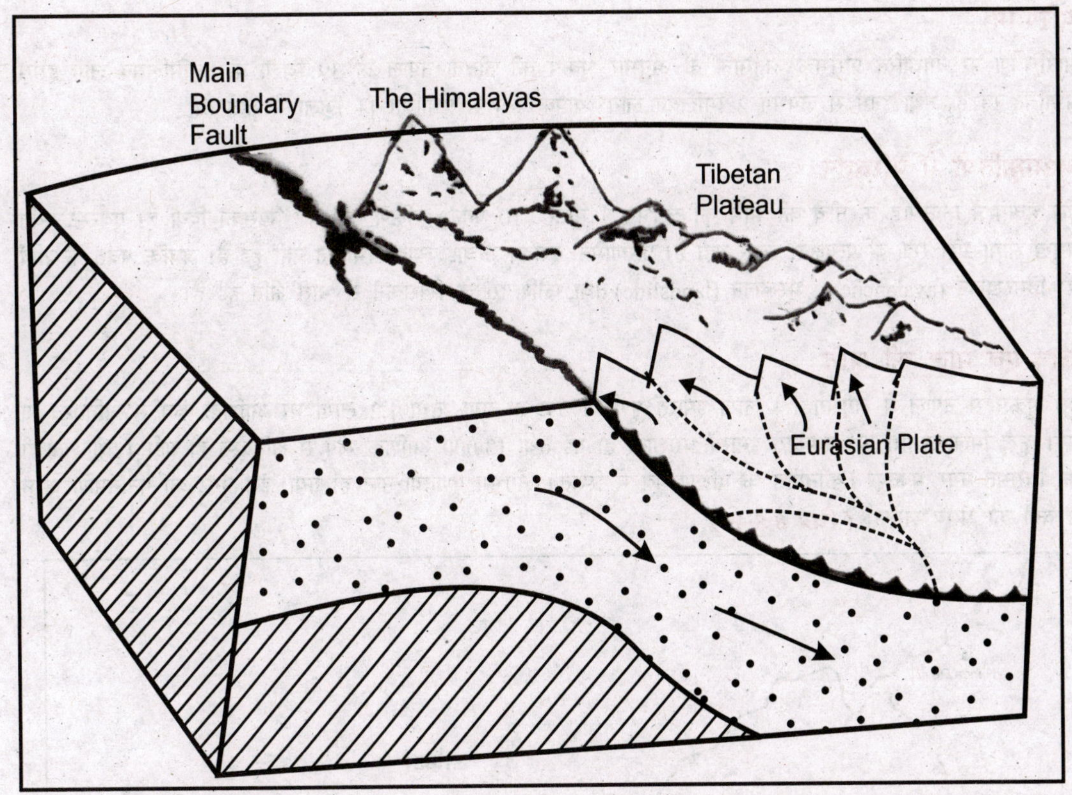

चित्र 8.8A भारतीय प्लेट का यूरेशियाई प्लेट में आप्लावन (Subduction)

अभिसरण प्लेटें (continental plates) सियाल (Si+al) से निर्मित हैं। सियाल पदार्थ इतने उत्प्लावक हैं कि ये सिमा (Si + ma जैसे घने मेंटल परिक्षेत्र में नहीं डूब सकते। ऐसी दशा में, दोनों महाद्वीपीय समूह संपीडित हो जाते हैं तथा महाद्व ीप अंततः एक महाद्वीप खंड में जोड़ बनाते हुए एक पर्वत शृंखला में साथ मिल जाते हैं। नेपाल का भूकंप भारतीय प्लेट के यूरेशियाई प्लेट के साथ अभिसरण (convergence) का परिणाम था। ***(चित्र 8.8A)***

प्रमुख सीमा भ्रंशन पर या उसके समीप (लघु हिमालय तथा बाहय हिमालय या शिवालिक) भ्रंशन के परिणामस्वरूप 25 अप्रैल 2015 को नेपाल में 7.9 तीव्रता का भूकंप आया, जिसमें भारतीय प्लेट ने यूरेशियाई प्लेट को आप्लावित (subduction) कर दिया।

(1) भूकंपविज्ञानियों के अनुसार, इस भ्रंश पर भारतीय प्लेट यूरेशियाई प्लेट को उत्तर पूर्व की ओर हिमालय पर्वत की ऊँची शृंखला की ओर घुमाते हुए 45mm/वर्ष की दर से समाहित कर रही है। जहाँ पर अधीनीकरण (subduction) की दर उच्च व आकस्मिक है वहाँ पर उच्च तीव्रता के भूकंप घटित होते हैं।

परिणाम

मानचित्रण पर आधारित प्रारंभिक अनुमानों के अनुसार भूकंप की तीव्रता नेपाल के 39 जिलों के 8 मिलियन लोग इससे प्रभावित रहे हैं, तथा इनमें से लगभग 2 मिलियन लोग व्यापक रूप से प्रभावित 11 जिलों में रहते हैं।

भूआकृतियों में परिवर्तन

इस भूकंप ने काठमांडू के नीचे की भूमि को लगभग 3 मीटर (10 फीट) दक्षिण की ओर खिसका दिया है। एवरेस्ट पर्वत प्रमुख सीमा भ्रंश रेखा के प्रत्यक्षत: ऊपर नहीं है। परिणामत: इसकी ऊँचाई ज्यादा प्रभावित नहीं हुई है। जबकि पर्वत के शीर्ष पर हिमस्खलन (avalanches), भूस्खलन (landslide) तथा ग्लेशियरों के खिसकने से भारी क्षति हुई है।

जान एवं माल की क्षति

इस भूकंप से नेपाल में लगभग 1.4 लाख इमारतें पूर्णतया नष्ट हो गयीं, तथा 1.2 लाख घर आंशिक रूप से क्षतिग्रस्त हो गए। कुल मिलाकर 10,395 सरकारी इमारतें धराशायी हो गई तथा 13,000 आंशिक रूप से क्षतिग्रस्त हो गई। 12वीं शताब्दी का विरासत नगर भक्तपुर (काठमांडू के दक्षिण पूर्व में स्थित) लगभग पूर्णतया नष्ट हो गया। इस नगर को पुनर्निर्माण करने में वर्षों का समय लगेगा। ***(चित्र 8.8-B)***

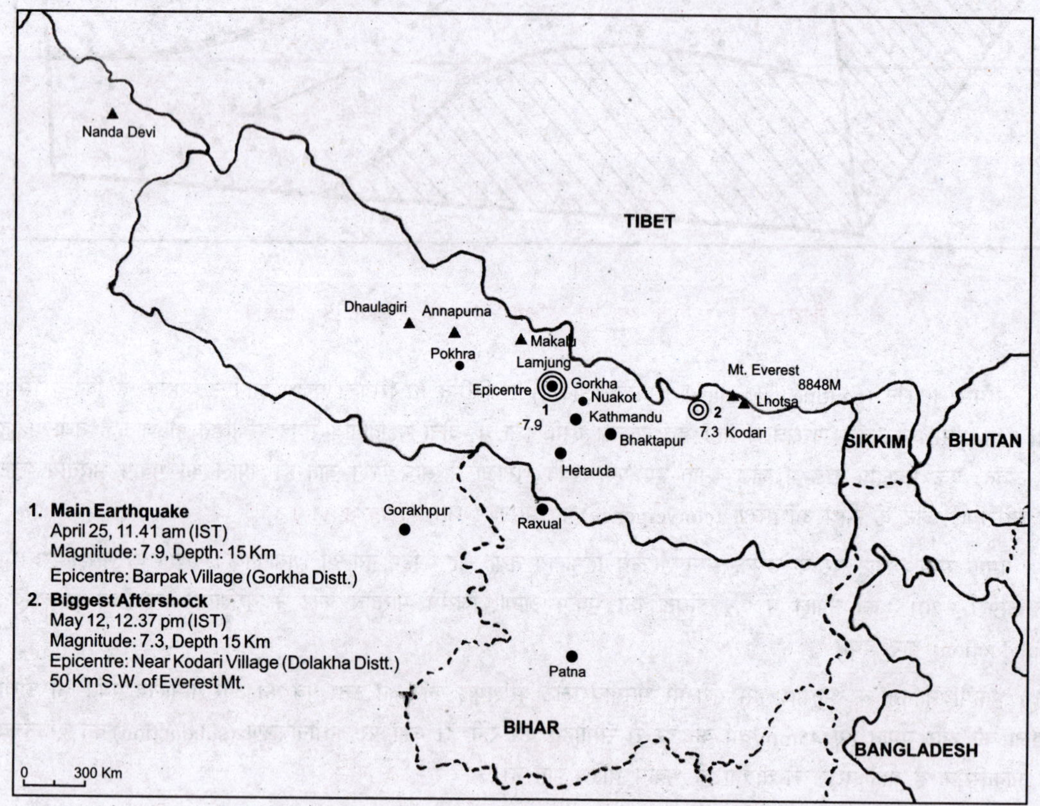

चित्र 8.8B नेपाल का भूकंप, 25 अप्रैल 2015

चिकित्सकीय जटिलताएं

दूरदराज क्षेत्रों में रह रहे भूकंप के पीड़ितों को बचाने व उनकी अन्य प्रकार से सहायता करने में कई चिकित्सकीय समस्याओं व जटिलताओं का सामना करना पड़ा। कई बार तो मानव शरीर के विभिन्न अंग मलबे में दबे मिले जिनमे ग्रैंगीन हो गया था। शरीर के इस भाग को जब रक्त की पर्याप्त आपूर्ति नहीं होती तो यह लगभग सड़ जाता है जिससे इसमें गैंग्रीन की स्थिति उत्पन्न हो जाती है।

भूकंप एवं एवरेस्ट के पर्वतारोही

पिछले 81 वर्षों में आए सर्वाधिक खतरनाक भूकंप से हिमस्खलन की घटना के द्वारा एवरेस्ट पर्वत के बेस कैंप पर (5230 की ऊँचाई) 20 से अधिक पर्वतारोही मारे गए। सैकड़ों इसमें लापता हो गए।

समुचित बचाव व राहत रणनीति तथा सतर्क आपदा नीति के अभाव में हजारों लोगों को ठंड में भूखों रहना पड़ा। वास्तव में, सरकार इस तीव्रता से आपदा से निपटने के लिए तैयार नहीं थी। नेपाल के प्रधानमंत्री सुशील कोयराला ने माना कि बचाव, राहत व अनुसंधान कार्यवाही अप्रभावी व अपर्याप्त थी। भूकंप के बाद का प्रबंधन चुनौतीपूर्ण था। नेपाल सरकार के प्रयत्नों को खराब मौसम ने बाधित किया। काठमांडू में वर्षा हुई तथा भूकंप के पश्चात ओलावृष्टि हुई।

नेपाल सरकार की तैयारी

नेपाल सरकार ऐसी विपदा से निपटने के लिए तैयार नहीं थी। उसे कम्बलों, खाद्य सामग्री, जल, डाक्टर, ड्राइवर तथा हेलीकॉप्टर के लिए विदेशी सहायता पर निर्भर रहना पड़ा। भारत के प्रधानमंत्री ने 'आपरेशन मैत्री' का अभियान संचालित किया। अन्तत: चीन, जापान, दक्षिण कोरिया, आस्ट्रेलिया, न्यूजीलैंड, इरान, पाकिस्तान, तुर्की, सउदी अरब, संयुक्त अरब अमीरात, इजराइल, जर्मनी, फ्रांस, नीदरलैंड, यूके, यू.एस.ए. ने इसमें सक्रिय रूप से भाग लिया।

विश्व खाद्य कार्यक्रम ने लगभग 1.4 मिलियन लोगों को नेपाल में तुरंत सहायता की आवश्यकता पर बल दिया। ग्रामीण क्षेत्रों के अधिकेन्द्र (गोरखा जिला) में दूरदराज के क्षेत्रों की स्थिति नाजुक थी। अधिकेन्द्र के आसपास के गाँवों में पहुँचना मुश्किल था क्योंकि भूस्खलन की वजह से उनसे संपर्क टूट गया था। गोरखा जिला का लगभग 90% भाग नष्ट हो गया था। एक पीड़ित शेरपा के शब्दों में "जो मृत थे वे जा चुके हैं, जो जिंदा हैं वे नर्क में जी रहे हैं।"

गोरखा मार्शल परंपरा का गढ़ नष्ट हो गया। उस मंदिर का विनाश, जहाँ गोरखाओं ने अपनी मार्शल परम्परा 400 वर्ष पूर्व प्रारंभ की थी। इससे यहाँ के निवासियों के गौरव को प्रचंड आघात पहुँचा है। 1636 में निर्मित गुरु गोरखनाथ को समर्पित पुण्य स्थल, गोरखा दरबार का एक भाग है। यह चिंता का विषय है कि गुरु गोरखनाथ का मंदिर नष्ट हो गया। इसी स्थान पर गुरु जी की पलटन (गोरखा सेना) बनायी गयी थी।

नेपाल का भूकंप भारत के लिए चेतावनी की घंटी

भूकंप के विशेषज्ञों के अनुसार, भूकंप से किसी की मृत्यु नहीं होती वरन इन मौतों के लिए इमारतें व उनकी निर्माण संरचनाएं उत्तरदायी हैं। वास्तव में, पुराने घर व इमारतों आदि के गिर जाने से लोग इनके नीचे दब जाते हैं। जिससे भारी मात्रा में जान-माल की भारी क्षति होती है। नेपाल की भूकंप त्रासदी ने एक बार फिर भारत को भी इस तरह की भीषण आपदाओं से बचने के लिए उपाय अपनाने की आवश्यकता को रेखांकित किया है।

भूकंपवेत्ता एम.एल. शर्मा की राय में "भारतीयों का मानना है कि भूकंप से अन्य देशों के लोग ही प्रभावित होते हैं।" भारत के कुल क्षेत्रफल का लगभग 60 प्रतिशत हिस्सा उच्च भूकंपीय क्षेत्र के अंतर्गत है। भारत के उच्च जोखिम

वाले शहर हैं- दिल्ली, मुंबई, कोलकाता, चेन्नई, अल्मोड़ा, देहरादून, मसूरी, नैनीताल, चंढ़ीगढ़, चम्बा, डलहौजी, शिमला, जम्मू, श्रीनगर, गंगटोक, गोहाटी, आइजोल तथा समस्त बड़े व छोटे नगर जिसमें भारत के वृहत मैदान की ग्रामीण बस्तियाँ शामिल हैं। मात्र एक मुख्य भूकंप कई लाख वर्ग किलामीटर क्षेत्र में फैलकर अत्यंत विनाशकारी हो सकता है तथा लाखों लोगों के जीवन को खतरे में डाल सकता है। अफगानिस्तान से अरुणाचल प्रदेश और अंडमान और निकोबार द्वीप समूह के बीच एक भीषण तबाही की भविष्यवाणी की गयी है। राष्ट्रीय आपदा प्रबंधन प्राधिकरण के अनुसार, यदि उत्तरी भारत में भीषण भूकंप आता है तो एक मिलियन से अधिक लोग अपनी जान खो सकते हैं। दुर्भाग्यवश, एक बड़ा भूकंप आने वाला है पर हम नहीं जानते यह कब व कैसे आयेगा।

भारत में सर्वप्रथम जिससे क्षेत्र में सुधार की आवश्यकता है वह है नागरिक अभियांत्रिकी की शिक्षा। हालाँकि भारत में लगभग 85 प्रतिशत घर ऐसे हैं जहाँ पक्की/कच्ची ईंटों या पत्थरों से मकानों की दीवारें बनी हैं, सिविल इंजीनियरिंग व आर्किटेक्ट केवल 3 प्रतिशत इन पदार्थों का प्रयोग करते हैं। (भारत की जनगणना 2011)। वास्तव में यह अनिवार्य है कि सिविल इंजीनियर गृह निर्माण के पारम्परिक विन्यास में भी प्रशिक्षित हों।

अन्य प्रमुख चिंता का विषय है बहुमंजिला इमारतें, जिनकी संख्या शहरी क्षेत्रों में तेजी से बढ़ती हा रही है। इन इमारतों का निर्माण आरसीसी बीम तथा खंभों के फ्रेमवर्क पर निर्मित होते हैं जिनमें बाद में ईंट की दीवारें जोड़ी जाती हैं। इस प्रकार की बहुमंजिला इमारतों के निर्माण में सामग्री चयन व उसकी गुणवत्ता के संदर्भ में कोई समझौता नहीं किया जाना चाहिए। जनता को नियमित रूप में भूकंप व उसके परिणामों के संबंध में व्यापक रूप से अवगत कराया जाना चाहिए। जापान के विद्यालयों और कॉलेजों के पैटर्न पर हमारे देश के स्कूलों व कॉलेजों में भी प्रदर्शनी का आयोजन कर यह बताया जाना चाहिए कि कैसे हम भूकंप जैसी विपदा में स्वयं को सुरक्षित कर सकते हैं। जितनी जल्दी हो हमारे नीति-नियोजक, निर्माता, सिविल इंजीनियर, वास्तुशिल्पी तथा आपदा प्रबंधन के प्राधिकारी इन मुद्दों का हल निकाल लें उतना ही अच्छा है।

संदर्भ

Christopherson R.W. 1995 'Elemental Geosystems: A Foundation in Physical Geography' Englewood Cliff, New Jersey, Prentice Hall

Eiby, G. A., 1980, Earthquakes, New York, Van Nostrand Reinhold.

Hamblin., W.K. et. al. 'Earth's Dynamic Systems' 7th ed. Englewood Cliff, Prentice Hall.

Pakiser, L. C., 1991, 'Washington, D.C., U.S.A. Government Printing Office'

भूकंपों के संबंध में भविष्यवाणी

भूकंपों के बारे में विश्वसनीय भविष्यवाणी करना अभी तक संभव नहीं हो सका है। भूकंपों के विशेषज्ञ इस दिशा में विशेष प्रयास कर रहे हैं। भूकंप भविष्यवाणी करने के लिये प्रत्येक प्लेट की सीमा का अध्ययन किया जा रहा है। इस प्रकार की जानकारी तथा आँकड़ों की सहायता से भविष्यवाणी करने में सहायता मिल सकती है। ऐसे क्षेत्र जहाँ बहुत समय से भूकंप नहीं आये सेस्मिक-गैप (Seismic) कहलाते हैं। ऐसे क्षेत्रों के भूपटल के निचले भागों में ऊर्जा एकत्रित होती रहती है और जब अधिक ऊर्जा एकत्रित हो जाती है तो भूकंप की संभावना बढ़ जाती है।

चीन के भूकंप विज्ञान के विशेषज्ञों ने पशुओं के व्यवहार के आधार पर भूकंपों के बारे में भविष्यवाणी करने में किसी हद तक सफलता पाई है। इस प्रकार की भविष्यवाणी करने में बड़ी सफलता 1975 के हैचांग (Haichang) भूकंप के बारे में मिली थी। इस भूकंप के आने से पहले मछलियाँ पानी से बाहर उछलने लगी थीं, सर्प अपने बिलों से बाहर निकलकर

रेंगने लगे थे। गाय, भैसें और घोड़े शोर मचाने लगे, कुत्ते निरंतर भौंक रहे थे और कुओं का पानी कई मीटर ऊँचा उठ गया था। इन चिह्नों एवं लक्षणों भूकंप से एक दिन पहले भविष्यवाणी कर दी गई जो सही सिद्ध हुई और बहुत-से लोगों की जान बच गई, परंतु एक वर्ष बाद 1976 में टांगशान नगर भूकंप से पूर्णरूप से ध्वस्त/नष्ट हो गया, जिसके बारे में कोई भी भविष्यवाणी नहीं की गई थी। टांगशान के इस भूकंप में 750,000 लोगों की मृत्यु हुई थी।

भूकंप आपदाओं का प्रबंधन

भूकंप अचानक आते हैं। यह अंतर्जात बलों का परिणाम होते हैं जिनके बारे में विश्वसनीय भविष्यवाणी करना अभी तक लगभग असंभव है। अन्य प्राकृतिक आपदा की भाँति भूकंपों से जान-माल को भारी हानि होती है। भूकंपों से रेलमार्ग, सड़कों, पुलों तथा संचार तंत्र को भी भारी नुकसान पहुँचाता है। चूँकि भूकंपों को रोकना मानव के लिये विशेष उपायों पर बल देने की आवश्यकता है। इस दिशा में निम्न उपाय भूकंप से होने वाले नुकसान को काफी हद तक कम कर सकते हैं–

1. भूकंप मापने के सेंटर (Seismological Centres) की देश के विभिन्न भागों में स्थापना की जाए ताकि भूकंपों के बारे में लोगों में जागरूकता उत्पन्न की जा सके।
2. भूकंपों की तीव्रता के आधार पर भूकंप मानचित्र बनाये जाएँ ताकि अधिक प्रभावित होने वाले क्षेत्रों का सीमांकन किया जा सके।
3. मकानों, भवनों एवं इमारतों को भूकंपरोधी बनाया जाये। बहुमंजिली इमारतों पर रोक लगाई जाये।
4. मकानों के निर्माण में हल्का, परंतु मजबूत सामान (Material) का इस्तेमाल किया जाये।
5. भूपटल में पाये जाने वाला हॉट-स्पॉट का गूढ़ अध्ययन किया जाये। इनकी भौतिक एवं रासायनिक विशेषताओं के लिये टोमोग्राफी का उपयोग किया जाये।
6. भूकंप-आपदा से निपटने के लिये उपयुक्त तैयारी करना।
7. बचाव कार्य सतर्कता के साथ करना।
8. भूकंप आने पर सहायता कार्य तेजी से करना।
9. प्रभावित जनसंख्या को मानसिक, सामाजिक एवं वित्तीय सहायता पहुँचाने में तेजी लाना।
10. प्रभावित लोगों के पुनर्वास का प्रबंध करना।
11. भूमिगत जल को घनी आबादी के क्षेत्रों में घुसने से रोकना।
12. तीव्रगति के भूकंपीय क्षेत्रों में नगरीकरण पर प्रतिबंध लगाना।
13. वनों के काटने तथा चरागाहों में अधिक चरवाही पर रोक लगाना।
14. बड़े बाँध तथा बहुउद्देशीय योजनाओं की बजाय छोटे बाँध बनाना।
15. भूकंप आने पर पैनिक होने की आवश्यकता नहीं। धैर्य रखिये तथा विवेक से काम लीजिए। मेज के नीचे शरण लीजिए। शीशे लगी खिड़कियों से दूर रहिये, मोमबत्ती न जलायें। यदि आप कार से यात्रा कर रहे हैं तो वाहन को रोक दीजिए। बैट्री का उपयोग कीजिए। बिजली के तारों से दूर रहें तथा किसी ऐसी धातु की वस्तु को हाथ न लगायें जिसका संपर्क बिजली के तारों से हो।
16. भूकंप के दौरान यदि कहीं पर आग हो तो उसको बुझा दें और आप न बुझा सकते हों तो दमकल (Fire Brigade) को बुलायें।

सुनामी (Tsunami)

सुनामी जापानी भाषा का शब्द है, जिसका अर्थ तसु (बंदरगाह) तथा नामी (लहर) से है। यह शब्द एकवचन तथा बहुवचन के तौर पर इस्तेमाल पर किया जाता है। सुनामी की उत्पत्ति भूपटल की किसी प्लेट के भ्रंश (Faults) के स्थान पर लंबवत खिसकने से आये भूकंप के कारण होती है। सुनामी को इसीलिए भूकंपी लहरें (Seismic Waves) भी कहते हैं। ध्यान रहे कि सभी भूकंपी लहरें सुनामी होती हैं, परंतु सभी सुनामी भूकंपों के कारण उत्पन्न नहीं होती। सुनामी लहरों की उत्पत्ति के मुख्य कारण निम्न प्रकार हैं-

1. महासागरों में अधिक गहराई के केंद्र वाले तीव्र गति के भूकंपों के कारण सुनामी उत्पन्न हो जाती है।
2. भूपटल की प्लेटों के अभिसारी अथवा अपसारी गति के कारण सुनामी उत्पन्न हो सकती है।
3. सागरों एवं महासागरों में ज्वालामुखी के उदगार से भी सुनामी उत्पन्न हो जाती है।
4. महासागरों के महाद्वीपीय शेल्फ तथा महाद्वीपीय ढलान पर भूस्खलन के कारण भी सुनामी आ सकती है।

सुनामी की उत्पत्ति

महासागरों के तल पर पाये जाने वाले भ्रंशों (Faults) के सहारे भूपटल की प्लेटों के खिसकने से सुनामी उत्पन्न हो जाती हैं *(चित्र 8.9) मानचित्र 8.9* में अलूशियन द्वीप समूह में आने वाली भूकंपीय सुनामी को दिखाया गया है। भूकंप की प्लेटों के दोलायमान प्रक्रिया को दिखाया गया है। पृथ्वी की गुरुत्वाकर्षण शक्ति किसी प्लेट को नीचे की ओर खिंचती है, जिसके फलस्वरूप सागर में भूकंपीय लहरें उत्पन्न हो जाती है। इस प्रकार उत्पन्न होने वाली लहरें चारों ओर फैलने लगती हैं। *(चित्र 8.9)*

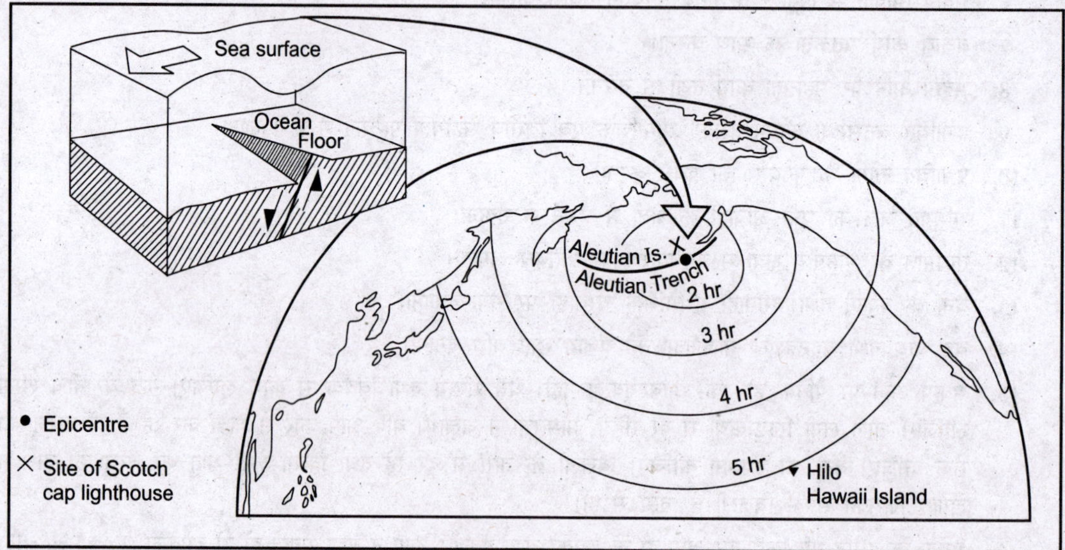

चित्र 8.9 अलूशियन द्वीप समूह की सूनामी, 1 अप्रैल, 1946

सुनामी की लहरें दीर्घ लंबाई वाली होती हैं। गहरे महासागरों में सुनामी लहरों की ऊँचाई कम होती है, परंतु यह लहरें जब उथले तटों के पास पहुँचती हैं तो उनकी ऊँचाई बहुत बढ़ जाती है। तटों के निकट इन लहरों की गति अपेक्षाकृत कमजोर पड़ जाती है और कम गहरे सागरों में इनकी ऊँचाई 15 से 20 मीटर तक हो जाती है। *(चित्र 8.10-8.11)*

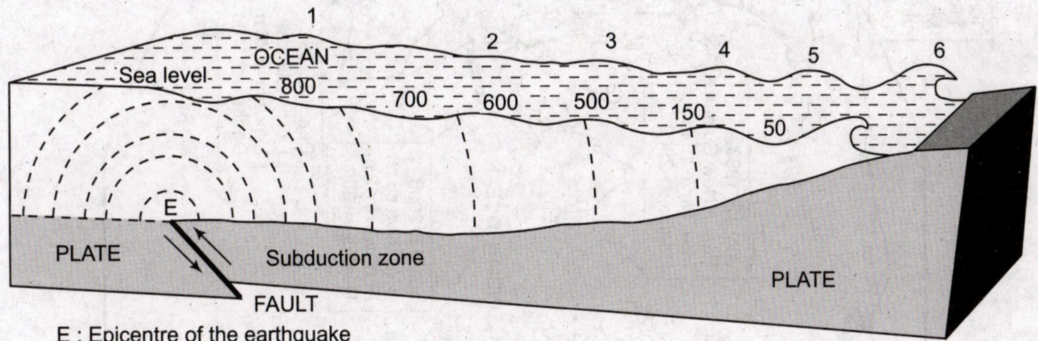

चित्र 8.10 सुनामी की उत्पत्ति एवं विस्तार

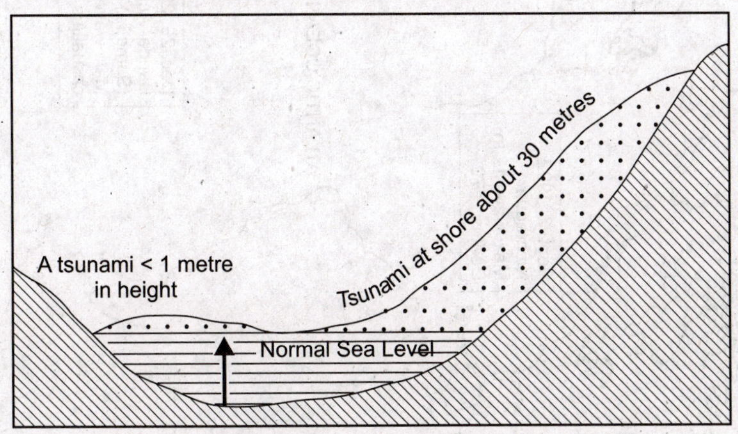

चित्र 8.11 सुनामी लहरों का समुद्र के समीप पहुंचने पर परिवर्तन

सुनामी लहरों की ऊँचाई का अनुमान 1 अप्रैल, 1946 में अलुशियन ट्रेंच के भूकंप से लगाया जा सकता है। इस भूकंप से उत्पन्न होने वाली सुनामी से यूनीमार्क द्वीप पर बने स्काच केप लाइट हाउस जिसकी ऊँचाई सागर स्तर से 36 मीटर थी, पूर्ण रूप से क्षतिग्रस्त हो गया था और पाँच कोस्ट गार्ड जो इस लाइट हाउस पर अपना कार्यभार सँभाले हुये थे उनकी मृत्यु हो गई थी।

लगभग पाँच घंटे के पश्चात् ये सुनामी लहरें हवाई द्वीप पहुँची। हवाई द्वीप समूह तक पहुँचते-पहुँचते यद्यपि कमजोर पड़ गई थी। वहाँ सुनामी लहरों की ऊँचाई 9 मीटर थी जिनसे 150 लोगों की मृत्यु हो गई थी।

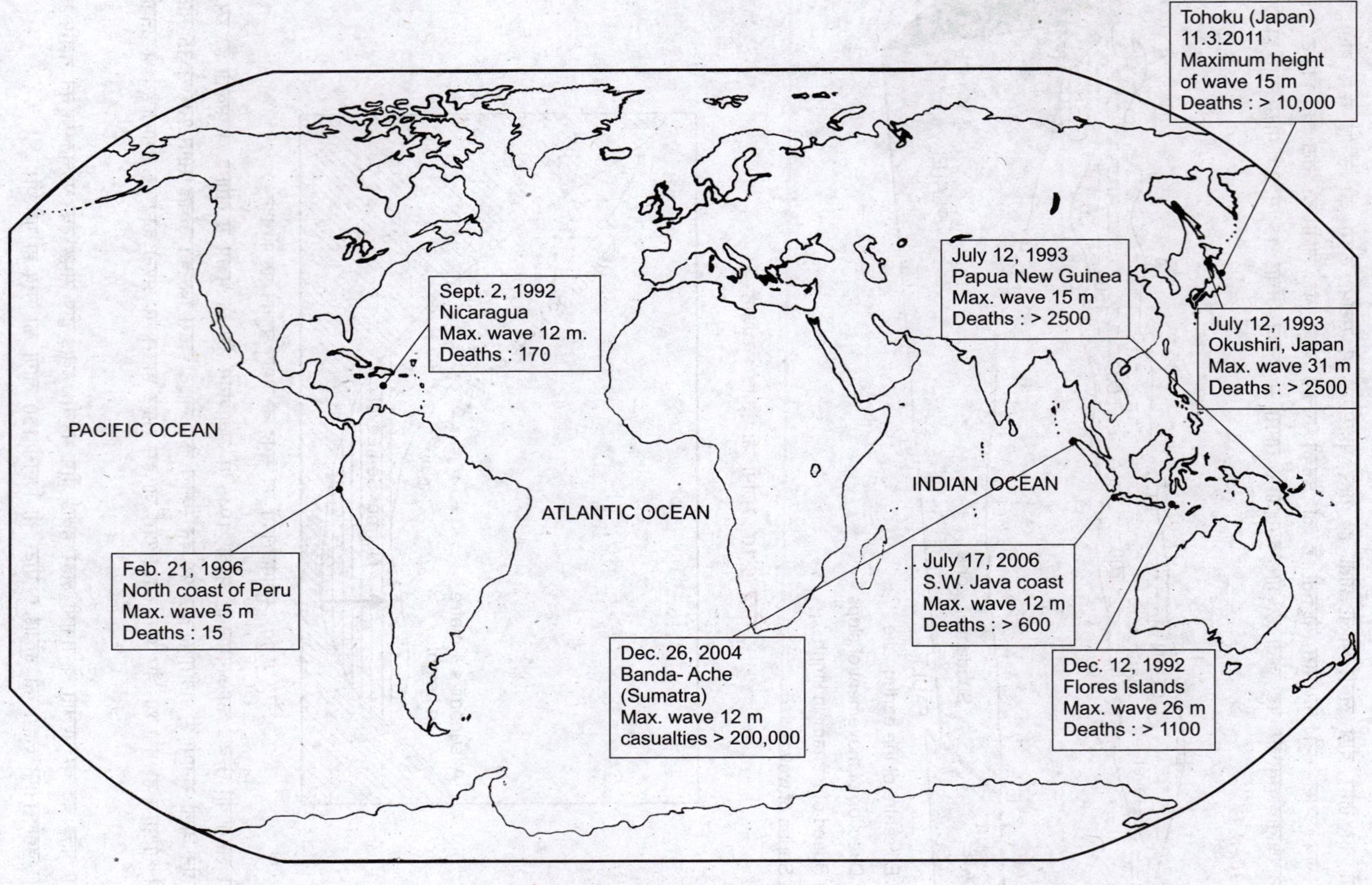

चित्र 8.12 प्रमुख सुनामी–1990–2012

सुनामी लहरों की विशेषताएँ (Characteristics of Tsunami Waves)

सुनामी लहरें, ज्वार-भाटे से भिन्न होती हैं। एक बार जब सुनामी लहरें उत्पन्न हो जाती हैं तो उनकी ऊँचाई (लहर की लंबाई एवं ऊँचाई का अनुपात) बहुत कम होती है। गहरे सागरों में कम ऊँचाई की लहरों का अनुभव तक नहीं हो पाता। दूसरे इन लहरों की चूँकि लंबाई बहुत होती है और लहर लगभग 15 से 20 मिनट के बाद उठती है इसलिये पानी के जहाजों को चलाने वाले नाविक तक इनको महसूस नहीं कर पाते। इस प्रकार गहरे सागरों में यदि सुनामी लहर 15-20 मिनट के पश्चात् आती है और उसकी ऊँचाई भी कम होती है तो जहाज के नाविक उसको महसूस नहीं कर पाते और समझते हैं कि महासागरों में लहरें तो स्थाई पवनों के कारण उठती ही रहती हैं। परंतु सुनामी की लहरें जैसे ही सागरीय तट की ओर बढ़ती हैं, तो सागर की कम गहराई के कारण तथा लहरों की ऊपर उठने की अवधि निरंतर एकसमान रहती है, साथ-ही-साथ लहर की गति में कमी आती है, जिसके कारण लहरों की ऊँचाई बढ़ जाती है। बंद सागरों एवं खाड़ियों इत्यादि में इन लहरों की ऊँचाई 30 मीटर अथवा 100 फीट तक हो जाती है। फलस्वरूप सागरों के तटीय भाग, नगर ग्रामीण बस्तियाँ जलमग्न हो जाती है।

पिछले दशकों में आने वाली प्रमुख सुनामी

भूकंपों के फलस्वरूप पिछले कुछ दशकों में आने वाली सुनामी को ***मानचित्र 8.12*** में दिखाया गया है तथा उनका विवरण ***तालिका 8.9*** में दिया गया है-

1. **निकारागुआ सुनामी (Nicaragua Tsunami):** 2, सितंबर, 1992 को निकारागुआ के निकट एक भारी भूकंप आया, जिसके कारण दस मीटर ऊँची लहरें उठीं, जिनकी लपेट में आकर 170 व्यक्तियों की मृत्यु हो गई थी।
2. **फ्लोरेस द्वीप सुनामी (Flores Island Indonesia Tsunami):** वर्ष 1992 के 12 दिसंबर को इंडोनेशिया के फ्लेरिस द्वीप पर भारी भूकंप आया जिसकी मापक पर तीव्रता 8 मापी गई। इस भूकंप से 26 मीटर ऊँची लहरें रिकार्ड की गई जिनकी लपेट में आकर 1100 आदमियों की मृत्यु हो गई।
3. **पापुआ-न्यूगिनी सुनामी (Papua New Guniea Tsunami):** वर्ष 1993 की 12 जुलाई को. न्यूगिनी के तट पर प्रशांत महासागर में एक भारी भूकंप आया, जिसके फलस्वरूप पंद्रह मीटर ऊँची लहरें उठीं जिनकी लपेट में आकर 2500 लोगों की जानें गई।
4. **ओकुशिरी जापान सुनामी (Okushiri Japan Tsunami):** वर्ष 1993 की 12 जुलाई को जापान सागर में ओकुशिरी के निकट एक भारी भूकंप आया, जिसके फलस्वरूप सागर में 15 मीटर ऊँची लहरें उठी जिनमें 2500 से अधिक लोगों की मृत्यु हो गई।
5. **पेरू सुनामी (Peru Tsunami):** वर्ष 1996 की 21 फरवरी को पेरू देश के उत्तरी तट पर भारी तीव्रता का भूकंप आया, जिसमें से 5 मीटर ऊँची लहरें उठीं और पंद्रह लोगों की मृत्यु हो गई।
6. **सुमात्रा सुनामी (Sumatra Tsunami):** वर्ष 2004 की 26 दिसंबर को सुमात्रा द्वीप पर 9.3 तीव्रता का भूकंप आया। इस भूकंप से सागर में 15 मीटर ऊँची लहरें उठीं जिनकी लपेट में आकर ढाई लाख लोगों की मृत्यु हो गई थी। इस भूकंप का अनुकेंद्र सुमात्रा द्वीप के उत्तरी भाग में था। हिंद महासागर के इस भाग में भारतीय, आस्ट्रेलिया तथा म्यांमार की प्लेटों का जंक्शन है। इस भूकंप का मुख्य कारण, भारतीय प्लेट का बर्मा प्लेट में अभियारी होना था। ***(चित्र 8.13)***।

   भारत का सुदूर दक्षिण बिंदु इंदिरा प्वाइंट इस सुनामी के कारण जमीन में धँसकर लुप्त हो गया था। भारत के अंडमान एवं निकोबार द्वीप समूह तथा तमिलनाडु, केरल, आंध्र प्रदेश के तटों पर 15,000 लोगों की मृत्यु हो गई थी। थाइलैंड के फुकेत द्वीप (Phuket Islands) में इस सुनामी में सबसे अधिक लोगों की जानें गई थीं।

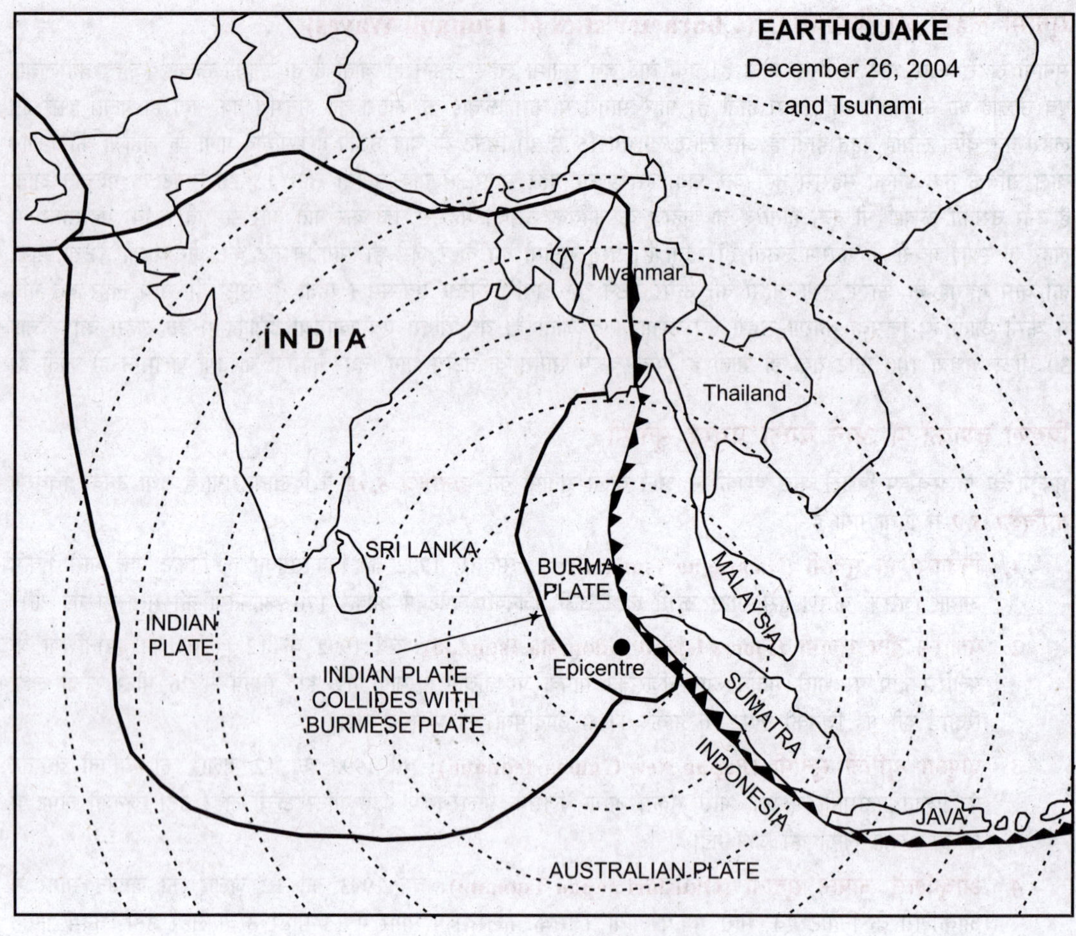

चित्र 8.13 भूकंप एवं सूनामी–दिसम्बर 2004

7. **दक्षिण-पश्चिमी सुनामी (South - West Java Tsunami)**: वर्ष 2006 की 17 जुलाई को जावा के दक्षिण पश्चिमी तट पर एक भारी तीव्रता का भूकंप रिकार्ड किया गया था। इस भूकंप के फलस्वरूप सागर में 15 मीटर ऊँची सुनामी लहरें रिकार्ड की गई थीं जिन से 600 लोगों की मौत हो गई थी।

8. **टोहोकू (जापान) सुनामी (Tohoku - Japan Tsunanmi)**: वर्ष 2011 की 11 मार्च को जापान के होंशु द्वीप के निकट 9 अंक तीव्रता का भूकंप रिकार्ड किया गया था। इस भूकंप के फलस्वरूप सागर में सुनामी उत्पन्न हो गई थी जिसकी लहरों की ऊँचाई पंद्रह मीटर रिकार्ड की गई थी। जिसके कारण तीस हजार से अधिक लोगों की मृत्यु हो गई थी। सुनामी का जल फुकुशिमा (Fukushima) परमाणु ऊर्जा केंद्र में घुस गया था। जिससे परमाणु-विकिरण (Nuclear Radiation) हुआ और पाँच लाख से अधिक लोगों को प्रभावित क्षेत्र से निकालकर सुरक्षित स्थानों पर ले जाया गया।

सुनामी चेतावनी

वर्ष 1948 से प्रशांत महासागर के तटों पर सुनामी की भविष्यवाणी करने के लिये अंतर्राष्ट्रीय नेटवर्क कार्य कर रहा है। सुनामी की भविष्यवाणी के पश्चात् उसकी सूचना तीव्रगति से संभावित प्रभाव पड़ने वाले देशों को देने की आवश्यकता होती है, क्योंकि सुनामी की लहरें बहुत तेज गति के साथ चलती हैं।

वर्ष 2011 (11 मार्च) के टोहोकू भूकंप से उठने वाली सुनामी लहरों की सूचना समय से मिलने के कारण बहुत से लोगों की जानें बच गई थी, फिर भी तीस हजार से अधिक लोग इसकी लपेट में आकर मर गये थे। जापान के वर्ष 1993 की सुनामी के बारे में समय से जानकारी मिलने के कारण बहुत-से लोगों की जानें बचा ली गई थीं।

तालिका 8.10 विगत वर्षों में प्रमुख सूनामी (1990–2011)

	सूनामी का दिन	स्थान/देश	सेस्मिक लहरों की अधिकतम ऊँचाई	मृत्यु
1.	Sept. 2, 1992	निकारागुआ	10 m	>170
2.	December 12, 1992	फ्लोरस द्वीप समूह	26 m	>1100
3.	July 12, 1993	पापुआ-न्यूगिनी	15 m	>2500
4.	July 12, 1993	ओकुश्री, जापान	15 m	>2500
5.	Feb.21, 1996	पेरु का उत्तरी तट	05 m	>15
6.	Dec. 26, 2004	सिम्पुलू-बंड एके, सुमात्रा (इंडोनेशिया)	15 m	>200,000
7.	July 17, 2006	एस.डब्ल्यू. जावा (इंडोनेशिया)	>26 m	>600
8.	March 11, 2011	तोहकू, जापान	>15	>10,000

सुनामी आपदा प्रबंधन

सुनामी आपदा प्रबंधन को निम्न दो चरणों में विभाजित किया जा सकता है–

(i) सुनामी आपदा आने से पहले का चरण तथा *(ii)* सुनामी आपदा के बाद का चरण।

(i) **सुनामी आपदा आने से पहले का चरण (Pre-Tsunami Disaster Stage):** सुनामी से होने वाले नुकसान को कम करने के लिये निम्न उपाय करने चाहिए–

1. सुनामी से प्रभावित होने वाले क्षेत्रों के मानचित्र तैयार किए जाए।
2. विश्व के अभिसारी जोंन (Subuction Zone) के मानचित्र तैयार किए जाएँ।
3. सुनामी प्रभावित क्षेत्रों में लोगों को मकान इत्यादि न बनाने दिया जाएँ।
4. सुनामी की गति बहुत तीव्र (500 से 1000 किलोमीटर प्रति घंटा) होती है, परंतु गहरे सागरों में इनकी लहरों की अधिक लंबाई और कम ऊँचाई होने के कारण इनको महसूस नहीं किया जाता, इसलिये नाविकों तथा मछुआरों को यह जानकारी दी जानी चाहिए कि सुनामी आने पर गहरे सागर में चले जायें और तट की ओर न आयें।
5. महासागरों एवं सागरों के तटों पर सुनामी की चेतावनी यंत्र लगाये जाने चाहिए।
6. बचाव कार्य के लिये सदैव तैयार रहना चाहिए।

(ii) **सुनामी आपदा के पश्चात् का चरण (Post-Tsunami Disaster Stage):** आपदा आने पर निम्न उपाय करने से जान-माल की हानि को कम किया जा सकता है–

1. आपदाग्रस्त क्षेत्रों में फँसे लोगों को तुरंत सुरक्षित स्थानों पर पहुँचाया जाये।
2. तुरंत चिकित्सा और डॉक्टरों को घायल व्यक्तियों के इलाज का प्रबंध करना चाहिए।
3. सुनामी प्रभावित क्षेत्रों में पीने के पानी और खाने का तुरंत प्रबंध करना चाहिए। प्रभावित लोगों के लिये हेलीकॉप्टर से खाने-पीने की सामग्री गिराई जानी चाहिए।
4. प्रभावित लोगों के पुनर्वास का प्रबंध किया जाना चाहिए।
5. सुनामी प्रभावित क्षेत्रों में नहीं जाना चाहिए जब तक मजबूरी न हो, क्योंकि आपकी उपस्थिति से बचाव कार्य में बाधा पड़ सकती है।
6. बच्चों, बूढ़ों तथा बीमारों की सहायता करनी चाहिए।
7. यदि घरों के चारों ओर पानी भरा हो तो उनमें प्रवेश नहीं करना चाहिए, क्योंकि पानी भरने से मकानों की बुनियाद (Foundation) कमजोर पड़ सकती, मकान गिर सकते हैं।
8. जब दोबारा से घर में प्रवेश करना हो तो सँभल कर चलना चाहिए
9. बैट्री से चलने वाली लालटेन का इस्तेमाल नहीं करना चाहिए। मोमबत्ती तथा माचिस का इस्तेमाल नहीं करना चाहिए। यह भी ध्यान रहे कि मकान में गैस का रिसाव (Gas-leak) तो नहीं है।
10. मकान के अंदर साँप इत्यादि आ सकते हैं इसका भी ध्यान रखकर मकान में दाखिल होना चाहिए।

यदि उपरोक्त बातों का ध्यान रखा जाये तो सुनामी से होने वाले नुकसान को बहुत हद तक कम किया जा सकता है।

भारत में सुनामी की चेतावनी देने वाला तंत्र

भारत में सुनामी-चेतावनी देने वाला तंत्र अभी तक व्यापक रूप से स्थापित नहीं किया जा सका है। वर्ष 2001 के भुज-भूकंप के पश्चात् भारत सरकार ने कुछ कदम उठाये थे, जो पर्याप्त नहीं हैं। यद्यपि, अरब सागर, बंगाल की खाड़ी तथा अंडमान व निकोबार द्वीप समूह के तटों पर कुछ यंत्र लगाये गये हैं, परंतु इस दिशा में अभी बहुत कुछ करने की आवश्यकता है। इस दिशा में विशेष ध्यान देने की आवश्यकता है ताकि भविष्य में यदि सुनामी आये तो जान-माल व पारिस्थितिकी-तंत्रों को कम-से-कम हानि हो और तटीय भागों में रहने वालों की चिंता कम हो।

भूस्खलन (Landslides)

ठोस चट्टान अथवा शैल यदि अचानक ढलान पर फिसल जायें तो उसको भू-स्खलन कहते हैं। भूस्खलन एक विश्वव्यापी प्रक्रिया है जो छोटे-बड़े पैमाने पर विश्व के सभी देशों में प्रायः होती रहती है, परंतु बड़े पैमाने पर भूस्खलन की संख्या कम है जो विशेष परिस्थितियों में होते हैं। भूस्खलन चंद सेकंडों में हो सकता है तथा इसमें कुछ दिन और महीने भी लग सकते हैं।

बहुत-से भूस्खलन नदियों के जलमार्गों के रास्ते में रोधक बनकर बड़े जलाशयों को जन्म देते हैं, जो अस्थाई होती हैं। कुछ समय के बाद ऐसे बाँधों के ऊपर से पानी बहने लगता है और बाँधों को बहा ले जाता है तथा इन अस्थाई जलाशयों अथवा झीलों को समाप्त कर देता है।

भूस्खलन अन्य भौतिक आपदाओं जैसे भूकंप, ज्वालामुखी, सुनामी की भाँति विनाशकारी नहीं होते, फिर भी यदि किसी बस्ती अथवा नगर या टाऊन के पास भू-स्खलन हो जाये तो भारी जान-माल का नुकसान हो सकता है। भूस्खलन की तीव्रता चट्टानों की संरचना तथा सघनता पर निर्भर करता है। शैल-बहाव, कीचड़-बहाव, चट्टानी टुकड़ों का गिरना, मलवा का खिसकना, भू-स्खलन के कुछ उदाहरण हैं।

भू-स्खलन के प्रमुख कारण निम्न प्रकार हैं–

1. **भूकंप:** भूकंप, भूस्खलन का सबसे महत्त्वपूर्ण कारण है। भूकंप के फलस्वरूप, प्राय: वलनदार पर्वतों में भूस्खलन होते हैं। ऐसे पर्वतों में हिमालय, राकी, एंडीज, आल्प्स, एटलस, पूर्वी एवं पश्चिमी घाट इत्यादि सम्मिलित हैं। *(चित्र 8.14)*

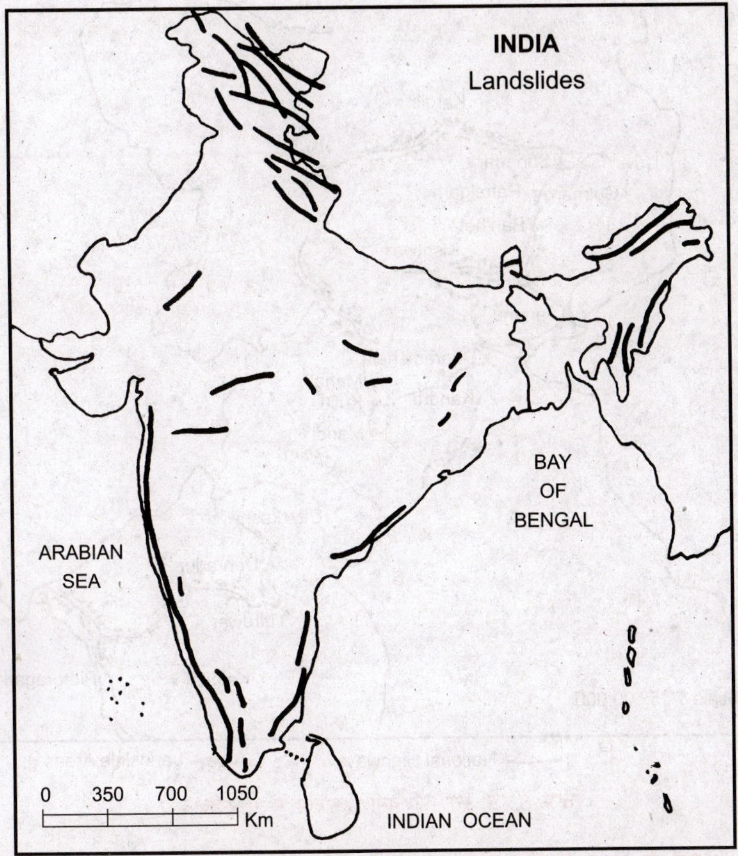

चित्र 8.14 भूस्खलन आशंकित क्षेत्र

2. **वर्षा, हिमपात, सहिम वर्षा** : भारी तथा लगातार वर्षा तथा हिम पात के कारण भी पहाड़ों में भू-स्खलन होते रहते हैं। जम्मू-कश्मीर के राजमार्ग पर बटोट, रामवन तथा बानिहाल के क्षेत्र में भारी वर्षा और हिमपात के कारण प्राय: वर्षा ऋतु एवं सर्दी के महीनों में भू-स्खलन होते रहते हैं। भू-स्खलन की बारंबारता के कारण इस क्षेत्र को नाशरी (विनाश क्षेत्र) कहा जाता है। *(चित्र 8.14)*

3. **खनन तथा पर्वतों में खडे ढलानों को काटकर सड़कों का निर्माण करना** : लगातार कोयला, इमारती पत्थर तथा अन्य खनिजों का खनन करना तथा पर्वतों के खड़े ढलानों को काटकर राजमार्ग बनाने के कारण भी भू-स्खलन की बारंबारता बढ़ जाती है। इस प्रकार के भू-स्खलन हिमालय, उत्तरी-पूर्वी पहाड़ियों, पूर्वी तथा पश्चिमी घाट की पर्वतमालाओं में देखे जा सकते हैं।

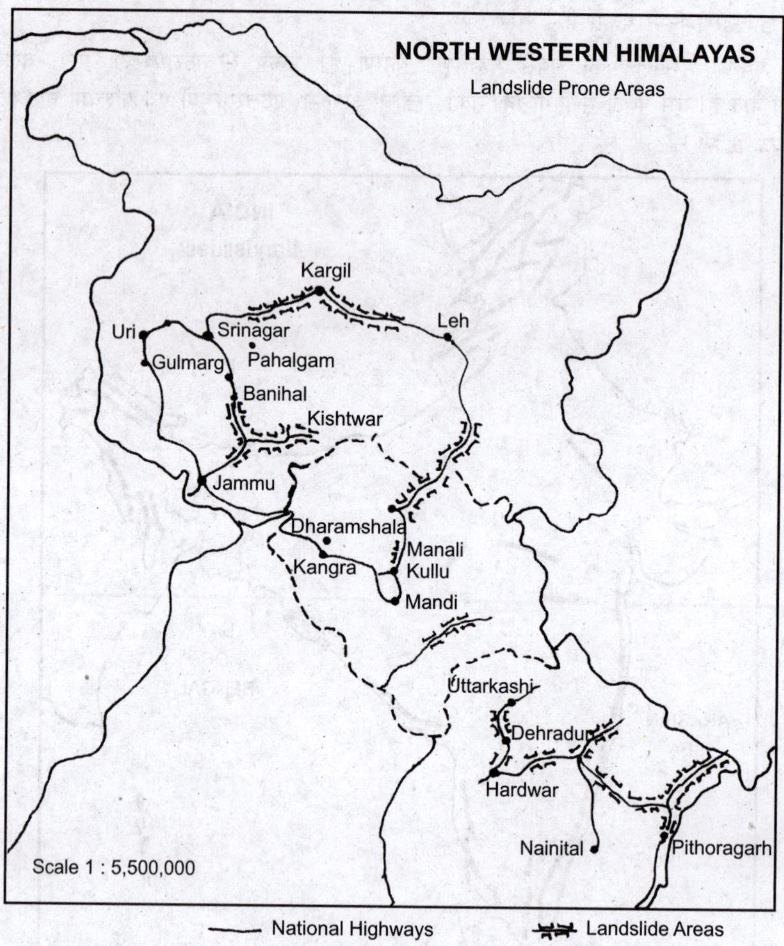

चित्र 8.15 उत्तर-पश्चिमी हिमालय में भू-स्खलन

4. **खतरनाक ढलानों पर भवन निर्माण करना** : पर्वतीय नगरों में भारी जनसंख्या वृद्धि तथा अनियोजित आवासों का निर्माण (Unplanned Growth of Towns) भी भू-स्खलन का एक प्रमुख कारण है। उत्तराखंड के नैनीताल नगर में मालरोड के निकट बहुमंजिली होटलों तथा भवनों का निर्माण किया जा रहा है। इस क्षेत्र की चट्टानें प्रायः चूने पत्थर की हैं। वर्षा के पश्चात् चूने की चट्टानें कमजोर पड़ जाती हैं, जिसके फलस्वरूप नैनीताल की बहुत-सी इमारतें तथा होटल नीचे की ओर धँस रहे हैं।

5. **वनों का काटना** : जंगलों के काटने, अधिक पशुचरन (Overgrazing) और अवैज्ञानिक भूमि-उपयोग के कारण भी बहुत-से भू-स्खलन उत्पन्न होते हैं। जम्मू-कश्मीर, हिमाचल प्रदेश, उत्तराखंड, उत्तर-पूर्वी पर्वतीय भागों में जंगल काटने के कारण बहुत से भू-स्खलन होते हैं। पूना जनपद के मालिन गाँव में भू-स्खलन से 44 घर मलबे में दब गये, सैकड़ों लोग मलबे में दब गये, कई दर्जन लोगों की मौत हो गई। वनों को काटना इस भू-स्खलन का मुख्य कारण माना जा रहा है।

6. **झूम कृषि (Shifting Cultivation):** जंगलों को काटकर तथा उनको जलाकर झूमिंग प्रकार की कृषि करने से भी भू-स्खलन की बारंबारता में वृद्धि होती है। भारत के उत्तर पूर्वी पहाड़ी राज्यों में झूमिंग प्रकार की कृषि की जाती है जिसके फलस्वरूप बहुत-से भू-स्खलन प्रति वर्ष वर्षा ऋतु में देखे जा सकते हैं।
7. **पर्वतीय क्षेत्रों में औद्योगिकीकरण तथा नगरीकरण (Industrialization and Urbanization in Hilly Areas):** विकास के नाम पर पर्वतीय प्रदेशों में भारी औद्योगिकीकरण तथा नगरीकरण किया जा रहा है। इन कारणों से पारिस्थितिकी तंत्रों (Ecosystems) में भारी परिवर्तन हो रहा है जो भू-स्खलन का कारण बनते हैं। भारत के उत्तराखंड, हिमाचल प्रदेश, सिक्किम तथा अरुणाचल प्रदेश में बहुत-से भू-स्खलन इन कारणों का परिणाम हैं।
8. **बाँध/डैम निर्माण (Construction of Dams):** नदियों पर बड़े बाँध बनाकर बहुउद्देशीय परियोजनाएँ बनाई गई हैं। इस प्रकार की परियोजनाओं का आस-पास की पारिस्थितिकी पर प्रतिकूल प्रभाव पड़ता है। भारत में भाखड़ा-नांगल बाँध, टिहरी बाँध आदि इसी प्रकार की परियोजनाएँ हैं जिनके कारण आस-पास के पर्वतीय क्षेत्रों में भू-स्खलन की बारंबारता बढ़ गई है।
9. **अन्य कारण (Other Factors):** भूमि का अवैज्ञानिक उपयोग करने (विशेष रूप से पर्वतीय क्षेत्र में) से भी भू-स्खलन की संभावना बढ़ जाती है।

भू-स्खलन के प्रकार

यूँ तो किसी भी ढलान पर चट्टानों के खिसकने को भू-स्खलन (Landslide) कहते हैं, फिर भी भू-आकृति विज्ञान के विशेषज्ञ भू-स्खलन को निम्न वर्गों में विभाजित करते हैं-

(i) **चट्टानों का या चट्टानों के टुकड़ों का गिरना (Rock Fall):** चट्टानों का गिरना एक तीव्रगति का भूस्खलन है, जिसमें चट्टान अथवा चट्टानी टुकड़े तीव्र गति से ढलान के साथ नीचे की ओर गिरते या लुढकते हैं। इस प्रकार के भू-स्खलन में अलग-अलग चट्टानी टुकड़े नीचे की ओर गिरते हैं। ढलान के आधार पर मलवा अथवा टालस (Talus) इकट्ठा हो जाता है। *(चित्र 8.16A)*

(ii) **मलवा फिसलन** : इस प्रकार के भू-स्खलन में तुलनात्मक रूप से सूखी चट्टानों के टुकड़े एवं मिट्टी नीचे की ओर खिसकते हैं। *(चित्र 8.16B)*

(iii) **कीचड़ प्रवाहित होना** : इस प्रकार के भू-स्खलन में चट्टानों के टुकड़े, मलवा, मिट्टी एवं पानी इत्यादि मिश्रित होते हैं जो नीचे की ओर खिसकते हैं। इस प्रकार के भू-स्खलन की गति ढलान की तीव्रता एवं कीचड़ की तरलता पर निर्भर करता है। कीचड़ प्रवाह से बहुत-सी बस्तियाँ नष्ट हो सकती हैं। इस प्रकार के भू-स्खलन में यदि जल की मात्रा मलवे में अधिक हो तो बहाव की गति होती है जिससे भारी जान व माल को नुकसान हो जाता है। *(चित्र 8.16C)*

(iv) **खड़े ढलान से चट्टानों का खिसकना** : खड़े-ढलान से गिरने वाली चट्टानों अथवा चट्टानी टुकड़ों को लुढ़कने को रॉक-फॉल कहते हैं। जम्मू-श्रीनगर राजमार्ग पर खूनी नाले में रामसु बस्ती के पास इस प्रकार का भू-स्खलन होता रहता है। *(चित्र 8.16D)*

(v) **चट्टान फिसलन** : यदि किसी पहाडी ढलान पर कोई चट्टान अपने आधार से अलग होकर नीचे की ओर खिसकने लगे तो उसको रॉक-स्लाइड कहते है। *(चित्र 8.16E)*

(vi) **चट्टानी धँसाव** : इस प्रकार के भू-स्खलन में मलवा एक वक्र रेखा की भाँति नीचे की ओर खिसकता है और मलवा नीचे ढलान के आधार पर जाकर एकत्रित हो जाता है।

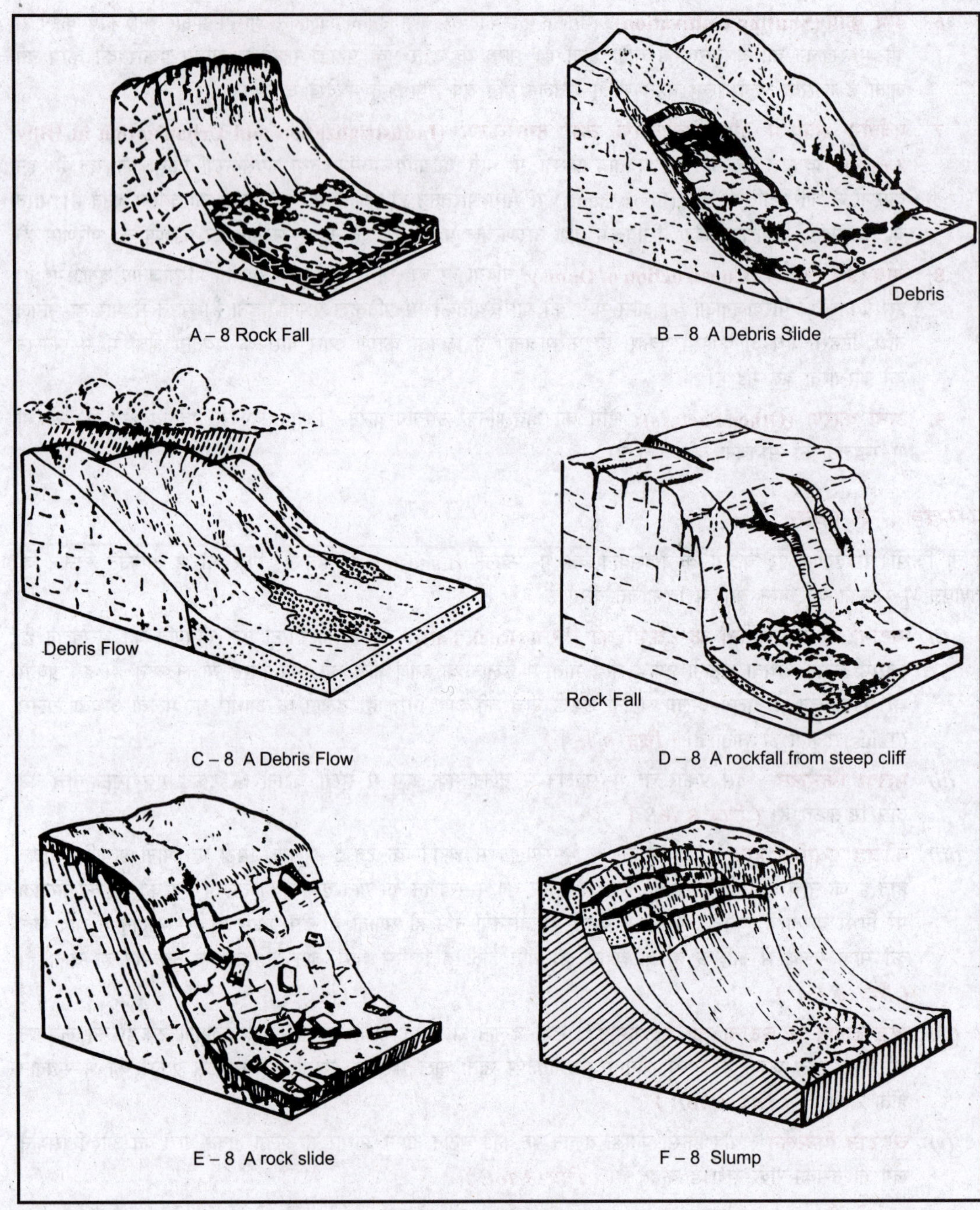

चित्र 8.16 भूस्खलनों के प्रकार

(vii) **मृदा का सरकना:** यह एक बहुत मंद गति वाला भू-स्खलन है। इसमें मृदा के कण ढलान पर धीरे नीचे की ओर खिसकते रहते हैं। दिन में तापमान की वृद्धि तथा रात में तापमान के कमी होने के कारण चट्टानों के कण अलग होते रहते हैं। यह प्रक्रिया चट्टानों के दिन में फैलने एवं रात में सिकुड़ने के कारण होती है। इस प्रकार के भू-स्खलन के लिये बहुत-से उपाय सुझाये जाते हैं, ढलानों को चबूतरों (Terraces) में काटना भी एक प्रभावशाली तरीका है। *(चित्र 8.17A)*

(viii) **खंड फिसलन** : इस प्रकार के भू-स्खलन में पूरा ब्लॉक ही नीचे की ओर खिसकता है। *(चित्र 8.17B)*

(ix) **भू-फिसलन (Earth Creep):** धरातल का ढलान पर नीचे खिसकने का मुख्य कारण मलवे में जल-मात्रा का अधिक होना है। इसमें भूमिगत जल की भी विशेष भूमिका होती है। यदि ऐसे स्थान पर ढलान को काटकर सड़क का निर्माण किया जाये, तो धरती नीचे की ओर खिसकने लगती है।

(x) **धँसाव:** इस प्रकार के भू-स्खलन में धरती नीचे की ओर धँसने लगती है। भूपटल से अधिक जल का निकालना, तेल निकालने तथा खनन के कारण इस प्रकार का धँसाव संभव होता है। इस प्रकार का भू-स्खलन प्रायः कार्स्ट (Karst) प्रदेशों में देखा जा सकता है।

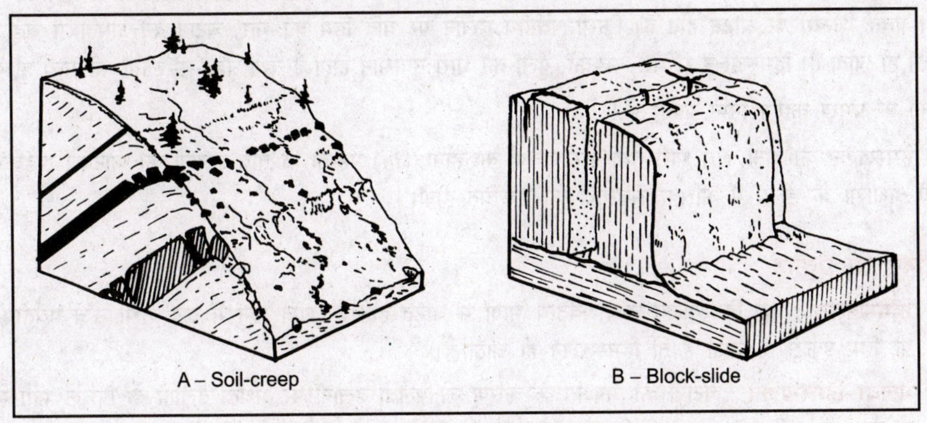

चित्र 8.17 मृदा का रेंगना एवं ब्लाक स्लाइड

भू-स्खलन से बचाव के उपाय

भू-स्खलन अंतर्जात तथा बर्हिजात बलों के कारण आते हैं। ये प्रायः अकस्मात् घटित होते हैं जिस कारण इनके बारे में भविष्यवाणी करना कठिन कार्य होता है फिर भी कुछ प्रभावशाली उपाय जो इस आपदा के प्रतिकूल प्रभाव को कम कर सकें, निम्नलिखित हैं–

(i) **भू-स्खलन प्रभावित क्षेत्रों के मानचित्र तैयार करना:** भू-स्खलन आपदा के प्रकोप को कम करने के लिये, ऐसे क्षेत्रों के मानचित्र तैयार करना अनिवार्य हैं जहाँ यह आपदा प्रायः आती है। ऐसे क्षेत्रों में जंगलों को काटने तथा भवन निर्माण एवं पशु-चारण पर पाबंदी लगाई जानी चाहिए।

(ii) **मजबूत-दीवार निर्माण करना** : जिस ओर भू-स्खलन का मलवा लुढ़क रहा हो उस ओर मजबूत-दीवार का निर्माण करना चाहिए। ध्यान रहे ऐसी मजबूत दीवार के निर्माण के कारण प्राकृतिक जल अपवाह में कोई रुकावट उत्पन्न न हो।

(iii) **इंजीनियरिंग संरचनाएँ** : विभिन्न प्रकार की इंजीनियरिंग उपाय करके भी भू-स्खलन आपदा के प्रकोप को कम किया जा सकता है। जैसे पत्थरों और लोहे के तारों के जाल को भू-स्खलन के स्थान पर लगाना।

(iv) **जल अपवाह नियंत्रण** : यदि जलवाह ठीक प्रकार से हो तो चट्टानों में जल-रिसाव कम होगा जिसके कारण भू-स्खलन की संभावना कम होगी।

(v) **वृक्षारोपण** : वृक्षारोपण, भूस्खलन रोकने का एक प्रभावशाली तरीका है। वृक्षों की जड़ों से चट्टानों में मजबूती आती है तथा मिट्टी अपरदन भी कम होता है।

(vi) **भूमि का वैज्ञानिक उपयोग** : पर्वतीय भागों तथा नदियों के पर्वतीय क्षेत्रों में वैज्ञानिक विधियों से भूमि उपयोग करना चाहिए। भू-स्खलन के बारे में लोगों में जागरूकता उत्पन्न करने की आवश्यकता है तथा इस बारे में ग्रामीण स्तर पर संगोष्ठी भी करने की आवश्यकता है।

हिमस्खलन (Avalanches)

हिम, मलवे तथा चट्टानों के अकस्मात नीचे की ओर खिसकने को हिमस्खलन कहते हैं। हिमस्खलन प्राय: हिमाछादित पर्वतों एवं ऊँची पर्वत शिखरों पर घटित होते हैं। किसी पर्वतीय ढलान पर यदि हिम का भार, चट्टान की क्षमता से बढ़ जाये तो हिमस्खलन हो जाता है। हिमस्खलन से घरों, सड़कों, पुलों को भारी नुकसान होता है तथा बहुत-से लोगों की मृत्यु हो जाती है।

हिमस्खलन के प्रमुख कारण निम्न प्रकार हैं:

(*i*) भारी हिमस्खलन का होना, (*ii*) भारी तथा निरंतर वर्षा का होना, (*iii*) पहाड़ों के तीव्र ढलानों को काटकर सड़कें बनाना। (*iv*) ऊँचे अक्षांशों के डेल्टों में अधिक अवसादों का एकत्रित होना।

हिमस्खलन के प्रकार

(i) **हिमस्खलन** : ऐसे हिमस्खलन ऊँचे पर्वतीय भागों में घटित होते हैं। शीत ऋतु में जब कभी ऊँचे पर्वतीय ढलानों पर हिम इकट्ठी हो जाती है तो हिमस्खलन हो जाता है।

(ii) **मलवा-हिमस्खलन** : चट्टानों का अपक्षय के कारण जो मलवा ढलानों पर अथवा ढलानों के निचले भाग में इकट्ठा हो जाता है, यदि उस पर भारी हिमपात हो जाये तो हिम और मलवा नीचे की ओर अचानक खिसक जाता है, जिसको मलवा हिमस्खलन कहते हैं।

(iii) **शुष्क हिमस्खलन** : इस प्रकार का हिमंस्खलन ऊँचे शुष्क पर्वतों में घटित होता है। जब कभी ऊँचे पहाड़ों के खड़े ढलानों में अधिक बर्फ इकट्ठी हो जाती है तो शुष्क हिमस्खलन हो जाता है। ऐसे भूस्खलन होने पर वायुमंडल में बर्फीला धुआँ-सा फैल जाता है।

(iv) **आर्द्र हिमस्खलन** : शीत ऋतु में अत्यधिक हिमपात वर्षा के साथ होने, अथवा बर्फ के पिघलने से आर्द्र-हिमस्खलन हो जाता है। ऐसे हिमस्खलन प्राय: शीतोष्ण कटिबंध के पर्वतों में घटित होते हैं।

(v) **हिमनद हिमस्खलन** : हिमनद (Glaciers) के अगले भाग में अकस्मात् हिम टूट कर गिरने से होने वाले हिमस्खलन को ग्लेशियर हिमस्खलन कहते हैं। ऐसे हिमस्खलन हिमनदीय प्रदेशों में घटित होते हैं।

भारत में हिमस्खलन अधिकतर काराकोरम तथा दीर्घ हिमालय में घटित होते हैं।

हिमस्खलन रोकथाम करने के उपाय

हिमस्खलनों की रोकथाम के लिये निम्न उपाय किये जा सकते हैं–

(i) **लोहे के तारों का जाल बनाकर हिमस्खलनों को रोकना** : लोहे के तारों का जाल बनाकर हिमस्खलन रोकने के उपाय को जम्मू-कश्मीर राजमार्ग पर रामसू कस्बे के निकट किया गया। लोहे के जाल से टकराकर हिम नीचे एक सीमित क्षेत्र में गिर जाता है जिससे जान व माल का नुकसान नहीं होता।

(ii) **सॉफ्टवेयर उपाय** : सॉफ्टवेयर के द्वारा ऐसे भागों का पता लगाया जा सकता है जिनमें प्राय: हिमस्खलन होता। इस प्रकार हिमस्खलन के बारे में भविष्यवाणी करने से होने वाली हानि को कम किया जा सकता है।

(iii) **बचाव कार्य संरचना** : हिमस्खलन के क्षेत्रों में वृक्षारोपण करना, ढलानों को काटकर चबूतरे बनाना (Terraces), मजबूत दीवार (Retaining Wall) का निर्माण करना, लोहे के जाल बनाना इत्यादि सम्मिलित हैं। उपरोक्त उपायों के साथ-साथ हिमस्खलनों के बारे में ठीक समय पर भविष्यवाणी करने से भी आपदा के प्रतिकूल प्रभाव को बहुत हद तक कम किया जा सकता है।

यूरोप के देशों में विशेषकर स्विट्जरलैंड, फ्रांस, जर्मनी, आस्ट्रेलिया, नार्वे, स्वीडन, फिनलैंड तथा रूस में हिमस्खलन रोकने के कारगर उपाय किये गये हैं। भारत के हिमस्खलन प्रभावित क्षेत्रों में अभी बहुत कुछ करना बाकी है। इस दिशा में जितना जल्दी कार्य किया जाये, पारिस्थितिकी तंत्र एवं मानव समाज के लिये बेहतर है।

चक्रवात (Cyclone)

चक्रवात एक कम वायुभार के क्षेत्र को कहते हैं जिसकी उत्पत्ति ऊँचे तापमान अथवा पृथ्वी के गतिशील (Dynamic Causes) कारणों से होती है। चक्रवातों को निम्न दो वर्गों में विभाजित किया जा सकता है–

(i) ऊष्ण कटिबंधीय चक्रवात, *(ii)* शीतोष्ण कटिबंधीय चक्रवात।

(i) ऊष्ण कटिबंधीय चक्रवात (Tropical Cyclone)

ऊष्ण कटिबंधीय चक्रवात विषुवत रेखा से 80 द. से 250 उ. के मध्य में उत्पन्न होते हैं तथा इन्हीं अक्षांशों में इनकी उत्पत्ति दक्षिणी गोलार्द्ध में होती है। ऊष्ण-कटिबंधीय चक्रवातों में पवन की गति 39 से 73 किलोमीटर होती है। इन कटिबंधीय चक्रवातों को विभिन्न देशों में भिन्न-भिन्न नामों से जाना जाता है। इनको मैक्सिको की खाड़ी में हरिकेन (Harricane), चीन में टाइफून (Typhoon), जापान में टेफु (Taifu/Tofu), फिलिपाइन में बैजियो (Baguio), आस्ट्रेलिया में विली-विली (Willy-Willy) तथा उत्तरी एवं दक्षिणी हिंद महासागर में केवल साइक्लोन के नाम से जाना जाता है।

(ii) ऊष्ण कटिबंधीय चक्रवात की विशेषताएँ (Characteristics of Tropical Cyclone)

(i) सम भार रेखाएँ (Isobars) वृत्ताकार होती हैं।

(ii) इनका व्यास (Diameter) 150 किलोमीटर से लेकर 500 किलोमीटर तक हो सकता है।

(iii) चक्रवात के मध्य भाग को चक्रवात की आँख (Eye of the Cyclone) कहते हैं।

(iv) इनकी उत्पत्ति सागर के गर्म जल पर होती है।

(v) ऊष्ण कटिबंधीय चक्रवात को ऊर्जा जल वाष्प एवं निहित ऊष्मा (Latent Heat) से प्राप्त होती है।

(vi) इनकी उत्पत्ति उत्तरी गोलार्द्ध पतझड़ ऋतु (Autumn Season) अर्थात् सितंबर-अक्तूबर में होती है।

(vii) इनसे मूसलाधार वर्षा होती है और प्राय: बाढ़ का कारण बनती है।

(viii) इनको विनाशकारी माना जाता है, जिससे जान-माल की भारी हानि होती है।

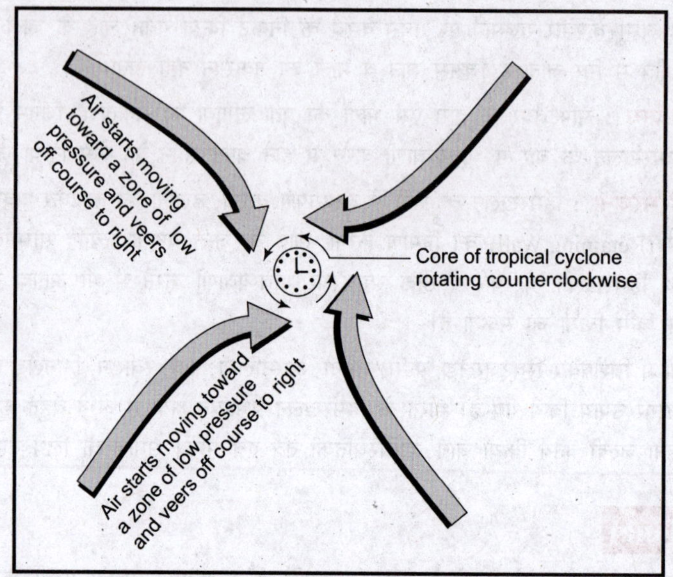

चित्र 8.18 केरिओलिस बल का प्रभाव दर्शाते हुए उष्णकटिबंधीय चक्रवातों की गतियाँ

ऊष्ण कटिबंधीय चक्रवात की उत्पत्ति

ऊष्ण कटिबंधीय चक्रवातों की उत्पत्ति के बारे में अभी तक पूर्ण ज्ञान नहीं है। इनकी उत्पत्ति शीतोष्ण कटिबंधीय चक्रवातों से भिन्न होती है। ऊष्ण कटिबंध में सागरों पर वायु का तापमान, सापेक्षिक आर्द्रता लगभग समान होती है। गर्म सागरों पर वाष्पीकरण की प्रक्रिया से वायुमंडल में जलवाष्प की मात्रा निरंतर बढ़ी रहती है। गर्म सागरों पर निहित ऊर्जा (Latent-Heat) एवं केरोलिस बल (Cariolis Force) के कारण इनकी उत्पत्ति मानी जाती है *(आरेख 8.18)*।

ऊष्ण कटिबंधीय चक्रवातों की उत्पत्ति 8° से 25° अक्षांशों के से सागरीय क्षेत्रों में होती हैं इन अक्षांशों में गर्म वायु में सापेक्षिक आर्द्रता बढ़ी रहती है। ऊष्ण कटिबंध के चक्रवातों की उत्पत्ति एक लघु भार को गति देने में किरोलिस बल (Cariolis Force) की भी एक मुख्य भूमिका है।

ऊष्ण कटिबंध में विषुवत रेखा की ओर चलने वाली व्यापारिक पवनों (Trade Winds) का तापमान ऊँचा परंतु यह पवनें छिछली (Shallow) होती हैं जिसके ऊपर ऊष्ण शुष्क पवन अवतल पवन (Subsiding-Air) पाई जाती है। सागरों से ऊपर की ओर उठती पवनों से लघु कम वायु भार की परिस्थिति उत्पन्न हो जाती है, जो अंतत: एक चक्रवात का रूप धारण कर लेता है। *(चित्र 8.18)*

ऊष्ण कटिबंधीय चक्रवातों की उत्पत्ति के लिये निम्न परिस्थितियों की आवश्यकता होती है–

1. वाष्पीकरण के द्वारा ऊष्ण आर्द्र पवन के द्वारा वायुमंडल में निहित ऊर्जा (Latent Heat) प्रवेश।
2. सार्थक किरोलिस बल प्रभाव (Significant Cariolis Force)।

3. ट्रोपिकल सागर (Tropical Sea) पर लघु वायुभार का विकसित होना।
4. सागर स्तर से लगभग 9000 से लेकर 15000 मीटर की ऊँचाई पर प्रति चक्रवात की परिस्थिति का उत्पन्न होना।
5. सागर स्तर पर मंद लंबवत् पवन (Weak Vertical Wind) का चलना।
6. इंटर ट्रोपिकल कंवर्जेस जोन (Inter-Tropical Convergence Zone) के सागरों में छोटे भंवर (Vortices) की उत्पत्ति होना।

उत्पत्ति के पश्चात् ऊष्ण कटिबंधीय चक्रवात मंद गति से उत्तरी गोलार्द्ध में पूर्व से पश्चिम की ओर निचले अक्षांशों में प्रवाहित होती है। समय बीतने पर इसकी गति बढ़ती जाती है और किरोलिस बल प्रभाव के कारण अपने दाहिने हाथ की ओर मुड़ जाती है तथा धीरे-धीरे सबट्रोपिकल (Subtropical) एवं शीतोष्ण कटिबंध की ओर बढ़ने लगते हैं। जब तक ये चक्रवात महासागर या सागर पर रहते हैं, इनकी गति में तीव्रता आती जाती है। संयुक्त राज्य अमेरिका, चीन तथा जापान में ऊष्ण कटिबंधीय चक्रवात, शीतोष्ण कटिबंधीय प्रदेशों तक प्रवेश कर जाते हैं। इसका मुख्य कारण खाड़ी की धारा तथा कियुरो-शिवों (Kuro - Siwo) गर्म पानी की जलधाराएँ हैं, जिनसे वाष्पीकरण के द्वारा वायुमंडल में वाष्प एवं निहित ऊर्जा (Latent Heat) बनी रहती है। उत्तरी अरब महासागर में लेबरोडोर ठंडे पानी की धारा तथा उत्तरी प्रशांत महासागर ओया-सिवा (Oya-Siwa) के संपर्क में आने के कारण ये चक्रवात समाप्त हो जाते हैं। यदि चक्रवात थल की और बढ़ रहा है तो थल के संपर्क में आने पर घर्षण बल (Frictional Force) के कारण तथा वेग की कमी के कारण शीघ्र विलीन हो जाते हैं।

ऊष्ण कटिबंधीय चक्रवातों के मार्ग

ऊष्ण कटिबंधीय चक्रवातों की उत्पत्ति महासागरों के पश्चिमी भाग में होती है। जैसाकि ऊपर लिखा जा चुका है उनकी उत्पत्ति 8° N तथा 25° उत्तरी गोलार्द्ध में तथा इन्हीं अक्षांशों में दक्षिणी गोलार्द्ध में होती है। विषुवत रेखा पर इनकी उत्पत्ति होती है क्योंकि विषुवत रेखा के आस-पास केरोलिस फोर्स (Cariolis Force) नाममात्र को होता है। केरोलिस बल के बिना इनकी उत्पत्ति नहीं होती। प्रतिवर्ष विश्व में लगभग 20 ऊष्णकटिबंधीय चक्रवात आते हैं। विश्व में निम्न सागरीय प्रदेशों में इन चक्रवातों की उत्पत्ति होती है–

1. कैरिबियन सागर तथा मैक्सिको की खाड़ी (The Caribbean Sea and Gulf of Mexico)
2. प्रशांत महासागर का मैक्सिको देश के पश्चिम का भाग (Pacific Ocean West of Mexico)
3. पश्चिमी प्रशांत महासागर का फिलीपाइन एवं चीन सागर।
4. उत्तरी महासागर के बंगाल की खाड़ी तथा अरब सागर के क्षेत्र।
5. दक्षिणी हिंद महासागर में मेडागास्कर के पूर्वी सागरीय क्षेत्र।
6. दक्षिणी प्रशांत महासागर का मध्य एवं पश्चिमी भाग।

महत्त्वपूर्ण बात यह है कि ऊष्ण कटिबंधीय चक्रवातों की उत्पत्ति दक्षिणी अंध महासागर में नहीं होती है। इसका मुख्य कारण है कि विषुवत रेखीय अभिसारी पेटी (Equatorial Convergence Zone) का प्रस्थान दक्षिणी अंध महासागर में 5° अक्षांश से अधिक दूरी तक नहीं होता, केवल विषुवत रेखा के आस-पास ही रहता है। विषुवत रेखा के आस पास किरोलिस बल नाम मात्र होता है जिसके बिना चक्रवात की उत्पत्ति नहीं होती ***(चित्र 8.19)***

ऊष्ण कटिबंधीय चक्रवात की संरचना

ऊष्ण कटिबंधीय चक्रवातों की मुख्य विशेषताओं का विवरण ऊपर दिया जा चुका है, परंतु उनकी आंतरिक संरचना ***आरेख 8.20*** में दिखाई गई है तथा उनका वर्णन निम्न में दिया गया है–

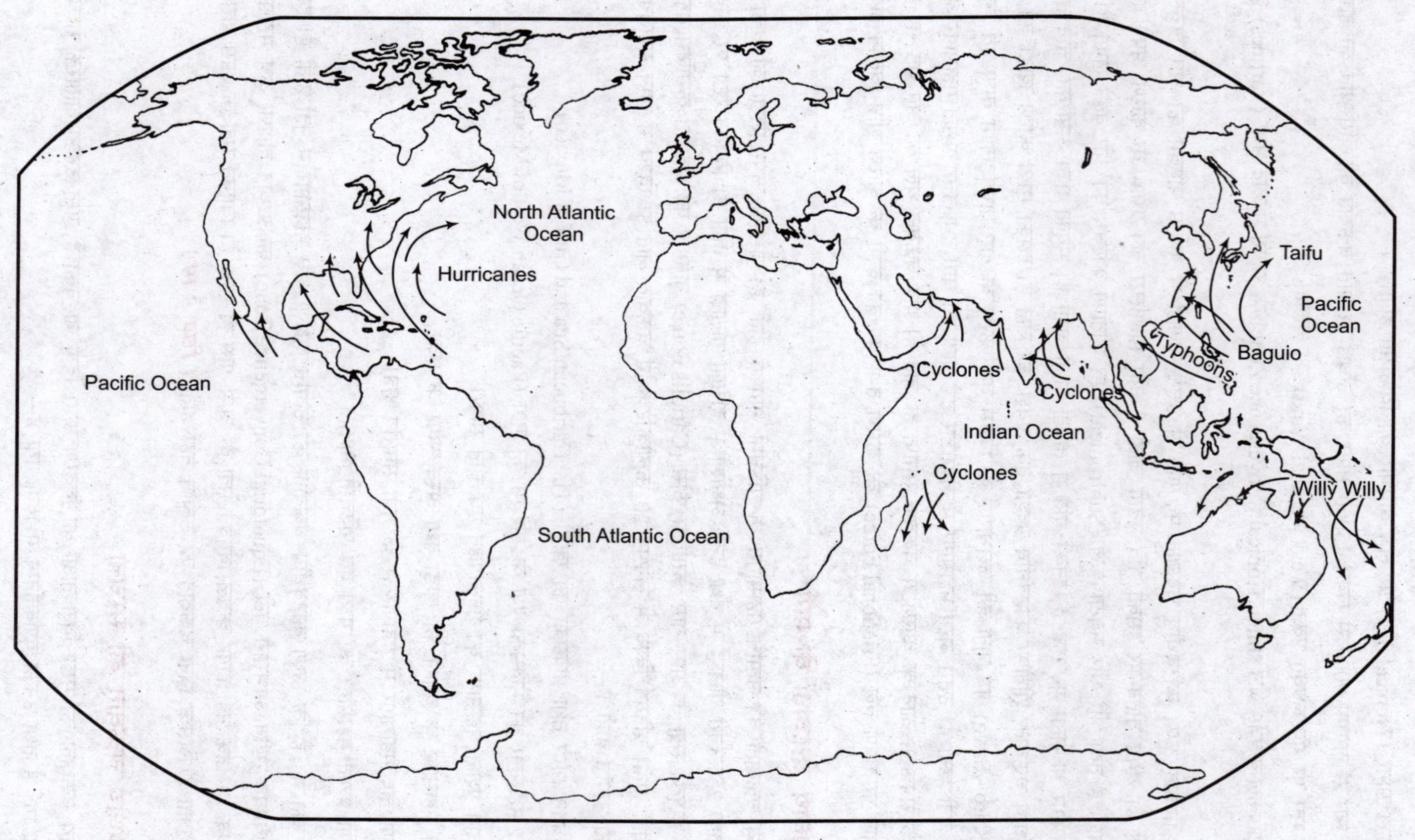

चित्र 8.19 उष्णकटिबंधीय चक्रवातों के मार्ग

आरेख 8.20 का अध्ययन करने से पता चलता है कि ऊष्ण कटिबंधीय चक्रवात के केंद्रीय भाग में वायु भार सबसे कम होता है। चक्रवात के इस भाग को चक्रवात की आँख (Eye) कहते हैं। चक्रवात की नेत्र का व्यास (Diameter) 20 से 40 किलोमीटर तक होता है। चक्रवात के केंद्रीय भाग में मामूली तथा परिवर्तित गति की हवा चलती है या शांत वातावरण रहता है। इस भाग अर्थात् चक्रवात के केंद्र में बादल नहीं पाये जाते, नीला आकाश चक्रवात के केंद्र में देखा जा सकता है। चक्रवात के केंद्रीय भाग में तापमान भी अधिक होता है।

सागर स्तर से लगभग 12 किलोमीटर ऊँचाई तक काले-घने बादल (Cumulous) छाये रहते हैं। इन घने बादलो में काले रंग के बैंड (Bands) पाये जाते हैं, जिनकी दिशा में निरंतर परिवर्तन होता रहता है। काले घने बादलों से मूसलाधार वर्षा होती है। चक्रवात के आगे बढ़ने पर तूफानी हवाओं की गति में कमी आने लगती और केंद्र में वायुमंडल शांत रहता है। वर्षा की तीव्रता भी कम होती जाती है।

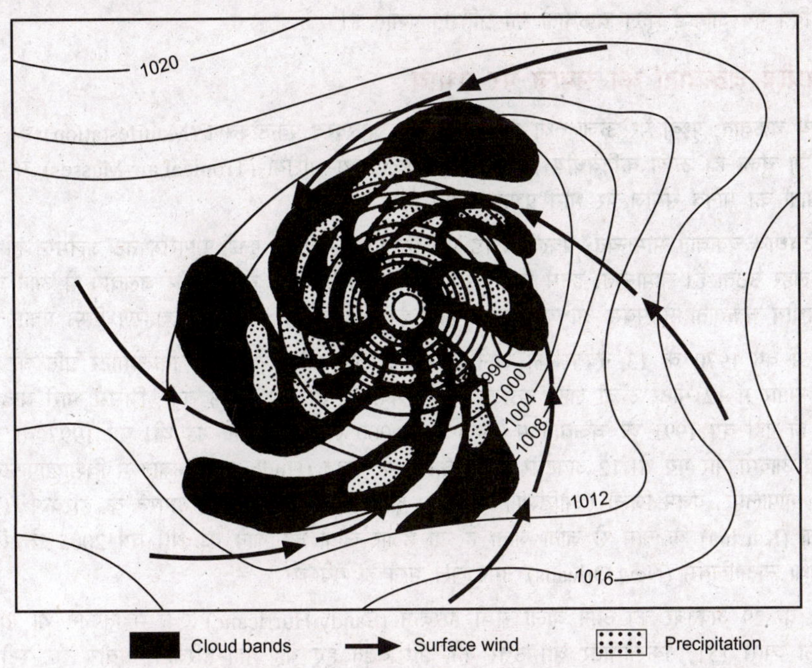

चित्र 8.20 उष्णकटिबंधीय चक्रवात की संरचना

भारत में ऊष्ण कटिबंधीय चक्रवातों के मार्ग एवं बारंबारता *तालिका 8.11* में दिखाई गई है। *(तालिका 8.11)*

तालिका 8.11 भारत में चक्रवातों की बारंबारता

महीने	बंगाल की खाड़ी	अरब सागर
जनवरी	4 (1.3)*	2 (2.4)
फरवरी	1 (0.3)	0.00
मार्च	4 (1.3)	0.00
अप्रैल	18 (5.7)	5. (6.1)

मई	28 (8.9)	13 (15.9)
जून	34 (10.8)	13 (15.9)
जुलाई	38 (12.1)	3 (3.7)
अगस्त	25 (8.0)	1 (1.2)
सितंबर	27 (8.6)	4 (4.8)
अक्तूबर	53 (16.9)	17 (20.7)
नवंबर	56 (17.8)	21 (25.6)
दिसंबर	26 (8.3)	3 (3.7)

* कोष्ठक में दिये गये आँकड़े कुल चक्रवातों का प्रतिशत दर्शाते हैं।

ऊष्ण कटिबंधीय चक्रवातों का समाज पर प्रभाव

ऊष्ण कटिबंधीय चक्रवात, पृथ्वी पर ऊर्जा तथा आर्द्रता तंत्र का जबरदस्त प्रकटीकरण (Manifestation) है। जैसा कि ऊपर विवरण किया जा चुका है। ऊष्ण कटिबंधीय चक्रवात, ट्रोपिकल वायु-राशियों (Tropical air-Masses) में उत्पन्न होते हैं। ट्रोपिकल चक्रवातों का मानव समाज पर भारी प्रभाव पड़ता है।

ऊष्ण कटिबंधीय चक्रवात सामान्यत: प्रबल, प्रचंड एवं हिंसापूर्ण होती है। इनसे सागरीय तट जलमग्न हो जाते हैं, सागर में ऊँची-ऊँची लहरें उठती हैं। सामान्यत: इनसे भारी बरबादी होती है। विशेषज्ञों के अनुसार जलवायु से आने वाली आपदाओं में ऊष्ण कटिबंधीय चक्रवातों से सबसे अधिक विनाश होता है। इनसे तबाही के कुछ उदाहरण निम्न प्रकार हैं–

बंगलादेश में वर्ष 1970 के 13 नवंबर को आने वाले साइक्लोन की रफ्तार 200 किलोमीटर प्रति घंटे थी। तेज वायु गति के कारण सागर में 12 मीटर ऊँची लहरें उठीं जो पदमा नदी के रास्ते में रोधक बनी, जिससे भारी बाढ़ आई बहुत-से लोगों की मौत हो गई। वर्ष 1991 के चक्रवात में लगभग 200,000 लोगों की जानें गई थी। वर्ष 1997 के चक्रवात में भी लगभग दो लाख आदमी मारे गये थे। 12 अक्टूबर 2014 को आये हुदहुद (Hudhud) चक्रवात में विशाखापट्टन, श्रीकाकुलम (आन्ध्र प्रदेश), गोपालपुर, गंजम जिला (ओडिशा) में भीष्ण क्षति हुई। वर्ष 2005 के अगस्त के हरिकेन (Hurricane) में जिसको केटरिना (Katrina) के नाम से जाना जाता है, दो हजार लोगों की जान गई थी। वर्ष 2005 के रीटा हरिकेन में ह्युस्टन नगर तथा न्यूआँलियंस (New Orleans) नगर जल मग्न हो गये थे।

वर्ष 2012 के 29 अक्तूबर को आने वाला सेंडी हरिकेन (Sandy Hurricane) एक महातूफान था *मानचित्र 8.21*। इस चक्रवात का व्यास 1517 किलोमीटर था। उत्तर की ओर बढ़ते हुए यह महा-हरिकेन, ध्रुवीय जेट-स्ट्रीम (Polar Jet Stream) से जा मिला जिससे इसकी तीव्रता में और भी वृद्धि हो गई। यह तूफान पूर्णिमा (Full Moon) के समय आया था जब सागर में ऊँची 2 दीर्घ ज्वार-भाटे की लहरें उठ रहीं थी। इसके प्रभावित राज्यों में संयुक्त राज्य के वाशिंगटन डी॰ सी॰, पेंसल्वीनिया, न्यूजर्सी, न्यूयॉर्क, न्यू-इंग्लैंड, मेन तथा रोहड़ (Rhode) तथा कनाडा के उत्तरी पूर्वी राज्य शामिल थे। इस चक्रवात के कारण लगभग चालीस लाख लोगों को कई दिन तक बिजली तंत्र अस्त-व्यस्त होने के कारण अंधेरे में रहना पड़ा था। न्यूयॉर्क नगर में भी जल भर गया था।

विनाशकारी और भारी तबाही के बावजूद ऊष्ण कटिबंधीय चक्रवातों से मानव समाज को निम्न लाभ होते हैं–

1. भारी वर्षा के कारण जलाशय, पोखर, तालाब, एवं झीलों में पानी भर जाता है।
2. सूखे खेतों की मिट्टी में नमी बढ़ जाती है।
3. भूमिगत जल स्तर में वृद्धि होती है।
4. जल चक्र में सहायता मिलती है तथा जल-बजट में संतुलन स्थापित करने में सहायता मिलती है।

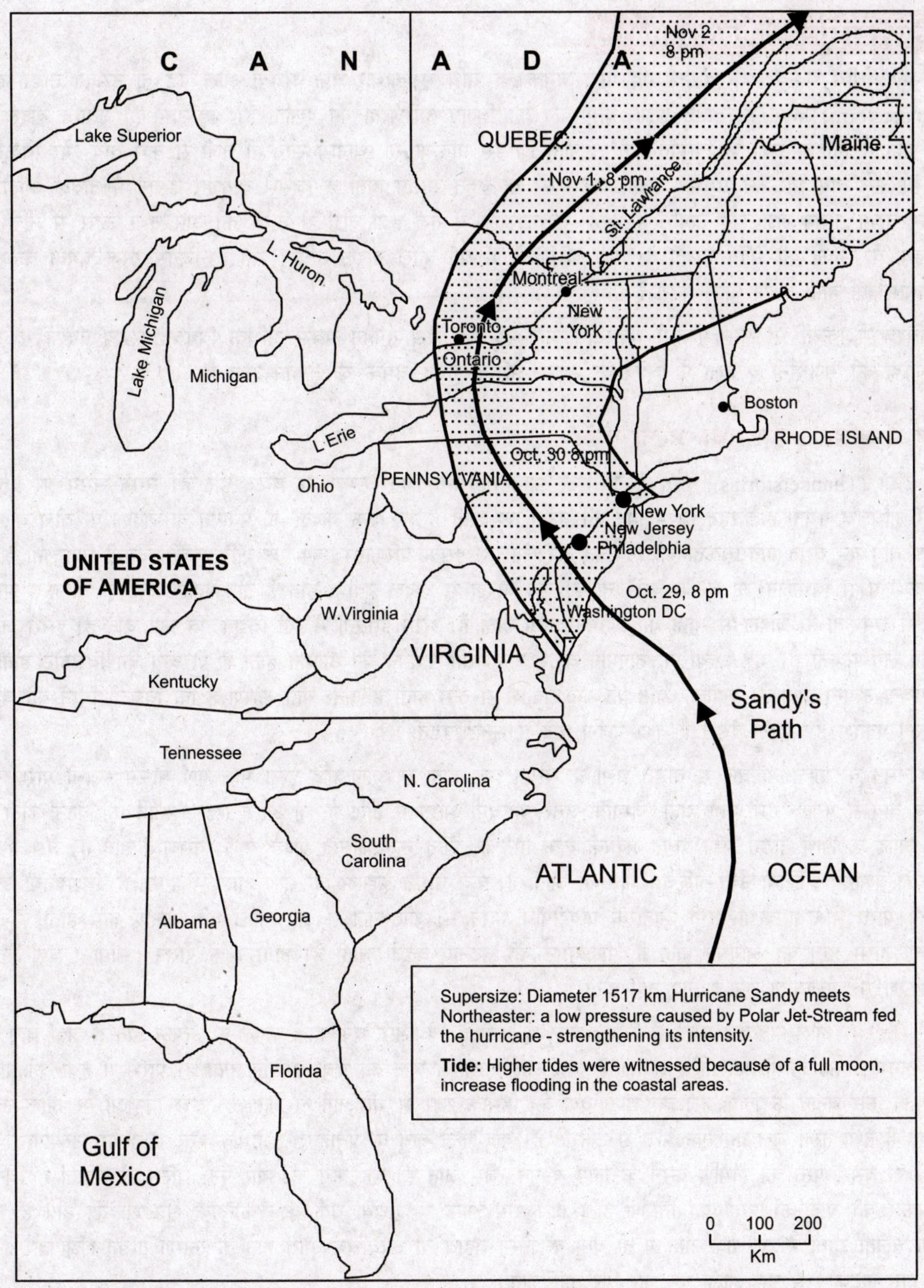

चित्र 8.21 सेंडी हरिकेन का मार्ग, 29 अक्टूबर, 2012

तडित–झंझा (Thunderstorm)

ऊष्ण कटिबंधीय चक्रवात के दौरान यदि गरज-चमक के साथ मूसलाधार वर्षा अथवा ओले पड़ें तो उसको तडित-झंझा (Thunderstorm) कहते हैं। तडित-झंझा, वायुमंडल की विशेष अस्थिरता को दर्शाता है। थंड्रस्ट्रोम की उत्पत्ति बादलों से भारी मात्रा में निहित-ऊर्जा के निर्मुक्त होने से होती है। इस प्रक्रिया से स्थानीय स्तर भी तेजी से कम वायु भार विकसित होता है। कम वायु भार की समभार रेखायें एक-दूसरे के बहुत समीप होती हैं जिससे वायुभार ढलान में तीव्रता आती है, परिणामस्वरूप तडित झंझा की उत्पत्ति होती है। तडित-झंझा में तेज हवा नीचे से ऊपर की ओर तथा ऊपर से नीचे की ओर हवा के झोंकों की भाँति चलती है। ऐसी परिस्थिति में घने-काले बादल उत्पन्न होते हैं, जिनसे गरज-चमक के साथ मूसलाधार वर्षा होती है या ओले पड़ते हैं।

विश्व में किसी भी समय हजारों थंड्रस्ट्रोम आते रहते हैं। ऐसे तूफान सबसे अधिक विषुवत रेखीय प्रदेशों में आते हैं। युगांडा की राजधानी कंपाला में विश्व के सबसे अधिक गरज-चमक के तूफान आते हैं।

भारत में तड़ित झंझा तथा ओला वृष्टि

तड़ित झंझा (Thunderstorms) भारत के विभिन्न भागों में भिन्न-भिन्न समय पर घटित होते हैं। समय-समय पर प्रत्येक क्षेत्र में आँधी व गर्जना होते रहते हैं। प्रदीपन की घटना तब होती है जब एक बादल के अन्तर्गत या बादलों के बीच वोल्टेज प्रवणता वायु की वैद्युत प्रतिरोधकता को नियंत्रित कर लेती है। इसके परिणामस्वरूप एक शक्तिशाली चिंगारी निकलती है जो आंशिक रूप से विभाजन को बराबर कर देती है। जब बादल से बादल प्रदीप्त होते हैं तो आकाश अधिक या कम समान त्वरण से चमकता है। बादल से सतह का प्रदीपन दुर्लभ होता है। इसमें इमारतों में रखे विद्युत यंत्र फट जाते हैं। इससे जंगल में आग लग सकती है। जब अत्यधिक तापमान वृद्धि के दौरान प्रदीपन का आघात होता है तो वायु का विस्फोट होता है तथा गर्जना उत्पन्न होती है। क्योंकि ध्वनि की गति प्रकाश से कम होती है अत: यही कारण है कि बिजली गिरने की घटना के दौरान प्रकाश हम पहले देखते हैं तथा गर्जना बाद में सुनाई पड़ती है।

मानसून के पहले या बाद में तड़ित झंझा के दौरान वर्षा होना व ओलावृद्धि होना महत्वपूर्ण मौसम संबंधी परिघटनाएं है, जब वायु में पर्याप्त नमी नहीं होती, जैसाकि उत्तर-पश्चिमी भारत में होता है, तो आँधी (डस्ट स्टार्म की घटना होती है। आँधी आदि के साथ तड़ित झंझा प्राय: अल्पकालिक होते हैं, किंतु कुछ अत्यंत प्रचंड व विध्वंसकारी होते हैं, जैसे बंगाल की काल बैशाखी आँधियां उत्तर-पश्चिम भारत में आती हैं। कुछ तड़ित झंझाओं के साथ ओले भी गिरते हैं, विशेषतया उत्तरी व मध्य भारत में तथा कभी-कभी आंतरिक प्रायद्वीपीय भारत में। शीतकाल में ओलावृष्ठि की घटनाएं कम होती हैं तथा ज्यों-ज्यों ग्रीष्म ऋतु का आगमन होता है ओलावृष्ठि की घटनाएं बढ़ती जाती हैं। मानसून के दौरान (सामान्य वर्षा ऋतु) समस्त देश में ओलावृष्टि की घटनाएं नहीं होती हैं।

ओले (Hails): ओले संकेंद्रित परतों से निर्मित बर्फ के गोले हैं। ये सिर्फ घने काले बादल से उत्पन्न होते हैं जहाँ वायु का बहाव लगभग 160 किमी/घंटा पहुँच सकता है जहाँ अत्यंत शीतल जल की प्रचुर आपूर्ति होती है। प्रारंभ में हवा का प्रवाह ओलों का कोर बनाने के लिए जल की छोटी बूंदों को हिमांक स्तर से भी आगे ले जाता है। कुछ बिन्दुओं पर ओले ऊपर से गिरते हैं तथा तरल जल की एक परत से टकराते हैं। यदि गोले वायु के प्रवाह द्वारा हिमांक स्तर से दोबारा उत्थापन किए जाते हैं तो दूसरी परत का निर्माण करने के लिए ये पुन: जम जाते हैं। यह क्रम कई बार पुन: घटित हो सकता है जिससे कई प्रकार की बर्फ की परतों का निर्माण होता है जिसमें साफ व दूधिया बर्फ के वैकल्पिक क्षेत्र शामिल होते हैं। यह प्रक्रिया चलती रहती है जब तक यह या तो वायु के निम्न बहाव या अत्यधिक भारी होने के कारण तड़ित झंझा के ऊपरी प्रवाह द्वारा लटकाने से यह ओला बन कर गिर नहीं जाता।

जम्मू कश्मीर, हिमाचल प्रदेश तथा उत्तराखंड में लगभग 6-7 दिनों तक ओले पड़ते हैं परंतु समीपस्थ मैदानों में कम होकर यह 2 वर्षों में 1 बार हो सकता है। बिहार, छत्तीसगढ़, झारखंड, मध्य प्रदेश, महाराष्ट्र, उत्तर प्रदेश तथा पश्चिम बंगाल में ओलावृद्धि वर्ष में 1 या 2 बार होती है तथा रबी की फसल हेतु संभावित खतरा उत्पन्न करते हैं। प्रचंड ओलावृद्धि से बचाव कृत्रिम ओला अवरोधन की प्रक्रिया द्वारा संभव है। ओलावृद्धि के बारे में पूर्वानुमान लगाना कठिन है क्योंकि इनकी घटनाएं छिटपुट होती हैं तथा एक सीमित क्षेत्र में होती है। वास्तव में यह एक स्थानीय परिघटना होती है।

पश्चिमी विक्षोभः पश्चिमी विक्षोभ निम्न दाब वाले अंकन हैं जो भूमध्यसागर से उद्भूत होते हैं तथा तुर्की, सीरिया, इराक, ईरान, अफगानिस्तान तथा पाकिस्तान को पार करके भारत पहुँचते हैं। पश्चिमी विक्षोभ को भारत लाने में जेट धाराएं महत्वपूर्ण भूमिका निभाते हैं। नवंबर व मई के महीने में उनकी आवृत्ति बढ़ जाती है। इन पश्चिमी विक्षोभों की औसत आवृत्ति नवंबर व मई में 2 है तथा दिसंबर से अप्रैल तक 4 या 5 है। इन विक्षोभों से हल्की वर्षा होती है जो रबी फसलों के लिए लाभकारी है। पश्चिमी विक्षोभों के आगमन पर मानव दक्षता में भी वृद्धि होती है। शीतकालीन महीनों में विक्षोभों के बाद उत्तरी व मध्य भारत में शीत लहर आती है। ये शीत लहरें तथा तदुपरांत कोहरा व पाला गन्ने, सब्जियों तथा फल उद्यानों हेतु हानिकारक हैं।

शीत लहर तथा पाला : शीतलहर तब आती है जब तापमान में सामान्य से 6°c से 8°c तक की गिरावट आती है। जब तापमान 8°c से अधिक गिर जाता है तो इसे भीषण शीतलहर की स्थिति कहा जाएगा।

सामान्यतः भारत में शीत ऋतु दिसंबर के प्रारंभ में शुरू होती है। सर्दी के महीनों में पश्चिमी विक्षोभ के प्रभाव से उत्तरी भारत मे रात्रि का तापमान सामान्य से 7°c-8°c नीचे चला जाता है तथा प्रायद्वीपीय भारत में यह सामान्य से 5°c से कम हो जाता है। भूमि का तापमान वायु के तापमान से काफी कम होता है। इस शीतलहर की स्थिति में फसलों पर बुरा प्रभाव पड़ता है। परिणामतः सब्जियों, पुष्प के उद्यानों (orchids), गन्ने तथा खड़ी रबी फसल को शीत लहर व भूमि पर व्याप्त पाले की वजह से भारी क्षति होती है। पाले से उत्तरी पंजाब की फसलों को भारी नुकसान होता है। यह दिसंबर, जनवरी व फरवरी में 10-12 दिनों तक होता है। इस क्षेत्र के दक्षिणी व पूर्वी हिस्से में पाला पड़ने की घटना कम होती है।

वह तापमान जिस पर वायु ठंडी होकर संतृप्त हो जाती है ओसांक (dew point) कहलाता है। जब हवा का ओसांक, हिमांक से कम होता है तो पाला बनता है। इस प्रकार पाले का निर्माण तब होता है जब जल वाष्प, बिना द्रव्य बने गैस से ठोस में सीधे परिवर्तित हो जाता है। सतह पर अत्यंत लघु बर्फ के कण (crystals) एकत्रित हो जाते हैं। जब किसी क्षेत्र में शीत हवा का पिंड घूमता है या जब रात्रि में पर्याप्त विकिरण शीत होती है तो संकट उत्पन्न हो जाता है। शीत हवा के पिंड से खड़ी रबी फसल, सब्जियों तथा पुष्प उद्यानों को व्यापक क्षति होती है।

भारतीय मौसम विभाग कृषकों को संरक्षण के उपाय अपनानें हेतु समय-समय पर मौसम की पूर्वसूचना प्रदान करता रहता है। सिंचाई व जल का छिड़काव खेतों में पाले से हुई क्षति को कम करता है। पुष्पाद्यानों में हीटर का प्रयोग कर तापमान को लगभग 5°c तक बढ़ाया जा सकता है। वे घाटियाँ जहाँ शीतल वायु स्थिर हो जाती है, विशेषतया मध्य प्रदेश व महाराष्ट्र के अंगूर के खेतों में, पाले का काफी हद तक प्रभाव देखा जा सकता है। अतः पुष्पउद्यान व चाय के बागानों की स्थापना करते समय इस प्रकार की घाटियों का चयन करने से बचना चाहिए।

अल निनो (दक्षिणी दोलन) तथा भारतीय मानसून

इनसो (ENSO) अल निनो (El- Nino) तथा दक्षिणी दोलन का परिवर्णी शब्द है। दक्षिणी दोलन पश्चिमी प्रशांत पर सामान्यत: निम्न वातावरणीय दाब तथा पूर्वी प्रशांत पर सामान्य उच्च दाब के बीच वायु प्रवाह का व्युत्क्रमण है। यह व्युत्क्रमण अल निनो के आगमन के कारण होता है।

विश्व का गर्म समुद्री जल का सर्वाधिक विशाल क्षेत्र, जिसकी सतह का तापमान 27°c से अधिक है, पश्चिमी विषुवतीय प्रशांत इन्डोनेशियाई क्षेत्र है। भारी वर्षा तथा वातावरण का उष्मन इस विशाल पूल में पर्यावरणीय तापन का स्रोत है। परंतु पूर्वी विषुवतीय प्रशांत क्षेत्र पश्चिमी भाग से सामान्य रूप से ठंडा है। ऐसा होने का कारण उत्तरपूर्वी व्यापारिक पवनें हैं तथा चिली के समुद्र तट के पास शीतल जल-धारा का होना तथा शीतल गहरे जल का पेरू के तट से दूर होना है।

सामान्य दशाओं में, उदाहरणत: गैर-अल निनो वर्ष में व्यापारिक हवाएं विषुवत रेखा के पास मिल जाती हैं तथा प्रवाह एक गर्म सतही धारा का निर्माण करती हैं जो पूर्व से पश्चिम विषुवत रेखा के साथ घूमती है। इसके परिणामस्वरूप गर्म सतही जल की मोटी परत बन जाती है जो पश्चिमी प्रशांत (इन्डोनेशिया) में उच्च समुद्री तल (लगभग 40 सेमी.) का निर्माण करती है। पश्चिमी प्रशांत के समुद्री सतह का तापमान पश्चिमी प्रशांत महासागर से लगभग 8°c तक अधिक होता है। परंतु एक तीक्ष्ण पेरुई (peruvian) धारा (Humboldt), ठंडे जल का उमड़ना तथा निम्न समुद्री सतह पूर्वी प्रशांत की विशेषताओं को प्रदर्शित करता है।

समय-समय पर दक्षिणी दोलन की परिघटना होती है जो सतही दबाव पर वैश्विक स्तर का उतार-चढ़ाव है तथा जिसका कार्य केंद्र एक तरफ इन्डोनेशिया-उत्तरी आस्ट्रेलिया है तथा दूसरी तरफ दक्षिण पूर्व प्रशांत क्षेत्र है। जब यह परिघटना होती है तो उपरोक्त सामान्य स्थिति व्यापक रूप से परिवर्तित हो जाती है। इन्डोनेशियाई क्षेत्र में दबाव बढ़ता है। यह व्युत्क्रमण विषुवतीय धारा में महत्वपूर्ण परिवर्तन करता है जिसमें गर्म जल पूर्व की ओर प्रवाहित होता है। गर्म जल का यह पूर्व की ओर परिवर्तन अल निनो के आगमन का प्रारंभ है जिससे पर्यावरणीय संचरण में परिवर्तन आता है। यह दक्षिणी दोलन की गर्म अवस्था को प्रदर्शित करता है। इस प्रकार अल निनो अनियमित पूर्वी विषुवतीय प्रशांत क्षेत्र की अनियमित उष्णता है जिसमें तापमान उल्लेखनीय रूप से सामान्य से अधिक है। अल निनो का नामकरण पेरू देश के एक क्रिसमस त्यौहार के नाम पर किया गया है जहाँ पेरू के जल की उष्णता एक बालक या क्राइस्ट बालक (El Nino) के जन्मदिन के आसपास होती है।

मौसम वैज्ञानिक एलनिनो तथा दक्षिणी दोलन की दो परिघटनाओं का संदर्भ देते हैं। जो एन्सो (ENSO के रूप में जलवायुविक उतार-चढ़ाव की वैश्विक व्यवस्था के पर्यावरणीय व सागरीय भाग हैं। पूर्वी प्रशांत के शीतलन का व्युत्क्रमण ला निनो (La Nino) कहलाता है। एल निनो उष्णकटिबंधीय प्रशांत में महासागर-पर्यावरणीय तंत्र एक अवरोध है जिसका मौसम व विश्व पर उल्लेखनीय प्रभाव पड़ता है। एलनिनो के परिणामस्वरूप ही यू.एस.ए. के दक्षिणी भाग में तथा पेरू में वर्षा की अधिकता है जिससे दक्षिणी अमेरिका में विनाशकारी बाढ़ आती है तथा इन्डोनेशिया तथा आस्ट्रेलिया में सूखा पड़ता है जिसे कभी-कभी आस्ट्रेलिया तथा दक्षिण पूर्व एशिया के द्वीप समूहों में लगी विनाशकारी आग से जोड़ा जाता है।

एल निनो के आगमन पर अर्जेन्टीना में मक्का व ज्वार को अपेक्षातया अन्य वर्षों की तुलना में काफी अधिक देखा गया है। एन्सो (ENSO) की अस्थिरता तथा अफ्रीका के साहेल (Sahel) क्षेत्र में व्यापक सूखे का घटित होना देखा गया है।

प्रदीपन एवं गरज-चमक

वैज्ञानिकों के अनुसार पृथ्वी पर एक दिन में औसतन 80 लाख बार बिजली चमकती है। बिजली चमकने से उसका तापमान 15,000°C से 30,000°C होता है। बिजली की चमक के साथ वायुमंडल में भारी कड़क होती। बिजली चमक यदि बहुत दूरी पर हो और कड़क की आवाज न आ रही हो तो ऐसे प्रदीपन को ऊष्मा-प्रदीपन (Heat-Lightning) कहते हैं।

बिजली प्रदीपन से हवाई जहाजों को भारी खतरा रहता है। इसकी लपेट में आकर बहुत-से लोगों, जीव-जंतुओं तथा पशु-पक्षियों की मृत्यु हो जाती है। प्रति वर्ष हजारों आदमी बिजली प्रदीपन से विश्व में मर जाते हैं।

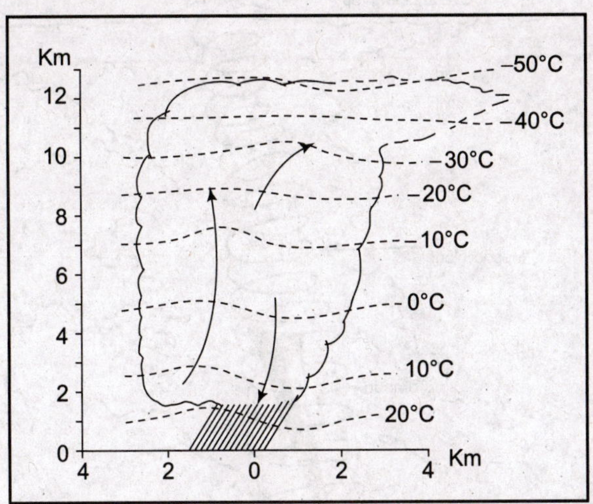

चित्र 8.21 तडित झंडा की परिपक्व स्थिति

टॉरनेडो

टॉरनेडो एक भीषण भंवर होता है। जिसके केंद्र में अत्यधिक कम वायु दाब होता है। टॉरनेडो में वायु की गति बहुत तीव्र होती है। दूसरे शब्दों में टॉरनेडो एक ऐसा भयंकर ऊष्ण कटिबंधीय चक्रवात है जिसका व्यास तो बहुत छोटा होता है, परंतु तूफानी हवाओं के कारण तबाही जान-माल की बहुत होती है।

वैसे तो टॉरनेडो का व्यास दो एक किलोमीटर होता है, परंतु औसत आकार का व्यास 10 किलोमीटर तथा ऊँचाई हजारों मीटर तक हो जाती है। ऐसे टॉरनेडो का आधार छोटा होता जाता है परंतु गति में तीव्रता बढ़ती जाती है। एक सामान्य टॉरनेडो से मूसलाधार वर्षा होती है। गरज-कड़क के साथ तेज हवाएँ चलती हैं। टॉरनेडो का एक चित्र *(चित्र 8.22)* में दिया गया है।

एक टॉरनेडो उत्पत्ति के लिए निम्नलिखित परिस्थितियों की आवश्यकता होती है–

1. धरातल अथवा सागर स्तर पर अति ऊष्ण-आर्द्र वायु राशि पाई जानी चाहिए।
2. वायुमंडल की वायु राशि में लंबवत् अस्थिरता तापमान (Unstable Vertical Tempreature) की परिस्थिति उत्पन्न होनी चाहिए।
3. कोरियोलिस बल के कारण कम वायु भार के क्षेत्र में पवन में चक्र उत्पन्न होना चाहिए।

संयुक्त राज्य अमेरिका के ग्रेट प्लेन में प्रायः चक्रवात आते रहते हैं। अधिकतर टॉरनेडो मार्च-अप्रैल तथा मई के महीने में आते हैं। इनकी संख्या अप्रैल में 26, मई में 18 तथा मार्च में 13 मानी जाती हैं अन्य महीनों में इनकी संख्या दो से लेकर छः तक मानी जाती है।

भारत वर्ष में उत्तरी भारत के मैदान में मार्च-अप्रैल के टॉरनेडो आते हैं। चीन के ह्वांग हो तथा यांगटिसिकियांग के मैदानों में भी टॉरनेडो रिकार्ड किये जाते हैं।

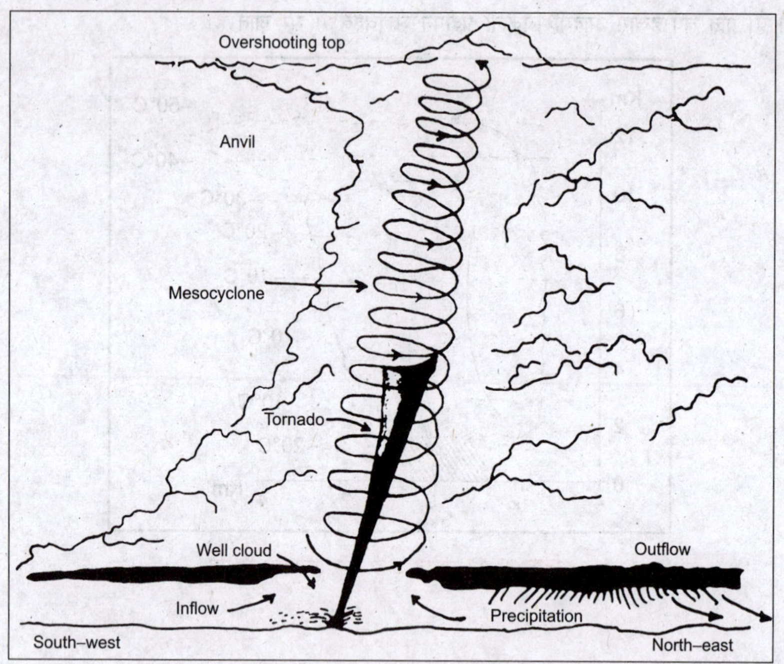

चित्र 8.22 सुपरशील में मेसोसाइक्लोन एवं टारनेडो का विकास

(after Donald Ahrens C., *Meteorology Today*, West Publishing Co., 1988)

आर्कटिक हरिकेन

आर्कटिक हरिकेन को ध्रुवीय कम वायु भार भी कहते है। ये ध्रुवीय तूफान उत्पत्ति के पश्चात् कई दिनों तक बने रहते हैं। इनकी उत्पत्ति का मुख्य कारण ध्रुवीय अति ठंडी वायु राशियों दक्षिण की ओर के गर्म जल की ओर प्रस्थान करती हैं। गर्म जल से संपर्क करने के बाद ठंडी हवा गर्म होने लगती है, उसमें ऊष्णता की मात्रा बढ़ जाती है, वायु गर्म हल्की होकर होती है, फैलती है और वायुमंडल में ऊपर की ओर उठती है, जिससे यह संवहनी पवन-धारा को जन्म देती है। ये संवहनी पवनें कभी-कभी ध्रुवीय तूफान का रूप धारण कर लेती हैं।

ध्रुवीय-तूफान सामान्यतः लघु आकार के होते हैं और थोडे समय में समाप्त हो जाते हैं। क्षैतिज रूप से ये 1000 किलोमीटर तक फैले हो सकते हैं तथा दो-तीन दिन में समाप्त हो जाते हैं, परंतु ये भयानक होते हैं और इनके बारे में भविष्यवाणी करना कठिन होता है। इनसे जहाजरानी/नवगमन में बाधा पड़ती है तथा सागर से तेल-प्राकृतिक गैस निकालने में रुकावट आती है। इस प्रकार के तूफानों को ध्रुवीय भंवर (Polar-Vortex) के नाम से भी जाना जाता है।

सागरीय प्रवाह तथा तूफानी सागरीय तरंगें

सागरों में तूफानी लहरों के उठने को सागरीय अपवाह अथवा सागरीय सर्ज कहते हैं। इनकी उत्पत्ति ऊष्ण कटिबंधीय चक्रवातों के फलस्वरूप होती है। सागरीय प्रवाह में सागर का जल वायु वेग के कारण तटीय भागों में चढ़ जाता है। सागरीय प्रवाह के उत्पन्न होने में वायु, सागर तथा थल तीनों ही की विशेष भूमिका होती है। चक्रवात की तेज हवाओं के कारण सागर का जल थल पर चढ़ जाता है।

यूँ तो सागरीय प्रवाह देखने में ज्वार-भाटे का ही स्वरूप प्रतीत होता है, परंतु सागरीय प्रवाह की लहरें तुलनात्मक रूप से ऊँची होती हैं तथा यह निचले तटों के बहुत बड़े क्षेत्र को जलमग्न कर लेती हैं। निचले तटीय भाग बाढ़ग्रस्त हो जाते हैं। इन लहरों की तीव्रता एवं भीषणता कम वायु भार अर्थात् चक्रवात के आकार एवं गति पर निर्भर करती है। भारत में सागरीय अपवाह प्रायः खंभात की खाड़ी, में रिकार्ड किये जाते हैं। संयुक्त राज्य अमेरिका के पूर्वी तट एवं जापान, चीन तथा आस्ट्रेलिया के तटों पर सागरीय प्रवाह से प्रायः बाढ़ आती रहती है।

सागरीय अपवाह मानव समाज के लिये तबाही लेकर आता है। इससे नगर एवं ग्रामीण बस्तियाँ जलमग्न हो जाती हैं खेत-खलिहान, फसलें पानी में डूब जाती हैं तथा पशु-पक्षियों की भारी संख्या में मौत हो जाती है।

सागरीय अपवाह के बारे में सेटेलाइट एवं रडार के द्वारा भविष्यवाणी की जाती है। कभी-कभी यह तूफानी लहरें ऊँचे अक्षांशों के देशों के तटों को भी बाढ़ की लपेट में ले लेती हैं। इस दिशा में विशेष प्रयास करने की आवश्यकता है ताकि संभावित प्रभावित होने वाले देशों को समय से चेतावनी दी जा सके।

जलदोलन/सेश

किसी सागर के बंद क्षेत्र में लोलक/पेंडयुलम की भाँति किनारे से जल के टकराने की प्रक्रिया को सेश कहते हैं। सेश का सबसे पहले अध्ययन 18वीं शताब्दी में स्विटरजरलैंड की जेनेवा झील में किया गया था। वैज्ञानिक इस बात से चकित थे कि जेनेवा झील का जल स्तर निश्चित समय के पश्चात् क्यों ऊँचा-नीचा होता रहता है। अध्ययन करने पर पता चला कि निरंतर हवा के कारण झील का पानी किनारे से जाकर टकराता है, और जब समीर का चलना बंद हो जाता है तो झील का जल स्तर नीचा हो जाता है अर्थात् उसमें लहरें उठना बंद हो जाती है।

सेश प्रक्रिया में झील तथा सागर के बंद भागों में जल स्तर एक या दो फुट तक ऊँचा उठ जाता है। प्रायः लहरें लंबवत् होती हैं जिसमें जल का बहाव आगे या पीछे नहीं होता। सेश लहरों से कभी-कभी तटीय संपत्ति को हानि होने की संभावना बढ़ जाती है।

बाढ़ (Floods)

जब नदी का जल अपने किनारों को पार करके आस-पास के क्षेत्रों में फैल जाये या सागर का जल तट के निचले भागों को जलमग्न कर दे उसको बाढ़ कहते हैं। नदियों में बाढ़ प्रायः कारणों से आती है-

1. **वर्षण:** अत्यधिक वर्षा होने पर जल की मात्रा नदी के जलमार्ग की जल अपवाह क्षमता से अधिक हो जाती है जिसके कारण नदी का जल किनारों को पार करके आसपास क्षेत्रों में फैल जाता है और बाढ़ का रूप धारण कर लेता है। इस प्रकार की भयानक बाढ़ से असम, बिहार, पश्चिम बंगाल, उत्तर प्रदेश, पंजाब, हरियाणा, गुजरात, राजस्थान, तटीय ओडिशा, आंध्र प्रदेश, तमिलनाडु आदि में प्रायः आती रहती है।

बादलों के विस्फोट (Cloud Burst) होने पर भी इस प्रकार की बाढ़ आती है जिससे जान-माल का भारी नुकसान होता है। वर्ष 2013 की 16 जून को मेघ-विस्फोट से मंदाकनी नदी में भयंकर बाढ़ आई थी जिससे बहुत-से लोगों की जानें गई और पिघलने से भी बाढ़ आई थी। ग्रीष्म ऋतु में पर्वतों के बर्फ के पिघलने से भी बाढ़ की परिस्थिति उत्पन्न हो जाती है।

2. **भूस्खलन के कारण नदियों के रास्ते में बाँध बन जाने के कारण** : नदी के पर्वतीय भाग में कभी-कभी, भूस्खलन के कारण नदी के जलमार्ग में एक बाँध-सा बन जाता है जिसके कारण भारी मात्रा में जल संचय होता है। ऐसे जल रोधक बाँध कुछ समय के पश्चात् टूट जाते हैं जिसके कारण निचले भागों में भारी बाढ़ आ जाती है। इस प्रकार की बाढ़ आइसलैंड, नार्वे, स्वीडन आदि में प्रायः आती है।
3. **दीर्घ ज्वार-भाटा**: दीर्घ ज्वार के समय यदि अधिक वर्षा हो रही हो तो जल का निकास कम हो जाता है और नदियों का जल आस-पास फैल जाता है जिसके फलस्वरूप बाढ़ उत्पन्न हो जाती है। वर्ष 2005 की जुलाई के महीने में इस प्रकार की बाढ़ से मुंबई नगर का लगभग आधा भाग बाढ़ग्रस्त हो गया था।
4. **सागरीय तरंगीयता**: ऊष्ण-चक्रवात (तूफानों) के समय सागर का जल तटीय निचले भागों में फैल कर बाढ़ का रूप धारण कर लेता है।
5. **वनों को काटना**: बड़े पैमाने पर जंगलों को काटना, बाढ़ आने का एक बहुत बड़ा मानवीय कारण है। कश्मीर-घाटी, पंजाब, हरियाणा, उत्तर प्रदेश, बिहार, असम, पश्चिम बंगाल, मणिपुर इत्यादि में बाढ़ की अधिक बारंबारता का मुख्य कारण यही है।
6. **अनियोजित नगरीकरण**: भारत में नगरों का आकार तीव्र गति से बड़ा हो रहा है। नगरीय नदी-नालों के रास्तों में घर बनाकर जल-अपवाह के जलमार्गों की चौड़ाई को मानव ने कम कर दिया है, इसलिये जब भी अधिक एवं निरंतर वर्षा होती है, जल का विकास नहीं हो पाता। नगरीय क्षेत्रों में अधिक पक्की सड़कों तथा चबूतरों के कारण जल का भूमि में रिसाव भी कम होता है, जिससे भूमिगत जल भी प्रभावित होता है।
7. **पर्वतीय क्षेत्रों में कृषि भूमि अतिक्रमण**: बढ़ती जनसंख्या की आवश्यकताओं की आपूर्ति के लिये, जंगलों को काटकर पर्वतीय ढलानों पर भी खेती की जा रही है, जिसके कारण मृदा-अपरदन बढ़ रहा है। अपरदित मिट्टी नदियों के जलमार्गों को उथला कर देती है, जिसके प्रभाव के कारण जल-निकास नहीं हो पाता और नदी के आस-पास के क्षेत्रों में बाढ़ आ जाती है।
8. **झूमिंग प्रकार की खेती**: झूमिंग कृषि प्रायः ऐसे पर्वतीय क्षेत्रों में की जाती है, जहाँ प्रायः वर्षा अधिक होती है। इस प्रकार की खेती जंगलों को काटकर तथा जला कर की जाती है। फसल काटने के बाद खेत को खाली छोड़ दिया जाता है। फलस्वरूप ढलानदार खेतों से मृदा अपरदन अधिक होता हैं अपरदित मिट्टी, नदियों के रास्ते को उथला बनाती है, जिससे बाढ़ आने की संभावना बढ़ जाती है।
9. **भूस्खलन के कारण नदियों के रास्तों में रुकावट**: भू-स्खलन एवं हिमस्खलन के कारण पर्वतीय भागों में नदियों के रास्ते में रुकावट आ जाती है। कुछ समय के पश्चात् जब यह रोधक बाँध टूट जाते हैं तो नदी के निचले भाग में भारी बाढ़ आ जाती है।
10. **भूमि संसाधन का कुप्रबंधन**: बहुत-से उपजाऊ क्षेत्रों में भूमि का दुरुपयोग किया जा रहा है। उदाहरण के लिये पंजाब में धान और गेंहूँ को एक वर्ष में उगाना। यह दोनों फसलें मृदा की उर्वरकता को कम करते हैं। ऐसे फसल चक्रों में परिवर्तन की आवश्यकता है जिससे मृदा अपरदन रोका जा सके जो नदियों के रास्तों को उथला कर देते हैं और बाढ़ की संभावना को बढ़ाते हैं।

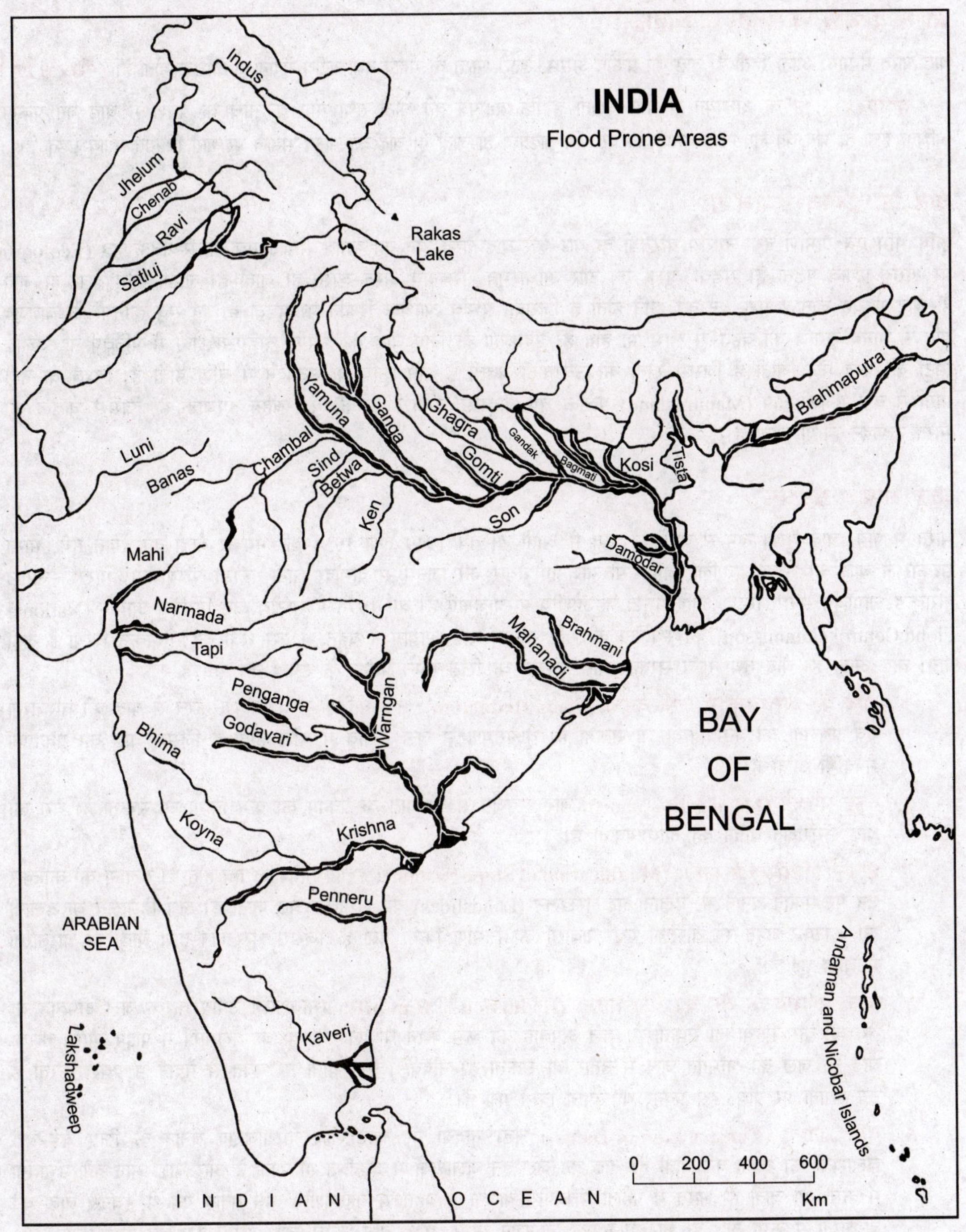

चित्र 8.13 भारत में बाढ़

भारत में बाढ़ (Floods in India)

बाढ़ भारत में प्राय: आती रहती है। बाढ़ का प्रकोप असम, उत्तरी भारत के मैदान तथा तटीय मैदानों में अधिक होता हैं। *(चित्र 8.23)*

मानचित्र 8.23 के अध्ययन से पता चलता है कि ब्रह्मपुत्र की घाटी तथा गंगा के नीचे के प्रवेश में बाढ़ का प्रकोप अधिक होता है। प्रति वर्ष लगभग 5 करोड़ हेक्टेयर भूमि बाढ़ग्रस्त हो जाती है। बाढ़ का मानव समाज पर भारी विपरीत प्रभाव पड़ता है।

बाढ़ का प्रभाव समाज पर

कृषि भूमि एवं ग्रामीण तथा नगरीय बस्तियों के बार-बार बाढ़ ग्रस्त होने का मानव समाज एवं पारिस्थितिक तंत्र (Ecology) पर खराब प्रभाव पड़ता है। सड़कें, पुल, रेल और आधारभूत संरचनायें अस्त-व्यस्त हो जाती है। लाखों लोग बेघर हो जाते हैं, बाढ़ में बह जाते हैं पशु-धन की हानि होती है जिसका प्रभाव आर्थिक स्थिति पर पड़ता है। इन सब हानियों के बावजूद बाढ़ से मानव समाज को बहुत-से लाभ भी होते हैं। उदाहरण के लिए बाढ़ के कारण, बाढ़ग्रस्त क्षेत्रों में प्रतिवर्ष नई जलोढ़ मिट्टी की परत फैल जाती है जिससे खेतों की उर्वरकता बढ़ती है और कृषि के उत्पादन में वृद्धि होती है। विश्व के नदी मार्गों में बना मजुली द्वीप (Majuli Island) प्रत्येक वर्ष बाढ़ग्रस्त होता है इसकी मृदा बहुत उपजाऊ है, जिससे चावल का भारत उत्पादन किया जाता है।

बाढ़ आपदा प्रबंधन

भारत में प्राय: बाढ़ मुख्य रूप से वर्षा की ऋतु में आती है। वर्ष 1949 तथा 1954 की भयंकर बाढ़ों को देखते हुये, भारत सरकार ने बाढ़ को रोकने के लिए बहुत-सी योजनाएँ तैयार की जिनमें से दामोदर घाटी, कोसी परियोजना, भाखड़ा-नांगल हीराकुंड, नागार्जुन सागर, रिहंद, आदि प्रमुख बहुउद्देशीय परियोजनाएँ हैं। वर्ष 1976 में राष्ट्रीय बाढ़ नियंत्रण आयोग (National Flood Control Commisson) की स्थापना की गई। राष्ट्रीय बाढ़ आयोग ने बहुत-से ऐसे क्षेत्रों का सीमांकन किया है जहाँ प्राय: बाढ़ आती है। केंद्र तथा राज्य सरकारें बाढ़ प्रबंधन के लिये निम्न प्रकार के उपाय कर रही हैं–

1. **बाढ़ की बारंबारता में कमी करना (Flood Reduction)**: नदी घाटियों में वृक्षारोपण करने से बाढ़ की बारंबारता एवं प्रबलता को कम किया जा सकता हैं। वृक्षारोपण से जल रिसाव में वृद्धि होती है जिससे बाढ़ की प्रकोपता में कमी आती है।
2. **बाढ़ समंजन (Flood Adjustment)**: बाढ़ समंजन से भी बाढ़ के प्रकोप को कम किया जा सकता है। घरों को बाढ़ संसुरक्षित बनाने की आवश्यकता है।
3. **ढलानों में परिवर्तन करना (Modification of Slope System)**: ढलान गतिशील तंत्र होते हैं। ढलानों को काटकर उन पर मकान बनाने से, ढलानों पर भूस्खलन (Landslides) की संभावना बढ़ जाती है। लघु हिमालय के ढलानों को काटकर बहुत-सी बस्तियों एवं आवासों का निर्माण किया गया है, जिससे भूस्खलन तथा बाढ़ की बारंबारता में वृद्धि हुई है।
4. **जल अपवाह के वेग को कम करना (Reduction in Run-off)**: प्रभावशाली उपाय करके जल अपवाह के वेग को कम किया जा सकता है। जल अपवाह को कम करने के लिए नदियों के जलमार्गों में पाइप बोरिंग करके बाढ़ के जल को भूमिगत जल में उतार जा सकता है। नदियाँ जिस स्थानों पर पर्वत से मैदान में प्रवेश करती हैं उन स्थानों पर प्राय: इस प्रकार के उपाय किये गये हैं।
5. **बाँध बनाना (Construction of Dams)**: बड़ी नदियों पर बहुउद्देशीय परियोजनाएँ बनाने के लिए बड़े-बड़े जलाशयों की रचना की जाती है। बाढ़ का जल इन जलाशयों में एकत्रित हो जाता है और बाढ़ आने की संभावना में कमी आ जाती है। भारत में पहली पंचवर्षीय योजना में बहुत-से बहुउद्देशीय बाँध बनाये गये थे, जिनसे बाढ़ों की बारंबारता में कमी आई है। भाखड़ा-नांगल, नागार्जुन सागर, रिहंद बाँध, कोसी बाँध इसी प्रकार की परियोजनाएँ हैं।

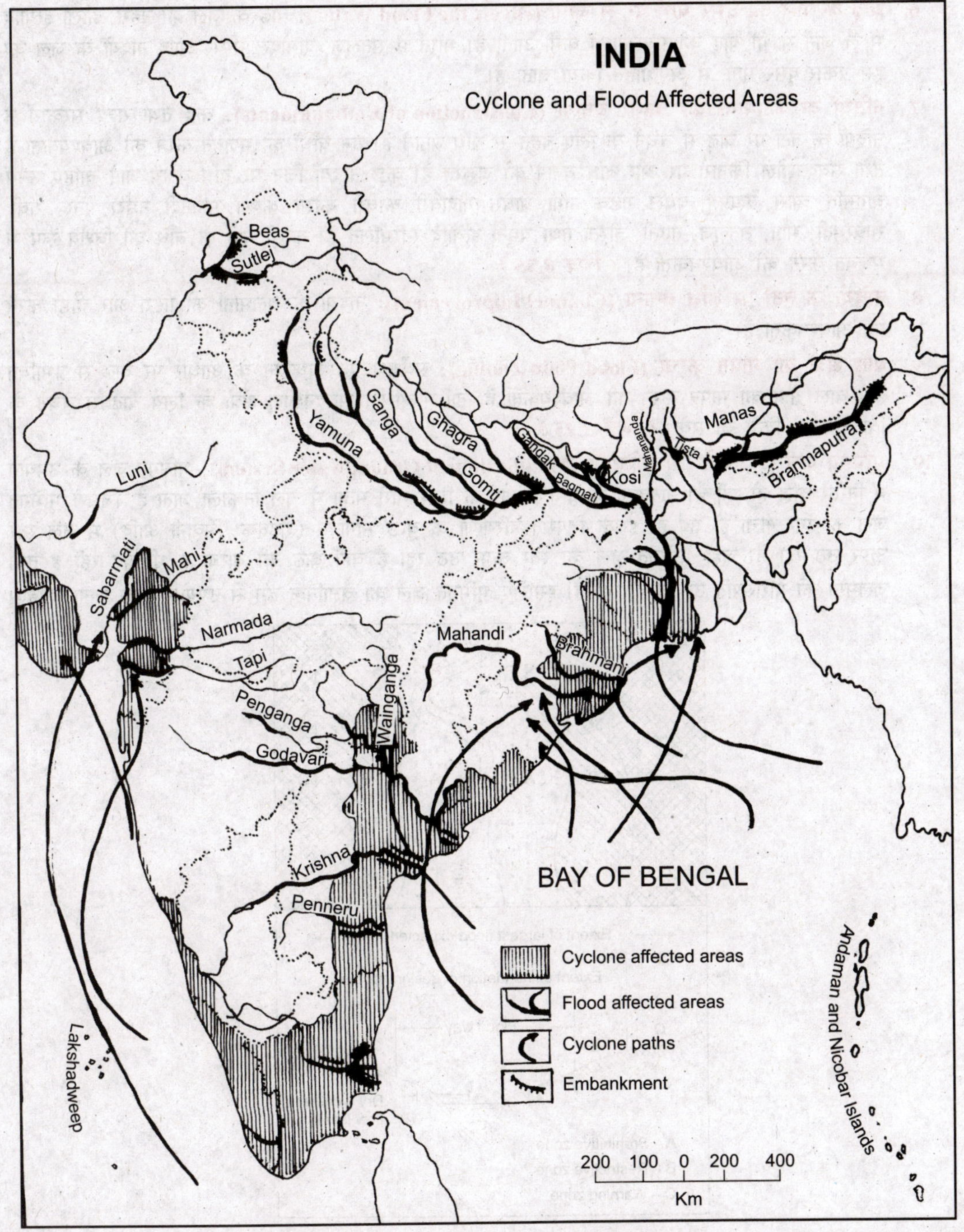

चित्र 8.24 बाढ़ व चक्रवात प्रभावित क्षेत्र एवं नदी

6. **बाढ़ के जल को दूसरे मार्ग पर ले जाना (Divert the Flood Water):** बाढ़ के जल को नहरों, झीलों इत्यादि में ले जाने से भी बाढ़ की प्रबलता में कमी आती है। भारत में सतलुज, दामोदर, घग्घर आदि नदियों के जल को इस प्रकार दूसरे मार्गों में अपवाहित किया जाता है।

7. **नदियों के जलमार्गों को बेहतर बनाना (Construction of Embankments):** केंद्र तथा राज्य सरकारों ने नदियों के तटों पर बाढ़ से बचने के लिए बहुत-से बाँध बनाये हैं। उन बाँधों को मजबूत करने की आवश्यकता है तथा संवदेनशील किनारों पर और बांध बनाने की जरूरत है। कुछ नदियाँ जिन पर बाँध बनाये जाने चाहिए उनमें बागमति, व्यास, ब्रह्मपुत्र, चंबल, गंडक, गंगा, घाघरा, गोदावरी, कावेरी, कोसी, कृष्णा, महानदी, नर्मदा, पेनेरू, रावी, साबरमती, सोन, सतलुज, ताप्ती, तीस्ता तथा यमुना इत्यादि सम्मिलित हैं। कोसी नदी के बाँध को विशेष रूप से मजबूत करने की आवश्यकता है। *(चित्र 8.25)*

8. **नदियों के तटों पर बाँध बनाना (Channel Improvement):** नदियों के जलमार्गों को गहरा और चौड़ा करने की आवश्यकता है।

9. **बाढ़ क्षेत्रों का मापन करना (Flood Plain Zoning):** सर्वेक्षण एवं अध्ययन के आधार पर बाढ़ से प्रभावित होने वाले क्षेत्रों का मापन करने की आवश्यकता है, ताकि अधिक संवेदनशील क्षेत्रों के लिये बाढ़ से बचने के विशेष उपाय किये जा सके। *(चित्र 8.25)*

10. **भूमिगत जल के उपयोग में परिवर्तन (Modification of Groundwater System):** भूमिगत जल के उपयोग में निरंतर वृद्धि हो रही है। नलकूपों के द्वारा सिंचाई के लिये भारी मात्रा में जल निकाला जाता है, जिससे भूमिगत जल का स्तर नीचा हो रहा है। इसके विपरीत हरियाणा के कुछ भागों में (रोहतक, भिवानी आदि) में जल स्तर ऊपर उठ रहा है। जहाँ भूमिगत जल का स्तर ऊपर उठ रहा है वहाँ बाढ़ की बारंबारता भी बढ़ रही है तथा जलमग्न की परिस्थिति उत्पन्न हो रही है। इसलिए भूमिगत जल का वैज्ञानिक ढंग से उपयोग किया जाना चाहिए।

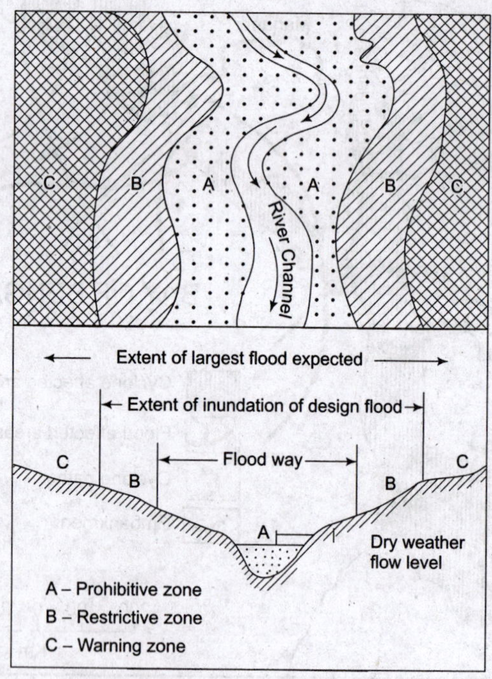

चित्र 8.25 बाढ़ आशंकित क्षेत्रों का मंडलन

11. **सागरीय तटों को सुदृढ़ बनाना (Modification of Coastlines)**: सागर के तटों से रेत इत्यादि निकालने तथा सागरीय बीचों की पारिस्थितिकी एवं प्रबंधन में सुधार करने की आवश्यकता है।

12. **वैधानिक उपाय** : कड़े कानून बनाकर नदियों के जल मार्गों में भवन अथवा उद्योग लगाने वालों को भारी दंड दिया जाना चाहिए। वर्ष 2006 में 26 जुलाई को आने वाली भयंकर बाढ़ का मुख्य कारण मीठी नदी, मुंबई के जल मार्ग में भारी संख्या में मकानों का बनाना माना गया है।

सूखा अथवा अनावृष्टि/आपदा (Drought Hazards)

विभिन्न विद्वानों ने सूखे की अलग परिभाषाएँ दी हैं। सामान्यत: सूखा, मौसम की ऐसी परिस्थिति है, जिसमें काफी समय तक वर्षा न हो तथा जल अभाव का कृषि पर प्रतिकूल प्रभाव पड़े, फसल सूख जाएँ तथा चारे के अभाव में पशु-धन की हानि हो।

भारत के मौसम विभाग (Meteorological Department of India) के अनुसार यदि लगातार कम-से-कम 22 दिन तक किसी भी दिन 0.2 मिलीमीटर वर्षा न हो तो उसको सूखे अथवा अनावृष्टि का वर्ष कहा जाता है। यह परिभाषा पूरे भारत पर लागू नहीं है।

सामान्यत: जिन भारत के प्रदेशों/क्षेत्रों में वार्षिक वर्षा 20 से 60 से० मीटर तक होती है उनको चिरकालिक सूखाग्रस्त क्षेत्र (Chronic DroughT Prone Areas) माना जाता है। संक्षिप्त में जिन क्षेत्रों में वार्षिक वर्षा 60 से० मी० से कम होती है, वर्षा की विविधता 20 प्रतिशत से अधिक हो और सिंचाई के साधन न हो तो उनको सूखा पीड़ित क्षेत्रों में शामिल किया जाता है। भारत के अधिकतर भाग में वर्षा की विविधता 20 प्रतिशत है इसलिए लगभग देश के 50 प्रतिशत भाग में सूखा पड़ने की संभावना बनी रहती है। भारत सरकार के कृषि विभाग के अनुसार यदि किसी क्षेत्र अथवा प्रदेश में वार्षिक वर्षा 75 प्रतिशत से कम हो तो वह सूखे का वर्ष घोषित किया जाता है।

सूखे/अनावृष्टि के प्रकार (Types of Droughts)

मौसम विभाग के विशेषज्ञों ने सूखे अथवा अनावृष्टि को निम्न वर्गों में विभाजित किया है–

1. **मेटरोलॉजिकल अथवा मौसमी सूखा (Meteorological Drought)**: यदि लंबे समय तक वर्षा न हो, फसलें न बोई जा सकें या सूख जायें तो उसको मौसमी सूखा कहते हैं।

2. **कृषि-सूखा (Agricultural Drought)**: इस प्रकार के सूखे को मृदा सूखा (Soil Drought) भी कहते हैं। इस प्रकार के सूखे में मृदा की नमी इतनी कम हो जाती है एवं सूख जाती है कि उसमें फसलें नहीं उगाई जा सकती।

3. **हाइड्रोलोजिकल सूखा (Hydrological Drought)**: इस प्रकार के सूखे में झीलों, पोखर, तालाबों आदि का पानी सूख जाता है तथा जलाशयों के पारिस्थितिकी तंत्र पर प्रतिकूल प्रभाव पड़ता है।

4. **पारिस्थितिकी सूखा (Ecological Drought)**: जब किसी पारितंत्र की उत्पादकता घट जाये तो उसे पारिस्थितिकी सूखा कहते हैं।

भारत में प्राय: हर पाँच वर्षों में से एक वर्ष सूखे का माना जाता है। पश्चिम राजस्थान में (थार मरूस्थल) में सूखे की बारंबारता अधिक है और वहाँ प्रत्येक तीन वर्षों में एक वर्ष सूखे का माना जाता है। यूँ तो भारत के 50 प्रतिशत बारानी क्षेत्र पर सूखा पड़ने की संभावना बनी रहती है, फिर भी कुछ विशेष भागों में सूखे की बारंबारता अधिक है। भारत के सूखा-ग्रस्त क्षेत्रों का संक्षिप्त वर्णन निम्न में प्रस्तुत किया गया है–*(चित्र 8.26)*

(i) **राजस्थान का शुष्क एवं अर्द्ध-शुष्क प्रदेश**: इस सूखा-संवेदनशील प्रदेश में राजस्थान, गुजरात तथा हरियाणा के दक्षिणी पश्चिमी भाग सम्मिलित हैं। उत्तर प्रदेश के आगरा और मथुरा जिले तथा दक्षिणी पश्चिमी पंजाब का कुछ भाग भी इसमें आता है। इस शुष्क प्रदेश में वर्षा की मात्रा कम एवं अनियमित है। फलस्वरूप सूखा पड़ने की संभावना बनी रहती है। इंदिरा गाँधी नहर के खोदने से इस शुष्क क्षेत्र के लोगों तथा पशु-पक्षियों को राहत मिली है।

(ii) **पश्चिमी घाट का वर्षा रहित ढलान** : पश्चिमी घाट के पूर्व की ओर फैला प्रदेश जो वृष्टि-छाया (Rain Shadow) है उसमें भी प्राय: सूखा पड़ता है। इस प्रदेश में महाराष्ट्र, आंध्र प्रदेश तथा कर्नाटक के कुछ भाग सम्मिलित हैं। इस प्रदेश में औसत वार्षिक वर्षा 60 से॰मी॰ से कम तथा वर्षा की विविधता 30 से 40 प्रतिशत है।

(iii) **अन्य सूखाग्रस्त क्षेत्र** : भारत में बहुत-से छोटे-बड़े बिखरे हुये क्षेत्र हैं जिनमें प्राय: सूखे की परिस्थिति उत्पन्न होती रहती है। इनमें ओडिशा का काला हांडी, उत्तर प्रदेश का बुंदेलखंड, मध्य प्रदेश का बघेलखंड, पश्चिम बंगाल का पुरूलिया एवं बांकुरा जनपद, तमिल नाडु का कोयंबटूर, मदुरई एवं तिरूनेलवलि जनपद सम्मिलित हैं। लद्दाख, हिमाचल प्रदेश तथा उत्तराखंड के हिमालय पार के क्षेत्रों में भी सूखा पड़ता रहता है।

मध्यकालीन भारत में सूखे की बारंबारता आज की तुलना में अधिक थी, क्योंकि उस समय के परिवहन के साधन कम थे। बीसवीं शताब्दी के अंतिम तथा 21वीं शताब्दी के कुछ भयानक सूखे निम्न प्रकार हैं–

महाराष्ट्र में 1965-66 का सूखा, बिहार में 1966-67 का सूखा, वर्ष 1996-97 का कालाहांडी (ओडिशा) का सूखा तथा वर्ष 2014 में उत्तरी पश्चिमी भारत तथा मध्य भारत, महाराष्ट्र, गुजरात का सूखा उल्लेखनीय हैं। वर्ष 2009 के सूखे ने भी देश के बहुत बड़े भाग पर प्रतिकूल प्रभाव डाला था। 2013 तथा 2014 के सूखे की मार सहन न करने तथा साहूकारों के कर्जे के बोझ में बहुत-से किसानों ने दबाव और घबराहट में आत्महत्याएँ की हैं।

सूखा पड़ने के कारण

वर्षा का समय से पर्याप्त मात्रा में न होने से सूखे की परिस्थिति उत्पन्न हो जाती है। सूखा पड़ने के मुख्य कारणों की संक्षिप्त विवेचना निम्नलिखित है–

1. **वर्षा का अभाव** : वर्षा का औसत से कम होना तथा सही समय पर न होने से सूखा पड़ जाता है।
2. **बड़े पैमाने पर वन कटाई** : जंगलों को काटकर भूमि को कृषि के अंतर्गत लाने से वर्षा की मात्रा में कमी होती जा रही है। जंगलों को काटना इसलिए अनिवार्य हो गया कि बढ़ती जनसंख्या की खाद्य की आपूर्ति की जा सके तथा कारखानों के लिए कच्चा माल उपलब्ध कराया जा सके।
3. **भूमिगत जल का अत्यधिक उपयोग** : बढ़ती जनसंख्या की खाद्य एवं अन्य आवश्यकताओं की आपूर्ति के लिये विकासशील देशों में नये बीजों की सघन खेती की जा रही है। इन बीजों से सफल उत्पादन के लिए नलकूपों के द्वारा बार-बार सिंचाई की आवश्यकता होती है। अधिक सिंचाई के कारण भूमिगत जल की सतह नीची हो रही है। दुखद बात यह है कि नदियों के साथ-साथ भूमिगत जल भी प्रदूषित हो रही है। जल के अभाव एवं प्रदूषित जल से कृषि पर प्रतिकूल प्रभाव पड़ता है। उत्पादन कम होने के कारण अकाल पड़ने की संभावना बढ़ जाती है।
4. **वर्षा जल संचय न करना** : भारत में तमिलनाडु को छोड़कर किसी भी राज्य में वर्षा के जल को संचय करने पर पर्याप्त बल नहीं दिया जाता। इसलिए असफल मानसून होने पर सिंचाई के द्वारा फसलों को बचाया नहीं जा सकता।
5. **मरुस्थलों को नियंत्रित करने की उचित परियोजना का अभाव**
6. **तीव्र जनसंख्या वृद्धि तथा उपभोक्तावाद**

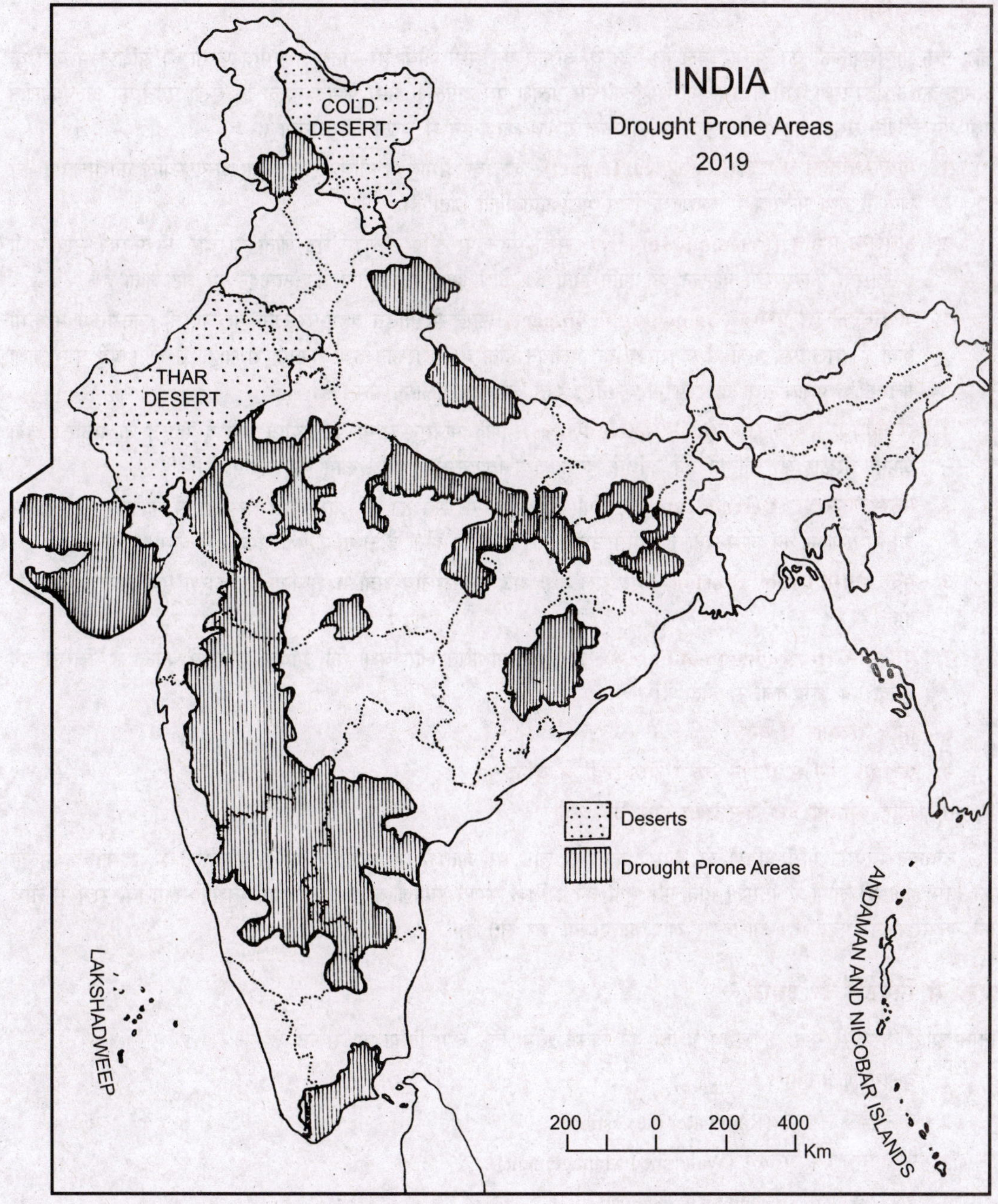

चित्र 8.26 भारत के बाढ़ आशंकित क्षेत्र

सूखे के परिणाम

जीव तथा पारिस्थितिकी का आधार जल है। जल के अभाव का सभी जीवों पर प्रतिकूल प्रभाव पड़ता है। संक्षिप्त में जल के अभाव का अर्थव्यवस्था, समाज तथा पारिस्थितिकी पर प्रत्यक्ष एवं अप्रत्यक्ष भारी प्रभाव पड़ता है। सूखा पड़ने का अल्पकालीन तथा दीर्घकालीन प्रभाव पड़ता है। सूखे के प्रतिकूल प्रभाव का निम्न में वर्णन किया गया है–

1. **पारिस्थितिकी प्रभाव (Ecological Impact):** जल के अभाव में जैविक-विविधता अन्य स्थानों को पलायन कर जाते हैं तथा पारितंत्र में खाद्य के लिए भारी प्रतिद्वंद्विता होती है।
2. **आर्थिक प्रभाव (Economic Impact):** सूखा पड़ने पर कृषि उत्पादन घट जाता है। चारे की फसलें सूख जाती हैं जिसके फलस्वरूप पशुधन की हानि होती है। कृषि-आधारित उद्योगों का उत्पादन भी घट जाता है।
3. **जनांकिकी पर प्रभाव (Demographic Impact):** सूखे से पीड़ित बहुत-से लोग मर जाते हैं, जनसंख्या में कमी होती है। सूखाग्रस्त क्षेत्रों से जनसंख्या का पलायन होता है। राजस्थान तथा गुजरात से बहुत-से लोग बड़े नगरों तथा उत्तराखंड, पंजाब तथा उत्तर प्रदेश के तराई क्षेत्र की ओर पलायन करते हैं।
4. **राजनैतिक प्रभाव (Political Consequences):** यदि मानसून समय पर पर्याप्त वर्षा दे रहा है तो सत्तारूढ़ दल अपनी सरकार की नीतियों की अधिक दृढ़ता तथा विश्वास के साथ लागू कर सकता है।
5. **मरुस्थलीकरण (Desertification):** वर्षा के अभाव में मरुस्थल के आस-पास के क्षेत्रों में फैलकर नाना प्रकार की समस्याओं को जन्म देता है, भूमि उपयोग में परिवर्तन होता है तथा कृषि क्षेत्रफल में कमी आती है।
6. **मृदा अपरदन (Soil Erosion):** मरुस्थल तथा अर्द्ध-मरुस्थलीय क्षेत्रों में शुष्कता के कारण मृदा अपरदन में वृद्धि होती है।
7. **वन ह्रास (Degradation of Forest):** वनों पर आधारित लोग वृक्षों को अधिक मात्रा में काटते हैं, जिससे वन संपदा का ह्रास तेजी से होता है।
8. **कृषि रोजगार में कमी**
9. **प्रदूषित जल से फैलने वाली बीमारियों में वृद्धि**
10. **खाद्य सामग्री पेय-जल तथा चारे की कमी**

उपरोक्त विपरीत परिस्थितियों के कारण बहुत-से लोग मर जाते हैं या कुपोषण का शिकार होते हैं, सामाजिक मूल्यों का ह्रास होता है। लोगों में निराशा होती है। सूखे का अधिक प्रभाव समाज के कमजोर वर्गों विशेषकर गरीबी रेखा से नीचे की जनसंख्या पर पड़ता है। अधिकतर लोग आत्महत्या कर लेते हैं।

सूखे से निपटने के उपाय

निम्न उपाय करने से सूखे के खराब प्रभाव को किसी सीमा तक कम किया जा सकता है–

1. वृक्षारोपण करना।
2. वर्षा जल संचयन (Rainwater harvesting)
3. जल विभाजक प्रबंधन (Watershed Management)
4. शुष्क कृषि को वैज्ञानिक ढंग से करना।
5. शुष्कता को सहन करने वाले बीजों तथा पेड़-पौधों का आविष्कार।
6. शुष्क प्रदेश संबंधी योजनाओं को प्रभावशाली ढंग से लागू करना।

7. जलाशयों का निर्माण करना तथा नलकूप लगाना।
8. कृषि में विविधता लाना
9. फसल चक्र एवं फसलों के प्रतिरूप बदलना।
10. पशुपालन तथा डेयरी उद्योग को प्रोत्साहन देना।
11. ऊर्जा के वैकल्पिक साधनों का पता लगाना।
12. नदियों को एक-दूसरे से जोड़ना ताकि जिन नदियों से अधिक जल बहकर सागर में जाता है उसका शुष्क प्रदेशों की कृषि आदि में उपयोग किया जा सके।

जैविक आपदाएँ तथा बीमारियाँ (Biological Hazards and Disasters)

महामारी (Epidemic)

यदि बीमारी बड़े पैमाने पर विस्तृत क्षेत्र पर अचानक फैल जाये तो उसे महामारी कहते हैं। यदि कोई महामारी देश भर में फैल जाये तो उसे देशव्यापी मंहामारी (Pandemic) कहते हैं। वर्तमान समय में HIV तथा कैंसर को भी महामारी की परिभाषा में सम्मिलित किया गया है।

महामारी फैलने के कारण (Causes of Epidemics)

महामारी फैलने के मुख्य कारण निम्नलिखित हैं–

(*i*) पर्यावरण प्रदूषण (जल, मृदा, वायु)

(*ii*) प्राकृतिक आपदा; जैसे- बाढ़, सूखा, भूकंप, सुनामी तथा सागर के जल का थल पर चढ़ना (Transgression of Sea), तथा स्वास्थ्य रक्षा (Hygienic) के नियमों का पालन न करने के कारण मुख्य महामारियों में मलेरिया, डेंगू, हैजा, चेचक, (Small-Pox) एड्स (AIDS) आदि सम्मिलित हैं। महामारियों के फैलने के कारण तथा उनके परिणामों का संक्षिप्त वर्णन निम्नानुसार दिया गया है–

मलेरिया

मलेरिया एक संक्रामक (Infectious) बीमारी है। मलेरिया सामान्यत: ऊष्ण-आर्द्र जलवायु के प्रदेशों में फैलता है। इस संक्रामक बीमारी को मच्छर फैलाते हैं। मच्छरों के काटने से यह बीमारी फैलती है।

मलेरिया एक गंभीर, तीक्ष्ण, चिरकालिक (Chronic) बीमारी है जिसमें सर्दी लगकर बुखार आता है। इस बीमारी में शरीर में अरक्तता अथवा पीलिया (Anaemic) हो जाता है एवं तिल्ली (spleen) का आकार बड़ा हो जाता है।

मलेरिया ऊष्ण तथा अर्द्ध-ऊष्ण कटिबंधों में फैलती है। भारत में बहुत-से लोग मलेरिया बीमारी की चपेट में आते हैं। यह बीमारी विशेष रूप से ऐसे क्षेत्रों में फैलती है जहाँ मच्छरों के लिए अनुकूल परिस्थितियाँ पाई जाती हैं।

भारत में मलेरिया असम, बिहार, छत्तीसगढ़, मध्य प्रदेश, उत्तर प्रदेश, उत्तराखंड, पंजाब, हरियाणा, राजस्थान, आंध्र प्रदेश, कर्नाटक, तमिलनाडु, मालाबार तट, कोंकण तट, केरल तथा पश्चिमी बंगाल में प्राय: हर साल वर्षा ऋतु में फैलती है।

बाढ़ जैसी प्राकृतिक आपदा के पश्चात मलेरिया की बीमारी अधिक फ़ैलती है। बाढ़ आने के पश्चात् बहुत-से स्थानों पर जलभराव की स्थिति उत्पन्न हो जाती है। इन स्थानों पर भारी मात्रा में मच्छर पैदा होते हैं, जिनसे यह बीमारी फैलती है।

मलेरिया महामारी पर नियंत्रण पाने के लिए अपने घर के आस-पास जलभराव तथा ठहरा हुआ जल इकट्ठा न होने दें। स्वास्थ्य रक्षा के नियमों का पालन करें, सोते समय मच्छरदानी का इस्तेमाल करें।

डेंगू बुखार तथा चिकनगुनिया

डेंगू बुखार को 'शरीर तोड़ने वाला' तथा 'डांडी-बुखार' भी कहते हैं। यह मलेरिया का ही एक प्रकार है। डेंगू, चिकिनगुनिया तथा मलेरिया मौसमी बुखार हैं जो वर्षा ऋतु में ही फ़ैलते हैं।

डेंगू-बुखार एक पीले बुखार फैलाने वाले मच्छर से फैलता है जिसको एडिस एगिप्ट (Aedes aegypt) कहते हैं। इस बीमारी को एशियाई टाइगर मच्छर भी फैलाता हैं पिछले कुछ वर्षों में डेंगू बीमारी के प्रकोप में भारी वृद्धि हुई है। यह एक विषाणु रोग है जिससे प्रतिवर्ष भारत में हजारों की संख्या में लोग प्रभावित होते हैं।

डेंगू तथा चिकनगुनिया बुखार के लक्षण

डेंगू बुखार की अवधि दो से पाँच दिन मानी जाती है। इसमें 40°C तक तेज बुखार चढ़ता हैं, शरीर पर ददौरे (Rashes) पड़ जाते हैं, जोड़ों एवं मांसपेशियों में दर्द होता है। इनके साथ-साथ सिर-दर्द, आँखों में जलन तथा धूप से घबराहट होती है, नींद कम आती है। शरीर में सात-आठ दिन दर्द रहता है कुछ बीमारों के शरीर में दर्द एक वर्ष तक रहता है।

खून जाँच (Serological Test) के द्वारा डेंगू एवं चिकनगुनिया बुखार का पता लगाया जा सकता है।

डेंगू एवं चिकनगुनिया बुखार वास्तव में अफ्रीका एवं एशिया की महाद्वीपों की बीमारी मानी जाती हैं। इस बीमारी के प्रभावित क्षेत्रों में कांगो बेसिन, दक्षिण-पूर्वी एशिया के देश, दक्षिणी एशिया, मध्य अमेरिका, अमेजन बेसिन के देश तथा वेस्टइंडीज के देश सम्मिलित हैं।

भारत में डेंगू वायरस का 1950 में पता लगा था जब खून के नमूनों से डेंगू-वायरस को अलग किया गया था। पिछली तीन-चार दशकों से वर्षा ऋतु में यह महामारी का रूप धारण कर लेती है। इस बीमारी से प्रभावित प्रदेशों में आंध्र प्रदेश, असम, बिहार, छत्तीसगढ़, हरियाणा, झारखंड, कर्नाटक, केरल, मध्य प्रदेश, महाराष्ट्र, मणिपुर, मेघालय, ओडिशा, पंजाब, राजस्थान, तमिल नाडु, उत्तराखंड, उत्तर प्रदेश तथा पश्चिम बंगाल सम्मिलित हैं।

बीमारी की रोक-थाम

इस बीमारी पर नियंत्रण पाने के लिए मच्छर से बचना जरूरी है, विशेषकर एडीस (Aedes) से। मच्छरों से बचने के अतिरिक्त लंबे आस्तीन के कपड़े पहनना, खिड़कियों दरवाजों पर पाली लगाना, कपड़ों को पाइरेथराइड (Pyrethroid) से धोना जैसे उपाय किये जा सकते हैं।

वैसे तो चिकनगुनिया का कोई विशेष इलाज नहीं, न ही कोई इसका टीका (Vaccine) विकसित हुआ है, इसके मरीजों को क्लोरोक्वीन सम्मिश्रण की दवाई दी जाती है तथा ददौरों (Rashes) को कम करने के उपाय किए जाते हैं।

डेंगू, चिकनगुनिया तथा मलेरिया जैसी बीमारियों की रोकथाम के लिये भारत सरकार ने एक संपूर्ण योजना तैयार की ही जिसके अंतर्गत सभी ग्रामीण अधिवासों को इस बीमारी से मुक्त कराने का प्रोग्राम है। इसमें मच्छर पैदा होने वाले स्थानों को समाप्त करने पर विशेष बल दिया जा रहा है।

हैजा (Cholera)

हैजा भी एक संक्रामक बीमारी है जो बैक्टीरिया (Bacteria) से फैलती है और काफी घातक हो सकती है। प्राय: यह बीमारी प्रदूषित जल एवं बासी खाने से फैलती है। इसके मरीज को उल्टी, दस्त होने लगते हैं, जिससे शरीर में पानी की कमी हो जाती है। हैजे के जीवाणु जिनको विबरो (Vibro) कहते हैं, शरीर में मुँह के रास्ते से प्रवेश कर जाते हैं, जो छोटी आँत (Small Intestine) में सूजन पैदा कर देते हैं।

हैजे की बीमारी ऊष्ण-आर्द्र जलवायु की बीमारी है। इसका प्रकोप भारत, पाकिस्तान, बंगलादेश, श्री लंका, दक्षिणी पूर्वी एशिया तथा अफ्रीका के देशों में पाया जाता है।

चेचक (Small Pox)

चेचक एक संक्रमणी/छूत की बीमारी है। इस बीमारी में अचानक तेज बुखार चढ़ता है, शरीर पर बहुत फुँसी-दाने (Papule) निकल जाते हैं जिनमें, छालों (Vesicle) में पानी भर जाता है, जो कुछ दिनों के पश्चात् सूखते हैं। छाले एवं फुँसियाँ चेहरे (मुँह) पर अधिक होती है।

चेचक की बीमारी, किसी बीमार से संपर्क करने से फैलती है। ये किसी कीटाणु तथा वाइरस (Virus) के द्वारा नहीं फैलती। इसका वाइरस वायु में बहुत दिनों तक जीवित रहता है। यदि कोई व्यक्ति बीमार की सेवा में हो तो साँस के द्वारा इसका वाइरस शरीर में प्रवेश कर जाता है, मरीज के थूक तथा छींक के द्वारा भी इसका वाइरस हवा में फैलता रहता है। भारत में 1977 के पश्चात् कोई भी चेचक का मामला सामने नहीं आया है। वर्ष 1967 में इस बीमारी से विश्व में 20 लाख व्यक्तियों की मौत हुई थी। भारत में 1950 में लगभग 25 लाख व्यक्ति इस बीमारी से मरे थे।

एड्स (AID_s/HIV_s)

एड्स को (Acquired Immuno Deficiency Syndrome) असंक्राम्य की बीमारी भी कहते हैं। इस बीमारी में रोगी का असंक्राम्य तंत्र पर खराब असर पड़ता है। एड्स के रोगी को बहुत-सी संक्रामिक बीमारियाँ लग जाती है रोगी को अंतिम चरण में कैंसर जैसी बीमारी हो जाती है जो जानलेवा सिद्ध होती है।

एड्स बीमारी का सबसे पहले 1981 में केलिफोर्निया में अमेरिकी वैज्ञानिकों ने पता लगाया था। यह बीमारी शरीर में खराब रक्त देने से फैलती है।

एड्स की बीमारी अफ्रीका महाद्वीप से आरंभ हुई थी। इसका मुख्य कारण संमलिंगीकामुकता (Homosexuality) माना जाता है। इस बीमारी के कारकों में अंतर्राष्ट्रीय पर्यटन तथा घरों से अधिक दूरी पर काम-काज के लिए निकलना भी है। यह बीमारी भारत के उत्तर पूर्वी राज्यों विशेषकर मणिपुर, नागालैंड, आंध्र प्रदेश एवं ओडिशा में काफी फैली हुई है।

जलाशयों में खरपतवार (Eutrophication)

जलाशयों (नदियों, झीलों, पोखरों, तालाबों) में खरपतवार (Weeds) का उगना एवं वृद्धि होना एक प्राकृतिक प्रक्रिया है। यह जलीय खरपतवार जलाशयों को उथला करके समाप्त कर देते हैं। नदियों, झीलों, जलाशयों, पोखरों, तालाबों में अवसादों की भरमार से खरपतवार में तीव्र गति से वृद्धि होती है। ये अवसाद मृदा अपरदन के कारण जलाशयों में प्रवेश करते हैं। जलाशयों में खरपतवार वृद्धि का पारिस्थितिकी पर प्रतिकूल प्रभाव पड़ता है और पारितंत्र को भारी हानि होती है। कश्मीर की डल तथा बुलर झीलें जलीय खरपतवारों से बुरी तरह प्रभावित हैं। इसी प्रकार की पारिस्थिति भारत की अन्य झीलों में भी पाई जाती है।

अकाल (Famines)

यदि थोड़े समय में भुखमरी के कारण काफी लोगों की मृत्यु होने लगे तो उसे अकाल कहते हैं। अकाल को कुपोषण अथवा खाद्य अभाव से भिन्न माना जाता है। अकाल की मुख्य विशेषताएँ निम्न प्रकार हैं–

(*i*) खाद्य पदार्थों के मूल्य में तीव्र वृद्धि, (*ii*) भूखे लोगों द्वारा घरों के सामान को बेचना, (*iii*) वनों जंगलों से खाद्य पदार्थों को एकत्रित करना, (*iv*) उधार माँगना तथा भीख माँगना तथा पलायन करना।

अकाल पड़ने के कारण (Causes of Famines)

अकाल पड़ने के मुख्य कारण निम्न प्रकार हैं–

1. **प्राकृतिक आपदाएँ (Natural Calamities):** भूकंप, हिम झंझावात (Snow Storm), बाढ़, सूखा तथा महामारी के कारण अकाल की परिस्थिति उत्पन्न हो जाती है।
2. **अत्यधिक जनसंख्या (Over Population):** प्राकृतिक आपदाओं के अतिरिक्त अत्यधिक जनसंख्या भी अकाल पड़ने का एक मुख्य कारण है। संसाधनों से अधिक जनसंख्या के कारण कृषि पर अधिक भार पड़ता है, बेरोजगारी फैलती है जिसके कारण लोग प्रभावित क्षेत्र से पलायन करने आते हैं। अकाल का सबसे अधिक प्रभाव गरीब जनसंख्या पर पड़ता है।
3. **फसलों का नष्ट होना (Crop Failure):** फसलों के नष्ट होने पर भी अकाल पड़ता है।
4. **दरिद्रता एवं बेरोजगारी (Poverty and Unemployment):** गरीब एवं बेरोजगार लोगों की खाद्य सामग्री खरीदने की क्षमता बहुत कम होती है जिस कारण अकाल की स्थिति उत्पन्न हो जाती है।
5. **सरकारी दुकानों का प्रभावशाली ढंग से प्रबंधन न होना (Ineffective Public Distribution System):** सरकारी दुकानों पर गरीब लोगों को सही समय पर पर्याप्त मात्रा में खाद्य सामग्री नहीं मिलती। इस प्रकार का भ्रष्टाचार भी अकाल पड़ने में सहायक होता है।

आधुनिक समय में कोई भूख से मरे, इसको सहन नहीं किया जा सकता (सेन एवे दरेजे, 1989)। यूँ तो अकाल का मुख्य कारण प्राकृतिक आपदा, जनसंख्या वृद्धि एवं युद्ध आदि को माना जाता है, परंतु कुछ अकाल ऐसे भी पड़ते हैं जिनका मुख्य कारण निर्यात रहा है। इसलिए कहा जा सकता है कि बहुत-से अकाल आर्थिक एवं राजनैतिक संस्थाओं की विफलता के कारण होते हैं।

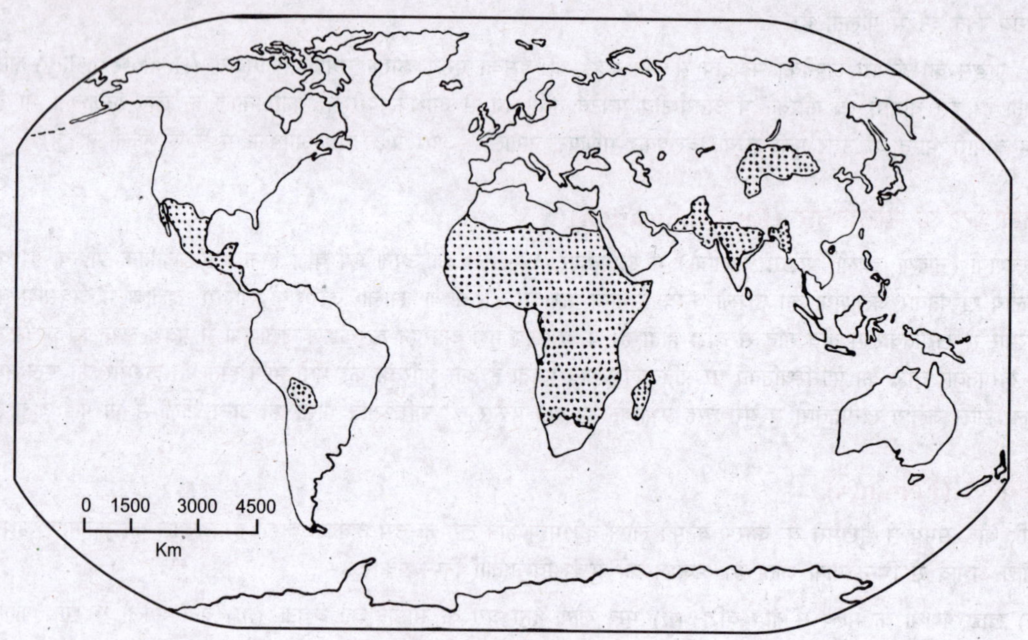

चित्र 8.27 विश्व के अकाल आशंकित क्षेत्र

कार्ल मार्क्स के अनुसार अकाल का मुख्य कारण: (*i*) निजी संपत्ति, (*ii*) आर्थिक वर्गों में बँटा हुआ समाज (Class Ridden Society) हैं जिन लोगों के पास निजी संपत्ति है और उत्पादन के साधन हैं वह श्रमिकों का शोषण करते हैं और गरीब-शोषित श्रमिक अकाल की लपेट में आ जाते हैं।

वर्ष 1945 से भारत ने एक अकाल-विरोधी पॉलिसी कामयाबी के साथ लागू की है। चीन, भुखमरी का उन्मूलन कर चुका है, परंतु 1950 के अकाल से वह बच नहीं पाया। अफ्रीका में अकाल की बारंबारता बढ़ी है। विश्व के अकाल प्रभावित क्षेत्रों को ***मानचित्र 8.27*** में दिखाया गया है।

मानचित्र 8.27 से विदित है कि विश्व के अकाल ग्रस्त देशों में अधिकतर अफ्रीका के देश हैं। अफ्रीका के अकाल पीड़ित देशों में साहेल प्रदेश (Sahel Region) के सोमालिया, इथोपिया, सूडान, चाड, नाइजर, नाईजीरिया, माली, मारिटानिया, बर्कीनाफासो तथा मेडागास्कर इत्यादि सम्मिलित हैं। अन्य अकाल संवेदनशील क्षेत्रों मंगोलिया, अफगानिस्तान तथा चीन के उत्तर-पश्चिमी भाग सम्मिलित हैं। ईरान, पाकिस्तान का ब्लूचिस्तान, बंगलादेश, म्यांमार, भारत के कुछ प्रदेशों, सेंट्रल अमेरिका के देश तथा दक्षिण अमेरिका के बोलिविया तथा पराग्वे अकाल के संवेदनशील क्षेत्रों में गिने जाते हैं। भारत के अकाल ग्रस्त प्रदेशों को ***मानचित्र 8.28*** में दिखाया गया है।

मानचित्र 8.28 के अध्ययन से पता चलता है कि ओडिशा, झारखंड, छत्तीसगढ़, मध्य प्रदेश, राजस्थान, आंध्र प्रदेश तथा गुजरात के कुछ प्रदेश, महाराष्ट्र, राजस्थान, बिहार, उत्तर प्रदेश के अकाल पीड़ित क्षेत्रों में सम्मिलित हैं। अकाल प्रभावित भारत के संवेदनशील क्षेत्रों में लोगों की आय बहुत कम है। भारत के इन्हीं प्रदेशों एवं क्षेत्रों में नक्सलवाद का भयानक रूप देखने को मिलता है। 25 मई, 2013 को सुकमा-दरमा घाटी (छत्तीसगढ़) में कांग्रेस के कद्दावर नेता विद्याचरण शुक्ल, महेंद्र कर्मा, नंद कुमार पटेल, उनके बेटे तथा उनके सहयोगियों की हत्या कर दी गई थी। वास्तव में छत्तीसगढ़ का बस्तर क्षेत्र विश्व के नक्सलवाद के सर्वाधिक प्रभावित क्षेत्रों में से एक है।

दावानल (Wild Fire)

प्राकृतिक रूप से वनों में लगी आग से पारिस्थितिकी पर गंभीर रुप से प्रतिकूल प्रभाव पड़ा है। अग्निकांड को वाइल्ड-फायर (Wild fire), बुश-फायर (Bush Fire), पहाड़ी आग भी कहते हैं।

अग्निकांड की घटनाएँ आस्ट्रेलिया, संयुक्त राज्य अमेरिका, इंडोनेशिया इत्यादि में प्राय: होती रहती हैं। अग्निकांड से पारिस्थितिकी तंत्रों को भारी हानि होती है और प्रतिकूल प्रभाव पड़ता है।

दावानल की विशेषताएँ

अग्निकांड की मुख्य विशेषताएं निम्न प्रकार हैं–

1. दावानल वनों, झाड़ियों, घास के मैदानों आदि से लगती है।
2. दावानल वृक्षों को जलाती है तथा मौसम को प्रभावित करती है।
3. दावानल किसी छोटे अथवा बड़े क्षेत्र को प्रभावित कर सकती है।

दावानल के कारण (Causes of Wildlife)

दावानल के मुख्य कारण निम्नलिखित हैं-(*i*) बिजली चमकना, (*ii*) ज्वालामुखीय उदगार, (*iii*) गिरती चट्टानों की रगड़ से उत्पन्न होने वाली चिंगारियाँ, (*iv*) कोयले की परत में आग लगना, (*v*) अकस्मात् आग का लगना तथा (*vi*) मानवीय कारण जैसे सिगरेट-बीड़ी के टुर्रा (Butt) तथा पावर लाइन इत्यादि से।

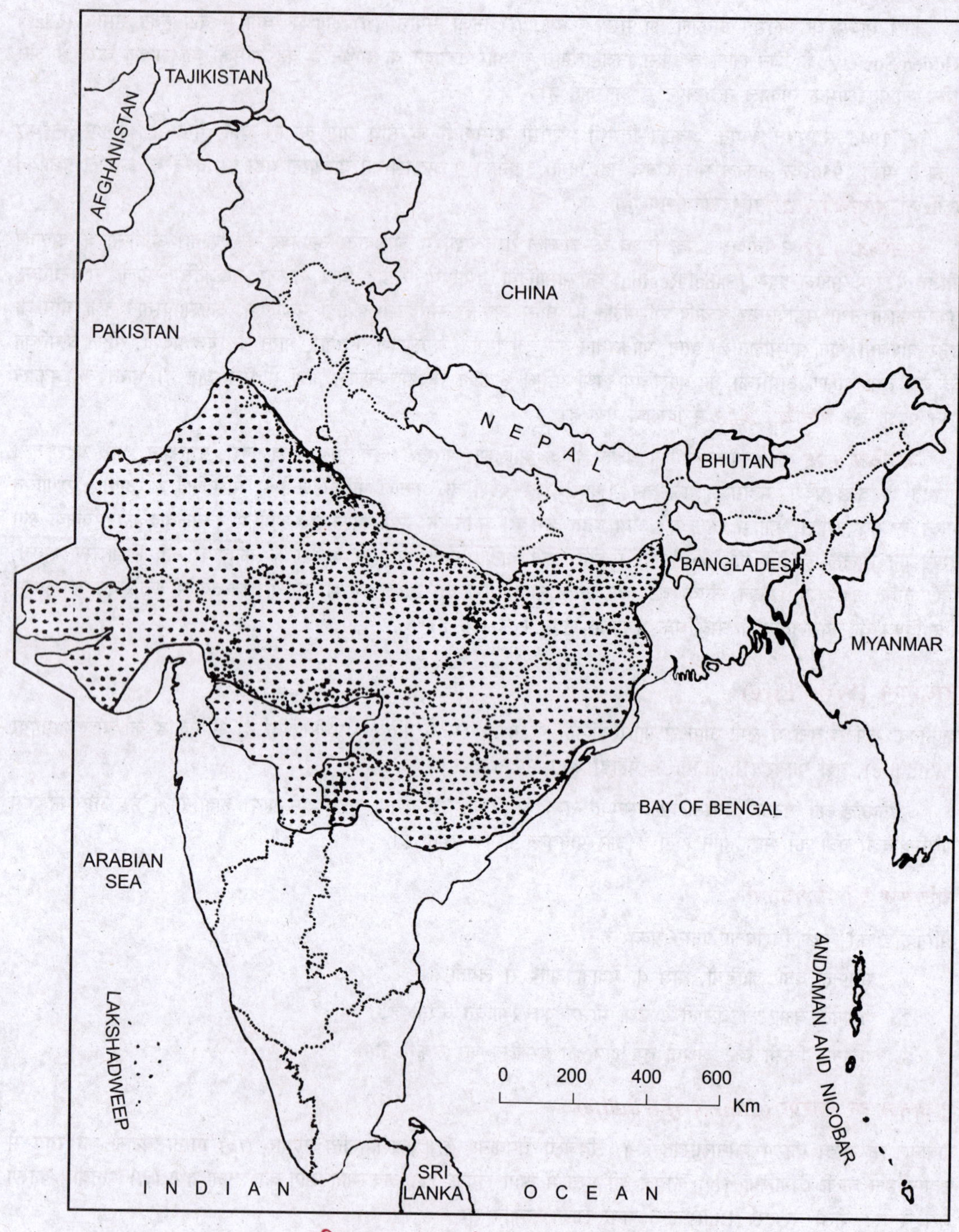

चित्र 8.28 भारत के अकाल आशंकित क्षेत्र

विश्व के जिन भागों में शिफ्टिंग कृषि (Shifting Cultivation) की जाती है वहाँ जंगलों को काटकर जलाया जाता है, उससे भी आस-पास के बहुत-से जंगल जल जाते हैं।

दावानल के परिणाम

अग्निकांड का पारिस्थितिकी एवं पर्यावरण पर निम्न प्रकार से प्रतिकूल प्रभाव पड़ता है।

(i) **पारिस्थितिकी पर प्रभाव (Effect on Ecology):** ऊष्ण आर्द्र जलवायु के प्रदेशों में प्राय: अग्निकांड से प्राय: जंगलों में आग लग जाती है। इस प्रकार से पारिस्थितिकी तंत्रों को भारी हानि होती है, देशज वृक्षों (Native Plants) की बहुत-सी किस्में नष्ट हो जाती हैं। ऐसे में अग्नि-सहन करने वाले वृक्षों तथा खरपतवार को बढ़ावा मिलता है। अमेजन बेसिन में टिंबर के लिए लकड़ी काटने, पशुफार्मों तथा झूमिंग प्रकार की खेती से भी भारी नुकसान होता है। जंगलों में लगी आग से उत्पन्न होने वाली राख (Ash) से भी पारिस्थितिकी पर प्रतिकूल प्रभाव पड़ता है।

(ii) **पर्यावरण प्रदूषण (Atmosphere Pollution):** अग्निकांड से पर्यावरण प्रदूषित होता है, जलवायु पर प्रतिकूल प्रभाव पड़ता है। अग्निकांड से निकलने वाले धुएं से दम घुटने लगता है। इंडोनेशिया में 1977 की वनों में लगी आग से लगभग 2.83 बिलियन टन कार्बन-डाइ-आक्साइड CO_2 वायुमंडल में प्रवेश कर गई थी जो विश्व में निकलने वाले कुल धुएँ का 30 से 40% था। इस प्रकार से वायुमंडल में पहुँचने वाले धुएँ से सूर्य से आने वाली ऊर्जा, ऊष्मा एवं प्रकाश में बाधा पड़ती है।

भारत में दावानल (Forest Fire in India)

भारत सरकार के वन सर्वेक्षण (Forest Survey of India) के अनुसार भारत का 19.27% क्षेत्रफल वनों के अंतर्गत है। भारत के वनों पर बढ़ती जनसंख्या का भारी दबाव है। भारत के लगभग 33 प्रतिशत जंगल प्रतिवर्ष आग के मामले में संवेदनशील माने जाते हैं। भारत के वनों में लगने वाली आग में 90 प्रतिशत आग का कारण मानव को माना जाता है। भारत के वनों में आग प्राय: फरवरी से जून के महीनों में लगती है।

भारत के वन सर्वेक्षण विभाग के अनुसार भारत के 50 प्रतिशत वन आग के बारे में संवेदनशील हैं, जिसमें से 6.17 प्रतिशत वन अति संवेदनशील माने जाते हैं। एक अनुमान के अनुसार भारत के 3.73 मिलियन हेक्टेयर वनों का क्षेत्रफल आग से प्रति वर्ष प्रभावित होता है। *(मानचित्र 8.29)*

अग्निकांड अथवा वनों में लगी आग की रोकथाम

वनों में लगने वाली आग के मद्देनजर सभी विकसित एवं विकासशील देशों में आग पर नियंत्रण पाने और रोक-थाम के उपाय किए जा रहे हैं। निम्न उपायों के द्वारा वनों में लगने वाली आग पर बहुत सीमा तक नियंत्रण पाया जा सकता है–

(i) वनों के कूड़े-कचरे को समय-समय पर जलाते रहना चाहिए।

(ii) काटे गये वृक्षों की ढुलाई के उपयुक्त साधन होने चाहिए।

(iii) ईंधन को वनों में एकत्रित नहीं होने देना चाहिए।

(iv) वनों में लगी आग पर नियंत्रण लगाने का प्रयास करना चाहिए।

(v) वनों में बनाये जाने वाले मकान अग्निरोधी होने चाहिए।

(vi) वनों के अग्नि संवेदनशील क्षेत्रों की देखभाल कुशल कर्मचारियों के द्वारा की जानी चाहिए।

(vii) वन्य कानून का सख्ती से पालन किया जाना चाहिए।

(viii) पर्यटकों को अनुशासित पर्यटन के लाभ से अवगत कराया जाना चाहिए।

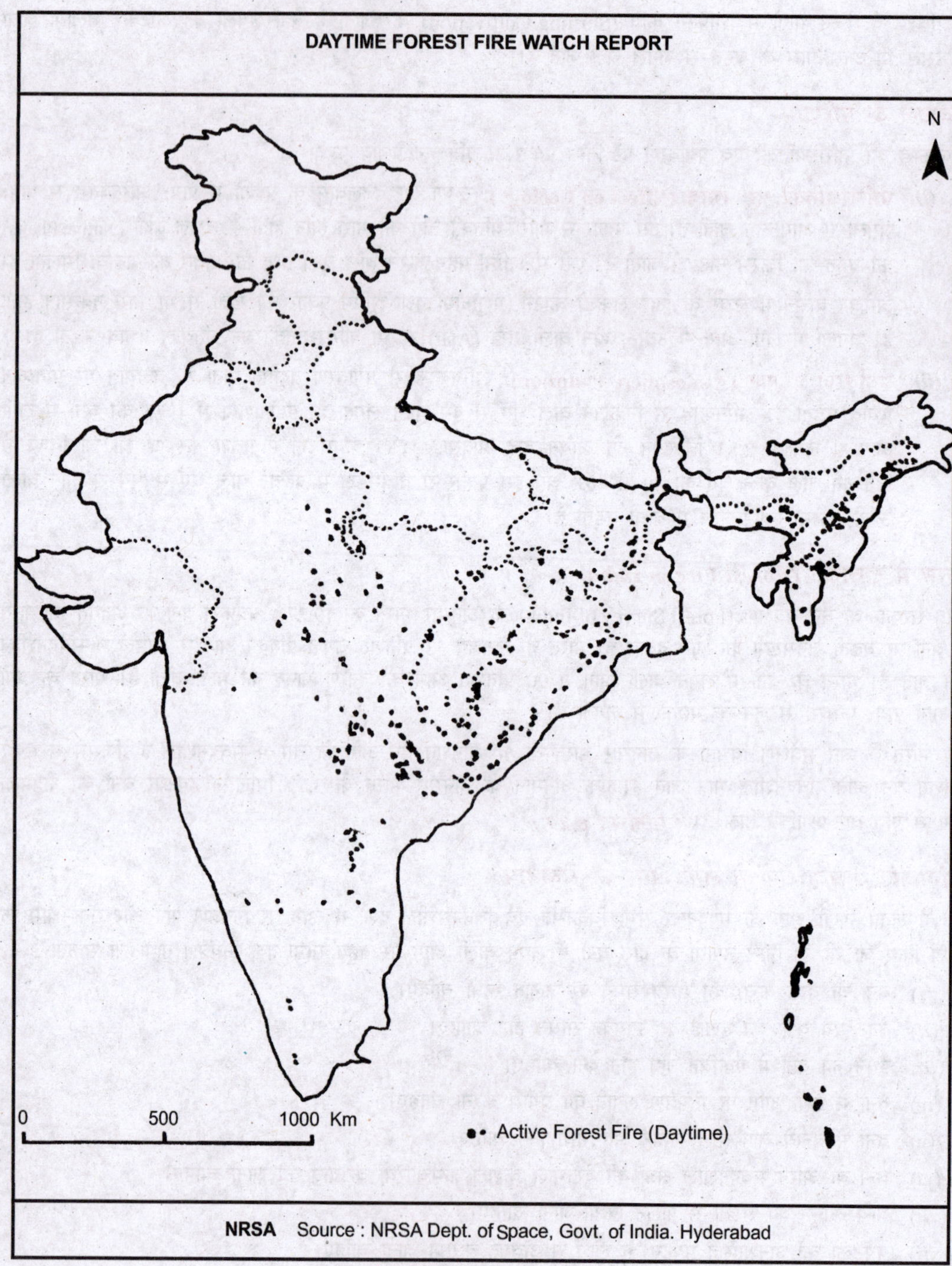

चित्र 8.29 भारत में वनाग्नि

यदि उपरोक्त सुझाव का पालन किया जाये तो जंगलों को आग से होने वाले नुकसान को बहुत सीमा तक कम किया जा सकता है।

औद्योगिक दुर्घटनाएँ (Industrial Accidents)

औद्योगिक दुर्घटनाओं के कारण भी बहुत-से जान माल की हानि होती रहती है। दिसंबर 1984 में भोपाल गैस हादसे में हजारों लोग मारे गए थे तथा लाख लोगों को पलायन करना पड़ा था। संयुक्त राज्य अमेरिका की थ्री आइसलैंड दुर्घटना में दस हजार व्यक्ति प्रभावित हुए थे। इटली के सिबसो की रासायनिक फैक्ट्री से मानव एवं जंगलों को भारी नुकसान पहुँचा था। वर्ष 1986 में सोवियत संघ के चेर्नोबिल के परमाणु ऊर्जा कारखाने (Nuclear Plant) में विस्फोट हादसे से हानिकारक जहरीली गैस सैकड़ों वर्ग किलोमीटर में फैल गई थी। इस दुर्घटना में सैकड़ों लोगों की मौत हो गई थी तथा 135,000 लोगों को सुरक्षित स्थान पर पहुँचाया गया था। हजारों लोग कैंसर जैसी बीमारी की चपेट में आ गये थे। जापान में 11 मार्च, 2011 की फुकूशिमा (Fukushima) परमाणु केंद्र की दुर्घटना में कई सौ आदमियों की मौत हुई तथा 3,20,000 लोगों को सुरक्षित स्थान पर पहुँचा गया था। यह जापान की बहुत बड़ी दुर्घटनाओं में से एक मानी जाती है।

युद्ध तथा हथियारी संघर्ष (Armed Conflicts and War)

युद्ध से भी पर्यावरण एवं पारिस्थितिकी को भारी नुकसान होता है। बहुत-से युद्ध तो प्राकृतिक संसाधनों के आधिपत्य के कारण ही लड़े जाते हैं। दूसरे महायुद्ध (Second World War) में संयुक्त राज्य अमेरिका ने जापान के हीरोशिमा तथा नागासाकी नगरों पर 1945 में परमाणु बम गिराये थे। इन परमाणु बमों से हजारों लोगों की मौत हो गई थी तथा लाखों लोगों को नाना प्रकार की बीमारियाँ हो गई थीं। 1970 के दशक में भी वियतनाम युद्ध में अमेरिका ने वियतनाम की पारिस्थितिकी को भारी नुकसान पहुँचाया था।

पश्चिमी एशिया में इजराइल ने फिलिस्तीनियों की गाजा पट्टी में भारी नुकसान पहुँचाया है। अफगानिस्तान, इराक, सीरिया, कुवैत तथा लेबनान की परिस्थितिकी भी युद्ध के कारण बुरी तरह से प्रभावित हुई है। भारत तथा पाकिस्तान की जम्मू-कश्मीर नियंत्रण रेखा के आस-पास के जंगलों तथा पारिस्थितिकी पर सेनाओं की उपस्थिति से पारितंत्र तथा पर्यावरण पर खराब असर पड़ा है। युद्ध प्रभावित क्षेत्रों की पारिस्थितिकी को संतुलित बनाने के लिए लंबा समय लगता है। यदि कभी परमाणु युद्ध हुआ तो विश्व पर्यावरण एवं पारितंत्र को भारी क्षति पहुँचेगी।

बादल का फटना (Cloudburst)

मेघ प्रस्फोट या बादल का फटना प्राकृतिक आपदाओं में से भयंकर आपदा है। बादल का फटना में अकस्मात् भारी वर्षा होती है। मेघ प्रस्फोट में थोड़े समय में अधिक वर्षा होती है जिससे अचानक भयंकर बाढ़ प्राकृतिक आपदा का रूप धारण कर लेती है।

मेघ प्रस्फोट में कभी-कभी गर्जन के साथ ओले भी पड़ते हैं। मेघ प्रस्फोट से केवल अचानक बाढ़ ही नहीं आती बल्कि भू-स्खलन (Landslide), अवतलन (Subsidence), भूमि का सरकना (Soil Creep), हिमस्खलन (Avalanches), होते हैं जिनसे भारी तबाही मचती है।

मेघ प्रस्फोट को लैंगमुइर वर्षण (Langmuir Precipitation) भी कहते है। लैंगमुइर वर्षा में विभिन्न आकार की बूँदें विभिन्न गति से नीचे आते समय एक-दूसरे से टकराती हैं। इस प्रकार बूँदों के एक-दूसरे से टकराने से उनका आकार बड़ा होता जाता है और उनके वेग में तेजी आती जाती है, इस प्रकार बादलों से थोड़े समय में अधिक वर्षण होता है। तेज गति से गिरती हुई बूँदें भयानक आवाज उत्पन्न करती हैं, जो तकलीफदायक तथा डरावनी हो जाती है।

मेघ प्रस्फोट सामान्यत: गर्मी के मौसम में होता है। किसान समुदायों में कभी-कभी ऐसी तूफानी वर्षा का स्वागत किया जाता है, क्योंकि सूखे से मुरझाई हुई फसलें फिर से हरी-भरी हो जाती हैं। *तालिका 8.12* में मेघ प्रस्फोट में भारी वर्षा की चरम घटनाएँ दी गई हैं।

तालिका 8.12 मेघ प्रस्फोट में वर्षा की चरम सीमाएँ

अवधि	बरसात	स्थान	दिनांक
1 मिनट	38.10 मिमी (1.5 इंच)	बस्से-टेरे, ग्वादेलोय (वेस्ट-इंडीज)	26.11.1970
15 मिनट	198.12 मिमी (9.7 इंच)	प्लंब प्वाइंट, जमैका	12.5.1916
1 घंटा	250 मिमी (9.84 इंच)	लेह (लद्दाख-भारत)	5.8.2010
10 घंटे	940 मिमी (37 इंच)	मुंबई, भारत	26.7.2005
20 घंटे	2329 मिमी (91.69 इंच)	गंगा का डेल्टा, भारत	जनवरी, 1996

भारतीय 34 महाद्वीप में, वर्षा प्रस्फोट सामान्यत: उस समय होता है जब नमी से भरपूर मानसूनी काले बादल, बंगाल की खाड़ी से उठकर उत्तरी भारत एवं हिमालय की ओर बढ़ते हैं और प्रति घंटे 75 मिमी भारी वर्षा करते हैं। भारत में मेघ प्रस्फोट के प्रस्फोट के प्रमुख उदाहरणों को तालिका 8.13 में दिया गया है।

वर्ष	मेघ प्रस्फोट का स्थान	मृत्यु
अगस्त, 1994	ग्वालपाडा (असम)	400
जुलाई, 1970	अलकनंदा बेसिन (उत्तराखंड)	500
15 अगस्त, 1997	चिरगाँव-शिमला (हिमाचल प्रदेश)	115
17 अगस्त, 1998	मिलपा गाँव, कुमाऊँ संभाग	250
26, जुलाई, 2005	मुंबई मेघ प्रस्फोट	5000
6 अगस्त, 2010	लेह-लद्दाख	1000
16 जून, 2013	केदारनाथ, मेघ प्रस्फोट (उत्तराखंड)	कई हजार

उत्तराखंड मेघ प्रस्फोट (हिमालयी सुनामी)

'देव भूमि' उत्तरखंड अपनी भव्य हिमाच्छादित शिखरों, हरे-भरे जंगलों और विस्मयजनक नदियों के कारण भारतीय संस्कृति में एवं विशेष एवं पवित्र स्थान रखता है। लाखों पर्यटक और तीर्थ यात्री प्रति वर्ष उत्तराखंड राज्य में श्रद्धा से आते हैं। इन सभी आकर्षणों के बावजूद उत्तराखंड राज्य अति संवेदनशील पारिस्थितिकी मंडल (Ecosphere) है। उत्तराखंड में अचानक मेघ प्रस्फोट, भू-स्खलन, बर्फीले-तूफान तथा आकस्मिक बाढ़ आती रहती है। इसलिए किसी भी विकास परियोजना और पर्यटन की रूपरेखा बनाते समय इस बात पर ध्यान देना चाहिए।

वैसे तो मेघ प्रस्फोट और अचानक बाढ़ उत्तराखंड में प्रतिवर्ष घटित होते हैं, परंतु 16 जून, 2013 का मेघ प्रस्फोट एक अभूतपूर्व विपदा थी। इस विपदा से जान-माल की भारी हानि हुई, राजमार्ग क्षतिग्रस्त हुये, नदियों के पुल बह गये, होटल तथा विश्राम-स्थल नष्ट हो गए। ग्रामीण एवं नगरीय अधिवास ध्वस्त हो गये। जीवन संपत्ति तथा संरचनात्मक ढाँचे की भीषण क्षति के कारण इस मेघ प्रस्फोट विपदा को 'हिमालयी सुनामी' नाम दिया गया है। इस वर्षा-प्रस्फोट से अलकनंदा, मंदाकिनी तथा भागीरथी नदियों का लगभग 48,000 वर्ग किलोमीटर क्षेत्रफल प्रभावित हुआ है। *(चित्र 8.30)*

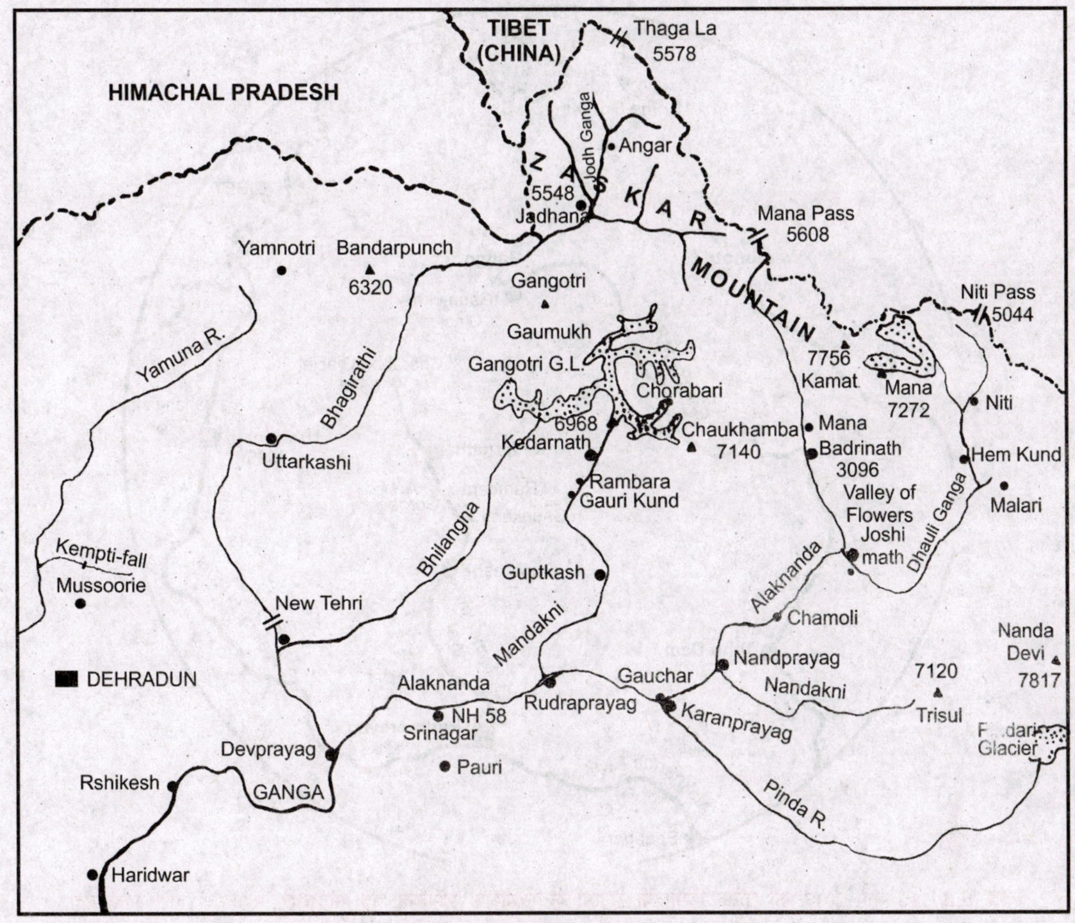

चित्र 8.30 उत्तराखंड का मेघ प्रस्फोट वाला क्षेत्र (16, जून 2013)

जैसा कि ऊपर वर्णित है, मेघ प्रस्फोट एक प्राकृतिक आपदा है। यह कुछ मिनटों में अत्यधिक वर्षा का विषद रूप है। पर अत्यधिक बरसात 16 जून, 2013 के मेघ प्रस्फोट में देव भूमि उत्तराखंड के विनाश का केवल आंशिक स्पष्टीकरण है। पर्यावरण एवं पारिस्थितिकी के विशेषज्ञों के अनुसार, विपदा घटित होने की प्रतीक्षा में थी। पहाड़ों पर अवैध निर्माण, होटलों के रूप में जरूरी ढाँचों की संख्या में अत्यधिक वृद्धि, जिनका नाममात्र को रखरखाव किया जाता है। प्राकृतिक संकटों की चेतावनी के प्रति निरूत्साहपूर्ण रवैया, उत्तराखंड की इस त्रासदी के लिये उत्तरदायी है। कोई भी देख सकता है कि राजमार्गों के विस्तार और विकास, बहुमंजिला इमारतों, होटलों, सरायों, धर्मशालाओं, विश्राम गृहों, कारखानों, सैर-सपाटा स्थलों, पर्यटक आधार शिविरों और भंगुर पारिस्थितिकी तंत्र के क्षेत्र में नदियों पर सड़कों, बड़े-बड़े बाँधों के निर्माण ने प्राकृतिक विपदा के लिये उत्तराखंड की संवेदनशीलता को कई गुणा बढ़ा दिया गया है, पर निर्णयकर्ताओं और नियोजकों के उत्तराखंड को 'ऊर्जा प्रदेश' और 'भारत की पर्यटक राजधानी' के रूप में बदलने के महत्त्वाकांक्षी लक्ष्य पारिस्थितिकी विज्ञान और पर्यावरण के सिद्धांतों के विरुद्ध हैं।

इसके अलावा अंधाधुंध वनोन्मूलन, भवनों का अविचारपूर्ण निर्माण, सड़क निर्माण के लिये चट्टानों को विस्फोट से उड़ाना पर्यावरण सिद्धांतों के क्रियान्वयन का अभाव और 'पर्यावरण प्रभाव आकलन' (Environmental Impact Assesment) के उदासीनतापूर्ण क्रियांवयन ने उत्तराखंड राज्य को आपदाओं, प्राकृतिक विपदाओं व संकटों के प्रति उच्च संवदेनशील बना

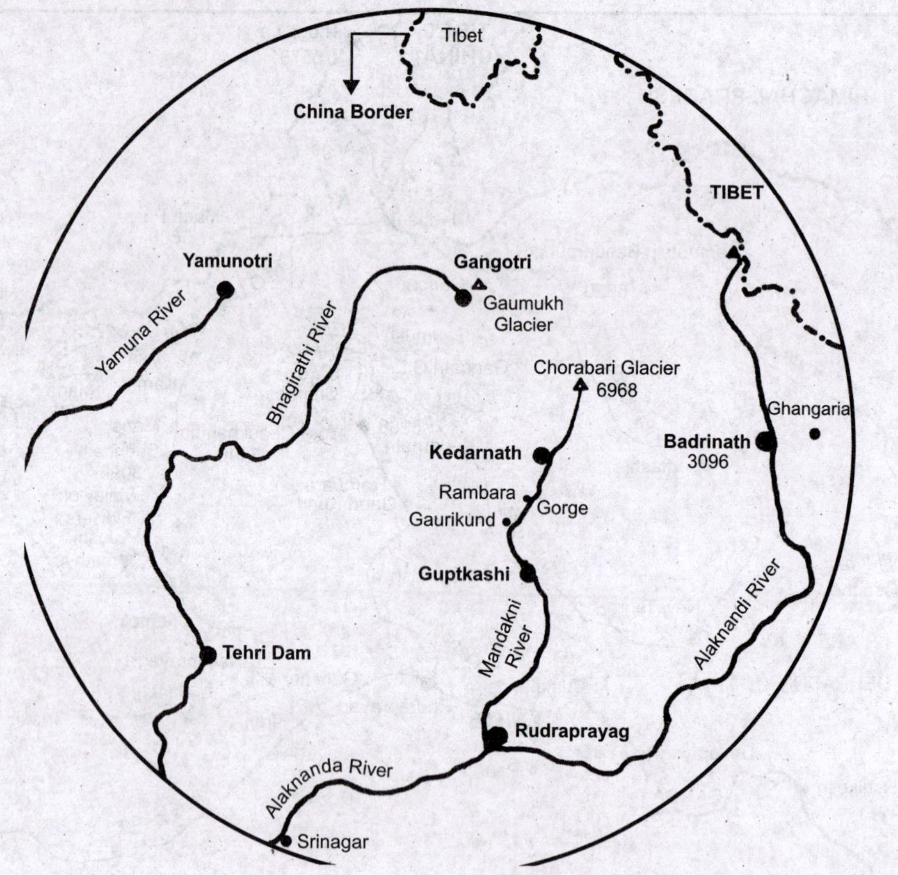

चित्र 8.31 16 जून, 2013 को घटित हिमालयी सूनामी के सर्वाधिक प्रभावित क्षेत्र भागीरथी, मंदाकिनी तथा अलकनंदा

दिया है। वास्तव में, उत्तराखंड में विनाशकारी बाढ़ ने सिद्ध कर दिया है कि प्राकृतिक शक्तियों को मानवीय हस्तक्षेप के द्वारा वश में करना केवल एक भ्रम है। पर्वतीय प्रदेशों के टिकाऊ विकास के लिए, पारिस्थितिकी विज्ञान के सिद्धांतों पर आधारित एक दीर्घकालिक नियोजन अपनाने की तत्कालीन आवश्यकता है। *(चित्र 8.31)*

मेघ प्रस्फोट विपदा का प्रबंधन

मेघ प्रस्फोट के घटित होने पर जीवन एवं संपत्ति की क्षति को कम करने में मदद के लिए कुछ उपायों का विवरण नीचे दिया गया है–

1. वैज्ञानिक एवं विश्वसनीय आँकड़ों पर आधारित पारिस्थितिकी संवेदनशील क्षेत्रों का सीमांकन करना। नदियों में जल के अधिकतम तथा न्यूनतम जल-प्रवाह को निर्धारित करना और छोटी-बड़ी सभी नदियों के जल अपवाह के बारे में लोगों को जागरुक किया जाना चाहिए।
2. मौसम के बारे में पूर्व सूचना और मौसम संबंधी सूचना विवरण की बेहतर और प्रभावशाली प्रणाली। मेघ प्रस्फोट जैसी घटनाओं के बारे में अग्रिम मौसमी भविष्यवाणी के लिये मौसम-विज्ञान विभाग को हिमालयी नदियों के ऊपरी क्षेत्रों में डोपलर रडार (Dopplar Radar) स्थापित करना चाहिए ताकि मौसम संबंधी विश्वसनीय भविष्यवाणी की जा सके।

3. ग्रामीण एवं नगरीय बस्तियों के लिए उचित स्थल का चयन और नियोजन।
4. सड़कों, मकानों की निर्माण तकनीकों के लिए अपनाई जाने वाली विधियों का व्यापक नवीकरण और पुनरीक्षण किया जाना चाहिए।
5. बाँधों और सड़कों को बनाने के लिए किए जाने वाले विस्फोट, पहाड़ों को कमजोर कर देते हैं और पेड़ों की जड़ों को हिला देते हैं। ऐसे विस्फोट बंद किए जाने चाहिए या न्यूनतम किए जाने चाहिए।
6. विकास एवं नियोजन में बड़े बाँधों के स्थान पर लघु जल-विद्युत परियोजनाओं को वरीयता दी जानी चाहिए।
7. हिमालय जैसे युवा-वलनदार पर्वत के भंगुर पारिस्थितिकी तंत्र में सांस्कृतिक (धार्मिक) एवं सौंदर्य-विषयक (Aesthetic) पर्यटन का सख्ती से विनियमन किया जाना चाहिए।
8. दामोदर वैली कारपोरेशन के नमूने पर भागीरथी-अलकनंदा विकास प्राधिकरण का गठन करने की तत्काल जरूरत है।
9. अनियंत्रित जाम और बढ़ा हुआ प्रदूषण स्तर पहाड़ों के पर्यावरण को तबाह करते हैं। उन्हें नियंत्रित व मर्यादित किया जाना चाहिए।
10. मेघ प्रस्फोट जैसी प्राकृतिक आपदाओं का मुकाबला करने के लिए प्रदेश-स्तरीय तथा जिला-स्तरीय आपदा प्रबंधन और प्रशमन केंद्र (Disaster Management and Mitigation Centre) होने चाहिए।
11. पारिस्थितिकी दृष्टि से संवेदनशील क्षेत्रों में मनोरंजन केंद्रों, होटलों आदि के बढ़ते हुए विस्तार पर रोक लगाने की आवश्यकता है।
12. प्राकृतिक आपदा का मुकाबला करने के लिए मानव संसाधनों एवं आधारभूत ढाँचे को मजबूत किया जाना चाहिए।
13. राहत और पुनर्वास उपायों में कोई भेदभाव नहीं किया जाना चाहिए। बचाव कार्यों में लगे लोगों को प्रभावशाली लोगों व राजनेताओं के हस्तक्षेप की ओर ध्यान नहीं देना चाहिए।
14. नीचे स्थित क्षेत्रों में महामारी के नियंत्रण के लिए वर्षा-प्रस्फोट के पश्चात् कार्रवाई की जरूरत है। जलमग्न क्षेत्रों में मलेरिया और डेंगू की रोक-थाम के लिए उचित उपाय करने की आवश्यकता होती है।
15. मेघ विस्फोट प्रभावित इलाकों में पानी की आपूर्ति, बिजली तथा दूरसंचार सुविधाओं को प्राथमिकता के आधार पर बहाल किया जाना चाहिए।

यदि ये कदम एक साथ उठाए जाएं तो मेघ-प्रस्फोट जैसी प्राकृतिक आपदाओं से होने वाली जीवन एवं संपत्ति की क्षति को न्यूनतम स्तर तक सीमित किया जा सकता है।

ध्रुवीय चक्रवात अथवा ध्रुवीय तूफान (Polar Vortex)

ध्रुवीय वोट्रिक्स को ध्रुवीय चक्रवात अथवा ध्रुवीय तूफान भी कहते हैं। ध्रुवीय चक्रवातों के बारे में सबसे पहले 1853 में जानकारी प्राप्त हुई थी, वैसे 1952 में भी ध्रुवीय तूफानों की ओर वैज्ञानिकों ने कुछ आँकड़े एकत्रित करना आरंभ किया गया था। ध्रुवी चक्रवातों की ऊँचाई 20 किलोमीटर तक हो सकती है, इसका विस्तार इस प्रकार स्ट्रेटोस्फियर (Stratosphere) तक हो सकता है। वास्तव में ये तूफान उत्तरी तथा दक्षिणी ध्रुवों पर उत्पन्न होते हैं। ध्रुवीय अक्षांशों में ऊँचे वायु भार की पेटी पाई जाती है। ध्रुवीय क्षेत्रों में वायुमंडल (Atmosphere) के घूमने की गति पृथ्वी के घूमने की गति से कहीं अधिक होती है। ये ध्रुवीय चक्रवात चारों ओर जेट स्ट्रीम (Jet Stream) से घिरे होते हैं। ये जेट-स्ट्रीम विसर्पण (Meanders) बनाती हुई, उत्तरी गोलार्द्ध में दक्षिण की प्रवेश करती है। जेट स्ट्रीम के बारे में इन तथ्यों (Facts) की पुष्टि 2006, 2009, 2010 तथा 2014 के आँकड़ों के आधार पर हो चुकी है। ***(चित्र 8.32 तथा 8.33)***

उत्पत्ति (Origin)

ध्रुवीय चक्रवात/तूफान की उत्पत्ति तथा पृथ्वी पर उनके प्रभाव के बारे में अभी तक पूर्ण जानकारी उपलब्ध नहीं है और न ही इनकी उत्पत्ति के बारे में कोई तर्कपूर्ण सिद्धांत प्रस्तुत किया जा सका है। फिर भी वैज्ञानिक का मानना है कि समतापमंडल (Stratosphere) से नीचे की ओर क्षोभमंडल (Troposphere) के ऊपरी भाग की ओर वायु एक चक्रवाती बगूले (Polar Vortex) की भांति उसी प्रकार प्रवेश करती है, जिस प्रकार कि पानी किसी ढलान की नाली (Drain) में बहता हो। वायु-राशि का इस प्रकार ऊपर से नीचे की ओर उतरने एवं वायुमंडल के ध्रुवीय क्षेत्रों में तीव्र गति से घूमने के कारण ध्रुवीय चक्रवात अथवा ध्रुवीय तूफान की उत्पत्ति होती है।

यूँ तो ध्रुवीय तूफान उत्तरी तथा दक्षिणी ध्रुवों पर आते हैं, परंतु इनकी बारंबारता एवं भीषणता दक्षिणी ध्रुव पर अधिक होती है। ध्रुवीय तूफान का व्यास 1000 किलोमीटर तक हो सकता है। उत्तरी गोलार्द्ध में इनकी हवाएँ घड़ी की सुइयों के अनुकूल होती हैं। इन ध्रुवीय चक्रवातों के कारण ओजोन परत (Ozone Layer) का तेजी से ह्रास होता है।

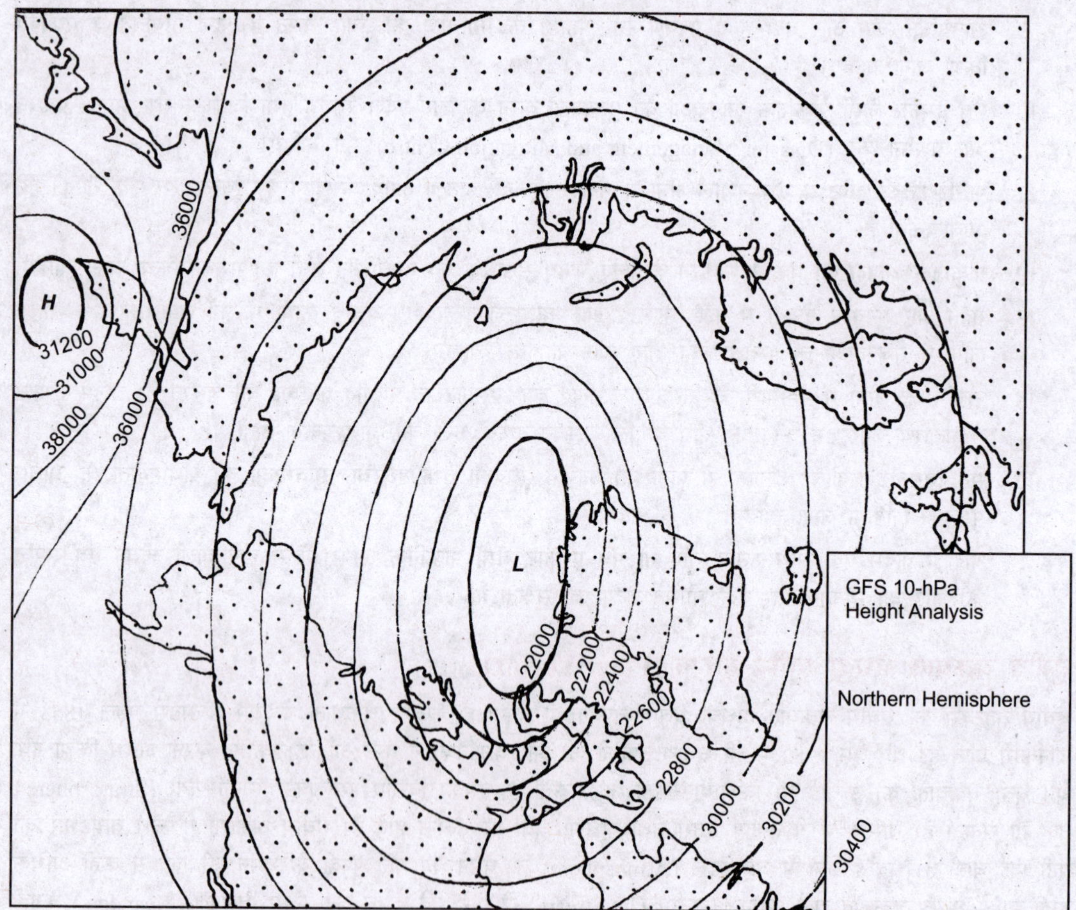

चित्र 8.32 उष्ण (निम्न दाब) व शीत क्षेत्र (उच्च दाब) को दिखाता तापमान विश्लेषण

उत्तरी गोलार्द्ध में ध्रुवीय चक्रवात के दो प्रमुख केंद्र विकसित होते हैं–

(*i*) कनाडा (Canada) के बर्फ से ढके बेफिन द्वीप (Baffin Island) के निकट, तथा

(*ii*) साईबेरिया के पूर्वी भाग में स्थिति बेकाल झील के निकटवर्ती प्रदेश ***(चित्र 8.33)*** दक्षिणी गोलार्द्ध में दक्षिणी ध्रुव के निकट 160°W रास-शेल्फ पर केंद्रित रहता है।

जब कभी समतापमंडल (Stratosphere) में अचानक तापमान में तीव्र वृद्धि होती है तो कमजोर ध्रुवीय तूफान की उत्पत्ति होती है, जिसका प्रभाव ट्रापोस्फियर पर पड़ता है जिससे ट्रापोस्फियर में सबसे कम वायु भार उत्पन्न होता है और ध्रुवीय चक्रवात सबल हो जाता है। वास्तव में 31,000 मीटर की ऊँचाई पर एक बहुत कम दबाव का क्षेत्र बन जाता है, जिससे क्षोभमंडल एवं मेसोस्फियर (Mesosphere) की निचली परत का तापमान भी बढ़ जाता है।

ध्रुवीय चक्रवात की आकृति

ध्रुवीय तूफानों का आकार अंडाकार होता है। जैसाकि ऊपर वर्णित किया जा चुका है उत्तरी गोलार्द्ध में इसके दो केंद्र पाये जाते हैं–

(*i*) कनाडा (Canada) के उत्तर में स्थित बेफिन द्वीप पर तथा (*ii*) बेकाल झील के उत्तर पूर्व में यह ध्रुवीय तूफान साईबेरिया तथा उत्तरी अमेरिका में काफी दक्षिण तक फैल जाते हैं। ऐसी स्थिति में प्रसार मैक्सिको की खाड़ी तक हो जाता है। वर्ष 2013 के दिसंबर तथा 2014 की जनवरी में इनका प्रभाव क्षेत्र मैक्सिको की खाड़ी तक फैल गया था जिसका एक बड़े क्षेत्र की जनसंख्या एवं पारिस्थितिकी पर प्रतिकूल प्रभाव पड़ा था।

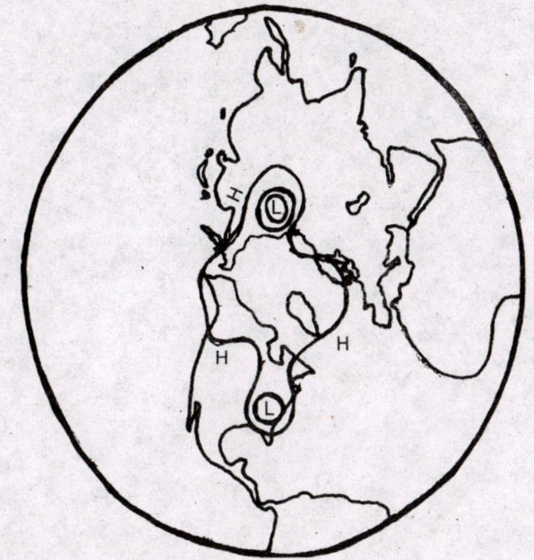

चित्र 8.33 उत्तरी गोलार्द्ध में तथा ध्रुवीय जैट स्ट्रीम में ध्रुवीय भंवर के दो केन्द्र

ध्रुवीय क्षेत्रों के वायु भारतंत्र (Pressure System) में समय और मौसम के अनुसार परिवर्तन होता रहता है। मौसम बदलने पर जेट-स्ट्रीम के मार्ग में भी परिवर्तन होता है। जेट-स्ट्रीम विसर्पन (Meanders) बनाती हुई पश्चिम से पूर्व ओर क्षोभमंडल (Troposphere) के ऊपरी भाग में चलती है। जेट-स्ट्रीम की चौड़ाई 160 से 480 किलोमीटर, और लंबाई 900 से 2150 किलोमीटर पाई जाती है। इसके मध्य भाग में वायु का वेग 300 किलोमीटर प्रति घंटे से भी अधिक होता है।

जैसाकि ऊपर लिखा जा चुका है, इस प्रकार के ध्रुवीय चक्रवात का तापमान शून्य से बहुत नीचे होता है। कभी-कभी तापमान शून्य से 50°C कम हो जाता है। फलस्वरूप भारी हिमपात होता है। वर्ष 2014 की जनवरी में आने वाले ध्रुवीय चक्रवात के कारण न्यूयॉर्क (New York) वाल्टीमार, शिकागो (U.S.A.) तथा म्रांट्रियल एवं टोरंटो का तापमान शून्य से 50°C से भी नीचे रिकार्ड किया गया था। ऐसी कठोर सर्दी में उत्तरी अमेरिका के उत्तरी पूर्व के बड़े नगरों में जीवन पूर्ण रूप से अस्त-व्यस्त हो गया था। हवाई अड्डे बंद करने पड़े थे तथा हजारों जहाजों की उड़ानें कई दिनों तक बंद करनी पड़ी थीं। सर्दी की चपेट में आकर सैकड़ों लोगों की मौत हो गई थी। ध्रुवीय चक्रवात के बारे में चूँकि विश्वसनीय भविष्यवाणी नहीं की जा सकती, इसलिए अचानक तबाही अत्यधिक हो जाती है। यद्यपि संयुक्त राज्य अमेरिका के राष्ट्रीय मौसम विभाग के ऑफिस (National Weather Service Office of U.S.A.) से भविष्यवाणी जारी की जाती है, जिससे ध्रुवीय तूफान् के मार्ग तथा प्रभाव क्षेत्र का पता चलता है, परंतु इस आपदा के प्रकोप से भारी नुकसान होता है। वास्तव में इनके बारे में देर से ही भविष्यवाणी की जा सकती है, इसलिए लोगों को जल्द सचेत नहीं किया जा सकता है।

अध्याय

9

विश्व के प्राकृतिक संसाधनों का वितरण (Distribution of World Natural Resources)

संसाधनों की परिभाषा (Definition of Resources)

कोई भी वस्तु जो मनुष्यों की आवश्यकताओं की आपूर्ति करती हो संसाधन कहलाती है। संसाधन प्राकृतिक हो सकते हैं, जैसे – खनिज, जल, प्राकृतिक वनस्पति अथवा मानव द्वारा उत्पन्न किये हो सकते हैं, जैसे – श्रम, निपुणता (Skill), वित्त (Finance), पूँजी (Capital), टेक्नोलोजी, आधारभूत संरचना (Infrastructure) तथा कार्य-स्थान का पर्यावरण। संसाधनों का वर्गीकरण कई प्रकार से किया जा सकता है। उदाहरण के लिए नवीकरणीय (Renewable) तथा अनवीकरणीय (Non - Renewable) संसाधन समाप्त होने वाले (Exhaustible) तथा समाप्त न होने वाले (Non - Exhaustible) जैविक तथा अजैविक ऊर्जा तथा खनिज संसाधन, विकसित एवं संभावित (Potential) संसाधन।

वर्गीकरण (Classification)

ऊर्जा के अपूर्य संसाधन (Non-Renewable Resources of Energy)

भूपटल में पाया जाने वाला कोई भी संसाधन सीमित होता है। उदाहरण के लिए कोयला, प्राकृतिक गैस, पेट्रोलियम, लोहा, ताँबा, मैंग्नीज, अभ्रक, सोना, चाँदी, यूरेनियम इत्यादि सभी सीमित मात्रा में पाए जाते हैं।

नवीकरणीय संसाधन (Renewable Resources)

कोई भी संसाधन जिसका प्राकृतिक ढंग से नवीनीकरण होता हो, नवीकरणीय (Renewable) संसाधन कहलाता है। दूसरे शब्दों में ऐसा संसाधन जिसकी पुनरावर्त्ती होती हो या हो सकती हो नवीकरणीय संसाधन कहलाता है। सौर-ऊर्जा, पन-बिजली, ज्वार-भाटा ऊर्जा (Tidal Energy), पवन ऊर्जा, भू-तापीय ऊर्जा (Geothermal Energy) इत्यादि नवीकरणीय संसाधनों के उदाहरण हैं। ये संसाधन नवीकरणीय तो हैं, परंतु इनसे हमारी ऊर्जा माँग की आपूर्ति नहीं हो सकती। परमाणु ऊर्जा से भविष्य में ऊर्जा की माँग की आपूर्ति की जा सकती है।

ऊर्जा के संसाधन (Energy Resources)

आधुनिक समाज की उन्नति तथा जीवन-स्तर का दारोमदार ऊर्जा के इस्तेमाल पर है। वर्तमान समय में ऊर्जा उपभोग मानव जीवन-स्तर का महत्त्वपूर्ण सूचकांक माना जाता है। जितना किसी समाज में ऊर्जा का उपयोग अधिक होता है, जीवन-स्तर उतना ही ऊँचा माना जाता है। ऊर्जा उपयोगिता से इंकार नहीं किया जा सकता, परंतु विश्व भर में ऊर्जा और ऊर्जा-संसाधनों के सीमित होने को लेकर चिंता है। कोयला, पेट्रोलियम तथा प्राकृतिक गैस के भंडार तेजी से समाप्त हो रहे हैं और आने वाले समय में उनका अभाव ऊर्जा की घोर समस्या उत्पन्न कर सकता है। ऐसी परिस्थिति में पन-बिजली तथा परमाणु ऊर्जा पर निर्भर करना पड़ेगा।

बिजली, ऊर्जा का एक स्वच्छ साधन है। बिजली का उत्पादन, जल, कोयला, खनिज तेल, प्राकृतिक गैस एवं यूरेनियम इत्यादि से किया जाता है। बिजली तुलनात्मक रूप से सस्ती होती है, इसका आसानी से परिवहन किया जा सकता है, प्रदूषण-रहित है इसलिए इसके इस्तेमाल में वृद्धि हो रही है। भारत में प्रति व्यक्ति, प्रति वर्ष ऊर्जा का इस्तेमाल केवल 350 KWH है जबकि संयुक्त राज्य अमेरिका में प्रति व्यक्ति, प्रति वर्ष 7000 KWH है और विश्व का औसत 1000 KWH प्रति व्यक्ति प्रति वर्ष है।

जल (Water)

भारत में पन-बिजली का उत्पादन 19वी शताब्दी के अंत में आरंभ हुआ था और सबसे पहला पन-बिजली पावर हाऊस दार्जिलिंग में 1897 में स्थापित किया गया था। जिसके पश्चात् 1902 में कर्नाटक के शिवासमुद्रम में पन-बिजली केंद्र स्थापित किया गया। भारत के आजाद होने से पहले बिजली आपूर्ति (Power Supply) निजी सेक्टर (Private Sector) में थी और इसका इस्तेमाल केवल नगरों तक सीमित था। पंचवर्षीय योजना के आरंभ होने पर स्टेट एलेक्ट्रिसिटी बोर्डों (State Electricity Boards) की स्थापना की गई, जिसके पश्चात् ऊर्जा उत्पादन में तीव्र गति से वृद्धि हुई। बहुत-सी बहुउद्देशीय योजनाएँ (Multipurpose Projects) का निर्माण प्रथम पंचवर्षीय योजना में किया गया, देश के विभिन्न भागों में ताप-बिजली घर एवं परमाणु ऊर्जा केंद्र स्थापित किए गए जिससे ऊर्जा उत्पादन में तीव्र गति से सार्थक वृद्धि हुई।

भारत का ऊर्जा मंत्रालय (Ministry of Power) बिजली आपूर्ति के लिये जिम्मेदार है। केंद्रीय ऊर्जा केंद्रों का निर्माण, ऊर्जा परिवहन तथा ऊर्जा देख-रेख की जिम्मेदारी– *(i)* नेशनल थर्मल पावर कारपोरेशन (NTPC), *(ii)* नेशनल हाइड्रो-इलेक्ट्रिक पावर कारपोरेशन (NHPC), *(iii)* उत्तरी पूर्वी इलेक्ट्रिक पावर कारपोरेशन (NEEPCO) तथा (iv) पावर ग्रिड कारपोरेशन आफ इंडिया लिमिटेड (PGCIL) पर है। भारत की 1947 में ऊर्जा उत्पादन क्षमता 1400 MW थी जो 2011 में बढ़कर 174,361 MW हो गई।

कोयला (Coal)

कोयला ऊर्जा का एक सस्ता स्रोत है तथा इसके भंडार भी विभिन्न देशों में पर्याप्त मात्रा में पाये जाते हैं। विश्व में प्रति वर्ष पाँच बिलियन टन कोयले का इस्तेमाल किया जाता है, जिसकी कार्बन-डाइ-ऑक्साइड के कुल उत्सर्जन में 35 प्रतिशत की भागीदारी है।

कोयले के प्रकार

कोयला चार प्रकार का होता है–*(i)* पीट (Peat), *(ii)* लिग्नाइट (Lignite), *(iii)* बिटूमिनस (Bituminous) तथा *(iv)* एंथ्रेसाइट (Anthracite)।

पीट की उत्पत्ति दलदल एवं जलमग्न भूमि में घास-फूस के सड़ने-गलने से होती है। यदि पीट पर अधिक भार पड़ जाये तो वह लिग्नाइट में बदल जाती है। लिग्नाइट घटिया प्रकार का कोयला होता है जिसमें से धुआँ अधिक निकलता है। यदि लिग्नाइट पर अधिक ताप एवं भार पड़ जाये तो उसकी नमी समाप्त हो जाती है और वह बिटूमिनस कोयले में परिवर्तित हो जाता है बिटूमिनस कोयले को कोक में परिवर्तित किया जा सकता है जो धातु पिघलाने के काम में आता है, इसलिए बिटूमिनस को मृदु कोयला (Soft Coal) भी कहा जाता है। ऐन्थ्रेसाइट कोयला बहुत कठोर होता है, इसलिए इसका उपयोग धातु पिघलाने के लिए कोक में परिवर्तित नहीं किया जा सकता।

कोयले का वितरण विश्व में बहुत असमान है। कोयले के उत्पादन में चीन का प्रथम स्थान है जो विश्व उत्पादन का 29 प्रतिशत कोयले का उत्पादन करता है। चीन के पश्चात् भारत, संयुक्त राज्य अमेरिका, आस्ट्रेलिया तथा इंडोनेशिया का स्थान है। *(चित्र 9.1)*। भारत में कोयले की मुख्य खानें रानीगंज (पश्चिम बंगाल), झरिया, डाल्टनगंज (झारखंड), सरगुजा, कोरबा (छत्तीसगढ़), सिंगरौली (मध्य प्रदेश), तलछर (ओडिसा), वर्धा (महाराष्ट्र), सिंगरेनी (आंध्र प्रदेश), नेवेली (तमिलनाडु), मारपलाना, बाड़मेड (राजस्थान), कालाकोट तथा निचाहोम (जम्मू व कश्मीर), लखूनी (असम), डारानगिरी (मेघालय) तथा वैकाला (केरल) सम्मिलित है। *(चित्र 9.2)*

विश्व के प्रमुख कोयले के क्षेत्र तालिका 9.3 में दिए गए हैं। (तालिका 9.3)

तालिका 9.1 विश्व के प्रमुख कोयला उत्पादन करने वाले देश

	देश	कोयला उत्पादन (M+)
1.	चीन	3,474
2.	भारत	764
3.	संयुक्त राज्य अमेरिका	684
4.	आस्ट्रेलिया	483
5.	इंडोनेशिया	474

तालिका 9.2 विश्व में कोयले का सबसे अधिक उपभोग करने वाले देश

	देश	कोयला उपभोग (M+)
1.	चीन	3,770
2.	भारत	982
3.	संयुक्त राज्य अमेरिका	624
4.	रूस	234
5.	जर्मनी	217

तालिका 9.3 विश्व के कोयले उत्पादन करने वाले मुख्य खनन केंद्र

	देश	कोयला खनन केंद्र
1.	चीन	शांशी, शैन्शी, जैचवान, फूशान, शेनयांग, सिंकियांग।
2.	संयुक्त राज्य अमेरिका	अरकान्सास, कोलोरेडो, इलिनोयिस, इंडियाना, आइबा, केन्टुकी, मिशीगन, मोनटाना, न्यू-मैक्सिको, नार्थ-डकोटा, ओहियो, (Ohio), ओकलाहोमा, पेंसिलवीनिया, पिट्सबर्ग, पश्चिम वर्जीनिया (अपेलेशियन), उटाह (Utah), वियोमिंग (Wyoming)।
3.	भारत	बोकारो, डाल्टलगंज, देवगढ़, गिरीडिह, झरिया, हूटर, कालाकोट, करणपुर, कोरबा, नेवेली, रामगढ़, रानीगंज, सिंगरेनी, सिंगरौली, सोहागपुर, तल्छर, उमरिया, वर्धा घाटी।
4.	ऑस्ट्रेलिया	बोवन-बेसिन, ब्रिस्बेन, कैनबरा, सिडनी, न्यू केसिल (New South Wales), फिंगल (Tasmania), इप्सविच (Queensland), गिपलैण्ड (Victoria), पागिंगो।
5.	रूस	मास्को-तुला, चौकोट बेसिन (पूर्वी साइबेरिया), इरकुटस्क बेसिन, लीना-बेसिन, किजिल, कोमी-उक्ताह (पिचोरा बेसिन), कुजबास, इर्कुटस्क आब बेसिन, सरवालिन, टगस्का बेसिन, लीना बेसिन।

6.	पोलैंड	अपर साईलीसिया तथा लोवर साईलीसिया (Upper Silesia and Lower Silesia)
7.	जर्मनी	रूर बेसिन (Ruhr Basin), सैक्सोनी, लैपजिक, मेगडेवर्ग, ड्रस्डेन, सार, बवेरिया, कोलोन।
8.	यू० के०	कम्बरलैंड, दुर्हम, डर्बीशायर, लंकाशायर, लीस्टरशायर, नार्थम्बरलैंड, साऊथ-वेल्स, वारविकशायर।
9.	कनाडा	अल्बर्टा, बैंकुवर (ब्रिटिश कोलंबिया)
10.	फ्रांस	पास-डी कालैस (उत्तरी पूर्वी फ्रांस), फ्रेंको-बेलजियन फील्ड, सेंट्रल मैसिफ।
11.	बेल्जियम	फ्रेन्को-बेलजियन कोयला क्षेत्र
12.	ब्राजील	दक्षिण ब्राजील
13.	दक्षिण अफ्रीका	ट्रांसवाल, नेटाल
14.	चिली	कन्सेपसियन
15.	अन्य	अर्जेन्टीना, कोलंबिया, मैक्सिको, नाइजीरिया, पेरू, स्पेन तथा उरूग्वे।

इसका कोयले के सीमित भंडारों को देखते हुए इसका सदुपयोग करना बहुत अनिवार्य है। विश्व में सबसे अधिक 50% कोयला जापान आयात करता है। पश्चिम यूरोप के देश विश्व का 34% कोयला आयात करते हैं। भारत के कोयले उद्योग की मुख्य समस्याएँ निम्न प्रकार हैं–

1. **असमान वितरण:** उत्तम किस्म का कोयला केवल झारखण्ड, छत्तीसगढ़, मध्य प्रदेश, ओडिशा तथा पश्चिम बंगाल तक सीमित है।
2. **राख (Ash) की अधिक मात्रा:** भारत का अधिकतर कोयले में राख की मात्रा अधिक है जो 20 से 30 प्रतिशत तक पाई जाती है।
3. **कोयले की परतों की गहराई अधिक है:** कोयले की परतों की अधिक गहराई के कारण, कोयला खोदने का लागत खर्च अधिक आता है।
4. **कोयला खोदने की पुरानी टेक्नोलोजी:** पुरानी टेक्नोलोजी के कारण भारत में कोयला खोदना बहुत जोखिम भरा माना जाता है।
5. **कोयले की खानों में आग लगने की अधिक बारंबारता:** कोयले की खानों में आग लगने से भारी नुकसान होता है।
6. **पर्यावरणीय प्रदूषण:** कोयले के खनन और उसके इस्तेमाल से पर्यावरण प्रदूषित होता है।

पेट्रोलियम (Petroleum)

पेट्रोलियम के बारे में लोगों को हजारों वर्षों से जानकारी है, परंतु इसका उत्पादन वाणिज्य स्तर पर 1857 में बुखारेस्ट (Bucharest) के पश्चिम में 60 किलोमीटर की दूरी पर पलोयस्टी (Ploesti) पर हुआ जहाँ पर तेल का पहला कुआँ खोदा गया था। वर्ष 1859 में संयुक्त राज्य अमेरिका के पेनसिलवेनिया के पिट्सबर्ग के निकट तेल निकालना आरंभ किया गया था। तत्पश्चात् 1863 में बाकू (अजरबैजान) में पेट्रोलियम निकालना शुरू किया गया था।

वर्तमान समय में पेट्रोलियम विश्व में सबसे महत्त्वपूर्ण ईंधन है। इसका भारी मात्रा में थल, जल और वायु में वाहनों के परिवहनों में इस्तेमाल किया जाता है। पेट्रोकेमिकल उद्योग में इसका उपयोग कच्चे माल के तौर पर किया जाता है। विश्व में ईंधन के 50 प्रतिशत की आपूर्ति पेट्रोलियम से होती है।

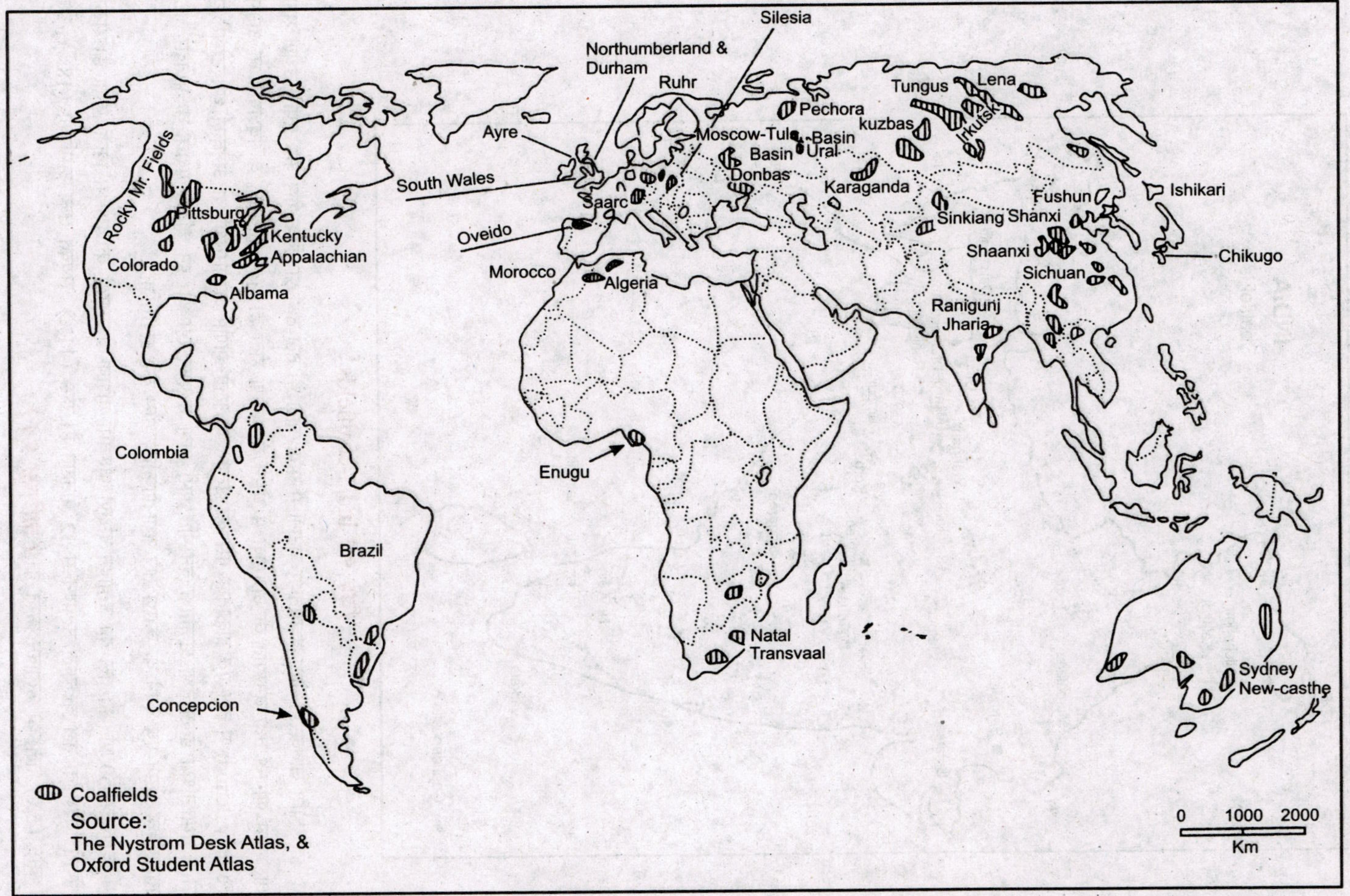

चित्र 9.1 विश्व में कोयले का वितरण

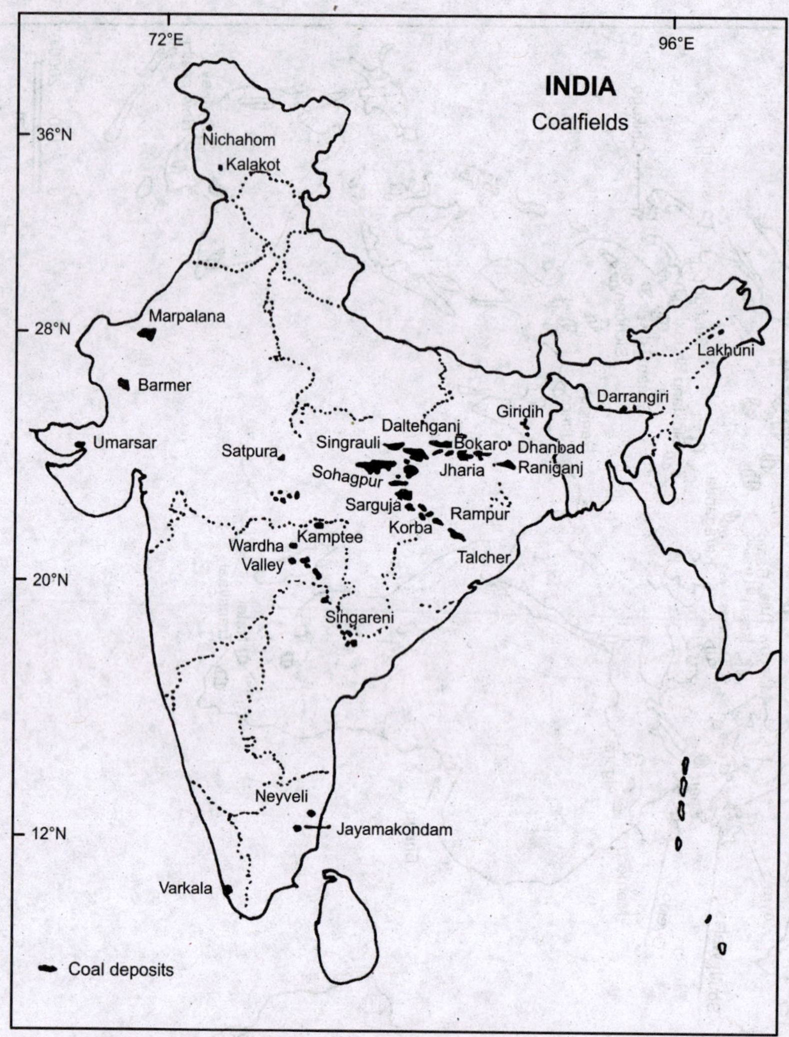

चित्र 9.2 India-coalfields

पेट्रोलियम की उत्पत्ति जैविक है और यह परतदार चट्टानों में पाया जाता है। तेल तथा प्राकृतिक गैस की उत्पत्ति उथले सागरों में पाये जाने वाले लघु प्राणियों तथा वनस्पति के अवसादों में धँसने के कारण होती है। भू-गर्भ विज्ञान के विशेषज्ञों के अनुसार टरशरी युग (Tertiary Period) में तेल एवं प्राकृतिक गैस की उत्पत्ति के लिए भौगोलिक परिस्थितियाँ अनुकूल थीं। टरशरी युग में उथले सागरों में तथा नदियों डेल्टों तथा प्राकृतिक वनस्पति भारी मात्रा में पनप रही थी। इन जैविक पदार्थों के परतदार चट्टानें बनाने वाले अवसादों के धँसने एवं दबने के कारण तेल तथा प्राकृतिक गैस की उत्पत्ति हुई।

वर्तमान में विश्व के 50 प्रतिशत तेल का उत्पादन दक्षिण पश्चिमी एशिया के खाड़ी के देशों में किया जाता है। सऊदी अरब की भागीदारी विश्व के तेल के कुल उत्पादन में 12 प्रतिशत है। रूस (11%), संयुक्त राज्य अमेरिका (18%), ईरान (5.4%) तथा चीन (5%) तेल का उत्पादन करते हैं। ***(तालिका 9.4)***

तालिका 9.4 पेट्रोलियम उत्पादन करने वाले प्रमुख देश

	देश	कुल उत्पादन का प्रतिशत
1.	संयुक्त राज्य अमेरिका	18.0
2.	सऊदी अरब	12.0
3.	रूस	11.0
4.	कनाडा	5.0
5.	चीन	5.0

तालिका 9.5 पेट्रोलियम सबसे अधिक उपभोग करने वाले देश

	देश	कुल उपभोग का प्रतिशत
1.	संयुक्त राज्य अमेरिका	20.0
2.	यूरोपियन यूनियन	15.0
3.	चीन	13.0
4.	भारत	5.0
5.	जापान	4.0

विश्व के तेल उत्पादन केंद्रों का वितरण असमान है *(मानचित्र 9.3)* प्रमुख देशों के मुख्य तेल उत्पादन केंद्रों को *तालिका 9.6* में दिया गया है।

तालिका 9.6

देश	तेल उत्पादन करने वाले केंद्र
अल्जीरिया	बोगी, एडजिला, हस्सी-मसूल्द, हस्सी रमल
ऑस्ट्रेलिया	एलाइस स्प्रिग (Alice Spring), बास-स्ट्रेट, मूनी (Moonie) डाली-बेसिन, पोर्ट-हेडलैंड
ब्रुनेई	ब्रुनाई का उत्तरी तटीय भाग
ब्राजील	अमेजन बेसिन, ब्राजील का तटीय भाग
कनाडा	अल्बर्टा, अथाबास्की, सास्केचवान
चीन	टाचिंग, टकांग, शान्टुंग, पानशांग, यूमन, कर्मी (सिंकियांग), काशी (कासगर)
मिस्र	सिनाई मरुस्थल
भारत	बॉम्बे हाई, डिगबोई, खम्बात की खाड़ी, के॰ जी॰ बेसिन, ऊपरी असम
इंडोनेशिया	जाम्बी, मिनास, पालिम्बांग, कलिमंटान, बलिकपापान
ईरान	आगा-जारी, गाच-शरण, लाली, मस्जिद-सुलेमान
इराक	अल्वान्द, बसरा, किर्कुक, मोसल
लीबिया	मर्सा-बर्गा, जैल्टन, रास-सदर, सिर्ते-बेसिन, तोबरक
मलेशिया	सरावक, मलेशिया, प्रायद्वीप का पूर्वी तट
मैक्सिको	कलादाद-मडेरो, पोजा-रिको, रिनोजा
नाईजीरिया	नाइजर नदी का डेल्टा
रूस	बाशकिरिया, ग्रोजनी, क्यूबाशिव, मैकोप, पर्म, सरवालिन, तातारिया, टोमस्क तथा निजनी वर्टोस्क
सऊदी अरब	अबकेक, आइन-दार, अलहफूफ, बुर्गान, दहरान, दम्माम, दहरान, गावर, जुबैल, मीना अल अहमदी, सफानिया (Safania)
यू॰ के॰	उत्तरी सागर
संयुक्त राज्य अमेरिका	अलास्का, अरकन्सास, कैलिफोर्निया, इलिनोइस (Illinois), केन्टुकी, लुइसियाना, मिशीगन, न्यू-मैक्सिको, ओहियो, सेन जैकुइन, टेगसस तथा व्योमिंग।
वेनेजुएला	अरूबा, लागुनिलास, मराकेबो झील।

विश्व में पेट्रोलियम निर्यात करने वाले देशों में अंगोला, अल्जीरिया, ईरान, इराक, कुवैत, इंडोनेशिया, लीबिया, नाईजीरिया, कतर, सऊदी-अरब, युनाइटेड अरब अमीरात (UAE) तथा वैनेजुएला प्रमुख हैं।

भारत में मुंबई-हाई (Bombay High), डिगबोई, नहारकटिया, मोरन-हुगरिजन (असम), अंकलेश्वर, खम्बात की खाड़ी, कलोल (गुजरात) प्रमुख हैं तथा राजस्थान का बाड़मेर जिला प्रमुख है। इनके अतिरिक्त गोदावरी-कृष्णा डेल्टा से भी तेल निकाला जाता है। भारत पेट्रोलियम के मामले में आत्म निर्भर नहीं है। देश की माँग का 60 प्रतिशत से अधिक पेट्रोलियम आयात किया जाता है। *(मानचित्र 9.4)*

प्राकृतिक गैस (Natural Gas)

प्राकृतिक गैस, ऊर्जा का एक महत्त्वपूर्ण संसाधन है। इसका उपयोग सरल है तथा पर्यावरण के प्रदूषण को भी कम करती है। इसका परिवहन करना आसान होता है, परंतु इसका संचय एवं वितरण जटिल होता है।

प्राकृतिक गैस के बड़े भंडारों में प्राय: तेल नहीं पाया जाता। इसका मुख्य उपयोग रासायनिक खाद तथा परिवहन के काम में लाया जाता है। इसके मुख्य तत्त्व में मीथेन (80 से 90%) है। इसके अतिरिक्त इसमें इथेन (Ethane) प्रोपेन (Propane) तथा ब्यूटेन (Butane) पाया जाता है।

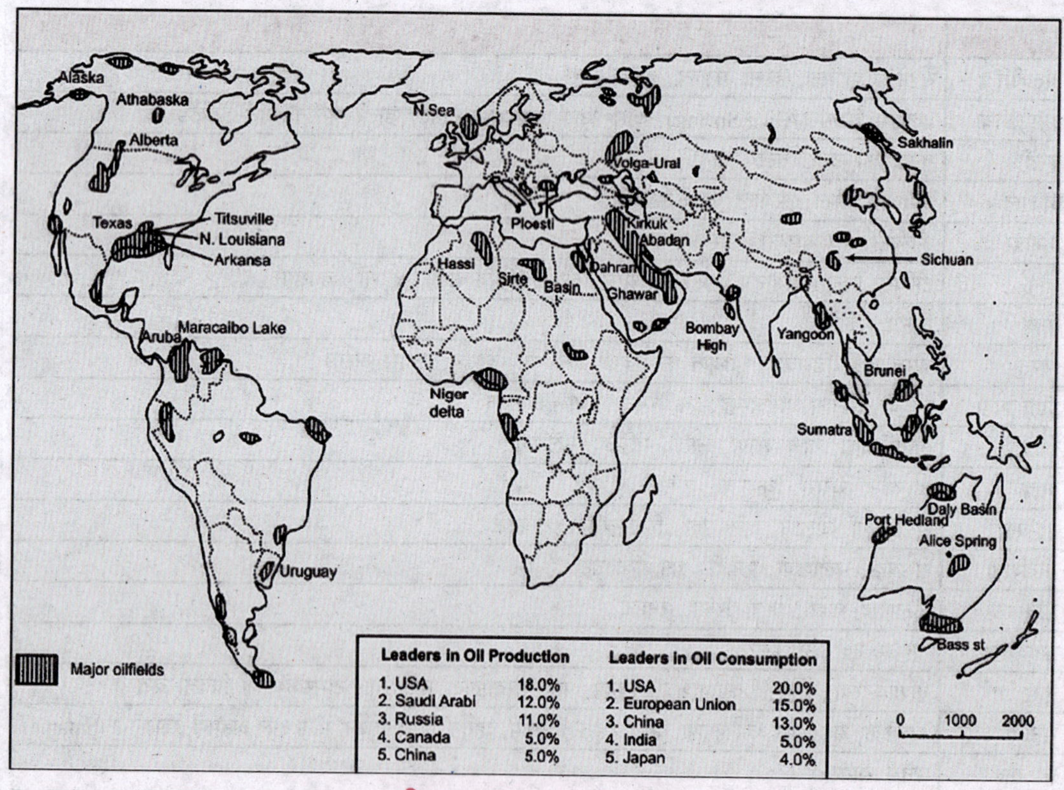

चित्र 9.3 विश्व-प्रमुख तेल क्षेत्र

प्राकृतिक गैस के प्रमुख उत्पादक व उपभोग करने वाले देशों के नाम *तालिका 9.7* तथा *9.8* में दिए गए हैं, जबकि प्रमुख उत्पादन के क्षेत्रों को *मानचित्र 9.5* तथा *तालिका 9.9* में दिया गया है।

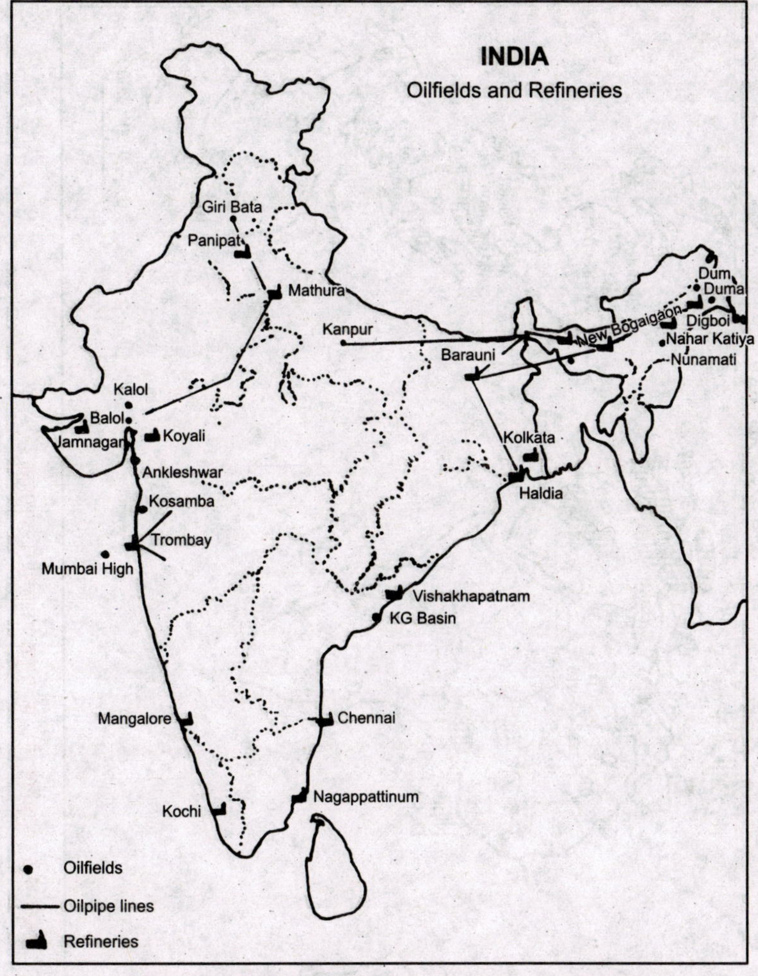

चित्र 9.4 भारत के तेल क्षेत्र, तेल पाइप लाइन एवं रिफायनरी

तालिका 9.7 विश्व में प्राकृतिक गैस के प्रमुख उत्पादक देश

	देश	विश्व में कुल उत्पादन (bcm)
1.	संयुक्त राज्य अमेरिका	864
2.	रूस	741
3.	ईरान	232
4.	कनाडा	188
5.	कतर	168

तालिका 9.8 विश्व में प्राकृतिक गैस का सबसे अधिक उपभोग करने वाले देश

	देश	उपभोग (bcm)
1.	संयुक्त राज्य अमेरिका	848
2.	रूस	505
3.	चीन	275
4.	ईरान	219
5.	कनाडा	128

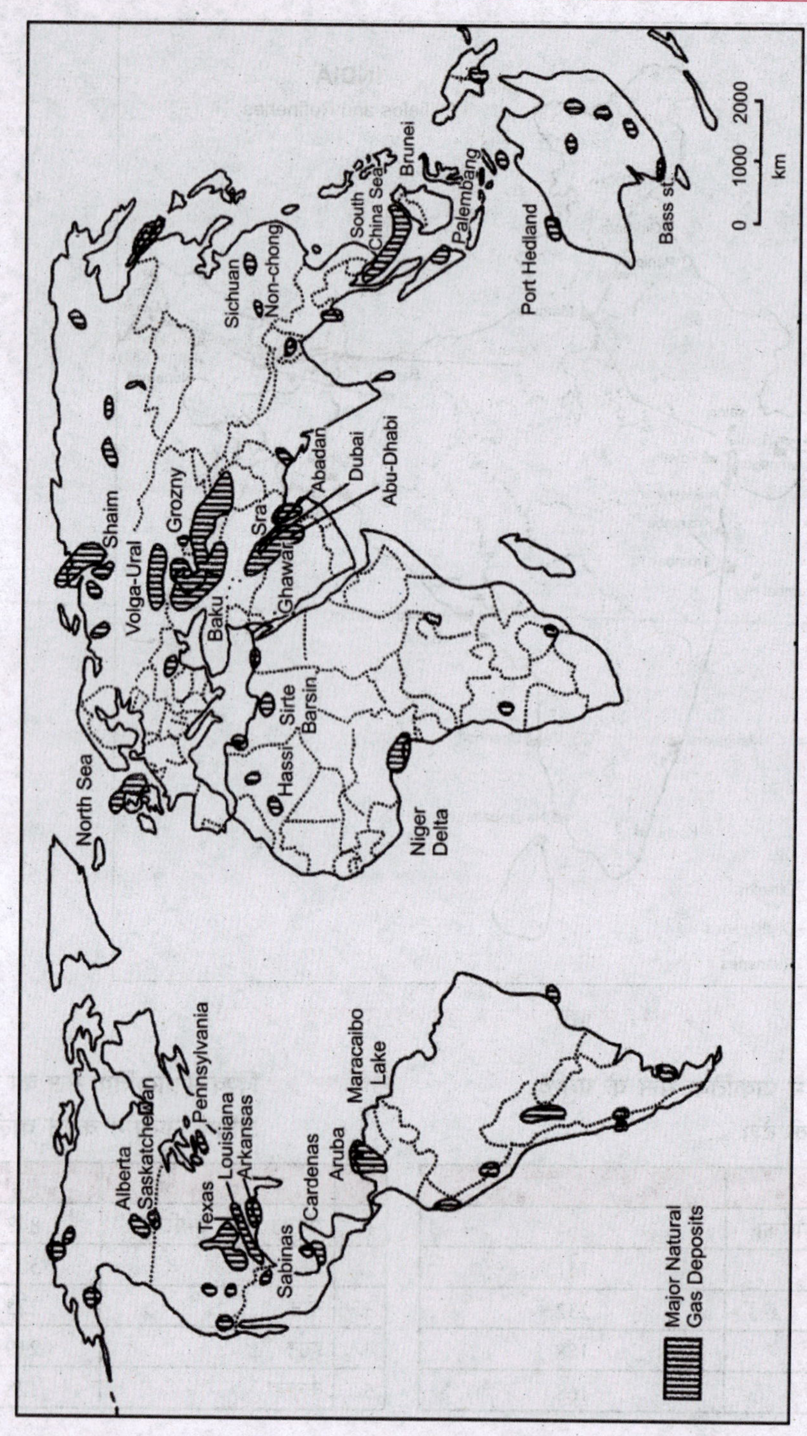

चित्र 9.5 प्राकृतिक गैस के प्रमुख उत्पादक व उपभोक्ता

तालिका 9.9 विश्व के प्रमुख प्राकृतिक गैस उत्पादन केंद्र

	देश	उत्पादन केंद्र (Mining Centre)
1.	अल्जीरिया	हस्सी-रमाल
2.	ऑस्ट्रेलिया	बारो द्वीप, बास जलडमरूमध्य, फलाऊन्डर, पोर्ट-हेडलैंड, स्काट रीफ
3.	ब्रुनेई	बेंदर सेरी बेगावेन
4.	कनाडा (Canada)	अल्बर्टा, ब्रिटिश कोलंबिया, कलार्क झील, एडमन्टन, ससकेचवान
5.	चीन	नान-चांग, ज़ैचवान
6.	भारत	बांबे हाई, केजी बेसिन, मंगला (राजस्थान), रावा (अपतट) तथा त्रिपुरा।
7.	इराक	बसरा, किर्कुक, मोसल
8.	ईरान	अबादान, आगा जारी, गाच-श्रण
9.	इंडोनेशिया	पालम्बांग, कलिमंटान
10.	लीबिया	सिरते बेसिन
11.	मैक्सिको	बाजा प्रायद्वीप, कारडेनास, कलादाद-मडेरो, पोज़ा-रिका-रिनोसा, सबिना (Sabina)
12.	नाईजीरिया	नाइजर डेल्टा
13.	नीदरलैंड	उत्तरी सागर, राइन नदी का डेल्टा, स्लोचटर्न क्षेत्र
14.	रोमानिया	डेन्यूब डेल्टा
15.	रूस	ग्रोज़नी, वोल्गा-यूराल क्षेत्र, शायम, सरवालिन।
16.	सऊदी-अरब	बुर्गान, दहरान, दम्माम, गावर, जुबैल
17.	ब्रिटेन	उत्तरी सागर
18.	सं.रा. अमेरिका	अल्बामा, अरकन्सास, कैलिफोर्निया, कोलोरेडो, ह्यूस्टन, इंडियाना, लुसियाना (Louisiana)
19.	वेनेजुएला	अरूबा, माराकैबो बेसिन

पनबिजली (Hydro Power)

नदियों के बहते जल को प्राचीन काल से ही मानव उपयोग करता आया है। पुराने समय से ही पवन-चक्की के द्वारा आटा पीसने का काम किया जाता है। हाइड्रो टर्बाइन (Hydro Turbine) के आविष्कार के पश्चात् पन-बिजली उत्पादन में भारी वृद्धि हुई। पन-बिजली के लिए निम्न भौगोलिक परिस्थितियों की आवश्यकता होती है– (*i*) जल-अपवाह की भारी मात्रा, (*ii*) नदी में जल का निरंतर एवं पर्याप्त मात्रा में उपलब्ध होना, (*iii*) किसी संकरी खाड़ी अथवा गाज का पर्वतीय क्षेत्र में होना जहाँ बाँध बनाया जा सके, (*iv*) बड़ा बाजार, अर्थात् बिजली की माँग, (*v*) जल-संचय के लिए जलाशय की जगह, (*vi*) बाँध निर्माण के लिए पर्याप्त धन। उपरोक्त परिस्थितियाँ पर्वतीय भागों में पाई जाती हैं। वास्तव में पन-बिजली उत्पादन के प्रमुख निर्धारक निम्न हैं–

1. **पर्वतीय प्रदेश (Mountainous Region):** हिमनद प्रभावित पर्वतीय प्रदेशों में बाँध बनाने में सुविधा होती है। पर्वतों में पाई जाने वाली खाड़ी घाटी बाँध के लिए उपयुक्त स्थान होते हैं।
2. **जलवायु (Climate):** ऊष्ण-आर्द्र जलवायु तथा शीतोष्ण कटिबंधीय वर्षा के प्रदेश पन-बिजली के लिए उपयुक्त हैं।
3. **ऐसे प्रदेश जहाँ बिजली की माँग अधिक हो:** जिन प्रदेशों में खनिज संपत्ति पाई जाती है अथवा औद्योगिकरण हो वहाँ बिजली की अधिक माँग होती है।

विश्व में पन-बिजली का विकास समान रूप से नहीं हो सका, जिसके बहुत-से कारण हैं। उदाहरण के लिए स्विट्जरलैंड, नार्वे, स्वीडन, फिनलैंड, रूस, यू० के०, चीन, भारत, ब्राजील, कांगो-रिपब्लिक, मिस्र, इंडोनेशिया, मलेशिया, जापान, न्यूजीलैंड आदि में पनबिजली परियोजनाओं पर विशेष ध्यान दिया गया है। भारत की कुछ प्रमुख बहुउद्देशीय तथा पन-बिजली परियोजनाओं को तालिका 9.10 में दिया गया है।

तालिका 9.10 भारत की प्रमुख पन-बिजली एवं सिंचाई परियोजनाएँ

	परियोजना	अवस्तिथी	लाभभोगी राज्य (Benificiary States)
1.	बाणसागर परियोजना	सोन नदी	मध्य प्रदेश, उत्तर प्रदेश, बिहार
2.	भाखड़ा-नांगल	सतलुज नदी	पंजाब, हरियाणा, हिमाचल प्रदेश तथा राजस्थान
3.	व्यास परियोजना	व्यास नदी	पंजाब, हरियाणा तथा राजस्थान
4.	बिमला परियोजना	भीमा नदी	महाराष्ट्र
5.	चंबल परियोजना	चंबल नदी	मध्य प्रदेश तथा राजस्थान
6.	दामोदर घाटी परियोजना	दामोदर एवं इसकी सहायक नदियों पर बाँधे गये सात बाँध	झारखंड तथा पश्चिम बंगाल
7.	दुलहस्ती परियोजना	चिनाव नदी	जम्मू तथा कश्मीर
8.	गंडक परियोजना	गंडक नदी	बिहार तथा उत्तर प्रदेश
9.	घाट प्रभा परियोजना	घाट प्रभा नदी	कर्नाटक
10.	हीराकुंड परियोजना	महानदी	ओडिशा
11.	जायकवाडी परियोजना	गोदावरी	महाराष्ट्र
12.	काकरापार परियोजना	ताप्ती नदी	गुजरात
13.	कंगसाबती परियोजना	कंगासाबती तथा कुमारी नदी बांकुड़ा जिला (पश्चिम बंगाल)	पश्चिम बंगाल
14.	कोसी परियोजना	कोसी नदी	बिहार
15.	माही परियोजना	माही नदी	गुजरात
16.	माल प्रभा	माल प्रभा नदी	कर्नाटक
17.	नागार्जुन सागर	कृष्णा नदी	आंध्रप्रदेश एवं तेलंगाना
18.	नर्मदा परियोजना (इंदिरा सागर बाँध)	नर्मदा नदी	गुजरात, मध्य प्रदेश, महाराष्ट्र तथा राजस्थान
19.	पारम्बीकुलम परियोजना	अन्नामलाई पहाड़ी	तमिलनाडु एवं केरल
20.	पोचम्पाद परियोजना	गोदावरी	आंध्र प्रदेश
21.	राजघाट बाँध	बेतवा नदी	जम्मू तथा कश्मीर
22.	रामगंगा परियोजना	रामगंगा नदी	उत्तर प्रदेश
23.	सलाल परियोजना	चिनाब नदी	जम्मू व कश्मीर
24.	सरदार सरोवर	नर्मदा नदी (गुजरात)	गुजरात, मध्य प्रदेश, महाराष्ट्र एवं राजस्थान

25.	तवा (Tawa)	तवा नदी	मध्य प्रदेश
26.	टिहरी बाँध	भागीरथी नदी	उत्तराखंड
27.	थीन बाँध	रावी नदी	पंजाब
28.	तुंगभद्रा परियोजना	तुंगभद्रा नदी	तेलंगाना एवं कर्नाटक
29.	उकाई परियोजना	ताप्ती नदी	गुजरात
30.	अपर कृष्णा परियोजना	कृष्णा नदी	कर्नाटक

ताप बिजली (Thermal Electricity)

कोयले, पेट्रोलियम तथा प्राकृतिक गैस की सहायता से ताप-बिजली का उत्पादन किया जाता है। भारत में ऊर्जा के कुल उत्पादन का 65 प्रतिशत ताप ऊर्जा से आता है। ताप ऊर्जा के मुख्य लाभ निम्न प्रकार हैं–

1. ताप-ऊर्जा का उत्पादन उन क्षेत्रों में भी किया जा सकता है जहाँ पन-बिजली का उत्पादन नहीं किया जा सकता।
2. कोयला, पेट्रोलियम तथा प्राकृतिक गैस को दूर-दराज के इलाकों में भी भेजा जा सकता है।
3. खराब मौसम के समय भी ताप-ऊर्जा का उत्पादन किया जा सकता है।
4. ताप बिजली घर को थोड़े समय में तैयार किया जा सकता है।
5. इनके बावजूद ताप ऊर्जा उत्पादन से प्रदूषण बढ़ता है तथा इससे कोयले, पेट्रोलियम तथा प्राकृतिक गैस के भंडार समाप्त होते हैं।

तालिका 9.11 भारत के प्रमुख ताप–बिजली घर

	राज्य	ताप बिजली घर (Thermal Power Plants)
1.	आंध्र प्रदेश	भद्राचलम, कोठागुडम, मानुगुरू, नैल्लौर, रामागुण्डम, विजयवाड़ा
2.	असम	बोगंईगाँव, चन्द्रापुर, नामरूप
3.	बिहार	बरौनी, कहलगांव
4.	छत्तीसगढ़	कोरबा
5.	दिल्ली	बदरपुर, इंद्रप्रस्थ, राजघाट
6.	गुजरात	अहमदाबाद, बानस, धुवारम, गाँधी नगर, कच्छ, कांडला, महुआ, पोरबंदर, साबरमती, शाहपुर, सिक्का, उकाय, ऊतारण, वान्कबोरी।
7.	हरियाणा	फरीदाबाद, पानीपत, यमुनानगर
8.	जम्मू एंड कश्मीर	कालाकोट
9.	झारखंड	बोकारो, चंद्रापुर, सुवर्णरेखा
10.	महाराष्ट्र	बल्हारशाह, भुसावल, चंद्रपुर, चोला, दाभोल, खापरखेड़ा, कोराड़ी, नासिक
11.	मणिपुर	लोकटक
12.	ओडिशा	बालिमेला, तल्छर

13.	पंजाब	भटिंडा, रूपनगर
14.	तमिलनाडु	इन्नौर, मैटूर, नेवेली, तुतीकेरिन
15.	उत्तर प्रदेश	बहराइच, डोरीघाट, गोरखपुर, हरदुआगंज, जवाहरपुर, कानपुर, मऊ, मुरादाबाद, ओबरा, पनकी, पारीधा तथा टुंडला
16.	पश्चिम बंगाल	बीरगूम, बुन्डेल, दुर्गापुर, फरक्का, गौरीपुर, कालाघाट, कोलकाता, मुर्शिदाबाद, टीटागढ़, तथा संथालदीह

परमाणु ऊर्जा (Nuclear Energy)

परमाणु ऊर्जा के उत्पादन में परमाणु प्रतिक्रिया के द्वारा भाप उत्पन्न की जाती है जिससे जनरेटर घूमता है और बिजली उत्पन्न करता है। कोयले, पेट्रोलियम एवं प्राकृतिक गैस के भंडारों की समाप्ति को देखते हुए परमाणु ऊर्जा आर्थिक विकास के लिये बहुत महत्त्वपूर्ण हो गई है।

विश्व का सबसे पहला परमाणु ऊर्जा प्लांट ब्रिटेन के काल्डर हाल (Calder Hall) स्थान पर 1956 में लगाया गया था। इस समय विश्व में 400 से अधिक परमाणु ऊर्जा केंद्र हैं। इनमें से अधिकतर संयुक्त राज्य अमेरिका, फ्रांस, ब्रिटेन, जर्मनी, रूस, जापान, स्वीडन, बेल्जियम, स्विट्जरलैंड, इटली, आस्ट्रेलिया तथा भारत में हैं।

परमाणु ऊर्जा अन्य प्रकार की बिजलियों से सस्ती पड़ती है। आने वाले समय में परमाणु ऊर्जा की भूमिका महत्त्वपूर्ण है, परंतु यह ऊर्जा की पूरी माँग की आपूर्ति नहीं कर सकती। इसका एक मुख्य कारण यह है कि यदि परमाणु ऊर्जा यंत्र अपनी पूरे उत्पादन शक्ति पर न चले तो परमाणु ऊर्जा महँगी पड़ती है। एक अनुमान के अनुसार परमाणु ऊर्जा कभी भी विश्व की ऊर्जा माँग का 60 प्रतिशत से अधिक आपूर्ति नहीं कर सकती।

भारत में चूँकि कोयले, पेट्रोलियम तथा प्राकृतिक संसाधन सीमित हैं इसलिए परमाणु ऊर्जा पर विशेष बल दिया जा रहा है। इस समय भारत में 27 परमाणु ऊर्जा कारखानें हैं। प्रमुख परमाणु ऊर्जा कारखानों को **मानचित्र 9.6** में दिखाया गया है, उनकी इकाइयों को **तालिका 9.13** में दिखाया गया है।

भारत में परमाणु ऊर्जा संस्थान, ट्राम्बे (Atomic Energy Institution, Trombay) की स्थापना 1954 में हुई थी। वर्ष 1969 में भारत का पहला परमाणु ऊर्जा केंद्र मुंबई के निकट तारापुर (Tarapur) में लगाया गया था। तत्पश्चात् 1972 में रावतभाटा परमाणु प्लांट स्थापित किया जिसकी क्षमता 200 MW थी। वर्ष 1989 में नरौरा (यूपी), कैगा (कर्नाटक) तथा काकरापार (गुजरात) में 1993 में परमाणु ऊर्जा कारखाने स्थापित किये गये। जैतफर (महाराष्ट्र) 2010 में, कुडनकुलम (तमिलनाडु) 2013 में परमाणु ऊर्जा कारखाने का उद्घाटन किया गया था। इनके अतिरिक्त मध्य प्रदेश में मंडला जिले के बागडी-चुटका, पश्चिमी बंगाल में हरिपुर, आंध्रप्रदेश में कोवाडा, हरियाणा में कुम्हारिया तथा गुजरात के भावनगर औद्योगिक केंद्र के निकट मीठीविर्दी में परमाणु ऊर्जा केंद्रों पर निर्माण कार्य जारी है।

पर्यावरण के विशेषज्ञों के अनुसार, परमाणु ऊर्जा उत्पादन से प्रदूषण की भारी समस्या उत्पन्न हो रही है। नैतिकता के आधार पर भी परमाणु ऊर्जा केंद्रों के विरुद्ध आंदोलन होते रहते हैं। जापान के 30 प्रतिशत तथा यूरोप के 25 प्रतिशत नगरीय परमाणु ऊर्जा केंद्रों को मानव एवं पारिस्थितिकी के लिये खतरनाक माना जाता है। जापान के वर्ष 2011 के फुकुशिमा तथा सोवियत संघ के 1986 के चेर्नोबिल (Chernobyl) हादसों ने परमाणु ऊर्जा उत्पादन पर बहुत-से प्रश्न खड़े कर दिये हैं।

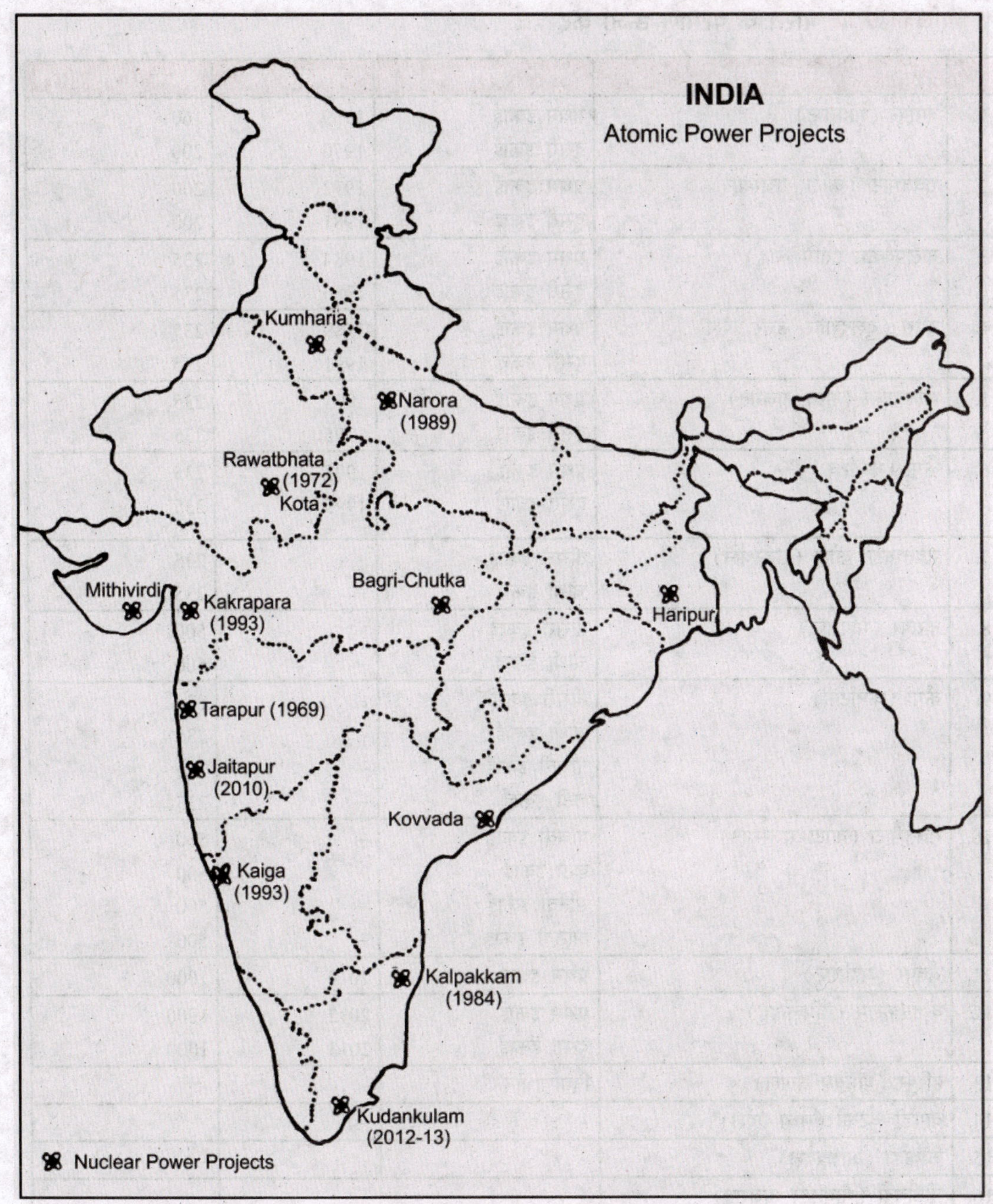

चित्र 9.6 भारत नाभिकीय परियोजनाएं

तालिका 9.12 भारत के परमाणु ऊर्जा केंद्र

	परमाणु ऊर्जा	इकाई	उत्पादन वर्ष	क्षमता (Capacity)
1.	तारापुर (महाराष्ट्र)	प्रथम इकाई दूसरी इकाई	1969 1970	160 200
2.	रावतभाटा (कोटा, राजस्थान)	प्रथम इकाई दूसरी इकाई	1972 1981	200 200
3.	कलपक्कम (तमिलनाडु)	प्रथम इकाई दूसरी इकाई	1984 1986	235 235
4.	नरौरा (बुलंदशहर, उत्तर प्रदेश)	प्रथम इकाई दूसरी इकाई	1989 1991	235 235
5.	काकरापार (सूरत, गुजरात)	प्रथम इकाई दूसरी इकाई	1993 1995	235 235
6.	कैगा (कर्नाटक)	प्रथम इकाई दूसरी इकाई	1993 1995	235 235
7.	रावतभाटा, कोटा (राजस्थान)	तीसरी इकाई चौथी इकाई	– –	235 235
8.	तारापुर (महाराष्ट्र)	तीसरी इकाई चौथी इकाई	– –	500 500
9.	कैगा (कर्नाटक)	तीसरी इकाई चौथी इकाई पाँचवी इकाई छठी इकाई	– – – –	235 235 235 235
10.	रावतभाटा (कोटा-राजस्थान)	पाँचवी इकाई छठी इकाई सातवीं इकाई आठवीं इकाई	– – – –	500 500 500 500
11.	जैतपुर (महाराष्ट्र)	प्रथम इकाई	2010	1000
12.	कुडनकुलम (तमिलनाडु)	प्रथम इकाई दूसरा इकाई	2012 2013	1000 1000
13.	हरिपुर (पश्चिम बंगाल)	निर्माणाधीन	–	–
14.	बागड़ी चुटका (मध्य प्रदेश)	–	–	–
15.	कोवाडा (आंध्रप्रदेश)	–	–	–
16.	मीठीवर्दी (भावनगर, गुजरात)	–	–	–
17.	कुम्हारिया (हरियाणा)	–	–	–

देश की आर्थिक उन्नति/बहुत हद तक खनिजों की उपलब्धि पर निर्भर करती है। वर्तमान समय में लोहा, ताँबा, मैंगनीज, सोना, चाँदी, सीसा, बाक्साइट, यूरेनियम, थोरियम आदि आर्थिक उन्नति के लिये आवश्यक माने जाते हैं। कुछ विशेष खनिजों का संक्षिप्त वर्णन निम्नलिखित है–

लोहा (Iron Ore)

लोहा वर्तमान सभ्यता का प्रमुख आधार माना जाता है। इसका इस्तेमाल विश्व के सभी देश करते हैं। बेसिक उद्योग लोहे पर आधारित हैं। लोगों का जीवन-स्तर मापने का, प्रति व्यक्ति प्रति वर्ष इस्तेमाल एक महत्त्वपूर्ण सूचकांक माना जाता है।

लोहे के बहुत से प्रकार हैं। धातु प्रतिशत के आधार पर लोहे को निम्न वर्गों में विभाजित किया जाता है–

(*i*) हेमेटाइट, लाल रंग का यह लोह-अयस्क सबसे उत्तम माना जाता है। इसमें 65 प्रतिशत के लगभग धातु पाई जाती है। (*ii*) मैग्नेटाइट लोह अयस्क में 50 से 60 प्रतिशत धातु होता है। इसके कच्चे धातु का रंग काले रंग का होता है। इनके अतिरिक्त सिडेराइट एवं लिमोनाइट प्रकार के लोह-अयस्क पाये जाते हैं परंतु इनमें धातु की मात्रा कम होती है, इसलिए आर्थिक दृष्टि से इनसे धातु नहीं निकाला जाता। लोहे के प्रमुख उत्पादन करने वाले देशों को *मानचित्र 9.7* में दिखाया गया है, जबकि *तालिका 9.13* में प्रमुख खनन केंद्रों का दिखाया गया है।

तालिका 9.13 लौह–अयस्क (Fe) के प्रमुख उत्पादक देश

	देश	विश्व लौह उत्पादन का प्रतिशत
1.	चीन	32.5
2.	आस्ट्रेलिया	17.7
3.	ब्राजील	15.2
4.	भारत	9.6
5.	रूस	5.8
6.	दक्षिण अफ्रीका	4.10
7.	यूक्रेन	2.90
8.	यूएसए	2.30
9.	कनाडा	1.90
10.	ईरान	8.00

भारत में लोहा निम्न स्थानों पर पाया जाता है–

कर्नाटकः बिलैरी (होजपेट), चिकमंगलूर, (बाबाबुदन पहाड़ी), धारवाड़, कमान गुड़ी, शिमोगा तथा टुमकुरी जिला।

छत्तीसगढ़ः बस्तर, बिलासपुर, दुर्ग, रायगढ़ तथा सरगुजा जिला।

ओडिशाः कटक, कालाहांडी, केंदुझाड, मयूरभंज, संभलपुर, सुंदरगढ़।

गोआः उत्तरी, तथा दक्षिणी गोआ।

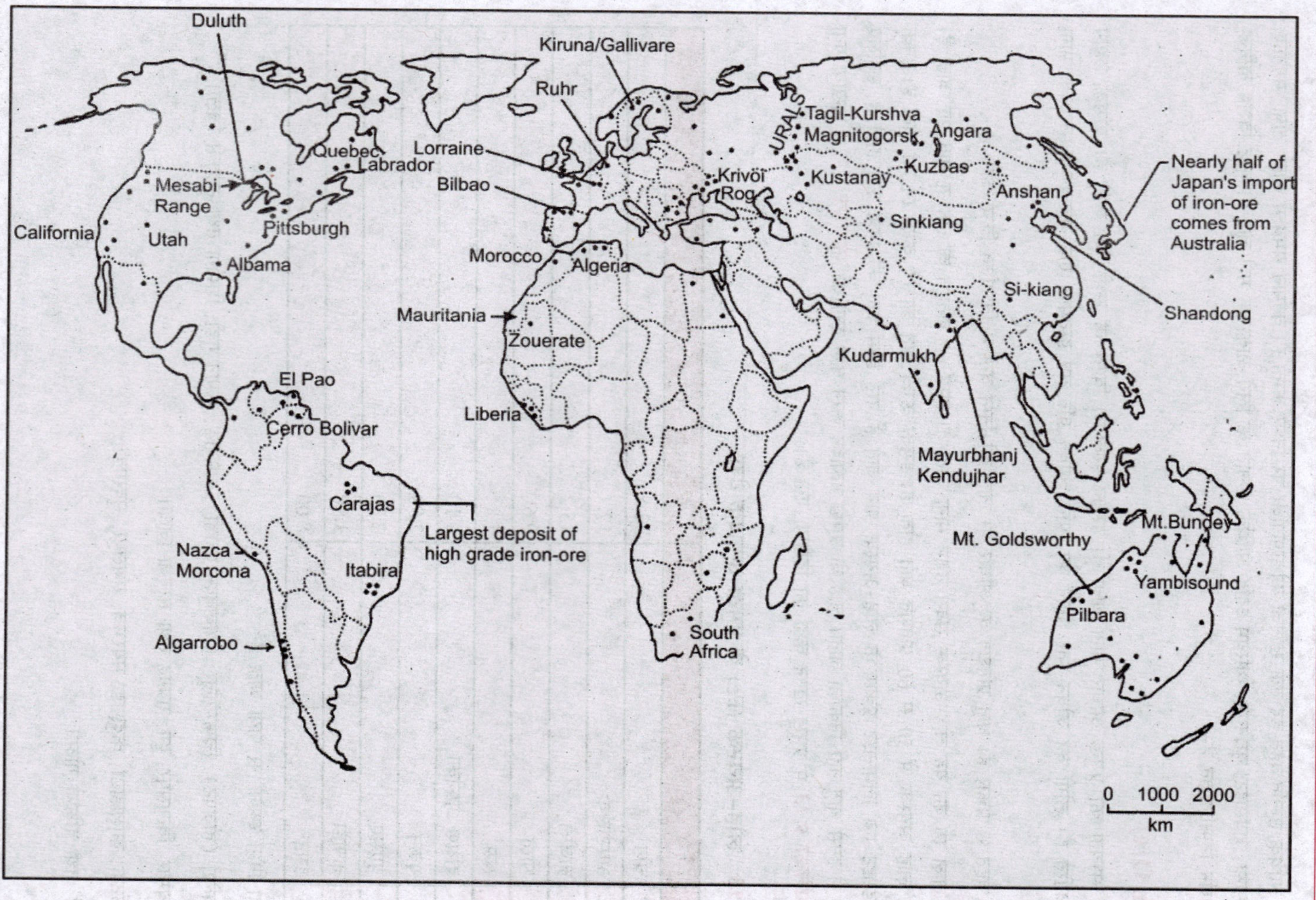

चित्र 9.7 विश्व के प्रमुख लोह अयस्क भंडार

तालिका 9.14 विश्व के प्रमुख लौह-खनन केंद्र

देश	खनन केंद्र (Mining Centres)
ब्राजील	इटाबिरा
आस्ट्रेलिया	माउंट-ब्रूस, माउंट गोल्डसवर्दी, माउंट टोम प्राइस, माउंट ह्वेल बेक।
चीन	अनशान (मंचूरिया), चोंगकुंग, शांटुंग, सिंकियांग, जी-जियांग (सिंकियांग), केन्टन।
भारत	बादाम-पहाड़, बिलौरी, चिकमंगलूर, ढल्लीरझारा, दुर्ग, गोआ, कुद्रेमुख, मयूरभंज।
रूस	मैगनेटिगोर्स्क (यूराल पर्वत माला), कुजबास, अंगारा।
संयुक्त राज्य अमेरिका	मेसाबी श्रेणी, वर्मीलियन (Vermillion) , मारक्वीट श्रेणी (Marquette Range), एडिरानडैक (Adirondacks), पेन्सिलवेनिया (Pennysalvania), अल्बामा, बर्मिंघम, कैलिफोर्निया, उटाह (Utah), व्योमिंग (Wayoming)
कनाडा	लेब्रोडोर, पूर्वी क्युबेक (Labrador, Easter Quebec)
फ्रांस	लोरेन, नार्मन्डी, सेंट्रल-मैसिफ (Central Massif)
जर्मनी	रूर बेसिन (Ruhr - Basin)
लाइबेरिया	बोमी पहाड़ी, माउंट निम्बा (Mt. Nimba)
स्वीडन	किरूणा, कैलिवरे (Callivare)
मारेटीनिया	जूयराते (Zuerate)
चिली	अलगास्को-मध्य चिली (Algarrobo in Central Chile)
वेनेजुएला	सिरो बोलिवार (Guiana Highland)

झारखंड: सिंहभूम, पलामू, धनबाद, हजारीबाग, संथाल परगना तथा राँची जनपद।

मध्य प्रदेश: बालाघाट एवं जबलपुर।

महाराष्ट्र: चंद्रपुर तथा रत्नागिरी जिले।

उपरोक्त लोहे के भंडारों के अतिरिक्त लोहे के भंडार कोयंबटूर, मदुरई, उत्तरी-अर्काट, सलेम, तिरूचिरापल्ली, तिरूणवली (तमिलनाडु); अनन्तपुर, कडप्पा, गुंटूर, खम्माम, कुनूर्ल, नेल्लौर, (आंध्र प्रदेश), अलवर, भीलवाड़ा, बुंदी, जयपुर, सीकर तथा उदयपुर (राजस्थान), कांगड़ा तथा मंडी (हिमाचल प्रदेश); अलमोड़ा, गढ़वाल, नैनीताल, (उत्तराखंड); महेंद्रगढ़ (हरियाणा); बीरभूम, बर्दवान तथा दार्जिलिंग (प॰ बंगाल); जम्मू एवं उधमपुर (जम्मू एवं कश्मीर); भावनगर, जूनागढ़, बड़ोदरा (गुजरात) तथा कोझीकोड (केरल)।

मैंगनीज (Manganese)

मैंगनीज खनिज, लोह तथा अन्य खनिजों के मिश्रण के साथ पाया जाता है। पृथ्वी के भूपटल में (Earth's Crust) में मैंगनीज की मात्रा 0.1 प्रतिशत है। इसके उपयोग से इस्पात (Steel) तथा बहुत-से मिश्र धातु (Alloy) तैयार किये जाते हैं। एक टन इस्पात तैयार करने के लिये दस किलोग्राम मैंगनीज की आवश्यकता होती है। स्टेनलेस स्टील (Stainless Steel) के बर्तनों के अतिरिक्त मैंगनीज का इस्तेमाल ब्लीचिंग पाउडर (Bleaching Powder), कीटाणुनाशक दवाइयों, रंग व रोगन, बैट्री तथा चीनी मिट्टी (China Clay) के बर्तन बनाने के काम में आता है।

विश्व का 30 प्रतिशत मैंगनीज दक्षिण अफ्रीका में पाया जाता है। दक्षिण अफ्रीका के पश्चात् आस्ट्रेलिया (25%), चीन (18%) तथा ब्राजील (10%) है। *(तालिका 9.15)*

तालिका 9.15 विश्व के मैंगनीज उत्पादन करने वाले प्रमुख देश

	देश	विश्व उत्पादन का प्रतिशत
1.	दक्षिण अफ्रीका	34
2.	चीन	18
3.	आस्ट्रेलिया	17
4.	गैबोन	10
5.	ब्राजील	5.5
6.	भारत	5.4
7.	मलेशिया	2.0

मैंगनीज का उत्पादन तथा भंडार विश्व में असमान है। प्रमुख उत्पादन करने वाले खनन केंद्रों को *तालिका 9.16* में दिया गया है। *(मानचित्र 9.8)*

तालिका 9.16 विश्व के प्रमुख मैंगनीज खनन केंद्र

	देश	मैंगनीज के प्रमुख भंडार
1.	आस्ट्रेलिया	किंबरले पठार
2.	ब्राजील	अमापा खान
3.	चिली	मध्य चिली
4.	चीन	हुन्नान (Hunan), गुइज़ हू (Guiz Hou)
5.	भारत	बालाघाट, सिंहभूमि, गोआ, विशाखापट्टनम।
6.	जापान	होंशू द्वीप
7.	मोरक्को (Morocco)	बोऊ अज्ज़र, इमीनी
8.	फिलिपींस	जेम्बालेस
9.	रूस	ओटोकुम्पु, यूराल पर्वत
10.	दक्षिण अफ्रीका	पोस्टमास्बर्ग, क्रुगरेसड्राप (Krugresdrop) रूस्तमबर्ग (Rustemburg)
11.	स्पेन	बेरिकन पर्वत
12.	तुर्की	अनातोलिया का पठार
13.	यूक्रेन	बेसिन, निकोपोल
14.	संयुक्त राज्य अमेरिका	बेट्सविले
15.	वेनेजुएला	नडोला (Nadola)
16.	जांबिया	कटगा, नटोला

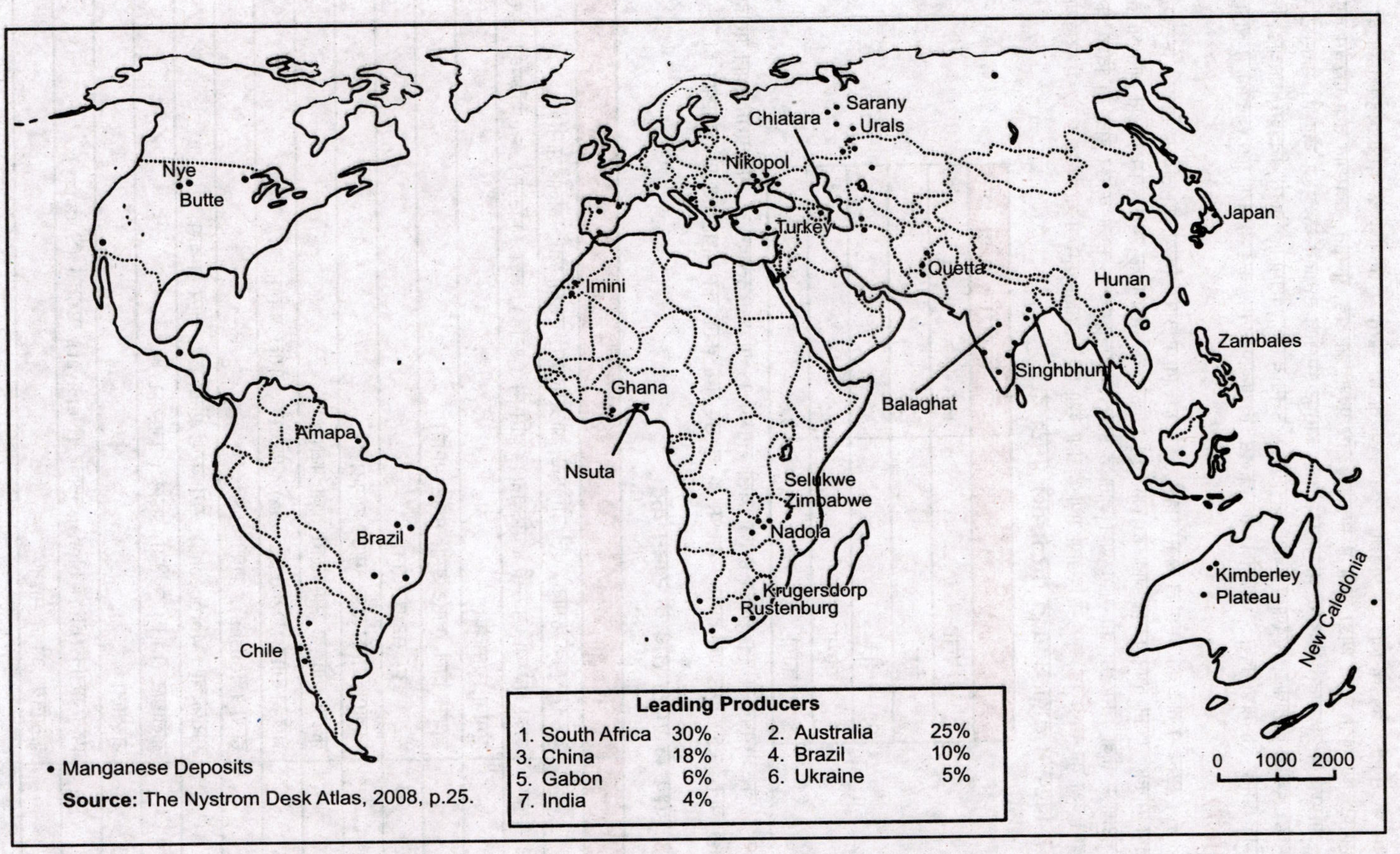

चित्र 9.8 विश्व-मैगनींज भंडार

भारत विश्व के मैंगनीज का केवल 5.4 प्रतिशत उत्पादन करता है। भारत में मैंगनीज के मुख्य भंडार कर्नाटक, ओडिशा, मध्य प्रदेश, महाराष्ट्र तथा गोवा में हैं। थोड़ी मात्रा में मैंगनीज आंध्र प्रदेश, झारखंड, गुजरात, राजस्थान तथा पश्चिम बंगाल में भी पाया जाता है। ओडिशा में सुंदरगढ़, केंदुझार, कालाहांडी तथा कोरापुट मैंगनीज उत्पादन के मुख्य केंद्र हैं। महाराष्ट्र में नागपुर, भंडारा जिला, मध्य प्रदेश में बालाघाट, छिंदवाड़ा जिला, कर्नाटक में उत्तरी कनाडा, शिमोगा, बिलैरी, चित्रदुर्ग, धारवाड़, चिकमगलूर तथा बीजापुर जिले प्रमुख हैं। आंध्र प्रदेश में मैंगनीज श्रीकाकुलम, विशाखापट्टनम, कडप्पा तथा गुंटूर जनपदों में पाया जाता है।

ताँबा (Copper)

प्राचीन (Prehistory) समय में ताँबे का इस्तेमाल सबसे पहले तुर्की के लोगों ने आरंभ किया था। ताँबे से बिजली के तार, खाने के बर्तन, सिक्के तथा सैनिक सामान तैयार किया जाता है। लोहे एवं निकिल के मिश्रण के साथ इससे मिश्रित धातु भी तैयार किये जाते हैं। चूँकि चट्टानों में ताँबा शिरा/नसों की भाँति पाया जाता है इसलिए इसका खनन करना कठिन होता है। विश्व के ताँबे को उत्पादन करने वाले देशों का मानचित्र 9.9 में दिखाया गया है तथा देशों को अवरोही क्रम में तालिका 9.17 में दिखाया गया है।

तालिका 9.17 विश्व में ताँबा उत्पादन करने वाले प्रमुख देश

	देश	विश्व उत्पादन का प्रतिशत
1.	चिली	34.8
2.	पेरू	12.0
3.	चीन	7.5
4.	यूएसए	5.5
5.	कांगो	5.0

तालिका 9.17 के अध्ययन से पता चलता है कि चिली लगभग 35 प्रतिशत उत्पादन के साथ प्रथम स्थान पर है, जबकि पेरू (12.0) तथा चीन (7.5) दूसरे एवं तीसरे स्थान पर है, यूएसए तथा कांगो का चौथा तथा पाँचवाँ स्थान है।

तालिका 9.18 विश्व के प्रमुख ताँबे के खनन केंद्र

देश	खनन केंद्र
चिली	ब्रेडेन, चुक्कीकमाटा, एल टीनिएन्टे, पोटरेरीलोस, एस्कोडिंडा, कोलाहुआसी।
संयुक्त राज्य अमेरिका	अजो, बिस्बी, मोरेन्सी (एरिजोना), बर्मिंघम (उटाह), बट्टी (मोंटाना), न्यू मैक्सिको, अलास्का।
इंडोनेशिया	सुमात्रा, ग्रासबर्ग।
आस्ट्रेलिया	ब्रोकेन हिल, माउंट ईसा, माउंट मोर्गन।
जमैका	सेंट एंड्रॅयू, सेंट कैथेरीन।
जांबिया	निचांगा, माउंट ईसा, माउंट मार्गन।
ज़ायरे	कटंगा-जांबिया, मुफिलिरा ताँबा पेटी।
रूस	जेज़काज़गान (Dzhezkazgan), नोरिल्स्क, यूराल पर्वतमाला।
जापान	होन्शू (Honshu), शिकोकू।
पेरू	मोरोकोचा (Morococha), सेरो बेरदे, ऐन्टामिला, लास बम्बास।
भारत	बालाघाट (M.P), खेतड़ी, झुंझनू (राजस्थान)।
दक्षिण अफ्रीका	ट्रांस्वाल।
कनाडा	फिन-फ्लोन (Flin - Flon), नूनावट (Nunavat), सडबरी (Sudbury).
मेक्सिको	कैनानिया ओपन माइन

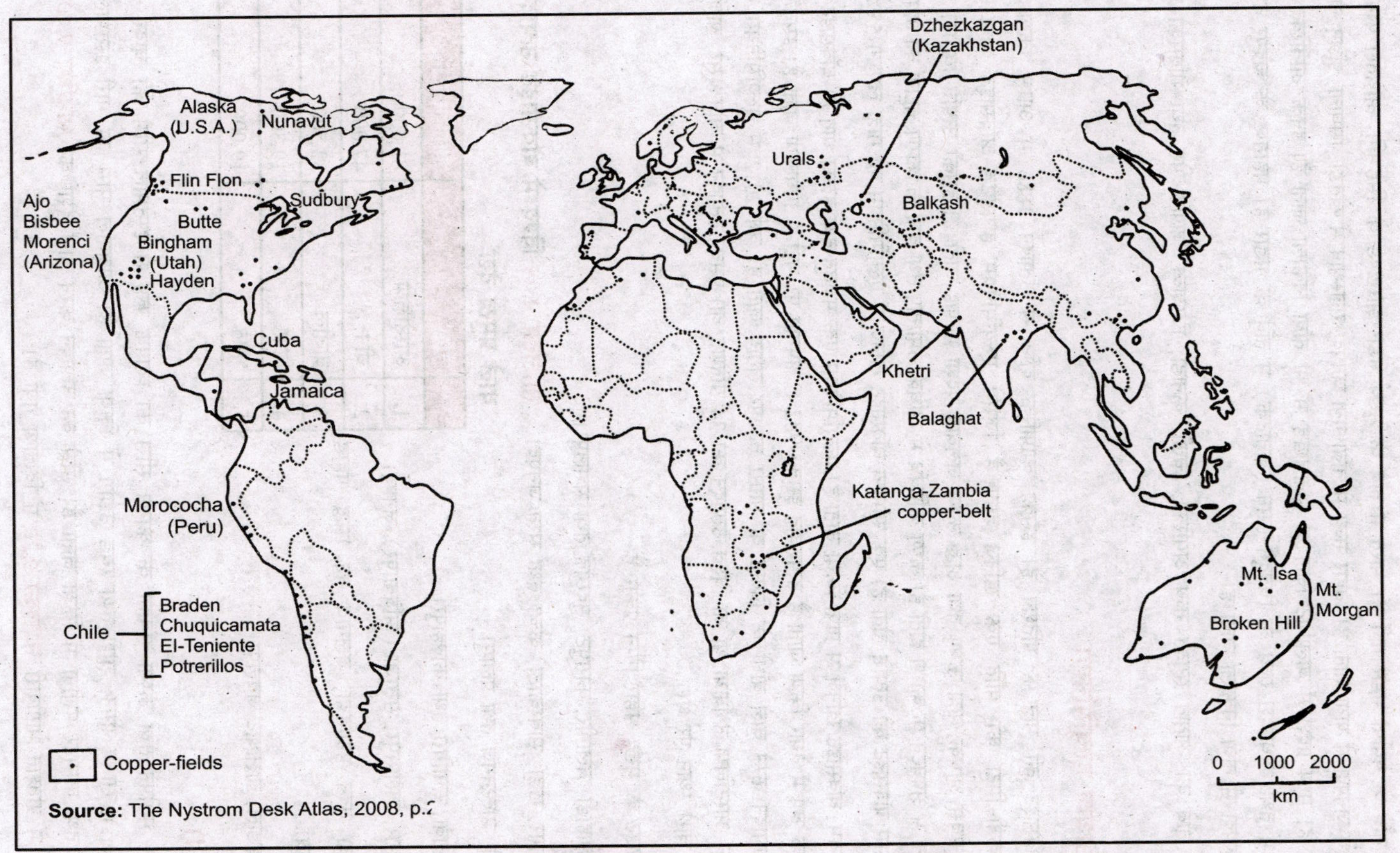

Source: The Nystrom Desk Atlas, 2008, p.

चित्र 9.9 विश्व - ताँबा भंडार

भारत में ताँबे के पर्याप्त भंडार नहीं हैं। भारत में ताँबे के मुख्य भंडार झारखण्ड के सिंहभूमि, अंथितल परगना, हज़ारी बाग तथा पलामू जनपदों में पाया जाता है। बिहार राज्य में ताँबा गया जनपद, राजस्थान में खेतड़ी, सिंघाना, झुंझनु, कोह-दरिबा में पाया जाता है। मध्य प्रदेश में बालाघाट जिले के मलाजखंड में भी ताँबा निकाला जाता है। इनके अतिरिक्त गुंटूर तथा कुर्नूल ज़िलों में तथा आधंप्रदेश राज्य के चित्रदुर्ग हसन (कर्नाटक) में ताँबे के भंडार हैं। महाराष्ट्र के चंद्रपुर तथा तिलंगा के खम्मम जनपदों से ताँबा निकाला जाता है।

भारत में ताँबे का आयात संयुक्त राज्य अमेरिका, चिली, कनाडा, जिम्बाब्वे, जापान, पेरु तथा मैक्सिको से आयात करता है।

बॉक्साइट अथवा एल्यूमिनियम

भूपटल में बॉक्साइट की मात्रा 8 प्रतिशत है। इसका व्यापारिक दृष्टि से उत्पादन 1886 में आरंभ किया गया था। बॉक्साइट चिकनी-मिट्टी की भाँति एक खनिज होता है जिसमें एल्यूमिनियम हायड्रेटेड-ऑक्साइड पाया जाता है। बॉक्साइट की सबसे अधिक मात्रा ऊष्ण तथा अर्द्ध ऊष्ण जलवायु प्रदेशों में पाई जाती है। इसकी उत्पत्ति विभिन्न प्रकार की सिलिकेट चट्टानों में अपघटन के कारण होती है। ऊष्ण कटिबंध में अधिक गर्मी/ताप तथा वर्षा के कारण चट्टानों का अपघटन तेजी से होता है जिससे बॉक्साइट की उत्पत्ति होती है। एक सामान्य बॉक्साइट खनिज में एल्यूमिनियम की मात्रा लगभग 55% होती है।

एल्यूमिनियम, बॉक्साइट खनिज से प्राप्त किया जाता है। एल्यूमिनियम एक मजबूत तथा हल्का धातु है। बॉक्साइट को पहले पीसकर आटे के रूप में तैयार किया जाता हैं तत्पश्चात् इसको 982°C तापमान पर भट्टी में पिघलाया जाता है। इसके कारखाने पन-बिजली उत्पादन करने वाले बाँधों के निकट या सागरी तट पर लगाये जाते हैं। वर्ष 2012 में एल्यूमिनियम का सबसे अधिक उत्पादन आस्ट्रेलिया ने किया था जो विश्व उत्पादन का 34 प्रतिशत था। इसके उत्पादन में चीन दूसरे, ब्राजील तीसरे तथा जमाइका चौथे स्थान पर थे।

भारत में बॉक्साइट के मुख्य भंडार निम्न प्रकार हैं–

ओडिशा: कालाहांडी, बलांगीर, कोरापुट, सुंदरगढ़ तथा संभलपुर।

गुजरात: जामनगर, खेड़ा, साबरकांठा, कच्छ तथा सूरत जनपद।

झारखंड: राँची, डाल्टनगंज तथा पलामु।

महाराष्ट्र: कोलाबा, रत्नागिरी तथा कोल्हापुर।

छत्तीसगढ़: बस्तर, बिलासपुर, सरगुजा (अंबिकापुर) जनपद।

कर्नाटक: बाबा बूदन पहाड़ियां, बेलगांव का सिद्ध पहाड़, जम्बोतीबेटेन क्षेत्र।

मध्यप्रदेश: शहडोल, बालाघाट जबलपुर।

तालिका 9.19 विश्व में बॉक्साइट उत्पादन करने वाले प्रमुख देश

	देश	उत्पादन (mt)
1.	आस्ट्रेलिया	81,000
2.	चीन	47,000
3.	ब्राजील	32,500
4.	गिनी	19,300
5.	भारत	19,000

सीसा (Lead)

अपनी मजबूती, भारीपन तथा ऊष्मा संवहन के कारण सीसे का व्यापक रूप से इस्तेमाल सीसे की चादरें, तारों के आवरण (Covers), रंग व रोगन, शीशे तथा रबड़ उद्योग में किया जाता है। आजकल सीसे का भारी इस्तेमाल वाहन, वायुयान, टाइप तथा कंप्यूटर मशीनों में किया जाता है। सीसे का उत्पादन करने वाले देशों को *मानचित्र 9.10* में तथा उनकी उत्पादन में प्रतिशत भागीदारी *तालिका 9.20* में दिखाया गया है।

भारत में सीसा प्रमुख रूप से आंध्रप्रदेश में कुर्नूल, गुंटूर, तेलंगाना में नलगोंडा और खम्मम जिलों में, तमिलनाडु में उत्तरी अर्काट, अंबेदकर तथा दक्षिणी अर्काट जिलों में, उत्तराखंड में टिहरी, गढ़वाल तथा पिथौरागढ़ जिलों में, झारखंड में हज़ारीबाग, सिंहभूमि, रांची तथा पलामू, जम्मू एण्ड कश्मीर में बारामूला तथा ऊधमपुर जिलों में, मध्य प्रदेश के होशंगाबाद, शिवपुरी तथा ग्वालियर जिलों में, छत्तीसगढ़ में बिलासपुर, अंबिकापुर (सरगुजा) तथा दुर्ग जिलों में तथा पश्चिम बंगाल के जलपाईगुड़ी एवं दार्जिलिंग के जनपदों में पाया जाता है।

तालिका 9.20 विश्व में सीसा उत्पादन करने वाले प्रमुख देश

	देश	उत्पादन (mt)
1.	चीन	2,100
2.	आस्ट्रेलिया	450
3.	पेरू	300
4.	संयुक्त राज्य अमेरिका	260
5.	मैक्सिको	240

सोना (Gold)

सोना एक बहुमूल्य धातु है जो स्वर्णमय चट्टानों (Auriferous) में पाया जाता है और कुछ नदियों के रेत में भी सोना पाया जाता है। सोना एक अंतर्राष्ट्रीय विनिमय के साथ-साथ जेवरात/गहने बनाने के काम में आता है। विश्व में सोने के प्रमुख उत्पादन करने वाले देशों और खनन केंद्रों को *मानचित्र 9.11* में दिखाया गया है।

भारत में सोने का सबसे अधिक उत्पादन करने वाला राज्य कर्नाटक है। भारत में सोना उत्पादन के तीन मुख्य खनन केंद्र – (*i*) कोलार स्वर्ण खाने (Kolar Gold Mines), (*ii*) हुत्ती स्वर्ण खाने (Hutti Gold Field), रायचूर जनपद (कर्नाटक) तथा (*iii*) रामगिरी स्वर्ण क्षेत्र अनंतपुर जिले (आंध्रप्रदेश) में।

इनके अतिरिक्त थोड़ी-बहुत मात्रा में सोना स्वर्ण रेखा नदी तथा शिमला बिलासपुर नदियों के रेत दरास नदी (लद्दाख), मध्य प्रदेश के बालाघाट, छत्तीसगढ़ के रायपुर, बस्तर तथा रायगढ़ की नदियों के रेत में पाया जाता है। पश्चिम बंगाल के पुलिया नदी के रेत में भी सोना मिलता है।

चाँदी (Silver)

चाँदी चमकदार सफेद रंग का धातु होता है। बहुमूल्य धातुओं में सोने के पश्चात् चाँदी का स्थान आता है। इसके आभूषण बनाये जाते हैं, परंतु वायु में पाई जाने वाली सल्फर से संपर्क स्थापित होने पर इसकी चमक फीकी पड़ जाती है। चाँदी एसीटिक एसिड (Acetic - acid) से प्रभावित नहीं होती, इसीलिए इसके बर्तनों का उपयोग बियर (Beer), सिरका (Vineger) तथा औद्योगिक एसिड के इस्तेमाल में किया जाता है।

दूसरे महायुद्ध से पहले चाँदी का इस्तेमाल सिक्के बनाने के काम में होता था। चाँदी को सोने की भाँति बारीक तारों में ढ़ाला जा सकता है। चाँदी इलेक्ट्रो-प्लेटिंग (Electro - Plating) के काम में भी आता है।

विश्व में चाँदी का सबसे अधिक उत्पादन (16%) पेरू देश में होता है जिसके पश्चात् चीन 12.5 प्रतिशत, आस्ट्रेलिया (10.9%) तथा कनाडा (7.2%) का स्थान है। *(मानचित्र 9.12)*।

यूरेनियम (Uranium)

यूरेनियम एक भारी धातु है इस खनिज को मार्टिन एच॰ कलाप्रोथ (Martin H. Klaproth) ने पता लगाया था जिसने इसका नाम यूरेनस ग्रह के नाम पर रखा था। यूरेनियम बहुत स्थानीय रूप पर पाया जाता है तथा इनका संक्रेद्रण भी कम होता है इसलिए इसका खनन कठिन एवं महँगा होता है। यूरेनियम से परमाणु ऊर्जा का उत्पादन किया जाता है।

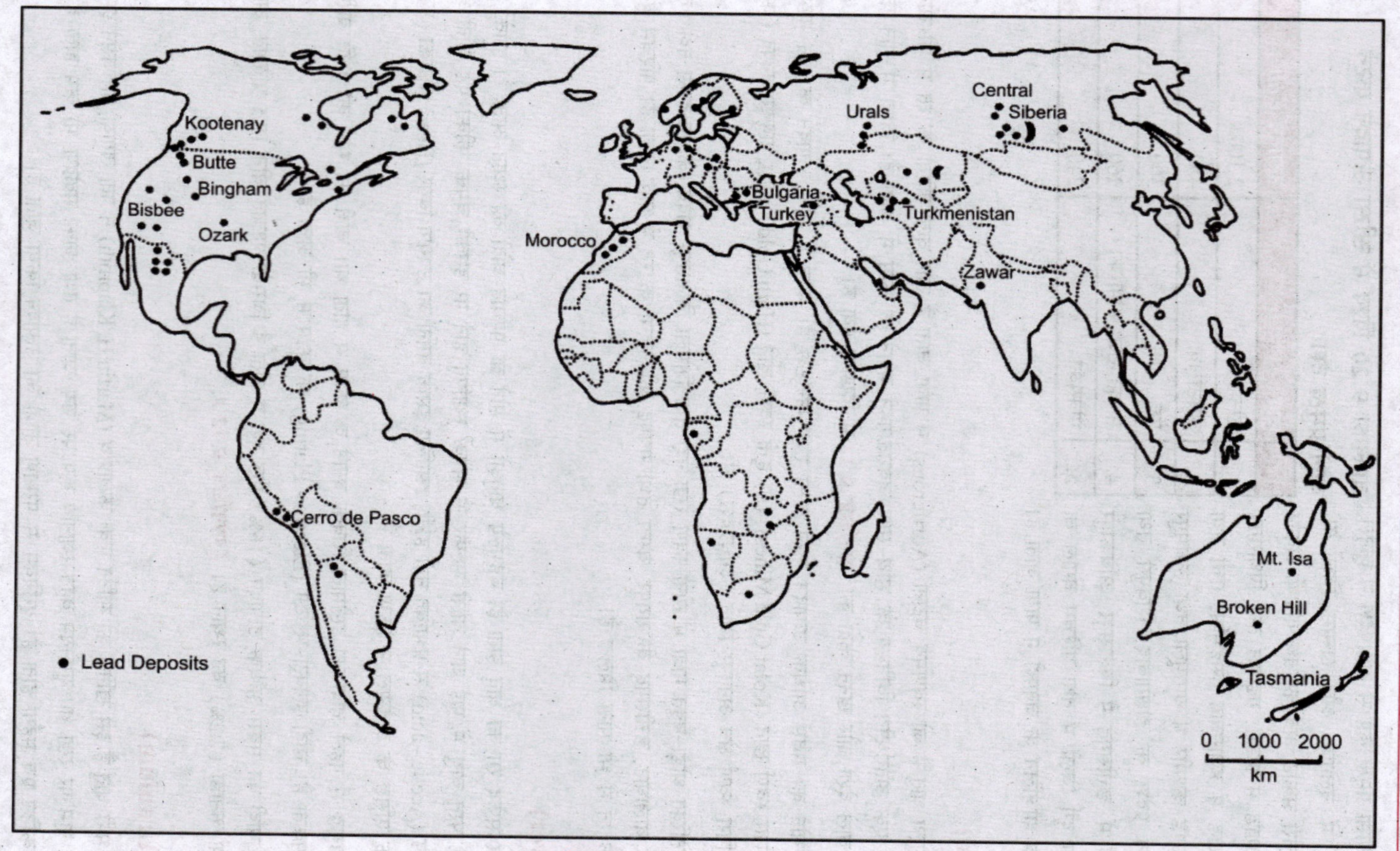

चित्र 9.10 विश्व-सीसा भंडार

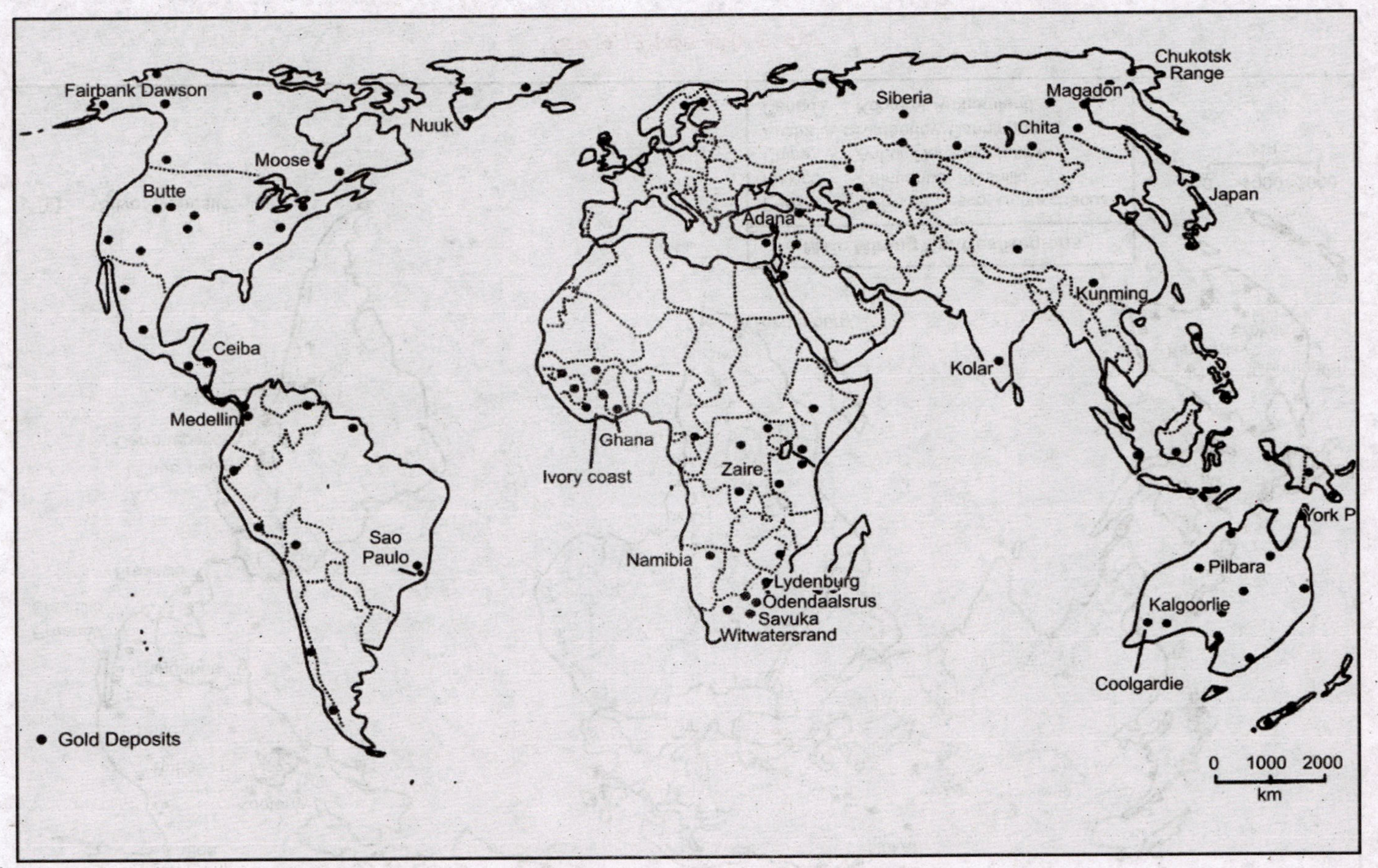

चित्र 9.11 विश्व-स्वर्ण भंडार

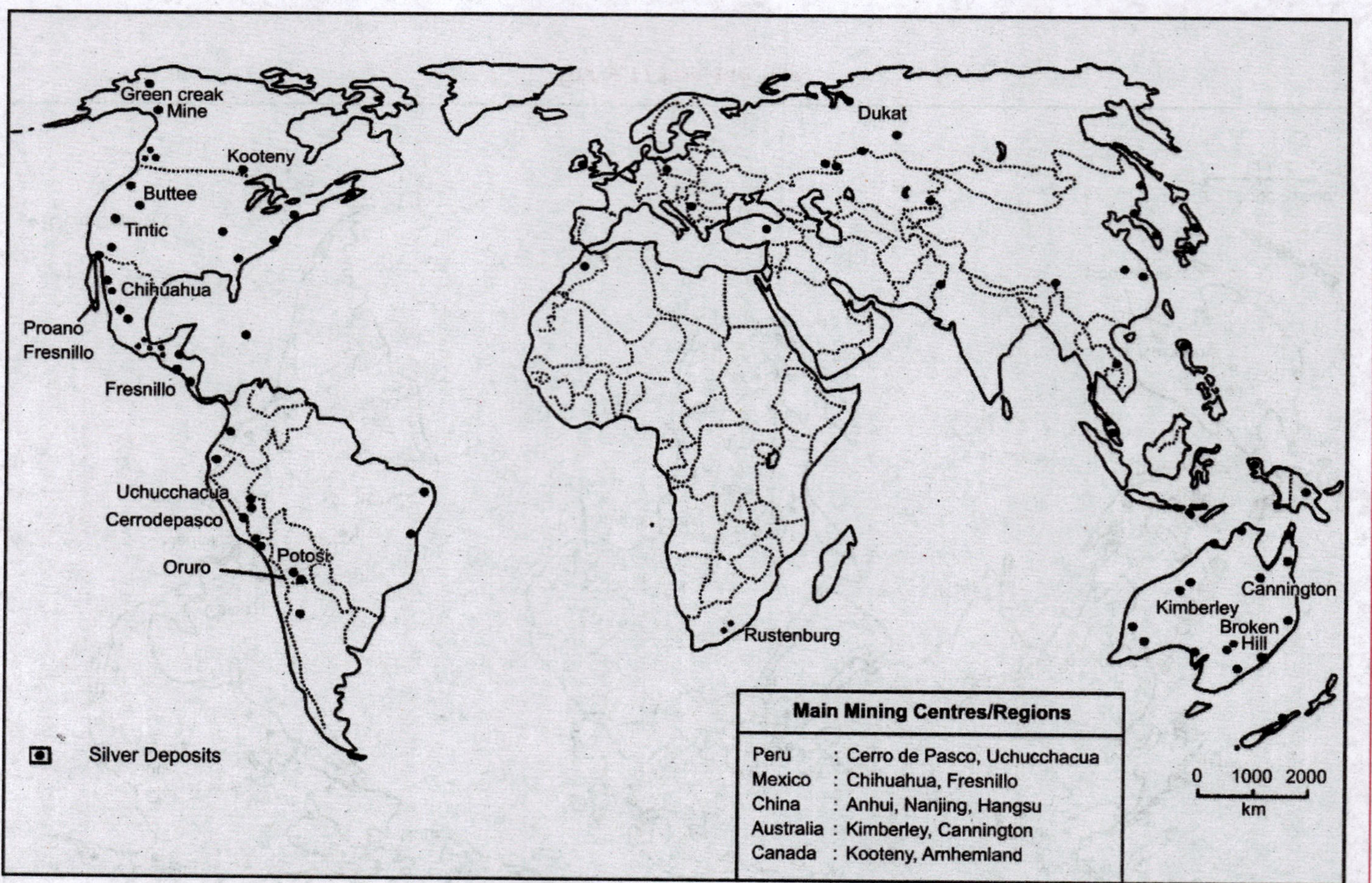

चित्र 9.12 विश्व-चाँदी के भंडार

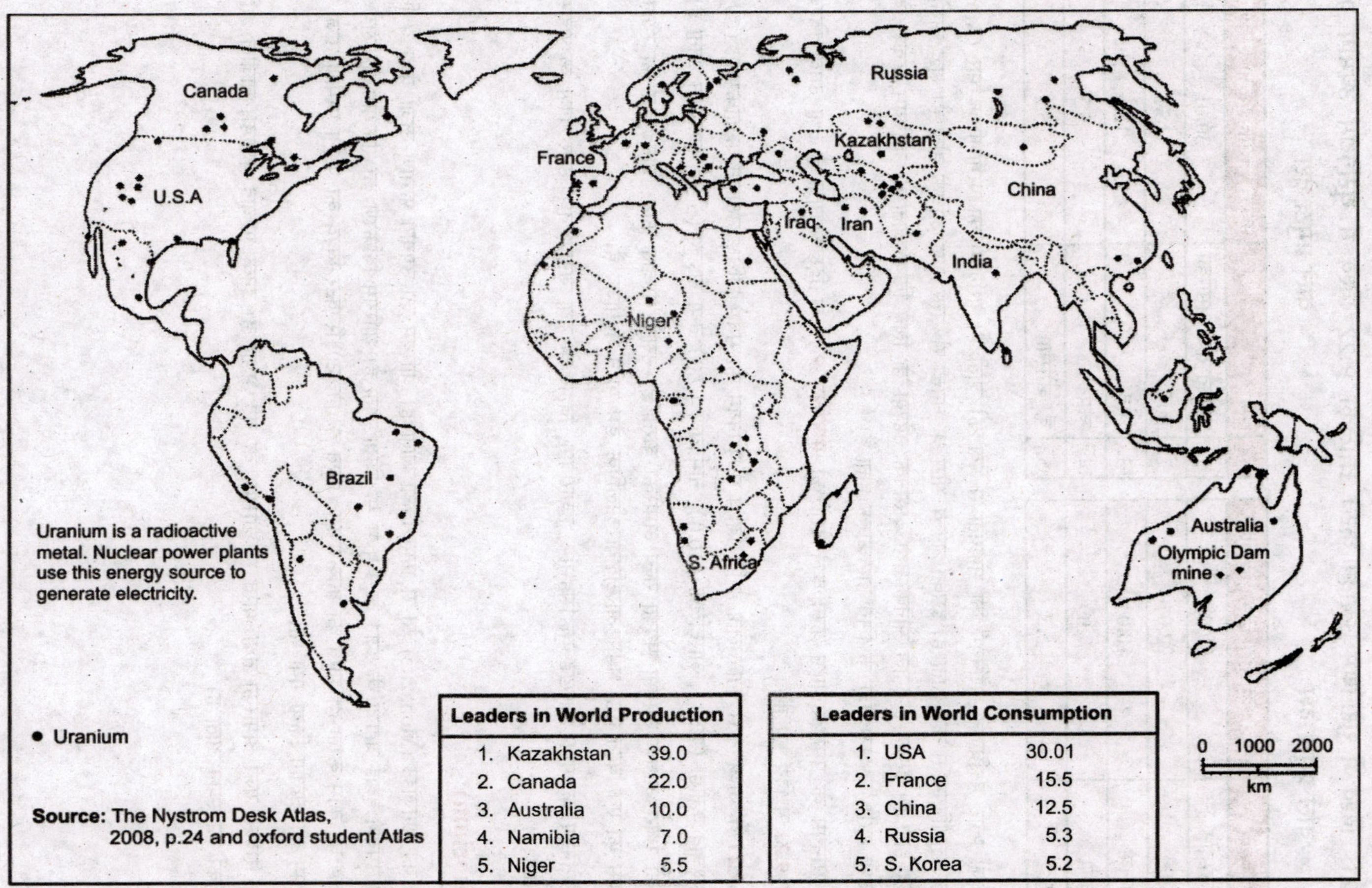

Leaders in World Production	
1. Kazakhstan	39.0
2. Canada	22.0
3. Australia	10.0
4. Namibia	7.0
5. Niger	5.5

Leaders in World Consumption	
1. USA	30.01
2. France	15.5
3. China	12.5
4. Russia	5.3
5. S. Korea	5.2

चित्र 9.13 विश्व यूरेनियम भंडार

तालिका 9.21 विश्व में यूरेनियम उत्पादन करने वाले प्रमुख देश

	देश	विश्व उत्पादन का प्रतिशत
1.	कजाकिस्तान	39.0
2.	कनाडा	22.0
3.	आस्ट्रेलिया	10.0
4.	नामीबिया	7.0
5.	नाइजर	5.5

तालिका 9.22 विश्व में यूरेनियम उपभोग करने वाले प्रमुख देश

	देश	विश्व उत्पादन का प्रतिशत
1.	संयुक्त राष्ट्र अमेरिका	30.01
2.	फ्रांस	15.5
3.	चीन	12.5
4.	रूस	5.3
5.	द. कोरिया	5.2

परमाणु ऊर्जा प्लांट में बिजली यूरेनियम की सहायता से पैदा की जाती है। यूरेनियम का परमाणविक भार (Atomic weight) केवल प्लूटोनियम से कम होता है। इसका घनत्त्व सीसे के घनत्त्व से सत्तर गुणा अधिक होता है। शुद्ध करने पर इसका रंग सफेद होता है। इसका इस्तेमाल सैनिक तथा असैनिक उद्देश्यों के लिये किया जाता है। यूरेनियम, हृदय, दिमाग (Brain) गुर्दों तथा शरीर के अन्य तंत्रों के लिये हानिकारक होता है।

विश्व में यूरेनियम के प्रमुख उत्पादन करने वाले देशों को ***मानचित्र 9.13*** में दिखाया गया है तथा उनके विश्व में स्थान ***तालिका 9.21*** में दिये गये हैं।

तालिका 9.21 के अध्ययन से पता चलता है कि विश्व में यूरेनियम का सबसे अधिक उत्पादन कज़ाकिस्तान (39.0), में होता है। तत्पश्चात् कनाडा (22.0), आस्ट्रेलिया (10.0), नामीबिया (7.0) तथा नाइजर (5.5) का स्थान आता है।

यूरेनियम का सबसे अधिक उपभोग संयुक्त राज्य अमेरिका करता है। उसके पश्चात् फ्रांस, चीन, रूस का स्थान है। विश्व में यूरेनियम का एक बहुत बड़ा भंडार आस्ट्रेलिया ओलंपिक डैम माइन में मौजूद है।

भारत में यूरेनियम के भंडार झारखंड के सिंहभूमि, हज़ारीबाग, बिहार के गया जनपद तथा उत्तर प्रदेश के सहारनपुर जिलों में पाये जाते हैं।

थोरियम (Thorium)

थोरियम खनिज को मोनेजाइट (Monazite) रेत से प्राप्त किया जाता है। थोरियम का उपयोग परमाणु ऊर्जा केंद्रों में किया जाता है। इसका उपयोग हवाई जहाजों के इंजन के रूप में भी किया जाता है। थोरियम विकिरण की रोकथाम के लिये एक प्रभावशाली शील्ड का काम करता है। भारत का काकरापारा (सूरत के निकट) रिएक्टर विश्व का पहला परमाणु ऊर्जा केंद्र या जिसमें थोरियम का उपयोग किया गया था।

आस्ट्रेलिया, संयुक्त राज्य अमेरिका तथा भारत में थोरियम के बड़े भंडार हैं। इनके पश्चात् कनाडा, ब्राजील, दक्षिण अफ्रीका तथा तुर्की का स्थान आता है।

अध्याय

10

आर्थिक गतिविधियों की अवस्थितिकरण के मुख्य कारक (Locational Factors of Economic Activity)

अर्थशास्त्र एवं भूगोलवेत्ता आर्थिक गतिविधियों को तीन वर्गों में विभाजित करते हैं–(*i*) प्राथमिक (*ii*) द्वितीयक तथा (*iii*) तृतीयक। इन आर्थिक गतिविधियों का संक्षिप्त वर्णन निम्न में दिया गया है–

प्राथमिक प्रक्रियाएं (Primary Activities)

जब मानव प्रकृति अथवा पर्यावरण से कोई वस्तु प्राप्त करता है उसको प्राथमिक प्रक्रिया कहते हैं। अब से लगभग 500 वर्ष पूर्व विश्व के सभी लोग अपनी जीविकापार्जन के लिए प्राथमिक प्रक्रियाओं (Activities) पर आधारित थे। प्राथमिक प्रक्रियाओं में कंदमूल फल-फूल एकत्रित करना, आखेट, पशुओं को चराना, स्थाई खेती करना, दुग्ध उद्योग (Dairying), वानिकी (Forestry), मुर्गीपालन, रेशम के कीड़े पालना, मधुमक्खी पालन, जल कृषि (Aqua Culture), मछली पालन तथा खनन (Mining) सम्मिलित हैं।

प्राइमरी प्रक्रियाओं पर टोपोग्राफी जलवायु (तापमान-वर्षण), जल अपवाह, मृदा, प्राकृतिक वनस्पति, भूमि-उपयोग तथा मृदा प्रबंधन का भारी प्रभाव पड़ता है। इन भौतिक कारकों के अतिरिक्त सामाजिक, आर्थिक, राजनैतिक एवं संस्कृति संस्थाओं का भी प्रभाव पड़ता है।

आहार/भोजन एकत्रित करना (Food Gathering)

आहार एकत्रित करने वाले बहुत-से समुदाय विषुवत रेखीय वनों में निवास करते हैं जिनमें अमेजन बेसिन, कांगो बेसिन एवं दक्षिण पूर्वी एशिया के मलेशिया, इंडोनेशिया, कंपूचिया, लाओस, म्यांमार, पापुआ, न्यूगिनी, फिलीपिंस, थाइलैंड तथा वियतनाम सम्मिलित हैं। इन प्रदेशों में जनसंख्या घनत्त्व बहुत कम है। यह अभी तक पाषाण युग में है। कुपोषण के शिकार इन लोगों का जीवन-स्तर बहुत निम्न तथा साक्षरता बहुत कम है *(मानचित्र 10.1)*।

आखेट समुदाय

आखेट पर आधारित रहना एक सामुदायिक प्रक्रिया है। आखेट करने के लिए योजना तैयार करनी पड़ती है जिसमें एक से अधिक व्यक्तियों की आवश्यकता पड़ती है। जंगली जानवरों का पीछा करना, परिवार, स्त्रियों एवं बच्चों को जंगली जानवरों से सुरक्षा प्रदान करना आदि के लिए समुदाय के बहुत-से व्यक्तियों की आवश्यकता होती है। इनका जनसंख्या घनत्व कम होता है तथा ये शिकारी कुत्ते पालते हैं। वर्तमान समय में विषुवत रेखीय वनों तथा शीत कटिबंध में शिकारी समुदाय के लोग रहते हैं।

पशुचारी खानाबदोश

विश्व के सबसे अधिक क्षेत्रफल पर पशुचारी खानाबदोश रहते हैं। दुनिया में लगभग डेढ़ करोड़ (15 मिलियन) खानाबदोश हैं जो 2.6 करोड़ (26 मिलियन प्रति वर्ग किमी॰) क्षेत्रफल पर फैले हुए हैं। पशुचारी खानाबदोश मरुस्थल अथवा अर्ध मरूस्थल जलवायु प्रदेशों में रहते हैं। इनके प्रमुख क्षेत्रों में दक्षिण-पश्चिम एशिया, मध्य एशिया, सहारा, साहेल (sahel), सूडान, मेडागास्कर, मंगोलिया, तिब्बत, पश्चिम चीन तथा टैगा प्रदेश एवं अलास्का सम्मिलित हैं। यूरोप तथा एशिया के खानाबदोश क्षेत्रों को ***मानचित्र 10.2*** में दिखाया गया है।

पशुचारी खानाबदोश लोग गाय, भैंस, भेड़-बकरी, ऊँट, घोड़े, रेनडियर, करेबू, याक आदि पालते हैं। यह पशु-हत्या बहुत कम करते हैं। पशु ही इनके धन, संपत्ति माने जाते है। सामाजिक स्तर का मापक भी पशु-धन ही निर्धारित करता है।

पशुचारी खानाबदोश अपने पशुधन के समय एक स्थान से दूसरे स्थान को पानी और चारे की तलाश में स्थानांतरण करते रहते हैं। इनकी अर्थव्यवस्था पशु-धन पर आधारित है।

पर्वतीय प्रदेशों में आल्पस, तियांशान, अल्टाई, राकी पर्वत, एंडीज पर्वत तथा हिमालय पर्वत-माला में चरवाहे मौसमी स्थानांतरण करते हैं जिसको मौसमी पलायन (Transhumance) कहते हैं। जम्मू-कश्मीर के गुज्जर-बकरवाल, सिक्किम के भूतिया इत्यादि इस वर्ग में सम्मिलित हैं।

पशुफार्म

अधिकतर पशुफार्म शीतोष्ण जलवायु के मैदानों में पाये जाते हैं, जहाँ घास तेजी से उगती है। विश्व के शीतोष्ण कटिबंधीय प्रेयरीज प्रदेशों में यूरोप एशिया के स्टेपी, उत्तरी अमेरिका के प्रेयरीज (Prairies) अर्जेंटीना तथा पराग्वे के पंपास (Pampas) , दक्षिणी अफ्रीका के वेल्ड तथा आस्ट्रेलिया के डाऊन्स (Downs) सम्मिलित हैं। ***(मानचित्र 10.3)***

पशु फार्म प्रकार के भूमि उपयोग में पशु केवल फार्म तक सीमित रहते हैं। ऐसे फार्मो का आकार प्रायः बहुत बड़ा होता है। कभी-कभी अधिक चरवाही के कारण पशु-धन को चारे की समस्या उत्पन्न हो जाती है। सूखे के समय पशु-धन की हानि की संभावना बनी रहती है। पशु एवं पशुओं के उत्पादकों पर ही पशु फार्म किसान अपना जीवन व्यतीत करते हैं।

स्थानांतरित कृषि

यह आदिम प्रकार की कृषि है जिसको झूमिंग तथा बुश-फैलो (Bush - fallow) कृषि कहा जाता है। इस प्रकार की खेती में प्रति वर्ष खेतों को बदल दिया जाता है, परंतु किसानों की बस्तियाँ अपने स्थान पर स्थिर रहती हैं। फसलें जीवन-निर्वाह के लिए उगाई जाती हैं। फसलों के बोने में परिवार की आवश्यकताओं को ध्यान में रखा जाता है।

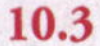

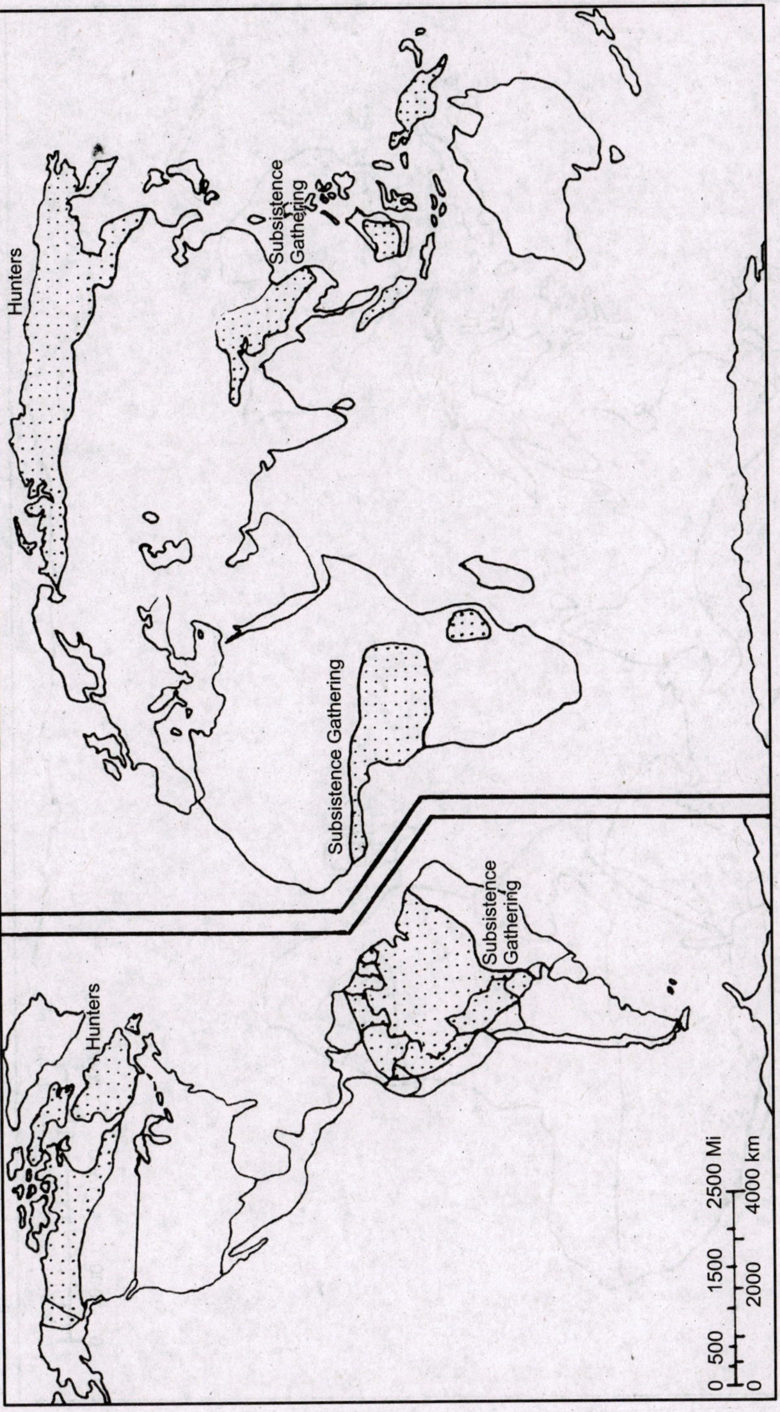

चित्र 10.1 जीवन निर्वाह एकत्रण एवं आखेटन

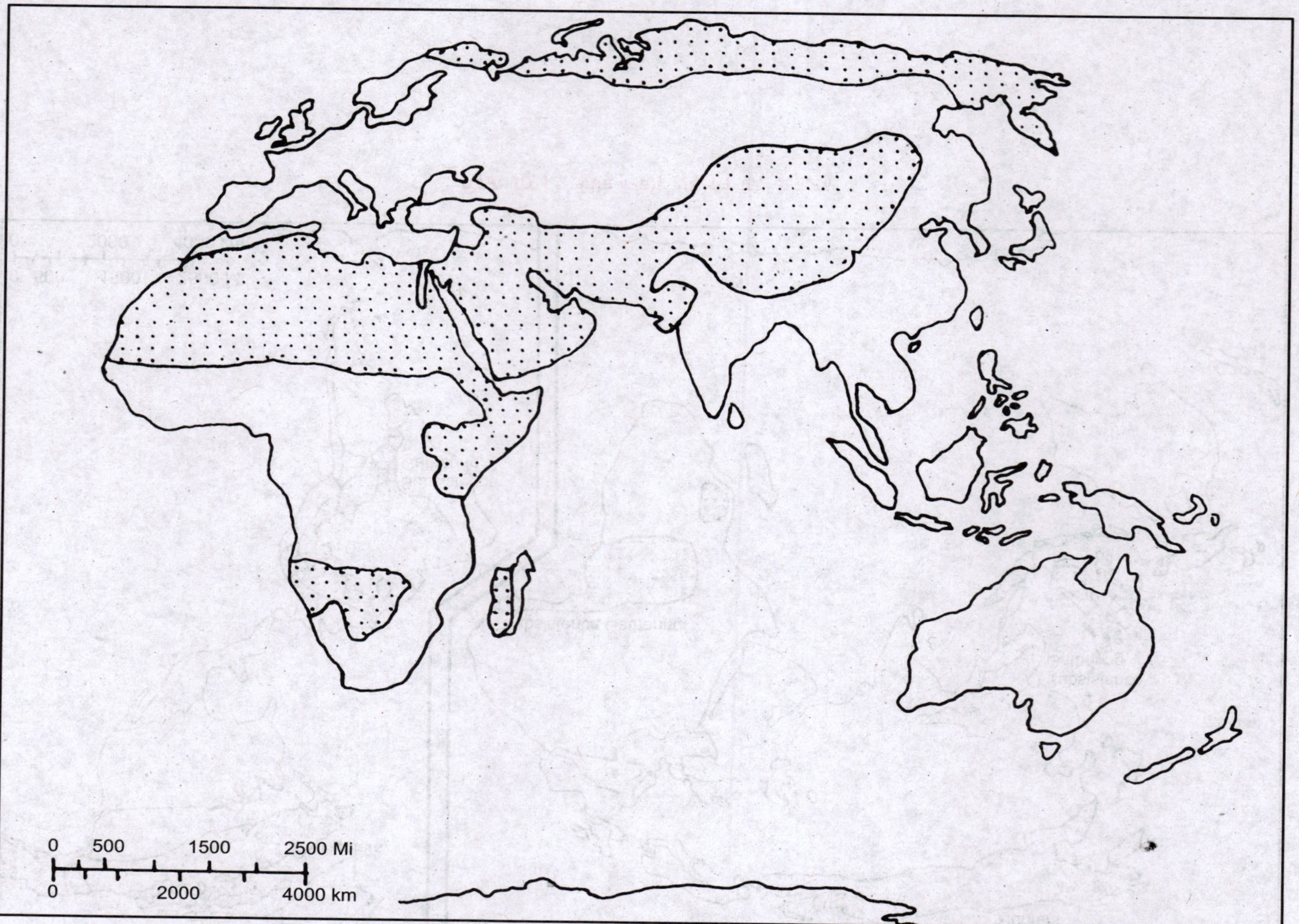

चित्र 10.2 जीवन निर्वाह चरवाह पद्धति-पशुचारी खानाबदोश

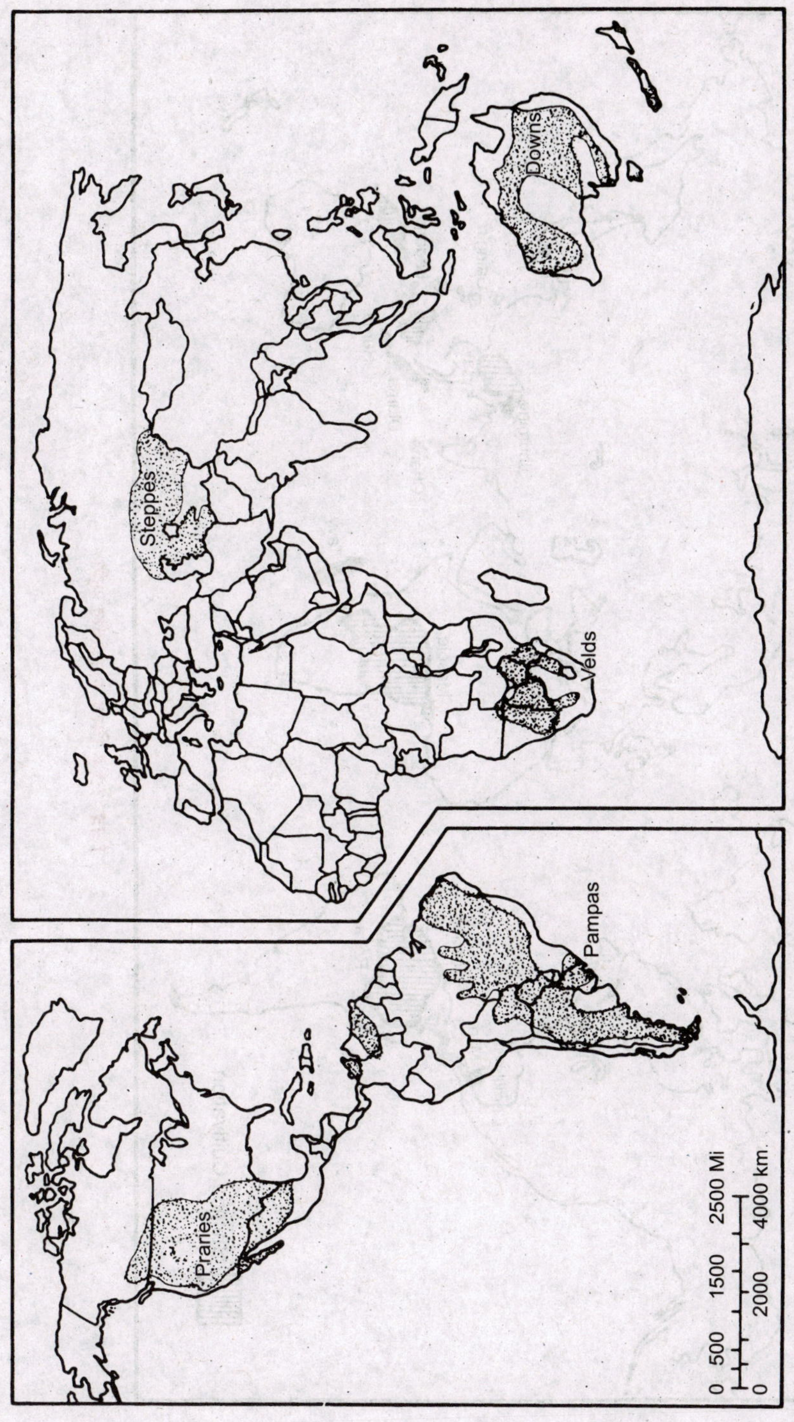

चित्र 10.3 पशु फार्मिंग का विश्व वितरण

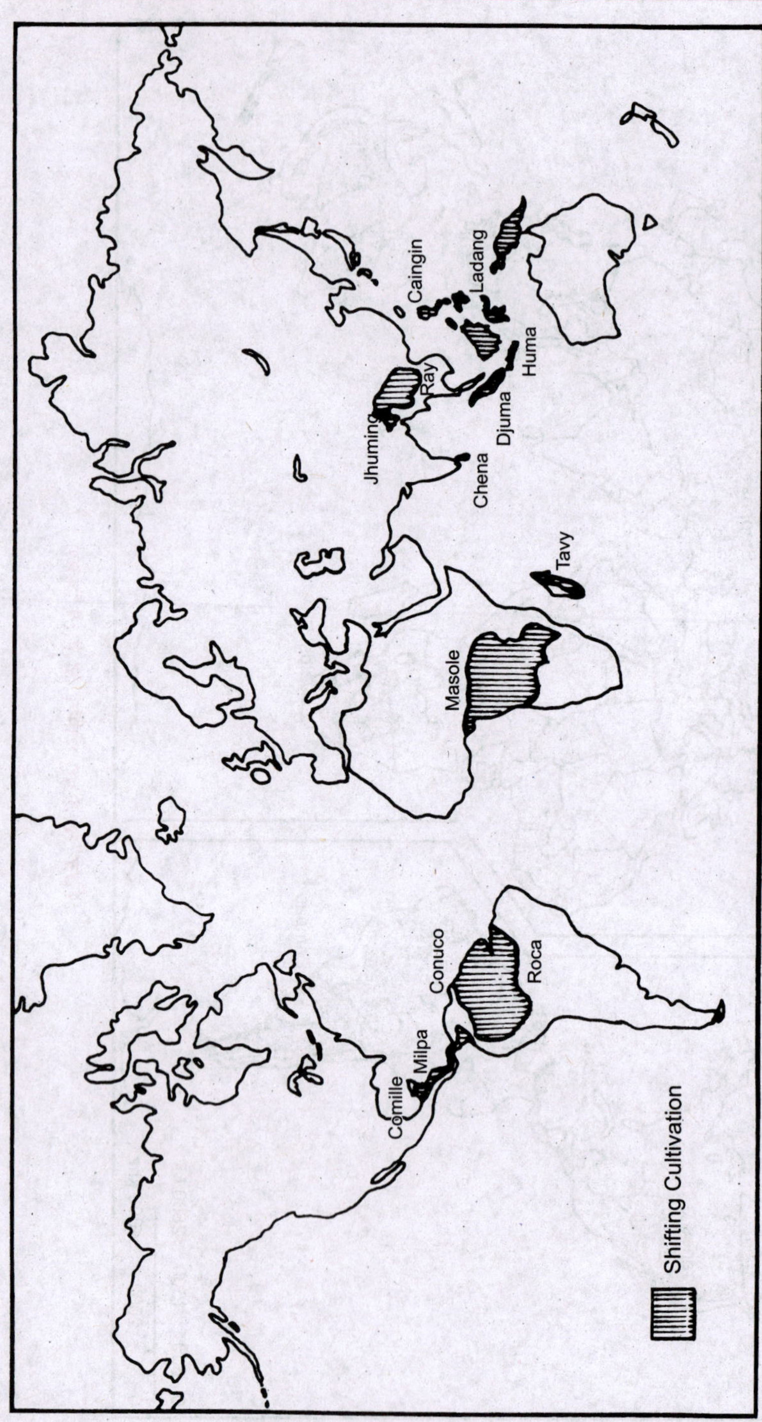

चित्र 10.4 विश्व स्थानांतरित कृषि

वर्तमान में स्थानांतरित कृषि अमेजन बेसिन, (ब्राजील, बोलिविया, कोलंबिया, गुयाना, सूरीनाम, वेनेजुएला, कोस्टा-रिका, होन्डुरास, मैक्सिको, पनामा, उत्तरी-पूर्वी भारत के पहाड़ी राज्यों, बंगलादेश के चटगाँव पहाड़ी प्रदेश, कंबोडिया, इंडोनेशिया, लाओस, मलेशिया, म्यांमार, न्यूगिनी, पापुआ, फिलिपाइन, श्रीलंका, थाईलैंड, वियतनाम तथा कांगो बेसिन के देशों (केमरून, सेंट्रल अफ्रीकन रिपब्लिक, डेमोक्रेटिक रिपब्लिक आफ कांगो, उगांडा इत्यादि) में की जाती है।

स्थानांतरित कृषि में, कृषि भूमि पूरे गाँव की संपत्ति मानी जाती है। यह एक प्रकार से आदिम-साम्यवाद (Primitive Communism) है। वनों को काटना, उनको आग लगाना तथा खेत बनाना पूरे समाज की जिम्मेदारी होती है। खेतों को लाटरी के द्वारा परिवारों को दिया जाता है। एक ही खेत में बहुत-सी फसलों के बीज मिलाकर बोते हैं। खेतों के किनारों पर विभिन्न प्रकार की सब्जियाँ उगाई जाती हैं। यह लोग गोबर की खाद का इस्तेमाल नहीं करते। गोबर की खाद को फसल को प्रदूषित करने वाली खाद माना जाता है। रासायनिक खाद का भी उपयोग नहीं करते। प्रति एकड़ उत्पादन बहुत कम है। ऐसे किसान कुपोषण का शिकार रहते हैं। इनका जीवन-स्तर बहुत नीचा है। पारिस्थितिकी को भी इस प्रकार की खेती से भारी नुकसान होता है।

सघन जीवन-निर्वाह कृषि

सघन जीवन-निर्वाह कृषि के प्रमुख क्षेत्र मानसूनी जलवायु में स्थित है, जिनमें दक्षिण पूर्वी और भारत, बंगलादेश के कुछ भाग सम्मिलित हैं। चीन एवं जापान के कुछ भागों में भी सघन कृषि की जाती है। ***(मानचित्र 10.5)***

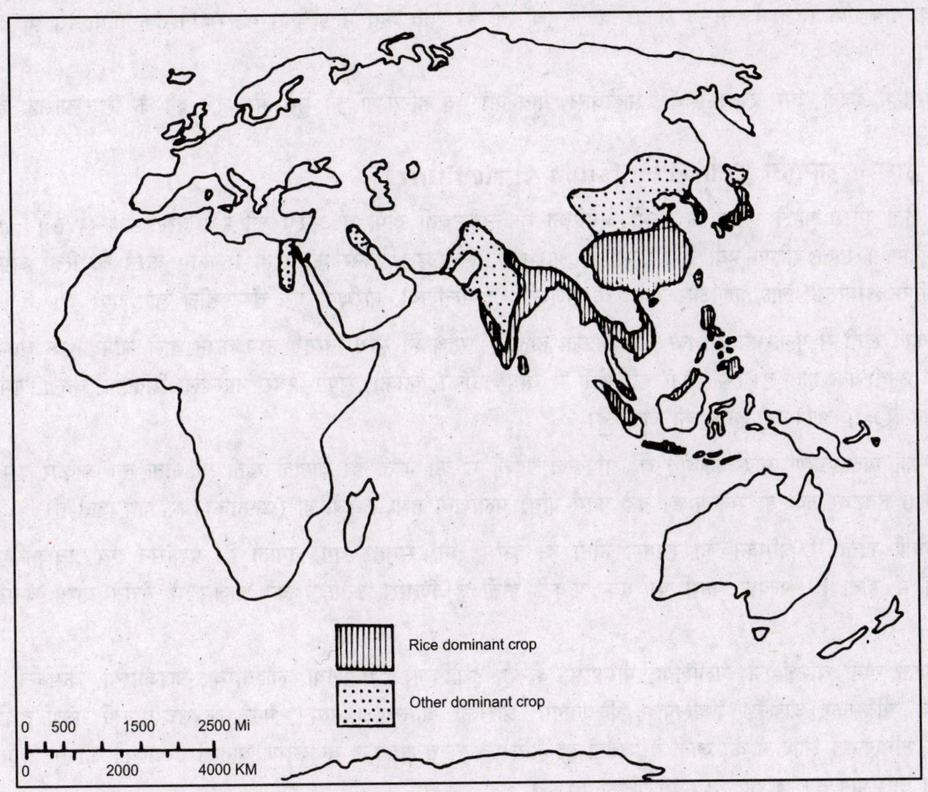

चित्र 10.5 सघन जीवन निर्वाह कृषि

इस प्रकार की कृषि में चावल एक प्रमुख फसल है। प्रति एकड़ उत्पादन अधिक होता है, खेतों का आकार प्राय: छोटा होता है तथा परिवार के लोग खेती में श्रम करते हैं। पहाड़ी ढलानों पर चबूतरे बनाकर (Terraced Fields) इस प्रकार की कृषि की जाती है। वर्तमान समय में इस प्रकार की खेती का स्वरूप बदल रहा है और किसान परिवार की आवश्यकताओं को ध्यान में न रखकर बाजार के लिए फसलों का उत्पादन करते हैं। चावल के अतिरिक्त मक्का, मटर, फली (Beans) दलहन, तिलहन, जूट तथा सब्जियों का भी उत्पादन करते हैं।

डेरी-कृषि (Dairying)

उत्पादन के लिए गाय भैंस पालने को डेरी कृषि कहते हैं। इस प्रकार की कृषि विशेष रूप से शीतोष्ण कटिबंध के देशों में की जाती है। डेरी-कृषि डेनमार्क, बेल्जियम, नीदरलैंड, जर्मनी, फ्रांस, फिनलैंड, कनाडा, संयुक्त राज्य अमेरिका, रूस, आस्ट्रेलिया, न्यूज़ीलैंड तथा जापान में प्रमुखता से की जाती है।

डेरी-कृषि में धन की अधिक आवश्यकता होती है। विभिन्न प्रकार की मशीनों एवं उपकरणों को खरीदने के लिए धन की आवश्यकता होती है।

डेरी फार्मिंग में अच्छी नस्ल की गायें पाली जाती हैं। अच्छे नस्ल की गायों में हाल्सटीन-फ्रैजियन (Holstein - Friesian), जर्सी (Jersy), अयरशायर (Ayrshire), गुरुन्सी (Guernsey), स्विट्जरलैंड की ब्राऊन गाय सम्मिलित हैं।

एक गाय एक साल में लगभग 3000 किलो दूध देती है। शीत ऋतु में पाँच से छ: महीने तक गायें डेरी के अंदर रखी जाती हैं।

भारत में देवनी, गिर, लाल-सिंधी, साहीवाल, गाय की एवं हरियाणा की मुरी भैंस दूध देने के लिए प्रसिद्ध हैं।

रोपण अथवा बागाती खेती (Plantation Agriculture)

बागाती खेती सबसे पहले अंग्रेजों ने उत्तरी अमेरिका के निकटवर्ती द्वीपों में आरंभ की थी। वेस्टइंडीज (West Indies) के पश्चात् बागाती खेती दक्षिण-पूर्वी द्वीप समूह में आरंभ की गई। इस प्रकार की खेती में काम करने के लिए अफ्रीका के नीग्रो श्रमिक अमेरिका लाए गए और भारत के मजदूरों को मलेशिया, मॉरीशस एवं वेस्टइंडीज लाए गए।

बागाती खेती में पूँजी की अधिक आवश्यकता होती है। साथ ही साथ निरंतर काम करने वाले श्रमिकों के बागानी खेतों पर रहना आवश्यक होता है। इस प्रकार की खेती में चाय, कॉफी, कोको, सुपार, रबर, नारियल, सिंकोना, केला, गर्म मसाले, जूट, कात (Qat) आदि की कृषि की जाती है।

बागाती खेती ऊष्ण आर्द्र जलवायु के ट्रापिकल प्रदेशों में की जाती है। बागाती खेती के खेतों का आकार दस हेक्टेयर से 60,000 हेक्टेयर तक हो सकता है। बड़े फार्म प्राय: मलेशिया तथा लाइबेरिया (अफ्रीका) में पाये जाते हैं।

बागाती खेती में श्रमिकों का शोषण होता है। इसमें धन, समृहर वर्ग लगाता है, प्रशासन एवं प्रबंधन भी उन्हीं के हाथ में होता है। प्रत्येक फार्म पर एक फैक्ट्री होती है जिससे उत्पादन को बाजार में बेचने योग्य बनाया जाता है।

बागाती खेती वेस्टइंडीज, मलेशिया, मॉरीशस, केन्या, इथोपिया, इंडोनेशिया, लाइबेरिया, नाइजीरिया, केमरून, ब्राजील, कोलंबिया, मैक्सिको, थाइलैंड, फिलिपाइन, वियतनाम, श्रीलंका, बांग्लादेश, यमन, भारत के उत्तरी पूर्वी राज्यों तथा केरल, कर्नाटक, तमिलनाडु आदि में की जाती है। बढ़ती हुई माँग एवं घटते क्षेत्रफल के कारण बागाती उत्पादकों का मूल्य अंतर्राष्ट्रीय बाजार में आसमान को छू रहा है। *(मानचित्र 10.6)*

भूमध्य सागरीय प्रकार की खेती

भूमध्य सागरीय जलवायु में ग्रीष्म, ऊष्ण, शुष्क तथा शीत ऋतु वर्षा पूर्ण मृदुल (Mild) होती है। इस प्रकार की जलवायु भूमध्य सागर के तटीय भागों, कैलिफोर्निया की घाटी, चिली का मध्य भाग, दक्षिण आस्ट्रेलिया, तस्मानिया तथा न्यूजीलैंड के दक्षिणी द्वीपों में पाई जाती है।

भूमध्य सागरीय प्रदेशों की कृषि में खट्टे फलों के बगीचे, जैसे–सेब, संतरे, मौसमी, नींबू, अंगूर, जैतून (Olive), अंजीर (Fig) आदि उगाये जाते हैं। गेहूँ, जौ, तिलहन, दलहन आदि की फसलें उगाई जाती हैं। ग्रीष्म ऋतु में सभी फसलों और बगीचों की बार-बार सिंचाई की जाती है।

मिश्रित कृषि

मिश्रित कृषि को वाणिज्य फसल एवं पशु-पालन कृषि भी कहा जाता है। इस प्रकार की खेती में मक्का आदि की खेती की जाती है। मक्के के अनाज को सुअरों अथवा मुर्गियों को खिलाया जाता है और इन पशुओं अथवा उनके उत्पादनों को बेचकर धन अर्जित किया जाता है।

मिश्रित कृषि संयुक्त राज्य अमेरिका, कनाडा, यूरोप, आस्ट्रेलिया, न्यूजीलैंड, रूस एवं दक्षिण अमेरिका में की जाती है। मिश्रित कृषि में धन की अधिक आवश्यकता होती है इसलिए यह प्राय: औद्योगिक देशों में की जाती है। इस प्रकार की कृषि में खेतों का आकार बड़ा होता है, अधिकतर कार्य मशीनों के द्वारा किया जा सकता है।

मिश्रित कृषि फसलों को सस्ते में बिकने से बचाती हैं। फसलों को बीमारी की आशंका कम रहती है। इसमें श्रमिक साल भर व्यस्त रहता है तथा भूमि की उर्वरकता बनी रहती है। मजदूरों की बढ़ती मजदूरी के कारण इस प्रकार की कृषि में बहुत-सी समस्याएँ उत्पन्न हो रही हैं।

विस्तृत कृषि

विस्तृत कृषि शीतोष्ण कटिबंध के कम जनसंख्या के प्रदेशों में की जाती है। संयुक्त राज्य अमेरिका, कनाडा, आस्ट्रेलिया एवं अर्जेंटीना में इस प्रकार की खेती देखी जा सकती है। इस प्रकार की कृषि में लगभग सभी कार्य मशीनों के द्वारा किए जाते हैं। मजदूरों का काम केवल मशीनों को चलाना होता है। प्रति हेक्टेयर उत्पादन कम होता है, परंतु प्रति व्यक्ति (श्रमिक) उत्पादन अधिक होता है। गेहूँ, जौ, दलहन मुख्य फसलें हैं। विश्व में गेहूँ का अधिकतर निर्यात विस्तृत कृषि प्रदेशों से किया जाता है।

शुष्क कृषि

जो कृषि पूर्ण रूप से वर्षा पर निर्भर रहती है उसको शुष्क कृषि कहते हैं। औसत वार्षिक वर्षा के आधार पर शुष्क बारानी कृषि को निम्न दो वर्गों में विभाजित किया जा सकता है–

1. **शुष्क कृषि (Dry Farming):** शुष्क कृषि के प्रदेशों में औसत वार्षिक वर्षा 75 सेंटीमीटर से कम तथा वर्षा की विविधता (Variability of rainfall) 50 प्रतिशत से कम होती है। दूसरे शब्दों में शुष्क कृषि मरुस्थल एवं अर्द्धमरुस्थलीय भागों में की जाती है।
2. **बारानी कृषि (Rainfed Farming):** जिन प्रदेशों में वार्षिक वर्षा 75 सेंटीमीटर से अधिक वर्षा होती है उनको बारानी कृषि के क्षेत्र कहते हैं। बारानी कृषि अपेक्षातया अधिक वर्षा के क्षेत्रों में की जाती है।

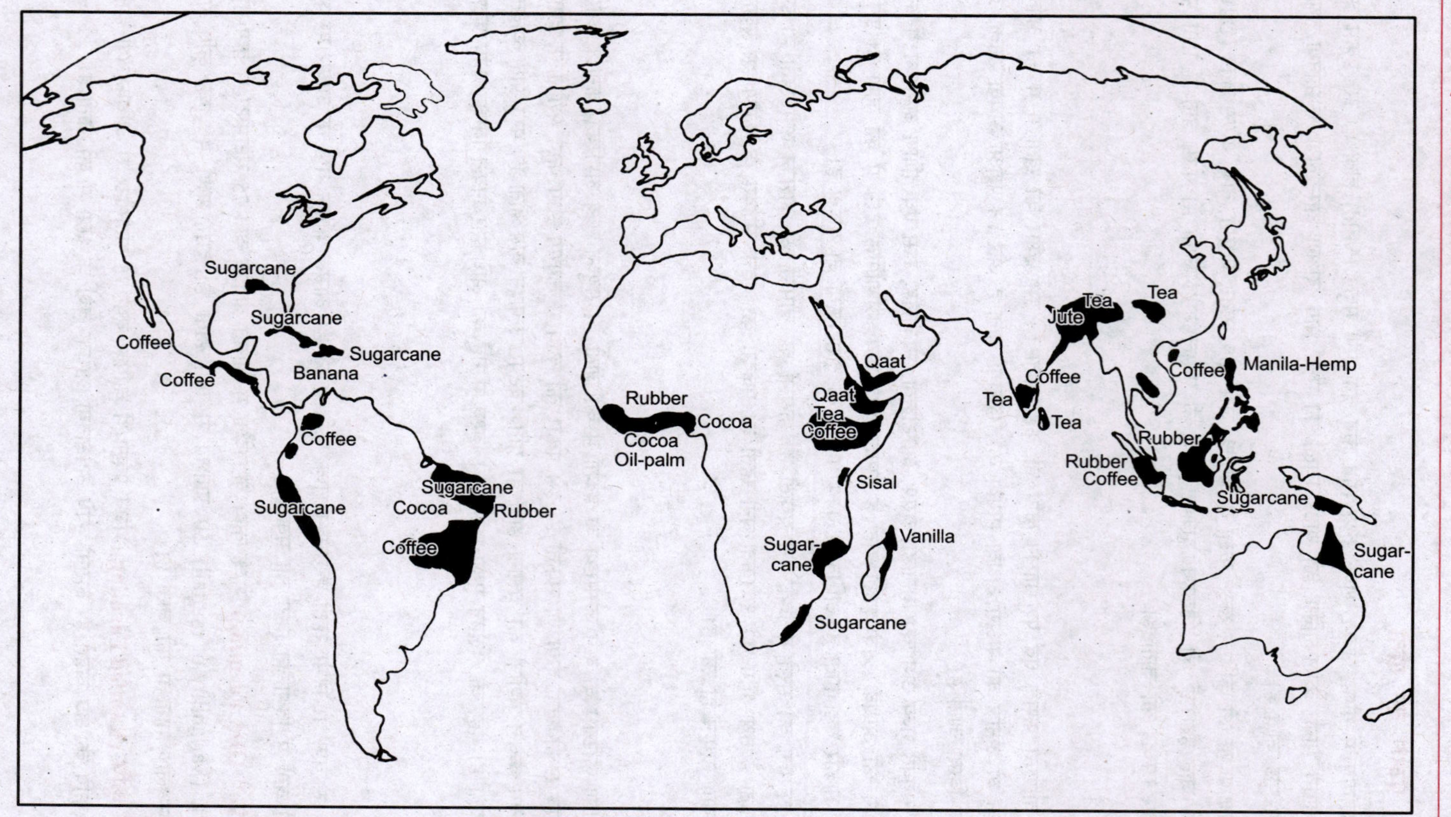

चित्र 10.6 विश्व-प्रमुख बागाती फसलें

तालिका 10.1 शुष्क कृषि एवं बारानी कृषि की प्रमुख विशेषताएँ

क्र.सं.	संघटक	शुष्क कृषि	बारानी कृषि
1.	वर्षा	< 75 सेमी	> 75 सेमी
2.	नमी की उपलब्धि	पर्याप्त नहीं	पर्याप्त
3.	फसलें उगाने का समय	< 200 दिन	> 200 दिन
4.	क्षेत्र/प्रदेश	मरुस्थल तथा अर्द्ध मरुस्थल तथा पर्वतीय ढलान	आर्द्र एवं अर्द्ध-आर्द्र
5.	फसल तंत्र	एक फसली या मिश्रित फसलें	दो फसलें या मिश्रित फसलें
6.	सीमाएँ	पवन तथा जल द्वारा अपरदन	जल के द्वारा अपरदन

समस्याएँ एवं सम्भावनाएँ

भारत की कुल कृषि भूमि का 67 प्रतिशत शुष्क एवं बारानी (Rainfed) भूमि है। बारानी एवं शुष्क कृषि भूमि से देश के कुल अनाज उत्पादन का 44% उत्पादन किया जाता है।

शुष्क कृषि में मोटे अनाज, दलहन, तिलहन, कपास, सफेद जीरा (Cumin) तथा गर्म मसालों की खेती की जाती है। काफी बड़ी मात्रा में दूध, दूध से उत्पादित वस्तुएँ, मांस, मटन, ऊन, खाल, चमड़ा इत्यादि शुष्क एवं बारानी कृषि क्षेत्रों में प्राप्त होता है। शुष्क कृषि का प्रति एकड़ उत्पादन कम है तथा उत्पादन अस्थिर रहता है। शुष्क कृषि की मुख्य समस्याएँ निम्न प्रकार हैं–

(*i*) अनिश्चित तथा अनियमित वर्षा।

(*ii*) मानसून का देरी से आरंभ तथा जल्दी समाप्त होना।

(*iii*) लंबे समय तक वर्षा ऋतु में वर्षा न होना।

(*iv*) मृदा में नमी का अभाव।

(*v*) मृदा में आर्द्रता की कमी।

(*vi*) विकास की कम संभावना।

(*vii*) मूलभूत सुविधाओं में कमी।

शुष्क क्षेत्र कृषि हेतु रणनीति

शुष्क प्रदेशों की कृषि को निम्न उपायों के द्वारा विकास किया जा सकता है–

1. थोड़े समय में तैयार होने वाली फसलें उगाई जानी चाहिए।
2. पशु-पालन पर विशेष बल।
3. डेरी फार्मिंग।
4. कृषि-वानिकी (Agro-Forestry)
5. मधुमक्खी पालन (Apiculture)
6. कुटीर उद्योगों को प्रोत्साहन।
7. लोगों में सूखे के प्रति जागरूकता उत्पन्न करना।

जलसंभरण प्रबंधन (Watershed Management)

जलसंभरण एक ऐसी प्राकृतिक इकाई है, जिसका जल अपवाह एक छोटी नाले या नदी के द्वारा होता है। जलसंभर एक प्रथम क्रम के बेसिन को कहते हैं। वाटरशेड कुछ हेक्टेयर से लेकर, कई हजार हेक्टेयर तक हो सकता है। वास्तव में जलसंभर एक भौतिक, जैविक, आर्थिक तथा सामाजिक तंत्र होता है। बेसिन तथा जलग्रहण क्षेत्र की तुलना में जलसंभरण का क्षेत्रफल काफी छोटा होता है।

भारत सरकार ने जलसंभरण प्रबंधन प्रोग्राम सातवीं पंचवर्षीय योजना में आरंभ किया था। इसका मुख्य उद्देश्य उपलब्ध जल का सदुपयोग करके कृषि उत्पादन बढ़ाना है। आरंभ में 4000 जलसंभरण विभिन्न कृषि जलवायु प्रदेशों का चयन किया गया था। जलसंभरण प्रबंधन की मुख्य विशेषताएँ निम्न प्रकार हैं–

1. जल एवं मृदा संरक्षण,
2. वैज्ञानिक ढंग की शुष्क कृषि
3. पशु–पालन एवं डेरी फार्मिंग,
4. सामाजिक एवं कृषि वानिकी विकास

उद्देश्य *(Objectives of Watershed Management)*

जल विभाजक प्रबंधन के मुख्य उद्देश्य निम्न प्रकार हैं–

1. भूमि, विशेष रूप से कृषि भूमि को संरक्षण प्रदान करना एवं उसका विकास करना।
2. उपलब्ध जल का संरक्षण एवं सदुपयोग करना।
3. उपलब्ध प्राकृतिक संसाधनों का सदुपयोग एवं संरक्षण करना।

उपरोक्त उद्देश्यों को प्राप्त करने के लिए निम्न उपाय बहुत उपयोगी सिद्ध हुए हैं:

(*i*) जल–संचयन (*ii*) फसलें उगाने की विशेष टेक्नोलोजी, (*iii*) मिश्रित फसलें उगाना, (*iv*) वृक्षारोपण करना, (*v*) भूमिगत जल तथा नदियों एवं जलाशयों के जल का सदुपयोग करना, (*vi*) दुग्ध उद्योग और पशुपालन को बढ़ावा देना, (*vii*) भेड़–बकरियों के पालन पर बल देना, (*viii*) रेशम के कीड़ों को पालना, (*ix*) फल तथा सब्जियों को संरक्षण प्रदान करना तथा उनसे अचार, मुरब्बे, जैम एवं शर्बत तैयार करना, (*x*) किसानों को नई टेक्नोलोजी की जानकारी एवं प्रशिक्षण देना तथा युवा पीढ़ी में शुष्क कृषि के प्रति जागरुकता फैलाना।

सतत/कृषि

टिकाऊ अथवा धारणीय कृषि की बहुत–सी परिभाषाएँ दी जा चुकी हैं। एक परिभाषा के अनुसार धारणीय कृषि वर्तमान की आवश्यकताओं की आपूर्ति इस प्रकार करती है कि भविष्य की पीढ़ियों की आवश्यकताओं की आपूर्ति के लिए मृदा संसाधन स्वस्थ रहे। कुछ विद्वानों के अनुसार सतत कृषि में रासायनिक खाद एवं कीटाणुनाशक दवाइयों के स्थान पर गोबर एवं हरी खाद का इस्तेमाल किया जाता है।

धारणीय कृषि में नवीकरण संसाधनों; जैसे–मृदा, प्राकृतिक वनस्पति, वन्य प्राणी, मछलियों, फसलों तथा पारिस्थितिकी तंत्र को स्वस्थ अवस्था में रखने का प्रयास होता है। धारणीय कृषि आर्थिक दृष्टि से मौजूद जनसंख्या तथा भविष्य की जनसंख्या के लिए उपयोगी होती है।

जैविक कृषि (Organic Farming)

यह एक कृषि प्रणाली है जिसके अन्तर्गत समस्त प्रकार के कृषि उत्पाद जैविक रूप से उत्पादित किए जाते हैं। इसमें अनाज (grains), प्रमुख भोजन (staple food), दालें (pulses), तिलहन (oilseeds), डेयरी, मुर्गी पालन, मांस (meat), फाइबर, पटसन (Jute), सब्जियाँ, बागबानी (horticulture), पुष्प तथा संसाधित खाद्य उत्पाद (processed food) शामिल हैं।

जैविक कृषि में रासायनिक खादों, कीटनाशकों, खरपतवार नाशकों (weedicide) का प्रयोग नहीं किया जाता है। जैविक कृषि फसलों के वैज्ञानिक चक्रण, गाय के गोबर, जानवरों की खाद, हरित खाद, जैविक अपशिष्ट,, वनस्पति खाद, कीड़ों व रोगों का जैविक नियंत्रण तथा मिट्टी का बारीक होना तथा बार-बार हल जोतने पर मुख्यत: निर्भर होती है। कुछ कृषि मिट्टी की उर्वरकता को बढ़ाने व कम करने वाली फसलों जैसे ज्वार-बाजरा के साथ दालें, गेहूँ के साथ चना तथा कपास के साथ फलिया जैसी मिश्रित खेती की पद्धति अपनाते हैं।

धारणीय कृषि के लाभ व हानियाँ
(Advantages and Disadvantages of Sustainable Agriculture)

धारणीय कृषि के मुख्य लाभ निम्न प्रकार हैं–(*i*) पारिस्थितिकी संतुलन स्थापित रहता है, (*ii*) फसलों के उगाने में लागत खर्च कम आता है। (*iii*) पर्यावरण प्रदूषित नहीं होता या कम प्रदूषित होता है (*iv*) पौष्टिक भोजन जिसमें कीटाणुनाशक दवाइयों के अंश नहीं होते। आधुनिक कृषि को धारणीय कृषि में बदलने के लिए 3 से 6 वर्ष लगते हैं।

फसल चक्र (Rotation of Crops)

फसल चक्र में फसलों का चयन भी बहुत महत्त्वपूर्ण है। फसलों को दो वर्गों में विभाजित किया जा सकता है–(*i*) ऐसी फसलें जो मृदा की उर्वरकता को कम करती हैं, तथा (*ii*) ऐसी फसलें जो मिट्टी की उर्वरकता को बढ़ाते हैं। फसल चक्र यदि एक फसल उपजाऊपन को कम करती है तो उसके पश्चात् दलहन, हरी खाद जैसी फसलें बोई जानी चाहिए। इस प्रकार के फसल चक्र से कृषि उत्पादन बढ़ेगा तथा मिट्टी का उपजाऊपन भी बना रहेगा।

उपरोक्त लाभों के बावजूद कुछ वैज्ञानिकों का मानना है कि धारणीय कृषि से अनाज एवं कृषि आधारित उद्योगों के कच्चे माल की आपूर्ति नहीं हो सकती। *तालिका 10.2* में आधुनिक कृषि एवं धारणीय कृषि की गई है।

तालिका 10.2 आधुनिक एवं धारणीय कृषि में प्रमुख अंतर

विशिष्टता	धारणीय कृषि	आधुनिक कृषि
पौधों के पौष्टिक तत्त्व	गोबर तथा हरी खाद का उपयोग तथा वैज्ञानिक फसल चक्र	रासायनिक खाद
कीटाणु कंट्रोल	फसल चक्र के द्वारा	कीटाणुनाशक दवाइयों के द्वारा
पारिस्थितिकी	संतुलित टिकाऊ पारिस्थितिकी	भंगुर/फ्रैजाइल पारिस्थितिकी
संसाधनों का उपयोग	वनों, मछलियों का उपयोग नवीनीकरण को ध्यान में रखकर उपयोग करना	संसाधनों का दोहन, नवीनीकरण, अधिक संसाधनों का उपयोग करना।
आहार/भोजन की गुणवत्ता	सुरक्षित आहार। भोजन पौष्टिक, स्वास्थ्य के लिए उपयोगी	आहार में जहरीले पदार्थों का पाया जाना।

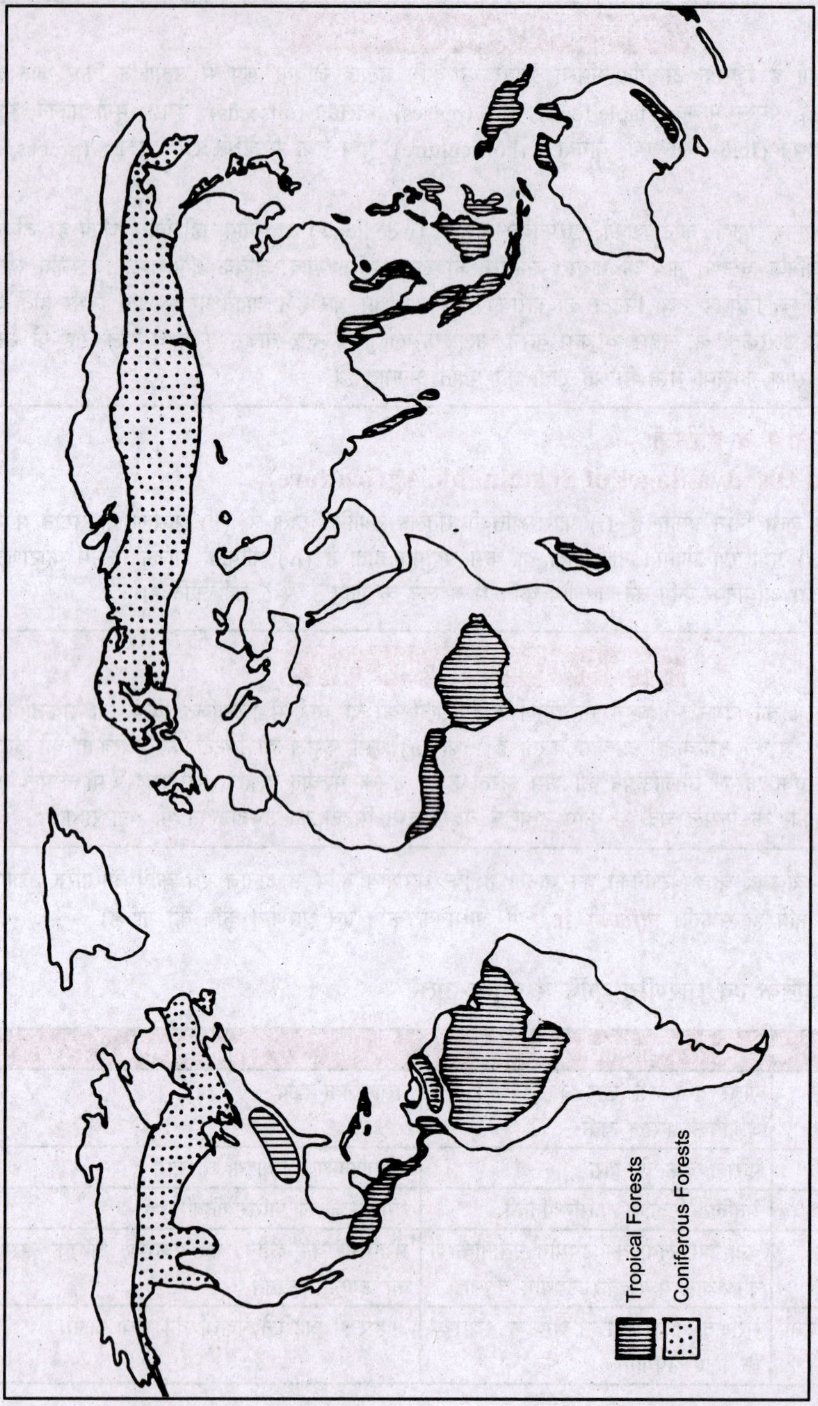

Tropical Forests

Coniferous Forests

चित्र 10.7 विश्व के प्रमुख वन क्षेत्र

वनों से खाद्य सामग्री, कच्चा माल, ईंधन तथा टिंबर प्राप्त किया जाता है। वन, जो औद्योगिक क्रांति से पहले विश्व के 60 प्रतिशत थल पर फैले हुए थे, दिन-प्रतिदिन उनका क्षेत्रफल कम होता जा रहा है। इस समय पृथ्वी के केवल 25 प्रतिशत क्षेत्रफल पर वन पाए जाते हैं। विश्व के वनों को दो वर्गों में विभाजित किया जा सकता है– (*i*) ऊष्ण कटिबंधीय कठोर लकड़ी के वन, (*ii*) शीतोष्ण कटिबंध के मुलायम लकड़ी के कोणधारी वन।

विश्व में जंगलों को बढ़ती हुई माँग के कारण तेजी से काटा जा रहा है। वनों के संरक्षण के लिए निम्न उपाय करना उपयोगी हो सकता है–(*i*) वृक्षारोपण करना, (*ii*) लकड़ी काटने की विधि को आधुनिक बनाना (*iii*) वन संरक्षण (*iv*) लकड़ी के दुरुपयोग को कम करना (*v*) लकड़ी का विकल्प तलाश करना तथा (*vi*) उपलब्ध संसाधनों को पुनर्चक्रण (Recycling) करना।

कृषि वानिकी

कृषि वानिकी शब्दावली का उपयोग 1970 के दशक में आरंभ किया गया था। विश्व के सभी विकसित एवं विकासशील देशों में इस का प्रचलन है। कृषि वानिकी की कुछ प्रमुख परिभाषाएँ निम्न प्रकार हैं–

"कृषि वानिकी कृषि भूमि का एक ऐसा टिकाऊ प्रबंधन है, जिससे कृषि उत्पादन में वृद्धि होती है, जिसमें फसलों एवं वृक्षों को साथ-साथ उगाया जाता है तथा पशुपालन भी किया जाता है और जो स्थानीय संस्कृति की मान्यताओं के अनुसार होता है।"

"कृषि वानिकी एक ऐसा कृषि भूमि प्रबंधन है, जिसमें किसान फसल और वृक्षों को साथ-साथ उगाए ताकि पारिस्थितिकी संतुलित बनी रहे।"

कृषि वानिकी की विशेषताएँ

कृषि वानिकी की मुख्य विशेषताएँ निम्न प्रकार हैं–

1. कृषि वानिकी में दो अथवा दो से अधिक प्रकार के पेड़-पौधे उगाए जाते हैं, जिनमें से कम-से-कम एक लकड़ी उत्पादन करता है।
2. कृषि वानिकी दो विभिन्न प्रकार के उत्पादन देती है।
3. कृषि वानिकी चक्र एक वर्ष से अधिक समय का होता है। प्रायः पेड़ों को छः-सात वर्ष के पश्चात् काटा जाता है।

समुदाय वानिकी

वर्ष 1970 के पश्चात् मानव द्वारा लगाये गये पेड़-पौधों को कई प्रकार से वर्गीकरण किया गया जैसे– समुदाय वानिकी, सामाजिक वानिकी तथा कृषि वानिकी।

सामाजिक वानिकी

सामाजिक वानिकी को समुदाय वानिकी भी कहते हैं। इस प्रकार की वानिकी में किसी स्थान के लोग स्वयं वृक्षारोपण करते हैं। इसके लोगों के द्वारा लगाई गई वानिकी, लोगों के लाभ के लिए वानिकी भी कहा जाता है।

सामाजिक वानिकी प्रायः क्षतिग्रस्त भूमि में की जाती है। प्रत्येक देश में बहुत-सी भूमि क्षतिग्रस्त होती है। सरकारी आँकड़ों के अनुसार भारत में 64 से 188 मिलियन हेक्टेयर भूमि क्षतिग्रस्त है, जिस पर सामाजिक वानिकी लगाई जा सकती है। इंडियन काउंसिल ऑफ एग्रीकल्चरल रिसर्च (ICAR) तथा नेशनल रिपोर्ट सेंसिंग एजेंसी (National Remote Sensing Agency) के अनुसार भारत में 120 मिलियन हेक्टेयर भूमि क्षतिग्रस्त है जिस पर सामाजिक वानिकी की जा सकती है।

क्षतिग्रस्त भूमि में जल तथा पवन के द्वारा अपरदित भूमि तथा ऊसर व कल्लर भूमि सम्मिलित हैं। क्षतिग्रस्त भूमि वैसे तो सभी राज्यों में पाई जाती है, परंतु ऐसी भूमि राजस्थान, मध्य प्रदेश तथा महाराष्ट्र में अधिक है।

भारत की जनसंख्या में तीव्रता से वृद्धि हो रही है। 2011 की जनगणना के अनुसार भारत की जनसंख्या 1.21 बिलियन को पार कर चुकी है। सामाजिक वानिकी बढ़ती जनसंख्या की समस्याओं के समाधान में सहायक हो सकती है। सामाजिक वानिकी से खाद्य समस्या तथा चारे की समस्या का समाधान किया जा सकता है। सामाजिक वानिकी के कुछ मुख्य लाभ निम्न प्रकार हैं–

A. *खाद्य सामग्री (Food)*

1. समाज को सामाजिक वानिकी से खाद्य सामग्री, फल तथा काष्ठफल (Nut) प्राप्त होते हैं।
2. भूमि की उर्वरकता ह्रास में कमी आती है।
3. भूमि का धारणीय उपयोग होता है।
4. पशुओं के लिए चारा उपलब्ध होता है।
5. स्थानीय जलवायु में सुधार होता है।

B. *जल (Water)*

1. मृदा की जलग्रहण करने की क्षमता बढ़ती है।
2. जल अपवाह की तीव्रता में कमी आती है, जिससे मृदा अपरदन में कमी आती है।
3. ऊसर तथा कल्लर एवं जलमग्न भूमि में सुधार होता है।

C. *ऊर्जा (Energy)*

1. वृक्षों से ईंधन प्राप्त होता है।
2. लकड़ी के कोयले का उत्पादन किया जाता है।
3. फलों से एथनॉल (Ethnol) का उत्पादन किया जाता है।

D. *शरणस्थल/आश्रम (Shelter)*

1. शरणस्थल तथा मकानों को बनाने के लिए लकड़ी की उपलब्धि।
2. मानव एवं पशुओं को शरण मिलती है।
3. सामाजिक वानिकी वायु गति के अब रोधक के रूप में काम करती है।
4. पशु फार्मों की बाड़ का काम करती है।

E. *नगदी/नकद (Cash)*

1. वृक्षों को बेचकर नकदी प्राप्त होती है।
2. उत्पादन अधिक होने से आय में वृद्धि होती है।

सामाजिक एवं कृषि वानिकी के दुर्गुण (Demerits of Social and Agroforestry)

सामाजिक एवं कृषि वानिकी के दुर्गुण निम्न प्रकार हैं–

1. फसलों तथा वृक्षों में मृदा से पौष्टिक तत्त्व प्राप्त करने के लिए होड़ लग जाती है जिसके कारण मृदा उपजाऊपन में कमी आती है।
2. फसलों में बीमारियों की संभावना बढ जाती है।
3. वृक्षों की जड़ों का जाल कृषि भूमि में फैल जाता है जो कृषि उत्पादन के लिए घातक सिद्ध होती हैं।

तालिका 10.3 में कृषि वानिकी एवं सामाजिक वानिकी के गुण एवं अवगुणों की तुलना की गई है।

तालिका 10.3 कृषि वानिकी एवं सामाजिक वानिकी की तुलना

	विभिन्नता बिंदु	कृषि वानिकी	सामाजिक वानिकी
1.	घटक	कृषि वानिकी में वृक्ष, फसलों एवं पशुओं को साथ-साथ विकसित किया जाता है।	इसमें वृक्ष, फलदार-वृक्ष चारा तथा लकड़ी की आपूर्ति को ध्यान में रखकर वृक्षारोपण किया जाता है।
2.	शोध कार्य	शोध कार्य का अभाव। कृषि वानिकी में अधिक उत्पादन करने तथा भूमि को उपजाऊ बनाये रखने के लिए निरंतर शोध कार्य की आवश्यकता होती है।	शोध कार्य की अधिक आवश्यकता नहीं होती।
3.	उगाने से पहले सोच-विचार (Consideration)	फसलों के उत्पादन पर वृक्षारोपण का क्या प्रभाव हो।	इसमें अधिक सोच-विचार की आवश्यकता नहीं होती।
4.	आर्थिक सोच- विचार (Economic-Consideration)	फसलों एवं वृक्षों का यौगिक उत्पादन फसलों के उत्पादन से अधिक होना चाहिए।	सामाजिक आवश्यकताएँ अधिक महत्त्वपूर्ण होती हैं।
5.	कहाँ लगाया जाय (Plantation Site) इत्यादि।	शुष्क भूमि, जलमग्न भूमि, ऊसर तथा कल्लर भूमि तथा कृषि योग्य भूमि, सरकारी भूमि, बंजर भूमि।	खेतों की मेढ़ पर, पोखर तालों के निकट, ग्राम समाज की भूमि, रेलों, सड़कों, नहरों के किनारे
6.	सहयोग एवं प्रबंधन (Co-Operation and Management)	वृक्षारोपण से पहले विभिन्न प्रबंधनों से सहयोग प्राप्त करना, दूसरों से सोच-विचार करना, घर के सदस्यों की सहमति प्राप्त करना।	सभी लोगों तथा वन विभाग के लोगों का सहयोग प्राप्त करना। सभी को लाभ पहुँचाने का उद्देश्य।

उपरोक्त विवेचना से विदित होता है कि सामाजिक एवं कृषिक वानिकी समय की आवश्यकता है। सामाजिक वानिकी के रोपण के पश्चात् उनके बचाव के लिए पर्याप्त प्रयास करना चाहिए। भारत में सामाजिक वानिकी का भविष्य उज्ज्वल है, इस ओर विशेष ध्यान देने की आवश्यकता है।

मत्स्य पालन (Fishing)

मछली एक महत्त्वपूर्ण आहार है। मत्स्य पालन में मछली, ह्वेल, सील, मोती (Pearl), लोबस्टर, क्रेब (Crabs), झींगा (Prawn), श्रिम्प (Shrimp), मोलस्का, कस्तूरा (Oyster), मस्ल (Mussel), घोंघे (Cockless) तथा बड़ी सीपी (Clam) सम्मिलित हैं।

वास्तव में उत्खनन की भाँति मछली भी एक लुटेरा उद्योग (Robber Industry) मानी जाती है। मछली पकड़ने में विश्व के अधिकतर देश लगे हुए हैं। अंतर्राष्ट्रीय जल क्षेत्र में कोई भी मत्स्य पालन कर सकता है।

विश्व के सागरों एवं महासागरों में मछली इत्यादि का वितरण असमान है। मछलियों की संख्या एवं वृद्धि निम्न बातों पर निर्भर करती है:

(*i*) जल की गहराई, (*ii*) जलधाराएँ जहाँ ठंडे एवं गर्म पानी की धाराएँ मिलती हैं, वहाँ अधिक मछलियाँ पाई जाती हैं,, (*iii*) सागर के जल का तापमान तथा लवणता (*iv*) जल में मछली आहार की उपलब्धि।

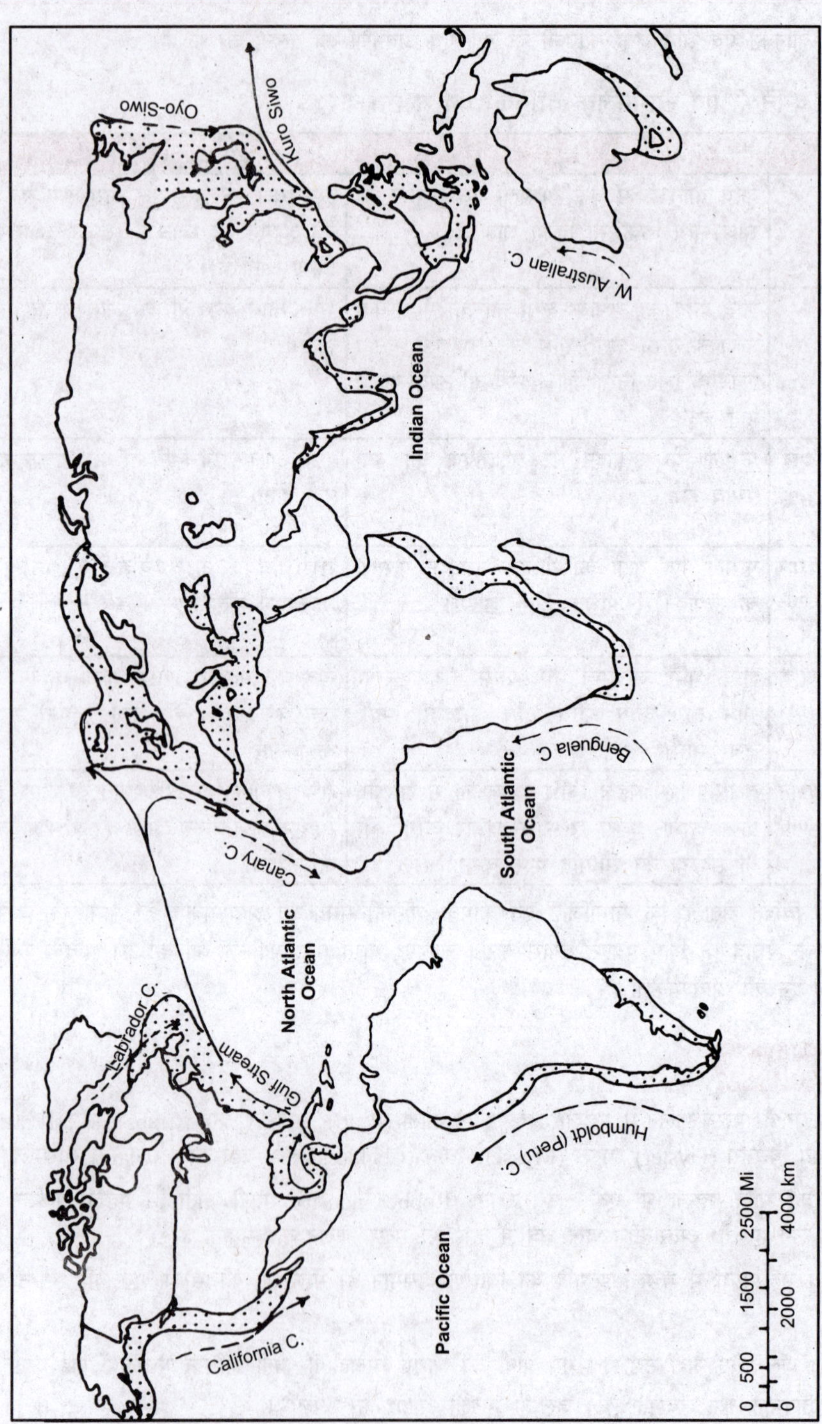

चित्र 10.8 विश्व के प्रमुख मत्स्य क्षेत्र

मछली क्षेत्रों के लिए अनुकूल परिस्थितियाँ

मत्स्यपालन सभी महासागरों एवं सागरों में किया जाता है, परंतु माहीगिरी के प्रमुख क्षेत्र शीत कटिबंध में स्थित हैं। व्यापारिक मत्स्यपालन ऊष्णकटिबंधीय सागरों में कम विकसित है। *(मानचित्र 10.8)*।

1. **शीतोष्ण अक्षांश** : शीतोष्ण तथा ऊँचे अक्षांशों में प्लवक (Plankton) की बहुतायत होती है। प्लैंक्टन (प्लवक)ही मछली का मुख्य आहार है। ऊष्ण कटिबंध के गर्म जल में प्लवक की मात्रा कम होती है। *(मानचित्र 10.9)*।
2. **ठंडी जलवायु** : जिन सागरों तथा महासागरों का तापमान 20ºC से कम रहता वहाँ मछलियों की संख्या में वृद्धि तीव्र गति से होती है।
3. **सस्ते श्रम की उपलब्धता** : मछली पकड़ना, उनको साफ करना, काटना, नमक लगाना, सुखाना, डब्बों में बंद करने के लिए सस्ते श्रमिकों की आवश्यकता होती है।
4. **बाजार की उपलब्धि** : मछली उद्योग को प्रोत्साहन देने के लिए अधिक जनसंख्या एवं बड़े नगरों का निकट होना भी आवश्यक है।

विश्व के बड़े मत्स्यपालन /मत्स्यपालन स्थल

विश्व के प्रमुख मत्स्यपालन क्षेत्रों (Fishing Grounds) का संक्षिप्त वर्णन निम्न में दिया गया है–

1. **उत्तर पूर्वी अटलांटिक महासागर** : आइसलैंड से लेकर भूमध्य सागर तक फैला हुआ यह मछवाही स्थल विश्व के बड़े मत्स्यपालन स्थलों में से एक है। इस मछवाही क्षेत्र में मत्स्यपालन एक विकसित उद्योग है।
2. **उत्तरी सागर** : उत्तरी सागर ब्रिटेन एवं यूरोप महाद्वीप के मध्य स्थित है। इसमें प्रमुख रूप से हेरिंग मछली पाई जाती है।
3. **उत्तर-पश्चिमी अटलांटिक महासागर** : उत्तरी अमेरिका के उत्तर पूर्व में स्थिति इस मछवाही स्थल में खाड़ी के गर्म जल की धारा तथा लेब्राडोर की ठंडे जल की जल धाराएँ मिलती हैं। उत्तर पश्चिमी अटलांटिक में न्यू फाउंडलैंड से न्य इंग्लैंड तक इसका विस्तार है। संयुक्त राज्य अमेरिका तथा कनाडा के मछुआरे यहाँ मछली पकड़ते हैं। इस क्षेत्र के ग्रांड बैंक, जार्ज-बैंक तथा सेबिल बैंक की मौजूदगी से मछली वृद्धि के लिए अनुकूल परिस्थितियाँ उत्पन्न हुई हैं।

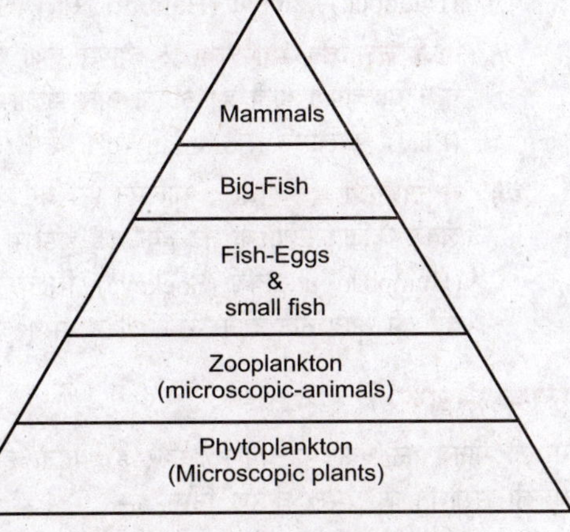

चित्र 10.9 सागरीय आहार पिरामिड

4. **उत्तर पूर्वी प्रशांत महासागर** : उत्तरी अमेरिका के अलास्का तट से लेकर कैलिफोर्निया के तट तक फैला हुआ यह एक प्रसिद्ध मछवाही केंद्र है। इस क्षेत्र में साल्मन मछली की बहुतायात है।
5. **उत्तर पश्चिमी प्रशांत महासागर** : यह मछवाही क्षेत्र बैरिंग जलडमरू मध्य (Bering Strait) से लेकर जापान सागर होते हुए चीन तक फैला हुआ है। इस क्षेत्र में भी मुख्य मछली साल्मन है।
6. **अन्य मछवाही क्षेत्र** : अन्य मछुवाही क्षेत्रों में पेरु और चिली के तट, दक्षिण पूर्वी एशिया तथा हिंद महासागर के देश प्रमुख है।

मछलियों की जीवजातियाँ

मछलियों को मुख्यत: दो वर्गों में विभाजित किया जा सका है– (*i*) लवणीय जल में रहने वाली मछलियाँ, जो अपना पूरा जीवन लवणीय सागरों में बिताती हैं तथा स्वच्छ जल की मछलियाँ, जो नदियों एवं झीलों में पाई जाती हैं। कुछ मछलियाँ समुद्रापगमी (Anadromous) होती हैं, जिनका जन्म तो नदियों में होता है, परंतु पूरा जीवन सागरों में बिताती हैं और केवल अण्डजन्न (Spawn) के लिए नदियों में लौटकर आ जाती हैं तथा वहीं (नदियों) में मर जाती हैं।

(*i*) **लवणीय जल की मछलियाँ** : महासागरों के लवणीय जल में हजारों प्रकार की मछलियाँ पाई जाती हैं, परंतु इनमें हेरिंग (Herring) सबसे प्रसिद्ध है। यह मछली बड़े झुंड (Shoal) में पाई जाती है। इनके एक झुंड का विस्तार 15 किलोमीटर लंबा तथा 6 किलोमीटर चौड़ाई तक होता है जिसमें सात लाख तक मछलियाँ पाई जाती हैं। यह 15 से 30 मीटर की गहराई में तैरती है। इसलिए इनको ड्रिफ्ट (Drift) के द्वारा पकड़ा जाता है। मछुआरे इनको रात के समय में पकड़ते है, क्योंकि दिन के समय यह अधिक गहराई में तैरती हैं।

लवणीय गहरे जल में पाई जाने वाली मैकेरल (Mackeral) भी एक महत्त्वपूर्ण मछली है, जिसकी लंबाई 60 सेंटीमीटर तक होती है। यह स्वादिष्ट मछलियों में से एक है, परंतु यह जल्द नष्ट होती है। उत्तरी सागर, भूमध्य सागर, बाल्टिक सागर तथा पीले सागर में यह बहुतायत के साथ पाई जाती हैं।

इनके अतिरिक्त लवणीय जल में सारडीन (Sardine), ब्रिस्लिग (Brisling), अन्चोवी (Anvochovies), कॉड (Cod), तथा मैनहेडन (Menhaden), मछली पाई जाती है। इनके अतिरिक्त सफेद मछली (White fish), फ्लेट-फिश (Flet - fish), ब्रिल (Brill), कैटफिश (Catfish), डॉगफिश (Dogfish), दाब (Dab), हेक (Hake), हैडक (Haddock), हैलिबट (Halibut), सोल (Sole) तथा टूना (Tuna) भी सागरों के लवणीय जल में पाई जाती है।

(*ii*) **ताजे जल की मछलियाँ** : व्यापार तथा वाणिज्य की दृष्टि से नदियों तथा झीलों में पाई जाने वाली मछलियाँ कम महत्त्वपूर्ण होती हैं। नदियों और झीलों में पाई जाने वाली मछलियों में ट्राऊट (Trout), पर्च (Perch), पाईक (Pike), सालोमन (Soloman) तथा क्रेप (Crap) मुख्य हैं।

(*iii*) **समुद्रापगमी मछलियाँ** : सालमन इस वर्ग की सबसे महत्त्वपूर्ण मछली है। यह उत्तरी अमेरिका के अलास्का तट से लेकर कैलिफोर्निया के तट तक बड़े झुंडों में पाई जाती है। सैलमन मछली की पाँच मुख्य किस्में हैं-चिनूक, हम्पबैक (Humpback), सोकेई (Sockeye), सिल्वर (Silver) तथा चुम (Chum)। कम आयु की सेल्मन मछली दो से पाँच वर्ष की आयु तक सागर में रहती है, परंतु अंडे देने के लिए नदियों में आती हैं और अंडे देने के बाद मर जाती है।

मत्स्य संरक्षण

मछली मानव का एक महत्त्वपूर्ण आहार है। बढ़ती हुई जनसंख्या के कारण मछली संसाधन का तेजी से ह्रास हो रहा है। मछली संसाधन के प्रमुख कारण निम्न हैं–

(*i*) अत्यधिक मछली पकड़ना (*ii*) अंधाधुंध बड़ी तथा छोटी मछलियों को पकड़ना (*iii*) जल प्रदूषण तथा (*iv*) मत्स्य-कृषि के प्रति अज्ञानता।

मछली संरक्षण के लिये निम्न उपाय, उपयोगी सिद्ध हो सकते हैं–

1. **जीर्णोद्धार करना (Restocking of Overfished Water)**: तटीय तथा अंत: स्थलीय जल (Inland - Water) जहाँ से अत्यधिक मत्स्यपालन किया गया है उन क्षेत्रों में मछलियों का जीर्णोद्धार करना चाहिए। ऐसे क्षेत्रों में छोटी मछलियों को बीज के तौर पर छोड़ना चाहिए।
2. **अंधाधुंध मछली पकड़ने पर प्रतिबंध** : छोटी मछलियों को पकड़ने पर प्रतिबंध लगाया जाना चाहिए।
3. **कृत्रिम जननक्षम** : छोटी एवं जलाशयों में कृत्रिम जननक्षम पर बल देना चाहिए।
4. **जल को प्रदूषण से बचाना** : प्रदूषित जल में मछली जीवित नहीं रह पाती, इसलिए जल को प्रदूषण से बचाना चाहिए।

5. **मछवाही के संबंध में अंतर्राष्ट्रीय संधि** : मछलियाँ चूँकि अंतर्राष्ट्रीय जल में कहीं भी जा सकती हैं, इसलिए मछवाही के बारे में एक अंतर्राष्ट्रीय संधि की जानी चाहिए।
6. **मछलियों के बारे में अंतर्राष्ट्रीय स्तर पर शोधकार्य**: मछलियों के बारे में बहुत तरीके से शोध कार्य करने की आवश्यकता है। इस दिशा में सागरों का तापमान, लवणता, लघु-प्राणियों अथवा प्लैंकटन के संबंध में शुद्ध आँकड़े एकत्रित करने की आवश्यकता। यदि उपरोक्त उपाय किये जाएँ तो मछली संसाधन को संरक्षण प्राप्त किया जा सकता है।

द्वितीयक प्रक्रियाएं (Secondary Activities)

प्राथमिक प्रक्रियाओं के द्वारा प्रकृति से जो वस्तुएं प्राप्त की जाती हैं, उनको मानव-उपभोग के योग्य बनाने के लिए उनको औद्योगिक प्रक्रियाओं से गुजरना अनिवार्य होता है। वास्तव में कृषि वनों तथा खनन के द्वारा प्राप्त की गई वस्तुओं को कारखानों में ले जाकर उनको इस्तेमाल के योग्य बनाया जाता है। उदाहरण के लिए गन्ने से चीनी, कपास से कपड़ा, लोह-अयस्क से लोहा तथा इस्पात तैयार किया जाता है। सभी द्वितीयक प्रक्रियाओं को विनिर्माण प्रक्रिया कहते हैं।

उद्योगों का वर्गीकरण

उद्योगों में नाना प्रकार की वस्तुओं का उत्पादन किया जाता है। उद्योगों को निम्न तीन वर्गों में विभाजित किया जा सकता है–

1. **प्राइमरी उद्योग (Primary Industries)**: इस वर्ग में कोयले, पैट्रोलियम एवं प्राकृतिक गैस से ऊर्जा का उत्पादन करना, कृषि आधारित उद्योग तथा बॉक्साइट (Bauxite) से एल्यूमिनियम तैयार करना।
2. **द्वितीयक उद्योग (Secondary Industries)**: इस वर्ग में भारी उद्योग सम्मिलित किए जाते हैं; जैसे–भारी मशीनों का निर्माण, इंजीनियरिंग, धातु उद्योग, पोत-निर्माण (Ship - Building), लोकोमोटिव (Locomotives), क्रेन (Crane) तथा बिजली उत्पादन उपकरण, प्लास्टिक तथा पुस्तकों का प्रकाशन।
3. **तृतीयक उद्योग (Tertiary Industries)**: इस वर्ग में व्यापार, वाणिज्य, परिवहन, दूरसंचार, मनोरंजन, शिक्षा, पर्यटन तथा प्रशासन सम्मिलित हैं।

उद्योगों के अवस्थितिकरण के कारक

विभिन्न उद्योग अलग स्थानों पर लगाए जाते हैं। किसी भी कारखाने की स्थापना भौतिक, आर्थिक, सामाजिक तथा सांस्कृतिक कारणों को ध्यान में रखकर की जाती है। उद्योगों को स्थापित करने वाले कारक निम्न प्रकार हैं–

(*i*) कच्चे माल की उपलब्धि, (*ii*) ऊर्जा की उपलब्धि, (*iii*) कुशल तथा सस्ते मजदूर, (*iv*) पूँजी (Capital), (*v*) उद्योगपति, जो जोखिम उठाने की क्षमता रखता हो, (*vi*) बाजार (घरेलू तथा अंतर्राष्ट्रीय) (*vii*) प्रबंधन क्षमता, (*viii*) जलवायु, (*ix*) राजनैतिक स्थिरता (Political Stability), (*x*) मूलभूत सुविधाएँ (बिजली, पानी और सड़क), (*xi*) ढुलाई भाड़ों की सुविधा ए. वेबर महोदय के अनुसार किसी उद्योग को स्थापित करने में कच्चे और पक्के माल का ढुलाई भाड़ा निर्णयक होता है।

कपड़ा वस्त्र उद्योग (Textile Industry)

कपड़ा वस्त्र उद्योग में सूती, ऊनी, रेशमी तथा कृत्रिम वस्त्र उद्योग शामिल हैं। कपड़ा उद्योग विश्व के सबसे पुराने उद्योगों में से एक है। इस उद्योग में शुद्ध कच्चे माल (Pure Raw Material) का उपयोग होता है। शुद्ध कच्चे माल का वज़न और उसके उत्पादन (कपड़े) का वज़न बराबर होता है। कपड़ा उद्योग की स्थापना पर परिवहन भाड़े का भारी प्रभाव पड़ता है। इस शुद्ध कच्चे माल को कारखाने के कपास उत्पादन क्षेत्र में लगाया जा सकता है अथवा बाजार (नगर) में लगाया जाता है जहाँ कपड़ा बेचा जाएगा।

आधुनिक वस्त्र उद्योग की उत्पत्ति एवं विकास ब्रिटेन में हुआ था, जहाँ रुई से धागा तैयार करने वाली मशीन का आविष्कार हुआ था। ब्रिटेन से सूती कपड़ा तैयार करने वाली मशीनें, यूरोप के अन्य देशों, संयुक्त राज्य अमेरिका, चीन, जापान एवं भारत पहुँची। वर्तमान में वस्त्र उद्योग विश्व का सबसे अधिक विस्तृत उद्योग है।

वस्त्र उद्योग के विस्तृत एवं विश्वव्यापी होने के निम्न कारण हैं–

(i) **कपड़ा एक आधारभूत आवश्यकता है**: कपड़ा प्रत्येक व्यक्ति की माँग है। इसकी माँग सदैव बनी रहती है।

(ii) **मशीनीकरण**: मशीनों की सहायता से अनपढ़ श्रमिक भी कपड़ा बुन सकता है।

(iii) कपास का उत्पादन विश्व के बहुत-से देशों द्वारा किया जाता है।

(iv) धागा जल्द नष्ट होने वाली वस्तु नहीं है।

(v) इसके कच्चे माल और पक्के माल (कपड़े) का ढुलाई भाड़े में विशेष अंतर नहीं होता।

विश्व में सूती वस्त्र उद्योग (Cotton Textile Industry in World)

विश्व में सूती वस्त्र उद्योग विशेषत: संयुक्त राज्य अमेरिका, ब्रिटेन, चीन, सेंट्रल एशियन गणतंत्र, मिस्र, इटली, फ्रांस स्पेन, जर्मनी, नीदरलैंड, जापान, दक्षिण कोरिया, रूस, यूक्रेन, थाइलैंड, इंडोनेशिया, मलेशिया, फिलिपींस, श्रीलंका पाकिस्तान, म्यांमार, अर्जेंटिना, कोलंबिया, ब्राजील, दक्षिण अफ्रीका, नाइजीरिया, आस्ट्रेलिया तथा न्यूजीलैंड इत्यादि। *(मानचित्र 10.10)*

भारत में सूती वस्त्र उद्योग (Cotton Textile Industry in India)

भारत में सूती वस्त्र उद्योग बहुत पुराना है। ढाके की मलमल विश्व भर में प्रसिद्ध थी। भारत में सूती वस्त्र का आधुनिक कारखाना 1818 में कोलकाता के निकट फोर्ट ग्लास्टर स्थान पर लगाया गया था, परंतु यह प्रयास सफल नहीं हो पाया था। तत्पश्चात् 1851 में मुंबई में सूती वस्त्र का कारखाना लगाया गया। 1958 में मुंबई, अहमदाबाद, पुणे, शोलापुर, कोल्हापुर, कानपुर, नागपुर, मद्रास, चेन्नै, कोयंबटूर, इरोडे, मदुरई, तूतीकोरिन, अल्वे, एलप्पी, कोची तथा त्रिचुर में सूती वस्त्र के कारखाने लगाये गये। *(मानचित्र 10.11)*

भारत में सूती वस्त्र के प्रमुख औद्योगिक केंद्र हैं- मुंबई, अहमदाबाद, बड़ोदरा, सूरत, भावनगर, राजकोट, शोलापुर, नागपुर, पुणे, भोपाल, रतलाम, इंदौर, उज्जैन, ग्वालियर, जबलपुर, आगरा, बरेली, कानपुर, मेरठ, मोदीनगर, मुरादाबाद, हाथरस, वाराणसी, हावड़ा, कोलकाता, मुर्शिदाबाद, पटना, अमृतसर, लुधियाना, फगवाड़ा, हिसार, भिवानी, ब्यावरा, भीलवाड़ा, बैंगलूरू, मैसूर, पांडिचेरी, चेन्नई, कोयंबटूर, इरोडे, अल्वे, कोची तथा त्रिचुर इत्यादि। *(मानचित्र 10.11)*

निर्यात (Export)

भारत का विश्व में कपड़ा निर्यात में तीसरा स्थान है। इस दिशा में चीन का पहला, युरोपियन की दूसरा और संयुक्त राज्य अमेरिका का चौथा स्थान है। भारत से सूती वस्त्र रूस, फ्रांस, जर्मनी, ब्रिटेन, इटली, संयुक्त राज्य अमेरिका, नार्वे, स्वीडन, आस्ट्रेलिया, नेपाल, इथोपिया, केन्या, सऊदी-अरब तथा खाड़ी के देशों को निर्यात करता है।

समस्याएँ (Problems)

भारत का सूती वस्त्र उद्योग बहुत-सी समस्याओं का सामना कर रहा है। इस उद्योग की प्रमुख समस्याओं का वर्णन निम्न में दिया गया है–

1. **कच्चे माल का अभाव**: सूती वस्त्र उत्पादन में कच्चे माल की भागीदारी 35% होती है। भारत में उत्तम प्रकार की कपास का अभाव है। भारत लंबे रेशे वाली कपास का आयात मिस्र, सूडान, पाकिस्तान, तुर्कमेनिस्तान तथा संयुक्त राज्य अमेरिका से करता है।
2. **पुरानी मशीनें**: भारत के अधिकतर सूती वस्त्र कारखानों की मशीनें पुरानी हैं, जिनकी क्षमता कम है तथा उत्पादन की गुणवत्ता भी घटिया होती है।
3. **ऊर्जा की कमी**: सूती वस्त्र उद्योग में ऊर्जा की कमी के कारण उत्पादन पर प्रतिकूल प्रभाव पड़ता है।
4. **अंतर्राष्ट्रीय बाजार में प्रतिस्पर्द्धा**: चीन, दक्षिण कोरिया, जापान, मलेशिंया तथा इंडोनेशिया से विश्व बाजार में भारी प्रतिस्पर्द्धा है।

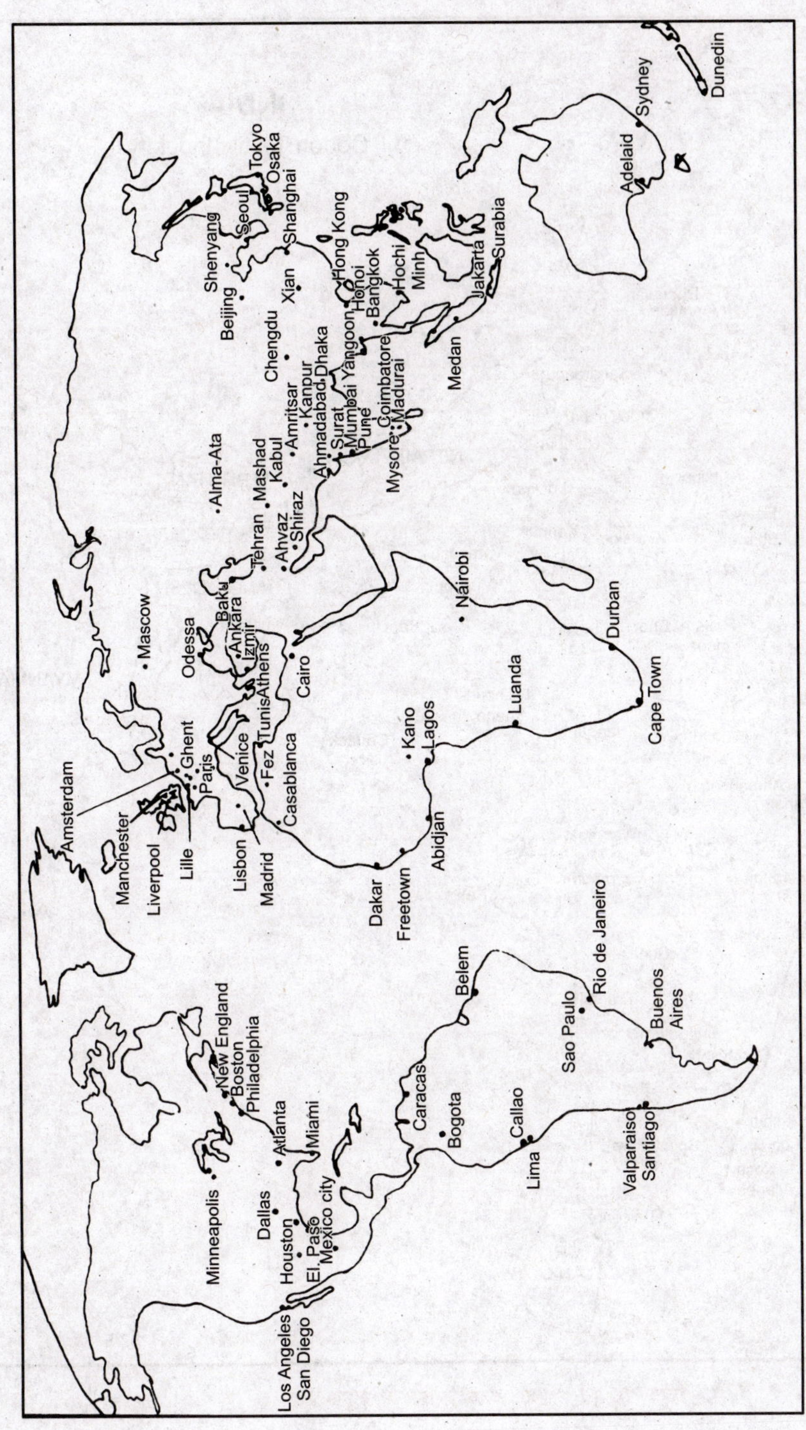

चित्र 10.10 विश्व सूती वस्त्र उद्योग

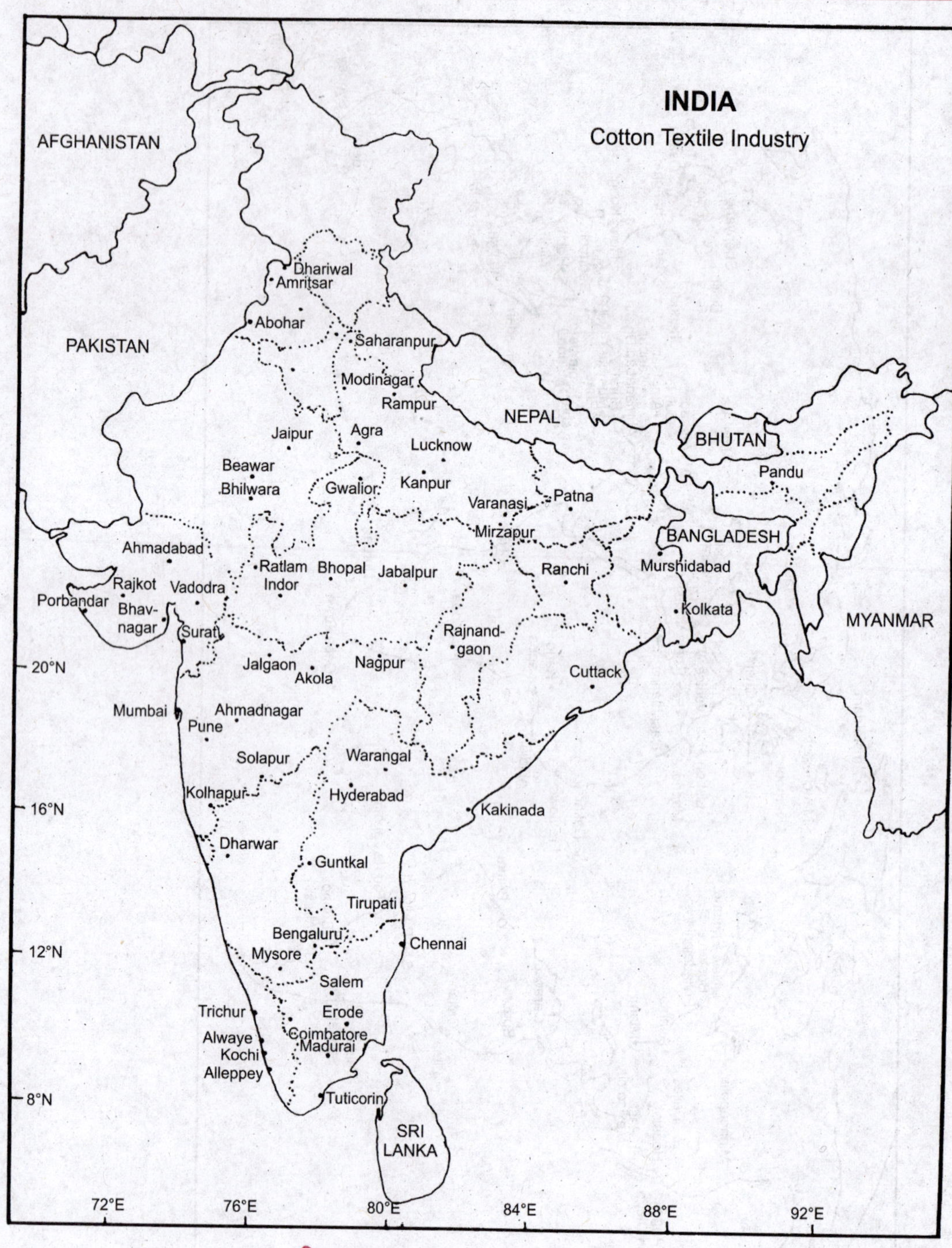

चित्र 10.11 भारत: वस्त्र उद्योग के प्रमुख केंद्र

5. **घाटे में चल रहे सूती वस्त्र कारखाने**: भारत में सौ से अधिक कपड़े के कारखाने घाटे में चल रहे हैं जिनको वित्तीय सहायता की आवश्यकता है।
6. **हड़ताल एवं तालाबंदी**: श्रमिकों की बार-बार हड़ताल तथा कारखानों के मालिकों के द्वारा तालाबंदी का भी उत्पादन पर खराब प्रभाव पड़ता है।
7. **आधुनिकीकरण की मंद गति**: सूती वस्त्र कारखानों की पुरानी मशीनों के स्थान पर नई मशीनों के लगाने का कार्य बहुत मंद गति से हो रहा है।

लोहा एवं इस्पात उद्योग (Iron and Steel Industry)

धातु उद्योगों में लोहे और इस्पात का उद्योग सबसे अधिक महत्त्वपूर्ण माना जाता है। लोहा एक मजबूत धातु है, जिसमें भारी लचक पाई जाती है और जिसको बारीक तारों का रूप दिया जा सकता है। लोहे और इस्पात के कारखानों की अवस्थिति के निर्धारक निम्नलिखित हैं–

1. **खनिज लोहे की उपलब्धि** : लोहे खनिज एक भारी अशुद्ध खनिज है जिसकी ढलाई में अधिक भाड़े का खर्च आता है, इसलिए इसके कारखाने प्राय: उन्हीं स्थानों में लगाये जाते हैं जहाँ खनिज लोहे की खानें हों।
2. **कोयले की उपलब्धि** : लोहे-इस्पात उद्योग में उत्तम प्रकार के कोयले की आवश्यकता होती है जिसको कोक में बदलाव किया जा सके। खनिज लोहे को पिघलाने में कोक का उपयोग किया जाता है।
3. **तटीय स्थिति** : आयात-निर्यात को ध्यान में रखते हुए बहुत-से लोहे तथा इस्पात के कारखाने बंदरगाहों के निकट लगाये जाते हैं। आस्ट्रेलिया, इंग्लैंड, जर्मनी, जापान, यू॰ एस॰ ए॰, स्पेन तथा स्कॉटलैंड (ग्लासगो) में लोहे इस्पात के कारखाने तटीय स्थानों पर हैं। भारत में विशाखापट्टनम इस्पात कारखाना बंदरगाह के निकट स्थित है।

विश्व के लोहे व इस्पात के प्रमुख औद्योगिक केंद्र

लोहे तथा इस्पात का उद्योग विकसित एवं विकासशील देशों में विभिन्न स्थानों पर अवस्थित है। विश्व के कुछ प्रमुख लोहे-इस्पात के कारखानों का विवरण *तालिका 10.4* तथा *मानचित्र 10.12* में प्रस्तुत किया गया है। *(मानचित्र 10.12)*

तालिका 10.4 विश्व के लौहे तथा इस्पात उद्योग

संयुक्त राज्य अमेरिका	पिट्सबर्ग, बफैलो, क्लीवलैंड, डेट्रायट, डुलुथ (Duluth), गैरी, शिकागो, एटलांटा, सिएटल (Seattle) तथा बर्मिंघम।
जर्मनी	रूर बेसिन (Ruhr Basin)
फ्रांस	लोरेन का पठार
रूस	मैग्निटोगोर्स्क, चल्याबिंस्क, (यूराल पर्वत), कुजबास।
यूक्रेन	डोनबास
कजाकिस्तान	कारागंडा
चीन	अंशान, शेनयांग, (मंचूरिया), शंघाई
आस्ट्रेलिया	क्रिंबले, पिल्बरा, पोर्ट-केंबला
ईरान	राश्त
ब्राजील	रियो डी जेनेरियो, मिनास-गर्शिया इत्यादि।
भारत	जमशेदपुर, भिलाई, राऊरकेला, दुर्गापुर, बोकारो, बर्नपुर, धनबाद, कालिंग नगर, दायतरी, पारादीप, गोपालपुर, विशाखापट्टनम, सलेम, भद्रावती, विजयनगर, डोलवी इत्यादि।

तालिका 10.5 **विश्व के प्रमुख औद्योगिक प्रदेश तथा उनके मुख्य उत्पादन**

औद्योगिक प्रदेश	प्रमुख उद्योग (Main Industries)
बोहिमिया	लोहा तथा इस्पात, भारी मशीनें, खनन-यंत्र बिजली का सामान, हल्की मशीनें, कृषि यंत्र तथा उपभोक्ता वस्तुएँ।
लोरेन	लोहा-इस्पात, सूती-वस्त्र, भारी तथा हल्की मशीनें, उपभोक्ता की वस्तुएँ, मद्य निर्माण शाला, तथा खाद्य पदार्थ।
मास्को	लोहा तथा इस्पात, सूती एवं ऊनी वस्त्र, इंजीनियरिंग का सामान, वाहन, नाना प्रकार की मशीनें, बिजली का सामान, औषधि उद्योग तथा खाद्य सामग्री।
पो-बेसिन	वाहन, बिजली का सामान, उपभोक्ता वस्तुएँ, चीनी के बर्तन, साइंटिफिक यंत्र, कृषि मशीनें, वित्तीय सेवायें।
रूर बेसिन	लोहा तथा इस्पात, भारी मशीनें, रासायनिक पदार्थ, खनन यंत्र, खाद्य सामग्री।
सार बेसिन	लोहा एवं इस्पात, वाहन, बिजली का सामान, रासायनिक पदार्थ, इलेक्ट्रॉनिक्स, कृषि यंत्र, वस्त्र उद्योग तथा खाद्य पदार्थ।
कार्डिफ-स्वानसी	पानी के जहाज, लोहा तथा इस्पात, भारी मशीनें, खनन की मशीनें, वाहन, रासायनिक पदार्थ, (वेल्स-यू॰ के॰) हल्की मशीनें, उपभोक्ता मशीनें तथा खाद्य सामग्री।
ग्लासगो	जल-पोत निर्माण, लोहा तथा इस्पात, वाहन, बिजली का सामान, कृषि यंत्र, रासायनिक पदार्थ, वस्त्र उद्योग तथा खाद्य सामग्री।
मैनचेस्टर-लिवरपूल-न्यूकैसल	जलपोत-निर्माण, सूती एवं ऊनी वस्त्र, हल्की मशीनें, इस्पात के बर्तन
वोल्गा बेसिन	रासायनिक पदार्थ, वस्त्र उद्योग, खनन-मशीनें, कृषि यंत्र तथा उपभोक्ता वस्तुएँ।
बफैलो-क्लीवलैंड	लोहा तथा इस्पात, बिजली-उपकरण, वाहन, अनाज पीसने के कारखाने, रासायनिक पदार्थ।
डेट्रायट, दुलुथ, गैरी	इंजीनियरिंग का सामान, उपभोक्ता वस्तुएँ, फर की वस्तुएँ, भारी मशीनें, सांइटिफिक मशीनें।
मिल्बाकी, टोलेडो, ग्रेट-लेक	मद्यनिर्माणशाला, डिब्बाबंद फल, दुग्ध वस्तुएँ तथा खाद्य पदार्थ।
ब्राजील	औद्योगिक केंद्रः क्यरिटिबा, रियो डि जेनेरो, साओ-पालो, सल्वाडोर तथा सान्टोस।
कोलंबिया	मेडेलिन, बगोटा, काली।
पेरु	कलाओ, लीमा, चिम्बोटे, ताशा।
अर्जेन्टाइना	औद्योगिक केंद्र, ला प्लाटा, ब्यूनस आयर्स, पराना।
दक्षिण अफ्रीका	केपटाऊन, डर्बन, नटाल, जोहंसबर्ग।
भारत	औद्योगिक केंद्र–भिलाई, भद्रावती, बोकारो, बर्नपुर, धमतरी, धनबाद, गोपालपुर, जमशेदपुर, कलिंग नगर, पाराद्वीप, राऊर केला, सलेम, विजय नगर, विशाखापट्टनम, मुंबई, कोलकाता, दिल्ली, चेन्नई, अहमदाबाद, बंगलौर, हैदराबाद, जयपुर, पुणे, लुधियाना, लखनऊ, कानपुर, वाराणसी, फरीदाबाद, गुड़गाँव, अमृतसर, अंबाला, चंड़ीगढ़, श्रीनगर आदि।

भारत की औद्योगिक समस्याएँ (Industrial Problems of India)

भारत एक उभरती हुई औद्योगिक शक्ति है, परंतु भारत बहुत-सी औद्योगिक समस्याओं से दो-चार हैं। भारत की प्रमुख औद्योगिक समस्याएँ निम्न प्रकार हैं–

1. औद्योगिक मूलभूत सुविधाओं का अभाव (Inadequate Industrial Infrastructure)

भारत में औद्योगिक मूलभूत सुविधाओं; जैसे-सड़क, बिजली, पानी, परिवहन एवं सुरक्षा का अभाव है। रोड तथा रेलों पर भारी दबाव है तथा परिवहन की गति मध्यम है जिसके कारण कच्चे एवं पक्के माल के लाने-ले जाने मे कठिनाई एवं देरी होती है।

2. कच्चे माल की कमी (Inadequacy of Raw Material)

भारत में ताँबे, बॉक्साइट तथा उत्तम प्रकार के लोहे खनिज एवं बिटुमिनस कोयले की कमी है। बहुत-से खनिजों का आयात करना पड़ता है। इनके अतिरिक्त रसायन-उद्योग के लिए कच्चा तेल (Crude Oil), प्राकृतिक गैस तथा फास्फेट का आयात करना होता है जिससे उत्पादन में फर्क पड़ता है।

3. राजकीय क्षेत्र में घाटा (Loss in Public Sector)

अधिकतर सरकारी क्षेत्र की औद्योगिक इकाई घाटे में चलती है। इनके प्रबंधन पर प्रश्नवाचक चिन्ह लगा हुआ है। बहुत-सी सरकारी औद्योगिक इकाइयों को निजीकरण (Private Sector) में परिवर्तित किया जा रहा है।

4. औद्योगिक इकाइयों का घाटे में चलना (Industrial Sickness)

भारत में निजी सेक्टर तीव्र गति से बढ़ रहा है, परंतु बहुत-से निजी उद्योग भी घाटे में चल रहे हैं। इनके घाटे में चलने के मुख्य कारण– (*i*) कमजोर प्रबंधन (*ii*) कच्चे माल एवं ऊर्जा संसाधनों का दुरुपयोग (*iii*) महँगाई, (*iv*) उत्पादन की माँग में कमी, (*v*) श्रमिकों की हड़ताल इत्यादि।

5. उद्योगों का क्षेत्रीय संकेद्रण (Regional Concentration of Industries)

भारत के अधिकतर उद्योग कुछ विशेष क्षेत्रों में केंद्रित हैं। उदाहरण के लिए महाराष्ट्र, गुजरात, कर्नाटक, तमिलनाडु, पंजाब, हरियाणा तथा पश्चिम बंगाल औद्योगिक दृष्टि से अधिक विकसित हैं, जबकि उत्तरी भारत तथा उत्तरी पूर्वी भारत के राज्य औद्योगिक विकास में पीछे हैं।

6. कृषि पर आधारित उद्योगों के लिए कच्चे माल की कमी (Shortage of Raw Material for Agro - based Industries)

भारत के अधिकतर भाग की कृषि मानसून पर आधारित है। भारतीय कृषि को प्रायः "मानसून पर सट्टा" कहा जाता है। बाढ़ तथा सूखे के कारण फसलें खराब हो जाती हैं जिससे कृषि से मिलने वाले कच्चे माल का अभाव होता है और औद्योगिक उत्पादन पर प्रतिकूल प्रभाव पड़ता है।

7. पूँजी का अभाव (Lack of Capital)

उदारीकरण एवं भूमंडलीकरण (Globalization) के बावजूद उद्योगों में निवेश करने के लिए धन का अभाव है। विदेशी निवेश भी पर्याप्त मात्रा में नहीं आ रहा।

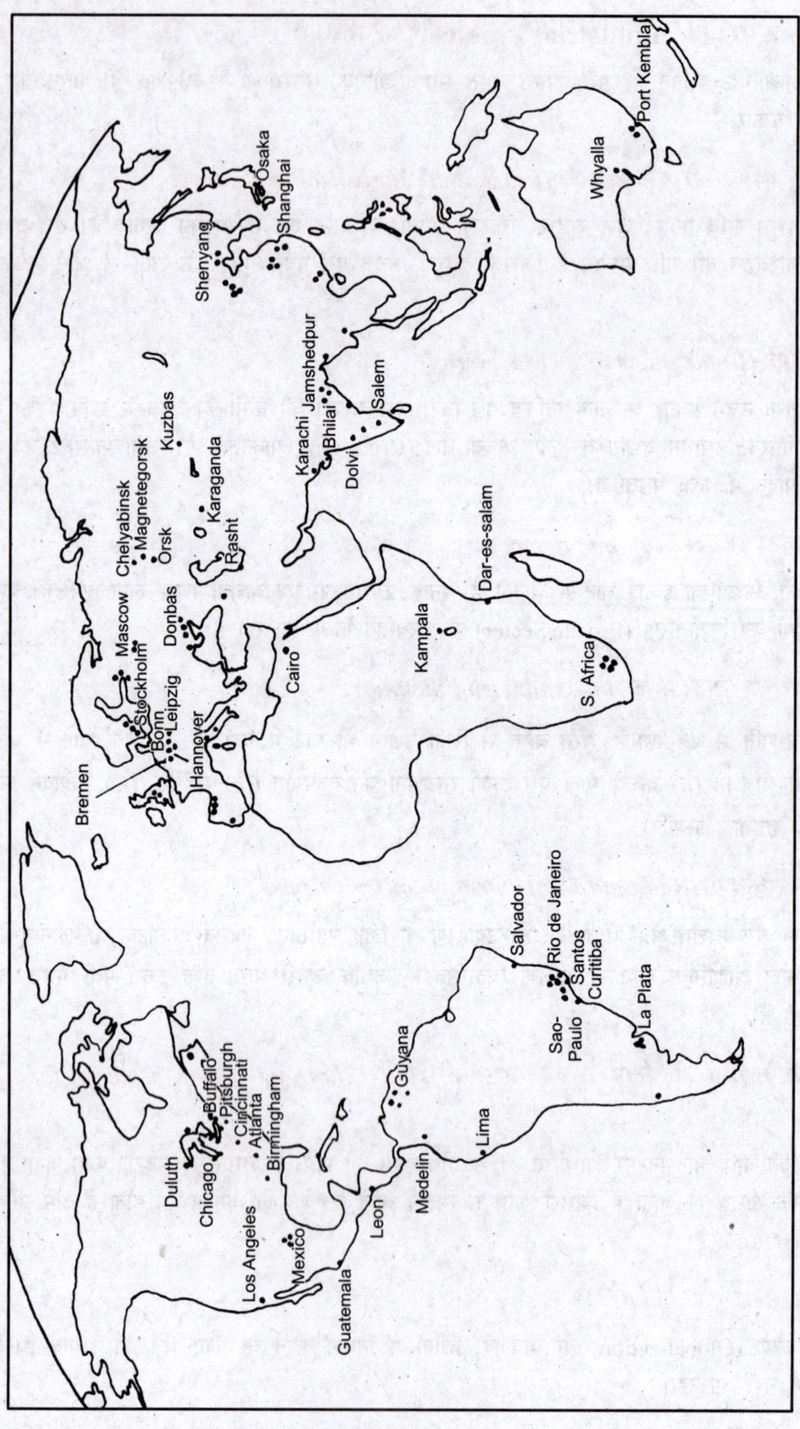

चित्र 10.12 विश्व लौह व इस्पात उद्योग

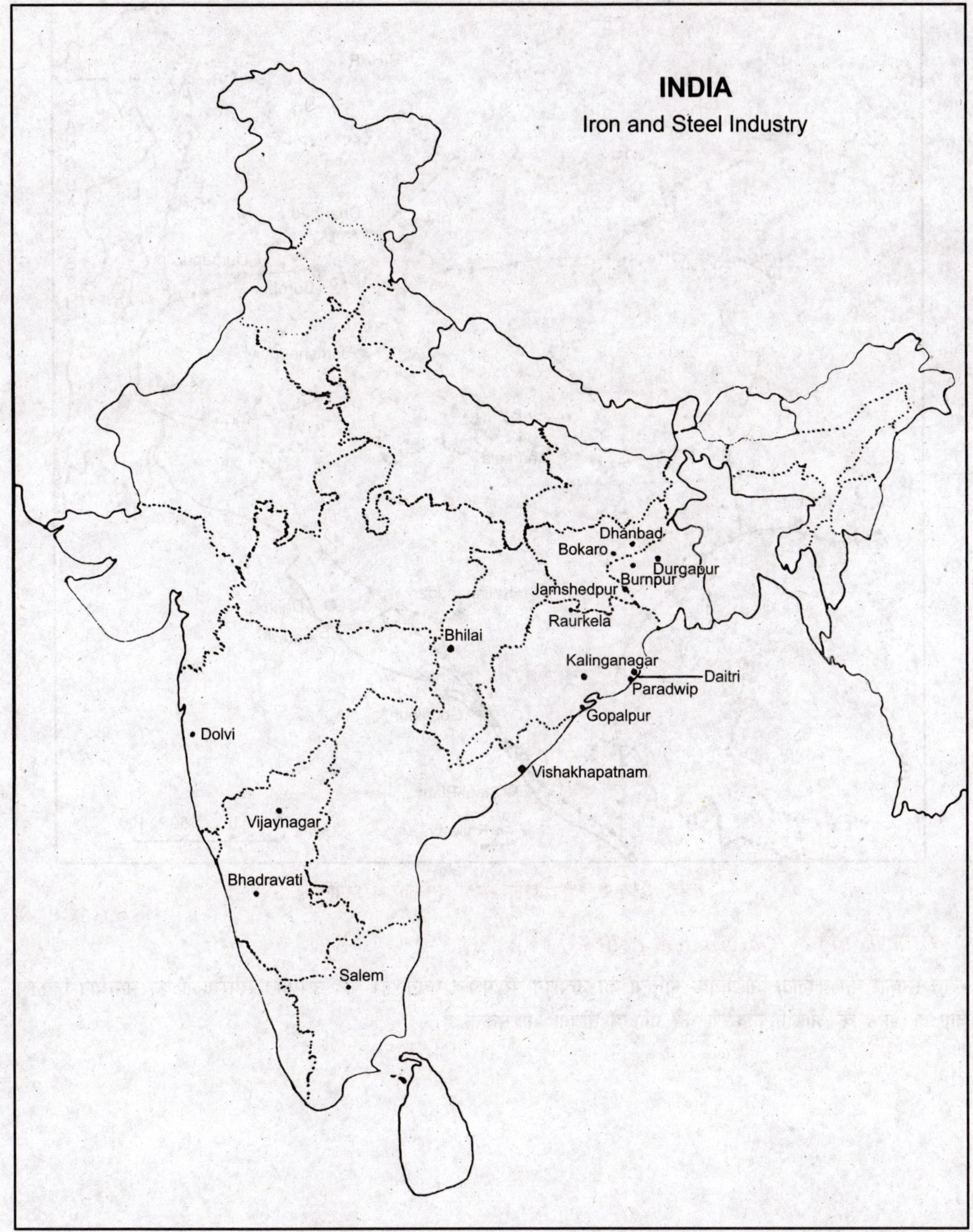

चित्र 10.13 भारत का लोह व इस्पात उद्योग

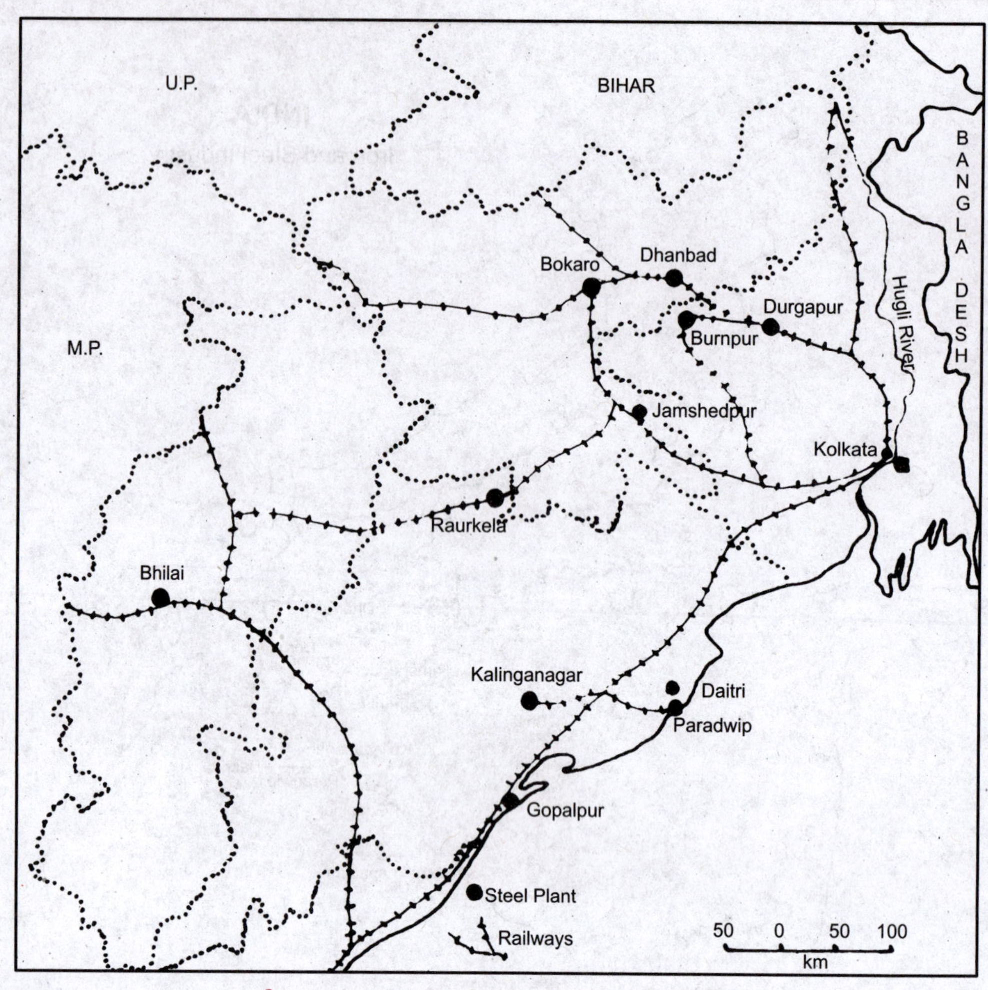

चित्र 10.14 छोटानागपुर पठार के लोह व इस्पात संयंत्र

8. सरकारी नीतियाँ (Government Policies)

भारत सरकार की बदलती औद्योगिक नीतियों का उत्पादन पर प्रभाव पड़ता है। यदि उपरोक्त समस्याओं का समाधान निकाला जाए तो भारत के औद्योगिकीकरण की गति में तीव्रता आ सकती है।

अध्याय

11

समकालीन सामाजिक एवं आर्थिक विषय

(Contemporary Socio-Economic Issue)

वैश्वीकरण और उदारीकरण के सामाजिक आर्थिक निहितार्थ बहुआयामी हैं। वैश्वीकरण के आर्थिक आयाम ज्यादा सुप्रकट और दुर्गामी हैं। लोगों के कामकाज, रोजगार, कार्य दशाएँ, आमदनी, परिवारों के सामाजिक स्तर, समाज, स्वतंत्रता और सामाजिक, सांस्कृतिक पहचान, महिला सशक्तिकरण पर वैश्वीकरण के बहुत-से प्रभाव पड़े हैं।

वैश्वीकरण

वैश्विक स्तर पर प्राकृतिक और मानवीय घटनाओं की अंत: क्रियाओं की अवधारणा को वैश्वीकरण कहा जाता है। वैश्वीकरण से आशय विश्व के विभिन्न देशों के बीच परस्पर बढ़ते सहयोग की ओर रुझान है।

वैश्वीकरण प्राथमिक तौर पर आर्थिक, सामाजिक, सांस्कृतिक, राजनैतिक, प्रौद्योगिकीय तत्त्वों का परस्पर आदान-प्रदान करना है, जो समाजों, राष्ट्रों और देशों के बीच घटित होता है। दूसरे शब्दों में यह एक ऐसी प्रक्रिया है जिसके द्वारा एक समाज अर्थव्यवस्था, उत्पादन, वितरण, संस्कृति, कला, संगीत, फैशन, परंपराओं एवं जीवन-शैली के क्षेत्र में बाहरी प्रभावों के प्रति अपने-आपको खोलता है।

वैश्वीकरण का सबसे महत्त्वपूर्ण स्वरूप आर्थिक वैश्वीकरण है। आर्थिक वैश्वीकरण में पूँजी, श्रम, प्रौद्योगिकी एवं उत्पादों का मुफ्त (Free) आदान-प्रदान होता है। इस प्रकार के मुफ्त आदान-प्रदान से अर्थव्यवस्था, संस्कृति, सामाजिक एवं आर्थिक वातावरण पर प्रत्यक्ष एवं अप्रत्यक्ष प्रभाव पड़ता है।

आर्थिक वैश्वीकरण विदेशी-निवेशों को, विदेशी कर्जों और आदिवासी भुगतानों के अंत: वाह की अनुमति देता है। संक्षिप्त में वैश्वीकरण सीमाविहीन विश्व है। इस उद्देश्य को प्राप्त करने के लिए आयात शुल्कों में कमी की जाती है और अपने देश से विदेशों में पूँजी निवेश करने तथा श्रमिकों को रोजगार दिलाने में आसानी होती है।

व्यापारिक फर्म की दृष्टि से इसका अर्थ है, किसी क्षेत्रफल या राष्ट्रीय स्तर पर कारोबार करने की बजाय, वह अंतर्राष्ट्रीय स्तर पर अपना कारखाना लगा सकती है, विदेशों में कारोबार कर सकती है। बैंकिंग और बीमा जैसे सेवा क्षेत्रों में विदेशों में अंतर्राष्ट्रीय स्तर पर कारोबार कर सकती है।

वैश्वीकरण की मुख्य विशेषताएँ

1. राष्ट्रीय अर्थव्यवस्थाएँ अधिक खुली एवं ज्यादा गहनता से संघटित हो गई हैं।
2. वैश्विक व्यापार में वृद्धि हुई है।
3. विचार, प्रौद्योगिकी और सांस्कृतिक तत्वों का आदान-प्रदान उच्चतर गति से होता है।
4. अंतर्राष्ट्रीय पूँजी प्रवाह (Capital Flow) में तीव्र गति से वृद्धि हुई है।
5. वस्तुओं ओर सेवाओं का भारी मात्रा में आदान-प्रदान हुआ है।
6. आदान-प्रदान की जाने वाली वस्तुओं में भारी विविधता पाई जाती है।
7. अंतर्राष्ट्रीय बाजार में नई सेवाओं का प्रवेश हुआ है। उदाहरण के लिए एक भारतीय वास्तुकार, अफ्रीकी देशों में किसी भवन की अभिकल्पना कर सकता है और कोई जापानी वास्तुकार फ्रांस अथवा खाड़ी के देशों में भवन का खाका एवं निर्माण तैयार कर सकता है।
8. इंटरनेट एवं मोबाइल फोन ने विश्व भर में कहीं भी तत्काल संप्रेषण को संभव किया है। इससे विभिन्न समाजों के ज्ञान की अभिवृद्धि और विकास की गति में वृद्धि हुई है।
9. वैश्वीकरण को आर्थिक विकास के घटक के तौर पर देखा जाता है, पर यह देशों के बीच व घरेलू स्तर पर आमदनी के अंतर को बढ़ाने, गरीबी बढ़ाने और पर्यावरणीय आक्रमण को गहरा करने के लिए जाना जाता है।

उदारीकरण

आर्थिक शासन में उदारीकरण को सरकार की भूमिका में आम तौर पर कमी के रूप में परिभाषित किया जाता है। यह आर्थिक क्षेत्रों से सरकार की निकासी और निजी क्षेत्र द्वारा प्रतिस्थापन है।

उदारीकरण की मुख्य विशेषताएँ

1. बुनियादी और प्रमुख उद्योगों, बैंकिंग, बीमा आदि में सार्वजनिक क्षेत्र में कमी होना।
2. सार्वजनिक सामाजिक सेवाओं; जैसे-शिक्षा, आवास और स्वास्थ्य की व्यवस्था में सरकार की भूमिका में कमी।
3. निजी क्षेत्र की व्यापक सहभागिता के द्वारा भावी विकास।

निजीकरण

निजीकरण का अर्थ है– सार्वजनिक स्वामित्व की अस्तियों की क्रमिक रूप से निजी स्वामित्व को बेच देना। निजीकरण निम्न तकनीकों में से किसी या सभी को काम में लेकर किया जा सकता है–

1. **अंशों की सार्वजनिक बिक्री**: किसी सार्वजनिक सीमित कंपनी के लिए प्रस्तावित किया जाता है।
2. **अंशों की निजी बिक्री**: सार्वजनिक स्वामित्व के उद्यम को पूरा या आंशिक तौर पर निजी व्यक्त्यिों या क्रेताओं के समूह को बेचा जाता है।

3. **सरकारी स्वामित्व के उद्यम में नया निजी निवेश:** निजी अंश निर्गम में निजी या सार्वजनिक क्षेत्र द्वारा सब्सिडी दे जाती है।
4. **सार्वजनिक क्षेत्र में निजी क्षेत्र का प्रवेश:** सार्वजनिक क्षेत्र के लिए आरक्षित क्षेत्रों में निजी समूहों को प्रवेश दिया जाता है; जैसे-भारत में बिजली एवं दूरसंचार क्षेत्र।
5. स्वामित्व सरकार के पास रखते हुए जनउपयोगी सेवाओं को निजी संचालकों या ठेकेदारों को परिचालन और रख-रखाव के लिए अनुबंध पर देना, जैसे-जलदाय, मल-जल निस्तारण आदि अंशों की बजाय निजी बिक्री की तरह सरकारी उद्यम की अस्तियों की बिक्री किसी कंपनी की सहायक इकाइयों का पुनर्गठन या विखंडन।

उदारीकरण, वैश्वीकरण तथा निजीकरण के पक्ष में तर्क

वैश्वीकरण के पक्ष में निम्न तर्क दिये जाते हैं–

1. भारत में आर्थिक वृद्धि दर करीब 8 प्रतिशत तक बढ़ाना।
2. वैश्विक चुनौतियों से मुकाबले के लिए औद्योगिक क्षेत्र की प्रतिस्पर्द्धात्मक क्षमता में वृद्धि।
3. आमदनी और संपदा के वितरण से गरीबी और असमानता में कमी।
4. यह सार्वजनिक क्षेत्र की दक्षता, उत्पादकता और लाभ प्रदाता बढ़ाता है।
5. यह महत्त्वपूर्ण क्षेत्रों में निजी क्षेत्र के निवेश को बढ़ावा देता है।
6. यह विदेशी प्रत्यक्ष निवेश के प्रवाह को बढ़ावा देता है।
7. यह ग्रामीण एवं शहरी रोजगार के अधिक अवसर प्रदान करना है।

वैश्वीकरण के विरुद्ध निम्न तर्क दिये जाते हैं–

1. औद्योगिक एवं सेवा क्षेत्र की तुलना में कृषि क्षेत्र की उपेक्षा की जाती है।
2. विश्व बैंक और अंतर्राष्ट्रीय वित्तीय संस्थाओं के सामने भारतीय अर्थव्यवस्था के समर्पण के रूप में माना जाता है।
3. वैश्वीकरण ने विदेशी प्रौद्योगिकी पर देश की निर्भरता बढ़ाई है और यह देशी प्रौद्योगिकी के सुधार में विफल रहा है।
4. वैश्वीकरण ने विदेशी सहायता व कर्ज पर देश की निर्भरता बढ़ाई है।
5. वैश्वीकरण ने देश की आर्थिक संप्रभुता को क्षति पहुँचाई है।
6. वैश्वीकरण ने बिना वैकल्पिक रोजगार की पर्याप्त व्यवस्था किए कामगारों की बड़ी पैमाने पर छंटनी के द्वारा बेरोजगारी की समस्या को और गंभीर बना दिया है।
7. निजीकरण पर अधिक बल दिया जाता है।
8. विलासिता की वस्तुओं के उत्पादन को प्रोत्साहन के द्वारा वैश्वीकरण उपभोक्तावाद की खतरनाक प्रवृत्ति को प्रोत्साहित करता है।
9. वैश्वीकरण बढ़ती कीमतों (महँगाई) वित्तीय घाटे, सब्सिडी और सरकारी गैर-योजना खर्च की प्रवृत्ति पर रोकथाम में विफल रहा है।

उदारीकरण एवं वैश्वीकरण की सामाजिक प्रासंगिकता

वैश्वीकरण का भारत के लोगों, मजदूरों, परिवारों तथा पूरे समाज पर गहरा प्रभाव पड़ा है। वैश्वीकरण के अनुकूल तथा प्रतिकूल प्रभाव को संक्षिप्त में नीचे दिया गया है–

1. वैश्वीकरण का रोजगार के अवसरों, श्रमिकों के परिवारों, कर्मशालाओं के वातावरण, आय, सुरक्षा, पहचान, रीति-रिवाज, खान-पान तथा संस्कृति पर गहरा प्रभाव पड़ा है।
2. सरकारी नौकरियों में रोजगार के अवसरों में कमी आई है तथा निजी क्षेत्र में रोजगार के अवसर बढ़े हैं।
3. निजी क्षेत्र में प्राइवेट कंपनियाँ मनमाने ढंग से लोगों की नियुक्ति करती है और जब जिसको चाहती हैं नौकरी से बाहर निकाल देती हैं ("The Private Companies hire and fire at will.")।
4. प्राइवेट क्षेत्र में शिक्षा एवं स्वास्थ्य सेवाएँ बहुत महँगी है।
5. यंत्रीकरण, स्वचालीकरण (Automation) से बेरोजगारी को बढ़ावा मिला है।
6. नई टेक्नोलोजी ने हुनरमंद एवं कुशल मजदूरों के रोजगार के अवसरों को कम कर दिया है। कुशल-श्रमिकों को भी मशीनों पर काम करने के लिए प्रशिक्षण लेने की आवश्यकता पड़ती है।
7. विदेशी रेशमी कपड़े (चीन तथा दक्षिण कोरिया के रेशमी कपड़े) ने भागलपुर (बिहार) के बुनकरों को बेरोजगार कर दिया है। चीन एवं कोरिया के रेशम के कपड़े की माँग इसलिए बढ़ी हुई है क्योंकि वह सस्ता होता है।
8. वैश्वीकरण के कारण 24 से 54 वर्ष के स्त्री आयु वर्ग में स्त्रियों को कोमल उद्योगों में काफी रोजगार मिले हैं। कोमल उद्योग में सिले-सिलाये कपड़े, जूते, खिलौने, आभूषण, कंप्यूटर, सेमी-कंडक्टर आदि उद्योग सम्मिलित हैं।
9. वैश्वीकरण के फलस्वरूप दरिद्र रेखा से नीचे (BPL) लोगों की संख्या में वृद्धि हुई है।
10. गाँव से भारी संख्या में श्रमिक बड़े नगरों की ओर रोजगार की तलाश में पलायन कर रहे हैं। नगरों में झुग्गी-झोपड़ियों (Urban - Slums) की संख्या में वृद्धि हो रही है।
11. अनाज तथा नकदी फसलों का अधिक उत्पादन करने के लिए रासायनिक खाद एवं कीटाणुनाशक दवाइयों का अधिक इस्तेमाल बढ़ा है, जिससे मिट्टी की प्राकृतिक उर्वरकता में कमी आई है, मिट्टी के रासायनिक तत्त्वों में बदलाव आया है तथा मृदा एवं जल प्रदूषण की गंभीर समस्याएँ उत्पन्न हो रही हैं। भूमिगत जल भी प्रदूषित हुआ है।
12. किसानों की आमदनी पर वैश्वीकरण का प्रतिकूल प्रभाव पड़ा है। बहुत-से किसान ऋण के भार के कारण आत्म-हत्या तक कर रहे हैं।
13. मछलियों के निर्यात के लिए सागरों एवं महासागरों से भारी मात्रा में मछवाही (Fishing) की जा रही है जिसके कारण मत्स्य संसाधन का ह्रास हो रहा है।
14. पेप्सी तथा कोकाकोला जैसे मृदु-पेय में हानिकारक कीटाणुनाशक दवाइयों के तत्व पाए जाते हैं। केरल राज्य में मृदु-पेय की 90 फैक्ट्रियां लगाने से भूमिगत जल में भारी कमी आई है। इन फैक्ट्रियों से निकलने वाले जहरीले कूड़ा-करकट से पर्यावरण प्रदूषण बढ़ रहा है।
15. अंग्रेजी भाषा, लोगों की भाषा का रूप धारण करती जा रही है। जगह-जगह अंग्रेजी माध्यम के स्कूल खोले जा रहे हैं।
16. नगरीय तथा ग्रामीण समाजों में संस्कृति प्रदूषण खतरनाक रूप धारण कर रहा है। सामाजिक मूल्यों एवं परंपराओं में भी तेजी से परिवर्तन हो रहा है।
17. वैश्वीकरण का जीवन-शैली, तौर-तरीकों के अतिरिक्त, कला, साहित्य, चित्रकला, नाच, गाने, मूर्ति-कला (इत्यादि पर भी गहरा प्रभाव पड़ रहा है।

गरीबी एवं भुखमरी की समस्याएँ (Issues Relating to Poverty and Hunger)

गरीबी की परिभाषा पर वैज्ञानिकों में सहमति नहीं है। गरीबी एक विशिष्ट समस्या है जो समय और स्थान के अनुसार बदलती रहती है। वास्तव में गरीबी एवं दरिद्रता की कोई एक परिभाषा नहीं हो सकती। समाजशास्त्रियों के अनुसार गरीबी एक ऐसी अवस्था है जिसमें समाज का एक वर्ग, बिना किसी दोष के खाने, कपड़े तथा मकान में वंचित रहता है। दूसरे शब्दों में, जब किसी समाज का वर्ग अपनी आवश्यकताओं की आपूर्ति नहीं कर पाता है, तो उसे दरिद्र रेखा से नीचे का वर्ग कहते हैं।

गरीबी रेखा (Poverty Line)

सामान्यतः गरीबी दरिद्र रेखा की सहायता से निर्धारित की जाती है भारत में गरीबी रेखा निजी उपभोग के खर्चे के आधार पर निर्धारित की जाती है। भारत में गरीबी रेखा से नीचे की जनसंख्या का आकलन योजना आयोग करता है।

भारत की गरीबी रेखा

वर्ष 2011 में सुरेश तेंदुलकर कमेटी ने गरीबी रेखा का निर्धारण किया था। इस गरीबी रेखा का निर्धारण भोजन, कपड़े, मकान, शिक्षा, स्वास्थ्य, बिजली तथा परिवहन पर होने वाले खर्च से किया जाता है।

सी रंगराजन कमेटी के सुझावों के अनुसार यदि कोई ग्रामीण व्यक्ति प्रतिदिन 32 रु० तथा नगर में रहने वाले व्यक्ति प्रतिदिन 47 रु० से कम खर्च करता है तो उस व्यक्ति को गरीब माना जाएगा। इस प्रकार यदि कोई व्यक्ति प्रति माह गाँव में 960 रु० तथा नगर में 1410 रु० प्रति माह से कम खर्च करता है तो उसको गरीबी रेखा से नीचे माना जाएगा।

पूर्ण गरीबी (Absolute Poverty) एवं तुलनात्मक गरीबी (Relative Poverty)

संपूर्ण गरीबी का अर्थ है कि यदि कोई व्यक्ति खाने, कपड़े, मकान, इलाज और शिक्षा के लिए रुपया न जुटा पाए तो वह वास्तव में गरीब अथवा दरिद्र कहलाएगा। सामान्यतः जो व्यक्ति एक दिन में एक अमेरिकन डालर भी खर्च न कर पाता हो उसको पूर्ण रूप से गरीब माना जाएगा। संपूर्ण गरीबी विकासशील देशों में पाई जाती है।

इसके विपरीत तुलनात्मक गरीबी असमान्यता से जुड़ी हुई है। विकसित देशों की तुलना में विकासशील देश गरीब माने जाते हैं। संयुक्त राज्य अमेरिका की तुलना में ब्रिटेन एक गरीब देश है। जर्मनी की तुलना में स्पेन तथा यूनान गरीब हैं, जापान की तुलना में कोरिया तथा रूस गरीब देश हैं।

गरीबी/दरिद्रता के कारण (Causes of Poverty)

गरीबी और दरिद्रता के बहुत-से कारण हैं। गरीबी के कुछ प्रमुख कारण निम्नलिखित हैं–

1. **अत्यधिक जनसंख्या**: गरीबी का एक मुख्य कारण तीव्र गति से बढ़ती हुई जनसंख्या है। वर्ष 1798 में राबर्ट-माल्थस ने जनसंख्या का पहला सिद्धांत प्रस्तुत किया गया था। तत्पश्चात् 1971 में वृद्धि की सीमा (Limits to Growth) का सिद्धांत सामने आया। पृथ्वी के संसाधन सीमित हैं और तीव्र गति से बढ़ती जनसंख्या की आवश्यकताओं की आपूर्ति करना बहुत कठिन है। बहुत-से लोग जीविकापार्जन नहीं कर पाते और बेरोजगारी के कारण बहुत-से लोग गरीबी रेखा के नीचे पहुँच जाते हैं।

2. **उत्पादन-साधनों का असमान वितरण**: कार्ल-मार्क्स एवं फ्रेड्रिक एंजिल के अनुसार दरिद्रता और गरीबी का मुख्य कारण जनसंख्या वृद्धि नहीं, बल्कि उत्पादन साधनों (कृषि, भूमि, जल संसाधनों, वनों, कारखानों इत्यादि का असमान वितरण है) इसी कारण श्रमिकों का शोषण होता है, उनमें से बहुत-से समय-समय पर बेरोजगार हो जाते हैं और गरीबी की लपेट में आ जाते हैं।

3. **कृषि विकास की मंदगति**: अधिकतर विकासशील देशों में कृषि विकास की मंदगति है। आधुनिक टेक्नोलोजी का अभाव है तथा किसान रूढ़िवादी हैं। पुराने ढंग से की जाने वाली कृषि में प्रति हेक्टेयर उत्पादन कम होता है जिससे दरिद्रता की समस्या गंभीर होती जाती है।

4. **विकसित देशों में उपभोक्तावाद**: विकसित देशों का जीवन-स्तर बहुत ऊँचा है, वे विकासशील देशों के ऊर्जा एवं अन्य संसाधनों का आयात करते हैं, जिससे गरीब देशों में दरिद्रता और बढ़ती है।

5. **प्राकृतिक आपदाएँ**: प्राकृतिक आपदाओं; जैसे-बाढ़, सूखा, सुनामी, मेघ-प्रस्फोट (Cloud Burst) सागरीय अतिक्रमण (Transgression of Sea) इत्यादि से फसलें खराब हो जाती हैं और बहुत-से लोग गरीबी रेखा से नीचे पहुँच जाते हैं।

6. **युद्धः** दो देशों के बीच युद्ध होने का भी लोगों के जीवन पर प्रतिकूल प्रभाव पड़ता है। अर्थव्यवस्था अस्त-व्यस्त हो जाती है, जिससे गरीब लोगों की संख्या में वृद्धि होती है।

विश्व में गरीबी के प्रतिरूप (Regional Patterns of Poverty in the World)

विश्व बैंक (World Bank) तथा संयुक्त राष्ट्र संघ के अनुसार जो व्यक्ति, प्रतिदिन एक अमेरिकन डालर से कम खर्च करता है, उसको गरीबी रेखा के नीचे माना जाता है। विश्व की 37 प्रतिशत से अधिक जनसंख्या गरीबी रेखा से नीचे है। इनमें से अधिकतर गरीब विकासशील देशों में रहते हैं।

विश्व के गरीब देशों का वितरण *मानचित्र 11.1* में दर्शाया गया है। इस मानचित्र के अध्ययन से विदित होता है कि, उत्तरी अफ्रीका के देशों (मोरक्को, ट्यूनीशिया, अल्जीरिया, लीबिया तथा मिस्र) एवं दक्षिण अफ्रीका को छोड़कर, अफ्रीका महाद्वीप के अधिकतर लोग गरीबी रेखा के नीचे हैं। इनके अतिरिक्त मेडागास्कर, सेंट्रल अमेरिका के देश तथा अफगानिस्तान, पाकिस्तान, भारत, बांग्लादेश, म्यांमार, लाओस, कंबोडिया, पापुआ, न्यूगिनी, फिलीपींस इत्यादि में गरीबी रेखा के नीचे काफी बड़ी जनसंख्या है। *(मानचित्र 11.1)*

भारत में दरिद्रता प्रभावित क्षेत्र

एन॰ एस॰ एस॰ के अतिरिक्त विभिन्न समाजशास्त्रियों ने दरिद्रता का आकलन किया है। इस दिशा में बी॰ एस॰ मिंहास, बी॰ एन डेन्डेकर, एन॰ रथ, पी॰ के बर्धन, एम॰ एस॰ अहलुवालिया तथा योजना आयोग ने गरीबी रेखा पर उपयोगी शोध कार्य किया है। भारत के गरीबी से प्रभावित क्षेत्रों को *मानचित्र 11.2* में दिखाया गया है। *(तालिका 11.1)*

तालिका 11.1 के अध्ययन से पता चलता है कि ओडिशा की 57 प्रतिशत, बिहार एवं झारखंड की 54.4 प्रतिशत, छत्तीसगढ़ की 48.6 प्रतिशत, मध्य प्रदेश 48.6 प्रतिशत तथा उत्तर प्रदेश की 41 प्रतिशत जनसंख्या गरीबी रेखा के नीचे रहती है जबकि केरल में सबसे कम 19.7%, पंजाब में 20.9%, हिमाचल प्रदेश में 22.9%, जम्मू व कश्मीर में 22.9%, तथा हरियाणा में 24.1% जनसंख्या गरीबी रेखा के नीचे हैं। अन्य राज्यों में गरीबी 25% से लेकर 48% तक है।

भारत की 37% जनसंख्या गरीबी रेखा के नीचे है। इस समस्या के तत्काल समाधान की आवश्यकता है तथा इस दिशा में तुरंत उपाय करने की आवश्यकता है।

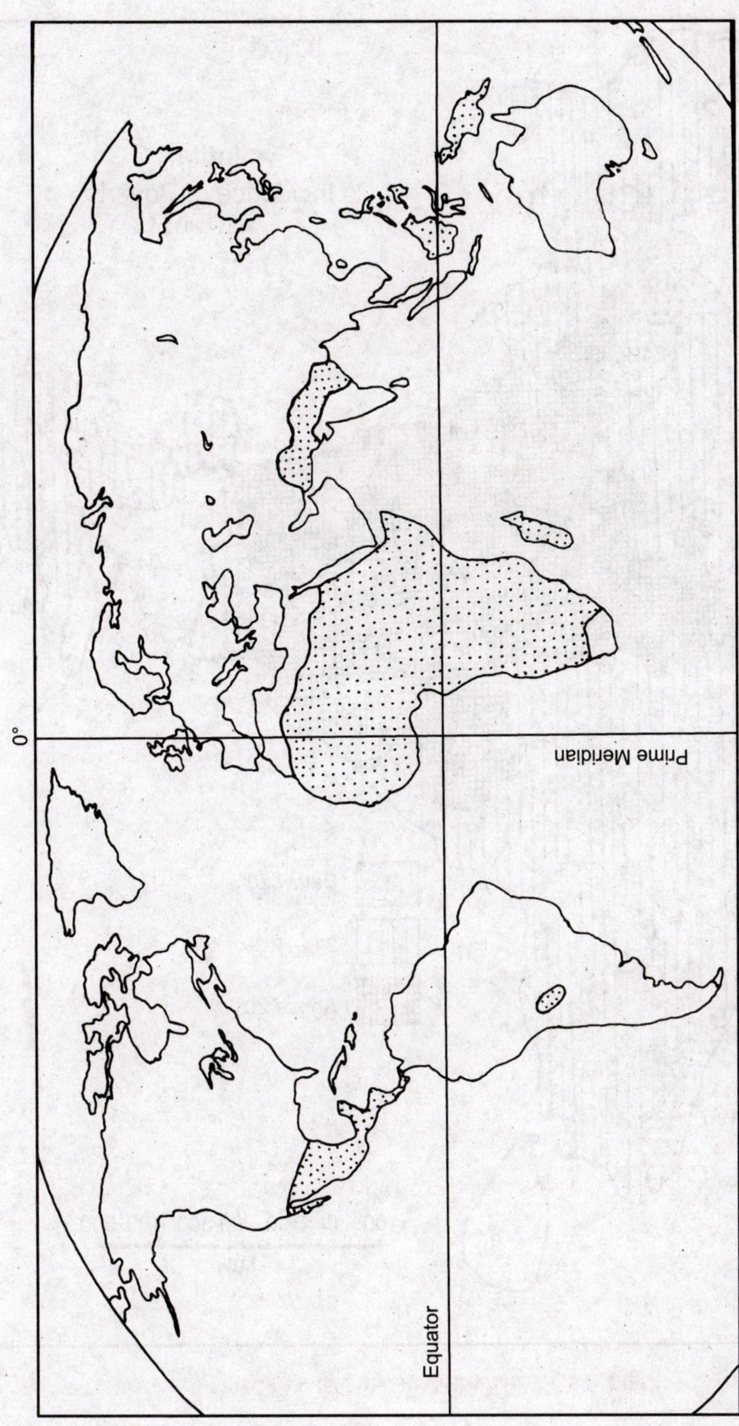

चित्र 11.1 विश्व के निर्धनता व भूखमरी वाले क्षेत्र

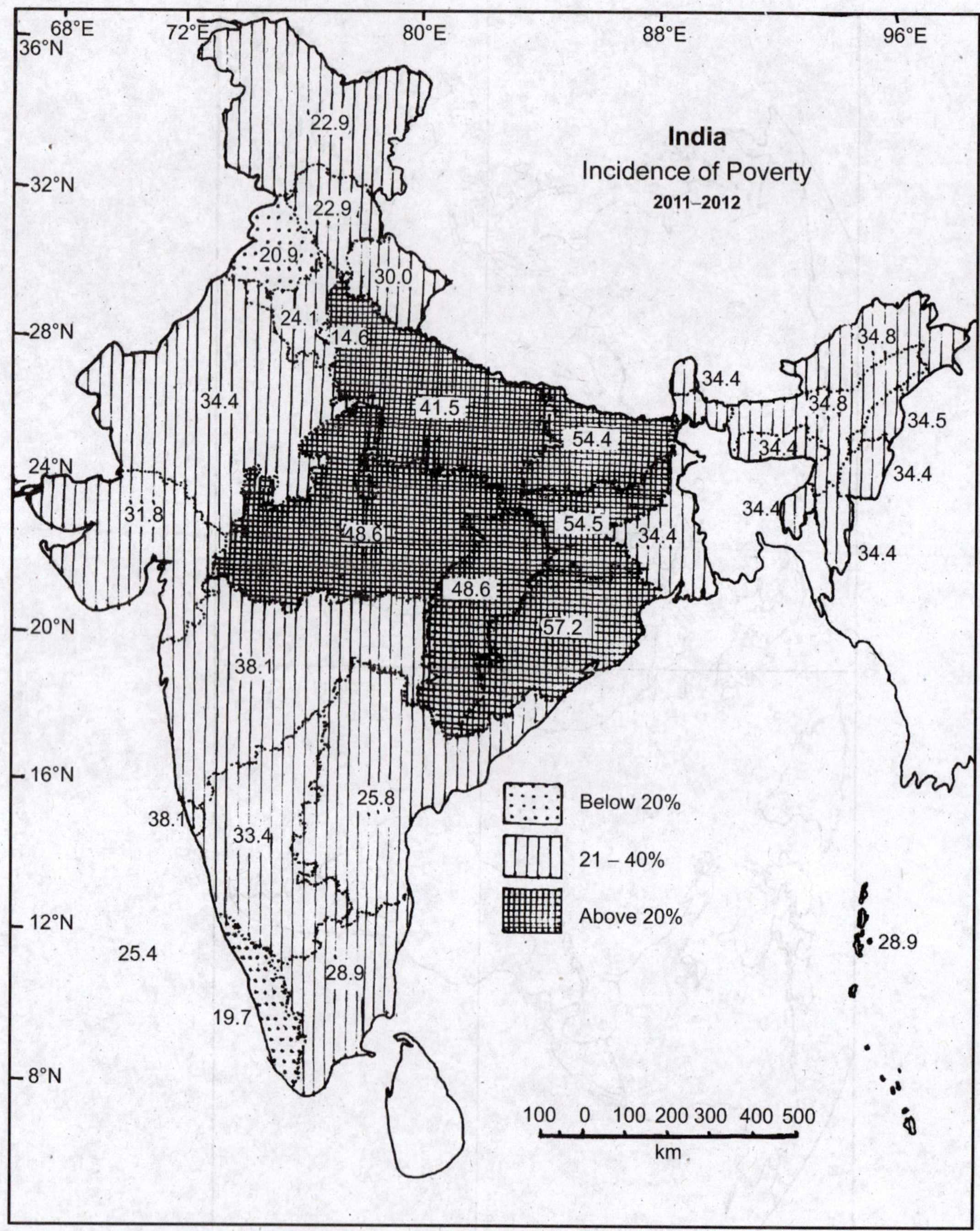

चित्र 11.2 भारत-राज्य स्तर पर निर्धनता का स्तर

तालिका 11.1 भारत में राज्य स्तर पर गरीबी

	राज्य	ग्रामीण जनसंख्या	नगरीय जनसंख्या	ग्रामीण एवं नगरीय गरीबों का योग
1.	आंध्र प्रदेश	32.3	23.3	25.8
2.	अरुणाचल प्रदेश	36.4	21.8	34.4
3.	असम	36.4	21.4	34.8
4.	बिहार	55.7	43.7	54.4
5.	छत्तीसगढ़	53.6	35.1	48.6
6.	गोवा	47.9	25.6	38.1
7.	गुजरात	39.1	20.1	31.8
8.	हरियाणा	24.8	22.4	24.1
9.	हिमाचल प्रदेश	25.0	04.6	22.9
10.	जम्मू एवं कश्मीर	25.0	04.6	22.9
11.	झारखंड	55.7	43.7	54.5
12.	कर्नाटक	37.5	25.9	33.4
13.	केरल	20.2	18.4	19.7
14.	मध्य प्रदेश	53.6	35.1	48.6
15.	महाराष्ट्र	47.9	25.1	38.1
16.	मणिपुर	36.4	21.8	34.4
17.	मेघालय	36.4	21.8	34.4
18.	मिजोरम	36.4	21.8	34.4
19.	नागालैंड	36.4	21.8	34.5
20.	ओडिशा	60.8	37.6	57.2
21.	पंजाब	22.1	18.7	20.9
22.	राजस्थान	35.8	29.7	34.4
23.	सिक्किम	36.4	21.8	34.4
24.	तमिलनाडु	37.5	19.7	28.9
25.	त्रिपुरा	36.4	21.8	34.5
26.	उत्तर प्रदेश	42.7	26.2	41.5
27.	पश्चिम बंगाल	38.2	24.4	34.4
28.	अंडमान निकोबार	37.5	19.5	28.9
द्वीप समूह				
29.	चंडीगढ़	22.1	18.7	20.9
30.	दादरा नागर हवेली	47.9	25.6	38.1
31.	दमन एंड दीव	47.9	25.6	38.1
32.	दिल्ली	14.69	14.69	14.69
33.	लक्षद्वीप	20.2	18.4	25.4

नोट:
1. गरीबी अनुपात अरुणाचल प्रदेश, मेघालय, मिजोरम, नागालैंड तथा त्रिपुरा हेतु प्रयुक्त किया जाता है।
2. गोवा की निर्धनता का आकलन करने हेतु महाराष्ट्र की गरीबी रेखा व गोवा का व्यय वितरण का प्रयोग किया जाता है।
3. जम्मू कश्मीर की गरीबी रेखा का आकलन करने हेतु हिमाचल प्रदेश का गरीबी रेखा व जम्मू कश्मीर का व्यय वितरण का प्रयोग किया जाता है।
4. तमिलनाडू की गरीबी रेखा द्वारा पुडुचेरी, अंडमान व निकोबार द्वीप की गरीबी रेखा का आकलन किया जाता है।
5. चंडीगढ़ की गरीबी रेखा के आकलन हेतु पंजाब की गरीबी रेखा का प्रयोग किया जाता है।

गरीबी दूर करने के कार्यक्रम

भारत नियोजनबद्ध विकास के समय से ही गरीबी और दरिद्रता की समस्या से जूझता रहा है। इसलिए देश में गरीबी हटाने के लिए भारत सरकार ने बहुत-से प्रोग्राम आरंभ किए गए, जिनमें से निम्न प्रोग्राम महत्त्वपूर्ण हैं–

(*i*) सीमांत किसान विकास एजेंसी (Marginal Farmers Development Agency)

(*ii*) सीमांत किसान तथा खेतीहर मजदूर विकास एजेंसी (Marginal Farmers and Agriculture Labourers Development Agency)

(*iii*) सूखाग्रस्त क्षेत्र प्रोग्राम (Drought Prone Areas Programme)

(*iv*) स्कीम, ग्रामीण रोजगार के लिए क्रैश (Crash) योजना तथा खाद्य रोजगार प्रोग्राम (Crash Scheme for Rural Employment and Food Work Programme)

(*v*) संपूर्ण ग्रामीण विकास प्रोग्राम (1978-79)(Integrated Rural Development Programme (1978 - 79)

(*vi*) राष्ट्रीय ग्रामीण रोजगार योजना (National Rural Employment Programme)

(*vii*) ग्रामीण खेतिहर मजदूर गारंटी प्रोग्राम (Rural Landless Employment Guarantee Programme): वर्ष 1993-94 में रोजगार के संबंध में दो नये प्रोग्राम आरंभ किये गये थे-(क) रोजगार आश्वासन स्कीम (Employment Assurance Scheme), तथा (ख) प्रधानमंत्री रोजगार योजना (Prime Minister Rozgar Yojna)

इनके अतिरिक्त गरीबी हटाने के लिए कुछ और कार्यक्रम भी आरंभ किए गए, जैसे–स्वयं रोजगार कार्यक्रम, स्वर्णजयंती ग्राम रोजगार योजना, मजदूरी/वेतन रोजगार योजना, संपूर्ण ग्रामीण रोजगार योजना तथा महात्मा गाँधी राष्ट्रीय ग्रामीण रोजगार गारंटी ऐक्ट (MNREGA) इत्यादि।

उपरोक्त प्रोग्रामों के अतिरिक्त निम्न राष्ट्रीय सहायता प्रोग्रामों की (National Assistance Programmes) घोषणा की गई थी–

(अ) **राष्ट्रीय वृद्धावस्था-पेंशन स्कीम (National Old - Age Pension Scheme)**

(ब) **राष्ट्रीय परिवार हित स्कीम (National Family Benefit Scheme):** इस स्कीम के अंतर्गत यदि परिवार के कमाने वाले (Bread Winner) का देहांत हो जाए तो परिवार को दस हजार रुपये नकद की सहायता प्रदान की जायेगी।

(स) **राष्ट्रीय मातृत्व सहायता स्कीम (National Maternity Benefit Scheme):** इस स्कीम के अंतर्गत बच्चे को जन्म देने पर माता को 300 रुपये नकद देने का प्रावधान किया गया था। बाद में धनराशि को पाँच सौ रुपये कर दिया गया।

अध्याय

12

भारत की प्रमुख फसलें तथा उनके प्रतिरूप (Major Crops and Cropping Patterns of India)

परिचय (Introduction)

निजी क्षेत्र में कृषि भारत का सबसे बड़ा व्यवसाय है। भारत में 10 करोड़ से भी अधिक किसान हैं। भारत की अर्थव्यवस्था खेती पर आधारित है। देश की आय का 17 प्रतिशत खेती से आता है तथा श्रमिक बल का 52 प्रतिशत प्रत्यक्ष अथवा अप्रत्यक्ष रूप से खेती में जुड़ा हुआ है। हमारी राष्ट्रीय आय में भी खेती की मुख्य भूमिका है। इन सबके बावजूद भी यह एक असंगठित क्षेत्र है।

1960 के दशक में भारत से लगभग 8 से 10 मिलियन टन अनाज का आयात किया जाता था, परंतु नये बीज तथा आधुनिक टेक्नोलोजी की सहायता से देश आत्म-निर्भर हो गया है। वर्ष 1950 की तुलना में अनाज के उत्पादन में 3.5 गुणा, फलों में 1.6 गुणा, सब्जियों में 2.1 गुणा, मछली में 5 गुणा, दूध में 1.8 गुणा तथा अंडों में 4.8 गुणा वृद्धि हुई है।

फसलों का वर्गीकरण (Classification of Crops)

1. कृषित फसलें (Arable Crops)

कृषित फसलों को बोने से पहले खेत की जुताई इत्यादि की जाती है। चावल, गेहूँ, चना, जौ, मक्का, बाजरा, गन्ना, कपास, आलू इत्यादि इस प्रकार की फसलें हैं।

2. रविश अथवा पगडंडी फसलें (Alley Crops)

पगडंडी अथवा रविश के किनारे उगाई जाने वाली फसलों में अदरक, हल्दी, चुकंदर, उड़द इत्यादि को प्रसिद्ध माना जाता है। अथवा यूकेलिप्टस (Eucalyptus) अमलतास (Cassia) की पंक्तियों के बीच इन फसलों को उगाया जाता है।

3. संबर्धित फसल (Augementing Crop)

जो फसलें मुख्य फसल के उत्पादन में वृद्धि करती हों, संबर्धित फसलें कहलाती हैं। ऐसी फसलों में बरसीम, चीनी, बंदगोभी तथा सरसों सम्मिलित हैं।

4. मार्ग फसलें (Avenue Crops)

कुछ फसलें खेतों के मार्गों के किनारे लगाई जाती हैं इसलिए इनको मार्ग-फसलें कहा जाता है। इन फसलों में अरहर, ढैंचा तथा सीसल सम्मिलित हैं।

5. किनारे की फसलें/रोधक फसलें (Border Crops/Barrier Crops)

जो फसलें मुख्य तथा अन्य फसलों को पशुओं तथा जंगली जानवरों से सुरक्षित रखती हों, रोधक फसलें कहलाती हैं। ऐसी फसलों में काँटेदार तिलहन अथवा कुसुम तथा लघु मसूरिका (Chick Pea) सम्मिलित हैं।

6. ब्रेक फसलें (Break Crops)

यदि किसी फसल चक्र में एक ही फसल निरंतर हर साल उगाई जाती हो तो खेत की उर्वरकता कम हो जाती है। ऐसी दशा में किसी मौसम में दलहन की फसल उगाई जाती है जिससे मिट्टी की उत्पादकता बढ़ जाती है। सभी दलहनें ब्रेक फसलों के वर्ग में आती है।

7. नकदी फसलें (Cash Crops)

जिन फसलों को बेचकर नकदी अर्जित की जाती हो, नकदी फसलें कहलाती हैं। गन्ना, कपास, जूट तथा तंबाकू इस प्रकार की फसलें हैं। हरित क्रांति के पश्चात् पंजाब तथा हरियाणा में गेहूँ तथा चावल भी नकदी फसल बन गई है।

8. ज़ायद फसल (Catch Crops)

दो प्रमुख फसलों के बीच के समय में यदि कोई छोटे समय में तैयार होने वाली फसल उगाई जाए तो उसे जायद फसल कहा जाता है। मूँग, प्याज, मूली, खरबूजे, ककड़ी, खीरा इत्यादि इस प्रकार की फसलें हैं।

9. निर्मल फसल (Clearing Crops)

मक्का, आलू तथा सब्जियों को निर्मल फसलें कहा जाती है।

10. कोल फसल (Cole Crops)

खेत के खरपतवार को साफ करने के लिए जो फसलें उगाई जाएँ उनको कोल फसलें कहते हैं। मक्का, आलू, बंदगोभी तथा चुकंदर इसी प्रकार की फसलें हैं। इन फसलों की बार-बार नराई तथा गुडाई की जाती है जिससे खरपतवार समाप्त हो जाता है।

11. समोच्च रेखा फसलें (Contour Crops)

जो फसलें समोच्च रेखाओं के अनुकूल उगाई जायें कंटूर फसलें कहलाती हैं। मार्वल घास (Marvel Grass) इस प्रकार की फसल है।

12. व्यापारिक फसलें (Commercial Crops)

प्राकृतिक रबड़, चाय, काफी, नारियल, सुपारी इत्यादि व्यापारिक फसलों के वर्ग में आती हैं।

13. संपूरक फसलें (Complementry Crops)

जब किसी खेत में दो फसलें उगाई जायें और वह एक-दूसरे की उत्पादकता बढ़ाती हो तो उनको संपूरक फसलें कहते हैं। ज्वार (Millets) के साथ उड़द अथवा लोबिया उगाया जाये तो उनको संपूरक फसल कहते हैं।

14. प्रतिद्वंद्वी फसलें (Competitive Crops)

ऐसी फसलें जो एक-दूसरे की प्रतिद्वंद्वी हो तथा जिनको मिश्रित करके न बोया जा सकता हो; जैसे-मक्का, लौकी, कद्दू इत्यादि।

15. सुरक्षा अथवा आवरण फसल (Cover Crops)

जो फसल मुख्य रूप से फसल की उपज के बजाय मिट्टी के लाभ के लिए उगाई जाती हो, जैसे - राई, मटर, तिपतिया घास, सूडाल-घास।

16. ऊर्जा फसलें (Energy Crops)

जिन फसलों से इथेनॉल (Ethanol) एवं मदिरा (alcohol) इत्यादि प्राप्त की जाती हो। जैसे–गन्ना, आलू, मक्का तथा टोपियको (साबूदाना)।

17. उर्वरताहारी फसलें (Exhaustive Crops)

जिन फसलों से उर्वरकता कम होती हो उसे उर्वरताहारी फसल कहते है; जैसे-चावल, गेहूँ, जौ, मक्का इत्यादि।

18. मलिन फसलें (Fouling Crops)

जिन फसलों में खरपतवार उगने की संभावना अधिक हो जैसे– बिखेर कर बोया जाने वाला चावल (Rice sown by broadcast method)।

19. घास/ले-फसलें (Ley Crops)

ऐसी दो मिश्रित फसलें जिनमें से एक का इस्तेमाल चारे के लिए किया जाए; जैसे- सरसों तथा बरसीम संयोजन।

20. मल्च-फसलें (Mulch Crops)

जिन फसलों को मिट्टी में नमी बनाये रखने के लिए उगाया जाता हो जैसे मूँगफली तथा काऊपी (Cowpea)।

21. उपचारिका फसलें (Nurse Crops)

जो फसलें दूसरी फसलों के लिए उपचारिकता प्रदान करें, जैसे-राई-मटर, ज्वार, काऊपी (Millets in Cowpea)।

22. दो पंक्ति फसलें (Paired Row Crops)

जब दो फसलों को इस प्रकार की पंक्तियों में बोया जाए कि प्रत्येक तीसरी पंक्ति दूसरी फसल की हो, इस प्रकार की फसलें शुष्क कृषि में उगाई जाती हैं।

23. पुनरुद्धार फसलें (Restorative Crops)

जो अच्छी उपज देने के साथ-साथ मृदा की उर्वरकता बढ़ाती हो, जैसे-दलहनें।

24. नदी तटीय फसलें (Riparian Crops)

नदी के तट को अपरदन से बचाने वाली फसलें, जैसे-पारा-घास (Para - green) तथा अन्य जलीय खरपतवार।

25. स्किप फसलें (Skip Crops)

ऐसे फसलों में एक पंक्ति छोड़कर फसल बोई जाती है।

26. दबा लेने वाली फसलें (Smother Crops)

जो फसल दूसरी फसल को दबा दे, ऐसी फसल समोदर फसल कहलाती है, जैसे-सरसों, काऊपी (Cowpea)।

27. हरे चारे की फसलें (Soiling Crop)

बरसीम, रिज़का चारे की फसलें।

28. फंदा-फसलें (Trap Crop)

जो फसलें कीटाणुओं को मारती हों जैसे कपास के खेत के चारों ओर भिंडी की फसल।

29. ट्रक-फसलें (Truck Crop)

भिंडी, पालक, तरबूज, गोभी, स्ट्राबेरी, तरबूज, गोभी, स्ट्रोबरी जैसी सब्जियाँ।

30. वेयरहाऊस फसलें (Ware Crops)

जिन फसलों को भंडारों में रखा जाय जैसे आलू, प्याज आदि।

भारत की मुख्य फसलें (Major Crops of India)

भारत में व्यापक भौगोलिक विविधता है। परिणामस्वरूप फसलें भी भिन्न-भिन्न प्रकार की उगाई जाती हैं। प्रत्येक फसल को सफल खेती के लिए अनुकूलतम भौगोलिक परिस्थितियों की आवश्यकता होती है। भारत की कुछ प्रमुख फसलों को उगाने के लिए अनुकूल भौगोलिक परिस्थितियों तथा उनके वितरण का संक्षिप्त वर्णन निम्न में दिया गया है–

चावल (Rice Oryza Sativa)

विश्व की अनाज की तीन बड़ी फसलों में से चावल एक महत्त्वपूर्ण फसल है। विश्व के लगभग 2.7 बिलियन लोगों का चावल मुख्य आहार है। अंटार्कटिका को छोड़कर विश्व के सभी महाद्वीपों में चावल की खेती की जाती है। लगभग 150 मिलियन हेक्टेयर भूमि पर चावल की खेती की जाती है। चावल का प्रति वर्ष उत्पादन 573 मिलियन टन है और औसत 3.83 टन प्रति हेक्टेयर उत्पादन होता है। भारत के कुल अनाज के उत्पादन में चावल की भागीदारी 40 प्रतिशत है। भारत के 65 प्रतिशत लोगों का चावल मुख्य आहार है। वर्ष 1950-51 में चावल का उत्पादन 20.6 मिलियन टन था जो वर्ष 2007-08 में चावल का उत्पादन बढ़कर 97.2 मिलियन टन हो गया। चावल के उत्पादन में इतनी अधिक वृद्धि नए बीजों (High Yielding Varities) के कारण संभव हो सका है।

चावल उत्पादन के लिए भौगोलिक परिस्थितियाँ

विश्व के विभिन्न भागों में चावल का उत्पादन 39°S (आस्ट्रेलिया) से 50°N (चीन, जापान) तक की जाती है *(मानचित्र 12.1)*। भारत में चावल की खेती 8°N से लेकर 34°N तक की जाती है। केरल की कुट्टानाद घाटी (Kuttanand Valley) में सागर स्तर के नीचे से लेकर कश्मीर की घाटी में 2000 मीटर की ऊँचाई तक उगाया जाता है।

चावल की खेती के लिए तापमान 20°C से 30°C तथा वर्षा 75 से॰मी॰ से अधिक होनी चाहिए। जिन प्रदेशों में वर्षा की कमी है वहाँ सिंचाई की सहायता से चावल की खेती की जाती है, जैसे पंजाब, हरियाणा एवं राजस्थान में। चावल की खेती के लिए चिकनी मिट्टी की आवश्यकता होती है जिसमें पानी ठहरा रहे। चावल की सफल खेती के लिए मिट्टी की PH 5 से 8 की सीमा के अंतर्गत होनी चाहिए।

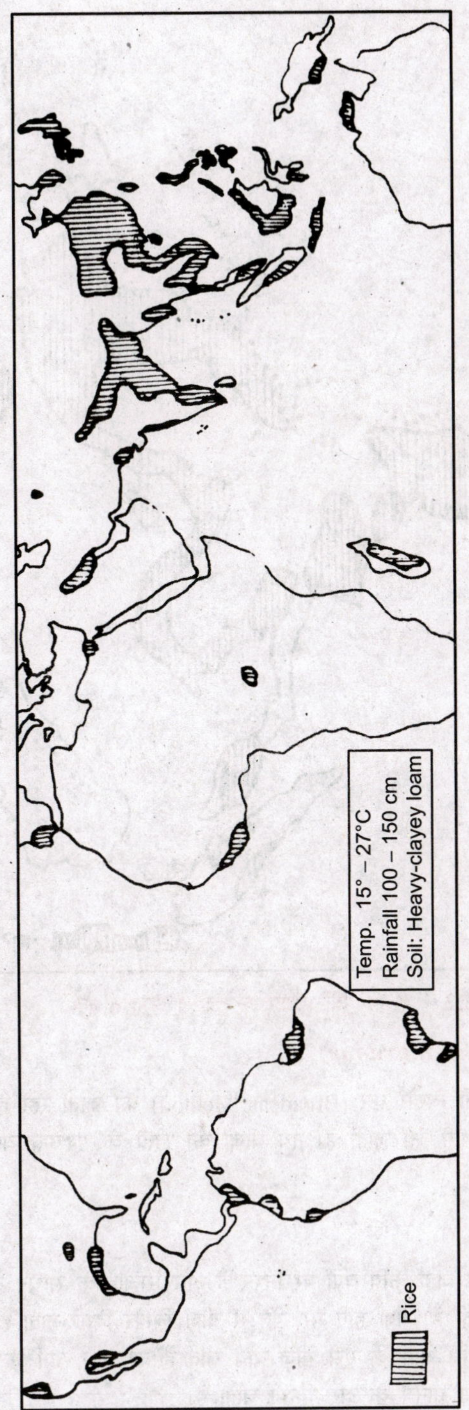

चित्र 12.1 विश्व चावल उत्पादक क्षेत्र

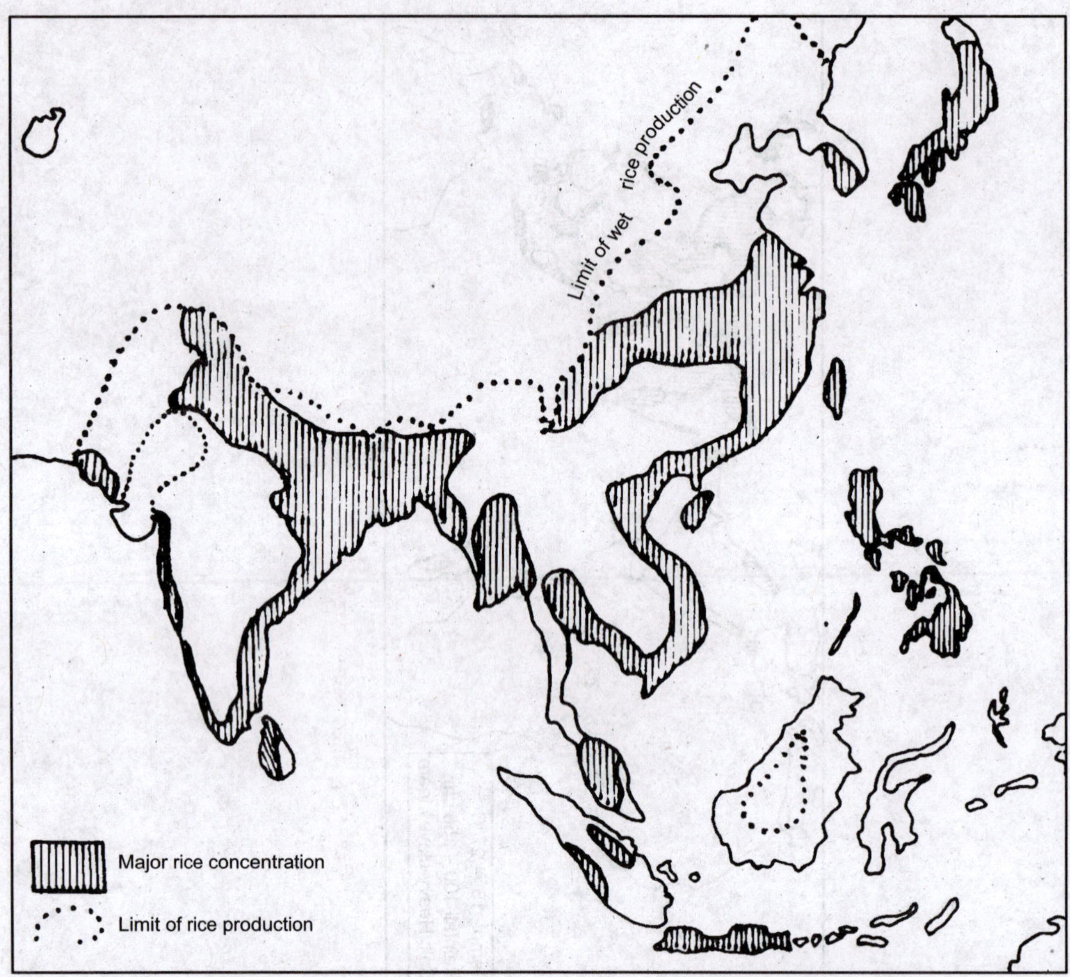

चित्र 12.2 दक्षिण पूर्वी एशिया के चावल उत्पादन क्षेत्र

चावल कृषि विधि (Systems of Rice Cultivation)

प्राचीनकाल से ही भारत में चावल की खेती बिखेर कर (Broadcast Method) की जाती रही है। बहुत-से स्थानों पर वर्षा तथा मृदा को ध्यान में रखकर धान की खेती की जाती है। नये बीजों की खेती के पश्चात् चावल की खेती अग्रलिखित तीन प्रकार से की जा रही है–

1. शुष्क कृषि (Dry Cultivation)

शुष्क कृषि विधि उन प्रदेशों में की जाती है जहाँ कृषि वर्षा पर निर्भर है और सिंचाई के साधन उपलब्ध नहीं हैं। बीज बोने से पहले खेती की कई बार जुताई की जाती है। वर्षा होने पर खेत में बीज बिखेर दिया जाता है। इस प्रकार की धान की खेती का प्रति हेक्टेयर उत्पादन कम होता है। धान के ऐसे बीज बोये जाते हैं जो कम वर्षा के क्षेत्रों में शुष्क मौसम को सहन कर सकें। खेती की अधिकतर प्रक्रिया मानव के द्वारा किया जाता है।

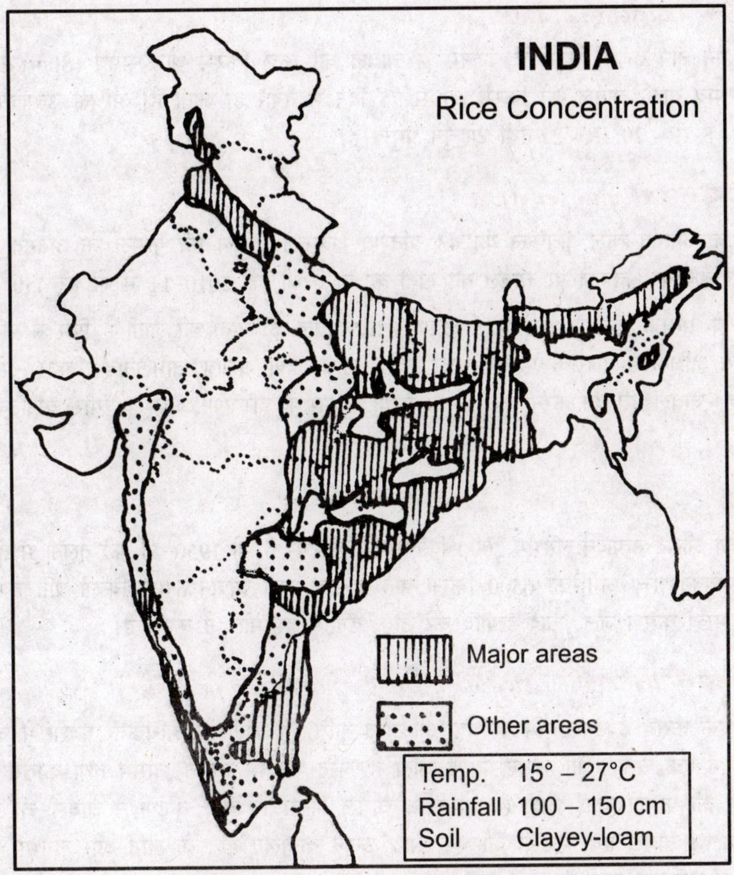

चित्र 12.3 भारत: चावल उत्पादक क्षेत्र

2. आर्द्र कृषि (Wet Cultivation)

आर्द्र धान की कृषि उन प्रदेशों में की जाती है जहाँ पर्याप्त मात्रा (75 से० मी०) में वर्षा होती है अथवा सिंचाई के उचित साधन उपलब्ध हों। इस प्रकार की खेती करने के लिए खेत में लगभग पाँच सेंटीमीटर पानी भरकर कई बार जुताई की जाती है तथा गँदला (Puddling) किया जाता है। छोटी आकार के खेतों में यह सब काम बैलों की सहायता से किया जाता है, जबकि बड़े खेतों में यह कार्य ट्रैक्टर आदि की सहायता से किया जाता है।

चावल की खेती के कुल क्षेत्रफल का लगभग 45 प्रतिशत क्षेत्रफल पर सिंचित आर्द्र कृषि की जाती है। इसका बीज क्यारियों में बोया जाता है और जब पौध 25 या 30 दिन की हो जाती है तब उनको उखाड़कर खेत में रोपाई (Transplantation) की जाती है। रोपाई की जाने वाले धान की खेती का प्रति हेक्टेयर उत्पादन अधिक होता है।

चावल चूँकि ऊष्ण-आर्द्र जलवायु की फसल है इसलिए इसको खरीफ के मौसम में उगाया जाता है। बंगाल, असम तथा ओडिशा के कुछ भागों में एक साल में धान की तीन फसलें उगाई जाती हैं, जिनको अमन, साली तथा अगहनी (Aman, Sali, and Aghani) कहते हैं।

चावल की किस्में (Varieties of Rice)

भारत में चावल की तीन हजार किस्में हैं, जिनमें से चावल की कुछ किस्में थोड़े समय (Short duration) में तैयार हो जाती हैं। अल्प समय वाली चावल की किस्में 60 से 75 दिन में तैयार हो जाती हैं। अधिक उत्पादन देने वाली चावल के नए बीजों में IR - 5, IR - 20, IR - 22 तथा टाइचुंग प्रमुख हैं।

चावल का क्षेत्रफल (Area under Rice)

भारत में अनाज के अंतर्गत कुल क्षेत्रफल का 43 प्रतिशत क्षेत्रफल चावल की फसल के अंतर्गत है। वर्ष 1950-51 में लगभग 300 लाख हेक्टेयर क्षेत्रफल पर चावल की खेती की जाती थी, जो 2010-11 में बढ़कर 450 लाख हेक्टेयर हो गया।

यूँ तो भारत के प्रत्येक राज्य में थोड़े-बहुत क्षेत्रफल पर चावल की खेती की जाती है फिर में पश्चिम बंगाल में चावल का क्षेत्रफल सबसे अधिक है, जिसके पश्चात् उत्तर प्रदेश, आंध्र प्रदेश, पंजाब, तमिलनाडु, बिहार, ओडिशा एवं मध्य प्रदेश का स्थान आता है। चावल उत्पादन करने वाली अन्य राज्यों में असम, हरियाणा, जम्मू-कश्मीर, कर्नाटक तथा महाराष्ट्र प्रमुख हैं।

उत्पादन (Yield)

भारत में चावल का औसत उत्पादन लगभग 2000 किलो प्रति हेक्टेयर है जो 1950-51 की तुलना में तीन गुणा है, परंतु मिस्र (6500 kg/ha), संयुक्त राज्य अमेरिका 6500 किलो प्रति हेक्टेयर तथा जापान 6400 किलो प्रति हेक्टेयर है। प्रति हेक्टेयर कम उत्पादन के मुख्य कारण जल, खाद इत्यादि का ठीक ढंग से इस्तेमाल न करना है।

चावल मछली की मिश्रित खेती (Rice-Fish Integrated Farming System)

भारत में लगभग एक करोड़ हेक्टेयर भूमि पर वर्षा आधारित कृषि की जाती है। अधिकतर प्रदेशों में चावल की एक वर्ष में खरीफ के मौसम में एक चावल की फसल उगाई जाती है, परंतु पश्चिम बंगाल, असम तथा कावेरी डेल्टा में एक वर्ष में दो या तीन चावल की फसलें उगाई जाती हैं। भारत के चावल अनुसंधान केंद्र, कटक ने चावलों के खेतों में मछली पालन पर बल दिया गया है। चावल तथा मछली को एक साथ उगाने के लिए खेत के चारों और लगभग एक मीटर ऊँचा तथा 2.5 मीटर चौड़ा बाँध बनाया जाता है।

इस प्रकार के खेत में एक पोखर बनाया जाता है, जिसमें छोटी मछलियाँ छोड़ दी जाती हैं। यह मछलियाँ धीरे-धीरे बड़ी होकर किसान के लिए आहार एवं आय का साधन बन जाती हैं। खेती की ऊँची मेंढ़ों पर लौकी, कद्दू, तुरई इत्यादि की फसलें उगाई जाती हैं।

व्यापार (Trade)

चावल की अधिकतर खरीद व फरोख्त देश के अंदर ही की जाती है। भारत से बासमती चावल दक्षिण पश्चिमी के देशों रूस, मध्य एशिया तथा पूर्वी यूरोप के देशों को करता है। आवश्यकता पड़ने पर चावल का आयात थाइलैंड, म्यांमार, संयुक्त राज्य अमेरिका एवं मलेशिया तथा श्रीलंका से किया जाता है।

गेहूँ (Wheat Triticum Aestivum)

गेहूँ, भारत की चावल के पश्चात् दूसरी सबसे बड़ी एवं महत्त्वपूर्ण अनाज की फसल है। गेहूँ के उत्पादन में भारत का विश्व में चीन एवं संयुक्त राज्य अमेरिका के पश्चात् तीसरा स्थान है। गेहूँ का अधिकतर इस्तेमाल रोटी बनाने के रूप में होता है तथा इससे पशुधन को चारा भी मिलता है।

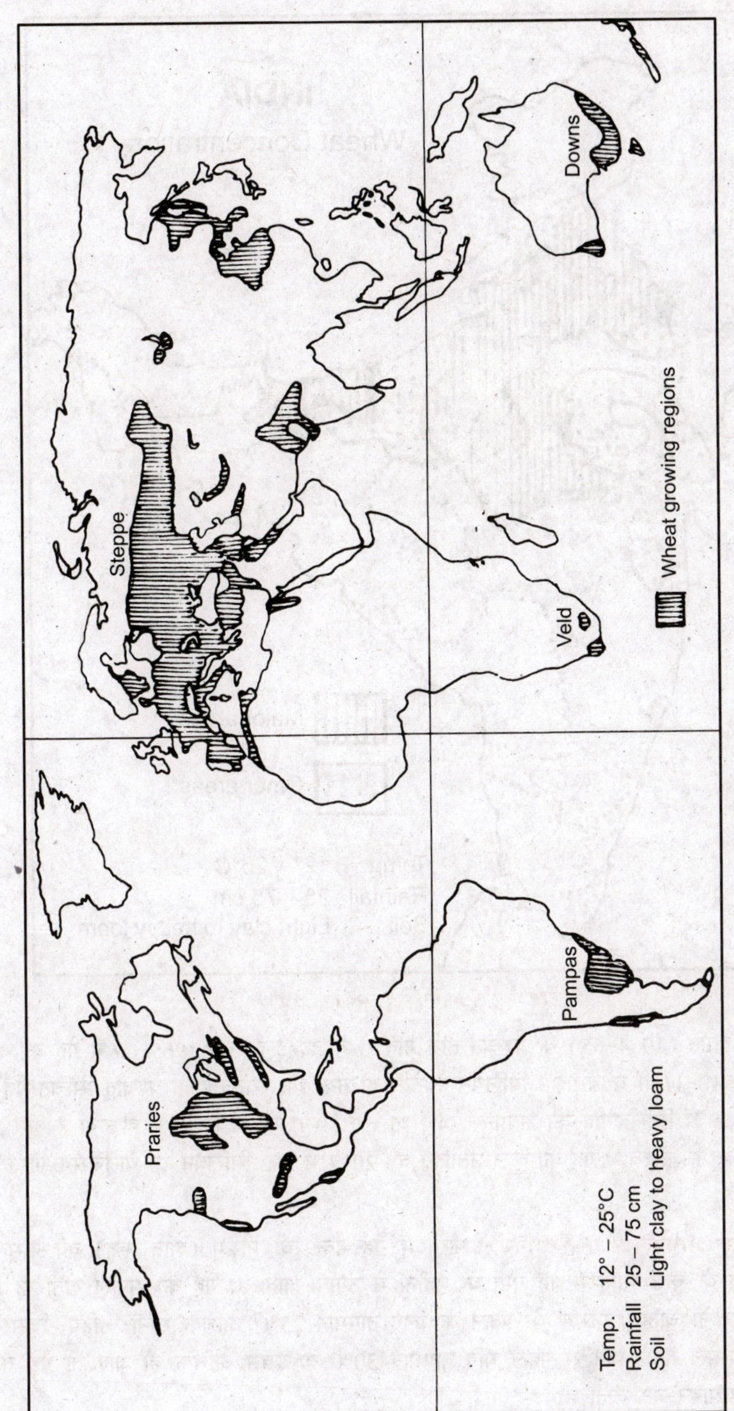

चित्र 12.4 विश्व-गेहूँ उत्पादन क्षेत्र

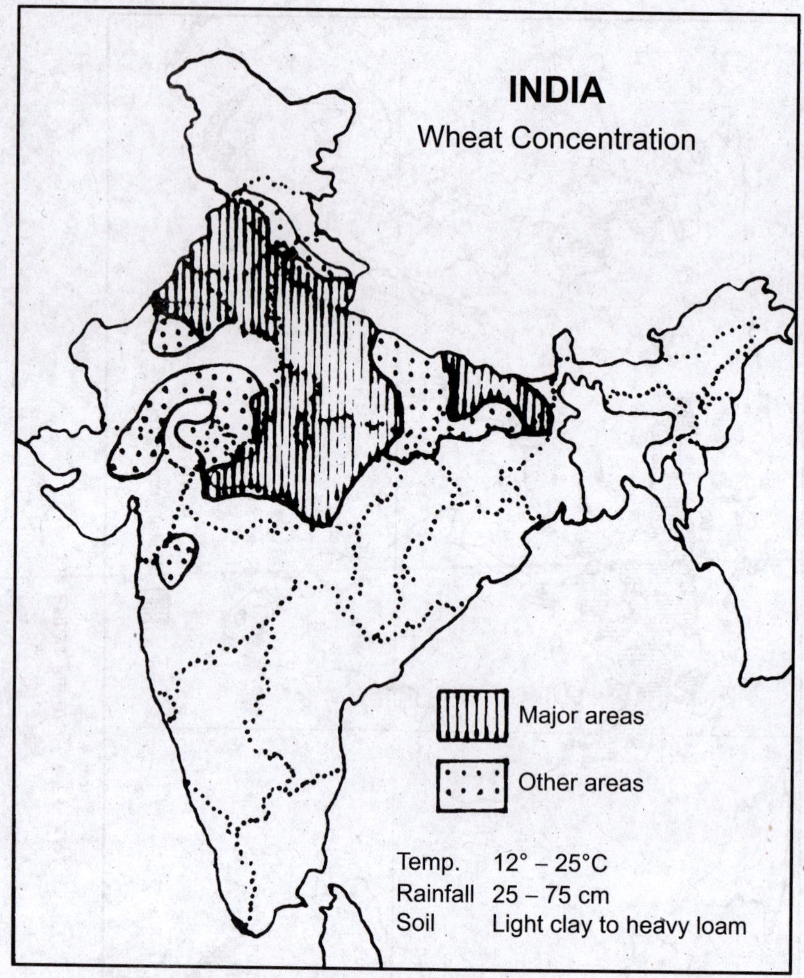

चित्र 12.5 भारत-गेहूँ उत्पादन क्षेत्र

गेहूँ के क्षेत्र में हरित क्रांति (1964-65) के पश्चात् तीव्र गति से वृद्धि हुई है। वर्ष 1965-66 में गेहूँ का क्षेत्रफल 12.5 मिलियन हेक्टेयर था जो 2010-11 में बढ़कर 28 मिलियन हेक्टेयर हो गया था। स्वतंत्रता के पश्चात् सिंचित गेहूँ का क्षेत्रफल तीव्रता से बढ़ा है। वर्ष 1965 में सिंचित गेहूँ का क्षेत्रफल 34% था, जो 1970 में बढ़कर 51% हो गया है और 2010-11 में 90% गेहूँ का क्षेत्रफल सिंचित है। विश्व में गेहूँ का कुल उत्पादन वर्ष 2017 में 762 मिलियन टन था जिसमें भारत की भागीदारी 15% थी।

गेहूँ-उत्पादन के लिए भौगोलिक परिस्थितियाँ: भारत में गेहूँ एक रबी मौसम (शीत ऋतु) की फसल है। केवल लद्दाख तथा हिमाचल प्रदेश के कुछ भागों में गेहूँ गर्मी के महीनों में उगाया जाता है। गेहूँ की सफल खेती के लिए तापमान 15°C से 25°C के मध्य रहना चाहिए। फसल के पकने के लिए तापमान 25°C अधिक रहना चाहिए, जिससे गेहूँ अनाज सरलतापूर्वक पक सके। फसल तैयार होने से पहले यदि तापमान 30°C या इससे अधिक हो जाए तो गेहूँ का दाना सूख जाता है और फसल का उत्पादन घट जाता है।

गेहूँ की सफल खेती के लिए 50 से 75 सेंटीमीटर वर्षा की आवश्यकता होती है। वर्षा के अभाव में पर्याप्त मात्रा में सिंचाई के साधन उपलब्ध होने चाहिए। भारत में गेहूँ की कृषि के क्षेत्रों में औसत वार्षिक वर्षा 12.5 सें॰ मी॰ से लेकर 100 से॰ मी॰ तक होती है, परंतु अधिकतर वर्षा-ऋतु में रिकार्ड की जाती है। वर्षा की अनिश्चितता के कारण गेहूँ की फसल की सिंचाई करना आवश्यक हो जाता है।

गेहूँ के कुल क्षेत्रफल का पंजाब, हरियाणा एवं राजस्थान में 97% भाग सिंचित है, उत्तर प्रदेश में 97.5% गेहूँ सिंचाई के द्वारा उगाया जाता है, जबकि मध्य प्रदेश में सिंचित गेहूँ का प्रतिशत 78%, बिहार में 91% तथा कर्नाटक में 52% है।

गेहूँ की खेती के लिए दोमट-जलोढ़ मिट्टी (Alluvial Soil) की आवश्यकता होती। गेहूँ बोने से पहले खेत की जुताई कई बार करनी पड़ती है ताकि मिट्टी बारीक और भुरभुरी हो जाए।

गेहूँ की फसल को चार से छः बार सींचने की आवश्यकता पड़ती है। नये बीजों को सिंचाई की अधिक आवश्यकता होती है। चिकनी मिट्टी की तुलना में रेतीली मिट्टी (Sandy Soil) में उगाए जाने वाले गेहूँ को अधिक बार सींचना पड़ता है।

उपयुक्त समय पर सिंचाई के साथ-साथ गेहूँ की फसल को पर्याप्त मात्रा में रासायनिक खाद की आवश्यकता होती है। अच्छे उत्पादन के लिए 80-150 किलो रासायनिक खाद प्रति हेक्टेयर लगाना चाहिए। रासायनिक खाद की मात्रा में नाइट्रोजन (N) 40-60 किलो तथा फॉस्फोरस 40 किलो प्रति हेक्टेयर लगाना चाहिए।

विश्व में गेहूँ उगाने वाले प्रदेशों को **मानचित्र 12.4** में दिखाया गया है। गेहूँ का उत्पादन करने वाले देशों अवरोही क्रम (Descending Order) में यूरोपियन यूनियन, चीन, भारत, रूस, संयुक्त राज्य अमेरिका, कनाडा, पाकिस्तान, यूक्रेन, अर्जेंटीना तथा तुर्की हैं।

भारत में गेहूँ उत्पादन के मुख्य क्षेत्रों को **मानचित्र 12.5** में दिखाया गया है। उत्तर प्रदेश, पंजाब, हरियाणा, बिहार, मध्य प्रदेश तथा राजस्थान गेहूँ उगाने वाले राज्य हैं। कुल गेहूँ क्षेत्रफल का 90 प्रतिशत इन्हीं राज्यों में है।

गेहूँ की मुख्य किस्मों (Varities) esa DBW 17, PBW 17] PBW 17] PBW 550] PDW 291] TL 2908 इत्यादि हैं।

जौ (Barley)

चावल, गेहूँ तथा मक्के के पश्चात् जौ एक महत्त्वपूर्ण अनाज की फसल है। इसका वार्षिक उत्पादन लगभग 1361 मिलियन टन है। भारत में यह रबी (शीत ऋतु) की खास फसल है। इसकी कृषि मुख्य रूप से पंजाब, राजस्थान, मध्य प्रदेश, उत्तर प्रदेश एवं बिहार में की जाती है। गेहूँ तुलना में जौ में कठोर मौसम को सहन करने की शक्ति अधिक होती है।

जौ, शीतोष्णकटिबंध की फसल है इसको कम तापमान तथा कम वर्षा की आवश्यकता होती है। कम उपजाऊ भूमि में भी इसकी अच्छी खेती की जा सकती है। वर्षा के अभाव में इसको दो या तीन बार सिंचाई की आवश्यकता होती है। जलमग्न भूमि जौ की फसल के लिए हानिकारक है।

मक्का अथवा कार्न (Maize or Corn Zea Mays)

मक्का विश्व के अधिकतर देशों में उगाया जाता है। लगभग 150 मिलियन हेक्टेयर भूमि पर विश्व में इसकी खेती की जाती है तथा वार्षिक उत्पादन लगभग 9,782 मिलियन टन है, जो विश्व के कुल अनाज उत्पादन का 37% है। इसकी खेती विश्व के 160 देशों में की जाती है। मक्के की खेती विश्व में साल भर की जाती है।

मक्का उत्पादन करने वाले देशों को **मानचित्र 12.6** में दिखाया गया है। मक्के का सबसे अधिक उत्पादन संयुक्त राज्य अमेरिका, चीन, ब्राजील, मैक्सिको, रूस, रूमानिया तथा भारत में होता हे मक्के का सबसे अधिक प्रति हेक्टेयर उत्पादन संयुक्त राज्य अमेरिका में होता है।

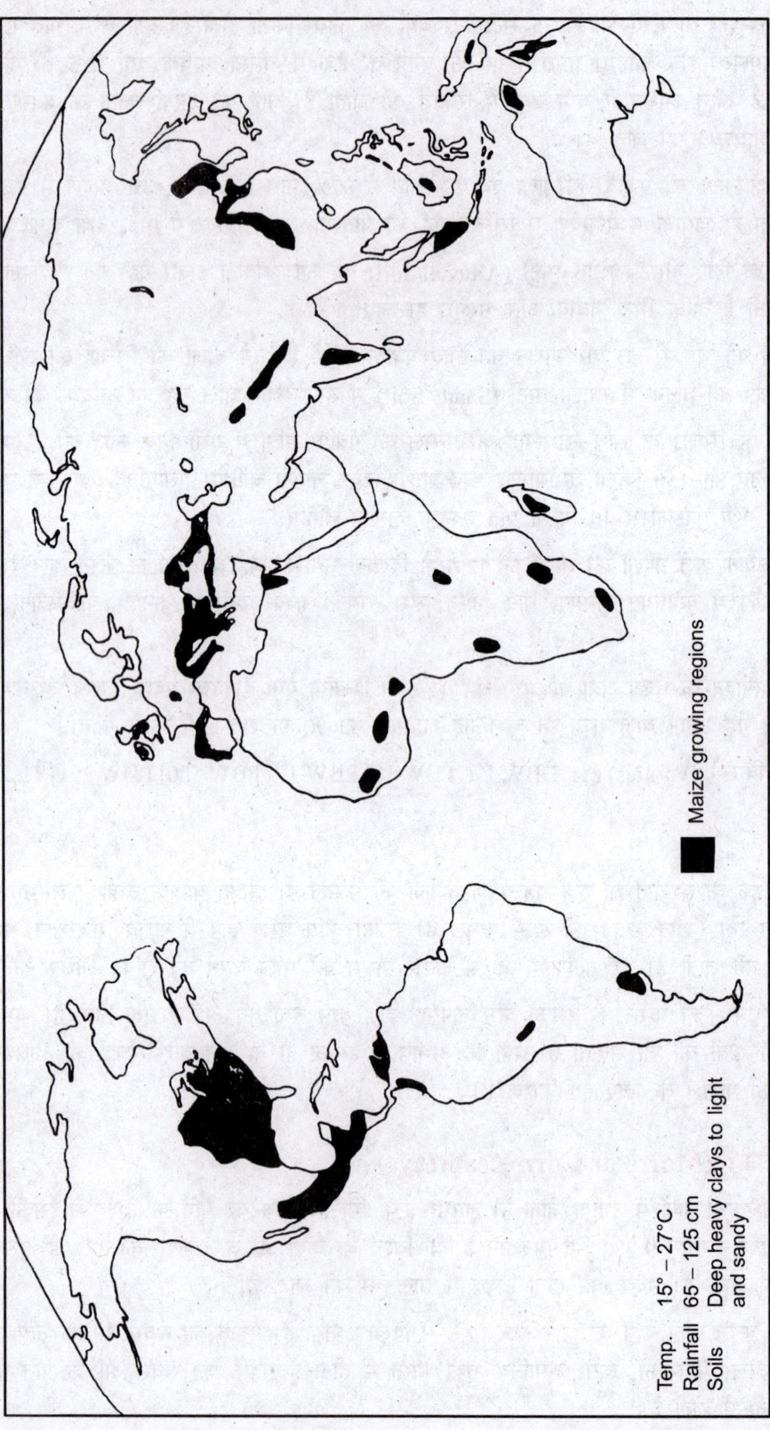

चित्र 12.6 विश्व के मक्का उत्पादन क्षेत्र

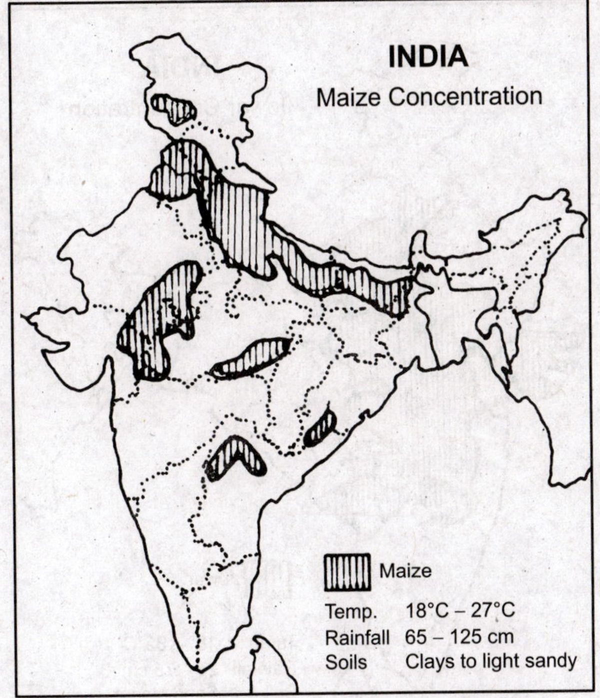

चित्र 12.7 भारत–मक्का उत्पादक क्षेत्र

भारत में मक्के की खेती 8 मिलियन हेक्टेयर पर की जाती है। देश की खाद्य सामग्री में मक्के की भागीदारी लगभग 8 प्रतिशत है। भोजन के अतिरिक्त पशुओं के लिए चारा, तेल, प्रोटीन, एल्कोहल, औषधियों, कास्मेटिक्स, वस्त्र उद्योग, कागज तथा गोंद (Gum) बनाने के लिए इस्तेमाल किया जाता है **(मानचित्र 12.7)**।

मक्के की खेती के लिए अनुकूलतम तापमान 21°C से 27°C है, परंतु इसकी खेती 10°C से 35°C तक की जाती है। इसकी सफल खेती के लिए 50 से 75 से॰ मी॰ वर्षा की आवश्यकता होती है। यह उपजाऊ भूमि में उगाई जाती है, इसके खेत में पानी नहीं रुकना चाहिए।

भारत के कुछ भागों में मक्का ग्रीष्मकाल की फसल है, जबकि दक्षिणी भारत में इसको शीत ऋतु के महीनों में भी बोया जाता है। उत्तर प्रदेश, बिहार, हिमाचल प्रदेश, जम्मू एंड कश्मीर एवं पंजाब राज्य मक्का उत्पादन करने वाले मुख्य राज्य हैं। मक्के का सबसे अधिक उत्पादन आंध्र प्रदेश (21%), कर्नाटक (17%), राजस्थान (10%), महाराष्ट्र (9%) बिहार (8.5%), उत्तर प्रदेश (6%) तथा मध्य प्रदेश (5.5%) में किया जाता है।

ज्वार/जुवार (Millet)

लकड़ी के हल का आविष्कार होने से पहले ज्वार की खेती की जाने लगी थी। ज्वार दो प्रकार की होती हैं– (*i*) बड़ी ज्वार तथा (*ii*) लघु ज्वार। ज्वार का उपयोग भोजन, चारे, औषधियों तथा कागज बनाने के लिए किया जाता है, परंतु इसके क्षेत्रफल में कमी होती जा रही है। वर्ष 1960 में लगभग 18 मिलियन हेक्टेयर था जो वर्ष 2018 में 3.1 मिलियन हेक्टेयर हो गया।

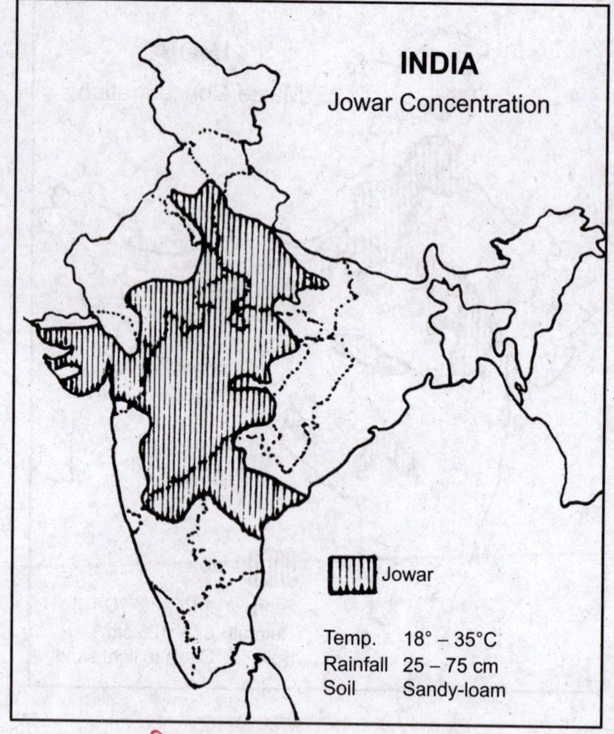

चित्र 12.8 भारत-ज्वार उत्पादक क्षेत्र

ज्वार को ऊष्ण आर्द्र जलवायु की आवश्यकता होती है। इसको 20°C से 27°C तापमान की आवश्यकता होती है तथा लगभग 25 से 75 सें॰ मी॰ जल की आवश्यकता होती है। काली मिट्टी से लेकर, जलोढ़, रेतीली और लेटेराइट मिट्टी में की जाती है। इसके खेत में पानी नहीं ठहरना चाहिए।

भारत में ज्वार के उगाने वाले राज्यों में राजस्थान, उत्तर प्रदेश, मध्य प्रदेश तथा गुजरात हैं। *(मानचित्र 12.8)*

बाजरा (Bulrush Millet)

भारत के बहुत-से भागों में बाजरा एक मुख्य आहार है। लगभग 10 मिलियन हेक्टेयर पर बाजरे की खेती की जाती है और लगभग 7.5 मिलियन टन बाजरे का वार्षिक उत्पादन होता है।

बाजरे की सफल खेती के लिए 25°C से 30°C तापमान तथा 30 से॰ मी॰ से 50 से॰ मी॰ की आवश्यकता होती है। बाजरा सूखे मौसम को सहन करने की सबसे अधिक क्षमता रखता है। इसकी जड़ों मे पानी नहीं रुकना चाहिए। रेतीली मिट्टी में इसकी खेती अधिक सफल होती है।

बाजरे के नये बीज विकसित किए गए हैं, जिनमें Raj- 171, ICMV- 221, पूसा मिश्रित 334, पूसा 38^3 तथा समृद्धि मुख्य किस्में हैं।

बाजरे का औसत उत्पादन 650 किलो प्रति हेक्टेयर है। इसकी खेती के मुख्य प्रदेशों में राजस्थान, गुजरात, उत्तर प्रदेश, हरियाणा, कर्नाटक तमिलनाडु एवं आंध्र प्रदेश हैं। *(मानचित्र 12.9)*

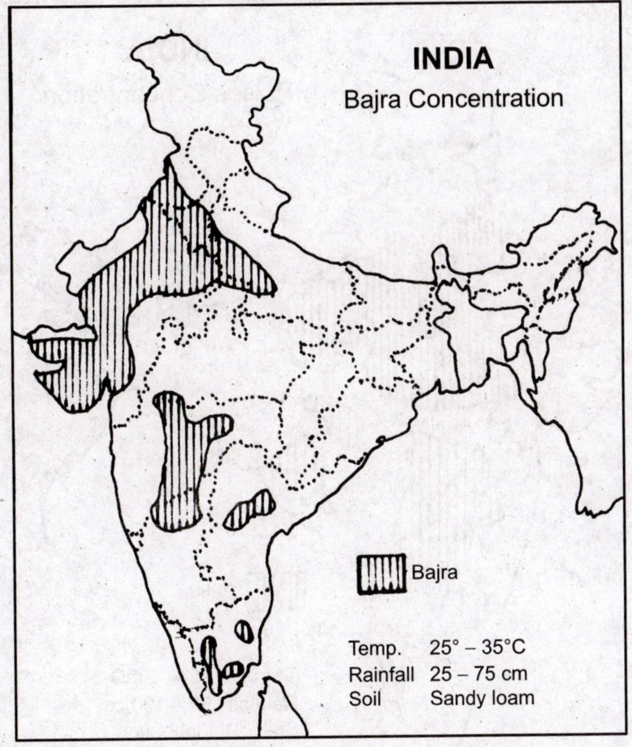

चित्र 12.9 भारत-बाजरा उत्पादक क्षेत्र

दलहन (Pulses or Legumes)

प्रोटीन (Protein) जीवन के लिए अनिवार्य है और प्रोटीन का मुख्य स्रोत दलहन (Pulses) हैं। दलहन से मिट्टी की उर्वरकता भी बढ़ती है। एक अनुमान के अनुसार दलहन की फसल से प्रति हेक्टेयर 40 किलो नाइट्रोजन की वृद्धि होती है।

भारत में 23 मिलियन हेक्टेयर भूमि पर दलहन की खेती की जाती है, जिससे लगभग 14-15 मिलियन टन दलहन का उत्पादन होता है। प्रमुख दलहनों में बंगाली चना, उड़द, मसूर, मटर, अरहर, मोठ, लोबिया, ग्वार, राजमा इत्यादि सम्मिलित हैं।

दलहन की खेती के लिए 15°C से 25°C की आवश्यकता होती है। सामान्यतः दलहन की फसलों को कम वर्षा की आवश्यकता होती है। बहुत-सी दलहनों को दूसरी फसलों के साथ मिश्रित करके बोया जाता है, जैसे गेहूँ के साथ चना, सरसों के साथ चना, ज्वार के साथ उड़द या मूँग बाजरे के साथ ग्वार इत्यादि। *(मानचित्र 12.10)*

अरहर/तूअर (Pegion Pea-Cajanus Cajan)

अरहर भारत की देशज दलहन है। अरहर की फसल ऊष्णकटिबंध के देशों में उगाई जाती है। इसकी कृषि 30° उत्तर से 30° दक्षिण में की जाती है। अरहर प्रोटीन का एक साधन ही नहीं, यह भूमि को उपजाऊ बनाती है, इसकी लकड़ियाँ ईंधन के तौर पर इस्तेमाल की जाती हैं और इसकी पत्तियों से पशुओं को चारा भी मिलता है।

अरहर की सफल खेती के लिए 20°C से 30°C तापमान की आवश्यकता होती है। वर्षा 40 से॰ मी॰ से 75 से॰ मी॰ पर्याप्त होती है। कोहरे एवं पाले का अरहर की फसल पर प्रतिकूल प्रभाव पड़ता है। इसको जलोढ़ उपजाऊ मिट्टी की आवश्यकता होती है, परंतु इसके खेत में पानी नहीं ठहरना चाहिए।

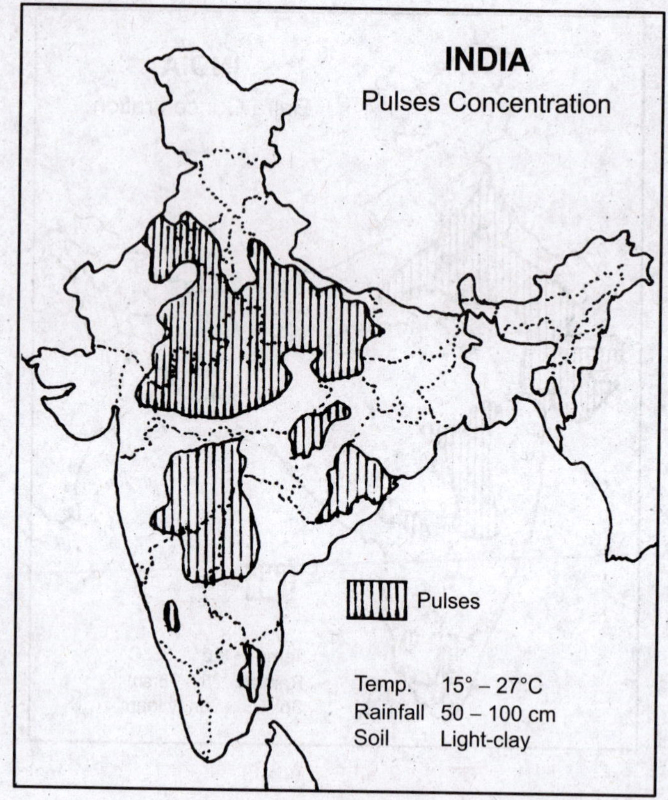

चित्र 12.10 भारत-दाल उत्पादक क्षेत्र

भारत में लगभग 3.75 मिलियन हेक्टेयर भूमि पर अरहर की खेती की और कुल वार्षिक उत्पादन लगभग 3.1 मिलियन टन होता है। यह खेती विशेष रूप से महाराष्ट्र, आंध्र प्रदेश, उत्तर प्रदेश, मध्य प्रदेश, गुजरात, ओडिशा, तमिलनाडु, छत्तीसगढ़ एवं बिहार में की जाती है। अरहर का औसत उत्पादन 1200 से 1500 किलो प्रति हेक्टेयर होता है।

मूँग *(Green Gram or Vigna radiate)*

भारत में मूँग दाल की खेती प्राचीनकाल से की जाती रही है। इसका उपयोग भोजन अथवा आटे के रूप में किया जाता है। इससे गैस की बीमारी नहीं होती।

ऊष्णकटिबंधीय जलवायु में उगने वाली मूँग की दाल नीचे तापमान को सहन नहीं कर पाती। इसको 25°C से 35°C तापमान की आवश्यकता होती है तथा 30 से 50 से॰ मी॰ वर्षा के क्षेत्रों में इसका अच्छा उत्पादन होता है। अच्छे जल अपवाह जलोढ़ मिट्टी में इसका उत्पादन अच्छा होता है। देश के विभिन्न भागों में तापमान के अनुसार इसको खरीफ, रबी अथवा ज़ायद ऋतु में उगाया जाता है।

उड़द *(Black Gram)*

भारत में उड़द की खेती पुराने समय से की जाती रही है। लगभग 3.2 मिलियन हेक्टेयर भूमि पर इसकी खेती की जाती है तथा लगभग 1.33 मिलियन टन उत्पादन होता है। अधिकतर भागों में इसे खरीफ के मौसम में बोया जाता है।

उरद की खेती 2000 मीटर से कम ऊँचाई पर की जाती है। तापमान 25°C से 35°C तथा वर्षा लगभग 50 से० मी० की आवश्यकता होती है।

मसूर (Lentil Lens Culinaris)

भारत में मसूर की खेती प्राचीनकाल से की जाती रही है। मसूर, भूमध्यसागरीय प्रदेशों का देशज (Native) है। भूमध्य सागरी प्रदेशों से इसकी खेती का भारत एवं चीन में प्रसारण हुआ।

भारत के पर्वतीय भागों में इसकी खेती 3500 मीटर तक की जाती है। इसके लिए अनुकूलतम तापमान 25°C से 35°C माना जाता है।

राजमा (French Beans)

राजमा मैक्सिको एवं ग्वाटेमाला का देशज (Native) है। इसको रेतीली तथा दोमट मिट्टी (Sandy Loam) में उगाया जाता है। 10°C से 27°C तापमान इसके लिए अनुकूल माना जाता है। यदि तापमान 30°C से अधिक हो जाए तो उत्पादन घट जाता है। इस फसल को जुलाई के पहले हफ्ते में बोया जाता है। इसकी खेती मुख्यतः मध्य प्रदेश, महाराष्ट्र, गुजरात तथा आंध्र प्रदेश में होती है।

तिलहन (Oilseeds)

तिलहन के उत्पादन में भारत विश्व का पाँचवाँ सबसे बड़ा देश है। संयुक्त राज्य अमेरिका, चीन, ब्राजील तथा अर्जेंटीना का तिलहन का क्षेत्रफल एवं उत्पादन भारत से अधिक है। भारत की भागीदारी, तिलहन के विश्व उत्पादन में 12–15 प्रतिशत है। भारत में मूँगफली, सरसों, तिरमिरा (Rapeaseeds), सोयाबीन, सूरजमुखी, कुसुम, सनफ्लॉवर, कास्टर (Caster) तथा अलसी (Linseed) मुख्यतया उगाई जाती है।

मध्य प्रदेश, गुजरात, राजस्थान, आंध्र प्रदेश, महाराष्ट्र, कर्नाटक, तमिलनाडु तथा उत्तर प्रदेश राज्य देश का 90 प्रतिशत तिलहन का उत्पादन करते हैं। विभिन्न तिलहनों में मूँगफली, सरसों, तिरमिरा (Rapeaseed) तथा सोयाबीन मिलाकर 80% तिलहन का उत्पादन करते हैं।

मूँगफली (Groundnuts or Peanuts)

मूँगफली ब्राजील का देशज (Native) है। मूँगफली में 44% से 50% तेल होता है। मूँगफली से खाने का तेल (वनस्पति घी) तैयार किया जाता है। इसके अतिरिक्त साबुन, कॉस्मेटिक्स (Cosmetics), स्टेरीन (Stearin) तथा विशेष प्रकार के लवण प्राप्त किए जाते हैं।

मूँगफली की खेती 45°C उत्तर से 35°C दक्षिण तक की जाती है तथा सागर स्तर से 1000 मीटर ऊँचाई तक की जा सकती है। इसका 20°C से 30°C तापमान तथा 50 से०मी० वर्षा की आवश्यकता होती है। पाला पड़ने से मूँगफली नष्ट हो जाती है। कठोर सर्दी का भी पैदावार पर खराब असर पड़ता है। इसके खेत में पानी ठहरना नहीं चाहिए। रेतीली तथा दोमट में इसकी पैदावार अधिक होती है।

मूँगफली को खरीफ या रबी के मौसम में उगाया जाता है। तमिलनाडु इत्यादि में मूँगफली नवंबर या दिसंबर में बोई जाती है। गुजरात, महाराष्ट्र तथा मध्य प्रदेश में मूँगफली खरीफ के मौसम में बोई जाती है।

विश्व में मूँगफली 22 मिलियन हेक्टेयर क्षेत्र में बोई जाती है तथा औसत वार्षिक उत्पादन 48 मिलियन टन होता है। मूँगफली का सबसे अधिक उत्पादन अवरोही क्रम में चीन, भारत, संयुक्त राज्य अमेरिका, अर्जेंटीना, ब्राजील, इंडोनेशिया, सूडान, सेनेगल तथा म्यांमार में होता है। *(मानचित्र 12.12)*

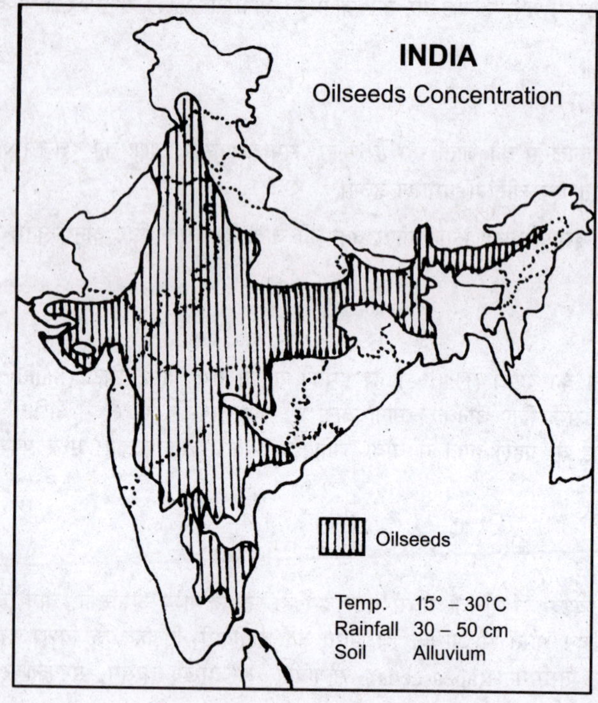

चित्र 12.11 भारत–तिलहन उत्पादक क्षेत्र

भारत में गुजरात, आंध्र प्रदेश, तमिलनाडु तथा कर्नाटक मूँगफली उत्पादन करने वाले मुख्य राज्य हैं। इनके अतिरिक्त राजस्थान, महाराष्ट्र, मध्य प्रदेश, ओडिशा तथा उत्तर प्रदेश में भी मूँगफली का उत्पादन किया जाता है।

मूँगफली एक वार्षिक फसल है। इससे मिट्टी की उर्वरकता बढ़ती है। इसमें श्रम की अधिक आवश्यकता होती है।

सरसों तथा तोड़िया (Mustard and Rapeseed)

सरसों एवं तोड़िया महत्त्वपूर्ण तिलहन हैं जिनकी भारत की कुल तिलहन की पैदावार में 20 से 25% तक की भागीदारी है।

सरसों एवं तोड़िया शीतोष्ण कटिबंध की फसलें हैं। भारत में इसकी अधिकतर खेती सर्दी के मौसम में की जाती है। इसकी सफल खेती के लिए 20°C से 25°C तापमान तथा 20 से 40 सेमी॰ वर्षा की आवश्यकता होती है। इसकी फसल 75 से 90 दिन में तैयार हो जाती है।

सरसों का उत्पादन 800 से 1500 किलो प्रति हेक्टेयर होता है जो सिंचित क्षेत्रों में 2000 किलो प्रति हेक्टेयर तक हो सकता है। राजस्थान, उत्तर प्रदेश, पंजाब, हरयिाणा, मध्य प्रदेश तथा गुजरात, सरसों एवं तोड़िया (Rapeseed) के मुख्य उत्पादक राज्य हैं।

गन्ना (Sugarcane)

गन्ना, बाँस के परिवार से संबंध रखता है। गुड़ एवं चीनी का यह मुख्य स्रोत है। इससे एल्कोहोल (Alcohol) भी तैयार किया जाता है। इसकी खोई (Bayasse) से कागज बनाया जाता है। गन्ने के ऊपरी हरे भाग को पशुओं के चारे के तौर पर इस्तेमाल किया जाता है।

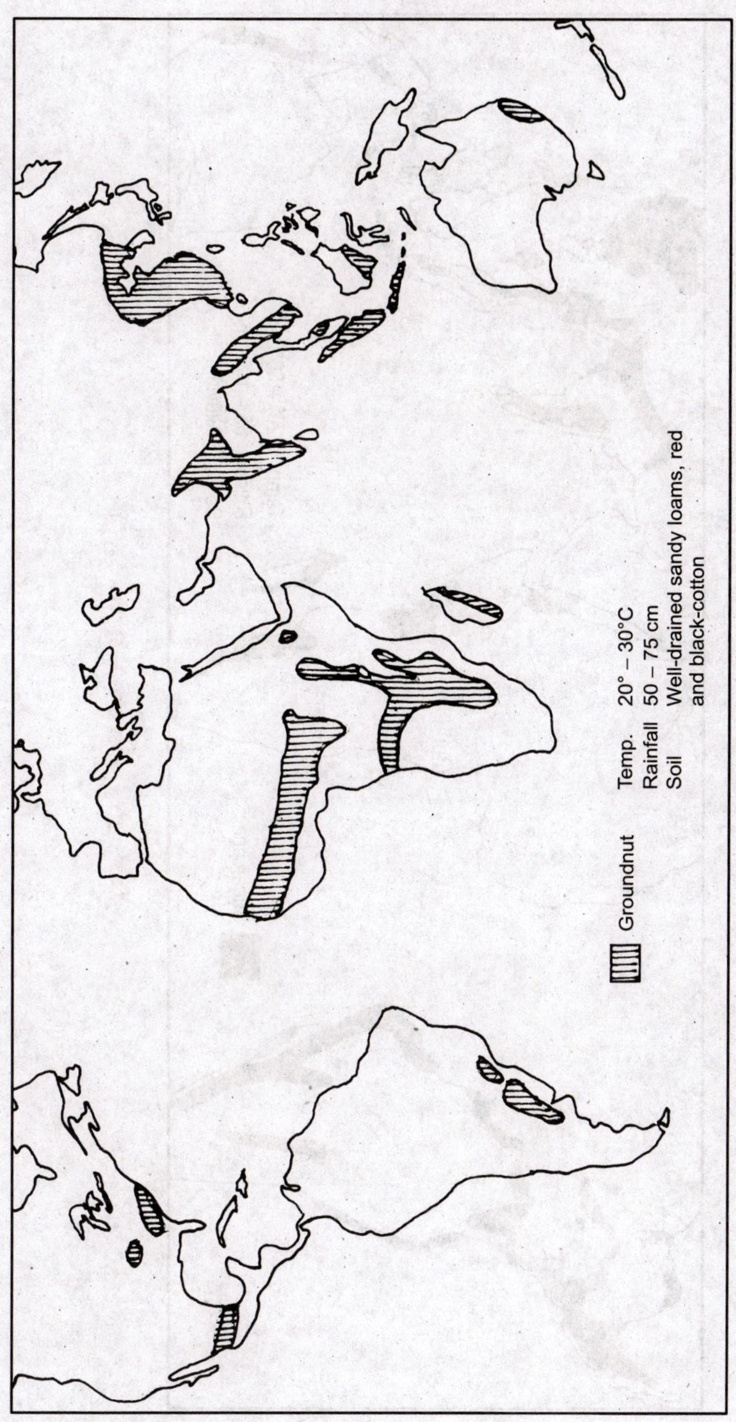

चित्र 12.12 मूंगफली का विश्व वितरण

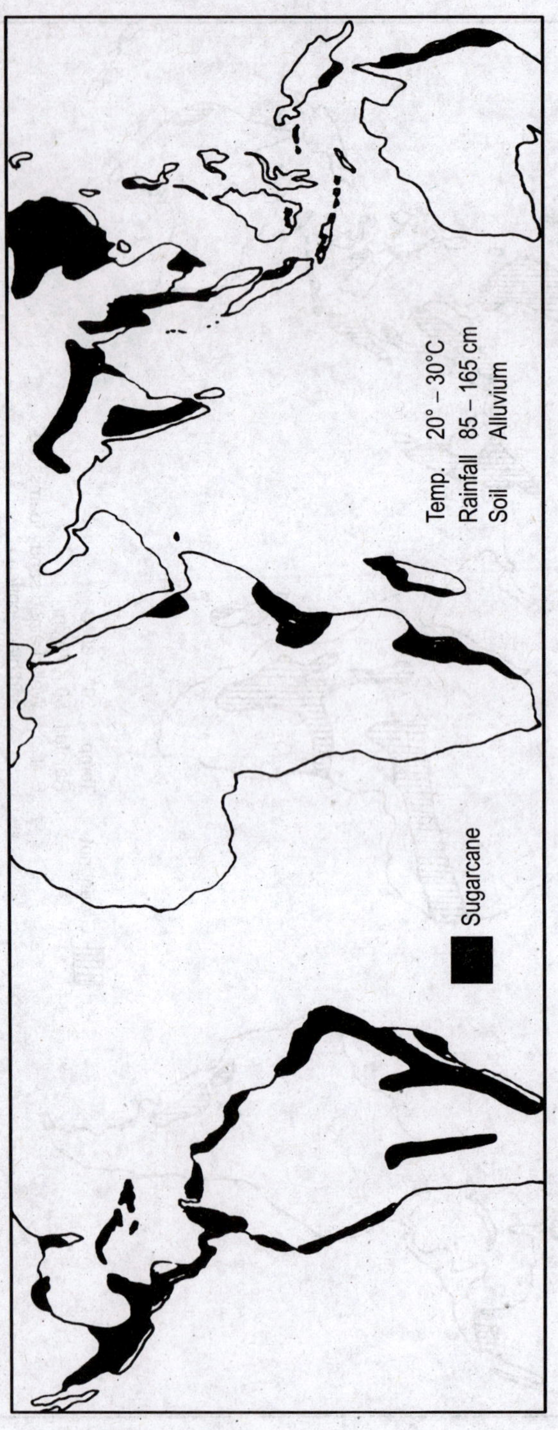

चित्र 12.13 गन्ना उत्पादों का विश्व वितरण

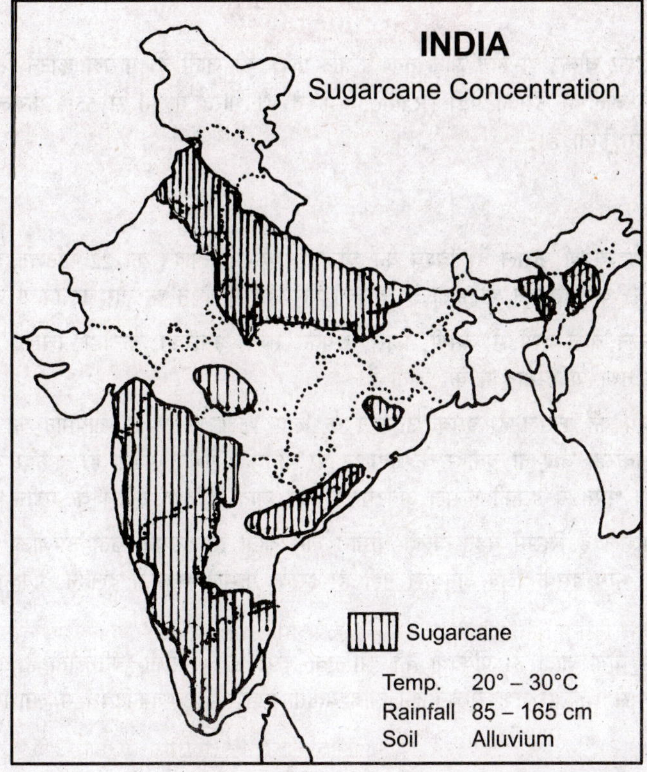

चित्र 12.14 भारत गन्ना उत्पादक क्षेत्र

भारत में लगभग 95 मिलियन हेक्टेयर भूमि पर गन्ने की खेती की जाती है। उत्तर प्रदेश भारत में सबसे अधिक उत्पादन करने वाला राज्य है।

गन्ना वैसे तो खरीफ की फसल है, परंतु यह रबी (शीत ऋतु) में खेत में बनी रहती है, इसलिए इसको खरीफ तथा रबी की फसल (Continual Kharif Crop) कहा जाता है।

गन्ने की अच्छी फसल के लिए 20°C से 30°C तापमान की आवश्यकता होती है तथा लगभग 100 सेमी॰ वर्षा की। यदि वर्षा कम होती हो तो सिंचाई के पर्याप्त साधन उपलब्ध होने चाहिए। गन्ने की फसल को छः बार से लेकर दस बार तक सींचा जाता है।

गन्ने के उत्पादन में ब्राजील का प्रथम स्थान है, भारत का दूसरा, यूरापियन यूनियन का तीसरा तथा थाइलैंड का चौथा स्थान है। इनके अतिरिक्त गन्ना उत्पादन करने वाले प्रमुख देशों में चीन, मैक्सिको, क्यूबा तथा कोलंबिया का नाम मुख्य है। प्रति हेक्टेयर उत्पादन सबसे अधिक क्यूबा में है, जबकि ब्राजील सबसे अधिक चीनी का निर्यात करता है। *(मानचित्र 12.13)*

गन्ने का क्षेत्रफल विश्व में सबसे अधिक भारत में हैं। गन्ने की खेती मुख्यत: आंध्र प्रदेश, असम, बिहार, गुजरात, हरियाणा, कर्नाटक, केरल, मध्य प्रदेश, महाराष्ट्र, ओडिशा, पंजाब, राजस्थान, तमिलनाडु, उत्तराखंड, उत्तर प्रदेश, पश्चिम बंगाल में की जाती है। *(मानचित्र 12.14)*

गन्ने का प्रति हेक्टेयर उत्पादन आंध्र प्रदेश तथा महाराष्ट्र में 110 टन प्रति हेक्टेयर है, जबकि अन्य राज्यों में इसका उत्पादन 42 टन से 90 टन प्रति हेक्टेयर है।

पेड़ी (Ratooning)

गन्ने की फसल को एक बार बोकर दो-तीन साल तक फसल प्राप्त की जाती है। फसल काटने के बाद दूसरे वर्ष जो गन्ने की फसल प्राप्त की जाती है उसको पेड़ी (Ratoon) कहते हैं। भारत में 50 से 55% फसल पेड़ी-गन्ने की है। पेड़ी गन्ने में अधिक मिठास होती है।

चुकंदर (Sugarbeet)

चुकंदर भी चीनी की एक महत्त्वपूर्ण फसल है। विश्व की चीनी के कुल उत्पादन का 22 प्रतिशत चीनी चुकंदर से आती है। इससे इथानोल (Ethanol) का उत्पादन भी होता है जिसका परिवहन में ईंधन के तौर पर किया जाता है।

चुकंदर के उत्पादन करने वाले देशों में जर्मनी, फ्रांस, संयुक्त राज्य अमेरिका, कनाडा, चिली, अर्जेंटीना, मिस्र, रूस, चीन, ईरान, जापान, सीरिया तथा पाकिस्तान में की जाती है।

चुकंदर शीतोष्ण कटिबंध की फसल है। इसके उत्पादन के लिए 15°C से 21°C तापमान की आवश्यकता होती है। यदि तापमान 30°C से अधिक हो जाए तो चुकंदर के उत्पादन पर प्रतिकूल प्रभाव पड़ता है। चुकंदर की फसल खेत में छः से सात महीने तक रहती है। भारत में इसकी फसल अक्टूबर में बोई जाती है तथा अप्रैल के महीने में काटी जाती है।

चुकंदर एक कोमल फसल है जिसमें बहुत जल्दी बीमारी लग जाती है। इसकी खेती उपजाऊ भूमि में की जाती है। चिकनी मिट्टी तथा जलमग्न भूमि इसके लिए अनुकूल नहीं है। इसके फसल चक्र में दलहन, मक्का आदि को सम्मिलित किया जा सकता है।

चुकंदर को पंक्तियों में बोया जाता है। पंक्तियों की दूरी एक-दूसरे से 50 सेमी॰ की होती है। यदि वर्षा पर्याप्त मात्रा में नहीं हो तो फसल को 7 से 10 बार तक सींचने की आवश्यकता होती है। ऊष्णकटिबंध में लगभग दस बार फसल को सींचा जाता है।

कपास (Cotton)

कपास को 'सफेद सोना' (White Gold) भी कहते हैं। किसी देश के आर्थिक विकास में कपास की महत्त्वपूर्ण भूमिका होती है। कपास की खेती विश्व के साठ देशों में की जाती है। कपास का उत्पादन करने वाले मुख्य देशों में चीन, संयुक्त राज्य अमेरिका, भारत, ब्राजील, पाकिस्तान, उजबेकिस्तान, मिस्र, तुर्की इत्यादि हैं। *(मानचित्र 12.15)*

विश्व के कुल उत्पादन में भारत की भागीदारी 19% है। भारत में कपास एक नकदी फसल है। वस्त्र उद्योग में 65 प्रतिशत का कच्चा माल कपास से आता है।

कपास उपोष्ण कटिबंध की फसल है। इसके लिए न्यूनतम तापमान 15°C है। इसके लिए 18°C से लेकर 27°C तापमान अनुकूलतम होता है। लगभग 180 दिन तक पाला नहीं पड़ना चाहिए।

कपास भारत के विभिन्न प्रदेशों में अलग-अलग महीनों में बोई जाती है। उत्तम प्रकार की कपास शुष्क, मरुस्थल तथा आर्द्र मरुस्थली प्रदेशों में उगाई जाती है जहाँ सिंचाई का प्रावधान हो।

बी॰ टी॰ कपास भारत में (B.T. Cotton in India)

भारत में कपास के नए बीज बी॰ टी॰ कपास का उपयोग 2002 में आरंभ किया गया था। इस प्रकार की कपास का सबसे अधिक क्षेत्रफल महाराष्ट्र में 3.15 मिलियन हेक्टेयर (42%) है। इसके अतिरिक्त गुजरात, आंध्र प्रदेश, मध्य प्रदेश, कर्नाटक तथा तमिलनाडु में बी॰ टी॰ कपास की खेती की जाती है।

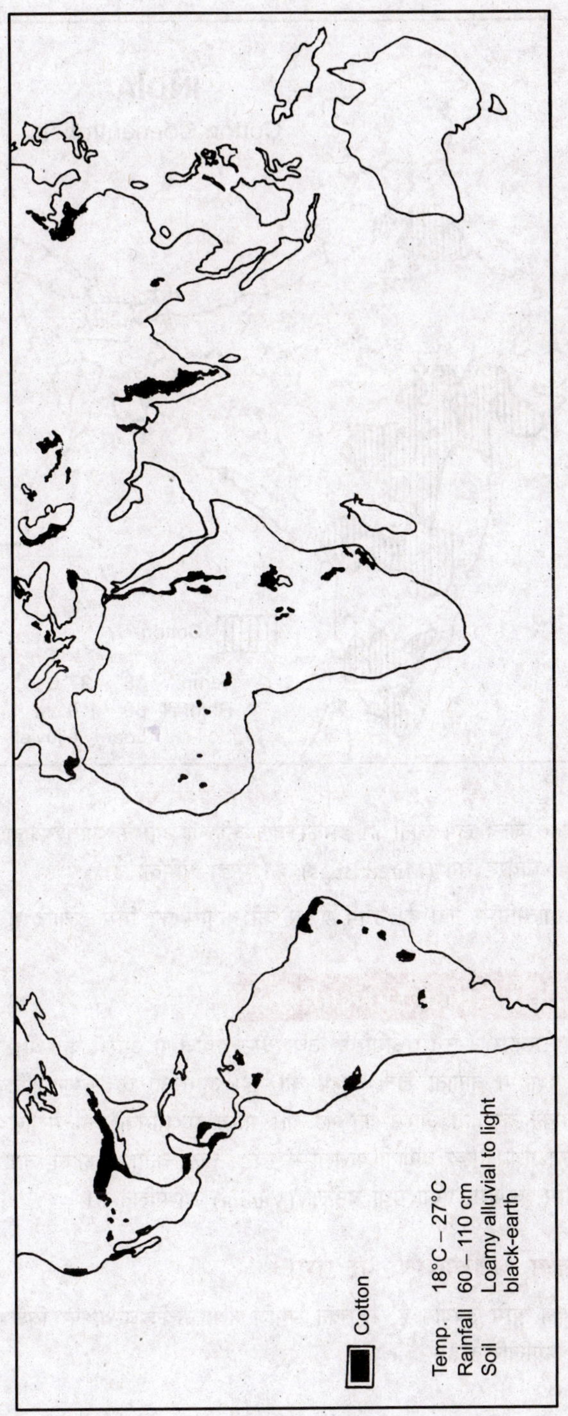

चित्र 12.15 विश्व-कपास उत्पादक क्षेत्र

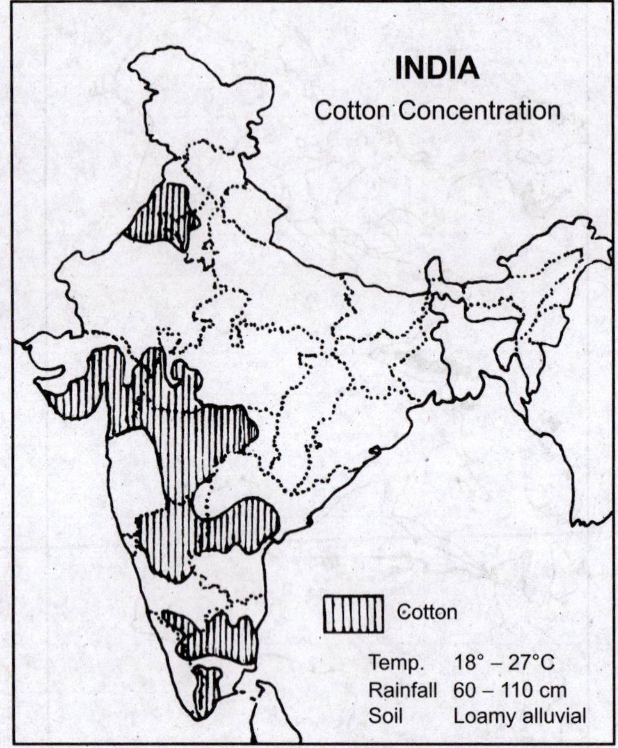

चित्र 12.16 भारत-कपास उत्पादक क्षेत्र

बी टी॰ कपास में बीमारी बहुत जल्द लग जाती है। इसको जल की भी अधिक आवश्यकता होती है। इसकी बीमारियों में मीली बग (Mealy Bug) तथा मायरड बग (Mired Bugs) की मुख्य भूमिका है।

भारत कपास के मामले में आत्मनिर्भर नहीं है। उत्तम प्रकार की कपास का मिस्र इत्यादि से आयात किया जाता है।

बागाती/रोपण खेती (Plantation Agriculture)

बागाती खेती सबसे पहले ब्रिटिश सरकार ने उत्तरी अमेरिका तथा वेस्ट इंडीज में आरंभ की थी। उसके पश्चात् दक्षिण पूर्वी एशिया तथा दक्षिणी एशिया के देशों में बागाती खेती आरंभ की गई। अमेरिका के ऊष्ण कटिबंधीय प्रदेश में इस प्रकार की खेती अफ्रीका के नीग्रो श्रमिकों के द्वारा आरंभ की गई थी। भारत से श्रमिकों को मलेशिया, मॉरीशस, वेस्ट इंडीज, दक्षिण अफ्रीका इत्यादि में ले जाया गया। मुख्य बागाती फसलों में रबड़, चाय, कॉफी, कोको, ताड़-तेल (Oil Palm), सुपारी (arecanut), नारियल, मनीला-हेम्प, कपास, गन्ना तथा वनीला (Vanila) सम्मिलित हैं।

बागाती खेती का समाज तथा अर्थव्यवस्था पर प्रभाव

बागाती खेती एक विशेष प्रकार का भूमि उपयोग है, जिसका समाज तथा अर्थव्यवस्था पर विशेष प्रभाव पड़ता है। बागाती खेती की कुछ प्रमुख विशेषताएँ अग्रलिखित हैं–

1. बागाती खेती निर्यात आधारित है।
2. बागाती खेती में मजदूरों का शोषण करके लाभ कमाया जाता है।
3. मजदूरों के सामाजिक संबंधों एवं आशयों पर ध्यान नहीं दिया जाता।
4. मजदूरों को बागाती-फार्म पर रहना पड़ता है और वह परिवार से दूर तथा समाज से कट जाता है।
5. इस प्रकार की खेती शारीरिक मजदूरों पर आधारित होती है जिनको मनोवैज्ञानिक समस्याओं से जूझना पड़ता है।
6. अधिक मजदूरों की संख्या होने के कारण बेरोजगारी का खतरा बना रहता है।
7. बागाती खेती पर श्रमिकों की माँग निरंतर बनी रहती है।
8. बहुत-से स्थानों में छोटे बागाती खेतों में अन्य दूसरी वार्षिक फसलों की खेती आरंभ हो गई है।
9. बागाती खेती में एक छोटी फैक्ट्री होती है ताकि उत्पादन को बाजार योग्य बनाया जा सके।
10. बागाती खेती का प्रबंध धनी पूँजीवादियों के हाथ में होती है।
11. इस प्रकार की खेती में मजदूरों के साथ-साथ भारी पूँजी की आवश्यकता होती है।
12. बागाती खेती अधिकतर धनी लोगों के हाथ में है।

चाय (Tea or Camellia Sinensis)

विश्व की लगभग 50% चाय का पेय (Beverage) के रूप में इस्तेमाल किया जाता है। चीन, जापान, भारत, श्रीलंका, ब्रिटेन तथा रूस में चाय को राष्ट्रीय पेय (National Drink) का स्थान मिला हुआ है।

भारत में लगभग 45 लाख हेक्टेयर भूमि पर चाय के बगीचे हैं। इसका उत्पादन करने वाले राज्यों में असम (53%), पश्चिम बंगाल (24%), तमिलनाडु (11%) तथा केरल (8%), सम्मिलित हैं। इनके अतिरिक्त चाय का उत्पादन त्रिपुरा, कर्नाटक, हिमाचल प्रदेश, उत्तराखंड, सिक्किम, बिहार, मणिपुर, नागालैंड तथा अरुणाचल प्रदेश में भी किया जाता है।

भारत में चाय की खेती लगभग 160 वर्ष पुरानी है, जिससे वार्षिक रु 6000 करोड़ से अधिक की आय होती है। इसकी कृषि में चालीस लाख से अधिक लोग काम करते हैं। चाय के बगीचों में काम करने वाले श्रमिकों में 50% महिलाएँ हैं। वर्ष 1947 में चाय का उत्पादन 250 मिलियन किलो था जो वर्ष 2011 में 755 मिलियन किलो हो गया।

चाय सबट्रोपिकल (Subtropical) एशिया का मूल-पौधा (Native) है। इसकी झाड़ियों की निरंतर कटाई-छटाई की जाती है, ताकि नई पंक्तियाँ निकलती रहें। नई पंक्तियाँ ही वास्तव में अच्छी चाय के लिए उपयुक्त होती हैं। चाय की झाड़ी एक सदाबहार पौधा है। उसके उत्पादन के लिए 20°C से 27°C जड़ों में पानी ठहरना चाहिए। पानी ठहरने से पौधे की जड़ें गल जाती हैं और झाड़ी नष्ट हो जाती है। इसलिए इसके बगीचे ढालदार जमीन पर विकसित किए जाते हैं, ताकि जल अपवाह होता रहे। इसकी खेती के लिए ढलानों पर गहरी उपजाऊ जलोढ़ मिट्टी की आवश्यकता होती है।

दार्जिलिंग चाय 600 मीटर से 2000 मीटर की ऊँचाई तक उगाई जाती है जहाँ शीत ऋतु में तापमान (5° – 6°C) तक गिर जाता है। दक्षिण भारत में भी पहाड़ी ढलानों पर चाय के बगीचे हैं।

चाय का बगीचा विकसित करने के लिए सुरक्षित स्थान पर नर्सरी तैयार की जाती है। साल भर की पौध को उखाड़कर खेत में लगा दिया जाता है। पौध लगाने के छः वर्ष बाद अधिकतम उत्पादन प्राप्त होता है। चाय की पंक्तियाँ तोड़ने के पश्चात् उनको छाया में सुखाया और फैक्ट्री में तैयार किया जाता है, ताकि डब्बों में बंद करके बाजार में भेजा जा सके।

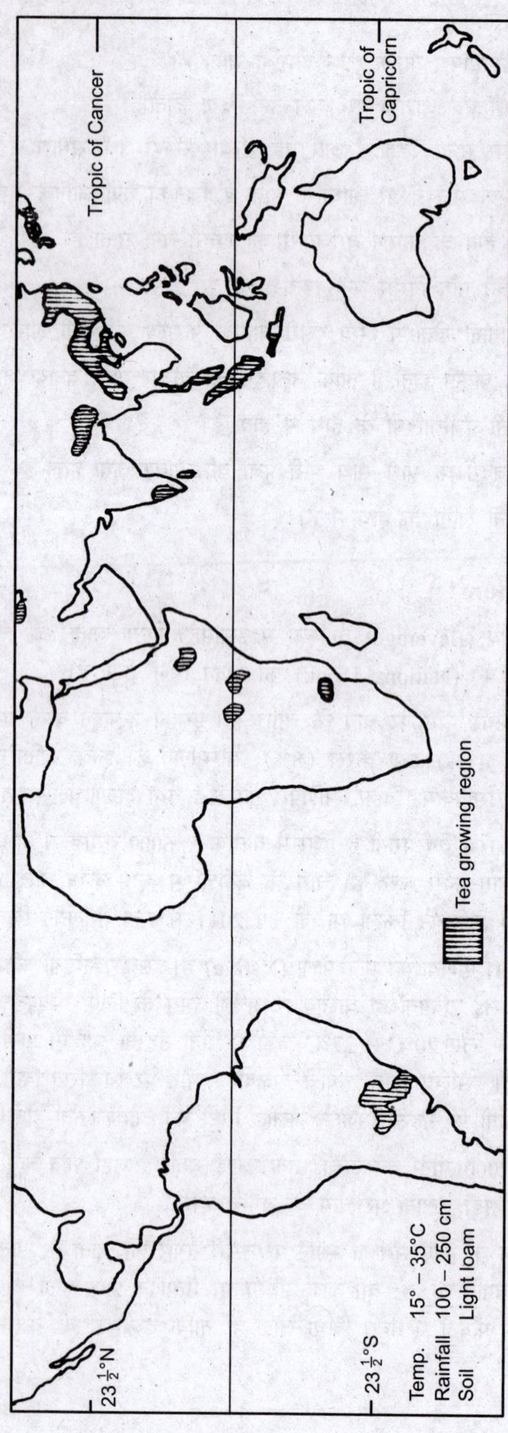

चित्र 12.17 विश्व-चाय उत्पादों का वितरण

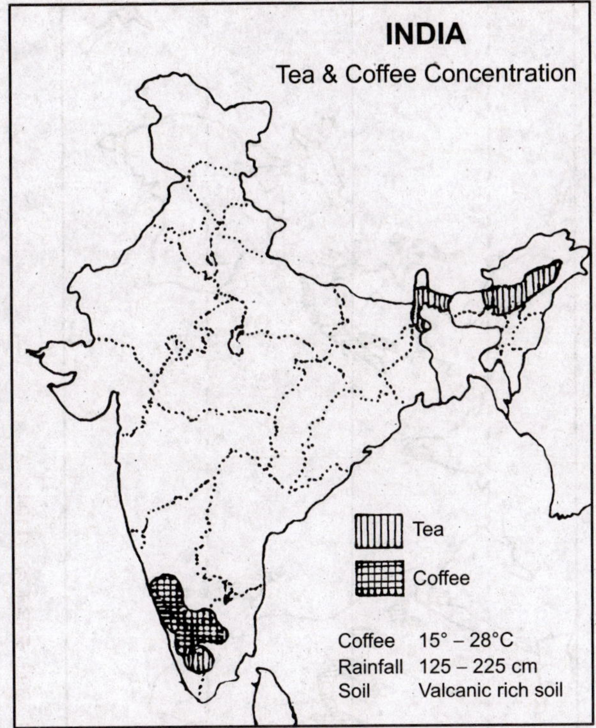

चित्र 12.18 भारत चाय एवं काफी-उत्पादक क्षेत्र

चाय के बगीचों में सिरस (Silver Fir) के पेड़ बीच-बीच में लगाए जाते हैं, ताकि सूर्य की बैंगनी किरणें पत्तों पर सीधी न पड़ें। बैंगनी किरणों से चाय की पत्तियों को हानि पहुँचती है इन वृक्षों से मिट्टी से वाष्पीकरण की प्रक्रिया भी धीमी पड़ जाती है।

भारत चाय का उत्पादन तथा निर्यात करने वाला सबसे बड़ा देश है। भारत के पश्चात् चीन, श्रीलंका, जापान, केन्या, इंडोनेशिया, बंगलादेश तथा तुर्की का स्थान है। *(मानचित्र 12.17 व 12.18)*

कॉफी अथवा कहवा (Coffee)

कॉफी इथोपिया का मूल-पौधा (Native) है यह एक प्रेरण एवं उत्तेजन पेय (Stimulating Beverage Crop) है। चाय की तुलना में कॉफी एक महँगा पेय है। इस प्रेरक एवं उत्तेजना पैदा करने वाली पेय का पता एक अरेबाई मूल के मुस्लिम सूफी ने लगाया था। उसने पाया कि जब उसकी बकरियाँ काफी की पंक्तियाँ तथा बेर खाकर जंगल से आती हैं तो वह रात को बैचेन रहती हैं, ठीक से आराम नहीं कर पातीं। उसने काफी के बेरों को पानी में उबालकर स्वयं पिया तो वह रात को ठीक से सो नहीं पाया। उसने अनुभव किया कि उसकी नींद काफी पीने से खराब हुई है। तब से काफी पीने का चलन आरंभ हुआ।

17वीं शताब्दी में कॉफी के बीज एक मुसलमान-सूफी भारत में लेकर आया जिसका नाम बाबा-बुद्दन था। उसने कर्नाटक के चिकमगलूर जिले में इसकी खेती आरंभ कर दी। इस समय भारत में लगभग 3.4 लाख हेक्टेयर भूमि पर काफी की खेती की जाती है, जिसका 56 प्रतिशत क्षेत्रफल कर्नाटक में, 25%, केरल में तथा 9% तमिलनाडु में है। शेष 10% क्षेत्रफल आंध्र प्रदेश, ओडिशा तथा भारत के उत्तरी पूर्वी राज्यों में फैला हुआ है।

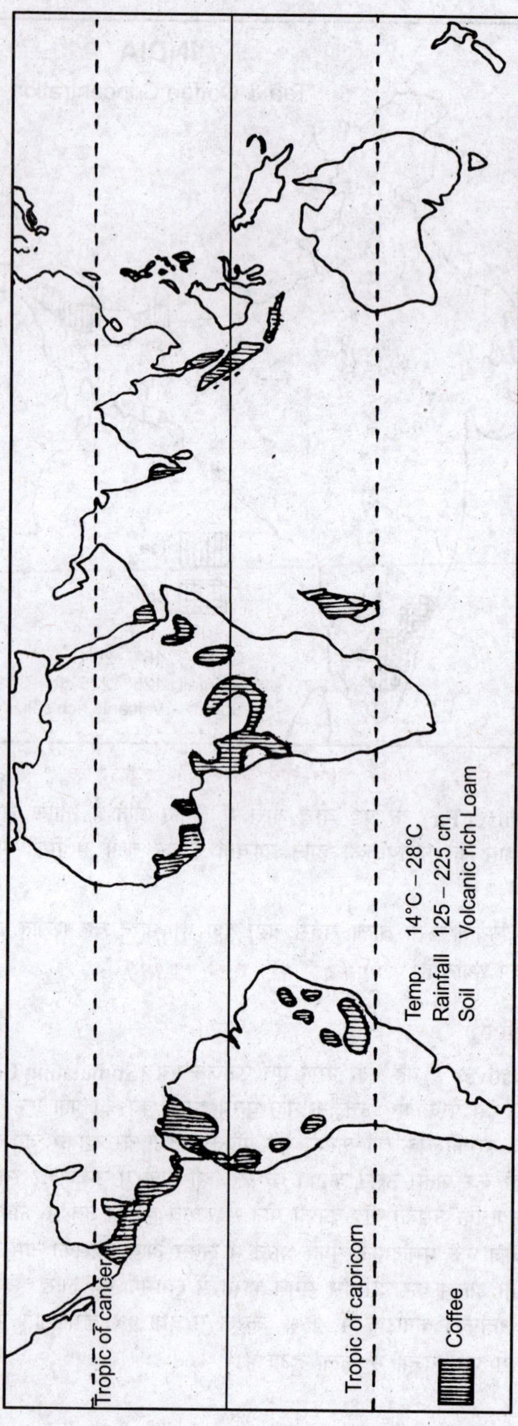

चित्र 12.19 विश्व-काफी उत्पादन का वितरण

काफी की प्रमुख दो किस्में हैं- (*i*) कॉफी अरेबिका (Coffee Arebica) तथा (*ii*) कॉफी रोबस्ता (Coffee Robasta)। कॉफी अरेबिका के बगीचे पहाड़ियों पर विकसित किए जाते हैं। यह कॉफी उत्तम प्रकार की होती है तथा यमन (Yaman) की पर्वतीय भागों में उगाई जाती है जहाँ इसको कॉफी-मखा (Coffee Mocha) के नाम से जाना जाता है। इस उत्तम प्रकार की कॉफी में बीमारी अधिक लगती है। रोबस्ता कॉफी मैदानी भागों में लगाई जाती है। यह बीमारी को सहन करने की अधिक क्षमता रखती है। रोबस्ता कॉफी के मुख्य क्षेत्रों में सिएरालीयोन, लाइबेरिया, आयवरी-कोस्ट (Ivory Coast), घाना, बेनिन, केमरून तथा नाइजीरिया सम्मिलित हैं। *(मानचित्र 12.19).*

कॉफी उत्पादन करने वाले देश अवरोही क्रम में ब्राजील, वियतनाम, कोलंबिया, इंडोनेशिया, इथियोपिया, होंडुरास, भारत, युगांडा, मैक्सिको, ग्वाटेमाला, पेरू तथा निकारागुआ हैं। भारत में कॉफी का उत्पादन मुख्यत: कर्नाटक, केरल, तमिलनाडु एवं आंध्र प्रदेश में होता है। *(मानचित्र 12.18)*। कॉफी का सबसे अधिक निर्यात ब्राजील से होता है। ब्राजील के सबसे बड़े नगर साओपालो को विश्व की कॉफी राजधानी (Coffee) के नाम से भी जाना जाता है। काफी उत्पादन में ब्राजील पिछले 150 सालों से शीर्ष देश बना हुआ है।

कोको (Cocoa or Cacao)

कोको एक महत्त्वपूर्ण पेय है जिसका उपयोग मुख्यत: सॉफ्ट ड्रिंक में किया जाता है। आधुनिक कन्फेक्शनरी में इसका उपयोग होता है। इसको बुद्धिजीवियों का पेय भी कहा जाता है।

कोको ट्रोपिकल अमेरिका का मूल-पौधा है। उत्तरी अमेरिका के पनामा से लेकर वेनेजुएला के ओरिनिको नदी (Orinoco River) बेसिन इसका पौधा प्रकृति में पाया गया था। स्पेन के लोग इसको अफ्रीका में लाए और इसकी बागाती खेती आरंभ की।

कोको उत्पादन के लिए 18°C से 35°C तथा लगभग 100 सेमी॰ वर्षा की आवश्यकता होती है। इसकी खेती मैदानी भागों में की जाती है। छोटे किसान इसकी खेती का उचित प्रबंध करते हैं। इसके वृक्ष तीन मीटर की दूरी पर लगाए जाते हैं। चाय और कॉफी के पेड़ों की भाँति इनकी कटाई-छटाई नहीं की जाती। समय-समय पर खरपतवार को निकाला जाता और खाद लगाया जाता है।

कोको उत्पादन करने वाले देशों में घाना, आइवरी-कोस्ट, नाइजीरिया, केमरून (अफ्रीका) विश्व में प्रमुख हैं। इनके अतिरिक्त ब्राजील, कोलंबिया, कोस्टा-रिका, अल-सेल्वाडोर, होडुराज, इक्वेडोर, मैक्सिको, निकारगुआ, पनामा तथा वेनेजुएला, मलेशिया, इंडोनेशिया, पापुआ-न्यूगिनी आदि सम्मिलित हैं। *(मानचित्र 12.20)*

कोको की विश्व के सभी देशों में माँग है। आयात करने वाले देशों में पश्चिमी यूरोप, रूस, संयुक्त राज्य अमेरिका, कनाडा, जापान, आस्ट्रेलिया, भारत तथा चीन इत्यादि सम्मिलित हैं।

प्राकृतिक रबड़ (Hevea Brasiliensis)

रबड़ के दूध से रबड़ तैयार की जाती है। यह ब्राजील मूल का वृक्ष है। ब्राजील से इसकी खेती का प्रसारण इंडोनेशिया, मलेशिया, फ्रिलिपाइन, थाइलैंड तथा वियतनाम में हुआ।

रबड़ के बगीचों के लिए 22°C से 30°C तापमान तथा 200 सेमी॰ वर्षा की आवश्यकता होती है। यदि लंबे समय तक वर्षा न हो तो रबड़ के बगीचों पर प्रतिकूल प्रभाव पड़ता है। इसकी सफल खेती के लिए सस्ते मजदूरों की जरूरत होती है। रबड़ के बगीचे ढालदार भूमि पर विकसित किए जाते हैं ताकि जड़ों में पानी न रुकने पाए। रबड़ के बीज नर्सरी (Nursery) में बोए जाते हैं। नर्सरी से पौध को उखाड़कर पंक्तियों में लगा दिया जाता हैं।

रबड़ के बगीचे दक्षिण पूर्वी एशिया, मध्य अमेरिका, दक्षिण अमेरिका के अमेजन बेसिन एवं निकटवर्ती प्रदेश में पाए जाते हैं वर्तमान समय में रबड़ उत्पादन करने वाले देशों में थाइलैंड, इंडोनेशिया, मलेशिया, म्यांमार, श्रीलंका, वियतनाम (एशिया); घाना, लायबेरिया, नाइजीरिया, जायरे, केमरून (अफ्रीका) तथा ब्राजील, वेनेजुएला (दक्षिण अमेरिका) प्रमुख हैं। *(मानचित्र 12.21)*

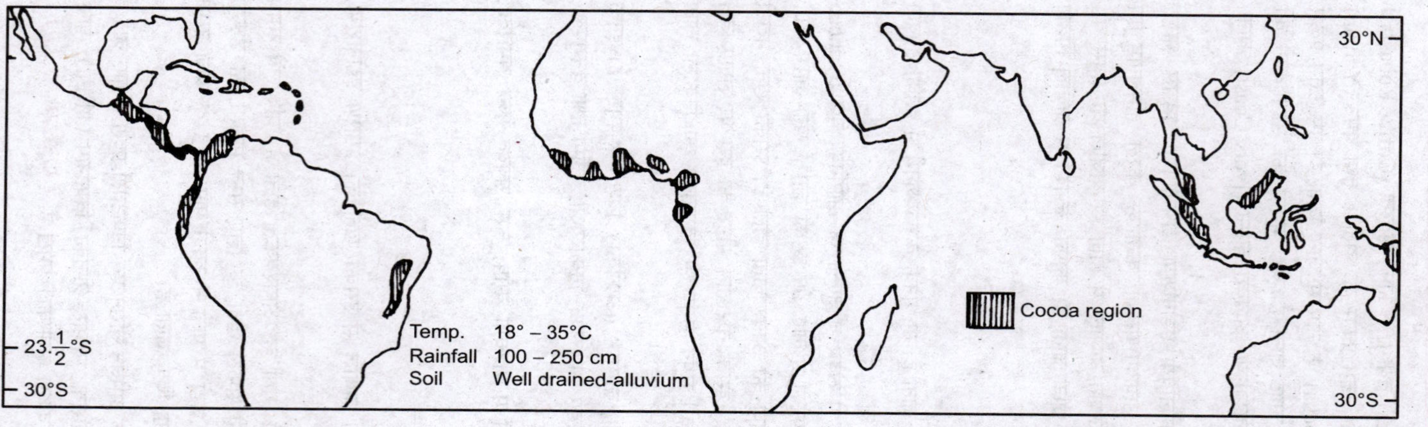

चित्र 12.20 विश्व-कोको उत्पादन का वितरण

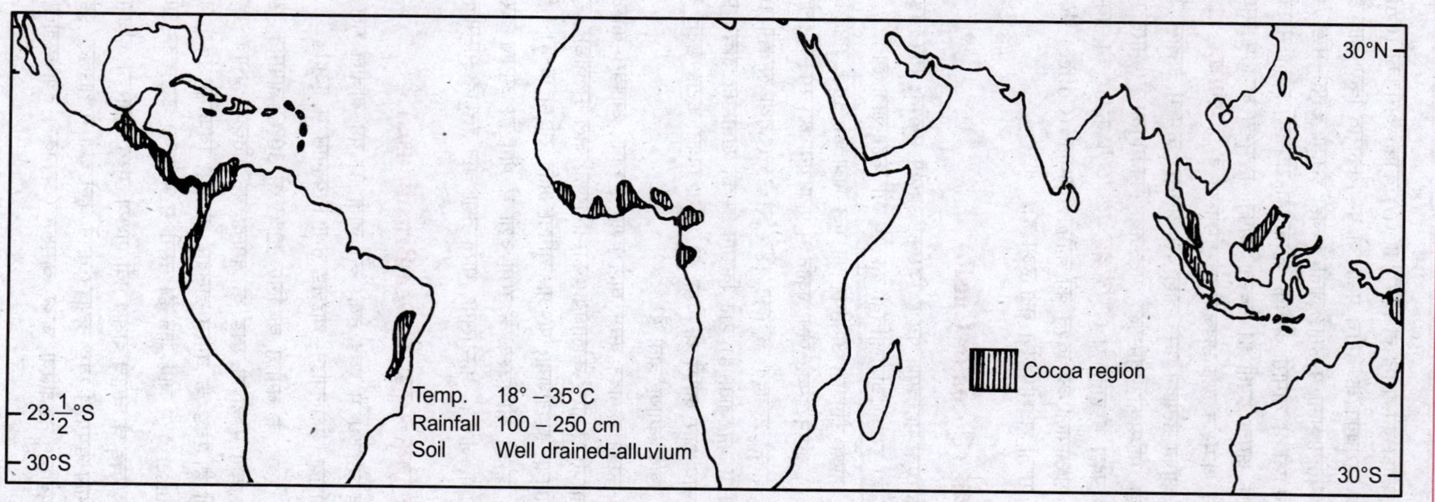

चित्र 12.21 विश्व-प्राकृतिक रबड़ उत्पादन

भारत में रबड़ की बागाती कृषि एरनाकुलम, कोल्लम, कोझयम, कोझीकोड (केरल), कोयंबटूर, कन्याकुमारी, मदुरै, नीलगिरी, सलेम, जनपद (तमिलनाडु) में की जाती है। इनके अतिरिक्त अंडमान निकोबार द्वीप समूह, असम, महाराष्ट्र, मणिपुर, त्रिपुरा, नागालैंड एवं ओडिशा में इसके बगीचे विकसित किए गए हैं। भारतीय रबड़ बोर्ड इसकी खेती का क्षेत्रफल बढ़ाने का प्रयास कर रहा है।

तेल-ताड़ (Oil Palm)

तेल-ताड़, सदाबहार वृक्षों में सबसे अधिक तेल का उत्पादन करता है। इसका इस्तेमाल पाक्य (Culinary) तथा औद्योगिक उत्पादनों के लिए किया जाता है। तेल-ताड़ के वृक्षों से 4-6 टन तेल प्रति हेक्टेयर प्राप्त होता है। यह एक पर्यावरण मित्र वृक्ष है।

भारत में लगभग आठ लाख हेक्टेयर भूमि पर तेल-ताड़ के बगीचे स्थापित किए जा चुके हैं। इसकी खेती आंध्र प्रदेश, कर्नाटक, असम, गुजरात, गोआ, केरल, महाराष्ट्र, ओडिशा, तमिलनाडु, त्रिपुरा तथा पश्चिम बंगाल में की जाती है।

तेल-ताड़ ऊष्ण-आर्द्र जलवायु का वृक्ष है इसके लिए औसत तापमान 24°C - 25°C तथा औसत वार्षिक वर्षा 250-400 सेमी॰ की आवश्यकता होती है। इसके बगीचे 900 मीटर की ऊँचाई तक लगाए जाते हैं। यदि वर्षा का अभाव हो तो सिंचाई की आवश्यकता होती है। तेल-ताड़ का पेड़ पाँच साल के पश्चात् लगभग 20-25 टन तेल प्रति हेक्टेयर उत्पादन होने लगता है अच्छी गुणवत्ता के तेल उत्पादन के लिए इसके फलों को तोड़कर 24 घंटे के अंदर तेल निकालना (Process) चाहिए।

काजू (Cashew-nut)

काजू के बगीचे विश्व भर में ऊष्णकटिबंध (Tropical regions) में लगाए जाते हैं। भारत में इसके बगीचे कर्नाटक, तमिलनाडु, केरल, आंध्र प्रदेश, महाराष्ट्र तथा मध्य प्रदेश में लगाये जाते हैं। सबसे अधिक काजू का उत्पादन महाराष्ट्र में 1.5 टन प्रति हेक्टेयर पाया गया है। यूँ तो काजू विभिन्न प्रकार के कृषि जलवायु प्रदेशों में उगाया जा सकता है, परंतु तापमान 20°C से कम नहीं होना चाहिए। इसका अधिकतम उत्पादन 400 मीटर की ऊँचाई पर होता है। वैसे 900 मीटर की ऊँचाई तक भी काजू के बगीचे लगाए जाते हैं। लेटेराइट मिट्टी इसके लिए अनुकूलतम है।

काजू उत्पादन करने वाले देशों में कर्नाटक, तमिलनाडु, केरल, आंध्र प्रदेश, महाराष्ट्र तथा मध्य प्रदेश में की जाती है। सबसे अधिक उत्पादकता महाराष्ट्र में काजू का उत्पादन लगभग 1.5 टन प्रति हेक्टेयर है।

वैसे तो काजू विभिन्न जलवायु परिस्थितियों में उगाया जा सकता है, परंतु इसका उत्तम उत्पादन 700 मीटर से कम ऊँचाई पर होता है। इसके बगीचों के प्रदेश में तापमान 20°C से कम नहीं होना चाहिए। बढ़िया किस्म का काजू 400 मीटर की ऊँचाई पर उगाया जाता है। दिसंबर से मई तक कम-से-कम 9 घंटे दिन का प्रकाश होना चाहिए। यदि फूल-फल की अवस्था में तापमान 35°C को पार कर जाए तो फसल का उत्पादन काफी घट जाता है। इसकी जड़ों में पानी नहीं ठहरना चाहिए आवश्यकता पड़ने पर सिंचाई की जानी चाहिए।

काजू के पेड़ पर तीन वर्ष के पश्चात् फल आने लगते हैं, परंतु सबसे अधिक उत्पादन दस वर्ष की आयु के पश्चात् होता है। इसके फलों को फरवरी से मई तक के महीनों में तोड़ा जाता है। तीन से पाँच साल के पेड़ से लगभग दो किलो, छः से दस वर्ष के वृक्ष से पाँच से दस किलो तथा दस से पंद्रह वर्ष पुराने वृक्ष से नौ से दस किलो काजू प्रति हेक्टेयर उत्पादन होता है।

सुपारी (Arecanut)

सुपारी को पान के पत्ते के साथ कच्ची या पक्की (सूखने के बाद) उपयोग कियां जाता है। केरल, तमिलनाडु, असम, पश्चिम बंगाल तथा उत्तरी भारत में खुशबू मिलाकर स्वादिष्ट बनाई जाती है। इसका उपयोग दवाइयों में भी किया जाता है।

रंगाई तथा धार्मिक कर्मकांड में भी इसका उपयोग किया जाता है। कपड़ों की रंगाई में भी सुपारी का उपयोग किया जाता है।

जूट (Jute or Corchorus Capsularis)

जूट भारत की महत्त्वपूर्ण फसलों में से एक है। इसका उत्पादन मुख्यतः पश्चिम बंगाल, असम, बिहार, ओडिशा, त्रिपुरा तथा मेघालय में किया जाता है।

जूट के उत्पादन का 95 प्रतिशत भाग उद्योगों में कच्चे माल के तौर पर किया जाता है तथा 5% का घरेलू उपयोग होता है। जूट की बनी 72% उत्पादकों का उपयोग देश में ही होता है, जबकि 18 प्रतिशत उत्पादन को निर्यात किया जाता है। जूट की वस्तुओं का निर्यात मुख्यतः संयुक्त राज्य अमेरिका, ब्रिटेन, जापान, दक्षिण पश्चिमी एशिया के देशों, चीन, दक्षिण कोरिया, कनाडा, ब्राजील, अर्जेंटीना, रूस, मध्य एशिया, आस्ट्रेलिया तथा न्यूजीलैंड को किया जाता है।

जूट की कृषि के लिए 25°C से 35°C तक तापमान की आवश्यकता होती है। इसके लिए अनुकूलतम तापमान 34°C होता है। लगभग 100 सेमी॰ वर्षा की आवश्यकता होती है। जूट के खेत में पानी नहीं ठहरना चाहिए, क्योंकि जूट को निराई-गुड़ाई की आवश्यकता होती है, इसलिए वर्षा के बीच में वर्षा रहित समय की आवश्यकता रहती है ताकि जूट की फसल से खरपतवार निकाला जा सके। जूट दो प्रकार का होता है– (*i*) सफेद जूट तथा (*ii*) तोशा जूट (Tossa Jute) सफेद जूट अधिक जल को सहन कर सकता है, परंतु तोशा जूट के अधिक जल में नष्ट होने की संभावना बढ़ी रहती है।

जूट की अच्छी खेती जलोढ़ मिट्टी (Alluvial Soil) में अच्छी होती है। खेत का जल अपवाह अच्छा होना चाहिए।

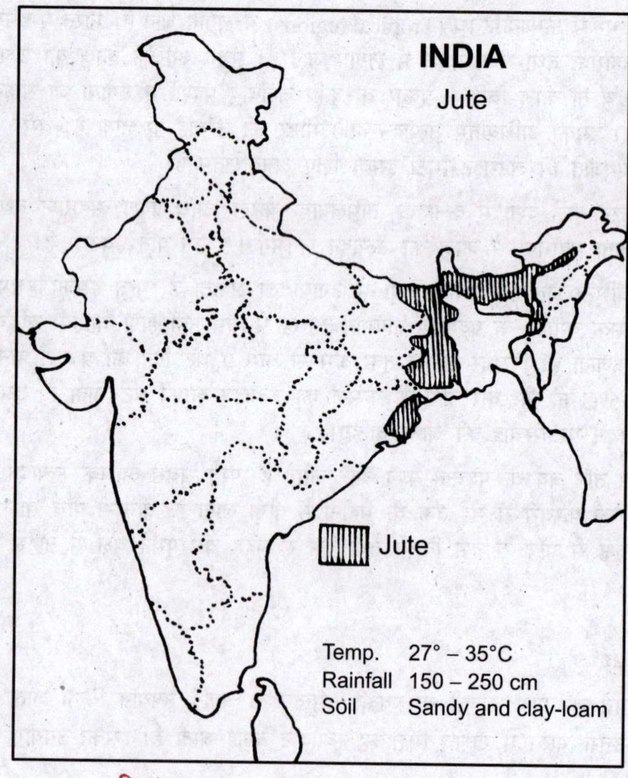

चित्र 12.22 भारत-जूट उत्पादक क्षेत्र

इनके अतिरिक्त स्वच्छ जल की आवश्यकता होती है जिससे फसल को काटने के पश्चात् उसको पानी में डुबोकर लकड़ी से जूट के रेशे को अलग किया जा सके।

मेस्टा (Mesta)

मेस्टा को पटुआ (Rosella) एवं केनाफ (Kenaff) के पौधों से प्राप्त किया जाता है। इसकी 400 किस्में हैं जिनमें से 36 प्रकार का मेस्टा पौधा, भारत, बांग्लादेश, पाकिस्तान, श्रीलंका एवं म्यांमार में पाया जाता है।

विश्व में इसका उत्पादन विशेष रूप से भारत, चीन, थाइलैंड, मलेशिया, इंडोनेशिया, फिलिपाइन, मिस्र, श्रीलंका, ब्राजील एवं उत्तरी आस्ट्रेलिया में होता है। ऊष्ण आर्द्र जलवायु के इस पौधे को 20°C से 30°C तापमान तथा 50 से 75 सेमी॰ वर्षा की आवश्यकता होती है।

भारत में 0.15 मिलियन हेक्टेयर भूमि पर मेस्टा की खेती होती है। इसका वार्षिक उत्पादन लगभग 0.84 गांठ (Bales) है। भारत में इसका सबसे अधिक उत्पादन आंध्र प्रदेश में होता है, जिसके पश्चात् महाराष्ट्र, ओडिशा, बिहार तथा पश्चिम बंगाल का स्थान आता है।

यदि मेस्टा का बीज बिखेरकर बोना हो (Broadcast Method Sowing) तो 10 से 12 किलो बीज प्रति हेक्टेयर की आवश्यकता पड़ती है। दो वर्ष तक इसके पौधों में से कुछ पौधों को उखाड़ देना होता है तथा इसके पौधों की दूरी बढ़ जाये और एक-से दूसरे की दूरी लगभग 15 से 18 सेंमी॰ हो जाए। पौधों की इस प्रकार छंटाई में बहुत समय लगता है।

लगभग 140 से 150 दिन के पश्चात् मेस्टा की फसल को काट लिया जाता है। जूट की भाँति इसके रेशों को भी पानी में डालकर अलग किया जाता है।

सनहेम्प अथवा सनी (Sunhemp)

सनहेम्प, फेबेसिया (Fabaceae) परिवार का सदस्य है। यह जूट की भाँति रेखा उत्पन्न करने तथा भूमि की उर्वरकता बढ़ाने के लिए उगाया जाता है। इसकी रेखा पीले रंग की होती है। मुख्यतः इसका इस्तेमाल कागज बनाने के काम में आता है। गाँव में इससे रस्सी, जाल तथा टाट-पट्टी बनाने के काम में किया जाता है।

सनहेम्प की सफल खेती के लिए 20° से 30°C तापमान तथा 40 से 50 सेमी॰ वर्षा की आवश्यकता होती है। अच्छे अपवाह वाली जलोढ़ मिट्टी में इसका उत्पादन अधिक होता है। इसको वर्षा ऋतु अथवा खरीफ के मौसम में उगाया जाता है।

सनहेम्प की खेती में 60 किलो बीज प्रति हेक्टेयर की आवश्यकता होती है। यह 50 से 60 किलो नाइट्रोजन प्रति हेक्टेयर खेत में वृद्धि करता है। दो या तीन महीने के पश्चात् इसकी खेत में जुताई कर दी जाती है।

इसका प्रयोग कागज बनाने के काम में किया जाता है। इसके अतिरिक्त रस्सी बनाने के लिए भी सनहेम्प का इस्तेमाल किया जाता है।

रेमी (Ramie (Boehmeria Genus)

रेमी एक अर्ध-बारहमासी फसल है वाविलो (Vavilow) महोदय के अनुसार रेमी की खेती सबसे पहले चीन में आरंभ की गई थी। यह चीन मूल का पौधा (Native) है। रेमी की खेती असम, अरुणाचल प्रदेश, हिमाचल प्रदेश (कांगड़ा घाटी) तथा

तमिलनाडु के नीलगिरी क्षेत्र में की गई है।

रेमी की खेती के लिए उचित जल अपवाह वाली जलोढ़ मिट्टी की आवश्यकता होती है। इसको मई तथा सितंबर के महीनों में उगाया जाता है। इसका उपयोग कागज बनाने में भी किया जाता है। इससे कपड़ा भी तैयार किया जाता है।

सीसल (Sisal)

सीसल मैक्सिको का पौधा है। इसकी पंखुड़ी तलवार के आकार की होती है। इसकी मोटी पंखुड़ी होती है तथा इसका तना छोटा होता है। इसकी पंक्तियों को पीटकर रेशा तैयार किया जाता है, इसलिए इसको कठोर/कड़ा धागा भी कहते हैं।

विश्व में सीसल का उत्पादन ब्राजील, कीनिया, तंजानिया, मेडागास्कर, अंगोला, हैती, चीन तथा भारत में किया जाता है। भारत में सीसल का उत्पादन ओडिशा, मध्य प्रदेश, आंध्र प्रदेश, महाराष्ट्र, झारखंड, बिहार तथा पश्चिमी बंगाल में किया जाता है।

सीसल ऊष्ण आर्द्र जलवायु का पौधा है। इसको 20°C से 30°C तापमान तथा 100 सेमी॰ वर्षा की आवश्यकता होती है। इसको पर्याप्त मात्रा में धूप की भी जरूरत होती है। यह विभिन्न प्रकार की मिट्टियों में उग सकता है। इससे रस्सियाँ, चटाई तथा कालीन आदि तैयार किए जाते हैं।

फ्लैक्स/अलसी/खूबकला (Flax)

अलसी एक बहुउद्देशीय फसल है। पौधे के तने से इसका रेशा प्राप्त किया जाता है। इसका रेशा (धागा) जल ग्रहण नहीं करता। इसमें लचक कम होती है। पानी में भिगोकर और भी मजबूत हो जाता है। रेशा मजबूत एवं टिकाऊ होता है। इसका रेशा (धागा) पानी ग्रहण नहीं करता। इसमें लचक कम होती है। पानी में भीगकर और भी मजबूत हो जाता है। इसलिए इसकी रस्सियों को जलपोतों एवं नौगमन में किया जाता है। इससे मजबूत धागा तैयार किया जाता है।

अलसी की खेती के लिए ठंडी, शीतोष्ण जलवायु की आवश्यकता होती है। तापमान 10°C से 20°C वर्षा 15 से 20 सेमी॰ तथा सापेक्षिक आर्द्रता 65% से अधिक रहनी चाहिए। भारत में हिमाचल प्रदेश की कांगड़ा घाटी इसके लिए अनुकूलतम भौगोलिक परिस्थितियाँ हैं। उपजाऊ जलोढ़ मिट्टी में इसकी खेती अच्छी होती है। यह रबी की फसल है। अक्टूबर या नवंबर में बोकर अप्रैल में काट ली जाती है।

तंबाकू (Tobacco)

तंबाकू, भारत की नकदी फसल है। भारत में इसकी खेती की शुरूआत 1508 में पुर्तगालवासियों ने की थी। धीरे-धीरे तंबाकू की खेती देश के अन्य भागों में फैल गई। भारत व विश्व में तंबाकू एक महत्त्वपूर्ण नकदी फसल है। तंबाकू का उपयोग सिगरेट, बीड़ी, सिगार, हुक्का, खैनी, पान-पराग इत्यादि में किया जाता है। कीटाणुनाशक दवाइयों के लिए भी इसका उपयोग किया जाता है। भारत में तंबाकू की खेती आंध्र प्रदेश, महाराष्ट्र, गुजरात, उत्तर प्रदेश, बिहार, तमिलनाडु, कर्नाटक, केरल, ओडिशा, मध्य प्रदेश, राजस्थान तथा पश्चिम बंगाल में की जाती है। *(मानचित्र 12.23)*

तंबाकू विभिन्न परिस्थितियों में उगाया जाता है इसकी खेती 16°C से 35°C तापमान में की जाती है, परंतु अनुकूलतम तापमान 18°C - 25°C होता है। इसको 100 से 250 सेमी॰ वर्षा की आवश्यकता होती है। मिट्टी का जल अपवाह अच्छा होना चाहिए। खेत मे पानी ठहरने से फसल खराब हो जाती है।

भारत में तंबाकू की दो किस्में उगाई जाती हैं–

1. **निकोटियाना टोबेकम (Nicotiana Tobacum)**: यह उत्तम किस्म का तंबाकू है, जिसका प्रयोग सिगरेट एवं सिगार बनाने के काम में आता है। भारत का 90 प्रतिशत तंबाकू इसी प्रकार का है।

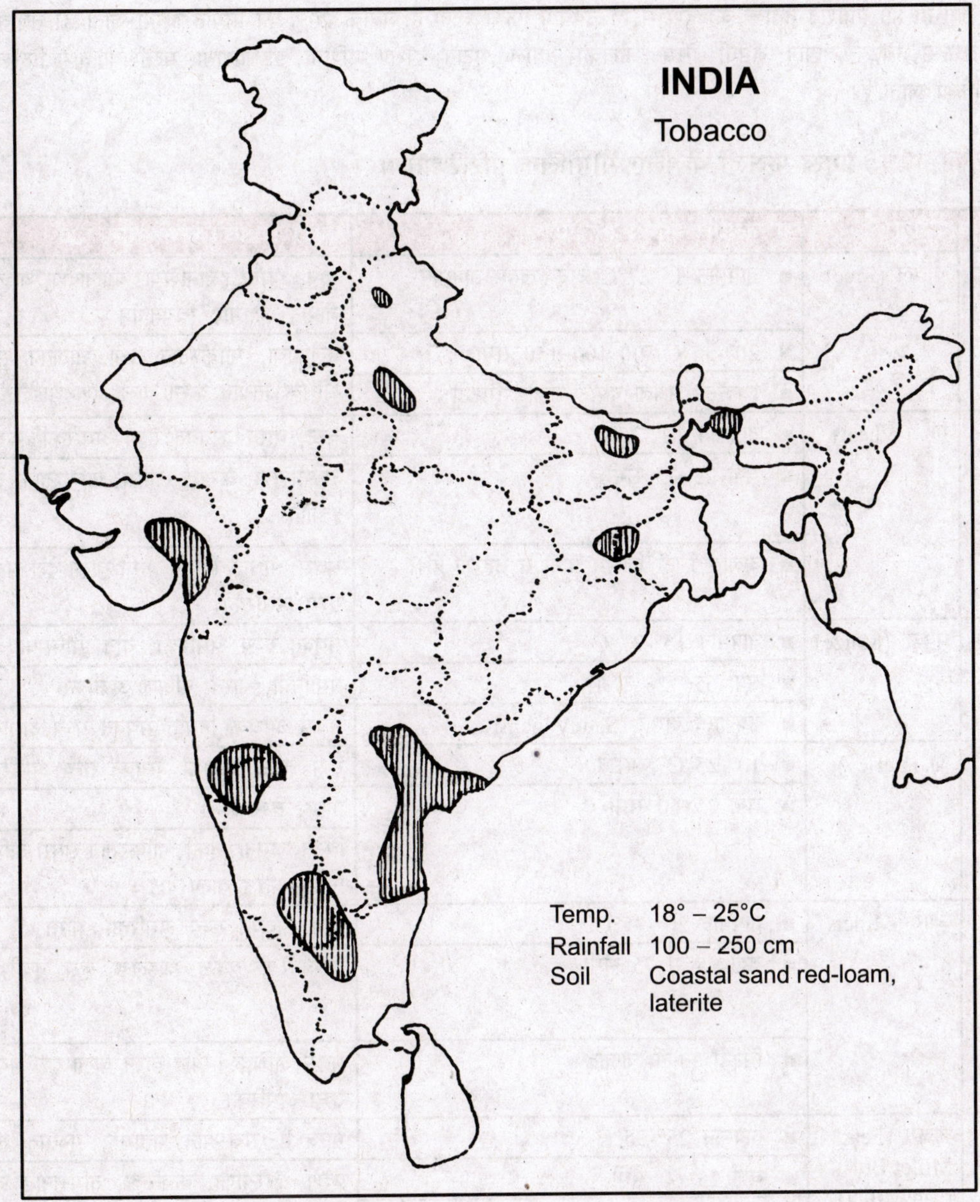

चित्र 12.23 भारत-तंबाकु उत्पादक प्रदेश

2. **निकोटिनिया रस्टीका (Nicotiana Rustica)**: ठंडी जलवायु के उत्तरी भारत में इसकी खेती की जाती है। इसका उपयोग हुक्का के तंबाकू के तौर पर किया जाता है। इस तंबाकू को चबाने एवं सूँघने के काम में भी लाया जाता है।

लगभग 80 प्रतिशत तंबाकू का देश में ही उपयोग किया जाता है जबकि 20% का निर्यात किया जाता है। तंबाकू का निर्यात रूस, ब्रिटेन, जापान, जर्मनी, मिस्र, श्रीलंका, नेपाल, भूटान, दक्षिण एशिया, इंडोनेशिया, मलेशिया तथा फिलिपाइन को किया जाता है।

तालिका 12.1 प्रमुख फसलों के लिए भौगोलिक परिस्थितियाँ

	फसल	भू-जलवायु आवश्यकताएँ	प्रमुख उत्पादन करने वाले देश
1.	चावल (Rice)	■ तापमान 15-27°C अनुकूलतम तापमान	चीन, भारत, इंडोनेशिया, बंगलादेश, थाइलैंड, जापान, म्यांमार, वियतनाम
		■ 20°-35°C वर्षा 100-150 सेमी॰	मलेशिया, पाकिस्तान तथा श्रीलंका सबसे अधिक निर्यात करने वाला देश थाईलैंड।
		■ चिकनी अथवा दोमट जलोढ़ मिट्टी	
2.	गेहूँ (Wheat)	■ तापमान 12°-25°	चीन, भारत, संयुक्त राज्य अमेरिका, रूस,
		■ वर्षा 25-75 सेमी॰	आस्ट्रेलिया, कनाडा, फ्रांस, पाकिस्तान, तुर्की इत्यादि।
		■ जलोढ़ मिट्टी जिसमें पानी न ठहरता हो।	सबसे अधिक निर्यात करने वाला देश संयुक्त राज्य अमेरिका।
3.	मंक्का (Maize)	■ तापमान 15°-27°C	संयुक्त राज्य अमेरिका, चीन, मैक्सिको,
		■ वर्षा 65-125 सेमी॰	रोमानिया, भारत, दक्षिण अफ्रीका।
		■ उपजाऊ दोमट (Sandy loam)	सबसे अधिक निर्यात संयुक्त राज्य अमेरिका
4.	जौ (Barley)	■ 10°-25°C, औसत	रूस, चीन, कनाडा, संयुक्त राज्य अमेरिका,
		■ वर्षा 25-60 सेमी॰	फ्रांस, रूस।
			ब्रिटेन, जर्मनी, तुर्की, पाकिस्तान सबसे अधिक निर्यात करने वाला देश
5.	ज्वार (Millets)	■ तापमान 20°-35°C	चीन, संयुक्त राज्य अमेरिका, भारत,
		■ वर्षा 25 से 75 सेमी॰	नाइजीरिया, यूक्रेन, थाइलैंड, रूस, तुर्की।
		■ मिट्टी रेतीली जलोढ़	सबसे अधिक निर्यात करने वाला देश संयुक्त राज्य अमेरिका
6.	बाजरा (Pearl Millet Bul-rush Millet)	■ तापमान 25°-35°C	भारत में: राजस्थान, महाराष्ट्र, गुजरात, उत्तर प्रदेश, हरियाणा, कर्नाटक, तमिलनाडु तथा आंध्र प्रदेश।
		■ वर्षा 25-60 सेमी॰	
		■ मिट्टी: जलोढ़, दोमट तथा लोम	
7.	दलहन (खरीफ) Pulses (Kharif)	■ तापमान 20°-27°C	भारत में: मध्य प्रदेश, राजस्थान, उत्तर प्रदेश महाराष्ट्र, पंजाब, हरियाणा, आंध्र प्रदेश, कर्ना. टक, तमिलनाडु, पश्चिम बंगाल।
		■ वर्षा 25-60 सेमी॰	
		■ मिट्टी: रेतीली, रेतीली-लोम दोमट	

8.	दलहन (रबी)	■ तापमान: 15°-25°C ■ वर्षा: 25 से 50 सेमी॰	भूमध्य सागरीय यूरोप के देश, (यूनान स्पेन, इटली इत्यादि) तुर्की, चीन, भारत।
		■ मिट्टी: दोमट, लोम	भारत में मध्य प्रदेश, उत्तर प्रदेश, बिहार, पंजाब, हरियाणा, पश्चिम बंगाल आदि।
9.	तिलहन (Oilseeds)	■ तापमान: 15°-30°C ■ वर्षा: 30-50 सेमी॰ ■ मिट्टी: दोमट, लोम	भारत: राजस्थान, उत्तर प्रदेश, मध्य प्रदेश, पंजाब, हरियाणा, बिहार, पश्चिम बंगाल, महाराष्ट्र, गुजरात, उत्तराखंड इत्यादि।
10.	मूँगफली (Groundnut)	■ तापमान: 20°-30°C ■ वर्षा: 50-75 सेमी॰	भारत, चीन, संयुक्त राज्य अमेरिका, सूडान, सेनीगाल, इंडोनेशिया, अर्जेंटीना, म्यांमार
		■ मिट्टी: दोमट, लोम, काली तथा लाल मिट्टी।	सबसे अधिक निर्यात करने वाला देश: संयुक्त राज्य अमेरिका।
11.	गन्ना (Sugarcane)	■ तापमान: 20°C - 35 °C	ब्राजील, भारत, चीन, पाकिस्तान, थाइलैंड, मैक्सिको, क्यूबा, कोलंबिया
		■ वर्षा: 85-165 सेमी॰ ■ मिट्टी: दोमट, लोम, जलोढ़, लाल मिट्टी।	सबसे अधिक निर्यात: ब्राजील।
12.	चुकंदर (Sugarbeet)	■ तापमान: 10°-25°C	फ्रांस, संयुक्त राज्य अमेरिका, जर्मनी, रूस, चीन, यूक्रेन, पोलैण्ड, तुर्की।
		■ वर्षा: 25 से 50 सेमी॰ ■ मिट्टी: अच्छे जल अपवाह वाली दोमट मिट्टी	निर्यात: फ्रांस
13.	कपास (Cotton)	■ तापमान: 18°-27°C	चीन, संयुक्त राज्य अमेरिका, भारत, ब्राजील,
		■ वर्षा: 60-110 सेमी॰	पाकिस्तान, उज़बेकिस्तान, मिस्र, तुर्की।
		■ मिट्टी: रेगर (काली मिट्टी) दोमट, लोम।	निर्यात सबसे अधिक: संयुक्त राज्य अमेरिका
14.	चाय (Tea)	■ तापमान: 15°-35°C	भारत, चीन, श्रीलंका, केनिया, इंडोनेशिया, बांग्लादेश, तुर्की।
		■ वर्षा: 100-250 सेमी॰ ■ मिट्टी: दोमट, लोमी, झाड़ियों की जड़ों में पानी नहीं ठहरना चाहिए।	निर्यात करने वाला शीर्ष देश: भारत
15.	कोको (Cocoa)	■ तापमान: 18°-35°C ■ वर्षा: 100-250 सेमी॰ ■ मिट्टी: जल अपवाहित दोमट, लोम।	आयवरी-कोस्ट, घाना, इंडोनेशिया, ब्राजील, केमरून, नाइजीरिया, इकवेडोर, कोस्टारिका, सबसे अधिक निर्यात करने वाला देश आयव. री-कोस्ट
16.	कॉफी (Coffee)	■ तापमान: 15°-27°C ■ वर्षा: 100-225 सेमी॰ ■ मिट्टी: दोमट लोम।	ब्राजील, कोलंबिया, इंडोनेशिया, वियतनाम, आयवरी-कोस्ट, मैक्सिको, घाना, केमरून, भारत। सबसे अधिक निर्यात: ब्राजील।

17.	रबर (Rubber)	■ तापमान: 21°-27°C	थाइलैंड, इंडोनेशिया, मलेशिया, भारत, चीन, श्रीलंका, लाइबेरिया, ब्राजील।
		■ वर्षा: 150-250 सेमी॰	सबसे अधिक निर्यात: थाइलैंड।
		■ मिट्टी: उपजाऊ लोम (जलोढ़)	
18.	जूट (Jute)	■ तापमान: 25°-35°C	बांग्लादेश, भारत, चीन, थाइलैंड, म्यांमार, ब्राजील तथा नेपाल।
		■ वर्षा: 150-250 सेमी॰	सबसे अधिक निर्यात: बांग्लादेश।
		■ मिट्टी: उपजाऊ दोमट, लोम, जिसमें जल न ठहरता हो।	
19.	अलसी अथवा खूबकला (Flax)	■ तापमान: 10°-20°C	भारत में: हिमाचल प्रदेश, उत्तराखंड, जम्मू व कश्मीर।
		■ वर्षा: 15°-20°C	
		■ मिट्टी: चिकनी दोमट अथवा लोम।	
20.	तेल-ताड़ (Oil Palm)	■ तापमान: 27°-33°C	भारत: आंध्र प्रदेश, कर्नाटक, असम, गुजरात, गोआ, केरल, महाराष्ट्र, ओड़िशा, तमिलनाडु, त्रिपुरा, पश्चिम बंगाल।
		■ वर्षा: 250-400 सेमी॰	
		■ मिट्टी: दोमट, चिकनी-दोमट	
21.	नारियल (Coconut)	■ तापमान: 27°C	भारत में: केरल (55%), तमिलनाडु, आंध्र प्रदेश, कर्नाटक, गोआ, गुजरात तथा महाराष्ट्र।
		■ वर्षा: 100-250 सेमी॰	
		■ मिट्टी: लोम, लाल तथा लेटेराइट	
22.	लौंग (Clove)	■ तापमान: 25°-35°C	भारत में: केरल, कर्नाटक, तमिलनाडु, अंडमान निकोबार तथा पाण्डिचेरी।
		■ वर्षा: 200-250 सेमी॰	
		■ मिट्टी: लाल, जलोढ़ मिट्टी।	
24.	काली मिर्च (Black-Pepper)	■ तापमान: 15°-40°C	भारत में: केरल, तमिलनाडु, कर्नाटक, अंडमान तथा निकोबार।
		■ वर्षा: 200-300 सेमी॰	
		■ ऊँचाई: 1500 मीटर तक	
25.	इलायची (Caradamom)	■ तापमान: 10°-35°C	केरल (60%), कर्नाटक (30%), तमिलनाडु (10%)
		■ वर्षा: 150-400 सेमी॰	
		■ ऊँचाई: 600-1500 मीटर	
		■ मिट्टी: लेटेराइट, लाल मिट्टी	

बागवानी (Horticulture)

हार्टीकल्चर एक विशेष प्रकार की नकदी फसल उगाने वाली खेती है, जिसमें फल, सब्जियाँ, सजावटी पौधे, फूल तथा उद्यानी पौधे उगाये जाते हैं। इस प्रक्रम की खेती का तीव्रता के साथ प्रसार हो रहा है।

हार्टीकल्चर, सघन प्रकार की खेती है, जिसमें श्रम तथा पूँजी दानों की अधिक आवश्यकता होती है। वर्तमान बागवानी कृषि (Horticulture) को निम्न वर्गों में विभाजित किया जा सकता है–

1. **ओलिरिकल्चर (Olireculture)**: इस कृषि में सब्जियों की खेती की जाती हैं।
2. **फल कृषि (Pomology)**: सामान्यत: इस प्रकार की कृषि में फल उगाये जाते हैं। विशेष रूप से इसका उपयोग सेब तथा नाशपाती की खेती के लिए किया जाता है।
3. **पुष्पकृषि (Floriculture)**: इस प्रकार की कृषि में सजावटी पौधों तथा फूलों की खेती की जाती है।
4. **अबोरीकल्चर (Aboriculture)**: सजावटी पेड़-पौधों की कृषि। इसमें अलंकारी वृक्ष उगाए जाते हैं।
5. **भूदृश्य-कृषि (Landscaps Gardening)**: इस प्रकार की कृषि में अलंकारी वृक्ष, पौधे एवं झाड़ियों को सुंदर बनाने के लिए उगाया जाता है।
6. **संसाधन कृषि (Processing Agriculture)**: इस प्रकार की कृषि में फलों एवं सब्जियों को अचार, जेम और मुरब्बा इत्यादि बनाने के काम में लाया जाता है।
7. **नर्सरी व्यापार (Nursery Trade)**: विभिन्न प्रकार के पेड़-पौधे तैयार करने को नर्सरी कृषि कहते हैं।
8. **बीज उत्पादन कृषि (Seed Trade)**: फलों एवं सब्जियों के बीज तैयार करना भी एक विशेष प्रकार की कृषि है।
9. **संचय एवं मार्केटिंग (Storage and Marketing)**: बहुत–से कृषि उत्पादनों को गोदामों में रखने की आवश्यकता होती है। इस प्रकार के प्रावधानों को संचय/गोदाम तथा मार्केटिंग कहा जाता है।

भारत की जलवायु एवं भू-आकृति में भारी विविधता पाई जाती है। यहाँ नाना प्रकार के फल-फूल उगाये जा सकते हैं। बागवानी कृषि को पिछले दशकों में भारी प्रोत्साहन मिला है। हार्टीकल्चर वृद्धि को सुनहरी क्रांति (Golden Revolution) भी कहा जाता है। बागवानी कृषि के मुख्य लाभ निम्न प्रकार हैं–

1. फसलों की तुलना में अधिक बायोमास का उत्पादन।
2. जीवन-निर्वाह के स्थान पर अधिक नकदी/देने वाली कृषि।
3. बंजर भूमि को विकसित करने में सहायक।
4. फसलों की तुलना में कम जल की आवश्यकता।
5. अधिक रोज़गार के अवसर।
6. फसलों की तुलना में अधिक पौष्टिकता देती है।
7. पर्यावरण को स्वच्छ बनाने में सहायक।
8. बहुमूल्य उत्पादन।
9. अधिक विदेशी मुद्रा अर्जित करने में सहायक।
10. कृषि जीडीपी (GDP) में वृद्धि करती हैं।

फलों की फसलें (Fruit Crops)

भारत की जलवायु तापमान, वर्षण इत्यादि में भारी विविधता पाई जाती है इसलिए विविध प्रकार के फल उगाए जाते हैं। मुख्य फलों में आम, केला, अनानास, पपीता, अमरूद, चीकू (सपोटा) कटल, लीची, अंगूर (ट्रोपिकल एवं सबट्रोपिकल), सेब, नाशपाती, खूबानी (Apricot), बादाम, अखरोट, चिलगोजा (शीतोष्ण कटिबंधीय फल) सम्मिलित हैं। आँवला, बेर, अनार, अंजीर, फालसा, शुष्क जलवायु के फल हैं।) भारत विश्व के कुल फलों का 10 प्रतिशत उत्पादन करता है। भारत का आम, केला, सपोटा तथा नींबू उत्पादन में विश्व में प्रथम स्थान है।

आम का फल एक सबट्रोपिकल (Subtropical) तथा ट्रोपिकल (Tropical) जलवायु में उगता है। भारत के हिमाचल प्रदेश में आम का फल 600 मीटर की ऊँचाई तक पाया जाता है। आम की फसल पाला पड़ने से खराब हो जाती है। आम के बगीचे 75 से 150 सेमी॰ वर्षा के क्षेत्रों में अधिक उगाया जाता है। तूफानी हवा से भी फलों को भारी हानि होती है।

फलों के बगीचों के कुल क्षेत्रफल के 38 प्रतिशत पर आम के बगीचे हैं और फलों के कुल उत्पादन में आम की भागीदारी 22 प्रतिशत है। विश्व का 55 प्रतिशत आम भारत में उत्पन्न किया जाता है। उत्तर प्रदेश, आंध्र प्रदेश, ओडिशा, पश्चिम बंगाल, महाराष्ट्र, मध्य प्रदेश, गुजरात तथा कर्नाटक आम का उत्पादन करने वाले मुख्य राज्य हैं।

नींबू वंश के फल (Citrus Fruit)

भारत में पाँच लाख हेक्टेयर क्षेत्रफल पर खट्टे फल उगाए जाते हैं, जो फलों के कुल क्षेत्रफल का 13 प्रतिशत होता है। खट्टे फल उगाने वाले राज्यों में महाराष्ट्र, आंध्र प्रदेश, पंजाब, हरियाणा, कर्नाटक तथा उत्तर पूर्वी पहाड़ी राज्य सम्मिलित हैं।

केला (Banana)

ट्रोपिकल जलवायु का यह फल उत्तरी भारत में 800 मीटर की ऊँचाई तक तथा दक्षिण भारत में 1500 मीटर की ऊँचाई पर उगाया जाता है। पाला पड़ने से केले की फसल खराब हो जाती है। भारत में केले के अधिकतर क्षेत्र सागर के निकटवर्ती मैदानों में हैं।

केले की खेती के लिए 150 से 250 सेमी॰ वर्षा की आवश्यकता होती है। यदि वर्षा की कमी हो तो सिंचाई का प्रबंध होना चाहिए। केले के खेत में पानी नहीं ठहरना चाहिए।

क्षेत्रफल के आधार पर केला उत्पादन में विश्व में तीसरे स्थान है। तमिलनाडु, महाराष्ट्र, गुजरात, आंध्र प्रदेश, असम, बिहार, उत्तर प्रदेश तथा मध्य प्रदेश केला उगाने वाले प्रमुख राज्य हैं। उत्तर-पूर्वी भारत के राज्यों में केले का काफी उत्पादन किया जाता है।

अमरूद (Guava)

अमरूद अर्धऊष्ण जलवायु का फल है। हल्की सर्दी इसके फल के लिए उपयोगी मानी जाती है। यह शुष्क जलवायु को सहन करने की क्षमता रखता है। यदि वर्षा 250 सेमी॰ से अधिक हो तो इसके पेड़ों को हानि पहुँचती है। अमरूद 500 मीटर की ऊँचाई तक उगता है।

भारत के फलों के उत्पादन में अमरूद का पाँचवाँ स्थान है। लगभग 1.5 लाख हेक्टेयर भूमि पर अमरूद के बगीचे फैले हुए हैं। अमरूद सभी राज्यों तथा केंद्रशासित प्रदेशों में उगाया जाता है।

सेब (Apple)

यूँ तो सेब ट्रोपिकल जलवायु का पौधा है, परंतु इसके अधिकतर बगीचे सबट्रोपिकल जलवायु में पाए जाते हैं। सेब के अधिकतर बगीचे 500 मीटर से 2000 मीटर की ऊँचाई तक पाए जाते हैं। इसको 15°C से 20°C तापमान की आवश्यकता होती है। जिस वर्ष बर्फबारी होती है उस वर्ष सेब की अच्छी फसल होने की संभावना होती है। जम्मू-कश्मीर, हिमाचल प्रदेश, उत्तराखंड तथा अरुणाचल प्रदेश सेब के प्रमुख राज्य हैं।

पपीता (Papaya)

पपीता ऊष्णकटिबंधीय फल है। पाला पड़ने पर इसकी फसल खराब हो जाती है। फल पकते समय शुष्क जलवायु लाभदायक

मानी जाती है। यह 300 मीटर की ऊँचाई तक उगाया जा सकता है। अनुकूलतम तापमान 18°C से 40°C है।

पपीते की खेती आंध्र प्रदेश, कर्नाटक, महाराष्ट्र, गुजरात, तमिलनाडु, मध्य प्रदेश, हरियाणा तथा उत्तर प्रदेश में की जाती है।

अंगूर (Grapes)

अंगूर की खेती फलों के कुल क्षेत्रफल के केवल 1.15% भाग पर की जाती है, तथा फलों के कुल उत्पादन में इसकी 2.6% प्रतिशत भागीदारी है। अंगूर उत्पादन करने वाले राज्यों में महाराष्ट्र, आंध्र प्रदेश, कर्नाटक तथा तमिलनाडु उल्लेखनीय हैं।

लीची (Litchi)

लीची एक बहुत उपयोगी फल है। इसके निर्यात से भारत सरकार को काफी विदेशी मुद्रा का लाभ होता है। वर्ष 1990 के पश्चात् लीची के क्षेत्रफल में भारी वृद्धि हुई है। उत्तराखंड, बिहार, पश्चिम बंगाल, असम, पंजाब तथा हरियाणा लीची उत्पादन करने वाले मुख्य राज्य हैं।

शुष्क प्रदेशों के फल (Arid Fruits)

आंवला, अनार, बेर, खजूर तथा अंजीर, शुष्क मरुस्थल तथा अर्धमरुस्थल के फल हैं। इनके अतिरिक्त जामुन, कटहल, बेल, फालसा, कठ-सेब (Wood Apple), शहतूत तथा लसोढ़ा इत्यादि शुष्क प्रदेशों के फल हैं। वर्तमान समय में जैतून तथा किवी (Kiwi) के बगीचों में वृद्धि हो रही है।

अनानास (Pineapple)

लगभग आधे लाख हेक्टेयर भूमि पर अनानास की खेती की जाती है। अनानास को 20°C-30°C तापमान की आवश्यकता होती है। लगभग 150 सेमी॰ वर्षा की आवश्यकता होती है।

अनानास की खेती मेघालय, केरल, पश्चिम बंगाल, बिहार, तमिलनाडु, कर्नाटक तथा अंडमान एवं निकोबार द्वीप समूह में की जाती है। इसकी खेती के क्षेत्रफल में निरंतर वृद्धि हो रही है।

सब्जी की फसलें (Vegetable Crops)

विश्व में चीन के पश्चात् भारत सब्जी के उत्पादन में दूसरा सबसे बड़ा देश है। विश्व सब्जी के उत्पादन में 13.5% भारत की भागीदारी है। विश्व में फूलगोभी के उत्पादन में भारत का प्रथम स्थान है। प्याज तथा बंदगोभी में भारत का दूसरा स्थान है।

भारत में लगभग 60 लाख हेक्टेयर भूमि में सब्जियों की खेती की जाती है। सब्जी उगाने वाले राज्यों में पश्चिम बंगाल, ओडिशा, उत्तर प्रदेश, बिहार, महाराष्ट्र, गुजरात, पंजाब, हरियाणा, उत्तराखंड तथा हिमाचल प्रदेश प्रमुख हैं।

टमाटर (Tomato)

टमाटर एक गर्म जलवायु की सब्जी है। कोहरे तथा पाले में यह फसल नष्ट हो जाती है। लगभग 21°C से 23°C तापमान, टमाटर की खेती के लिए अनुकूलतम होता है। टमाटर की खेती पूरे भारत में की जाती है। टमाटर की खेती 4.7 लाख हेक्टेयर भूमि पर की जाती है। इसका कुल वार्षिक उत्पादन 85 लाख टन है। टमाटर उत्पादन करने वाले राज्यों में बिहार, कर्नाटक, ओडिशा, महाराष्ट्र, मध्य प्रदेश, आंध्र प्रदेश, पंजाब, हरियाणा, उत्तर प्रदेश तथा कर्नाटक मुख्य हैं।

बैंगन (Brinjal)

भारत की दूसरी सबसे महत्त्वपूर्ण सब्जी बैंगन है। भारत के सभी राज्यों में इसकी खेती की जाती है। लगभग पाँच लाख

हेक्टेयर भूमि पर इसकी खेती की जाती है और वार्षिक उत्पादन 80 लाख टन है। पर्वतीय भागों में ग्रीष्म ऋतु में इसकी खेती की जाती है, जबकि अन्य भागों में एक वर्ष में बैंगन की दो फसलें उगाई जाती हैं। पश्चिम बंगाल, ओडिशा तथा बिहार में इसकी खेती अधिक की जाती है।

बंदगोभी (Cabbage)

बंदगोभी आर्द्र जलवायु में उगाई जाती है, यह शीत ऋतु की सब्जी है। बंदगोभी भारत की तीसरी सबसे अधिक महत्त्वपूर्ण सब्जी है। लगभग 2.5 लाख हेक्टेयर भूमि पर इसकी कृषि की जाती है तथा 56 लाख टन वार्षिक उत्पादन होता है। पश्चिम बंगाल, ओडिशा, बिहार, असम, कर्नाटक, उत्तर प्रदेश, उत्तराखंड, पंजाब तथा हरियाणा इसका उत्पादन करने वाले मुख्य राज्य हैं।

प्याज (Onion)

प्याज भारत की चौथी सबसे महत्त्वपूर्ण सब्जी है। लगभग 4.8 लाख हेक्टेयर पर प्याज की खेती की जाती है और वार्षिक उत्पादन लगभग 55 लाख टन है। महाराष्ट्र, उत्तर प्रदेश, आंध्र प्रदेश, गुजरात तथा कर्नाटक में इसका उत्पादन अधिक होता है। प्याज की खेती 15°C से 25°C तापमान में उत्तम होती है। यह देश के विभिन्न भागों में खरीफ तथा रबी के मौसम में उगाया जाता है।

फूलगोभी (Cauliflower)

फूलगोभी शीत ऋतु की फसल है, जिसके लिए 15°C से 20°C तापमान की आवश्यकता होती है। लगभग 2.6 लाख हेक्टेयर भूमि पर फूलगोभी की खेती की जाती है जिससे वार्षिक उत्पादन लगभग 47 लाख टन है।

आलू (Potato)

आलू शीत ऋतु की फसल है। फसल बोते समय तापमान 24°C तथा फसल की वृद्धि के समय तापमान 18°C से 20°C के आसपास रहना चाहिए। इसकी खेती 2300 मीटर ऊँचाई तक की जाती है।

आलू के उत्पादन में भारत का विश्व में पाँचवाँ स्थान है। इसकी खेती 13 लाख हेक्टेयर भूमि पर की जाती है तथा वार्षिक उत्पादन 225 लाख टन है। उत्तर प्रदेश, पश्चिमी बंगाल, हिमाचल प्रदेश, उत्तराखंड तथा बिहार आलू उगाने वाले मुख्य राज्य हैं। इनके अतिरिक्त देश के अधिकतम राज्यों में आलू की खेती की जाती है।

गाजर (Carrot)

शीत ऋतु की इस फसल को 15°C से 20°C तापमान की आवश्यकता होती है। गाजर का अधिकतर उत्पादन उत्तरी भारत में होता है।

मटर (Peas)

मटर की खेती ठंडे मौसम में की जाती है। पाला पड़ने पर मटर की फसल नष्ट हो जाती है। इसके बीज में से अंकुर 5°C पर भी हो सकता है। अनुकूलतम तापमान 15°C से 22°C है।

शुष्क मेवे (Dry Fruits)

बादाम, खूबानी तथा चिलगोजा भारत के मुख्य शुष्क मेवे हैं।

बादाम (Almonds): शीतोष्णकटिबंध का मुख्य शुष्क मेवा बादाम है। बादाम के बगीचे कश्मीर-घाटी, भद्रवा घाटी (जम्मू) तथा हिमाचल प्रदेश के किन्नौर जिले में विकसित हैं। बादाम की खेती कश्मीर घाटी में करेबा-मिट्टी में की जाती है। बादाम के बगीचे 750 मीटर से लेकर 3000 मीटर ऊँचाई तक पाए जाते हैं। फूल आते समय -2.2°C से -3°C तापमान को भी बादाम सहन कर सकता है। बादाम की मुख्य किस्मों में मखदूम, पर्वत, वारिस, शालीमार, अफगानी तथा कश्मीरी प्रमुख हैं।

अखरोट (Walnut): अखरोट, दूसरा महत्त्वपूर्ण शुष्क मेवा है। अखरोट के बगीचे जम्मू व कश्मीर, हिमाचल प्रदेश, तथा उत्तराखंड में पाए जाते हैं। दस वर्ष के पश्चात् अखरोट के वृक्ष पर फल आने लगते हैं। अखरोट का फूल 2°C से 3°C तापमान को सहन कर सकता है। फसल पकते समय दिन का तापमान 25°C से 30°C होना चाहिए। करेवा मिट्टी (Karewa) में अखरोट का उत्पादन उत्तम होता है। अखरोट के बगीचे में पानी नहीं ठहरना चाहिए। अगस्त तथा सितंबर के महीनों में इसकी फसल तैयार हो जाती है।

तालिका 12.2 फलों की कृषि की विभिन्न प्रक्रियाएँ

	फल की फसल	बोने का समय (मीटर में)	फासला	प्रसारण विधि	किस्में (Varities)	उत्पादन किलो/हेक्टेयर
1.	सेब	दिसंबर-जनवरी	5 × 5	पैबंद/कलम	डेलिशस (लाल तथा सुनहरा), रायल डेलिशस, पीला-न्युटन, महाराजी, आयरिश-पीच।	150/400
2.	आम	वर्षा ऋतु	10 × 12	बीज तथा पैबंद कोनकन-रुची	दसेरी, लँगड़ा, चौंसा, आम्रपाली, अल्फांसो, फजली, पूसा-सूर्य के वृक्ष पर 500 क्विंटल प्रति हेक्टेयर	10 वर्ष के वृक्ष पर 100 क्विं., 20 वर्ष
3.	अमरूद	वर्षा ऋतु के आ. रंभ में	4 × 5	बीज बोकर	लंबाई- 49 चित्तीदार, इलाहाबादी, सफेदा तथा ललित	70 × 100
4.	अंगूर	जनवरी	3 × 3	बडिंग कली	उन्नाब-शाही, बंगलौरी-नीला, बंगलौरी पीला, पूसा-बीज-रहित	-
5.	पपीता	मानसून आरंभ होने पर	3 × 3	बीज बोकर	हनी-डीव, पूसा-डेलिशस सोलो, अकी-सूर्य	30 × 70
6.	केला	पूरे साल, बारह महीने	2 × 2.5	तलवार से काटकर	पूवन, बसराय, रसथली रोबस्टा, हरिछाल	300 × 400

गर्म मसाले (Spices)

भारत के गर्म-मसालों में काली मिर्च (Black-Pepper), छोटी तथा बड़ी इलायची (Cardamom), अदरक (Ginger), हल्दी (Turmeric), धनिया (Coriander), जीरा (Cumin) तथा मिर्च प्रमुख हैं। इनमें से काली मिर्च तथा इलायची का उत्पादन केवल केरल, कर्नाटक तथा तमिलनाडु तक सीमित हैं, जबकि उपरोक्त शेष गर्म मसाले देश के विभिन्न भागों में उगाए जाते हैं। काली मिर्च की खेती का विस्तार आंध्र प्रदेश, कर्नाटक, तमिलनाडु तथा भारत के उत्तर पूर्वी राज्यों में संभावित है। अंडमान तथा निकोबार में गर्म मसाले की खेती का विस्तार किया जा सकता है।

काली मिर्च/सियाह मिर्च (Black Pepper)

काली मिर्च को गर्म मसालों का बादशाह भी कहा जाता है। भारत, काली मिर्च का 75 देशों को निर्यात करता है। आयात करने वाले देशों में संयुक्त राज्य अमेरिका का स्थान प्रथम है।

काली मिर्च ऊष्ण आर्द्र जलवायु का पौधा है। इसको 200 से 250 सेमी॰ वर्षा की आवश्यकता होती है। फसल तैयार होने पर लगभग दो महीने शुष्क होने चाहिए। लगभग 1500 मीटर की ऊँचाई तक इसकी खेती की जाती है।

चूँकि काली मिर्च एक बेल (लता) है इसलिए इसको सहारे की आवश्यकता होती है। नवंबर तथा दिसंबर के महीनों में फसल को सिंचाई की आवश्यकता होती है। फसल 180 से 200 दिन में तैयार हो जाती है।

छोटी इलायची (Cardamom Small)

छोटी इलायची को 'गर्म मसालों की रानी' भी कहा जाता है। वास्तव में छोटी इलायची एक सूखा फल है। इसके लिए 10°-35°C तापमान तथा 150 से 400 सेमी॰ वर्षा की आवश्यकता होती है। इसकी खेती 600 से 1500 मीटर की ऊँचाई पर की जाती है। जनवरी तथा फरवरी के महीनों में सिंचाई की आवश्यकता होती है। केरल (60%), कर्नाटक (31%) तथा तमिलनाडु (9%), छोटी इलायची का उत्पादन करने वाले मुख्य प्रदेश हैं।

दालचीनी (Cinnamon)

दालचीनी का पेड़ एक सदाबहार वृक्ष है, जिसकी ऊँचाई 6-15 मीटर होती है। इसकी खेती 1000 मीटर की ऊँचाई तक की जाती है। वर्षा 200° से 300°C चाहिए। इसको सिंचाई की आवश्यकता नहीं होती। केरल, कर्नाटक तथा तमिलनाडु इसके प्रमुख उत्पादक हैं।

लौंग (Clove)

लौंग एक सूखी हुई कली है। इसका पेड़ सदाबहार है। यह मध्य केरल की उपजाऊ मिट्टी में उगाई जाती है। पश्चिम घाट की उपजाऊ घाटियों में भी इसके बगीचे हैं।

धनिया (Coriander)

इसकी खुशबू खाने को स्वादिष्ट बनाती है। इसका उपयोग दवाइयों में भी किया जाता है। इसको दिसंबर के आखिरी हफ्ते में बोया जाता है अप्रैल के महीने में फसल तैयार हो जाती है। जब 50% बीजों का रंग पीला पड़ जाए तो फसल काट ली जाती है। इसका उत्पादन आंध्र प्रदेश, राजस्थान, गुजरात, मध्य प्रदेश, कर्नाटक, तमिलनाडु एवं उत्तर प्रदेश में की जाती है।

सफेद जीरा (Cumin)

खाने को स्वादिष्ट बनाने के लिए जीरे का उपयोग किया जाता है। आयुर्वेदिक औषधियों में भी इसका प्रयोग किया जाता है। जीरे का उत्पादन मुख्यत: गुजराज एवं राजस्थान में उगाया जाता है।

इसकी खेती के लिए हल्की सर्दी की आवश्यकता है। इसको सिंचाई की कम आवश्यकता होती है। दाँती से काटकर साफ स्थान पर इसको भूसे से अलग किया जाता है तथा बोरियों में भरकर मंडी में भेज दिया जाता है।

अदरक (Ginger)

अदरक का उपयोग बहुत प्रकार की औषधियों, पेय एवं खाने में किया जाता है। भारत विश्व में सबसे अधिक अदरक उत्पादन

करने वाला देश है। भारत के अतिरिक्त यह वेस्टइंडीज, ब्राजील, चीन, जापान, इंडोनेशिया, मलेशिया, पाकिस्तान, म्यांमार, थाइलैंड, तथा वियतनाम में उगाया जाता है। भारत में केरल, ओडिशा, आंध्र प्रदेश, हिमाचल प्रदेश, उत्तराखंड, पश्चिम बंगाल बिहार तथा उत्तर-पूर्वी राज्य इसके मुख्य उत्पादन करने वाले राज्य हैं।

अदरक ऊष्ण आर्द्र जलवायु का पौधा है। सागर स्तर से 300-900 मीटर की ऊँचाई पर इसका उत्पादन अधिक होता है। अदरक के खेत में पानी नहीं ठहरना चाहिए। एक ही खेत में बार-बार अदरक की खेती करने से बीमारी लगने का डर रहता है।

इमली (Tamarind)

इमली का उपयोग भोजन का स्वाद बढ़ाने, कपड़ों की रंगाई, औषधियों तथा पेय के लिए किया जाता है। इमली के वृक्ष ऊष्ण आर्द्र जलवायु में ठीक पनपते हैं, वर्षा 75-150 सेमी॰ होनी चाहिए। इसका फल जनवरी से अप्रैल तक पक जाता है। बिहार, ओडिशा, झारखंड, छत्तीसगढ़, महाराष्ट्र, कर्नाटक, उत्तर प्रदेश, मध्य प्रदेश, आंध्र प्रदेश, तथा तमिलनाडु में इसके वृक्ष अधिक हैं।

हल्दी (Turmeric)

हल्दी को गर्म मसाले, रंगाई, कॉस्मेटिक दवाइयों तथा धार्मिक कर्मकांड के लिए प्रयुक्त किया जाता है। इसका उत्पादन आंध्र प्रदेश, ओडिशा, पश्चिम बंगाल, तमिलनाडु, महाराष्ट्र एवं तमिलनाडु में किया जाता है।

हल्दी की खेती के लिए 20° से 30°C तापमान तथा 150 सेमी॰ वर्षा की आवश्यकता होती है। लगभग 1200 मीटर की ऊँचाई तक इसकी खेती की जाती है। वृक्षों के साथ में इसका उत्पादन अधिक होता है। इसको नारियल के बगीचों, मक्के एवं सब्जी के खेतों में भी उगाया जा सकता है।

हल्दी की फसल 7 से 9 महीने में तैयार होती है। कम वर्षा के प्रदेशों में लगभग 15 से 20 बार फसल को सींचने की आवश्यकता होती है। जब हल्दी के पौधे का हरा भाग सूख जाए, समझो फसल तैयार हो गई। हल्दी की गाँठों को पानी एवं रसायन में धोकर बेचने के लिए तैयार किया जाता है। केरल के अलप्पी (Allappy), तेलंगाना के हैदराबाद तथा कुडप्पा इसके संचय-केंद्र तथा बड़े गोदाम हैं।

तालिका 12.3 सब्जियों संबंधित प्रक्रियाएँ

	फसल	बुआई (सेमी॰)	पौधों की दूरी क्विंटल	बीज	किस्में हेक्टेयर	उत्पादन
1.	आलू	मध्य अक्टूबर	50 × 20	20-25	कुफरी किसान, कुफरी-अलंदर, कुफरी-शीतमैन, कुफरी-सिंदूरी, कुफरी-जहाँआरा, कुफरी-अशोका इत्यादि	-
2.	टमाटर	जून-जुलाई	75 × 60	0.5	पूसा रुवी, पूसा पिग्मी	-
		शीत-ऋतु की फसल के लिए नवंबर में बसंत/ गर्मी की फसल के लिए	75 × 45		रेड-चैरी, सनरे, पूसा द्विवया नंदी, सनक्रांति	
3.	फूल-गोभी	जून में तथा सितंबर	45 × 45	0.6	पूसा-कटकी, पूसा-कुँवारी, पटना-मुख्य, सुटन-स्नोबाल	200 × 300
4.	बंद-गोभी	जून तथा सितंबर में	45 ×45	0.6	प्राइड ऑफ इंडिया गोल्डन, एकर, पूसा दीपाली	300 × 450

5.	प्याज	अक्टूबर-नंवबर	15 × 20	25 किलो/हेक्ट बिखेरकर अथवा 8 किलो पौध	–	250 × 300
6.	मूली	सितंबर- अक्तूबर	15 × 20	10	पूसा-हिमानी, पूसा- चटकी जाप. ानी सफेद, पूसा रेशमी	150 × 250
7.	गाजर	अगस्त- नवंबर	15-20	6	पूसा-केसर, पूसा-मेघाली, नानतेस	200 × 300
8.	शलजम	अगस्त- सितंबर	10-15	4	पूसा-सूवाती, पूसा-कंचन, गोल. डन बाल	200 × 250
9.	पालक	अक्तूबर	25-30	–	पूसा-ज्योति, वर्जीनिया स्वाय	70-100
10.	खीरा, ककड़ी	जून-जुलाई फरवरी	150 × 75	2.5	बालम खीरा, खीरा-पूना स्ट्रेट-ऐट	80 × 100
11.	मटर	अक्तूबर- नवंबर	50	80	अर्केल, बोनेवली, विवेक-मटर	-
12.	भिंडी	जून-जुलाई	45 × 60	15–20	पूसा-स्वानी, पूसा-मखमली हिसार-उन्नत, वर्षा, उपहार शीतल-ज्योति	

भारत में सिंचाई तंत्र (Irrigation Systems in India)

फसलों को कृत्रिम ढंग से पानी पहुँचाने को सिंचाई कहते हैं। भारत की अधिकतर कृषि भूमि बादलों पर निर्भर है। लगभग दो-तिहाई कृषि भूमि को सिंचाई की आवश्यकता होती है। सिंचाई की सहायता भारत के कुछ भागों के किसान एक वर्ष में दो या तीन फसलें लेने में सफल होते हैं। भारत की सिंचाई संभावना (Irrigation Potential) 102 मिलियन हेक्टेयर है।

सिंचाई की विधियाँ (Irrigation Systems)

भारत में प्राचीनकाल से ही खेती की जा रही है। सिंचाई का प्रभावशालीपन मिट्टी तथा ढलान पर निर्भर करता है। भारत के विभिन्न भागों में सिंचाई के प्रमुख निम्न साधन हैं–

(*i*) नहरें, (*ii*) नलकूप तथा कुएँ, (*iii*) पोखर तथा झील तथा (*iv*) अन्य साधन। विभिन्न साधनों से सिंचित क्षेत्रफल तथा उनकी प्रतिशत भागीदारी *तालिका 12.4* में दी गई है तथा सिंचित क्षेत्रफल *मानचित्र 12.24* में दर्शाया गया है।

तालिका 12.4 विभिन्न सिंचाई के साधनों का क्षेत्रफल (हजार हेक्टेयर में)

वर्ष	नहरें	नलकूप एवं कुएँ	पोखर/तालाब	अन्य साधन	कुल योग
1950–51	8,295 (44.0%)	5,980 (31.70%)	3,610 (19.1%)	970 (5.2%)	18,885 (100.00%)
2010–11	15,316 (28.88%)	33,914 (62.0%)	2,516 (4.16%)	2,954 (4.96%)	54,700 100.00%

नहरी सिंचाई के लाभ (Merits of Canal Irrigation)

भारत में वर्षा का वितरण बहुत असमान है। लगभग 80 प्रतिशत वर्षा दक्षिण-पश्चिमी मानसून से होती है। प्राचीनकाल से

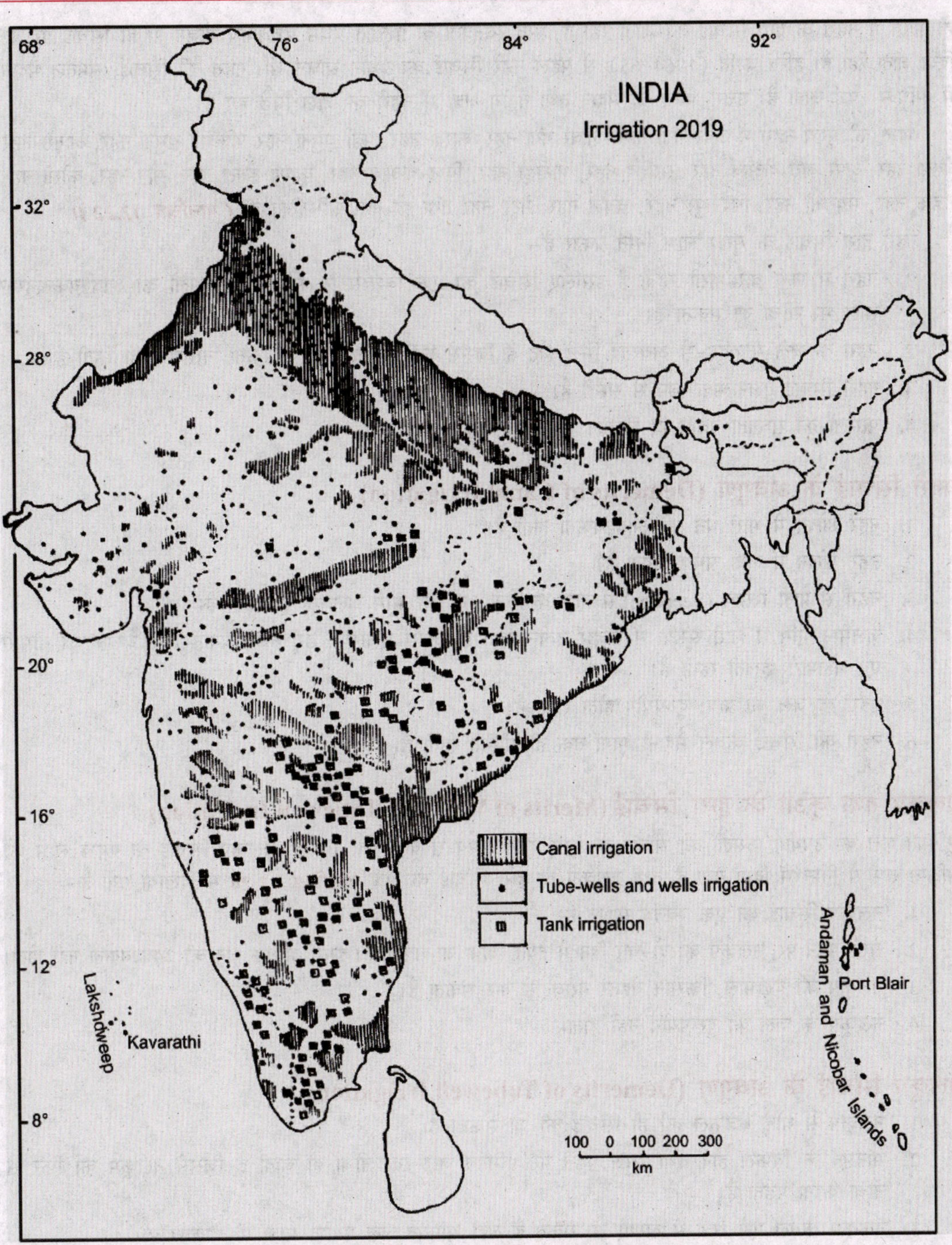

चित्र 12.24 भारत के सिंचित क्षेत्र

ही भारत में नहरों के द्वारा सिंचाई की जाती रही है, परंतु स्वतंत्रता के पश्चात् प्रथम पंचवर्षीय योजना से ही सिंचाई पर बल दिया जाता रहा है। हरित क्रांति (1964-65) से पहले नहरें सिंचाई का प्रधान साधन थीं। नहरों की सिंचाई, समतल मैदानों में अधिक पाई जाती हैं। उत्तरी भारत के मैदान तथा तटीय क्षेत्रों में नहरों के जाल बिछे हुए हैं।

भारत की मुख्य नहरों में अपर गंगा नहर, लोवर गंगा नहर, शारदा नहर, पूर्वी यमुना नहर पश्चिमी यमुना नहर, आगरा नहर, बेतवा नहर, अपर बारी दोआब नहर, सरहिंद नहर, भाखड़ा नहर, बिष्ट-दोआब नहर, कृष्णा डेल्टा नहर, सोन नहर, कोसी नहर, गंडक नहर, मयुराक्षी नहर, मिदनापुर नहर, चंबल नहर, मैटूर नहर तथा इंद्र नहर सम्मिलित हैं। *(मानचित्र 12.22)।*

नहरों द्वारा सिंचाई के मुख्य लाभ निम्न प्रकार हैं–

1. नहरों में पानी बारहमासी रहता है इसलिए सिंचाई का एक विश्वसनीय साधन है। फसलों को आवश्यकतानुसार साल भर सींचा जा सकता है।
2. नहरों के जल में बहुत-से अवसाद मिले होते हैं जिससे सिंचित खेतों की उर्वरकता निरंतर बढ़ती रहती है।
3. नहरी सिंचाई तुलनात्मक रूप से सस्ती है।
4. फसलों की सघनता बढ़ती है, किसान संपन्न होते हैं।

नहरी सिंचाई के अवगुण (Demerits of Canal Irrigation)

1. नहरें खोदने में भारी धन की आवश्यकता होती है।
2. नहरें खोदने में लंबा समय लगता है।
3. नहरों से पानी रिसाव (Seepage) से नहर के दोनों ओर की भूमि जलमग्न हो जाती है।
4. जलमग्न भूमि में भारी संख्या में मच्छर उत्पन्न होते हैं जिनसे मलेरिया, डेंगू तथा चिकनगुनिया बुखार की बीमारी एवं महामारी फैलती रहती है।
5. नहरों के जल का प्राय: दुरुपयोग होता रहता है।
6. नहरों की सिंचाई केवल मैदानी भागों तक ही सीमित रहती है।

नलकूप तथा कुओं के द्वारा सिंचाई (Merits of Well and Tubewell Irrigation)

भूमिगत जल का उपयोग फसलों को सींचने के लिए पुराने समय से की जाती रही है। नलकूप सिंचाई के प्रमुख लाभ को संक्षिप्त रूप से निम्न में दिया गया है तथा नलकूप के द्वारा सिंचाई के क्षेत्र *मानचित्र 12.24* में दिखाया गया है–

1. नलकूप सिंचाई का एक स्वतंत्र साधन है।
2. सूखा पड़ने पर, नलकूप को दो-चार दिन में तैयार किया जा सकता है। इसमें अधिक धन की आवश्यकता नहीं होती।
3. नलकूप की देखभाल, किसान बेहतर तरीके से कर सकता है।
4. नलकूप के जल का दुरूपयोग नहीं होता।

नलकूप सिंचाई के अवगुण (Demerits of Tubewell Irrigation)

1. नलकूप से थोड़े क्षेत्रफल की ही सिंचाई की जा सकती है।
2. मानसून के विफल होने तथा सूखा पड़ने पर भूमिगत जल-स्तर नीचा हो जाता है जिससे नलकूप को फिर से नीचा करना पड़ता है।
3. नलकूप केवल ऐसे क्षेत्रों में लगाए जा सकते हैं जहाँ भूमिगत जल पर्याप्त मात्रा में उपलब्ध हो।
4. यह सिंचाई का महँगा साधन है जिसमें बिजली खर्च करने के आधार पर किसान को भुगतान करना पड़ता है।

5. छोटे और सीमांत किसान अपना नलकूप लगाने में असमर्थ रहते हैं। उनको बड़े किसानों के नलकूपों पर सिंचाई के लिए निर्भर रहना पड़ता है, जो प्राय: उनका शोषण करते हैं।

पोखर, तालाब एवं झीलों द्वारा सिंचाई (Tank Irrigation)

देश के कुछ भागों पोखर, तालाबों तथा झीलों के जल से भी सिंचाई की जाती है। पोखर तथा झील विभिन्न आकार की होती है। भारत में पाँच लाख से अधिक तालाब तथा झील हैं जिनके जल का उपयाग सिंचाई के काम में लिया जाता है।

पोखर तथा तालाबों से सिंचाई मुख्यत: आंध्र प्रदेश, कर्नाटक, तमिलनाडु, ओडिशा, पश्चिम बंगाल, मध्य प्रदेश, छत्तीसगढ़, बुंदेलखंड (उत्तर प्रदेश), बघेलखंड (मध्य प्रदेश) तथा महाराष्ट्र के कुछ भागों में की जाती है। *(मानचित्र 12.24)*।

पोखर तथा तालाब एवं झील प्राकृतिक ढंग से बने होते हैं उनके खोदने पर कुछ खर्चा करना नहीं पड़ता। पोखर एवं झीलों में मछली पालन भी किया जा सकता है। इस प्रकार की सिंचाई के दाम नहीं देने पड़ते।

पोखर तथा तालाब की सिंचाई से बहुत थोड़े क्षेत्रफल की फसलों को ही सींचा जा सकता। वर्षा न होने पर पोखर इत्यादि का जल सूख जाता है और सूखे से फसलों को बचाया नहीं जा सकता। तालाबों में खरपतवार (Eutrophication) की समस्या निरंतर बढ़ती जा रही है।

सिंचाई के अन्य साधन (Other Methods of Irrigation)

सिंचाई के उपरोक्त साधनों के अतिरिक्त सिंचाई के अन्य साधन भी हैं– जिनमें टपकन सिंचाई (Drip Irrigation), कूल (Kuhl), ढेंकली, बोका इत्यादि प्रमुख हैं। इस प्रकार के साधनों से थोड़े क्षेत्रफल की सिंचाई की जा सकती है। प्रत्येक विधि के अपने गुण तथा अवगुण हैं।

टपकन सिंचाई (Drip Irrigation) में जल का अनुकूलतम सदुपयोग होता है। इसमें बूँद-बूँद करके जल, पौधों को मिलता है। फलों के बगीचों में यह विधि अधिक कारगर एवं सफल सिद्ध हो रही है। केला, अंगूर, पपीते, संतरे, नींबू तथा गन्ने की फसलों को इस प्रकार की सिंचाई से विशेष लाभ पहुँचता है और उनके उत्पादन में भारी वृद्धि होती है।

भारत के सिंचित क्षेत्रफल का लगभग 29% नहरों द्वारा तथा 62% नलकूपों के द्वारा सींचा जाता है, जबकि लगभग 4% पोखर-तालाबों की भागीदारी है। बढ़ती हुई जनसंख्या की खाद्य तथा अन्य आवश्यकताओं की आपूर्ति के लिए कृषि की सघनता को बढ़ाना जरूरी है, जो सिंचाई के क्षेत्रफल को बढ़ाने से संभव हो सकता है। इस ओर भी अधिक ध्यान देने की आवश्यकता है।

मिश्रित (Miscellaneous)

स्मार्ट सिटी (इंटेलिजेंट सिटी अथवा डिजिटल सिटी)

स्मार्ट सिटी एक अस्पष्ट शब्द है क्योंकि इसे विभिन्न शहरी भूगोलविदों व योजनाविदों ने भिन्न-भिन्न प्रकार से परिभाषित किया है। ब्रिटिश शहरी योजनाओं के अनुसार स्मार्ट सिटी एक गतिशील अवधारणा है, बल्कि यह एक प्रक्रिया है जिसमें शहर अधिक रहने योग्य, लचकदार तथा आनन्द प्रदाता बन जाते हैं तथा नयी चुनौतियों को जल्दी से ग्रहण कर लेते हैं। स्मार्ट सिटी काउंसिल की राय में एक स्मार्ट सिटी वह है जो डिजिटल तकनीक से युक्त होती है।

उद्देश्य- स्मार्ट सिटी को विकसित करने का प्रमुख उद्देश्य है:

(i) शहरी विकास के मार्ग की समस्याओं को दूर करना।

(ii) जलवायुविक परिवर्तन के मुद्दों पर ध्यान देना।

(iii) आर्थिक व सामाजिक जीवन के विकास हेतु बेहतर सुविधाएं उपलब्ध कराना।

(iv) शहरी, नगरों, कस्बों तथा स्थलों पर अपशिष्ट निपटान व पर्यावरणीय क्षय की समस्याओं को कम करना।

स्मार्ट सिटी की प्रमुख विशेषताएं निम्नलिखित हैं:

1. एक स्मार्ट सिटी भौतिक आधारभूत संरचनाओं, सड़कों, इमारतों, ऊर्जा, स्वास्थ्य सुरक्षा, जल अपशिष्ट निपटान तथा अन्य भौतिक परिसम्पत्तियों का अधिक दक्षता से प्रयोग करती है। यह एक सशक्त तथा स्वस्थ आर्थिक, सामाजिक तथा सांस्कृतिक जीवन को प्रोत्साहित करती है।
2. एक स्मार्ट सिटी एक नवप्रवर्तन युक्त वातावरण का निर्माण करती है।
3. स्मार्ट सिटी में लोग बदलती स्थितियों के साथ प्रभावी रूप से अनुकूलन स्थापित कर लेते हैं।
4. नागरिकों की सहभागिता पर बल दिया जाता है।
5. पारिस्थितिकी व पर्यावरण को ध्यान में रखते हुए इमारती व आधारभूत संरचनाओं को बनाया जाता है तथा विकसित किया जाता है।
6. स्मार्ट सिटी में इन्टरनेट शापिंग की सुविधाएं उपलब्ध होती हैं।
7. यहाँ सोशल नेटवर्किंग मजबूत होता है।
8. इनमें वरिष्ठ नागरिकों हेतु मनोरंजन की व्यवस्था होती है।
9. इनमें अपराध की दर निम्न होती है।
10. प्रदूषण की निम्न दर होती है।
11. जीवन अधिक आनंदयुक्त होता है।

वर्तमान में कुछ स्मार्ट सिटी हैं—बार्सिलाना (स्पेन), बोस्टन तथा शिकागो (यू.एस.ए.), डी हेग (नीदरलैंड) तथा स्टॉकहोम (स्वीडन)।

25 जनवरी को भारत व अमेरिका ने अजमेर, प्रयागराज तथा विशाखापत्तनम के विकास के लिए तीन ज्ञापनों पर (memoranda) पर हस्ताक्षर किए।

इन शहरों को यूनाइटेड स्टेट्स ट्रेड एंड डवलेपमेंट एजेन्सी तथा भारतीय शहरी विकास मंत्रालय के साझा उपक्रम के रूप में विकसित किया जाएगा। अजमेर व प्रयागराज शहरों में सांस्कृतिक व धार्मिक पर्यटन के प्रमुख केन्द्र के रूप में तथा विशाखापत्तनम की तटवर्ती शहर होने की वजह से चुना गया तथा इसे व्यापारिक व पर्यटन स्थल के रूप में विकसित किया जा सकता है।

आलोचना

इस अवधारणा के प्रयोग के विरुद्ध निम्नलिखित तर्क प्रस्तुत किए जा सकते हैं।

(i) स्मार्ट सिटी के विकास पर अधिक बल दिए जाने से एकतरफा शहरी विकास होगा।

(ii) स्मार्ट सिटी पर ध्यान केंद्रित करने से मानव स्वास्थ्य तथा पर्यावरणीय ह्रास की नयी समस्याएं उभरकर आ सकती हैं।

(iii) स्मार्ट सिटी की अवधारणा का उद्देश्य वैश्विक कारोबार को प्रोत्साहित करना है। इस प्रकार के व्यापारोन्मुखी प्रतिरूप से सांस्कृतिक प्रदूषण हो सकता है।

संवहनीय शहर (Sustainable City)

संवहनीय शहर से अभिप्राय उस शहर से है जिसकी निर्माण-योजना व विकास पर्यावरणीय प्रभाव के आकलन के पश्चात् किया जाता है। एक संवहनीय शहर के नागरिकों की ऊर्जा, जल व भोजन की एक निम्नतम माँग होती है। कार्बन डाइऑक्साइड का उत्सर्जन कम होता है तथा जल, वायु, मृदा तथा ध्वनि का कम प्रदूषण होता है। अपशिष्ट निपटान प्राय: पर्यावरणीय ह्रास से मुक्त होता है तथा निपटान प्रक्रिया प्रभावी होती है।

संवहनीय शहरों की प्रमुख विशेषताएं (Salient Characteristion of Sustainable City)

एक ईको सिटी की निम्नलिखित विशेषताएं हैं:

(i) **स्वकेन्द्रित अर्थव्यवस्था (Self-oriented economy):** स्थानीय आवश्यक संसाधनों की स्थानीय स्तर पर उपलब्धता होती है।

(ii) पूर्णतया कार्बन-निष्क्रिय (carbon-neutral) तथा पुनर्नवीकरणीय ऊर्जा उत्पादन होता है।

(iii) सुनियंत्रित व सुव्यवस्थित परिवहन व्यवस्था होती है।

(iv) **संसाधनों का संरक्षण (Resource conservation):** जल व ऊर्जा संसाधनों का बुद्धिमतापूर्ण प्रयोग किया जाता है।

(v) उत्तम व वहनीय घर होते हैं।

(vi) स्थानीय कृषि तथा विशेषतया बागवानी व डेयरी उद्योग को प्रोत्साहित करते हैं।

(vii) शहर के भीतर विभिन्न कृषि व्यवस्थाएं जैसे कृषि प्लाट (agricultural plots) होते हैं। इससे दूरी की बचत होती है।

(viii) पुनर्नवीकरणीय ऊर्जा स्रोत जैसे सौर पैनल, वायु ऊर्जा तथा सीवेज से निर्मित बायोगैस।

(ix) बड़े उद्यान, बगीचे, वृक्षारोपण, हरे मैदान (green lawns), हरी छतें (green-roofs), शून्य-ऊर्जा इमारत (zero-energy buildings), प्राकृतिक वातायान (natural ventilation) व्यवस्था तथा ईको-औद्योगिक पार्क, ताकि एयरकंडीशनिंग का कम प्रयोग हो।

(x) अधिकतम भवन-निर्माण घनत्व इस प्रकार करना कि जन परिवहन साध्य व सुगम हो परंतु शहरी उष्मीय द्वीपों (urban heat islands) का निर्माण न हो।

(xi) ग्रीन हाउस गैसों को कम करने के लिए संवहनीय परिवहन व्यवस्था।

(xii) जीवनशैली में स्वैच्छिक रूप से सादापन लाना ताकि पदार्थों का उपयोग कम हो तथा पर्यावरणीय जागरूकता में वृद्धि हो।

(xiii) शहर का निर्माण इस प्रकार हो कि जनसंख्या वृद्धि के साथ शहर भी विकसित हो सके।

(xiv) अपराध की दर उल्लेखनीय रूप से निम्न होनी चाहिए।

(xv) सबका जीवन, यहाँ तक कि वरिष्ठ नागरिकों का जीवन भी आनंदपूर्णढंग से व्यतीत हो सके।

संवहनीय शहरों (Sustainable cities) के उदाहरण हैं:

एडिलेड तथा मेलबार्न (ऑस्ट्रेलिया), बेलो होरिजोंटे (ब्राजील), अल्ब्रेटा तथा कैलेगरी (कनाडा), तिनजैन (चीन), आलबर्ग बैलरुप तथा फ्रैड्रिकश्वान (डेनमार्क), फ्रीबर्ग (जर्मनी), क्लोनबुरीस (आयरलैंड), हसिंडा-मोम्बासा (कीनिया), सोंग्डो (कोरिया), मस्डर सिटी (अबु धाबी), बिलबाओ (स्पेन) तथा अर्कोसन्टी डगलस राँच (अरिजोना), ट्रेजर द्वीप (सान फ्रांसिस्को), कोयोटो स्प्रिंग्स (नेवाडा) तथा कैलिफोर्निया का सोनोमा पर्वत।

ईको-सिटी (Eco-city)

ईको सिटी वह सिटी है जो पर्यावरण के जीवंत सिद्धान्तों पर निर्मित होती है। ईको सिटी का अंतिम उद्देश्य नवीकरणीय स्रोतों के द्वारा ऊर्जा उत्पादन कर समस्त कार्बन अपशिष्ट का उन्मूलन करना है।

ईको सिटी का उद्देश्य आर्थिक वृद्धि को प्रोत्साहित करना, निर्धनता, भुखमरी, कुपोषण का उन्मूलन करना तथा अच्छे स्वास्थ्य, शिक्षा व कार्य बल की उच्च दक्षता हेतु अनुकूल व सहायक वातावरण प्रदान करना है। ईको सिटी (Eco-city) की अवधारणा 1975 में रिचर्ड रजिस्टर (Richard Register) के मार्गदर्शन में बर्कले (Berkeley) के शहरी पारिस्थितिकीविदों के एक समूह द्वारा विकसित की गयी। 1987 में, उन्होंने 'अर्बन इकालॉजिस्ट' नामक एक जर्नल प्रारंभ किया। 'शहरी पारिस्थितिकी' (Urbon Ecology) 1990 में बर्कले (कैलिफोर्निया) में प्रथम अंतर्राष्ट्रीय ईको-सिटी कानफ्रेंस के आयोजन के बाद अधिक विकसित हुई। तब से ईको सिटी के वार्षिक सम्मेलन एडिलैड (Adelaide),

सेनेगेल (Senegal), ब्राजील (Brazil) चीन (China), बैंगलोर, सैन फ्रासिस्को, इस्तांबुल, मांट्रियल, नान्टेस, तथा अबूधाबी में आयोजित किए गए।

ईको सिटी की विशेषताएं: एक आदर्श ईको सिटी की निम्नलिखित विशेषताएं होती हैं:

(i) यह एक आत्मनिर्भर अर्थव्यवस्था में विद्यमान होती है। आवश्यक संसाधन स्थानीय स्तर पर पाये जाते हैं।

(ii) पूर्णतया कार्बन-निष्क्रिय (Carbon neutral) तथा पुनर्नवीकरणीय ऊर्जा उत्पादन।

(iii) सुनियोजित शहर विन्यास तथा जन-परिवहन प्रणाली जिसमें वाहनों के लिए पृथक-पृथक पथ हैं।

(iv) जल व ऊर्जा संसाधनों का अधिकतम दक्षतापूर्वक प्रयोग।

(v) पर्यावरणीय रूप से क्षतिग्रस्त हुए शहरी क्षेत्र के पुनर्निर्माण का प्रावधान।

(vi) समस्त सामाजार्बिक, प्रजातीय (ethnic), अल्पसंख्यकों व धार्मिक समूहों के लिए वहनीय व उपयुक्त आवासों का निर्माण।

(vii) पर्यावरणीय व जल प्रदूषण की निम्न दर।

(viii) स्थानीय कृषि व उत्पाद को समर्थन।

(ix) जीवनशैली में सादगीपन।

(x) पर्यावरणीय शिक्षा तथा पर्यावरण के प्रति जागरूकता बढ़ाना।

आइस-कैप्स तथा जलाशयों में परिवर्तन (Changes in Ice-Caps and Waterbodies)

आइस केप्स (Ice - Caps)

आइस-केप एक गुंबदाकार आकार की हिम की चादर को कहते हैं। आइस-केप का आकार (क्षेत्रफल) लगभग 50,000 वर्ग किलोमीटर से कम होता है, जबकि आइस-शीट का क्षेत्रफल 50,000 वर्ग किलोमीटर से अधिक होता है। किसी आइस-केप के चारों तरफ जल अपवाह यू-आकार (U - Shaped Valley) की घाटियों के द्वारा होता है।

आइस-शीट (Ice - Sheet)

एक वृहदाकार-गुंबदाकार हिम की चादर जिसका क्षेत्रफल 50,000 वर्ग किलोमीटर से अधिक हो आइस-शीट (Ice - Sheet) कहलाती है।

आइसकेप तथा आइस-शीट प्रति वर्ष हिम के परत-दर-परत एकत्रित होता है। विश्व की सबसे बड़ी आइस-शीट अंटार्कटिका महाद्वीप पर फैली हुई है। अंटार्कटिका महाद्वीप पर आइस-शीट की औसत मोटाई दो किलोमीटर है, जबकि किसी स्थान पर हिम की मोटाई चार किलोमीटर तक पाई जाती है।

अंटार्कटिका आइस-शीट (Antarctica Ice-Sheet)

अंटार्कटिका पूर्ण रूप से बर्फ से ढका हुआ है। इस बड़ी आइस-शीट से हिम के बड़े-बड़े टुकड़े टूट कर महासागर में आइसबर्ग (Iceberg) के रूप में तैरते रहते हैं। पिछले दशक के कुछ आइसबर्ग की लंबाई 300 किलोमीटर और चौड़ाई 37 किलोमीटर तक मापी गई। कुछ आइस-बर्ग का क्षेत्रफल 11,000 वर्ग किलोमीटर से भी अधिक पाया गया है। चिंता की बात यह है कि बड़े आकार के आइस-बर्ग की बारंबारता में निरंतर वृद्धि हो रही है।

यदि अंटार्कटिका महाद्वीप का पूरा बर्फ (Ice) पिघल जाए तो विश्व के सागरों महासागरों का स्तर 70 मीटर ऊँचा होने का समाज, अर्थव्यवस्था तथा पारिस्थितिकी पर प्रतिकूल प्रभाव पड़ेगा। आइस-शीट पिघलने के कुछ संभावित परिणाम निम्न प्रकार हो सकते हैं–

1. **पेड़-पौधों एवं जीव-जंतुओं पर प्रभाव (Effects on Plants and Animal Life):** हिम तथा पर्माफ्रोस्ट (Permafrost) के पिघलने से पेड़-पौधों तथा पशु-पक्षियों पर भारी प्रभाव पड़ेगा। उदाहरण के लिए अंटार्कटिका में रहने वाले पक्षी पैंगुइन (Penguin) की जनसंख्या में पिछले चार दशकों में 40% की कमी आई है। गर्म जल

में पेंगुइन के आहार का अभाव हो जाता है। इसके अतिरिक्त प्रवाल भित्तियों में बीमारी फैल रही है। अंटार्कटिका के पर्वतों के खड़े ढ़लानों पर काई (Moss) जैसी वनस्पति गर्मी के मौसम में उगने लगी है।

2. **ऊष्ण कटिबंधीय बीमारियों का फैलना (Spread of Tropical Diseases):** ध्रुवीय हिम के पिघलने पर बहुत-से ऊष्ण कटिबंध की बीमारियाँ शीतोष्ण कटिबंध के प्रदेशों में फैलने लगी है। मलेरिया, डेंगू-बुखार आदि ठंडे देशों में फैलने लगी है।
3. **जैविक-विविधता का ह्रास (Reduction in Biodiversity):** पारिस्थितिकी विज्ञान के विशेषज्ञों के अनुसार हिम के पिघलने से विश्व के 33% पारिस्थितिकी तंत्रों में परिवर्तन हो सकता है।
4. **जलवायु प्रदेशों में परिवर्तन (Change in Climate Belts):** यदि विश्व की हिम की चादरें पिघल जायें तो शीतोष्ण जलवायु के क्षेत्र का विस्तार शीत कटिबंध में हो जाएगा।
5. **मरुस्थलीकरण (Desertification):** विशेषज्ञों के अनुसार या हिम के पिघलने से सागर स्तर ऊँचा हुआ तो वर्षण के प्रतिरूपों में परिवर्तन होगा। यह भी संभव है कि मरुस्थल अपने आसपास के क्षेत्रों में फैल जाये।
6. **कृषि पर प्रभाव (Efffect on Agriculture):** यदि टुंड्रा प्रदेश की हिम-चादर पिघल जाए तो कृषि के क्षेत्रफल में विस्तार हो सकता है।
7. **तटीय जनसंख्या पर प्रभाव (Effect on Coastal Population):** विश्व की कुल नगरीय जनसंख्या का लगभग 50% भाग महासागरों तथा सागरों के तटों पर रहती है। यदि सागर स्तर ऊँचा हो जाये तो बहुत से नगर जलमग्न हो जाएँगे।
8. **झीलों के पारितंत्र मे परिवर्तन (Changes in Lakes Ecosystems):** हिम के पिघलने पर पर्वतीय झीलों के जल एवं तापमान में वृद्धि होगी जिसका प्रभाव पारितंत्र पर पड़ेगा और वनस्पति एवं जीव-जन्तुओं में भी परिवर्तन होगा।
9. **सागरों के सुंदर तटों का जलमग्न होना (Submergence of Sea Beaches):** सागरों के तटों पर स्थित सुंदर बीच (Sea - Beaches) के जलमग्न होने से पर्यटन केंद्रों का ह्रास होगा।
10. **ऊष्ण कटिबंधीय चक्रवातों की बारंबारता में वृद्धि होगी (Increase in the frequency of Tropical Cyclone):** आइस केप्स के पिघलने से सागर स्तर ऊँचा होगा, सागर का क्षेत्रफल बढ़ेगा जिससे वाष्पीकरण बढ़ेगा, वायुमंडल में वाष्प की मात्रा में वृद्धि होती है। जब वायुमंडल में वाष्प की मात्रा अधिक होती है तो ऊष्ण कटिबंधीय चक्रवात की उत्पत्ति में सहायक होती है।
11. **प्राकृतिक वनस्पति की पेटियों में परिवर्तन (Shift in Natural Vegetarian Belts):** आइस-केप्स (Ice-Caps) तथा हिमनदों के पिघलने से सागरों के क्षेत्रफल में वृद्धि होती है जिसका प्रभाव वर्षा के प्रतिरूपों पर पड़ता है। तापमान और वर्षण का प्रत्यक्ष एवं अप्रत्यक्ष प्रभाव प्राकृतिक वनस्पति पर पड़ता है। दूसरे शब्दों में, प्राकृतिक वनस्पति की पेटियों में बदलाव होता है। प्राकृतिक वनस्पति, जलवायु एवं चट्टानों की संरचना का प्रभाव मिट्टियों के भौतिक तथा रासायनिक तत्वों पर पड़ता है। इस प्रकार पृथ्वी के सभी पारिस्थितिकी तंत्र प्रभावित होते हैं।

कोलकाता-कुन्मिंग गलियारा एक प्रस्तावित अंतर्राष्ट्रीय मार्ग

कोलकाता-कुन्मिंग परियोजना चीन-म्यांमार, भारत एवं बांग्लादेश को जोड़ती है। यह एक महत्वकांक्षी परियोजना है जो कोलकाता को कुन्मिंग से जोड़ेगी, जो चीन के युन्नान प्रांत की राजधानी है। इस परियोजना की घोषणा 2013 में चीन के शी जिन्पिंग के नेतृत्व वाली सरकार द्वारा की गई थी। इसे नवीन रेशम रोड आर्थिक पेटी (New Silk Road Economic Belt) भी कहा जाता है। इस गलियारे का प्रमुख उद्देश्य एक उन्नत आर्थिक पेटी का निर्माण करना है जो सीमा पार परिवहन, ऊर्जा, पर्यटन तथा संचार तंत्र को सुदृढ़ करे। यह भी माना गया कि यह गलियारा वैश्विक आर्थिक वसूली (global economic recovery) में महत्वपूर्ण भूमिका निभा सकता है। उपक्षेत्रीय सहयोग की तर्ज पर इस परियोजना ने

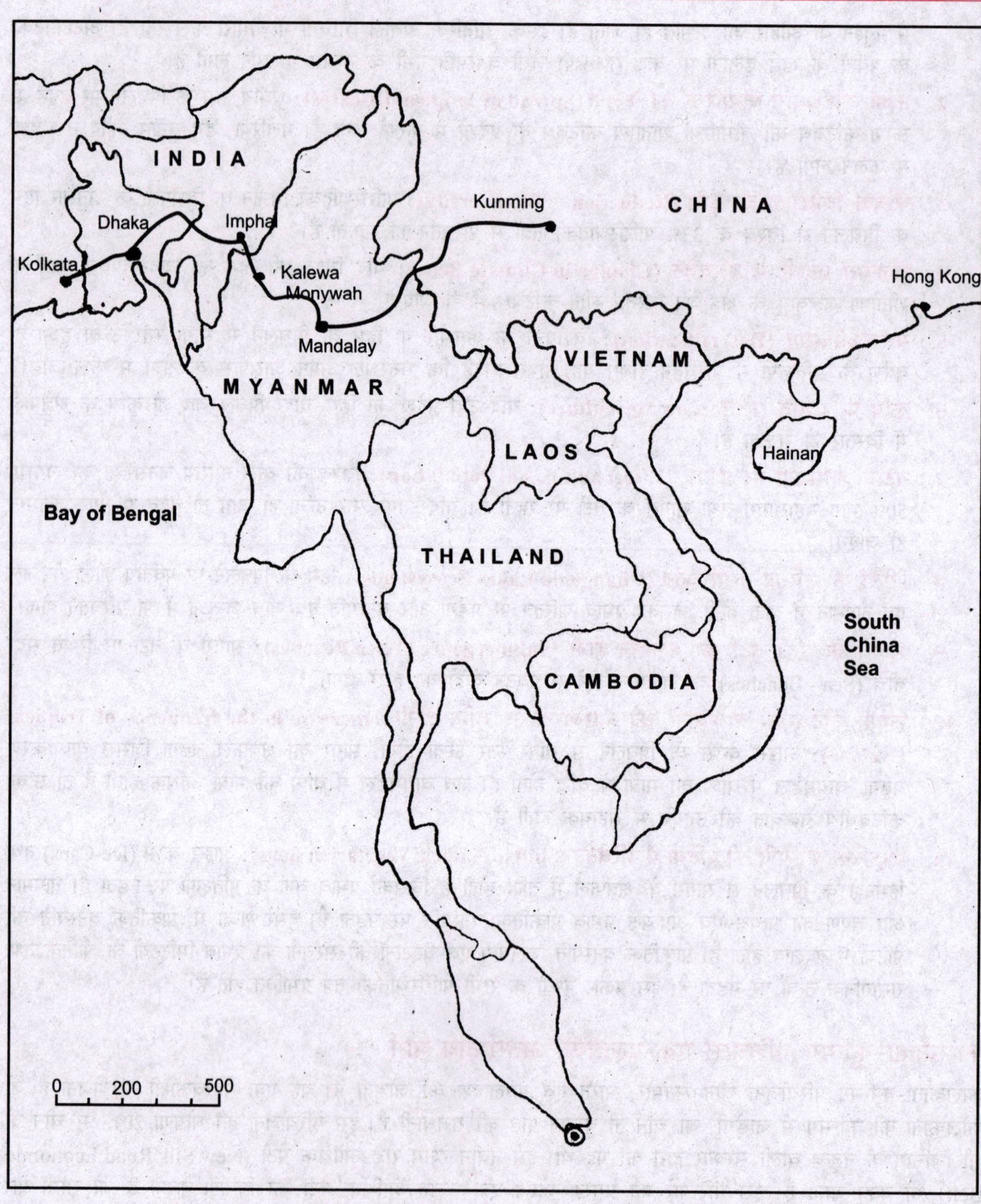

चित्र 12.25 कोलकाता–कुन्मिंग गलियारा–चीन, म्यांमार, भारत व बांग्लादेश को जोड़ती परियोजना

एक नवीन गति प्राप्त की है।

इस गलियारे का मार्ग केन्द्रीय स्थानों जैसे म्यांमार के मांडले (Mandaly), लासिओ (Lashio) और क्लेवा (Kalewa) से गुजरता है। सिल्हट व ढाका के रास्ते बांग्लादेश को पार करने से पहले इंफाल (मणिपुर) एवं असम को पार करने के पश्चात यह कोलकाता की ओर जाता है। इसकी शाखाएं कोक्स-बाजार (Coxs Bazar) तथा चटगांव तक फैली हुई हैं। *(चित्र 12.25)*

चीन के प्रतिष्ठित विद्वानों ने बांग्लोदश, चीन, भारत तथा म्यांमार के मध्य सुरक्षा तंत्र को स्थापित करने व एक विधायी संवाद स्थापित करने का प्रस्ताव प्रस्तुत किया है। युन्नान एकेडमी ऑफ सोशल साइंस के अध्यक्ष डा. रेन ने चार राष्ट्रों–बांग्लादेश, चीन, भारत, म्यांमार के मध्य एक संस्थागत गठजोड़ की आवश्यकता पर बल दिया ताकि गैर-परम्परागत सुरक्षा खतरों से निपटा जा सके।

चीनी विशेषज्ञों के अनुसार सिल्चर (असम) व मणिपुर के बीच 200 किमी तथा इतनी ही दूरी म्यांमार के कलेवा व मोनिवाह के बीच के क्षेत्र को छोड़कर यह गलियारा लगभग क्रियाशील है। भारत के कुछ विशेषज्ञों के अनुसार यह चीन का प्रमुख रणनीतिक कदम है। यह भारत को घेरकर एक भू-राजनीतिक चुनौती प्रस्तुत करने का प्रयास है। इन रणनीतिक चिंताओं की भारत व चीन के बीच अनसुलझे सीमा विवाद के संदर्भ में विशेष महत्ता है। इन समस्त चिंताओं व भय के परिप्रेक्ष्य में रेन जिया के अनुसार नृजातीय विद्रोह, आंतकवाद साम्प्रदायिक हिंसा (म्यांमार में बौद्ध व मुसलमानों से सम्बद्ध), नशे का अवैध व्यापार, एचआईवी संक्रमण का प्रसार, पुरानी वस्तुओं की तस्करी तथा साथ-साथ सीमा पार अवैध मानव व्यापार (Human Trafficking) जैसे विषय इस परियोजना को हतोत्साहित कर रहे हैं।

अध्याय

13

बिल, संधियाँ, योजनाएँ एवं अनुबंध (Bills, Treaties, Plans and Agreements)

यह अध्याय पारिस्थितिकी और पर्यावरण के क्षेत्र में महत्वपूर्ण विधेयकों, संधियों एवं समझौतों का संकलन है।

'नमामि गंगे' विश्व की प्रमुख पुनःस्थापन पहल में

भारत की 'नमामि गंगे' पहल को संयुक्त राष्ट्र पर्यावरण कार्यक्रम(UNEP) एवं संयुक्त राष्ट्र खाद्य तथा कृषि संगठन(FAO) के शीर्ष दस वर्ल्ड रेस्टोरेशन फ्लैगशिप्स में स्थान दिया गया है। 'नमामि गंगे' परियोजना गंगा नदी के प्रदूषण को कम करने और पुनर्जीवित करने के उद्देश्य से चलायी गई थी। नमामि गंगे पहल को दुनिया भर के 70 देशों के 150 से अधिक कार्यक्रमों में से चुना गया है।

वर्ल्ड रेस्टोरेशन फ्लैगशिप को 'यूनाइटेड नेशन डिकेड ऑन इकोसिस्टम रेस्टोरेशन'(United Nations Decade on Ecosystem Restoration) के अंतर्गत जारी किया जाता है। वर्ल्ड रेस्टोरेशन फ्लैगशिप के अंतर्गत वैश्विक स्तर पर उन परियोजनाओं को प्रोत्साहन मिलता है जो प्राकृतिक दुनिया को पुनर्जीवित करने में अहम भूमिका निभाती हैं। 'यूनाइटेड नेशन डिकेड ऑन इकोसिस्टम रेस्टोरेशन' 2030 तक जारी रहेगा, जो सतत विकास लक्ष्यों को प्राप्त करने की समय सीमा भी है।

नमामि गंगे परियोजना क्या है

केंद्र सरकार द्वारा पूर्णतया वित्तपोषित नमामि गंगे परियोजना की शुरुआत गंगा नदी के संरक्षण एवं पुनर्जीवन के लिए की गई थी। गंगा नदी के प्रदूषण को कम करने, नवीन घाटों के निर्माण के लिए इस परियोजना को 20,000 करोड़ रुपये के प्रारंभिक बजट के साथ शुरु किया गया।

नमामि गंगे परियोजना को पांच स्तरीय तंत्र से संचालित किया जा रहा है। प्रधानमंत्री की अध्यक्षता में राष्ट्रीय गंगा परिषद,

केंद्रीय जल शक्ति मंत्री से गंगा पर अधिकार प्राप्त टास्क फोर्स(ETF), स्वच्छ गंगा के लिए राष्ट्रीय मिशन(NMCG), राज्य गंगा समितियां एवं प्रत्येक जिले में गंगा समितियों का गठन किया गया है। इस परियोजना के तहत उत्तर प्रदेश, बिहार, उत्तराखंड, झारखंड, हरियाणा, दिल्ली, पश्चिम बंगाल एवं राजस्थान में सीवेज प्रबंधन परियोजनाएं संचालित की जा रही है। 305 में से 109 परियोजनाएं पूरी हो चुकी हैं जबकि बाकी में किसी न किसी रूप में काम चल रहा है।

यूएनएफसीसीसी की कॉप-27 में नुकसान व क्षतिपूर्ति कोष पर सहमति

मिस्त्र के शर्म अल शेख शहर में संयुक्त राष्ट्र जलवायु परिवर्तन फ्रेमवर्क सम्मेलन की 27वीं बैठक(कॉप 27) का आयोजन किया गया। क्लाइमेट कॉन्फ्रेंस ऑफ द पार्टीज (कॉप-27) को इसलिए ऐतिहासिक माना जा रहा है, क्योंकि इसमें जलवायु परिवर्तन से होने वाले नुकसान व क्षतिपूर्ति के लिए एक कोष(लॉस एंड डैमेज फंड, एलडीएफ) के गठन का निर्णय हुआ है। इस कोष से उन समुदायों एवं देशों को सहायता प्रदान की जाएगी जिन्हें जलवायु परिवर्तन के कारण प्राकृतिक आपदाओं का सर्वाधिक सामना करना पड़ा है। भारत सहित कई विकासशील देशों ने इस कोष पर सहमति को पिछले 30 वर्षों की सबसे बड़ी उपलब्धि बताई है।

इस सम्मेलन के दौरान भारत ने अपनी दीर्घकालीन कार्बन विकास रणनीति पेश की जिसमें 7 क्षेत्रों को शामिल किया गया है। इसमें नवीकरणीय ऊर्जा का विस्तार करना, ग्रिड को मजबूत बनाना, जीवाश्म ईंधन स्रोतों का तर्कसंगत उपयोग, इलेक्ट्रिक वाहनों को प्रोत्साहन, पेट्रोलियम में जैव-ईंधन के मिश्रण में निरंतर वृद्धि, ऊर्जा दक्षता का विस्तार एवं भावी ईंधन के तौर पर हरित हाइड्रोजन को महत्व देना सम्मिलित था।

इसके अलावा सम्मेलन के दौरान गैर-सरकारी संस्थाओं के लिए नेट-शून्य उत्सर्जन संकल्पों पर उच्चस्तरीय विशेषज्ञ समूह द्वारा पहली रिपोर्ट जारी की गई है। इस रिपोर्ट में ग्रीन वाशिंग(हरित न्यूनता) और कमजोर नेट-शून्य संकल्पों की निन्दा की गई है। सम्मेलन में, संयुक्त राष्ट्र ने समय पूर्व चेतावनी प्रणाली के लिए एक कार्ययोजना की घोषणा की, जिसमें कहा गया कि इस तरह की चेतावनी प्रणाली पर वर्ष 2023 और 2027 के दौरान 3.1 अरब डॉलर के निवेश का लक्ष्य रखा जाना चाहिए।

अमेरिका के पूर्व उप-राष्ट्रपति और जलवायु कार्यकर्ता अल गोर ने कहा कि ग्रीनहाउस गैस उत्सर्जनों का स्वतंत्र लेखा-जोखा रखने के लिए सैटेलाइट और कृत्रिम बुद्धिमता(AI) का इस्तेमाल करते हुए विश्व भर में 70 हजार से अधिक स्थलों पर निगरानी की जाएगी। इससे वातावरण में छोड़ी जा रही कार्बन और मीथेन गैस उत्सर्जन के स्तर को मापा जाना सम्भव होगा। सम्मेलन के दौरान अर्थव्यवस्था के पांच बड़े क्षेत्रों - बिजली, सड़क परिवहन, स्टील, हाइड्रोजन और कृषि में कार्बन उत्सर्जन में कमी लाने के लिए नया मास्टर प्लान प्रस्तुत किया गया।

मिनिकाय थुंडी एवं कदमत बीच को ब्ल्यू फ्लैग सर्टिफिकेशन

पर्यावरण, वन और जलवायु परिवर्तन मंत्रालय ने लक्षद्वीप स्थित दो भारतीय समुद्र तटों को अंतर्राष्ट्रीय इको-लेबल 'ब्लू फ्लैग' सर्टिफिकेशन दिया है। लक्षद्वीप में स्थित मिनिकॉय थुंडी(Minicoy Thundi) तट एवं कदमत तट (Kadmat beach) को 'ब्लू फ्लैग' टैग मिलने के साथ भारत में 'ब्लू फ्लैग' तटों की संख्या 12 हो गई है। मिनिकॉय थुंडी तट लक्षद्वीप द्वीपसमूह के सबसे प्राचीन एवं सुंदरतम समुद्र तटों में से एक है जो सफेद रेत लैगून से बना है। यह तैराकों और पर्यटकों के लिए एक प्रसिद्ध स्थल है। कदमत तट की सफेद रेत, नीले लैगून पर्यटकों को आकर्षित करते हैं।

भारत के अब तक 12 बीच इस सूची में शामिल किये गए हैं जिनमें पुडुचेरी का ईडन तट, अंडमान और निकोबार का राधानगर, गुजरात-शिवराजपुर तट, कासरकोड और पादुबिद्री तट-कर्नाटक, घोघला तट-दीव, कप्पड तट-केरल, रुशिकोंडा तट- आंध्र प्रदेश, गोल्डन तट-ओडिशा एवं कोवलम तट-तमिलनाडु सम्मिलित हैं।

दुनिया भर में 'ब्लू फ्लैग' सर्टिफिकेशन एक गैर-लाभकारी संस्था 'लू फ्लैग फाउंडेशन फॉर एनवायरनमेंटल एजुकेशन(FEE) द्वारा दिया जाता है जिसके मानदंड श्रेष्ठ सुरक्षा एवं गुणवत्ता, पर्यावरण शिक्षा, सेवाओं का नियमन, सामान्य पर्यावरण प्रबंधन हैं। यह संस्था 33 मानदंडो के आधार पर 'ब्लू फ्लैग' सर्टिफिकेशन जारी करता है। प्रतिष्ठित ब्लू फ्लैग समुद्र तट, मरीना और स्थायी नौका विहार पर्यटन के लिए दुनियाभर के सबसे मान्यता प्राप्त स्थल हैं। इसमें वर्ष 1987 से अब तक 48 देशों के 5,042 स्थलों को जगह दी जा चुकी है।

विश्व ऊर्जा परिदृश्य (WEO): 2025 तक वैश्विक उत्सर्जन चरम पर

वर्ल्ड एनर्जी आउटलुक (WEO) कीं वैश्विक उत्सर्जन पर रिपोर्ट 2022 में कहा गया है कि 2025 तक वैश्विक उत्सर्जन अपने चरम पर होगा जिससे नए किस्म के ऊर्जा संकट का सामना करना पड़ेगा। यह रिपोर्ट क्लीन एनर्जी ट्रांजिशन एवं नेट जीरो इमिशन के लक्ष्य के लिए बड़ी चुनौती के रूप में आई है। रिपोर्ट में आगे आने वाले ऊर्जा सुरक्षा जोखिमों को भी शामिल किया गया है।

वर्ल्ड एनर्जी आउटलुक 1998 से अंतर्राष्ट्रीय ऊर्जा एजेंसी(IEA) द्वारा प्रकाशित की जा रही एक वार्षिक रिपोर्ट है। यह वैश्विक ऊर्जा आपूर्ति की विभिन्न परिदृश्यों में मांग और ऊर्जा सुरक्षा, जलवायु लक्ष्यों एवं आर्थिक विकास के प्रभावों पर व्यापक अंतर्दृष्टि प्रदान करती है।

वर्ल्ड एनर्जी आउटलुक रिपोर्ट 2022 के अनुसार, वर्ष 2040 तक ऊर्जा सेवाओं की बढ़ती मांग आर्थिक विकास पर टिकी है। तेल की कीमतें पहले भी अधिक रही है लेकिन 2022 में प्राकृतिक गैस के आयात बिल रिकॉर्ड स्तर पर रहे हैं जो वैश्विक ऊर्जा के लिए सकारात्मक संकेत नहीं है।

वर्ल्ड एनर्जी आउटलुक रिपोर्ट को ऊर्जा क्षेत्र का सबसे सटीक और आधिकारिक स्रोत माना जाता है। इसे पहली बार वर्ष 1998 में जारी किया गया था। इसका डेटा और निष्पक्ष विश्लेषण वैश्विक ऊर्जा आपूर्ति और विभिन्न परिदृश्यों में मांग और ऊर्जा सुरक्षा, जलवायु लक्ष्यों और आर्थिक विकास के प्रभावों में महत्वपूर्ण भूमिका निभाता है.

अंतर्राष्ट्रीय ऊर्जा एजेंसी क्या है

अंतर्राष्ट्रीय ऊर्जा एजेंसी की स्थापना वर्ष 1974 में पेरिस(फ्रांस) में की गयी थी। यह एक अंतर-सरकारी संगठन है। इसके गठन का उद्देश्य ऊर्जा नीतियों पर ध्यान केंद्रित करना था जिसमें आर्थिक विकास, पर्यावरण संरक्षण, ऊर्जा सुरक्षा आदि शामिल है। भारत मार्च 2017 से IEA का एक सहयोगी सदस्य है, हालांकि भारत पहले. भी इसके साथ काम कर रहा था।

पर्यावरण प्रदर्शन सूचकांक (EPI): 180 देशों में सबसे निचले स्थान पर भारत

पर्यावरणीय स्थिति पर सबसे विश्वसनीय माने जाने वाले द्विवर्षीय पर्यावरण प्रदर्शन सूचकांक-2022 में भारत को सबसे अंतिम स्थान मिला है। 180 देशों की इस सूची में भारत से अच्छी स्थिति पड़ोसी देशों पाकिस्तान(176वीं), बांग्लादेश(177वीं) की है। वहीं डेनमार्क(पहले), ब्रिटेन(दूसरे) अमेरिका(43वें), फ्रांस(12वें), जर्मनी(13वें), ऑस्ट्रेलिया 17वें स्थान पर है।

पर्यावरण प्रदर्शन सूचकांक, 2022 की रिपोर्ट में कहा गया है कि भारत का सबसे कम स्कोर करना गंभीर चिंता का मुद्दा है। यह द्विवार्षिक रिपोर्ट वर्ल्ड इकोनॉमिक फोरम द्वारा ''येल सेंटर फॉर इन्वायरनमेंट लॉ एंड पॉलिसी'' एवं ''कोलंबिया यूनिवर्सिटी सेंटर फॉर इंटरनेशनल अर्थ साइंस इन्फॉर्मेशन नेटवर्क'' द्वारा संयुक्त रूप से तैयार की जाती है।

भारत का स्कोर इस सूचकांक में सबसे कम 18.90 है। पर्यावरण जोखिम, वायु शुद्धता, जल स्रोतों का स्वास्थ्यवर्धक प्रबंधन, सफाई के निर्धारकों, जैव विविधता, पेयजल की गुणवत्ता, कूड़े के निष्पदान, ग्रीन एनर्जी में निवेश समेत सभी निर्धारकों में भारत का प्रदर्शन सबसे बुरा रहा है। नए पर्यावरण कानूनों के न बनाए जाने एवं पहले के कानूनों को सख्त न करने की वजह से भी सूचकांक में स्थिति प्रभावित हुई है।

राष्ट्रीय वन्यजीव अधिनियम योजना (NWAP-3) (2017-2031)

1983 में पहली राष्ट्रीय वन्यजीव कार्य योजना (NWAP-1) का मसौदा तैयार किया गया था और इसे अपनाया गया था। इसे 1983 से 2001 तक लागू किया गया था। इसके पूरा होने और प्राकृतिक संसाधनों के व्यावसायिक उपयोग, मानव और पशुधन में वृद्धि जैसे जनसंख्या, खपत के पैटर्न में बदलाव, जैव विविधता संरक्षण में बढ़ती रुचि, नए सरोकारों और चुनौतियों के आधार पर योजना को संशोधित किया गया और 2002-2016 की अवधि के लिए एक नई कार्य योजना (NWAP-2) रखी गई। NWAP-2 की समीक्षा की गई और इसके मूल्यांकन के आधार पर, 2017-2031 की अवधि के लिए इस योजना को राष्ट्रीय वन्यजीव कार्य योजना (NWAP-3) कहा जाता है।

NWAP-3 की विशेषताएं

यह योजना इस आधार पर है कि पारिस्थितिक तंत्र द्वारा संचालित, समर्थित पारिस्थितिक प्रक्रियाएं खाद्य उत्पादन, स्वास्थ्य और मानव अस्तित्व और सतत विकास के अन्य पहलुओं के लिए आवश्यक हैं।

इस पारिस्थितिक तंत्र का रखरखाव जिसे 'लाइफ सपोर्ट सिस्टम' कहा जा सकता है, विकास के चरण की परवाह किए बिना सभी समाजों के लिए महत्वपूर्ण है। यह जीवित संसाधान संरक्षण के अन्य दो पहलुओं पर भी जोर देता है जो आनुवांशिक विविधता और प्रजातियों और पारिस्थितिक तंत्र के स्थायी उपयोग का संरक्षण करते हैं, जिसका सीधा असर हमारी वैज्ञानिक प्रगति और लाखों ग्रामीण समुदायों पर पड़ता है।

यह योजना उन सभी बिना जुताई की वनस्पतियों और असंसाधित जीवों के संरक्षण में परिदृश्य के दृष्टिकोण को अपनाती है, जहां मानव जाति के लिए पारिस्थितिक मूल्य होता है, चाहे वे कहीं भी हों। यह उनके आवासों को संरक्षित करते हुए वन्यजीवों की खतरे वाली प्रजातियों के पुनर्वास पर विशेष जोर देता है, जिसमें अंतर्देशीय जलीय, तटीय और समुद्री इको-सिस्टम शामिल हैं। यह वन्यजीव प्रबंधन योजना को एकीकृत करके वन्य जीवन पर जलवायु परिवर्तन से संबंधित समस्याओं पर भी ध्यान देता है।

यह इस तथ्य को रेखांकित करता है कि दुनिया के 12 मेगा जैव विविधता वाले देशों में से एक होने के बावजूद, राष्ट्रीय नियोजन ने जनसंख्या, व्यावसायीकरण और विकास परियोजनाओं के दबाव से जंगल के क्षेत्रें में कमी और गिरावट के प्रतिकूल पारिस्थितिक परिणामों पर गंभीर ध्यान नहीं दिया है। नदियों, जंगलों, घास के मैदानों, पहाड़ों, वेटलैंड्स, तटीय और समुद्री आवासों में भूमि और रेगिस्तानों से युक्त हमारी प्राकृतिक विरासत के खतरनाक कटाव पर ध्यान केंद्रित करने के लिए यह योजना लाई गई है।

भारत सावेन का सदस्य बना

केंद्रीय मंत्रिमंडल ने दक्षिण एशिया वन्यजीव प्रवर्तन नेटवर्क (सावेन) के कानून को अपनाने के लिए अपनी औपचारिक मंजूरी दे दी है। इसके साथ, भारत सावेन का सदस्य बन जाएगा, जो इस क्षेत्र में और उससे आगे वन्यजीव अपराध से निपटने के लिए एक क्षेत्रीय अंतर-सरकारी निकाय है। सावेन का सदस्य बनने से, भारत इस क्षेत्र में समन्वय, संचार, सहयोग, सहयोग और क्षमता निर्माण के माध्यम से सीमा-पार वन्यजीव अपराधों को नियंत्रित करने के लिए सदस्य देशों के साथ अपने संबंधों को मजबूत करेगा।

सावेन क्या है? सावेन एक क्षेत्रीय अंतर-सरकारी वन्यजीव कानून प्रवर्तन समर्थन निकाय है जिसे जनवरी, 2011 में पारो, भूटान में लान्च किया गया था। इसका उद्देश्य सामूहिक रूप से एक मजबूत क्षेत्रीय अंत-सरकारी निकाय के रूप में काम करना है, जो क्षेत्र में अवैध व्यापार का मुकाबला करने के लिए सामान्य पारस्परिक लक्ष्यों और दृष्टिकोणों को प्राप्त करके

वन्यजीव अपराध का मुकाबला करता है। सावेन के क्षेत्रीय नेटवर्क में आठ दक्षिण एशियाई देश शामिल हैं: अफगानिस्तान, भारत, पाकिस्तान, नेपाल, भूटान, बांग्लादेश, श्रीलंका और मालदीव।

अंर्तराष्ट्रीय सौर गठबंधन (आईएसए)

ISA भारत का पहला अंतर्राष्ट्रीय और अंतर-सरकारी संगठन है जिसमें 121 देश शामिल हैं। संयुक्त राष्ट्र अपने कूटनीतिक भागीदार है। यह भारत और फ्रांस द्वारा संयुक्त रूप से पेरिस में संयुक्त राष्ट्र जलवायु परिवर्तन सम्मेलन (COP21) के दौरान नवंबर 2015 में शुरू किया गया था। इसका मुख्यालय गुड़गांव, भारत में है।

यह सौर-ऊर्जा का दोहन करने और बिजली बनाने के लिए सहयोग करने के लिए कर्क रेखा और मकर रेखा के बीच स्थित सौर-समृद्ध देशों को सशक्त बनाना चाहता है।

इसका उद्देश्य सौर प्रौद्योगिकियों में मानकीकरण लाना और अनुसंधान और विकास को प्रोत्साहित करना और दूरदराज और ग्रामीण क्षेत्रों में बेहतर आजीविका के लिए ऊर्जा और अवसरों तक पहुंच में सुधार करना भी है।

गैलापागोस द्वीप

गैलापागोस द्वीप प्रशांत महासागर पर 19 ज्वालामुखीय द्वीपों का एक समूह है जो जानवरों की विविध आबादी को घर प्रदान करता है।

हालांकि गैलापागोस इक्वाडोर का एक हिस्सा है, यह दक्षिण अमेरिकी महाद्वीप से लगभग 1,000 किमी की दूरी पर एक दूरस्थ स्थान में स्थित है। इन द्वीपों पर वन्यजीवों में बहुत ही विशिष्ट किस्म की स्थानिक प्रजातियां शामिल हैं जिनमें इगुआना, विशाल कछुआ और कई प्रकार की चिड़िया शामिल हैं। जीवविज्ञानी मानते हैं कि इस असामान्य वन्यजीव के पीछे का कारण भूकंपीय और ज्वालामुखी गतिविधियों का एक संयोजन है जिन्होंने द्वीपों और उसी की तरह पृथक स्थिति बनाई।

इन द्वीपों में सबसे अधिक देखे जाने वाले जानवरों में विशाल कछुआ, समुद्री शेर, लावा छिपकली, हरे समुद्री कछुए, लाल चट्टान के केकड़े और कई अन्य शामिल हैं। एविफैनल प्रजातियों की उपस्थिति भी कोई कम नहीं है। गैलापागोस द्वीप समूह में सबसे अधिक देखे जाने वाले पक्षियों में ग्रे लेग गूस, ब्लैक-बेल्ड व्हिसलिंग बतख, सिनमन रील और सफेद-चीक पिनटेल शामिल हैं।

गैलापागोस द्वीप समूह में कई समुद्री प्रजातियां हैं। यह एक ऐसी जगह पर स्थित है जो मूल रूप से तीन महासागर धाराओं का संगम है, इस जगह का समुद्री जीवन अकल्पनीय रूप से विशाल है। आमतौर पर पाई जाने वाली प्रजातियों में व्हेल, गैलापागोस डामसेल, स्कैलप्ड हैमर हेड शार्क, रेड-लिपेड या गैलापागोस बैटफिश, चित्तीदार ईगल रे, गोल्डन काऊ नोज रे, रेजर सर्जनफिश, किंग एंगल फिश मछली और बहुत कुछ शामिल हैं।

प्रतिष्ठित यूनेस्को विश्व धरोहर स्थल सूची का एक हिस्सा होने के नाते, गैलापागोस द्वीप अब वन्यजीव यात्रियों का पसंदीदा बन गया है और दुनिया के विभिन्न हिस्सों से कई पर्यटकों को आकर्षित करता है।

कोरल रीफ अल निनो की वजह से प्रभावित

अल नीनो प्रवाल भित्तियों को अभूतपूर्व और अपरिवर्तनीय क्षति पहुंचा रहा है। ये चट्टानें दुनिया में मछलियों की 4000 से अधिक प्रजातियों की रक्षा करती हैं और द्वीपों को उग्र समुद्री लहरों से बचाने के लिए एक प्राकृतिक अवरोधक के रूप में भी काम करती हैं। प्रवाल-मित्तियां दुनिया के कुछ सबसे विविध पारिस्थितिक तंत्र हैं जो लाखों समुद्री प्रजातियों को आवास प्रदान करते हैं। भारत में, मूंगों की लगभग 208 प्रजातियां दर्ज की जाती हैं। कोरल न तो एक पौधा है और न ही

एक चट्टान है लेकिन यह हजारों छोटे जानवरों से बना है जिन्हें पालीप्स कहा जाता है। भारत में अंडमान और निकोबार द्वीप समूह, मन्नार की खाड़ी और पालक खाड़ी, लक्षद्वीप और कच्छ की खाड़ी कोरल रीफ के मुख्य क्षेत्र हैं।

मूंगे के लाभः प्रवाल भित्तियाँ सभी ज्ञात समुद्री प्रजातियों के लगभग एक चौथाई हिस्से को आश्रय प्रदान करती हैं। वे समुद्र की लहरों के प्रकोप से तटीय शहरों, समुद्र तटों और समुदायों की रक्षा करने में प्राकृतिक बाधाओं के रूप में कार्य करते हैं।

लाल मूंगाः यह आभूषण के रूप में अत्यधिक मूल्यवान है और 20 वर्षों में केवल 2-3 सेमी बढ़ता है और कन्वेंशन द्वारा अंतर्राष्ट्रीय व्यापार पर लुप्तप्राय प्रजातियों (CITES) में एक संरक्षित प्रजाति के रूप में सूचीबद्ध है। चूने और निर्माण सामग्री के उत्पादन के लिए भी कोरल का बड़ी मात्र में खनन किया जाता है।

कोरल ब्लीचिंग अंडर वेः कोरल अपने रंग और भोजन को छोटेफोटोसिंथेटिक शैवाल से प्राप्त करते हैं जिन्हें जोक्सांथेले कहा जाता है। ये शैवाल कोरल के ऊतकों में रहते हैं और जब तापमान बढ़ता है, तो शैवाल को निष्कासित कर दिया जाता है। शैवाल के बिना मूंगा प्रक्षालित हो जाता है। बड़े पैमाने पर विरंजन हजारों प्रजातियों को प्रभावित कर सकता है और भूमि क्षरण और एक प्रमुख पारिस्थितिक संतुलन के कारण कोरल की मृत्यु भी हो सकती है।

पांच साल की राष्ट्रीय बायोटेक कूटनीति

सरकार द्वारा जैव प्रौद्योगिकी पर पांच साल की नीति का अनावरण किया गया है। राष्ट्रीय जैव प्रौद्योगिकी विकास नीति 2015-2020 स्वास्थ्य सेवा, भोजन और पोषण, स्वच्छ ऊर्जा और शिक्षा के क्षेत्रों पर केंद्रित है।

कूटनीति के मुख्य बिंदुः

- भारत को एक विश्व स्तरीय जैव-विनिर्माण हब के रूप में स्थापित करना
- इस क्षेत्र को 2025 तक $100 बिलियन का उद्योग बनाना
- स्वास्थ्य सेवा, भोजन और पोषण, स्वच्छ ऊर्जा और शिक्षा में चार प्रमुख मिशनों का शुभारंभ
- पांच नए बायोटेक क्लस्टर, 40 बायोटेक इनक्यूबेटर और 20 बायो-कनेक्ट सेंटर स्थापित करना
- अनुसंधान एवं विकास के लिए एक मजबूत बुनियादी ढांचा तैयार करना
- कुशल कार्यबल और नेतृत्व का निर्माण

अंतर्राष्ट्रीय जैव विविधता दिवस

हर साल 22 मई को जैव विविधता के संरक्षण और सतत उपयोग को बढ़ावा देने के लिए दुनिया भर में अंतर्राष्ट्रीय जैव विविधता दिवस (IDB) के रूप में मनाया जा रहा है।

उद्देश्यः (i) जैव विविधता मुद्दों के बारे में समझ और जागरूकता के लिए कदम उठाना। (ii) एक तरफ लोगों को जैव विविधता के महत्व और दूसरी तरफ इसके अभूतपूर्व नुकसान के बारे में जागरूक करना।

2016 का थीमः मुख्यधारा की जैव विविधता लोगों और उनकी आजीविका को बनाए रखना है

संयुक्त राष्ट्र महासभा (UNGA) ने 20 मई 2000 को 22 मई को अंतर्राष्ट्रीय जैव विविधता दिवस के रूप में घोषित किया था।

पक्के टाइगर रिजर्व: अरुणाचल प्रदेश के पूर्वी कामेंग जिले में पक्के टाइगर रिजर्व ने 'इंडिया बायोडायवर्सिटी अवार्ड 2016' जीता है। टाइगर रिजर्व को हार्नबिल नेस्ट एडाप्शन प्रोग्राम के लिए खतरे में पड़ी प्रजाति श्रेणी के संरक्षण में चुना गया था। कार्यक्रम घोरा-आभा समाज, प्रकृति संरक्षण फाउंडेशन और राज्य वन विभाग का संयुक्त सहयोग है। इसके तहत, पक्के टाइगर रिजर्व के आसपास हार्नबिल घोंसलों की सुरक्षा के लिए शहरी नागरिक धन का योगदान करते हैं।

विश्व बैंक द्वारा संचालित महत्वाकांक्षी जलवायु परिवर्तन अधिनियम योजना

विश्व बैंक ने 2020 तक जलवायु परिवर्तन से प्रभावी ढंग से निपटने के प्रयासों में तेजी लाने के लिए एक महत्वाकांक्षी जलवायु परिवर्तन कार्य योजना (सीसीपी) का अनावरण किया है। कार्य योजना मुख्य रूप से विकासशील देशों को अक्षय ऊर्जा के बढ़ते स्रोतों पर ध्यान केंद्रित करने, हरित परिवहन प्रणालियों को विकसित करने, उच्च कार्बन ऊर्जा स्रोत में कमी लाने में और बढ़ती शहरी आबादी के लिए टिकाऊ, रहने योग्य शहरों का निर्माण करने में मदद करना चाहती है।

मुख्य बिन्दु

- विकासशील देशों को 30 गीगावाट अक्षय ऊर्जा जोड़ने में मदद करना।
- वर्ष 2020 तक 100 मिलियन लोगों को आपदाओं के मामले में पूर्व-चेतावनी प्रणालियों के लिए सार्वभौमिक पहुंच का विस्तार करना।
- विश्व बैंक कम से कम 40 देशों के लिए जलवायु-स्मार्ट कृषि निवेश योजनाओं को विकसित करने में मदद करेगा।
- 50 देशों के लिए स्थायी वन रणनीति तैयार करना।
- अनुकूल सामाजिक सुरक्षा देना, जो आपदा या आर्थिक आघात से प्रभावित लोगों को जल्दी से सहारा दे सके।
- 15 शहरों में एक नया दृष्टिकोण शुरू करना, जिसका उद्देश्य बुनियादी ढांचे, भूमि उपयोग योजना और आपदा जोखिम प्रबंधन को एकीकृत करना है।
- परिवहन व्यवस्था को जलवायु परिवर्तन के प्रति अधिक लचीला बनाने के लिए, 2016 से शुरू होने वाले अगले 5 वर्षों में वित्त पोशण को चौगुना करना।
- 2020 तक ऊर्जा दक्षता और लचीली इमारतों को बढ़ावा देने के लिए कम से कम $1 बिलियन अमेरिकी डॉलर का निवेश करना।
- सतत विकास के समग्र उद्देश्य में बैंकिंग, पूंजी और पेंशन बाजार जैसे वित्तीय क्षेत्र का समर्थन करना।

नार्वे वनों की कटाई पर रोक लगाने वाला दुनिया का पहला देश बन गया

नार्वे वनों की कटाई पर रोक लगाने वाला दुनिया का पहला देश बन गया है। इस संबंध में, नार्वेजियन संसद ने सरकार की सार्वजनिक खरीद नीति को वनों की कटाई से मुक्त करने का संकल्प लिया था। प्रकृति विविधता पर कार्य योजना के भाग के रूप में नार्वे सरकार की ऊर्जा और पर्यावरण संबंधी स्थायी समिति की आधिकारिक सिफारिशों के आधार पर नार्वे सरकार द्वारा यह कदम उठाया गया था। नार्वे अब वनों की कटाई को प्रोत्साहित करने वाले उत्पादों का उपयोग या खरीद नहीं करेगा। प्रतिज्ञा के तहत, नार्वे सरकार जंगलों को काटने और नष्ट करने वाली किसी भी कंपनी को अनुबंध नहीं देगी। इसके अलावा, नार्वेजियन सांसदों ने सोया, ताड़ के तेल, बीफ और लकड़ी जैसे आवश्यक उत्पादों को प्राप्त करने का एक तरीका खोजने के लिए भी प्रतिबद्धता जारी की है जिनका पारिस्थितिकी तंत्र पर बहुत कम या कोई प्रभाव नहीं है। स्थायी

समिति ने सरकार से जैव विविधता संरक्षण को बढ़ाने के लिए अलग से जैव विविधता नीति तैयार करने और सरकारी पेंशनफंड ग्लोबल द्वारा उपलब्ध धन का उपयोग करने को कहा है।

बोर्नियन ऑरंगटन को गंभीर रूप से लुप्तप्राय घोषित किया गया है

बोर्नियन ऑरंगटन, एक प्राइमेट प्रजाति को अंतर्राष्ट्रीय प्रकृति संरक्षण और प्राकृतिक संसाधनों (IUCN) के लिए गंभीर रूप से संकटग्रस्त घोषित किया गया है। घोषणा फुटकर प्रजाति की IUCN रेड लिस्ट के मूल्यांकन पर आधरित थी। IUCN के आकलन में पाया गया है कि 1970 के दशक के बाद से बोर्नियन आरंगुटन्स की आबादी लगभग दो-तिहाई घट गई है। इसने अनुमान लगाया है कि उनकी जनसंख्या 2025 तक 47,000 पशुओं तक घट जाएगी (86%)।

केंद्रपाड़ा भेड़ को आनुवंशिक मान्यता टैग

नेशनल ब्यूरो ऑफ एनिमल जेनेटिक रिसोर्सेज (NBAGR) ने ओडिशा में पाए जाने वाले केंद्रपाड़ा भेड़ की लुप्तप्राय नस्ल को दुर्लभ प्रजाति आनुवंशिक मान्यता टैग से सम्मानित किया है। आनुवंशिक रूप से 'दुर्लभ स्थिति' इन पालतू लुप्तप्राय भेड़ों की रक्षा के लिए संरक्षण के प्रयासों को बढ़ावा देने में मदद करेगी। केंद्रपाड़ा भेड़ केवल तटीय जगतसिंहपुर और ओडिशा के केंद्रपाड़ा जिलों में पाई जाती है। केंद्रपाड़ा भेड़ FecB उत्परिवर्तन जीन का वहन करती है, जो विपुलता (एक ही प्रसव में कई बच्चे) या अन्य जन्म के सिंड्रोम के लिए जिम्मेदार है। यह विशेषता उन्हें अन्य भेड़ प्रजातियों से विशिष्ट बनाती है क्योंकि उन्हें कई बच्चों के जन्म देने के लिए नहीं जाना जाता है। वे मुख्य रूप से मटन उत्पादन के लिए उपयोग किए जाते हैं। इसके अलावा, उनकी त्वचा का आर्थिक महत्व भी है।

भारत में वन्यजीव प्रजातियों की रक्षा के लिए केंद्रीय मंत्रालय द्वारा उठाए गए कदम

केंद्र सरकार के अनुसार, वाइल्ड लाइफ (प्रोटेक्शन) अधिनियम, 1972 की विभिन्न अनुसूचियों में जानवरों, पक्षियों और पौधों की टैक्सा (प्रजातियों, परिवारों, जीनस, आदेशों और वर्गों सहित) की 909 प्रविष्टियाँ हैं।

इन प्रजातियों की सुरक्षा के लिए केंद्रीय पर्यावरण, वन और जलवायु परिवर्तन मंत्रालय (**MoEFCC**) द्वारा उठाए गए कदम इस प्रकार हैं:

- वन्यजीव (संरक्षण) अधिनियम, 1972 की अनुसूची में जानवरों, पक्षियों और पौधों की संरक्षित प्रजातियों के नामों का उल्लेख किया गया है।
- केंद्र सरकार ने वन्यजीवों (संरक्षण) अधिनियम, 1972 के तहत इन प्रजातियों और खतरे वाले वनस्पतियों के संरक्षण के लिए एक देशव्यापी संरक्षित क्षेत्र नेटवर्क स्थापित किया है।
- इस नेटवर्क में 103 राष्ट्रीय उद्यान, 535 वन्यजीव अभयारण्य, 26 सामुदायिक भंडार और विभिन्न जैव भौगोलिक क्षेत्रों में 66 संरक्षण रिजर्व सहित 730 संरक्षित क्षेत्र शामिल हैं।
- शिकार और व्यावसायिक शोषण के खिलाफ वन्य जीवन (संरक्षण) अधिनियम, 1972 के प्रावधानों के तहत जंगली जानवरों को कानूनी सुरक्षा प्रदान की गई है।
- इन लुप्तप्राय प्रजातियों और उनके आवासों के संरक्षण के लिए 'प्रोजेक्ट एलीफेंट' और 'प्रोजेक्ट टाइगर' जैसे विशेष कार्यक्रम शुरू किए गए हैं।

- वन्यजीव (संरक्षण) अधिनियम, 1972 के तहत, केंद्रीय जांच ब्यूरो (CBI) को वन्यजीव अपराधियों को पकड़ने और उन पर मुकदमा चलाने का अधिकार दिया गया है।

वन्यजीव और उसके उत्पादों में अवैध शिकार और अवैध व्यापार पर नियंत्रण के लिए विभिन्न अधिकारियों और राज्य सरकारों के बीच समन्वय सुनिश्चित करने के लिए वन्यजीव अपराध नियंत्रण ब्यूरो (डब्ल्यूसीसीबी) की स्थापना की गई है। राष्ट्रीय जैविक विविधता अधिनियम (एनबीए), 2002 को संकटग्रस्त प्रजातियों और उनके आवासों की सुरक्षा सुनिश्चित करने के लिए अधिनियमित किया गया है।

एनबीए, 2002 की धारा 38 के तहत जो प्रजातियां विलुप्त होने के कगार पर हैं या निकट भविष्य में विलुप्त होने की संभावना है, उन्हें खतरे में डालने वाली प्रजाति के रूप में अधिसूचित किया गया है। बोटैनिकल सर्वे ऑफ इंडिया (BSI) ने अपने और संबंधित वनस्पति उद्यानों में खेती (एक्स-सीटू संरक्षण) के तहत कई स्थानिक लुप्तप्राय पौधों को लाया है।

- भारत ने वन्यजीवों के संरक्षण और प्रबंधन से संबंधित कई बड़े अंतरराष्ट्रीय सम्मेलनों पर हस्ताक्षर किए हैं।
- इनमें से कुछ हैं जैव विविधता पर कन्वेंशन, वन्य जीवों और वनस्पतियों (CITES) की लुप्तप्राय प्रजातियों में अंतर्राष्ट्रीय व्यापार पर कन्वेंशन, वन्य जीवों के प्रवासी प्रजातियों के संरक्षण पर कन्वेंशन आदि।
- भारत में वन्यजीव व्यापार को विनियमित करने और प्रतिबंधित करने के लिए एक मजबूत कानूनी और नीतिगत ढांचा है। वन्य जीव (संरक्षण) अधिनियम, 1972 के तहत जंगली जानवरों, पौधों और उनकी व्युत्पन्न प्रजातियों की 1800 से अधिक प्रजातियों में व्यापार प्रतिबंधित है। भारत 1976 से CITES (अंतर्राष्ट्रीय व्यापार पर लुप्तप्राय प्रजातियों के अंतर्राष्ट्रीय व्यापार पर सम्मेलन) का भी सदस्य है। CITES सरकारों के बीच एक अंतरराष्ट्रीय समझौता है जिसका उद्देश्य यह सुनिश्चित करना है कि जंगली जानवरों और पौधों के नमूनों में अंतर्राष्ट्रीय व्यापार उनके अस्तित्व को खतरा नहीं है। CITES कुछ नियंत्रणों के लिए परिशिष्ट पर सूचीबद्ध चयनित प्रजातियों के नमूनों में अंतर्राष्ट्रीय व्यापार के अधीन काम करता है।
- संरक्षित क्षेत्रों के संरक्षण के लिए राज्य और केंद्रशासित प्रदेश सरकारों के साथ-साथ विभिन्न केंद्र प्रायोजित योजनाओं के तहत अन्य वनों के लिए वित्तीय और तकनीकी सहायता प्रदान की जाती है।
- वन्यजीवों को बेहतर संरक्षण प्रदान करने के लिए विभिन्न केंद्र प्रायोजित योजनाओं के तहत राज्य सरकारों को वित्तीय और तकनीकी सहायता प्रदान की जाती है, जैसे 'वन्यजीव आवासों का एकीकृत विकास', 'परियोजना बाघ' और 'परियोजना हाथी'।
- वन्यजीव (संरक्षण) अधिनियम, 1972 वन्यजीवों की सुरक्षा के लिए संरक्षित क्षेत्रों के निर्माण का प्रावधान करता है और अनुसूची I से IV में निर्दिष्ट जीवों के शिकार के लिए सजा का भी प्रावधान करता है।
- प्रवासी प्रजातियों की रक्षा के लिए, UNEP के तहत एक प्रवासी सम्मेलन (CMS) के संरक्षण पर एक कन्वेंशन लागू किया गया है, जिसे बान कन्वेंशन भी कहा जाता है।
- बान सम्मेलन, प्रवासी जानवरों और उनके आवासों के संरक्षण और स्थायी उपयोग के लिए एक वैश्विक मंच है। यह उन राज्यों को एक साथ लाता है जहाँ से प्रवासी जानवर गुजरते हैं। रेंज राज्यों और अंतरराष्ट्रीय स्तर पर समन्वित संरक्षण उपायों के लिए कानूनी आधार देता है।
- भारत ने साइबेरियन क्रेन, समुद्री कछुए, डगोंग और रैप्टर के संरक्षण और प्रबंधन पर सीएमएस के साथ गैर कानूनी रूप से बाध्यकारी एमओयू पर हस्ताक्षर किए। भारत कई प्रवासी जानवरों और पक्षियों के लिए अस्थायी घर है। उनमें अमूरफाल्कन्स, बार हेडेड गीज, काली गर्दन वाले क्रेन, मरीन टर्टल, डगोंग, हंपबैक व्हेल आदि शामिल हैं।

13.10 पर्यावरण एवं पारिस्थितिकी

- पर्यावरण, वन और जलवायु परिवर्तन मंत्रालय ने एशियाई शेर कीअंतिम स्वतंत्र आबादी और इससे संबंधित पारिस्थितिकी तंत्र की रक्षा और संरक्षण के उद्देश्य से 'एशियाई शेर संरक्षण परियोजना' शुरू की।
- भारत ने स्विटजरलैंड के जिनेवा में अगस्त महीने के अंत में हुई CITES सचिवालय की बैठक में विभिन्न वन्यजीव प्रजातियों की सूची में बदलाव के संबंध में प्रस्ताव प्रस्तुत किए। प्रस्तुत प्रस्ताव चिकने-लेपित ओटर, छोटे पंजे वाले ऊदबिलाव, भारतीय स्टार कछुआ, टोके गेको, वेज मछली और भारतीय शीशम की सूची में बदलाव के संबंध में हैं।
- वेटलैंड (संरक्षण और प्रबंधन) नियम 2010 को राज्यों में वेटलैंड्स की सुरक्षा के लिए तैयार किया गया है।
- एक्वाटिक इको-सिस्टम के संरक्षण के लिए राष्ट्रीय योजना की केंद्र प्रायोजित योजना भी देश में रामसर साइटों सहित आर्द्रभूमि के प्रबंधन के लिए राज्यों को सहायता प्रदान करती है।
- वाइल्डलाइफ प्रोटेक्शन सोसाइटी ऑफ इंडिया (डब्ल्यूपीएसआई) ने पशु वध को रोकने के लिए सितंबर 1998 में आपरेशन कच्छपा शुरू किया। उद्देश्य कछुआ मृत्यु दर को कम करना और तीन मुख्य गतिविधियों पर ध्यान केंद्रित करके प्रजातियों के भविष्य को सुरक्षित करने का प्रयास करना है।
- वाइल्डलाइफ इंस्टिट्यूट ऑफ इंडिया, बॉम्बे नेचुरल हिस्ट्री सोसाइटी और सलीम अली सेंटरफार आर्निथोलाजी एंड नेचुरल हिस्ट्री कुछ शोध संगठन हैं जो वन्यजीवों के संरक्षण पर शोध कर रहे हैं।
- असम में मानस नेशनल पार्क के निकट लुप्तप्राय प्रजातियों के लिए एक आवास संरक्षण परियोजना शुरू की गई है। यह केंद्रीय चिड़ियाघर प्राधिकरण द्वारा वित्त पोषित है और 2011-12 के दौरान गुवाहाटी में असम राज्य चिड़ियाघर में कार्य शुरू कर दिया गया है।
- भारत सरकार ने डायक्लोफेनाक दवा के पशु चिकित्सा उपयोग पर प्रतिबंध लगा दिया है, जिसके कारण भारतीय उपमहाद्वीप में जिप्सम गिद्धों की जनसंख्या में तेजी से गिरावट आई है। इन गिद्ध प्रजातियों के संरक्षण के लिए बॉम्बे नेचुरल हिस्ट्री सोसाइटी द्वारा प्रज़नन कार्यक्रम रानी, गुवाहाटी (असम) में, पिंजौर (हरियाणा) में और बक्सा (पश्चिम बंगाल) में शुरू किए गए हैं।
- नेशनल बोर्डफार वाइल्डलाइफ (NBWL) ने हाल ही में एक स्थायी समिति की सिफारिश पर गंभीर रूप से लुप्तप्राय प्रजातियों के लिए एक रिकवरी कार्यक्रम में नार्दर्न खिर टेरापिन, धूमिल तेंदुआ, अरब सागर हंपबैक व्हेल, रेड पांडा को जोड़ा।
- एकीकृत विकास वन्यजीव आवास (IDHH) प्रोगाम केन्द्र पोशित योजना के तीन घटकों में से एक है। 2008-09 में शुरू किया गया, IDWH संरक्षित क्षेत्रों (बाघ अभयारण्य को छोड़कर राष्ट्रीय उद्यान, वन्यजीव अभयारण्य, संरक्षण भंडार और सामुदायिक भंडार) को सहायता प्रदान करने के लिए है।
- केंद्र प्रायोजित योजना 'वन्यजीव आवासों का एकीकृत विकास' संशोधित की गई है। यह एक नए घटक को शामिल करके किया गया था जिसका नाम 'रिकवरी ऑफ एन्डेंजर्ड स्पीशीज' है। रिकवरी के लिए 16 प्रजातियों की पहचान की गई है जो स्नो लेपर्ड, बस्टर्ड (लोरिकंस सहित), डाल्फिन, हंगुल, नीलगिरि तहर, मरीन टर्टल्स, डुगोंग, एडिबल नेस्ट स्विजरलेट, एशियन वाइल्ड बफेलो, निकोबार मेगापोड, मणिपुर ब्रो-एंतर्ड डियर, वल्चर, मालाबार सिवेट, इंडियन गैंडा, एशियाई शेर, दलदल हिरण और जेरडन का कौर्सर हैं।
- दो भारतीय पक्षियों - महान भारतीय बस्टर्ड और लेसर लोरिकन के खतरनाक रूप से विलुप्त होने के मामले को गंभीरता से लेते हुए, सर्वोच्च न्यायालय ने इन प्रजातियों की सुरक्षा के लिए तत्काल प्रतिक्रिया देने और आपातकालीन प्रतिक्रिया योजना लागू करने के लिए एक उच्चाधिकार समिति का गठन किया।

माराकेश एक्शन उद्घोषणा

UNFCC को COP22, COP की पार्टियों का 12 वां सत्र क्योटो प्रोटोकाल (CMP 12), और COP का हिस्सा का पहला सत्र पेरिस समझौते (CMA 1) के लिए नवंबर 2016 में मोरक्को के माराकेश में आयोजित किया गया था। लगभग 200 देशों ने जलवायु और सतत विकास के लिए माराकेश एक्शन उद्घोषणा को अपनाया।

उद्घोषणा की मुख्य विशेषताएं

- यह ग्लोबल वार्मिंग से निपटने के लिए देशों का तत्काल कर्तव्य है। यह एक खतरनाक और अभूतपूर्व दर पर जलवायु को गर्म कर रहा है।
- देशों ने पेरिस समझौते के पूर्ण कार्यान्वयन के लिए अपनी प्रतिबद्धता की पुष्टि की।
- इसने सबसे कमजोर देशों की भेद्यता को कम करने के उद्देश्य से प्रयासों का समर्थन करने की आवश्यकता पर प्रकाश डाला।
- देशों ने बेहतर क्षमता और प्रौद्योगिकी के साथ जलवायु परियोजनाओं के लिए वित्त, प्रवाह और पहुंच में वृद्धि के लिए कहा।
- इसने मौजूदा उत्सर्जन प्रक्षेपवक्र के बीच अंतर को बंद करने के लिए देशों के बीच सहयोग को मजबूत करने का भी आश्वासन किया।

माराकेश एक्शन प्रोक्लेमेशन का अनुकूलन जलवायु कार्रवाई पर दुनिया के लिए एक संकेत भेजता है और जलवायु और सतत विकास पर कार्रवाई के एक नए युग की ओर बढ़ता है।

दुनिया का पहला नमक सहिष्णु पौध उद्यान

दुनिया के पहले जेनेटिक गार्डन ऑफ हेलोफाइट्स (प्राकृतिक रूप से नमक सहन करने वाले पौधो) का उद्घाटन तमिलनाडु के तटीय शहर वेदारण्यम में किया गया है। उद्यान की स्थापना एम एस स्वामीनाथन रिसर्चफाउंडेशन द्वारा की गई है। इसमें 550 जेन से संबंधित 1,500 से अधिक प्रजातियां होंगी और हेलोफाइट्स पौधों के 117 परिवार होंगे। हेलोफाइट्स नमक-सहिष्णु या नमक प्रतिरोधी पौधो हैं और मिट्टी या पानी में उच्च्च नमक सांद्रता से पनप सकते हैं। वे स्थलीय पौधों की प्रजातियों का दो प्रतिशत हिस्सा हैं। समुद्र तल में खतरनाक वृद्धि ने कृषि वैज्ञानिकों को खारा-सहिष्णुफसलों की खेती के लिए प्रेरित किया है। भविष्य में, ये पौधो लोगों के लिए भोजन, पशुओं के लिए चारा और जैव ईंधन के द्वारा जलवायु परिवर्तन के प्रभाव को कम कर सकते हैं।

अंटार्कटिका के भविष्य पर देशों ने ऐतिहासिक समझौता किया

अंटार्कटिका के भाग्य का फैसला करने वाले देश 28 अक्टूबर, 2016 को एक ऐतिहासिक समझौते पर पहुँचे, ताकि जमे हुए महाद्वीप से सटे समुद्र में दुनिया का सबसे बड़ा समुद्री संरक्षित क्षेत्र बनाया जा सके।

यह समझौता अमेरिका और रूस के बीच वर्षों की राजनयिक तकरार और उच्चस्तरीय वार्ता के बाद आया है, रूस ने पहले इस विचार को खारिज कर दिया था।

समझौते में रास समुद्र में एक क्षेत्र शामिल है जो टेक्सास के आकार का दोगुना है।

यह निर्णय तब लिया गया जब 24 देशों के प्रतिनिधि और यूरोपीय संघ के प्रतिनिधि अक्टूबर 2016 के अंतिम सप्ताह में होबार्ट, आस्ट्रेलिया में मिले थे। अंटार्कटिका के निर्णयों में 25 सदस्यों के बीच आम सहमति की आवश्यकता होती है, यह एक बाधा रही है, जिसने पिछले प्रयासों को भ्रमित किया है।

समुद्री संरक्षित क्षेत्र 1.6 मिलियन वर्ग किलोमीटर (617,000 वर्ग मील) को कवर करता है। उस क्षेत्र के लगभग तीन-चौथाई हिस्से में वाणिज्यिक मछली पकड़ने पर प्रतिबंध होगा। शेष महासागर क्षेत्रें में, कुछ हद तक वाणिज्यिक मछली पकड़ने की अनुमति होगी।

अनुसंधान के प्रयोजनों के लिए मछली पकड़ने की एक छोटी मात्र को संरक्षित क्षेत्र में अनुमति दी जाएगी।

यह समझौता समुद्री भंडार के विश्वव्यापी नेटवर्क में पहला कदम दर्शाता है जो पृथ्वी के महासागरों की रक्षा करने में मदद करेगा।

यह समझौता दिसंबर 2017 से लागू है और अधिकांश रिजर्व के लिए, प्रारंभिक 35 वर्षों तक चलेगा।

लिविंग प्लैनेट की रिपोर्ट और लिविंग प्लैनेट इंडेक्स (LPI)

लिविंग प्लैनेट रिपोर्ट

हर दो साल में ग्लोबलफुटप्रिंट नेटवर्क, डब्ल्यूडब्ल्यूएफ और जूलाजिकल सोसाइटी ऑफ लंदन लिविंग प्लैनेट रिपोर्ट, हमारे ग्रह के स्वास्थ्य पर दुनिया के अग्रणी, विज्ञान-आधारित विश्लेषण और मानव गतिविधि के प्रभाव को प्रकाशित करते हैं। लिविंग प्लैनेट रिपोर्ट वैश्विक जैव विविधता और मानव उपभोग की बदलती स्थिति का पता लगाने के लिए पारिस्थितिक पदचिह्न और अतिरिक्त पूरक उपायों का उपयोग करती है। रिपोर्ट में ग्रह पर मानव दबाव की सीमा का वर्णन किया गया है, कि कैसे राष्ट्रों की तुलना की जाती है, और यह प्राकृतिक दुनिया को कैसे प्रभावित कर रहा है।

लिविंग प्लैनेट इंडेक्स (LPI)

लिविंग प्लेनेट इंडेक्स (एलपीआई) वैश्विक जैविक विविधता की स्थिति का एक संकेतक है, जो दुनिया भर की प्रजातियों की कशेरुक आबादी के तरीकों पर आधारित है।

एलपीआई दुनिया के कशेरुकी लोगों के तरीकों के बारे में आम जनता, वैज्ञानिकों और नीति-निर्माताओं को जानकारी प्रदान करता है और यह जानकारी देता है कि कौन से आवास या पारिस्थितिकी तंत्र सबसे तेजी से घट रहे हैं। इस जानकारी का उपयोग उस प्रभाव को परिभाषित करने के लिए जो मानव के कारण इस ग्रह पर हो रहा है और जैव विविधता को हो रहे नुकसान को रोकने के लिए किया जा सकता है।

लिविंग प्लैनेट इंडेक्स मूल रूप से UNEP-WCMC, जैव विविधता मूल्यांकन और संयुक्त राष्ट्र पर्यावरण कार्यक्रम के नीति कार्यान्वयन शाखा के सहयोग से WWF द्वारा विकसित किया गया था।

एलपीआई विभिन्न कशेरुक प्रजातियों के जनसंख्या डेटा को इकठा करके और समय के साथ बहुतायत में एक औसत परिवर्तन की गणना करके जैव विविधता को मापता है। एलपीआई की तुलना शेयर बाजार सूचकांक से की जा सकती है, इसके अलावा, वैश्विक अर्थव्यवस्था की निगरानी के बजाय, एलपीआई ग्रह की पारिस्थितिक स्थिति का एक महत्वपूर्ण संकेतक है। वैश्विक एलपीआई दुनिया भर के 3,706 कशेरुक प्रजातियों (स्तनधारियों, पक्षियों, मछलियों, उभयचरों, सरीसृपों) की 14,152 निगरानी वाली आबादी के वैज्ञानिक आंकड़ों पर आधारित है। 1970 से 2012 तक एलपीआई में कशेरुक आबादी में 58 प्रतिशत की गिरावट देखी गई है।

भारत के लिए गंभीर दृष्टिकोण

द्विवार्शिक रिपोर्ट दुनिया भर से 3,700 से अधिक प्रजातियों की 14,000 कशेरुकी आबादी को ट्रैक करती है। इस रिपोर्ट में यह बताया गया है की अनिश्चित मानव गतिविधियों के कारण भारत में पानी और जमीन पर दबाव बहुत बढ़ रहा है।

लगभग 70% सतही जल प्रदूषित है और अगले एक दशक में 60% भूजल गंभीर अवस्था में पहुँच जाएगा - जहाँ इसकी पुनः पूर्ति नहीं की जा सकती है, अन्य अनुसंधान संस्थानों के साथ वर्ल्ड वाइडफंडफार नेचर (WWF) द्वारा तैयार की गई रिपोर्ट में कहा गया है ।

प्रदूषण का सबसे बड़ा कारण औद्योगिक और नगरपालिका का कचरा है।

यह भी बताया कि भारत की कुल भूमि का एक-चौथाई भाग मरुस्थलीकरण का सामना कर रहा है और लगभग एक तिहाई भूमि मुख्य रूप से वनों की कटाई के कारण नष्ट हो रही है।

2016 लिविंग प्लैनेट रिपोर्ट की मुख्य विशेषताएं

दशकों से वैज्ञानिक चेतावनी दे रहे हैं कि मानव क्रियाएं हमारे साझा ग्रह पर जीवन को छठवीं बार विलुप्त होने की ओर धाकेल रही हैं। लिविंग प्लेनेट रिपोर्ट में दिए गए प्रमाण इस बात का समर्थन करते हैं।

चिंता का विषय

- वन्यजीव आबादी ने पहले ही 1970 के बाद 58 प्रतिशत की औसत से गिरावट देखी है और दशक के अंत तक इसके 67 प्रतिशत तक पहुंचने की संभावना है।
- मानवता ने एक बीमार ग्रह के प्रभाव को महसूस करना शुरू कर दिया है – सामाजिक, आर्थिक और जलवायु स्थिरता से लेकर ऊर्जा, खाद्य और जल सुरक्षा-सभी पर्यावरणीय क्षरण से पीड़ित हैं।
- दुनिया तेजी से समझने लगी है कि एक विविध, स्वस्थ, लचीला और उत्पादक प्राकृतिक वातावरण मानवता के लिए एक समृद्ध), न्यायपूर्ण और सुरक्षित भविष्य की नींव है।

सकारात्मक बातें

- खतरनाक आंकड़ों के बावजूद, इस बात के भी सबूत हैं कि चीजें बदलने लगी हैं। जबकि पर्यावरणीय गिरावट जारी है। ऐसे अभूतपूर्व संकेत भी हैं कि हम पारिस्थितिक रूप से स्थायी भविष्य की ओर एक बड़े बदलाव का स्वागत करने लगे हैं।
- 2016 के रिकार्ड पर एक और सबसे गर्म वर्ष होने के बावजूद, वैश्विक CO_2 उत्सर्जन पिछले दो वर्षों में स्थिर हो गया है। ऐसा लग रहा है कि चीन का वृहद् स्तर पर कोयले को जलाना अब चरम पर पहुँच गया है। अर्थशास्त्रियों का कहना है कि यह एक स्थायी प्रवृत्ति की तरह है।
- बड़े पैमाने पर अवैध शिकार और वन्यजीव तस्करी पारिस्थितिकी तंत्रें को नष्ट कर रहे हैं, लेकिन अमेरिका और अधिक उल्लेखनीय रूप से चीन हाल ही में घरेलू स्तर पर हाथी दांत व्यापार के ऐतिहासिक प्रतिबंध के लिए सहमत हुए है।

इस बीच, लिविंग प्लेनेट की रिपोर्ट के अनुसार, हम पृथ्वी के इतिहास में एक नए युग में प्रवेश कर रहे हैं: एंथ्रोपोसीन, जिसमें प्राकृतिक शक्तियों के बजाय मानव ग्रह परिवर्तन के प्राथमिक चालक हैं। लेकिन हम अपने ग्रह को एक बेकार और अरक्षणीय ग्रह से बदल कर ऐसा बना सकते हैं, जहां लोग और प्रकृति सामंजस्य के साथ रह सकते हैं।

एंथ्रोपोसीन युग क्या है?

पृथ्वी का पारिस्थितिकी तंत्र लाखों वर्षों में विकसित हुआ है। इस प्रक्रिया के परिणामस्वरूप विविधा और जटिल जैविक समुदाय बने हैं, जो अपने पर्यावरण के साथ संतुलन में रहते हैं। ये विविधा पारिस्थितिक तंत्र लोगों को भोजन, ताजे पानी, स्वच्छ हवा, ऊर्जा, चिकित्सा और मनोरंजन प्रदान करते हैं। हालांकि, पिछले 100 वर्षों में, प्रकृति और मानवता को प्रदान की जाने वाली सेवाएँ जोखिम में आ गई हैं। 20 वीं शताब्दी के मध्य से मानव उद्यम का आकार और पैमाना तेजी से बढ़ा है। परिणामस्वरूप, इस असाधारण वृद्धि को बढ़ावा देने वाली पर्यावरणीय परिस्थितियाँ बदल रही हैं। इस उभरती हुई पर्यावरणीय स्थिति के प्रतीक के लिए, नोबेल पुरस्कार विजेता पाल क्रुटजेन (2002) और अन्य वैज्ञानिकों ने प्रस्ताव दिया है कि हमने होलोसीन से एक नए भूवैज्ञानिक युग में कदम रखा है, इसे एंथ्रोपोसीन कहा जाता है। एंथ्रोपोसीन के दौरान, हमारी जलवायु अधिक तेजी से बदल गई है, महासागर अम्लीय हो रहे हैं और पूरे बायोम गायब हो रहे हैं - और यह सभी एक मानव के औसत जीवनकाल के दौरान हो रहा है।इस प्रक्षेपवक्र में एक जोखिम है कि पृथ्वी हमारे आधुनिक वैश्विक समाज के लिए शत्रुतापूर्ण हो जाएगी। इस ग्रह पर हमारे प्रभाव का परिणाम है कि एंथ्रोपोसीन को दुनिया के छठे सामूहिक विलुप्त होने की घटना से प्रभावित किया जा सकता है। अतीत में इस तरह के विलुप्त होने की घटनाएं सैकड़ों हजारों से लाखों वर्षों तक हुई थीं। एंथ्रोपोसीन को इतना उल्लेखनीय माना जाता है क्योंकि ये परिवर्तन समय की एक अत्यंत संघटित अवधि के भीतर हो रहे हैं। इसके अलावा, संक्रमण के पीछे बल असाधारण है। यह पहली बार है जब किसी एक प्रजाति (होमो सेपियन्स) द्वारा एक नए भूगर्भीय काल को चिह्नित किया जा सकता है।

अनुपूरक वनीकरण कोष विधेयक

संसद ने अनुपूरक वनीकरण कोष विधेयक, 2016 को पारित किया जिसे राज्य सभा द्वारा अनुमोदित किया गया। विधेयक में अनुपूरक वनीकरण के लिए केंद्र और राज्य स्तरों के सार्वजनिक खातों के तहत फण्ड स्थापना का प्रावधान है।

मुख्य विशेषताएं

विधेयक भारत के सार्वजनिक खाते के तहत राष्ट्रीय प्रतिपूरक वनीकरण कोष (NCAF), और प्रत्येक राज्य के सार्वजनिक खाते के तहत एक राज्य प्रतिपूरक वनीकरण कोष की स्थापना करता है। एनसीएएफ को एकत्र धन का 10% मिलेगा और शेष 90% संबंधित राज्य कोष में जाएगा। एकत्र धान का उपयोग वनीकरण, वन पारिस्थितिकी तंत्र के पुनर्जनन, वन्यजीव संरक्षण और वन संबंधी बुनियादी ढाँचे के विकास के लिए किया जाएगा। कानून राज्यों को लगभग 42,000 करोड़ रुपये का उपयोग करने की अनुमति देगा जो बेकार पड़ा हुआ है और इसे वनीकरण परियोजनाओं के लिए देगा। इसमें वृक्षारोपण, वनों की सुरक्षा और वनों से संबंधित बुनियादी ढाचे के विकास के लिए उपयोगकर्ता एजेंसियों द्वारा प्रशासन और धन के उपयोग के प्रावधान हैं।

राष्ट्रीय आपदा प्रबंधन योजना जारी

प्रधान मंत्री नरेंद्र मोदी ने जून 2016 में राष्ट्रीय आपदा प्रबंधन योजना(NDMP) जारी की ताकि भारत को आपदा से बचाया जा सके और जानमाल का नुकसान कम किया जा सके। यह अपनी तरह की पहली राष्ट्रीय योजना है, जो ''आपदा जोखिम न्यूनीकरण 2015-30 के लिए सेंडाइ फ्रेमवर्क'' के चार प्राथमिकता वाले विषयों पर आधारित है। वो हैं:

(i) आपदा जोखिम को समझना

(ii) आपदा जोखिम शासन में सुधार

(iii) आपदा जोखिम में कमी और

(iv) आपदा की तैयारी में निवेश करना, प्रारंभिक चेतावनी और आपदा के बाद बेहतर निर्माण करना।

योजना की मुख्य विशेषताएं

- यह योजना आपदा प्रबंधन के सभी चरणों को शामिल करती है: रोकथाम, प्रतिक्रिया, शमन और पुनप्राप्ति।
- यह सभी सरकारी एजेंसियों और विभागों के बीच ऊर्ध्वाधर और क्षैतिज एकीकरण के लिए समाधान प्रदान करती है।
- यह शहरी स्थानीय निकाय (ULB) और पंचायत स्तर तक सरकार के सभी स्तरों की भूमिकाओं और जिम्मेदारियों को भी सूचीबद्ध करती है।
- यह योजना प्रमुख गतिविधियों जैसे प्रारंभिक चेतावनी, चिकित्सा देखभाल, सूचना प्रसार, ईंधन, खोज और बचाव, परिवहन, निकासी, आदि की पहचान करती है, ताकि आपदा से निपटने वाली एजेंसियों के लिए चेकलिस्ट के रूप में काम किया जा सके।
- योजना में आपदा जोखिम शासन को मजबूत करने के प्रावधान शामिल हैं और छह विषयगत क्षेत्रें का वर्णन किया गया है। वे एकीकृत और मुख्यधारा के आपदा जोखिम में कमी, सहभागी दृष्टिकोण, क्षमता विकास को बढ़ावा देना, चुने हुए प्रतिनिधियों के साथ काम करना, शिकायत निवारण तंत्र और आपदा जोखिम प्रबंधन के लिए गुणवत्ता मानकों, प्रमाणन और पुरस्कारों को बढ़ावा देना हैं।

राष्ट्रीय आपदा प्रबंधन योजना को आपदा प्रबंधन अधिनियम, 2005 की धारा 11 के तहत अनिवार्य किया गया है। अधिनियम के अनुसार, राष्ट्रीय योजना को राज्य-स्तरीय आपदा प्रबंधन योजनाओं की तैयारी के लिए दिशा निर्देशों दिए जाने चाहिए। इसके अतिरिक्त प्रत्येक केंद्रीय मंत्रालय और केंद्रीय विभाग द्वारा भी दिशानिर्देश और योजनाओं को निर्धारित किया जाना चाहिए।

भारत ने पेरिस समझौते पर हस्ताक्षर किए

केंद्रीय मंत्रिमंडल ने दिसंबर 2015 में पेरिस में आयोजित UNFCCC के 21 वें सम्मेलन की पार्टियों के पेरिस समझौते पर हस्ताक्षर करने के लिए अपनी मंजूरी दे दी। जलवायु परिवर्तन पर पेरिस समझौते को वैश्विक जलवायु सहयोग में एक महत्त्वपूर्ण घटना के रूप में माना जाता है। यह कन्वेंशन के कार्यान्वयन को बढ़ाने के लिए है और विभिन्न राष्ट्रीय परिस्थितियों के मद्देनजर आम लेकिन विभेदित जिम्मेदारियों, इक्विटी और संबंधित क्षमताओं के सिद्धांतों को मान्यता देता है।

पेरिस समझौते की मुख्य विशेषताएं

विकासशील देशों के अधिकार: यह विकासशील देशों की विकास अनिवार्यताओं और विकास के उनके अधिकारों को स्वीकार करता है। यह पर्यावरण के साथ विकास के सामंजस्य और सबसे कमजोर लोगों के हितों की रक्षा करने के उनके प्रयासों का भी समर्थन करता है।

सतत विकास: यह स्थायी जीवन शैली और उपभोग के स्थायी पैटर्न के महत्व को पहचानता है। इस संबंध में विकसित देश प्रमुख हैं और अपनी प्रस्तावना में 'जलवायु न्याय' के महत्व पर भी प्रकाश डालते हैं।

कन्वेंशन का कार्यान्वयन: यह इक्विटी और सामान्य लेकिन विभेदित जिम्मेदारियों और संबंधित क्षमताओं के सिद्धांतों को दर्शाता है, विशेष रूप से विभिन्न राष्ट्रीय परिस्थितियों के आलोक में।

अन्य उद्देश्य: यह सुनिश्चित करता है कि यह शमन-केंद्रित नहीं है और इसमें अन्य महत्वपूर्ण तत्व जैसे अनुकूलन, वित्त, हानि और क्षति, प्रौद्योगिकी, क्षमता निर्माण और कार्रवाई और समर्थन की पारदर्शिता शामिल है। 2020 से पहले की कार्रवाई भी फैसलों का हिस्सा है।

विकसित देशों से वित्तीय सहायता: उन्हें पूर्ण रोड मैप के साथ अपने वित्तीय समर्थन के स्तर को बढ़ाने का आग्रह किया गया है। विकसित देशों से वित्तीय सहायता का एकमात्र उद्देश्य जलवायु परिवर्तन को कम करने के लक्ष्य को प्राप्त

करना है, जो संयुक्त रूप से 2020 तक 100 बिलियन अमेरिकी डॉलर प्रदान करता है। वर्तमान स्तरों से अनुकूलन वित्त में उल्लेखनीय रूप से वृद्धि करके, वित्तीय सहायता का उपयोग शमन और अनुकूलन के लिए किया जाएगा। यह उपयुक्त प्रौद्योगिकी और क्षमता निर्माण सहायता भी प्रदान करेगा।

20 नई साइटों को बायोस्फीयर रिजर्व के विश्व नेटवर्क से जोड़ा गया

यूनेस्को के इंटरनेशनल को आर्डिनेटिंग काउंसिल ऑफ द मैन एंड द बायोस्फियर (एमएबी) प्रोग्राम ने 18 और 19 मार्च 2016 को पेरू की राजधानी में अपनी बैठक के दौरान वर्ल्ड नेटवर्क ऑफ बायोस्फीयर रिजर्व में 20 स्थल जोड़े। नव अंगीकृत स्थलों में से 18 राष्ट्रीय स्थल हैं और एक स्पेन और पुर्तगाल के बीच साझा की जाने वाला ट्रांसबाउंड्री स्थल है। काउंसिल ने मौजूदा बायोस्फीयर रिजर्व के 9 विस्तार-क्षेत्रों को भी मंजूरी दी। आस्ट्रिया के अनुरोध पर दो स्थलों को वापस लेने के बाद, 16 ट्रांसबाउंडरी स्थलों सहित 120 देशों में जीवमंडल भंडार की कुल संख्या 669 हो गई।

मैन और बायोस्फीयर प्रोग्राम 1970 के दशक के प्रारंभ में यूनेस्को द्वारा दुनिया भर के लोगों और उनके प्राकृतिक वातावरण के बीच संबंधों को बेहतर बनाने के लिए एक अंतरसरकारी वैज्ञानिक प्रयास के रूप में बनाया गया था। नए भंडार को प्रत्येक वर्ष अंतर्राष्ट्रीय समन्वय परिषद के कार्यक्रम द्वारा नामित किया जाता है, जो 34 यूनेस्को के सदस्य राज्यों के निर्वाचित प्रतिनिधियों को एक साथ लाता है।

2016 में निम्नलिखित स्थल नेटवर्क में शामिल हुए

मान्ट्स डे त्लेमसेन (अल्जीरिया) - 8,225 हेक्टेयर रिजर्व, त्लेमसेन प्रांत में स्थित है, जो महान जैव विविधता का एक क्षेत्र है, इसमें प्रमुख पुरातात्विक स्थल, सांस्कृतिक परिदृश्य और गुफाएँ भी हैं और त्लेमसेन राष्ट्रीय उद्यान के रूप में भी यह इन क्षेत्रें को शामिल करता है।

बीवर हिल्स (कनाडा) - पश्चिमी कनाडा में अल्बर्टा प्रांत में स्थित, इस हिमोद भूदृश्य ने कुछ 12,000 साल पहले ग्लेशियरों के प्रगतिशील रूप से पीछे हटने के दौरान प्रचुर आर्द्रभूमि, उथले झीलों और राक संरचनाओं की अपनी विशिष्ट बोरियल-जोन विशेषताओं को विकसित किया। आज, रिजर्व में कृषि गतिविधियों, मिश्रित लकड़ी के जंगल, घास के मैदान और आर्द्रभूमि द्वारा संशोधित भूमि का मिश्रण शामिल है।

त्सा तू (कनाडा) - कनाडा के उत्तर-पश्चिमी क्षेत्र में स्थित है, यह क्षेत्र सहतुतो इन (द बियर लेक पीपल) की मातृभूमि है। इसमें ग्रेट बियर लेक, अंतिम प्राचीन आर्कटिक झील और इसके जलक्षेत्र का हिस्सा शामिल है। टैगा जो अधिकांश साइट को कवर करता है, वह वन्यजीव प्रजातियों के लिए महत्वपूर्ण है जिसमें कस्तूरी, सामान्य मूस और कैरिबो शामिल हैं।

बोसमत्वे झील (घाना) - घाना के असांते क्षेत्र में स्थित, बोसमत्वे में दुनिया की छह उल्का झीलों में से एक है।

इस स्थल का सबसे दक्षिणी भाग बोसमत्वे रेंजफारेस्ट रिजर्व के उत्तरी भाग के साथ ओवरलैप होता है, जो वन, आर्द्रभूमि और पर्वतीय पारिस्थितिक तंत्र का एक संयोजन बनाता है। बायोस्फीयर रिजर्व 35 पेड़ों की प्रजातियों का पालन-पोषण करता है, जिनमें कुछ लकड़ी के लिए भी इस्तेमाल किए जाते हैं। यह वन्यजीवों की एक विशाल विविधता और 50,000 से अधिक निवासियों की मानव आबादी का घर भी है।

ला होते (हैती) - देश के दक्षिण-पूर्व में स्थित बायोस्फीयर रिजर्व में स्थलीय और समुद्री दोनों क्षेत्र शामिल हैं। इस क्षेत्र को इसकी विस्तृत जलवायु सीमा के कारण जैव विविधता हॉटस्पाट माना जाता है: आर्द्र से उपोष्णकटिबंधीय शुष्क तक। रिजर्व में 2,347 मीटर की दूरी पर छह पर्वत शिखर हैं, साथ ही उत्तर में एक

तटीय और समुद्री पारिस्थितिकी तंत्र (इलिस केमाइट्स) और दक्षिण (इले-ए-वचे) शामिल हैं। यह 850,000 से अधिक निवासियों का घर है, जिनकी मुख्य आर्थिक गतिविधियां खेती, कृषि व्यवसाय, मछली पकड़ना, वाणिज्य और हस्तशिल्प हैं।

अगस्त्यमाला (भारत) - पश्चिमी घाटों में स्थित देश के दक्षिण में, इस बायोस्फीयर रिजर्व में समुद्र तल से 1,868 मीटर तक जाने वाली चोटियाँ शामिल हैं। ज्यादातर उष्णकटिबंधीय जंगलों से मिलकर, साइट उच्च पौधों की 2,254 प्रजातियों का घर है जिनमें लगभग 400 स्थानिक हैं। यह पौधों के विशेष रूप से इलायची, जामुन, जायफल, काली मिर्च और केले का एक अनूठा आनुवंशिक भंडार है। कई वन्यजीव अभयारण्य जैसे कि शेंडुर्णी, पेप्पारा, नेय्यर और कलाकड मुंडनथुराई टाइगर रिजर्व साइट में शामिल हैं।

बालमबांगन (इंडोनेशिया) - यह जैवमंडल रिजर्व पूर्व जावा प्रांत में है और इसमें तीन राष्ट्रीय उद्यान (अलास पुरवो, बलुरन और मेरू) और एक प्रकृति रिजर्व कावा इजेन (आइजेन क्रेटर) शामिल हैं। इस रिजर्व में स्थलीय और समुद्री पारिस्थितिकी तंत्र हैं, जिनमें कार्स्ट परिदृश्य, सवाना और वन हैं जो अल्पाइन / सबअल्पाइन, ऊपरी, शुष्क और निचले मोंटाने (पहाड़), तराई, तटीय और मैंग्रोव हैं। साइट में समुद्री घास संस्तर और प्रवाल भित्तियां भी हैं।

हमौन (ईरान) - देश के दक्षिण-पूर्व में स्थित, इस बायोस्फीयर रिजर्व में स्थलीय और आर्द्रभूमि पारिस्थितिक तंत्र शामिल हैं, जिसमें रेगिस्तान और अर्धा-रेगिस्तानी इलाकों के साथ-साथ हमौन झील और इसके दलदली और जलक्षेत्र सहित कुल सात आबादी वाले स्थान हैं। क्षेत्र में बायोस्फीयर रिजर्व के तीन आर्द्रभूमि क्षेत्र सबसे महत्वपूर्ण हैं। यह क्षेत्र प्रवासी पक्षियों (183 प्रजातियों) और 30 स्तनपायी प्रजातियों और 55 पौधों की प्रजातियों के लिए एक मुख्य स्थान है।

कोल्लिना पो (इटली) - यह बायोस्फीयर रिजर्व उत्तर इतालवी पीडमोंट क्षेत्र में स्थित है और नदी पो के पूरे ट्यूरिन खंड को अपनी मुख्य सहायक नदियों और कोल्लिना टोरिनेसे पहाड़ी के साथ कवर करता है। नदी 'पो' ट्यूरिन मैदान में जैव विविधता का मुख्य भंडार है, जो आंशिक रूप से अपने साथ कई आर्द्रभूमियों का कारण है।

बारसाकेलमेस (कजाकिस्तान) - यह जैव मंडल रिजर्व अराल सागर घाटी के सहारा-गोबी रेगिस्तान क्षेत्र में स्थित है। अराल सागर क्षेत्र आर्द्रभूमि संरक्षण के लिए एक मुख्य क्षेत्र है और कई पक्षी प्रवास मार्ग इस क्षेत्र में परिवर्तित होते हैं।

बेलो-सुर-मेर-किरिंडी-मितिया (मेडागास्कर) - इस द्वीप के पश्चिमी तट पर स्थित इस साइट में जलप्रपात ऊपर और समुद्री और तटीय पारिस्थितिकी तंत्र नीचे की ओर शामिल हैं। यह शुष्क जंगलों, घने इलाकों, कांटे वाले जंगलों, सवाना, नमकीन दलदली अवसादों जैसे कि ''टैन्सह, मैंग्रोव और प्रवाल भित्तियों के रूप में समृद्ध लेकिन नाजुक पारिस्थितिक तंत्र को प्रस्तुत करता है।

इसला कोजुमेल (मैक्सिको) - देश के दक्षिण-पूर्वी तट से दूर, कोजुमेल द्वीप में विविधा समुद्री और स्थलीय पारिस्थितिकी तंत्र हैं जो उभयचर और सरीसृप प्रजातियों में समृद्ध हैं। मुख्य स्थलीय पारिस्थितिकी तंत्र मध्यम अर्ध-पर्णपाती वन और मैंग्रोव हैं। यह बायोस्फीयर रिजर्व दुनिया के दूसरे सबसे बड़े रीफ सिस्टम मेसोअमेरिकन रीफ का हिस्सा है, जो 1,192 समुद्री प्रजातियों का घर है।

एटलस सीडर (मोरक्को) - केंद्रीय एटलस पर्वत में स्थित यह बायोस्फीयर रिजर्व दुनिया के प्रसिद्ध एटलस देवदार के पेड़ की आबादी का 75% हिस्सा है। एटलस पर्वत का पहला भाग पारिस्थितिक तंत्रें और इसकी चोटियों में समृद्ध है, जो 3,700 मीटर तक पहुंचता है, यह क्षेत्र को अति महत्वपूर्ण रूप से जल संसाधन भी प्रदान करता है।

ग्रान पायातेन (पेरू) - सेंट्रल कार्डिलेरा में स्थित, यह बायोस्फीयर रिजर्व ऊंचाई और एक प्राचीन पारिस्थितिकी तंत्र के लिए जाना जाता है। इसमें नेशनल पार्क डेल रियो एबीसो, यूनेस्को की विश्व धारोहर स्थल शामिल है। रिजर्व में वर्षावनों के जीव और वनस्पतियां हैं, जो एंडीज के इस हिस्से की विशेषता हैं और इसमें उच्च स्तर की क्षतिपूर्ति है। यह पृथ्वी पर एकमात्र स्थान है जहां पीले पूंछ वाले ऊनी बंदर, जिसे पहले विलुप्त माना जाता है, पाया जाता है।

आल्बे (फिलीपींस) – लुजोन द्वीप के दक्षिणी छोर पर स्थित जैवमंडल में लगभग 250,000 हेक्टेयर शामिल हैं। स्थल की स्थलीय ऊंचाई 2,462 मीटर पर समाप्त होती है और इसका समुद्री हिस्सा समुद्र तल से 223 मीटर की गहराई तक पहुंचता है। स्थल की उच्च स्तरीय संरक्षण महत्ता इसकी 182 स्थलीय पौधों की प्रजातियों द्वारा विशेष रूप से बधद है, जिनमें से 46 स्थानिक हैं।

फजेस डे साओ जार्ज (पुर्तगाल) – इस जीवमंडल रिजर्व में साओ जार्ज का पूरा द्वीप, अजोरेस द्वीपसमूह में चौथा सबसे बड़ा क्षेत्र शामिल है। 1,053 मीटर पर, पिको डे एस्पेरेंका द्वीप का उच्चतम उत्थान है। साइट की ऊबड़-खाबड़ तटीय चटानें हाइलैंड मीडोज, पीट बोग्स और स्क्रब का एक अनूठा परिदृश्य बनाती हैं। ये उच्च तुंगता और तटीय पारिस्थितिक तंत्र के संयोजन के परिणामस्वरूप स्थलीय वनस्पतियों का खजाना है।

तेजो / ताजो (पुर्तगाल और स्पेन) –यह जैवमंडल रिजर्व इबेरियन प्रायद्वीप के पश्चिमी भाग में स्थित है जो स्पेन और पुर्तगाल के बीच साझा किया गया है और इसके मुख्य अक्ष पर ताजो नदी है। इसकी मुख्य विशेषताएं कम ऊंचाई और अत्यधिक राहत हैं। रिजर्व में सब्जियों में कार्क ओक संरचनाओं और स्क्रब के पैच, साथ ही साथ खेती किए गए क्षेत्र और चरागाह शामिल हैं। वनस्पति आमतौर पर भूमधयसागरीय है और इसमें कई दुर्लभ प्रजातियां शामिल हैं।

जोजानी-चवाका खाड़ी (तंजानिया) – इस जीवमंडल में जंजीबार द्वीप का एकमात्र राष्ट्रीय उद्यान है। यह स्थल एक जैव विविधता हाटस्पाट क्षेत्र है जिसमें इण्टर एलिया रीफ मछली की प्रजातियां, डालिन, जांजीबार तेंदुआ (पैंथर पर्डस एडर्सी) और पक्षियों की 168 प्रजातियाँ शामिल हैं, जिनमें 30 वैश्विक और क्षेत्रीय महत्व के हैं।

आइल ऑफ मैन (यूनाइटेड किंगडम) – आयरिश सागर में स्थित, यह द्वीप 80,000 से अधिक लोगों का घर है। पहाड़ियों में महत्वपूर्ण पीट के भंडार हैं जो पूर्व में लकड़ी की घाटी से कटे हुए हैं। साइट का समुद्री वातावरण जैव विविधता और यूरोपीय बाममछली, अटलांटिक काड और अन्य के बीच शार्क की महत्वपूर्ण आबादी से समृद्ध है।

मौजूदा बायोस्फीयर रिजर्व के विस्तार

ट्रिफिनिओ फ्रेटर्नीडाड (होंडुरास) – यह विस्तार अल-सल्वाडोर, ग्वाटेमाला और होंडुरास के बीच त्रि-राष्ट्रीय ट्रिफिनिओ फेटर्नीडाड बायोस्फियर रिजर्व के होंडुरन हिस्से को कवर करता है। इसमें छह राष्ट्रीय संरक्षित क्षेत्रों सहित 278,762 हेक्टेयर का क्षेत्र शामिल है।

टोस्काना (इटली) – 2004 में सेलवे पिसाना बायोस्फीयर रिजर्व के रूप में निर्मित, यह साइट इटली के भूमध्यसागरीय तट, पीसा के पश्चिम में स्थित है। विस्तार से कृषि, सिल्विकल्चर और पर्यटन में स्थायी गतिविधियों के कार्यान्वयन का मार्ग प्रशस्त होना चाहिए।

माउंट हाकुसन (जापान) – यह विस्तार स्थल की चार गुना वृद्धि का प्रतिनिधित्व करता है, जिसे 1980 में बायोस्फीयर रिजर्व के रूप में नामित किया गया था और इसमें 2,700 मीटर ऊंचे माउंट हकुसन के आसपास अल्पाइन, सब अल्पाइन और मोंटाने(पर्वत) क्षेत्र शामिल हैं।

याकुशिमा और कुचिनोराबु जिमा (जापान) –1976 में याकुशिमा के नाम से निर्मित बायोस्फीयर रिजर्व, क्यूशू के द्वीप के 60 किमी दक्षिण में स्थित है, और याकु देवदार वन के लिए जाना जाता है। यह विश्व धरोहर सूची में याकुशिमा नाम से शामिल है, और अब पूरे द्वीप को कवर करता है, इसके साथ ही इसमें कुचिनोराबु द्वीप और दोनों के आसपास का समुद्री क्षेत्र भी शामिल है।

माउंट ओदाइगहारा, माउंट ओमीने और ओसुगिदानी बायोस्फीयर रिजर्व (जापान) – 1980 में माउंट ओडिगहारा और माउंट ओमीन बायोस्फीयर रिजर्व के रूप में डिजाइन किया गया, होन्शु द्वीप के 'की'

प्रायद्वीप में यह स्थल एक पहाड़ी क्षेत्र है जिसमें वानिकी कृषि की तुलना में अधिक विकसित है। विस्तार ने स्थल के सतह क्षेत्र को अपने प्रारंभिक 36,000 हेक्टेयर की तुलना में 120,000 हेक्टेयर तक बढ़ा दिया है।

नोरोएस्ते अमोतापेस – मैंग्रोल (पेरू) यह जैवमंडल रिजर्व, पेरू के उत्तरी तट से 1977 में नोरोश्स्ते बायोस्फिर रिजर्व के नाम से नामित किया गया था। अब इसमें सेर्रोस दी अमोतापे नेशनल पार्क, कोसो एल अंगोलो और तुंबेस मैंग्रोव संरक्षित क्षेत्र शामिल हैं। विस्तार 1,115,947 हेक्टेयर सतह क्षेत्र को कवर करता है।

मान्ट सोराक (कोरिया गणराज्य) – 1982 में बनाया गया, यह रिजर्व बकदुदाइगन माउंटेन रेंज के केंद्र में स्थित है, जिसमें देश की सबसे ऊंची चोटी शामिल है। इसके विस्तार के साथ, बायोस्फीयर रिजर्व 76,000 हेक्टेयर के एक क्षेत्र को कवर करता है और अब माउंट सोराक नेशनल पार्क के आसपास बसे हुए क्षेत्रें, जंगलों और कृषि भूमि को घेरता है।

शिनान दादोहै (कोरिया गणराज्य) – एक हजार द्वीपों को देश के दक्षिण पश्चिम में स्थित द्वीपसमूह बायोस्फीयर रिजर्व में जोड़ा गया है, जिसे 2009 में नामित किया गया था।

वेस्टर रास (यूनाइटेड किंगडम) – यह बर्फ का पहाड़ के रूप में जाना जाता था, यह साइट स्काटलैंड के उत्तर-पश्चिम में स्थित है, इसे 1976 में नामित किया गया था। 530,000 हेक्टेयर के साथ, इस साइट में अब मरी झील भी शामिल है। यह स्थान अपने काले गले वाले डाइवर आबादी के कारण अंतर्राष्ट्रीय महत्व का है।

अध्याय

14

पर्यावरण और पारिस्थितिकी पर नवीनतम अपडेट (Latest Updates on Environment and Ecology)

अरुणाचल प्रदेश में देश का पहला एक्वा पार्क एवं फिश म्यूजियम

केंद्र सरकार ने अरुणाचल प्रदेश के लोअर सुबनसिरी जिले में देश के पहले फिश म्यूजियम एवं एक्वा पार्क को स्वीकृति दी है। लोअर सुबनसिरी जिले के तारिन (जीरो) में बनने वाला फिश म्यूजियम, एक्वा पार्क का हिस्सा होगा। केंद्रीय मत्स्य मंत्रालय ने 50 करोड़ की लागत से निर्मित म्यूजियम एवं पार्क के लिए 43 करोड़ रुपये की पहली किश्त जारी कर दी है। प्रधानमंत्री मत्स्य संपदा योजना के तहत केंद्र एवं पूर्वोत्तर राज्यों की सरकारें विशेष रूप से लवणीय/क्षारीय क्षेत्रों में मत्स्य पालन को बढ़ावा देने के लिए प्रयासरत हैं।

इसके तहत ऊंचाई वाले बुल्ला गांव में स्थित मौजूदा ट्रेन फिश फार्म(TFF) को एकीकृत एक्वा पार्क के रूप में अद्यतनित किया जाएगा जहां पूर्वोत्तर का पहला फिश म्यूजियम बनेगा।

अरुणाचल प्रदेश के फिश म्यूजियम में राज्य की सभी प्रकार की मछली प्रजातियां होंगी। यह मछुआरों के लिए एक प्रशिक्षण केंद्र के रूप में भी होगा।

तमिलनाडु का पहला जैव विविधता विरासत स्थल बना अरिट्टापट्टी गांव

तमिलनाडु सरकार ने मदुरै जिले के मेलूर के पास अरिट्टापट्टी गांव को जैव विविधता विरासत स्थल के रूप में घोषित करने की अधिसूचना जारी कर दी है। अरिट्टापट्टी जैव विविधता विरासत स्थल 193.21 हेक्टेयर क्षेत्र में स्थित है और दक्षिणी राज्य में अधिसूचित होने वाला पहला स्थल है। तमिलनाडु द्वारा पहला जैव विविधता विरासत स्थल घोषित करने से स्थानीय समुदायों की भागीदारी बढ़ेगी जिससे जैव विविधता एवं संरक्षण के प्रयासों को मजबूती मिलेगी। इस पहल से क्षेत्र के समृद्ध जैविक और ऐतिहासिक भंडार को संरक्षित करने में भी मदद मिलेगी।

तमिलनाडु के पहले जैव विविधता विरासत स्थल की विशेषताएं

अरिट्टापट्टी गांव (मेलूर ब्लॉक) में 139.63 हेक्टेयर और मीनाक्षीपुरम गांव (मदुरै पूर्वी तालुक) में 53.8 हेक्टेयर की साइट को अरिट्टापट्टी जैव विविधता विरासत स्थल के रूप में घोषित किया गया है। यह क्षेत्र सात बंजर ग्रेनाइट पहाड़ियों की एक श्रृंखला से घिरा हुआ है जो वाटरशेड के रूप में 200 प्राकृतिक झरनों, 72 झीलों और तीन बांधों को समेटे हुए है।

तीन रैप्टर प्रजातियों सहित लगभग 250 पक्षी प्रजातियों की उपस्थिति के साथ अरिट्टापट्टी गांव का एक समृद्ध ऐतिहासिक और जैविक महत्व है। 2200 साल पुराने शैल कृत मंदिर, तमिल-ब्राह्मी शिलालेख, विभिन्न मेगालिथिक संरचनाएं इसके ऐतिहासिक मूल्य में और वृद्धि करते हैं।

क्लाइमेट चेंज परफार्मेंस इंडेक्स में 8वें स्थान पर भारत

जलवायु परिवर्तन प्रदर्शन सूचकांक(CCPI) में भारत 8वें स्थान पर पहुँच गया है। हानिकारक गैसों के कम उत्सर्जन और नवीकरणीय ऊर्जा के बढ़ते उपयोग के आधार पर 63 देशों की रैंकिंग में भारत को यह स्थान प्राप्त हुआ है। दुनिया में 92% से अधिक ग्रीनहाउस गैस इमिशन के जिम्मेदार यूरोपियन यूनियन और अन्य 59 देशों के जलवायु प्रदर्शन को ट्रैक करने के बाद ये सूची बनाई गई है। इस रैंकिंग में चीन 51वें, अमेरिका 52वें, रूस 59वें और ईरान अंतिम 63वें स्थान पर है। पहले तीन स्थानों पर कोई देश नहीं है, क्योंकि किसी भी देश ने समग्र रूप से उच्च रेटिंग प्राप्त करने के लिए सभी सूचकांक श्रेणियों में अच्छा प्रदर्शन नहीं किया है।

उच्च रैंकिंग में कैसे आया भारत

भारत ने ग्रीन हाउस इमिशन और ऊर्जा उपयोग श्रेणियों में उच्च रेटिंग प्राप्त हुई है। जबकि जलवायु नीति और नवीकरणीय ऊर्जा वर्गों में मध्यम रेटिंग दी गई है।

भारत ने ग्रीन हाउस इमिशन को कम करने के विविध उपायों को गंभीरता से क्रियान्वित किया है। 2070 तक नेट-जीरो इमिशन का लक्ष्य रखते हुए राष्ट्रीय स्तर पर इमिशन के आंकड़ों को निरंतर अद्यतनित किया जा रहा है।

भारत ने 2005 के स्तर से 2030 तक अपने सकल घरेलू उत्पाद में उत्सर्जन की तीव्रता को 45% तक कम करने के लिए प्रतिबद्धता व्यक्त की है। इसके अतिरिक्त पेरिस समझौते के तहत वैश्विक तापमान वृद्धि को 2 डिग्री सेल्सियस से नीचे लाने और 1.5 डिग्री सेल्सियस तक सीमित रखने की भी योजना बनायी गई है।

क्लाइमेट चेंज परफॉर्मेंस इंडेक्स क्या है

वर्ष 2005 से क्लाइमेट चेंज परफॉर्मेंस इंडेक्स प्रतिवर्ष प्रकाशित किया जाता है। यह रैंकिंग जलवायु परिवर्तन से निपटने के लिए विभिन्न देशों द्वारा किये गए प्रयासों को ट्रैक करता है। इसका उद्देश्य जलवायु संरक्षण के प्रयासों और अलग-अलग देशों द्वारा की गई प्रगति की तुलना को प्रदर्शित करना एवं आंकड़ों में पारदर्शिता लाना है। जर्मनवॉच, न्यूक्लाइमेट इंस्टीट्यूट एवं क्लाइमेट एक्शन नेटवर्क प्रतिवर्ष इस सूचकांक को प्रकाशित करते हैं।

गुरुग्राम में विश्व का सबसे बड़ा सफारी पार्क

हरियाणा के गुरुग्राम और नूंह जिले में विश्व का सबसे बड़ा सफारी पार्क बनाया जा रहा है। केंद्रीय चिड़ियाघर प्राधिकरण द्वारा अरावली पर्वत श्रृंखला के 10 हजार एकड़ क्षेत्र में विस्तृत इस सफारी पार्क की व्यवहार्यता का मूल्यांकन किया जा चुका है। केंद्रीय चिड़ियाघर प्राधिकरण ने अपने सर्वे में नए वृक्षों को लगाए जाने को प्रोत्साहित किया है ताकि ध्वनि और वायु प्रदूषण रोधी बफर जोन तैयार किया जा सके। इन कार्यों में अथारिटी द्वारा तकनीकी सहयोग भी प्रदान किया जाएगा। इस पार्क में एक बड़ा हर्पेटेरियम(सरीसृपों और उभयचरों के लिए एक प्राणी प्रदर्शनी स्थान), एवियरी या बर्ड पार्क निर्मित

किया जाएगा। अंडरवाटर व्यू के अतिरिक्त यहां नेचर ट्रेल्स, विविध बायोम एवं वनस्पति उद्यान भी शामिल किए गए हैं।

वर्तमान में सबसे बड़ा सफारी पार्क शारजाह में फरवरी 2022 में खोला गया था जिसका क्षेत्रफल 2000 एकड़ है। गुरुग्राम सफारी पार्क इससे पांच गुना है जो विश्व का सबसे बड़ा सफारी पार्क होगा। यह सफारी परियोजना वन और जलवायु परिवर्तन मंत्रालय, भारत सरकार और हरियाणा सरकार की एक संयुक्त परियोजना होगी।

गुरुग्राम के सफारी पार्क विकास के साथ अरावली पहाड़ियों की जैव विविधता को संरक्षण मिलना तय है। आधिकारिक सर्वे के अनुसार, अरावली रेंज में पक्षियों की 180 प्रजातियाँ, जलीय जानवरों एवं सरीसृपों की 29 प्रजातियाँ, स्तनधारियों की 15 प्रजातियाँ एवं तितलियों की 57 प्रजातियाँ मौजूद है।

11 नए नामों के साथ भारत में अब 75 रामसर स्थल

दुनियाभर की आर्द्रभूमियों के संरक्षण के लिए अस्तित्व में आई रामसर संधि के तहत अब 11 नए भारतीय स्थलों को सम्मिलित किया गया है। 11 और रामसर स्थलों के जुड़ने से भारत में इनकी कुल संख्या 75 हो गई है। ये स्थल देश की 13,26,677 हेक्टेयर भूमि को आवरित करते हैं। 11 नए आर्द्र स्थलों में तमिलनाडु के 4, ओडिशा के 3, जम्मू और कश्मीर के 2 एवं मध्य प्रदेश तथा महाराष्ट्र प्रत्येक से एक-एक नाम शामिल है। इन स्थलों को नामित किये जाने से आर्द्रभूमियों के संरक्षण और प्रबंधन तथा इनके संसाधनों के सकारात्मक उपयोग में अंतर्राष्ट्रीय सहयोग प्राप्त होगा।

नए रामसर स्थलों की सूची में तंपारा झील(ओडिसा)- 300 हेक्टेयर, हीराकुंड जलाशय(ओडिसा)- 65400 हेक्टेयर, अंशुपा झील(ओडिसा)- 231 हेक्टेयर, यशवंत सागर(मध्य प्रदेश)- 822.9 हेक्टेयर, चित्रांगुडी पक्षी अभ्यारण्य(तमिलनाडु)- 260.47 हेक्टेयर, सुचिन्द्रम थेरूर वेटलैंड कॉम्प्लेक्स(तमिलनाडु)- 94.23 हेक्टेयर,

वडुवूर पक्षी अभयारण्य(तमिलनाडु)- 112.64 हेक्टेयर, कांजीरकुलम पक्षी अभयारण्य(तमिलनाडु)- 96.89 हेक्टेयर, ठाणे क्रीक(महाराष्ट्र)- 6521.08 हेक्टेयर, हाइगम वेटलैंड कंजर्वेशन रिजर्व (जम्मू और कश्मीर)- 801.82 और शालबुग वेटलैंड कंजर्वेशन रिजर्व(जम्मू और कश्मीर)- 1675 हेक्टेयर के नाम हैं।

तमिलनाडु में सर्वाधिक रामसर स्थल

तमिलनाडु में रामसर स्थलों की संख्या किसी भी अन्य भारतीय राज्य की तुलना में सर्वाधिक है। तमिलनाडु में सर्वाधिक 14, उत्तर प्रदेश में 10 रामसर स्थल हैं। पश्चिम बंगाल की सुंदरबन आर्द्रभूमि एवं मैंग्रोव देश का सबसे बड़ा रामसर स्थल है। वर्ष 1982 से 2013 तक, रामसर स्थलों की सूची में कुल 26 स्थलों को जोड़ा गया, हालांकि, वर्ष 2014 से 2022 तक 9 वर्षों में रामसर स्थलों की सूची में 49 नई आर्द्रभूमियों को जोड़ा गया है।

नर्मदा नदी में विश्व का सबसे बड़ा तैरता सोलर प्लांट

मध्य प्रदेश के खंडवा जिले में नर्मदा नदी पर स्थित ओंकारेश्वर बांध में विश्व का सबसे बड़ा तैरता हुआ सौर ऊर्जा संयंत्र बनाया जा रहा है। 2022-23 से इस फ्लोटिंग पावर प्लांट द्वारा लगभग 600 मेगावाट बिजली उत्पन्न होने की उम्मीद है। यह नया सोलर पॉवर प्लांट अपनी तरह का अनूठा प्लांट होगा जो 100 वर्ग किलोमीटर क्षेत्र में फैला होगा जहां पनबिजली परियोजना के द्वारा पानी से भी ऊर्जा का उत्पादन किया जाएगा।

यह तैरता सौर संयंत्र खंडवा को मध्य प्रदेश का एकमात्र ऐसा जिला बना देगा जहां ऊर्जा के तीनों माध्यमों थर्मल पावर, हाइडल और सौर ऊर्जा से बिजली का उत्पादन हो सकता है। इसके बाद एक ही जिले से 4,000 मेगावाट से अधिक बिजली का उत्पादन संभव होगा।

भारत का अंटार्कटिका विधेयक 2022

भारतीय अंटार्कटिक विधेयक 2022 अंटार्कटिका महाद्वीप के पर्यावरण की रक्षा करने और क्षेत्र में गतिविधियों को विनियमित करने का प्रयास करता है। भारतीय अंटार्कटिक विधेयक, 2022 को पारित करने का उद्देश्य अंटार्कटिक क्षेत्र में भारतीय अनुसंधान स्टेशनों को देश के घरेलू कानूनों के तहत लाना है। विधेयक भारतीय न्यायालयों के अधिकार क्षेत्र को अंटार्कटिका तक विस्तारित करने का प्रयास करता है।

अब अंटार्कटिक क्षेत्र में भारत के दो सक्रिय अनुसंधान केंद्रों भारती और मैत्री तक घरेलु कानूनों का विस्तार हो गया है। अनुसंधान केंद्र क्षेत्र में शोध करने वाले वैज्ञानिकों के लिए आधार हैं। यह विधेयक अंटार्कटिक पर्यावरण की रक्षा करने और क्षेत्र में गतिविधियों को विनियमित करने का प्रयास करता है। यह बिल किसी भी व्यक्ति, जहाज या विमान पर लागू होगा जो अंटार्कटिका के लिए एक भारतीय अभियान का हिस्सा है। बिल के प्रावधानों के तहत, अंटार्कटिका के भविष्य के भारतीय अभियानों को अंटार्कटिक पर्यावरण संरक्षण पर केंद्र की समिति से अनुमति की आवश्यकता होगी।

निम्नलिखित गतिविधियों के लिए समिति से परमिट की आवश्यकता होगी:

- अंटार्कटिका में भारतीय अभियानों का प्रवेश करना, रहना, वहां के भारतीय स्टेशनों में किसी व्यक्ति का प्रवेश करना।
- कोई भारतीय पंजीकृत पोत या विमान जो अंटार्कटिका में प्रवेश का इच्छुक है।
- खनिज संसाधनों के लिए ड्रिलिंग या खुदाई करना या खनिज नमूने इकट्ठा करना।
- ऐसी गतिविधियाँ जो स्थानीय प्रजातियों को नुकसान पहुंचा सकती हैं।
- किसी भी पोत या विमान या किसी भी व्यक्ति द्वारा अंटार्कटिका क्षेत्र में अपशिष्ट निपटान करना।

भारतीय अंटार्कटिक विधेयक, 2022 द्वारा इन गतिविधियों पर रोक है:

-परमाणु विस्फोट या रेडियोधर्मी कचरे का निपटान।

-समुद्र में प्लास्टिक, कचरा या अन्य पदार्थ का निर्वहन जो समुद्री पर्यावरण के लिए हानिकारक है।

अंटार्कटिका पर भारतीय मिशन

विश्व भर के विभिन्न देशों द्वारा अब तक 40 से अधिक स्टेशनों को स्थापित किया जा चुका है। इन स्टेशनों के अतिरिक्त शेष अंटार्कटिका निर्जन प्रदेश है। भारत अपने स्थायी स्टेशनों के साथ प्रतिवर्ष विभिन्न अभियान चलाता रहा है। वर्तमान में निम्नलिखित मिशन कार्यरत हैं-

दक्षिण गंगोत्री (1983–84): यह दक्षिणी ध्रुव से 2500 किलोमीटर की दूरी पर स्थित है।

मैत्री (1988–89): यह शिरमाकर पहाड़ियों पर एक बर्फ मुक्त, चट्टानी क्षेत्र में स्थित है।

भारती (2015): यह मैत्री से लगभग 3000 किमी पूर्व में थाला फोजर्ड एवं क्विल्टी खाड़ी के मध्य, लार्समैन पहाड़ी के निकट है।

पूर्णिमा देवी को यूएन का सर्वोच्च पर्यावरण पुरस्कार, 2022

संयुक्त राष्ट्र पर्यावरण कार्यक्रम(UNEP) की ओर से प्रतिवर्ष दिया जाने वाला पर्यावरण पुरस्कार 2022 में डॉ. पूर्णिमा देवी बर्मन को प्राप्त हुआ है। वन्यजीव जीवविज्ञानी पूर्णिमा देवी बर्मन को 'चौंपियंस ऑफ द अर्थ-2022' पुरस्कार पारिस्थितिकी तंत्र बचाव में उनके असाधारण योगदान के लिए दिया गया है।

पूर्णिमा देवी बर्मन हरगिला आर्मी का नेतृत्व करती हैं, जो सारस की एक प्रजाति ग्रेटर एडजुटेंट स्टॉर्क(धेनुक) को विलुप्त होने से बचाने के लिए समर्पित आंदोलन है। केवल महिलाओं द्वारा संचालित इस आंदोलन में महिलाएं ही सारस पक्षी जैसे मुखौटे बनाती और बेचती हैं, जिससे अपनी वित्तीय स्वतंत्रता के साथ ही ग्रेटर एडजुटेंट स्टॉर्क को बचाने की जागरूकता बढ़ाने में मदद मिलती है। पूर्णिमा देवी ने अपने प्रयासों से यह सिद्ध किया कि मानव और वन्य जीवन के बीच संघर्ष को सभी के लाभ के लिए सुलझाया जा सकता है।

यूएनईपी चैंपियंस ऑफ द अर्थ अवार्ड

इस अवार्ड की स्थापना वर्ष 2005 में की गई थी, जो संयुक्त राष्ट्र का सर्वोच्च पर्यावरण सम्मान है। पर्यारण संरक्षण के लिए सहयोग करने वाले लोगों को इस अवार्ड से सम्मानित किया जाता है। आज की तारीख तक यह अवार्ड 111 बार दिया जा चुका है। 2018 में प्रधानमंत्री नरेंद्र मोदी को एवं 2021 में ब्रिटेन के प्रसिद्ध प्रकृति संरक्षणवादी सर डेविड एटनबरो को चौंपियंस ऑफ द अर्थ लाइफटाइम अचीवमेंट अवॉर्ड 2021 दिया गया था।

भारत वन सर्वेक्षण रिपोर्ट (ISFR) 2021: वन/वृक्ष आवरण में 2,261 वर्ग किमी की वृद्धि

- भारतीय वन सर्वेक्षण(एफएसआई) द्वारा 1987 से हर दो वर्ष में देश के वन संसाधनों का आकलन करने के लिए आईएसएफआर रिपोर्ट जारी की जाती है।
- 2019 के आकलन की तुलना में आईएसएफआर 2021 में भारत के वन और वृक्षों के आवरण में 2,261 वर्ग किलोमीटर की वृद्धि हुई है। इसमें वन क्षेत्र में 1,540 वर्ग किलोमीटर की वृद्धि और वृक्षों के आवरण में 721 वर्ग किलोमीटर की वृद्धि शामिल है।
- इंडिया स्टेट ऑफ फॉरेस्ट रिपोर्ट, 2021 वन आवरण, वृक्ष आवरण, मैंग्रोव आवरण, वनों में वृद्धि, भारत के जंगलों में कार्बन संरक्षण, दावाग्नि(जंगल की आग) की स्थिति, बाघ संरक्षित क्षेत्रों में वनीय आवरण, एसएआर डेटा की सहायता से बॉयोमास का जमीनी अनुमान एवं भारतीय वनों के जलवायु परिवर्तन हॉटस्पॉट को प्रस्तुत करती है।

आईएसएफआर 2021: प्रमुख निष्कर्ष

- देश का कुल वन और वृक्षावरण 80.9 मिलियन हेक्टेयर है जो देश के भौगोलिक क्षेत्र का 24.62 प्रतिशत है।
- खुले वन और उसके बाद अति सघन वन के आवरण में वृद्धि देखी गई है। क्रमशः शीर्ष तीन राज्यों आंध्र प्रदेश(647 वर्ग किमी), तेलंगाना (632 वर्ग किमी) और ओडिशा (537 वर्ग किमी) के वनावरण में वृद्दि देखी गई है।
- क्षेत्रफल के अनुसार मध्य प्रदेश में देश का सबसे बड़ा वन क्षेत्र है। इसके बाद अरुणाचल प्रदेश, छत्तीसगढ़, ओडिशा और महाराष्ट्र का स्थान आता है। वन आवरण के संदर्भ में कुल भौगोलिक क्षेत्र के प्रतिशत के रूप में शीर्ष 5 राज्य मिजोरम(84.53%), अरुणाचल प्रदेश(79.33%), मेघालय(76.00%), मणिपुर (74.34%) और नागालैंड(73.90%) हैं।
- 17 राज्यों/केंद्र शासित प्रदेशों का 33 प्रतिशत से अधिक भौगोलिक क्षेत्र वनों से आच्छादित है।
- इन राज्यों और केंद्रशासित प्रदेशों में से, पांच राज्यों/ केंद्र शासित प्रदेशों अर्थात् लक्षद्वीप, मिजोरम, अंडमान और निकोबार द्वीप समूह, अरुणाचल प्रदेश और मेघालय में 75 प्रतिशत से अधिक क्षेत्र वनीय है जबकि 12 राज्यों/ केंद्र शासित प्रदेशों अर्थात् असम, ओडिशा, मणिपुर, नागालैंड, त्रिपुरा, गोवा, केरल, सिक्किम, उत्तराखंड, छत्तीसगढ़, दादरा एवं नगर हवेली तथा दमन एवं दीव में वन क्षेत्र 33 प्रतिशत से 75 प्रतिशत के बीच है।

- देश में कुल मैंग्रोव क्षेत्र 4,992 वर्ग किमी है। 2019 के पिछले आकलन की तुलना में मैंग्रोव क्षेत्र में 17 वर्ग किलोमीटर की वृद्धि देखी गई है।
- मैंग्रोव आवरण में वृद्धि दर्शाने वाले शीर्ष तीन राज्यों में क्रमश: ओडिशा(8 वर्ग किमी), महाराष्ट्र (4 वर्ग किमी) और कर्नाटक(3 वर्ग किमी) का स्थान आता है।
- देश के वनों में कुल कार्बन जमा 7,204 मिलियन टन होने का अनुमान है और 2019 के पिछले आकलन की तुलना में देश के कार्बन जमा में 79.4 मिलियन टन की वृद्धि हुई है।

कार्यप्रणाली को जानें

- भारतीय वन सर्वेक्षण ने जनगणना, 2011 में रिपोर्ट किए गए भौगोलिक क्षेत्रों के साथ व्यापक अनुकूलता सुनिश्चित करने के लिए भारतीय सर्वेक्षण विभाग की जिला स्तर तक की विभिन्न प्रशासनिक इकाइयों की सदिश सीमाओं का उपयोग किया है।
- मध्य-रिजॉल्यूशन के उपग्रह डेटा का प्रयोग करके देश के वनावरण का द्विवार्षिक मूल्यांकन भारतीय रिमोट सेंसिंग उपग्रह डेटा(रिसोर्ससैट-II) के LISS–III डेटा की व्याख्या पर आधारित है। इससे जिला, राज्य और राष्ट्रीय स्तर पर वनावरण एवं वन सघनता में परिवर्तन की निगरानी की जा सकती है।
- यह जानकारी विभिन्न वैश्विक स्तर की सूचियों, जीएचजी सूचियों, वनों में वृद्धि, कार्बन संचयन, वनीय संदर्भ स्तर(एफआरएल) जैसी रिपोटों और सीबीडी ग्लोबल फॉरेस्ट रिसोर्स असेसमेंट(जीएफआरए) के तहत यूएनएफसीसीसी लक्ष्यों की योजना और वैज्ञानिक प्रबंधन के लिए अंतर्राष्ट्रीय निर्देशों पर वनीय सूचना प्रदान करती है।
- वर्तमान मूल्यांकन से प्राप्त सटीकता स्तर अत्यंत उच्च है। वन आवरण वर्गीकरण की सटीकता का आकलन 92.99% किया गया है। वनीय और गैर-वनीय वर्गों के बीच वर्गीकरण की सटीकता 95% है जो कि वर्गीकरण पर अंतरराष्ट्रीय स्तर की स्वीकृत 85% सटीकता की तुलना में अत्यधिक है।

आईएसएफआर 2021 के अन्य महत्वपूर्ण तथ्य

- आईएसएफआर, 2021 में एफएसआई(भारतीय वन सर्वेक्षण) ने भारत के बाघ संरक्षित क्षेत्रों, शेर संरक्षण क्षेत्रों एवं गलियारों में वन आवरण के आकलन से जुड़ा एक नया अध्याय शामिल किया है।
- इस संदर्भ में, बाघ संरक्षित क्षेत्रों, शेर संरक्षित क्षेत्रों एवं गलियारों में वन आवरण परिवर्तन का दशकीय मूल्यांकन पुराने संरक्षण उपायों एवं प्रबंधन हस्तक्षेपों के प्रभाव का आकलन करने में मदद करता है।
- दशकीय मूल्यांकन के लिए, प्रत्येक बाघ संरक्षित क्षेत्रों के भीतर आईएसएफआर 2011(डेटा अवधि 2008 से 2009) और वर्तमान चक्र आईएसएफआर 2021(डेटा अवधि 2019-2020) के बीच की अवधि के दौरान वन आवरण में परिवर्तन का विश्लेषण किया गया है।
- एफएसआई की एक नई पहल को नए अध्याय के रूप में भी प्रलेखित किया गया है, जहां 'भूतल पर बायोमास' का अनुमान लगाया गया है।
- एफएसआई ने अंतरिक्ष अनुप्रयोग केंद्र(एसएसी) इसरो, अहमदाबाद के सहयोग से सिंथेटिक अपर्चर रडार(एसएआर) डेटा के एल-बैंड का उपयोग करके देश स्तर पर जमीनी बायोमास(एजीबी) के आकलन के लिए एक विशेष अध्ययन शुरू किया।
- असम और ओडिशा राज्यों के बायोमॉस परिणाम(एजीबी मानचित्र सहित) आईएसएफआर, 2019 में पहले ही प्रस्तुत किए जा चुके हैं।

- संपूर्ण देश के लिए बायोमॉस अनुमानों(और AGB मानचित्रों) के अंतरिम परिणाम आईएसएफआर, 2021 में एक नए अध्याय के रूप में प्रस्तुत किए गए हैं। विस्तृत रिपोर्ट अध्ययन पूरा होने के बाद प्रकाशित की जाएगी।
- एफएसआई ने बिड़ला प्रौद्योगिकी एवं विज्ञान संस्थान(BITS) पिलानी एवं गोवा कैंपस के सहयोग से 'भारतीय वनों में जलवायु परिवर्तन हॉटस्पॉट के मानचित्रण' पर आधारित एक अध्ययन किया है।
- तीन भावी समयावधियों अर्थात वर्ष 2030, 2050 और 2085 के लिए तापमान और वर्षा डेटा के कंप्यूटर मॉडल-आधारित प्रक्षेपण का उपयोग करते हुए भारत में वन आवरण पर जलवायु हॉटस्पॉट का मानचित्रण करने के उद्देश्य से सहयोगात्मक अध्ययन किया गया था।

अंतर्राष्ट्रीय सौर गठबंधन (ISA)

- अंतर्राष्ट्रीय सौर गठबंधन 109 सदस्य और हस्ताक्षरकर्ता देशों का एक अंतरराष्ट्रीय संगठन है जिसकी शुरुआत 30 नवंबर 2015 को पेरिस में संयुक्त राष्ट्र जलवायु परिवर्तन सम्मेलन(UNFCCC–COP) के 21वें सत्र के दौरान भारत एवं फ्रांस द्वारा की गई।
- यह दुनिया भर में ऊर्जा की पहुंच और सुरक्षा में सुधार के लिए सरकारों के साथ काम करता है और पर्यावरण अनुकूल भविष्य में पहुंचने के एक स्थायी तरीके के रूप में सौर ऊर्जा को बढ़ावा देता है।
- आईएसए के मिशन 2030 में सौर ऊर्जा में 1 लाख करोड़ डॉलर का निवेश करना है, जबकि प्रौद्योगिकी और इसके वित्तपोषण की लागत कम करना है। यह कृषि, स्वास्थ्य, परिवहन और बिजली उत्पादन क्षेत्रों में सौर ऊर्जा के उपयोग को बढ़ावा देता है।
- इसका मुख्यालय भारत में है और अंतरिम सचिवालय गुरुग्राम में स्थापित किया जा रहा है।
- संयुक्त राष्ट्र के सभी सदस्य देश आईएसए में शामिल होने के पात्र हैं।
- संयुक्त राष्ट्र महासभा(UNGA) को अंतर्राष्ट्रीय सौर गठबंधन में पर्यवेक्षक का दर्जा प्राप्त हुआ है।
- आईएसए प्रभावी लागत के, परिवर्तनकारी सौर ऊर्जा समाधानों को विकसित एवं प्रसारित करना चाहता है। न्यूनतम विकसित देशों(एलडीसी) और छोटे द्वीपीय विकासशील देशों(एसआईडीएस) के रूप में वर्गीकृत देशों पर विशेष प्रभाव डालने के साथ सदस्य देशों को न्यूनतम कार्बन के साथ विकास करने में सहायता करता है।
- आईएसए को भारतीय प्रधानमंत्री नरेंद्र मोदी और पूर्व फ्रांसीसी राष्ट्रपति फ्रैंकोइस ओलांद द्वारा पेरिस में संयुक्त राष्ट्र जलवायु परिवर्तन सम्मेलन में लॉन्च किया गया था।
- प्रारंभिक चरण में आईएसए को कर्क और मकर रेखा के मध्य पूरी तरह से या आंशिक रूप से स्थित देशों की सदस्यता के लिए बनाया गया था।
- 2018 में ISA की सदस्यता संयुक्त राष्ट्र के सभी सदस्यों के लिए खोल दी गई थी। हालांकि, संयुक्त राष्ट्र के सभी सदस्य देश इसके सदस्य नहीं हैं।

एक सूर्य, एक विश्व, एक ग्रिड (OSOWOG)

- नये वैश्विक हरित ग्रिड अभियांत्रिकी-एक सूर्य, एक विश्व, एक ग्रिड(GGI–OSOWOG) को COP26 में घोषित किया गया।
- नया GGI–OSOWOG अंतर्राष्ट्रीय सौर गठबंधन के एक सूर्य, एक विश्व, एक ग्रिड का विकसित रूप है।

- यह वैश्विक स्तर पर परस्पर सौर ऊर्जा अवसंरचना को बढ़ावा देने के लिए एक बहुपक्षीय अभियान है। यह अभियान बड़े सौर ऊर्जा स्टेशनों और पवन ऊर्जा को सर्वोत्तम स्थानों में बनाने में सक्रियता से जुड़ेगा, ये राष्ट्रीय सीमाओं से परे महाद्वीपीय स्तर के ग्रिड से जुड़े हुए हैं। 80 से अधिक देशों ने एक सूर्य, एक विश्व, एक ग्रिड घोषणा का समर्थन किया है।
- यह अभियान विविध राष्ट्रीय सरकारों, वित्तीय संगठनों और ऊर्जा तंत्र के संचालकों को एक अंतरराष्ट्रीय गठबंधन के रूप में साथ लाएगा।
- इसे विश्व बैंक के तकनीकी सहायता कार्यक्रम के तहत विकसित किया गया है।
- भारत 2070 तक नेट जीरो उत्सर्जन के लक्ष्य को प्राप्त कर लेगा।
- 2030 तक भारत अपनी ऊर्जा का 50% नवीकरणीय ऊर्जा से प्राप्त करने का प्रयास कर रहा है।
- भारत 2030 तक 500 गीगावॉट नवीकरणीय ऊर्जा के निर्माण के प्रयास में है। यह अपने वर्तमान लक्ष्य 450 गीगावॉट से बढ़कर है।
- भारत 2030 तक अपने कार्बन उत्सर्जन को एक अरब टन कम करने के लिए भी प्रतिबद्ध है।
- 2030 तक, भारत अपनी अर्थव्यवस्था में कार्बन सघनता को 45 प्रतिशत से कम कर देगा।
- भारत अपने पेरिस समझौते के लक्ष्यों को बहुत सीमा तक पूरा करने के रास्ते पर है: अपने सकल घरेलू उत्पाद(जीडीपी) में उत्सर्जन तीव्रता को 2005 के स्तर(33 प्रतिशत) से 2030 तक(35 प्रतिशत) कम करना प्रमुख उद्देश्य है।

भारत का जीएचजी उत्सर्जन

- भारत दुनिया में जीएचजी का तीसरा सबसे बड़ा उत्सर्जक है। आज के वैश्विक उत्सर्जन में भारत का योगदान लगभग 7% है।
- हालांकि, भारत में प्रति व्यक्ति उत्सर्जन बेहद कम है जो वैश्विक औसत से भी काफी कम है।

आईपीसीसी की छठवीं आकलन रिपोर्ट(AR6)

- आईपीसीसी की छठवीं आकलन रिपोर्ट(AR6) में इस बात पर जोर दिया गया था कि तापमान को 1.5 डिग्री सेल्सियस की अधिकतम सीमा तक नियंत्रित किया जाए।
- वैश्विक उत्सर्जन को 2010 के स्तर से 2030 तक 45% कम करना चाहिए ताकि 2050 तक नेट जीरो के लक्ष्य को पाया जा सके।

प्रोजेक्ट चीता

- चीतों के मूल स्थान भारत में इस सर्वाधिक तेज दौड़ने वाले वन्यजीव की पुनर्स्थापना के तहत मध्य प्रदेश के कूनो नेशनल पार्क में 8 नामीबियाई और 12 दक्षिण अफ्रीकी चीतों को लाया गया है।
- यह दुनिया में चीतों का पहला अंतर-महाद्वीपीय स्थानांतरण था।
- 1952 में भारत में चीता विलुप्त हो गए थे। प्रोजेक्ट चीता को भारत में चीता पुनर्वास की कार्य योजना भी कहा जाता है।
- चीतों को प्राप्त करने के लिए भारत ने दक्षिण अफ्रीका के साथ एक समझौते पर हस्ताक्षर किए। इस समझौते के तहत दक्षिण अफ्रीका अगले 8 से 10 वर्षों तक प्रतिवर्ष 12 चीते भेजेगा।

अन्नामलाई टाइगर रिज़र्व

- आईसीएआर-गन्ना प्रजनन संस्थान(आईसीएआर-एसबीआई), कोयंबटूर ने अन्नामलाई टाइगर रिजर्व के सहयोग से, ''आदिवासियों के ज्ञान सशक्तिकरण'' पर एक अभियान चलाया और अन्नामलाई टाइगर रिजर्व (एटीआर) के अट्टागट्टी में अपनीएसटीसी (अनुसूचित जनजाति घटक) परियोजना शुरू की।
- अन्य बाघ अभ्यारण्यों के विपरीत, अन्नामलाई बाघ अभ्यारण्य में आदिवासियों के विविध समूह हैं।
- 'मलासर' जनजातियों का जिक्र किया गया है जो एशियाई हाथियों को संभालने के अपने गहन ज्ञान और कौशल के साथ हाथियों को प्रशिक्षित करने में वन विभाग की बहुत मदद कर रहे हैं।
- एसटीसी को लागू करने के लिए संस्थान की नीतियां दो जनजातियों, 'मलासर' और 'मलाई मलासर' के लक्ष्यित समूहों के संचालन द्वारा एक व्यवस्थित आवश्यकता मूल्यांकन के आधार पर अंतिम रूप दी गई थीं।

जीवित जड़ सेतु (Living Root Bridge)

- मेघालय के मुख्यमंत्री ने इस पहाड़ी राज्य के 50 वर्ष पूरे होने पर यूनेस्को मान्यता के लिए अपना पक्ष रखा है।
- भारतीय प्राणी सर्वेक्षण ने मेघालय के जीवित जड सेतु के लिए यूनेस्को विश्व धरोहर स्थल का टैग प्राप्त करने के लिए कुछ हरित नियमों को रेखांकित किया है।
- एक जीवित जड़ सेतु एक निलंबित सेतु की तरह है जो नदियों के आर-पार रबर अंजीर के वृक्षों(फिकस इलास्टिका) की लचीली जड़ों को निर्देशित कर और समय के साथ जड़ों को बढ़ने और मजबूत होने के लिए बनाया जाता है।
- ये पूर्वोत्तर भारतीय राज्य मेघालय के दक्षिणी भाग के लिए सामान्य सेतु हैं।

केरल का वैज्ञानिक पक्षी एटलस

- केरल पक्षी एटलस(KBA), भारत में अपनी तरह का पहला राज्य स्तरीय पक्षी एटलस है, जिसने सभी प्रमुख आवासों में पक्षी प्रजातियों के वितरण और संख्या के बारे में ठोस आधारभूत डेटा तैयार किया है। इस आधार पर भविष्य के अध्ययन को प्रोत्साहन मिला है।
- खबर्डवॉचिंग कम्यूनिटी के 1,000 से अधिक स्वयंसेवकों की भागीदारी के साथ एक नागरिक विज्ञान-संचालित अभ्यास के रूप में केरल पक्षी एटलस को 2015 और 2020 के मध्य के आर्द्र(जुलाई से सितंबर) और शुष्क(जनवरी से मार्च) मौसम के दौरान वर्ष के 60 दिनों में दो बार आयोजित व्यवस्थित सर्वेक्षणों के आधार पर तैयार किया गया है।
- केरल पक्षी एटलस में 361 प्रजातियों के लगभग तीन लाख रिकॉर्ड हैं, जिनमें 94 अति दुर्लभ प्रजातियाँ, 103 दुर्लभ प्रजातियाँ, 110 सामान्य प्रजातियाँ, 44 अति सामान्य प्रजातियाँ और 10 सर्वाधिक प्रचुर प्रजातियाँ शामिल हैं।
- यकीनन यह भौगोलिक अस्तित्व, सर्वेक्षण के प्रयासों और 25,000 मापकों को एकत्र करने के मामले में एशिया का सबसे बड़ा पक्षी एटलस है।
- यह पाया गया कि आर्द्र मौसम की तुलना में शुष्क मौसम के दौरान प्रजातियों की संख्या अधिक थी जबकि दक्षिणी जिलों की तुलना में उत्तरी और मध्य जिलों में प्रजातियों की समृद्धि और समता अधिक थी।
- अधिकांश स्थानिक जीव पश्चिमी घाटों में केंद्रित थे, जबकि संकटग्रस्त प्रजातियाँ अधिकतर तट के किनारे थीं। सर्वेक्षण में प्रवासी प्रजातियों के लघु अवधि मार्गों को तिरस्कृत किया गया है।

भितरकनिका राष्ट्रीय उद्यान

- यह वृहद् राष्ट्रीय उद्यान ओडिशा के पूर्वोत्तर केंद्रपाड़ा जिले में स्थित है। 2002 में इसे एक रामसर साइट का दर्जा प्राप्त हुआ है। ओडिशा में चिल्का के बाद यह क्षेत्र दूसरा रामसर स्थल है।
- भितरकनिका राष्ट्रीय उद्यान, भितरकनिका वन्यजीव अभयारण्य, गहिरमाथा बीच एवं समुद्री अभयारण्य से घिरा हुआ है, जो दलदली क्षेत्र के साथ-साथ मैंग्रोव को भी बंगाल की खाड़ी से विभक्त करता है।

राष्ट्रीय बाघ संरक्षण प्राधिकरण (NTCA)

केंद्रीय पर्यावरण, वन एवं जलवायु परिवर्तन मंत्रालय की अध्यक्षता में राष्ट्रीय बाघ संरक्षण प्राधिकरण(एनटीसीए) की 19वीं बैठक आयोजित की गई।

राष्ट्रीय बाघ संरक्षण प्राधिकरण: मुख्य तथ्य

- वर्तमान में अखिल भारतीय बाघ गणना का पांचवां चक्र प्रक्रियागत है जो उचित एवं नीतिगत निर्णय लेने में सहायक होगा।
- वर्तमान में देश के पास 51 बाघ संरक्षित क्षेत्र हैं। बाघ संरक्षण नेटवर्क के तहत अधिक क्षेत्रों को लाने का प्रयास किया जा रहा है।
- बाघ संरक्षण केवल बाघों के लिए नहीं हैं अपितु 35 से अधिक नदियां इन क्षेत्रों से होकर प्रवाहित होती हैं जो जल सुरक्षा के लिए अति महत्वपूर्ण हैं।
- वर्तमान में 14 बाघ संरक्षित क्षेत्रों को संरक्षण आश्वासन/बाघ मानक(CA/TS) के तहत मान्यता दी गई है। एनटीसीए संरक्षण आश्वासन/बाघ मानक(CA/TS) मान्यता के लिए अन्य बाघ संरक्षित क्षेत्रों का मूल्यांकन करवाने पर कार्य कर रहा है।
- केंद्रीय पर्यावरण मंत्री ने भारत के बाघ वाले क्षेत्रों में सभी जल निकायों का मानचित्रण करते हुए एक जल एटलस भी जारी किया।
- इस जल एटलस में भूदृश्यों के अनुसार जानकारी दी गई है जिसमें शिवालिक पहाड़ियां, गंगा के मैदानी भूदृश्य, मध्य भारतीय परिदृश्य, पूर्वी घाट, पश्चिमी घाट भूदृश्य, उत्तर पूर्वी पहाड़ियां, ब्रह्मपुत्र के बाढ़ मैदान और सुंदरबन शामिल हैं।

राष्ट्रीय बाघ संरक्षण प्राधिकरण (NTCA) क्या है

- वन्यजीव(संरक्षण) अधिनियम, 1972 की धारा 38 एल(1) के तहत एनटीसीए का गठन किया गया है।
- इसके अतिरिक्त उक्त अधिनियम की धारा 38 एल, उपधारा 2 के अनुसार, प्राधिकरण में पर्यावरण और वन मंत्रालय के प्रभारी मंत्री(अध्यक्ष के रूप में), पर्यावरण और वन मंत्रालय में राज्य मंत्री(उपाध्यक्ष के रूप में), संसद के तीन सदस्य, सचिव, पर्यावरण और वन मंत्रालय एवं अन्य सदस्य सम्मिलित होंगे।
- प्राधिकरण वन्य जीव संरक्षण अधिनियम, 1972 की धारा 38 ओ(1) से अधिनियमित है एवं एनटीसीए अध्यक्ष, उपाध्यक्ष एवं सदस्यों के मार्गदर्शन में कार्य करता है।

- इसकी स्थापना दिसंबर 2005 में टाइगर टास्क फोर्स की सिफारिश के बाद की गई थी, जिसका गठन भारत के प्रधानमंत्री द्वारा प्रोजेक्ट टाइगर और भारत में कई बाघ संरक्षण क्षेत्रों के पुनर्गठित प्रबंधन के लिए किया गया था।
- 1973 में भारत सरकार द्वारा बाघ संरक्षण के लिए डब्ल्यूडब्ल्यूएफ के सहयोग से 'बाघ संरक्षण कार्यक्रम'(प्रोजेक्ट टाइगर) शुरू किया गया था।

संरक्षण आश्वासन/बाघ मानक(CA/TS)

- सीए-टीएस या संरक्षण आश्वासन-बाघ मानक, वैश्विक रूप से एक स्वीकृत व्यवस्था है, जो बाघ प्रबंधन पर सर्वश्रेष्ठ व्यवहार एवं मानदंड स्थापित करता है तथा मानक प्रगति के लिए आकलन को प्रोत्साहित करता है। यह मापदंडों का एक समूह है जो बाघ संरक्षकों को यह जांचने की अनुमति देता है कि क्या बाघ संरक्षण क्षेत्र के प्रबंधन से बाघों का संरक्षण सफल होगा।
- सीए-टीएस को सात महत्वपूर्ण कारकों और प्रबंधन गतिविधि के 17 तत्वों के तहत संगठित किया गया है।
- सीए-टीएस को बाघ और संरक्षित क्षेत्र के विशेषज्ञों द्वारा विकसित किया गया था।
- इसे आधिकारिक तौर पर 2013 में लॉन्च किया गया था। सीए-टीएस, टीएक्स 2 का एक महत्वपूर्ण हिस्सा है, जो वर्ष 2022 तक बाघों की संख्या को दोगुना करने का वैश्विक लक्ष्य था।
- सीए-टीएस का दीर्घकालिक लक्ष्य बाघों के लिए सुरक्षित आश्रय सुनिश्चित करना है।

वैश्विक जैव विविधता फ्रेमवर्क (Global Biodiversity Framework)

- इस फ्रेमवर्क का उद्देश्य 2030 तक जैव विविधता की क्षति को रोकने और 2050 तक क्षति की पूर्ति करना है। इसके लिए वार्षिक वैश्विक जीडीपी का 0.7 से 1% का अतिरिक्त निवेश प्रकृति में करने की आवश्यकता होगी।
- इस फ्रेमवर्क में लक्ष्य प्राप्त करने योग्य, विज्ञान द्वारा पुष्ट एवं स्पष्ट परिणाम वाले होने चाहिए।
- पोस्ट-2020 वैश्विक जैव विविधता फ्रेमवर्क(जीबीएफ) इसकी मूल समस्याओं से निपटने के लिए संयुक्त राष्ट्र के नेतृत्व वाली एक पहल है और इसका प्रभाव पेरिस समझौते के समान हो सकता है।
- वैश्विक जैव विविधता फ्रेमवर्क को 2022 की शुरुआत में अंतिम रूप दिया जाना था जिसके मसौदे में समुद्री और स्थल आवासों की रक्षा करने, कीटनाशकों और प्लास्टिक कचरे को कम करने और निवेश बढ़ाने के लक्ष्य निर्धारित किए गए।
- पोस्ट-2020 वैश्विक जैव विविधता फ्रेमवर्क के अंतर्गत सरकारों के लिए इस दशक के अंत तक 21 लक्ष्य और 10 मील के पत्थर प्राप्त करना है।
- इनमें विश्व भर के महासागरों और स्थलों का न्यूनतम 30% हिस्सा संरक्षित करना, कीटनाशकों के प्रयोग को न्यूनतम दो-तिहाई तक कम करना, प्लास्टिक कचरे को खत्म करना और जैव विविधता के लिए समर्पित वित्तीय संसाधनों को वार्षिक स्तर पर न्यूनतम 200 बिलियन अमेरिकी डॉलर तक बढ़ाना शामिल है।

चिल्का झील

एक गणना रिपोर्ट के अनुसार, इन सर्दियों में, एशिया की सबसे बड़ी खारे जल की लैगून झील चिल्का के जलाशय में दुर्लभ मंगोलियाई गुल पक्षी सहित करीब 10.74 लाख से अधिक पक्षियों ने भ्रमण किया है।

जल पक्षी स्थिति सर्वेक्षण 2022: मुख्य तथ्य

- चिल्का झील ओडिशा के पुरी, गंजम और खुर्दा जिलों के लगभग 1,100 वर्ग किमी के क्षेत्र में विस्तृत है। हालांकि, गत वर्ष 190 प्रजातियों के करीब 11.40 लाख पक्षियों की तुलना में 2022 के दौरान झील में 183 प्रजातियों के 10,74,173 पक्षियों की गिनती की गई है।
- चिल्का में किए गए जल पक्षी स्थिति सर्वेक्षण 2022 के अनुसार, पूरे लैगून में 10,74,173 जल पक्षी(107 प्रजातियाँ) और 37,953 अकेले पक्षी(76 आर्द्रभूमियों पर निर्भर प्रजातियाँ) गिने गए थे।
- गत वर्ष चिल्का में पक्षियों की गिनती 12 लाख से अधिक थी। गणना का हिस्सा रहे सदस्यों ने भी मंगोलियाई गुल पक्षी को देखे जाने की सूचना दी थी।
- यह पक्षी गणना ओडिशा राज्य वन्यजीव संगठन, चिल्का विकास प्राधिकरण(सीडीए) और बॉम्बे नेचुरल हिस्ट्री सोसाइटी द्वारा संयुक्त रूप से की गई थी।
- नलबाना मडफ्लैट में ग्रेटर फ्लेमिंगो की संख्या में वृद्धि इंगित करती है कि नलबाना में बहाली प्रभावी है।
- चिल्का झील के नलबाना अभयारण्य में अधिक से अधिक राजहंसों(फ्लेमिंगो) की संख्या में वृद्धि यह बताती है कि नलबाना में इनकी प्रवास प्रभावी है। 2022 में राजहंसों की संख्या पिछले एक दशक से सर्वाधिक थी।

विश्व आर्द्रभूमि दिवस, 2022

- गुजरात के जामनगर स्थित खिजड़िया पक्षी अभयारण्य और उत्तर प्रदेश के संत कबीर नगर जिले के बखिरा वन्यजीव अभयारण्य को रामसर स्थलों की सूची में सम्मिलित किया गया है।
- केंद्रीय पर्यावरण मंत्री ने हरियाणा के एक रामसर स्थल सुल्तानपुर राष्ट्रीय उद्यान में आयोजित विश्व आर्द्रभूमि दिवस, 2022 के राष्ट्रीय स्तर के आयोजन में इसकी घोषणा की है।
- उत्तर प्रदेश में बखिरा वन्यजीव अभयारण्य मध्य एशियाई उड़ान मार्ग पर बड़ी संख्या में विविध प्रजातियों के पक्षियों के लिए सुरक्षित सर्दियां और मैदान प्रदान करता है जबकि खिजड़िया वन्यजीव अभयारण्य एक तटीय आर्द्रभूमि है जिसमें पक्षियों की समृद्ध विविधता है जो लुप्तप्राय प्रजातियों के लिए एक सुरक्षित आवास प्रदान करता है।
- आर्द्रभूमियों की महत्वपूर्ण भूमिका के बारे में जागरूकता बढ़ाने के उद्देश्य से प्रतिवर्ष 2 फरवरी को विश्व आर्द्रभूमि दिवस मनाया जाता है।
- यह 2 फरवरी 1971 को ईरान के शहर रामसर में आर्द्रभूमियों पर कन्वेंशन की तारीख को भी चिन्हित करता है।
- वर्ष 2022 में 'विश्व आर्द्रभूमि दिवस' की थीम 'वेटलैंड्स एक्शन फॉर पीपल एंड नेचर' है, जो वेटलैंड्स के संरक्षण के लिए कार्रवाई करने का आह्वान है।
- ईरान के रामसर में आयोजित आर्द्रभूमि पर यूनेस्को के 1971 के सम्मेलन के अनुसार, रामसर स्थल अंतर्राष्ट्रीय महत्व की आर्द्रभूमियां हैं। इसे 1975 से लागू किया गया। 2 फरवरी 2021 को रामसर कन्वेंशन की 50वीं वर्षगांठ मनाई गई है।
- इस मौके पर भारत ने पहले आर्द्रभूमि संरक्षण और प्रबंधन केंद्र की स्थापना की है।
- यह पर्यावरण, वन और जलवायु परिवर्तन मंत्रालय के अंतर्गत चेन्नै में नेशनल सेंटर फॉर सस्टेनेबल कोस्टल मैनेजमेंट(NCSCM) में स्थापित किया गया है।

जलवायु परिवर्तन के लिए राष्ट्रीय अनुकूलन कोष (NAFCC)

- जलवायु परिवर्तन के लिए राष्ट्रीय अनुकूलन कोष(NAFCC) की स्थापना भारत के उन राज्यों और केंद्र शासित प्रदेशों(यूटी) में अनुकूलन गतिविधियों का समर्थन करने के लिए की गई थी जो जलवायु परिवर्तन के प्रतिकूल प्रभावों के प्रति संवेदनशील हैं।
- एनएएफसीसी को परियोजना रूप में लागू किया गया है और इसके अंतर्गत अब तक 27 राज्यों और केंद्रशासित प्रदेशों में 30 परियोजनाओं को मंजूरी दी गई है।
- पर्यावरण, वन और जलवायु परिवर्तन मंत्रालय ने अपनी एकीकृत तटीय क्षेत्र प्रबंधन (आईसीजेडएम) परियोजना के तहत भारत के पूरे मुख्य तटीय क्षेत्र के लिए खतरे की रेखा का सीमांकन किया है।
- इसके अतिरिक्त सतत विकास को बढ़ावा देने के लिए तटीय क्षेत्रों और समुद्री क्षेत्रों के अद्वितीय पर्यावरण के संरक्षण और सुरक्षा हेतु तटीय विनियमन क्षेत्र अधिसूचना, 2019 को लाया गया है।
- केरल, तमिलनाडु और आंध्र प्रदेश राज्यों में कार्यान्वित एनएएफसीसी परियोजनाओं में तटीय क्षेत्रों से संबंधित गतिविधियाँ शामिल हैं और ये परियोजनाएँ हैं:
    1. उत्तरी केरल के तटीय आर्द्रभूमि में कैपड की एकीकृत कृषि प्रणाली को बढ़ावा देना।
    2. मन्नार की खाड़ी, तमिलनाडु में जलवायु परिवर्तन अनुकूलन और सतत आजीविका के लिए तटीय आवासों और जैव विविधता का प्रबंधन और पुनर्वासन।
    3. आंध्र प्रदेश के तटीय और शुष्क क्षेत्रों के डेयरी क्षेत्र में जलवायु अनुकूलन।

महासागर सूचना केंद्र का तटीय भेद्यता सूचकांक (CVI)

भारतीय राष्ट्रीय महासागर सूचना केंद्र(INCOIS) ने तटीय भेद्यता सूचकांक(CVI) तैयार करने के लिए 1:1,00,000 के पैमाने पर 156 मानचित्रों वाले एटलस के लिए राज्यों के स्तर पर पूरे भारतीय तट के लिए तटीय भेद्यता मूल्यांकन किया है।

क्या है सीवीआई इंडेक्स

- इस CVI से यह चित्रित किया जा सकता है कि गुजरात का 124 किमी या 5.36% तटीय क्षेत्र समस्याओं से प्रभावित होगा, महाराष्ट्र का 11 किमी या 1.22%, कर्नाटक और गोवा का 48 किमी या 9.54%, केरल का 15 किमी या 2.39%, तमिलनाडु का 65 किमी या 6.38%, आंध्र प्रदेश का 6 किमी या 0.55%, ओडिशा का 37 किमी या 7.51% पश्चिम बंगाल का 49 किमी या 2.56%, लक्षद्वीप द्वीप समूह का 1 किमी या 0.81%, अंडमान द्वीप समूह का 24 किमी या 0.96 किमी और निकोबार द्वीप समूह का 8 किमी या 0.97% क्षेत्र प्रभावित हो सकता है या नहीं।
- जबकि नक्शे भारतीय तट के लिए भौतिक और भूवैज्ञानिक मापदंडों के आधार पर भविष्य में समुद्र स्तर में वृद्धि के कारण तटीय जोखिमों का निर्धारण करते हैं, सीवीआई सापेक्ष जोखिम का उपयोग करता है कि समुद्र के स्तर में वृद्धि के रूप में भौतिक परिवर्तन होंगे। इसमें ज्वारीय रेंज, लहरों की ऊंचाई, तटीय ढलान, तटीय ऊंचाई, तटरेखा परिवर्तन दर, भू-आकृति विज्ञान और सापेक्ष समुद्री स्तर परिवर्तन की ऐतिहासिक दर जैसे मापदंडों के आधार पर मात्रा निर्धारित की जाती है।
- तटीय भेद्यता आकलन तटीय आपदा प्रबंधन के लिए उपयोगी हो सकता है।

- INCOIS, जो कि पृथ्वी विज्ञान मंत्रालय(MoES) के तहत एक स्वायत्त निकाय है, समर्पित महासागर मॉडलिंग के माध्यम से संभावित मत्स्य पालन क्षेत्र, महासागर राज्य आधारित पूर्वानुमान, सुनामी पूर्व चेतावनी, तूफानों की प्रारंभिक चेतावनी, उच्च लहरों की चेतावनी आदि पर अवलोकन, संगणना सुविधाओं और समुद्री डेटा केंद्र की सूचनाएं जारी करता रहा है।

देविका परियोजना

- राष्ट्रीय नदी संरक्षण योजना(NRCP) के तहत 2019 की शुरुआत में प्रधानमंत्री की जम्मू यात्रा के दौरान इसकी शुरुआत की गई थी।
- परियोजना के तहत देविका नदी के तट पर स्नान घाटों(स्थानों) को विकसित किया जाएगा, अतिक्रमण हटाया जाएगा, प्राकृतिक जल निकायों का पुनरुद्धार किया जाएगा और श्मशान भूमि के साथ जुड़े हुए क्षेत्रों को विकसित किया जाएगा।
- इस परियोजना में तीन सीवेज उपचार संयंत्रों का निर्माण, 129.27 किलोमीटर का सीवरेज नेटवर्क, दो श्मशान घाटों का विकास, सुरक्षा बाड़ा और पुनर्निर्माण, एक लघु जल विद्युत संयंत्र और तीन सौर ऊर्जा संयंत्रों का निर्माण शामिल हैं।

देविका नदी

- देविका नदी जम्मू और कश्मीर के उधमपुर जिले के पहाड़ी क्षेत्र शुद्ध महादेव मंदिर से निकलती है और नीचे पश्चिमी पंजाब(पाकिस्तान) की ओर बहती है जहां यह रावी नदी में मिल जाती है।
- यह नदी धार्मिक महत्व रखती है क्योंकि इसे हिंदुओं द्वारा गंगा नदी की बहन के रूप में भी पूजा जाता है।

सीबकथॉर्न बेरी या ''लेह बेरी'' का व्यावसायिक उत्पादन

- लद्दाख प्रशासन ''लेह बेरी'' का व्यावसायिक वृक्षारोपण शुरू करने का निर्णय ले रहा है।
- केंद्रीय विज्ञान और प्रौद्योगिकी मंत्रालय के तत्वावधान में वैज्ञानिक और औद्योगिक अनुसंधान परिषद(सीएसआईआर) ''लेह बेरी'' को बढ़ावा दे रहा है, जो ठंडे रेगिस्तान का एक विशेष खाद्य उत्पाद है और व्यापक उद्यमिता के साथ-साथ स्वयं की आजीविका का एक सशक्त साधन भी है।
- सीएसआईआर स्थानीय किसानों और स्वयं सहायता समूहों के लिए कटाई मशीनरी का भी विकास करेगा क्योंकि वर्तमान में सीबकथॉर्न के पौधे से मात्र 10% बेरी ही निकाला जा रहा है।
- इस वसंत ऋतु से तीन औषधीय पौधों की व्यावसायिक खेती 15,000 फीट से अधिक की ऊंचाई पर शुरू होगी।
- इसमें ''संजीवनी बूटी'' की खेती भी की जाएगी जिसे स्थानीय भाषा में ''सोला'' के नाम में जाना जाता है और जिसमें अत्यधिक जीवन रक्षक और उपचारात्मक गुण मौजूद होते हैं।

जलवायु परिवर्तन पर आईपीसीसी की छठवीं आकलन रिपोर्ट (AR6)

- भारत जलवायु परिवर्तन पर अंतर-सरकारी पैनल(आईपीसीसी) की छठवीं आकलन रिपोर्ट(AR6) में कार्यकारी समूह II(डब्ल्यूजी2) के योगदान को जारी किए जाने का स्वागत करता है।

- रिपोर्ट में समानता और जलवायु न्याय के लिए भारत के आह्वान की पुष्टि की गई है और कहा गया है कि विकसित देशों को तत्काल शमन और पर्यावरण अनुकूलन, हानि पर क्षतिपूर्ति के लिए वित्त प्रदान करने हेतु आगे आना चाहिए।

रिपोर्ट के प्रमुख निष्कर्ष

- रिपोर्ट इस बात की पुष्टि करती है कि ऐतिहासिक स्तर पर उत्सर्जन के कारण जलवायु परिवर्तन से गंभीर प्रभाव पड़े हैं जो वैश्विक स्तर पर एवं संचयी उत्सर्जन में कम योगदान वाले विकासशील देशों पर पहले से ही महसूस किए जा रहे हैं।
- नीति निर्माताओं के लिए रिपोर्ट का सार मानवता और पृथ्वी की भलाई सुनिश्चित करने के लिए लाभ और जलवायु न्याय के आधार पर जलवायु कार्रवाई की आवश्यकता को रेखांकित करता है।
- यह रिपोर्ट दुनिया के लिए अपने अस्थिर उत्पादन और खपत को त्यागने और जलवायु अनुकूलित विकास की ओर तत्काल बढ़ने का आह्वान है।
- रिपोर्ट पूरी तरह से जलवायु परिवर्तन से होने वाली हानि और इस हानि के महत्व को स्वीकार करती है।
- रिपोर्ट में कहा गया है कि भविष्य के जलवायु अनुकूलित विकास के रास्ते जलवायु जोखिमों, अनुकूलन उपायों और शेष कार्बन बजट पर निर्भर करते हैं।
- रिपोर्ट कृषि की प्रमुख भूमिका और अनुकूलन में खाद्य सुरक्षा के महान महत्व को प्राथमिकता से रेखांकित करती है।
- भारत कई जलवायु खतरों का सामना करता है और जलवायु परिवर्तन के कारण उच्च भेद्यता का सामना कर रहा है।
- IPCC रिपोर्ट में उद्धृत कई अध्ययनों में से एक के अनुसार, लखनऊ और पटना उन शहरों में शामिल हैं जिनके बारे में भविष्यवाणी की गई है कि यदि उत्सर्जन में वृद्धि जारी रही तो वेट-बल्ब तापमान(आर्द्रता का एक मापक) 35 डिग्री सेल्सियस तक पहुंच जाएगा।
- भुवनेश्वर, चेन्नै, मुंबई, इंदौर और अहमदाबाद को निरंतर उत्सर्जन के साथ 32-34 डिग्री सेल्सियस के वेट बल्ब तापमान तक पहुंचने के जोखिम के रूप में दिखाया गया है।
- असम, मेघालय, त्रिपुरा, पश्चिम बंगाल, बिहार, झारखंड, ओडिशा, छत्तीसगढ़, उत्तर प्रदेश, हरियाणा और पंजाब सबसे बुरी तरह प्रभावित होंगे, लेकिन अगर उत्सर्जन बढ़ता रहता है, तो सभी राज्यों में ऐसे क्षेत्र होंगे जो सदी के अंत तक 30 डिग्री सेल्सियस या उससे अधिक वेट-बल्ब तापमान का अनुभव करेंगे।
- आईपीसीसी की रिपोर्ट के अनुसार, यदि सरकारें अपने मौजूदा उत्सर्जन-कटौती के वादों को पूरा करती हैं, तो इस सदी के अंत तक समुद्र स्तर में 44-76 सेमी की वृद्धि होने की संभावना है। तेजी से उत्सर्जन में कटौती के साथ, वृद्धि को 28-55 सेंटीमीटर तक सीमित किया जा सकता है।

भारत द्वारा उठाए गए कदम

- भारत पहले से ही कई अनुकूलन-उन्मुख विकास कार्यों के संयोजन और उत्सर्जन शमन में अपने योगदान के साथ जलवायु अनुकूलित विकास के पथ पर बढ़ रहा है।

- COP26 में जैसे ही पेरिस समझौते पर कार्यान्वयन शुरू हुआ, भारत ने जलवायु कार्यों के प्रति अपनी प्रतिबद्धता की पुष्टि कर दी। इसमें 2070 तक शुद्ध शून्य उत्सर्जन का लक्ष्य और एक-शब्द मंत्र के रूप में ''L.I.F.E= पर्यावरण के लिए जीवन शैली'' को अपनाया गया है।
- भविष्य की रिपोर्टों को ''समाधान स्तर'' पर मजबूत करने के लिए और प्रभावशीलता, लागत एवं लाभों के संबंध में ज्ञान का अधिक व्यापक मूल्यांकन करने पर ही भारत का सारा ध्यान है।
- भारत का दृढ़ विश्वास है कि जलवायु परिवर्तन एक वैश्विक सामूहिक कार्यवाहक समस्या है जिसे केवल अंतर्राष्ट्रीय सहयोग और बहुपक्षवाद के माध्यम से ही हल किया जा सकता है।
- भारत ने अन्य कदमों के साथ-साथ, अंतर्राष्ट्रीय सौर गठबंधन की स्थापना, आपदा प्रतिरोधी बुनियादी ढांचे के लिए गठबंधन, 'वन सन, वन वर्ल्ड, वन ग्रिड' और खतरे से आबद्ध द्वीपीय क्षेत्रों के लिए बुनियादी ढांचे के निर्माण सहित कई कदम उठाकर जलवायु परिवर्तन से निपटने के लिए महत्वपूर्ण कार्रवाई की है। 2030 तक घरेलू नवीकरणीय ऊर्जा लक्ष्य को 500 GW तक बढ़ाना, एक महत्वाकांक्षी राष्ट्रीय हाइड्रोजन मिशन को लागू करना और आर्थिक विकास से उत्सर्जन को कम करने के प्रयास जारी रखना भी इसमें शामिल हैं।

जलवायु परिवर्तन पर अंतर सरकारी पैनल (IPCC)

- यह मानव-प्रेरित जलवायु परिवर्तन पर सूचनाओं को आगे बढ़ाने के लिए जिम्मेदार संयुक्त राष्ट्र का एक अंतर-सरकारी निकाय है।
- यह 1988 में विश्व मौसम विज्ञान संगठन(WMO) और संयुक्त राष्ट्र पर्यावरण कार्यक्रम (UNEP) द्वारा स्थापित किया गया था और बाद में संयुक्त राष्ट्र महासभा द्वारा इसका समर्थन किया गया।
- इसका मुख्यालय जिनेवा, स्विट्जरलैंड में है और इसमें 195 सदस्य हैं।
- आईपीसीसी मानवजनित जलवायु परिवर्तन पर वस्तुनिष्ठ और व्यापक वैज्ञानिक जानकारी प्रदान करता है, जिसमें प्राकृतिक, राजनीतिक और आर्थिक प्रभाव और जोखिम और संभावित प्रतिक्रिया विकल्प शामिल हैं।
- यह मूलतः अनुसंधान नहीं करता है और न ही जलवायु परिवर्तनों की निगरानी करता है, बल्कि सभी प्रासंगिक, प्रकाशित रिपोर्टों की आवधिक, व्यवस्थित समीक्षा करता है।
- नीति निर्माताओं और आम जनता के लिए हजारों वैज्ञानिक और अन्य विशेषज्ञ डेटा की समीक्षा करने और प्रमुख निष्कर्षों को ''मूल्यांकन रिपोर्ट'' में संकलित करने के लिए स्वेच्छा से काम करते हैं।
- इसे वैज्ञानिक समुदाय में सबसे वृहद् समीक्षा प्रक्रिया के रूप में वर्णित किया गया है।

विद्युत मंत्रालय से ग्रीन हाइड्रोजन/ग्रीन अमोनिया नीति को मंजूरी

- प्रधान मंत्री ने भारत के 75वें स्वतंत्रता दिवस पर राष्ट्रीय हाइड्रोजन मिशन का शुभारंभ किया।
- मिशन का उद्देश्य सरकार को उसके जलवायु लक्ष्यों को पूरा करने और भारत को हरित हाइड्रोजन केंद्र बनाने में सहायता करना है।
- इससे 2030 तक 5 मिलियन टन ग्रीन हाइड्रोजन के उत्पादन के लक्ष्य को पूरा करने और नवीकरणीय ऊर्जा क्षमता के विकास में मदद मिलेगी।
- जीवाश्म ईंधन को बदलने के लिए हाइड्रोजन और अमोनिया को भविष्य के ईंधन के रूप में परिकल्पित किया गया है।

- भारत सरकार जीवाश्म ईंधन/जीवाश्म ईंधन आधारित कच्चे माल से हरित हाइड्रोजन/हरित अमोनिया में स्थानांतरण की सुविधा के लिए विभिन्न उपाय कर रही है।

नीति निम्न सुविधाएं प्रदान करती है:

- ग्रीन हाइड्रोजन/अमोनिया निर्माता पावर एक्सचेंज से नवीकरणीय ऊर्जा खरीद सकते हैं या स्वयं या किसी अन्य के माध्यम से कहीं भी नवीकरणीय ऊर्जा क्षमताओं को स्थापित कर सकते हैं।
- आवेदन प्राप्त होने के 15 दिनों के भीतर उपलब्धता प्रदान की जाएगी।
- ग्रीन हाइड्रोजन/अमोनिया निर्माता अपनी अप्रयुक्त नवीकरणीय ऊर्जा को 30 दिनों तक वितरण कंपनी के पास जमा रख सकते हैं और आवश्यकता पड़ने पर इसे वापस ले सकते हैं।
- वितरण लाइसेंसधारी ग्रीन हाइड्रोजन/ग्रीन अमोनिया के निर्माताओं को उनके उत्पादक राज्यों में रियायती कीमतों पर अक्षय ऊर्जा की खरीद और आपूर्ति कर सकते हैं, जिसमें केवल खरीद की लागत, वितरण शुल्क और राज्य आयोग द्वारा निर्धारित अल्प लाभ शामिल होगा।
- किसी भी प्रक्रियात्मक देरी से बचने के लिए ग्रीन हाइड्रोजन/अमोनिया और नवीकरणीय ऊर्जा संयंत्र के निर्माताओं को प्राथमिकता के आधार पर ग्रिड से संपर्क प्रदान किया जाएगा।
- व्यापार में सहजता के लिए नवीन एवं नवीकरणीय ऊर्जा मंत्रालय द्वारा समयबद्ध रूप से वैधानिक मान्यताएं दी जाएंगी और सभी गतिविधियों को पूरा करने के लिए एक एकल पोर्टल स्थापित किया जाएगा।
- ग्रीन हाइड्रोजन/ग्रीन अमोनिया के निर्माताओं को भंडारण और निर्यात के लिए बंदरगाहों के पास बंकर स्थापित करने की अनुमति मिलेगी। इस नीति के लागू होने से आम लोगों को स्वच्छ ईंधन प्राप्त होगा।

प्लास्टिक पैकेजिंग पर विस्तारित उत्पादक उत्तरदायित्व(EPR) के लिए अधिसूचना

- पर्यावरण, वन और जलवायु परिवर्तन मंत्रालय ने प्लास्टिक अपशिष्ट प्रबंधन नियम, 2016 के तहत प्लास्टिक पैकेजिंग पर विस्तारित उत्पादक उत्तरदायित्व(EPR) के लिए दिशानिर्देशों को अधिसूचित किया है।
- 1 जुलाई 2022 से कम उपयोगिता और उच्च कूड़ेदान वाली एकल प्रयोग की प्लास्टिक वस्तुओं पर प्रतिबंध लग गया है साथ ही विस्तारित उत्पादक उत्तरदायित्व(EPR) पर दिशानिर्देश जारी करना, देश में फैले प्लास्टिक कचरे से होने वाले प्रदूषण को कम करने में महत्वपूर्ण कदम हैं।
- ये दिशानिर्देश प्लास्टिक पैकेजिंग कचरे की सर्कुलर अर्थव्यवस्था को मजबूत करने, प्लास्टिक के नए विकल्पों के विकास को बढ़ावा देने और व्यवसायों द्वारा स्थायी प्लास्टिक पैकेजिंग की ओर बढ़ने के अगले कदम की रूपरेखा प्रदान करते हैं।
- पैकेजिंग के लिए ताजा प्लास्टिक सामग्री के उपयोग को कम करने के लिए दिशानिर्देशों में कठोर प्लास्टिक पैकेजिंग सामग्री का पुनः उपयोग अनिवार्य किया गया है।
- पुनर्नवीनीकरण प्लास्टिक सामग्री के उपयोग के साथ ईपीआर के तहत एकत्रित प्लास्टिक पैकेजिंग कचरे के पुनर्चक्रण के न्यूनतम स्तर की योजना प्लास्टिक की खपत को कम करेगी और प्लास्टिक पैकेजिंग कचरे के पुनर्चक्रण को बढ़ावा मिलेगा।
- ईपीआर दिशानिर्देश औपचारिक रूप से प्लास्टिक अपशिष्ट प्रबंधन क्षेत्र के विकास को बढ़ावा देंगे।

ग्रेट इंडियन बस्टर्ड (सोहन चिड़िया) का संरक्षण

देश में ग्रेट इंडियन बस्टर्ड(सोहन चिड़िया) के संरक्षण के लिए सरकार द्वारा महत्वपूर्ण कदम उठाए गए हैं इनमें कैप्टिव प्रजनन सुविधाओं का विवरण भी है:

- ग्रेट इंडियन बस्टर्ड के लिए एक संरक्षण प्रजनन केंद्र की स्थापना राजस्थान और गुजरात राज्य के वन विभागों, भारतीय वन्यजीव संस्थान और अंतर्राष्ट्रीय विशेषज्ञों के परामर्श से राजस्थान के कोटा जिले में '**सोहन चिड़िया का पर्यावास सुधार एवं नस्लीय संरक्षणः एकीकृत दृष्टिकोण**' नामक परियोजना के तहत की गई है।
- सैम, जैसलमेर जिला, राजस्थान में इनक्यूबेटर, हैचर, चिक पालन और बंदी पक्षियों के आवास के साथ एक उपग्रह संरक्षण प्रजनन सुविधा स्थापित की गई है और इसका प्रबंधन अंतर्राष्ट्रीय कोष की तकनीकी सहायता से राजस्थान वन विभाग एवं वन्य जीव संस्थान के वैज्ञानिकों द्वारा किया जाता है।
- सोहन चिड़िया को वन्य जीवन(संरक्षण) अधिनियम, 1972 की अनुसूची-I में सूचीबद्ध किया गया है। यह अनुसूची शिकार से उच्चतम स्तर की कानूनी सुरक्षा प्रदान करती है।
- केंद्र प्रायोजित योजना(सीएसएस)-वन्यजीव पर्यावास के प्रभाग 'प्रजाति पुनर्प्राप्ति कार्यक्रम' के तहत संरक्षण प्रयासों के लिए प्रजातियों की पहचान की गई है।
- सोहन चिड़िया और इसके आवास को बेहतर बनाने के लिए वन्यजीव आवास विकास की केंद्र प्रायोजित योजना के तहत राज्य/केंद्र शासित प्रदेशों की सरकारों को वित्तीय और तकनीकी सहायता प्रदान की जाती है।
- मंत्रालय ने राजस्थान, गुजरात और महाराष्ट्र वन विभागों के सहयोग से और भारतीय वन्यजीव संस्थान, देहरादून के तकनीकी सहयोग से सोहन चिड़िया के संरक्षण प्रजनन पर पहल की है।
- राष्ट्रीय क्षतिपूरक वनीकरण कोष के सहयोग से मंत्रालय ने पांच साल की अवधि के लिए 33.85 करोड़ रुपये के परिव्यय को मंजूरी दी है। यह वित्त 'ग्रेट इंडियन बस्टर्ड के आवास सुधार और संरक्षण प्रजनन-एक एकीकृत दृष्टिकोण' नामक कार्यक्रम के लिए मंजूर किया गया है।

20वीं पशुधन गणना

- केंद्र सरकार ने 20वीं पशुधन गणना के आधार पर पशुधन और कुक्कुट की नस्ल-वार रिपोर्ट जारी की है। यह देश में पहली बार हुआ था कि पेपर मोड के बजाय टैबलेट कंप्यूटर का उपयोग करके नस्लानुसार डेटा एकत्र किया गया था।
- राष्ट्रीय पशु आनुवंशिक संसाधन ब्यूरो(NBAGR) द्वारा मान्यता प्राप्त पशुधन के साथ-साथ कुक्कुट पक्षियों की उनकी नस्लों के अनुसार गणना की गई है।

पशुधन/कुक्कुट की नस्लवार रिपोर्ट के मुख्य बिंदु

- रिपोर्ट में एनबीएजीआर(राष्ट्रीय पशु आनुवांशिक संसाधन ब्यूरो) द्वारा पंजीकृत 19 चयनित प्रजातियों की 184 मान्यता प्राप्त स्वदेशी/विदेशी और संकर नस्लों को शामिल किया गया है।
- इस रिपोर्ट में मवेशियों की 41 मान्यता प्राप्त स्वदेशी जबकि 4 विदेशी/संकर नस्ल की नस्लें शामिल हैं।
- रिपोर्ट के अनुसार, विदेशी और संकर पशु कुल मवेशियों की आबादी का लगभग 26.5% योगदान करते हैं जबकि 73.5% स्वदेशी और गैर-वर्णित मवेशी हैं।
- संकर जर्सी गायें कुल विदेशी/संकर मवेशियों में संकर होल्स्टीन फ्राइजियन(एचएफ) के 39.3% की तुलना में 49.3% के साथ सबसे अधिक हिस्सेदारी रखती हैं।

- कुल देशी गायों में गिर, लखीमी और साहीवाल नस्लों का प्रमुख योगदान है।
- भैंसों में, मुर्राह नस्ल 42.8% के साथ प्रमुख रूप से योगदान देती है जो आमतौर पर यूपी और राजस्थान में पाई जाती है।
- भेड़ों में, 3 विदेशी नस्लें हैं और देश में 26 देशी नस्लें पाई जाती हैं। शुद्ध विदेशी नस्लों में, कोरिडेल नस्ल प्रमुख रूप से 17.3% योगदान देती है और स्वदेशी नस्लों में नेल्लोर नस्ल 20.0% हिस्सेदारी के साथ श्रेणी में सबसे अधिक योगदान देती है।
- बकरियों में, देश में 28 देशी नस्लें पाई जाती हैं। ब्लैक बंगाल नस्ल 18.6% के साथ उच्चतम योगदान देती है।
- विदेशी/संकर नस्ल के सूअरों में, संकर नस्ल के सूअरों का योगदान 86.6% है जबकि यॉर्कशायर का योगदान प्रमुख रूप से 8.4% है। स्वदेशी सूअरों में डूम ब्रीड मेजर का योगदान 3.9% है।
- घोड़े और टट्टू में, मारवाड़ी नस्ल का हिस्सा प्रमुख रूप से 9.8% का योगदान देता है।
- गधों में, स्पीति नस्ल की हिस्सेदारी 8.3% है।

वानिकी के माध्यम से 13 प्रमुख नदियों का कायाकल्प

- केंद्र वृक्षारोपण कर 13 प्रमुख नदियों को फिर से जीवंत करने के लिए 19,000 करोड़ की परियोजना लागू कर रहा है।
- इन 'वानिकी' कार्यों से संचयी वन आवरण में 7,417.36 वर्ग किमी की वृद्धि होने की उम्मीद है। इन 13 नदियों के आसपास 10 वर्ष पुराने वृक्षारोपण के समतुल्य 50.21 मिलियन टन कार्बन डाइ आक्साइड और 20 वर्ष पुराने वृक्षारोपण के समतुल्य 74.76 मिलियन टन कार्बन डाइ आक्साइड से बचाव होगा।
- इससे भूजल का पुनर्भरण, अवसादन को कम करना, गैर-लकड़ी और अन्य वनोपज से 449.01 करोड़ के साथ-साथ 344 मिलियन मानव-दिवस के रोजगार प्रदान करने का कार्य हो रहा है।
- झेलम, चिनाब, रावी, ब्यास, सतलज, यमुना, ब्रह्मपुत्र, लूनी, नर्मदा, गोदावरी, महानदी, कृष्णा और कावेरी नदियाँ हैं जिन्हें राष्ट्रीय वनीकरण और पारिस्थितिकी विकास बोर्ड द्वारा वित्त पोषित किया जाता है।

मरुस्थलीकरण से निपटने के लिए संयुक्त राष्ट्र सम्मेलन (UNCCD), 2022

केंद्रीय पर्यावरण मंत्री ने कोटे डी आइवर में मरुस्थलीकरण से निपटने के लिए संयुक्त राष्ट्र सम्मेलन के पार्टियों के सम्मेलन(सीओपी) के 15वें सत्र में भारत का पक्ष रखा है।

यूएनसीसीडी के मुख्य बिंदु

- मरुस्थलीकरण से निपटने के लिए संयुक्त राष्ट्र सम्मेलन के पार्टियों के सम्मेलन का 15वां सत्र 9 से 20 मई 2022 तक आबिदजान, कोटे डी आइवर में आयोजित किया गया।
- पार्टियों के सम्मेलन विषय 'भूमि, जीवन, विरासत: अभाव से समृद्धि की ओर' भूमि के निश्चयन, सुविधाओं को वर्तमान एवं भविष्य की पीढ़ी के लिए सुनिश्चयन, इस ग्रह पर जीवन बनाए रखने के प्रति कार्रवाई की मांग करता है।
- कई वैश्विक योजनाएं यूएनसीसीडी के उद्देश्यों का समर्थन करते हैं, जैसे कि पारिस्थितिकी तंत्र बहाली(2021-2030) पर संयुक्त राष्ट्र दशक का शुभारंभ जिसका उद्देश्य पारिस्थितिकी तंत्र की हानि को रोकना है।

- 2020 के बाद के वैश्विक जैव विविधता ढांचे में बढ़ते क्षेत्र, संपर्क और प्राकृतिक पारिस्थितिक तंत्र की अखंडता को महत्व दिया गया है।
- पहली बार, संयुक्त राष्ट्र सम्मेलन के तहत मरुस्थलीकरण एवं सूखे का मुकाबला करने के लिए प्रभावी नीति और कार्यान्वयन उपायों पर एक अंतर-सरकारी कार्य समूह(IWG) के गठन का निर्णय लिया गया है। 2019 में भारत ने नई दिल्ली में 14वें पार्टियों के सम्मेलन का आयोजन किया।

UNESCO द्वारा निर्धारित भारत में विश्व धरोहर स्थलों की सूची

एक यूनेस्को विश्व धारोहर स्थल कोई भी हो सकता है जैसे कि जंगल, झील, भवन, द्वीप, पहाड़, स्मारक, रेगिस्तान, एक क्षेत्र या शहर जिसका एक विशेष भौतिक या सांस्कृतिक महत्व हो।

फिलहाल, दुनिया में 1157 विश्व विरासत स्थल हैं। हालाँकि 40 विश्व धारोहर संपत्तियां भारत में हैं, जिनमें से 32 सांस्कृतिक स्थल हैं, 7 प्राकृतिक स्थल हैं और एक मिश्रित है।

भारत में विश्व धरोहर स्थलों का वर्षवार नामांकन निम्नानुसार है:

1983

1. आगरा किला (उत्तर प्रदेश)
2. अजंता की गुफाएँ (महाराष्ट्र)
3. एलोरा की गुफाएँ (महाराष्ट्र)
4. ताजमहल (उत्तर प्रदेश)

1984

5. महाबलीपुरम में स्मारकों का समूह
6. सूर्य मंदिर कोणार्क (ओडिशा)

1985

7. काजीरंगा राष्ट्रीय उद्यान (असम)
8. केवलादेव राष्ट्रीय उद्यान (राजस्थान)
9. मानस वन्यजीव अभयारण्य (असम)

1986

10. गोवा का चर्च और ईसाई मठ
11. फतेहपुर सीकरी (उत्तर प्रदेश)
12. हम्पी (कर्नाटक) में स्मारकों का समूह
13. खजुराहो समूह के मंदिर (मध्य प्रदेश)

1987

14. एलीफेंटा गुफाएँ (मुंबई)
15. महान जीवंत चोल मंदिर
16. पट्टाडकल (कर्नाटक) में स्मारकों का समूह
17. सुंदरबन नेशनल पार्क (पश्चिम बंगाल)

1988

18. नंदा देवी राष्ट्रीय उद्यान (उत्तराखंड)

1989

19. सांची (मध्य प्रदेश) में बौद्ध स्मारक

1993

20. हुमायूँ का मकबरा, दिल्ली
21. कुतुब मीनार और उसके स्मारक, दिल्ली

1999

22. भारत का पर्वतीय रेलवे

    भारत के पर्वतीय रेलवे में तीन रेलमार्ग शामिल हैं: पश्चिम बंगाल (पूर्वोत्तर भारत) में हिमालय की तलहटी में स्थित दार्जिलिंग हिमालयन रेलवे, तमिलनाडु (दक्षिण भारत) के नीलगिरि पहाड़ियों में स्थित नीलगिरि पर्वतीय रेलवे और कालका शिमला रेलवे हिमाचल प्रदेश (उत्तर पश्चिमी भारत) की हिमालय की तलहटी में स्थित है।

2001

23. बोधगया (बिहार) में महाबोधि मंदिर परिसर

2003

24. भीमबेटका (मध्य प्रदेश) के राक शेल्टर

2004

25. चंपानेर-पावागढ़ पुरातत्व पार्क (गुजरात)
26. छत्रपति शिवाजी टर्मिनस (विक्टोरिया टर्मिनस) (मुंबई महाराष्ट्र)

2007

27. लाल किला परिसर (दिल्ली)

2010

28. जंतर मंतर, जयपुर (राजस्थान)
29. पश्चिमी घाट

2013

30. राजस्थान के पहाड़ी किले

    इसमें चित्तौड़गढ़ के छह राजसी किले शामिल हैं: कुम्भलगढ़, सवाई माधोपुर, झालावाड़, जयपुर और जैसलमेर।

2014

31. गुजरात के पाटन में रानी-की-वाब (महारानी का कुआं)
32. द ग्रेट हिमालयन नेशनल पार्क (जीएचएनपी) (हिमाचल प्रदेश)

2016

33. आधुनिक आंदोलन में उत्कृष्ट योगदान के लिए ले कोर्बुसीयर का वास्तुशिल्प कार्य

34. खंगचेंद्जोंगा राष्ट्रीय उद्यान (सिक्किम)

35. बिहार के नालंदा में नालंदा महाविहार का पुरातात्विक स्थल

2017

36. अहमदाबाद का ऐतिहासिक शहर (गुजरात)

2018

37. मुंबई में विक्टोरियन गोथिक और कला डेको

2019

38. जयपुर (राजस्थान)

2021

39. रामप्पा मंदिर (तेलंगाना)

40. धौलावीरा (गुजरात)

भारत के सुंदरबन को अंतर्राष्ट्रीय महत्व वाले आर्द्रभूमि के रूप में नामित किया गया

सुंदरबन के भारतीय पक्ष ने वेटलैंड्स पर रामसर कन्वेंशन के तहत प्रतिष्ठित 'वेटलैंड्स ऑफ इंटरनेशनल इंपोर्टेंस' टैग प्राप्त किया है, जिससे यह देश का सबसे बड़ा संरक्षित वेटलैंड बन गया है। यह शाही बंगाल बाघ का घर है और बंगाल में दूसरा रामसर स्थल है। ईस्ट कोलकाता वेटलैंड्स को 2002 में टैग मिला। यह फैसला जिनेवा में एक रामसर सम्मेलन में लिया गया था।

स्थल (रामसर साइट नंबर 2370) दुनिया के सबसे बड़े मैंग्रोव वन के भीतर स्थित है। भारत और बांग्लादेश में बंगाल की खाड़ी में नदियों, गंगा और ब्रह्मपुत्र के डेल्टा में सुंदरवन सैकड़ों द्वीपों, नदियों और नालों की एक भूल-भुलैया के समान है।

डेल्टा के दक्षिण-पश्चिमी भाग को कवर करने वाले भारतीय सुंदरवन, देश के कुल मैंग्रोव वन क्षेत्र का 60% से अधिक का गठन करते है और इसमें 90% भारतीय मैंग्रोव प्रजातियां शामिल हैं। मैंग्रोव वन जंगलों को तूफान, चक्रवात, ज्वार-भाटा और समुद्री जल के अंतर्ग्रहण और घुसपैठ से और जलमार्ग से सुरक्षित करते हैं। वे शेलफिश और फिनफिश के लिए नर्सरी के रूप में काम करते हैं और पूरे पूर्वी तट की मत्स्य पालन को बनाए रखते हैं।

सुंदरवन एकमात्र मैंग्रोव है जो बाघों की एक महत्वपूर्ण आबादी का समर्थन करता है, और इन बाघों में अद्वितीय जलीय शिकार कौशल हैं।

यह साइट बड़ी संख्या में दुर्लभ और विश्व स्तर पर खतरे में पड़ी प्रजातियों जैसे गंभीर रूप से लुप्तप्राय उत्तरी नदी इलाके (बटागुर बास्का), लुप्तप्राय इर्रावाडी डॉल्फ़िन (ओरकेला बेलेविरोस्ट्रिस) और कमजोर कैट फिश (प्रियनैलुरस वाइव्रिनस) का भी घर है। दुनिया की चार होर्स शू केकड़े की प्रजातियों में से दो और भारत की किंगफिशर की 12 प्रजातियों में से आठ यहां पाई जाती हैं।

भारत का महासागर मिशन

भारत का महत्वाकांक्षी 'डीप ओशन मिशन' इस साल पृथ्वी विज्ञान मंत्रालय के तहत लान्च के लिए तैयार है। मंत्रालय ने 27 जुलाई को घोषणा की कि गहरे समुद्र के खनिजों का पता लगाने की 8,000 करोड़ रूपए की योजना अक्टूबर से शुरू

होगी। मिशन का एक मुख्य उद्देश्य बहुरूपी नोड्यूल्स का पता लगाना और निकालना है। ये मैंगनीज, निकल, कोबाल्ट, कापर और आयरन हाइड्राक्साइड जैसे खनिजों से बने छोटे आलू जैसे गोल आकृतियाँ होती हैं। वे हिंद महासागर के तल पर लगभग 6,000 मीटर की गहराई पर बिखरे हुए हैं और इनका आकार कुछ मिलीमीटर से सेंटीमीटर तक होता है। इन धातुओं को इलेक्ट्रानिक उपकरणों, स्मार्टफोन, बैटरी और यहां तक कि सौर पैनलों के लिए भी इस्तेमाल किया जा सकता है। अंतर्राष्ट्रीय समुद्री प्राधिकरण (ISA) एक स्वायत्त अंतरराष्ट्रीय संगठन है, जो 1982 में संयुक्त राष्ट्र कन्वेंशन आफ द ला आफ सी के तहत स्थापित किया गया था, जो गहरे समुद्र में खनन के लिए 'क्षेत्र' को आवंटित करता है। भारत 1987 में 'पायनियर इन्वेस्टर' का दर्जा प्राप्त करने वाला पहला देश था और इसे नोडल अन्वेषण के लिए मध्य हिंद महासागर बेसिन (CIOB) में लगभग 1.5 लाख वर्ग किमी का क्षेत्र दिया गया था।

भारत ने 29 संविदाकारों के साथ गहरे समुद्र में बहुरूपी नोड्यूल्स, पालीमेटेलिक सल्फाइड और कोबाल्ट-समृद्ध फेरोमैंगनीज क्रस्ट्स की खोज के लिए 15 साल के अनुबंध में प्रवेश किया है। बाद में इसे 2022 तक पांच और वर्षों के लिए बढ़ा दिया गया। चीन, फ्रांस, जर्मनी, जापान, दक्षिण कोरिया, रूस और कुछ छोटे द्वीप जैसे कुक आइलैंड्स, किरिबाती भी गहरे समुद्र में खनन की दौड़ में शामिल हो गए हैं। अधिकांश देशों ने उथले पानी में अपनी प्रौद्योगिकियों का परीक्षण किया है और अभी तक गहरे समुद्र में निष्कर्षण शुरू नहीं किया है।

पर्यावरण मंत्रालय ने नए वेटलैंड नियमों को अधिसूचित किया

केंद्रीय पर्यावरण मंत्रालय ने नए वेटलैंड (संरक्षण और प्रबंधन) नियम 2017 को अधिसूचित किया। ये नियम आर्द्रभूमि में कुछ खास गतिविधियों को प्रतिबंधित करते हैं जैसे कि उद्योगों की स्थापना और विस्तार, कचरा डालना और कचरे का निर्वहन। नए नियम 2010 के पुराने नियमों की जगह लेंगे। वेटलैंड्स को स्थलीय और जलीय इको-सिस्टम के बीच भूमि संक्रमणकालीन के रूप में परिभाषित किया जा सकता है जहां पानी आम तौर पर सतह के पास होता है या भूमि उथले पानी से ढकी होती है।

वे समृद्ध जैव विविधता का समर्थन करते हैं और जल भंडारण, जल शोधन, बाढ़ शमन, कटाव नियंत्रण, जलभृत पुनर्भरण और अन्य जैसे पारिस्थितिक तंत्र सेवाओं की विस्तृत श्रृंखला प्रदान करते हैं। कम से कम 115 वेटलैंड्स हैं जो केंद्र सरकार द्वारा अधिकारिक तौर पर पहचाने जाते हैं। इनमें से 27 रामसर कन्वेंशन के तहत अंतर्राष्ट्रीय महत्व के आर्द्रभूमि के रूप में पहचाने जाते हैं। रामसर सम्मेलन आर्द्रभूमि के संरक्षण के लिए एक अंतर्राष्ट्रीय अंतर सरकारी संधि है। भारत भी इस संधि का पक्षकार है।

नए नियम प्रत्येक राज्य और केंद्र शासित प्रदेशों में एक राज्य वेटलैंड्स प्राधिकरण की स्थापना को निर्धारित करते हैं जो राज्य के पर्यावरण मंत्री के नेतृत्व में होगा और इसमें कई सरकारी अधिकारी शामिल होंगे।

इन अधिकारियों को अधिसूचित वेटलैंड्स और उनके प्रभाव क्षेत्र के भीतर विनियमित और अनुमत गतिविधियों की एक व्यापक सूची विकसित करने की आवश्यकता होगी।

राज्य के अधिकारियों को तीन महीने के भीतर राज्य या केंद्रशासित प्रदेश के सभी वेटलैंड्स की सूची तैयार करने की आवश्यकता होगी, छह महीने के भीतर वेटलैंड्स की एक सूची, एक वर्ष के भीतर सभी वेटलैंड्स की एक व्यापक डिजिटल इन्वेंट्री जो हर दस वर्षों में अपडेट की जाएगी।

राज्यों द्वारा किए गए कार्यों की देखरेख के लिए राष्ट्रीय वेटलैंड समिति की स्थापना की जाएगी। इसकी अध्यक्षता एमओईएफसीसी सचिव करेंगे।

समिति केंद्र सरकार को आर्द्रभूमि के संरक्षण और समझदारी से उपयोग के लिए उचित नीतियों और कार्रवाई कार्यक्रमों पर सलाह भी देगी, रामसर कन्वेंशन के तहत अंतर्राष्ट्रीय महत्व के आर्द्रभूमि के पदनाम की सिफारिश करेगी, आर्द्रभूमि आदि से संबंधित मुद्दों पर अंतर्राष्ट्रीय एजेंसियों के साथ सहयोग करने की सलाह देगी।

अंतरराष्ट्रीय सौर गठबंधन में कांगों शामिल, 114 सदस्य बनें

कांगो गणराज्य ने हाल ही में अंतर्राष्ट्रीय सौर गठबंधान (ISA) में हस्ताक्षर किये हैं। इसके साथ ही आईएसए के हस्ताक्षरकर्ता देशों की संख्या 114 और हस्ताक्षर सहित पुष्टि करने वाले देशों की संख्या 92 हो गई है। हाल ही में संयुक्त राज्य अमेरिका एवं ब्राजील इसके पूर्णकालिक सदस्य बने हैं।

यह समझौता 15 नवंबर, 2016 को माराकेष में COP22 के दौरान हस्ताक्षर के लिए लाया गया था। अंतर्राष्ट्रीय सौर गठबंधन का मुख्यालय गुरुग्राम, भारत में है। यह सौर ऊर्जा प्रौद्योगिकियों की बढ़ती जरूरतों के लिए एक क्रिया-उन्मुख, सदस्य-संचालित, सहयोगी मंच है। आईएसए के पूर्ण सदस्य के रूप में, कोई भी देश धान, प्रोत्साहन पैकेज, सार्वजनिक नीतियों और अनुसंधान एवं विकास से जुड़े बहुपक्षीय प्रयासों में भाग ले सकता है। संयुक्त राष्ट्र फ्रेमवर्क कन्वेंशन आन क्लाइमेट चेंज (यूएनएफसीसीसी) के अनुसार, संगठन का लक्ष्य 1,000 गीगावाट से अधिक सौर ऊर्जा को इस्तेमाल करना और 2030 तक 1,000 बिलियन डालर से अधिक की सौर ऊर्जा को गतिशील करना है।

बॉन कन्वेंशन

प्रवासी प्रजातियां वे जानवर हैं जो भोजन, सूर्य के प्रकाश, तापमान, जलवायु आदि जैसे विभिन्न कारकों के कारण वर्ष के विभिन्न समयों में एक निवास स्थान से दूसरे स्थान पर चले जाते हैं। पूरे देश में प्रवासी प्रजातियों की रक्षा के लिए, UNEP के तहत प्रवासी प्रजाति के संरक्षण पर एक सम्मेलन (CMS) शुरू किया गया, जिसे बान कन्वेंशन के नाम से भी जाना जाता है। बान सम्मेलन, प्रवासी जानवरों और उनके आवासों के संरक्षण और स्थायी उपयोग के लिए एक वैश्विक मंच है। यह उन राज्यों को एक साथ लाता है जिनके माध्यम से प्रवासी जानवर गुजरते हैं, रेंज राज्य अंतर्राष्ट्रीय समन्वित संरक्षण उपायों के लिए कानूनी नींव रखते हैं।

भारत ने साइबेरियन क्रेन, समुद्री कछुए, डगोंग और रैप्टर के संरक्षण और प्रबंधन पर सीएमएस के साथ गैर कानूनी रूप से एमओयू पर हस्ताक्षर किए। भारत कई प्रवासी जानवरों और पक्षियों के लिए अस्थायी घर है। उनमें अमूर फाल्कन, बार हेडेड गीज, ब्लैक नेक्ड क्रेन, मरीन कछुए, डगोंग, हंपबैक व्हेल आदि शामिल हैं।

पहले व्यापक सर्वेक्षण के अनुसार भारत में आर्किड की 1,256 प्रजातियां

भारत का वानस्पतिक सर्वेक्षण भारत के आर्किड की पहली व्यापक जनगणना के साथ आया, जिसमें आर्किड प्रजाति या टैक्सा की कुल संख्या 1,256 बताई गई। आर्किड की 1,256 प्रजातियां या टैक्सा 155 वंशो की हैं और 388 प्रजातियां भारत के लिए स्थानिक हैं।

आर्किड को मोटे तौर पर तीन रूपों में वर्गीकृत किया जा सकता है: एफेथिक (राक बोल्डर पर उगने वाले पौधों सहित अन्य पौधों पर उगने वाले पौधे जिन्हें अक्सर लिथोफाइट कहा जाता है), स्थलीय (भूमि और बेल पर उगने वाले पौधो) और माइकोहाइटरोट्राफिक (पौधे जो माइकोरिजल कवक से पोशक तत्व प्राप्त करते हैं, जो एक संवहनी पौधो की जड़ों से जुड़े होते हैं)। देश में पाए जाने वाले सभी आर्किड में से लगभग 60%, जो 757 प्रजातियां हैं, एफाइटिक हैं, 447 स्थलीय हैं और 43 माइकोएटरोट्राफिक हैं।

आर्किड प्रजातियों का एक राज्यवार वितरण बताता है कि हिमालय, देश के उत्तर-पूर्व हिस्से और पश्चिमी घाट सुंदर पौधों की प्रजातियों के लिए सबसे प्रसिद्ध हैं।

अरुणाचल प्रदेश से 612 प्रजातियों के साथ आर्किड प्रजातियों की सबसे अधिक संख्या दर्ज की जाती है, इसके बाद सिक्किम 560 प्रजातियां और पश्चिम बंगाल दार्जिलिंग हिमालय में 479 प्रजातियों के साथ उच्च प्रजाति की सघनता भी है।

जबकि उत्तर-पूर्व भारत प्रजाति एकाग्रता में सबसे आगे है, पश्चिमी घाट में आर्किड का उच्च स्थान है।

संपूर्ण आर्किड परिवार को CITES के परिशिष्ट II (वन्य जीवों और वनस्पतियों के लुप्तप्राय प्रजातियों में अंतर्राष्ट्रीय व्यापार पर कन्वेंशन) के तहत सूचीबद्ध किया गया है और इसलिए किसी भी प्रकार के जंगली आर्किड के व्यापार पर वैश्विक रूप से प्रतिबंध लगा दिया गया है।

विशेष राइनो संरक्षण बल (SRPF)

एसआरपीएफ मूल रूप से एक बाघ सुरक्षा बल है जिसका नाम राइनो के नाम पर रखा गया है क्योंकि अवैध शिकार का खतरा एक-सींग वाले इस शाकाहारी जानवर के लिए अधिक है। उनकी कार्य प्रणाली में धारीदार बाघ की रक्षा करना शामिल है क्योंकि काजीरंगा एक बाघ आरक्षित क्षेत्र भी है।

असम सरकार एसआरपीएफ के सदस्यों के वेतन का भुगतान करेगी और यह राशि राष्ट्रीय बाघ संरक्षण प्राधिकरण द्वारा प्रतिपूर्ति की जाएगी, जिसने विशेष बल की स्थापना की सिफारिश की थी।

430 वर्ग कि.मी. केएनपी (काजीरंगा राष्ट्रीय उद्यान) दो वन्यजीव प्रभागों के तहत आठ श्रेणियों को शामिल करता है - पूर्वी असम और बिश्वनाथ - ब्रह्मपुत्र नदी का उद्गम स्थल।

काजीरंगा राष्ट्रीय उद्यान असम के गोलाघाट और नागांव जिलों में स्थित है। 1968 में इसे राष्ट्रीय उद्यान का दर्जा दिया गया और 1985 में इसे अपने अद्वितीय प्राकृतिक वातावरण के लिए UNESCO विश्व धारोहर स्थल (WHS) घोषित किया गया।

दुनिया के एक सींग वाले गैंडे की सबसे बड़ी आबादी यानी लगभग 68% इस उद्यान में है।

एक सींग वाले गैंडों को IUCN पर खतरे की प्रजातियों की सूची में सूचीबद्ध किया गया है।

यह एविफ्यूनल प्रजातियों के संरक्षण के लिए बर्डलाइफ इंटरनेशनल द्वारा एक महत्वपूर्ण पक्षी क्षेत्र (आईबीए) के रूप में भी मान्यता प्राप्त है।

वन संपदा (आईएसएफआर) की इंडिया स्टेट आफ फारेस्ट रिपोर्ट

भारत का वन, वृक्ष 2 वर्षों में 1% बढ़ा

सरकार के नवीनतम आकलन के अनुसार, भारत के वृक्ष और वन आवरण ने 2015 के बाद से दो वर्षों में 1% या 8,021 वर्ग किमी की वृद्धि दर्ज की है। पर्यावरण मंत्रालय द्वारा इंडिया स्टेट ऑफ फारेस्ट रिपोर्ट (ISFR) 2017 जारी किया गया था।

रिपोर्ट के अनुसार, कुल वन आवरण 7,08,273 वर्ग किमी है, जो देश के कुल भौगोलिक क्षेत्र का 21.54% है। कुल भौगोलिक क्षेत्र का वन और पेड़ 8,02,088 वर्ग किमी या 24.39% है। 2015 के मुकाबले भारत में नवीनतम घने जंगल भी 1.36% बढ़े हैं। ISFR हर दो साल में जारी किया जाता है।

वन कवर	घनत्व का प्रकार
स्क्रब	<10:
खुले वन	10-40:
मध्यम रूप से घने वन	40-70%
बहुत घने वन	> 700%

ISFR 2017 की खोज

देश के भौगोलिक क्षेत्र का कुल वन और वृक्षों का आवरण 24.39% है। वन आवरण में वृद्धि बहुत घने वन (VDF) में देखी गई है जो वायुमंडल से अधिकतम कार्बन डाइआक्साइड को अवशोषित करते है। इसके बाद खुले जंगल में वन कवर में वृद्धि होती है।

वन और वृक्ष की आड़ में 24.4% भूमि क्षेत्र के साथ भारत दुनिया में 10 वें स्थान पर है, भले ही यह विश्व के सतह क्षेत्र का 2.4% है और 17% मानव और 18% पशुधन आबादी की जरूरत को पूरा करता है।

वन क्षेत्र में सबसे वृहद् वार्षिक कुल लाभ की रिपोर्ट करने वाले अग्रणी दस देशों की सूची में भारत को 8 वें स्थान पर रखा गया था।

घने वन

राष्ट्रीय स्तर पर वीडीएफ की 9526 वर्ग किमी की वृद्धि हुई है। कुल क्षेत्रफल 98,158 वर्ग किमी या कुल भौगोलिक क्षेत्र का 2.99% है।

मध्यम से घना जंगल

इसमें 4421 वर्ग किमी के वन आवरण में कमी देखी गई है और एमडीएफ के तहत कुल भौगोलिक क्षेत्र का 9.38% है।

खुले वन

इसमें भी 1674 वर्ग किमी की वृद्धि देखी गई है और कुल भौगोलिक क्षेत्र का 9.18% क्षेत्र आता है।

राज्यवार वन आच्छादन

क्षेत्रफल की दृष्टि से मध्यप्रदेश (77,414 वर्ग किमी) सबसे बृहद् वन क्षेत्र का राज्य है। इसके बाद अरुणाचल प्रदेश, छत्तीसगढ़, उड़ीसा और महाराष्ट्र राज्य का वन क्षेत्र आता है। कुल भौगोलिक क्षेत्र के प्रतिशत के संदर्भ में लक्षद्वीप 90.33% के साथ सबसे अधिक है, इसके बाद मिजोरम (86.27%), अंडमान और निकोबार द्वीप (81.73%), मणिपुर (77.69%), अरुणाचल प्रदेश (75.63%), त्रिपुरा (73.68%), मेघालय (76.45%), और नागालैंड (75.33%) हैं।

2017 की रिपोर्ट में उत्तर पूर्वी क्षेत्र में 630 वर्ग किलोमीटर के वन कवर की कमी को दिखाया गया है। यह शिफ्ट खेती और जैविक दबाव के पुराने अभ्यास के कारण है।

पहाड़ी जिलों में अरुणाचल प्रदेश, हिमाचल प्रदेश, मणिपुर, मेघालय, मिजोरम, नागालैंड, त्रिपुरा और उत्तराखंड राज्य के सभी जिले शामिल हैं। कुल वन आवरण भौगोलिक क्षेत्र का 40.22% है। वर्तमान मूल्यांकन देश के सभी पहाड़ी जिलों में 7,541 वन कवर की वृद्धि दर्शाता है।

अग्रणी पांच राज्य जिन्होंने वन आवरण में वृद्धि दिखाई

आंध्र प्रदेश, कर्नाटक, केरल, ओडिशा और तेलंगाना में जबरदस्त वृद्धि हुई है।

वन कवर में कमी वाले **5** राज्य हैं–

मिजोरम (531 वर्ग किमी), नागालैंड (450 वर्ग किमी) और अरुणाचल प्रदेश (190 वर्ग किमी), त्रिपुरा (164 वर्ग किमी) और मेघालय (116 वर्ग किमी)।

वन कवर के तहत भौगोलिक क्षेत्र के **33%** से ऊपर **15** राज्य / केंद्र शासित प्रदेश हैं।

7 राज्यों / केंद्र शासित प्रदेशों में 75% से अधिक वन कवर हैं: मिजोरम लक्षद्वीप, अंडमान और निकोबार द्वीप समूह, अरुणाचल प्रदेश, नागालैंड, मेघालय और मणिपुर।

8 राज्यों / केन्द्र शासित प्रदेशों में 33% से 75% के बीच वन कवर हैं। त्रिपुरा, गोवा, सिक्किम, केरल, उत्तराखंड, दादरा और नगर हवेली, छत्तीसगढ़ और असम।

प्रतिशत भौगोलिक क्षेत्र के मामले में सर्वोच्च वन कवर वाले राज्य:

लक्षद्वीप (90.33%), मिजोरम (86.27%) और अंडमान और निकोबार द्वीप समूह (81.73%)

अन्य खोज

देश में मैंग्रोव कवर 4921 वर्ग किमी है जो देश के कुल भौगोलिक क्षेत्र का 0.15% है। पहले के अनुमानों की तुलना में 181 वर्ग किमी की वृद्धि हुई है।

महाराष्ट्र, आंध्र प्रदेश और गुजरात तीन लाभार्थी हैं और किसी भी राज्य ने मैंग्रोव कवर में नकारात्मक परिवर्तन नहीं दिखाया है।

ISFR 2017 के अनुसार, पिछले एक दशक के दौरान वन कवर के जल निकायों में 2,647 वर्ग किलोमीटर की वृद्धि हुई। महाराष्ट्र (432 वर्ग किलोमीटर), गुजरात (428 वर्ग किलोमीटर), मध्य प्रदेश (389 वर्ग किलोमीटर) - तीन राज्यों में वन क्षेत्र के भीतर जल निकायों में वृद्धि दर्शाता है।

2017 में किए गए अंतिम आकलन की तुलना में बांस क्षेत्र में 1.73 मिलियन हेक्टेयर की वृद्धि हुई है। 2011 में किए गए अंतिम मूल्यांकन की तुलना में बांस के बढ़ते स्टाक में 19 मिलियन टन की वृद्धि हुई है।

प्रधनमंत्री द्वारा जारी अखिल भारतीय बाघ अनुमान **2018**

प्रधान मंत्री नरेंद्र मोदी द्वारा जारी रिपोर्ट 'टाइगर्स को-प्रीडेटर्स एंड प्रे इन इंडिया', 2018 की स्थिति बताती है कि 2018 में 2,226 (रेंज: 2,603-3,346) से देश में बाघों की संख्या बढ़कर 2,967 (सीमा: 2,603-3,346) हो गई है (रेंज: 2014 में 1,945-2,491)।

नवीनतम जनगणना के अनुसार, बाघ की आबादी 2,967 हो गई है। पांच वर्षों में, संरक्षित क्षेत्रों की संख्या 692 से बढ़कर 860 से अधिक हो गई, सामुदायिक भंडार 43 से बढ़कर 100 हो गए।

यह 2014 की जनगणना पर 33 प्रतिशत की वृद्धि है। इसके साथ, भारत ने 2022 तक बाघों की आबादी को दोगुना करने के लिए 2010 सेंट पीटर्सबर्ग घोषणा में निर्धारित लक्ष्य हासिल कर लिया है।

सेंट पीटर्सबर्ग घोषणा

बाघों के प्राकृतिक आवास के संरक्षण के बारे में जागरूकता पैदा करने के लिए 29 जुलाई को वैश्विक बाघ दिवस के रूप में दुनिया भर में मनाया जाता है।

यह दिन 2010 में रूस में सेंट पीटर्सबर्ग टाइगर समिट में देशों द्वारा हस्ताक्षरित समझौते के अनुस्मारक के रूप में कार्य करता है, ताकि वैश्विक बाघों की आबादी में गिरावट के बारे में जागरूकता बढ़ सके।

हस्ताक्षरकर्ताओं ने यह करार दिया कि 2022 तक बाघों की आबादी वाले देशों में जानवरों की आबादी दोगुनी हो जाएगी।

राइनो की जनगणना 2018

असम के विश्व प्रसिद्ध आरक्षित क्षेत्र में कवच-धारी इन शाकाहारी जानवरों की नवीनतम अनुमानित संख्या 2,413 गैंडों की है। यह 2015 के आंकड़े पर एक दर्जन से अधिक की वृद्धि है। काजीरंगा उन चार आवासों में से दूसरा है जहाँ जनगणना की गई थी। पहला गुवाहाटी के पास पोबितोरा वन्यजीव अभयारण्य में था, जहां इस बार गिनती 102 थी, 2012 में यह 93 थी। मानस नेशनल पार्क और ओरंग नेशनल पार्क में जनगणना भी पूरी हुई। असम में कुल 2,645 गैंडे हैं। मानस राष्ट्रीय उद्यान और काजीरंगा राष्ट्रीय उद्यान असम में दो विश्व धारोहर स्थल हैं। मानस एक बाघ अभयारण्य भी है।

IUCN की स्थिति

ग्रेटर वन हार्नेड गैंडा - कमजोर। जावन गैंडा - गंभीर रूप से लुप्तप्राय। सुमात्रा गैंडा - गंभीर रूप से लुप्तप्राय।

सरकार ने एशियाई शेर संरक्षण परियोजना शुरू की

पर्यावरण, वन और जलवायु परिवर्तन मंत्रालय ने एशियाटिक लायन कंजर्वेशन प्रोजेक्ट' की शुरुआत की, जिसका उद्देश्य एशियाटिक लायन की स्वतंत्र आबादी और इसके संबद्ध पारिस्थितिकी तंत्र की सुरक्षा और संरक्षण करना है। अगले तीन वर्षों के लिए परियोजना का बजट एक केन्द्र प्रायोजित योजना- 'वन्यजीव आवास का विकास' के माध्यम से वित्त पोशित किया जाएगा। केंद्र और राज्य सरकार से योगदान अनुपात 60:40 होगा।

एशियाई शेर संरक्षण परियोजना अत्याधुनिक तकनीकों, नियमित वैज्ञानिक अनुसंधान अध्ययन, रोग प्रबंधन, आधुनिक निगरानी तकनीकों की मदद से एशियाई शेर के संरक्षण के लिए चल रहे उपायों को मजबूत करेगी। यह भारत में एक स्थिर और व्यवहार्य शेर आबादी सुनिश्चित करने के लिए पर्याप्त पर्यावरण विकास कार्यों के साथ पूरक होगा।

एशियाई जल पक्षी सेंसर

एशियन वाटरबर्ड सेंसर (AWC), वेटलैंड्स इंटरनेशनल द्वारा समन्वित वैश्विक जल पक्षी निगरानी कार्यक्रम- 'इंटरनेशनल वाटरबर्ड जनगणना (IWC)' का एक अभिन्न अंग है।

वाटरबर्ड वेटलैंड्स स्वास्थ्य के प्रमुख संकेतकों में से एक हैं। वेटलैंड्स इन करिश्माई प्रजातियों के लिए चारा, आराम, रूसटिंग और निवास स्थान प्रदान करते हैं। भारत सुल्तानपुर पक्षी अभयारण्य, हरियाणा, भारत में बर्ड-वाचिंग का समन्वय करता है। इस साल तीन नई प्रजातियां- ग्रेटर "लेमिंगो, ग्रे-हेडेड लैपविंग और ब्लू-चीक बी-ईटर देखा गया।

हर जनवरी को, एशिया और ऑस्ट्रेलिया के हजारों स्वयंसेवक अपने देश में आर्द्रभूमि की यात्रा करते हैं और वाटरबर्ड्स की गिनती करते हैं। भारत में, AWC को बाम्बे नेचुरल हिस्ट्री सोसाइटी (BNHS) और वेटलैंड्स इंटरनेशनल द्वारा वार्षिक रूप से समन्वित किया जाता है।

AWC की शुरुआत 1987 में भारतीय उपमहाद्वीप में हुई थी। तब से यह एशिया के प्रमुख क्षेत्रों को कवर करने के लिए तेजी से बढ़ा, अफगानिस्तान से पूर्व की ओर जापान, दक्षिण पूर्व एशिया और आस्ट्रेलिया तक। इस प्रकार, जनगणना में पूरे पूर्वी एशियाई - ऑस्ट्रेलियाई "लाईवे और मध्य एशियाई "लाईवे का एक बड़ा हिस्सा शामिल है।

जनगणना के निम्नलिखित उद्देश्य हैं:

- स्थलों के मूल्यांकन और आबादी की निगरानी के लिए एक आधार के रूप में अधिकांश प्रजातियों (जनवरी) की गैर-प्रजनन अवधि के दौरान इस क्षेत्र में वेटलैंड्स पर वाटरबर्ड आबादी की वार्षिक आधार पर जानकारी प्राप्त करने के लिए।
- वार्षिक आधार पर आर्द्रभूमि की स्थिति की निगरानी करना
- नागरिकों के बीच वाटरबर्ड और आर्द्रभूमि में अधिक रुचि को प्रोत्साहित करना।
- अब तक, 27 देशों के 6,100 से अधिक स्थल हजारों स्वयंसेवकों की सक्रिय भागीदारी से आच्छादित हैं।

डॉल्फिन की जनगणना 2019

डब्ल्यूडब्ल्यूएफ-इंडिया, वन और वन्यजीव संरक्षण विभाग के साथ साझेदारी में, पंजाब ने ब्यास नदी (ब्यास संरक्षण रिजर्व) में पहली बार आयोजित सिंधु नदी डॉल्फ़िन सर्वेक्षण का आयोजन किया।

गंगा, गंडक और घाघरा नदियों में गंगा की डॉल्फ़िन जनगणना की गई। डॉल्फ़िन की अधिकांश आबादी बिहार राज्य में रहती है। विक्रमशिला गंगात्मक डॉल्फ़िन अभयारण्य बिहार का एकमात्र अभयारण्य है।

ओडिशा की डॉल्फ़िन की वार्षिक जनगणना ने कुछ चौंकाने वाले आंकड़े पेश किए हैं, जलीय स्तनधारियों की आबादी इस साल 2018 में 469 से घटकर 259 रह गई है।

2019 की डॉल्फ़िन की जनगणना रिपोर्ट से पता चला है कि गहिरमाथा में ओडिशा की सबसे बड़ी डॉल्फ़िन आबादी है, जिसकी 126 डॉल्फ़िन है। गहिरमाथा के बाद, चिलिका की अगली सबसे बड़ी आबादी (113) है, जिसके बाद गंजाम जिले में रशुकुल्या नदी है, जिसमें 15 डॉल्फ़िन और अंत में बालासोर है, जिसमें 5 डॉल्फ़िन हैं।

डॉल्फ़िन को भारतीय वन्यजीव (संरक्षण) अधिनियम 1972 की अनुसूची I में शामिल किया गया है। यह लुप्तप्राय प्रजातियों (CITES) में अंतर्राष्ट्रीय व्यापार पर कन्वेंशन के परिशिष्ट I में शामिल है। इसके अलावा, परिशिष्ट II में यह कन्वेंशन आन माइग्रेटरी स्पीशीज़ (CM) में शामिल है और प्रकृति के संरक्षण के लिए अंतर्राष्ट्रीय संघ (IUCN) रेड लिस्ट में 'लुप्तप्राय' के रूप में वर्गीकृत है।

सिंधु डॉल्फ़िन - लुप्तप्राय
इरवाड्डी डॉल्फ़िन - लुप्तप्राय
गांगेय डॉल्फ़िन - लुप्तप्राय

मगरमच्छ जनगणना

ओडिशा के भितरकनिका नेशनल पार्क और केंद्रपाड़ा जिले के इसके आस-पास के इलाकों में, इस साल की वार्षिक सरीसृप जनगणना में 1,742 मगरमच्छों की गिनती के साथ, खारे पानी या एस्टुरीन क्रोकोडाइल (क्रोकोडायलस पोरस) की आबादी में वृद्धि हुई है। पिछले साल, 1,698 मगरमच्छों की गिनती हुई।

1975 में, संयुक्त राष्ट्र विकास कार्यक्रम के सहयोग से केंद्रीय वन और पर्यावरण मंत्रालय ने भितरकनिका पार्क के भीतर डांगमाला में एक मगरमच्छ प्रजनन और पालन परियोजना शुरू की थी।

मगरमच्छों की तीन प्रजातियां- खारे पानी, मुगर और घड़ियाल- प्रजनन कार्यक्रम 1975 में पश्चिम बंगाल, मध्य प्रदेश, उत्तर प्रदेश, बिहार और भारत और नेपाल के अन्य राज्यों में 34 स्थानों पर शुरू किए गए थे।

लेकिन भितरकनिका में खारे पानी का मगरमच्छ संरक्षण कार्यक्रम सबसे रूल है, क्योंकि 1975 में, भितरकनिका में केवल 96 मगरमच्छ थे।

मगरमच्छों की नस्लें

मुगर मगरमच्छ (जल्द ही लुप्तप्राय हो जाएंगे) - दलदल में पाए जाते हैं।

घड़ियाल (गंभीर रूप से संकटग्रस्त) - मीठे पानी में पाये जाते हैं।

खारे पानी का मगरमच्छ (बहुतायत में पाए जाते हैं, चिंता का विषय नहीं हैं

सरकार ने पश्चिमी घाटों में 56,825 वर्ग किमी क्षेत्र को ईको सेंसिटिव घोषित किया

पर्यावरण मंत्रालय ने पश्चिमी घाट के छह राज्यों में फैले 50,000 वर्ग किलोमीटर क्षेत्र की पहचान पारिस्थितिक रूप से संवेदनशीलक्षेत्र (ईएसए) के रूप में की है।

पर्यावरण (संरक्षण) अधिनियम, 1986 (1986 का 29) की धारा 3 द्वारा प्रदत्त शक्तियों के अभ्यास में ... केंद्र सरकार ने इसके द्वारा 56,825 वर्ग किलोमीटरं के चिन्हित क्षेत्र को पश्चिमी घाट पारिस्थितिक रूप से संवेदनशील क्षेत्र के रूप में अधिसूचित किया, जो छह राज्यों, गुजरात, महाराष्ट्र, गोवा, कर्नाटक, केरल और तमिलनाडु में फैला है।

इससे पहले, हाल ही में केरल की बाढ़ के बाद, नेशनल ग्रीन ट्रिब्यूनल (एनजीटी) ने छह राज्यों को पर्यावरण-संवेदनशील क्षेत्रों को नुकसान पहुंचाने वाली गतिविधियों के लिए पर्यावरणीय मंजूरी देने से रोक दिया था।

2011 में, पारिस्थितिकीविद् माधव गाडगिल की अध्यक्षता वाली एक समिति ने 64 क्षेत्रो को ईएसए के तहत आने की सिफारिश की थी, लेकिन विभिन्न राज्यों के विरोध के बाद इसे हटा दिया गया था।

2013 में पूर्व ISRO अध्यक्ष के। कस्तूरीरंगन की अध्यक्षता में एक अन्य विशेषज्ञ समिति ने सुझाव दिया था कि पश्चिमी घाट के 37 प्रतिशत (60,000 हेक्टेयर) को ईएसए घोषित किया जाना चाहिए। इसे भी लागू नहीं किया गया।

केरल की बाढ़ के बाद पश्चिमी घाटों को ईएसए घोषित करने के आश्वासन को जोर मिला। गाडगिल सहित कई पर्यावरण विशेषज्ञों ने इसे पश्चिमी घाटों के विनाश और राज्य में पारिस्थितिक नाजुक क्षेत्रों में बिना सोचे समझे किया गया निर्माण और खनन गतिविधियों को जिम्मेदार ठहराया था।

पश्चिमी घाट

पश्चिमी घाट, जिसे सहयाद्रि के नाम से भी जाना जाता है, जो उत्तर में ताप्ती नदी से दक्षिण में कन्याकुमारी तक लगभग 1,500 किलोमीटर की दूरी पर छह राज्यों में फैला है, दुर्लभ वनस्पतियों और जीवों का खजाना माना जाता है। इसमें फूलों के पौधों की 7,402 प्रजातियां शामिल हैं, 1,814 प्रजातियां बिना-फूल वाले पौधो, 139 स्तनपायी प्रजातियाँ, 508 पक्षी प्रजातियाँ, 179 उभयचर प्रजातियाँ, 6,000 कीट प्रजातियाँ और 290 मीठे पानी की मछली की प्रजातियाँ शामिल हैं।

2012 में इसे यूनेस्को की विश्व धारोहर स्थल के रूप में सूचीबद्ध किया गया था और यह दुनिया में जैविक विविधता के 8 ''सबसे गर्म स्थानों'' में से एक है।

समग्र जल प्रबंधन सूचकांक (CWMI) – नीति आयोग द्वारा

भारत अपने इतिहास के सबसे खराब जल संकट से पीड़ित है। लगभग 60 करोड़ लोग अत्यधिक पानी के तनाव का सामना कर रहे हैं और लगभग 2 लाख लोग सुरक्षित पानी की अपर्याप्त पहुंच के कारण हर साल मर रहे हैं।

जल संसाधन मंत्री द्वारा जारी रिपोर्ट 'समग्र जल प्रबंधन सूचकांक' (सीडब्ल्यूएमआई) ने कहा कि संकट केवल बदतर होने वाला है। वर्ष 2030 तक, देश की पानी की मांग उपलब्ध आपूर्ति से दोगुनी होगी, जिसमें लाखों लोगों के लिए गंभीर जल की कमी और देश के सकल घरेलू उत्पाद में 6 प्रतिशत की कमी होगी।

CWMI जल संसाधनों के कुशल प्रबंधन में केंद्रशासित प्रदेशों के प्रदर्शन का आकलन और सुधार करने के लिए एक महत्वपूर्ण उपकरण है।

सीडब्ल्यूएमआई को नीति आयोग द्वारा विकसित किया गया है जिसमें नौ व्यापक क्षेत्र शामिल हैं जिसमें 28 संकेतक हैं जिनमें जल निकायों, सिंचाई, कृषि प्रथाओं, पेयजल नीति और शासन के भूजल बहाली के विभिन्न पहलुओं को शामिल किया गया है। विश्लेषण के प्रयोजनों के लिए, रिपोर्टिंग राज्यों को दो समूहों में विभाजित किया गया था।

(i) 'उत्तर पूर्वी और हिमालयी राज्य 'और

(ii) 'अन्य राज्य'- विभिन्न हाइड्रोलाजिकल स्थितियों के लिए जिम्मेदार।

रिपोर्ट के अनुसार, झारखंड, हरियाणा, उत्तर प्रदेश और बिहार जल प्रबंधन में सबसे खराब प्रदर्शन करने वाले राज्य हैं।

बांध सुरक्षा बिल 2019

भारत में 5,264 बड़े बांध हैं जबकि 437 बांध निर्माणाधीन हैं। इन बांधों के अलावा, देश में हजारों अन्य छोटे और मध्यम बांध हैं। कुल बड़े बांधों में से, 293 बांध 100 साल से अधिक पुराने हैं और 1,041 बांध 50 साल से अधिक पुराने हैं। उचित कानूनी ढांचे के अभाव में, इन बड़ी संख्या में बांधों की सुरक्षा और रखरखाव चिंता का कारण है। बांध सुरक्षा विधेयक, 2019 देश में सभी निर्दिष्ट बांधों की उचित निगरानी निरीक्षण, संचालन और रखरखाव के लिए नियम प्रदान करता है। बांध सुरक्षा विधोयक 2019 बांध सुरक्षा और राष्ट्रीय बांध सुरक्षा प्राधिकरण पर एक राष्ट्रीय समिति के लिए प्रावधान करता है। ये दोनों प्राधिकरण केंद्रीय जल आयोग (सीडब्ल्यूसी) के तहत मौजूद हैं, हालांकि, उनके आदेशों को लागू करने के लिए उनके पास एक कानूनी तंत्र की कमी है।

यह नीति, दिशानिर्देशों और बांध सुरक्षा के मानकों को लागू करने के लिए एक नियामक के रूप में एक राष्ट्रीय बांध सुरक्षा प्राधिकरण भी बनाएगा। यह प्राधिकरण सभी बांधों के डेटा को बनाए रखेगा और प्रकाशित करेगा और अंतर-राज्य विवादों को हल करेगा। यह दंड प्रावधानों के साथ बांध के रखरखाव की जवाबदेही भी तय करेगा।

विधेयक विशेषज्ञ अधिकारियों के साथ राज्य स्तर पर बांध सुरक्षा समितियों और बांध सुरक्षा संगठनों का भी निर्माण करेगा।

बांध सुरक्षा विधेयक, 2019 के तहत बांध सुरक्षा के लिए संस्थागत ढांचे में निम्नलिखित शामिल हैं:

बांध सुरक्षा पर राष्ट्रीय समिति (NCDS)

विधोयक में बांध सुरक्षा पर एक राष्ट्रीय समिति के गठन का प्रावधान है जो बांध सुरक्षा नीतियों को विकसित करेगा और इस उद्देश्य के लिए आवश्यक विनियमों की सिफारिश करेगी।

राष्ट्रीय बांध सुरक्षा प्राधिकरण (NDSA)

विधेयक में राष्ट्रीय बांध सुरक्षा प्राधिकरण की स्थापना एक नियामक संस्था के रूप में की गई है जो देश में बांध सुरक्षा के लिए नीति, दिशानिर्देशों और मानकों को लागू करने के लिए कार्यों का निर्वहन करेगी।

बांध सुरक्षा पर राज्य समिति (SCDS)

विधेयक में राज्य सरकार द्वारा बांध सुरक्षा पर एक राज्य समिति के गठन का प्रावधान है।

यह उस राज्य में सभी निर्दिष्ट बांधों की उचित निगरानी, निरीक्षण, संचालन और रखरखाव और उनकी सुरक्षित कार्यप्रणाली सुनिश्चित करेगी।

यह आगे कहता है कि प्रत्येक राज्य एक ''राज्य बांध सुरक्षा संगठन'' स्थापित करेगा। यह 'बांध सुरक्षा' के अधिकारियों द्वारा अधिमानतः बांध-डिजाइन, हाइड्रो-मैकेनिकल इंजीनियरिंग, हाइड्रोलाजी, भू-तकनीकी जांच, इंस्ट्रूमेंटेशन द्वारा संचालित किया जाएगा।

राज्य बांध सुरक्षा संगठन (SDSO)

विधेयक में यह प्रावधान किया गया है कि प्रत्येक राज्य में बाँधों की निर्दिष्ट संख्या एक राज्य बांध सुरक्षा संगठन स्थापित होगा, जिसे अधिकारियों द्वारा बांध सुरक्षा के क्षेत्र में पर्याप्त अनुभव दिया जाएगा।

अन्य कर्तव्य और कार्य

विधेयक के अनुसार, सभी निर्दिष्ट बांध राज्य के एसडीएसओ के अधिकार क्षेत्र में आएंगे, जिसमें बांध स्थित है।

सीपीएसयू के स्वामित्व वाले निर्दिष्ट बांधों के लिए या जहां एक बांध को दो या अधिक राज्यों में विस्तारित किया जाता है या जहां एक राज्य के स्वामित्व वाला बांध दूसरे राज्य में स्थित है, एनडीएसए को एसडीएसओ के रूप में माना जाएगा।

ओडिशा समुद्र तट को एशिया का पहला 'ब्लू फ्लैग' टैग मिला

ओडिशा चंद्रभागा समुद्र तट ब्लू "फ्लैग प्रमाणन प्राप्त करने वाला एशिया का पहला शहर बन है। यह पानी, सुरक्षा, पर्यावरण शिक्षा और सूचना के लिए उच्च गुणवत्ता मानकों को बनाए रखने के लिए समुद्र तटों को दिया जाता है। वैश्विक स्तर पर, 4,000 से अधिक ब्लू "फ्लैग समुद्र तट हैं। सोसाइटी फार इंटीग्रेटेड कोस्टल मैनेजमेंट (SICOM) द्वारा देश के बारह और समुद्र तटों को ब्लू "फ्लैग मानकों के अनुसार तटीय क्षेत्रों के प्रबंधन के लिए काम करने वाले पर्यावरण मंत्रालय के निकाय द्वारा विकसित किया जा रहा है।

उनमें से महाराष्ट्र में चिवला और भोगवे समुद्र तट और पुडुचेरी, गोवा, दमन और लक्षद्वीप और अंडमान और निकोबार द्वीप समूह, हर प्रदेश में से एक समुद्र तट है। ब्लू "फ्लैग मानकों को प्राप्त करने के लिए, एक समुद्र तट प्लास्टिक मुद्रा होना चाहिए और एक उचित अपशिष्ट प्रबंधन प्रणाली होनी चाहिए। अंतरराष्ट्रीय सुविधाओं के अलावा पर्यटकों के लिए साफ पानी उपलब्ध होना चाहिए।

समुद्र तट में क्षेत्र के चारों ओर पर्यावरणीय प्रभाव का अध्ययन करने के लिए सुविधाएं होनी चाहिए। एक समुद्र तट को 33 पर्यावरण और पर्यटन संबंधी स्थितियों का कड़ाई से पालन करना है। मानकों को 1985 में कोपेनहेगन-आधारित

फाउंडेशन फॉर एनवायरनमेंटल एजुकेशन (FEE) द्वारा स्थापित किया गया था। पर्यावरण मंत्रालय ने दिसंबर 2017 में ब्लू "फ्लैग प्रोजेक्ट को शुरू किया।

CITES (जंगली जीव और वनस्पतियों पर लुप्तप्राय प्रजातियों में अंतर्राष्ट्रीय व्यापार पर सम्मेलन)

CITES (वन्य जीवों और वनस्पतियों पर लुप्तप्राय प्रजातियों में अंतर्राष्ट्रीय व्यापार पर सम्मेलन) सरकारों के बीच एक अंतरराष्ट्रीय समझौता है। इसका उद्देश्य यह सुनिश्चित करना है कि जंगली जानवरों और पौधों के नमूनों में अंतर्राष्ट्रीय व्यापार उनके अस्तित्व के लिए खतरा नहीं है।

व्यापार विविधतापूर्ण है, जिसमें जीवित जानवरों और पौधों से लेकर उनके द्वारा प्राप्त वन्यजीव उत्पादों की एक विशाल सरणी है, जिसमें खाद्य उत्पाद, विदेशी चमड़े के सामान, लकड़ी के संगीत वाद्ययंत्र, लकड़ी, पर्यटक स्मारिकाएं और दवाएं शामिल हैं।

सीआईटीईएस एक अंतरराष्ट्रीय समझौता है जिसके लिए राज्य और क्षेत्रीय आर्थिक एकीकरण संगठन स्वेच्छा से पालन करते हैं। वे राज्य जो कन्वेंशन द्वारा बाध्य होने के लिए सहमत हो गए हैं, पार्टियों के रूप में जाने जाते हैं। हालाँकि CITES कानूनी रूप से पार्टियों पर बाध्यकारी है – दूसरे शब्दों में उन्हें कन्वेंशन को लागू करना है – यह राष्ट्रीय कानूनों की जगह नहीं लेता है। इसके बजाय यह प्रत्येक पार्टी द्वारा सम्मानित किया जाने वाला एक ढांचा प्रदान करता है, जिसे राष्ट्रीय स्तर पर सीआईटीईएस लागू करने के लिए अपना घरेलू कानून अपनाना पड़ता है।

कछुओं के नुकसान को नियंत्रित करने के लिए आपरेशन कच्छपा

भारतीय वन्यजीव संरक्षण सोसाइटी ने कछुए की हत्या को रोकने के लिए सितंबर 1998 में आपरेशन कच्छपा शुरू किया। इस परियोजना का उद्देश्य कछुआ मृत्यु दर को कम करना और तीन मुख्य गतिविधियों पर ध्यान केंद्रित करके प्रजातियों के भविष्य की रक्षा करने का प्रयास करना है।

- अवैध मछली पकड़ने वाले क्षेत्रों की गश्त और वह स्थान जहाँ कछुए अंडे देते हैं, उन स्थलों की सुरक्षा में सुधार करना।
- कछुआ संरक्षण और मछली पकड़ने के कानून के उल्लंघन पर कानूनी कार्रवाई का समर्थन करना।
- समुद्री कछुए संरक्षण के मुद्दों के लिए सार्वजनिक समर्थन और जागरूकता बढ़ाना।

आपरेशन कच्छपा का समुद्री कछुए की मृत्यु की संख्या और समस्या के बारे में सार्वजनिक जागरूकता पर महत्वपूर्ण प्रभाव पड़ा है। लेकिन तट के साथ निर्माण गतिविधि अथक है और दुख की बात है कि उड़ीसा के तट से दूर अवैध मछली पकड़ने वाली नौकाओं से अब भी हर साल हजारों कछुए मर जाते हैं।

ओडिशा राज्य वन विभाग के सहयोग से वाइल्डलाइफ प्रोटेक्शन सोसाइटी ऑफ इंडिया द्वारा ओलिव रिडले सी कछुए का संरक्षण शुरू किया गया था।

इन कछुओं और उनके उत्पादों का अंतर्राष्ट्रीय व्यापार CITES परिशिष्ट- I के तहत प्रतिबंधित है। भारत में कछुओं की आकस्मिक मृत्यु को कम करने के लिए, ओडिशा सरकार ने ट्रैवेल्स के लिए टर्टल एक्सक्लूडर डिवाइसेस (TED) का उपयोग करना अनिवार्य कर दिया है। यह विशेष रूप से एक एक्जिट कवर के साथ बनाया गया है और WCCB को इस आपरेशन के लिए CITES द्वारा जीवित कछुओं के अवैध व्यापार से निपटने के लिए आपरेशन सेव कुरमा द्वारा सम्मानित किया गया था। ओलिव रिडली अपने 'अर्बिडास' या वार्षिक बड़े पैमाने पर घोंसले के लिए जाना जाता है।

अन्य कछुए की प्रजातियाँ:

- लेदरबैक (कमजोर),
- लागरहेड (लुप्तप्राय),
- हाक्सबिल (गंभीर रूप से लुप्तप्राय),
- हरा कछुआ (लुप्तप्राय)
- आलिव रिडले (कमजोर)

'परिवेश' को लान्च किया गया

प्रधान मंत्री नरेंद्र मोदी ने परिवेश (प्रो-एक्टिव और उत्तरदायी सुविधा इंटरएक्टिव, सदाचारी और पर्यावरणीय एकल-खिड़की शुरू की)।

परिवेश एक एकल-खिड़की एकीकृत पर्यावरण प्रबंधन प्रणाली है। यह न्यूनतम सरकार और अधिकतम शासन के सार पर प्रधानमंत्री द्वारा शुरू किए गए डिजिटल इंडिया 'की भावना के अनुसरण में विकसित किया गया था।

परिवेश आवेदन को प्रस्तुत करने और प्रसंस्करण के प्रत्येक चरण में ऐसे प्रस्तावों की स्थिति को ट्रैक करने की पूरी प्रक्रिया को स्वचालित करता है।

''परिवेश'' एक वर्कफ्लो आधारित अनुप्रयोग है, जो वेब आर्किटेक्चर की अवधारणा पर काम करता है। पर्यावरण, वन और जलवायु परिवर्तन मंत्रालय (MOEFCC) के साथ-साथ राज्य स्तरीय पर्यावरणीय प्रभाव आकलन प्राधिकरणों (SEIAA) के लिए परियोजना प्रस्तावकों द्वारा प्रस्तुत प्रस्तावों की आनलाइन प्रस्तुतिकरण, निगरानी और प्रबंधन के लिए इसे लागू किया गया है। यह केंद्रीय, राज्य और जिला-स्तर के अधिकारियों से विभिन्न प्रकार की मंजूरी (जैसे पर्यावरण, वन, वन्यजीव और तटीय विनियमन क्षेत्र की मंजूरी) लेने कीं प्रक्रिया को आसान करने के लिए किया गया है। इस प्रणाली को राष्ट्रीय सूचना विज्ञान केंद्र (एनआईसी), नई दिल्ली से तकनीकी सहायता के साथ पर्यावरण, वन और जलवायु परिवर्तन मंत्रालय द्वारा डिजाइन, विकसित और होस्ट किया गया है। परिवेश की मुख्य विशेषताओं में शामिल हैं - एकल पंजीकरण और एकल साइन- सभी प्रकार की मंजूरी के लिए (अर्थात पर्यावरण, वन, वन्य जीवन और CRZ), किसी विशेष परियोजना के लिए आवश्यक सभी प्रकार की मंजूरी के लिए अद्वितीय-आईडी और इसके लिए एकल विंडो इंटरफेस प्रस्तावक सभी प्रकार की मंजूरी (अर्थात पर्यावरण, वन, वन्यजीव और CRZ मंजूरी) प्राप्त करने के लिए आवेदन प्रस्तुत करना।

वैश्विक पर्यावरणीय सर्वेक्षण 2019 (छठवाँ संस्करण)

वैश्विक पर्यावरण आउटलुक (GEO) पर्यावरण पर रिपोर्टों की एक श्रृंखला है, जो संयुक्त राष्ट्र पर्यावरण कार्यक्रम (UNEP) द्वारा समय-समय पर जारी किया जाता है। संयुक्त राष्ट्र पर्यावरण कार्यक्रम (UNEP) ने वैश्विक पर्यावरण आउटलुक (2019) के छठे संस्करण को 'स्वस्थ ग्रह, स्वस्थ लोग' शीर्षक से जारी किया है।

रिपोर्ट में निर्णयकर्ताओं का कहना है कि सतत विकास लक्ष्यों को प्राप्त करने के लिए पर्यावरणीय मुद्दों को दबाने के साथ-साथ अन्य अंतरराष्ट्रीय स्तर पर सहमत पर्यावरण लक्ष्यों, जैसे पेरिस समझौते को संबोधित करने के लिए तत्काल कार्रवाई की जाए। संयुक्त राष्ट्र पर्यावरण ने 1997 में पहला वैश्विक पर्यावरण आउटलुक (GEO) लान्च किया। सैकड़ों वैज्ञानिकों, सहकर्मी समीक्षकों, सहयोगी संस्थानों और भागीदारों के एक समुदाय को एक साथ लाकर, GEO रिपोर्ट मजबूत वैज्ञानिक ज्ञान का निर्माण करती है, जो कि 2050 तक वास्तव में बेहतर दुनिया बनाने के लिए आवश्यक जानकारी सरकारों, स्थानीय अधिकारियों, व्यवसायों और नागरिकों को प्रदान की जाती है। यह प्रमुख रिपोर्ट बताती है कि सरकारें दुनिया को वास्तव में

उज्जवल भविष्य की राह पर कैसे डाल सकती हैं। यह जोर देती है कि स्वस्थ लोगों के साथ एक स्वस्थ ग्रह को प्राप्त करने के लिए सभी स्तरों पर निर्णय निर्माताओं द्वारा तत्काल और समावेशी कार्रवाई की आवश्यकता है।

खंगचेंद्जोंगा बायोस्फीयर रिजर्व

खंगचेंद्जोंगा बायोस्फीयर रिजर्व भारत का 11वां बायोस्फीयर रिज़र्व है जिसे यूनेस्को द्वारा नामित वर्ल्ड नेटवर्क आफ बायोस्फीयर रिजर्व (WNBR) में शामिल किया गया है।

WNBR में खंगचेंद्जोंगा बायोस्फीयर रिजर्व को शामिल करने का फैसला 23 से 27 जुलाई, 2018 को इंडोनेशिया के पैलेबांग में आयोजित यूनेस्को के मैन एंड बायोस्फीयर (MAB) इंटरनेशनल कोआर्डिनेटिंग काउंसिल (ICC) के 30 वें सत्र में लिया गया था। भारत में 18 बायोस्फीयर हैं। रिजर्व और खंगचेंदजोंग के शामिल होने के साथ, अंतरराष्ट्रीय स्तर पर नामित डब्ल्यूएनबीआर की संख्या 11 हो गई है, जिसमें 7 घरेलू बायोस्फीयर रिजर्व हैं।

सिक्किम में खंगचेंद्जोंगा बायोस्फीयर रिजर्व दुनिया के सबसे ऊंचे पारिस्थितिक तंत्रें में से एक है, जो समुद्र तल से 1, 220 मीटर की ऊंचाई पर है। इसमें पर्यावरण रेखाओं की एक श्रृंखला शामिल है, जो उप-उष्णकटिबंधीय से आर्कटिक तक अलग-अलग है, साथ ही विभिन्न बायोम में प्राकृतिक वन हैं, जो वन प्रकार और निवासों की एक अत्यधिक समृद्ध विविधता का समर्थन करते हैं। कोर जोन - खंगचेंदुजोन्गा नेशनल पार्क को 2016 में 'मिश्रित' श्रेणी के तहत विश्व विरासत स्थल नामित किया गया था। उत्तरी सिक्किम में दोजोंगू घाटी में पाए जाने वाले बड़ी संख्या में औशधीय पौधों की 118 से अधिक प्रजातियाँ एथनो-मेडिकल उपयोगिता की हैं।

MAB कार्यक्रम और भारत के जीवमंडल आरक्षित कार्यक्रम

1971 में शुरू किया गया, यूनेस्को का मानव और जीवमंडल कार्यक्रम (एमएबी) एक अंतरसरकारी वैज्ञानिक कार्यक्रम है जिसका उद्देश्य लोगों और उनके पर्यावरण के बीच संबंधों के सुधार के लिए वैज्ञानिक आधार स्थापित करना है। भारत में बायोस्फीयर रिजर्व कार्यक्रम एमएबी कार्यक्रम द्वारा निर्देशित है क्योंकि भारत एमएबी कार्यक्रम द्वारा समर्थित परिद्रश्य दृष्टिकोण का एक संकेतक है।

वित्तीय सहायता 60:40 के अनुपात में है, लेकिन उत्तर पूर्वी और हिमालयी राज्यों के लिए यह 90:10 है। राज्य सरकार प्रबंधन कार्य योजना तैयार करती है, जिसे केंद्रीय एमएबी समिति द्वारा अनुमोदित किया जाता है और निगरानी रखी जाती है।

कटोविस COP24 शिखर सम्मेलन

संयुक्त राष्ट्र फ्रेमवर्क कन्वेंशन आन क्लाइमेट चेंज (COP 24) के लिए पार्टियों के सम्मेलन का 24 वां सत्र 02 दिसंबर से 15 दिसंबर 2018 को पोलैंड के कटोविस में आयोजित किया गया था। यह सम्मेलन महत्वपूर्ण था क्योंकि यह तीन प्रमुख मुद्दों पर केंद्रित था- (i) पेरिस समझौते के कार्यान्वयन के लिए दिशा-निर्देशों / तौर-तरीकों / नियमों को अंतिम रूप देना, (ii) 2018 फेसिलेटिव तलानोआ डायलाग का समापन और (iii) प्री-2020 एक्शन कार्यान्वयन और महत्वाकांक्षा का स्टाक लेना।

भारत ने COP-24 के दौरान प्रतिबद्धता और नेतृत्व की भावना का प्रदर्शन किया और पेरिस समझौते को अपनी भावना में लागू करने और जलवायु परिवर्तन को संबोधित करने के लिए सामूहिक रूप से कार्य करने के अपने वादे को दोहराया। संवाद का परिणाम 2020 तक प्रति वर्ष संयुक्त रूप से 100 बिलियन अमरीकी डालर प्रति वर्ष जुटाने के लक्ष्य के लिए विकसित देश पार्टियों की प्रतिबद्धता को याद करता है।

पेरिस शिखर सम्मेलन ग्लोबल वार्मिंग को सीमित करने के बारे में है, जबकि काटोविस सम्मेलन लक्ष्य को प्राप्त करने के तरीके के बारे में है।

गांगेय डॉल्फिन

डॉल्फ़िन कछुओं, मगरमच्छों और शार्क की कुछ प्रजातियों के साथ दुनिया के सबसे पुराने जीवों में से एक हैं। गंगा नदी की डॉल्फ़िन अधिकारिक तौर पर 1801 में खोजी गई थी।

गंगा नदी की डॉल्फ़िन नेपाल, भारत और बांग्लादेश की गंगा-ब्रह्मपुत्र-मेघना और कर्णफुली-सांगु नदी प्रणालियों में रहती थीं। लेकिन यह प्रजाति अपने अधिकांश प्रारंभिक वितरण श्रेणियों से विलुप्त हो गई है।

गंगा नदी की डॉल्फ़िन केवल मीठे पानी में रह सकती है और अनिवार्य रूप से अंधी है। ये अल्ट्रासोनिक ध्वनियों का उत्सर्जन करके शिकार करती हैं। ये ध्वनियाँ मछलियों और अन्य शिकार पर उछलती हैं, जो उन्हें अपने दिमाग में एक छवि देखने के लिए सक्षम बनाती हैं। वे अक्सर अकेले या छोटे समूहों में पाई जाती हैं, और आम तौर पर एक माँ और बच्चा एक साथ यात्रा करते हैं। इनके बच्चे जन्म के समय भूरे रंग के होते हैं और फिर वयस्कों के रूप में भूरे, चिकनी त्वचा वाले और बालों रहित होते हैं। मादाएं नर से बड़ी होती हैं और हर दो से तीन साल में एक बार केवल एक बच्चे को जन्म देती हैं।

यह ईको-सिस्टम नदी में जलीय खाद्य श्रृंखला का शीर्ष है, वे अनिवार्य रूप से अंधी होती हैं और गूंज(इको) स्थान का उपयोग करती हैं। यह समुद्र में कभी नहीं रह सकता है, इस प्रकार भारत के सुंदरबन क्षेत्र में हाल ही में बढ़ती लवणता जनसंख्या में कमी का कारण बन रही है। बिहार में विक्रमशिला गंगात्मक डॉल्फ़िन अभ्यारण्य (वीजीडीएस) भारत का एकमात्र अभ्यारण्य है जो गंगा डॉल्फ़िन और राष्ट्रीय डॉल्फ़िन अनुसंधान केंद्र (एनडीआरसी) के लिए है, पटना भारत का डाल्फिन संरक्षण के लिए एशिया का पहला केंद्र है।

स्थिति

- राष्ट्रीय जलीय जानवर
- डब्ल्यूपीए, सीआईटीईएस परिशिष्ट 1 की अनुसूची 1
- आईयूसीएन – लुप्तप्राय
- इरावाडी डॉल्फ़िन – लुप्तप्राय

लिविंग प्लेनेट रिपोर्ट 2018

हर दो साल में जारी डब्ल्यूडब्ल्यूएफ का प्रमुख प्रकाशन लिविंग प्लैनेट रिपोर्ट, वैश्विक जैव विविधता और ग्रह के स्वास्थ्य के रुझानों का एक व्यापक अध्ययन है। लिविंग प्लैनेट रिपोर्ट 2018, रिपोर्ट का बारहवां संस्करण है और इस बात का वैज्ञानिक प्रमाण प्रदान करता है कि प्रकृति हमें बार-बार क्या बता रही है: निरंतर मानव गतिविधि ग्रह की प्राकृतिक प्रणालियों को नष्ट कर रही है जो पृथ्वी पर जीवन का समर्थन करती हैं। जूलाजिकल सोसाइटी आफ लंदन (ZSL) द्वारा उपलब्ध कराए गए लिविंग प्लेनेट इंडेक्स (एलपीआई) सहित कई संकेतकों के माध्यम से, रिपोर्ट हमें प्रकृति और स्पष्ट, महत्वाकांक्षी लक्ष्यों वाले लोगों के लिए एक नए वैश्विक समाधान की तत्काल आवश्यकता दिखाती है, ताकि हमारे ग्रह को प्रभावित करने वाली जैव विविधता की विनाशकारी प्रवृत्ति को उल्टा जा सके।

लिविंग प्लैनेट इंडेक्स (एलपीआई) स्थलीय, मीठे पानी और समुद्री आवासों से कशेरुक प्रजातियों की जनसंख्या के रुझान के आधार पर दुनिया की जैविक विविधता की स्थिति का एक उपाय है। LPI को जैव विविधता के नुकसान को रोकने के लिए प्रभावी और तत्काल कार्रवाई करने के लिए 2011-2020 के लक्ष्य के लिए प्रगति के एक संकेतक के रूप में जैविक विविधता (CBD) के कन्वेंशन द्वारा अपनाया गया है। 'विश्व वन्यजीव कोष' (डब्ल्यूडब्ल्यूएफ) लिविंग प्लेनेट रिपोर्ट 2018, ग्रह के स्वास्थ्य का विज्ञान आधारित आकलन, हमें बताता है कि केवल चार दशकों में वैश्विक वन्यजीव आबादी 60% तक गिर गई है। यह तेजी से प्रदूषण, वनों की कटाई, जलवायु परिवर्तन और अन्य मानव निर्मित कारकों के कारण हुआ। 1970 और 2014 के बीच स्तनधारियों, पक्षियों, मछलियों, सरीसृपों और उभयचरों की 4,000 से अधिक प्रजातियों में तेजी से गिरावट आई। रिपोर्ट में यह भी पाया गया है कि 1960 में 5% की तुलना में, 90% समुद्री पक्षियों के अपने पेट में प्लास्टिक हैं। पिछले तीन दशकों में दुनिया के उथले पानी के लगभग आधे हिस्से खो गए हैं। लैटिन अमेरिका और कैरिबियन के उष्णकटिबंधीय क्षेत्रों में पशु जीवन सबसे तेजी से घटा। 1970 के बाद से आबादी में 89% की गिरावट थी। मेंढकों और नदी की मछलियों की तरह प्रजातियां जो मीठे पानी के निवास पर निर्भर हैं, 83% की गिरावट आई है। डब्ल्यूडब्ल्यूएफ ने एक अंतरराष्ट्रीय संधि के लिए अश्वासन किया है, जो वन्यजीवों की रक्षा और प्रकृति पर विपरीत मानवीय प्रभाव के लिए पेरिस जलवायु समझौते पर आधारित है।

2019 में सीआरजेड के नए मानक, 2011 से प्रतिस्थापित हुए

शैलेश नायक समिति द्वारा सुझाई गई सिफारिश के अनुसार 2011 के मौजूदा CRZ मानदंडों को प्रतिस्थापित करते हुए केंद्रीय पर्यावरण, वन और जलवायु परिवर्तन मंत्रालय (MoEFCC) ने 2019 तटीय विनियमन क्षेत्र (CRZ) मानदंडों को अधिसूचित किया। शैलेश नायक समिति का गठन 2015 में MoEFCC द्वारा किया गया था। पर्यावरण संरक्षण अधिानियम, 1986 की धारा 3 के तहत जारी किए गए नए सीआरजेड मानदंडों का उद्देश्य ग्लोबल वार्मिंग के कारण समुद्र के स्तर में वृद्धि जैसे प्राकृतिक खतरों को ध्यान में रखते हुए वैज्ञानिक सिद्धांतों के आधार पर सतत विकास को बढ़ावा देना है।

मानदंड तटीय क्षेत्रों और समुद्री क्षेत्रों के पर्यावरण का संरक्षण और सुरक्षा भी चाहते हैं, इसके अलावा तटीय क्षेत्र में मछुआरा समुदायों और अन्य स्थानीय समुदायों को आजीविका सुरक्षा प्रदान करते हैं।

2019 के मानदंड 2011 के मौजूदा सीआरजेड मानदंडों को प्रतिस्थापित करते हैं।

CRZ विनियम 2019 की मुख्य विशेषताएं

CRZ क्षेत्रों में वर्तमान मानदंडों के अनुसार FSI की अनुमति: CRZ-II (शहरी) क्षेत्रों के लिए, CRZ-2011, अधिसूचना के अनुसार, "फ्लोर स्पेस इंडेक्स (FSI) या "फ्लोर एरिया रेशियो (FAR) 1991 के नियंत्रण नियमन के स्तर के अनुसार थे (DCR)।

घनी आबादी वाले ग्रामीण क्षेत्रों को विकास का अधिक अवसर दिया जा सकता है: CRZ-III (ग्रामीण) क्षेत्रों के लिए, दो अलग-अलग श्रेणियों को अब निर्धारित किया गया है जो नीचे दी गई हैं:

CRZ-III A - ये 2011 की जनगणना के अनुसार 2161 प्रति वर्ग किलोमीटर जनसंख्या घनत्व वाले ग्रामीण इलाके हैं। ऐसे क्षेत्रों में HTL (हाई टाइड लाइन) से 50 मीटर की दूरी पर नो डेवलपमेंट जोन (NDZ) होगा। यह CRZ अधिसूचना, 2011 में तय की गई हाई टाइड लाइन से 200 मीटर की दूरी पर था क्योंकि ऐसे क्षेत्रों में शहरी क्षेत्रों के समान विशेषताएं होती हैं।

सीआरजेड- III बी - 2011 की जनगणना के अनुसार 2161 प्रति वर्ग किलोमीटर से कम जनसंख्या घनत्व वाले ग्रामीण क्षेत्र। ऐसे क्षेत्रों में HTL से 200 मीटर का NDZ बना रहेगा।

बुनियादी सुविधाओं के लिए पर्यटन के ढांचे को बढ़ावा दिया जाना चाहिए: अस्थायी पर्यटन सुविधाओं जैसे झोंपड़ियों, टायलेट ब्लाक, चेंज रूम, पेयजल सुविधाओं आदि को अब समुद्र तटों पर अनुमति दी गई है। अधिसूचना के अनुसार इस तरह की अस्थायी पर्यटन सुविधाएं अब CRZ-III क्षेत्रों के (नो डेवलपमेंट जोन) (NDZ) में भी स्वीकार्य हैं। हालांकि, ऐसी सुविधाओं की स्थापना के लिए HTL से न्यूनतम 10 मीटर की दूरी बनाए रखी जानी चाहिए।

CRZ मंजूरी सुव्यवस्था: CRZ मंजूरी के लिए प्रक्रिया को सुव्यवस्थित किया गया है। केवल ऐसी परियोजनाएँ / गतिविधियाँ, जो CRZ-I (पारिस्थितिक रूप से संवेदनशील क्षेत्र और CRZ IV (लो टाइड लाइन और 12 समुद्री मील समुद्र के बीच का क्षेत्र में स्थित हैं, को पर्यावरण, वन और जलवायु परिवर्तन मंत्रालय द्वारा CRZ मंजूरी दी जाएगी। CRZ-II और III के संबंध में मंज़ूरी के लिए शक्तियां आवश्यक मार्गदर्शन के साथ राज्य स्तर पर प्रत्यायोजित की गई हैं।

सभी द्वीपों के लिए 20 मीटर का नो डेवलपमेंट जोन (NDZ) निर्धारित किया गया है: मुख्य भूमि के समीप के द्वीपों के लिए और मुख्य भूमि में सभी बैकवाटर द्वीपों के लिए 20 मीटर के NDZ को निर्धारित किया गया है। यह ऐसे क्षेत्रों में स्थान सीमित होने और अद्वितीय भोगोलिक स्थिति के कारण किया जाता है ताकि ऐसे क्षेत्रों के रखरखाव में एकरूपता लायी जा सके।

सभी पारिस्थितिक रूप से संवेदनशील क्षेत्रों को विशेष महत्व दिया गया है: सीआरजेड अधिसूचना के एक हिस्से के रूप में उनके संरक्षण और प्रबंधन योजनाओं से संबंधित विशिष्ट दिशानिर्देश तैयार किए गए हैं।

प्रदूषण उन्मूलन पर विशेष ध्यान केंद्रित किया गया है: तटीय क्षेत्रों में प्रदूषण को संयोजित करने के लिए, उपचार सुविधाओं को आवश्यक सुरक्षा उपायों के अधीन सीआरजेड-आई बी क्षेत्र में अनुमेय गतिविधियां दी गई हैं।

प्लास्टिक कचरा प्रबंधन (संशोधन) नियम 2018

पर्यावरण, वन और जलवायु परिवर्तन मंत्रलय ने 27 मार्च, 2018 को प्लास्टिक अपशिष्ट प्रबंधन (संशोधन) नियम 2018 को अधिसूचित किया है। संशोधित नियमों के अनुसार, बहुस्तरीय प्लास्टिक (एमएलपी) के अतिरिक्त चरणबद्धता अब उन एमएलपी पर लागू होती है जो गैर-पुनर्नवीनीकरण या गैर-ऊर्जा वसूली योग्य या बिना वैकल्पिक उपयोग वाले हैं।

संशोधित नियम यह भी बताते हैं कि निर्माता / आयातक / ब्रांड के मालिक के पंजीकरण के लिए एक केंद्रीय पंजीकरण प्रणाली है।

जलवायु परिवर्तन से दुनिया की खाद्य आपूर्ति को खतरा है : IPCC

इंटरगवर्नमेंटल पैनल आन क्लाइमेट चेंज (आईपीसीसी) द्वारा जारी एक नई रिपोर्ट में हाल के साक्ष्य प्रस्तुत किए गए हैं कि किस तरह से भूमि के विभिन्न उपयोग - वन, कृषि, शहरीकरण - जलवायु परिवर्तन से प्रभावित हो रहे हैं और इसे प्रभावित कर रहे हैं।

मुख्य निष्कर्ष क्रिस्टल जैसा स्पष्ट हैं: जलवायु परिवर्तन से दुनिया की खाद्य आपूर्ति को खतरा है, यहां तक कि जिस तरह से हम भोजन का उत्पादन करते हैं वह ग्लोबल वार्मिंग को बढ़ाता है।

उष्णकटिबंधीय क्षेत्रों में बढ़ते तापमान के परिणामस्वरूप पैदावार सिकुड़ रही है, प्रधान फसलें विस्थापित हो रही हैं, और खाद्य पौधों से आवश्यक पोषक तत्व कम हो रहे हैं। इसके अतिरिक्त, वैश्विक खाद्य प्रणाली - खेत से खाने की जगहों तक पहुँचने के लिए - वैश्विक ग्रीनहाउस गैस उत्सर्जन के कम से कम एक चौथाई के लिए जिम्मेदार है।

भूमि उपयोग, और भूमि उपयोग में परिवर्तन, हमेशा जलवायु परिवर्तन पर बातचीत का एक अभिन्न अंग रहे हैं। ऐसा इसलिए है क्योंकि भूमि कार्बन के स्रोत के साथ-साथ कार्बन के सिंक के रूप में कार्य करती है।

उदाहरण के लिए, कृषि और पशु पालन जैसी गतिविधियाँ, मीथेन और नाइट्रस आक्साइड का एक प्रमुख स्रोत हैं, दोनों ही ग्रीनहाउस गैस के रूप में कार्बन डाइआक्साइड की तुलना में सैकड़ों गुना अधिक खतरनाक हैं।

इसके अलावा, मिट्टी, वृक्ष, वृक्षारोपण और जंगल प्रकाश संश्लेषण की प्राकृतिक प्रक्रिया के लिए कार्बन डाइआक्साइड को अवशोषित करते हैं, जिससे वायुमंडल में समग्र कार्बन डाइआक्साइड सामग्री कम हो जाती है।

यही कारण है कि बड़े पैमाने पर भूमि उपयोग परिवर्तन, जैसे कि वनों की कटाई या शहरीकरण, या यहां तक कि फसल के पैटर्न में बदलाव का ग्रीन हाउस गैसों के समग्र उत्सर्जन पर सीधा प्रभाव पड़ता है।

यह स्पष्ट है कि आहार में मांस की मांग को कम करना खाद्य प्रणाली के पर्यावरणीय प्रभाव को कम करने के लिए एक महत्वपूर्ण दृष्टिकोण है।

पशु भी भारी मात्र में मीथेन, एक शक्तिशाली ग्रीनहाउस गैस छोड़ते हैं। विश्व संसाधन संस्थान, वाशिंगटन स्थित नीति निर्माता के अनुसार, गोमांस को औसतन 20 गुना अधिक भूमि की आवश्यकता होती है और खाद्य पौधा प्रोटीन की तुलना में खाद्य इकाई के प्रति यूनिट 20 गुना अधिक ग्रीनहाउस गैसों का उत्सर्जन होता है।

इन सभी कारणों से, आईपीसीसी का निष्कर्ष है, संतुलित आहार, पौधो-आधारित खाद्य पर्दाथ से जलवायु परिवर्तन में बहुत मदद मिलेगी।

जलवायु परिवर्तन पर अंतर सरकारी पैनल (IPCC)

इंटरगवर्नमेंटल पैनल आन क्लाइमेट चेंज (आईपीसीसी) संयुक्त राष्ट्र का एक अंतर-सरकारी निकाय है, जो दुनिया को एक उद्देश्य, जलवायु परिवर्तन के वैज्ञानिक दृष्टिकोण, इसके प्राकृतिक, राजनीतिक और आर्थिक प्रभावों और जोखिमों और संभावित प्रतिक्रिया विकल्पों के साथ दुनिया को प्रदान करने के लिए समर्पित है।

IPCC की स्थापना 1988 में विश्व मौसम विज्ञान संगठन (WMO) और संयुक्त राष्ट्र पर्यावरण कार्यक्रम (UNEP) द्वारा की गई थी, और बाद में संयुक्त राष्ट्र महासभा द्वारा इसका समर्थन किया गया।

WMO और UN के सभी सदस्यों के लिए सदस्यता खुली है। IPCC जलवायु परिवर्तन पर संयुक्त राष्ट्र फ्रेमवर्क कन्वेंशन आन क्लाइमेट चेंज (UNFCCC) के मुख्य अंतर्राष्ट्रीय संधि के काम में योगदान देने वाली रिपोर्ट बनाती है।

UNFCCC का उद्देश्य वायुमंडल में ग्रीनहाउस गैस की सांद्रता को एक स्तर पर स्थिर करना है जो जलवायु प्रणाली के साथ खतरनाक मानवजनित (मानव-प्रेरित) हस्तक्षेप को रोक देगा।

- **जैव-गैस या बायो-गैस (Biogass):** मीथेन एवं कार्बन डाइ ऑक्साइड का मिश्रण। इनका उत्पादन जीवधारियों के उत्सर्जी उत्पादों को अनाक्सी जीवाणुओं द्वारा अपघटित करने से होता है।
- **जैव-भूगोल (Biogeography):** जैविक पदार्थों (पौधों एवं जंतुओं) का वितरण तथा उनके पारिस्थितिकी तंत्र का अध्ययन। इसमें एक समय विशेष में उनके पर्यावरण के भौगोलिक संबंध का भी अध्ययन किया जाता है।
- **जैव-विविधता हाट-स्पॉट (Biodiversity Hot Spot):** ऐसा क्षेत्र जिसमें देशज (Endemic) जैव जोखिम में हों तथा उनके लुप्त होने का खतरा उत्पन्न हो गया हो।
- **बायोलोजिकल कंट्रोल (Biological Control):** रासायनिक तत्त्वों के बिना कीटाणुओं को समाप्त करना।
- **जैवसमूह (Biomass):** पृथ्वी के किसी क्षेत्र में जैविक जीवों का कुल भार या किसी क्षेत्रीय इकाई में किसी जाति का कुल भार।
- **जीवोम (Biome):** एक विस्तृत स्थलीय तंत्र, जिसमें विभिन्न प्रकार के पेड़-पौधे एवं जीव-जंतु पाए जाते हों। सामान्यतः इसका नामकरण इसी क्षेत्र में पाई जाने वाली प्रारंभिक प्रजातियों के आधार पर किया जाता है।
- **बायोमास ऊर्जा (Biomass Energy):** बायोमास से उत्पन्न की जाने वाली ऊर्जा।
- **बायोस्फियर (Biosphere):** पृथ्वी की सतह पर या उसके निकट जीव की संपूर्णता।
- **बायोटा (Biota):** एक क्षेत्र-विशेष में पाई जाने वाली जीवों, पौधों एवं जंतुओं की प्रजातियाँ।
- **जैविक (Biotic):** जीवित।
- **दलदल (Bog):** अपवाह के अभाव में आर्द्र भूमि, जो कार्बन पदार्थों एवं वनस्पति से युक्त होती है। उदाहरण के लिए हिमनदीय झील या तालाब जो पीट (Peat): से भरे होते हैं।
- **बोरियल वन (Boreal Forest):** इस प्रकार के वन 55° से 66° अक्षांश में पाए जाते हैं, जहाँ शीतकाल काफी लंबा एवं शुष्क होता है, तथा ग्रीष्मकाल छोटा एवं तुलनात्मक रूप से गर्म होता है। यहाँ औसत वार्षिक वर्षा 60 सेमी॰ है जो मुख्यतः हिमपात के रूप में होती है। बोरियल वृक्ष सदाबहार होते हैं, इनकी पंक्तियाँ नुकीली तथा आकार प्रायः शंकुआकार होता है। इनके शंकुआकार से बर्फ नीचे की ओर फिसलती रहती है तथा वाष्पोत्सर्जन को रोकती है।
- **बुश-फैलो कृषि (Bush Fallow Farming):** अफ्रीका सवाना (Savanna): क्षेत्रों में की जाने वाली कृषि की एक प्रणाली, जिसमें पेड़-पौधों को काटकर जला दिया जाता है तथा फिर वहाँ खेती की जाती है।
- **कटिंगा (Caatinga):** उत्तरी पूर्वी ब्राजील में पाई जाने वाली कांटेदार वनभूमि, जिसमें शुष्कता प्रतिरोधी प्रजातियाँ पाई जाती हैं। इसके अतिरिक्त यह उन क्षेत्रों में भी पाई जा सकती है, जहाँ वर्षा की मात्रा कम या अनियमित होती है या भूकार्यिकी सूखे के द्वारा निर्मित प्राथमिक शैलें पाई जाती हैं।
- **कैल्सीफिकेशन (Calification):** ख एवं ग संस्तर मृदा की ऊपरी सतह के समीप कैल्शियम कार्बोनेट के संचय या निक्षेप की क्रिया।
- **कैल्साइट (Calcite):** कैल्शियम कार्बोनेटयुक्त खनिज।
- **कैल्शियम कार्बोनेट (Calsium Carbonate):** वे तत्व जिसमें कैल्शियम एवं कार्बोनेट आयन पाए जाते हैं। इसका सूत्र $CaCo_3$ है। यह खनिज कैल्शियम के रूप में प्राकृतिक तौर पर पाया जाता है।
- **कार्बन उधार (Carbon Credit):** ग्रीन हाउस गैसों को कम करने की एक विधि। यह विधि वायुमंडल से एक टन कार्बन डाइ ऑक्साइड गैस या तो कम करती है या उसके उत्सर्जन को रोकती है। इस विधि को उत्सर्जन कहते हैं।

G.6 पर्यावरण एवं पारिस्थितिकी

- **मांसभक्षी (Carnivore):** यह एक द्वितीय उपभोक्ता है जो मांस खाता है। इसे आहार श्रृंखला में तृतीय उपभोक्ता कहते हैं।
- **कोशिका (Cell):** इस ग्रह पर जीवधारियों की आधारभूत संगठनात्मक इकाई।
- **छापारल (Chapparral):** भूमध्य सागरीय जलवायु की एक विशेष प्राकृतिक वनस्पति जो संयुक्त राज्य अमेरिका के कैलिफोर्निया प्रदेश में पाई जाती है।
- **रासायनिक ऊर्जा (Chemical Energy):** कार्बनिक अणुओं में संचित ऊर्जा को उपापचयी क्रियाओं के दौरान व्यय होती है।
- **रासायनिक अपक्षय (Chemical Weathering):** रासायनिक अभिक्रिया, जो एक शैल पर होने से वह जल एवं वायुमंडल में अनावृत हो जाती है तथा इसके अस्थायी खनिज लवण स्थायी रूप में परिवर्तित हो जाते हैं। यह अपघटन प्रक्रिया की एक विधि है।
- **रासायनिक संश्लेषण (Chemosynthesis):** एक अकार्बनिक यौगिक से कार्बनिक यौगिक का संश्लेषण। इसमें नाइट्रोजनी पदार्थों; जैस-सल्फर, अमोनिया एवं हाइड्रोजन आते हैं। जब ये पदार्थ कुछ निश्चित जीवों से ऑक्सीकृत हो जाते हैं तो ऊर्जा मुक्त करते हैं।
- **चिनोक पवन (Chinook Wind):** एक स्थानीय पवन, जो कि कुछ समय के लिए राकी पर्वतों के पूर्वी ढलानों पर प्रवाहित होती है। इस गर्म शुष्क स्थानीय पवन के चलने पर बर्फ पिघल जाती है तथा मौसम सुहावना हो जाता है।
- **चिपको आंदोलन (Chipko Movement):** उत्तराखंड राज्य के गढ़वाल प्रदेश में 1970 के दशक में चिपको आंदोलन आरंभ हुआ था जिसका मुख्य उद्देश्य वनों का संरक्षण करना था।
- **क्लोरोफ्लोरोकार्बन (Chloroflurocarbon CFC):** हैलोजनयुक्त कार्बन का एक वर्ग, जो कि पृथ्वी के वायुमंडल में पाई जाने वाली ओजोन की परत को क्षतिग्रस्त कर रहा है। इस गैस का उत्सर्जन रेफ्रीजरेटर, अग्नि शामकों, स्प्रे पदार्थों, डिटर्जेंट पाउडर इत्यादि से होता है।
- **क्लोरोफिल (Chlorophyl):** पत्तियों का हरा रंग जो पेड़-पौधों के लिए सूर्य प्रकाश से आहार बनाने में सक्षम है।
- **हिम गहर/सर्क (Cirque):** हिमनद (ग्लेशियर) के अपरदन द्वारा निर्मित भूआकृति, जो आराम कुर्सी की भांति होती है।
- **सिरस (Cirrus):** वायुमंडल में सफेद रंग के पतले बादल जो बहुत ऊँचाई पर होते हैं तथा यह बादल वर्षा नहीं देते। ऊँचाई के कारण इनकी आर्द्रता बर्फ के कणों के रूप में होती है।
- **जलवायु (Climate):** किसी क्षेत्र/प्रदेश में लंबे समय तक पाए जाने वाला मौसम।
- **कलाइमक्स/चरमोत्कर्ष (Climax):** पारिस्थतिकीय अनुक्रम में पौधों एवं जंतुओं की विभिन्न प्रजातियों का अंतिम बिंदु पर पहुँचना।
- **चरम समुदाय (Climax Community):):** स्व-जीवित जीवों के समुदाय का एक स्थिर, लंबा स्थायित्व, जिसमें समय के अनुसार कोई परिवर्तन नहीं आता है।
- **चरम वनस्पति (Climax Vegetation):** वह दशा, जिसमें पौधों का एक समुदाय, स्थायी हो जाता है तथा स्वयं संघर्ष करने में सक्षम हो जाता है।
- **बंद तंत्र Vegetation Closed System):** एक तंत्र, जो अपने चारों ओर के पर्यावरण के प्रति बंद रहता है, जिससे कि यह ऊर्जा एवं अन्य पदार्थों के मामले में आंतरिक तौर पर निर्भर हो जाता है। पृथ्वी भी एक बंद पदार्थ तंत्र है।

- **कोयला Vegetation Coal):** एक जैव रासायनिक शैल, जिसमें अत्यधिक मात्रा में कार्बन पाया जाता है। इसके चार प्रकार होते हैं- पीट, लिग्नाइट, एंथ्रेसाइट एवं बिटूमिनस।
- **तटीय वन (Coastal Forest):** नुकीली पत्ती वाले सदाबहार वन, जो पश्चिमी कनाडा तथा उत्तर पश्चिमी अमेरिका के आर्द्र तटीय क्षेत्र में पाए जाते हैं।
- **प्रवाल या मूँगा (Coral):** वर्ग एंथोजोवा के अकशेरुकी जीव, जो समुद्र अथवा उथले सागरों में विकसित होते हैं।
- **प्रवाल भित्ती (Coral Reef):** प्रवालों के द्वारा निर्मित भित्तियों को मूँगे की चट्टान कहते हैं।
- **कोर (Core):** पृथ्वी का यह मध्य भाग 2900 किलोमीटर गहराई पर स्थित है। यह भाग संभवत: घने निकल लोहा मिश्र धातु यानी नाइफ (Nife): से बना है, जिसका अनुमानित ताप 2700 डिग्री सेंटीग्रेट से भी अधिक होता है। कोर (Core): का घनत्त्व 9.5 और कमी 2 इससे भी अधिक माना जाता है।
- **उपभोक्ता (Consumer):** एक बहुभोजी जीव।
- **महाद्वीपीय हिमनद (Continental Glacier):** एक मोटी हिम चादर, जो हिमनद के एक बड़े भाग को ढँके रहती है। वर्तमान समय में अंटार्कटिका एवं ग्रीनलैंड इसके उदाहरण हैं।
- **महाद्वीपीय विस्थापन (Continental Drift):** वेगनर महोदय का सिद्धांत, जिसके अनुसार अबसे तीस करोड़ वर्ष पूर्व सभी महाद्वीप जुड़े हुए थे जो धीरे-धीरे एक-दूसरे से दूर होते गए।
- **महाद्वीपीयता (Continentiality):** यह शब्दावली उन क्षेत्रों के लिए उपयोग की जाती है, जो सागर के प्रभाव से मुक्त होते हैं तथा जिनमें दैनिक एवं वार्षिक दोनों प्रकार के तापांतरों में बहुत अधिक भिन्नता पाई जाती है।
- **समोच्च रेखा (Contour Line):** स्थलाकृति मानचित्र में वह रेखा, जो समान ऊँचाई एवं समान गहराई के सभी बिंदुओं को आपस में जोड़ती है।
- **समोच्च जुताई (Contour Ploughing):** समोच्च रेखाओं के समानान्तर जुताई करने एवं हल चलाने की विधि। इन पर ढ़लान के अनुसार ऊपर से नीचे की ओर जुताई नहीं की जाती, बल्कि समोच्च रेखाओं के समानांतर जुताई की जाती है ताकि मिट्टी का अपरदन कम-से-कम हो सके।
- **संवहन (Convection):** किसी गैस या तरल में अणुओं के स्थानांतरण द्वारा होने वाला ऊर्जा का संचार।
- **कोरिओलिस बल (Corialis Force):** पृथ्वी की सतह पर स्थित किसी गतिशील वस्तु पर भूघूर्णन से उत्पन्न शक्ति का प्रभाव, जिसके कारण भूतल पर गतिशील कोई वस्तु उत्तरी गोलार्द्ध में अपने मार्ग से दाँयी ओर तथा दक्षिणी गोलार्द्ध में बाँयी ओर मुड़ जाती है। ध्रुवों पर यह प्रभाव अधिकतम एवं भूमध्य रेखा पर न्यूनतम होता है।
- **गलियारा (Corridor):** दो प्रदेशों एवं क्षेत्रों के बीच स्थिति एक ऐसा स्थान, जहाँ से होकर आवागमन होता है।
- **कुटीर उद्योग (Cottage Industry):** एक प्रकार का लघु उद्योग, जिसे इसका मालिक अपने आवास से ही संचालित करता है। उत्पादों को सीधे जनता को बेचा जा सकता है, जो उत्पादों की संख्या के आधार पर इसका भुगतान करते हैं। कुटीर उद्योग मुख्यतया विकासशील देशों में पाए जाते हैं।
- **कवर फसल (Cover Crop):** थोड़े समय में तीव्रता से बढ़ने वाली फसल, जिसे मुख्य फसल के बीच में पंक्तियों में बोया जाता है, जिससे कि भारी वर्षा से मृदा का अपरदन रोका जा सके।
- **फसल संयोजन विश्लेषण (Crop Combination Analysis):** वीवर महोदय द्वारा खोजी गई कृषि प्रदेशों से संबंधित एक तकनीक। इस विविध के द्वारा वैज्ञानिक ढंग से महत्त्वपूर्ण फसलों का ज्ञान प्राप्त होता है। फसल संयोजन के आधार पर कृषि का प्रादेशीकरण भी किया जाता है।

- **फसल चक्र (Rotation of Crops):** किसी भी भूक्षेत्र में एक फसल को उगाकर दूसरे मौसम में बदल दिया जाता है। फसलों के इस प्रकार बदलने को फसल चक्र कहते हैं। ऐसा करने से मृदा की उर्वरकता बनी रहती है।
- **चक्रवात (Cyclone):** निम्न वायु भार की परिस्थिति को चक्रवात कहते हैं। चक्रवात दो प्रकार के होते हैं- (i) शीतोष्ण कटिबंधरीय चक्रवात तथा (ii) ऊष्ण कटिबंध चक्रवात।
- **चक्रवातीय वर्षण (Cyclonic Precipitation):** चक्रवातों के फलस्वरूप होने वाली वर्षा को चक्रवात वर्षण कहते हैं।
- **दैनिक प्रकाश बचत समय (Daylight Saving Time):** सूर्य के प्रकाश का लाभ उठाने के लिए उत्तरी गोलार्द्ध के कुछ देशों में घड़ियों के समय में परिवर्तन किया जाता है। बसंत ऋतु में समय एक घंटा पहले कर दिया जाता है तथा अक्तूबर के अंतिम रविवार को समय एक घंटा देरी से कर दिया जाता है। संयुक्त राज्य अमेरिका में समय को मौसम के अनुसार एक घंटा घटाया-बढ़ाया जाता है।
- **पतझड़ वन (Deciduous Forests):** जो वृक्ष प्रत्येक वर्ष अपने पूरे पत्ते गिरा देते हैं, पतझड़ कहलाते हैं।
- **अपघटक (Decomposer):** अत्यंत सूक्ष्म जीव, जो कार्बोनिक पदार्थों का पाचन कर उसका पुनर्चक्रण करते हैं तथा इसे वातावरण में छोड़ देते हैं। इसमें जीवाणु, बैक्टीरिया, कवक, कीट आदि सम्मिलित हैं।
- **अपघटन (Decomposition):** रासायनिक क्रिया द्वारा अपक्षरण।
- **निम्नीकरण (Degradation):** मृदा अपरदन द्वारा किसी भूसतह का नीचा होना।
- **जनांककीय (Demography):** जनसंख्या का वैज्ञानिक अध्ययन।
- **अनाच्छादन (Denudation):** एक सामान्य शब्दावली जो अपक्षय एवं अपरदन के लिए इस्तेमाल करती है।
- **निक्षेप (Deposition):** एकत्रण, सामान्यतया अवसाद का।
- **मरुस्थल (Desert):** ऐसा क्षेत्र जहाँ वाष्पोत्सर्जन की दर, वर्षण की दर से अधिक होती है।
- **मरुस्थलीय जीवोम (Desert Biome):** शुष्क भूक्षेत्र, एक ऐसी सतह जिसका निर्माण तब होता है। मरुस्थलीय जीवोम के जीव-जंतु तथा पशु-पक्षी शुष्क जलवायु में अनुकूलता उत्पन्न करने में सफल होते हैं।
- **मरुस्थलीकरण (Desertification):** मरुस्थलों का आसपास के क्षेत्रों में विस्तार।
- **अपरदन/मलबा (Detritus):** रासायनिक अपक्षरण से बने विखंडित शैल टुकड़ों के लिए प्रयुक्त होने वाला एक सामान्य शब्द।
- **डायटम्स (Diatoms):** पृथ्वी के सबसे सफल एवं दक्ष एकल कोशिकीय फाइटोलैंक्टन (Phytoplankton)
- **महाविपदा (Disaster):** घोर विपत्ति या संकट।
- **डोलड्रम या प्रशांत क्षेत्र (Doldrum):** विषुवत रेखा के दोनों ओर फैली ऐसी पेटी जिसमें साल के अधिकतर दिनों में सूर्य की किरणें लंबवत पड़ती हैं तथा वायु भार कम रहता है। इस पेटी में वायु सीधी ऊपर की ओर उठती हैं।
- **विविधता (Diversity):** पारिस्थितिकीय विज्ञान का एक सिद्धांत, जब इसका प्रयोग जैव-विविधता शब्द के साथ किया जाता है। इसका आशय धरातल एवं जल में पाई जाने वाली जीव-जंतुओं की विविध प्रजातियों से होता है।
- **पालतू बनाना (Domestication):** किसी पौधे या जंतु को मानव के नियंत्रण में लाना।
- **अपवाह तंत्र (Drainage System):** अपवाह तंत्र सहायक नदियों एवं मुख्य नदी का एक एकीकृत तंत्र है, जो सतह के जल को एकत्र करके उसे समुद्र, झील तथा पोखर की ओर अपवाहित करता है। दूसरे शब्दों में, वह संपूर्ण क्षेत्र, जो एक अपवाह तंत्र के लिए जल का योगदान करता हो, अपवाह बेसिन कहलाता है।

- **सूखा (Drought):** एक लंबा एवं निरंतर शुष्क मौसम।
- **शुष्क कृषि (Dry Farming):** बिना सिंचाई के की जाने वाली कृषि। इस प्रकाश की कृषि में उपलब्ध जल का सदुपयोग किया जाता है।
- **शुष्क घाटी (Dry Valley):** कार्स्ट (चूने) प्रदेश में शुष्क घाटी।
- **भूकंप (Earthquake):** भूकंप या भूचाल अथवा भूपटल का कंपन।
- **आर्थिक संवृद्धि (Economic Growth):** किसी देश की संपदा में वृद्धि, जिसका मापन सकल राष्ट्रीय उत्पाद या राष्ट्रीय आय से किया जाता है।
- **आर्थिक रूप से सक्रिय जनसंख्या (Economically Active Population):** 15 से 60 वर्ष के बीच की कुल जनसंख्या (भारत में), तथा 15 से 65 वर्ष के बीच की कुल जनसंख्या (विकसित देशों में)
- **पारिस्थितिकी मंडल (Ecosphere):** जीवमंडल का दूसरा भाग।
- **पारिस्थितिकी तंत्र (Ecosystem):** जीवित पौधों, जंतुओं एवं अजीवित भौतिक एवं रासायनिक पर्यावरण का आत्म-नियंत्रित संगठन।
- **इकोटोन (Ecotone):** संबद्ध पारिस्थितिकी तंत्र में सीमावर्ती संक्रमण क्षेत्र, जिसकी चौड़ाई भिन्न-भिन्न हो सकती है।
- **इकोटोप (Ecotop):** एक अधिवास में गर्त या गर्त-स्थान।
- **इडेफिक (Edaphic):** मृदा का, उत्पाद या मृदा द्वारा प्रोत्साहित।
- **पारिस्थितिकी संतुलन (Ecological Balance):** एक जटिल समुदाय के पारिस्थितिकीय तंत्र में एक अवस्था को प्राप्त करना। यह अवधारण जलवायु, भूआकृति एवं मृदा से प्रभावित होती है।
- **पारिस्थितिकी संकट (Ecological Crisis):** मानव की पर्यावरण के विरुद्ध गतिविधियाँ, जिनसे पारिस्थितिकी संकट उत्पन्न होता है। इसमें पेड़-पौधों के विनष्ट होने से मानव जीवन तक को खतरा उत्पन्न हो जाता है।
- **पारिस्थितिकी वर्चस्व (Ecological Dominance):** एक पारिस्थितिकी तंत्र में एक या एक से अधिक प्रजातियों का वर्चस्व, जैसाकि उनका महत्त्व अन्य प्रजातियों से अधिक हो।
- **पारिस्थितिकी क्षमता (Ecological Efficiency):** किसी जीव जाति की वह दक्षता या क्षमता जिसके द्वारा वह प्राप्त की गई ऊर्जा जीवित पदार्थों में परिवर्तित करता है।
- **पारिस्थितिकी विस्फोट (Ecological Explosion):** किसी विशेष प्रजाति के जीवों की संख्या में अचानक एवं चमत्कारी वृद्धि।
- **पारिस्थितिकी भ्रांति (Ecological Fallacy):** एक स्तर पर किए गए विश्लेषण को दूसरे स्तर पर लागू करने का खतरा। उदाहरण के लिए, किसी एक जीव की विशेषताओं को पूरे समूह/समुदाय की विशेषताएँ मान लेना। इस प्रकार का सबसे प्रसिद्ध कार्य डब्ल्यू॰ एस॰ राबिन्सन ने किया था। राबिन्सन महोदय ने यह सिद्ध किया कि अमेरिकी परिस्थिति के काले (नीग्रो) एवं उनका साक्षरंता दर में अंतर्सबंध है। इसके बाद उन्होंने बताया कि काले लोगों की साक्षरता दर कम है इसका नीग्रो होने से कोई संबंध नही। साक्षरता कम होने के अन्य बहुत-से सामाजिक, आर्थिक, ऐतिहासिक एवं राजनैतिक कारण हो सकते हैं।
- **पारिस्थितिकीय असंतुलन (Ecological Imbalance):** आर्थिक तथा सामाजिक विकास के कारण पर्यावरण का विनाश।

- **पारिस्थितिकीय आक्रमण (ecological Invasion):** इस शब्द का उपयोग भूगोलवेत्ताओं ने एक ऐसे सामाजिक समूह के लिए किया जो किसी नए पर्यावरण को वहाँ के मूल पेड़-पौधों, जीव-जंतुओं की तुलना में अधिक उत्तम ढंग से स्वीकार करते हैं।
- **पारिस्थितिक अनुक्रम (Ecological Succession):** वह प्रक्रिया जिसमें सामान्यतः पौधे तथा जंतुओं की जटिल प्रजातियाँ पुरानी एवं सरल प्रजातियों द्वारा विस्थापित कर दी जाती हैं। यह परिवर्तन अधिकतर स्थायी एवं अधिक परिपक्व दशाओं में होता है।
- **एल्युविएशन (Eluviation):** मृदा के सबसे ऊपरी संस्तर के महीन कणों का नीचे के संस्तर में प्रवेश करना।
- **संकटमय प्रजातियाँ (Endangered Species):** जीव-जंतुओं तथा पेड़-पौधों की ऐसी प्रजातियाँ जिनकी संख्या कम हो रही हो और उनके लुप्त होने की संभावना हो।
- **देशज या मूल प्रजातियाँ (Endemic Species):** पेड़-पौधों तथा जंतुओं की स्थानिक अथवा मुकामी जीव-जातियाँ।
- **स्थानीय/देशज/एण्डेमिज्म (Endemism):** स्थानिकता।
- **ऊर्जा (Energy):** कार्य करने की क्षमता।
- **पर्यावरणीय प्रबंधन (Environmental Management):** यह विभिन्न संसाधनों एवं पर्यावरण तत्वों को संतुलित करने का प्रयास है, जिसकी स्थापना मानव ने अपने लाभ के लिए की है। इस दीर्घावधिक लक्ष्य को प्राप्त करने के लिए पारिस्थितिकी तंत्र पर पड़ रहे दबाव को कम करने की नीति बनाई जाती है तथा उनके अनुपालन को सुनिश्चित किया जाता है। इसके अतिरिक्त कुछ कम अवधि की भी ऐसी नीतियाँ बनाई जाती हैं जिनसे पर्यावरण ह्रास को रोका जा सके। दूसरे शब्दों में, इसमें यह प्रयास किया जाता है कि कोई भी ऐसा कार्य न किया जाए, जिसमें कि पर्यावरण को क्षति पहुँचती हो।
- **इपिफाइट (Epiphyte):** ऐसे पेड़-पौधे जो दूसरे पेड़-पौधों पर विकसित होते हैं, परंतु वह केवल इस वृक्ष पर सहारे के लिए निर्भर होते हैं न कि आहार के लिए। ऊष्णकटिबंधीय वर्षा-वनों में इस प्रकार के पेड़-पौधे काफी मात्रा में मिलते हैं।
- **पर्यावरण प्रदूषण (Environmental Pollution):** पर्यावरण प्रदूषण का तात्पर्य है वायुमंडल एवं पर्यावरण में खतरनाक तथा जहरीले पदार्थों का मिश्रण होना। ऐसे पदार्थों वायु, जल, मृदा, वनस्पति तथा सभी संसाधन प्रदूषित हो जाते हैं, जिनका मानव समाज, प्राकृतिक वनस्पति तथा जीव-जंतुओं के स्वास्थ्य पर प्रतिकूल प्रभाव पड़ता है। पर्यावरण प्रदूषण के लिए बहुत हद तक मानव स्वयं जिम्मेदार हैं।
- **यूट्रोफिक (Eutrophic):** उपजाऊ, उत्पादनकारी, सामान्यतया झीलों में।
- **उद्‌भव (Evolution):** विकास निरंतर परिवर्तनशील पारिस्थितिकी में अनुकूलन उत्पन्न हुए स्वयं जीवित रहना।
- **(Exotic):** वह पेड़ पौधे एवं जीव-जन्तु जो देशज (Native): न हों।
- **(Ex-Site Conversation):** प्राकृतिक आवास के बाहर संरक्षण प्रदान करना। जैसे चिड़ियाघरों में जंगली जानवरों को संरक्षण प्रदान किया जाता है।
- **(Fauna):** किसी विशेष समय पर किसी क्षेत्र एवं प्रदेश के कुल पेड़-पौधे तथा जीव-जंतु।
- **बाढ़ (Flood):** जब नदी का जल अपने किनारों को पार करके आसपास के क्षेत्रों में फैल जाए तो उसे बाढ़ कहते हैं।
- **पादम रीम (Floral Realms):** यदि किसी प्रदेश में पौधों एवं जीव-जंतुओं की प्रजातियों की बहुतायत हो तो उसे पादम-रीम (Floral Realms) कहते हैं।

- **नदीय (Fluvial):** नदी या नदियों से संबंधित।
- **वानिकी (Forestry):** वनों को उगाना तथा उनका प्रबंधन करना।
- **जीवाश्म (Fossil):** पूर्व में जीवित जीवों का चट्टानों की परतों में संरक्षित होकर ठोस हो जाना। उदाहरण के लिए कंकाल, खोल, वृक्ष तथा उनकी पत्तियाँ इत्यादि।
- **जीवाश्म ईंधन (Fossil Fuels):** वह ईंधन, जिसमें सौर्य ऊर्जा पाई जाती है, जिसका अवशोषण पौधों तथा जंतुओं ने पूर्व में कर लिया था तथा बाद में वह ऊर्जा उनके अवशेषों में कार्बोनी पदार्थ के रूप में संचित हो गई। जीवाश्म ईंधन में कोयला, पेट्रोलियम एवं प्राकृतिक गैस सम्मिलित हैं।
- **आहार शृंखला (Food Chain):** वह शृंखला, जिसमें उत्पादकों से ऊर्जा का प्रवाह होता है, जो कि अपना भोजन स्वयं बनाते हैं। यह ऊर्जा उपभोक्ताओं के द्वारा व्यक्त की जाती है। अपघटक इस शृंखला की अंतिम कड़ी होती है।
- **ऊष्णोत्स (Geyser):** ऊष्ण जल का स्त्रोत। इस स्त्रोत से भूपटल पर गर्म जल एवं वाष्प रुककर नकलता है।
- **वैश्विक ताप वृद्धि (Global Warming):** वैश्विक तापमान में वृद्धि जो कि वायुमंडल में ग्रीन हाऊस गैसों की अत्यधिक उत्सर्जन के कारण होती है।
- **वैश्वीकरण (Globalization):** प्राकृतिक एवं मानवीय अवधारणा का विश्व स्तर पर प्रसार या क्रियान्वयन।
- **सकल घरेलू उत्पाद (Gross Domestic Product):** किसी देश में किसी वित्तीय वर्ष में उत्पादित समस्त वस्तुओं और सेवाओं के मौद्रिक मूल्य के योग का सकल घरेलू उत्पाद कहा जाता है। इसमें विदेशों से अर्जित आय को भी शामिल किया जाता है।
- **ग्रीनहाउस गैस (Grreenhouse gasses):** पृथ्वी के वायुमंडल में पाई जाने वाली वे गैसें जो हरित गृह प्रभाव उत्पन्न करती हैं, जैसे कार्बन डाई ऑक्साइड, मीथेन, एवं सी॰ एफ॰ सी आदि।
- **ग्रीन पार्टी (Green Party):** जर्मनी की एक राजनैतिक पार्टी जिसके घोषणा-पत्र में पर्यावरणीय संरक्षण पर बल दिया गया है।
- **प्राकृतिक आवास (Habitat):** किसी जीव-जंतु तथा पेड़-पौधे का प्राकृतिक आवास।
- **प्राकृतिक विपदा (Hazard):** ऐसी विपदा जो मानव एवं उसकी संपत्ति के लिए भयंकर खतरा उत्पन्न करती है। उदाहरण के लिए सूखा, बाढ़, भूकंप, ज्वालामुखी, हिमपात, भूस्खलन आदि।
- **शाकाहारी (Herbivour):** खाद्य शृंखला के प्राथमिक उपभोक्ता, जो कि उत्पादकों द्वारा तैयार किए गए पौधों के उत्पादकों को खाते हैं।
- **विषमपोषी/हेटराट्रोफ (Heterotroph):** ऐसे जीव जो अपना भोजन स्वयं तैयार नहीं करते उनको उपभोक्ता अथवा विषमपोषी जीव कहते हैं।
- **हाट-स्पोट (Hot Spot):** पारिस्थितिकी विज्ञान में ऐसे क्षेत्र जिसमें भारी जैविक-विविधता पाई जाती है तथा बहुत-से पौधे एवं जीव जोखिमग्रस्त हों।
- **ह्यूमस (Humus):** मिट्‌टी में पाए जाने वाले विघाटक जैविक पदार्थ, जिनकी उत्पत्ति जंतुओं या वनस्पति के सड़ने-गलने से उत्पन्न होती है।
- **जलमंडल (Hydrosphere):** पृथ्वी की धरातल पर पाया जाने वाला जल।

- **हिमयुग (Ice Age):** हिम युग पृथ्वी के इतिहास में ऐसे समय को कहते हैं जब हिम की चादरें ध्रुवी क्षेत्रों से मध्य अक्षांशों की ओर फैलने लगती हैं तथा पर्वतों के हिमनद नीचे की ओर फैलते हैं। लाखों वर्ष के पश्चात् हिम युग आता रहता है।
- **समपोहन (Illuviation):** मृदा की सबसे ऊपरी परत से बारीक कणों का नीचे की परत में प्रवेश करने को समपोहन कहते हैं।
- **स्वस्थाने-संरक्षण (In situ Conversation):** पेड़ पौधों एवं जंतुओं को उनके प्राकृतिक आवास में संरक्षण प्रदान करना।
- **सूर्यताप (Insolation):** पृथ्वी को ऊष्मा एवं ऊर्जा सूर्य से प्राप्त होती है। पृथ्वी पर पहुँचने वाली ऊष्मा को सूर्यताप कहते हैं।
- **समस्थानिक (Isotope):** रासायनिक तत्वों के कई रूपों में से एक, जिसके नाभिक में समान संख्या में प्रोटोन पाए जाते हैं, परंतु न्यूट्रॉन की संख्या एवं परमाणु भार भिन्न होते हैं।
- **जेट स्ट्रीम (Jet Stream):** क्षोभ मंडल के ऊपरी भागों में पश्चिम से पूर्व की ओर प्रवाहित होती है। वेगपूर्ण जेट स्ट्रीम विसर्पण (Meander) बनाती हुई चलती है।
- **जुरासिक (Jurassic):** मैसोजोइक काल का एक मध्यवर्ती समय, जिसकी अवधि आज से लगभग 190 से 136 मिलियन वर्ष पूर्व थी।
- **मूलस्थल प्रजाति (Keystone Species):** जब किसी विशेष प्रजाति को संरक्षण प्रदान किया जाए, उसे कीस्टोन प्रजाति कहा जाता है।
- **गतिज ऊर्जा (Kinetic Energy):** शरीर की गतिविधि से उत्पन्न होने वाली ऊर्जा। यह शरीर कार्यों से स्वयंमेव उत्पन्न होती है।
- **भू-स्खलन (Landslide):** तीव्र गति से संपन्न होने वाली भौगोलिक क्रियाएँ; यथा-मलवा प्रवाह, मलवा कटाव, भू-स्खलन आदि के प्रयुक्त होने वाला एक सामान्य शब्द।
- **लांगमूइर वर्षण (Langmuir Precipitation):** मेघ-विस्फोट के फलस्वरूप भारी वर्षा जिसमें बूँदों का आकार बहुत बड़ा होता है।
- **ला-नीना (La-Nina):** जब सागरों के वायु भार तथा जलधाराओं में घनिष्ठ संबंध है। यदि सामान्य परिस्थिति में सबलता बढ़ जाए तो उसको ला-वीना कहा जाता था। इसका संबंध दक्षिणी प्रशांत महासागर के वायु भार तथा जलधाराओं से है।
- **निक्षाल (Leach):** किसी शैल या मृदा के घुलनशील पदार्थों का घुलना एवं हटना।
- **जीवन क्षेत्र (Life Zone):** विभिन्न समुदाय के जीवों के लिए आवास का एक विशिष्ट क्षेत्र। प्रत्येक जीवन क्षेत्र का एक नियत तापमान होता है तथा उस स्थान विशेष वर्षा की मात्रा से भी उसका गहन संबंध होता है।
- **स्थलमंडल (Lithosphere):** पृथ्वी का कठोर बाहरी क्षेत्र, जिसमें महाद्वीपीय क्रस्ट, महासागरीय क्रस्ट तथा नरम एस्थोनोस्फियर के ऊपर पाए जाने वाले मेंटल आते हैं।
- **तटीय क्षेत्र (Littoral Zone):** तट का एक क्षेत्र, जो ज्वारीय क्रिया से आच्छादित एवं अनाच्छादित होता रहता है। यह अंतरज्वारीय क्षेत्र होता है।

- **टैगा (Taiga):** उत्तरी गोलार्द्ध के टुंड्रा प्रदेश के दक्षिण में फैली हुई कोणधारी वनों की पेटी। इनको बोरियल वन एवं नुकीली पत्ती वाले जंगल भी कहा जाता है।
- **शीतोष्ण वर्षा वन (Temperate Rain Forest):** शीतोष्ण कटिबंध में स्थित वन।
- **तापमान की विलोमता (Tempreature Inversion):** यदि वायुमंडल में ऊँचाई की ओर जाते समय तापमान में वृद्धि होने लगे तो उसे तापमान की विलोमता कहते हैं।
- **ज्वारीय तरंग (Tidal Wave):** चंद्रमा एवं सूर्य के गुरुत्वाकर्षण के प्रभाव से सागरों में उत्पन्न होने वाली सागरीय लहरें, जो दीर्घ ज्वार अथवा लघु ज्वार के समय उत्पन्न होती हैं।
- **ज्वार (Tide):** सागर का जल स्तर निरंतर बदलता रहता है। यह नियमित रूप से दिन में दो बार ऊपर उठता है और दो बार नीचे उतरता है। सागरीय जलस्तर में यह बदलाव चंद्रमा एवं सूर्य के गुरुत्वाकर्षण के कारण होता है। इस प्रकार सागर के जल स्तर के ऊपर उठने एवं नीचे उतरने को ज्वार-भाटा कहते हैं।
- **सर्वोच्च उपभोक्ता (Top Consumer):** पोषणिक पिरामिड में सबसे ऊपर का उपभोक्ता जो अधिकांशतया मांसाहारी जीव होते हैं।
- **भू-आकृति (Topography):** पृथ्वी की सतह की आकृति एवं आकार।
- **वाष्पोत्सर्जन (Transpiration):** वह प्रक्रिया जिसके द्वारा पौधे अपने जलवाष्प को वायुमंडल में छोड़ते हैं।
- **ऊष्णाकटिबंधीय जंगल (Tropical Forest):** विषुवत रेखा के दोनों ओर पाए जाने वाले सदाबहार जंगल जिनकी ऊँचे तापमान एवं अधिक वर्षा के कारण लकड़ी भारी होती है। इनकी ऊँचाई 60 मीटर तक मापी गई है।
- **ऊष्णाकटिबंधीय चक्रवात (Tropical Cyclones):** ऊष्णकटिबंध में 8° से 25° उत्तर तथा दक्षिण में विकसित होने वाले चक्रवात। इनसे भारी वर्षा होती है तथा समाज एवं पारिस्थितिकी को कभी-कभी भारी नुकसान होता है।
- **सुनामी (Tsunami):** प्रायः भूकंप के कारण ऊँची सागरी लहरें जिनसे तटीय क्षेत्रों को भारी हानि होती है।
- **टुंड्रा जीवोम (Tundra Biome):** टुंड्रा जीवोम अत्यधिक शीत ऋतु का प्रदेश है जिसमें गर्मी के मौसम में भी तापमान 10°C से ऊपर नहीं जाता। वृक्षहीन इस जीवोम में जीव-जंतुओं की बहुत कम प्रजातियाँ पाई जाती हैं। लिकिन एवं काई इस जीवोम की मुख्य वनस्पति है।
- **टाइफून (Typhoon):** पश्चिमी प्रशांत महासागर में विकसित होकर चीन के पूर्वी भाग को प्रभावित करने वाले ऊष्णकटिबंधीय चक्रवात।
- **नगरीय ऊष्मा द्वीप (Urbon Heat Island):** जब किसी महानगरी के भीड़भाड़ के स्थान का तापमान आसपास के क्षेत्र से 4° से 5°C तापमान अधिक हो जाए तो उसे नगरीय ऊष्मा द्वीप कहते हैं।
- **एक कोशिकीय शैवाल (Unicellular Algae):** शैवाल जिसका पूरा शरीर एक ही कोशिका का बना होता है।
- **नगरीय पारितंत्र (Urbon Ecology):** विकासात्मक, प्राकृतिक तथा नैतिकतारहित दृष्टि से नगरों में व्यक्तियों, समूहों एवं संस्थाओं के स्थानिक वितरण का अध्ययन करने वाली ज्ञान की शाखा को 'नगरीय-पारिस्थितिकी' कहते हैं।
- **घाटी हिमनद (Valley Glacier):** एक हिमनद एक धारा घाटी से घिरा होता है। अल्पाइन हिमनद या पर्वतीय हिमनद भी इसी प्रकार के हिमनद होते हैं।
- **संकटमय प्रजातियाँ (Vulnerable Species):** असुरक्षित प्रजातियों को संख्या घट रही है।

- **आर्द्र भूमि (Wetland):** ऐसा जलीय क्षेत्र जिसमें सालभर 2.5 सेमी॰ से लेकर 30 सेमी॰ या इससे अधिक जल पाया जाता है। इसमें दलदली भूमि सम्मिलित है।
- **मरोदभिद् (Xerophytes):** वे पौधे जो शुष्क वातावरण के प्रति अनुकूलित हो जाते हैं।
- **संतृप्तता क्षेत्र (Zone of Saturation):** वह क्षेत्र जहाँ की सतह के सभी रंध्र जल से भरे होते हैं।
- **प्राणी प्लवक (Zooplankton):** प्लवक समुदाय के जीव।

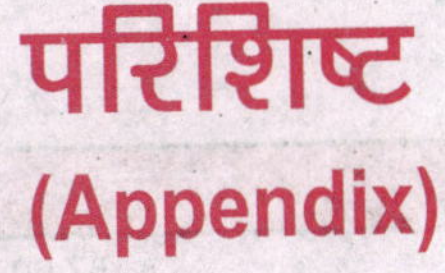

परिशिष्ट
(Appendix)

विषुवत रेखा पर अवस्थित देश

इक्वाडोर कोलंबिया, ब्राजील, गैबोन, कांगो, युगांडा, केन्या, सोमालिया, मालदीव, इंडोनेशिया, किरिबाती।

मध्य देशांतर पर अवस्थित देश

यू॰ के॰, फ्रांस, स्पेन, अल्जीरिया, माली, बुर्कीना-फासो, घाना तथा टोगो।

पृथ्वी के अतिशय (Extreme)

(उष्णतम, शीतलतम सबसे गहरा आदि)

आर्द्रतम स्थान	मासिनराम मेघालय तथा पालेले पर्वत हवाई वार्षिक वर्षा (1168 सेमी॰)
शुष्कतम स्थान	अटाकामा रेगिस्तान, चिली (दक्षिण अमेरिका)
सर्वाधिक ठंडा स्थान	वास्टोक अंटार्कटिका- 88°C 1960 में रिकॉर्ड
सबसे अधिक गर्म स्थान	अजिजिया, लीबिया, 58°C 1922 में रिकॉर्ड
सबसे अधिक उत्तरी नगर	ने ऐल्सुंड, स्पिटसबर्ग, नार्वे
सबसे दक्षिण का नगर	उशुआइया, अर्जेंटीना
सबसे बड़ी गार्ज	ग्रैंड कैनयन- कोलोरेडो नदी, एरिजोना 349 किमी॰ लंबी, 6-28 किमी॰ चौड़ी तथा 1.6 किमी॰ गहरी
सबसे गहरी गार्ज	हेल्स कैनयन- स्नेक नदी, ईडाहो, 2408 किमी॰ गहरी
सबसे तीव्र पवन	वाशिंगटन पर्वत- न्यू हैम्पशायर 231 MPH 1934 में रिकॉर्ड किया गया
सबसे गहरा स्थान	मारियाना ट्रेंच - उत्तरी प्रशांत महासागर 11,033 मीटर
सबसे ऊँचा स्थान	माउंट एवरेस्ट, हिमालय, चीन-नेपाल सीमा-8848 मीटर
थल पर सबसे गहरा स्थान	मृत सागर (इजरायल-जार्डन सीमा) समुद्र तल से 400 मी॰ नीचे

समुद्र तल से सर्वाधिक दबाव

दबाव एम. बी	इवेंट
1083.8	सर्वाधिक रिकॉर्ड, आगरा, साइबेरिया, रसिया (सोवियत संघ) दिसंबर (31, 1968)
1078.2	सर्वाधिक रिकॉर्ड उत्तरी अमेरिका, नार्थ वे, अलास्का, जनवरी 31,1989
1063.9	सर्वाधिक कम, 48 राज्य, माइला सिटी, मोनटाना, दिसंबर 24,1983
870	सबसे कम रिकॉर्ड- टाइफून टिप, गुआम के निकट पैसिफिक सागर, अक्टूबर 12,1979

भारत में वनों का भौगोलिक वितरण

	भौगोलिक क्षेत्र	कुल वन क्षेत्र का प्रतिशत
1.	प्रायद्वीपीय पठार तथा पर्वत	57.00
2.	हिमालयी क्षेत्र	18.00
3.	पश्चिमी घाट तथा पश्चिमी तटीय मैदान	10.00
4.	पूर्वी घाट तथा पूर्वी मैदानी तटीय	10.00
5.	भारत में सर्वाधिक मैदान	5.00
	योग	**100.00**

भारत का वन क्षेत्र

	वन समूह	क्षेत्रफल (मिलियन हेक्टेयर)	कुल क्षेत्र का प्रतिशत
1.	ऊष्ण कटिबंधीय नम पतझड़	23.680	37.00
2.	ऊष्ण कटिबंधीय शुष्क पतझड़	18.304	28.60
3.	ऊष्ण कटिबंधीय आर्द्र सदाबहार	5.120	8.00
4.	ऊष्ण कटिबंधीय नम पर्वत	4.224	6.60
5.	ऊष्ण कटिबंधीय सदाबहार	2.624	4.1
6.	हिमालयी नम तापमान	2.176	3.4
7.	अन्य	7.872	12.30
	योग	**64.00**	**100.00**

भारतः राष्ट्रीय पार्क तथा वन्य जीव अभयारण्य का क्षेत्र

संरक्षित क्षेत्र	भौगोलिक क्षेत्र का प्रतिशत
राष्ट्रीय पार्क	1.19
वन्य जीव अभ्यारण्य	3.60
देश में संरक्षण तथा रिजर्व	0.04
कुल संरक्षित क्षेत्र	**4.83**

चुने हुए वृक्षों की आयु परिक्वता

	वृक्ष	आयु परिपक्वता
1.	पाइन	20 वर्ष
2.	बीच	30 वर्ष
3.	टीक	60 वर्ष
4.	साल	65 वर्ष
5.	शीशम	70 वर्ष
6.	स्प्रूस	>100 वर्ष
7.	बिर्च	>100 वर्ष
8.	लार्च	>100 वर्ष
10.	डुगलस फर	200 वर्ष

भारत में नवीनतम क्रांति

1.	ब्लैक क्रांति	पेट्रोलियम उत्पाद
2.	नीली क्रांति	मछली पालन
3.	भूरी क्रांति	मधुमक्खी
4.	हरित क्रांति	कृषि का गहन विकास
5.	ग्रे क्रांति	गृह विकास तथा खाद
6.	स्वर्ण क्रांति	कृषि
7.	स्वर्ण क्रांति	जूट
8.	हरित क्रांति	कृषि
9.	गुलाबी क्रांति	झींगा, प्याज फार्म
10.	लाल क्रांति	मांस तथा टमाटर
11.	राउंड क्रांति	आलू
12.	सिल्वर फाइबर क्रांति	कपास
13.	सिल्वर क्रांति	अंडे
14.	श्वेत क्रांति	डेयरी विकास
15.	पीली क्रांति	तिलहन

मसालों की सूची

साधारण नाम	वनस्पतिक नाम	उपयोगी भाग	दवाइयों में उपयोगी
मिर्च	शिमला मिर्च	कैपिशियम एनुयुम	सुगंध हेतु, विटामिन सी से पूर्ण तथा भूख बढ़ाने वाला, गठिया तथा तंत्रिका के उपचार में प्रयुक्त।
दालचीनी	सिनेमॉन जेलेनशियम	छाल	मसालों को तैयार करने में उपयोग, सिगरेट, टूथपेस्ट, माउथवास तथा इत्र उद्योग
लौंग	इयुजेनिया कैरोफाइल	पुष्प कली	सुगंध हेतु, डार्ट, फार्मास्युटिकल्स उत्पाद तैयार करने में पत्ती का उपयोग साबुन तथा दंत संबंधी तथा इत्र आदि।

A.4 पर्यावरण एवं पारिस्थितिकी

धनिया	कोरियंड्रम साटिवम	बीज और पत्तियाँ	बीज तथा पत्ती चर्मरोग में, लंगोचा, बीज तथा कामीनेटिर्मी तथा डाइरेटिक्स, इत्र बनाने में तेल का उपयोग।
अदरक	जिंजाबर आफिशिनेल	राइजोम	भोजन तैयार करने में उपयोग, अल्कोहल, स्ट्रीम्युलेर तथा कामीनेटिव।
सौंफ	फोनिकुलम वुलगेर	बीज तथा पानी	करी पाउडर बनाने में सूखे बीज का उपयोग, अचार (कन्फेशनर), स्टीम्यूलेट तथा कार्मीनेटिव बनाने में तेल का उपयोग।
मिर्च	पीपर निगेरूम बीज	बीज	सुगंध प्रदाता, कीटनाशक तथा औषधि बनाने में तथा
	(मसालों का प्रकार)		इत्र बनाने में पीपर तेल का प्रयोग किया जाता है।
केसर	क्रोकस	पुष्प	भारतीय भोजन, आयुर्वैदिक व यूनानी दवाइयों में रंग डालने हेतु
छोटी इलायची	इलेटोरिया इलायची (मसालों की रानी)	फल	सुगंधित तथा चबाने योग्य, पौरूष शक्ति में वृद्धि, ताकतवर, नर्वस तंत्रिका डिप्रेशन को कम करता है।
हल्दी	कुरकुमा लौंग	राइजोम	सुगंध, डाई तथा औषधि के रूप में।

संस्थान का नाम

संस्थान	स्थान
बीरबल साहनी इंस्टीट्यूट ऑफ पैलेथोलॉजी (बी॰ एस॰ आई॰ पी॰)	लखनऊ
बोटेनिकल इंस्टीट्यूट ऑफ इंडिया (बी॰ एस॰ आई॰)	कोलकाता
सेंट्रल एरिड जोन रिसर्च इंस्टीट्यूट (सी॰ ए॰ जेड॰ आर॰ आई॰)	जोधपुर
सेंट्रल कोकोनट रिसर्च स्टेशन (सी॰ सी॰ आर॰ एस॰)	कसारगोड (केरल)
सेंट्रल कॉफी रिसर्च इंस्टीट्यूट (सी॰ सी॰ आर॰ आई॰)	चिकंमगलूर (कर्नाटक)
सेंट्रल फार फिंगर प्रिंटिंग एंड डाइगनोस्टिक (सी॰ डी॰ एफ॰ डी॰)	हैदराबाद
सेंट्रल ड्रग इंस्टीट्यूट (सी॰ डी॰ आर॰ आई॰)	लखनऊ
सेंट्रल फूड टेक्नोलोजी रिसर्च इंस्टीट्यूट (सी॰ एफ॰ टी॰ आर॰ आई॰)	मैसूर
सेंट्रल इंस्टीट्यूट फॉर मेडिशनल एंड एरोमेटिक प्लांटस (सी॰ आई॰ एम॰ ए॰ पी॰)	लखनऊ
सेंट्रल जूट टेक्नोलोजी रिसर्च इंस्टीट्यूट (सी॰ जे॰ टी॰ आर॰ आई॰)	कोलकाता
सेंट्रल पोटेटो रिसर्च इंस्टीट्यूट (सी॰ पी॰ आर॰ आई॰)	शिमला
सेंट्रल राईस रिसर्च इंस्टीट्यूट (सी॰ आर॰ आर॰ आई॰)	कटक
फॉरेस्ट रिसर्च इंस्टीट्यूट ऑफ इंडिया (एफ॰ आर॰ आई॰ आई॰)	देहरादून
फूड रिसर्च इस्टीट्यूट ऑफ इंडिया (एफ॰ आर॰ आई॰ आई॰)	देहरादून
इंस्टीट्यूट ऑफ बायो रिसोर्स एंड सस्टेनेबल डेवेलपमेण्ट (आई॰ बी॰ एस॰ डी॰)	इम्फाल (मणिपुर)
इंडियन कौंसिल ऑफ एग्रीकल्चरल रिसर्च (आई॰ सी॰ ए॰ आर॰)	नई दिल्ली
इंटनेशनल क्रॉप्स रिसर्च इंस्टीट्यूट फॉर सेमी एरिड ट्रोपिक्स (आई॰ सी॰ आर॰ आई॰ ए॰ स ए॰ टी॰)	हैदराबाद
इंडियन इंस्टीट्यूट ऑफ साइंस एंड टेक्नोलॉजी (आई॰ आई॰ एस॰ टी॰)	बैंगलूरू
इंस्टीट्यूट ऑफ रेन एंड मोस्ट डेसिडियस फॉरेस्ट (आई॰ आर॰ एम॰ डी॰ एफ॰)	जोरहाट (असम)
इंस्टीट्यूट ऑफ वूड साइंस एंड टेक्नोलॉजी (आई॰ डब्ल्यू॰ एस॰ टी॰)	बैगलुरू
नेशनल ब्यूरो ऑफ प्लांट जेनेटिक रिसोर्सिज (एम॰ बी॰ पी॰ जी॰ आर॰)	नई दिल्ली
नेशनल ब्रेन रिसर्च सेंटर (एन॰ बी॰ आर॰ सी॰)	गुड़गाँव (हरियाणा)
नेशनल बोटेनिकल रिसर्च इंस्टीट्यूट (एन॰ बी॰ आर॰ आई॰)	लखनऊ

नेशनल एनवार्यनमेण्ट इंजीनियरिंग रिसर्च इंस्टीट्यूट (एन॰ ई॰ ई॰ आर॰ आई॰)	नागपुर
नेशनल इंस्टीट्यूट ऑफ इम्युनोलॉजी (एन॰ आई॰ आई॰)	नई दिल्ली
ट्रोपिकल फॉरेस्ट रिसर्च इंस्टीट्यूट (टी॰ एफ॰ आर॰ आई॰)	जबलपुर
इंस्टीट्यूट ऑफ फॉरेस्ट जेनेटिक एंड ट्री ब्रीडिंग (आई॰ एफ॰ जी॰ टी॰ बी॰)	कोयंबटूर
टेम्परेट फॉरेस्ट रिसर्च सेंटर (टी॰ एफ॰ आर॰ सी॰)	शिमला
सेंटर फॉर फॉरेस्ट प्रोडक्टविटी (सी॰ एफ॰ पी॰)	रांची
सेंट्रल फॉर सोसल फॉरेस्टी एंड इनवायर्नमेण्ट (सी॰ एस॰ एफ॰ ई॰)	इलाहबाद
इंटरनेशनल राइस रिसर्च इंस्टीट्यूट (आई॰ आर॰ आर॰ आई॰)	मनीला (फिलीपाइंस)

प्रसिद्ध विश्व दिवस

1 जनवरी	विश्व शांति दिवस
2 फरवरी	विश्व आर्द्र भूमि दिवस
8 मार्च	अंतर्राष्ट्रीय महिला दिवस
22 मार्च	विश्व जल दिवस
23 मार्च	विश्व धात्विक दिवस
7 अप्रैल	विश्व स्वास्थ्य दिवस
22 अप्रैल	पृथ्वी दिवस
1 मई	श्रमिक दिवस
3 मई	विश्व पत्रकार दिवस
15 मई	अंतर्राष्ट्रीय परिवार दिवस
31 मई	विश्व तंबाकू निषेध दिवस
5 जून	विश्व पर्यावरण दिवस
20 जून	विश्व शरणार्थी दिवस
11 जुलाई	विश्व जनसंख्या दिवस
28 जुलाई	विश्व प्राकृतिक दिवस
6 अगस्त	हिरोशिमा दिवस
8 सितम्बर	अंतर्राष्ट्रीय साक्षरता दिवस
16 सितम्बर	विश्व ओजोन संरक्षण दिवस
1 अक्तूबर	विश्व वृद्ध दिवस
पहला सोमवार अक्तूबर	यूनेस्को दिवस
1-7 अक्तूबर	वन्य जीव सप्ताह
13 अक्तूबर	अंतर्राष्ट्रीय प्राकृतिक आपदा दिवस
16 अक्तूबर	विश्व खाद्य दिवस
1 दिसम्बर	विश्व एड्स दिवस
2 दिसम्बर	अंतर्राष्ट्रीय दासता उन्मूलन दिवस
3 दिसम्बर	अंतर्राष्ट्रीय विकलांग दिवस
10 दिसम्बर	मानव अधिकार दिवस
12 दिसम्बर	चार्ल्स डार्विन दिवस
29 दिसम्बर	अंतर्राष्ट्रीय जैव-विविधता दिवस

संयुक्त राष्ट्र संघ वर्ष

2004	दासता मुक्ति तथा उन्मूलन के लिए संघर्ष; अंतर्राष्ट्रीय चावल दिवस
2005	माइक्रोकेडिट का अंतर्राष्ट्रीय वर्ष तथा खेल तथा शारीरिक शिक्षा का अंतर्राष्ट्रीय वर्ष
2006	अंतर्राष्ट्रीय मरुस्थलीकरण दिवस
2008	आलू का अंतर्राष्ट्रीय दिवस तथा पृथ्वी ग्रह का अंतर्राष्ट्रीय वर्ष
2009	अंतर्राष्ट्रीय मानवधिकार दिवस तथा नक्षत्र का अंतर्राष्ट्रीय वर्ष
2010	जैव-विविधता का अंतर्राष्ट्रीय वर्ष
2011	वनों का अंतर्राष्ट्रीय वर्ष
2011-20	जैव विविधता, मरुस्थल एवं मरुस्थलीकरण को समाप्त करने का संयुक्त राष्ट्र वर्ष
2023	अंतर्राष्ट्रीय मोटा अनाज वर्ष

वायुमण्डलीय चरम घटनाएं (Atmospheric Extreme Events)

घटना	मिली सैकेंड (अवधि)	घटना	मिली सैकेंड (अवधि)
बिजली गिरना	मिली सैकेंड	बवंडर	मिनट
ओला वृष्टि	मिनट	तड़ित झंझा	मिनट
तूफान	घंटा	ऊष्ण कटिबंध	घंटा
गर्म हवाएँ	दिन	उष्णकटिबंधीय चक्रवात	दिन
ठंडी हवाएँ	दिन	क्षेत्रीय बाढ़	दिन
सूखा	महीना		

मुख्य वाणिज्यिक मत्स्य पालन क्षेत्र (Main Commercial Fishing Areas (% of world catch)

सागर	विश्व में पकड़ने का प्रतिशत
प्रशांत महासागर	71.0 %
अटलांटिक सागर	20.3 %
भारतीय सागर	8.6 %
दक्षिण सागर (अटलांटिक सागर)	0.1 %

भारत में प्राकृतिक आपदा

घटना की संख्या	431
मारे गए लोगों की संख्या	143,039
प्रति वर्ष मारे गए लोगों की संख्या	4614
प्रभावित लोगों की संख्या	1,521,726,127
प्रतिवर्ष प्रभावित लोगों की संख्या	49,087,940
आर्थिक क्षति	48,063,830
प्रतिवर्ष आर्थिक क्षति	1,550,446

विश्व की प्रमुख फसलें

फसल	आवश्यक भौगोलिक दशाएं	प्रमुख उत्पादक देश
चावल	तापमान 15°–27°C; न्यूनतम वर्षा 100 सेमी॰	चीन, भारत, इंडोनेशिया बांग्लादेश, थाइलैंड, जापान, म्यांमार, वियतनाम, मलेशिया, विश्व निर्यात में आगे: थाइलैंड
गेहूँ	तापमान 12°C से 25°C; वर्षा 25-75 सेमी॰ अच्छी तरह सूखा रेतीला दोमट	चीन, भारत, यू॰ एस॰ ए॰, रूस, आस्ट्रेलिया, कनाडा, फ्रांस, तुर्की, विश्व निर्यातकों में आगे: यू॰ एस॰ ए॰।
जौं	तापमान 10° से 25°C; वर्षा 50-75 सेमी॰ अच्छी तरह सूखा रेतीला दोमट	रूस, चीन, कनाडा, यू॰ एस॰ ए॰, फ्रांस, यू॰ के॰, जर्मनी, तुर्की, विश्व निर्यातक में आगे रूस।
मक्का	तापमान 15°C से 27°C; वर्षा 15-27 सेमी॰ अच्छी तरह सूखा रेतीला दोमट	यू॰ एस॰ ए॰, चीन, ब्राजील, मेक्सिको, रूस, रोमानिया, भारत, दक्षिण अफ्रीका, विश्व निर्यातकों में आगे: यू॰ एस॰ ए॰।
बाजरा	तापमान 20° से 27°C; वर्षा 25-75 अच्छी तरह सूखा रेतीला दोमट	चीन, यू॰ एस॰ ए॰, भारत, नाईजीरिया, यूक्रेन, थाइलैंड, रूस, तुर्की, विश्व निर्यातकों में आगे: यू॰ एस॰ ए॰
सोयाबीन	तापमान 25° से 27°C; वर्षा 25-60 सेमी॰ अच्छी तरह सूखा रेतीला दोमट	चीन, यू॰ एस॰ ए॰, ब्राजील, अर्जेंटीना, यूक्रेन, जापान, रूस, कोलंबिया, विश्व निर्यातकों में आगे: यू॰ एस॰ ए॰
गन्ना	तापमान 20° से 27°C; वर्षा 100-150 सेमी॰ अच्छी तरह सूखी चिकनी मिट्‌टी	ब्राजील, भारत, चीन, पाकिस्तान, थाइलैंड, मेक्सिको, क्यूबा, कोलंबिया, विश्व निर्यातकों में आगे: ब्राजील।
चुकंदर	तापमान 10°C से 25°C; वर्षा 25-50 सेमी॰ अच्छी तरह सूखी चिकनी मिट्‌टी	फ्रांस, यू॰ एस॰ ए॰ जर्मनी, रूस, चीन, यूक्रेन, पोलैंड, तुर्की, विश्व निर्यात में आगे: फ्रांस।
कपास	तापमान 18°C से 25°C; वर्षा 50-75 सेमी॰	चीन, यू॰ एस॰ ए॰, भारत, ब्राजील, पाकिस्तान, उजबेकिस्तान, मिश्र, तुर्की, विश्व निर्यातकों में आगे: यू॰ एस॰ ए॰
रबर (प्राकृतिक)	तापमान 22°C से 27°C; वर्षा 150-200 सेमी॰ अच्छी तरह सूखी जलोढ़ मिट्‌टी	थाइलैंड, इंडोनेशिया, मलेशिया, भारत, चीन, श्रीलंका, लीबेरिया, ब्राजील, निर्यातकों में आगे: थाइलैंड
चाय	तापमान 15°C से 25°C; वर्षा 100-150 सेमी॰ पहाड़ी ढलानों पर अच्छी तरह सूखी मिट्‌टी	भारत, चीन, श्रीलंका, जापान, केन्या, इंडोनेशिया, बंग्लादेश, तुर्की, विश्व निर्यातकों में आगे: भारत
कॉफी	तापमान 20°C से 25°C; वर्षा 100-150 सेमी॰ अच्छी तरह सूखी जलोढ़ मिट्‌टी	ब्राजील, कोलंबिया, इंडोनेशिया, वियतनाम, आइवरी कोस्ट, मैक्सिको, घाना, केमरून, भारत, विश्व निर्यातकों में आगे: ब्राजील।
कोको	तापमान 20°C से 27°C; वर्षा 100-200 सेमी॰ अच्छी तरह सूखी जलोढ़ मिट्‌टी	आइवरी कोस्ट, घाना, इंडोनेशिया, ब्राजील, कैमरून, नाइजीरिया, इक्वाडो, कोस्टारिका विश्व निर्यातकों में आगे: आइवरी कोस्ट।
तंबाकू	तापमान 18° से 25°C; वर्षा 75-100 अच्छी तरह सूखी जलोढ़ मिट्‌टी	चीन, यू॰ एस॰ ए॰, भारत, ब्राजील, तुर्की, जापान, बुल्गारिया, दक्षिणी कोरिया, विश्व निर्यातकों में आगे: यू॰ एस॰ ए॰
मूँगफली	तापमान 20°C से 25°C; वर्षा 50-75 सेमी॰ अच्छी तरह सूखी रेतीली दोमट मिट्‌टी	भारत, चीन, यू॰ एस॰ ए॰, सेनेगल, इंडोनेशिया, अर्जेंटीना, म्यांमार, निर्यातकों में आगे: यू॰ एस॰ ए॰
सेब	तापमान 15°C से 20°C; वर्षा 50-100 सेमी॰ अच्छी तरह सूखी जलोढ़ मिट्‌टी	यू॰ एस॰ ए॰, फ्रांस, इटली, मैक्सिको, भारत, अर्जेंटीना, टर्की, रूस, ग्रीस, निर्यातकों में आगे: यू॰ एस॰ ए॰
केला	तापमान 15°C से 20°C; वर्षा 50-100 सेमी॰ अच्छी तरह सूखी जलोढ़ मिट्‌टी	ब्राजील, कोस्टा रिका, भारत, मैक्सिको, होंडुरस, निर्यातकों में आगे: कोस्टा रिका।
अंगूर	तापमान 15° से 20°C; वर्षा 60 सेमी॰ अच्छी तरह सूखी जलोढ़ मिट्‌टी	स्पेन, फ्रांस, रूस, इटली, यू॰ एस॰ ए॰, चिली, अर्जेंटीना, अल्जीरिया, ग्रीस, निर्यातकों में आगे: फ्रांस।

निर्माण तथा आयात में प्रतिबंधित कीटनाशक

1. एल्डीकॉर्ब
2. एल्ड्रीन
3. बी एच सी
4. कैल्शियम सायनायड
5. कैप्टाफोल पाउडर (80%)
6. कॉरबोफुरान (50%)
7. क्लोरेडेन
8. क्लोरोबेनजिलेट
9. क्लोरोब्रोमोप्रोपेन
10. कॉपर एसेटोआरसेनाइट
11. डाइलड्रिन
12. इनड्रिन
13. मालिक हायड्राजिडे
14. मेनजोन
15. मेथमाइल (12.5%)
16. मेथमाइल (24%)
17. निकोटिन सलफेट
18. निट्रोफेन
19. पैराकोट डाइमिथाइल सल्फेट
20. पेनाटाक्लोरो नाइट्रोबेंजेन
21. पेटाक्लोरो फिनाइल
22. फिनाइल मरक्यूरिक एसीटेट
23. फॉसफामिडॉन (85% एस एल)
24. सोडियम मेथाइन आरसोनेट

भारत में फल की फसलें– बादाम, सेब, खूबानी, बेल, केला, बेर, चेरी, अंगूर, अमरूद, जामुन, करौंदा, लीची, महुआ, आम, पपीता, नींबू, लोकाट, जैतून, अनानास, आडू, नाशपाती, तेंदू, आलू बुखारा, अनार, स्ट्रॉबेरी, चकोतरा, अखरोट, कटहल, खजूर, किवी, एग-फ्रूट, अंजीर।

वनस्पतिक फसल– अगाती, कद्दू, चुकंदर, करेला, लौकी, लैमन, फूलगोभी, गोभी, शिमला मिर्च, गाजर, अजमाद मिर्च, ककड़ी-खीरा, करीपत्ता, सलाद, शकरकंद, मटर, नुकीला आलू, अरारोट, प्याज, पालक, फरास बीन, लहसुन, करम साग, नोल-खोल, खरबूजा, गोल खरबूजा, चिचिंडा, घिया तोरई, शलगम, सहजन टमाटर।

ऊष्णकटिबंधीय कंद फसल– अरारोट, कैसावा, कोलेएस या चीनी आलू, अरबी, मीठी आलू, अरबी आदि।

मशरूम–मशरूम

शोभाकारी पौधे–वर्ष जीवी पौधा, एंथुरियम, गुलाबी रंग, गुलदाऊदी, लेडिओलस, चमेली, अर्चिडा, गुलाब।

वनस्पति पौधे– असुगंध, शतपुष्प, गूगल, अजवायन, इसबगोल, गुलेटी, अफीम, घोंघा, पिपली, सनाय, खारी, खेतड़ी।

सुगंधित पौधे– मुश्कदाना, अजमोद, बाबूने का फूल, फ्रेंच चमेली, भारतीय तुलसी, केवड़ा, नींबू घास, पुदीना, पचौली, रोजजरनेइपम, सुगंधित गुलाब, तेल की घास।

रोपण फसल– सुपारी, काजू, कोको, नारियल, कॉफी, ताड़ का तेल, रबर, चाप।

मसाले– तेज पत्ता, काली मिर्च, इलायची (छोटी), इलायची (बड़ी), दालचीनी, लौंग, धनिया, सफेद, जीरा, सौंफ, मैथी, अदरक (सोंठ), जायफल, हल्दी।

पर्यावरण की सुरक्षा के लिए भारत में, अधिनियम, नियम तथा सूचनाएँ जारी की गई। भारत में पर्यावरण की सुरक्षा पर्यावरण सुरक्षा अधिनियम 1986 में भोपाल गैस दुर्घटना के बाद पर्यावरणीय कानून बनाए गया। पर्यावरण की सुरक्षा के लिए तीन नीतियाँ मूल संरचना के लिए बनाई गई हैं–

1. राष्ट्रीय वन नीति, 1988
2. प्रदूषण के नियंत्रण हेतु 1992 में नीति निर्धारित की गई।
3. 1992 में पर्यावरण और उसके विकास के लिए राष्ट्रीय सरंक्षण रणनीति नीति निर्धारित की गई।

भारत के प्रमुख पर्यावरण कानून

पर्यावरण कानून	प्रमुख विशेषताएं
1972	वन्यजीव सरंक्षण अधिनियम
1986	पर्यावरण संरक्षण अधिनियम; भारत में पर्यावरण कानूनों से सबंद्ध है जो पर्यावरणीय संरक्षण अधिनियम के अंदर समाहित हैं जो 1986 में भोपाल गैस दुर्घटना के पश्चात लागू किया गया।
1989	(1) आपदाग्रस्त (प्रबंधन) नियम बनाए गए संग्रहण चिकित्सा उपचार आयात संकलन तथा आपदाग्रस्त का संचालन (2) विनिर्माण, संग्रहण, 1989 आपदा कैमिकल नियम (3) विनिर्माण, आयात, निर्यात तथा संग्रहण माइक्रो आर्गेनिजम/अनुवांशिकी इंजीनीयरड ऑरगेनिज्मस अथवा कोशिका नियम 1989.
1992	लोक दायित्व बीमा अधिनियम तथा नियम संशोधन 1992
1995	राष्ट्रीय पर्यावरण ट्रिब्यूनल अधिनियम 1995 मृतक लोग तथा क्षतिग्रस्त संपत्ति का मुआवजा दिया गया तथा किसी भी प्रकार की गतिविधियों द्वारा आपदाग्रस्त लोगों की सहायता करना।
1997	राष्ट्रीय अपीलीय प्राधिकरण अधिनियम 1997, पर्यावरण संरक्षण अधिनियम (EPA) 1986 के अंतर्गत उन अपीलों को सुना जाता है जहाँ उद्योग स्थापित हैं।
1998	जैव चिकित्सकीय अपशिष्ठ (प्रबंधन तथा संचालन) नियम, 1998

2000 (1) म्युनिशिपल सॉलिड वेस्ट (प्रबंधन तथा संचालन) नियम 2000. (2) ओजोन डिप्लेटिंग सबसटेंश (नियमन तथा नियंत्रण) नियम 2000, ओजोन डिप्लेटिंग सब्सटेंश के नियमन तथा उपभोग के लिए।

2002 जैव-विविधता अधिनियम

जल प्रदूषण कानून

1974 जल (प्रदूषण निवारण तथा नियंत्रण) अधिनियम 1974

1991 तटीय रेगुलेशन क्षेत्र अधिसूचना 1991

वायु प्रदूषण

1923 भारतीय बॉयलर अधिनियम 1923

1948 कारखाना अधिनियम

1951 उद्योग (विकास तथा अधिनियम)

1991 वायु (प्रदूषण निवारक तथा नियंत्रण) अधिनियम

विकिरण कानून

1962 परमाणु ऊर्जा अधिनियम 1962

1971 विकिरण संरक्षण नियम, 1971

1986 पर्यावरण संरक्षण अधिनियम 1986

1994 पर्यावरण प्रभाव संबधी अधिनियम सूचना 1994, 1994 में पुनः सुधार किया गया।

राज्य जल प्रदूषण कानून

1953 ओडिशा नदी प्रदूषण अधिनियम

1954 कृषि रोग तथा जंतु नाशक (निवारण) अधिनियम

1958 केरल कृषि रोग तथा कीटनाशक अधिनियम

1963 गुजरात धूम्रपान अधिनियम

वन्य जीव (संरक्षण) अधिनियम

2006 वन्य जीव (संरक्षण) अधिनियम–इस अधिनियम का प्रावधान बाघ संरक्षण प्राधिकरण हेतु किया गया तथा वन्य जीवों के संरक्षण हेतु वन्य जीव नियंत्रण ब्यूरो बनाया गया।

वन्य जीव सुरक्षा हेतु कम-से-कम तीन वर्ष की सज़ा तथा 50,000 रुपये तक का अर्थ दण्ड लग सकता है जो बढ़कर 20,000 रुपये तक हो सकता है।

प्रौद्योगिकी का कालक्रमिक विकास

कालक्रमिक चरण	प्रमुख तकनीकी विकास
नव पाषाण युग	पूर्वी समुदाय, न्यूलीथिक क्रांति- 8000 बी सी
नगरीय क्रांति	शिल शिल्प, ताँबा और कांसे का प्रयोग, सिंचाई नगर निर्माण, भवन तथा ट्रांसमिटिंग ज्ञान।
ग्रीक सभ्यता (500 बी सी- 500 ए. डी)	ईरान का अभ्युदय, तकनीकी परिवर्तन तथा भवन।
मध्य युग (500-1500 ए. डी)	शक्ति स्रोत, कृषि तथा शिल्प, कृषि सैन्य तकनीकि, परिवहन तथा संचार।
यूरोपियन तकनीकी (1500-1750 ए डी)	भाप इंजन, धात्विक तथा खान, नवीन उपभोग की वस्तु, कृषि, निर्माण, परिवहन, संचार तथा रसायन।
औद्योगिक क्रांति (1779-1900 ए डी)	विंड मिल, भाप इंजन, विद्युत, आंतरिक कंब्यूस्टन इंजन, पेट्रोलियम, धातु, सिविल इंजीनियरिंग, परिवहन, संचार तथा सैन्य तकनीकी।
यूरोपीय आधुनिकता का समय (1900-1945)	ईंधन तथा शक्ति, उद्योग, खाद्य तथा कृषि सिविल इंजीनियरिंग, परिवहन, संचार सैन्य तकनीकी, वायुयान, हेलीकॉप्टर तथा इलैक्ट्रॉनिक।
द्वितीय विश्व युद्ध का समय (1945-2000)	ऊर्जा, न्यू रॉ मेटेरियल, आटोमेशन कम्प्यूटर, सूचना तकनीकी, अंतरिक्ष तकनीकी, खाद्य संरक्षण, जैव-तकनीकी परिवहन, रा. जमार्ग, संचार सैन्य तकनीकी, न्यूक्लियर तकनीकी रिमोट ससिंग, तथा ग्लोबल पोजीशिनिंग सिस्टम (GPS) जनसंख्या नियंत्रण पर्यावरणीय तकनीकी तथा संरक्षण।

औषधीय वृक्ष, दवा और उसका उपयोग

औषधि	पौधे स्रोत	प्रयोग
एट्रोपाइन	बेलाडोना	संक्रमण के दौरान उत्तक सूजन का नियंत्रण।
ब्रोमिलियन	अनानास	केंद्रीय स्नायु संबधी तंत्रिका को प्रोत्साहित करना।
कैफीन चाय	कॉफी	चर्मरक्त कर, स्थानीय रक्त एवं पूर्ति में वृद्धि करना।
कपूर	कपूर वृक्ष	चर्मरक्त कर, स्थानीय रक्तपूर्ति में वृद्धि करना।
कोकीन	कोको	एनाल्जेसिक और स्थानीय संवेदनाहारी, दर्द निवारक, सर्जरी के समय दर्द से राहत देता है।
कोडीन	आपियम पॉपी	दर्द निवारक
कोचिसिन्स	शरद ऋतु का एक पौधा	कैंसररोधी एजेंट
डिजिटॉक्सिन	कॉमन फाक्सगव	हृदय रोग में शक्तिवर्धक
डॉयाजिंन	वाइल्ड याम	स्त्री गर्भनिरोध गर्भधारण में सावधानी

अर्गटमन	कमुट-ऑफ-राई या रीगोट	माइग्रेन दर्द तथा हैमोरेहज नियंत्रण
जियाबिन	अकोटिआ गलाजिवी	एंटीडीप्रिसेन्ट
गोसिपोल	कोटोन	पुरुष गर्भनिरोध
इनडिसिनी एन ऑक्साइड	हेलीटजचपियम इंडीकम मिंट	कैंसररोधी एगेट
एल-डोपा	वेलवेट बीन	अस्थिभंग तथा पाकिसन्स में नियंत्रण
मैंथोल	मिंट	स्थानीय रक्त की आपूर्ति बढ़ जाती है और स्थानीय अनुप्रयोगों पर दर्द कम कर देता है।
मोनोक्रोटालाइन	कोटालारिया सिसीलीफलोरा	कैंसररोधी एंगर
पापेन	पपाया	पाचन के दौरान अतिरिक्त प्रोटीन और बलगम घुल जाती है।
पेंसीलीन	पेनिसिलियम कवक	जनरल एंटीबायोटिक, विभिन्न सूक्ष्मजीवों द्वारा बैक्टीरिया का नियंत्रण करता है और उन्हें मारता है।
कुनैन	यलो सिनकोना	मलेरिया रोधक
रिसरपिन	भारतीय सनेकरुट	उच्च रक्तचाप को कम करना
सकोपोलमिन	थार्न एप्पल	नींद की गोली
टाक्सॉल	प्रशांत यू	कैंसररोधी गर्भाशय
विनबल्सटाइन	एक प्रकार की गुलाबी वनस्पति	कैंसररोधी एजेंट, बच्चों में कैंसर नियंत्रण
विन्क्रिस्टाइन	विन्का रोसिआ (सादाफेली)	कैंसररोधी एजेंट, बच्चों में कैंसर नियंत्रण

Source: Wilson, E.O., **The Diversity of Life,** Harvard University Press.

विश्व के प्रमुख फल उत्पादक देश

	देश	क्षेत्र (हेक्टेयर में)	मीट्रिक टन में उत्पादन
1.	चीन	11,042,621	107,837,629
2.	भारत	6,100,900	68,465,530
3.	ब्राजील	2,455,867	38,988,300
4.	यू० एस० ए०	1,160,595	28,202,514
5.	इटली	1,243,225	17,653,457
6.	मैक्सिको	1,201,897	16,122,211
7.	इंडोनेशिया	720,260	15,917,953
8.	स्पेन	1,895,782	15,835,000
9.	फिलीपाइन्स	1,118,530	15,420,664
10.	ईरान	1,354,381	13,604,303